Vahlens Handbücher
der Wirtschafts- und Sozialwissenschaften

Volkswirtschaftslehre

von

Prof. Dr. Dr. h. c. mult. Artur Woll

16., vollständig überarbeitete Auflage

Verlag Franz Vahlen München

ISBN 978-3-8006-3835-2

© 2011 Verlag Franz Vahlen GmbH, Wilhelmstr. 9, 80801 München
Satz: DTP-Vorlagen des Autors
Druck und Bindung: Druckhaus „Thomas Müntzer" GmbH
Neustädter Str. 1–4, 99947 Bad Langensalza
Gedruckt auf säurefreiem,
aus chlorfrei gebleichtem Zellstoff hergestelltem Papier

Vorwort zur sechzehnten Auflage

Das Buch trägt der Umstellung der traditionellen Diplomstudiengänge auf Bachelor- und Masterstudiengänge Rechnung. Die früher übliche Trennung des Faches Volkswirtschaftslehre in Wirtschaftstheorie und Wirtschaftspolitik ist - wie schon in der Vorauflage - aufgegeben worden. Festgehalten wird am Ziel, alle wichtigen Teile des international üblichen Stoffes darzustellen.

Für Anregungen und Hinweise, die mir gegeben wurden, möchte ich auch an dieser Stelle danken. Mein besonderer Dank gilt meiner Mitarbeiterin, Frau Kristina Machold, die das Buch für das größere Format neu gesetzt hat. Wegen des größeren Formats hat sich die Seitenzahl gegenüber der Vorauflage erheblich verringert, während die Lesbarkeit des Buches besser geworden sein dürfte.

Siegen, im Januar 2011 ARTUR WOLL

Vorwort zur ersten Auflage (Auszug)

Der Leser hat ein verständliches Interesse zu erfahren, was mit der Lektüre des vorliegenden Buches auf ihn wartet. Einige Hinweise auf Charakteristika der Schrift scheinen schon deshalb geboten, weil es in der Methodik und Stoffauswahl von gängigen deutschsprachigen Lehrbüchern zur Volkswirtschaftslehre abweicht. Dafür sind im wesentlichen drei Gründe bestimmend gewesen.

Erstens soll mit dem Buch eine Arbeitsgrundlage für ein reformiertes Studium der Wirtschaftswissenschaft zur Verfügung gestellt werden. An den meisten Universitäten unterscheidet man heute nach Grund- und Hauptstudium. Das Buch wendet sich vor allem an Studierende der Wirtschaftswissenschaft in den ersten Semestern, die während des Grundstudiums in die Volkswirtschaftslehre eindringen wollen. In Kürze wird ein Übungsbuch (workbook) als Begleittext erscheinen, um eine aktive Erarbeitung des Stoffes - vor allem in kleinen Gruppen - zu ermöglichen. Auch für Studierende anderer Fachrichtungen, die Volkswirtschaftslehre als Nebenfach haben, dürfte sich das Buch eignen. Es wird versucht, einen raschen Gesamtüberblick über die wichtigsten Bereiche der Wirtschaftstheorie und einige Ansatzpunkte der Wirtschaftspolitik zu bieten, woran den Studierenden überwiegend gelegen ist. Am Schluß jedes Kapitels finden sich Hinweise mit weiterführender, oft kurz kommentierter Literatur für eine Vertiefung des Studiums. Ein analytisches Inhaltsverzeichnis, ein Personen- und ein Sachregister sollen die Erschließung des Buches erleichtern.

Zweitens werden zum ersten Mal im deutschen Sprachbereich die Ergebnisse der methodologischen Diskussion der letzten Jahre auf ein wirtschaftstheoretisches Lehrbuch übertragen. Wissenschaft, wie sie hier verstanden wird, bedeutet systematische Konfrontation der Theorie mit Fakten. Einer so verstandenen Wissenschaft kann es nur dienen, wenn der erkenntnistheoretische Stand des Faches markiert und die Lückenhaftigkeit unseres empirischen Wissens immer wieder betont wird. Mehr als ein Schritt in diese Richtung soll und kann freilich nicht getan werden. Es kommt eher darauf an, das methodologische Gewissen zu schärfen als eine - bisher nicht vorhandene - geschlossene Theorie darzubieten, die dem gewählten Wissenschaftsbegriff bereits voll entspricht. Diesem Ziel sollen insbesondere die Kapitel am Ende der theoretischen Teile dienen. Der Fachmann dürfte auch sonst das Bemühen nach neuen, gewiß nicht immer problemfreien Wegen erkennen. Aus eigenen Erfahrungen und Diskussionen mit Kollegen, Mitarbeitern und Studierenden habe ich den Eindruck gewonnen, daß diese Konzeption den Anforderungen in Theorie und Praxis sehr entgegenkommt.

Drittens wird versucht, Anschluß an die maßgeblichen angelsächsischen textbooks zu finden. Ein deutschsprachiger Studierender hat es bei der Lektüre ausländischen Schrifttums einerseits schwer, sich auf einigen Gebieten zurechtzufinden; andererseits wird er manche Betonungen deutscher Lehrbücher vermissen. Besonderheiten deutscher Literatur, die in der Terminologie, Stoffgewichtung und -auswahl erkennbar sind, sollten vermieden werden. In einem Lehrbuch geht es darum, eine didaktische Aufgabe zu lösen und nicht, Forschungsarbeit zu leisten. Es versteht sich gleichwohl, daß persönliche Ansichten - insbesondere bei der Erörterung der Grundlage der Wirtschaftstheorie und den Ansatzpunkten der Wirtschaftspolitik - und eigene Forschungsarbeiten zur Geldtheorie in gewissem Umfang ihren Niederschlag im Text gefunden haben.

Zu danken habe ich meinen wissenschaftlichen Mitarbeitern, Frau Dipl.-Kfm. K. MATHENZ und den Herren Dr. A. BEISSEL, Dr. D. CASSEL, Dr. H. MÜLLER, Dipl.-Volksw. A. ROTH, Dr. H. J. THIEME, Dipl.-Ökon. G. VOGL und cand. rer. oec. D. WENDLER, die sich mit großer Aufopferung der Korrektur und einer kritischen Lektüre widmeten. Sie deckten manchen Irrtum in meinem Manuskript auf. Verbleibende Fehler gehen - um eine geläufige Wendung abzuwandeln - voll zu ihren Lasten. Nicht zuletzt habe ich meiner Frau zu danken, die - wie mein Hund, der auf manche Spaziergänge verzichten mußte - einen großen Teil der sozialen Kosten dieses Buches getragen hat.

Gießen, im September 1969   ARTUR WOLL

Vorwort zur vierten Auflage

Seit dem Erscheinen des Buches sind vier Jahre vergangen. Während dieser Zeit habe ich zahlreiche Anregungen für eine Neubearbeitung erhalten, die auch durch die Entwicklung im Fach geboten schien. Die unerwartet lebhafte Nachfrage ließ mir in früheren Auflagen nur Zeit für kleinere Korrekturen. Die dritte Auflage ist mehrfach nachgedruckt worden, um eine gründliche Überarbeitung zu ermöglichen.

Weitgehend neu geschrieben und etwa um das Doppelte erweitert wurde vor allem die Makroökonomik. Freundliche Kritiker und kritische Freunde haben mir einhellig dazu geraten. Die bisher verstreut dargestellte und zu knapp geratene Volkswirtschaftliche Gesamtrechnung steht in einem besonderen Kapital (13.) am Beginn des dritten Teils. Auf zwei Kapitel (14. und 15.) verteilt wurde die traditionelle und hinzugefügte moderne Fassung der Theorie von KEYNES. Die Wachstumstheorie (16. Kap.) umfaßt nun auch die neoklassische Variante; besonderen Wert habe ich dabei auf die allen Wachstumsmodellen gemeinsamen Theorieelemente gelegt. Neu ist eine Darstellung der makroökonomischen Einkommensverteilung (17. Kap.), die von der modernen Wachstumstheorie schwer zu trennen sein dürfte. Die monetäre Theorie - trotz meiner wissenschaftlichen Neigungen in den ersten Auflagen kaum mehr als ein Fragment - wurde vertieft und durch Theorien zur Inflation und Konjunktur erweitert (18. bis 20. Kap.). In der Mikroökonomik ist ein neues Kapitel der Wettbewerbstheorie gewidmet (8. Kap.). Ansonsten habe ich das empirische Material und die bibliographischen Hinweise aktualisiert und ergänzt, sprachliche Unklarheiten beseitigt und den Charakter des Buches - Überprüfung von Hypothesen durch die Empirie - betont.

Ich bedaure, daß die Stoffergänzungen mit einem erweiterten Umfang des Buches bezahlt werden müssen. Möglichkeiten zu Kürzungen habe ich kaum gesehen, zumal Rezensenten meine Darstellungsweise komprimiert finden. Der Leser darf aber darauf vertrauen, daß nunmehr - nach meinem Ermessen - keine wesentlichen Teile der Volkswirtschaftslehre, die gegenwärtig zum internationalen Standard zählen, in der Darstellung fehlen. Das Ziel, ein kompaktes Lehrbuch zu bieten, hat es mir erleichtert, den Gedanken zu verwerfen, weitere Stoffgebiete aufzunehmen; der Leser sei auf die jeweils angegebene Literatur verwiesen. Die zum Lehrbuch gehörenden Übungsbücher sind mit dieser Neuauflage geändert bzw. ergänzt und zu einem Band zusammengefaßt worden.

Je länger man an einem Buch arbeitet, um so mehr wird es - fast zwangsläufig - eine Gemeinschaftsleistung. Kollegen wie Studenten habe ich viel zu danken. In besonderer Schuld stehe ich bei meinen früheren und gegenwärtigen Mitarbeitern, den Herren Prof. CASSEL (Wuppertal), Prof. MÜLLER (Gießen), Prof. THIEME (Essen), Dr. VOGL, Dipl.-Ökon. P. HARBUSCH, Dipl.-Ökon. W. MÖLLER und Dipl.-Math. B. RAMB (alle Siegen). Zwei Kieler Kollegen, Prof. SIEBKE und Prof. WILLMS, haben sich mit Entwürfen der neuen Kapitel erhebliche Mühe gemacht. Dankbar erwähnen möchte ich auch die Professoren GUTOWSKI (Frankfurt), HEMMER (Gießen), HEUSS (Marburg), HOPPMANN (Freiburg), TOLKSDORF (Berlin) und WALTER (Hohenheim), die mir wertvolle Hinweise gaben.

Siegen und Bad Homburg v. d. H., im März 1974　　　　　　　　　　ARTUR WOLL

Inhaltsverzeichnis

Vorwort V

Erster Teil: Grundlagen der Volkswirtschaftslehre

1. Kapitel: Volkswirtschaftslehre als Wissenschaft
I. Gegenstand und Probleme 3
   Was heißt Volkswirtschaftslehre?
   Unterteilungen der Volkswirtschaftslehre und ihre Nachbarwissenschaften
II. Werturteile und Methoden 8
   Werturteile und Wissenschaft
   Entstehung und Überprüfung von Theorien

2. Kapitel: Ausgangstatsachen der Wirtschaft
I. Knappheit und Wahlhandlung 23
   Warum muß man wirtschaften?
   Grundsätze des Wirtschaftens
II. Quellen der Produktion und des Wohlstands 29
   Produktionsfaktoren
   Arbeitsteilung
III. Tausch und Kreislauf 32
   Naturaltausch- und Geldwirtschaft
   Kreislauf

3. Kapitel: Sozialer Rahmen
I. Staat und Wirtschaft 41
   Beziehungen
   Wirtschaftssysteme
II. Charakteristika des marktwirtschaftlichen Systems 50
   Freiheiten
   Wirkungen des Preismechanismus
III. Ziele der Wirtschaftspolitik 56
   Freiheitspostulat und Wirtschaftspolitik
   Gesamtwirtschaftliche Ziele
Literaturempfehlungen zum ersten Teil 60

Zweiter Teil: Mikroökonomie

A. Produktmärkte

4. Kapitel: Fundamente der Analyse
I. Elementare Analyse der Nachfrage und des Angebots 65
   Haushaltsnachfrage
   Unternehmensangebot

II. Gleichgewicht und Wirkungen der Verschiebungen von Nachfrage- und Angebotskurven 76
Gleichgewicht im Polypol
„Gesetze" der Nachfrage und des Angebots

III. Elastizitäten 80
Direkte Preiselastizität
Indirekte Nachfrage- und Einkommenselastizitäten
Einflußfaktoren und Illustrationen

5. Kapitel: Nachfrage: Einkaufsplan des Haushalts
I. Grenznutzen-Analyse 91
Gesamtnutzen und Grenznutzen
Gossensche Gesetze

II. Indifferenzkurven-Analyse 98
Gleichgewicht des Systems
Ableitung der Konsumfunktion

III. Revealed Preference-Analyse 111
Analytischer Ansatz und Ableitung der Nachfragekurve
Konsequenzen und Kritik

6. Kapitel: Angebot: Verkaufsplan des Unternehmens
I. Produktionstheorie 121
Charakteristika
Zwei variable Einsatzfaktoren
Ein variabler Einsatzfaktor

II. Kostentheorie 135
Kostenbegriff, externe Effekte und Zeithorizont
Kurzfristige Kostenverläufe
Langfristige Kostenverläufe
Sehr langfristige Kostenverläufe

III. Gewinntheorie 148
Kurzfristige Gewinne
Langfristige Gewinne

IV. Transaktionskosten 154
Zur Natur des Unternehmens
Transaktionskostenansatz als Ergänzung und seine Erweiterungen

7. Kapitel: Produktpreisbildung
I. Marktformen und Interdependenz 161
Marktstrukturen
Interdependenz der Märkte

II. Angebotsmonopol 167
Reines Monopol mit einheitlichem Preis
Preisdiskriminierung
Mathematische Ableitung

III. Anbieterwettbewerb 177
Monopolistische (polypolistisch-heterogene) Konkurrenz
Oligopolistische Konkurrenz

B. Faktormärkte

8. Kapitel: Nachfrage: Einkaufsplan des Unternehmens

I. Grundlagen der Faktormarktanalyse 191
  Besonderheiten
  Hypothesen

II. Faktornachfrage bei vollständiger Konkurrenz 195
  Individuelle Nachfrage
  Marktnachfrage

III. Faktornachfrage bei Monopol und Monopson 199

9. Kapitel: Angebot: Verkaufsplan des Haushalts

I. Arbeitsangebot 207
  Partielles Angebot
  Totales Angebot
  Lohnstruktur

II. Kapitalangebot 216
  Individuelles Angebot
  Totales Angebot
  Sparstruktur

10. Kapitel: Faktorpreisbildung

I. Vollständige Konkurrenz 227
  Relative Faktorpreise und Einkommensarten
  Transfereinkommen und Produktionsfaktoren

II. Monopolistische Elemente in der Lohnbildung 232
  Theoretische Formen
  "Ausbeutung" der Arbeit
  Gewerkschaften

III. Besonderheiten der Zinsbildung 238
  Kredittheorie des Zinses
  Einkommens- und Allokationsfunktion

11. Kapitel: Wettbewerbstheorie

I. Von der Preis- zur Wettbewerbstheorie 245
  Ansatzpunkte
  Erklärungsziele

II. Grundzüge des Konzepts der workable competition 248
  Unvollkommenheiten des Wettbewerbs
  Wettbewerbsergebnis als Bewertungskriterium

III. Das neoklassische Wettbewerbskonzept 252
  Theoretische Elemente
  Marktstruktur und -verhalten als Bewertungskriterien

12. Kapitel: Konsumentenpolitik und Kontrolle wirtschaftlicher Macht

I. Zur gesamtwirtschaftlichen Rolle der Konsumenten 259
  Konsumentensouveränität als zentrales Element
  Behauptungen über Unfähigkeit der Konsumenten
  Ansatzpunkte einer marktkonformen Konsumentenpolitik

XII Inhaltsverzeichnis

II. Zur Kontrolle wirtschaftlicher Macht 264
    Ursachen und Formen privater und staatlicher Wirtschaftsmach
    Behauptungen über die Notwendigkeit wirtschaftlicher Macht
    Ansatzpunkte zur Bekämpfung freiheitsbedrohender Macht
III. Bereichsausnahmen des Wettbewerbs 272
    Wettbewerbsausnahmen als Problem
    Behauptungen über die Notwendigkeit von Bereichsausnahmen
    Mehr Markt oder mehr Staat?
Literaturempfehlungen zum zweiten Tei... 277

Dritter Teil: Makroökonomie

13. Kapitel: Volkswirtschaftliche Gesamtrechnung
I. Aufgabe, Formen und Merkmale 281
    Aufgabe und Formen
    Merkmale
II. Ermittlungsarten und Identitäten 284
    Ermittlungsarten und Identitäten
    Vergleich der Ermittlungsarten und einige Identitäten
III. Das Kontensystem in der Bundesrepublik Deutschland 294
    Sektoren
    Wirtschaftliche Tätigkeiten (Funktionen)
IV. Input-Output-Rechnung 297
    Erklärungsziel und Merkmale
    Input-Output-Tabellen

14. Kapitel: Einkommen und Beschäftigung
I. Erklärungsansatz, Hypothesensystem und Prämissen 303
    Erklärungsansatz
    Ein einfaches Hypothesensystem
    Einige Erweiterungen und Prämissen
II. Gütermärkte 318
    Konsum
    Investition
III. Geldmarkt 331
    Geldnachfrage
    Geldmarktgleichgewicht
IV. Arbeitsmarkt 339

15. Kapitel: Statisches Gesamtgleichgewicht
I. Das Gesamtgleichgewicht bei Voll- und Unterbeschäftigung in der
   Terminologie von KEYNES 345
    Erklärungsansatz
    Vollbeschäftigungsgleichgewicht
    Unterbeschäftigungsgleichgewicht
II. Wirtschaftspolitische Bewertung des KEYNESschen Systems 356

Negativkatalog wirtschaftspolitischer Maßnahmen
Positivkatalog wirtschaftspolitischer Maßnahmen
KEYNES aus heutiger Sicht

III. Neoklassische Kritik und Synthese 359
Neoklassische Kritik
Neoklassische Synthese

16. Kapitel: Wachstum

I. Grundlagen und methodische Ansätze 371
Grundlagen
Erklärungsansätze

II. Wachstumsmodelle 378
Gemeinsame Merkmale
Postkeynesianische Wachstumstheorie
Neoklassische Wachstumstheorie
Endogene Wachstumstheorie

III. Wachstumsprognosen 397
Wachstumsprognosen in einer marktwirtschaftlichen Ordnung
Stagnations- und Stufenprognosen

Mathematischer Anhang zu Kapitel 16 403

17. Kapitel: Einkommensverteilung

I. Definitionen und Bedeutung der Einkommensverteilung 409
Einkommensverteilungsdefinitionen
Bedeutung der Einkommensverteilung

II. Makroökonomische Verteilungstheorien 414
Theoretische Ansatzpunkte
Postkeynesianische Verteilungstheorie

III. Empirisch festgestellte Verteilungen und Verteilungsmaße 422

18. Kapitel: Geld

I. Geldfunktionen und Geldmengendefinitionen 429
Geldfunktionen
Gelddefinitionen
Vor- und Nachteile unterschiedlicher Geldsysteme

II. Geldangebot 436
Geldproduzenten
Geldproduktion
Geldangebotstheorie

III. Geldnachfrage 450
Bedeutung und traditionelle Analyse
Neoklassische Geldnachfragetheorie

19. Kapitel: Inflation

I. Definition, Messung und Formen 461
Definition und Messung
Formen

II. Inflationswirkungen 465
Allgemeine Aspekte

Inflationswirkungen auf die Einkommensverteilung und Beschäftigung
III. Inflationstheorien 477
Inflationsbedingungen und Inflationstheorien
Monetäre und nichtmonetäre Inflationstheorien
Mathematischer Anhang zu Kapitel 19 484

20. Kapitel: Konjunktur

I. Sachverhalt der Konjunktur 491
Begriff, wissenschaftliche Bedeutung und Meßgrößen
Erscheinungsformen
II. Hypothesen über Konjunkturschwankungen 496
Traditionelle Theorien
Neuere Theorien
III. Zyklenmerkmale 504
Verstärker
Konjunktur und Wachstum

21. Kapitel: Stabilitätspolitik

I. Gesamtwirtschaftliche Instabilität als Problem 515
Gesamtwirtschaftliche Instabilität als Tatsache
Behauptungen über die Ursachen der gesamtwirtschaftlichen Instabilität
Prinzipien der Stabilitätspolitik
II. Stabilisierung des Preisniveaus 522
Träger der Geldpolitik und Regulierungen
Systemkonforme Maßstäbe
Systemkonforme Mittel
III. Sicherung eines hohen Beschäftigungsstandes 525
Tatsächliches Verhalten der Entscheidungsträger
Systemkonforme Maßstäbe
Systemkonforme Mittel
Literaturempfehlungen zum dritten Teil 535

Vierter Teil: Weltwirtschaft

22. Kapitel: Monetäre Theorie

I. Zahlungsbilanz 539
Begriff
Gliederung
Ausgleich
II. Wechselkurs-Mechanismus 545
Wechselkurs und Preisniveau
Wechselkurswirkungen
III. Preis-Mechanismen 553
Preisniveau-Mechanismus
Einzelpreis-Mechanismus
Monetärer Zahlungsbilanz-Mechanismus

Inhaltsverzeichnis

IV. Volkseinkommen-Mechanismus 559

Anhang 562
  elasticity approach
  Wechselkurse, Zinssätze und internationaler Kapitalverkehr

23. Kapitel: Güterwirtschaftliche Theorie

I. Theorie der komparativen Kosten 571
  Erklärungsansatz
  Handelsgewinn

II. Einige Erweiterungen der Analyse 578
  Kosten in Währungseinheiten
  Arbeitswerthypothese
  Kostenverlauf
  Nachfragestruktur
  Faktorausstattung

III. Zolltheorie 589
  Zollwirkungen
  Zollbegründungen
  Politische Zollbegründungen
  Finanzzölle
  Instrumentalzölle
  Schutzzölle

24. Kapitel: Außenwirtschaftspolitik

I. Handelspolitik 601
  Außenwirtschaftspolitik im allgemeinen, Handelspolitik im besonderen
  Zur Realität der Handelspolitik
  Handelspolitik aus ordnungspolitischer Sicht

II. Währungspolitik 611
  Währungspolitik als generelle Aufgabe
  Zur Realität der Währungspolitik
  Währungspolitik aus ordnungspolitischer Sicht

III. Entwicklungspolitik 618
  Entwicklingspolitik als Teil der Außenwirtschaftspolitik
  Zur Realität der Entwicklungspolitik
  Entwicklungspolitik aus ordnungspolitischer Sicht

Literaturempfehlungen zum vierten Teil 626

Symbolverzeichnis 629

Personenregister 637

Sachregister 641

Erster Teil

Grundlagen der Volkswirtschaftslehre

1. Kapitel: Volkswirtschaftslehre als Wissenschaft

I. Gegenstand und Probleme

Was heißt Volkswirtschaftslehre?
Wissenschaftssystematik - Definition der Volkswirtschaftslehre - Beschreibung der Volkswirtschaftslehre

Unterteilungen der Volkswirtschaftslehre und ihre Nachbarwissenschaften
Mikroökonomische und makroökonomische Theorie - Wirtschaftsgeschichte, Wirtschaftstheorie und Wirtschaftspolitik - Finanzwissenschaft und Betriebswirtschaftslehre - Mathematik, Statistik, Ökonometrie und Rechtswissenschaft

II. Werturteile und Methoden

Werturteile und Wissenschaft
Persönliche Einstellungen als Werturteile - Wertungen keine wissenschaftliche Aussagen - Werturteile nicht Erkenntnis der Wirklichkeit - Glauben - In jeder Hinsicht wertfreie Wissenschaft nicht möglich - Schwierigkeit aus Ziel-Mittel-Verhältnis - Werturteile und wissenschaftliche Aussagen

Entstehung und Überprüfung von Theorien
Vorgehen bei der Bildung und Begründung von Theorien - Beobachtung und Sammlung von Fakten - Hypothesen und Definitionen - Theorienbildung - Prüfverfahren - Vorläufigkeit jeder Theorie - Beispiel - Verwechslungen von Definitionen und Ableitungsergebnissen - Modelle - ceteris-paribus-Klausel - Vorhersage und Prognose - wirtschaftspolitische Empfehlungen - Rolle des einzelnen Forschers - Schwierigkeiten der Wirtschaftswissenschaft - Zukunft der Volkswirtschaftslehre

I. Gegenstand und Probleme

Was heißt Volkswirtschaftslehre?

Die Volkswirtschaftslehre (oft auch: Nationalökonomie) ist eine zusammenfassende Bezeichnung für einzelne Gebiete der Wirtschaftswissenschaft, deren Erkenntnisgegenstand (Objekt) generell Erscheinungen des Wirtschaftslebens sind. Das Verhältnis der Volkswirtschaftslehre zu anderen Wissenschaftsgebieten hängt davon ab, welche **Wissenschaftssystematik** zugrunde gelegt wird. Es ist möglich, die Wissenschaften insgesamt in Real- und Formalwissenschaften einzuteilen. Die Realwissenschaften (Naturwissenschaft, Sozialwissenschaft, Geschichte u. a.) liefern Informationen über die Realität (empirische Wissenschaften). Die Formalwissenschaften (Logik, "reine" Mathematik, statistische Methodenlehre u. a.) stellen Denkformen und Verfahrensregeln bereit, die der Erkenntnisgewinnung in den Realwissenschaften dienen (instrumentale Wissenschaften). Die Wirtschaftswissenschaft gehört - mit der Soziologie und Politikwissenschaft - zur Sozialwissenschaft (Objekt: soziale Wirklichkeit) und ist damit eine Realwissenschaft.

Die Aussage, Objekt der Wirtschaftswissenschaft seien Erscheinungen des Wirtschaftslebens, ist abstrakt und vage. Deshalb gibt es zahlreiche Versuche mit dem Ziel, konkreter zu fassen, womit sich die Volkswirtschaftslehre beschäftigt. Dabei lassen sich zwei Wege zur Konkretisierung unterscheiden: Der Gegenstand der Volkswirtschaftslehre wird definiert oder beschrieben. Zur Illustration des ersten Weges - **Definition der Volkswirtschaftslehre** - mögen folgende Beispiele dienen:

> "Political Economy or Economics is a study of mankind in the ordinary business of life; it examines that part of individual and social action which is most closely connected with the attainment and with the use of the material requisites of wellbeing" (MARSHALL).

> "Economics is a social science ... it is concerned with human activities..." (NEVIN).

> "Economics is the science which studies human behaviour as a relationship between ends and scarce means which have alternative uses" (ROBBINS).

Solchen Definitionen haftet der Nachteil an, daß sie entweder zu eng oder zu weit sind. Manche Ökonomen würden vermutlich die Definition, Wirtschaftswissenschaft sei eine Analyse der Menschheit in geschäftlichen Dingen, für zu weit halten, ebenso wie die, sie sei eine Untersuchung der menschlichen Wahlhandlungen. Dagegen dürfte die Definition, Wirtschaftswissenschaft untersuche die Überlegungen zur menschlichen Aktivität, soweit sie sich in Geld ausdrücken lasse, als zu eng gelten. Genauer gewählte Definitionen werden leicht umfangreich, ohne dem Anfänger klarmachen zu können, was inhaltlich genau gemeint ist. Dafür ein Beispiel:

> "Economics is the study of how men and society end up choosing with or wi-

thout the use of money, to employ scarce productive resources which could have alternative uses, to produce various commodities and distribute them for consumption, now or in the future, among various people and groups in society" (SAMUELSON).

Aus zahlreichen Definitionsversuchen ist die resignierende, wenn auch übertreibende Schlußfolgerung gezogen worden: Economics is what economists do.

Es empfiehlt sich deshalb, Definitionsprobleme diffiziler Art nicht am Beginn lösen zu wollen, sondern allenfalls an das Ende der Überlegungen zu stellen und statt dessen durch eine **Beschreibung der Volkswirtschaftslehre** - also auf dem zweiten Weg - zu verdeutlichen, worin die wissenschaftliche Beschäftigung des Ökonomen besteht. Sonst entsteht die Gefahr, daß die Analyse durch ein System von Begriffen (Begriffsnationalökonomie) verdrängt wird. Am Beginn dieses Weges stehen Fragen zu Problemen des Faches. Ein beliebiger Fragenkatalog, durch den die volkswirtschaftlichen Probleme umschrieben werden, könnte wie folgt aussehen: Warum werden bestimmte Güter erzeugt, andere dagegen nicht? Sind die Produzenten gezwungen, sich den Wünschen der Verbraucher anzupassen? Wie verhalten sich die Verbraucher, wenn ihr Einkommen steigt? Warum wird aus einer Anzahl technisch möglicher Produktionsverfahren ein bestimmtes ausgewählt? In welchen Mengen werden welche Güter produziert? Warum wird die Herstellung von Gütern eingestellt, obwohl einige Verbraucher sie weiterhin kaufen möchten? Warum verändern sich die Preise auf einzelnen Märkten? Wie entsteht Einkommen? Welchen Einfluß haben Gewerkschaften auf die Höhe der Löhne? Warum verdienen einige Leute sehr viel mehr als andere, deren Arbeit mühseliger ist? Wieso werfen Kapital- und Grundbesitz Einkommen ab? Wer produziert Geld und wie kommt es in Umlauf? Warum steigen in den meisten Ländern fortwährend die Preise? Aus welchem Grund ist ein Land mit viel Geld nicht unbedingt reicher als ein anderes mit weniger Geld? Wie kommt es, daß - wie in der Weltwirtschaftskrise in den Jahren nach 1929 - Millionen Menschen arbeitslos werden können? Wieso wechseln die Zeiten guter und schlechter Geschäftslage? Warum werden die Verbraucher von der Regierung in einem Jahr zum Maßhalten, im nächsten zum Geldausgeben aufgefordert? Wie entwickelt sich langfristig die Produktionskapazität eines Landes und was bestimmt das wirtschaftliche Wachstum? Wieso gibt es reiche und arme Länder? Warum werden manche Güter nur in einigen, andere dagegen in allen Ländern produziert? Welche Regeln bestimmen den Warenverkehr zwischen In- und Ausland? Wie vollziehen sich die Zahlungen im wirtschaftlichen Verkehr mit dem Ausland angesichts der Tatsache, daß es unterschiedliche Währungseinheiten und -systeme gibt? Dieser Katalog von Fragen recht unterschiedlichen Inhalts ließe sich leicht vergrößern. Es ist aber auch möglich, das Gemeinsame einiger Fragen hervorzuheben, so daß sich ihre Zahl reduzieren läßt. Der deutsche Nationalökonom WALTER EUCKEN (1891-1950) hat angesichts des komplexen Wirtschaftsgeschehens die Grundfrage gestellt: Wie erfolgt die Lenkung dieses gewaltigen arbeitsteiligen Prozesses, von dem die Versorgung der Menschen mit Gütern, also die Existenz jedes einzel-

Fragestellungen	Theoriegebiete
1. Warum und in welcher Menge werden bestimmte Güter nachgefragt?	Haushaltstheorie
2. Nach welchen Kriterien werden Güter erzeugt und wovon hängt die Wahl des Produktionsverfahrens ab?	Unternehmenstheorie
3. In welchen Mengen werden Güter zu einem bestimmten Preis - oder zu welchem Preis bestimmte Mengen - verkauft und wovon hängt die Zusammensetzung der gesamtwirtschaftlichen Produktion ab?	Preistheorie
4. Was bestimmt die Verteilung des Produktionsergebnisses auf die Anbieter produktiver Leistungen (Arbeit, Kapital, Boden)?	Verteilungstheorie
5. Welche Aufgaben kann das Geld übernehmen und welche Wirkungen gehen von ihm aus?	Geldtheorie
6. Welche Einflüsse gehen von der Staatstätigkeit aus?	Finanztheorie
7. Wodurch ist die Beschäftigung der Anbieter produktiver Leistungen bestimmt?	Beschäftigungstheorie
8. Welche Größen beeinflussen die gesamtwirtschaftlichen Aktivitäten?	Konjunkturtheorie
9. Welches sind die Gründe und Bedingungen für das gesamtwirtschaftliche Wachstum?	Wachstumstheorie
10. Zu welchen Besonderheiten führt die Existenz autonomer Wirtschaftsräume und Währungseinheiten?	Außenwirtschaftstheorie

Übers. 1-1: Fragestellungen und Gebiete der Volkswirtschaftslehre

nen abhängt? Er löst diese umfassende Fragestellung in eine kleinere Zahl von Einzelfragen auf: Was, wofür, wann, wie und wo wird produziert? Diese Fragen lassen sich dahingehend präzisieren, daß sie zu Ausgangsfragen werden, die Teilgebiete der Wirtschaftstheorie kennzeichnen. Sie werden zweckmäßig wie folgt zusammengefaßt (*Übers. 1-1*). Der Aufbau des Buches entspricht dieser Systematik.

Unterteilungen der Volkswirtschaftslehre und ihre Nachbarwissenschaften

Innerhalb der Volkswirtschaftslehre gibt es einige Unterteilungen oder - nach einem engeren Verständnis des Faches - Abgrenzungen, von denen drei erwähnt seien. Eine erste Unterscheidung, auf die man im angelsächsischen, zunehmend auch im deutschen Schrifttum stößt, ist die nach **mikroökonomischer und makroökonomischer Theorie** (kurz : Mikroökonomie und Makroökonomie). Mit dieser Unterscheidung versucht man der Tatsache Rechnung zu tragen, daß es einzelwirtschaftliche (mikroökonomische) und gesamtwirtschaftliche (makroökonomische) Sachverhalte gibt, die eine entsprechende Betrachtungsweise erfordern. Mikroökonomische Sachverhalte sind das wirtschaftliche Geschehen in den Haushalten und Unternehmen, die Preisbildung und Verteilung (Theoriegebiete 1 bis 4), makroökonomische die Geldversorgung, der Wirtschaftskreislauf und seine Störungen sowie das Wachstum der Wirtschaft als Ganzes (Theoriegebiete 5 bis 10). Die Trennung nach Mikro- und Makroökonomie ist nicht unproblematisch. Zahlreiche Tatbestände haben einzel- und gesamtwirtschaftliche Aspekte (z. B. die Verteilungs- und die Außenwirtschaftstheorie), so daß sich eine Übernahme dieses rohen Klassifikationsmusters vor allem in der Forschung als unzweckmäßig erweisen kann.

Eine zweite Unterteilung ist die nach **Wirtschaftsgeschichte, Wirtschaftstheorie und Wirtschaftspolitik** (letzere besser: Theorie der Wirtschaftspolitik). Diese Unterscheidung geht von Grundfragen aus, die sich über die Wirtschaft stellen lassen. Erstens kann man die Entstehungsgeschichte erforschen: Was war? Antworten auf diese Frage gibt die Wirtschaftsgeschichte. Zweitens möchte man oft wissen: Was ist und weshalb ist es so? Diese Frage versucht die Wirtschaftstheorie zu klären. Drittens ist man an der Beantwortung der Frage interessiert: Was kann sein und wie lassen sich bestimmte Ziele erreichen? Das ist Gegenstand der Theorie der Wirtschaftspolitik. Alle drei Grundfragen heben bestimmte Seiten der Wirtschaft hervor, die auch als historische Tatsachenbeschreibung, Modellbildung und Analyse von Handlungssystemen gegeneinander abgegrenzt werden können. Die Wirtschaftsgeschichte - als Teil der Geschichtswissenschaft - formuliert raum- und zeitbezogene (singuläre) Aussagen, die aus der Betrachtung vergangener Ereignisse hervorgehen und diese beschreiben. Informationen über historische Vorgänge sind für das Verständnis gegenwärtigen Geschehens nützlich. Diese Feststellung gilt auch für die Geschichte der Lehrmeinungen (Dogmengeschichte); ihr Objekt sind die wirtschaftswissenschaftlichen Ansichten und Erkenntnisse früherer Ökonomen. Da die Begründung wissenschaftlicher Auffassungen in Beziehung zu Raum und Zeit steht, existiert zwischen Wirtschafts- und Dogmengeschichte ein Zusammenhang: Oft haben Ansichten ihren Ursprung in aktuellen Anlässen und sind nur bei Kenntnis der historischen Ereignisse verständlich. Die Wirtschaftstheorie bildet Systeme nicht an Raum und Zeit gebundener (genereller) Aussagen, die man als Gesetze oder nomologische Hypothesen bezeichnet. Wie sie entstehen und zu begründen sind, wird noch erläutert. Grundsätzlich gilt jedoch, daß die Wirtschaftswissenschaft als Realwissenschaft ihre Erkenntnisse auf historischen Erfahrungen basieren läßt. Die Wirtschaftsgeschichte ist deshalb als eine der Grundlagen der Wirtschaftstheorie anzusehen. Allgemeine Volkswirtschaftslehre und Wirtschaftstheorie sind in diesem Buch synonym gebrauchte Bezeichnungen. Die Theorie der Wirtschaftspolitik, die Ziele und Mittel der Wirtschaftspolitik analysiert, unterscheidet sich von der Wirtschaftstheorie nur in der Art der Fragestellung. Sie sucht nach den Gestaltungsmöglichkeiten wirtschaftlichen Geschehens mit Hilfe der von der Wirtschaftstheorie formulierten Gesetzmäßigkeiten. Insofern steht sie in engem Zusammenhang mit der Wirtschaftstheorie. Viele Forscher sehen die Suche nach ökonomischen Gestaltungsmöglichkeiten als entscheidendes Motiv für ihre wissenschaftliche Arbeit an. Wirtschaftsgeschichte und -theorie hätten danach für die Theorie der Wirtschaftspolitik eine instrumentale Funktion. Dieser Ansicht steht die Auffassung gegenüber, nach der die Verwertung wissenschaftlicher Ergebnisse als Forschungsmotiv von untergeordneter Bedeutung ist und von dem zweckfreien Erkenntnisstreben des Forschers überdeckt wird. Dem herrschenden Selbstverständnis der Wirtschaftswissenschaft, dem in diesem Buch gefolgt wird, entspricht jedoch eine instrumentale Funktion der in der Wirtschaftstheorie gewonnenen Erkenntnisse.

Drittens wird aus der *Übers.* 1-1 deutlich, daß wissenschaftssystematisch gesehen die **Finanzwissenschaft** (Theoriegebiet 6) **und** die **Betriebswirtschaftslehre** (Theoriegebiete 2 und 3) Bestandteile der Volkswirtschaftslehre sind. Folgerichtig überdecken im angelsächsischen Bereich Volkswirtschaftslehre und Economics dieselben Gebiete. Im deutschen Sprachraum haben sich die Finanzwissenschaft teilweise, die Betriebswirtschaftslehre fast völlig als selbständige Disziplinen entwickelt, obwohl unbestritten die Finanz-, Unternehmens- und Preistheorie zu den wesentlichen Teilen der Volkswirtschaftslehre gehören. Die Gründe für diese Wissenschaftsentwicklung sind historischer Art. Die traditionelle deutsche Finanzwissenschaft beschäftigte sich vorwiegend mit dem Staat in seiner Rolle als Fiskus. Seinen entsprechenden Ausdruck fand dieses staatswissenschaftliche Verständnis in institutionellen und philosophischen Erörterungen (z. B. über die Technik der Steuererhebung und die Rechtfertigung staatlicher Aktivitäten). Die Ausgestaltung der Wirtschaftstheorie, vor allem der Makroökonomie, in den letzten Jahrzehnten und die "Ökonomisierung" der Finanzwissenschaft im angelsächsischen Sprachraum hat die Defekte dieser Betrachtungsweise offenkundig gemacht und - nunmehr auch im deutschen Sprachraum - zu einer Einbettung der Finanzwissenschaft in die Volkswirtschaftslehre geführt. Die traditionelle deutsche Betriebswirtschaftslehre hat sich außerhalb der Universitäten entwickelt, weil die Ausbildung in der Volkswirtschaftslehre den Bedarf an akademisch geschulten Kaufleuten in der Vergangenheit lange Zeit vernachlässigte. Die Volkswirtschaftslehre - bis zum Zweiten Weltkrieg im deutschsprachigen Raum mit wenigen Ausnahmen (z. B. in der Wiener Schule) ohnedies mehr wirtschaftshistorisch als wirtschaftstheoretisch und -politisch orientiert - nahm sich insbesondere der Unternehmens- und Marktprobleme nicht in einem Maße an, das angesichts der raschen industriellen Entwicklung erforderlich gewesen wäre. In der Zeit ab 1960 unternommene Versuche, auch im deutschen Sprachraum die Einheit der Wirtschaftswissenschaft herzustellen - erkennbar z. B. in der Ersetzung der seinerzeitigen Studienabschlüsse Diplom-Volkswirt und Diplom-Kaufmann durch Diplom-Ökonom -, haben bisher keinen durchschlagenden Erfolg gehabt.

Nachbarwissenschaften der Volkswirtschaftslehre sind alle wissenschaftlichen Disziplinen, deren Erkenntnisobjekte in einem Zusammenhang mit dem der Volkswirtschaftslehre stehen. Dazu zählen insbesondere die Politikwissenschaft, die Sozialwissenschaft, die allgemeine Geschichtswissenschaft und die Rechtswissenschaft, aber auch spezielle Wissenschaftsgebiete, wie beispielsweise die Psychologie. Darüber hinaus sind die Hilfswissenschaften der Volkswirtschaftslehre zu erwähnen. Darunter werden solche Disziplinen verstanden, deren Denkweisen und Methoden jedem Nationalökonomen, der sein Fach beherrschen will, in einem gewissen Umfang geläufig sein müssen. Mit dieser engen Abgrenzung bleiben eine Reihe von Disziplinen, die für die Bewältigung bestimmter Aufgaben in Theorie und Praxis erwünscht oder notwendig sein können (z. B. Fremdsprachen), außer Betracht. Hilfswissenschaften der Volkswirtschaftslehre sind insbesondere die **Mathematik**, die **Statistik** und die **Rechtswissenschaft**, letztere in Abhebung von ihrem Charakter als Nachbarwissenschaft nur insoweit sie eine direkte Auswirkung auf das ökonomische Geschehen besitzt. Die Hilfswissenschaft Mathematik ist von fundamentaler Bedeutung für die Darstellung und die logisch deduktive Entwicklung wirtschaftswissenschaftlicher Theorien, wie noch zu verdeutlichen sein wird. Die Statistik, die in ihrem Kern ein Gebiet der Wahrscheinlichkeitstheorie ist, stellt Instrumente bereit, die eine Verarbeitung und Auswertung empirischer Daten ermöglichen. Überdies ist die empirische Prüfung von Hypothesen ein wesentliches Element wirtschaftswissenschaftlicher Erkenntnisgewinnung. Aus beiden Gründen sind elementare Fertigkeiten mit statistischen Verfahren eine Voraussetzung für das Verständnis der modernen Volkswirtschaftslehre. Auf einem hohen Niveau, vor allem in der Forschung, ist der Volkswirt bei der gegenwärtigen, sich ausbreitenden wissenschaftlichen Arbeitsteilung auf die Zusammenarbeit mit Spezialisten angewiesen - eine Regel, die nicht nur für das Verhältnis von Ökonomen und Mathematikern gilt. Die zunehmende Zusammenarbeit von Ökonomen, Mathematikern und Statistikern hat dazu geführt, daß sich innerhalb der Wirtschaftswissenschaften ein eigenes Spezialgebiet, die Ökonometrie, entwickelt hat. Die Rechtswissenschaft vermittelt die Kenntnisse, die für das Handeln - in der Sache und für das Verfahren - nach den jeweils geltenden Vorschriften verbindlich sind. Da die Wirtschaftswissenschaft sich mit Handlungen beschäftigt - wie die *Übers. 1-1* verdeutlicht -, ist es wichtig zu wissen, ob bestimmte Aktionen rechtlich zulässig sind und verfolgt werden können. In der wirtschaftlichen Praxis genügt es häufig, daß der Ökonom die juristischen Probleme wirtschaftlicher Entscheidungen rechtzeitig erkennt.

II. Werturteile und Methoden

Werturteile und Wissenschaft

Die Festlegung darüber, was Wissenschaft ist, läßt sich verschieden lösen. Dabei haben individuelle Überzeugungen ein großes Gewicht. Die Entscheidung für einen bestimmten Wissenschaftsbegriff ist deshalb Ausdruck der persönlichen Ansicht darüber, was Aufgabe der Wissenschaft sein soll. **Persönliche Einstellungen** - individuellen Geschmack -, ganz gleich worauf sie sich richten, bezeichnet man als Meinungen oder **Werturteile**.

In Übereinstimmung mit der herrschenden methodologischen Auffassung soll ein Wissenschaftsbegriff verwendet werden, der es nicht in das persönliche Belieben des einzelnen stellt, ob eine wissenschaftliche Aussage akzeptiert wird oder nicht. Das aber bedeutet, daß **Wertungen**, über die man verschiedener Ansicht sein kann, **keine wissenschaftlichen Aussagen** sind. Diese Abgrenzung des Wissenschaftsbegriffs sei an einigen Beispielen erläutert: Ob Kauf und Konsum eines bestimmten Gutes - z. B. eines schnellen Sportwagens oder alten Whiskys - einen Luxus darstellt, darüber wird es verschiedene Meinungen geben. Der Ausdruck Luxus ist also ein wertbezogener und deshalb unwissenschaftlicher Begriff, und die Begründung einer Luxussteuer kann sich nicht auf wissenschaftliche Aussagen stützen. Verschiedener Ansicht wird man auch darüber sein, ob ein Einkommen im Hinblick auf die erbrachte Leistung angemessen oder die Verteilung der Einkommen gerecht ist. Wer von gerechten Löhnen oder von ungerechter Einkommensverteilung spricht, bedient sich nach dem herrschenden Wissenschaftsverständnis einer unwissenschaftlichen Ausdrucksweise. Aus denselben Gründen ist eine so allgemein gehaltene und verschieden interpretierbare Aussage, wie: "Eine progressive Einkommensteuer ist besser als eine proportionale", ein Werturteil. Ein häufiger Gebrauch von Begriffen wie "gerecht", "fortschrittlich" oder "gut" - charakteristisch für politische Äußerungen - sollte nicht darüber hinwegtäuschen, daß sich dahinter die handfeste Absicht verbergen kann, bestimmte Meinungen gegen widerstreitende durchzusetzen. Werturteile stehen zu wissenschaftlichen Aussagen in demselben Verhältnis wie meinen zu wissen. Sie haben die Form von imperativen (etwas soll sein) oder normativen (etwas ist gut oder schlecht) Aussagen. Wissenschaftliche Feststellungen sind dagegen Tatsachenaussagen (etwas ist so oder nicht so). Das Merkmal zur Unterscheidung von Werturteilen und wissenschaftlichen Aussagen ist demnach die Möglichkeit der intersubjektiven Überprüfbarkeit und der Kritik. Die Aussage: "Das Wetter ist schön", stellt ein Werturteil dar, es sei denn, "schön" ist durch intersubjektiv überprüfbare Angaben (wie Temperatur, Luftfeuchte, Bewölkung) näher definiert und der Kritik zugänglich.

Werturteile können **nicht** zur **Erkenntnis der Wirklichkeit** beitragen. Sie geben lediglich Informationen über die Ansicht, Stellungnahme oder Haltung einer Person zu einem Vorkommnis oder einer Verhaltensweise. Aussagen, die ein Wissen über die Wirklichkeit vermitteln, müssen dagegen unabhängig von unseren individuellen Ansichten und Bekenntnissen, also allgemeingültig sein. Soll unser Wissen von den realen Sachverhalten vergrößert werden, muß sich der Wissenschaftler in seinen wissenschaftlichen Äußerungen auf solche Aussagen beschränken, die das zu leisten vermögen. Das mag im Einzelfall schwierig sein. Sofern nur das Prinzip der Werturteilsfreiheit allgemein in der Wissenschaft anerkannt wird, besteht eine große Wahrscheinlichkeit, daß unwissenschaftliche Aussagen im Verlauf des Wissenschaftsprozesses durch gegenseitige Kritik und Antikritik eliminiert werden. Ließe man statt dessen Werturteile prinzipiell zu, entstünde ein unentwirrbares Gemisch von Aussagen, das weder der sachlichen Information noch der Klärung persönlicher Standpunkte nützt. Wird eine von Werturteilen freie Wirtschaftswissenschaft für unerwünscht gehalten, ist wissenschaftliche Erkenntnis der bestehenden wirtschaftlichen Zusammenhänge nur schwer möglich. Eine aus Werturteilen bestehende oder von ihnen durchsetzte "Wissenschaft" wäre geeignet, verschiedenen Zielen zu dienen. Sie könnte die Menschen stimulieren (was auch Romane und Märchen tun), zur Festigung von Herrschaftsverhältnissen oder zur Begründung einer Revolution dienen (wie politische Ideologien). Nur eine Erweiterung der Erkenntnis darf man von ihr nicht erwarten. Wer sich gegen eine in ihren Aussagen wertfreie Wissenschaft wendet, spricht ein Verdikt gegen die Ausweitung überprüfbarer Informationen aus.

Diese Wissenschaftsdefinition ist primär negativ bestimmt. Mit ihr werden lediglich Werturteile in der Bedeutung von Meinungen ausgeschlossen. Positiv bleiben sämtliche Möglichkeiten offen, allgemeingültige Erkenntnisse zu gewinnen (Methodenpluralismus). Kriterium der Abgrenzung ist die intersubjektive Überprüfbarkeit, unabhängig davon, wie bestimmte Aussagensysteme bezeichnet werden. So gesehen hat es z. B. keinen Sinn, von einer bürgerlichen oder marxistischen Theorie zu sprechen, wenn damit mehr als eine Herkunftsbezeichnung gemeint ist (eine Theorie von KARL MARX oder von "bürgerlichen Ökonomen"). Aussagen sind wissenschaftlich oder unwissenschaftlich, gleichgültig von wem sie stammen. Anders als Werturteile schließt dieser Wissenschaftsbegriff **Glauben** grundsätzlich nicht aus, sofern mit Glauben "Fürwahrhalten" und mit Wissen im engeren Sinn "Erkenntnis aus Sinneserfahrung und Verstandeseinsicht" gemeint werden. Ein großer Teil unseres Wissens beruht darauf, daß wir anderen - den Vertrauenswürdigen oder "Autoritäten" - glauben.

Die Entscheidung für eine in ihren Aussagen werturteilsfreie Wissenschaft bedeutet **keineswegs**, daß es eine **in jeder Hinsicht wertfreie Wissenschaft** gibt oder auch nur geben könnte. Erstens sei wiederholt, die Wahl des Wissenschaftsbegriffs selbst ist eine Wertung. Ob Aussagen der allgemeinen Wissensvermehrung dienen sollen, darüber kann man verschiedener Meinung sein, und tatsächlich hat es zu allen Zeiten Menschen gegeben, die der Wissenschaft eine andere Aufgabe gestellt haben. Zweitens ist nach aller Erfahrung die Zahl der zu lösenden Probleme größer als die Forschungskapazität. Eine Auswahl ist unvermeidlich (Selektionsproblem). In der Problemwahl werden sich die persönlichen Neigungen des Forschers niederschlagen. Vermutlich hegen die meisten Menschen die Hoffnung, daß Wissenschaftler Probleme aufgreifen, von deren Lösung für alle ein Nutzen ausgeht, und keine Erkenntnisse erarbeiten, aus denen allgemeiner Schaden erwächst. Da wissenschaftliche Ergebnisse in ihren Konsequenzen, ihre Verwertung meistens schwer abzuschätzen sind, ist diese Maxime, der sicherlich fast alle Wissenschaftler entsprechen möchten, nicht leicht zu befolgen. Drittens können Werturteile selbst Gegenstand wissenschaftlicher Aussagen sein. Die Behauptung: "Diese Einkommensverteilung ist ungerecht", ist ein Werturteil. Es kann jedoch wissenschaftlich untersucht werden, wieso die meisten Menschen dazu kommen, eine bestimmte Einkommensverteilung als ungerecht zu bezeichnen. Insbesondere ist die Entstehung oder Vereinbarkeit von Werturteilen in wissenschaftlichen Untersuchungen grundsätzlich klärbar. Die genannten drei Wertbezüge lassen jedoch die Forderung nach wertfreien Aussagen unberührt. Diese Forderung behindert den Forscher auch nicht, persönlich Stellung zu beziehen und Werturteile abzugeben. Nur kann er sich dann nicht auf die Wissenschaft berufen und deren Autorität in Anspruch nehmen.

Eine besondere **Schwierigkeit** ergibt sich **aus** dem für wirtschaftliche Zusammenhänge typischen **Ziel-Mittel-Verhältnis**. Die Aussage: "Die Anbieter produktiver Leistungen (Arbeit, Boden, Kapital) sollen vollbeschäftigt sein", stellt - isoliert gesehen - ein Werturteil dar. Ob Vollbeschäftigung herrschen soll, darüber kann man verschiedener Meinung sein. Die weitaus meisten Menschen

1. Volkswirtschaftslehre als Wissenschaft

dürften Vollbeschäftigung als dringend erwünscht betrachten. Das ändert nichts an der Qualität der Aussage, die sich nicht nach irgendwelchen Mehrheiten richtet. Dieselbe Aussage kann wissenschaftlicher Art sein. Soll die Wirtschaft im Rahmen der gegebenen Produktivkräfte möglichst stark wachsen - wie immer Wachstum definiert sein mag -, müssen die Anbieter vollbeschäftigt sein, sofern zwingend nachgewiesen werden kann, daß das Wachstum bei Vollbeschäftigung größer ist als bei Unterbeschäftigung. Das wissenschaftlich nicht ableitbare Ziel hieße dann Wachstum; Vollbeschäftigung wäre ein wissenschaftlich begründbares Mittel zur Förderung des Wachstums. Ob der Einsatz eines Mittels bestimmte Wirkungen hat, ist ein der wissenschaftlichen Analyse zugängliches Problem und eine Aussage über die Adäquanz des Mitteleinsatzes zur Erreichung vorgegebener Ziele kein Werturteil im obigen Sinn.

Sachverhalt	Mögliches Werturteil	Mögliche wissenschaftliche Aussage
1. Einige Bauarbeiter essen Kaviar zum Frühstück.	Der Verzehr von Kaviar ist ein Luxus für Bauarbeiter.	Die Kaviarnachfrage der Bauarbeiter wird aus Lohnerhöhungen bestritten.
2. Unternehmer verdienen im Durchschnitt zehnmal soviel wie Arbeiter.	Die Einkommensverteilung ist ungerecht.	Die Einkommensverteilung ist ungleichmäßig.
3. Die deutsche Landwirtschaft erhält jährlich 4 Mrd. Euro Subventionen.	Die Subventionen sind zu hoch (oder zu gering).	Die öffentliche Hilfe für die Landwirtschaft bindet etwa 100 000 Beschäftigte in der Landwirtschaft.
4. Die Zahl der Unbeschäftigten - ausgedrückt in Prozenten der Arbeitswilligen (Arbeitslosenquote) - beträgt 10% im Jahresmittel.	Eine Arbeitslosenquote von 10% ist unerwünscht.	Bei einer Arbeitslosenquote von 10% ist das Sozialprodukt kleiner als bei einer geringeren Arbeitslosigkeit.
5. Das gesamtwirtschaftliche Einkommen zu konstanten Preisen steigt um 3% pro Jahr.	Das Wachstum ist angemessen.	Das Wachstum reicht aus, die Pro-Kopf-Einkommen um 2% und den Staatsanteil um 6% zu erhöhen.

Übers. 1-2: Werturteile und wissenschaftliche Aussagen

In Grenzfällen lassen sich **Werturteile und wissenschaftliche Aussagen** nicht scharf trennen, weil viele Ausdrücke, die Eingang in den wirtschaftswissenschaftlichen Sprachgebrauch gefunden haben, in der Alltagssprache emotionell aufgeladen sind. Doch in der Regel dürfte eine klare Scheidung von Werturteilen und wissenschaftlichen Aussagen möglich sein und die hier getroffene Sprachregelung eine nützliche Hilfe bieten. Die Fähigkeit, Werturteile von wissenschaftlichen Aussagen zu unterscheiden, läßt sich durch sorgfältigen Sprachgebrauch erhöhen. Einige Beispiele sollen das Gesagte noch einmal verdeutlichen (*Übers. 1-2*).

Entstehung und Überprüfung von Theorien

Die Ergebnisse wirtschaftswissenschaftlicher Forschung werden in Form von Theorien vorgelegt. Nach der negativen, Werturteile ausschließenden Wissenschaftsabgrenzung bleibt zu bestimmen, wie Theorien entstehen und ihre Geltung zu begründen ist. Zu diesem Fragenkomplex, der das Gebiet der Wissenschaftstheorie berührt, gibt es keine völlig unbestrittene, wohl aber eine herrschende Auffassung. Wird mit ihr Wirtschaftswissenschaft als Erfahrungs- oder Realwissenschaft verstanden, läßt sich das **Vorgehen bei der Bildung und Begründung von Theorien** schematisch wie folgt darstellen:

⇨ Die wissenschaftliche Arbeit beginnt mit der Beobachtung und Sammlung von Fakten.

⇨ Zwischen auslösenden Faktoren (Ursachen) und bestimmten Folgen (Wirkungen) werden Beziehungen postuliert (Behauptungen oder Hypothesen); der sprachlichen Vereinfachung dienen begriffliche Festlegungen von Sachverhalten (Definitionen).

⇨ Aus den Hypothesen werden durch logische Ableitung (Deduktion) Theorien gebildet (abgeleitete Hypothesen oder Konklusionen). Da die Ausgangshypothesen die abgeleiteten Hypothesen oder Konklusionen bereits mit einschließen, bezeichnet man sie summarisch auch als Implikationen.

⇨ In einem Prüfverfahren wird festgestellt, ob die Hypothesen sich logisch halten lassen (Konsistenztest) und mit den Fakten nicht kollidieren (empirischer Test).

⇨ Die Prüfungsfolgen sind: Überstehen Hypothesen diese Prüfung nicht, werden sie korrigiert oder dann aufgegeben, wenn sich eine alternative Hypothese als überlegen erweist; behaupten sich Hypothesen, gelten sie als vorläufig gültige Theorien, auf die bei wirtschaftspolitischen Entscheidungen zurückgegriffen werden kann.

Die einzelnen Schritte seien kurz erläutert und mit einem Beispiel illustriert.

Eine wissenschaftliche Untersuchung basiert häufig auf der **Beobachtung und Sammlung von Fakten**. Dabei kann es sich um historische Informationen und empirische Daten aus der Gegenwart handeln, welche wirtschaftliche Vorgänge und die Entwicklung ökonomischer Größen beschreiben. Der Wissenschaftler mag das gelegentlich absichtslos tun. Meistens wird jedoch die Faktenbeobachtung - wie die Wirtschafts- und die Dogmengeschichte zeigen - von ungelösten Problemen bestimmt. Da Fakten nicht für sich sprechen, trifft der Forscher eine systematische Auswahl, bei der ihn bestimmte Fragen, Vermutungen oder vorgefaßte Hypothesen leiten. Angenommen, in einem Land steigen seit einigen Jahren die Preise. Gibt es dafür bisher keine Erklärung, wird der Wissenschaftler solche Fakten auswählen, von denen er annimmt, daß sie möglicherweise seine auch noch so vage Vermutung über die Ursache der Preissteigerung bestätigen. Bedeutende Forscher zeichnen sich dadurch aus, daß sie wichtige Fragen zur richtigen Zeit stellen.

Wissenschaftliche Aussagen geben in der Regel eine Antwort auf die Frage nach den Ursachen von Ereignissen. Wird eine Folge von Ereignissen beobachtet, die unter denselben Bedingungen immer wieder eintreten, kann über die vermutete Beziehung zwischen dem Ereignis und dem auslösenden Faktor eine

1. Volkswirtschaftslehre als Wissenschaft

generelle Aussage gemacht werden. Diese Aussage wird **Hypothese** genannt. So kann der Forscher beobachtet haben, daß in vergleichbaren Situationen immer dann die Preise steigen, wenn einem Land anhaltend Devisen zufließen. Er wird dann die Hypothese aufstellen, daß die Ursache der Preissteigerungen der Devisenzufluß ist. Häufig läßt sich nur ein Wahrscheinlichkeitsgrad angeben, mit dem das Eintreten des Ereignisses erwartet werden kann. Durch **Definitionen** wird festgelegt, wie die in der Untersuchung verwendeten Begriffe, z. B. Preisniveau und Devisenüberschuß, zu verstehen sind. Definitionen haben eine Sprachregelungsfunktion - weshalb sie wissenschaftlich von großem Nutzen sind -, informieren jedoch nicht über Sachverhalte; noch so zahlreiche Definitionen vergrößern unser Wissen nicht.

Die Aussagen, aus denen weitere Hypothesen logisch abgeleitet werden können, nennt man Prämissen, die abgeleiteten (deduzierten) Hypothesen selbst **Theorien** (Konklusionen). Als Prämissen fungieren Definitionen und Hypothesen, bei denen zwischen Verhaltenshypothesen (Aussagen über Verhaltensweisen) und technischen Hypothesen (Aussagen über technisch-physikalische Zusammenhänge) unterschieden wird. Gleichgewichts-Bedingungen, die ein Verhalten im Gleichgewicht beschreiben, werden als Unterfall von Verhaltenshypothesen angesehen. Diese Unterscheidung der Prämissen tritt noch einmal bei Funktionen auf, weil sich viele Hypothesen als Funktionsgleichung formulieren lassen. Impliziert z. B. der Devisenzustrom eine Ausweitung der inländischen Geldmenge, wäre die Aussage, eine Geldmengenexpansion führe zur Preisniveauerhöhung, eine Konklusion. Je komplizierter die Prämissen sind, um so zahlreicher sind meist die Hypothesen, die sich ableiten lassen. Wenn Hypothesen in ein Ableitbarkeitsverhältnis gebracht werden, spricht man von einem Hypothesensystem.

Sind hypothetische Aussagen gebildet worden, unterwirft man sie einem **Prüfverfahren**, um festzustellen, ob sie logisch richtig und empirisch wahr sind. Hypothetische Aussagen werden zurückgewiesen, sofern logische Widersprüche auftreten oder die Konklusionen nicht durch die Prämissen gedeckt sind; im letzten Fall läßt sich der Mangel oft durch Ergänzung, Ersatz oder Umformulierung der Prämissen beheben. Die Wahrheit einer Theorie wird an der Wirklichkeit gemessen (empirische Prüfung, empirischer Test).

Eine Theorie, die sich empirisch immer wieder bewährt, kann dennoch nicht als definitiv wahr bezeichnet werden, weil die Möglichkeit einer zukünftigen Widerlegung durch Tatsachen nicht auszuschließen ist. Jede **Theorie** gilt deswegen **nur** als **vorläufig** bestätigt oder noch nicht widerlegt (falsifiziert). Dem Falsifizierungstest kommt besondere Bedeutung zu; denn für eine Theorie lassen sich angesichts der großen Fülle empirischer Fakten fast immer Bestätigungen finden (law of observation), die über die Widerlegung der Theorie durch andere Tatsachen hinwegtäuschen können. Der Umfang und die Sicherheit unseres Wissens wären deshalb ziemlich begrenzt, wenn man sich mit der Bestätigung von Theorien durch wenige empirische Beispiele begnügen würde. Unsere Kenntnis von der Realität wird vor allem dadurch gefördert, daß an die Stelle bisher unsicherer Theorien neue, empirisch hinreichend bestätigte Aussagensysteme treten. Dazu ist es nötig, die vorhandenen Theorien ständigen Falsifizierungsversuchen zu unterwerfen. Erweist sich im Testverfahren, daß unter den angegebenen Bedingungen die Aussage, eine Geldmengenausweitung führe zu einer bestimmten Preisniveauerhöhung, nicht zu widerlegen ist, kann sie als vorläufig gültige Theorie gelten; es entspräche den Anforderungen einer rational gestalteten Wirtschaftspolitik, wenn sie bei Entscheidungen berücksichtigt würde. Wird eine wissenschaftliche Aussage oder Theorie falsifiziert, gibt man sie entweder zugunsten einer überlegeneren auf oder ergänzt sie im Hinblick auf bekannt gewordene Tatsachen so, daß sie erneuten Falsifizierungsversuchen standhält.

Entstehung und Überprüfung von Theorien werden in einem Schema noch einmal verdeutlicht (*Übers. 1-3*).

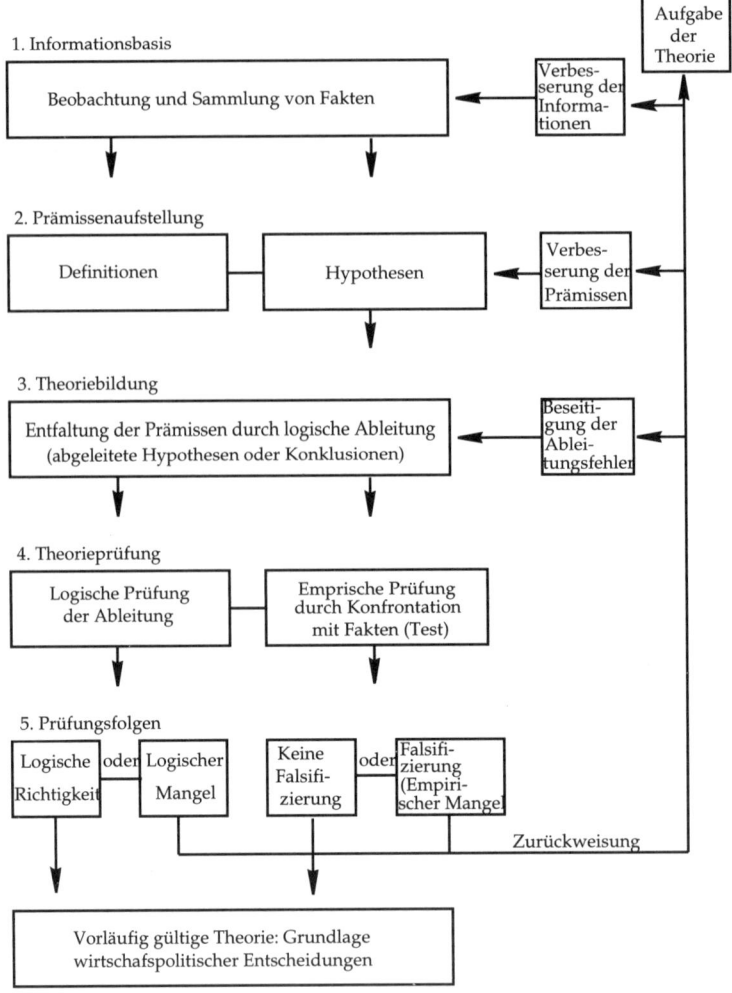

Übers. 1-3: Entstehung und Überprüfung von Theorien

1. Volkswirtschaftslehre als Wissenschaft

Diese methodologische Konzeption kann - wie die Erfahrung zeigt - trotz ihrer Einfachheit zu *Mißverständnissen* Anlaß geben, wenn ihre Besonderheiten außer acht gelassen werden. Sie sei deswegen anhand eines **Beispiels** illustriert und zugleich in bestimmten Punkten genauer beschrieben.

Nicht selten kommt es zu **Verwechslungen von Definitionen und Ableitungsergebnissen**, zumal wenn sie sich in der Schreibweise gleichen. Ein bekanntes Beispiel, das auch dogmengeschichtlich zu Konfusionen geführt hat, bildet die Aussage "Sparen ist gleich Investieren". Bezeichnet man das Volkseinkommen eines Landes mit Y, die Ausgaben für Investitionsgüter mit I, die für Konsumgüter mit C und die nicht verausgabten (gesparten) Einkommen mit S kann man definieren:

(1.1 a) $Y_1 = C + I$ (Definitions-Gleichung)

(1.1 b) $Y_2 = C + S$ (Definitions-Gleichung).

In (1.1 a) wird das Volkseinkommen unter dem Gesichtspunkt definiert, welche Ausgaben in einer Periode zur Entstehung des Volkseinkommens beitragen. (1.1 b) stellt auf die Frage ab, wie ein entstandenes Volkseinkommen aufgeteilt werden kann. Da in (1.1 a) und in (1.1 b) offenbar ein und dasselbe Volkseinkommen nur von verschiedenen Seiten aus betrachtet wird, gilt die Identität

(1.2) $Y_1 \equiv Y_2$ (Identitäts-Gleichung).

Aus den drei Gleichungen folgt als weitere Identität

(1.3) $I \equiv S$ (Identitäts-Gleichung).

Gleichung (1.3) besagt, daß die Investitionsausgaben und Ersparnisse identisch, ihre Beträge also stets gleich groß sind. Damit ist weder eine Hypothese aufgestellt noch eine Theorie entwickelt worden. Die Identität (1.3) stellt lediglich eine Konklusion aus den Definitionen (1.1 a) und (1.1 b) dar. Man kommt nur dann zu einer Theorie, wenn mindestens eine Hypothese als Prämisse fungiert. Die Aussage "Sparen ist gleich Investieren" läßt sich noch in einer Weise ableiten, die zu keiner Identitätsgleichung, sondern zu einer Verhaltenshypothese führt. Dabei geht man von den Hypothesen aus, S sei eine Funktion von Y und I eine Funktion von Y und i (Zinssatz):

(1.4) $S = f(Y)$ (Verhaltens-Gleichung)

(1.5) $I = g(Y,i)$ (Verhaltens-Gleichung).

Ist man der Auffassung, daß es einen Mechanismus (Anpassungsprozeß) gibt, der die von den Haushalten in Abhängigkeit vom Volkseinkommen beabsichtigten Ersparnisse mit den von den Unternehmen in Abhängigkeit vom Zinssatz und vom Volkseinkommen beabsichtigten Investitionen gleich werden läßt, würde sich das in der Hypothese

(1.6) $I = S$ (Verhaltens-Gleichung)

ausdrücken lassen. In (1.6) gilt wie in (1.3), daß Sparen gleich Investieren ist. Doch während (1.3) eine stets erfüllte Identität darstellt, resultiert (1.6) aus falsifizierbaren Hypothesen. Um Mißverständnisse zu vermeiden, werden I und S in (1.1) bis (1.3) häufig mit der Bezeichnung "ex post" und in (1.4) bis (1.6) mit "ex ante" versehen. Damit soll zum Ausdruck gebracht werden, daß hier eigentlich verschiedene Größen betrachtet werden, die streng unterschieden werden müssen, wenn es zu keinen Verwechslungen kommen soll.

Im Schrifttum findet man vielfach den Ausdruck "Annahme". "Annahme" und "Prämisse" können Synonyme sein und bezeichnen dann sowohl Hypothesen als auch Definitionen. In den meisten Fällen versteht man jedoch unter einer Annahme eine Unterstellung von der Form: "Ich nehme einmal an, es sei etwas so oder so." Eine solche Aussage ist weder eine Hypothese noch eine Definition. Während Hypothesen Tatsachenbehauptungen mit dem Anspruch sind, empirisch wahr zu sein, abstrahieren Annahmen von der Wirklichkeit. Aussagensysteme, die auf Annahmen in dieser Wortbedeutung als Prämissen basieren, nennt man **Modelle** oder - etwas unpräzise - Modell-"Theorien". Der Unterschied zwischen Hypothesen und Annahmen läßt sich allerdings gedanklich klarer ziehen als bei der wissenschaftlichen Arbeit. Ein Forscher müßte stets mit empirischen Untersuchungen beginnen, bevor er eine Hypothese aufstellen könnte, die eine gewisse Chance hat, im empirischen Test zu bestehen. Man begnügt sich deshalb am Anfang der Theoriebildung häufig mit Hypothesen, die plausibel sind. Solche Hypothesen lassen sich tatsächlich nicht scharf von Annahmen unterscheiden, sofern diese nicht in offensichtlichem Gegensatz zur Realität stehen. Einige Nationalökonomen, wie MILTON FRIEDMAN, FRITZ MACHLUP und LIONEL ROBBINS, vertreten deshalb die Ansicht, daß die empirische Fundierung der Prämissen unbeachtlich sei, weil man theoretische Aussagen ohnehin dem Test unterwerfe. Dabei werde sich zeigen, was sie tatsächlich wert seien. Genausowenig, wie einerseits empirisch fundiert aussehende Verhaltenshypothesen ein Testverfahren nicht zu überstehen brauchten, könnten sich andererseits unwirklich scheinende Annahmen behaupten. Es habe deswegen kaum einen Sinn, schon vor dem Test die Betonung auf den empirischen Gehalt der Aussagen zu legen.

Will man die Konklusionen bestimmter Prämissen entfalten, ist man oft gezwungen, Sachverhalte unberücksichtigt zu lassen, die in Wirklichkeit von Bedeutung sein können. Wer die auf Preisschwankungen zurückzuführenden Änderungen der nachgefragten Menge eines Gutes erklären möchte, eliminiert andere Einflußfaktoren, wie die Preise anderer Güter, die Einkommen der Haushalte oder deren Bedürfnisstruktur, indem er sie als gleichbleibend (ceteris paribus) unterstellt. Dadurch werden die empirisch beobachteten Bestimmungsgrößen gedanklich auf wenige oder eine einzige reduziert. Daraus lassen sich dann Konsequenzen logisch ableiten. Die Anwendung der **ceteris paribus-Klausel** ist angesichts der komplexen Wirklichkeit unvermeidlich. Sie schränkt allerdings die Allgemeingültigkeit einer Aussage ein. Zur Kunst der Forschung gehört, jeweils die maßgeblichen Einflußfaktoren für die zu erklärenden Größen zu finden. Stets sollten jene Einflußgrößen, die man konstant zu halten wünscht, ausdrücklich genannt werden (spezifizierte ceteris paribus-Klausel).

Die Bedeutung der Theorie liegt einerseits in ihrer Fähigkeit, die komplizierte Struktur der Realität zu erklären, indem sie generelle Aussagen über die Wirk-

1. Volkswirtschaftslehre als Wissenschaft

lichkeit und damit über die Ursachen der realen Sachverhalte macht (Information). Andererseits erlaubt sie Aussagen darüber, was unter bestimmten Bedingungen eintreten wird (**Vorhersage und Prognose**). Vorhersage und Prognose werden nicht als Synonyme angesehen. Nach der hier vertretenen Auffassung können Hypothesen, die aus einem System genereller Aussagen deduziert sind, als Vorhersagen bezeichnet werden. Sie sagen aus, was unter allgemeinen Bedingungen zu erwarten ist. Die Vorhersage ist nichts weiter als eine aus bestimmten Prämissen abgeleitete Hypothese, also eine generelle Aussage. Unter Prognose wird dagegen eine singuläre Aussage verstanden, die ein ganz bestimmtes Ereignis voraussagt, z. B. eine Preisniveausteigerung in der Bundesrepublik für 2011 in Höhe von 2%. Prognosen werden ebenso wie Vorhersagen durch Deduktion aus Prämissen gewonnen. Während jedoch die Prämissen im Fall der Ableitung von Vorhersagen nur Hypothesen und Definitionen enthalten, treten bei den Prognosen noch singuläre Aussagen hinzu, die eine bestimmte Ausgangslage, für die die Theorie angewendet werden soll, beschreiben. So müßten etwa zur Ableitung der obigen Prognose die Prämissen um singuläre Aussagen folgender Art erweitert werden: "In der Bundesrepublik stiegen im Jahre 2011 die Löhne durchschnittlich um nominal 3%. Die Geldmenge nahm um 5% zu. Das Defizit der Leistungsbilanz betrug 8 Mrd. Euro." Sind die Prämissen insoweit ergänzt, läßt sich daraus die genannte Prognose deduzieren, sofern ein entsprechendes Hypothesensystem zur Verfügung steht. Die Möglichkeit, solche exakten Prognosen aus Prämissen abzuleiten, ist jedoch in der Volkswirtschaftslehre bisher selten gegeben. Die Ursache dürfte vor allen Dingen im Stand unserer Theoriebildung zu suchen sein, denn noch zu viele Aussagensysteme basieren mehr auf abstrakten Annahmen als auf empirisch wahren Hypothesen.

"Positiven" Aussagen werden gelegentlich sogenannte "normative" Aussagen gegenübergestellt. Diese Unterscheidung kann sich mit der von wissenschaftlichen Aussagen und Werturteilen decken. Der Ausdruck "normative Aussagen" wird indessen auch instrumental interpretiert; man spricht dann im Anschluß an MAX WEBER auch von "teleologischen Werturteilen". Sie geben die Bedingungen an, unter denen ein bestimmtes Ziel erreicht werden kann und sind Antworten auf Fragen folgender Art: Welche Verhaltensweise führt unter gegebenen Umständen zu maximalem Gewinn? Unter welchen Bedingungen ist das Wirtschaftswachstum am größten? Wie kann das gesamtwirtschaftliche Gleichgewicht von Angebot und Nachfrage im Zeitablauf erhalten werden? Die Prüfung der logischen Struktur solcher Aussagen zeigt, daß sie mit den bereits diskutierten Werturteilen nichts gemein haben. Die Theorie der Wirtschaftspolitik bedient sich grundsätzlich teleologischer Werturteile, wenn sie **wirtschaftspolitische Empfehlungen** gibt. Sie spricht dann z. B. davon, daß das Geldmengenwachstum und die staatliche Nettoverschuldung drastisch reduziert werden müsse, um die Preisniveausteigerungsrate innerhalb eines Jahres auf höchstens 2% zu senken: Der Wert solcher Empfehlungen hängt entscheidend davon ab, inwieweit die Beurteilung historischer und künftiger Fakten realitätsbezogen ist. Für zahlreiche Fälle reicht es aus, die Richtung und ungefähre Größe der Mittelwirkung zu prognostizieren. Im sozialwissenschaftlichen

Erkenntnisbereich dürfen übertriebene Ansprüche an die Exaktheit ohnehin nicht gestellt werden. Zu den wirtschaftspolitischen Empfehlungen zählt man mitunter auch Aussagen, die gar nicht theoretisch fundiert sind, sondern nur Ableitungen aus Definitionen darstellen. Es dürfte klar sein, daß solche Aussagen wirtschaftspolitisch wertlos sind.

Die aufgezeigte Konzeption für die Gewinnung von Erkenntnissen geht in ihrem Kern auf eine lange Wissenschaftstradition zurück. Methodenfragen sollten, wie Probleme der Wissenschaftsabgrenzung, nach Zweckmäßigkeitserwägungen entschieden werden. **Mit der vorgeschlagenen Verfahrensweise**, die auf allgemein akzeptierbare Einsichten abstellt, **werden Neigung, Intuition und Phantasie des** einzelnen **Forschers nicht ausgeschaltet**. Sie haben ihren Platz und eine nicht zu unterschätzende Bedeutung bei der Auswahl der zu untersuchenden Probleme und der sich daran anschließenden Fragestellung, bei der Entdeckung und Verbesserung von Hypothesen, Theorien und Theorientests sowie bei der Wahl von Darstellungsformen wissenschaftlicher Ergebnisse. Sicher sind die eben skizzierten methodologischen Anforderungen an die wirtschaftswissenschaftliche Theoriebildung strenger als nach anderen Konzeptionen. Den meisten Lehrbüchern zur "Allgemeinen Volkswirtschaftslehre" (Wirtschaftstheorie) kann man unbeschadet ihrer Titel und Texte nicht ansehen, ob und inwieweit es sich um Darstellungen von Modellen, ungeprüften oder geprüften Theorien handelt. Häufig wird noch als Theorie bezeichnet, was tatsächlich Modellcharakter hat. Die Entwicklung von Modellen stand jedenfalls bisher im Vordergrund der wirtschaftswissenschaftlichen Forschung.

Eine rigorose Anwendung der hier vertretenen methodologischen Konzeption hat zur raschen Entwicklung insbesondere der Naturwissenschaft, in der sie als selbstverständlich gilt, entscheidend beigetragen. Bei allen Problemen, denen auch die Naturwissenschaft und andere Disziplinen gegenüberstehen, treten in der Nationalökonomie spezifische Schwierigkeiten auf. Der Ökonom sieht sich zahlreichen, häufig unkontrollierbaren Einflußgrößen gegenüber. Sein Untersuchungsobjekt bilden die wirtschaftlichen Verhaltensweisen einer Vielzahl von Entscheidungsträgern mit äußerst komplexen Beziehungen untereinander. Außerdem sind in der Praxis nur bedingt Experimente möglich. Zwar ist auch der Astronom außerstande zu experimentieren; der Meteorologe beherrscht nicht alle Einflußgrößen seines Untersuchungsobjekts; und der Psychologe befaßt sich wie der Ökonom mit Willensbildungsprozessen. Die **Schwierigkeiten der Wirtschaftswissenschaft** liegen aber in der Kumulation spezifischer Probleme anderer Disziplinen. Hinzu kommt, daß im Testverfahren die Interpretation des empirischen Materials angesichts der komplexen Realität alles andere als eindeutig ist. Selten dürfte von der Statistik her der Beweis für nur eine der konkurrierenden Hypothesen möglich sein. Fakten sprechen selten nur mit einer Stimme. Testverfahren sind meist ein schwieriges Unterfangen, in dem sich Fehler bei der Interpretation von Ergebnissen allein bei größter Behutsamkeit vermeiden lassen.

In einem Lehrbuch kann nur vom gegenwärtigen Bestand an Modellen und Theorien ausgegangen werden. Das schmale Fundament überprüfter und bestätigter Theorien ist leicht zu übersehen. Für die **Zukunft der Volkswirt-**

schaftslehre dürfte entscheidend sein, ob und inwieweit die Phase der Modellkonstruktion durch eine der Theoriebildung und -prüfung abgelöst wird. Diese dringend erforderliche Entwicklung des Faches kann allein die weitere Forschung bringen. In diesem Lehrbuch soll schon der Anfänger den Blick für die Notwendigkeit einer methodologischen Neubesinnung gewinnen. Dabei ist es beim gegenwärtigen Stand volkswirtschaftlicher Erkenntnis durchaus möglich, auf Ansätze hinzuweisen, wie Theorien entstehen, aussehen und überprüft werden können.

2. Kapitel: Ausgangstatsachen der Wirtschaft

I. Knappheit und Wahlhandlung

Warum muß man wirtschaften?
Bedürfnisse und Güter - Entstehung von Bedürfnissen - Güterknappheit - Freie und wirtschaftliche Güter - Güterknappheit, wenn Wünsche Mittel übersteigen - Gesellschaft im Überfluß?

Grundsätze des Wirtschaftens
Wahlentscheidungen und opportunity cost - Produktionsmöglichkeitenkurve - Ökonomisches Prinzip
K 2-1: Principal-Agent-Theorie

II. Quellen der Produktion und des Wohlstands

Produktionsfaktoren
Gütererstellung Prozeß der Faktorkombination - Arbeit, Boden und Kapital - Menge und Qualität der Faktorleistungen

Arbeitsteilung
Erklärungsansatz - Wirkungen - Ausmaß - Nachteile

III. Tausch und Kreislauf

Naturaltausch- und Geldwirtschaft
Interdependenz - Naturaltausch - Geld als generelles Tauschgut - Geldfunktionen - Risiken des Geldes
K 2-2: Moderner Naturaltausch

Kreislauf
Haushalte und Unternehmen - Geldkreislauf - Unternehmen als Stätten ausgegliederter Haushaltsproduktion - Produktionsauffächerung - Güter- und Geldstromgleichungen

I. Knappheit und Wahlhandlung

Warum muß man wirtschaften?

Jeder Mensch hat Wünsche, die mit dem Streben einhergehen, sie zu befriedigen. Solche Empfindungen der Menschen nennt man **Bedürfnisse**. Sie sind - das ist der praktisch wichtigste Fall - Empfindungen des Mangels. Mittel der Bedürfnisbefriedigung können körperliche Gegenstände sein, die man Waren, Produkte, Sachgüter oder Güter (i. e. S.) nennt, sowie Produktionsakte, die als Dienstleistungen bezeichnet werden. Waren und Dienstleistungen faßt man unter dem Oberbegriff Güter (i. w. S.) zusammen. Die Eigenschaft des Gutes - im ökonomischen Wortsinn - haftet körperlichen Gegenständen und Dienstleistungen nicht von Natur aus an. Güter werden sie erst, wenn Menschen sie nachfragen, um damit Bedürfnisse zu befriedigen. Die vom Güterkonsum ausgehende Befriedigung wird als Nutzenstiftung (oft nur: Nutzen) bezeichnet.

Die Ursache der **Entstehung von Bedürfnissen** ist eine Frage, die weitgehend außerhalb des Gebiets der Wirtschaftswissenschaft liegt. Bei ihrer Analyse ist auf die Psychologie, Soziologie und verwandte Fächer zurückzugreifen. In der Wirtschaftswissenschaft wird meistens davon ausgegangen, daß Bedürfnisse - aus welchen Gründen auch immer - vorhanden sind oder sein können. Dabei ist es jedoch oft zweckmäßig, nach Arten oder Dringlichkeiten der Bedürfnisse zu unterscheiden. Will der Mensch seine Existenz erhalten, ist er offensichtlich genötigt, in jedem Fall bestimmte Bedürfnisse - vor allem der Nahrung, Kleidung und Wohnung - zu befriedigen. Daneben gibt es auch weniger dringliche Bedürfnisse, denen besonderes Gewicht im Konjunkturverlauf zukommt. Sind Menschen in Zeiten des Konjunkturrückgangs zu Einsparungen gezwungen, werden sie zuerst auf Güter verzichten, die sie leicht entbehren können. Ist andererseits die Wirtschaftslage günstig, dürften Branchen besonders profitieren, die nicht unbedingt benötigte Güter produzieren. Großen Erfolgschancen der Unternehmer steht deshalb häufig ein beträchtliches Risiko gegenüber - eine Konsequenz konjunkturabhängiger Ausgabeneigungen der Verbraucher.

Wenn alle Güter unbeschränkt zur Verfügung stünden, also die Verhältnisse eines Schlaraffenlandes herrschten, brauchte man sich nicht mit Wirtschaftsfragen zu befassen. In der wirklichen Welt besteht jedoch **Güterknappheit**. Knappheit ist relativ. Sie bedeutet nicht absolute Seltenheit (wie die von Uran), sondern eine anhaltende Differenz zwischen der Menge von Gütern, die man zur Befriedigung von Bedürfnissen wünscht, und derjenigen, die vorhanden oder erreichbar ist. Güterknappheit ist Ausdruck einer Spannung zwischen Bedürfnissen und Gütern. Dieser fundamentale Begriff wird nicht selten mißverstanden.

Nicht alle Güter sind knapp. Wenn sich der Vorrat an Gütern nicht erschöpft und für ihre Gewinnung keinerlei Anstrengungen erforderlich sind (wie in der Regel für die Inanspruchnahme der Luft), kann von Knappheit keine Rede sein. In diesem Fall handelt es sich um **freie Güter**. Ihre Zahl ist offenbar nicht sehr groß. Ob ein Gut frei, das heißt im Verhältnis zu den Bedürfnissen reichlich vorhanden ist und deshalb nicht "bewirtschaftet" zu werden braucht, ist eine Tatsachenfrage, die an verschiedenen Orten und zu verschiedenen Zeiten unterschiedlich beantwortet werden kann. Luft ist für den Bergmann unter Tage kein freies Gut, weil für die Bereitstellung der Luft Aufwendungen gemacht werden müssen. Wasser, das man in der ländlichen Gegend vielleicht noch der Natur entnehmen kann, ist in der Stadt kein freies Gut. Güter, die nicht frei sind, nennt man wirtschaftliche Güter. Nur die Tatsache, daß die Bereitstellung von Gütern Kosten verursacht, zwingt uns zur Bewirtschaftung, das heißt zu wirtschaftlichem Handeln. Deshalb kann man auch sagen, die Wirtschaftswissenschaft beschäftigt sich mit Dingen, die Kosten verursachen, die einen Preis haben. Die Begriffe Kosten und Preis sind weit zu fassen. Ein einzelner braucht für die Nutzung eines Gutes oft nichts zu zahlen; dennoch können beträchtliche Kosten entstehen, wie bei der vermeintlich "kostenlosen" Inanspruchnahme der Universität. Bei wirtschaftlichen Gütern gibt es unter Umständen einen privaten, niemals jedoch - ex definitione - einen gesamtwirtschaftlichen "Nulltarif".

Für das Vorliegen der **Güterknappheit** ist es nicht erforderlich, daß die Bedürfnisse der Menschen unendlich groß, gleichsam unersättlich sind. Es genügt, wenn ihre Wünsche generell die verfügbaren **Mittel übersteigen**. Diese Feststellung schließt weder aus, daß trotz steigender Kaufkraft (= Entwicklung der Einkommen im Verhältnis zu der der Güterpreise) einige Güter nicht vermehrt nachgefragt werden (partielle Sättigung), noch, daß Güter nicht in dem Umfang Käufer finden, wie es sich die Anbieter vorgestellt haben (partielle Überproduktion). Der Test der Hypothese, nach der die Menge der begehrten Güter die der verfügbaren übersteigt, kann zwar nicht in der Form eines naturwissenschaftlichen Experiments erfolgen. Aber es spricht manches dafür, in der Wirtschaftswissenschaft die generelle Knappheit als fundamentalen Sachverhalt anzusehen. Eine Befragung aller Konsumenten hinsichtlich ihrer Wünsche würde sicherlich zum Ergebnis führen, daß die Bedürfnisse weit über das vorhandene Angebot an Gütern hinausgehen. Auch spezielle Einkommens- und Preissituationen können diese Feststellung nicht einschränken, da nach empirisch bisher nicht widerlegter Hypothese die Wünsche der Menschen mit steigendem Wohlstand keineswegs geringer werden. Man kann sich in der Realität - weltweit noch weniger als in wirtschaftlich hochentwickelten Ländern - keinen Zustand vorstellen, in dem die Knappheit generell verschwindet.

Nach dem Zweiten Weltkrieg wurde von einigen Sozialkritikern, wie JOHN KENNETH GALBRAITH und VANCE OAKLEY PACKARD, behauptet, die **Gesellschaft** einiger Länder - wie die der Vereinigten Staaten - lebe bereits **im Überfluß** und allenthalben herrsche große Verschwendung. Hunderte Millionen Menschen auf der Welt vegetierten in bitterer Armut und die öffentlichen Aufgaben in reichen Ländern kämen zu kurz, weil zu viele, oft unnütze Dinge dem privaten Konsum zugeführt würden. Häufiger Modewechsel, suggestive Werbung und raffinierte Absatzmethoden nötigten dem Verbraucher Dinge auf, die er sonst nicht kaufen würde. Wie immer man die Verdienste dieser Kritik und die Richtigkeit der Behauptungen einschätzen mag: Die meisten aufgeworfenen Fragen entziehen sich einer wissenschaftlichen Betrachtung. Es kann nach begründetem Wissenschaftsverständnis (1. Kap.) keine wissenschaftliche Aussage darüber gemacht werden, ob die Nachfrage nach bestimmten Gütern einen Luxus darstellt, überflüssig oder unberechtigt ist. Diese Sozialkritik basiert auf einem Werturteil darüber, was der Verbraucher tun und was man ihm zukommen lassen sollte. Die Wirtschaftswissenschaft beschäftigt sich mit Bedürfnissen, so wie sie sind, nicht wie sie sein sollten. Ob und inwieweit Bedürfnisse geweckt oder gar "produziert" und in eine bestimmte Richtung gelenkt werden können, läßt sich schwer sagen, da es kaum empirisch erhärtete Theorien zu diesem Problem gibt. Der englische Nationalökonom ALFRED MARSHALL hat schon vor über 100 Jahren darauf aufmerksam gemacht, daß die Bedürfnisse oft mehr das Ergebnis als die Ursache ökonomischer Aktivität seien. Bedürfnisse werden - wie erwähnt - in der herrschenden Theorie als vorgegeben, als ein Datum behandelt. Tatsächlich verdienten die Wechselbeziehungen zwischen Bedürfnissen, Kaufkraft, Sozialmechanismen und unternehmerischen Aktivitäten verstärkte Beachtung. Die Einkommensverteilung könnte z. B. national und international sicherlich anders als gegenwärtig erfolgen. Doch schon die bloße Forderung einer Umverteilung, auch wenn noch so viele Menschen sie für berechtigt halten, liegt außerhalb wissenschaftlicher Aussagemöglichkeiten. Was die Sozialkritiker in dieser Hinsicht bemängeln, ist die Verteilung der Kaufkraft und der daraus resultierenden Nachfrage, also keine Frage der Knappheit an sich - es sei denn, die von ihnen kritisierten Methoden der Weckung von Bedürfnissen seien notwendig, um in reichen Ländern generelle Güterknappheit zu erhalten. Das kann man sich jedoch kaum vorstellen. Ist z. B. der Wunsch, räumlich mobil zu sein, durch das Automobil "erzeugt" worden oder war er schon vorher da? Und bringt die Befriedigung von Bedürfnissen nicht zugleich neue Wünsche hervor? Manches spricht dafür, daß sich nicht so sehr die Wünsche selbst, sondern vielmehr die Art ihrer Befriedigung im Laufe der Zeit gewandelt hat. Die Existenz des Knappheitsproblems ist eine Frage, die nach unterschiedlicher Knappheit wirtschaftlicher Güter eine andere. Beide Fragen müssen scharf getrennt werden. Es bleibt festzuhalten, daß von einem ständigen Defizit an Gütern im Vergleich zu den vorhandenen Bedürfnissen auszugehen ist, auch wenn die Dringlichkeit existentiell notwendiger Bedürfnisse innerhalb eines Landes und international stark divergiert.

Grundsätze des Wirtschaftens

Wirtschaften heißt, nach bestimmten Kriterien **Wahlentscheidungen** treffen. Der wirtschaftende Mensch kann im allgemeinen nicht alle Bedürfnisse befriedigen, sondern muß zwischen Alternativen wählen. Da seine Mittel begrenzt sind, verzichtet er mit der Entscheidung für die Befriedigung eines Bedürfnisses X durch ein Gut A also auf die Befriedigung eines Bedürfnisses Y durch ein Gut B. Wer wirtschaftet, muß entscheiden, worauf er verzichtet. Ein unbemittelter Student, der zu einem bestimmten Zeitpunkt über 30 Euro verfügt und das Bedürfnis nach einem bestimmten Buch und nach einem opulenten Essen hat - beides soll z. B. 30 Euro kosten -, kann sich nur für eines von beiden entscheiden. Wählt er das Buch, muß er auf das Essen verzichten (oder umgekehrt). Das Buch kostet ihn das Essen. Diesen Verzicht, genauer: den Nutzenentgang, nennt man **opportunity cost** oder Opportunitätskosten (eine passende Übersetzung gibt es nicht). Würde das Buch 90 Euro kosten, wären die opportunity cost 3 Mahlzeiten. Ein Reicher steht prinzipiell vor dem gleichen Problem. Er wird überlegen, wie er zehn Million Euro, die nur für ein Gut seiner Wünsche reicht, verwenden soll, z. B. für den Kauf einer Luxusvilla oder eines Rembrandtgemäldes. Entscheidet er sich für das Rembrandtgemälde, kostet ihn dieses die Luxusvilla. Wahlentscheidungen können zur Folge haben, daß man auf ein Gut völlig verzichtet - wie in beiden Beispielen - oder nur teilweise. Die Konzeption der opportunity cost gilt nicht nur für Individuen, sondern auch für Volkswirtschaften. Sind alle Produktionsmittel vollbeschäftigt, so daß die Gesamtproduktion kurzfristig nicht gesteigert werden kann, muß eine Entscheidung zwischen den zu produzierenden Gütern getroffen werden.

Beschränkt man sich auf zwei Güter oder Gütergruppen ("Warenkörbe"), läßt sich das Entscheidungsproblem graphisch erläutern. Angenommen, es sei eine gesamtwirtschaftliche Entscheidung zwischen Gütern des privaten Konsums und der Verteidigung zu treffen, so sind bei alternativer Verwendungsmöglichkeit des gegebenen Produktionsapparates unterschiedliche Mengenkombinationen denkbar (*Fig. 2-1*).

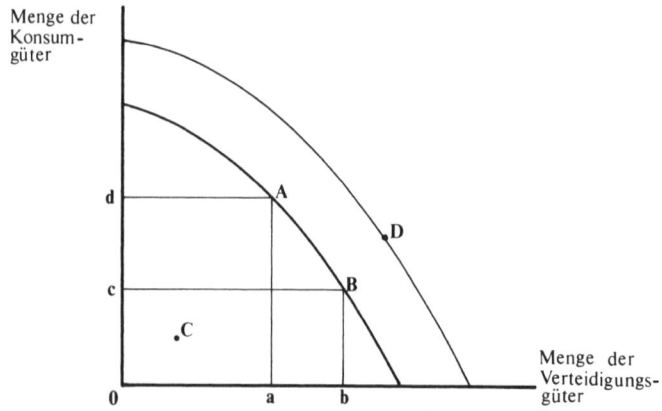

Fig. 2-1: Produktionsmöglichkeitenkurve

Entscheidet man sich für die Mengenkombination B (b,c) statt A (a,d), kostet der Mengenzuwachs der Verteidigungsgüter $b - a$ den Verlust der Konsumgüter $d - c$. Man kann zur gleichen Zeit - bei Vollbeschäftigung aller Produktivkräfte - nicht die Konsumgütermenge in A und die Verteidigungsgütermenge in B haben. Alle Mengenkombinationen auf der Kurve oder unterhalb - wie C - sind möglich, alle jenseits der Kurve - wie D - unter den gegebenen Umständen unmöglich. Deshalb wird die Verbindung solcher Punkte, die äußerstenfalls möglich sind, als **Produktionsmöglichkeitenkurve** (auch: Transformationskurve) bezeichnet. Liegt die tatsächliche Produktion unterhalb dieser Kurve (C), sind nicht sämtliche Produktionsmöglichkeiten genutzt. Das kann daran liegen, daß Produktivkräfte brachliegen, ein Problem, das Gegenstand der Konjunktur- und Beschäftigungstheorie ist (Minderauslastung). Oder es werden die Anbieter produktiver Leistungen nicht so beschäftigt, wie es beim gegebenen Stand des Wissens möglich wäre; dieses Problem steht im Zentrum der Preis- und Allokationstheorie (Ineffizienz). Punkt D ist kurzfristig bei

2. Ausgangstatsachen der Wirtschaft

gegebenem Stand des technischen Wissens und gegebener Faktorausstattung zwar unerreichbar; doch wenn langfristig technisches Wissen und Faktorausstattung wachsen, wird sich die durch *A* und *B* laufende Kurve insgesamt nach rechts verschieben. Die damit zusammenhängenden Fragen versucht die Wachstumstheorie zu klären. *Fig. 2-1* veranschaulicht nicht nur Beispiele aus dem Bereich der Produktion. Faßt man die Zeit als wirtschaftliches Gut auf, kann dieselbe Darstellung benutzt werden, um Entscheidungsprobleme zu illustrieren, die bei der Wahl zwischen Freizeit und Arbeitszeit entstehen. Mit der Transformationskurve lassen sich generell Probleme verdeutlichen, die sich bei der Aufteilung von knappen Mitteln auf verschiedene Bedürfnisse, bei der Auslastung und Effizienz produktiver Faktoren und beim Wirtschaftswachstum stellen. Fraglich ist nur, welchen Verlauf die Kurve hat, also wieviele Einheiten aufgegeben werden müssen, wenn die Menge des alternativen Gutes um eine Einheit steigen soll (marginale Transformationsrate). In *Fig. 2-1* nimmt mit der um jeweils eine Einheit wachsenden Menge des vermehrt gewünschten Gutes die dafür aufzugebende Menge des anderen Gutes zu (zunehmende Grenzrate der Transformation oder "Gesetz steigender Opportunitätskosten"). Darin kommt das Gesetz vom abnehmenden Grenzertrag (Ertragsgesetz) zum Ausdruck, auf das später eingegangen wird.

Die Transformationskurve impliziert Entscheidungsfreiheit bei der Wahl der produktionstechnisch bestimmten Mengenkombinationen. Wird dabei so verfahren, daß die Erreichung vorgegebener Ziele (Zielrestriktion) mit minimalem Mitteleinsatz erfolgt (Optimierung der Mittel), so entspricht der Handelnde dem Modell des homo oeconomicus und das Handeln dem **ökonomischen Prinzip**. Entscheidungen nach diesem Prinzip seien als rational definiert. Die Ziel-Mittel-Festlegung und das zu lösende Problem lassen sich umkehren. Rational handelt auch, wer mit gegebenen Mitteln (Mittelrestriktion) seine Ziele bestmöglich erreicht (Optimierung der Ziele). Diese beiden Aspekte des ökonomischen Prinzips gelten individuell und gesamtwirtschaftlich, bei Verbrauchern und Produzenten. Rational handeln würde z. B. bedeuten, unter verschiedenen Produktionsmethoden zur Herstellung eines bestimmten Autos jene zu wählen, bei der die Stückkosten am geringsten sind. Komplizierter sind die Fälle individueller Rationalität bei der Bedürfnisbefriedigung. Warum trinkt ein Durstiger nicht nur Wasser, sondern Bier? Am kostengünstigsten wäre der Wasserkonsum; Biertrinken wäre "irrational", wenn es nur um den Durst ginge. Tatsächlich hat der Biertrinker nicht bloß Durst, sondern auch das Bedürfnis nach geschmacklichem Genuß. Sieht man Bier als ein Genußmittel an, kann es dennoch rational sein, gerade dieses Getränk gegen den Durst zu wählen. Für viele andere Güter gilt Ähnliches. Ein Auto wird häufig nicht nur als Beförderungsmittel angesehen, eine Universität nicht nur als Ausbildungs- und Forschungseinrichtung. Solange es keinen objektivierten Maßstab der Bedürfnisbefriedigung gibt, handelt es sich beim ökonomischen Prinzip als Aussage zum Konsumentenverhalten um eine gegen Falsifizierungsversuche immune Hypothese (Leerformel). In der Modellanalyse wird als Verhaltensannahme in der Regel ein Handeln nach dem ökonomischen Prinzip unterstellt und dahingehend präzisiert, daß die Produzenten den Gewinn, die Verbraucher den Nutzen maximieren. Einige andere Verhaltensmuster, die mitunter als Argument gegen die Annahme des Handelns der Produzenten nach dem ökonomischen Prinzip vorgetragen werden, sind tatsächlich mit diesem vereinbar. Wer als Unternehmer einen größeren oder konstanten Marktanteil anstrebt, braucht ebensowenig gegen das ökonomische Prinzip zu verstoßen wie jemand, der sein Ansehen steigern möchte. Man hat über die Vorstellung des homo oeconomicus viel gespottet. Das ihm zugrundeliegende Prinzip ist jedoch eine sinnvolle Richtschnur des Handelns. Für viele Menschen ist der Erwerb von Gütern mit Arbeitsmühe verbunden. Soweit sie Arbeitsmühe gegen das erlangte Einkommen oder die dafür erhältlichen Güter abwägen, verhalten sie sich nach dem ökonomischen Prinzip.

K 2 -1

Principal-Agent-Theorie

Technische und wirtschaftspolitische Einflüsse haben in allen Ländern zu Großunternehmen geführt, die in zahlreichen Wirtschaftsbranchen entweder dominieren oder erhebliche Marktanteile besitzen. Eigentümer solcher Großunternehmen sind in der Regel nicht einzelne oder wenige Personen, sondern Tausende von Aktionären. Anders ließe sich das erforderliche Kapital nicht aufbringen. Die vielen Aktionäre können das Unternehmen nicht selbst leiten. International hat sich als übliches Verfahren herausgebildet, daß die Aktionäre einen Aufsichtsrat (oder Board of Directors) wählen, der Manager für die Unternehmensführung einstellt. Die Aktionäre sind die Arbeitgeber (principals), die Manager (agents) für sich handeln lassen. Das Eigentum am Unternehmen und die Verfügungsgewalt aus diesem sind weitgehend getrennt. Der einzelne Eigentümer kann zwar über seinen Unternehmensanteil verfügen, jedoch nicht auf die Geschäftstätigkeit einwirken.

Dieser seit dem 19. Jahrhundert bekannte Tatbestand hat immer wieder Spekulationen und neue Theorien angeregt. So behauptet der amerikanische Soziologe und Publizist JAMES BURNHAM (1905-1987) in seinem vielgelesenen Buch "The managerial revolution" (New York 1941; dt. "Das Regime der Manager", Stuttgart 1948), der *Manager* sei die *Leitfigur* der kapitalistischen Wirtschaftsweise, obwohl es ihn in der ökonomischen Theorie gar nicht gäbe. Andere - wie der zuletzt in Basel lehrende Volkswirt und Soziologe EDGAR SALIN (1982-1974) - bezeichnen den "Spätkapitalismus" als *Manager-Oligarchie*. Sicher ist, daß die Trennung von Eigentum und Verfügungsgewalt die Wirtschaftspolitik vor einige nicht leicht zu lösende Probleme stellt.

Die neuere Principal-Agent-Theorie behauptet, daß die Manager weniger Profit anstreben als es die Eigentümer tun würden. Die strikte Orientierung an der Gewinnmaximierung würde für Manager nicht gelten. Ob diese Behauptung zutrifft, ist eine Tatfrage, deren Beantwortung allerdings schwer fällt, weil in jedem konkreten Fall die Realität (Management) mit einer Möglichkeit (Eigentümerunternehmer) zu vergleichen ist. Diese methodische Schwierigkeit erlaubt nur Behauptungen, die mehr oder weniger einleuchtend sind.

Richtig scheint - und weitgehend unstreitig ist -, daß Manager auch und nicht zuletzt ihre persönlichen Interessen verfolgen, die sich nicht mit denen des Unternehmenseigentümers decken müssen. Ob diese beispielsweise Fußballvereine und Rockfestivals subventionieren würden, wie es Manager tatsächlich tun, scheint doch sehr zweifelhaft. Auch die Unternehmensverflechtungen über Aufsichtsräte, deren Bestellung mittels des Depotstimmrechts oft in den Händen von Managern der Banken und Versicherungen liegt, entsprechen nicht ohne weiteres dem Eigentümerinteresse.

Dennoch können auch Manager das Streben nach Gewinn keineswegs ignorieren. Wenn sie - vor allem anhaltend - Verluste machen, verlieren sie oft ihren Job. Ob und inwieweit es ihnen möglich ist, Gewinne zu erzielen, hängt vor allem vom Wettbewerb, vom Glück und persönlicher Qualifikation ab - Erfolgsbedingungen, die für Manager und Eigentümerunternehmer gleichermaßen gelten.

II. Quellen der Produktion und des Wohlstands

Produktionsfaktoren

Auch wenn wir alle Güter unmittelbar der Natur entnehmen könnten, stünden sie damit noch nicht für den Konsum bereit. Die Beeren im Wald müssen erst gepflückt, die Fische im Fluß gefangen werden. Das erfordert den Einsatz von Arbeit und Sachmitteln. In der Regel durchlaufen die Güter einen Umformungsprozeß bis sie konsumreif sind. Die Umwandlung (Produktion i. e. S.) und Bereitstellung (Handel, Verkehr u. a.) von Gütern nennt man Produktion (i. w. S.; Güter- oder Produkterstellung). Bis auf wenige Ausnahmen sind zur Produktion eines jeden Gutes alle drei Produktionsfaktoren (Ressourcen) Arbeit, Raum (Boden) und sonstige materielle Gegenstände (Kapital) erforderlich. Die **Gütererstellung** ist ein **Prozeß der Faktorkombination**, an dessen Ende das konsumreife Gut steht. Aus dem Einsatz von Produktionsfaktormengen, den Faktorleistungen (input), geht einzel- und gesamtwirtschaftlich gesehen ein Ausstoß (output) hervor.

Die Begriffe Arbeit, Boden und Kapital sind weit gefaßt. Unter **Arbeit** wird jede Art manueller und geistiger Beschäftigung verstanden, die für die Produktion notwendig ist und darauf abzielt, Einkommen zu erwirtschaften. Die leitende Tätigkeit des Unternehmers, das Treffen von Dispositionen, sieht man gelegentlich als einen eigenständigen Produktionsfaktor an. Diese Differenzierung ist eine Frage der Zweckmäßigkeit, die sich z. B. stellt, wenn zwischen dem Einkommen Unselbständiger oder Arbeiter, dem Lohn, und Selbständiger oder Unternehmer, dem Gewinn, unterschieden wird. Als **Boden** bezeichnet man alle natürlichen Hilfsquellen, Felder und Bodenschätze, Wälder und Gewässer. Der Gütererstellung dient er in der Form des Standort-, Anbau- oder Abbaubodens. Unter **Kapital** werden alle bei der Erzeugung beteiligten Produktionsmittel verstanden - wie Werkzeuge, Maschinen und Anlagen. Das Kapital besteht also aus Gütern, die in früheren Produktionsprozessen erzeugt wurden. Es sind nicht unmittelbar konsumierte Güter (produzierte Produktionsmittel, Kapitalgüter, "Realkapital"), die in der Lage sind, zukünftige Konsumgüter zu produzieren. Ist auch Geld Kapital? Das "Geldkapital" bildet keinen Produktionsfaktor in diesem Wortsinn. Da Geld jedoch Verfügungsmacht über Realkapital verschafft, wird der Ausdruck Kapital häufig - wie auch in diesem Buch - sowohl für produzierte Produktionsmittel als auch für Geld verwendet.

Es ist zu beachten, daß **Menge und Qualität** der Faktorleistungen für die Produktion von Bedeutung sind. Mengenkomponenten der Arbeitsleistung sind das Bevölkerungswachstum (genauer: Entwicklung der Zahl der Erwerbstätigen, die sich aus Bevölkerungswachstum und Anteil der Erwerbstätigen an der Bevölkerung ergibt), die Dauer der Berufstätigkeit und die Arbeitszeit. Die Arbeitsqualität wird durch angeborene Begabungen, Erziehung und Ausbildung entscheidend bestimmt. Aus diesem Grund weichen die Qualitäten der für den Produktionsprozeß wichtigen Arbeitsleistungen beträchtlich voneinander ab. Arbeitsleistungen divergieren stark, sind heterogen. Die Menge des insgesamt vorhandenen Bodens ist weitgehend fixiert. Bezüglich seiner ökonomischen Nutzung läßt sich historisch ein Trend feststellen, nach dem ein größer werdender Anteil des vorhandenen Bodens in die Produktion eingegliedert wird, wobei seine Bedeutung als industrieller Standort wächst. Böden sind nur noch selten freies Gut. Wichtigste Ursache dafür ist das rapide Bevölkerungswachstum, das wachsende Bedürfnis nach Haus- und Grundbesitz und die technische Entwicklung. Die Qualitäten des Bodens divergieren je nach ökonomischer Nutzung ebenfalls stark. Wichtige Merkmale hierfür stellen die mineralische Substanz des Bodens, die Lage und das Klima dar. Wieviel Kapital zur Verfügung steht, hängt davon ab, in welchem Umfang früher nicht konsumiert, güterwirtschaftlich also gespart worden ist. Die Qualität der Kapitalgüter ist vor allem abhängig vom Niveau des angewandten technischen Wissens, das sich nicht nur auf die Produktionsmethode, sondern auch auf die Produktart und -qualität auswirkt. Bei einem Wandel der Technik kann sich die Durchführung der Produktionsweise ändern, weil bessere Kapitalgüter oder Verfahrensweisen zur Verfügung stehen. Es ist wiederum - wie bei der Unternehmertätigkeit - eine Definitionsfrage, ob man das angewandte technische Wissen und seine Änderung, den technischen Fortschritt, als ein Qualitätsmerkmal des Kapitals oder als eigenständigen Produktionsfaktor ansieht. Unter technischem Fortschritt wird die technische Entwicklung nur insoweit verstanden, als sie eine ökonomisch vorteilhaftere Versorgung gestattet. Ob und inwieweit eine neue Technik ökonomische Vorteile gegenüber dem bisherigen Stand des Wissens bietet, ist eine grundsätzlich offene Frage. Vom ökonomischen Standpunkt aus gesehen wird bei alternativer Produktionsmöglichkeit eines Gutes in der Regel nicht die Produktionsanlage verwendet, deren output mit dem geringsten mengenmäßigen input möglich ist, sondern deren output am wenigsten kostet (ökonomisches Prinzip).

Arbeitsteilung

Mit der Feststellung, der Einsatz von Produktionsfaktoren führt zu einem Ausstoß, ist noch nichts über die Höhe der Ausbringung gesagt. Eine Möglichkeit, dieser Frage nachzugehen, besteht darin, die gesamtwirtschaftlichen Veränderungen der Faktormengen und -qualitäten zu analysieren. Damit beschäftigt sich - soweit es das Bevölkerungswachstum, die Kapitalakkumulation und den technischen Fortschritt betrifft - die Wachstumstheorie. Eine andere Möglich-

2. Ausgangstatsachen der Wirtschaft

keit besteht darin, nach einem generellen Prinzip für die Wohlstandsmehrung zu suchen. Dies ist Gegenstand der Lehre von der Arbeitsteilung (Spezialisierung), deren Bedeutung heute eher noch höher zu veranschlagen sein dürfte als zur Zeit von ADAM SMITH (1723-1790), jenes schottischen Moralphilosophen, der mit seiner Schrift über die Ursachen des Wohlstands die Eigentümlichkeiten und Konsequenzen dieses für die moderne Wirtschaft konstitutionellen Prinzips offengelegt hat. Sein **Erklärungsansatz** ist folgender: Müßte jeder alles erzeugen, was er für die Lebensführung braucht - wie der Romanheld Robinson Crusoe -, könnten sich die meisten Menschen auch bei günstigen räumlichen und klimatischen Bedingungen nur mühselig und schlecht versorgen. In einer arbeitsteiligen Wirtschaft wird hingegen grundsätzlich darauf verzichtet, ausschließlich für den eigenen Bedarf zu produzieren.

Die **Wirkungen** der Arbeitsteilung bestehen darin, daß zur Erzeugung einer bestimmten Gütermenge Arbeitskräfte sowohl ökonomisch besser genutzt als auch - unabhängig davon - eingespart werden. Bei wiederholender Tätigkeit entfallen Umstellungszeiten, die bei wechselnden Produktionsakten unvermeidlich sind. Angesichts stark heterogener Arbeitsqualitäten läßt sich die Produktion schon dann erhöhen, wenn man die Menschen nach ihren Fähigkeiten beschäftigt. Durch die Aufgliederung des Arbeitsprozesses in zahlreiche Akte (Arbeitszerlegung) werden Arbeitsleistungen, die der einzelne zu erbringen hat, relativ homogen, so daß er durch Fähigkeit und Übung eine besondere Geschicklichkeit erlangt. Durch die Beschränkung auf verhältnismäßig einfache Verrichtungen wird die Ausbildungszeit häufig wesentlich verkürzt. Technischer Fortschritt hat sich unter dem Blickwinkel der Arbeitsteilung weithin in der Form vollzogen, daß Maschinen entwickelt wurden, die eine immer weitergehende Arbeitsteilung und (oder) die Übernahme zahlreicher Verrichtungen gestatteten. Generell bewirkt zunehmender Kapitaleinsatz eine relative Verminderung der manuellen Arbeit. Bei der Produktion materieller Güter läßt sich Arbeit durch Kapital oft leichter ersetzen als bei Dienstleistungen. Deshalb werden mit fortschreitender Arbeitsteilung zunehmend relativ mehr Menschen im Dienstleistungsbereich (Handel, Banken, Versicherungen, öffentlicher Dienst) beschäftigt. Die Arbeitsteilung zwingt schließlich zu einer straffen Arbeitsdisziplin, insbesondere dann, wenn von der Maschinengeschwindigkeit ein bestimmter Materialfluß oder Arbeitsrhythmus festgelegt wird. Diese Wirkungen können nur eintreten, wenn die Arbeitsteilung mit einer Verlagerung der Produktion aus den Haushalten in die Betriebe einhergeht. Arbeitsteilige Wirtschaft bedeutet deshalb: der größte Teil der Erzeugung wird in besonderen Produktionsstätten durchgeführt.

Die Steigerung der Produktion und des Lebensstandards hängen wesentlich davon ab, in welchem **Ausmaß** es gelingt, die eben skizzierten möglichen Wirkungen der Arbeitsteilung zu realisieren. SMITH hat darauf hingewiesen, daß die Wirkungen der Arbeitsteilung wegen der heterogenen Qualitäten der Arbeit und des Bodens mit der Größe des Raums, in dem sie sich vollzieht, zunehmen. Insbesondere eine weltweite Arbeitsteilung - ermöglicht durch einen von Zöllen und anderen Beschränkungen freien internationalen Handel (Freihandel) - könne Grundlage des "Reichtums der Nationen" werden, während eine außenhandelspolitische Isolierung der Länder (Autarkie) zu einem geringeren Lebensstandard führe. Mit der Entfernung steigende Transportkosten setzen dem Freihandel Grenzen. Neben der Größe des Raums ist die Mobilität der Arbeitskräfte von Bedeutung. Wie kann man erreichen, daß die Arbeitskräfte immer gerade dort eingesetzt werden, wo sie am meisten leisten können? In der Wettbewerbs- oder Marktwirtschaft wird dieses Problem durch ein System von materiellen Anreizen und Verlusten gelöst, die von der Entlohnung der Faktoren ausgehen. Man nennt dieses System Allokationsmechanismus (3. Kap.).

Die Aussage, daß man es in der Wirtschaft mit Gütern zu tun hat, die etwas kosten, gilt im übertragenen Sinn auch für die Arbeitsteilung, deren Vorteile oft mit **Nachteilen** erkauft werden müssen. Probleme treten vor allem im sozialen Bereich auf, und zwar um so stärker, je fortgeschrittener die Arbeitsteilung ist (z. B. beim Fließbandsystem). Die am Produktionsprozeß beteiligten Arbeitskräfte werden mitunter nur einseitig beansprucht, was bei meist erhöhtem Arbeitstempo zu rascher Ermüdung führt (Akkordarbeit). Monotone Produktionsrhythmen mindern die Arbeitslust. Psychologische Rückwirkungen gehen damit einher. Da im arbeitsteiligen Prozeß jeder nur einzelne Güterteile fertigt, wird oft angenommen, es fehle die Beziehung zum Arbeitsprodukt. Die Tätigkeitsfelder werden enger, die Arbeitsqualitäten heterogener, traditionelle Berufsbilder lösen sich auf. Man spricht nur noch von Beschäftigung oder vom Job. Neue Risiken entstehen für den einzelnen, soweit berufliche Umstellungen erforderlich werden. Die Arbeitsteilung "produziert" andererseits immer wieder neue, mitunter interessante Tätigkeiten, die vor allem von der technischen Entwicklung geprägt sind. Zu wenig beachtet wird der Zusammenhang zwischen der Entwicklung der Arbeitsteilung und der Bildung von Interessengruppen. Die Spezialisierung läßt eng umgrenzte gemeinsame Interessengebiete entstehen, die in Demokratien am besten in Gruppen vertreten werden können. Die Nachteile der Arbeitsteilung sind von der Sozial- und Kulturkritik häufig behandelt worden. Erst die Abwägung der Vor- und Nachteile erlaubt ein zutreffendes Urteil. Die Vorteile der Arbeitsteilung werden jedoch im allgemeinen so hoch eingeschätzt, daß vermutlich nur wenige Menschen bereit wären, auf sie zu verzichten.

III. Tausch und Kreislauf

Naturaltausch- und Geldwirtschaft

Arbeitsteilung schafft Abhängigkeit der Menschen voneinander. ROBINSON CRUSOE lebte unabhängig. In einer arbeitsteiligen Wirtschaft ist jeder auf andere angewiesen. Der einzelne erzeugt von einem Produkt mehr, als er benötigt; dafür fehlen ihm Güter, an deren Erzeugung er nicht beteiligt ist. Die Versorgung der Menschen erfordert deshalb den Tausch von Gütern. Angesichts der hochentwickelten Arbeitsteilung moderner Volkswirtschaften wirken bei der Versorgung eines einzelnen direkt oder indirekt einige Tausend oder Millionen Menschen irgendwo auf der Welt mit. Dieses Netz gegenseitiger Tauschabhängigkeit in der Wirtschaft nennt man **Interdependenz**. Der Umstand, daß mehr

2. Ausgangstatsachen der Wirtschaft

oder weniger jeder von jedem abhängig ist, führt offenbar nur dann nicht zu einem Chaos oder einer Katastrophe für die Existenz der Menschen, wenn es ein Koordinationssystem der wirtschaftlichen Prozesse gibt, das die Bedürfnisse und Güterbereitstellungen aller aufeinander abstimmt. Die Organisation des Tauschverkehrs wird damit zu einer fundamentalen Aufgabe jeder Volkswirtschaft.

Ein unmittelbarer Tausch "Gut gegen Gut", ein **Naturaltausch**, ist mit einigen Schwierigkeiten verbunden. Der Anbieter eines Gutes müßte erst einen zweiten Anbieter finden, der genau das Gut anbietet, das der erste Anbieter haben möchte, und der darüber hinaus das Gut haben möchte, das der erste Anbieter bereit ist hinzugeben. Zudem müßten sich die beiden Tauschpartner über die zu tauschenden Mengen und die Tauschrelationen einig werden. Voraussetzung des Naturaltausches ist eine doppelte Koinzidenz der Wünsche, die herbeizuführen viel Zeit erfordern würde oder gar unmöglich wäre. Wer einen Ballen Stoff hingeben möchte und Brot benötigt, müßte einen Brotanbieter finden, der gerade diesen Stoff sucht - und das in der angebotenen Menge und zur beiderseitig akzeptierten Tauschrelation. Zusätzliche Probleme können sich aus dem Transport des Gutes, seiner Unteilbarkeit und mangelnden Lagerfähigkeit sowie aus der Ortsgebundenheit einiger Dienstleistungen ergeben. Eine arbeitsteilige Wirtschaft mit hohem Niveau ist bei Naturaltausch nicht vorstellbar und historisch auch nicht auszumachen.

Die Probleme unmittelbarer Tauschakte werden durch Einführung des **Geldes als generelles Tauschgut** vermieden. Das gilt schon dann, wenn die Tauschschmittelfunktion von einem Gut übernommen wird, das nicht nur als Tauschmittel fungieren, sondern auch einen Nutzen in der Konsumtion oder Produktion stiften könnte. Dafür gibt es Beispiele in Vergangenheit und Gegenwart (Muscheln, Zigaretten, Gold, Silber). Durch die Verwendung eines allgemeinen Tauschmittels - dem Geld - entstehen aus dem unmittelbarem Tausch zwei (Tausch-)Akte: Kauf (Geld gegen Gut) und Verkauf (Gut gegen Geld). Statt einer doppelten Koinzidenz genügt nun eine einfache. Der Besitzer des Stoffballens muß nur einen Nachfrager für seine Ware finden; dieser braucht nicht mehr über ein bestimmtes Gut zu verfügen. Der Anbieter ist bereit, Geld anstelle eines Gutes als Gegenleistung zu akzeptieren, weil er in einem funktionierenden Geldsystem darauf vertraut, das Geld jederzeit wieder in gewünschte Güter umtauschen zu können (*Übers. 2-1*).

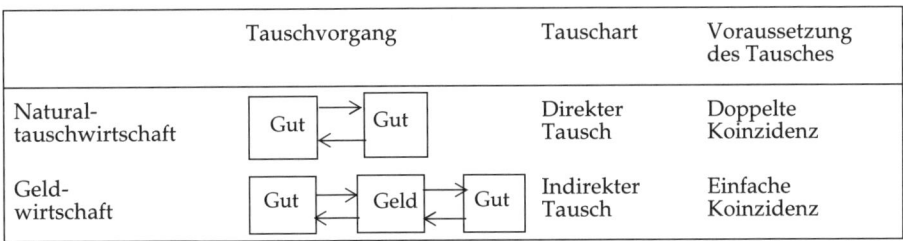

Übers. 2-1: Naturaltausch- und Geldwirtschaft

Der Versuch einer Qualifizierung der Rolle des Geldes im Tauschprozeß hat sich in der Lehre von den **Geldfunktionen** niedergeschlagen. Wird ein Gut so ausgestattet, daß es allgemeine Annahmebereitschaft findet, bezeichnet man es als Geld. Es übt Zahlungs- oder Tauschmittelfunktion aus und ist damit gleichzeitig Recheneinheit für Transaktionen. Damit verbunden stellt ein Geldbestand eine Vermögenssumme dar. Geld hat somit auch die Funktion der Wertaufbewahrung, der Wertlagerung. Über diese Funktionsausübung hinaus befriedigt es jedoch keine Bedürfnisse. Es hat deshalb auch keinen originären Gutscharakter. Wird z. B. Gold nicht als Münze verwendet, sondern zu Schmuck verarbeitet, verliert es den Geldcharakter. Es ist dann ein bloßes Wirtschaftsgut. Der dingliche Wert des Geldes, der Stoffwert eines Zahlungsmittels, kann deshalb keineswegs als repräsentativ für die Geldeigenschaft angesehen werden. Die Geldeigenschaft resultiert aus der Funktionsausübung. Dem Geld in seiner spezifischen Nutzenstiftung kann demnach nur ein abgeleiteter Gutscharakter zugesprochen werden.

Den Vorteilen des mittelbaren Tausches, der durch das Geld ermöglicht wird, stehen Nachteile, **Risiken des Geldes**, gegenüber. Modernes Geld kann relativ billig produziert und in Umlauf gebracht werden. Selbst bei den heute vorherrschenden staatlichen Geldproduktionsmonopolen läßt sich nach aller Erfahrung nur schwer verhindern, daß der Monopolinhaber seine Stellung zum eigenen Vorteil nutzt, indem er sich selbst mit Geld versorgt und damit in den Besitz von Tauschmitteln gelangt, für die er keine Gegenleistung erbracht hat. Geldfunktionen haben nicht nur das vom Staat produzierte Geld (Notenbankgeld; Primärgeld), sondern auch privat geschaffene Zahlungsmittel (Giralgeld; Sekundärgeld), die auf eine später noch zu erläuternde Weise (18. Kap.) entstehen, und Werttitel (Geldsubstitute) sogenannter intermediärer Institute (wie Versicherungen, Bausparkassen, Makler). Es gibt nicht nur das Problem der Kontrolle der staatlichen Geldherstellung, sondern auch das der Produktionssteuerung von Sekundärgeld und Geldsubstituten. Risiken und Kosten der Geldwirtschaft stehen im umgekehrten Verhältnis zueinander - eine oft belegte Erfahrungstatsache. Als Risiko der Geldwirtschaft kann man die Gefahr ansehen, daß jemand ohne entsprechende Gegenleistung in den Besitz von Geld kommt. Ihre Kosten resultieren aus der Herstellung des Geldes, insbesondere aus dem Wert des Stoffes, aus dem es besteht. Ist die Spanne zwischen dem Stoffwert und dem, was man an Gütern für die Geldeinheit erhält (Tauschwert), groß, läßt sich mit der Geldproduktion ein enormer Gewinn erzielen. Je geringer die Produktionskosten des Geldes sind, um so größer ist die Gefahr einer Geldproduktion ohne entsprechende Tauschleistung. Das gilt auch, wenn es ein Produktionsmonopol gibt. Will man dieses Risiko vermindern oder ausschalten, indem man den Stoffwert des Geldes dem Tauschwert annähert oder gleichmacht, steigen die Produktionskosten des Geldes. Dann werden aber mehr Produktionsfaktoren für die Produktion eines Mittels benötigt, das die gewünschten Funktionen nicht besser erfüllt als z. B. billiges Papiergeld.

K 2 -2

Moderner Naturaltausch

Ein funktionierendes Geldsystem ist eine wesentliche Voraussetzung für hochentwickelte Volkswirtschaften. Diese, oben begründete Beobachtung darf aber nicht zu dem Schluß verleiten, in hochentwickelten Volkswirtschaften gäbe es keinen Naturaltausch. Vielmehr ist Naturaltausch ein verbreitetes Phänomen, das sich jedoch in der Regel einer genauen quantitativen Erfassung entzieht. Überdies basiert die amtliche Statistik, vor allem die Volkswirtschaftliche Gesamtrechnung, auf den in Geldeinheiten ausgedrückten Transaktionen zwischen den Marktteilnehmern oder Institutionen. Wichtigstes Merkmal des Natualtausches ist jedoch die Abwesenheit von Geld, sowohl als Tauschmittel wie auch meistens als Recheneinheit.

Naturaltausch von physischen Gütern und Dienstleistungen findet in erheblichem Umfang zwischen Nachbarn statt, die sich gegenseitig helfen. Vor allem in ländlichen Gegenden läßt sich beobachten, daß der nachbarschaftliche Hausbau sehr verbreitet ist. Die Nachbarschaftshilfe unterliegt keinen Verboten und ist steuerfrei. Mit wachsender Abgabenbelastung, die seit einigen Jahrzehnten in praktisch allen hochentwickelten Ländern um sich gegriffen hat, nimmt deshalb die Neigung zur Nachbarschaftshilfe zu ebenso wie die zur illegalen "Schwarzarbeit", der nicht Naturaltausch, sondern Geldgeschäfte zugrunde liegen.

Das Ausmaß der legalen Nachbarschaftshilfe dürfte für die Bundesrepublik Deutschland etwa 3% bis 5% des Bruttosozialprodukts betragen. Die illegale Schwarzarbeit ist angesichts der enormen Belastung mit Zwangsabgaben wohl höher zu veranschlagen.

Dem Naturaltausch kommt auch international eine große Bedeutung zu. Insbesondere Länder, deren Währungen von Handelspartnern nicht akzeptiert werden und die - zum Teil deswegen - über keine nennenswerten Gold- oder Devisenvorräte verfügen, legen auf einen Naturaltusch (barter trade) großen Wert. Barter trade war früher vorherrschend im Ost-West-Handel. Doch auch nach dem Zerfall der Sowjetunion im Dezember 1991 hat er sich im westlichen Außenhandel der Nachfolgeländer, der Gemeinschaft unabhängiger Staaten (GUS), und in dem Verkehr zwischen diesen in einem beträchtlichen Umfang erhalten. Geldloser internationaler Handel läßt sich auch in anderen Teilen der Welt beobachten, so zwischen Ländern Westafrikas, die Getreide gegen Fleisch tauschen.

Das Niveau des internationalen Naturaltausches ist im Vergleich zu den monetären Handelsgeschäften sehr niedrig. Die engen Grenzen des Naturaltausches sind eine Bestätigung für die Ansicht, daß eine hochentwickelte nationale und internationale Arbeitsteilung nicht ohne ein funktionierendes Geldwesen zustande kommt.

Kreislauf

Bei den Tauschvorgängen bilden sich Wertrelationen, die man Preise nennt. Werden die Tauschvorgänge unter Verwendung von Geld abgewickelt, lassen sich die Wertrelationen in Geld ausdrücken (Geldpreise). Bei freiem Tauschverkehr ist der Preis das Ergebnis der Vorstellungen beider Marktparteien. Anbieter und Nachfrager begegnen sich als Marktparteien auf den verschiedenen Stufen der arbeitsteiligen Gütererstellung, beim Kauf und Verkauf von Halbfabrikaten ebenso wie von Konsumgütern. Auf einer hohen Stufe der Abstraktion lassen sich - sieht man zunächst vom Staat ab - zwei Marktparteien unterscheiden, die als bedeutsame Entscheidungseinheiten anzusehen sind: **Haushalte und Unternehmen**. Haushalte sind Anbieter der Faktorleistungen und Nachfrager der Konsumgüter. Unternehmen benötigen für die Gütererstellung Produktionsfaktoren, die sie von den Haushalten nachfragen, und bieten Konsumgüter an.

Auf diese Weise fließt ein Strom von Gütern zwischen Haushalten und Unternehmen, der Güterkreislauf, dem ein entgegengesetzt verlaufender Geldstrom, der **Geldkreislauf**, gegenübersteht (*Fig. 2-2*).

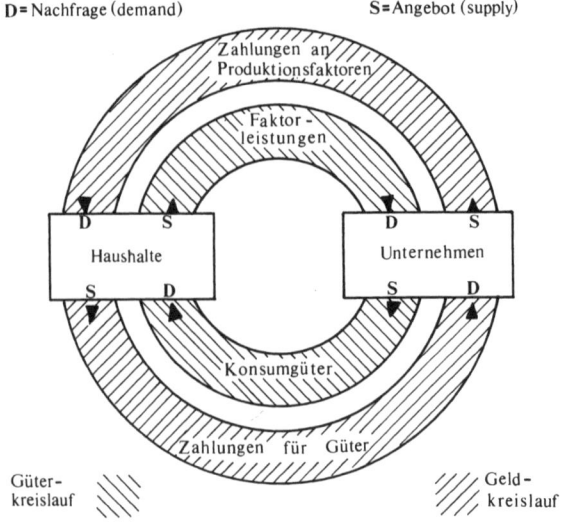

Fig. 2-2: Güter- und Geldkreislauf

Haushalte und Unternehmen können also sowohl Anbieter als auch Nachfrager sein. Für diese Eigenschaft kommt es auf das jeweilige Gut an. Zweckmäßig ist es, die Begriffe Angebot und Nachfrage auch auf den Geldkreislauf anzuwenden. Ein Anbieter von Arbeitsleistungen wäre dann ein Nachfrager von in Geld ausgedrücktem Lohn. Es ließen sich leicht weitere Unterscheidungen vornehmen, etwa die nach Unternehmer- und Nichtunternehmerhaushalten oder nach verausgabten und gesparten Einkommen. Da darauf noch eingegangen wird (13. Kap.), mag an dieser Stelle das stark vereinfachte Schema genügen. Betont sei jedoch, daß es zwischen den separat dargestellten Kreisläufen der Güter und des Geldes Wechselbeziehungen gibt, die Gegenstand vor allem der Inflationstheorie sind (19. Kap.).

Das Kreislaufschema könnte zu dem Schluß führen, Haushalte und Unternehmen seien - da sie beide Angebot und Nachfrage entfalten - Einheiten glei-

2. Ausgangstatsachen der Wirtschaft

cher Rangordnung. Es sollte jedoch nicht vergessen werden, daß **Unternehmen Stätten ausgegliederter Haushaltsproduktion** sind. Sofern die Haushalte der Ansicht sind, sie könnten besser und billiger produzieren als die Unternehmen, kommt es zu einer Rückverlagerung der Gütererstellung in die Haushalte (do it yourself). Ein nicht unbeträchtlicher Teil der Produktion hat sich stets in Haushalten vollzogen, wie die Zubereitung von Mahlzeiten. Es sind Gründe ökonomischer Zweckmäßigkeit, die zur Auslagerung führen, wie sich am Beispiel des Wäschewaschens (erst nur Haushaltsproduktion, dann häufig Wäscherei, mit Aufkommen moderner Waschmaschinen wieder vorwiegend Haushaltsproduktion) zeigen läßt. Unternehmen sind nicht unbedingt notwendig zur Sicherung der menschlichen Existenz. Da sie aber eine hohe Stufe der Arbeitsteilung repräsentieren und die technische Entwicklung in den meisten Fällen keine Haushaltsproduktion mehr zuläßt, sind sie ökonomisch nützlich. Folglich ist das, was sie ihrerseits nachfragen, abgeleitet von den letzten Bedürfnissen der Haushalte, mag es auch so aussehen, als würden sie ein Eigenleben führen. Auf die Dauer hängt der Fortbestand der Unternehmen davon ab, ob sie solche Güter bereitstellen, die von den Haushalten nachgefragt werden. "Consumption is the sole end and purpose of all production" (ADAM SMITH). Das bedeutet jedoch nicht, daß die Haushalte die Tauschbedingungen (wie Mengen und Preise) diktieren können. Diese Aussagen gelten auch dann, wenn die Nachfrageseite den Konsum der öffentlichen Haushalte (Bund, Länder, Gemeinden) einschließt. Sie gelten unabhängig vom sozialen Rahmen (3. Kap.).

Die Arbeitsteilung hat nicht nur zu einer Übertragung von Haushaltsproduktion auf Unternehmen, sondern auch zu einer weiteren **Produktionsauffächerung** im Unternehmensbereich geführt. In modernen Volkswirtschaften ist es eher Ausnahme als Regel, daß ein Unternehmen Produktionsfaktoren von den Haushalten nachfragt und ihnen Güter konsumreif anbietet. Die meisten Unternehmen beziehen vor allem Rohstoffe (z. B. Mineralöl), Halbfabrikate (z. B. Bleche) oder nicht konsumierbare Fertigprodukte (z. B. Drehbänke) von anderen Unternehmen, so daß nicht nur Haushalte an Unternehmen Faktorleistungen verkaufen, sondern auch Unternehmen an Unternehmen nichtkonsumierbare Produktionsmittel ("Zwischenprodukte"). Der Begriff Produkt (= Erzeugnis) wird hier so definiert, daß er Konsumgüter und nichtkonsumierbare Produktionsmittel einschließt. Da für die Beziehungen zwischen Unternehmen Analoges gilt, wie für die zwischen Haushalten und Unternehmen, kann zur Vereinfachung - soweit nichts anderes vermerkt ist - die Arbeitsteilung zwischen Unternehmen ausgeklammert werden, was das Verständnis einiger Zusammenhänge erleichtert.

Da Güter- und Geldströme in einer arbeitsteiligen Geldwirtschaft nichts anderes als die gedankliche Zusammenfassung sämtlicher (Gut-Geld-) Tauschakte für eine bestimmte Periode sind, müssen sie sich ex post wertmäßig genau entsprechen, denn jeder einzelnen Güterbewegung ist ein wertgleicher Geldstrom entgegengerichtet. Das läßt sich in einfachen **Güter- und Geldstromgleichungen** darstellen. Bezeichnet man die in einer Periode umgesetzten Mengen der Güter mit $q_1, q_2, ..., q_n$, die dazugehörigen Preise mit $p_1, p_2, ..., p_n$ ist die Wertsumme der Güter, der Güterwert oder -umsatz U:

(2.1) $\quad U \equiv q_1 \cdot p_1 + q_2 \cdot p_2 + \ldots + q_n \cdot p_n$ (Definitions-Gleichung)

oder nach der Schreibregel für Summen:

(2.2) $\quad U \equiv \sum_{i=1}^{n} q_i \cdot p_i$ (Definitions-Gleichung).

Würde man statt der Einzelpreise mit einem Preisniveau oder -durchschnitt P (P = prices) und statt der Einzelmengen mit einer Gesamtmenge Q (Q = quantity) operieren, ließe sich statt (2.2) schreiben:

(2.3) $\quad U \equiv Q \cdot P$ (Definitions-Gleichung).

Der Güterwert U wird mit einer Geldmenge M bezahlt. Wäre M gleich dem Wert der umgeschlagenen Güter, müßte die umgesetzte, zum Kauf verwendete Geldmenge Z genauso groß sein wie die vorhandene, also M. Dann wäre jede Geldeinheit durchschnittlich nur einmal zum Kauf eines Gutes in der Periode verwendet worden. Im allgemeinen wird die vorhandene Geldmenge während des Betrachtungszeitraums nicht nur einmal umgeschlagen. Die Häufigkeit, mit der das Geld zum Kauf von Gütern durchschnittlich verwendet wird, die Umlaufgeschwindigkeit V (V = velocity), bleibt demnach noch zu berücksichtigen. Betrüge sie 2 pro Jahr, würde jede Geldeinheit jährlich im Durchschnitt zweimal zum Kauf von Gütern verwendet werden. Man brauchte dann nur die Hälfte der Geldmenge wie bei $V = 1$, um denselben Jahresumsatz zu bewältigen. Die umgesetzte Geldmenge Z wird demnach zweckmäßigerweise als Produkt aus vorhandener Geldmenge M und Umlaufgeschwindigkeit V definiert:

(2.4) $\quad Z \equiv M \cdot V$ (Definitions-Gleichung).

Aus der Definition des Tauschs, bei dem Angebot und Nachfrage geldwertgleich sind, folgt für die Summe aller Tauschvorgänge die Identität

(2.5) $\quad U \equiv Z$.

Substituiert man U gemäß (2.3) und Z gemäß (2.4), erhält man

(2.6) $\quad M \cdot V \equiv Q \cdot P$.

Der Ausdruck (2.6) wird als Tausch- oder Verkehrsgleichung bezeichnet. Der amerikanische Nationalökonom IRVING FISHER (1867-1947) hat sie als erster in dieser Form entwickelt. Sie beschreibt weder eine Kausalbeziehung, noch stellt sie eine Hypothese dar. Sie bezeichnet aufgrund des Begriffs der Tauschgleichheit nichts anderes als die für einen beliebigen Zeitabschnitt geltende Identität des Geld- und Güterkreislaufs. Man nennt $Q \cdot P$ häufig das in Geld ausgedrückte gesamtwirtschaftliche Güterangebot, dem $M \cdot V$ als monetäre Gesamtnachfrage gegenübersteht. Vermeidet man irrige Interpretationen, kann die Verkehrsgleichung zweckmäßiger Ausgangspunkt einer Analyse elementarer Kreislaufgrößen (13. Kap.) oder geldtheoretischer Hypothesen (18. Kap.) sein.

3. Kapitel: Sozialer Rahmen

I. Staat und Wirtschaft

Beziehungen
Entscheidungsorgan Staat - Staat als Unternehmer - Staat als Haushalt

Wirtschaftssysteme
Gestaltung der Wirtschaftslenkung - Zentralverwaltungswirtschaft - Marktwirtschaft - Wirtschaftsordnungen - Soziale Marktwirtschaft
K 3-1: Zusammenbruch der zentralen Planung

II. Charakteristika des marktwirtschaftlichen Systems

Freiheiten
Freiheiten konstituieren marktwirtschaftliche Ordnungen - Konsumentensouveränität - Privateigentum an Produktionsmitteln - Freie Berufswahl

Wirkungen des Preismechanismus
Koordination wirtschaftlicher Interessen - Preisfunktionen - Marktformen und Verhaltensweisen - Grenzen des Preismechanismus

III. Ziele der Wirtschaftspolitik

Freiheitspostulat und Wirtschaftspolitik
Erhaltung der marktwirtschaftlichen Ordnung - Gründe für Freiheitsbeschränkungen - Grenzziehung zwischen Freiheit und Zwang

Gesamtwirtschaftliche Ziele
Ist Wirtschaftswachstum ein unmittelbares Ziel? - Vollbeschäftigung - Preisniveaustabilität - Zahlungsbilanzausgleich - Andere Ziele - Zielkonflikte

Literaturempfehlungen zum ersten Teil

I. Staat und Wirtschaft

Beziehungen

Haushalte und Unternehmen sind Entscheidungsträger im privatwirtschaftlichen Sektor. Im öffentlichen Sektor ist das **Entscheidungsorgan** der **Staat** - Sammelbegriff für eine große Zahl nichtprivater Institutionen. Tatsächlich haben die zahlreichen staatlichen Stellen, insbesondere die Gebietskörperschaften (Bund, Länder und Gemeinden), durchaus unterschiedliche Zielsetzungen, so daß sie keineswegs einheitlich und nach denselben Grundsätzen handeln. Im folgenden soll gleichwohl von "dem" Staat als einzigem Entscheidungsträger die Rede sein. Privater und öffentlicher Sektor der Wirtschaft sind in den modernen Volkswirtschaften eng miteinander verwoben. Sie beeinflussen sich gegenseitig in ihren Entscheidungen. Während - vor allem bei Unternehmen - die ökonomischen Aspekte im Vordergrund stehen, ist für den Staat die Wirtschaft ein zwar wichtiger, aber nicht der einzige Bereich seiner Aktivität. Häufig kollidieren wirtschaftliche Absichten mit solchen politischer, gesellschaftlicher oder kultureller Art. Soll eine dem Ausland unterlegene Landwirtschaft aus rein wirtschaftlichen Gründen aufgegeben werden oder wegen der Bevölkerungs- und Siedlungsstruktur sowie der Landschaftspflege erhalten bleiben? Fragen dieser Art stellen sich dem staatlichen Entscheidungsträger ständig. An ihnen wird deutlich, daß die Berücksichtigung außerökonomischer Forderungen etwas kostet; denn es muß auf die Realisierung wirtschaftlicher zugunsten anderer Ziele verzichtet werden. Die Ansicht, die wirtschaftlichen Ziele sollten unbedingt Vorrang haben, wird als Ökonomismus bezeichnet. Er stellt ein Werturteil über die Bedeutung nichtwirtschaftlicher Ziele dar. Die Rangfolge verschiedener Ziele in einer pluralistischen Gesellschaft ist das Ergebnis von Auseinandersetzungen oder Vereinbarungen und deshalb von Kompromissen geprägt. In der Regel werden nicht beliebige Wünsche berücksichtigt, sondern der Wille einer Mehrheit von Bürgern oder - was nicht dasselbe sein muß - des Parlaments. Seinen Willen setzt der Staat im öffentlichen Bereich mit Anordnungen und Vorschriften (Verhaltensbefehlen) durch, während die Privatrechtsordnung eine individuelle Verhaltensabstimmung zwischen den Bürgern ermöglicht. Versucht man, das Geflecht von Beziehungen zwischen privatem und öffentlichem Sektor zu systematisieren, scheint es sehr zweckmäßig, die wirtschaftliche Aktivität der öffentlichen Hand unter folgenden Aspekten zu betrachten: der Staat kann Unternehmer, Haushalt und Gestalter der Wirtschaftslenkung sein. Diese Unterscheidung ähnelt der Einteilung nach Entscheidungsträgern im privatwirtschaftlichen Bereich. Die beiden erstgenannten Gebiete der Staatstätigkeit - Unternehmer und Haushalt - lassen sich leicht in das Kreislaufschema einfügen (*Fig.* 2-2), ohne daß es nennenswert verändert zu werden braucht.

Für den **Staat als Unternehmer** gelten oft die gleichen Grundsätze wie für Privatunternehmer. Es gibt zwei wichtige Gründe für staatliche Unternehmertätigkeit. Erstens kann ein Mangel an befähigten Unternehmern bestehen. Dieser Fall dürfte in hochentwickelten Ländern kaum vorkommen, in denen in der Regel privatwirtschaftlich geführte Unternehmern staatlich geführten überlegen sind. In früheren Entwicklungsstadien der Industrienationen - und gegenwärtig noch in den Entwicklungsländern - war ein Mangel an privater Initiative dagegen gar nicht so selten. Zweitens können zwar genügend Unternehmer vorhanden sein, aber bestimmte Produktionen werden von ihnen nicht durchgeführt, weil sie unrentabel sind und es möglicherweise bleiben werden. Beispielsweise war vor einigen Jahrzehnten eine rentable Produktion von Aluminium nicht möglich. In vielen Ländern ist deshalb der Staat eingesprungen. Als die Produktion aufgrund steigender Nachfrage und technischer Fortschritte rentabel zu werden begann, konnte sich der Staat wieder zurückziehen. Die Unrentabilität kann dauerhaft sein, wenn ein Markt für bestimmte Güter fehlt. So gibt es für wissenschaftliche Leistungen häufig keinen Markt im engeren Sinn des Wortes. Man denke z. B. an landwirtschaftliche Versuchsanstalten, für deren Hauptprodukte, die wissenschaftliche Erkenntnis, oft kein Markt existiert, wohl aber für Nebenprodukte, wie Fleisch und Eier. Für den Staat besteht jedoch keine Notwendigkeit, solche Produkte bereitzustellen, die auch von privaten Unternehmen rentabel erzeugt werden können. Wenn er gleichwohl auf solchen Gebieten tätig ist und - wie in der Bundesrepublik Deutschland - Werkzeuge, Schiffe, Benzin, Filme und Fertiggaragen produziert, kann das historische Gründe haben, mit Geschäftserweiterungen und -umstellungen staatlicher Betriebe zusammenhängen oder aus der beschäftigungspolitisch motivierten Übernahme unrentabel gewordener Unternehmen resultieren. Häufig wird deswegen gefordert, der Staat solle seine Beteiligung an rentabel arbeitenden Unternehmen - wie etwa am Volkswagenwerk - aufgeben (Privatisierung). Für die staatliche Unternehmertätigkeit werden jedoch auch wirtschaftspolitische Gründe angeführt. Der Staat müsse in bestimmten Branchen Einblick in die Unternehmen haben, bei entsprechender Größe der Unternehmen Einfluß auf den Absatz der Produkte ausüben können (Begründung für die *Teil*privatisierung des Volkswagenwerks), die Bevölkerung vor monopolistischer Ausbeutung durch Versorgungs- (Elektrizität, Gas, Wasser) und Verkehrsunternehmen (Bahn, Post, Luftverkehr, städtische Verkehrsbetriebe) schützen und schließlich die Sicherheit bei der Versorgung mit militärischen Gütern (Waffen, Munition, Gerät) gewährleisten. Ob solche Begründungen die wahren Motive widerspiegeln, kann offen bleiben oder bezweifelt werden. Eine Erörterung der damit auftauchenden Fragen erfolgt üblicherweise im Rahmen der Theorie der Wirtschaftspolitik und der Wissenschaft der Politik.

Der zweite Bereich staatlicher Aktivität, der **Staat als Haushalt**, ist die Wahrnehmung und Finanzierung öffentlicher Aufgaben. Es handelt sich um den traditionellen Sektor staatlicher Tätigkeit. Die grundsätzliche Notwendigkeit dieser Aktivität ist ernsthaft nie in Zweifel gezogen worden, wohl ihr Ausmaß. Sie wird hauptsächlich mit der Existenz sogenannter Kollektivbedürfnisse begründet. Genaugenommen sind es nicht Kollektive, die wirtschaftliche Bedürfnisse haben, sondern immer nur Individuen. "Kollektive" Bedürfnisse sind deshalb widersprüchlich durch das Beiwort. Es gibt aber eine Reihe von individuellen Bedürfnissen, die viele Menschen zugleich haben, ohne daß es möglich oder zweckmäßig wäre, sie einzeln zu befriedigen. Man denke an die Bedürfnisse Ausbildung, Erziehung, Gesundheit und Rechtssicherheit. Die zur Befriedigung solcher Bedürfnisse erforderlichen Güter werden in den meisten Ländern auf Veranlassung des Staates bereitgestellt, der sich die Mittel dafür durch Steuern, Kredite und Gewinne aus eigenen Unternehmen verschafft. Umstritten bleibt, was zum Kollektivbedarf zu rechnen ist. In einem nicht unbeträchtlichen Maße hängt dies vom persönlichen Urteil ab, weil selbst dann, wenn solche Güter gewünscht werden, die kollektive Methode der Bedürfnisbefriedigung keineswegs kostengünstiger sein muß als die privatwirtschaftliche. So wird die Ansicht vertreten - sie kann sich auf entsprechende Beispiele in angelsächsischen Ländern berufen -, privatwirtschaftlich geführte Universitäten arbeiteten kostengünstiger und hätten zugleich bessere Ergebnisse aufzuweisen als Staatsuniversitäten. Allerdings dürfte eine klare wirtschaftspolitische Entscheidung für die eine oder andere Methode der Güterbereitstellung schwierig sein, weil es bei der kollektiven Bedürfnisbefriedigung - anders als bei staatlicher Unternehmensführung - bisher noch kein sicheres Verfahren zur Ermittlung der entstehenden Kosten und Vorteile gibt (cost benefit-Analyse). Generell gilt: Die Effizienz der Produktion ist der ökonomische Maßstab, ob die Güter von staatlichen und/oder privaten Stellen bereitgestellt werden. Ein weiterer Grund für eine staatliche Haushaltsführung besteht darin, daß einige Bevölkerungsgruppen noch nicht (Kinder), nicht mehr (Rentner) oder niemals (Behinderte) Markteinkommen beziehen. Auch in solchen Fällen besteht zu einem Teil eine private, eigene Versorgung. Doch gerade in Zeiten, in denen nicht zuletzt durch Kriege und Inflationen die Bildung von Vermögen erschwert oder unmöglich geworden ist, werden diese Bedürfnisse oft nicht anders als kollektiv zu befriedigen sein. Durch solche staatliche Maßnahmen lassen sich gesamtwirtschaftlich gesehen keine zusätzlichen Güter bereitstellen, wohl aber Bedürfnisse befriedigen. Das heißt konkret: Der Staat entzieht einigen Teilen der Bevölkerung Einkommen, um sie an bestimmte Personen oder Gruppen weiterzuleiten. In dieser Funktion ist der Staat bloß Umverteiler von Einkommen (Distributionsinstanz), während er bei der Befriedigung der ersten Art von Kollektivbedürfnissen auch noch die Güterproduktion veranlaßt (Produktionsinstanz). Ob und inwieweit der Staat Einkommen entziehen, in welchem Maße er die Bereitstellung von Kollektivgütern finanzieren und Einkommen umverteilen soll, kann - isoliert gesehen - wissenschaftlich nicht beantwortet werden, es sei denn, die angeführten Maßnahmen sind Mittel für ein dem Wirtschaftswissenschaftler vorgegebenes Ziel (1. Kap.).

Wirtschaftssysteme

Ein dritter Schwerpunkt staatlicher Aktivität ist die **Gestaltung der Wirtschaftslenkung**. Die zentrale Frage, die eine eingehende Behandlung erfordert, lautet: Wie kommt angesichts der Tatsache, daß es in einer größeren Volkswirtschaft Millionen von Haushalten und Unternehmen gibt, ein aufeinander abgestimmtes, ineinandergreifendes Handeln so zahlreicher Entscheidungsträger zustande? Oder kürzer: Wie läßt sich eine arbeitsteilige Wirtschaft lenken? Auf diese Fragen werden zwei grundsätzlich verschiedene Antworten erteilt:
⇨ Man könne die arbeitsteiligen Prozesse von einer zentralen Stelle, gleichsam

von oben her, dirigieren (zentrale Lenkung des Wirtschaftsprozesses).
⇨ Es sei möglich, daß sich die arbeitsteiligen Prozesse durch Koordinationsmechanismen selbst steuern (dezentrale Lenkung des Wirtschaftsprozesses).
Dementsprechend unterscheidet man zwei Arten von Wirtschaftssystemen: die Zentralverwaltungswirtschaft und die Marktwirtschaft. Wirtschaftssysteme sind Modellkonstruktionen, im Gegensatz zu Wirtschaftsordnungen, die anschließend behandelt werden.

Die **Zentralverwaltungswirtschaft** bezeichnet man vielfach als Planwirtschaft. Diese Bezeichnung ist mißverständlich, da in jeder Wirtschaft geplant werden muß. Die Frage ist allein, wer plant und was geplant wird. In der Zentralverwaltungswirtschaft ist die gesamte Produktion und Verteilung der Güter den Dispositionen der Haushalte und Unternehmen entzogen. Statt dessen entscheidet eine staatliche Stelle (Planbehörde) darüber, welche Güter in welcher Menge und Qualität zu erzeugen und nach welcher Rangfolge sie an andere Unternehmen und Haushalte zu verteilen sind (Planauflagen). Oberste Pflicht der Unternehmen ist die fristgerechte Erfüllung der Planauflagen (Planerfüllungsprinzip). Planübererfüllung wird durch Leistungsprämien belohnt, die Nichteinhaltung der Planvorschriften durch Strafen - von finanziellen Einbußen bis zu drakonischen Maßnahmen - sanktioniert. Artunterscheidendes Merkmal der Zentralverwaltungswirtschaft ist also, daß der arbeitsteilige Wirtschaftsprozeß zentral geplant und aufgrund dieses Planes gelenkt wird. Ein häufig im älteren Schrifttum angeführtes Kriterium der Zentralverwaltungswirtschaft ist die Form des Eigentums. In Übereinstimmung mit der marxistischen Doktrin wird an sachlichen Produktionsfaktoren (Boden, Kapital) kein privates Eigentum zugelassen. Es wird unten noch erörtert, inwieweit die Eigentumsordnung ein zweckmäßiges Merkmal zur Unterscheidung von Zentralverwaltungswirtschaft und Marktwirtschaft sein kann. Die zentrale Lenkung des Wirtschaftsprozesses scheint zwar eine relativ einfache Konzeption (*Fig. 3-1*), ist jedoch in der Praxis äußerst schwer zu handhaben, wie die Erfahrungen in zentralgelenkten sozialistischen Ländern zeigen.

In der **Marktwirtschaft** planen die Haushalte und Unternehmen selbständig Konsum und Produktion, und sie versuchen, ihre Planungen auch durchzusetzen. Beide lassen sich vom Eigeninteresse leiten. In Wahrnehmung ihrer Interessen entfalten die eigenverantwortlich handelnden Wirtschaftseinheiten aufgrund ihrer Pläne ein Angebot und (oder) eine Nachfrage nach Gütern. Anbieter und Nachfrager treffen sich an den Märkten, wo sie - häufig im Wettbewerb untereinander und mit der anderen Marktseite - ihre Pläne zur Abstimmung bringen (Wettbewerbssystem). Der Markt läßt Wünsche zu Realitäten werden, indem er die Pläne der Marktteilnehmer koordiniert. Auf diese Weise manifestiert sich die dezentrale Lenkung der Gesamtwirtschaft als ein System interdependenter, über die Märkte miteinander verknüpfter Handlungen, die aus individuellen Plänen hervorgehen. Vielfach wird die Marktwirtschaft als kapitalistisches oder liberales Wirtschaftssystem bezeichnet. Da Kapital, wie wir gesehen haben, in jedem Fall ein notwendiger Produktionsfaktor ist, kann die Bezeichnung "kapitalistisch" nicht besagen, Kapital werde nur in einer Marktwirtschaft eingesetzt. Gemeint ist damit lediglich, daß in der kapitalistischen

3. Sozialer Rahmen

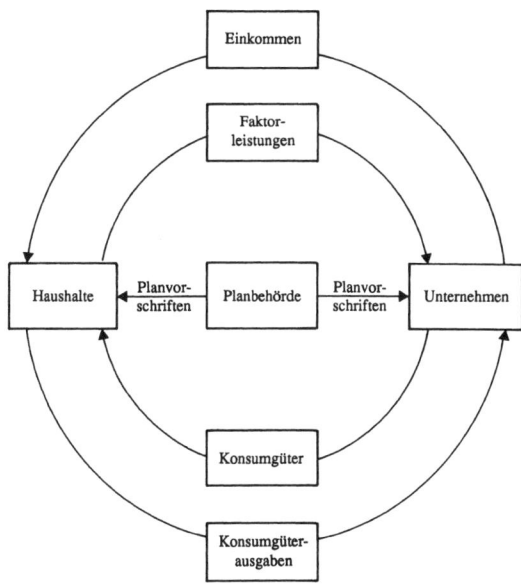

Fig. 3-1: **Planabstimmung in der Zentralverwaltungswirtschaft**

Wirtschschaft die Produktionsmittel überwiegend oder auch Privaten gehören. "Liberal" als Attribut eines Wirtschaftssystems wiederum deutet nicht - wie zu vermuten wäre - auf eine Weltanschauung hin. Es will nur zum Ausdruck bringen, daß die wirtschaftlichen Handlungen der Haushalte und Unternehmen zwar im Rahmen allgemeingültiger Gesetze, nicht jedoch auf eine Anweisung, auf ein Kommando hin erfolgen. Im Kreislaufschema der realen Leistungen, in dem die Produktionsfaktoren im einzelnen dargestellt werden, ergibt sich für die Marktwirtschaft folgendes Bild.

In *Fig. 3-2* gibt es zwei Gruppen von Märkten: Faktormärkte (für Arbeits-, Boden- und Kapitalleistungen) und Konsumgütermärkte (für Waren und Dienstleistungen A, B, C, D...). Die Faktormärkte sind räumlich und sachlich (Faktorheterogenitäten) gegliedert. Auf ihnen treten die Haushalte als Anbieter, die Unternehmen als Nachfrager auf, wobei zunächst offenbleiben kann, ob sie einzeln oder als Gruppen - z. B. als Gewerkschaften oder Arbeitgeberverbände - agieren. Die durch den Faktoreinsatz erstellten Kapitalgüter werden im Unternehmenssektor auf den verschiedenen Stufen der Arbeitsteilung zur Konsumreife geführt und erscheinen schließlich als Angebot auf den Konsumgütermärkten, auf denen die Haushalte nachfragen. Da die Unternehmen aus den Haushalten ausgegliederte Produktionsstätten sind, deren Aufgabe letztlich darin besteht, Konsumentenwünsche durch die Bereitstellung von Gütern zu erfüllen, kommt den Faktormärkten nur eine abgeleitete Funktion zu. Sie gibt es nur deswegen, weil Konsumgütermärkte existieren. Die Konsumgütermärkte sind also die "Schaltstelle" des ganzen Kreislaufs. Auf die Entscheidungsträger bezogen heißt das: Haushalte bieten an (z. B. Arbeitsleistungen), damit sie nachfragen können. Unternehmen fragen nach, um anbieten zu können. Die

Vormachtstellung des Letztnachfragers Haushalt darf nicht mißverstanden werden.

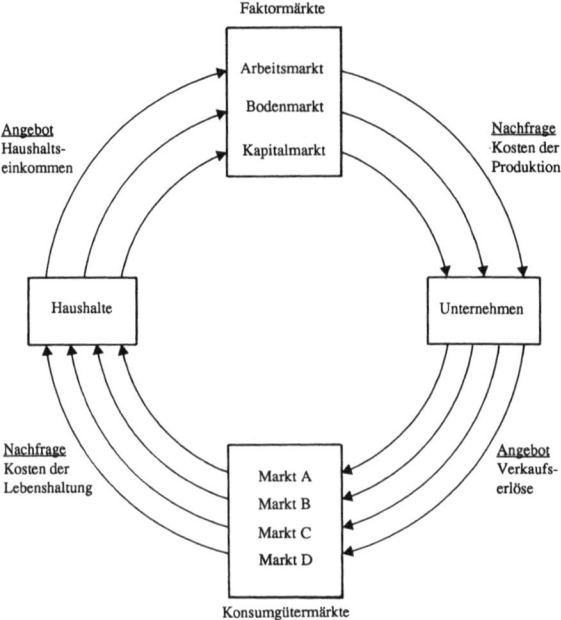

Fig. 3-2: Planabstimmung in der Marktwirtschaft

Auf den Konsumgütermärkten ist der Haushalt nur eine Partei, jedoch die, von deren Entscheidung es abhängt, ob und inwieweit sich die Planung auf allen vorgelagerten Stufen als richtig erweist. Was die Marktwirtschaft von der Zentralverwaltungswirtschaft abhebt, läßt sich wie folgt zusammenfassen: In der Marktwirtschaft gibt es keine zentrale Planung des Wirtschaftsprozesses. Es besteht individuelle, am Eigeninteresse ausgerichtete Planungsautonomie und deswegen keine Subordination. Privateigentum ist grundsätzlich an allen Produktionsmitteln möglich. Die Individualplanung wird am Markt koordiniert, wobei die Haushalte als Verbraucher die Lenkungsvormacht haben. Die Grenzen der individuellen Aktivität und der Verfügungsmacht über das Eigentum werden von allgemeingültigen Gesetzen gezogen und nicht nach Ermessensentscheidungen staatlicher Verwaltungen. Der Staat beschränkt sich vorwiegend darauf, den Ordnungsrahmen zu setzen, während der Prozeß weitgehend von staatlichen Eingriffen frei ist. In der Zentralverwaltungswirtschaft werden dagegen Ordnung und Prozeß vom Staat geplant und die Realisierung administrativ oder - z. B. durch "ökonomische Hebel" - erzwungen.

Die genannten Lenkungssysteme treten als reale **Wirtschaftsordnungen** nicht in reiner, sondern nur in gemischter Form in Erscheinung (mixed economy). Die Wirtschaftsordnung ist inhaltlich bestimmt durch das Verhältnis von Staat und Wirtschaft. Beschränkt sich die Staatstätigkeit in einer Marktwirtschaft auf das Anbieten kollektiver Güter (wie Rechtsordnung, Landesverteidigung, Gesundheitsfürsorge u. ä.) und ist die wirtschaftliche Aktivität des einzelnen sonst völlig frei, spricht man von einer "laissez faire-Marktwirtschaft". Hinter diesem Begriff steht die Ansicht, daß eine vom Staat weitgehend unbeeinflußt und unbeschränkt gelassene private Initiative die sicherste Gewähr für ein reibungsloses Funktionieren der Wirtschaft und deren rasche Entwicklung sei. Zu den großen Leistungen einiger Autoren des 18. und 19. Jahrhunderts (allen voran die großen Klassiker ADAM SMITH (1723-1790), DAVID RICARDO (1772-1823), JOHN STUART MILL (1806-1873)) gehört, gezeigt zu haben, daß der marktwirtschaftliche Abstimmungsprozeß letztlich nicht auf Rechtsetzungen, sondern auf "spontanen" Handlungen der wirtschaftenden Menschen beruht. Es seien die einzelnen Entscheidungsträger, die in Verfolgung ihrer Eigenziele über den Abstimmungsprozeß am Markt gesamtwirtschaftlich nützliche Entscheidungen träfen. So entstehe der Eindruck, sie seien von einer "unsichtbaren Hand" gelenkt (ADAM SMITH). Heute wird von den meisten Autoren eine weitergehende Einflußnahme des Staates auf die Wirtschaft auch im Wettbewerbssystem für erforderlich gehalten - teilweise wegen der industriellen Entwicklungen und politischen Erfahrungen seit dem 18. Jahrhundert -, wenn die dezentralen Planabstimmungen auf Dauer funktionieren oder unerwünschte Erscheinungen vermieden werden sollen. Für diese Auffassung werden vier Gründe genannt:

⇨ Der Staat soll eine der gewünschten Wirtschaftsordnung adäquate Rechtsordnung schaffen. Erlaubt die Rechtsordnung in einer Marktwirtschaft den Zusammenschluß von einzelnen Teilnehmern des Marktes zur Bildung und zum Mißbrauch von Marktmacht oder zwingt sie den erfolglosen Anbieter nicht, aus dem Markt auszuscheiden, entstehen Wirkungen, die das Zusammenspiel der Marktparteien erheblich stören oder durch einseitige Willensakte außer Kraft setzen können.

⇨ Die Funktionsfähigkeit der Marktabstimmung hängt von Bedingungen ab, die nicht vom Markt selbst geschaffen werden. So wird der Wirtschaftsprozeß nur bei einem funktionierenden Geldwesen zufriedenstellend ablaufen.

⇨ Auf einigen Märkten brächte eine freie Entscheidung der Anbieter und Nachfrager Ergebnisse, die politisch nicht gewollt sind. Würde man bei Verkehrswegen in einem begrenzten Raum jedem gestatten, ein Angebot auf den Markt zu bringen, könnte ein Chaos die Folge sein.

⇨ Die Verteilungsergebnisse des Marktes brauchen nicht mit der vorherrschenden Ansicht über eine "gerechte" Verteilung übereinzustimmen. Es wurden bereits Bevölkerungsgruppen erwähnt, die kein Einkommen über den Markt beziehen. Aber auch die Bezieher von Markteinkommen werden wünschen, daß ihr "soziales Gepäck" (wie Familiengröße), das vom Markt nicht honoriert wird, Berücksichtigung bei der Einkommensverteilung findet.

Eine Gruppe von Nationalökonomen bestimmt die Funktion des Staates in einer Marktwirtschaft nach den ersten drei Gründen. Danach wird dem Staat die Aufgabe zuteil, eine Wirtschaftsordnung zu planen und zu realisieren, die einen von direkten staatlichen Einflußnahmen freien, reibungslosen Ablauf des Wirtschaftsprozesses gestattet. Nationalökonomen, die diese Auffassung vertreten, werden häufig als "Neoliberale" bezeichnet, weil sie am Kern der klassischen (liberalen) Ansicht festhalten, dem Staat aber eine stärkere Stellung gegenüber der Wirtschaft oder neue Aufgaben zuweisen. Ansonsten hat das Attribut "neoliberal" genausowenig mit einer Weltanschauung zu tun wie das Prädikat "liberal" für die Marktwirtschaft.

Wird dem Staat zudem eine Verteilungsaufgabe übertragen (auch der vierte Grund), spricht man von der Wirtschaftsordnung der **Sozialen Marktwirtschaft** (ALFRED MÜLLER-ARMACK (1901-1978)), die als eine Variante der "neoliberalen" Vorstellungen verstanden werden kann. Die Vertreter der neoliberal-sozialen Konzeption einer Marktwirtschaft haben auf die Wirtschaftspolitik in der Bundesrepublik - vor allem in den ersten beiden Jahrzehnten ihres Bestehens - einen dominierenden Einfluß ausgeübt, obgleich ihre Vorstellungen nur teilweise realisiert wurden. Widerspruchsfreie Alternativkonzeptionen fehlen. Das ist vor allem deswegen bemerkenswert, weil die "neoliberal-soziale" Marktwirtschaft erheblicher Kritik unterliegt. So einig sich die Kritiker auch in der Stoßrichtung sein mögen: In den von ihnen vorgeschlagenen Alternativen kann man sich kaum eine größere Streubreite vorstellen. Es seien nur beispielhaft einige dieser "Alternativen" erwähnt. Eine Gruppe von Nationalökonomen vertritt die Auffassung, der Staat habe unter Beibehaltung des marktwirtschaftlichen Systems für eine grobe Prozeßlenkung - die Globalsteuerung - zu sorgen. Dabei sollen auf der Basis volkswirtschaftlicher Gesamtrechnungen und Projektionen globale Planziele oder Orientierungsdaten (wie gesamtwirtschaftliche, regionale und sektorale Wachstumsraten, Steigerungsraten des Preis- und Lohnniveaus, Lohn- und Investitionsquoten) aufgestellt werden, an denen sich die Einzelwirtschaften und Verbände bei ihren Planungen oder Empfehlungen ausrichten können und auf deren Realisierung der Staat gegebenenfalls mit geeigneten Maßnahmen (z. B. Kreditplafondierung, Genehmigungsverfahren, Preis- und Lohnkontrollen) hinzuwirken hat. Es dürfte nicht allzu schwierig sein, den Widerspruch in dieser Konzeption zu entdecken. Die bei staatlicher Prozeßsteuerung verbleibenden Konkurrenzelemente reichen kaum aus, das Bestehen einer marktwirtschaftlichen Ordnung auf Dauer zu sichern oder sind so stark, daß die Verkündung globaler Ziele und Orientierungsdaten kaum mehr ist als ein auf Wunschdenken beruhendes wirtschaftspolitisches Glaubensbekenntnis. Marktwirtschaft nur auf der unteren Ebene der einzelwirtschaftlichen Beziehungen ist eine vom Ansatz her problematische Konzeption. Eng verwandt mit der eben erläuterten Ansicht ist die Vorstellung von einer Wirtschaftsordnung, die eine beliebige Mischung von markt- und zentralverwaltungswirtschaftlichen Elementen enthält. Sie schlägt sich in der Hypothese nieder, die Wirtschaftsordnungen des "Westens" und "Ostens" würden immer ähnlicher (*Konvergenzhypothese*). Methodologisch ist zwischen ordnungspolitischen Konzeptionen und Hypothesen scharf zu trennen. Eine konsistente Konzeption über die Vereinbarkeit dezentraler und zentraler Lenkung des Wirtschaftsprozesses gibt es bisher nicht. Die Konvergenzhypothese wurde durch politische Ereignisse der letzten Jahrzehnte - im Osten mehr als im Westen - häufig genug widerlegt. Eine dritte Gruppe von Kritikern möchte die Wirtschaftslenkung nicht am Eigeninteresse, sondern am Altruismus orientieren. Der Interessenausgleich soll dann nicht durch Wettbewerb am Markt, sondern durch ständische Institutionen (*berufsständische Ordnung*), Delegier-

3. Sozialer Rahmen

tenentscheidung (*Rätesystem*) oder genossenschaftliche Verteilungsorgane (z. B. wie in einem israelischen *Kibuzzim*) erreicht werden. Viele Menschen werden vielleicht dem Altruismus einen höheren ethischen Wert beimessen als dem Eigeninteresse, wenngleich letzteres nicht mit Egoismus verwechselt werden darf. Die Konzeption einer Wirtschaftsordnung hat jedoch, wenn sie sich am eingangs definierten Wissenschaftsbegriff ausrichtet, von einer menschlichen Verhaltensweise auszugehen, wie sie tatsächlich ist. Utopien haben in wissenschaftlich begründeten ordnungspolitischen Konzepten keinen Platz. Berücksichtigt man, daß der Staat seine Tätigkeit vielfach nicht an marktwirtschaftlichen Grundsätzen orientiert und aus mancherlei Erwägungen zu Eingriffen (Interventionen) in den Wirtschaftsprozeß neigt (typische Interventionsbereiche in der Bundesrepublik: Landwirtschaft, Kohlenbergbau, Verkehrssektor, Rundfunk und Fernsehen), muß man in der Realität von einer pragmatischen Mischung dezentraler und zentraler Lenkungselemente ausgehen. Zu den schwierigen Fragen in der Theorie der Wirtschaftspolitik gehört die nach der ordnungspolitischen Stabilität solcher mixed economies.

K 3 -1

Zusammenbruch der zentralen Planung

Die Auflösung der Sowjetunion und der Zerfall des Ostblocks im Jahr 1991 sind nach weitgehend unbestrittener Auffassung vor allem wirtschaftlichen Ursachen zuzuschreiben. Auf einen kurzen Nenner gebracht: Die Zentralverwaltungswirtschaft, die zentrale Abstimmung der Wirtschaftspläne, hat versagt. Alle Reformer in diesen Ländern streben deshalb eine marktwirtschaftliche Ordnung an und vielen dient die *Soziale Marktwirtschaft* der Bundesrepublik Deutschland als Vorbild.

Warum hat sich die marktwirtschaftliche Koordination als überlegen erwiesen? Wirtschaften bedeutet - unabhängig von der Art des gesamtwirtschaftlichen Lenkungssystems -, in der Gegenwart Auswahlentscheidungen zu treffen, die sich auf künftige Erwartungen richten. Trotz aller Versuche, die Zukunft zu erforschen, bleibt ein Entscheidungsrisiko. Fehlentscheidungen - gemessen an der zukünftigen tatsächlichen Entwicklung - und daraus folgende Verluste an knappen Gütern sind unvermeidlich. Das Ausmaß solcher Verluste ist in einer Marktwirtschaft insbesondere aus zwei Gründen systemtypisch geringer als in einer Zentralverwaltungswirtschaft.

Ein erster Grund ist die Informationsfunktion des Marktes, vor allem, wenn Wettbewerb herrscht. Wettbewerb wird nach modernem, auf FRIEDRICH AUGUST VON HAYEK (1899-1992) zurückgehendem Verständnis als ein Verfahren zur Entdeckung von Tatsachen verstanden, die ohne ihn entweder unbekannt bleiben oder zumindest nicht genutzt werden würden. Im Entdeckungsprozeß kann mehr Wissen genutzt und können damit mehr Pläne erfüllt werden als bei einer zentral gelenkten Produktion und Verteilung von Gütern. Durch Marktinformationen werden unvermeidliche Planungsfehler der Wirtschaftssubjekte relativ gering gehalten, rasch korrigiert oder vermieden. An der Wissensüberlegenheit der Marktwirtschaft hat sich auch durch die Entwicklung der modernen Kommunikationstechnologie, die nach verbreiteter Auffassung die Nachteile der Zentralverwaltungswirtschaft ausgleichen könnte, nichts entscheidend

geändert.
  Ein zweiter Grund ist die Dezentralität der Lenkung. Im Hinblick auf die unterschiedlichen Erwartungen kommt es zur Kompensation von positiven oder negativen Fehlerwartungen und damit zur Begrenzung von Verlusten. Die verbleibenden unvermeidlichen Verluste sind jedenfalls geringer als bei einer für alle geltenden gesamtwirtschaftlichen Fehlentscheidung, ohne Kompensation im einzelnen.
  Für zentralgelenkte Volkswirtschaften sind eine hohe versteckte Arbeitslosigkeit, eine geringe Produktivität und eine schlechte Produktqualität typisch. Diese Erscheinungen sind die Folgen eines fehlenden Wettbewerbs auf Güter- und Faktormärkten. Auch die typischen Umweltverwüstungen in diesen Ländern sind eher als Konsequenz eines Systems zu begreifen, das auf strikte Planerfüllung - ohne Rücksicht auf Menschen und Natur - ausgerichtet ist. Im Übrigen sind schwere Beeinträchtigungen der Umwelt nicht nur auf die zentrale Planung zurückzuführen, sondern auch typische Begleiterscheinungen aufstrebender Industrienationen.

II. Charakteristika des marktwirtschaftlichen Systems

Freiheiten

Unter freier Betätigung der wirtschaftlichen Einheiten in einer Marktwirtschaft versteht man die Möglichkeiten,
⇨ zwischen den am Markt gegebenen Alternativen als Konsument frei wählen,
⇨ über privates Eigentum frei verfügen und
⇨ sich als Beteiligter am Markt frei entfalten
zu können. Diese **Freiheiten** und die oben behandelte Wirkungsweise der Planabstimmung über den Markt **konstituieren** die **marktwirtschaftliche Ordnung**.
  Die für die Lenkung des Wirtschaftsprozesses wichtigste Freiheit ist die des Konsumenten, sein Einkommen so zu verausgaben oder zu sparen, wie er es für richtig hält. Sie ist eine notwendige Bedingung dafür, daß der volkswirtschaftliche Produktionsapparat auf die Konsumentenwünsche ausgerichtet wird. Haben die Konsumenten freie Wahl zwischen den am Markt gebotenen Alternativen, können sich auf lange Sicht nur solche Produzenten behaupten, die die Konsumentenwünsche zu erfüllen vermögen. Man hat die marktwirtschaftliche Ordnung deshalb auch als System der **Konsumentensouveränität** bezeichnet (EDWIN CANNAN). Wird aber diese Freiheit nicht illusorisch bei den Möglichkeiten der modernen Werbung? Kauft der Konsument überhaupt, was er will? Sind die Güter, die er kauft, nicht selten "wertlos"? Es sind zwei Probleme, die hinter solchen und ähnlichen Fragen stehen. Ein erstes Problem besteht darin, daß es verschiedene Ansichten darüber gibt, was der einzelne mit seinem Einkommen tun sollte. Man könnte es für wünschenswert halten, daß die Verbraucher mehr klassische Literatur statt Groschenromane oder mehr seriöse Zeitungen statt Boulevardblätter lesen. Konsumentensouveränität schließt jedoch eine Geschmacksdiktatur aus, die einzelnen das Urteil anderer aufnötigt, selbst wenn die Ansichten über die Kriterien des Urteils von der Mehrheit geteilt werden. Eine in ihren Aussagen wertfreie Wirtschaftstheorie hat - wie er-

wähnt - von den Dingen auszugehen, wie sie sind und nicht, wie sie sein sollen. Nichts anderes gilt für die Beurteilung des Sparens. Wieviel vom Einkommen nicht verausgabt wird, ist eine Frage der privaten Entscheidung. Unfreiwilliges, erzwungenes Sparen - auf welchem Weg auch immer - ist mit dieser Entscheidungssouveränität unvereinbar und setzt an die Stelle individueller Wünsche eine Art höhere Einsicht, letztlich eine Urteilsanmaßung. Ein zweites Problem der Konsumentensouveränität wird darin gesehen, daß die Menschen eigentlich nicht das tun, was sie selbst wollen, sondern was andere ihnen einreden oder aufnötigen (Manipulation individueller Entscheidungen). In einem formalen Sinne ist dieser Einwand unbeachtlich. Denn es kann nur das abgesetzt werden, wofür sich Käufer finden. Das gilt auch, wenn der Wettbewerb beschränkt ist. Wettbewerbsbeschränkungen beeinflussen v. a. die Einkommens- und Produktionsfaktorenverteilung (Distributions- und Allokationseffekte), beseitigen jedoch letztlich nicht die Konsumentensouveränität. Praktische Bedeutung erhielte der Einwand erst dann, wenn nachgewiesen werden könnte, daß die Anbieter der Güter auch die "Produzenten" der Nachfrage sind. Eine empirische Bestätigung für die Hypothese der Nachfragesteuerung durch die Produzenten fehlt bisher. Vielmehr sprechen gegen diese Behauptung so viele Beweise, daß sie als falsifiziert gelten muß. Der Einfluß der Werbung - empirisch ohnedies kaum meßbar - soll damit nicht geleugnet werden. Einerseits läßt sich beobachten, daß trotz hoher Werbeaufwendungen bestimmte Erzeugnisse kaum abzusetzen sind (z. B. neueingeführte Zigarettenmarken). Andererseits gibt es Produkte, die bei minimaler Werbung so reißenden Absatz finden, daß die Anbieter die Verbraucherwünsche erst nach Monaten oder Jahren erfüllen können. Die Konsumentensouveränität wirkt also nicht nur negativ, d. h. durch Zurückweisen des Angebots (sogenanntes Vetorecht), sondern auch positiv, indem bestimmte Produzenten - unabhängig von ihrer Marktstellung - belohnt werden. Es ist also einige Skepsis gegenüber der beliebten, für bestimmte Absichten durchaus zweckmäßigen Behauptung von der Manipulierbarkeit der Verbraucher angezeigt. Sofern mit Werbung die Marktinformation verbessert wird, ist gegen sie vom Standpunkt einer unabhängigen Verbraucherentscheidung nicht nur nichts einzuwenden. Sie ist vielmehr eine wichtige Bedingung für das Funktionieren des Marktmechanismus in einer hochgradig arbeitsteiligen Volkswirtschaft.

Viele Nationalökonomen unterscheiden die Zentralverwaltungs- und Marktwirtschaft auch nach der in ihnen dominierenden Eigentumsform. Während die Zentralverwaltungswirtschaft Privateigentum allenfalls an Konsumgütern, nicht jedoch an Produktionsmitteln zuläßt, gibt es in der Marktwirtschaft keine Beschränkung dieser Art. In ihr hat das **Privateigentum an Produktionsmitteln** konstitutionellen Charakter (Grundgesetz der Bundesrepublik Deutschland), wenngleich es durch Gesetz geregelte Beschränkungen des Verfügungsrechts über das private Eigentum geben kann. Die verschiedenen staatlichen Aktivitäten führen in allen Wirtschaftsordnungen aber auch zu Staatseigentum an Produktionsmitteln. Deshalb läßt sich der Unterschied zwischen zentral und dezentral gelenkten Wirtschaften nach dem Merkmal der Eigentumsform nur so bestimmen, daß die erstere Staatseigentum an Produktionsmitteln als Regelfall betrachtet (Staatskapitalismus), während die letztere Privateigentum daran ausdrücklich vorsieht. Untersucht man die bestehenden Volkswirtschaften nach den in ihnen realisierten Eigentumsformen, wird der Befund stets auf ein "mehr oder weniger" der einen oder anderen Eigentumsform lauten. Letztlich kommt es nicht auf das Eigentums-, sondern auf das Verfügungsrecht an. Es sprechen einige ökonomische Gründe dafür, die Möglichkeiten zur Privateigentumsbildung tunlichst offenzuhalten. Dadurch sollen der persönlichen Initiative Anreize zur Vermögens- und Einkommensbildung gegeben, sowie die ökonomisch beste Kapitalnutzung angestrebt und die Freiheit zur Gründung von Produktionsstätten erhalten werden. Die private Verfügung über die Produktionsmittel hat diese Funktionen auch heute noch, wenngleich sich im Hinblick auf die Größe der Unternehmenseinheiten (Unternehmens- und Kapitaltalkonzentration) inzwischen die Form des Anteilseigentums - mit einer häufig schwachen Eigentümerposition - durchgesetzt hat. Die verbreitete Kritik am "Kapitalismus" hat lange verkannt, daß die aus dem Privateigentum folgenden ökonomischen Wirkungen auch dann auftreten können, wenn die Eigentümer der Produktionsmittel selbst nicht produzieren, wenn also im juristischen Sinn nur Besitz vorliegt. Sobald erkannt wurde, daß es letztlich nicht auf Eigentums-, sondern auf Verfügungsrechte ankommt, lag es nahe, die unpopuläre Forderung nach Verstaatlichung der Produktionsmittel durch die nach Mitbestimmung zu ersetzen. Allerdings ist bisher übersehen worden, daß ökonomisch kein Grund zu einer scharfen Trennung von sachlichen Produktionsmitteln und Arbeitsleistungen (human capital) besteht. Beide sind Quellen des Einkommens, zur Produktion notwendig und in ihrer Qualität von Investitionen abhängig. Eine qualifizierte Ausbildung kann sehr viel mehr kosten als die Kapitalausrüstung eines kleinen Unternehmens oder die Ausstattung eines Haushalts mit langlebigen Konsumgütern (Haushaltsinvestition). Unter den Verhältnissen einer dezentral gelenkten Volkswirtschaft dürfte es deshalb schwer sein, plausible gesellschaftliche oder gar ökonomische Gründe für besondere Verfügungs- oder Mitbestimmungsrechte an Produktionsfaktoren zu finden.

Freie privatwirtschaftliche Aktivität bedeutet, daß sich jedermann für jede Art von wirtschaftlicher Tätigkeit entscheiden kann. Die **freie Berufswahl** ist in der Bundesrepublik Deutschland durch das Grundgesetz garantiert. Auch hier sind gewisse Beschränkungen unvermeidlich, die sich meist in bestimmten qualitativen Zulassungskriterien ausdrücken. Zu denken ist an Dienstleistungen, die mit der Gesundheit und Sicherheit des Menschen zu tun haben (z. B. Approbation bei Ärzten und Apothekern). Innerhalb gesetzlich verankerter Grenzen bleibt es in einer Marktwirtschaft jedem unbenommen, beliebige Tätigkeiten aufzunehmen. Gesetzlich garantierte Möglichkeiten besitzen, heißt jedoch nicht, Ansprüche auf die für ihre Realisierung notwendigen Mittel zu haben. Die Gründung eines Unternehmens mag in zahlreichen Fällen nicht durchführbar sein, da für den Produktionsbeginn Kapital erforderlich ist. Wer nicht bereits über Kapital verfügt, wird häufig auch keine Kredite bekommen. Jedermann hat zwar das Recht, sein Arbeitnehmerverhältnis aufzugeben und selbständig zu werden. Einen Anspruch auf das Gründungskapital besitzt er dagegen nicht, obwohl es vielleicht ökonomisch zweckmäßiger wäre, kreativen und initiativen, aber mittellosen Interessenten leichter zu Startkapital zu verhelfen, als es gegenwärtig der Fall ist. Freie Entscheidungsmöglichkeit setzt räumliche und berufliche Freizügigkeit voraus, mit der sich für viele Menschen im wesentlichen die Vorstellung von Freiheit verbindet. Ökonomisch gesehen verspricht die freie Berufswahl am ehesten diejenige Faktorallokation, bei der angesichts der unterschiedlichen Begabungen der Menschen das wirtschaftliche Ergebnis maximiert wird.

Wirkungen des Preismechanismus

In einer Marktwirtschaft erfolgt die **Koordination wirtschaftlicher Interessen** über eine Vielzahl von Märkten, auf denen sich im Zusammenspiel von Angebot und Nachfrage Preise bilden. Sie dienen den Marktbeteiligten als wichtiges Signal zur Ausrichtung ihrer Dispositionen. Ändern sich Angebot und (oder) Nachfrage, kann es zu Preisänderungen kommen, die ihrerseits wieder Anpassungs- und Preisänderungsreaktionen auslösen (Preismechanismus). Die Wirkungen des Preismechanismus sollen am Beispiel der Fahrzeugbranche erläutert werden. Nach dem Zweiten Weltkrieg war die Zweiradindustrie zunächst vollbeschäftigt, weil sie ein Fortbewegungsmittel produzierte, das bei den damaligen Einkommensverhältnissen und dem enormen Nachholbedarf für breite Bevölkerungsschichten erschwinglich war. Die Preise blieben lange Zeit relativ stabil, und die angebotenen oder abgesetzten Mengen schwankten nur gering. Mit zunehmendem Einkommen und dem Nachlassen des Nachholbedarfs bestand die Möglichkeit, höherwertige Konsumgüter anzuschaffen. Das wirkte sich in der Fahrzeugbranche in der Weise aus, daß die Nachfrage auf dem Zweiradmarkt ab- und auf dem Markt für Kleinwagen zunahm. Die Kleinwagenanbieter sahen sich einer unerwarteten Nachfrage gegenüber, die ihnen Preiserhöhungen gestattete. Die Zweiradindustrie mußte Preissenkungen und Gewinneinbußen hinnehmen. Die ertragswirksamen Preisänderungen zogen Produktionsänderungen nach sich. Die Produzenten von Fahrrädern und Motorrollern drosselten ihre Produktion, die von Kleinwagen weiteten sie aus. Da die Produktionsfaktoren in der Zweiradproduktion weniger gefragt waren, sanken die Faktorentgelte relativ ebenso wie die Preise des Produkts, während in der Kleinwagenherstellung eine steigende Faktornachfrage die Entgelte hinauftrieb. Änderungen in der Faktornachfrage und Entlohnung führten dazu, daß die Produktionsfaktoren aus der unrentablen Produktion abwanderten und in der Produktion mit der steigenden Produktnachfrage eingesetzt wurden. Dauerhafte Arbeitslosigkeit trat nicht auf. Ob sich solche Faktoreinsatzänderungen zwischen verschiedenen Unternehmen und Regionen vollzogen oder im gleichen Unternehmen möglich waren, hatte gesamtwirtschaftlich keine Bedeutung, war allerdings für manche Unternehmen eine Existenzfrage.

Die Nachfrageänderung der Verbraucher kann, wie das Beispiel illustriert, folgende Kettenwirkungen haben, wodurch zugleich die verschiedenen **Preisfunktionen** deutlich werden:
⇨ Der Preis des weniger nachgefragten Gutes fällt, der des stärker nachgefragten steigt. Die Preisänderungen zeigen, wie sich die Knappheitsverhältnisse

verschieben (*Knappheitsmesser-* oder *Signalfunktion*). Es kommt nicht auf die absolute Höhe eines Preises, sondern auf die Änderungen der relativen Preise an.

⇨ Der Preismechanismus sorgt für die Abstimmung der Pläne sowohl auf einem Markt als auch auf allen dazu in Beziehung stehenden Märkten (*Planabstimmungsfunktion*).

⇨ Die Produktionsfaktoren wechseln von der Produktion mit abnehmender zu der mit zunehmender Rentabilität (*Allokationsfunktion*).

⇨ Mit der laufenden Marktabstimmung werden vergangene Entscheidungen korrigiert (*Zeitüberbrückungsfunktion*).

⇨ Die Entgelte der Produktionsfaktoren spiegeln die durch die Nachfrageänderung ausgelöste Preisbewegung wider (*Verteilungsfunktion*).

Zahlreiche Beobachtungen bestätigen, daß auf lange Sicht der Preismechanismus so wirkt, wie es im Beispiel dargestellt wurde, auch wenn kurzfristige Abweichungen vom erwarteten Verhalten eintreten können.

Auch wenn es zweckmäßig scheint, von der Absicht der Gewinn- und Nutzenmaximierung bei Anbietern bzw. Nachfragern auszugehen, so ist damit ihre tatsächliche Verhaltensweise noch nicht eindeutig festgelegt. Viele Ökonomen vertreten die Ansicht, die beobachtbaren Verhaltensweisen seien durch die Zahl und/oder die relative Größe der Marktparteien, die **Marktformen**, determiniert (Marktformenlehre). Nach einer zweiten Auffassung brauchen aus einer genau definierten Marktform keineswegs eindeutige **Verhaltensweisen** zu folgen (behavioristische Theorie). Die ältere Marktformenlehre stellt allein auf die Zahl der Marktteilnehmer ab. Gängig ist die Einteilung von HEINRICH VON STACKELBERG, der jede Marktseite dreifach gliedert, je nachdem, ob nur ein Marktteilnehmer, wenige oder viele auf der Angebots- oder Nachfrageseite vorhanden sind. Ist auf einer Marktseite nur ein Marktteilnehmer vorhanden, spricht man vom Monopol, bei wenigen vom Oligopol, bei vielen vom Polypol (Konkurrenz). Unter Berücksichtigung der Angebots- und Nachfrageseite gibt es nach den Regeln der Kombinatorik insgesamt neun Marktformen (*Übers. 3-1*).

Angebot: \ Nachfrage:	viele	wenige	einer
viele	vollständige Konkurrenz	Nachfrageoligopol	Nachfragemonopol
wenige	Angebotsoligopol	Zweiseitiges Oligopol	Beschränktes Nachfragemonopol
einer	Angebotsmonopol	Beschränktes Angebotsmonopol	Zweiseitiges Monopol

Übers. 3-1: Marktformen

3. Sozialer Rahmen

Stellt man zusätzlich auf die relative Größe der Marktteilnehmer ab, lassen sich noch das Teilmonopol (ein Großer, mehrere Kleine) und das Teiloligopol (wenige Große, mehrere Kleine) unterscheiden. Die Zahl der denkmöglichen Marktformen erhöht sich dann auf 25 (WALTER EUCKEN). Eine weitere Differenzierungsmöglichkeit erhält man bei Verschiedenheit der Güter (Gutsheterogenität); sie wird später behandelt (7. Kap.). Nach der behavioristischen Theorie gibt es unabhängig von der Marktform zwei Verhaltensweisen: Anpassung und Strategie. Von Anpassung wird gesprochen, wenn ein Marktteilnehmer glaubt, daß seine entscheidungsrelevanten Marktgrößen (wie Preis oder Menge, Produktqualität, Absatzweg, Marktform) von ihm nicht beeinflußt werden können. Diese Größen sind für ihn Daten. So ist ein Landwirt, der den Kartoffelpreis als Datum ansieht, ein Anpasser, da ihm meist nur die Möglichkeit bleibt, seine angebotene Menge in Abhängigkeit vom jeweiligen Marktpreis zu bestimmen. Die Menge ist sein Aktionsparameter (Mengenanpasser). Strategie liegt vor, wenn ein Marktteilnehmer mit der Erwartung agiert, daß durch sein Handeln die Marktgrößen verändert werden und Reaktionen der Konkurrenten möglich sind. Ist ein Anbieter allein auf dem Markt, wird er sich vermutlich anders verhalten als einer, der ein gleichartiges Produkt zusammen mit vielen Konkurrenten anbietet. Es ist unwahrscheinlich, daß ein in scharfer Konkurrenz stehender Anbieter den Preis als eine durch seine Entscheidung beeinflußbare Größe ansieht. Würde er es dennoch tun, hätte er unangenehme Überraschungen zu befürchten. Ähnlich verhält es sich mit anderen Marktgrößen. In den praktisch am häufigsten vorkommenden Fällen, in denen nur einige Anbieter und (oder) Nachfrager auf dem Markt sind (Oligopole), können - auch bei Berücksichtigung ihrer Größe - eindeutige Aussagen über das Verhalten oft nicht gemacht werden. Weder läßt sich von der Marktform des Oligopols ohne weiteres auf ein bestimmtes Verhalten der Oligopolisten schließen, noch läßt ein beobachtetes Verhalten Rückschlüsse auf die vorliegende Marktform zu. Die Marktformen- und Verhaltenslehren sind methodologisch gesehen nichts weiter als Klassifikationsversuche. Es wird ein Begriffsapparat geliefert, mit dem sich Hypothesen formulieren lassen. Die bisherigen Erfahrungen mit solchen Hypothesen sind nicht besonders ermutigend. Beide Lehren sind von abnehmender Bedeutung. Unter empirischen Aspekten, das heißt vom Standpunkt einer brauchbaren Theorie, spricht manches dafür, weder die Marktform noch die individuelle Verhaltensweise, sondern die vorherrschende Verhaltensweise auf einem Markt als relevant zu betrachten. Nach dieser Konzeption des dominanten Marktverhaltens kann das Marktgeschehen besser erklärt werden, als es mit den Begriffssystemen der beiden traditionellen Auffassungen möglich ist.

Der **Preismechanismus** - dessen Wirkungen von Verhaltensweisen abhängen - funktioniert nur innerhalb bestimmter Grenzen. Er darf nicht zur Bewältigung von Aufgaben in Anspruch genommen werden, die er zu lösen außerstande ist. Die Preise sind zwar grundsätzlich in der Lage, Knappheitsverhältnisse anzuzeigen, die Produktionsfaktoren in die jeweils rentabelste Verwendungsrichtung zu lenken und die Pläne auf den Märkten abzustimmen. Man kann jedoch vom Preismechanismus nicht erwarten:

⇨ eine Entlohnung nach dem, was gemeinhin als "Leistung" verstanden wird;
⇨ eine Einkommensverteilung, die nach irgendwelchen Ansichten - und seien es die einer Mehrheit - "sozial gerecht" ist;
⇨ eine "gleichmäßige" Faktorverteilung im Raum.

Die Faktorentgelte richten sich in einer Marktwirtschaft nach dem Dienst, den man einem anderen, einem Nachfrager, zu erweisen vermag. Sind die gewünschten Leistungen relativ knapp, ist das Entgelt höher als bei reichlicherem Angebot. Niemand zahlt nur deshalb einen Preis für eine Leistung, weil für deren Erstellung Aufwendungen gemacht wurden. Wer mit großer geistiger Mühe eine Erfindung macht, bei deren Verwertung ihm jemand, der einen plötzlichen Einfall hatte, zuvorgekommen ist, hat vielleicht die besten Jahre seines Lebens ohne ökonomischen Erfolg gearbeitet. Glück, Zufall oder intuitives Erkennen einer Chance spielen unter Umständen eine größere Rolle als physische oder geistige Anstrengungen. Aus dem gleichen Grund ist in einer Marktwirtschaft in der Regel eine Einkommensverteilung zu erwarten, die nach Ansicht irgendwelcher Gruppen, Mehr- oder Minderheiten das Prädikat "sozial ungerecht" verdient. Vermutlich würden die meisten Menschen eine Verteilung dann als gerecht empfinden, wenn sie in etwa die - freilich schwer zu messenden - Arbeitsmühen widerspiegeln. Eine solche Einkommensverteilung könnte der Preismechanismus nicht bewirken. Er ist bei der Entlohnung "blind" für den physischen und geistigen Arbeitsaufwand. Sein Entlohnungsprinzip heißt Güterknappheit. Nicht nur die inhaltliche Bestimmung, sondern schon die Bildung des Begriffs "soziale Gerechtigkeit" ist problematisch. In der menschlichen Gesellschaft gibt es niemals völlige Übereinstimmung von persönlichen Werturteilen. "Soziale Gerechtigkeit" für eine Gruppe bedeutet Ungerechtigkeit und Zwang für eine andere. Diese Aussage gilt für alle Wirschaftsordnungen. Der Vorteil der Marktwirtschaft liegt darin, daß der Verteilungsprozeß nicht durch herrschende Gruppen gesteuert und nicht durch Unfreiheit erkauft werden muß. Schließlich führt der Allokationsprozeß nicht zu einer gleichmäßigen Verteilung der Faktoren im Raum. Die ökonomische Eignung der Faktoren für Produktion und Angebot ist grundsätzlich regional unterschiedlich. Der Preismechanismus gibt nur Anreize, ohne die Faktoren zur Wanderung in Verwendungen zu zwingen, in denen das höchste Entgelt zu erzielen wäre. Schafft der Staat zusätzlich künstliche Hemmnisse, die eine Wanderung der Faktoren unterbinden können - Beispiele dafür lassen sich in der Landwirtschaft und im Bergbau leicht finden -, wird sich eine andere Raumstruktur bilden als bei freier Entfaltung des Marktmechanismus.

III. Ziele der Wirtschaftspolitik

Freiheitspostulat und Wirtschaftspolitik

Es ist für die theoretische Analyse nützlich, die Ziele der Wirtschaftspolitik im Auge zu behalten. Was will man in einem Lande wirtschaftlich erreichen, was wird angestrebt? Das nach einem verbreiteten Werturteil wichtigste Ziel ist die Erhaltung der Freiheit und des Friedens. Diese Grundanliegen sind in erster Linie Ziele der allgemeinen Politik, aber auch für die Wirtschaftspolitik bedeutsam. Offenkundig ist dieser Zusammenhang beim Ziel Freiheit. Einige Aspekte seien kurz angesprochen. Hat man sich für eine freiheitliche Gesellschaftsordnung entschieden, wäre es ein Widerspruch, ein Wirtschaftssystem zu wählen, das die freie Betätigung ausschließt oder nur unter Schwierigkeiten gestattet. Vom Ziel der Freiheit her gesehen ist deswegen die **Erhaltung der marktwirtschaftlichen Ordnung** die wichtigste Aufgabe der Wirtschaftspolitik.

Die Entscheidung für ein bestimmtes Lenkungssystem läßt immer noch einigen Spielraum für eine wirtschaftspolitische Gestaltung. Die tatsächlich anzutreffenden Ausprägungen der Wirtschaftssysteme, die Wirtschaftsordnungen, sind mannigfaltig. In konkreten Einzelfällen kann es schwierig sein, das Gewicht der beiden Formen der Planung und Lenkung des Wirtschaftsprozesses (zentral oder dezentral) abzuschätzen. Da in der Wirtschaft und Wirtschaftspolitik ständige Veränderungen die Regel bilden, sollte bei wirtschaftspolitischen Maßnahmen bedacht werden, ob sie noch mit einer freiheitlichen Wirtschaftsordnung vereinbar sind, sofern diese ein Ziel ist (Prinzip der Systemkonformität von Maßnahmen). Sicherlich gibt es weder eine absolute Freiheit noch unabdingbare Ansprüche auf Erhaltung der bestehenden Freiheitsspielräume. Die **Gründe für Freiheitsbeschränkungen** können sehr verschieden sein. Eine generelle Tendenz ist unübersehbar: In einer enger gewordenen Welt sind gewisse Freiheitsbereiche und die freiheitliche Betätigung aller immer schwieriger zu erhalten oder zu erreichen. Nicht selten werden Freiheiten beschränkt oder beseitigt, weil man

⇨ vom Einsatz wirtschaftspolitischer Mittel ökonomisch günstige Ergebnisse erwartet, obwohl deren Eintreten zweifelhaft ist;

⇨ die mittelbaren Folgen und Nebenwirkungen der Anwendung wirtschaftspolitischer Maßnahmen nicht bedenkt;

⇨ wirtschaftspolitisch handelt, ohne nach den ordnungspolitischen Konsequenzen zu fragen (punktueller Interventionismus).

Es ist schwierig, den Inhalt und das Ausmaß der Freiheit zu bestimmen, die für das Funktionieren der Marktwirtschaft erforderlich ist. Im ständigen Bemühen um eine **Grenzziehung zwischen Freiheit und Zwang** vermittelt jedoch die Kenntnis der marktwirtschaftlichen Zusammenhänge Markierungspunkte, die in der Praxis von großem Nutzen sein können. Häufig zeigt sich, daß relativ leicht gesagt werden kann, was nicht mit den Funktionsprinzipien einer Marktwirtschaft vereinbar ist. Daß in Marktwirtschaften immer wieder systemfremde Eingriffe vorgenommen und überstanden werden, ist zwar ein Beweis für die Robustheit des marktwirtschaftlichen Lenkungssystems, doch auch Ursache fortgesetzter Schwierigkeiten. Die Beobachtung der Wirklichkeit liefert dafür ein ungewöhnlich reiches Anschauungsmaterial. Oftmals werden jedoch bei oberflächlicher Analyse die Schwierigkeiten nicht als Ergebnis früherer Eingriffe, sondern als Fehler der Marktwirtschaft betrachtet. Zu wenig wird die Interdependenz des Planabstimmungsprozesses beachtet. In der Wirtschaftspolitik ist man - vermutlich mehr als auf anderen Gebieten - beim ersten Schritt noch frei, beim zweiten Knecht (Interventionen als Folge von Interventionen). In der Bundesrepublik Deutschland hat der Gesetzgeber wiederholt ausdrücklich erklärt (Gesetz über die Bildung eines Sachverständigenrates zur Begutachtung der gesamtwirtschaftlichen Entwicklung vom 14. August 1963 und Gesetz zur Förderung der Stabilität und des Wachstums der Wirtschaft vom 8. Juni 1967), Ziele der Wirtschaftspolitik dürften nur "im Rahmen der marktwirtschaftlichen Ordnung" verfolgt werden.

Gesamtwirtschaftliche Ziele

Gesamtwirtschaftliche Ziele sind - darüber besteht international Konsens - Vollbeschäftigung, Preisniveaustabilität, Zahlungsbilanzausgleich sowie stetiges und angemessenes Wachstum. Die ersten drei sind traditionell anerkannte, von der Wirtschaftspolitik direkt angestrebte Ziele. Erst seit einigen Jahren taucht das Wirtschaftswachstum in Zielkatalogen auf. Die Frage: **"Ist Wirtschaftswachstum ein unmittelbares Ziel?"**, wird unterschiedlich beantwortet. Wer diese Frage bejaht, sieht sich mit der Tatsache konfrontiert, daß ein bestimmtes Wachstum in der Marktwirtschaft das Ergebnis sowohl der staatlichen Wirtschaftspolitik als auch der Entscheidungen von Millionen Haushalten und Unternehmen ist. Daraus wird der Schluß gezogen, die Rate des Wachstums sei in einer Marktwirtschaft nicht vorhersehbar. Wollte man trotzdem eine numerisch bestimmte Wachstumsrate durch wirtschaftspolitische Maßnahmen herbeiführen, würde das den einfachsten Grundsätzen einer rationalen Wirtschaftspolitik widersprechen. Die Kontroverse um einen adäquaten Inhalt des Wachstumszieles schließt Einigkeit darüber nicht aus, daß Wachstum wünschenswert sei - früher sagte man meist "Erhöhung des Lebensstandards" oder "Maximierung des Sozialprodukts". Auch über den Katalog möglicher wachstumsfördernder Maßnahmen ist man sich im wesentlichen einig. Man weiß, daß Vollbeschäftigung, Preisniveaustabilität und Zahlungsbilanzausgleich ebenso einen Einfluß auf das Wachstum einer Marktwirtschaft haben wie Maßnahmen zur Verbesserung der Infrastruktur und des Wettbewerbs.

Warum die genannten Ziele angestrebt werden, wird deutlich, wenn man bestimmte historische Ereignisse betrachtet. Generell läßt sich sagen: Vollbeschäftigung, Preisniveaustabilität und Zahlungsbilanzausgleich sind die positiven Folgerungen aus negativen Erfahrungen in der Vergangenheit. Man braucht dabei nicht sehr weit zurückzugehen. Die wohl schlimmste wirtschaftliche Erfahrung für die meisten Menschen in der ersten Jahrhunderthälfte war die Massenarbeitslosigkeit während der Weltwirtschaftskrise in den Jahren nach 1929. Das Aufkommen des Faschismus in Europa dürfte ohne dieses Desaster kaum erklärt werden können. Die Forderung an den Staat, für **Vollbeschäftigung** zu sorgen, ist seitdem unüberhörbar.

Ein anderes, kaum weniger gravierendes Faktum war die Zerrüttung von Währungen. Die Finanzierung der beiden Weltkriege hat in vielen Ländern Inflationen und Währungsneuordnungen zur Folge gehabt, bei denen die Gläubiger monetärer Forderungen, die Sparer, um die Früchte ihrer Arbeit gebracht und die Schuldner entlastet wurden. Starker Preisverfall (Deflation) dagegen ist mit nachteiligen Folgen für die Schuldner und mit Vorteilen für die Gläubiger monetärer Forderungen verbunden. Der Grund für die wechselweise Benachteiligung von Gläubigern und Schuldnern in Inflationen und Deflationen ist fol-

3. Sozialer Rahmen

gender: Da die monetären Titel auf eine feste Geldsumme lauten, ändert sich deren Realwert umgekehrt proportional zu den Preisniveaubewegungen. Verdoppeln sich z. B. die Preise innerhalb einer bestimmten Zeitperiode, fällt der Realwert eines monetären Titels auf die Hälfte seines ursprünglichen Wertes. Der Gläubiger dieses Titels erleidet einen Verlust. Der Schuldner macht in gleicher Höhe einen Gewinn. In einer Deflation gilt das Gegenteil. Aus solchen und ähnlichen Folgen schwankender Preisniveaus erwuchs die Forderung nach **Preisniveaustabilität**. Sie richtet sich nicht nur an Regierung und Parlament, deren Ausgabenwirtschaft meist Ursache der Inflation war, sondern auch an die Zentralbank, der in einigen Ländern eine von beiden unabhängige Stellung gegeben wurde, damit sie ihre Aufgabe als "Hüterin der Währung" erfüllen kann.

Eine ebenfalls noch junge Erfahrung sind die Entflechtung der Weltwirtschaft und die Lähmung der internationalen Arbeitsteilung durch Devisenzwangswirtschaft und binnenwirtschaftlich motivierte Abwertungen, hinter denen regelmäßig mangelnde internationale Solidarität, fehlende Einsicht in die Vorteile eines freien internationalen Handels- und Zahlungsverkehrs und ein von nationalen, militärpolitischen und sonstigen Erwägungen geleitetes Autarkiedenken stehen. Nach dem Zweiten Weltkrieg sind die meisten Länder außerhalb des Ostblocks in Verträgen (GATT, Abkommen von Bretton Woods) übereingekommen, den freien Austausch von Gütern grundsätzlich zu wahren und sich gegenseitig Hilfe beim **Zahlungsbilanzausgleich** zu leisten.

Neben den genannten "klassischen" Zielen der Wirtschaftspolitik gibt es andere Ziele, die sich
⇨ entweder mit diesen überschneiden,
⇨ nicht allgemein akzeptiert oder
⇨ oft nicht ausdrücklich genannt werden.

Ein Beispiel für den ersten Fall stellt das Ziel "soziale Sicherheit" dar. Soweit damit an eine gesamtwirtschaftliche Arbeitsplatzgarantie gedacht ist, könnte es durch das Ziel Vollbeschäftigung abgedeckt sein. Häufig meint man aber die gesetzliche, nicht auf eigene Vorsorge zurückgehende Absicherung im Fall von Erkrankung und Invalidität sowie die Erhaltung unrentabler Arbeitsplätze. Als Beispiel für den zweiten Fall könnte man die "gerechte Einkommensverteilung" nennen, unter der am häufigsten eine gleichmäßigere Verteilung verstanden wird. Dieses Ziel ist inhaltlich unbestimmt. Da auch eine vollständige Gleichverteilung als ungerecht empfunden würde, bleibt die Frage nach dem Ausmaß der noch zulässigen Ungleichmäßigkeit der Verteilung, zum anderen die der Verfügbarkeit über wirtschaftspolitisch operationale Größen, an denen die Einkommensverteilung adäquat gemessen werden kann. Abgesehen davon wissen wir über die Wirkungen verteilungspolitischer Maßnahmen empirisch wenig. Ein Beispiel für den dritten Fall wäre das "nationale Prestige". Dieses Ziel scheint in manchen Ländern populär zu sein, in anderen tritt es weniger deutlich hervor. In Europa und Nordamerika gehört - von Ausnahmen abgesehen - übertriebener Nationalismus der Vergangenheit an. Das schließt nicht aus, daß man nationales Prestige unausgesprochen für erstrebenswert hält und es sich einiges kosten läßt. Man gewinnt den Eindruck, daß auf manchen Gebieten ökonomische Einsichten deshalb kaum eine Chance haben. Unrentabel arbeitende und mit offenen oder versteckten Subventionen am Leben erhaltene nationale Unternehmen sind im Luft- und Seeschiffverkehr oder im Flugzeugbau eher Regel als Ausnahme, obwohl es genügend andere leistungsfähige Anbieter auf dem Weltmarkt gibt.

Ein besonderes Problem von großer praktischer Tragweite bilden **Zielkonflikte**. In der Realität treten Konstellationen auf, bei denen einige oder alle gesamtwirtschaftlichen Ziele gleichzeitig nicht erreichbar sind. Besteht in den wichtigsten Welthandelsländern Inflation, wird bei festen Wechselkursen die Preissteigerung auch in Länder exportiert, in denen es vorher keine Inflation gab, weil diese Länder mit zunächst stabilem Preisniveau wegen des internationalen Preisniveaugefälles mehr exportieren als importieren. Dadurch werden sowohl das Gleichgewicht der Zahlungsbilanz gestört als auch das Preisniveau nach oben gedrückt. Zahlungsbilanzausgleich und Preisniveaustabilität sind dann als Ziele unvereinbar (inkompatibel). Neben diesem Zielkonflikt ist insbesondere die Unvereinbarkeit der Ziele Vollbeschäftigung und Preisniveaustabilität in den letzten Jahren diskutiert worden. Solche Konflikte können die wirtschaftspolitischen Instanzen vor die Aufgabe stellen, entweder einen Kompromiß zwischen den Zielen zu suchen oder einfach einem Ziel unbedingten Vorrang zu geben. Überwiegend hat man sich für das Primat der Vollbeschäftigung entschieden, ohne daß die Hypothese von der Inkompatibilität der Ziele Preisniveaustabilität und Vollbeschäftigung empirisch hinreichend gesichert wäre. Zielkonflikte bilden seit längerem einen beliebten Gegenstand wirtschaftswissenschaftlicher Analyse. In diesem Zusammenhang scheint ein Hinweis nützlich: Zielkonflikte haben nichts Zwangsläufiges an sich. Sie entstehen oft, weil institutionelle Hemmnisse (wie feste Wechselkurse) vorhanden sind. Die Analyse der Konfliktfälle hat sich bisher wenig mit der Frage befaßt, was geschehen müßte, um eine Kompatibilität der Ziele zu gewährleisten. Die Konfliktursachen betrachtet man meist als Daten. Deshalb werden sogenannte zweit- und drittbeste Lösungen angeboten, die eine bequeme Ausflucht aus dem Konflikt verheißen. Da die vorgeschlagenen Mittel den eigentlichen Ursachen nicht angemessen sind, kommt eine dauerhafte Lösung oder gar Verhinderung des Konflikts nicht zustande.

Literaturempfehlungen zum ersten Teil

H. BARTLING - F. LUZIUS, Grundzüge der Volkswirtschaftslehre. Einführung in die Wirtschaftstheorie und Wirtschaftspolitik, 16 A., München 2008.

W. CEZANNE, Allgemeine Volkswirtschaftslehre, 6. A., München-Wien 2005.

P. ENGELKAMP - F. L. SELL, Einführung in die Volkswirtschaftslehre, 4. A., Berlin-Heidelberg-New York 2007.

W. EUCKEN, Die Grundlagen der Nationalökonomie, Berlin-Göttingen-Heidelberg 1950.

M. FRIEDMAN, Kapitalismus und Freiheit, Stuttgart 1971.

W. LACHMANN, Volkswirtschaftslehre 1: Grundlagen, 5. A., Berlin-Heidelberg-New York 2006.

H. LUCKENBACH, Grundlagen der Volkswirtschaftslehre, München 1994.

N. G. MANKIW, Grundzüge der Volkswirtschaftslehre, 3. A., Stuttgart 2004.

R. NEUBÄUMER - B. HEWEL (Hrsg.), Volkswirtschaftslehre. Grundlagen der Volkswirtschaftstheorie und Volkswirtschaftspolitik, 4. A., Wiesbaden 2005.

W. RÖPKE, Die Lehre von der Wirtschaft, 13. A., Bern-Stuttgart-Wien 1994.

M. E. STREIT, Theorie der Wirtschaftspolitik, 6. A., Düsseldorf 2005.

U. VAN SUNTUM, Die unsichtbare Hand. Ökonomisches Denken gestern und heute, 3. A., Berlin-Heidelberg-New York 2005.

Vahlens Kompendium der Wirtschaftstheorie und Wirtschaftspolitik, 2 Bde., 9. A., München 2007.

Zweiter Teil

Mikroökonomie

A. Produktmärkte

4. Kapitel: Fundamente der Analyse

I. Elementare Analyse der Nachfrage und des Angebots

Haushaltsnachfrage
Gegenstand der Mikroökonomie - Hypothesen - Beziehungen zwischen Menge und Preis - Implikationen der Haushaltsnachfragekurve - Reaktionszeit der Nachfrager - Komplementär- oder Substitutionsbeziehungen - Einkommensabhängigkeit der Nachfrage - Präferenzen - Vermögen - Marktnachfrage - Verteilung des Einkommens und Vermögens - Bevölkerung - Änderungen der nachgefragten Menge - Änderungen (Verschiebungen) der Nachfragekurve

Unternehmensangebot
Hypothesen - Beziehungen zwischen Menge und Preis - Wirkungen der übrigen Einflußfaktoren - Änderungen der angebotenen Menge - Änderungen (Verschiebungen) der Angebotskurve

II. Gleichgewicht und Wirkungen der Verschiebungen von Nachfrage- und Angebotskurven

Gleichgewicht im Polypol
Annahmen - Bestimmung des Gleichgewichts

„Gesetze" der Nachfrage und des Angebots
Kurvenverschiebungen - „Gesetze" von Nachfrage und Angebot "

III. Elastizitäten

Direkte Preiselastizität
Definition der Nachfrageelastizität - Graphische Bestimmung - Eigenschaften - Nachfrageelastizität und Grenzausgaben - Angebotselastizität

Indirekte Nachfrage- und Einkommenselastizitäten
Kreuzpreiselastizität - Einkommenselastizität - Übersicht

Einflußfaktoren und typische Elastizitäten
Determinanten der direkten Nachfrageelastizität - Güterklassen

I. Elementare Analyse der Nachfrage und des Angebots

Haushaltsnachfrage

Primärer **Gegenstand der Mikroökonomie** ist die Abstimmung individueller Pläne, insbesondere durch die Preisbildung, auf den Produkt- und Faktormärkten. Für die Produktmärkte werden exemplarisch die Konsumgütermärkte behandelt. Preisbildung und Wettbewerb auf den Produktmärkten verdienen vorrangiges Interesse, weil hauptsächlich sie die Erzeugung lenken. Produktmärkte sollen deswegen zuerst behandelt werden (4.-8. Kap.). Am Beginn steht eine Analyse der Entscheidungen von Haushalten und Unternehmen. Das Ergebnis der Individualanalyse sind Haushaltsnachfrage- und Unternehmensangebotsfunktionen, die zur Gesamtnachfrage eines Marktes (Marktnachfrage) oder zum Gesamtangebot (Marktangebot) zusammengefaßt werden, um damit Verlauf und Ergebnis der Preisbildungsprozesse auf den Produktmärkten erklären zu können. Bei der Analyse der Faktormärkte (9.-11. Kap.) wird analog verfahren.

Die Theorie der individuellen Nachfrage des Haushalts nach einem Gut basiert auf folgenden **Hypothesen**: Die nachgefragte Menge q^d (q = quantity; d = demand) eines beliebigen Gutes n pro Zeiteinheit t ist abhängig

⇨ vom Preis dieses Gutes (p_n);
⇨ vom Preis anderer Güter ($p_1, ..., p_{n-1}$);
⇨ vom Einkommen des Haushalts (y);
⇨ von der Nutzeneinschätzung der Güter, der Bedürfnisstruktur (u = utility);
⇨ vom Vermögen des Haushalts (w = wealth).

In der Funktionsschreibweise kann man diese Hypothesen wie folgt zusammenfassen:

(4.1) $\quad q_n^d/t = f(p_n, p_1, ..., p_{n-1}, y, u, w).$

Sowohl in der Analyse als auch im Test der einzelnen Hypothesen lassen sich Fehlschlüsse nur vermeiden, wenn die Wirkungen jeweils aller übrigen Einflußfaktoren ausgeschlossen werden (ceteris paribus-Klausel). Symbole der Einflußfaktoren, die konstant bleiben sollen, werden mit einem Querstrich versehen. Die Nachfragefunktion, die die Abhängigkeit der Menge eines Gutes ceteris paribus von seinem Preis angeben soll, kann in den Formen

(4.2 a) $\quad q_n^d/t = f(p_n, \bar{p}_1, ..., \bar{p}_{n-1}, \bar{y}, \bar{u}, \bar{w}) \quad$ oder

(4.2 b) $\quad q_n^d/t = f(p_n)$

geschrieben werden.

Die Funktionen (4.2 a) und (4.2 b) stehen für eine Anzahl von Funktionsgleichungen, die ganz unterschiedliche **Beziehungen zwischen Menge und Preis** eines Gutes enthalten. Die in ihnen zum Ausdruck kommende Hypothese kann durch die Angabe spezifiziert werden, ob Preis und Menge in einer stetig fallenden oder stetig steigenden Funktion einander zugeordnet sind (Richtung der Beziehung). Der empirisch weitaus häufigere Fall ist der erste. Weil normalerweise die gewünschte Menge pro Zeiteinheit um so größer sein wird, je geringer der Preis ist (und umgekehrt = et vice versa), bezeichnet man ihn auch als normale Reaktion (*Fig. 4-1.I.*) und im Gegensatz dazu den zweiten Fall als anomale Reaktion (*Fig. 4-1.II.*).

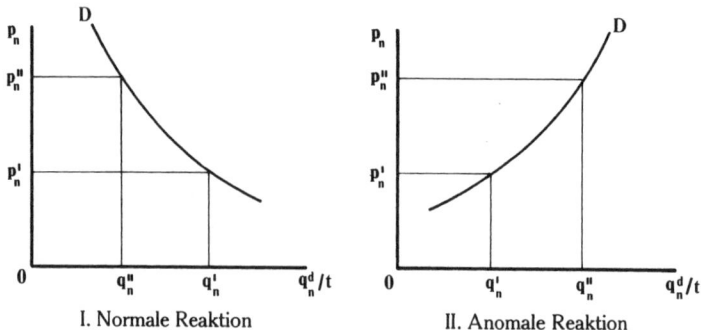

I. Normale Reaktion   II. Anomale Reaktion

Fig. 4-1: Haushaltsnachfragekurven (D)

In *Fig. 4-1* ist - entgegen dem üblichen Verfahren in der analytischen Geometrie - für die unabhängige Variable (p_n) die Ordinate, für die abhängige Variable (q_n^d) die Abszisse gewählt worden, weil diese Darstellungsweise seit MARSHALL in der Preistheorie allgemein üblich geworden ist. In *Fig. 4-1.I.* würde der Haushalt zum Preis p_n' die Menge q_n', zum höheren Preis p_n'' die geringere Menge q_n'' pro Zeiteinheit nachfragen. *Fig. 4-1.II.* stellt jene Fälle dar, bei denen trotz eines höheren Preises eine größere Menge gewünscht wird, wie etwa die Kartoffel- oder Brotnachfrage bei Haushalten mit sehr niedrigen Einkommen (GIFFEN-Fall) oder die Nachfrage nach solchen Gütern, mit denen man seine Wohlhabenheit demonstriert (VEBLEN-Fall). Mit den in *Fig. 4-1* typisierten Reaktionen sollen Grenzfälle (z. B. parallel zur q - oder p -Achse verlaufende Kurven oder Kurvenabschnitte) nicht ausgeschlossen werden; das trifft mutatis mutandis (= mit den nötigen Abänderungen) auch für die später erörterten Einflußgrößen zu. Die Aussagen gelten nur unter der ceteris paribus-Klausel. Wenn entgegen den Annahmen gleichzeitig die Einkommen wachsen, können bei steigenden Preisen auch größere Mengen gewünscht werden, ohne daß eine "anomale" Reaktionsweise nach *Fig. 4-1.II.* vorzuliegen braucht. Hierauf wird bei der Behandlung von Kurvenverschiebungen noch eingegangen.

Die in *Fig. 4-1* dargestellten stetigen **Haushaltsnachfragekurven implizieren**, daß der Bedarf eines Haushaltes kontinuierlich auftritt und Mengenvariationen zuläßt. Die Haushaltsnachfrage nach Waschmaschinen oder Kühlschränken dürfte wohl kaum einen dieser Verläufe haben. Denn von einem Haushalt werden solche Güter wegen ihrer langen Nutzungsdauer weder kontinuierlich noch zu alternativen Preisen in unterschiedlichen Mengen nachgefragt. Für langlebige Konsumgüter existieren zwar Markt-, aber keine Haushaltsnachfragekurven. Anders verhält es sich mit Gütern des täglichen Bedarfs, die zumeist einen Konsum unterschiedlicher Mengen pro Zeiteinheit zulassen (Brot, Fleisch, Bier). Die Angabe von Mengen-Preis-Relationen der Haushalte kann nur für ein Gut erfolgen, das nach Art und Qualität während der Dauer der Zeitperiode bestimmt ist. Hiermit ist ein wichtiges und zugleich unlösbar scheinendes Problem der herkömmlichen Preisbildungstheorie angesprochen. Mit der Möglichkeit, den Gutsbegriff adäquat zu definieren, steht und fällt die Möglichkeit, den Markt in sachlicher Hinsicht, das heißt nach Gütern, abzugrenzen und die Marktformenlehre (3. und 7. Kap.) zur Erklärung der Preisbildung heranzuziehen. Die Schwierigkeiten einer adäquaten Gutsdefinition zeigen sich z. B. darin, daß es für verschiedene Zwecke sinnvoll sein kann, einmal von der Energie (Kohle, Strom, Gas, Erdöl) als einem Gut und seiner Nachfrage (Energienachfrage) zu sprechen, zum anderen von der Steinkohle (der Steinkohlenachfrage) oder der Braunkohle (der Braunkohlenachfrage). Deshalb ist in der Praxis ebenso häufig von der Preisbildung am Energiemarkt die Rede, wie von der am Markt für Steinkohle oder Braunkohle. Noch schwieriger wird das Abgrenzungsproblem, wenn es sich um Produkte handelt, die in ihrer technisch-physikalischen Eigenschaft ähnlich sind und kaum Unterschiede in der Qualität aufweisen, von den Verbrauchern aber infolge der Werbung als verschiedenartige Güter angesehen werden können, wie bei Zahnpasten, Benzin und Waschmitteln. Im Schrifttum bezeichnet man sie als heterogene Güter, obwohl es Argumente gibt, die es zweckmäßig erscheinen lassen, von der Zahnpasta als einem einzigen, homogenen Gut zu sprechen. Offensichtlich ist es schwierig, objektive Unterscheidungskriterien zu finden, die allen Ansprüchen genügen. Die bisherigen Versuche, den spezifischen Gutsbegriff adäquat zu definieren, sind dementsprechend unbefriedigend. Man versucht deshalb, das Abgrenzungsproblem durch Weiterentwicklung der Preisbildungs- zur Wettbewerbstheorie zu umgehen (8. Kap.). Ein anderer Versuch ist das hier nicht behandelte Konzept relevanter Gütereigenschaften.

Die Wahl der Zeitperiode ist für die in *Fig. 4-1* dargestellten Zusammenhänge von nicht zu unterschätzender Bedeutung. Je dauerhafter eine Preisänderung auftritt, um so größer dürfte gewöhnlich die Änderung in der Mengennachfrage sein, weil der Konsument sein Verhalten viel stärker an dauerhaften als an vorübergehenden Erscheinungen orientiert und deshalb längerfristig Substitutionsmöglichkeiten in Betracht zieht, die kurzfristig nicht existieren, nicht bekannt sind oder nicht beachtet werden. Es gibt eine **Reaktionszeit der Nachfrager** für Verhaltensanpassungen (*Fig. 4-2*). Untersucht man ceteris paribus den Einfluß der Preise anderer Güter ($p_1, ..., p_{n-1}$) auf die nachgefragte Menge (q_n^d/t), also

(4.3) $q_n^d/t = f(\bar{p}_n, p_1, ..., \bar{y}, \bar{u}, \bar{w})$,

ist es naheliegend, zunächst nach den möglichen Beziehungen zwischen verschiedenen Gütern zu fragen. Drei Fälle lassen sich unterscheiden. In den Augen der Nachfrager können sich zwei Güter ergänzen (Pfeife und Tabak, Tennisschläger und Tennisball), ersetzen (Butter und Margarine, Wein und Bier) oder überhaupt nicht beeinflussen (Pfeffer und Babywäsche). Im ersten Fall spricht man von komplementären, im zweiten von substitutiven oder konkurrierenden und im dritten Fall von indifferenten Gütern.

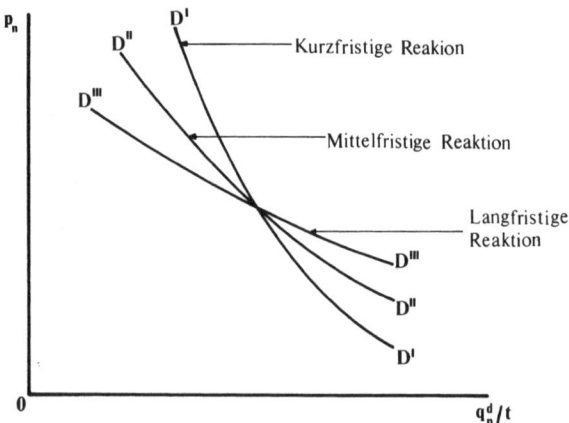

Fig. 4-2: Zeitliche Reaktion der Nachfrager

Komplementär- oder Substitutionsbeziehungen ergeben sich aus der Art der Bedürfnisse und hängen überdies von der Gutsdefinition ab. Substitutionsbeziehungen bestehen nicht selten zwischen ähnlichen Gütern (Zigarillo und Zigarre) oder gleichen Gütern unterschiedlicher Qualität und Beschaffenheit (Strümpfe erster und zweiter Wahl, Brasil- und Sumatrazigarren, Omo und Persil). Sind die Güter nicht indifferent, dann wirken Änderungen des Preises p eines Gutes i (p_i) auf die nachgefragte Menge q^d des untersuchten Gutes n (q_n^d) ein. Die in (4.3) mit den Preisen $p_1, ..., p_{n-1}$ in Betracht gezogenen Güter stehen zum Gut n also entweder in substitutiver oder komplementärer Beziehung. Durch die Definition indifferenter Güter - keine Preis-Mengen-Beziehung - werden andere Einflüsse nicht ausgeschlossen. So können, wie noch näher erläutert wird (5. Kap.), auch zwischen indifferenten Gütern Einkommenseffekte wirken: Bei steigenden Preisen verringert sich die reale Kaufkraft eines gegebenen Nominaleinkommens, da mit diesem nach der Preiserhöhung nur noch eine geringere Gütermenge als vorher gekauft werden kann. Wenn die Erhöhung von p_i die nachgefragte Menge indifferenter Güter beeinflußt, so indirekt über den Einkommenseffekt. Welches sind die Preis-Mengen-Beziehungen zwischen komplementären und substitutiven Gütern? Steigt bei einer gegebenen Nachfrage (Bedürfnisstruktur) der Preis eines Gutes i (angebotsinduzierte Preiserhöhung), wird bei normaler Reaktion ceteris paribus dessen nachgefragte Menge q_{ii}^d fallen, ebenso die gewünschte Menge eines dazu komplementären Gutes n (q_n^d) (*Fig. 4-3.I.*). Stünden die beiden Güter i und n in substitutiver Beziehung, würde bei einer gegebenen Nachfrage (Bedürfnisstruktur) für das Gut i die Menge q_n^d steigen oder fallen, je nachdem, ob der Einkommenseffekt den Substitutionseffekt überwiegt oder nicht (vgl. 5. Kap.). Erhöht sich der Preis für Pfeifentabak (Gut i), wird nicht nur die nachgefragte Menge für Pfeifentabak, sondern auch die für Tabakpfeifen (Komplementärgut) zurückgehen, die nach-

4. Fundamente der Analyse

gefragte Menge für Zigaretten (Substitutionsgut) kann dagegen steigen (*Fig. 4-3.II.*) oder - bei Dominanz des Einkommenseffektes - fallen (*Fig. 4-3.I.*). Die dargestellten Zusammenhänge setzen voraus, daß die Preisänderungen des Gutes i angebotsinduziert sind (Verschiebungen der Angebotskurve), das heißt die Bedürfnisstruktur unverändert bleibt (gegebene Nachfragekurve). Der Verlauf der Kurven informiert über die Stärke der jeweiligen Beziehungen zwischen den Gütern in den Augen der Konsumenten. Je steiler die Kurven verlaufen, um so schwächer sind die Beziehungen der Güter untereinander. So würde sich bei einer Preiserhöhung von Δp_i die Menge des Substitutionsgutes q_n im Fall D stärker ändern (Δq_n) als im Fall D' ($\Delta q'_n$). Für D ist also die Substitutionswirkung größer als für D' (*Fig. 4-3.II.*), was sich auch durch Berechnung vergleichbarer Werte der Substitutionselastizität ausdrücken läßt (Abschn. III dieses Kap.). Für komplementäre Beziehungen gilt mutatis mutandis dasselbe. Der Grenzfall beider Beziehungen ist die Indifferenz.

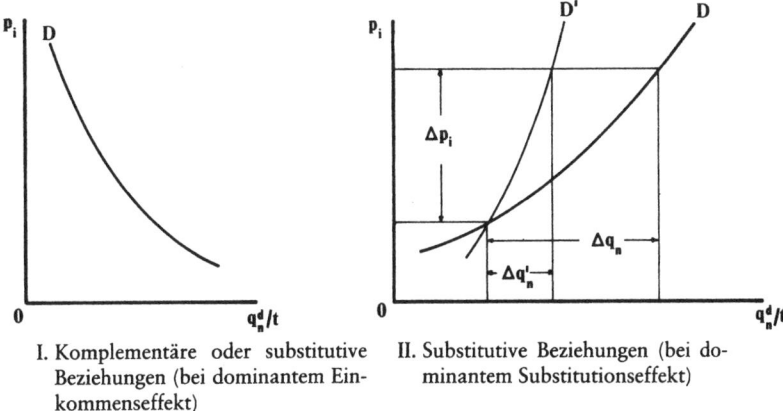

I. Komplementäre oder substitutive Beziehungen (bei dominantem Einkommenseffekt)

II. Substitutive Beziehungen (bei dominantem Substitutionseffekt)

Fig. 4-3: Komplementäre und substitutive Mengen-Preis-Beziehungen

Betrachtet man in einer bestimmten Zeitperiode ceteris paribus die **Einkommensabhängigkeit der Nachfrage**, die Beziehungen zwischen der Nachfragemenge (q_n^d) und dem Einkommen des Haushalts (y), also

(4.4) $\quad q_n^d/t = f(\bar{p}_n, \bar{p}_1, ..., y, \bar{u}, \bar{w})$,

wird man oft feststellen können, daß mit steigendem Einkommen die nachgefragte Menge zunimmt (Nichtsättigungsgut). Diese Mengenzunahme setzt sich jedoch nicht bei jedem Gut beliebig fort, weil in einer Zeiteinheit eine Sättigung eintreten kann; wer bei gestiegenem Einkommen in der Lage ist, statt bisher 10 nunmehr 20 Zigaretten pro Tag zu rauchen, wird vielleicht auch dann nicht mehr Zigaretten rauchen, wenn sein Einkommen weiter steigt (Sättigungsgut). Mit steigendem Einkommen kann die nachgefragte Menge zurückgehen, wenn das bisher konsumierte Gut durch ein anderes substituiert wird. Güter, deren Nachfragemenge bei steigenden Einkommen absolut fällt, bezeichnet man als inferiore (= minderwertige) Güter. Ihre Substitute könnte man superiore (= höherwertige) Güter nennen. Ein Gut gilt erst von einer bestimmten Einkommenschwelle an als inferior (Fig. 4-4).

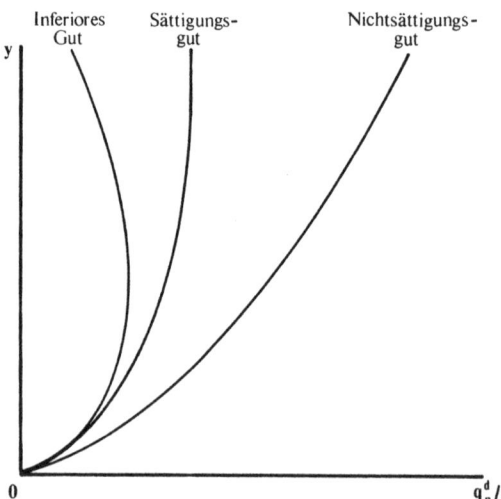

Fig. 4-4: Mengen- und Einkommen-Beziehungen

Alle Bedürfnisse sind individuell verschieden. Die jeweiligen Haushalte entfalten auch dann, wenn ihre objektiven Daten - wie Preise und Einkommen - gleich sein sollten, eine unterschiedliche Nachfrage nach einem bestimmten Gut. Ein Grund für diese Erscheinung sind abweichende Einschätzungen der Güter durch jeden einzelnen Konsumenten, seine **Präferenzen** (u). Unter sonst gleichen Umständen werden von einem Raucher A mehr Zigaretten pro Tag nachgefragt als von einem Raucher B, sofern A ein größeres Bedürfnis nach diesem Gut hat als B. Vom Standpunkt einer empirisch prüfbaren Theorie ist eine derartige Aussage voller Probleme, weil es kaum brauchbare Ansätze für Testverfahren über Präferenzen gibt.

Ein weiterer Grund für individuelle Unterschiede in der Nachfrage ist die Existenz von **Vermögen** (w). Wer über ein größeres Vermögen verfügt, wird in der Regel eine andere Bedürfnisstruktur haben als ein vermögensloser Nachfrager. Da Vermögen (z. B. Haus- oder Wertpapiereigentum) eine Einkommensquelle darstellt, ist das Einkommen aus Vermögen in der Größe y bereits erfaßt. Die Höhe der Vermögen dürfte sich darüber hinaus auch auf die Präferenzen auswirken und über sie Einfluß auf die Ausgabenentscheidungen haben. Doch unabhängig davon sind die Reaktionen der Nachfrager deshalb verschieden, weil Art und Umfang ihres Vermögens - und damit die erwarteten Einkommen - voneinander abweichen.

Addiert man die jeweils zu alternativen Preisen von allen Haushalten nachgefragten Mengen eines Gutes, erhält man die zu diesen Preisen gewünschte Gesamtmenge, die **Marktnachfrage**. Man sagt, die individuellen Nachfragekurven (*Fig. 4-1*) werden zur Gesamtnachfragekurve horizontal aggregiert. Bei der geometrischen Konstruktion sind nur die unterschiedlichen Mengen (q_n^d), nicht die zu ihnen gehörenden Preise, zu addieren. Zur Vereinfachung der Zeichnung wird unterstellt, es gebe nur 2 Haushalte (*Fig. 4-5*). Die Aggregation von Kurven, die unter der ceteris paribus-Klausel gewonnen wurden, wirft schwierige methodische Probleme auf, die hier nicht erörtert werden können. Die Ursache der Schwierigkeiten ist, daß bei einer Aggregation sich Einflußfaktoren ändern, die durch die ceteris-paribus-Klausel ausgeschaltet worden sind. Solche Schwierigkeiten treten nur dann nicht auf, wenn die Nachfrage eines Haushalts und die Marktnachfrage identisch sind (Monopson) oder das Angebot eines Unternehmens und das auf einem Markt sich decken (Monopol); darauf wird später eingegangen.

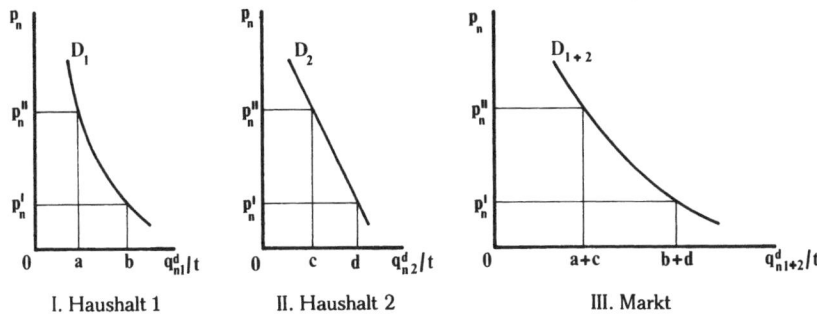

Fig. 4-5: Aggregation der Haushaltsnachfragekurven

Über die Determinanten der individuellen Nachfrage hinaus weist die Marktnachfrage noch zwei weitere Einflußfaktoren auf:
⇨ die **Verteilung des Einkommens und Vermögens** auf die Haushalte (**D** = distribution). Da die bestehende Einkommens- und Vermögensverteilung die soziale Rolle der Verbraucher und ihre sozial bedingten Einkommensentscheidungen beeinflußt, dürfte bei einer ungleichmäßigen Verteilung die Marktnachfrage anders aussehen als bei ihrer Nivellierung; mit einer Änderung der Verteilung wird die Nachfrage nach einigen Gütern steigen, nach anderen fallen. Das gilt unabhängig von den direkten Einkommens- und Vermögenseffekten, die oben diskutiert wurden.
⇨ die Größe der kaufkräftigen **Bevölkerung**, genauer: die Anzahl der ein bestimmtes Gut nachfragenden Haushalte (*B*). Die Zahl der Haushalte wirkt sich zwar auf das bereits erfaßte Einkommen aus, bestimmt aber auch die Struktur der Nachfrage.
Nach den dargestellten Hypothesen wird also die individuelle Nachfrage eines Gutes von fünf, die Marktnachfrage von sieben Größen bestimmt. Obwohl die Größen als voneinander unabhängig behandelt werden, bestehen zwischen ihnen gewisse Beziehungen (Interdependenzen); so kann sich mit dem Preis (p) die Präferenz (u) ändern. Im konkreten Fall ist deshalb stets zu prüfen, ob sich die ceteris paribus-Klausel aufrecht erhalten läßt. Symbolisiert man die Determinanten, die für alle Haushalte zusammengefaßt (aggregiert) werden und als

unabhängige Variablen der Marktnachfragefunktion auftreten, durch Großbuchstaben, ergibt sich für die Marktnachfrage nach einem Gut pro Zeiteinheit in Abhängigkeit vom Preis dieses Gutes:

(4.5 a) $\quad q_n^d {}_{1+2}/t = f(p_n, \bar{p}_1, ..., \bar{p}_{n-1}, \bar{Y}, \bar{U}, \bar{W}, \bar{D}, \bar{B})$ \quad oder

(4.5 b) $\quad q_n^d {}_{1+2}/t = f(p_n)$.

Wird untersucht, welche Wirkungen von Veränderungen der Einflußfaktoren auf die am Markt nachgefragte Menge ausgehen, müssen zwei Effekte scharf voneinander unterschieden werden:
- ⇨ Bewegungen auf einer gegebenen Kurve. Sie liegen immer dann vor, wenn sich die unabhängige Variable ceteris paribus ändert (z. B. wenn in *Fig. 4-1*, bzw. Gleichung (4.2) oder (4.5) p_n steigt). Hier spricht man von **Änderungen der nachgefragten Menge**.
- ⇨ Verschiebungen einer Kurve. Sie ergeben sich dann, wenn die Parameter einer Funktion, das sind hier die bis dahin konstant gehaltenen unabhängigen Variablen, andere Werte annehmen. Die der Funktion (4.5) entsprechende Nachfragekurve wird sich in folgenden Fällen nach rechts verschieben: bei Preissteigerungen eines substitutiven Gutes (man weicht auf das Konkurrenzprodukt aus); bei Preissenkungen eines komplementären Gutes (man fragt mehr von diesem Gut und seinem Komplement nach); bei steigenden realen Einkommen (zu einem gegebenen Preis wird eine größere Menge nachgefragt); bei jenen Änderungen der Bevölkerungszahl (steigende Zahl der Nachfrager), der Güterschätzungen sowie der Einkommens- und Vermögensverteilung, die sich nachfragesteigernd auswirken. In solchen Fällen spricht man von **Änderungen (oder Verschiebungen) der Nachfragekurve** oder kurz: der Nachfrage (*Fig. 4-6*).

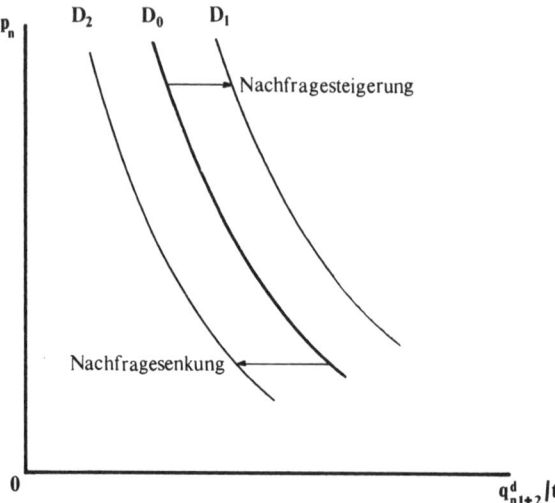

Fig. 4-6: Verschiebungen der Nachfragekurve

4. Fundamente der Analyse

Analoge Fälle gelten für Kurvenverschiebungen nach links. Beide Ursachengruppen sind in *Übers. 4-1* zusammengefaßt. Es lassen sich also die Wirkungen der verschiedenen Einflußfaktoren im Preis-Mengen-Diagramm darstellen: als Bewegung auf einer unveränderten Nachfragekurve, als Drehung oder als Verschiebung der Nachfragekurve.

Art der Kurvenverschiebung	
Steigerung (D_0 --> D_1)	Senkung (D_0 --> D_2)
⇒ Einkommen steigt	⇒ Einkommen fällt
⇒ Preissteigerung beim Substitutionsgut	⇒ Preissenkung beim Substitutionsgut
⇒ Preissenkung beim Komplementärgut	⇒ Preissteigerung beim Komplementärgut
⇒ Höherschätzung des Gutes	⇒ Minderschätzung des Gutes
⇒ Nachfragesteigernde Änderung der Einkommens- und Vermögensverteilung	⇒ Nachfragesenkende Änderung der Einkommens- und Vermögensverteilung
⇒ Steigende Zahl der Nachfrager	⇒ Sinkende Zahl der Nachfrager

Übers. 4-1: Ursachen einer Verschiebung der Nachfragekurve

Unternehmensangebot

Das Güterangebot eines Unternehmens kann analog zur Haushaltsnachfrage bestimmt werden. Auch dafür gibt es eine Anzahl von **Hypothesen** über die Abhängigkeit der angebotenen Menge q^s (s = supply) eines beliebigen Gutes n pro Zeiteinheit t von bestimmten Einflußgrößen. Danach wird die angebotene Menge bestimmt durch
⇨ den Preis dieses Gutes (p_n);
⇨ die Preise der übrigen Güter ($p_1, ..., p_{n-1}$);
⇨ die Preise der Produktionsfaktoren ($l_1, ..., l_m$);
⇨ die Ziele des Anbieters, insbesondere solche, die den Gewinn betreffen (P_r = profit);
⇨ den Stand des angewandten technischen Wissens (T).
Daraus folgt die individuelle Angebotsfunktion

(4.6) $\quad q_n^s/t = f(p_n, p_1, ..., p_{n-1}, l_1, ..., l_m, P_r, T)$.

Werden die **Beziehungen zwischen Menge und Preis** des angebotenen Gutes ceteris paribus untersucht, nimmt (4.6) die Form an:

(4.7 a) $\quad q_n^s/t = f(p_n, \bar{p}_1, ..., \bar{p}_{n-1}, \bar{l}_1, ..., \bar{l}_m, \bar{P}_r, \bar{T}) \qquad$ oder

(4.7 b) $\quad q_n^s/t = f(p_n)$.

Die angebotene Menge des Gutes pro Zeiteinheit ist um so größer, je höher der Preis ist (*Fig. 4-7.I.*). Auch diese Hypothese gilt nicht für alle Bereiche. In einigen Fällen kann man empirisch einen anderen Verlauf der Angebotskurve feststellen. In der Landwirtschaft ist es nicht selten, daß die Ernte eines nicht lagerfähigen Produkts (Erdbeeren, Pflaumen) an einem Markttag zu jedem Preis angeboten wird, der mindestens noch die Vermarktungskosten (Löhne der Pflücker, Transport- und Verpackungskosten) deckt, so daß ganz kurzfristig q_n^s konstant ist. In solchen Fällen verläuft die Angebotskurve parallel zur Ordinate (*Fig. 4-7.II.*).

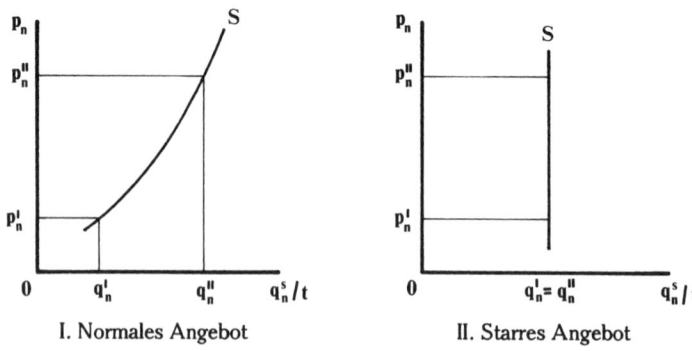

I. Normales Angebot   II. Starres Angebot

Fig. 4-7: Unternehmensangebotskurven (S)

Die Berücksichtigung der Periodenlänge führt zu den gleichen Schlüssen wie bei der Haushaltsnachfrage. Langfristig verläuft die Angebotskurve flacher als mittel- oder gar kurzfristig. Das hat seinen Grund in der oft mangelhaften Flexibilität des Produktionsapparates. Die Angebotskurve könnte bei kurzfristiger Betrachtung den in *Fig. 4-7.II.* dargestellten Verlauf haben, wenn im Betrachtungszeitraum weder eine Produktions- noch eine Lageränderung als Reaktion auf sich ändernde Preise möglich ist.

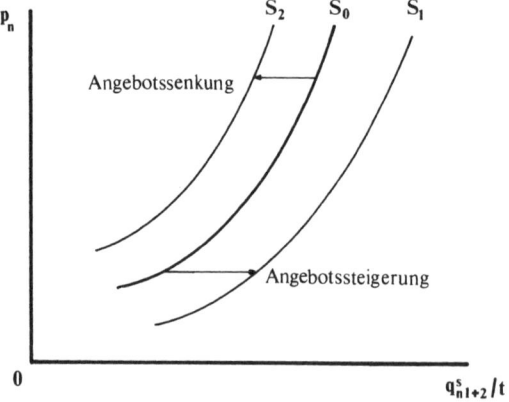

Fig. 4-8: Verschiebungen der Angebotskurve

4. Fundamente der Analyse

Die **Wirkungen der übrigen Einflußfaktoren** seien nur kurz erwähnt. Das Angebot hängt nach der zweiten Hypothese von den *Preisen der übrigen Güter* ab. Steigen die Preise anderer Güter, jedoch nicht der Preis des angebotenen Gutes, ist die Produktion des angebotenen Gutes relativ weniger profitabel als vorher. Ceteris paribus führt eine Preissteigerung anderer Güter zu einem Angebotsrückgang des nicht im Preis gestiegenen Gutes et vice versa, sofern die produktionstechnischen Bedingungen dafür gegeben sind. Das Angebot wird nach der dritten Hypothese auch durch die Faktorpreise determiniert. Steigen die Preise der Faktoren, die bei der Produktion des angebotenen Gutes eingesetzt werden, geht die angebotene Menge ceteris paribus zurück, weil die Unternehmer sich verstärkt der Produktion von Gütern zuwenden, deren Faktorpreise nicht oder nicht so stark gestiegen sind oder bei deren Produktion relativ wenig Einsatzmengen teurer gewordener Faktoren benötigt werden. Der Einfluß der unternehmerischen Zielsetzung kann komplexer Natur sein. In dieser Determinante kommen das Ausmaß des Gewinnstrebens, die Marktstrategie, die Risikobereitschaft und der Zeithorizont der Entscheidungen zur Geltung. Die Wirkung von Änderungen der unternehmerischen Zielsetzung auf die angebotene Menge bleibt offen. Hinsichtlich des angewandten technischen Wissens mag der Hinweis genügen, daß technische Verbesserungen wie Faktorpreissenkungen wirken. Für einen gegebenen Faktorpreis erhält man einen qualitativ besseren Faktor oder einen qualitativ gleichen Faktor zu einem geringeren Preis.

Art der Kurvenverschiebung	
Steigerung ($S_0 \to S_1$)	Senkung ($S_0 \to S_2$)
⇒ Preissenkung bei anderen Gütern	⇒ Preissteigerung bei anderen Gütern
⇒ Preissenkung bei Einsatzfaktoren	⇒ Preissteigerung bei Einsatzfaktoren
⇒ Angebotssteigernde Änderung der Zielsetzung	⇒ Angebotssenkende Änderung der Zielsetzung
⇒ Verbesserung des angewandten technischen Wissens (technischer Fortschritt)	⇒ Verschlechterung des angewandten technischen Wissens (technischer Rückschritt)
⇒ Hinzutreten von Anbietern	⇒ Ausscheiden von Anbietern

Übers. 4-2: Ursachen einer Verschiebung der Angebotskurve

Aus der Addition der von den Unternehmen zu alternativen Preisen angebotenen Mengen erhält man das **Marktangebot** (analog zu *Fig. 4-5*). Die linke Seite von (4.7 a) wird zu $q^s_{n\ 1+2}/t$, die rechte enthält wiederum die aggregierten Größen. Dem Leser sollte klar sein, warum solche Preise nicht aggregiert werden dürfen. Ansonsten gelten auch hier die methodischen Bedenken gegen eine Aggregation. Wie bei der Nachfrage sind auch beim Angebot **Änderungen der angebotenen Menge** (Bewegung auf einer gegebenen Kurve) und **Änderungen (oder Verschiebungen) der Angebotskurve** kurz: des Angebots (*Fig. 4-8*) streng zu unterscheiden (*Übers. 4-2*).

II. Gleichgewicht und Wirkungen der Verschiebungen von Nachfrage- und Angebotskurven

Gleichgewicht im Polypol

Nach der getrennten Bestimmung von Nachfrage und Angebot ist es möglich, zu einer beide Marktseiten umfassenden Analyse überzugehen. Es soll zunächst der oft zu beobachtende Fall des Polypols unter den üblichen **Annahmen** untersucht werden: Von den zahlreichen Teilnehmern auf der Angebots- und Nachfrageseite eines Marktes glaubt keiner, den Preis durch eine entsprechende Mengenpolitik zu seinen Gunsten beeinflussen zu können:

(1.) werden die Anbieter keine Mengenrestriktionen in Erwartung steigender Preise vornehmen,

(2.) die Nachfrager die Menge nicht in Erwartung von Preissenkungen einschränken und

(3.) reagieren Nachfrage und Angebot normal; zumindest die Pläne von einigen Nachfragern und Anbietern lassen sich zur Abstimmung bringen.

Würde die letzte Annahme nicht erfüllt sein, gäbe es keinen Preis, zu dem eine Transaktion zustande käme. Einmal kann es passieren, daß sich selbst zum niedrigsten Angebotspreis p_0 keine Käufer finden; allenfalls zum noch geringeren Preis p_1 gäbe es Nachfrage (*Fig. 4-9.I*). Zweitens ist es möglich, daß die Nachfrager mit der Menge q_0 gesättigt sind und erst größere Mengen als q_1 einen Preis haben; es kann sich um ein Gut handeln, von dem - technisch bedingt - gewisse Mindestmengen ausgebracht werden müssen, wenn die Produktion überhaupt aufgenommen werden soll (*Fig. 4-9.II.*). Eine Abstimmung am Markt, die zu Transaktionen führt, setzt in beiden Fällen voraus: Die Nachfrage- oder/und Angebotskurven müssen sich in Richtung und Ausmaß so verschieben (nach D_1 bzw. S_1), daß es zu Schnittpunkten (x_1, x_2, x_3) beider Kurven kommt (*Fig. 4-9.III.*). Treffen alle drei Annahmen des Polypols zu, erhält man das Diagramm des Marktgleichgewichts (*Fig. 4-10*). Aus dem Marktdiagramm läßt sich ersehen: Vor dem Schnittpunkt der Kurven (bei $q < q_0$) sind Anbieter vorhanden, die das Gut zu einem geringeren Preis anböten, als Nachfrager zu zahlen bereit wären. Bei $q > q_0$ fänden sich zu den Preisen der Anbieter nicht genügend Käufer (*wie Fig. 4-9. I.*). Also wird genau die Menge q_0 gekauft und verkauft. Das geschieht zum Preis p_0, bei dem die Pläne der Nachfrager und Anbieter realisiert werden können. Bei einer größeren Menge klaffen die Vorstellungen beider Marktseiten auseinander. Angebot und Nachfrage bestehen nur potentiell. Angenommen, der Preis auf dem Markt sei p_2. Die angebotene Menge (q_2^s) ist bei diesem Preis größer als die nachgefragte (q_2^d). Die Differenz ($q_2^s - q_2^d$) nennt man Angebotsüberschuß. Beim Preis p_1 ist umgekehrt die nachgefragte Menge (q_1^d) größer als die angebotene (q_1^s). Die Differenz ($q_1^d - q_1^s$) wird als Nachfrageüberschuß bezeichnet. Angebots- oder Nachfrageüberschüsse existieren nur zu bestimmten Preisen, zu anderen dagegen nicht. Können Anbieter und Nachfrager frei agieren und wird angenommen, der Anpassungsprozeß erfolge ohne erhebliche zeitliche Verzögerung, induziert ein Angebotsüberschuß Preissenkungen durch die Anbieter, ein Nachfrageüberschuß Preiserhöhungen durch die Nachfrager, wodurch jeweils der Überschuß beseitigt wird. In jenem Punkt, in dem kein Überschuß vorhanden ist (p_0, q_0), besteht ein Gleichgewicht E (E = equilibrium).

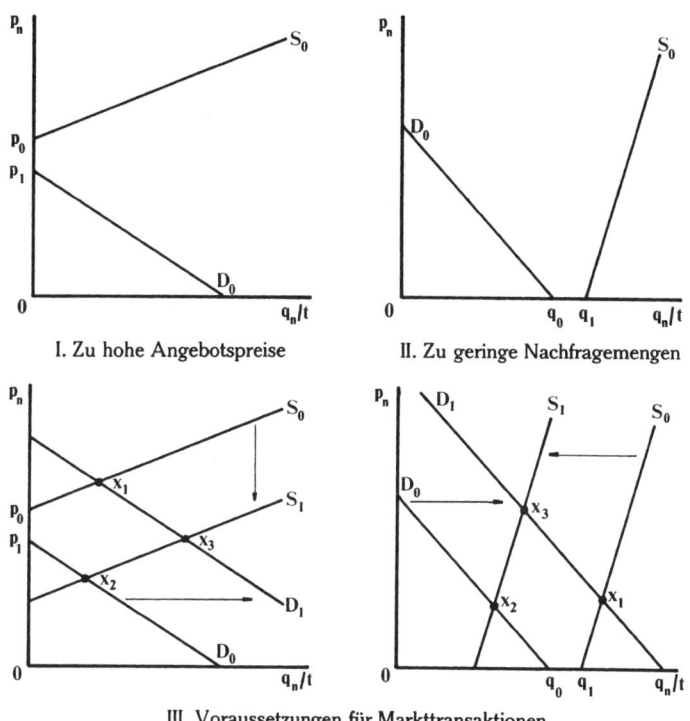

Fig. 4-9: Nachfrage und Angebot ohne Preisbildung

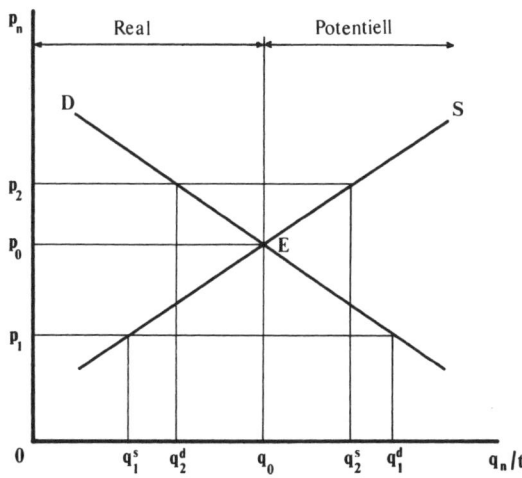

Fig. 4-10: Bestimmung des Marktgleichgewichts

Dieser Vorgang, die **Bestimmung des Gleichgewichts**, sei am Beispiel eines freien Buttermarktes illustriert. Die gegebene Nachfragekurve zeigt die Mengen, die die Käufer ceteris paribus - bei konstanten Preisen anderer Güter, Einkommen, Bedürfnisstrukturen, Vermögen, konstanter Einkommens- und Vermögensverteilung und Nachfragerzahl - zu jedem Marktpreis erwerben möchten. Bei einem Butterpreis von 10,- Euro pro Kilogramm (kg) sollen sie bereit sein, 300 kg zu kaufen, bei 8,- Euro 500 kg und bei 6,- Euro 700 kg. Die gegebene Angebotskurve zeigt die Mengen, die die Verkäufer ceteris paribus - bei konstanten Preisen anderer Güter, Faktorpreisen, Zielen, konstanter Technik und Anbieterzahl - zu alternativen Marktpreisen anbieten möchten. Bei einem Butterpreis von 6,- Euro sollen sie 250 kg, bei 8,- Euro 500 kg und bei 10,- Euro 780 kg auf den Markt bringen. Würden die Anbieter versuchen, 10,- Euro pro kg zu erlösen, blieben sie auf einem Teil ihrer Ware sitzen, weil die Käufer zu diesem Preis nur 300 kg kaufen, die Verkäufer jedoch 780 kg anbieten wollen (480 kg Angebotsüberschuß). Der Preis läßt sich bei den gegebenen Anbieter- und Nachfragerplänen nicht halten. Er wird durch die Konkurrenz der Anbieter fallen. Würden andererseits die Nachfrager versuchen, Butter für 6,- Euro zu kaufen, gäbe es nicht genug Ware, da die Verkäufer zu diesem Preis nur 250 kg anbieten, die Käufer jedoch 700 kg erwerben möchten (450 kg Nachfrageüberschuß). Der Preis ist ebenfalls nicht zu halten. Er wird durch die Konkurrenz der Nachfrage steigen. Deswegen kann nur ein Preis bestehen, bei dem weder ein Angebots- noch ein Nachfrageüberschuß existiert. Das ist bei 8,- Euro der Fall. Zu diesem Preis wollen Anbieter und Nachfrager gerade 500 kg verkaufen und kaufen. Dann sind keine Reaktionen zu erwarten, die vom Preis von 8,- Euro wegführen (Gleichgewicht). Ein einmal erreichtes Gleichgewicht wird nur verlassen, wenn sich Angebots- oder/und Nachfragekurve verschieben.

„Gesetze" der Nachfrage und des Angebots

Was geschieht bei einer **Kurvenverschiebung**? Die Gründe für eine Kurvenverschiebung sind bekannt (*Übers. 4-1* und *4-2*). Ihre Wirkungen lassen sich nur mit einer ceteris paribus-Klausel eindeutig feststellen. Deshalb wird bei Verschiebungen der Nachfrage- die Angebotskurve, bei Verschiebungen der Angebots- die Nachfragekurve konstant gehalten. Es sei angenommen, Nachfrage- und Angebotskurve verschöben sich jeweils nach rechts, weil die Einkommen gestiegen sind (*Fig. 4-11. I.*) oder technische Fortschritte eingeführt wurden (*Fig. 4-11.II.*). Bei einer Verschiebung der Nachfragekurve von D_0 nach D_1 (*Fig.4-11.I.*) ist das alte Gleichgewicht E_0 (p_0, q_0) gestört. Unter der neuen Nachfragekonstellation hat sich ein Nachfrageüberschuß ($q_0^d - q_0$) gebildet. Die nun einsetzende Nachfragekonkurrenz treibt den Preis so lange hoch, bis ein neues Gleichgewicht E_1 (p_1, q_1) erreicht ist. Im neuen Gleichgewicht wird zu einem höheren Preis eine größere Menge umgesetzt. Wäre das ursprüngliche Gleichgewicht E_1 (p_1, q_1) gewesen und die Nachfragekurve von D_1 nach D_0 gefallen, hätte der Angebotsüberschuß ($q_1 - q_1^s$) den Preis von p_1 auf p_0 und die Menge von q_1 auf q_0 zurückgehen lassen. Im Fall einer Angebotssteigung von S_0 nach S_1 (*Fig. 4-11.II.*) entsteht ein Angebotsüberschuß ($q_0^s - q_0$), bei

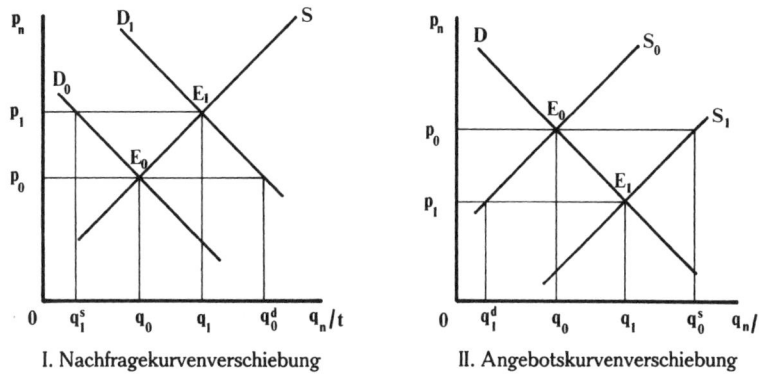

I. Nachfragekurvenverschiebung   II. Angebotskurvenverschiebung

Fig. 4-11: Verschiebung der Nachfrage- und Angebotskurve

dem der Preis bis zum neuen Gleichgewicht E_1 (p_1, q_1) von den Anbietern herabgesetzt wird. Zu einem niedrigeren Preis wird eine größere Menge umgesetzt. Wäre hingegen das ursprüngliche Angebot S_1 auf S_0 gefallen, hätte der Nachfrageüberschuß ($q_1 - q_1^d$) den Preis p_1 auf p_0 heraufgetrieben, die Menge q_1 auf q_0 reduziert.

Die Reaktionen bei Kurvenverschiebungen werden als **"Gesetze" von Nachfrage und Angebot** bezeichnet. Der Leser sollte sich die einfachen Beziehungen genau einprägen, weswegen sie zusammengefaßt wiederholt seien (*Übers. 4-3*).

	Auslösender Überschuß	Richtung der Änderung von Preis und Menge		Verhältnis von Preis- und Mengenänderung
		Preis	Menge	
I. Nachfrageänderung				
1. Nachfrage steigt (Kurvenverschiebung nach rechts)	Nachfrageüberschuß	steigt	steigt	gleichgerichtet (parallel)
2. Nachfrage fällt	Angebotsüberschuß	fällt	fällt	gleichgerichtet (parallel)
II. Angebotsänderung				
1. Angebot steigt (Kurvenverschiebung nach rechts)	Angebotsüberschuß	fällt	steigt	entgegengesetzt (invers)
2. Angebot fällt	Nachfrageüberschuß	steigt	fällt	entgegengesetzt (invers)

Übers. 4-3: „Gesetze" von Nachfrage und Angebot

III. Elastizitäten

Direkte Preiselastizität

Die Nachfragefunktionen (4.2) und (4.5) geben an, welche Mengen eines Gutes von einem Haushalt (individuelle Nachfrage) oder allen Haushalten zusammen (Marktnachfrage) zu alternativen Preisen pro Zeiteinheit gewünscht werden. Für analytische Zwecke wie auch im täglichen Wirtschaftsleben ist es wichtig zu wissen, um wieviel sich bei gegebener Nachfragefunktion die nachgefragte Menge ändert, wenn der Preis um einen bestimmten Betrag steigt oder fällt. Ein Ausdruck für diese Änderungen ist die **Nachfrageelastizität** (Preiselastizität der Nachfrage). Ihre **Definition** stammt von ALFRED MARSHALL: "The *elasticity* (or *responsiveness*) *of demand* in a market is great or small according as the amount demanded increases much or little for a given fall in price, and diminishes much or little for a given rise in price". Die Nachfrageelastizität stellt ein Änderungsmaß für die nachgefragte Menge in bezug auf die Preisänderung dar. "Änderung der nachgefragten Menge" bedeutet graphisch gesehen eine Bewegung längs einer gegebenen Nachfragekurve. Der Anlaß für die Messung der Nachfrageelastizität ist in der Regel eine Kurvenverschiebung auf der Angebotsseite (*Fig. 4-12*).

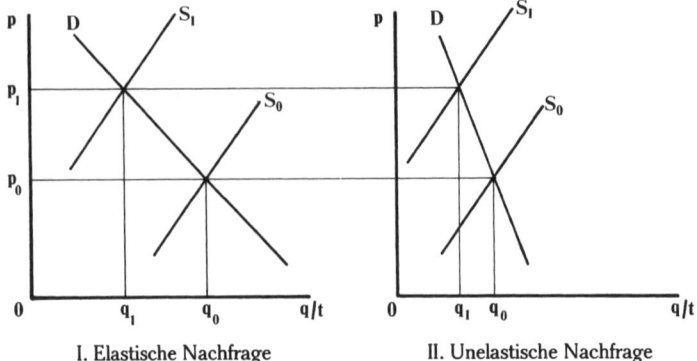

Fig. 4-12: Nachfrageelastizität

Bei einer Preiserhöhung von p_0 auf p_1 (in *Fig. 4-12.I.* und *4-12.II.* gleich groß), für die eine Linksverschiebung der Angebotskurve die Ursache war, kann die nachgefragte Menge pro Zeiteinheit stark (elastische Reaktion) oder nur geringfügig zurückgehen (unelastische Reaktion). Dieses Ergebnis beruht offensichtlich auf unterschiedlichen Steigungen der Nachfragekurven, eine Aussage, die jedoch noch nicht zur Bestimmung der Elastizität ausreicht. Da die Lage einer Kurve im Koordinatensystem von der Wahl des absoluten Maßstabes abhängig ist, benutzt man ein relatives Maß für die Elastizität. Die Preiselastizität der Nachfrage oder - einfach - die Nachfrageelastizität (η) wird danach als das Verhältnis einer relativen Mengenänderung zu einer relativen Preisänderung definiert, was sich in der Schreibweise der Differentialrechnung wie folgt formulieren läßt:

4. Fundamente der Analyse 81

(4.8 a) $\eta = -\dfrac{\dfrac{dq}{q}}{\dfrac{dp}{p}}$ oder

(4.8 b) $\eta = -\dfrac{dq}{dp} \cdot \dfrac{p}{q}$ (Definitions-Gleichung).

Etwas weniger streng und unter Berücksichtigung der Tatsache, daß die Preisänderung meist eine unabhängige Variable ist, lautet die Definition: Die Nachfrageelastizität ist das Verhältnis einer prozentualen Mengenänderung zu einer (gegebenen) ein-prozentigen Preisänderung, also

(4.9) $\eta = \dfrac{x - \text{prozentige Mengenänderung}}{1 - \text{prozentige Preisänderung}}$.

Bei normaler Reaktion der Nachfrage sind Preis- und Mengenänderungen gegenläufig; die Elastizität ist eine negative Größe. Durch Multiplikation mit -1 erhält man einen positiven Ausdruck, mit dem sich bequemer operieren läßt. Da sich aus dem Zusammenhang ergibt, wie der Ausdruck verstanden werden soll, ist es zweckmäßig, das Vorzeichen zu negieren und die Elastizität als absolute Größe zu fassen. Diesem Verfahren soll, sofern nicht ausdrücklich etwas anderes gesagt wird, gefolgt werden. Die Festlegung "elastisch" und "unelastisch" kann nun exakt erfolgen. Ist $\eta > 1$ (wegen $x > 1$), nennt man die Nachfrage elastisch, bei $\eta < 1$ (wegen $x < 1$) unelastisch; besondere Fälle sind $\eta = 1$ (für $x = 1$), $\eta = \infty$ (für $x = \infty$) und $\eta = 0$ (für $x = 0$). Im zweiten Fall spricht man von einer vollständig oder unendlich elastischen, im dritten von einer vollständig unelastischen oder starren Nachfrage.

Die **graphische Bestimmung** der Nachfrageelastizität sei an einer linearen Nachfragekurve demonstriert. Ist die Nachfragekurve keine Gerade, bereitet die Messung der nur für einen Punkt gültigen Elastizität keine besondere Schwierigkeit, da sich an jede Kurve eine Gerade als Tangente legen läßt, für die im Tangentialpunkt dasselbe wie für eine lineare Nachfragekurve gilt. Fällt der Preis von auf F um $EF = BG$, steigt die nachgefragte Menge von H auf I um $HI = GC$ (Fig. 4-13; die üblichen Strichbalken über den Buchstaben sind zur Vereinfachung weggelassen). Ersetzt man in (4.8) die Differentialoperatoren d durch Differenzenoperatoren Δ - man spricht dann von Bogen- im Gegensatz zur Punktelastizität -, so daß die Streckenabschnitte in (4.8 b) eingesetzt werden können, ist die Nachfrageelastizität in B: $\eta = GC/BG \cdot 0E/0H$. Da die Dreiecke BGC und BHD ähnlich sind, kann man schreiben: $\eta = HD/HB \cdot 0E/0H$. Durch Umformung erhält man wegen $0E = HB$ $\eta = HD/0H = BD/AB = 0E/AE$ (Strahlensatz). Verbal ausgedrückt: Die Nachfrageelastizität ist gleich dem Verhältnis des rechten Teils zum linken Teil einer linearen oder einer Tangente an eine nichtlineare Nachfragekurve, die durch den Meßpunkt in zwei Teile zerlegt wird. Die sich ergebenden Teil-

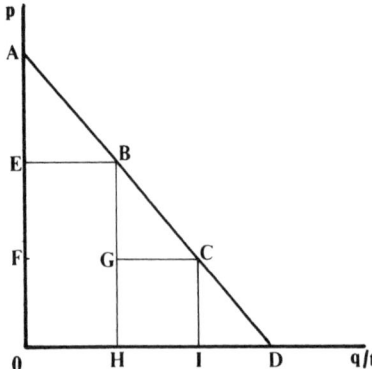

Fig 4-13: Messung der Nachfrageelastizität

stücke können als relatives Teilungsmaß auf den Koordinaten zwischen Null und dem Kurven- oder Tangentenschnittpunkt dienen, so daß die Elastizität auch auf der Abszisse oder Ordinate gemessen werden kann.

Die **Eigenschaften** der Nachfrageelastizität lassen sich veranschaulichen (*Fig. 4-14*). *Fig. 4-14.I.* zeigt: Die Nachfrageelastizität nimmt Werte zwischen ∞ und 0 an. Im Schnittpunkt (A) einer normal verlaufenden Nachfragekurve (D_0) mit der Ordinate (P) oder in allen Punkten einer Nachfragekurve, die zur Abszisse parallel verläuft (D_2), ist die Elastizität ∞. Vom Ordinatenschnittpunkt bis zum Halbierungspunkt B der Kurve reagiert die Nachfrage elastisch ($\eta > 1$), jenseits des Punktes B (in B selbst: $\eta = 1$) unelastisch ($\eta < 1$). Im Schnittpunkt (C) der Nachfragekurve (D_0) mit der Abszisse (q/t) oder in allen Punkten einer Nachfragekurve, die parallel zur Ordinate verläuft (D_1), ist die Elastizität 0. Aus *Fig.4-14.II.* wird ersichtlich: Bei einer Parallelverschiebung von D_0 nach D_1 liegen die Punkte gleicher Elastizität auf einem Strahl, der vom Nullpunkt ausgeht (A_0 und A_1); liegt der neue Punkt links von A_1, ist die Elastizität größer als in A_0 et vice versa. In *Fig. 4-14.III.* wird die Nachfragekurve in V oder T gedreht. Bei einer Drehung in V haben alle Schnittpunkte (A_0, A_1, A_2) der sich drehenden Nachfragekurve mit einer beliebigen Parallelen zur Ordinate, bei einer Drehung in T alle Schnittpunkte (B_0, B_1, B_2) mit einer beliebigen Parallelen zur Abszisse dieselbe Elastizität.

Zwischen der **Nachfrageelastizität** und der Änderung der Gesamtausgaben bei einer bestimmten Preisänderung, den **Grenzausgaben**, besteht ein funktionaler Zusammenhang. Die Ausgaben (A) der Haushalte, die gleich den Einnahmen, dem Erlös oder dem Umsatz (R = revenue) der Unternehmen sind, werden als Produkt aus Preis und Menge definiert:

(4.10) $\quad A = R = p \cdot q \quad$ (Definitions-Gleichung).

Annahmegemäß soll eine normal verlaufende lineare Nachfragekurve vorliegen, die der Gleichung

(4.11 a) $\quad q = -\frac{1}{b}p + \frac{a}{b}$

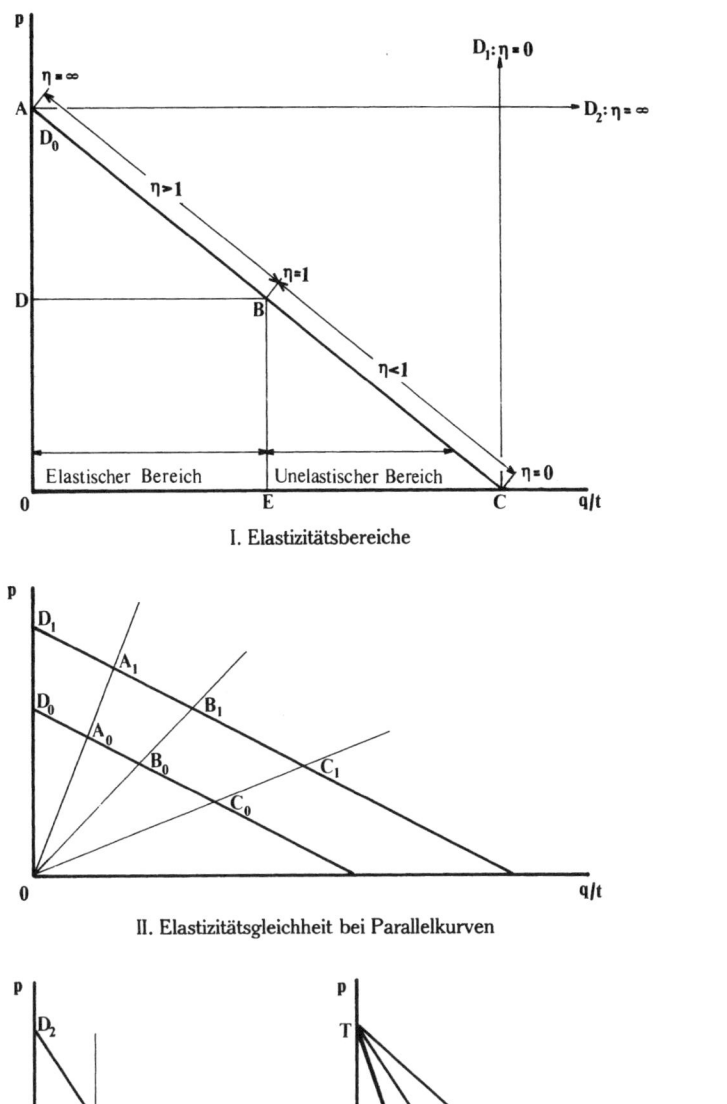

Fig. 4-14: Eigenschaften der Nachfrageelastizität

genüge. Löst man (4.11 a) nach p auf - geht man also von $q = f(p)$ über zu $p = f^{-1}(q)$ -, ergibt sich

(4.11 b) $\quad p = a - bq$.

Wird (4.11b) in (4.10) eingesetzt, folgt daraus

(4.12) $\quad A = R = aq - bq^2$.

Die Grenzausgabe oder der Grenzerlös ist die erste Ableitung von (4.12) nach der Menge:

(4.13) $\quad \dfrac{dA}{dq} = \dfrac{dR}{dq} = a - 2bq$.

(4.13) kann auch durch den Preis und die Nachfrageelastizität ausgedrückt werden. Die erste Ableitung von (4.10) nach q ist - da $p = f^{-1}(q)$ - gemäß der Produktregel:

(4.14) $\quad \dfrac{dA}{dq} = \dfrac{dR}{dq} = p + q\dfrac{dp}{dq}$.

Wegen (4.8 b) erhält man für (4.14) wegen der Definitionsgleichungen $dA/dq = A'$ und $dR/dq = R'$

(4.15) $\quad A' = R' = p + q\dfrac{dp}{dq} = p - (-q)\dfrac{dp}{dq} = p - p \cdot \left(-\dfrac{q}{p}\right)\dfrac{dp}{dq}$

$\qquad = p - \dfrac{p}{\eta} = p\left(1 - \dfrac{1}{\eta}\right)$.

Die Grenzausgabe (A') und der Grenzerlös (R') sind gleich dem Preis abzüglich dem Quotienten aus Preis und Nachfrageelastizität (AMOROSO-ROBINSON-Gleichung). Die Zusammenhänge für den Fall einer linearen Nachfragefunktion - unter Fortlassung von R - veranschaulicht *Fig. 4-15*. Bei fallenden Preisen steigen im elastischen Bereich der Nachfragekurve die Ausgaben (die Grenzausgaben sind positiv), im unelastischen Bereich fallen die Ausgaben (die Grenzausgaben sind negativ). Im Schnittpunkt der Nachfragekurve mit der Ordinate ist $\eta = \infty$, so daß $A' = p$ wird. Sonst ist die Grenzausgabe stets kleiner als der Preis. Steigt die nachgefragte Menge um eine Einheit, wächst die Gesamtausgabe um den Preis der Einheit (p_1) abzüglich der Differenz zwischen altem und neuem Preis jeder bis dahin nachgefragten Einheit ($q_0 \cdot [p_0 - p_1] = p_0/\eta_0$). Der neue Preis p_1 ist also um diesen Preisverfall zu reduzieren. Die Reduktion ist im elastischen Nachfragebereich kleiner ($p_0/\eta_0 < p_1$), im unelastischen Bereich dagegen größer als der Preis ($p_0/\eta_0 > p_1$). Bei einer Elastizität von 1 ist die Reduktion gleich dem Preis ($p_0/\eta_0 = p_1$). Das ist auch plausibel, denn bei $\eta = 1$ nimmt bei einer Preissenkung der Erlös um einen Prozentsatz aus der Preisminderung ab, jedoch um den gleichen Prozentsatz aus der Mengensteigerung zu. Der Erlös bleibt konstant, der Grenzerlös ist Null. Ein besonderer Fall liegt vor, wenn die Gesamtaus-

4. Fundamente der Analyse 85

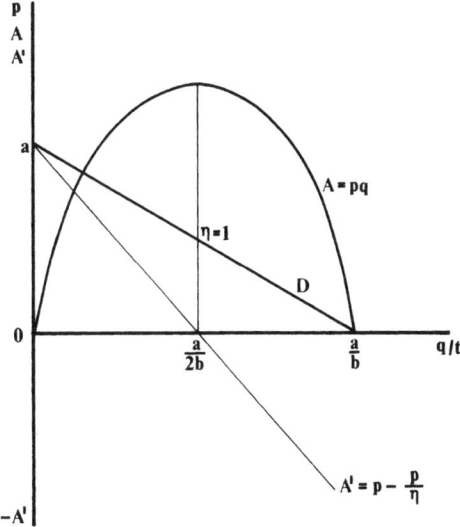

Fig. 4-15: Zusammenhang zwischen Nachfrage-, Ausgaben und Grenzausgabenkurve

gabe bei jeder Änderung der Nachfragemenge, d. h. in jedem Punkt der Nachfragekurve, konstant bleibt (constant outlay-curve) und folglich die Grenzausgabe in jedem Punkt der Kurve Null ist. Die Nachfragekurve hat dann die Form einer gleichseitigen Hyperbel, deren Asymptoten die Koordinaten sind. Kurven mit konstanter Elastizität - hier gleich 1 - nennt man isoelastisch.

Auch auf der Angebotsseite wird mit dem Elastizitätsausdruck gearbeitet. Das ist vor allem dann zweckmäßig, wenn sich ceteris paribus die Nachfragekurve verschiebt und das Ausmaß der Angebotsreaktion abgeschätzt werden soll. Die **Angebotselastizität** wird - analog zur Nachfrageelastizität (4.8) - wie folgt definiert:

(4.16) $\varepsilon = \dfrac{\dfrac{dq}{p}}{\dfrac{dp}{q}} = \dfrac{dq}{dp} \cdot \dfrac{p}{q}$ (Definitions-Gleichung).

Das Vorzeichen ist bei normalem Verlauf des Angebots positiv. Die Angebotselastizität läßt sich als Verhältnis zweier Streckenabschnitte aus der geometrischen Darstellung der Angebotsfunktion ablesen (*Fig. 4-16*). Setzt man die entsprechenden Streckenabschnitte in die Gleichung (4.16) ein, so ergibt sich: $\varepsilon = DB/AB \cdot AC/DB$. Wie man sieht, ist ε stets größer als 1, wenn die Tangente an die Angebotskurve den positiven Ordinatenast schneidet. Geht sie durch den Koordinatenursprung, ist $\varepsilon = 1$. Schneidet sie die Ordinate im negativen Bereich, gilt $\varepsilon < 1$. Alle linearen Angebotskurven durch den Nullpunkt, die also unabhängig von der Steigung in jedem Punkt die Elastizität $\varepsilon = 1$ haben, sind isoelastisch. Das Angebot ist - in Übereinstimmung mit der

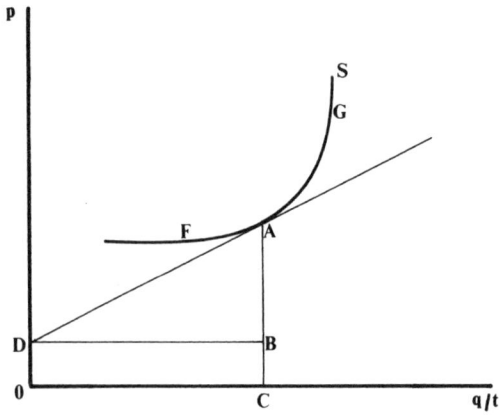

Fig. 4-16: Angebotselastizität

Terminologie bei der Nachfrage - vollkommen elastisch ($\varepsilon = \infty$), wenn die Angebotskurve parallel zur Mengenachse (Fig. 4-16; bis F), vollkommen unelastisch ($\varepsilon = 0$), wenn sie parallel zur Preisachse (ab G) verläuft; zwischen den Extremfällen isoelastischer Kurven (F bis G) besitzt die Angebotselastizität endliche Werte.

Indirekte Nachfrage- und Einkommenselastizitäten

Die bisherigen Überlegungen lassen sich auf die Abhängigkeiten zwischen komplementären und substitutiven Gütern übertragen, die bereits im Abschnitt über die Haushaltsnachfrage dargestellt wurden (Fig. 4-3). Anstelle der soeben behandelten direkten Preiselastizität eines Gutes geht es nun um die indirekte oder **Kreuzpreiselastizität**. Gefragt wird, wie groß bei einer relativen Preisänderung eines Gutes i die relative Änderung der nachgefragten Menge eines dazu komplementären oder substitutiven Gutes n ist:

(4.17) $\quad \eta_{i,n} = \dfrac{\dfrac{dq_n}{q_n}}{\dfrac{dp_i}{p_i}} = \dfrac{dq_n}{dp_i} \cdot \dfrac{p_i}{q_n}$ \hfill (Definitions-Gleichung).

Bei der Kreuzpreiselastizität hat das Vorzeichen besondere Bedeutung, da es die Art der Beziehung anzeigt. Unter normalen Reaktionsbedingungen ist bei komplementären Beziehungen das Vorzeichen negativ - wie beim normalen Verlauf der direkten Nachfrage -, bei substitutiven positiv.

Da die Nachfragemenge nicht nur auf Änderungen des Preises, sondern auch auf Einkommensänderungen reagiert, läßt sich in gleicher Weise eine **Einkommenselastizität** definieren:

(4.18) $\quad \eta_y = \dfrac{\dfrac{dq}{q}}{\dfrac{dy}{y}} = \dfrac{dq}{dy} \cdot \dfrac{y}{q}$ \hfill (Definitions-Gleichung).

In der Regel hat der Quotient einen positiven Wert, der kleiner als 1, größer als 1 oder gleich 1 sein kann. Die wichtigsten Ausnahmen von der Regel sind: Bei einem inferioren Gut ist die Einkommenselastizität negativ, bei einem Sättigungsgut Null (*Fig. 4-4*).

Die verschiedenen Arten und Formen der Elastizität werden noch einmal in einer **Übersicht** zusammengefaßt (*Übers. 4-4*), die nur die bisher behandelten Definitionen enthält. Da die Elastizität generell das Verhältnis veränderlicher Größen beschreibt - vgl. Gleichung (1.23) -, taucht der Begriff auch in anderen Theoriebereichen auf (z. B. in der Produktionstheorie, 6. Kap.), so daß stets auf die genaue Bedeutung zu achten ist.

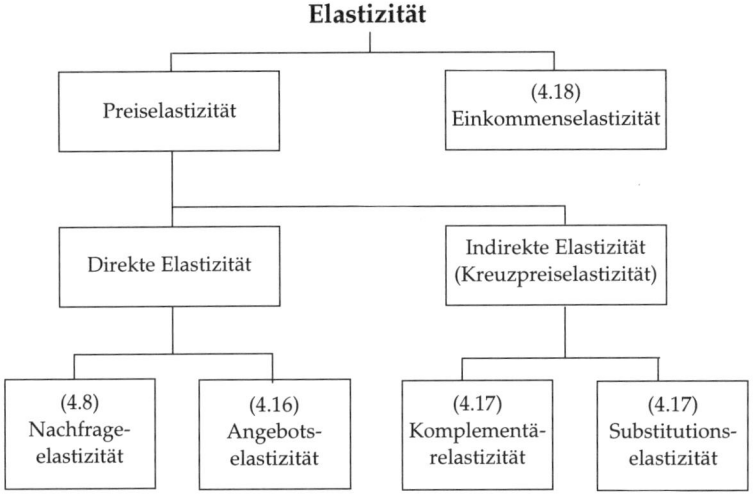

Übers. 4-4: Arten und Formen der Elastizität

Einflußfaktoren und typische Elastizitäten

Für die Lösung praktischer Probleme ist es notwendig zu wissen, von welchen Faktoren die direkte Nachfrageelastizität beeinflußt wird. Da diese Elastizität immer nur für eine gegebene Nachfragefunktion $q = f(p)$ bzw. $p = f^{-1}(q)$ definiert ist, läßt sich sagen, sie hänge von allen Faktoren ab, die die Gestalt und Lage der Nachfragekurve determinieren. Allerdings sind einige dieser Faktoren besonders bedeutsam. Zu den wichtigen **Determinanten der direkten Nachfrageelastizität** dürften die Zahl und die Art der Substitutionsgüter und die Länge der Zeitperiode gehören. Je enger die Substitutionsbeziehungen, je zahlreicher die Substitute und je länger die Zeitperiode sind, um so leichter werden die Nachfrager der Preiserhöhung eines Gutes ausweichen können. Das zeigt sich in einer horizontal verlaufenden Nachfragekurve. Bei gleicher Preisänderung wird folglich die Elastizität bei einem Gut mit wenig Substituten geringer sein als bei einem Gut mit vielen. *Fig. 4-12* läßt sich in diesem Sinn interpretieren. Werden in einem Angebotssortiment zehn eng verwandte Brotsorten offeriert, weichen die Hausfrauen bei der Erhöhung des Preises einer Brotsorte vermutlich in einem beträchtlichen Umfang auf Sorten aus, die im Preis gleichgeblieben sind. Bei einer Preissenkung würde die nachgefragte Menge stark zunehmen. Fehlen hingegen Substitute, wird die Menge bei Preiserhöhungen kaum reduziert, insbesondere dann nicht, wenn es sich um Güter handelt, auf welche die Nachfrager nur schwer verzichten können oder möchten (z. B. Mineralölprodukte). Historisch gesehen hat die Zahl der Substitute laufend zugenommen. In modernen Volkswirtschaften lassen sich nur wenige Güter finden, für die es keinen Ersatz gibt. Wie gezeigt wurde, hängt eine derartige Feststellung wesentlich vom Gutsbegriff ab. Unterscheidet man nach Brotsorten, wird sich leichter ein Substitut für die einzelne Sorte finden, als wenn man von einem einheitlichen Brotmarkt ausgeht und Substitute für Brot sucht. Wie die Grenzen zu ziehen sind, ist eine Frage der Zweckmäßigkeit. In empirisch-deskriptiven Arbeiten sind sie durch das Untersuchungsziel vorgezeichnet.

Für bestimmte Überlegungen ist es zweckmäßig, die **Güter in zwei Klassen** zu unterteilen: in "Luxusgüter" und "notwendige Güter". Von den Luxusgütern sagt man, sie hätten eine hohe Nachfrageelastizität. Die notwendigen Güter sollen dagegen eine geringe Elastizität aufweisen. Überraschend ist zunächst, daß Gütern einheitlich hohe oder niedrige Elastizitäten zugeschrieben werden, obwohl die Elastizität entlang der Nachfragekurve alle Werte von Null bis Unendlich annehmen kann. Tatsächlich streuen die bei verschiedenen Gütern ermittelten Elastizitäten nicht in dieser ganzen Breite, sondern meist in einem engen Bereich. Es gibt "typische" Elastizitäten für bestimmte Güter, die selbstverständlich von Raum und Zeit abhängig sind. Die errechneten oder geschätzten Elastizitäten gehorchen jedoch nicht völlig der oben genannten Güterklassenregel, weil mitunter die Nachfrage nach Lebensmitteln elastisch und die nach Luxusgütern unelastisch reagiert.

5. Kapitel: Nachfrage: Einkaufsplan des Haushalts

I. Grenznutzen-Analyse

Gesamtnutzen und Grenznutzen
Ziel der Analyse - Nutzentheorie - Definition von Gesamtnutzen und Grenznutzen

Gossensche Gesetze
Gesetz vom abnehmenden Grenznutzen oder erstes Gossensches Gesetz - Nutzenmaximierungsannahme - Gesetz vom Ausgleich der Grenznutzen oder zweites Gossensches Gesetz - Gesetz vom Ausgleich der gewogenen Grenzerträge - Divergenzen zwischen Gebrauchs- und Tauschwert - Schwäche der Grenznutzen-Analyse

II. Indifferenzkurven-Analyse

Gleichgewicht des Systems
Determinanten der Nachfrage - Verlauf der Indifferenzkurve - Bedürfnisstrukturen - Budgetlinie - Haushaltsgleichgewicht

Ableitung der Konsumfunktion
Änderung der Bedürfnisstruktur - Änderung des verausgabten Einkommens - Änderung des relativen Preises - Einkommenseffekt und Substitutionseffekt-Kreuznachfrage - Aggregation - Kritik

III. Revealed Preference-Analyse

Analytischer Ansatz und Ableitung der Nachfragekurve
Empirisches Konzept - Erste Prämisse: Konsistenzaxiom - Zweite Prämisse: gleichgerichtete Änderung von Haushaltseinkommen und nachgefragter Gütermenge - Konsequenzen beider Prämissen - Konstantes Realeinkommen - Gestiegenes Realeinkommen - Ableitung der Nachfragekurve

Konsequenzen und Kritik
Einkommenselastizität - Keine Unterscheidung zwischen Giffen-Fall und entgegengerichtetem Einkommens- und Substitutionseffekt - Indexzahlen - Empirische Kritik

I. Grenznutzen-Analyse

Gesamtnutzen und Grenznutzen

Die Nachfrageanalyse des letzten Kapitels mag in vielen Fällen genügen. Wichtige Probleme bleiben jedoch offen. Warum fragen Haushalte gerade solche Mengen eines Gutes zu alternativen Preisen nach, wie sie durch eine bestimmte Nachfragekurve angegeben werden? Wie läßt sich die Wirkung von Einkommensänderungen auf die Nachfrage nach Gütern erklären? Um solche und ähnliche Fragen beantworten zu können, muß die bisherige Analyse vertieft werden. Zwar kennen wir die Determinanten der Nachfrage aufgrund der bereits erläuterten Hypothesen, aber noch nicht die Erklärung für die beschriebenen Abhängigkeiten. Um sie geben zu können, wird angenommen, die Haushalte handelten rational in dem Sinne, daß sie ihren Nutzen aus den konsumierten Gütern zu maximieren versuchen. Das **Ziel der Analyse** ist die Erklärung der unterschiedlichen Verläufe von Nachfragekurven und ihre Verschiebungen im Zeitablauf.

Das Aussagensystem, das diese Fragen zu beantworten sucht, ist die **Nutzentheorie** (oder Haushaltstheorie). Sie bildet einen traditionellen Teil der wirtschaftswissenschaftlichen Analyse, obwohl es bis heute nur wenige Ansätze gibt, die Aussagen in eine empirisch prüfbare Form zu bringen. Freilich läßt sich die subjektive Größe Nutzen nur schwer - wenn überhaupt - messen. In ihrem gegenwärtigen Zustand ist die Nutzentheorie typisch für eine theoretische Konstruktion, die als Modell bezeichnet wird: ein System von Annahmen, deren Explikationen Grundlage "rationaler" Konsumentscheidungen sein können (Entscheidungskalkül), von denen wir jedoch nicht wissen, ob sie es tatsächlich sind. Wenn die Nutzentheorie - trotz des im 1. Kap. erläuterten Wissenschaftsbegriffs - dennoch wiedergegeben wird, so aus folgenden Gründen: Es kann nicht ausgeschlossen werden, daß die Nutzentheorie im Zuge des wissenschaftlichen Fortschritts zu einem empirisch prüfbaren Hypothesensystem entwickelt wird. Der Bestand empirisch überprüfbarer und überprüfter Theorien ist nur ein kleiner Teil dessen, was man gegenwärtig zur Theorie rechnet. Schließlich ist die Nutzentheorie und ihr begrifflicher Apparat typisch für bestimmte Kategorien des ökonomischen Denkens, ähnlich wie das Lateinische für die Etymologie und Syntax einiger moderner Sprachen. Es gibt im wesentlichen drei Richtungen der Nutzentheorie: die Grenznutzen-, die Indifferenzkurven- und die Revealed Preference-Analyse. Die Grenznutzen-Analyse ist seit den siebziger Jahren des 19. Jahrhunderts bekannt. Die Indifferenzkurven-Analyse, die in den meisten Lehrbüchern im Mittelpunkt steht, versucht Schwierigkeiten der Grenznutzen-Analyse zu vermeiden. Einige moderne Autoren bevorzugen die Revealed Preference-Konzeption, die innerhalb der Nutzentheorie erstmals auf die Testbarkeit besondere Rücksicht zu nehmen versucht. Die Erklärungsziele - die Verhaltensweisen des Haushalts unter dem Nutzenaspekt - sind bei allen drei Ansätzen grundsätzlich dieselben, die Erklärungsweisen jedoch verschieden. Je nach Fragestellung wird man sich dieser oder jener Analyse oder einer Verbindung von ihnen bedienen. Sie werden im folgenden nacheinander dargestellt.

Unter Nutzen versteht man die Befriedigung, die ein Gut beim Konsum stiftet. Wichtig ist die **Definition von Gesamtnutzen und Grenznutzen**. Wie bereits im 2. Kap. gezeigt wurde, entstehen beim Konsum eines Gutes Kosten in Höhe des Nutzenentgangs (opportunity cost), da sich ein Haushalt mit gegebenem Einkommen in einer Zeitperiode nicht alles leisten kann und bei der Entscheidung für ein Gut auf ein anderes verzichten muß. Den in opportunity cost gemessenen Nutzen, den ein Gut oder die konsumierten Einheiten eines Gutes insgesamt in einer Zeitperiode zu stiften vermögen, nennt man Gesamtnutzen (Totalnutzen). Wird ein unteilbares Gut zum Zweck des Konsums angeschafft (Fernsehgerät, Kühlschrank), fällt pro Zeiteinheit ein bestimmter Teil des Gesamtnutzens an (konstanter Grenznutzen). Bei teilbaren Gütern (Mehl, Zucker) hat der Konsument dagegen die Alternative, mehr oder weniger pro Zeiteinheit zu konsumieren, so daß sich ein variabler Grenznutzen - bezogen auf die letzte noch konsumierte Einheit - feststellen läßt. Entscheidet sich der Konsument bei der Verwendung eines letzten, gerade noch verfügbaren Euro für ein zusätzliches Glas Bier, muß er auf eine Tafel Schokolade verzichten, die er sonst vielleicht gekauft hätte, oder umgekehrt. Das zusätzliche Glas Bier kostet die Tafel Schokolade, diese das Glas Bier. In einer Periode werden hier nicht Güter schlechthin, sondern nur Einheiten der Güter aufgegeben. Den in opportunity cost gemessenen Nutzen, den eine weitere (die jeweils letzte) Einheit eines Gutes pro Zeiteinheit stiftet, nennt man Grenznutzen (Marginalnutzen). Die analytische und praktische Bedeutung des Grenznutzens ist weitaus größer als die des Gesamtnutzens. Typische Alternativentscheidungen sind diejenigen, die mit einer Abwägung von Grenznutzen verbunden sind.

Gossensche Gesetze

Es soll von folgender, für die Haushaltsanalyse grundlegende Annahme ausgegangen werden: Mit steigenden Verbrauchsmengen eines Gutes nehme der Grenznutzen pro Zeiteinheit ab, wenn sich der Konsum der übrigen Güter nicht ändert. Diese Annahme wird als **Gesetz vom abnehmenden Grenznutzen oder** auch - nach dem Vorschlag des Wiener Nationalökonomen FRIEDRICH VON WIESER (1851-1926) - als **erstes GOSSENsches Gesetz** bezeichnet. Der rheinische Beamte HERMANN HEINRICH GOSSEN (1810-1858) hat diese Aussage als erster formuliert und in seinem 1854 erschienenen Buch "Die Entwicklung der Gesetze des menschlichen Verkehrs und der daraus fließenden Regeln für menschliches Handeln" veröffentlicht, das kaum jemand gelesen hatte und deshalb in Vergessenheit geraten war, bis es der englische Nationalökonom WILLIAM STANLEY JEVONS (1835-1882) in der Bibliothek des Britischen Museums entdeckte. Da der Grenznutzen die Änderung des Gesamtnutzens ausdrückt, ergibt sich bei abnehmendem Grenznutzen folgender Zusammenhang (*Übers. 5-1*). Der Gesamtnutzen ist die Summe der Grenznutzen. Eine stilisierte Darstellung der Beziehung führt zu folgendem Bild (*Fig. 5-1*). Der Leser möge vor allem darauf achten, daß die Aussage nur für eine bestimmte Zeitperiode t gilt. Das Steigungsmaß der Nutzenfunktion $u = f(q/t)$, der Grenznutzen u', hängt von der Definition der Maßeinheiten ab. Offensichtlich erhält man unterschiedliche Verläufe der Nutzenfunktion, wenn die Konsumperiode bei gegebenen Güter-

Verbrauch pro Zeiteinheit (q/t)	Gesamtnutzen (u)	Grenznutzen (Nutzenzuwachs) $(u' \approx \Delta u)$
0	0	
1	4	4
2	7	3
3	9	2
4	10	1
5	10	0
6	9	-1

Übers. 5-1: Gesetz vom abnehmenden Grenznutzen (erstes GOSSENsches Gesetz)

mengen nicht einen Tag, sondern einen Monat beträgt, oder als Mengeneinheit nicht Liter oder Kilogramm, sondern Hektoliter oder Tonnen gewählt werden. Nicht unbedingt erforderlich ist, daß der Gesamtnutzen mit zunehmender Menge in einer Zeitperiode sinkt, der Grenznutzen also negativ wird. Beim Konsum einiger Güter kann die letzte Einheit einer großen Menge pro Zeiteinheit noch einen positiven Grenznutzen stiften. Wer als passionierter Sportler mehrere Stunden an einem Tag Tennis spielt, wird vielleicht die letzte Stunde noch "genießen", wenn auch nicht mehr in dem Maße wie die erste. Andere Güter können einen negativen Grenznutzen haben, also Schaden stiften, wenn sie in großen Mengen konsumiert werden. Pro Zeiteinheit gibt es für jeden Menschen, der ißt, trinkt oder raucht, einen Sättigungspunkt, von dem an beim Konsum weiterer Einheiten Übelkeit auftritt. Schließlich gilt das erste GOSSENsche Gesetz für wirtschaftliche und freie Güter. Für die Unterscheidung nach wirtschaftlichen und freien Gütern war maßgeblich, ob im Hinblick auf die Bedürfnisse Güter im Überfluß vorhanden sind oder nicht. Die Hypothese GOSSENS zeigt das Sättigungsverhalten bei fortschreitendem Konsum eines beliebigen Gutes. Da der Einfluß anderer Güter ausgeschaltet wurde, läßt sich der Nutzen hier nur direkt und nicht als entgangener Nutzen (opportunity cost-Konzept) messen.

Wenn die Einschätzung des Nutzens der Güter in Abhängigkeit von der Menge pro Zeiteinheit nach dem ersten GOSSENschen Gesetz erfolgt, was ergibt sich dann für das Verhalten des Haushalts? Zur Beantwortung dieser Frage benötigt man eine weitere, allgemein übliche Annahme: Es wird unterstellt, der Haushalt handele rational in dem Sinne, daß der Gesamtnutzen der konsumierten Güter so groß wie möglich wird (**Nutzenmaximierungsannahme**). Ist ein Gut in unbeschränkter Menge verfügbar, konsumiert er gerade so viele Mengeneinheiten, bis der Grenznutzen den Wert Null annimmt. Der Gesamtnutzen wäre dann maximal. Jedes Abweichen von dieser Menge würde eine Nutzenminderung herbeiführen. Diese Menge nennt man die Sättigungsmenge eines Gutes. Sie ist derjenigen gleich, die durch den Schnittpunkt der individuellen

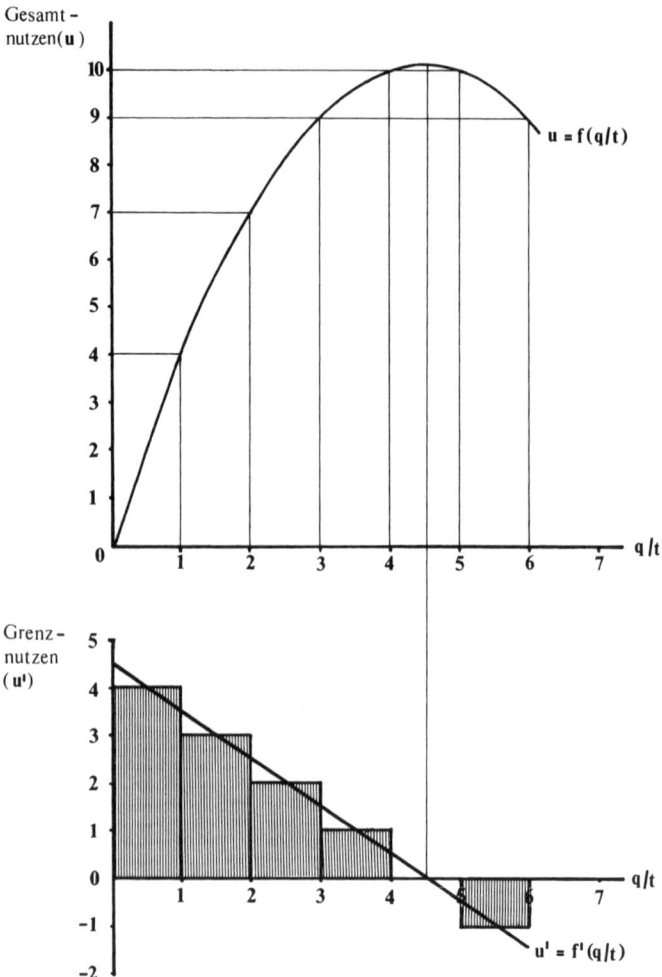

Fig. 5-1: Gesamt- und Grenznutzen

Nachfragekurve mit der Abszisse angegeben wird. Der Sättigungspunkt wird erreicht, wenn das betreffende Gut keinen Preis hat, also ein freies Gut ist. Da jedoch die meisten Güter bewirtschaftet werden (Knappheitsproblem) und einen Preis erzielen, muß der Grenznutzen in der Regel positiv sein. Der Gesamtnutzen läßt sich durch Konsum weiterer Einheiten erhöhen. Mit Hilfe der Nutzenmaximierungsannahme kann man, gemäß dem Vorgehen MARSHALLS, die individuelle Nachfragekurve ableiten, obwohl dies nach der Indifferenzkurven- und Revealed Preference-Analyse befriedigender ist. Dazu wird angenommen, die Ausgaben für ein bestimmtes Gut seien im Hinblick auf das Einkommen des Nachfragers so unbedeutend, daß die durch dieses Gut verursachten Ausgabenänderungen keine Wirkungen auf den Grenznutzen anderer Güter haben. (Diese Annahme wird in der folgenden Analyse wieder aufgegeben.) Der "Grenznutzen des Einkommens" ist demnach konstant, so daß die

Geldeinheit als Maßstab für den Grenznutzen des Gutes verwendet werden kann. Von der Grenznutzenkurve (*Fig. 5-1*) kommt man zur normal verlaufenden Nachfragekurve (*Fig. 4-1.I.*), indem die jeweiligen Grenzeinheiten mit ihren Preisen bewertet werden. Diese generelle Aussage gilt darüber hinaus nur, wenn eine Vergrößerung der individuell nachgefragten Menge den Marktpreis des Gutes nicht ändert. Im einfachsten Fall, wenn der Preis für jede Grenzeinheit 1 beträgt, ist die Nachfragekurve mit der Grenznutzenkurve (bis zum Sättigungspunkt) identisch.

Der Nutzen eines Gutes, das verschiedene Bedürfnisse befriedigen kann, wird am größten, wenn man das Gut so auf alternative Verwendungsrichtungen verteilt (z. B. Wasser zum Kochen und Autowaschen), daß die Grenznutzen der Teilmengen gleich sind ($u'_1 = u'_2 = ... = u'_n$). Man nennt diese Konsequenz **Gesetz vom Ausgleich der Grenznutzen** (Equimarginalprinzip) **oder zweites GOSSENsches Gesetz**. Es läßt sich bei zwei Verwendungsrichtungen eines Gutes graphisch wie folgt veranschaulichen (*Fig. 5-2*).

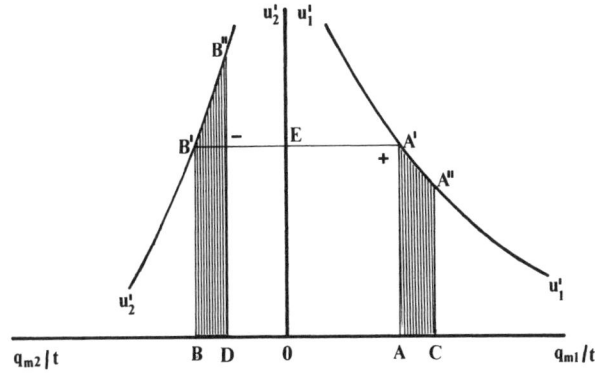

Fig. 5-2: Gesetz vom Ausgleich der Grenznutzen
(zweites GOSSENsches Gesetz)

Die für zwei unterschiedliche Verwendungen des Gutes m geltenden Grenznutzenkurven u'_1 und u'_2 zeigen, daß die Bedürfnisse eines Haushalts nach demselben Gut von verschiedener Intensität sein können. Die vom Gut m für die Verwendungsrichtung 1 pro Zeiteinheit gebrauchte Menge ist auf der rechten (q_{m1}/t), die für die Verwendungsrichtung 2 auf der linken Abszisse (q_{m2}/t) aufgetragen. Die insgesamt verfügbare Menge wird durch die Strecke AB, die jeweilige Teilmenge durch den Abstand von der Ordinate - welche die Grenznutzen mißt - angegeben. Der Nutzen des Gutes m ist am größten (Annahme), wenn für die Verwendungsrichtung 1 die Teilmenge $OA = EA'$, für die Verwendungsrichtung 2 die Menge $OB = EB'$ konsumiert wird. In diesem Fall ist der Grenznutzen der Teilmengen gleich groß ($AA' = BB'$). Würde die Gesamtmenge AB in OC und OD aufgeteilt, wäre der Nutzenverlust bei Verwendungsrichtung 2 größer als der Nutzengewinn bei Richtung 1. Der Gesamtnutzen (die Grenznutzensumme) würde fallen, was der Nutzenmaximierungsannahme widerspräche.

Die Fälle, in denen ein Gut mehrere Bedürfnisse befriedigen kann, sind in der Realität vermutlich nicht sehr häufig. Ein "Gut" mit fast jeder denkbaren Verwendung ist Geld, so daß es naheliegt, das zweite Gossensche Gesetz insbesondere bei der Analyse der Ausgaben des "Universalgutes" Geld heranzuziehen. Man geht davon aus, mit Geld würden verschiedene Güter gekauft - analog den unterschiedlichen Verwendungsrichtungen eines Gutes beim zweiten GOSSENschen Gesetz. Da verschiedene Güter ($1, 2, ..., n$) meist nicht denselben Preis haben, kommt es nun nicht auf die Gleichheit der Grenznutzen, sondern auf den mit Preisen gewogenen Grenznutzen (Grenznutzen des Geldes) an ($u'_1/p_1 = u'_2/p_2 = ... = u'_n/p_n$). Beschränkt man sich zur Vereinfachung auf zwei Güter, gilt:

(5.1 a) $\quad \dfrac{u'_1}{p_1} = \dfrac{u'_2}{p_2} \quad$ oder (5.1 b) $\dfrac{u'_1}{u'_2} = \dfrac{p_1}{p_2} \qquad$ (Verhaltens-Gleichung).

Kostet bei unveränderlichen Preisen das erste Gut pro Einheit 1,- Euro, das zweite 0,50 Euro - ist also $p_1/p_2 = 1/0{,}5 = 2$ -, müßte eine gegebene Geldsumme so auf beide Güter verteilt werden, daß der Grenznutzen einer Einheit des ersten Gutes doppelt so groß ist wie der des zweiten ($u'_1/u'_2 = 2$). Würde man statt dessen mehr vom ersten Gut erwerben und entsprechend weniger vom zweiten, wäre der Gesamtnutzen kleiner, da der Grenznutzen des ersten Gutes nicht in dem Maße steigt, in dem der des zweiten Gutes fällt. Dasselbe gilt, wenn mehr vom zweiten und weniger vom ersten Gut gekauft wird. Der Grenznutzen der zuletzt ausgegebenen Geldeinheit ist in beiden Fällen kleiner. Die modifizierte generelle Formulierung des zweiten GOSSENschen Gesetzes (5.1) bezeichnet man als **Gesetz vom Ausgleich der gewogenen Grenznutzen**.

Einige Klassiker, vor allem DAVID RICARDO, aber auch sein intellektueller Erbe KARL MARX, behaupten, der Wert eines Gutes werde ganz oder überwiegend durch die menschliche Arbeit bestimmt (Arbeitswertlehre), weil alle Produktionsfaktoren auf Arbeit zurückgingen und sich durch diese ausdrücken ließen. Immerhin sahen diese Klassiker, daß der Marktpreis in vielen Fällen nicht dem Arbeitswert entspricht. Sie griffen deshalb zu ergänzenden Interpretationen für die Wertbildung. Neben "beliebig vermehrbaren" gäbe es "seltene" oder "einmalige" Güter. Darüber hinaus müsse einem Gut ein Gebrauchswert (Nutzen) zukommen, wenn es am Markt einen Tauschwert (Preis) haben solle. Mit solchen Konstruktionen (ad hoc-Aussagen) waren jedoch nicht alle Erscheinungen, insbesondere nicht die großen **Divergenzen zwischen Gebrauchs- und Tauschwert**, zu erklären. Wie kommt es, daß Güter von hohem Gebrauchswert, wie Brot und Wasser, einen relativ geringen Tauschwert haben? Wieso haben andererseits Diamanten einen hohen Tausch-, aber nur einen geringen Gebrauchswert? Zwischen beiden Werten gibt es eine Antinomie (Wertparadoxie), die von den Vertretern der Arbeitswertlehre nicht hinreichend klargelegt werden konnte. Die Grenznutzen-Analyse ist insoweit ein nützliches Instrument zur Aufhellung der Paradoxie. Es gibt Güter mit einem hohen Gesamt-, jedoch niedrigen Grenznutzen, z. B. Wasser. Stehen von einem solchen Gut relativ große Mengen zur Verfügung (q_1^0), ist der Grenznutzen und damit der Preis, den ein Nachfrager zu zahlen bereit ist, entsprechend gering (*Fig. 5-3.I.*).

Bei anderen Gütern, z. B. bei Diamanten, die es nur in relativ geringen Mengen (q_2^0) gibt, kann der Gesamtnutzen klein, der Grenznutzen jedoch hoch sein (*Fig. 5-3.II.*). In besonderen Fällen - wie bei der Bedürfnisbefriedigung eines Durstigen mit einer geringen Menge Wasser (q_1^1) - ist auch bei der Nachfrage nach anderswo reichlich vorhandenen Gütern ein kleiner Gesamt- und hoher Grenznutzen denkbar (*Fig. 5-3.I.*).

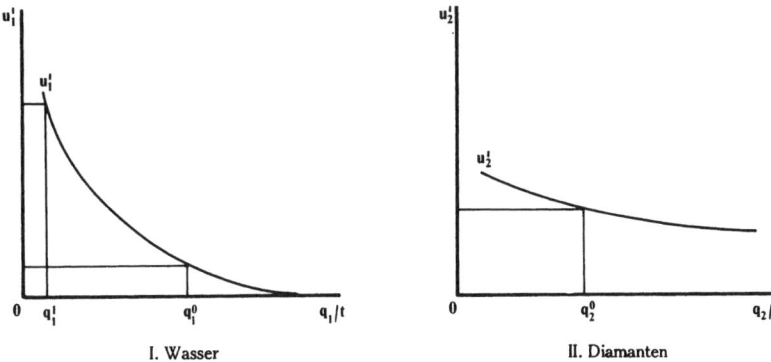

I. Wasser   II. Diamanten

Fig. 5-3: Wertparadoxie

Eine **Schwäche der Grenznutzen-Analyse** liegt darin, daß beim ersten GOSSENschen Gesetz nur die Beziehung zwischen Gesamt- bzw. Grenznutzen eines Gutes und der Menge dieses Gutes untersucht wird, obwohl seine Nachfrage von mehreren Einflußfaktoren abhängt, etwa von der Befriedigung der Bedürfnisse nach anderen Gütern. Im zweiten Gossenschen Gesetz, vor allem im Gesetz vom Ausgleich der gewogenen Grenznutzen, findet zwar eine Erweiterung statt, indem von mehreren Bedürfnissen ausgegangen wird, deren Befriedigung insgesamt maximiert werden soll; mit Mühe lassen sich die Wirkungen von Änderungen der Preise und Einkommen analysieren. Die Interdependenz zwischen den Gütern bleibt weitgehend im Dunkeln. Hauptansatzpunkt einer Kritik der Grenznutzen-Analyse ist das Problem der Nutzenmessung. Anfänglich ging man von der Erwartung aus, der Nutzen sei meßbar. Zum Messen braucht man jedoch einen Maßstab, der bisher nicht gefunden werden konnte und sich nur schwer finden läßt. Selbst wenn es gelänge, die Nutzenintensität beim Individuum zu bestimmen, bliebe immer noch die Schwierigkeit, den interpersonellen Nutzen zu vergleichen. Die individuellen Nutzengrößen müßten auf einen Nenner gebracht werden, um vergleichbar zu sein. Wenn jedoch ein absolutes (kardinales) Nutzenmaß nicht gefunden werden kann, und alle daran anknüpfenden Vorstellungen interpersoneller Nutzen- oder Wohlfahrtsmaximierung vom Standpunkt einer Wissenschaftskonzeption, die den Test für eine unbedingt notwendige Bedingung der Theoriebildung ansieht, als problematisch oder gar irrelevant bezeichnet werden müssen, so bleibt dennoch zu erwägen, ob man nicht durch eine andere Fragestellung einer Problemlösung näher kommt. Einen solchen Versuch stellt vor allem die Indifferenzkurven-Analyse dar.

II. Indifferenzkurven-Analyse

Gleichgewicht des Systems

In der Indifferenzkurven-Analyse wird das kardinale Meßkonzept durch das ordinale ersetzt. Anstelle des Versuchs, den Nutzen in absoluten Einheiten zu messen, wird gefragt, ob ein bestimmtes Nutzenniveau höher oder niedriger als ein anderes ist, wobei das absolute Maß verschiedener Nutzenniveaus offenbleibt. Ferner geht man - anders als beim ersten GOSSENschen Gesetz - von mehreren Gütern aus. Aus Gründen der Vereinfachung und im Hinblick auf die Möglichkeiten der graphischen Darstellungsform wird eine Zwei-Güter-Welt zugrunde gelegt. Daraus ergeben sich keine Einschränkungen der Ergebnisse. Die Nutzenmaximierungsannahme soll weiter gelten. Die Indifferenzkurven-Analyse untersucht den Einfluß von drei **Determinanten der Nachfrage**:
⇨ die Bedürfnisse der Haushalte,
⇨ die Einkommen der Haushalte und
⇨ die Preise der Konsumgüter.

Der Einfluß der Bedürfnisse wird unter der Annahme analysiert, daß einem Haushalt von zwei Gütern verschiedene Mengen (q_1, q_2) zur Verfügung stehen. Die **Indifferenzkurve** ist die Verbindungslinie (der geometrische Ort) solcher Güterkombinationen, die nach Ansicht des Haushalts denselben Nutzen stiften, für ihn gleichwertig (indifferent) sind. Ihr **Verlauf** hängt von den im 4. Kap. diskutierten Beziehungen zwischen den Gütern ab. In *Fig. 5-4* sind auf beiden Achsen Mengen abgetragen (Mengendiagramm). Können sich die beiden Güter vollkommen substituieren (praktisch identische Güter, z. B. 10er- und 20er-Packungen Zigaretten einer Marke), ist es gleichgültig, ob man das Gut 1 oder 2 besitzt. Die Indifferenzkurve ist eine Gerade (I_a), weil sich die beiden Güter im Hinblick auf ein gegebenes Nutzenniveau in einem konstanten Verhältnis ersetzen (es ist gleichgültig, ob z. B. der Nutzen von 40 Zigaretten durch den Konsum von 4 Zehner-, 2 Zwanziger- oder 2 Zehner- und einer Zwanziger-Packung entsteht). In *Fig. 5-4* stiften die Mengenkombinationen 4/0, 3/1 und 0/4 (die erste Ziffer symbolisiert die Menge q_1, die zweite die Menge q_2) alle denselben Nutzen; das Verhältnis, in dem sich im Beispiel die Mengeneinheiten ersetzen, ist 1 : 1. Die Gerade I_b unterscheidet sich von I_a durch den größeren Abstand vom Nullpunkt. Definitionsgemäß repräsentiert sie ein höheres Nutzenniveau, Nutzenindex genannt. Lassen sich beide Güter überhaupt nicht substituieren, sind sie komplementär (limitational; z. B. rechter und linker Schuh), erhält man eine Kurve - als Grenzfall einer Indifferenzkurve - von der Form I_c. Bei dem angenommenen Abstand vom Nullpunkt stiftet die Mengenkombination 2/2 denselben Nutzen wie die Kombination 2/5 oder 3/2, weil die überschüssigen Mengen nicht verwertet werden können. Die Mengen 2/2 sind also eine Minimalkombination, um das Niveau I_c zu erreichen. Zwischen den beiden Grenzfällen ($I_a [I_b]$ und I_c), die künftig vernachlässigt werden, liegt der Bereich für beschränkt substitutive Güter. Je stärker sich die Gestalt einer in diesem Bereich liegenden Indifferenzkurve I_a nähert, um so ausgeprägter ist die Substitutionsbeziehung der beiden Güter untereinander. Geht man von einem umfassenderen Gutsbegriff aus, der nicht auf die physische Unterschiedlichkeit

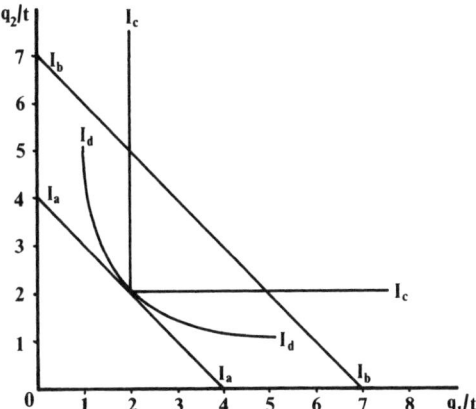

Fig. 5-4: Formen der Indifferenzkurven

der Güter abhebt, sondern vielmehr auf ihre Eignung, in einer limitationalen Zusammensetzung ein bestimmtes Bedürfnis zu befriedigen (Feder und Tinte kann das Bedürfnis des Schreibens befriedigen), so existieren nach dieser eher ökonomischen Unterscheidung der Güter lediglich indifferente oder substitutive Beziehungen. Bei der eingezeichneten Kurve I_d sind z. B. die Mengenkombinationen 5/1 und 1/4 indifferent. Solche Indifferenzkurven haben einen zum Nullpunkt konvexen Verlauf; die Steigung ist negativ. Aus der Definition der Indifferenzkurven eines Haushalts folgt, daß sie sich nicht schneiden können. Eine Indifferenzkurve I_e, die der Leser selbst einzeichnen möge, soll die Kurve I_d in 2/2 schneiden. Sie habe die Mengenkombinationen 1/6 und 3/1. Die denselben Mengen des Gutes 1 entsprechenden Mengen des Gutes 2 auf der Kurve I_d sind 5 bzw. 1,5. Bei denselben Mengen q_1 ist demnach bei der ersten Mengenkombination von I_e die Menge q_2 größer, bei der zweiten dagegen kleiner als auf I_d. Das widerspricht der Definition der Indifferenzkurve, da die Mengenkombination 1/6 (I_e) ein höheres Nutzenniveau als die Kombination 1/5 (I_d), die zu 1/6 indifferente Kombination 3/1 (I_e) jedoch ein geringeres Niveau als die Kombination 3/1,5 (I_d) hat. Wenn die Kombinationen von I_d indifferent sind, können es die von I_e nicht sein. Zu einem höheren Nutzenniveau gehören bei allen Kombinationen größere vergleichbare Mengen.

In einem gegebenen Zeitraum mögen zwei Individuen oder zu zwei verschiedenen Zeiträumen ein Individuum folgende Nutzenempfindungen, Präferenz- oder **Bedürfnisstrukturen**, haben (*Fig. 5-5*). Die Unterschiede zwischen beiden Bedürfnisstrukturen lassen sich genauer fassen: Auf einer beliebigen Indifferenzkurve I_a (*Fig. 5-5.I.*) gibt es zahlreiche - exakt: unendlich viele - Mengenkombinationen, die denselben Nutzen stiften. Verlangt man vom Gut 1 eine Einheit mehr, muß man vom Gut 2 etwas aufgeben, um von der neuen Mengenkombination denselben Gesamtnutzen zu haben wie von der alten. Dem Nutzenzugang infolge Mehrkonsums von einer Einheit 1 (Δq_1^0) steht ein gleich großer (indifferenter) Nutzenentgang infolge Minderkonsums beim Gut 2 (Δq_2^0) gegenüber. Der Nutzen beider Mengenänderungen ist definitionsgemäß also

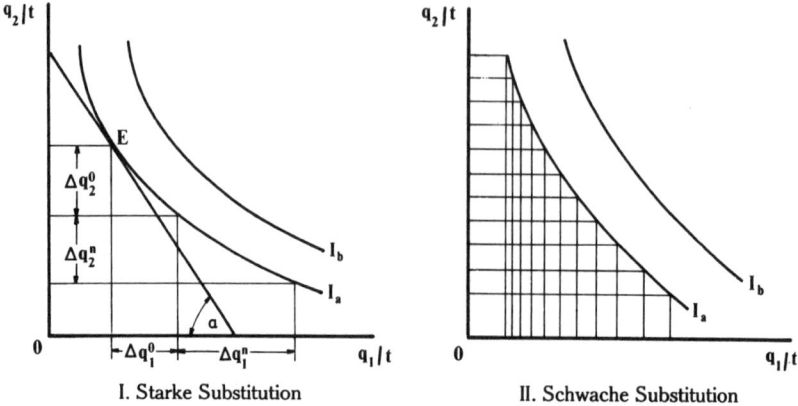

Fig. 5-5: Bedürfnisstrukturen

gleich groß. Läßt man Δq_1 gegen Null streben, geht der Differenzenquotient $\Delta q_2/\Delta q_1$ gemäß (1.16) in den Differentialquotienten dq_2/dq_1 über, den man als Grenzrate der Substitution bezeichnet, hier des Gutes 2 durch das Gut 1. Sie ist gleich der Steigung der Indifferenzkurve I_a in einem bestimmten Punkt E (ohne Berücksichtigung des Vorzeichens):

(5.2) $\quad tg\,\alpha = \dfrac{dq_2}{dq_1}$ \hfill (Definitions-Gleichung).

Wir wollen den Begriff auch bei Differenzen verwenden, bei denen es sich genaugenommen um eine Durchschnittsrate handelt. Ersetzt man das Gut 2 durch das Gut 1, wird die Grenzrate der Substitution ($tg\,\alpha$) laufend kleiner ("Gesetz" fallender Grenzraten der Substitution; Fig. 5-5.I.):

(5.3) $\quad \dfrac{\Delta q_2^0}{\Delta q_1^0} > \dfrac{\Delta q_2^n}{\Delta q_1^n}$.

Soll das Nutzenniveau gleichbleiben, muß ein Haushalt bei fortlaufender Verringerung eines Gutes um eine Einheit ($\Delta q_2 = 1$) eine ständig größer werdende Menge des anderen Gutes (Δq_1) zusätzlich konsumieren (Fig. 5-5.II.). Eine Indifferenzkurve ist die graphische Darstellung einer Nutzenfunktion, bei der - wegen des definitionsgemäß konstanten Nutzenniveaus entlang der Kurve - u eine Konstante ist, also:

(5.4 a) $\quad \bar{u}/t = f(q_1, q_2) \quad$ oder $\quad$ (5.4 b) $\quad q_{2/t} = f(q_1, \bar{u})$.

Bildet man für (5.4 a) das totale Differential, ist dieses wegen der Bedingung $u = $ const. gleich Null:

(5.5 a) $\quad du = \dfrac{\partial u}{\partial q_1} \cdot dq_1 + \dfrac{\partial u}{\partial q_2} \cdot dq_2 = 0$

oder wegen der Definitions-Gleichungen $\partial u/\partial q_1 = u'_1$ und $\partial u/\partial q_2 = u'_2$

(5.5 b) $\quad du = u'_1 \cdot dq_1 + u'_2 \cdot dq_2 = 0$.

Nach entsprechender Umformung von (5.5 b) erhält man - wenn das Vorzeichen außer acht bleibt - unter Berücksichtigung von (5.2)

(5.6) $\quad tg\, \alpha = \dfrac{dq_2}{dq_1} = \dfrac{u'_1}{u'_2}$.

Die Grenzrate der Substitution ist also gleich dem umgekehrten Verhältnis der Grenznutzen der Güter.

Ein Haushalt verfüge in einer bestimmten Zeitperiode über eine Geldsumme (c) für Konsumausgaben. Sofern er nicht spart oder entspart, sind Konsumsumme (c) und Einkommen (y) identisch. Die Konsumausgaben lassen sich als Summe aus den Produkten von Preis und Menge der gekauften Konsumgüter definieren. Für zwei Güter mit gegebenen Preisen (p) würde also gelten:

(5.7) $\quad c = p_1 q_1 + p_2 q_2 \quad$ (Definitions-Gleichung).

Ist in Euro gerechnet $c = 1000$, $p_1 = 5$ und $p_2 = 10$, könnte der Haushalt z. B. 100 Mengeneinheiten von Gut 1 (q_1) und 50 Einheiten von Gut 2 (q_2) erwerben, denn $1000 = 5 \cdot 100 + 10 \cdot 50$. Betrachtet man die Konsumsumme und die Produktpreise als Parameter, läßt sich die von einem Haushalt unter den gegebenen Bedingungen kaufbare Menge q_2 als Funktion der Menge q_1 ausdrücken. So entsteht aus (5.7) durch Auflösen die Gleichung

(5.8 a) $\quad q_2 = -\dfrac{p_1}{p_2} \cdot q + \dfrac{c}{p_2}$,

die sich in einem Mengendiagramm mit den Koordinaten q_1 und q_2 (Fig. 5-6) darstellen läßt. Setzt man abwechselnd q_1 und q_2 gleich Null, unterstellt man also, der Haushalt würde seine gesamte Konsumsumme jeweils nur für ein Gut verausgaben, erhält man die Schnittpunkte der Geraden mit der q_1- und q_2-Achse (Fig. 5-6):

(5.8 b) $\quad c = p_1 \cdot q_1 \quad$ oder $\quad q_1 = \dfrac{c}{p_1}$, für $q_2 = 0$ und

(5.8 c) $\quad c = p_2 \cdot q_2 \quad$ oder $\quad q_2 = \dfrac{c}{p_2}$, für $q_1 = 0$.

Man bezeichnet (5.7) und (5.8 a) als Bilanzgleichung, ihre geometrische Darstellung als **Budgetlinie** des Haushalts (auch: Haushaltsgerade). Das Steigungsmaß der Kurve ist absolut

(5.9) $\quad tg\, \alpha = \dfrac{c}{p_2} : \dfrac{c}{p_1} = \dfrac{p_1}{p_2}$

gleich dem Preisverhältnis der beiden Güter, das heißt - wegen (5.2) - gleich den opportunity cost von Gut 1 ausgedrückt in Gut 2. Einen Quotienten von der Art p_1/p_2 nennt man *relativen Preis* im Gegensatz zum absoluten Preis, $p_1 = 5{,}-$

Euro pro Einheit. Die Budgetlinie ist der geometrische Ort für alle Mengenkombinationen, die der Haushalt mit seiner vorgesehenen Ausgabensumme bei gegebenen Preisen erreichen kann.

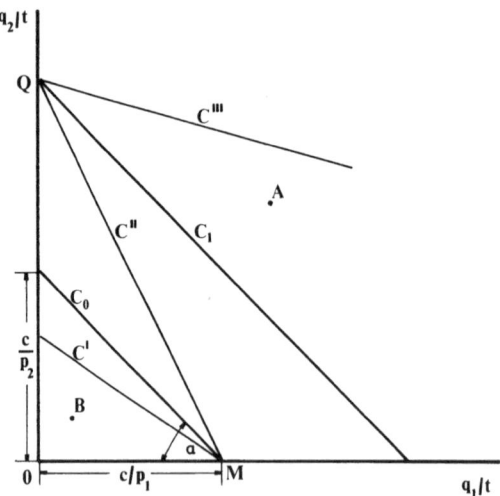

Fig. 5-6: Budgetlinie

In Analogie zur Transformations- oder Produktionsmöglichkeitenkurve (*Fig.* 2-1) kann man auch von einer Konsummöglichkeitenkurve sprechen. Für die Budgetlinie C_0 ist eine Mengenkombination A (*Fig.* 5-6) unter den gemachten Annahmen unmöglich, die von B zwar möglich; aber dann würde die verfügbare Ausgabensumme nicht vollständig ausgegeben. Die Budgetlinie verschiebt sich bei Änderungen der Konsumsumme oder des relativen Preises. Steigt die Konsumsumme, kommt es ceteris paribus - das heißt bei unveränderten relativen Preisen ($tg\ \alpha$ = const.) - zu einer parallelen Rechtsverschiebung (z. B. von C_0 nach C_1); derselbe Effekt würde eintreten, wenn das Einkommen unverändert bliebe, aber alle absoluten Preise um denselben Prozentsatz fielen ($tg\ \alpha$ = const.). Mutatis mutandis gilt das eben Ausgeführte auch für Einkommenssenkungen und Preiserhöhungen. Multipliziert man die Konsumsumme mit einer Konstanten m bei unveränderten Preisen, erhält man das Ergebnis wie bei einer Multiplikation sämtlicher Preise mit $1/m$ bei unveränderter Konsumsumme. Eine höhere reale Kaufkraft oder ein höheres Realeinkommen und damit ein höheres Nutzenniveau kann also sowohl durch steigende Geld- oder Nominaleinkommen bei konstanten absoluten Preisen als auch bei fallenden absoluten Preisen und konstanten Nominaleinkommen erreicht werden. Man nimmt vielfach an, das Konsumverhalten der Haushalte unterscheide sich in beiden Fällen nicht, weil die Haushalte ihre Dispositionen an den Realeinkommen ausrichteten. Dann wäre es für die Konsumentenentscheidungen bedeutungslos, wenn sich das Nominaleinkommen und sämtliche Preise um denselben Prozentsatz ändern würden:

(5.8 d) $q_2 = -\dfrac{m \cdot p_1}{m \cdot p_2} \cdot q_1 + \dfrac{m \cdot c}{m \cdot p_2}$

(5.8 a) $= -\dfrac{p_1}{p_2} \cdot q_1 + \dfrac{c}{p_2}$.

Das Konsumverhalten variiert gemäß dieser Annahme nur bei Änderungen des Realeinkommens (Realeinkommenshypothese, d. h. Nominal- und Realeinkommensänderungen werden nicht miteinander konfundiert [Freiheit von Geldillusion]). Ändert sich ceteris paribus der relative Preis, steigt oder fällt also bei einem gegebenen Nominaleinkommen ein Preis (z. B. p_2) bei Konstanz des anderen (p_1), dreht sich C_0 um M und nimmt die Lage C' (p_2 steigt) oder C'' (p_2 fällt) ein (Fig. 5-6). Bei einer ceteris paribus Änderung von p_1 dreht sich C_1 um Q (C'', C'''). Mit den relativen Preisen ändert sich das Realeinkommen, weil zumindest ein Preis absolut gefallen oder gestiegen sein muß. Änderungen des relativen Preises werden den Haushalt veranlassen, seine Ausgaben umzuschichten, was die Unternehmer zu Anpassungen in der Produktion zwingt. Die Allokation der Produktionsfaktoren ist insbesondere von Verschiebungen der relativen Preise abhängig. Bleiben diese konstant, wird nach der Realeinkommenshypothese trotz einer Änderung sämtlicher absoluter Preise kein Allokationseffekt auftreten.

Verbindet man die einzelwirtschaftliche Analyse der Bedürfnisstruktur mit der des Haushaltseinkommens, ergibt sich dann folgendes Bild (Fig. 5-7).

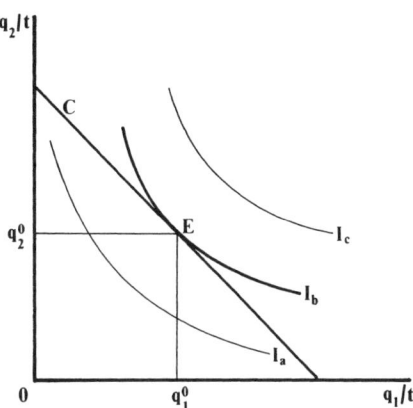

Fig. 5-7: Haushaltsgleichgewicht

Bei gegebener, durch die Indifferenzkurven repräsentierte Präferenzstruktur, gegebener Konsumsumme pro Zeiteinheit und gegebenen Preisen - repräsentiert durch die Budgetlinie - ist der Nutzen des Haushalts im Falle der Mengenkombination q_1^0, q_2^0 maximal. Unter den bestehenden Annahmen hat der **Haushalt** keinen Anlaß, eine andere Kombination zu wählen; er befindet sich im **Gleichgewicht** (E). Alle Punkte (Mengenkombinationen) rechts von der Budgetlinie sind unter den gegebenen Bedingungen unerreichbar, alle links von ihr von geringerem Nutzen. Das höchste Nutzenniveau verschafft eine

Mengenkombination auf jener Kurve, die man gerade noch erreicht. Das ist diejenige, welche die Budgetlinie zur Tangente hat. Da die Steigung der Budgetlinie nach (5.9) gleich dem Preisverhältnis p_1/p_2 und die der Tangente in einem bestimmten Punkt der Indifferenzkurve nach (5.6) gleich dem Verhältnis der Grenznutzen u'_1/u'_2 oder gleich der Grenzrate der Substitution dq_2/dq_1 ist, kann man folgende Verhaltens-Gleichung schreiben, die hier als Gleichgewichts-Bedingung aufgefaßt wird:

$$(5.10) \quad \frac{p_1}{p_2} = \frac{u'_1}{u'_2} = -\frac{dq_2}{dq_1} \quad \text{(Gleichgewichts-Bedingung).}$$

(5.10) besagt: Im Haushaltsgleichgewicht ist der relative Preis gleich dem Grenznutzenverhältnis und beide sind umgekehrt proportional der Grenzrate der Substitution. Aus (5.10) ergibt sich

$$(5.11) \quad \frac{u'_1}{p_1} = \frac{u'_2}{p_2}$$

ein Ausdruck, der mit (5.1 a) identisch ist. Das Gesetz vom Ausgleich der gewogenen Grenznutzen kann also auch durch die Indifferenzkurven-Analyse entwickelt werden.

Ableitung der Konsumfunktion

Bisher wurde die Entstehung des Haushaltsgleichgewichts im Indifferenzkurven-System untersucht. Was geschieht, wenn sich eine der drei Determinanten des Gleichgewichts, die Bedürfnisstruktur (u), das verausgabte Einkommen (c) oder der relative Preis (p_1/p_2) ändert? Bei der Beantwortung dieser Frage soll wieder so vorgegangen werden, daß bei Variation einer Größe die übrigen konstant bleiben (ceteris paribus-Klausel). Dann wird das neue Gleichgewicht mit dem früheren verglichen (komparative Statik). Erstens sei angenommen:

$$(5.12) \quad q_1, q_2 = f(\bar{c}, \bar{p}_1, \bar{p}_2, u) \ .$$

Unter Konstanthaltung der übrigen Größen **ändert** sich also nur die **Bedürfnisstruktur**. Graphisch gesehen erhält man eine neue Indifferenzkurvenschar (I^1), die ansonsten dieselben Eigenschaften besitzt wie die alte (I^0). Das neue Gleichgewicht E_1 ist durch die Tangentenlage der konstant gebliebenen Budgetlinie C an eine Indifferenzkurve der neuen Kurvenschar (I^1_b) bestimmt (*Fig. 5-8*). Wie sich das neue Gleichgewicht E_1 zu dem alten E_0 verhält, hängt vom Änderungsausmaß der Bedürfnisstruktur ab. Darüber läßt sich aber nur sehr wenig aussagen. Folgt die Bedürfnisänderung keiner bestimmten Tendenz, gilt das auch für die Gleichgewichtspunkte. Besondere Aspekte ergeben sich bei Variationen der Bedürfnisstruktur nicht. Im allgemeinen beschränkt man sich deswegen auf die Analyse der Einkommens- und Preisänderungen bei konstanten Bedürfnissen.

Zweitens sei angenommen:

$$(5.13) \quad q_1, q_2 = f(c, \bar{p}_1, \bar{p}_2, \bar{u}) \ .$$

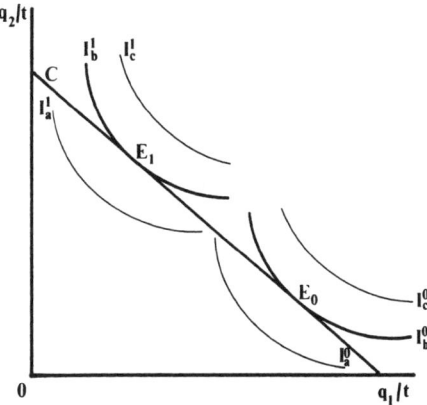

Fig. 5-8: Änderung der Bedürfnisstruktur

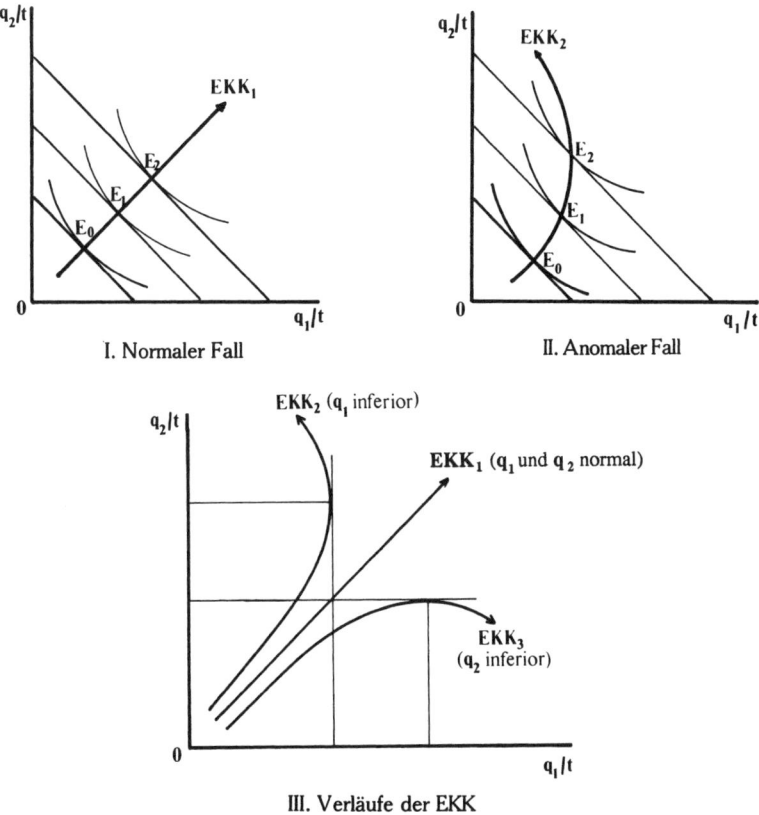

Fig. 5-9: Änderung des verausgabten Einkommens

Eine **Änderung des verausgabten Einkommens** (Konsumsumme) führt ceteris paribus zu Verschiebungen der Budgetlinie (*Fig. 5-9*). Der geometrische Ort aller Haushaltsgleichgewichte (Gleichgewichtspunkte E_0, E_1, E_2) heißt Einkommen-Konsum-Kurve (EKK). Dabei sind zwei Fälle zu unterscheiden. Bei normaler Reaktion führen steigende (fallende) Einkommen zu Gleichgewichtspunkten mit jeweils größeren (kleineren) Mengen beider Güter (*Fig. 5-9.I.*). Ist ein Gut inferior, wie das Gut 1 ab E_2 (*Fig. 5-9.II.*), wird bei steigendem (sinkendem) Einkommen eine kleinere (größere) Menge nachgefragt. Verliefe die Einkommen-Konsum-Kurve von einem bestimmten Punkt an parallel zur q_2-Achse, würde es sich bei Gut 1 um ein Sättigungsgut handeln (*Fig. 4-4*). In einer Zwei-Güter-Welt kann bei einer Einkommensänderung nur ein Gut inferior sein, weil bei steigendem Einkommen und zum Nullpunkt konvexen Indifferenzkurven keine Gleichgewichtskombination möglich ist, bei der q_1 und q_2 kleiner sind als beim jeweils niedrigeren Einkommen. Statt Gut 1 könnte auch Gut 2 inferior sein. Die möglichen Verläufe der Einkommen-Konsum-Kurve zeigt *Fig. 5-9.III*.

Drittens soll sich der **relative Preis ändern**, indem eine Änderung von p_1 ceteris paribus angenommen wird:

(5.14) $q_1, q_2 = f(\bar{c}, p_1, \bar{p}_2, \bar{u})$.

Wir wissen (*Fig. 5-6*), daß sich die Budgetlinie in diesem Fall im Schnittpunkt auf der q_2-Achse dreht. Auch hier ist ein normaler und ein anomaler Fall zu unterscheiden. Es wird sich zeigen, daß im anomalen Fall ein Gut inferior sein muß, im normalen Fall dagegen sein kann. Da der Preis eines Gutes variiert, werden in die Überlegungen die Beziehungen zwischen Preis- und Mengenänderungen dieses Gutes (Nachfragekurve) einbezogen. Die grundsätzlich möglichen Zusammenhänge veranschaulicht *Fig. 5-10*. Der geometrische Ort für alle Haushaltsgleichgewichte (Gleichgewichtspunkte E_0, E_1, E_2) heißt Preis-Konsum-Kurve (PKK). Bei normaler Reaktion führt ein fallender Preis p_1, der ceteris paribus zugleich auch das Realeinkommen erhöht, zu größeren nachgefragten Mengen für Gut 1 und Gut 2 (*Fig. 5-10.I.*). Da sich bei fallendem p_1 die Budgetlinie in Q dreht, kann man für eine bestimmte Konsumsumme die Mengen q_1^1, q_2^1 (E_1) und q_1^2, q_2^2 (E_2) kaufen, wobei $q_1^0 < q_1^1 < q_1^2$ und $q_2^0 < q_2^1 < q_2^2$ sind. Die Schnittpunkte der sich drehenden Budgetlinie mit der q_1-Achse erhält man nach (5.8 b) durch Division von c durch p_1^1 und p_1^2, wenn $q_2 = 0$ gesetzt wird. Trägt man die Preise $p_1^0,..., p_1^n$ auf einer Ordinate, die dazugehörigen Mengen $q_1^0,..., q_1^n$ auf der Abszisse ab, erhält man für Gut 1 die Nachfragekurve D_1. Diese hat in *Fig. 5-10.I.* einen normalen Verlauf. Geht die Nachfrage nach Gut 1 von einem bestimmten Punkt an (E_1) zurück (*Fig. 5-10.II.*), verläuft die Nachfragekurve anomal. Entsprechendes würde für Gut 2 gelten. Die möglichen Verläufe der PKK-und D-Kurve zeigt *Fig. 5-10.III*.

Auf die Wirkungen einer Preisänderung soll noch etwas näher eingegangen werden. Es wurde bereits erwähnt, daß bei einer Änderung der Preisrelation eine Realeinkommenswirkung eintritt. Angenommen, jemand hat eine Dreizimmerwohnung in einem Haus gemietet, und der Vermieter würde erklären, die Miete werde um die Hälfte niedriger. Der Mieter wird vielleicht versuchen, im

5. Nachfrage: Einkaufsplan des Haushalts

Miethaus eine Vierzimmerwohnung zu bekommen. Dafür hätte er zwei Gründe. Einmal erhält er aufgrund der Preissenkung ein höheres Realeinkommen als vorher. Es handelt sich um den **Einkommenseffekt** einer Preissenkung. Zum zweiten ist die Wohneinheit - gemessen in Quadratmetern - absolut und relativ billiger geworden, so daß er dazu neigt, mehr Wohneinheiten nachzufragen und dafür vielleicht weniger in Restaurants oder Bars zu gehen. Das ist der **Substitutionseffekt** (Preiseffekt). Die Wirkungen einer Preissenkung können

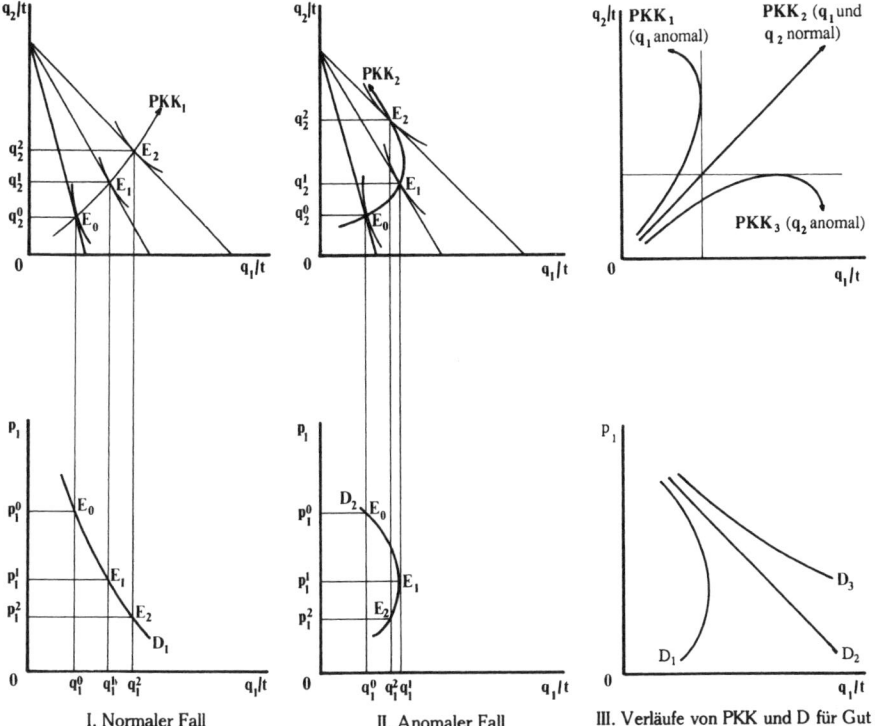

Fig. 5-10: Änderung des relativen Preises

demnach als das Ergebnis von zwei Komponenten verstanden werden. Dieser Zusammenhang läßt sich graphisch veranschaulichen (*Fig. 5-11*). Fällt ceteris paribus der Preis p_1, dreht sich die Budgetlinie in ihrem Schnittpunkt Q mit der q_2-Achse. Das alte Haushaltsgleichgewicht ist E_0, das neue E_1. Die Preissenkung von p_1 führt zu einer Realeinkommenserhöhung bei konstantem Geld- oder Nominaleinkommen. Unterstellt man vorübergehend, der Preis p_1 hätte sich nicht geändert und das Geldeinkommen wäre genau in dem Maße erhöht worden, wie es für das Erreichen der neuen Indifferenzkurve I_b bei konstanten Preisen erforderlich wäre, würde sich die Budgetlinie von C_0 nach C'_0 verschoben haben und das dazugehörige Gleichgewicht wäre E'_1. Tatsächlich ist das Geldeinkommen konstant geblieben. Die reale Einkommenserhöhung gestattet eine Mengenkombination auf I_b (Einkommenseffekt). Da nur E_1 nutzenmaximal ist, bewegt sich die Nachfrage des Haushalts auf I_b von E'_1 nach E_1. Dabei wird das Gut 2 gegen das Gut 1 substituiert (Substitutionseffekt). Bei der gedachten Bewegung von E_0 nach E_1 über E'_1 nimmt q_1 um die Differenz $q_1^1 - q_1^0$ zu, wobei $q_1^2 - q_1^0$ auf den Einkommenseffekt zurückgeht,

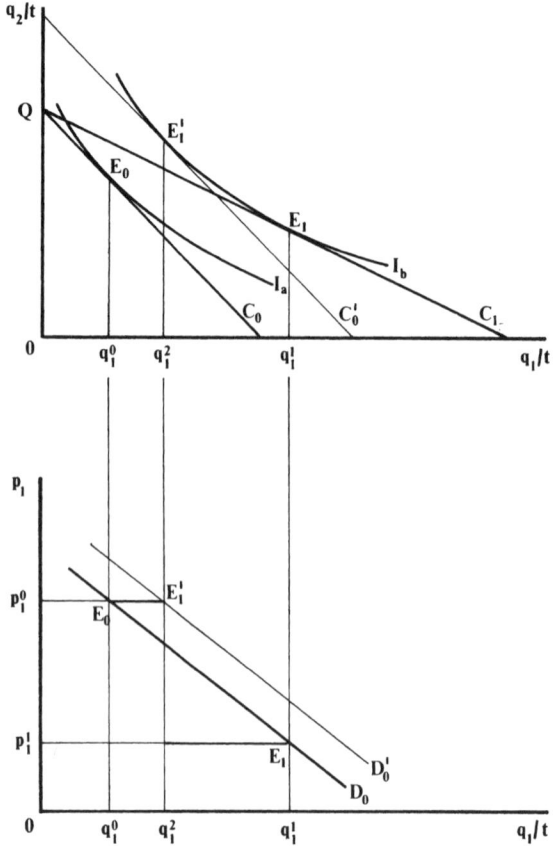

Fig. 5-11: Einkommens- und Substitutionseffekt

$q_1^1 - q_1^2$ auf den Substitutionseffekt. Beide Effekte haben in diesem Fall, der die Regel bildet, bei Gut 1 in dieselbe Richtung gewirkt und zu einer Erhöhung der nachgefragten Menge dieses Gutes beigetragen. Der untere Teil der Zeichnung übersetzt (wie in *Fig. 5-10.I.*) die Beziehungen in ein Preis-Mengen-Diagramm. Der ursprüngliche Preis ist p_1^0, der neue p_1^1. Die Nachfragekurve zeigt, daß die Preissenkung die nachgefragte Menge um die Differenz $q_1^1 - q_1^0$ erhöht hat. Die Kurve D'_0 ist das Ergebnis der Wirkung einer angenommenen Einkommenserhöhung, die der Realeinkommenswirkung der Preissenkung entspricht. Wie die *Fig. 5-9* und *5-10* verdeutlichen, können unter den gemachten Annahmen *EKK* und *PKK* als jeweilige geometrische Orte aller Haushaltsgleichgewichte einen unterschiedlichen Verlauf haben, weil von einem bestimmten Punkt an bei einer Einkommenserhöhung (-senkung) die nachgefragte Menge eines Gu-

5. Nachfrage: Einkaufsplan des Haushalts

tes fallen (steigen) kann (inferiores Gut). Hingegen ist beim Substitutionseffekt die Richtung der Nachfrage eindeutig: Eine Preissenkung führt - bei konvexen Indifferenzkurven - für das Gut mit der Preissenkung notwendig zu größeren Mengen et vice versa. Nun bedeutet eine Preissenkung eine Realeinkommenserhöhung. Ist ein Gut nicht inferior, wirken Substitutions- und Einkommenseffekt für das Gut mit der Preissenkung in dieselbe Richtung, weil dann bei einem gestiegenen Einkommen die nachgefragte Menge steigt. Also ist auch das Gesamtergebnis einer Preissenkung auf die Mengennachfrage eindeutig. Dagegen ist bei einem inferioren Gut der Einkommenseffekt gegenläufig. Trotz gestiegenen Einkommens wird weniger als bisher nachgefragt. Das Gesamtergebnis für das Gut mit Preissenkung ist offen. Es hängt nun von der Stärke der entgegengerichteten Substitutions- und Einkommenseffekte ab, wie eine Preissenkung die Mengennachfrage beeinflußt: Ist der Einkommenseffekt stärker (schwächer) als der Substitutionseffekt, fällt (steigt) die Menge; die Reaktion ist anomal (GIFFEN-Fall) oder normal. Die möglichen Fälle sind in einer Übersicht zusammengefaßt (*Übers. 5-2*).

Es stellt sich ferner die Frage, in welcher Weise die Preisänderungen eines Gutes q_2 unter Berücksichtigung des Einkommenseffektes, der im 4. Kap. vernachlässigt wurde, sich auf die Mengenänderungen eines anderen Gutes auswirken. Ausgangspunkt der Analyse sind die Darstellungen alternativer Haushaltsgleichgewichte im normalen und im anomalen Fall (*Fig. 5-10. I. und II.*), mit dem Unterschied, daß nun nicht die konsumentenindividuelle Nachfrage nach dem Gut abgeleitet wird, dessen Preis sich ändert, sondern die **Kreuznachfrage** nach dem zweiten Gut, dessen Preis annahmegemäß konstant bleibt. Es sei jetzt aber angenommen, daß der Preis p_2 variiert und somit die Schnittpunkte der sich drehenden Budgetlinie auf der q_2-Achse liegen. Für den normalen Fall einer *PK*-Kurve (*Fig. 5-12. I.*) läßt sich für eine ganz beliebige

Reaktion der nachgefragten Menge \ Fälle	1	2	3	4
Substitutionseffekt (SE)	positiv	positiv	positiv	positiv
Einkommenseffekt (EE)	positiv	null	negativ, kleiner als SE	negativ, größer als SE
Gesamteffekt (GE)	positiv	positiv	positiv	negativ
EE (Mengen- nach Einkommensänderung); Gutstyp	superiores Gut	Sättigungsgut	inferiores Gut	negativ inferiores Gut
GE (Mengen- nach Preisänderung): Reaktionsart	normal	normal	normal	anomal Giffen-Gut

Übers. 5-2: Mögliche Kombinationen zwischen Substitutions- und Einkommenseffekt bei einer Preissenkung (Realeinkommenssteigerung)

Abfolge der Haushaltsgleichgewichte E_0, E_1 und E_2 bei sinkendem Preis p_2 feststellen, daß die nachgefragte Menge des Gutes q_1 steigt. Der normale, positiv ansteigende Verlauf der *PK*-Kurve führt dann zu einer negativ geneigten Kreuznachfragekurve, die eine Kreuzpreiselastizität von $\eta_{2,1} < 0$ aufweist. Eine negative Kreuzpreiselastizität ist - unter Berücksichtigung des Einkommenseffektes - gleichermaßen mit substitutiven und komplementären Gutsbeziehungen vereinbar. Es lassen sich sowohl die in *Fig. 5-4* dargestellten Indifferenzkurven vom Typ I_c als auch I_d in die Darstellung alternativer Haushaltsgleichgewichte eintragen. Das bedeutet auf q_1 bezogen, daß bei substitutiven Gütern Einkommens- und Substitutionseffekt gleichgerichtet oder entgegengesetzt wirken und bei komplementären Gütern, da der Substitutionseffekt annahmegemäß Null ist, der Einkommenseffekt isoliert zu $\eta_{2,1} < 0$ führt. Für den anomalen Verlauf der *PK*-Kurve (*Fig. 5-12. II.*) ergeben die alternativen Haushaltsgleichgewichte E_0, E_1 und E_2 bei einem sinkenden Preis p_2 eine abnehmende individuelle Nachfrage nach Gut q_1. Aus einer anomal, negativ ansteigenden *PK*-Kurve läßt sich eine Kreuznachfragekurve mit positivem Anstieg und $\eta_{2,1} > 0$ ableiten. Vereinbar mit einer negativen Kreuzpreiselastizität sind nur substitutive Güter, bei denen der Substitutionseffekt durch den Einkommenseffekt überkompensiert wird. Würde man zu den Gleichgewichten $E_0,...,E_2$ in *Fig. 5-12. II.* Indifferenzkurven des Typs I_c abtragen, müßten sich die Indifferenzkurven notwendigerweise schneiden, was wiederum definitorisch ausgeschlossen ist. Zusammenfassend kann festgehalten werden, daß von einer positiven Kreuzpreiselastizität auf substitutive Gutsbeziehungen geschlossen werden kann. Umgekehrt kann aber bei einer negativen Kreuzpreiselastizität unter Berücksichtigung des Einkommenseffektes nicht gesagt werden, ob es sich um komplementäre oder substitutive Güter handelt.

Die bisherigen Ableitungen der Nachfragekurve in der Grenznutzen- (*Fig. 5-1*) und Indifferenzkurven-Analyse (*Fig. 5-8* bis *5-11*) gelten nur für ein Individuum oder einen Haushalt. Zu einer Marktkurve gelangt man durch **Aggregation** der individuellen Kurven. Hierzu ergeben sich zu den früheren Ausführungen (*Fig. 4-5*) keine neuen Aspekte. Zu beachten bleibt, unter welchen Annahmen man die individuelle Nachfragekurve gewonnen hat. Ist die individuelle Kurve unter der ceteris paribus-Klausel in der Grenznutzen- und Indifferenzkurven-Analyse abgeleitet worden, entstehen bei der Aggregation einige methodische Probleme, auf deren Erörterung verzichtet werden soll.

Die Indifferenzkurven-Analyse beruht auf stringenten Annahmen über das Verhalten der Haushalte, die häufig Gegenstand der **Kritik** gewesen sind:

⇨ Explizit werden nur Preise und Einkommen berücksichtigt (instrumentale Nachfrage), obwohl andere Einflußfaktoren für die Menge der nachgefragten Güter Bedeutung haben; Geltungskonsum (snob value-Effekt) und Nachahmungstrieb (bandwagon-Effekt) - Beispiele solcher Einflußfaktoren - werden in den "Datenkranz" der Bedürfnisstruktur verwiesen (K 5-1).

⇨ Die Entscheidungsträger haben eine genaue Kenntnis der Marktdaten (vollständige Information). Unsicherheit - Merkmal aller in die Zukunft gerichteter Entscheidungen - existiert nicht.

⇨ Die Nachfrager verhalten sich rational, indem sie unter allen Umständen den Nutzen maximieren (Rationalverhalten).

⇨ Die Ableitung der Nachfragekurve setzt die Kenntnis der Indifferenzkurven voraus. Empirisch lassen sich diese nur unvollständig oder mit großen Schwierigkeiten gewinnen.

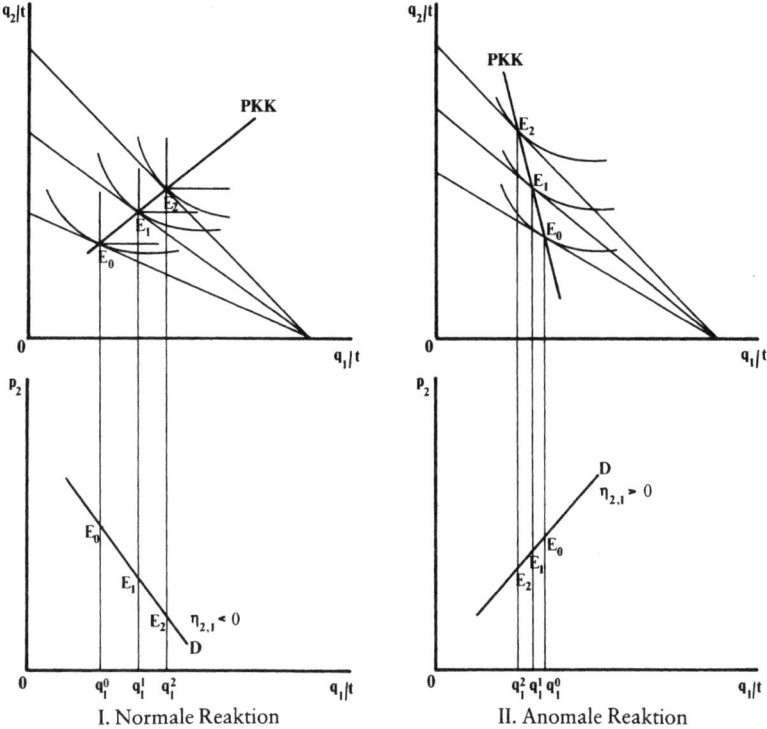

Fig. 5-12: Gutsbeziehungen und Kreuzpreiselastizitäten

III. Revealed Preference-Analyse

Analytischer Ansatz und Ableitung der Nachfragekurve

Die Revealed Preference- oder Revealed Choice-Analyse - man könnte übersetzen: Analyse der "offenbarten" oder "bekundeten" Präferenz (Wahl) - versucht, die beiden zuletzt genannten Konsequenzen der Indifferenzkurven-Analyse zu vermeiden. Mit ihr wird die Nachfrage des Konsumenten nicht - wie bei der Grenznutzen- und Indifferenzkurven-Analyse - aus Nutzenvorstellungen, sondern aus beobachtbarem Verhalten abgeleitet. Man bezeichnet sie deswegen auch als behavioristische Theorie. Die Theorie des Nutzens ist ein psychologisches, introspektives **Konzept**, die der Revealed Preferences ein **empirisches**. Die Analyse der offenbarten Präferenzen geht auf PAUL ANTHONY SAMUELSON (1915-2009) zurück, der u. a. in WILLIAM BAUMOL (geb. 1922), GEORGE STIGLER (1911-1991) und RICHARD G. LIPSEY (geb. 1928) Nachfolger oder Interpreten gefunden hat. Die Darstellung der Theorie weicht im Detail bei den einzelnen Autoren ab; die folgende Analyse stellt in einigen Punkten Beziehungen zu Teilen der vorher dargestellten Haushaltstheorie her.

Die **erste** und zentrale **Prämisse** der Revealed Preference-Theorie ist das **Konsistenzaxiom**. Inhalt dieses Axioms ist eine Verhaltenshypothese. Um seine Bedeutung zu klären, sei es näher erläutert. Wie in der Indifferenzkurven-Analyse soll ein Konsument verschiedene Kombinationen von zwei Gütern pro Zeiteinheit wählen können. Die Wahlmöglichkeiten sind dann bei einem bestimmten Einkommen und gegebenen Preisen dieser beiden Güter durch die Budgetlinie C_0 auf das Dreieck $0QM$ begrenzt (*Fig. 5-13*). Wählt der Haushalt die Güterkombination R, so "bekundet" er damit, daß er diese Kombination anderen vorzieht, die er auch hätte wählen können. Das Konsistenzaxiom läßt sich nun wie folgt definieren: Ein Haushalt handelt konsistent, wenn er in allen folgenden Fällen, in denen er die Wahl hat, eine Kombination nur innerhalb des Dreiecks $0QM$ und auf QM zu wählen, stets R wählt, sofern er sich beim ersten Mal für R entschieden hat.

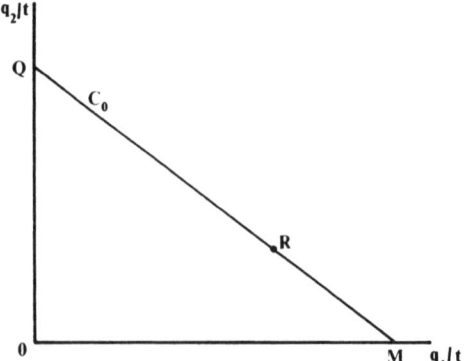

Fig. 5-13: Bedeutung des Konsistenzaxioms

Eine **zweite Prämisse** der Revealed Preference-Theorie, die SAMUELSON das "fundamentale Theorem der Konsumtheorie" nennt, besagt, daß sich **das reale Haushaltseinkommen und die nachgefragte Menge eines Gutes nur in gleicher Richtung ändern**. Sie unterstellt, daß der aus der Indifferenzkurven-Analyse bekannte Substitutionseffekt die Richtung bestimmt, in der sich nach der Preisänderung eines Gutes die nachgefragte Menge dieses Gutes bewegt. Bekanntlich führt der Substitutionseffekt bei einer Preissenkung (-erhöhung) eines Gutes - bei Preiskonstanz des zweiten Gutes (relative Preisänderung) - zu einer größeren (kleineren) nachgefragten Menge dieses Gutes, als sich allein aus der Preissenkung ergeben würde. Das heißt: Die zweite Prämisse ist notwendig, wenn eine normale Nachfragereaktion unterstellt wird. Sollen auch anomal verlaufende Nachfragekurven abgeleitet werden, ist die zweite Prämisse überflüssig. Ihr Vorzug liegt darin, daß sich Nachfrageänderungen aus der zeitlichen Abfolge offenbarter Präferenzen ohne die Konstruktion von Haushaltsgleichgewichten erklären lassen.

5. Nachfrage: Einkaufsplan des Haushalts

Für die Ableitung der **Konsequenzen beider Prämissen** sei als Beispiel angenommen, daß der Preis des Gutes 1 fällt. Die Budgetlinie C_0 in Fig. 5-14 dreht sich in Q und man erhält in Abhängigkeit vom Ausmaß der Preisänderung C_1 (QN). Um den Einfluß des Substitutionseffekts zunächst zu isolieren, wird angenommen, daß das nominelle Haushaltseinkommen in dem Maße sinkt, daß genau dieselbe Mengenkombination (R) wie vor der Preissenkung gekauft werden kann. Das bedeutet, daß sich das Realeinkommen nicht ändert. Die Budgetlinie muß sich so verschieben, daß sie durch R läuft ($C' = UT$). Waren vor der Preissenkung des Gutes 1 z. B. $C_0 = 100$, $p_1 = 1$, $q_1 = 60$, $p_2 = 2$ und $q_2 = 20$, so hätte wegen (5.7) gegolten: $C_0 = 100 = 1 \cdot 60 + 2 \cdot 20$. Fällt p_1 auf 0,5 und sollen dieselben Mengen - aber auch nicht mehr - gekauft werden, gilt: $C' = 0,5 \cdot 60 + 2 \cdot 20 = 70$; bleibt das nominelle Haushaltseinkommen bei gesunkenem p_1 konstant und wird dieselbe Menge von Gut 2 wie bisher erworben, erhält man: $C_1 = 100 = 0,5 \cdot 120 + 2 \cdot 20$. Da in C_1 und C' das Verhältnis p_1/p_2 gleich ist, müssen wegen (5.9) auch die Steigungen gleich sein, d. h. beide Budgetlinien müssen parallel verlaufen.

Begrenzt das Dreieck $0UT$ die Wahlmöglichkeiten des Haushalts, wird also von einem **konstanten Realeinkommen** ausgegangen, ist die Mengenkombination R möglich, für die er sich ursprünglich bei der Wahlmöglichkeit im Dreieck $0QM$ entschieden hatte. Mit der ersten Prämisse, dem Konsistenzaxiom, werden nach der Preissenkung alle von R verschiedenen Mengenkombinationen ausgeschlossen, die schon vor der Preissenkung hätten gewählt werden können, das heißt, es sind nur noch Kombinationen innerhalb des Dreiecks $0UT$ wählbar. Da sich der Haushalt unter den vorhandenen Möglichkeiten für R entschieden hatte, sind mit konsistentem Handeln wegen der vorläufigen Annahme des konstanten Realeinkommens nur Mengenkombinationen vereinbar, die früher nicht möglich waren. Diese Kombinationen liegen im Dreieck MRT. Der Haushalt muß dieselbe Menge des Gutes 1, die zur Kombination R gehört, oder mehr davon wählen (Fig. 5-14).

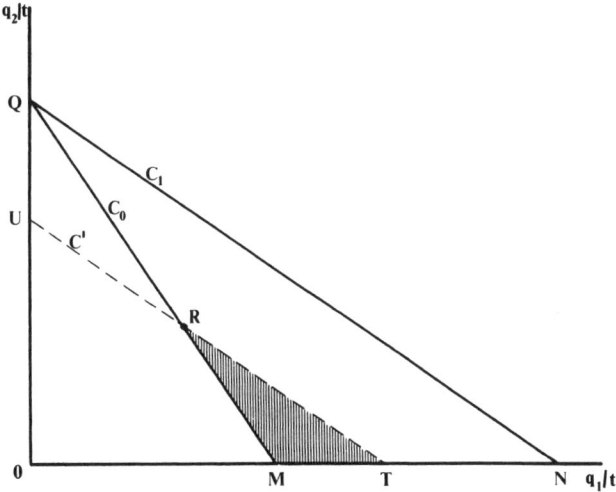

Fig. 5-14: Konsistenzbereich bei konstantem Realeinkommen

Wird die Annahme eines konstanten Realeinkommens (gesunkenes Nominaleinkommen) aufgegeben, also von einem **gestiegenen Realeinkommen** (konstantes Nominaleinkommen) ausgegangen, wählt der Haushalt nach der zweiten Prämisse eine größere Menge des Gutes 1: Gemäß dieser Prämisse steigt mit dem Realeinkommen die vom Gut 1 nachgefragte Menge, so daß die neue offenbarte Güterkombination rechts von RS in der schraffierten Fläche ($RSNM$) liegt (Fig. 5-15). Die Kombination R wird aufgegeben. Ohne die zweite Prämisse kämen auch Kombinationen des Dreiecks QSR oberhalb QR in Frage, die ursprünglich nicht erreichbar waren. Zu beachten ist, daß für Prämisse 1 jetzt C_1 gilt.

Die Entfaltung der Verhaltensprämissen der Revealed Preference-Theorie zeigt, daß - ohne die Zuhilfenahme von Nutzen- oder Indifferenzkurven und

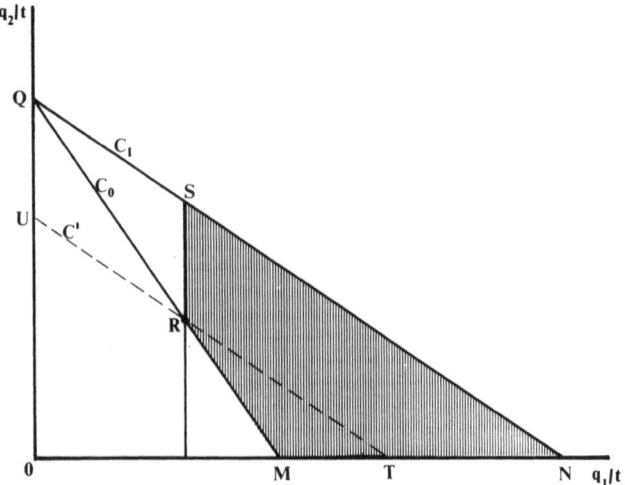

Fig. 5-15: Konsistenzbereich bei steigenden Realeinkommen

die Ableitung von Haushaltsgleichgewichten - die Änderung der nachgefragten Menge eines Gutes in Abhängigkeit von seinen Preisänderungen erklärt werden kann. Unterstellt man mehrere Preissenkungen, läßt sich aus einem Mengendiagramm (wie *Fig. 5-15*) die **Nachfragekurve ableiten**. Es sei zur Vereinfachung angenommen, daß die gewählten Mengenkombinationen jeweils auf der höchsten erreichbaren Budgetlinie liegen und ein größeres Güterbündel stets einem kleineren möglichen vorgezogen wird (*Fig. 5-16*). Die Verbindungslinie der offenbarten Präferenzen könnte - in Analogie zu *Fig.5-10* - als Preis-Konsum-Kurve bezeichnet werden; es muß jedoch beachtet werden, daß R_n Präferenz- und nicht Indifferenzpunkte sind und nichts mit Haushaltsgleichgewichten zu tun haben.

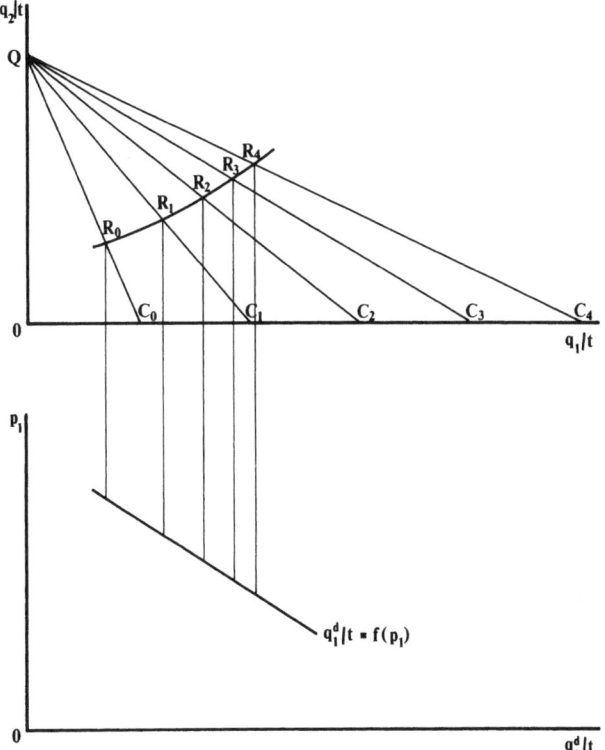

Fig. 5-16: Ableitung der Nachfragekurve

Konsequenzen und Kritik

Mit der zweiten Prämisse werden - wie Fig. 4-4 verdeutlicht - inferiore Güter ausgeschaltet; bei inferioren Gütern geht die nachgefragte Menge eines Gutes mit steigendem Einkommen absolut zurück. Der Zusammenhang zwischen Einkommens- und Mengenänderungen eines Gutes läßt sich mit der **Einkommenselastizität** η_y nach (4.25) beschreiben. Bei einem inferioren Gut ist das Vorzeichen der Einkommenselastizität negativ, bei einem normalen ("superioren") Gut positiv (größer als 1 [elastisch] oder kleiner als 1 [unelastisch], im Grenzfall [Sättigungsgut] gleich Null [vgl. (4.25) mit Fig. 4-4]). Basiert die Revealed Preference-Analyse nur auf dem Konsistenzaxiom, erhält man nur dann eine normal verlaufende Nachfragekurve, wenn - nach der Ausdrucksweise der Indifferenzkurven-Analyse - ein negativer Einkommenseffekt einer Preissenkung von dem stets positiven Substitutionseffekt mehr als kompensiert wird (analog Fig. 5-11).

Daraus wird deutlich, daß die Revealed Preference-Theorie den **GIFFEN-Fall von entgegengerichteten Einkommens- und Substitutionseffekten nicht unterscheiden** kann. Soweit bei einer Preissenkung negative Einkommenseffekte positiven Substitutionseffekten entgegenwirken - et vice versa bei einer Preiser-

Einkommenselastizität		Gütermenge		Richtung der Komponenten der Gütermengenwirkungen		Vereinbarkeit mit Prämissen der Revealed-Preference-Theorie	
Wert	Verbale Beschreibung	Wirkungen auf die Gütermenge	Beschreibung der Wirkungen (Gutsyp)	Komponente Substitutionseffekt	Komponente Einkommenseffekt	1. Prämisse	2. Prämisse
$\eta_y < 0$	negativ	negativ	inferiores Gut	positiv	negativ	ja	nein
$\eta_y = 0$	indifferent	keine	Sättigungsgut	positiv	negativ	ja	nein
$0 < \eta_y < 1$	positiv, unelastisch	positiv	normales oder superiores Gut (Nichtsättigungsgut)	positiv	negativ oder positiv	ja	ja
$1 < \eta_y \leq \infty$	positiv, elastisch	positiv	normales oder superiores gut (Nichtsättigungsgut)	positiv	negativ oder positiv	ja	ja

Übers. 5-3: Einkommenselastizitäten, Einkommens- und Substitutionseffekte in Beziehung zur Revealed Preference-Theorie bei einer Preissenkung (Realeinkommenssteigerung)

höhung -, werden sie vernachlässigt, solange die Nachfrager normal reagieren; die Fälle einer anomalen Reaktion (inferiore Güter) - überkompensierende Einkommenseffekte - sind ausgeschlossen, sofern auch die zweite Prämisse zugrunde liegt. Da die Revealed Preference-Theorie auf empirische Beobachtbarkeit abstellt, kann sie auf die für die Indifferenzkurven-Analyse typische, rein theoretische Unterscheidung nach beiden Effekten verzichten. Es können allenfalls die Ergebnisse des Zusammenspiels beider Wirkungen beobachtet werden. Eine Übersicht soll die Zusammenhänge für den Fall einer Preissenkung (Realeinkommenssteigerung) noch einmal verdeutlichen (*Übers. 5-3*).

Da die Revealed Preference-Theorie als ein empirisch orientiertes Hypothesensystem angelegt ist, muß sie insbesondere auf die Meßbarkeit der Daten Rücksicht nehmen. Dafür genügt es nicht, lediglich auf introspektive Größen (wie Grenznutzen oder Indifferenz) zu verzichten. Statistisch gibt es kaum Material über Zusammenhänge zwischen den Änderungen von zwei Güterpreisen und -mengen. An die Stelle von zwei einzelnen Gütern und ihren Preisen treten bei Testverfahren zwei Güterpakete mit einer entsprechenden Anzahl von Preisen, die mit **Indexzahlen** erfaßt werden. Auf diese empirische Notwendigkeit kann schon bei der theoretischen Analyse abgestellt werden. Die Darstellung mit Indexzahlen bietet keine neuen Einsichten, ist jedoch abstrakter. SAMUELSON hat vorgeschlagen, die Revealed Preference-Theorie zur Grundlage der Haushaltsnachfragetheorie zu machen und die übrigen Erklärungsversuche aufzugeben. Der Versuch, an die Stelle psychologischer Theorien ein empirisches Konzept zu setzen, ist vom Standpunkt des eingangs entwickelten Wissenschaftsbegriffs (1. Kap.) zu begrüßen. Die Revealed Preference-Theorie ist verschiedenen Testverfahren unterzogen worden. Ihre empirische Absicherung muß bisher als unbefriedigend bezeichnet werden.

Empirische Kritik dürfte insbesondere an der zentralen Prämisse angebracht sein, dem Konsistenzaxiom. Diese Prämisse impliziert, daß sich die Bedürfnisstruktur des Konsumenten nicht wandelt. Wenn sich ein Haushalt angesichts einer Vielzahl von Möglichkeiten immer wieder für dieselbe Güterkombination entscheidet, bedeutet das: Seine Bedürfnisstruktur kann sich nicht geändert haben. Damit werden die Fälle für ein Testverfahren erheblich reduziert, weil eine Reihe von Faktoren auf die Bedürfnisstruktur ständig einwirken. Die Revealed Preference-Theorie ist im Ansatz richtig, im Ergebnis bisher wenig erfolgreich.

6. Kapitel: Angebot: Verkaufsplan des Unternehmens

I. Produktionstheorie

Charakteristika
Charakteristische Merkmale - Aktivitätsanalyse - Produktionsfunktionen - Isoquante Variation - Partielle Variation - Proportionale Variation - COBB-DOUGLAS-Funktion und CES-Funktion - Linear-homogene Produktionsfunktion

Zwei variable Einsatzfaktoren
Höhere Ausbringung - Technische Substitutionsrate - Variation beider Produktionsfaktoren - Ein Faktor zusätzlich konstant - Ein Faktor variabel - Drei Fälle - Einführung von Preisen - Gleichgewicht des Systems - Änderungen der Technik, Kosten und relativen Preise

Ein variabler Einsatzfaktor
Ertragsgesetz - Gesamt-, Grenz- und Durchschnittsertrag - Ertragsverlauf

II. Kostentheorie

Kostenbegriff, externe Effekte und Zeithorizont
opportunity cost-Prinzip - Private und soziale Kosten - Zeithorizont
K 6-1: Globale externe Effekte

Kurzfristige Kostenverläufe
Umkehrung des produktionstheoretischen Ansatzes - Kostenfunktion - Gesamt-, Grenz- und Durchschnittskosten - Variation der Faktorpreise

Langfristige Kostenverläufe
Betriebsgröße - Betriebsgrößenoptimum

Sehr langfristige Kostenverläufe
Wirkungen des technischen Fortschritts - Ursachen des technischen Fortschritts - Widersprechende Hypothesen

III. Gewinntheorie

Kurzfristige Gewinne
Annahmen - Gewinnmaximum - Größe des Gewinns - Marktangebot

Langfristige Gewinne
Annahmen - Gewinnmaximum - Marktangebot - Langfristig keine oder geringere Gewinne? - Kritik der Gewinnmaximierungsannahme

IV. Transaktionskosten

Zur Natur des Unternehmens
Entstehung von Unternehmen - Transaktionskosten und Organisationskosten - Entscheidend alternative Kosten - Optimale Betriebsgröße

Transaktionskostenansatz als Ergänzung und seine Erweiterungen
Ergänzung der traditionellen Unternehmenstheorie - Transaktionsökonomik - Neue Institutionenökonomik

I. Produktionstheorie

Charakteristika

Es seien zunächst **charakteristische Merkmale** der Angebotsanalyse erläutert. Unterstellt wird zunächst, daß das Angebot durch Unternehmen erfolgt, die sich gebildet haben. In der traditionellen Wirtschaftstheorie - der so genannten Neoklassik - wird nicht erklärt, warum Unternehmen entstehen und welche Grenzen sie haben. Diese Frage greift die neuere Theorie des Unternehmens auf, in welcher das Konzept der Transaktionskosten der vorherrschende Erklärungsansatz ist. Weil dieses Konzept ungewohnte Einblicke in das Marktgeschehen bietet und zur Herausbildung einer breit angelegten Institutionenlehre wesentlich beigetragen hat, wird darauf gesondert eingegangen (IV.). Das Angebot der aus irgendwelchen Gründen entstandenen Unternehmen, die auf Gewinnerzielung - nicht notwendig Gewinnmaximierung - ausgerichtet sind, wird wesentlich von den technischen Produktionsmöglichkeiten und den von ihnen abhängigen Kosten bestimmt. Diese Angebotskomponenten werden zunächst im einzelnen, sodann in ihrem Zusammenwirken analysiert. Die Untersuchung der Produktionsmöglichkeiten bezeichnet man meistens als Produktionstheorie, manchmal als Ertragstheorie. Ihr liegen technische Beziehungen zugrunde, die sich in Form von technischen Gleichungen ausdrücken lassen. Technische und ökonomische Analyse sind scharf zu trennen. Der Ökonom beurteilt ein Produktionsverfahren nicht danach, ob es unter technischen Gesichtspunkten modern, sondern ob es nach wirtschaftlichen Kriterien günstig ist. Technisch alte Anlagen können neuen wirtschaftlich überlegen sein. Für technische Aspekte interessiert sich der Ökonom insoweit, als wirtschaftliche Größen beeinflußt werden. In der Produktionstheorie untersucht man die technisch-physikalischen Zusammenhänge zwischen dem Einsatz von Faktoren und der Ausbringung von Produkten. Die daran anknüpfende Bestimmung der betrieblichen Kostenverläufe und des Angebots ist Gegenstand der Kosten- und Gewinntheorie. Zur Produktion von Gütern (Ausbringung, Produktion, output) benötigt man Produktionsfaktoren (Einsatzmengen, Faktoreinsatz, input). Die Ausgangsfrage der Produktionstheorie lautet: Wie verändert sich die Ausbringung bei Variation des Faktoreinsatzes? Oder: Welche alternativen Faktoreinsätze sind geeignet, denselben output hervorzubringen? In diese Fragen können auch Änderungen der Faktorqualität und des Produktionsverfahrens einbezogen werden. Antworten auf die Fragen nach den technischen Zusammenhängen sind nicht nur bedeutsam für die Kostenverläufe, sondern auch für die Faktornachfrage. Die Produktionstheorie ist deswegen als Teil der Unternehmenstheorie das Bindeglied zwischen der Analyse des Produktangebots und der Faktornachfrage. In diesem Kapitel wird das Unternehmensangebot - als Gegenstück der Haushaltsnachfrage - untersucht.

Die traditionellen analytischen Instrumente der Produktionstheorie zeigen in formaler Hinsicht manche Verwandtschaft zur Analyse der Haushaltsnachfrage, insbesondere dann, wenn die Substituierbarkeit der Einsatzmengen verschiedener Faktoren in Betracht gezogen wird. Eine andere Form der Analyse ist die Technik des linearen Programmierens (linear programming), deren Behandlung den Rahmen eines Einführungsbuches überschreitet. Unter linearem Programmieren versteht man eine Methode zur Optimierung einer linearen Zielfunktion, die einschränkenden, als lineare Gleichungen (oder Ungleichungen) formulierten Nebenbedingungen (Restriktionen) unterliegt. Möchte man sprachlich nicht auf spezielle mathematische Beziehungen, sondern auf die ihnen zugrundeliegenden Entscheidungsprobleme abstellen, spricht man von **Aktivitätsanalyse** oder Unternehmensforschung (Operations Research). Die nach dem Zweiten Weltkrieg zunächst zur Lösung militärischer Aufgaben - insbesondere von dem Amerikaner GEORGE B. DANTZIG - konzipierte Technik hat sich vor allem durch das Vordringen von Computern rasch durchgesetzt. Schon vor DANTZIG hat der Russe LEONID WITALEWITSCH KANTOROWITSCH erkannt, daß zahlreiche produktionstheoretische Fragen der Optimierungs-Technik zugänglich sind. Ein Beispiel mag die Art eines typischen Entscheidungsproblems verdeutlichen. Zeitungspapier werde von einem Papierfabrikanten an Druckereien in Rollen verschiedener Breiten geliefert, je nach dem Format der Zeitungen. Diese Rollen wiederum werden von verschiedenen größeren Rollen abgeschnitten. Wie muß man schneiden, um den Abfall zu minimieren? Das menschliche Gehirn besitzt eine bemerkenswerte Fähigkeit, die besten Kombinationen unmittelbar ausfindig zu machen, wenn nur wenige Güter zu berücksichtigen sind. Es wäre jedoch überfordert, wenn das Unternehmen 120 Abmessungen liefern würde, die von 15 unterschiedlich großen Rollen abgeschnitten werden könnten - eine Aufgabe, die ein Computer, entsprechend programmiert, schnell und sicher löst. Die "klassische" Frage der linearen Programmierung war das Transportproblem. Angenommen, zwei Konservenfabriken eines Produzenten liegen in Hannover und Nürnberg. Sie können täglich 2000 und 4000, insgesamt also 6000 Dosen herstellen. Neben den Fabriklagern gibt es vier Auslieferungslager in Berlin, Hamburg, Essen und Frankfurt, von denen täglich je 1000 Dosen verkauft werden. Der Unternehmer möchte wissen, wieviel Dosen und welche Verkehrsbeziehungen zwischen Fabrik und Lager zu wählen sind, wenn die Transportwege, die sich proportional zu ihrer Länge in seinen Kosten niederschlagen, minimal sein sollen. Wer sich im Denksport üben möchte, versuche diese Aufgabe zu lösen. Dann sollte die Zahl der Lager bis zu jenem Punkt gesteigert werden, bei dem alle Kombinationsversuche versagen.

In der klassischen Produktionstheorie werden *produktionstechnische Beziehungen* zwischen input und output als **Produktionsfunktionen** dargestellt. Für das gesamte Kapitel sei angenommen, daß aus der Kombination von Produktionsfaktoren nur ein einziges Gut (Einproduktunternehmen) mit der Menge O (O = output) pro Zeiteinheit t hervorgeht. Die Zahl der Produktionsfaktoren oder Faktorgruppen sei - von einer Ausnahme abgesehen - auf zwei beschränkt. Ferner wird angenommen, daß die Produktionsfaktoren sich gegenseitig in einem gewissen Umfang ersetzen können (periphere Substitution). Denkbare Grenzfälle sind die der vollständigen Substituierbarkeit und der vollständigen (starren) Komplementarität (Limitationalität) der Produktionsfaktoren. Von beiden Grenzfällen hat nur der letzte empirische Bedeutung. Da er implizite mitbehandelt wird, soll auf seine gesonderte Darstellung verzichtet werden. Weiterhin unterstellt man in der Regel beliebige Teilbarkeit der Faktoren, was die Anwendung der Differentialrechnung ermöglicht. Schließlich ist eine bestimmte Produktionstechnik vorgegeben (angewandtes technisches Wissen, technischer Horizont); in der Kostenanalyse werden dann die Wirkungen einer Änderung der Produktionstechnik (technischer Fortschritt) behandelt. Werden die Mengen der beiden Produktionsfaktoren mit v_1 und v_2 bezeichnet, läßt sich die Produktionsfunktion in der allgemeinen Form schreiben:

(6.1) $O/t = f(v_1, v_2)$ (technische Gleichung).

Von Gleichung (6.1) werden meist folgende spezielle Formen analysiert:

(6.1 a) $\overline{O}/t = f(v_1, v_2)$;

(6.1 b) $O/t = f(v_1, \bar{v}_2)$ und $O/t = f(\bar{v}_1, v_2)$;

(6.1 c) $O/t = f(\lambda \bar{v}_1, \lambda \bar{v}_2) = g(\lambda)$.

Funktion (6.1 a) gibt Auskunft darüber, welche Faktoreinsatzmengen einen gegebenen (konstanten) output erzeugen können (substitutionale Faktorvariation). In (6.1 b) wird der output in Abhängigkeit vom variierenden Einsatz eines Faktors betrachtet (partielle Faktorvariation), in (6.1 c) von beiden Faktoren bei Konstanz des Faktoreinsatzverhältnisses v_1/v_2 (totale proportionale Faktorvariation).

Die technischen Gleichungen (6.1 a) bis (6.1 c) lassen sich graphisch zwei- oder dreidimensional veranschaulichen. Zunächst wird eine dreidimensionale Darstellung gewählt, anschließend eine zweidimensionale. In der dreidimensionalen Graphik werden in der Ebene die Produktionsfaktoren v_1 und v_2, in der Höhe der output pro Zeiteinheit O_t - oft "Ertrag" genannt - aufgetragen, so daß man ein "Ertragsgebirge" erhält (Fig. 6-1).

⇨ Liegt (6.1 a) zugrunde, bewegt man sich graphisch auf einer gegebenen output-Höhe, z. B. O_1. Durch Variationen von v_1 und v_2 wird O_1 nicht geändert, wenn ein Faktor die Outputwirkungen des anderen Faktors genau substituiert (*Fig. 6-1. I.*). Die Indifferenzkurven O heißen deshalb Isoquanten, eine Bewegung auf einer bestimmten Höhe **isoquante Variation**. Die Zeichnung enthält auch die Projektionen der Höhenlinien O_1 bis O_3 auf die Ebene v_1, v_2, wo sie - in zweidimensionaler Darstellung - eine Schar von Indifferenzkurven bilden.

⇨ Im Fall von (6.1 b) ist ein Produktionsfaktor, z. B. v_2, konstant, der andere Faktor (v_1) und der output variabel. Bei Variation von v_1 ändert sich der output entlang einer Parallelen zur v_1-Achse (*Fig. 6-1. II.*). Die Parallele erlaubt die Bestimmung des Grenzertrages eines Faktors. Man spricht von **partieller Variation**; da sich bei Variation nur eines Faktors das Verhältnis von v_1 zu v_2 ändert, stößt man - vor allem im angelsächsischen Schrifttum - auch auf den Ausdruck variable Faktorproportionen.

⇨ Bleibt das Verhältnis von v_1 und v_2 konstant und ändert sich der output in Abhängigkeit von einem Multiplikationsfaktor (λ), liegt Funktion (6.1 c) vor. Ändert sich das Faktorverhältnis nicht, wird von einer proportionalen Variation gesprochen. Bei einer **proportionalen Variation** bewegt sich der output auf einer Prozeßgeraden oder -kurve (scale) aus dem Nullpunkt. Seine Höhe kann unter-schiedlich verlaufen. Dargestellt wird der einfachste Fall (*Fig. 6-1. III.*), in dem sich der output im gleichen Umfang wie die Faktormenge ändert (linear-homogene-Produktionsfunktion).

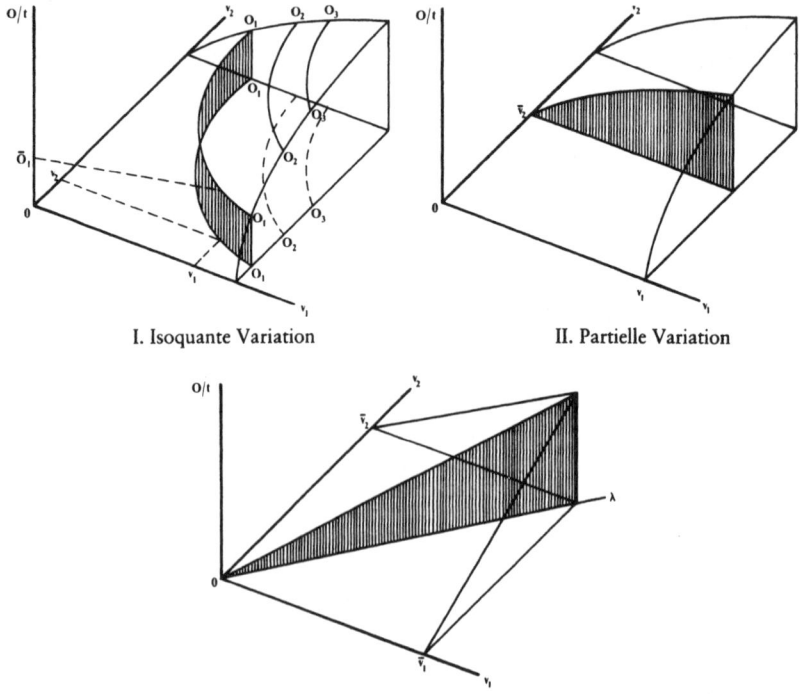

I. Isoquante Variation

II. Partielle Variation

III. Proportionale Variation

Fig. 6-1: Produktionsfunktionen

Die Zahl der spezifizierten und in der Produktionstheorie gebräuchlichen Funktionstypen (1. Kap.) ist groß. Berühmt geworden ist die nach zwei Forschern benannte **COBB-DOUGLAS-Funktion**. In ihrer ursprünglichen Form stellte sie eine makroökonomische Hypothese dar, nach der drei Viertel des Produktionsanstiegs in den Vereinigten Staaten auf Arbeitsleistungen und ein Viertel auf Kapitalbeiträge zurückzuführen sind. Sie ist ein wichtiger Bestandteil der neoklassischen Wachstumstheorie und deren Weiterentwicklung (16. Kap.). Ihre mikroökonomische Bedeutung ist relativ gering, ebenso wie die der constant elasticity of substitution-function, abgekürzt **CES-Funktion**, die von KENNETH JOSEPH ARROW, HOLLIS BURLEY CHENERY, BAGICHA S. MINHAS und ROBERT MERTON SOLOW entwickelt wurde, und die die COBB-DOUGLAS-Funktion als Spezialfall enthält.

Im Mittelpunkt der mikroökonomischen Analyse stehen homogene Produktionsfunktionen, unter denen die mit linearer Homogenität (Homogenität vom Grade r = 1) den einfachsten Fall bilden. Eine Funktion vom Typ (6.1) ist linear-homogen, wenn für alle Werte von λ, v_1 und v_2 gilt:

(6.2) $\lambda \, O/t = f(\lambda \, v_1, \lambda \, v_2)$.

6. Angebot: Verkaufsplan des Unternehmens

Aus (6.2) geht hervor: Es liegt immer dann eine **linear-homogene Produktionsfunktion** (Produktionsfunktion mit der Homogenität vom Grade 1) vor, wenn der Ertrag O/t von den Faktoreinsatzmengen in der Weise abhängt, daß bei einer Verdoppelung oder Verdreifachung ($\lambda = 2, 3...$) beider Faktoreinsatzmengen (v_1, v_2) der Ertrag sich ebenfalls verdoppelt oder verdreifacht. Die COBB-DOUGLAS-Funktion ist ein Beispiel für eine linear-homogene Produktionsfunktion. Multipliziert man die einzelnen Faktoreinsatzmengen mit λ, gilt das bei einer linear-homogenen Funktion auch für O/t. Aus

$$O/t = \alpha\, v_1^\alpha\, v_2^{1-\alpha} \quad \text{für} \quad 0 < \alpha < 1 \quad \text{und} \quad \alpha > 0$$

wird also

(6.3) $\quad \alpha\,(\lambda\, v_1)^\alpha (\lambda\, v_2)^{1-\alpha} = \alpha\, \lambda^\alpha\, v_1^\alpha\, \lambda^{1-\alpha} v_2^{1-\alpha}$

$$= \lambda^1\, \alpha\, (v_1^\alpha\, v_2^{1-\alpha}) = \lambda\, O/t.$$

Man bevorzugt solche Funktionen vor allem deshalb, weil sie mathematisch leicht zu handhaben sind. Funktionen, die der Bedingung (6.2) nicht genügen, bezeichnet man als nichtlinear-homogen, wenn sie die Form

(6.4) $\quad \lambda^r\, O/t = f(\lambda\, v_1, \lambda\, v_2) \quad \text{für} \quad r \neq 1$

haben. Im Fall von (6.4) vergrößert sich bei einer Faktormengenerhöhung um l der output pro Zeitperiode über- oder unterproportional (nichtlinear). Unterscheidungsmerkmal für die Linearität ist die Größe r (r = 1 bedeutet linear; $r \neq 1$ bedeutet nichtlinear). Führt eine Variation des relativen inputs zu einer gleichen Änderungsrate des relativen outputs, ist die Niveauelastizität, definiert als das Verhältnis der relativen Änderung des outputs bei einer proportionalen Änderung aller Faktoreinsatzmengen, gleich 1 (r = 1); bei überproportionalen $r > 1$ oder unterproportionalen $r < 1$ relativen Änderungen ist die Niveauelastizität dementsprechend größer bzw. kleiner als 1. Die Homogenität erfordert, daß r positiv und konstant ist, wobei die Niveauelastizität größer, kleiner oder gleich 1 sein kann. Beziehungen, die weder (6.2) noch (6.4) genügen, bei denen also die λ-fache Änderung der Faktoreinsatzmengen zu keiner durch λ^r bestimmbaren output-Variation führt, nennt man inhomogene Produktionsfunktionen. In der Produktionstheorie hat man bisher fast ausschließlich homogene Funktionen analysiert, obwohl in der Realität inhomogene Funktionen die Regel bilden. Die Zusammenhänge bei homogenen Produktionsfunktionen seien an einer Tabelle illustriert, die von KENNETH EWART BOULDING (1910-1993) stammt *(Übers. 6-1).* Liest man die Tabelle diagonal (z. B. längs der Geraden O_1, O_2 oder O_3), erhält man Erträge, die einer linear-homogenen Produktionsfunktion genügen. Auf O_2 führt die Faktorkombination $v_1 = 1$, $v_2 = 3$ zu 12 Ertragseinheiten. Ist λ gleich 2, so gilt - für $2 \cdot v_1 = 2$ und $2 \cdot v_2 = 6$ - entsprechend (6.3): $2 \cdot O_1 = 24$; ebenso lassen sich alle anderen Ertragsmengen auf O_1 berechnen, auch soweit sie nicht explizit als Werte in der *Übers. 6-1* enthalten sind. Der Leser dürfte selbst in der Lage sein, entsprechende Werte auf den Geraden O_2 und O_3 zu ermitteln. Liest man die Tabelle horizontal oder vertikal, ist also nur einer der beiden Faktoren variabel, erhält man Erträge, die einer Funktion bei partieller Faktorvariation genügen.

	O_1								O_2
9	0	7	23	36	41	45	48	50	52	54
8	0	8	24	34	40	42	44	46	48	49
7	0	9	26	32	36	39	41	42	43	44
6	0	10	24	30	32	35	36	37	38	39
5	0	11	22	26	28	30	31	32	33	34
4	0	12	20	22	24	25	26	27	28	29
3	0	12	16	18	19	20	21	22	23	24
2	0	10	12	13	14	15	16	6,5	6	5,5
1	0	6	7	8	8	7	6,5	6	5,5	5
0	0	0	0	0	0	0	0	0	0	0
v_2 / v_1	0	1	2	3	4	5	6	7	8	9

Übers. 6-1: Tabelle der physischen Produktionserträge

Zwei variable Einsatzfaktoren

Größere Einsatzmengen beider Faktoren ergeben eine höhere Ausbringung (O_b, O_c,...), was sich im größeren Abstand der Isoquanten vom Nullpunkt zeigt (*Fig. 6-2*). Zu einer **höheren Ausbringung** kann man erstens durch partielle Variation gelangen (A nach C oder G) oder indem beide Einsatzmengen vergrößert werden (A nach D oder F); bleibt im letzteren Fall das Faktormengenverhältnis gleich (A nach E), handelt es sich um eine proportionale Variation der Faktoren. Soll die Ausbringung trotz des Rückgangs eines Faktors steigen, muß der zweite Faktor den Rückgang des ersten mehr als ausgleichen (A nach B oder H). Ist aus technischen Gründen keine Faktorsubstitution möglich, liegt der Grenzfall eines limitationalen Faktoreinsatzverhältnisses vor; es gibt dann keine zum Nullpunkt konvex verlaufende Isoquante. Bei Limitationalität ist außer den Punkten auf 0AE keine technisch mögliche Faktormengenkombination denkbar; gleichwohl wird in den meisten Lehrbüchern der Linienzug CAG als Isoquante bezeichnet. Produktionsfunktionen mit diesen Eigenschaften nennt man LEONTIEF-Funktionen.

Die Steigung einer Isoquante (O_c) - das negative Vorzeichen bleibt außer Betracht - ist näherungsweise:

(6.5 a) $\quad tg\ \alpha = \dfrac{\Delta v_2}{\Delta v_1}$, genau: (6.5 b) $\quad tg\ \beta = \dfrac{d v_2}{d v_1}$.

Den Tangens des Winkels nennt man Grenzrate der technischen Substitution oder **technische Substitutionsrate**. Bei einer Ersetzung von v_2 durch v_1 wird

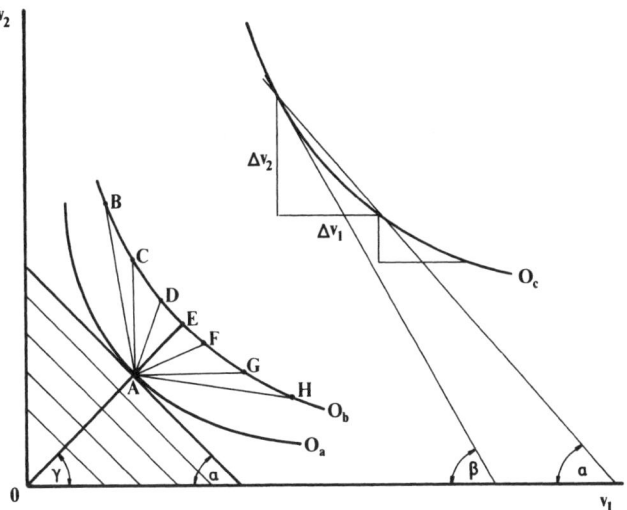

Fig. 6-2: Isoquanten

für eine zusätzliche Einheit des ersten Faktors (Δv_1) zunehmend weniger vom zweiten Faktor (Δv_2) aufgegeben - die Winkel α und β werden also immer kleiner -, wenn das Produktionsniveau erhalten bleiben soll (Gesetz fallender technischer Substitutionsraten). Auf die wichtigsten Möglichkeiten, einen anderen output zu erreichen, sei anhand von Funktionen, bei denen output und Faktoreinsatzmengen variabel sind, etwas näher eingegangen.

Erstens können die Einsatzmengen **beider Produktionsfaktoren variiert** werden. Genügt die untersuchte Produktionsfunktion der Bedingung (6.2), steigt (fällt) der output proportional zur Änderung der Faktoreinsatzmengen, wenn diese in unveränderter Proportion ($tg\,\gamma = v_1/v_2 = $ const.) vermehrt (vermindert) eingesetzt werden. Mathematisch gesehen werden bestimmte Anfangswerte für v_1 und v_2 ($\bar{v}_1, \bar{v}_2$) mit dem Proportionalitätsfaktor λ multipliziert. Dabei bleibt das Einsatzverhältnis konstant ($\lambda\bar{v}_1/\lambda\bar{v}_2 = 1/tg\gamma$ = const.), und aus der gegebenen Funktionsgleichung läßt sich das jeweils λ-fache des mit den Faktoreinsätzen $\bar{v}_1$ und $\bar{v}_2$ erzielten outputs $\bar{O} = f(\bar{v}_1, \bar{v}_2)$ berechnen. Geometrisch gesehen bewegt man sich entlang der Prozeßgeraden 0AE *(Fig. 6-2)*. Auf ihr sind für gleiche output-Differenzen die Isoquantenabstände konstant. Geht man z. B. von A nach E und ist die Änderung sehr klein, läßt sich dafür die Rate der Änderung des Ertrags in Abhängigkeit einer Änderung des proportional zu haltenden Faktoreinsatzes berechnen (O'_λ/t). Sie ist gleich der ersten Ableitung von (6.2) nach λ für konstante Anfangsfaktoreinsätze $\bar{v}_1$ und $\bar{v}_2$ konstant:

(6.6) $\quad O'_\lambda/t = \dfrac{dO}{d\lambda} = \dfrac{d\lambda \cdot \bar{O}}{d\lambda} = \bar{O} = $ const.

mit $\bar{O} = f(\bar{v}_1, \bar{v}_2)$.

Man spricht in diesem Fall von einem konstanten Niveaugrenzertrag oder Skalenertrag (constant return to scale), wobei λ das jeweils erreichte Produktionsniveau angibt. Der Niveaugrenzertrag ist nur dann konstant, wenn die Produktionsfunktion linear-homogen ist. Bei totaler proportionaler Faktorvariation sind dann die partiellen Ableitungen von (6.1), nämlich

(6.7 a) $\quad O'_{v1}/t = \dfrac{\delta O}{\delta v_1}\quad$ und $\quad$ (6.7 b) $\quad O'_{v2}/t = \dfrac{\delta O}{\delta v_2}$,

ebenfalls konstant (*Fig. 6-3.I.*). Man bezeichnet sie als Grenzproduktivitäten. Der Grenzertrag des Faktors v_1 ist gleich $(\delta O/\delta v_1) \cdot dv_1$. Für $dv_1 = 1$ sind Grenzproduktivität und Grenzertrag von v_1 (partieller Grenzertrag) größengleich.

Zweitens wäre eine Produktionsfunktion von der Form

(6.8 a) $\quad O/t = f(v_1, v_2, \bar{v}_3)$

denkbar, bei der neben zwei variablen Faktoren **zusätzlich ein Faktor** - oder eine Gruppe von Faktoren (Faktoraggregat) - **konstant** gehalten werden soll. Unterstellt man, die beiden variablen Faktoren änderten sich nur in einer konstanten Proportion, kann man statt (6.8 a) schreiben:

(6.8 b) $\quad O/t = f(\lambda \bar{v}_1, \lambda \bar{v}_2, \bar{v}_3)$.

Bei proportionaler Variation der ersten beiden Faktoren und Konstanz des dritten Faktors sind konstante Ertragsänderungen nur im Grenzfall zu erwarten. Bei kleinen Einsatzmengen der variablen Faktoren ist der Anteil des konstanten Faktors an der Ausbringung relativ groß. Werden die variablen Faktoren proportional vermehrt, geraten sie gegenüber dem konstanten Faktor mehr und mehr in eine Überschußposition. Solange der konstante Faktor einen relativ großen Anteil an der Produktion hat, wird die Änderung der Ausbringung vor allem von den variablen Faktoren, bei weiter steigender Ausbringung zunehmend vom konstanten Faktor limitiert. Die Ertragszuwächse können entlang der Prozeßgeraden zunächst steigen (increasing returns to scale), in einem bestimmten Bereich konstant bleiben (constant returns to scale) und schließlich fallen (decreasing returns to scale); der Niveaugrenzertrag in bezug auf die beiden variablen Faktoren (O'_λ/t) steigt bis zum Maximum und nimmt dann ab (*Fig. 6-3.II.*). In diesem Fall liegt eine inhomogene Produktionsfunktion vor.

Drittens kann man von (6.1 b) ausgehen. Es gibt **nur einen variablen Faktor**, der zweite oder alle übrigen bleiben konstant. Hier gelten grundsätzlich die gleichen Überlegungen wie im zweiten Fall. Wegen der unterschiedlichen relativen Bedeutung des konstanten Faktors werden mit steigendem Faktoreinsatz die Erträge zunächst zunehmen, dann von einem bestimmten Bereich an abnehmen. Die Kurve der partiellen Grenzerträge des ersten Faktors ($O'_{v1}/t = \partial O/\partial v_1$ oder - abgeleitet aus (6.1 b) - $O'_{v1}/t = dO/dv_1$) zeigt dieselbe Gestalt wie in *Fig. 6-3.II.* (*Fig. 6-3.III.*). Es sei darauf hingewiesen, daß die

6. Angebot: Verkaufsplan des Unternehmens

Funktion (6.1 c) und (6.8 b) nur entlang der Prozeßgeraden gilt ($v_1 = \lambda \bar{v}_1$; $v_2 = \lambda \bar{v}_2$).

Die eben erläuterten **drei Fälle** dürfen nicht konfundiert werden. Den in *Fig. 6-3.I.* und *6-3.II.* dargestellten Funktionen ist gemeinsam, daß die Ertragsänderungen auf proportionale Änderungen von zwei variablen Produktionsfaktoren zurückgehen. Nur dann spricht man von Skalenerträgen (returns to scale). Was beide Funktionen unterscheidet, ist lediglich das Änderungsmaß der Skalenerträge. Im ersten Fall sind die Skalenerträge konstant (linear-homogene Funktion: constant returns to scale), im zweiten variabel (nichthomogene Funktion: increasing und decreasing returns to scale). Variable Skalenerträge lassen sich unter empirischem Aspekt teilweise physikalisch-technisch erklären. Verdoppelt man den Querschnitt einer Wasserleitung und den Pumpendruck, wird sich der output mehr als verzweifachen. Verdoppelt man die Arbeitszeit eines Traktorfahrers und die zu bearbeitende Fläche, kann es sein, daß der output nicht im gleichen Maße steigt. Realistischer noch dürfte sein, von einer Funktion wie (6.8) auszugehen, in der es zwei variable Faktoren, aber auch einen fixen Faktor gibt. Dann sind die Ergebnisse in *Fig. 6-3.II.* und *6-3.III.* nicht mehr grundverschieden. Die Erträge lassen sich in beiden Fällen aus der relativ unterschiedlichen Bedeutung des konstanten Faktors erklären. *Fig. 6-3.II.* und *6-3.III.* differieren nur hinsichtlich der Zahl der variablen Faktoren. Ist - wie in *Fig. 6-3.III.* - ein Faktor fix, kann sich das Verhältnis des konstanten zum variablen Faktor ändern. Man bezeichnet den sich unter dieser Bedingung ergebenden Ertragsverlauf als "law of variable proportions", im Deutschen meist als "Ertragsgesetz". *Fig. 6-3.I.* und *III.* veranschaulichen den Unterschied zwischen Skalenerträgen und Erträgen aus variablen Proportionen. Angesichts der Begründung für den Verlauf von O'_λ/t und O'_{v1}/t in *Fig. 6-3.II.* und *III.* sollte der Unterschied zwischen den partiellen und den Skalenerträgen nicht überbetont werden, denn er ist nur dann eindeutig, wenn man (6.1 b) und (6.1 c) vergleicht.

Zu wirtschaftlichen Überlegungen kommt man erst durch die **Einführung von Preisen**. Will ein Unternehmer einen Ertrag mit den Mengen zweier Faktoren erzielen, muß er sie zuvor an den Faktormärkten kaufen. Das soll zu konstanten Preisen (l) geschehen. Die Summe aus den Produkten von Preis und Menge zweier Faktoren läßt sich als Kostensumme (K) definieren, die ebenfalls konstant sei:

(6.9) $\qquad K/t = l_1 \cdot v_1 + l_2 \cdot v_2 \qquad$ (Definitions-Gleichung).

Durch Umformung erhält man

(6.10) $\quad v_2 = -\dfrac{l_1}{l_2} \cdot v_1 + \dfrac{K/t}{l_2}$

Die graphische Form von (6.10) wird als Isokostenlinie bezeichnet. Sie ist der geometrische Ort aller Faktorkombinationen, die für einen gegebenen Geldbetrag bei konstanten Faktorpreisen beschafft werden können.

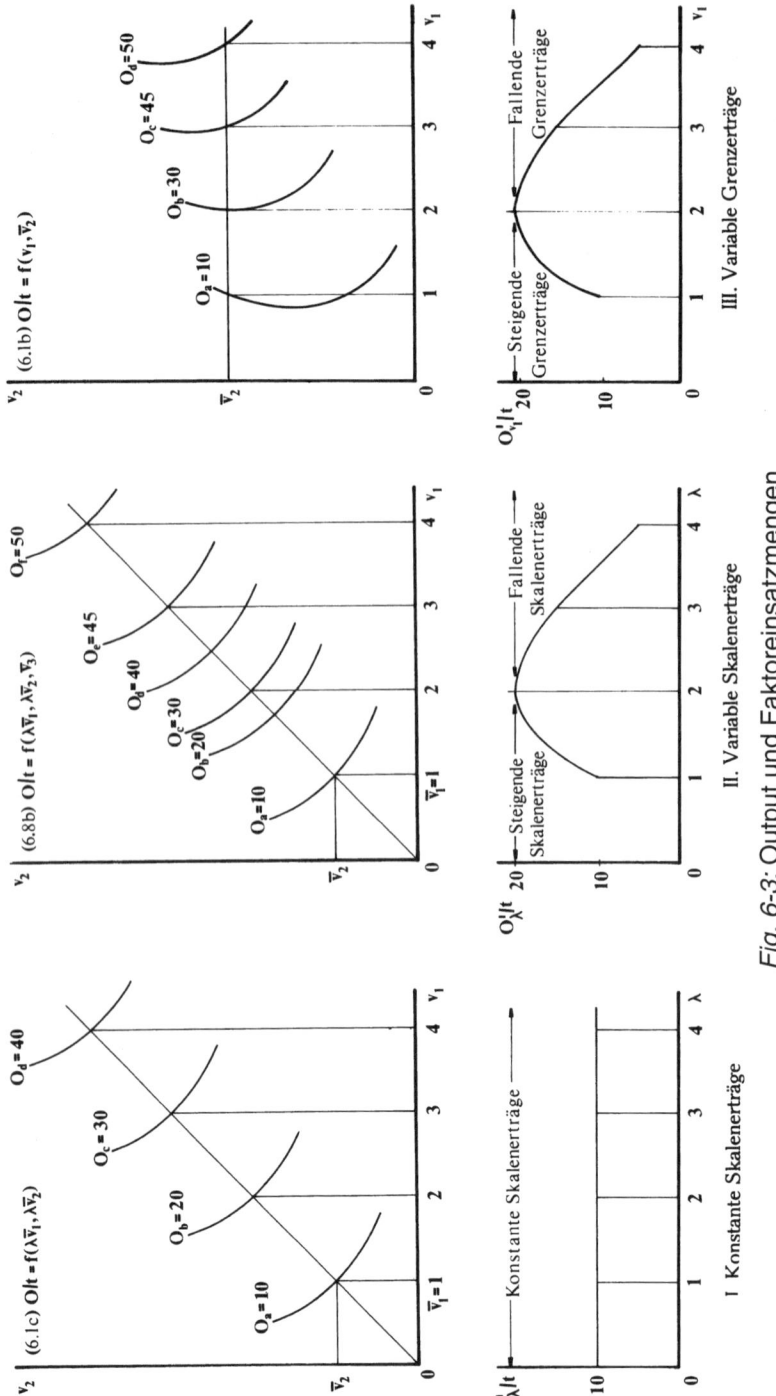

Fig. 6-3: Output und Faktoreinsatzmengen

6. Angebot: Verkaufsplan des Unternehmens

In Anlehnung an die formale Lösung des Haushaltsgleichgewichts nach der Indifferenzkurven-Analyse (5. Kap.) kann man folgende Zusammenhänge für das **Gleichgewicht des Systems** herausstellen:

⇨ Möchte der Unternehmer einen bestimmten Ertrag mit den geringsten Kosten erwirtschaften, wird er bei gegebener Produktionstechnik jene Faktorkombination wählen, bei der die Isokostenlinie zur Tangente an eine Isoquante wird. Man bezeichnet sie als Minimalkostenkombination (*Fig. 6-4.I.*), weil sie die ökonomisch günstigste Faktorwahl für eine bestimmte Ertragsmenge darstellt.

⇨ Geht er dagegen von einer gegebenen Kostensumme aus, mit der ein maximaler Ertrag erzielt werden soll, spricht man von der Maximalertragskombination (*Fig. 6-4.II.*).

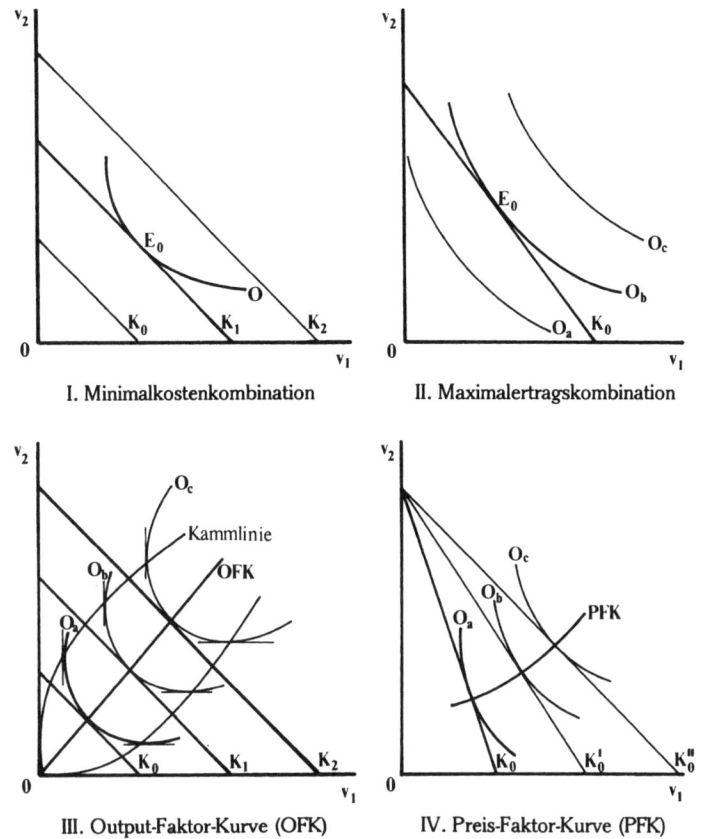

Fig. 6-4: Optimale Kosten- oder Ertragskombinationen

⇨ Die Verbindungslinie sämtlicher Optimalkombinationen soll als Output-Faktor-Kurve (*OFK*) oder scale line bezeichnet werden (*Fig. 6-4.III.*). Die Terminologie ist wenig gefestigt. Manche Ausdrücke, wie "Expansionspfad", führen leicht in die Irre. Es ist jene Linie, auf der das Unternehmen bei gegebener Technik und konstanten Faktorpreisen optimal operiert. Bei linear-homogenen Produktionsfunktionen ist die scale line eine Gerade. Die "Kammlinie" ist der geometrische Ort aller Faktormengenkombinationen, die eine produktionstechnische Grenze für Optimalkombinationen bildet. Ober- und unterhalb der Kammlinien ist keine Faktorsubstitution ökonomisch sinnvoll (Annahme der peripheren Substituierbarkeit). In diesen Bereichen sind für ein gegebenes Ertragsniveau von beiden Faktoren größere Einsatzmengen notwendig als im Substitutionsbereich, in dem größere Mengen eines Faktors zu Einsparungen beim anderen Faktor führen.

⇨ Wird die Kostensumme konstant gehalten und ein Faktorpreis variiert (Änderung des relativen Preises), erhält man das in *Fig. 6-4.IV.* wiedergegebene Bild. Die Verbindungslinie der Gleichgewichtspunkte wird als Preis-Faktor-Kurve (*PFK*) bezeichnet.

Es kann darauf verzichtet werden, die zur Indifferenzkurven-Analyse formal gleichen Zusammenhänge erneut abzuleiten. Dazu ist jeder, der das Kapitel über den Haushalt verstanden hat, selbst in der Lage. Das Unternehmensgleichgewicht ändert sich, wenn

⇨ sich die **Technik ändert** (andere Isoquanten),
⇨ die **Kostenbeträge** (*Fig. 6-4.III.*) variieren (Ausgabeneffekt) oder
⇨ bei gegebener Kostensumme sich der **relative Preis ändert** (*Fig. 6-4.IV.*), so daß der relativ billiger werdende Faktor dem relativ teurer werdenden Faktor vorgezogen wird (Substitutionseffekt).

Einige Gemeinsamkeiten der Indifferenzkurven- und Isoproduktkurven-Betrachtung in der Haushalts- bzw. Unternehmensanalyse sind noch einmal zusammengefaßt (*Übers. 6-2*).

Sachverhalte / Bereiche	Indifferente Mengenkombinationen	Substitutionsverhältnis	Ausgabensumme	Gleichgewicht	Gleichgewichts-Verbindungslinie bei Variation der Ausgabensumme	Gleichgewichts-Verbindungslinie bei Variation der relativen Preise
Haushalt	Nutzenniveau	Grenzrate der Substitution	Budgetlinie	Haushaltsgleichgewicht	Einkommen-Konsum-Kurve	Preis-Konsum-Kurve
Unternehmen	Ertragsniveau (Output-Niveau)	Technische Substitutionsrate	Isokostenlinie	Minimalkosten- oder Maximalertragskombination	Output-Faktor-Kurve	Preis-Faktorkurve

Übers. 6-2: Indifferenzenkurven-Analyse in Haushalt und Unternehmen

Ein variabler Einsatzfaktor

Wird - unter denselben Annahmen - von zwei Faktoren einer konstant gesetzt (6.1 b), erhält man die in *Fig. 6-3.III.* dargestellte Beziehung zwischen input und output. Die im Deutschen übliche Bezeichnung **Ertragsgesetz** ist irreführend, weil auch andere Kurvenverläufe einen "ertragsgesetzlichen" Zusammenhang zwischen Faktoreinsatzmengen und Erträgen zeigen und darüber hinaus - wie ein Vergleich von *Fig. 6-3.II.* und *6-3.III.* verdeutlicht - aus dem Verlauf der Grenzertragskurve nicht ohne weiteres auf die zugrundeliegende Produktionsfunktion geschlossen werden kann. Eine korrekte Bezeichnung wäre "Gesetz abnehmender Grenzerträge bei Einsatz eines variablen Faktors", wenn nur der fallende Teil der Grenzertragskurve gemeint ist. Der Ausdruck "Ertragsgesetz" wird im folgenden in diesem Sinn gebraucht. Der Darstellung des Ertragsgesetzes soll die in (6.1 b) angegebene Schreibweise der Produktionsfunktion zugrunde gelegt werden. Ein Zahlenbeispiel aus der Landwirtschaft - traditioneller Bereich ertragsgesetzlicher Überlegungen - sei vorangestellt (*Übers. 6-3*).

Aus dem Zahlenbeispiel lassen sich die wichtigsten Zusammenhänge zwischen dem variablen Einsatzfaktor und den Ertragsgrößen **Gesamt-, Grenz- und Durchschnittsertrag** ersehen. Der Ertrag steigt zunächst, erst mit steigenden (bis $v_1 = 4$), dann mit fallenden Grenzerträgen. Schließlich fallen sogar die Gesamterträge (ab $v_1 = 8$); die Grenzerträge werden negativ. Der oben

Menge der variablen Faktoren (Arbeitstage) v_1	Ertrag (Weizen) O/t	Grenzertrag $O'_{v_1/t} \approx \Delta O/t$	Durchschnittsertrag $\dfrac{O/t}{v_1}$
1	2	3	2
2	5	4	2,5
3 A	9	5	3
4	14	4	3,5
5 B	18	3	**3,6**
6	21	2	3,5
7	23	1	3,3
8 C	**24**	-0,5	3
9	23,5		2,6

Übers. 6-3: Ausbringung von Weizen auf 1 ha Land in 100 kg

bereits angedeutete Grund für diesen Ertragsverlauf ist: Bei kleinem, aber zunehmenden Einsatz des variablen Faktors - im Beispiel Arbeitsleistungen - wird der konstante Faktor zunächst einen Überschuß aufweisen, der sich mehr und mehr vermindert. Den Ertrag bestimmt entscheidend jener Faktor, der relativ am wenigsten vorhanden ist. Das ist zunächst der variable Faktor, dann der konstante. Bei zunehmendem v_1 bestimmt also erst v_2 das Ertragsniveau. Schließlich ist der variable Faktor so reichlich eingesetzt worden, daß Schaden entsteht, indem z. B. durch übermäßigen Arbeitseinsatz das Wachsen des Weizens gestört wird.

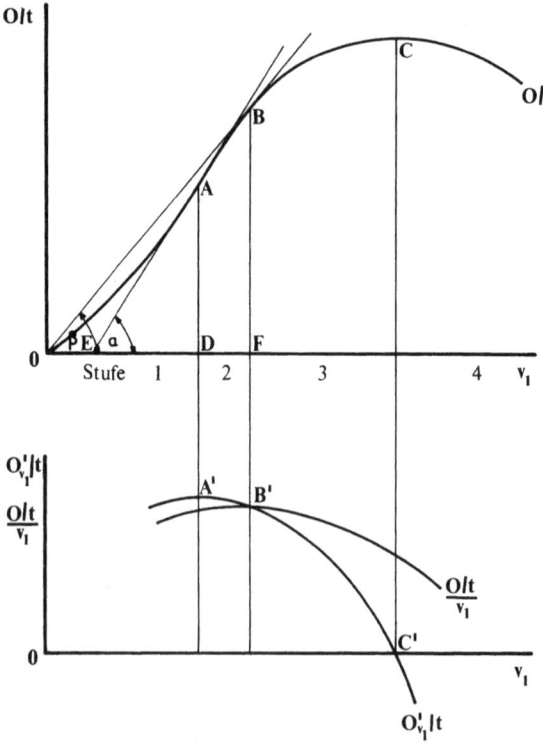

Fig. 6-5: Gesamt-, Grenz- und Durchschnittserträge

Bei Stetigkeit der Gesamtertragskurve ergibt sich folgender **Ertragsverlauf**: Das Maximum der Grenzerträge liegt im Wendepunkt der Gesamtertragskurve O/t (*Fig. 6-5*; Punkt A: $tg\ \alpha$, der den Grenzertrag des variablen Faktors $O'_{v_1}/t = AD/ED$ mißt, ist maximal). Mit zunehmendem v_1 folgt das Maximum der Durchschnittserträge; bei zunächst steigenden, dann fallenden Grenzerträgen „hinken" die Durchschnittsgrößen nach (Punkt B: $tg\ \beta$, der den Durchschnittsertrag $O/t/v_1 = BF/0F$ mißt, ist maximal). Im Maximum der Gesamtertragskurve wird deren Steigung, also der Grenzertrag, Null (Punkt C). Die drei markanten Punkte (A, B, C) sind auch in *Übers. 6-3* bezeichnet. *Übers. 6-4* zeigt, daß sich der Ertragsverlauf in vier Abschnitte oder Stufen unterteilen läßt. Die Wirksamkeit des Ertragsgesetzes beginnt ab Punkt A (Schwelle des Ertragsgesetzes), also mit der zweiten Stufe. Im Hinblick auf die methodische Bedeutung des Ertragsgesetzes sei festgehalten, daß es sich bei ihm um eine technisch-physische Relation handelt. Zu einer ökonomischen Betrachtungsweise gelangt man erst durch ihre Einbeziehung in die Kostenanalyse. Es wird sich noch zeigen, daß nur die dritte Stufe praktisch relevant ist.

6. Angebot: Verkaufsplan des Unternehmens

Ertragsgrößen	Stufe 1	Stufe 2	Stufe 3	Stufe 4
Gesamtertrag (O/t)	positiv, überproportional steigend	positiv, unterproportional steigend	positiv, unterproportional steigend	positiv, überproportional fallend
Grenzertrag (O'_{v1}/t)	positiv, steigend	positiv, fallend	positiv, fallend	negativ, fallend
Durchschnitts-ertrag $\dfrac{O/t}{v_1}$	positiv, steigend	positiv, steigend	positiv, fallend	positiv, fallend

Übers. 6-4: Ertragsstufen

II. Kostentheorie

Kostenbegriff, externe Effekte und Zeithorizont

Kosten sind eine zentrale ökonomische Kategorie. Was nichts kostet, liegt fast immer außerhalb des Bereichs wirtschaftlicher Überlegungen und Entscheidungen. Ihre Messung in der Volkswirtschaftslehre basiert auf dem Prinzip der opportunity cost. Die Kosten eines Faktors oder eines wirtschaftlichen Gutes sind gleich dem entgangenen Ertrag in der bestmöglichen anderen Verwendung. Ein Direktionsassistent, den sich ein Unternehmer leistet, kostet so viel wie ein Betriebsleiter, wenn dies die bestmögliche andere Verwendung des Direktionsassistenten wäre. Dieses Beispiel illustriert das bereits bekannte **opportunity cost-Prinzip**. Andere Kostenmessungsgrundsätze sind in der betrieblichen Praxis verbreitet. Es kommt auf den Zweck der Kostenrechnung an, auf welchen der zahlreichen, aus der Betriebswirtschaftslehre bekannten Kostenbegriffe zurückgegriffen wird. Ein Unternehmer mag bei seinen Wirtschaftlichkeitsüberlegungen in opportunity cost denken (ob er den Begriff kennt, spielt keine Rolle), doch in seiner Ist-Kostenrechnung oft von dem ausgehen, was er zu zahlen hat (Geldkosten), nicht was er alternativ an Ertrag erzielen könnte. Das opportunity cost-Prinzip wird in der Praxis problematisch, wenn nicht volle Ertrags-Kosten-Kongruenz der alternativen Verwendungen besteht. Wenn der Unternehmer dem Direktionsassistenten ein monatliches Gehalt von 5000 Euro, dem Betriebsleiter dagegen 4000 Euro zahlt, legt er seiner Kalkulation vermutlich den höheren Betrag zugrunde. Der Unternehmer geht hier also von tatsächlich anfallenden Kosten (money cost) aus, denen alternative Geldkosten gegenübergestellt werden. Der volkswirtschaftliche Kostenbegriff (opportunity cost) ist durch alternative Gutsverwendung definiert. Betriebs- und volkswirtschaftlicher Kostenbegriff können sich decken, müssen es aber nicht. Kosten dürfen nicht mit Zahlung oder Aufwand verwechselt werden. Wenn ein Unternehmer seinen Sohn als Direktionsassistenten beschäftigt, dem er monatlich

1000 Euro Taschengeld gibt, ist es aus preispolitischen Gründen geboten, 3000 Euro als Kosten einzusetzen (1000 Euro Kosten, die zugleich Aufwand und Zahlung, und 2000 Euro, die weder Aufwand noch Ausgabe, sondern kalkulatorische Kosten sind), denn er müßte sonst - würde der Sohn nicht im Unternehmen arbeiten - eine fremde Kraft bezahlen.

Bei der Erörterung der Kosten, die entstehen, wenn ein Angebot erfolgen soll, bleibt vor allem zu beachten, daß es Kosten gibt, die nicht in die Kalkulation eingehen. Man unterscheidet zwischen **privaten und sozialen Kosten**. Private Kosten entstehen einem einzelnen Unternehmer und werden in dessen Kalkulation berücksichtigt. Soziale Kosten entstehen zwar der Volkswirtschaft insgesamt, werden aber von der unternehmerischen Kalkulation nicht erfaßt, da sie den Unternehmer nicht belasten. Wenn ein Unternehmer der Natur sauberes Wasser entnimmt (oder gegen Bezahlung kauft) und schmutziges Wasser entläßt, das vor weiterem Gebrauch auf Kosten anderer (etwa der Steuerzahler) gereinigt werden muß, entstehen soziale Kosten. Ebenso kann der umgekehrte Fall auftreten. Landwirte können mit der Bestellung ihrer Äcker einen Beitrag zur Landeskultur leisten. Bei einer Nichtbestellung müßte die Allgemeinheit gegebenenfalls Aufwendungen zur Erhaltung der Landschaft machen. Der Landwirt trägt private Kosten, die zu Einsparungen von sozialen Kosten führen. Die Existenz sozialer Kosten hat einige Autoren zu Attacken auf die marktwirtschaftliche Ordnung und deren Kostenverteilung veranlaßt. Ein Vorwurf lautet: Die Unternehmen trügen mit den privaten nur einen Teil der gesamten Kosten; die Gesellschaft müsse Kosten übernehmen, die eigentlich den Unternehmen anzulasten seien. Solche Kritiker übersehen verschiedene Punkte. Erstens treten Diskrepanzen zwischen privaten und sozialen Kosten in allen wirtschaftlichen Lenkungssystemen auf; ordnungstheoretisch betrachtet sind sie neutral. Zweitens entstehen aus dem Faktoreinsatz volkswirtschaftliche Erträge; erst die Gegenüberstellung von input und output, Kosten und Erträgen, gestattet ein abschließendes Gesamturteil (cost benefit-Analyse). Drittens sind die empirischen Erfassungs- und Bewertungsprobleme bei den sozialen Kosten und Vorteilen enorm; meist ist man auf ganz grobe Schätzungen angewiesen. Viertens kann man sich bei enger Definition der privaten und sozialen Kosten kaum einen Tauschvorgang denken, bei dem eine sehr genaue Entsprechung zwischen sozialem Faktoreinsatz und -ertrag besteht. Gleichwohl kann es eine lohnende Aufgabe der Wirtschaftspolitik sein, erkennbare Versuche der Sozialisierung von Kosten durch die Unternehmen zu verhindern, indem sie unerwünschte Nebenwirkungen der Produktions- und Marktprozesse auf die Umwelt unterbindet. Vertreter der Wettbewerbsordnung, wie WALTER EUCKEN, haben diese Probleme bereits in den dreißiger Jahren deutlich erkannt und von der Wirtschaftspolitik gefordert, für eine "geschlossene Wirtschaftsrechnung" der Unternehmen zu sorgen. Die Umweltverschmutzung hätte wohl kaum die heutigen Dimensionen erreicht, wenn solche Ratschläge befolgt worden wären. Die Unterscheidung nach privaten und sozialen Kosten ist der nach "external economies" und "external diseconomies" ähnlich. Diese geht auf ALFRED MARSHALL zurück, der von "externalities" spricht, wenn die Produktionsfunktion eines Unternehmens Variable enthält, die auf die Aktivitäten anderer Unternehmen zurückgehen (technologische externe Effekte); diese Nichtmarktbeziehung kann für ein Unternehmen vorteilhaft (economies) oder nachteilig (diseconomies) sein. In der Literatur wird das Problem der "external economies" oft am Bienenbeispiel aufgezeigt. Angenommen, ein Obstzüchter hat eine Ertragssteigerung durch das Bienenvolk des benachbarten Imkers. Wieviel Blüten sind durch die Bienen des Nachbarn und wieviel durch "freie" Insekten bestäubt worden? Ist nicht auch die Honigproduktion des Bienenvolkbesitzers durch die Blüten gesteigert worden, so daß offen bleibt, wer am meisten gewonnen hat? Ein Beispiel für "external diseconomies" wäre ein Hotelbetrieb, der unter der Luftverschmutzung eines nahegelegenen Werks leidet. Technologische oder reale "externalities" müssen genau von "pekuniären" Effekten unterschieden werden, die sich im Preis niederschlagen und Marktbeziehungen widerspiegeln, wie z. B. eine Preissenkung als Folge einer Kapazitätsausdehnung; pekuniäre Effekte stellen in der Preistheorie kein besonderes Problem dar.

Der Unternehmer steht bei der Aufgabe, die Produktion zu organisieren, vor einer Reihe von Entscheidungen. In zeitlicher Hinsicht, nach dem **Zeithorizont**, wird meist eine dreifache Einteilung vorgenommen:

⇨ Wie können in einer gegebenen Produktionsanlage die Faktoren so eingesetzt werden, daß die Kosten einer bestimmten Ausbringung (insgesamt oder pro Ausbringungseinheit) minimal werden? Diese Art der Entscheidung ist kurzfristiger Natur (short run time-horizon). Ihr Zeithorizont umfaßt den Zeitraum, in dem die Größe einer Produktionsanlage bei unveränderter Technik nicht variiert werden kann (operational time). Sie schwankt von Unternehmen zu Unternehmen und von Branche zu Branche. Für den Unternehmer ist die Analyse kurzer Perioden deshalb wichtig, weil ihm für bestimmte Einsatzfaktoren Kosten entstehen, unabhängig davon, ob sie genutzt werden oder nicht (Anlagen, Maschinen u. a.). Solche Kosten nennt man gewöhnlich fixe Kosten. Diese werden oft im Gegensatz zu den variablen Kosten als unabhängig von der Ausbringung pro Zeiteinheit betrachtet. Man sollte jedoch nicht übersehen, daß es im strikten ökonomischen Sinn keine fixen Kosten gibt.

⇨ Welche Größe der Anlage ist im Hinblick auf die kostengünstigste Produktion bei einer gegebenen Technik zu wählen? Diese Entscheidung stellt sich in langer Sicht (long run time-horizon). Hier umfaßt der Zeithorizont die Dauer bis zur Einführung technischer Fortschritte. Unter langfristigem Aspekt kann eine Anlage bei gegebenem Stand der Technik vergrößert oder verkleinert werden.

⇨ Welches ist die kostengünstigste Ausbringung, wenn nicht nur die Anlage, sondern auch die Produktionstechnik als Variable in die Überlegungen einbezogen wird? Diese Entscheidung stellt sich in sehr langer Sicht (very long run time-horizon). Die Zeitperiode ist dadurch definiert, daß die angewandte Produktionstechnik veränderlich ist. Empirisch gesehen dürfte die Grenze zwischen der langen und sehr langen Periode nicht scharf zu ziehen sein, da die Nutzungsdauer von Anlagen oft so lang ist, daß im Zeitpunkt ihrer Ersetzung (Re-Investition) neue Verfahren oder technisch verbesserte Anlagen zur Verfügung stehen.

Diese dreifache Unterscheidung berücksichtigt, daß es Größen gibt, die mit der Verlängerung des Zeithorizonts zu Variablen und damit zum Objekt unternehmerischer Entscheidungen werden. Sie ist eine theoretische Konstruktion, deren Angemessenheit sich bei der Analyse empirischer Sachverhalte erweisen muß..

K 6 -1

Globale externe Effekte

Negative externe Effekte - höhere soziale als private Kosten - sind eine Begleiterscheinung jeder hochgradig arbeitsteiligen Wirtschaft. Man kann sich kaum einen Produktions- oder Konsumtionsvorgang denken, der sich auf die Marktteilnehmer beschränken ließe, so daß negative externe Effekte gleichsam omnipräsent sind. Ihre völlige Beseitigung, wie beispielsweise die Bekämpfung auch geringen Lärms, kann nicht Aufgabe der Wirtschaftspolitik in einer marktwirtschaftlichen Ordnung sein. Eine Umweltschutzpolitik als wichtigster Fall einer staatlichen Reaktion auf externe Effekte ist deshalb nur in gravierenden Fällen angezeigt.

RONALD HARRY COASE (geb. 1910) von der University of Chicago hat überzeugend dargelegt, daß die Umweltgüter niemandem gehören und deshalb so genützt werden, als seien sie frei und nicht knapp. Eine Zuteilung von privaten Nutzungsrechten (property rights) an Verursacher oder Geschädigte von externen Effekten - gleichgültig, an wen von beiden - würde die übermäßige Nutzung der Umwelt vermindern. Für dieses Konzept und seine Untersuchungen zu den Transaktionskosten (IV.) ist ihm im Jahr 1991 der Nobelpreis für Wirtschaftswissenschaften verliehen worden.

Eine Zuteilung von privaten Nutzungsrechten ist in international wichtigen Fällen nicht möglich. Zu denken ist insbesondere an globale externe Effekte, wie die behauptete, jedoch nicht sicher bewiesene Veränderung der Erdatmosphäre (Treibhauseffekt, Ozonloch) durch menschliche Einwirkungen und die Verschmutzung der Weltmeere sowie ihre Überfischung, die das Aussterben einiger Arten - etwa des Wals - befürchten läßt. Auch die traditionelle Umweltschutzpolitik - gesetzliche Auflagen und Zwangsabgaben - kommt nicht in Betracht, ebensowenig wie die marktwirtschaftlichen Instrumente - etwa Umweltlizenzen -, weil sie nur innerhalb eines Landes durchgesetzt werden können. Die weltweite Verbreitung von bestimmten Umweltschäden macht vielmehr einige nationale Maßnahmen der Umweltpolitik fragwürdig, weil sie global ohne entscheidende Wirkung sind, die heimische Wirtschaft jedoch im internationalen Standortwettbewerb benachteiligen.

Eine Beseitigung negativer externer Effekte, soweit diese weltweit auftreten, ist schwer zu erreichen. Da kein Land allein dazu imstande wäre, müssen alle Staaten der Erde mitwirken. Eine globale Umweltpolitik ist jedoch nicht in Sicht, woran auch "Erdgipfel" der Regierungschefs aus über 100 Ländern - wie im Jahr 1992 in Rio de Janeiro - nichts zu ändern vermögen. Einem weltweiten Umweltschutz steht insbesondere das wirtschaftliche Interesse der ärmeren Länder auf der Südhalbkugel der Erde entgegen, die auf eine intensive Nutzung der Natur bei ihrer wirtschaftlichen Entwicklung nicht verzichten wollen. Einen Sinn in der Umweltpolitik der reichen Länder auf der Nordhalbkugel kann man allenfalls in ihrem Vorbildcharakter sehen.

Kurzfristige Kostenverläufe

Es ist zweckmäßig, die kurzfristige Kostenanalyse als **Umkehrung des produktionstheoretischen Ansatzes** zu betrachten. Geht man vom Ertragsgesetz aus, bei dem nur ein variabler Einsatzfaktor bei begrenzter Substitutionsmöglichkeit unterstellt wurde (6.1 b), lautet die Ausgangsfrage: Wie verändert sich der Ertrag mit der Variation der Menge dieses Faktors? Die Verläufe zeigt *Fig. 6-5*. In der Kostenanalyse fragt man umgekehrt: Wie verändern sich die mit ihren Preisen bewerteten Faktoreinsatzmengen mit Variation des Ertrages? Im Hinblick auf die Definition der Kosten in (6.9) läßt sich die Frage auch wie folgt stellen: Wie hoch sind die Kosten in Abhängigkeit von der ausgebrachten Menge? Unterstellt man, daß die variablen (v_1) und konstanten ($\bar{v}_2$) Einsatzmengen zu unveränderlichen Preisen $\bar{l}_1, \bar{l}_2$ erworben werden können, läßt sich die Produktionsfunktion (6.1 b) umformen zu

(6.11) $\quad O/t = F(v_1 \cdot \bar{l}_1, v_2 \cdot \bar{l}_2) \quad$ (technische Gleichung).

Die Produkte $v_1 \cdot \bar{l}_1$ und $\bar{v}_2 \cdot \bar{l}_2$ sind nicht mehr physische, sondern mit Preisen bewertete Faktoreinsatzmengen, die nach (6.9) als Kosten definiert wurden. Sie lassen sich in variable Kosten K_v und fixe Kosten K_f aufteilen:

(6.12 a) $\quad K_v = v_1 \cdot \bar{l}_1 \quad$ (Definitions-Gleichung)

(6.12 b) $\quad K_f = \bar{v}_2 \cdot \bar{l}_2 \quad$ (Definitions-Gleichung) und

(6.12 c) $\quad K = K_v + K_f \quad$ (Definitions-Gleichung).

Somit ist es möglich, den Ertrag pro Zeitperiode als eine Funktion der Kosten aufzufassen:

(6.13 a) $\quad O/t = F(K_v/t, K_f/t) \quad$ oder

(6.13 b) $\quad O/t = F(K/t)$.

Mit dieser Abwandlung kann man die Gesamtertragsfunktion (6.13 a) und *Fig. 6-5* wie folgt darstellen (*Fig. 6-6*): Auf der Abszisse werden statt der Einsatzmengen die Kosten K/t nach der Gleichung (6.12 c), auf der Ordinate der kostenabhängige Ertrag O/t nach der Gleichung (6.11) aufgetragen. Die Strecke vom Koordinatenursprung bis a entspricht den fixen Kosten. Ab *a* kommen die Kosten des variablen Faktors hinzu. Mit zunehmendem Einsatz der Kosten des variablen Faktors erhält man - wie in *Fig. 6-3* - den ertragsgesetzlichen Verlauf der Ausbringung.

Löst man (6.13 b) nach K/t auf, erhält man die **Kostenfunktion**; sie lautet:

(6.14) $\quad K/t = F^{-1}(O/t) = G(O/t)$.

Auf der Abszisse werden dann der Ertrag (O/t), auf der Ordinate die Kosten (K/t) aufgetragen. Die Strecke vom Koordinatenursprung bis *b* ist gleich dem

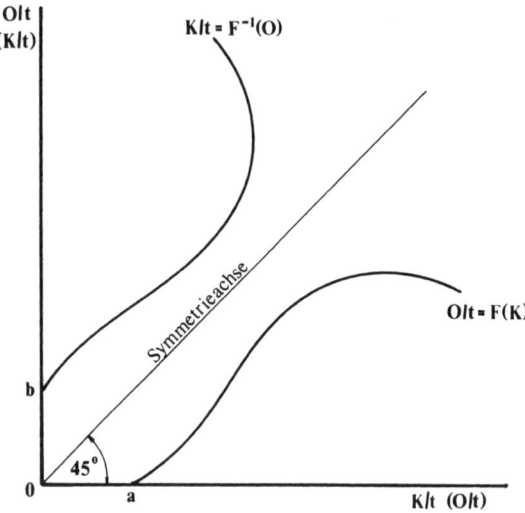

Fig. 6-6: Ertrags- und Kostenkurve

bewerteten Anteil des konstanten Faktors, den fixen Kosten. Ab b entstehen mit zunehmendem Ertrag zusätzlich variable Kosten. Man gewinnt die zu (6.14) gehörige Kostenkurve graphisch durch Spiegelung der Ertragskurve an der 45°-Achse (Umkehrfunktion). Kosten- und Ertragstheorie lassen sich auf diese Weise zu einer Einheit verbinden. Andere Ertragsverläufe können ebenfalls in Kostenfunktionen transformiert werden. Doch soll auf weitere Umformungen verzichtet und im folgenden vom ertragsgesetzlichen Kostenverlauf ausgegangen werden. Erwähnt sei lediglich der Fall linearer Gesamtkostenverläufe. Sie ergeben sich z. B. unter der Annahme konstanter Faktorpreise bei limitationalen Faktoreinsatzverhältnissen, so daß für Ertragsänderungen proportionale Variationen beider Faktoren nötig sind.

Wie bei den Erträgen in Abhängigkeit vom input bestehen auch bei den Kosten in Abhängigkeit vom output bestimmte Zusammenhänge zwischen **Gesamt-, Grenz- und Durchschnittskosten**, die keine Verständnisschwierigkeiten bereiten sollten. Eine kleine Komplikation bedeutet lediglich die Unterscheidung nach fixen und variablen Kosten. Ein Zahlenbeispiel (*Übers. 6-5*), in dem - wie auch in den folgenden Figuren - zur Vereinfachung Zeitindizes fortgelassen wurden, soll die Zusammenhänge illustrieren. Die Gesamtkosten steigen wegen der Wirksamkeit des Ertragsgesetzes mit fallenden, dann mit zunehmenden Raten. Folglich sinken die Grenzkosten zunächst; vom Wendepunkt der Gesamtkostenkurve ab steigen sie an. Die Durchschnittskosten "hinken" hinter den Grenzkosten her. Da die fixen Kosten Bestandteil der totalen Kosten sind, liegen die daraus berechneten Durchschnittskosten über den variablen Durchschnittskosten. Bei stetigem Kostenverlauf ergibt sich folgendes Bild (*Fig. 6-7*), das die Zahlen der *Übers. 6-5* wiedergibt. Im Wendepunkt (A) der Kurve der totalen Gesamtkosten (K), der zugleich auch der Wendepunkt der Kurve der variablen Gesamtkosten (K_v) ist, hat die Tangente an die Kurve die geringste Stei-

6. Angebot: Verkaufsplan des Unternehmens

Output	Gesamtkosten				Kosten pro Einheit			
	Fixe Kosten	Variable Kosten	Totale Kosten	Grenz kosten	Durchschnittskosten			
					Fixe Kosten	Variable Kosten	Totale Kosten	
(O)	(K_f)	(K_v)	(K)	$\left(\dfrac{\Delta K}{\Delta O}\right)$	(K_f/O)	(K_v/O)	(K/O)	
	Euro	Euro	Euro		Euro	Euro	Euro	
1	100	40	140	-	100,00	40,00	140,00	
2	100	70	170	30	50,00	35,00	85,00	
3	100	85	185	15	33,33	28,33	61,66	
4	100	96	196	11	25,00	24,00	49,00	
5	100	104	204	8	20,00	20,80	40,80	
6	100	110	210	6	16,67	18,33	35,00	
7	100	115	215	5	14,29	16,43	30,71	
8	100	120	220	5	12,50	15,00	27,50	
9	100	126	226	6	11,11	14,00	25,11	
10	100	134	234	8	10,00	13,40	23,40	
11	100	145	245	11	9,09	13,18	22,27	
12	100	160	260	15	8,33	13,33	21,67	
13	100	180	280	20	7,69	13,85	21,54	
14	100	206	306	26	7,14	14,77	21,86	
15	100	239	339	33	6,67	15,93	22,60	
16	100	280	380	41	6,25	17,50	23,75	
17	100	330	430	50	5,88	19,41	25,29	
18	100	390	490	60	5,56	21,67	27,22	
19	100	461	561	71	5,26	24,16	29,53	
20	100	544	644	83	5,00	27,20	32,20	

Übers. 6-5: Gesamt-, Grenz- und Durchschnittskosten

gung. Da eine Tangente an die totale oder variable Gesamtkostenkurve einen Winkel mit der Abszisse bildet, dessen Tangens gleich den Grenzkosten ($tg\ \alpha = K'$) ist, erreicht die Grenzkostenkurve bei diesem output ihr Minimum (A'). Dieses Minimum wird als Schwelle des Ertragsgesetzes bezeichnet, dessen Wirksamkeit beim output von A' einsetzt (*Fig.* 6-5). Im Punkt B wird eine gerade Verbindung aus dem Ursprung der variablen Gesamtkosten ($K_f = 100$; $K_v = 0$) mit der Kostenkurve zur Tangente. Da der Tangens einer beliebigen Geraden aus dem Nullpunkt der variablen Gesamtkostenkurve gleich den durchschnittlichen variablen Kosten ist ($tg\ \beta = DVK$), haben beim output zu Punkt B die durchschnittlichen variablen Kosten ihr Minimum (B'); aus diesem Nullpunkt gibt es keine gerade Verbindung mit der Kostenkurve, deren Steigungswinkel kleiner sein könnte als β. Das Minimum der DVK-Kurve (B') wird als Betriebsminimum oder Produktionsschwelle bezeichnet. Aus den gleichen Gründen hat beim output zu Punkt C die Kurve der durchschnittlichen totalen Kosten ($tg\ \gamma = DTK$) ihr Minimum (C'), weil eine gerade Verbindung aus dem Koordinatenursprung zur Tangente an die Gesamtkostenkurve wird. Das Minimum der DTK-Kurve (C') wird als Betriebsoptimum bezeichnet. Bei ertragsgesetzlichem Verlauf der Kostenkurven liegt also das Minimum der Grenzkosten (A') bei einem kleineren output als das der durchschnittlichen variablen Kosten (B'), dieses bei kleineren Mengen als das Minimum der durchschnittlichen totalen Kosten (C'). Zum output der beiden letzten Minima hat die Grenzkostenkurve einen steigenden Verlauf. Da diese Minima durch Tangentialbedingungen ($tg\ \beta$, $tg\ \gamma$) und die Grenzkosten durch den Tangens des Winkels bestimmt sind, der durch eine Tangente an die K-Kurve mit der Abszisse gebildet wird, schneidet die steigende Grenzkostenkurve die DVK- und DTK-Kurve jeweils in ihrem Minimum. Der senkrechte Abstand zwischen der DTK- und DVK-Kurve sind die durchschnittlichen fixen Kosten ($tg\ \sigma = DFK$). Die fixen Kosten verteilen sich bei zunehmendem output auf immer mehr Einheiten. Die fixen Kosten pro Einheit fallen ständig; der senkrechte Abstand zwischen der DTK- und DVK-Kurve (= DFK-Kurve) wird laufend kleiner. Je höher die fixen Kosten sind, um so größer ist mit zunehmender Produktion die Kostenersparnis pro Produktionseinheit (economies of scale). Größere Kostenersparnisse sind eine Ursache für Unternehmenskonzentration.

Bisher wurden die Beziehungen zwischen Output und Kosten bei konstanten Preisen der Produktionsfaktoren analysiert. Mit der **Variation der Faktorpreise** ändert sich auch die Lage der Kostenkurven. Es sollen aus einer Vielzahl von Möglichkeiten nur zwei Grenzfälle kurz behandelt werden: *Variationen der absoluten und relativen Faktorpreise.* Steigen (fallen) alle Faktorpreise um den gleichen Prozentsatz (absolute Änderung), kommt es zu einer Verschiebung der Kostenkurven nach oben (unten). Man nennt diese Verschiebung Kostenpreiseffekt. Die markanten Punkte (Schwelle des Ertragsgesetzes, Betriebsminimum und -optimum) verschieben sich - bezogen auf die Abszisse - nicht. Dieser Fall soll in *Fig. 6-8* unter der Annahme demonstriert werden, daß $\overline{l_2} = 0$ ist und deswegen Betriebsoptimum und -minimum zusammenfallen. Bei Änderung der relativen Faktorpreise ergibt sich ein anderes Bild. Ändert sich nur der Preis des fixen Faktors, verschieben sich K- und K_f-Kurve (*Fig. 6-7*) um die Fixkostenänderung senkrecht nach oben oder unten. K'- und DVK-Kurve bleiben unverändert; die DTK-Kurve verschiebt sich mit ihrem Minimum entlang der Grenzkostenkurve. Hat sich nur der Preis des variablen Faktors geändert, bleibt die Lage der K_f- und DFK-Kurve gleich, während sich die Gesamtkostenkurve nach oben oder unten verschiebt. Die Minima der DVK- und DTK-Kurve wandern dabei von links oben nach rechts unten (Faktorpreissenkung) oder umgekehrt (Faktorpreiserhöhung). Langfristig wird der ursprünglich fixe Faktor gegen den variablen substituiert oder umgekehrt, je nachdem, wie sich die Preisrelation ändert. Dabei ersetzt der relativ billige Faktor den teuren (Substitutionseffekt). Kurzfristig tritt dieser Effekt in allen Fällen ein, in denen nicht nur ein Faktor variabel ist und folglich ein Austausch der Faktoren stattfinden kann - eine in der Realität wohl vorherrschende Situation. In der Produktionstheorie ist gezeigt worden (*Fig. 6-4*), daß mit einer relativen Preisänderung die Faktorkombination wechselt. Der vergleichsweise billige Faktor wird dem teuren vorgezogen. Dementsprechend erhält man beim Substitutionseffekt eine andere Kostenfunktion, bei der die markanten Punkte mit denen der Kostenkurve vor der Preisänderung nicht mehr übereinstimmen.

6. Angebot: Verkaufsplan des Unternehmens 143

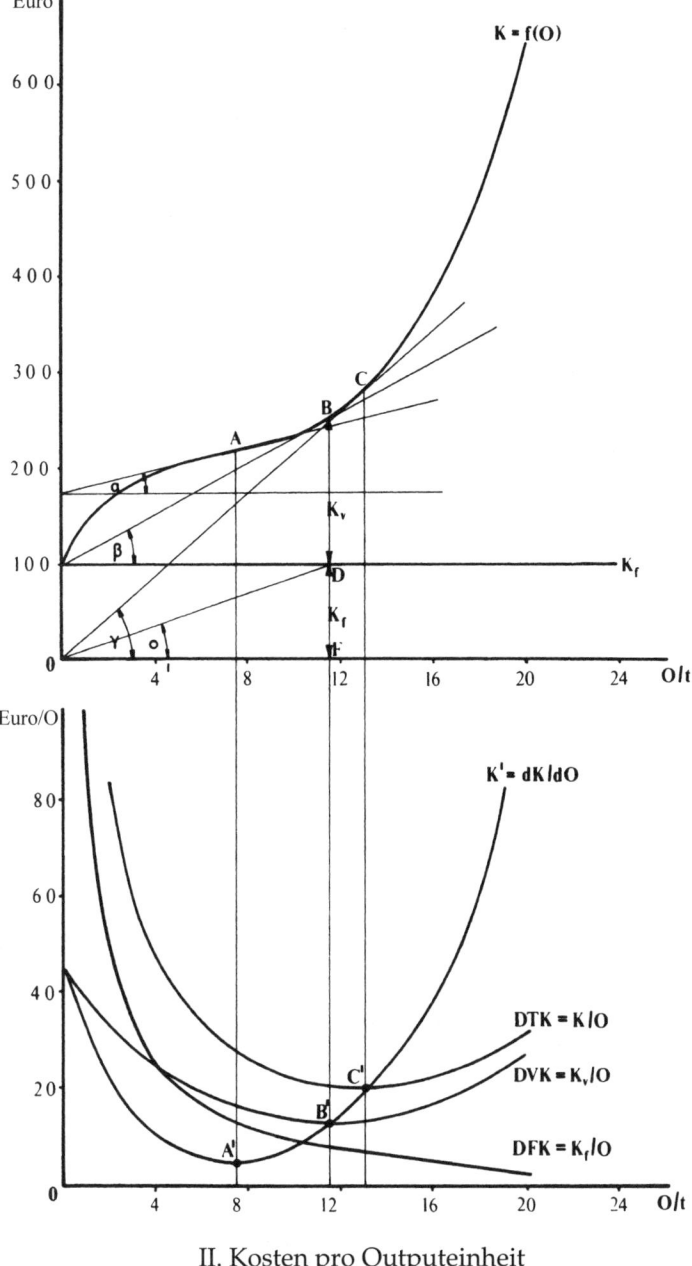

Fig. 6-7: Gesamt-, Grenz- und Durchschnittskosten

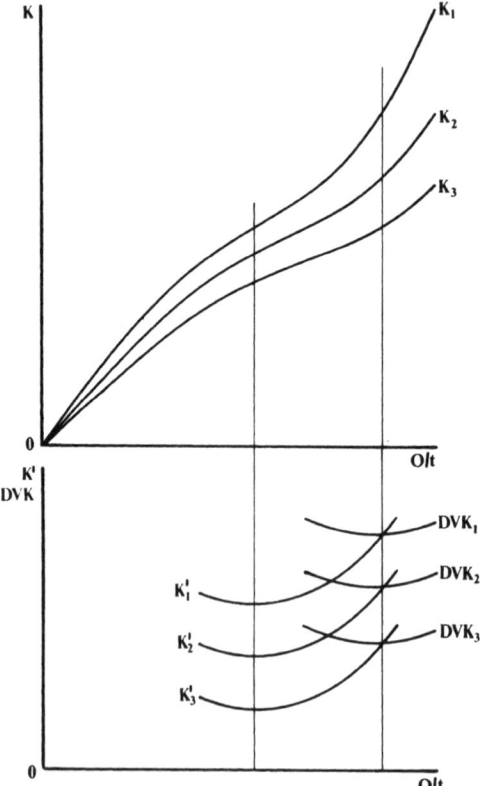

Fig. 6-8: Absolute Faktorpreisänderung

Langfristige Kostenverläufe

Langfristig sind alle Einsatzfaktoren variabel. Das Änderungsausmaß kann von Unternehmen zu Unternehmen stark divergieren. Da fixe Kosten schon für die Produktionsbereitschaft entstehen, wird die lange Kostenperiode oft als jener Zeitraum definiert, in der die **Betriebsgröße** eine Variable der unternehmerischen Entscheidung darstellt. Man kann die Betriebsgröße entweder an der Menge des eingesetzten fixen Faktors oder an der Ausbringung im Minimum der kurzfristigen DTK-Kurve messen. Wird jener Zeitraum betrachtet, in dem sich die Betriebsgröße ändert, kann man sich vorstellen, daß es eine Reihe kurzfristiger DTK-Kurven gibt, die sich immer mehr dem langfristigen Ziel der Kapazitätsänderung anpassen. Sicher ist nur, daß die langfristige Kurve der totalen Kosten keine fixen Kosten enthält und deshalb - wie in *Fig. 6-8* - im Nullpunkt beginnt. Ob zwischen der Abfolge der kurzfristigen und der langfristigen Kostenkurve ein enger Zusammenhang besteht, ist empirisch umstritten - ein Problem, das sich nur schwer lösen läßt, weil Kapazitätsänderungen oft mit Änderungen der Technik (Kriterium der sehr langen Betrachtung) einhergehen.

Häufig wird angenommen, daß das Minimum der langfristigen Durchschnittskosten bei einem relativ großen output liegt und die Unternehmer bei ihren Entscheidungen sich langfristig an ihm orientieren. Unternehmen, die ihre Kapazitäten ausweiten, können zunächst mit sinkenden Durchschnittskosten rechnen - eine Beobachtung, die seit KARL WILHELM BÜCHER (1847-1930) als "Gesetz der Massenproduktion" bezeichnet wird. Im Punkt des langfristigen Durchschnittskostenminimums, das von Branche zu Branche unterschiedlich ist und mit Änderungen der Produktionstechnik variieren kann, erreichen sie die "optimale" Betriebsgröße (Betriebsgrößenoptimum), weil eine nochmalige Kapazitätserweiterung zu steigenden Durchschnittskosten führt. In Branchen, in denen es solche optimalen Betriebsgrößen gibt, kann die Produktionsfunktion nicht linear-homogen sein. Das folgt aus der Überlegung zur totalen proportionalen Faktorvariation (6.1 c). *Fig.* 6-9 zeigt die Kurve der kurzfristigen Durchschnittskosten (KDK) von verschieden großen Produktionsstätten; A ist die kleinste, D die größte. Solange das Unternehmen eine Menge produziert,

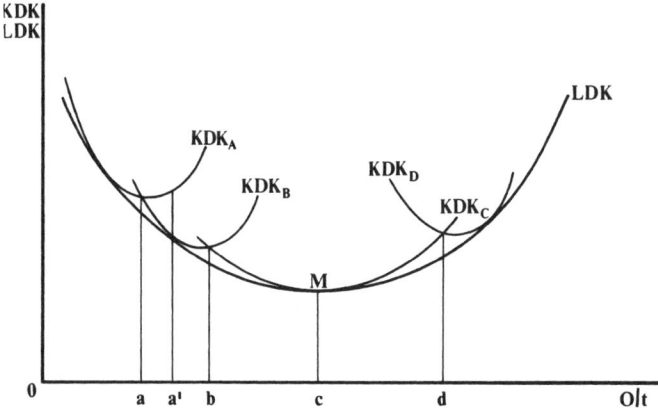

Fig. 6-9: Kurz- und langfristige Durchschnittskosten

die nicht größer ist als a, operiert es auf der Kurve KDK_A. Bei einer größeren Menge als a ist bis zum output b KDK_B, bei noch größerer Ausbringung KDK_C die günstigste Kostenkurve. Würde a' zu Kosten der Kurve KDK_A erzeugt, wäre das ungünstiger als bei der Kurve KDK_B. Es gibt also einen Produktionsbereich, innerhalb dessen die Durchschnittskosten absolut kleiner sind als bei jeder anderen Betriebsgröße (KDK_C zwischen b und d). Stellt man sich eine sehr große Zahl kurzfristiger Kostenkurven vor, "umhüllt" die langfristige Kostenkurve LDK gleichsam die kurzfristigen. Vor dem Minimum der langfristigen Kurve, dem **Betriebsgrößenoptimum** (M), berührt sie die kurzfristigen Kurven im degressiven (Größendegression), danach im progressiven Teil (Größenprogression). Die wichtigsten Ursachen für den Anstieg der langfristigen Kurve (ab M) werden in der begrenzten Kapazität des Managements und den steigenden Kosten des Kapitals gesehen. Der Zusammenhang zwischen kurzfristigen und langfristigen Kurven ist sowohl für die Gründung als auch für die Ausweitung eines Unternehmens bedeutsam. In jedem Fall handelt es sich um eine bloße Kostenanalyse, die keine Aussagen darüber gestattet, ob und inwieweit die produzierte Menge auch günstig verkauft werden kann.

Sehr langfristige Kostenverläufe

Die traditionelle Unterscheidung nach kurzen und langen Perioden wird angesichts des raschen technischen Fortschritts von vielen Autoren als ergänzungsbedürftig angesehen. Man hat zu zeigen versucht, **wie technischer Fortschritt auf die Kostenfunktion wirkt**. Genau wie bei den langfristigen Kosten können allenfalls grobe Tendenzen festgestellt werden. In seinen Wirkungen läßt sich der technische Fortschritt - soweit es sich um einen Verfahrensfortschritt (Verbesserung des Produktionsverfahrens, nicht der Produkte) handelt - formal wie eine absolute Preissenkung des variablen Faktors behandeln; die Verschiebung von K_1 nach K_3 in *Fig. 6-8* kann ganz langfristig als Fortschrittseffekt interpretiert werden. Da die "operational time" des technischen Fortschritts u. U. größer als die von Betriebsgrößenänderungen ist, bedient man sich der Umhüllungskurventechnik. Die Kurve der sehr langfristigen Durchschnittskosten (TDK) würde die der langfristigen Durchschnittskosten (LDK), diese die der kurzfristigen Durchschnittskosten (KDK) umhüllen. Ob die TDK-Kurve ein Minimum erreicht, von dem an sie wieder steigt, oder sich auf einem unteren Niveau stabilisiert, kann dahingestellt bleiben. In einer Welt mit knappen Gütern werden zumindest die TDK einiger Güter trotz technischen Fortschritts nicht auf Null absinken. Bezieht man die sozialen Kosten mit ein, mögen technische Fortschritte auch mit steigenden Durchschnittskosten verbunden sein, wodurch sie sich ökonomisch "disqualifizieren". Ebenso bleibt empirisch offen, ob technischer Fortschritt in jedem Fall zu Kapazitätserweiterungen führt (*Fig. 6-10*) oder ob ein gegebener output mit kleineren Betriebsgrößen erstellt wird, als es vorher der Fall war.

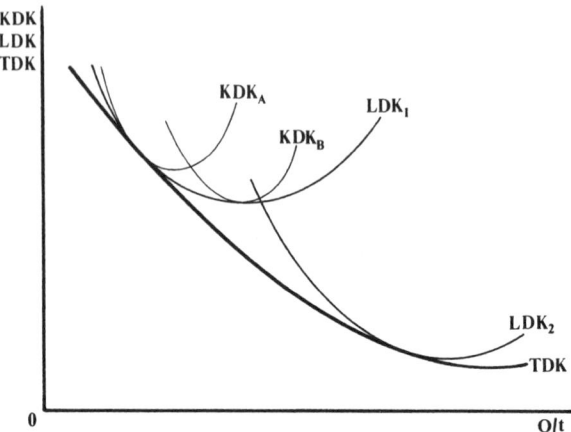

Fig. 6-10: Kurz-, lang- und sehr langfristige Durchschnittskosten

Die Volkswirtschaftslehre hat sich in den letzten Jahren verstärkt mit den **Ursachen des technischen Fortschritts** beschäftigt. Dabei zeigte sich rasch, daß der Begriff "technischer Fortschritt" einen Komplex recht unterschiedlicher Phänomene bildet. Als zweckmäßig erwies sich die Unterscheidung nach Erfindungen (inventions) und Neuerungen (innovations). Bei Erfindungen werden neue technische Möglichkeiten entdeckt, bei Neuerungen diese wirtschaftlich genutzt. Der Erfindung folgt im Prozeßablauf die Neuerung. Für die wirtschaftliche Breitenwirkung ist bedeutsam, inwieweit Erfindungen und Neuerungen einzelner Unternehmen von anderen übernommen werden (imitations). Eine naheliegende Frage ist, in welchem Umfang dabei materielle Antriebe als ökonomische Kategorie von Bedeutung sind. Relativ einfach lautet die Antwort bei Neuerungen: Neue Techniken oder Produkte setzen sich gegenüber alten wirtschaftlich durch, wenn sie weniger kosten oder Bedürfnisse besser befriedigen. Sofern sie nicht monopolisiert werden (z. B. durch Patente), geschieht das meist sehr schnell, da sie zu einer Verbesserung der Gewinnsituation führen. Allerdings können einzelwirtschaftliche (meist nicht zugleich volkswirtschaftliche) Verluste, die sich aus der Stillegung alter Anlagen ergeben, ihre Durchsetzung hemmen.

Widersprechende Hypothesen gibt es zur Frage nach den Motiven, die Erfindungen induzieren. Eine erste lautet: Erfindungen seien eine Sache des Zufalls oder Glücks. Zahlreiche Erfindungen wären oft überraschend, unbeabsichtigt gemacht worden, wofür es genügend Beispiele gäbe. Nach einer zweiten, entgegengesetzten Ansicht seien Erfindungen mit Hilfe wissenschaftlicher Methoden produzierbar. Es komme vor allem auf die Höhe der Mittel und auf die Organisation der Forschung sowie auf rechtliche Bestimmungen (Patentgesetz, Besteuerung u. a.) an. Großunternehmen mit riesigen Forschungsabteilungen könnten viel erfinden, kleine kaum etwas. Nach einer dritten Hypothese sei äußerer Zwang, etwa ein Krieg, wichtigste Quelle von Erfindungen ("Not macht erfinderisch"). Auch dafür gibt es empirische Belege, die allerdings noch keinen Autor veranlaßt haben, nach einem Krieg zu rufen. Viertens wird die Ansicht vertreten, letztlich sei - wie bei den Neuerungen - das Gewinnstreben entscheidend. Bestünden starke finanzielle Anreize (z. B. Erfinderprämien) - was wiederum von institutionellen Bedingungen abhängt -, würde mehr erfunden als ohne sie. Historisch gesehen sind die letzten 100 Jahre reich an Erfindungen und Neuerungen gewesen. Die langfristigen Prophezeiungen von KARL MARX haben sich - zumindest in diesem Punkt - als grundfalsch erwiesen. Er ging davon aus, daß die Unternehmer technischen Fortschritt als Maßnahme gegen fallende Profitraten einsetzen, wenn letztlich auch ohne Erfolg. Die fallenden Profite selektierten kleinere Unternehmen und förderten die Konzentration; mit den Investitionen würden zunehmend Arbeitskräfte freigesetzt. Die Entwicklung hat jedoch gezeigt, daß Arbeitskraft im Vergleich zu Kapital oft der knappe Faktor ist und der technische Fortschritt vor allem durch stark steigende Löhne induziert wird - das Gegenteil der von MARX als typisch unterstellten Konstellation. Hinsichtlich der nächsten 100 Jahre ist das Spektrum der Prophezeiungen bedeutend weiter. Es reicht von der Vorhersage einer dauernden Krise oder säkularen Stagnation bis zu den Möglichkeiten eines Schlaraffenlandes.

III. Gewinntheorie

Kurzfristige Gewinne

Das kurzfristige Gleichgewicht des Unternehmens kann unter den verschiedensten **Annahmen** untersucht werden. Zur Vereinfachung der Analyse sei unterstellt:

⇨ Der Verkaufspreis (p) pro output-Einheit (O) sei in einer bestimmten Zeit für das einzelne Unternehmen gegeben (price taker). Der Erlös ist dann proportional zur verkauften Menge, der Erlös pro Einheit der verkauften Menge konstant.
⇨ Der einzelne Unternehmer trifft seine Entscheidung unabhängig von anderen Anbietern.
⇨ Die Angebotsmenge kann auf dem Markt untergebracht werden (Abstraktion von unerwünschter Lagerhaltung).
⇨ Der Unternehmer möchte den Gewinn maximieren (Gewinnmaximierungsannahme).
⇨ Der Markt sei vollkommen überschaubar (transparent).

Der Gewinn (G) eines Unternehmens läßt sich als positive Differenz zwischen dem Erlös (R = revenue) und den totalen Kosten (K) definieren (alle Größen beziehen sich auf einen bestimmten Zeitraum; der Zeitindex wird jedoch fortgelassen):

(6.15) $G = R - K; R - K >$ Null (Definitions-Gleichung).

Der Erlös des Unternehmens ist definiert als das Produkt aus output und Preis des Gutes, der annahmegemäß gegeben sein soll:

(6.16 a) $R = O \cdot p = O \cdot \bar{p}$ (Definitions-Gleichung).

Für $\bar{p}$ = const. ist R demnach eine Funktion von O, also:

(6.16 b) $R = f(O)$.

Da die Kosten als eine Funktion des output aufgefaßt werden können, läßt sich (6.15) unter Berücksichtigung von (6.14) und (6.16 b) schreiben als

(6.17) $G = f(O) - G(O)$.

Der Gewinn ist eine Funktion des output. Das Gewinnmaximum wird deshalb bei dem output O_E erzielt, bei dem die erste Ableitung von

(6.18) $\dfrac{dG}{dO} = f'(O) - G'(O) = \dfrac{dR}{dO} - \dfrac{dK}{dO} = R' - K'$

den Wert Null annimmt:

(6.19 a) $f'(O_E) - G'(O_E) = 0$ oder   (6.19 b) $R' - K' = 0$.

Im **Gewinnmaximum** sind Grenzerlös und Grenzkosten gleich:

(6.20) $R' = K'$ (Verhaltens-Gleichung).

6. Angebot: Verkaufsplan des Unternehmens

(6.20) wird als Gleichgewichtsbedingung des Unternehmens bezeichnet. Unter den obigen Annahmen ist der Grenzerlös $R' = \bar{p}$ = const., da der zusätzliche Erlös jeder weiteren Produktionseinheit gleich dem Preis dieser Einheit ist. (6.20) wird dann zu

(6.21) $\quad \bar{p} = K'$ \hfill (Verhaltens-Gleichung).

Eine graphische Interpretation dieses Ergebnisses führt zu folgendem Bild (*Fig. 6-11*). Der Unternehmer dehnt das Angebot bis zu dem Punkt aus, in dem sich die Grenzkostenkurve (K') und die Preisgerade (p_E = const.) schneiden (*Fig.6-11.I.*). Jede Menge, die größer oder kleiner als O_E ist, kann nicht gewinnmaximal sein. Vor dem Schnittpunkt ist $p > K'$, der Zuwachs zum Erlös durch die letzte verkaufte Einheit ist mithin noch größer als der Zuwachs zu den Kosten; jede bis O_E ausgebrachte Menge würde den Gewinn noch erhöhen. Man kann deshalb die positive Differenz zwischen Erlös- und Kostenzuwachs ($p - K'$) auch als Gewinnzuwachs auffassen, der sich mit zunehmender Menge verringert, bis er in O_E zu Null wird. Über O_E hinaus ist die Differenz negativ, also wird ein Verlust eintreten (*Fig. 6-11.II.*), der als Grenzverlust verstanden werden muß, einen Gewinn insgesamt also nicht ausschließt (relativer Verlust).

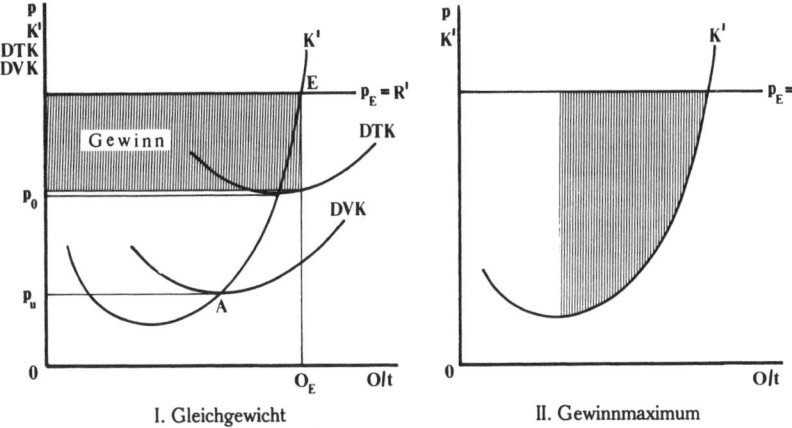

Fig. 6-11: Kurzfristiges Gewinnmaximum des Unternehmens

Die absolute **Größe des Gewinns** läßt sich als Integral der Differenz zwischen p und K' in den Grenzen von Null bis O_E errechnen, wobei die fixen Kosten als Integrationskonstante einzusetzen sind. Bequemer ist die Ermittlung über die Differenz zwischen p_E und den totalen Durchschnittskosten DTK, die nur noch mit der verkauften Menge O_E multipliziert zu werden braucht [$G = R - K = O_E \cdot (p_E - DTK)$]. Bei Mengenvariationen operiert der Unternehmer auf der Grenzkostenkurve vom Betriebsminimum (A) an. Der Preis im Betriebsminimum (p_u) ist kurzfristig die Untergrenze seines Angebots, weil er die variablen Kosten gerade noch über den Preis ersetzt bekommt. Da bei $p < p_u$ kein Angebot erfolgt und Punkt A der *Fig. 6-11* dem Punkt B der *Fig. 6-5* entspricht, wird nunmehr deutlich, warum das Ertragsgesetz nur in der dritten Stufe ökonomisch relevant ist. Sie entspricht dem Bereich zwischen dem

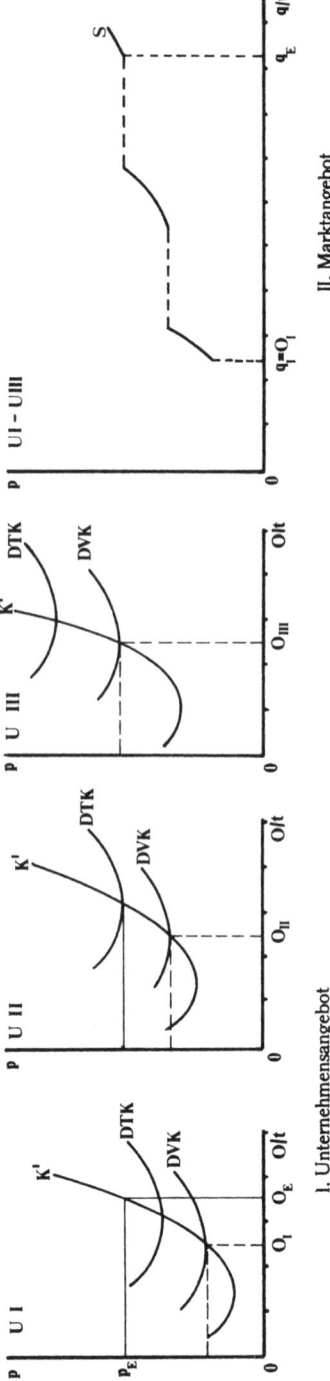

Fig. 6-12: Kurzfristiges Marktangebot

Betriebsminimum (A) und der Kapazitätsgrenze, die spätestens dort liegt, wo die Gesamtkostenkurve umschlägt (*Fig. 6-6*) und die Grenzkosten parallel zur Ordinate verlaufen. Liegt der Preis höher als p_u, aber niedriger als p_0, versucht der Unternehmer stets $p = K'$ zu verwirklichen; dann macht er zwar einen Verlust, den er aber minimiert. p_0 ist der Preis im Betriebsoptimum, in dem der Unternehmer seine gesamten Kosten gerade decken kann. Bei einem höheren Preis erzielt er einen Gewinn.

Das **Marktangebot** (die Gesamtangebotskurve S) entsteht durch Aggregation des Angebots aller Unternehmen, die das gleiche Gut unter denselben Bedingungen anbieten. Im allgemeinen werden die Kostenkurven der einzelnen Anbieter voneinander abweichen. Gibt es nur drei Anbieter - eine Zahl, die unter der price taker-Annahme proplematisch ist -, erhält man folgendes Bild (*Fig. 6-12*). Die Marktangebotskurve (*Fig. 6-12.II.*) unterscheidet sich von der bekannten Angebotskurve (*Fig. 4-8*) durch Diskontinuität. Kontinuierliche Angebotskurven erhält man unter der stringenten Annahme, daß der einzelne Anbieter eine ganz geringe, genau: eine unendlich kleine Menge, zum Marktangebot beiträgt. Analoges gilt für die Aggregation von Nachfragekurven. Jedes Unternehmen realisiert zum gegebenen Preis (p_E) die Menge, die seiner Grenzkostenkurve entspricht, sofern dieser Preis nicht unter dem Betriebsminimum liegt. Der letzte Anbieter, der zu einem gegebenen Preis kurzfristig gerade noch am Markt bleibt, ist der Grenz- oder Marginalanbieter ($U\ III$). Im dargestellten Fall erhält er über den Preis genau seine variablen, nicht jedoch die fixen Kosten ersetzt. Erzielen Unternehmen Gewinne, werden sie als Intramarginalanbieter, machen sie Verluste, als Submarginalanbieter bezeichnet. Durch horizontale Aggregation der individuellen Angebotskurven entsteht das Marktangebot (*Fig.6-12.II.*). Bei großer Anbieterzahl ist die Diskontinuität der Marktangebotskurve (S) nur noch geringfügig, weil der einzelne Anbieter die Gesamtmenge durch sein Hinzutreten (oder Ausscheiden) relativ wenig verändert. Die Probleme der Aggregation sind prinzipiell die gleichen wie auf der Nachfrageseite. Zu beachten bleibt: Unter den gemachten Annahmen ist für jeden einzelnen Anbieter der Preis ein Datum. Für die Unternehmen in ihrer Gesamtheit gilt das nicht, wie die Analyse des Marktgleichgewichts gezeigt hat (4. Kap.). Für sie ist die Situation eine andere als für den einzelnen. Zwischen Unternehmens- und Marktgleichgewicht muß deutlich unterschieden werden.

Langfristige Gewinne

Die Analyse des langfristigen Gleichgewichts hat bei den klassischen Nationalökonomen des 18. und 19. Jahrhunderts - z. B. bei ADAM SMITH und DAVID RICARDO - eine größere Rolle gespielt als kurzfristige Untersuchungen, die seit der Zeit ALFRED MARSHALLS (von "Neoklassikern") stark betont werden. Unter einfachsten **Annahmen** sollen einige langfristige Zusammenhänge erörtert werden:
⇨ Es existiere ein Preis, der für den einzelnen Unternehmer ein Datum ist und den er zur Grundlage langfristiger Entscheidungen macht.
⇨ Der Unternehmer glaubt, daß sein Angebot den Preis nicht ändert.
⇨ Technischer Fortschritt sei ausgeschlossen.

⇨ Der Markt sei vollkommen überschaubar.
⇨ Der Eintritt in den Markt sei frei.
⇨ Die Unternehmer versuchen, ihren Gewinn zu maximieren.

Das **Gewinnmaximum** wird - wie bei der kurzfristigen Betrachtungsweise (6.21) - durch die Gleichheit des langfristig geltenden Preises (p_E) mit den langfristigen Grenzkosten (LK') bestimmt. Bei Preisen, die unter dem Schnittpunkt dieser Grenzkosten mit dem Minimum der Kurve der langfristigen Durchschnittskosten LDK liegen, wird das Unternehmen aufgelöst, bei darüberliegenden Preisen vergrößert. Die Angebotskurve ist die LK'-Kurve ab B aufwärts. Der langfristig maximale Gewinn errechnet sich aus der Differenz $p_E - LDK$, multipliziert mit der Ausbringungsmenge (Fig. 6-13).

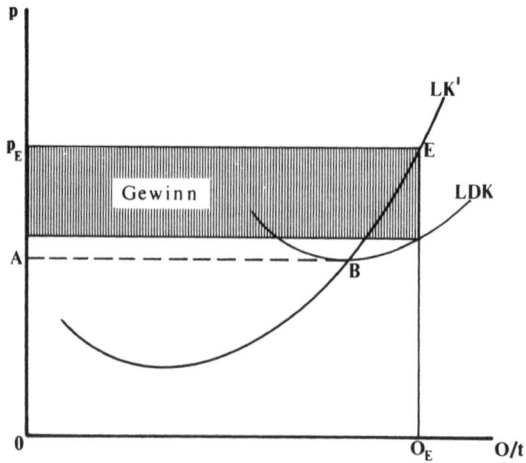

Fig. 6-13: Langfristiges Gewinnmaximum des Unternehmens

Bietet das langfristige Gewinnmaximum formal nichts Neues, so kann dies für das **Marktangebot** nicht behauptet werden. Es wurde angenommen, daß der Markt überschaubar, der Eintritt frei und der Preis eine langfristige Entscheidungsgrundlage sei. Sofern in einer Branche Gewinne gemacht werden, die über das übliche Maß hinausgehen, werden Unternehmer anderer Branchen angereizt, in diesen chancenreich erscheinenden Markt einzutreten. Es gibt langfristig gesehen stets eine Anzahl von Unternehmern, die als mögliche Konkurrenten der etablierten Anbieter in Frage kommen, wenn die Gewinne oder die Gewinnaussichten in einer Branche überdurchschnittlich hoch sind. Die von potentiellen Wettbewerbern ausgehende Gefahr für die tatsächlichen Anbieter bezeichnet man vielfach als latente Konkurrenz (latenten oder potentiellen Wettbewerb). Kommen bisher potentielle Anbieter mit einem Angebot auf den Markt (newcomer), vergrößert sich die angebotene Menge und der Marktpreis sinkt (*Fig.6-14*). Aus der latenten Konkurrenz ist eine tatsächliche geworden (8. Kap.). Aus der horizontalen Aggregation der individuellen Angebotskurven, von denen eine für ein repräsentatives Unternehmen mit langfristigen Gewinnen eingezeichnet wurde, ergibt sich das langfristige Marktangebot (S_0). Solange es Unternehmen gibt, die Gewinne machen, also eine Menge rechts vom Betriebsoptimum produzieren, werden neue Anbieter angereizt, die das bisherige Marktangebot von S_0 auf S_1 vergrößern und damit eine Preissenkung von p_E^0 auf p_E^1 verursachen. Das Marktgleichgewicht wird erst erreicht, wenn kein Unternehmen mehr einen Gewinn macht, oder realistischer: wenn der Gewinn auf ein als normal angesehenes Maß sinkt ("normal profit"). Das kurzfristige Betriebsgleichgewicht, bei dem Gewinne möglich sind, ist deshalb unter langfristigem Aspekt nicht notwendigerweise stabil. Langfristig werden nicht nur Preise und Mengen, sondern auch die Zahl der Unternehmen durch die Gewinne bestimmt.

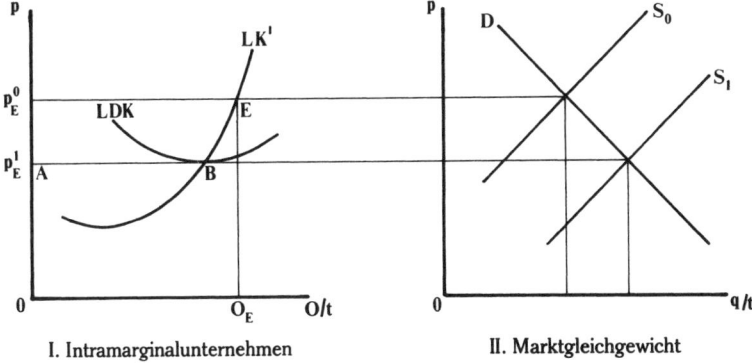

Fig. 6-14: Langfristiges Marktangebot

Ist es nicht paradox, daß **langfristig** die Unternehmen **keine oder geringere Gewinne** als kurzfristig machen? Erstens ist zu beachten, daß dieses Ergebnis nur unter den gesetzten Annahmen gilt. Kurzfristige Gewinne, die langfristig nicht aufrecht zu erhalten sind, wären im Ergebnis kein Widerspruch. Zweitens können innovations, die bisher nicht in die Überlegungen einbezogen wurden, ebenso wie eine wachsende Marktnachfrage, bei einzelnen Unternehmen zu Gewinnen führen. Drittens sind die Annahmen ziemlich strikt: weder ist der Markt für Anbieter und Nachfrager völlig überschaubar, noch ist der Marktzutritt völlig frei oder leicht möglich. In der Realität lassen sich die aufgezeigten Ergebnisse nur der Tendenz nach bestätigen. Tatsächlich können bei Wettbewerb Marktpositionen, die sehr hohe Gewinne zulassen, nur selten langfristig verteidigt werden. Die Erwartungen an den Wettbewerb gehen deshalb dahin, daß er zumindest langfristig permanente Gewinnreduzierungen erzwingt. Dieser Vorgang kann durch neue Gewinne überdeckt werden, was ihre empirische Erfassung schwierig macht.

Die dargestellte Gewinntheorie ist Gegenstand einer verbreiteten **Kritik**, vor allem **wegen der Gewinnmaxierungsannahme**. Gemeinsamer Nenner der Kritiker aus ganz verschiedenen Lagern ist die Behauptung, die Erzielung größtmöglicher Gewinne sei letztlich nicht das Ziel der Unternehmensführung. Dies gelte insbesondere für Unternehmen, die von Managern - statt von Eigentümern - geleitet werden (so v. a. OLIVER EATON WILLIAMSON (geb. 1932) und WILLIAM JACK BAUMOL (geb. 1922)): An die Stelle der Gewinnmaximierung träten andere Ziele, wie die Maximierung der Mitarbeiterzahl, des Umsatzes, des Unternehmenswachstums oder des Marktanteils, wobei ein gewisser Mindestgewinn eine unerläßliche Nebenbedingung sei. Die Tragfähigkeit dieser Kritik kann und braucht an dieser Stelle nicht geprüft werden; zur Diskussion sei auf die einschlägige Literatur verwiesen (vgl. auch 2. Kap., K 2-1: Principal-Agent-Theorie). Festzuhalten bleibt nur Folgendes: Erstens sind beide Annahmen - die Gewinnmaxierungs- und Nichtgewinnmaxierungs-Annahme - empirisch nur mit großen Schwierigkeiten zu bestätigen bzw. zu widerlegen; Plausibilität allein hilft in der Kontroverse nicht weiter. Zweitens können Abweichungen zwischen kurzfristigen und langfristigen Gewinnzielen nicht nur nicht widersprüchlich, sondern vielmehr geboten sein; wer z. B. kurzfristig nicht jede Gewinnmöglichkeit ausnutzt, kann gleichwohl auf Dauer Gewinne maximieren. Drittens haben Unternehmenseigentümer und -manager ein erhebliches Interesse daran, das Ziel Gewinnmaximierung nicht zu betonen; Gewinne oder Profite sind in fast allen Ländern Reizworte und Ansatzpunkte der gewerkschaftlichen Tarif- sowie der staatlichen Steuerpolitik.

IV. Transaktionskosten

Zur Natur des Unternehmens

Die traditionelle Theorie des Unternehmens (6. Kap., I.-III.) geht - meistens stillschweigend - davon aus, daß alle Transaktionen in einer Geld- oder Tauschwirtschaft zwischen Individuen auf Märkten stattfinden. Die Haushalte als Eigentümer der Produktionsfaktoren bieten Faktorleistungen an, die für die Erzeugung von Gütern nachgefragt werden. Unternehmen, verstanden als eine Institution, die an die Stelle von Märkten treten, sind letztlich nicht erforderlich, auch wenn sie in der traditionellen Theorie als Nachfrager von Produktionsfaktoren und als Anbieter von Produkten figurieren. Da in der Wirklichkeit jedoch **Unternehmen** in vielgestaltiger Form und Größe existieren, **bedarf** ihre **Entstehung** einer **Erklärung**. Die Frage, warum Unternehmen entstehen, wurde zuerst von RONALD HARRY COASE (geb. 1910) aufgeworfen und beantwortet, der auch das nach ihm benannte Theorem für die Zuteilung von Nutzungsrechten entwickelt hat (6. Kap., II., K 6-1).

Für das Verständnis der Erklärung von COASE ist es wichtig, zwischen zwei Arten von Kosten zu unterscheiden. Eine erste Kostenart sind die **Transaktionskosten** des Marktes (auch Markttransaktionskosten genannt). Mit der Benutzung des Marktes entstehen zwangsläufig Kosten. Wie Coase schreibt, muß man

⇨ herausfinden, mit wem man es zu tun haben will und unter welchen Bedingungen (Such- und Informationskosten),

⇨ Verhandlungen mit einem Abschluß führen (Verhandlungs- und Entscheidungskosten) und

⇨ Kontrollen zur Überwachung und Durchsetzung der Vereinbarungen vorsehen (Überwachungs- und Durchsetzungskosten).

Die Transaktionskosten fallen bei jeder Marktbenutzung an, sind insgesamt erheblich, wenn auch mit unterschiedlichem Gewicht der Transaktionskostenarten im einzelnen. So dürften in der Regel die Verhandlungs- und Entscheidungskosten bei Einkäufen des täglichen Lebens gering, bei einem Grundstückserwerb dagegen hoch sein. Die traditionelle Theorie berücksichtigt keine Transaktionskosten, impliziert also, daß diese gleich Null sind. Eine zweite Kostenart sind die **Organisationskosten**, die anstelle der Transaktionskosten des Marktes anfallen (auch Unternehmenstransaktionskosten genannt): Transaktionen des Marktes lassen sich dadurch ersetzen, daß ein interner Austauch von Gütern in einer Institution stattfindet, die man Unternehmen nennt. In dieser Sichtweise ist ein Unternehmen als eine Einrichtung definiert, die äußere Transaktionen internalisiert. Auch beim internen Austausch fallen zwangsläufig Kosten an, die aus der Kostentheorie bekannt und deshalb Bestandteil der traditionellen Lehre des Unternehmens sind.

Ein Beispiel soll die Alternative Markt oder Unternehmen für Transaktionen verdeutlichen: Ein Autobesitzer möchte sein defektes Fahrzeug durch andere reparieren lassen. Bei Transaktionen über den Markt wird er einen Automechaniker oder eine sonstwie geeignete Person suchen und anheuern, nach dessen Ursachenanalyse die erforderlichen Ersatzteile und vielleicht auch Werkzeuge kaufen, und schließlich alles bezahlen. Die Alternative wäre, das Auto einem Unternehmen zu übergeben und sich auf die Bezahlung zu beschränken. Die Ausführung der Reparatur und aller erforderlichen Transaktionen lägen dann "in einer Hand". Das Unternehmen, eine Werkstatt, beschäftigt Mechaniker, untersucht das Fahrzeug, hält Ersatzteile und Werkzeuge bereit. Es integriert auf diese Weise vor- und nachgelagerte Produktionsstufen (vertikale Integration). Wonach entscheidet sich, welche Art von Transaktion gewählt wird, die externe über den Markt oder die interne eines Unternehmens? Die eindeutige Antwort von COASE lautet: **Entscheidend** sind die **alternativen Kosten**. Solange sich die Transaktionen innerhalb eines Unternehmens zu geringeren Kosten organisieren lassen, als wenn dieselben Transaktionen über den Markt abgewickelt würden, treten Unternehmen an die Stelle des Marktes. Ein Nachfrager würde die für ihn günstigste Lösung wählen; Unternehmen entstehen, wenn sie kostengünstiger operieren als der Markt. Unternehmen haben deshalb eine wichtige Funktion in einer marktwirtschaftlichen Ordnung. Sie reduzieren durch eine geeignete Organisation die ansonsten anfallenden Transaktionskosten des Marktes, oft auch die Unsicherheit (Risiko und Ungewißheit) als Begleiterscheinung von Marktvorgängen. Die Kostenvorteile eines Unternehmens gegenüber Transaktionen am Markt haben verschiedene Gründe. Der vielleicht wichtigste ist, daß die Zahl der Verträge oft ganz erheblich reduziert wird. So führt ein Mechaniker einer Werkstatt auf der Grundlage eines Arbeitsvertrages eine große Zahl von Reparaturen aus, die bei einer Abwicklung über den Markt in jedem Einzelfall neue Verträge erfordern würde.

Durch Unternehmen können Transaktionskosten des Marktes gespart werden. Nach COASE verringert sich jedoch die Ersparnis mit zunehmender Unternehmensgröße. Er nimmt erstens an - in Übereinstimmung mit der herrschenden Lehre -, daß die Effizenz des Managements mit der Unternehmensgröße zurückgeht. Zweitens würden mit der Unternehmensgröße die Faktorpreise steigen. Wegen dieser Gründe gebe es eine **optimale Betriebsgröße**, die inhaltlich jedoch anders als sonst üblich bestimmt wird: Ein Unternehmen dehnt sich so lange aus, bis seine marginalen Organisationskosten den marginalen Kosten derselben Transaktion am Markt oder den marginalen Organisationskosten eines anderen Unternehmens gleich sind. Diese Definition geht von vertikal integrierten Einproduktunternehmen aus, wird von Ronald COASE aber auch für die Erklärung von horizontalen Unternehmenserweiterungen (Mehrproduktunternehmen) herangezogen.

Transaktionskostenansatz als Ergänzung und seine Erweiterungen

Das Konzept der Transaktionskosten bietet eine Erklärung für die Existenz von Unternehmen und eine in deren Logik liegende Bestimmung der optimalen Betriebsgröße. Sie **ergänzt**, wie deutlich geworden sein dürfte, die **traditionelle Unternehmenstheorie** um den auch gesamtwirtschaftlich wichtigen Aspekt, daß mit jeder Art von Transaktion Kosten anfallen, macht diese jedoch nicht überflüssig. Die Produktions-, Kosten- und Gewinntheorie (6. Kap., I.-III.) behalten ihren Stellenwert, auch wenn sie die Transaktionskosten des Marktes vernachlässigen. Daß das Konzept die neoklassische Theorie ergänzt und nicht ersetzt, wird auch daran deutlich, daß bei inhaltlichen Abweichungen die Sprache und die Denkkategorien übereinstimmen. So entspricht die beim Transaktionenkostenansatz inhaltlich abweichende Bestimmung der optimalen Betriebsgröße durch die Gleichheit von marginalen Größen bester neoklassischer Tradition. Es bereitet deswegen auch keine Schwierigkeiten, die Idee der Transaktionskosten in der betriebswirtschaftlichen Organisationslehre zu berücksichtigen, etwa durch Überlegungen, wie die Kosten der Marktbenutzung durch die Unternehmensorganisation minimiert werden können.

Der Transaktionskostenansatz ist von einigen Autoren aufgegriffen, jedoch weiter gefaßt worden, als es in der Analyse des Entstehungsgrundes von Unternehmen der Fall ist. Vor allem OLIVER EATON WILLIAMSON (geb. 1932) hat den Gedanken von COASE in seiner breit angelegten Theorie der Organisation fortgeführt, in welcher der Markt und die "Hierarchie" als alternative Koordinationsformen gegenüber gestellt werden. Bei den wirtschaftlichen Akteuren nimmt er überdies an, daß Individuen nur begrenzt rational handeln und sich opportunistisch verhalten. WILLIAMSON schuf damit die moderne **Transaktionskostenökonomik**, eine wirtschaftswissenschaftliche Organisationstheorie mit einem transaktionstheoretischen Fundament.

Die Transaktionsökonomik ist wiederum Teil einer umfassenden **Neuen Institutionenökonomik**. Mit dem Adjektiv neu soll der Unterschied zum Institutionalismus betont werden, der - wie die deutsche historische Schule oder eine ähnliche Denkrichtung in den Vereinigten Staaten im späten 19. Jahrhundert - eine Gegenbewegung zur klassischen Tradition war. Die Neue Institutionenökonomik erkennt demgegenüber die Klassik und Neoklassik an und baut wie die Transaktionsökonomik auf diesen auf. Eine Gemeinsamkeit von Institutionalismus und Neue Institutionenökonomik sind die Institutionen als wissenschaftlicher Gegenstand. Erklärt werden soll die Entstehung, der Wandel und die Funktion von Institutionen, die sehr weit gefaßt werden. Unterschieden wird meistens nach informellen Institutionen, wie Sitten und Gebräuchen, und formellen Institutionen, wie Gesetzen und Verträgen. Eine allgemein akzeptierte Definition von Institutionen gibt es nicht. Die Neue Institutionenökonomik ist eine interdisziplinäre Wissenschaft, welche die Beziehungen des ökonomischen Systems zu anderen Teilen des sozialen Systems untersucht. Daraus ergeben sich Fragestellungen, die neben Ökonomen auch Soziologen, Anthropologen, Politologen, Historiker und Juristen interessieren. Insbesondere die Verbindung "Law and Economics" hat sich als fruchtbar erwiesen und vor allem in den Vereinigten Staaten eine Blüte dieses neuen Wissenschaftszweigs hervorgebracht.

7. Kapitel: Produktpreisbildung

I. Marktformen und Interdependenz

Marktstrukturen
Preis kein Datum - Traditionelle Marktformengliederung - Hypothesen - Vollkommene und unvollkommene Märkte - Wichtige Marktformen - Implikationen der Annahmen

Interdependenz der Märkte
Begriff der Interdependenz - Annahmen - Konsequenzen der Annahmen - Struktur des allgemeinen Gleichgewichtsmodells

II. Angebotsmonopol

Reines Monopol mit einheitlichem Preis
Nachfragekurve ein Datum - Gewinnmaximum - Besonderheiten des kurzfristigen Monopolgleichgewichts - Monopolbeurteilung - Monopole von langer Dauer?

Preisdiskriminierung
Möglichkeiten des Monopolisten, seinen Gewinn zu verbessern - Voraussetzungen - Formen - Grenzen zwischen Diskriminierung und qualitätsbedingten Preisänderungen - Gewinnmaximum bei deglomerativen und agglomerativen Verfahren

III. Anbieterwettbewerb

Monopolistische (polypolistisch-heterogene) Konkurrenz
Im Modell der vollständigen Konkurrenz kein Wettbewerb - Begriff monopolistische Konkurrenz - Tangentenlösung - Bestätigung der Hypothesen - Andere Erklärungselemente

Oligopolistische Konkurrenz
"Zirkulare" Konkurrenz - Mathematische Modelle - Heterogenes Oligopol mit zwei Anbietern - Gewinnmaximum - Marktgleichgewicht - Gleichförmiges Verhalten - Preisstarrheit - Gemeinsame Gewinnmaximierung

I. Marktformen und Interdependenz

Marktstrukturen

Bei der Analyse der Nachfrage und des Angebots, also jeweils einer Marktseite, war es nötig, Annahmen über den Marktpreis zu machen. Dabei wurde der Preis für die Pläne der einzelnen Haushalte und Unternehmen als Datum betrachtet, d. h. die Wirtschaftssubjekte glauben, auf seine Höhe keinen Einfluß zu haben. Veränderungen des Marktpreises kommen auf solchen Märkten dadurch zustande, daß die Nachfrager oder Anbieter in Wettbewerb treten, wenn die absetzbare bzw. kaufbare Menge von ihren Plänen abweicht. Dieser Anpassungsprozeß wurde bereits erläutert (4. Kap.). Bei der Bestimmung des Gewinnmaximums ist deutlich geworden: Die Hypothese eines gegebenen Preises gilt nur unter bestimmten Bedingungen. Andere Konstellationen, in denen der **Preis** für Haushalte und Unternehmen **kein Datum** ist, sind möglich. Mit anderen Worten bleibt zu prüfen, wann ein Preis von Einzelwirtschaften hingenommen werden muß oder wann er beeinflußt werden kann. Auf beide Punkte soll nacheinander eingegangen werden. Da sich Hypothesen in der Praxis bestätigen müssen, ist es nicht erstaunlich, wenn angesichts der zahlreichen Formen, in denen sich das Marktgeschehen tatsächlich vollzieht, die moderne Analyse der Preisbestimmung beinahe unüberschaubar vielgestaltig ist.

Bis zu den dreißiger Jahren des 20. Jahrhunderts wurden nur wenige Marktformen unterschieden: Wettbewerb, Monopol und einfache Fälle des Oligopols (Dyopole). In der Vergangenheit mag diese **traditionelle Marktformengliederung** (*Übers. 3-1*) zur Erfassung der realen Preisbildungsvorgänge hinreichend gewesen sein. Den heutigen Anforderungen entspricht sie nicht mehr. Andererseits bleibt offen, ob eine stark differenzierende, mehr auf die mathematische Ästhetik als auf die empirische Relevanz achtende Preistheorie sowohl empirisch-wissenschaftlichen Ansprüchen als auch den Anforderungen der Wirtschaftspolitik genügen kann. Tatsächlich entwickelt sich neuerdings eine an empirischen Kriterien orientierte Wettbewerbstheorie, die mit den verfeinerten Teilen der modernen Preistheorie in einer nur losen Verbindung steht (11. Kap.). Das Dilemma der Preistheorie ist genereller Natur. Bei einer formenreichen Realität braucht man für eine empirisch gehaltvolle Theorie zahlreiche Hypothesensysteme, die immer mehr von ihrer allgemeinen Bedeutung und Brauchbarkeit einbüßen. Im folgenden werden einige Fälle behandelt, die in der Analyse im Vordergrund stehen. Zuvor sei auf die Einflußgrößen der Preisbildung und das Interdependenzproblem eingegangen.

Die Theorie der Preisbildung basiert auf folgenden, zum Teil alternativen **Hypothesen** und Definitionen:

⇨ Zielsetzung: Beide Markparteien handeln nach dem ökonomischen Prinzip in der Weise, daß auf einem Markt für Konsumgüter (einschl. Dienstleistungen) die Konsumenten den Nutzen, die Produzenten den Gewinn maximieren.

⇨ Güterart: Die auf einem Markt angebotenen und nachgefragten Güter sind gleichartig oder indifferent (law of indifference). Solche Güter werden als homogen oder völlig substituierbar bezeichnet. Sind dagegen Güter ungleichartig, doch ähnlich, spricht man von heterogenen oder begrenzt (peripher) substituierbaren Gütern.

⇨ Teilnehmerzahl: Die Zahl der Marktteilnehmer kann auf jeder Marktseite zwischen 1 und vielen schwanken. (Die häufige Annahme einer Schwankung zwischen 1 und ∞ ist ein typischer Tribut an die mathematische Eleganz.) Die Bedeutung der Teilnehmerzahl für das Verhalten liegt darin, daß mit zunehmender Zahl und abnehmendem Marktanteil die Wahrscheinlichkeit für einen verstärkten Wettbewerb steigt. Unter Wettbewerb wird eine Verhaltensweise verstanden, nach der sich ein Marktteilnehmer bemüht, an Stelle eines Mitbewerbers (Rivalen) mit dem am Markt Gegenüberstehenden zum Vertragsabschluß zu gelangen. Ob die Hypothese zur Teilnehmerzahl große praktische Relevanz besitzt, ist umstritten, da empirische Untersuchungen zu einer Falsifizierung auf einzelnen Märkten geführt haben; Vorsicht bei allgemeinen Schlußfolgerungen für die Realität scheint angezeigt.

⇨ Marktzugang: Ein Markt kann für den Zugang und (oder) Abgang von Marktteilnehmern offen sein, sofern es Anbieter oder Nachfrager gibt, die die Mittel und (oder) die Neigung dazu besitzen (vollkommenes Pleipol). Unter dieser Voraussetzung erfolgt die Preisbildung offenbar anders, als wenn Zu- und Abgänge verboten oder - etwa durch rechtliche, technische oder ökonomische Beschränkungen - behindert sind (unvollkommenes Pleipol). Marktzugänge sind in der Realität mitunter nach dem Ursprungsland des Güterangebots differenziert. So gibt es für Anbieter von Radio- und Fernsehgeräten aus der Bundesrepublik in der Europäischen Gemeinschaft keine Beschränkungen, während die technisch teilweise führenden japanischen Produkte ggf. nur mit einem Kontingent hereingelassen werden.

⇨ Markttransparenz: Ein Markt gilt in einem gegebenen Zeitpunkt als transparent (nicht völlig transparent oder intransparent), wenn für die Preisbildung wesentliche Daten der Gegenwart und Vergangenheit (wie Güterart, -qualität, Preise, Konditionen, Teilnehmerzahl und -größe) bekannt (nur zum Teil bekannt oder unbekannt) sind. Eine Kenntnis zukünftiger Daten anzunehmen, wie es in der älteren Preistheorie üblich war, würde jegliche Unsicherheit der Marktteilnehmer ausschalten und zu paradoxen Ergebnissen führen. Eine solche Annahme ist ein Paradebeispiel rein gedanklichen Spekulierens.

⇨ Entscheidungsform: Entscheidungen können unabhängig oder in Zusammenarbeit mit anderen Marktteilnehmern getroffen werden. Schließen sich Unternehmen zu einem Preiskartell zusammen, sind die Marktergebnisse andere als bei unabhängiger Entscheidung.

⇨ Anpassungsdauer: Die Höhe des Preises kann je nach der Reaktionsgeschwindigkeit der Marktteilnehmer verschieden sein, wie bei der Kostenanalyse deutlich geworden ist. Die in der deutschen Literatur häufiger auftauchende Annahme einer unendlich großen Reaktionsgeschwindigkeit ist in der angelsächsischen Literatur kaum anzutreffen, weil die zeitlichen Einflüsse - spätestens seit ALFRED MARSHALL - Bestandteil jeder gründlichen Analyse sind.

Gelegentlich werden noch andere Einflußgrößen genannt (z. B. über die Ausgestaltung des Geldwesens), die übergangen werden können, jedoch ein Hin-

7. Produktpreisbildung

weis dafür sind, daß der Katalog nicht in jeder Hinsicht vollständig ist.

Die vorherrschende Klassifikation der Marktformen und Preisbildungsvorgänge ist einfach. Sie beruht auf zwei Hypothesen: der Güterart und Teilnehmerzahl. Wenn die Güter homogen sind, bezeichnet man den **Markt** als **vollkommen**, sind sie heterogen, als **unvollkommen**. Einige, vor allem deutsche Autoren, wählen den Terminus "unvollkommener Markt" auch dann, wenn die Reaktionsgeschwindigkeit kleiner als unendlich oder die Markttransparenz nicht vollständig ist. Auf die empirischen Schwierigkeiten einer Guts- und Marktdefinition wurde schon aufmerksam gemacht (4. Kap.).

Ist auf einem vollkommenen Markt die Teilnehmerzahl auf beiden Marktseiten groß, liegt polypolistische Konkurrenz (auch: perfect oder pure competition) vor. Die Terminologie ist jedoch weder im angelsächsischen noch im deutschen Schrifttum einheitlich. Statt polypolistische wird häufig vollständige oder atomistische Konkurrenz (Wettbewerb) gesagt. Bei nur einem Teilnehmer auf einer Marktseite und vielen auf der Marktgegenseite spricht man vom reinen Monopol (pure monopoly), bei einigen wenigen vom homogenen Oligopol (pure oligopoly). Ist der Markt unvollkommen, erhält man die entsprechenden Marktformen noch einmal. Nach der hier getroffenen Auswahl - insbesondere bei der Teilnehmerzahl existieren andere Unterscheidungen - gibt es von der Angebotsseite aus gesehen folgende **wichtige Marktformen** vollkommener und unvollkommener Märkte, die in *Übers. 7-1* dargestellt werden. Die gleichen Überlegungen lassen sich für die Nachfrageseite anstellen (*Übers. 3-1*); doch soll davon zur Vereinfachung abgesehen werden.

Güterart / Zahl der Anbieter	Homogene Güter (Vollkommene Märkte)	Heterogene Güter (Unvollkommene Märkte)
viele	polypolistisch-homogene (vollständige) Konkurrenz (perfect oder pure competition)	polypolistisch-heterogene Konkurrenz (imperfect oder monopolistic competition)
wenige	homogenes Oligopol (pure oligopoly)	heterogenes Oligopol (imperfect oligopoly)
einer	reines Monopol (pure monopoly)	monopolistische Preisdifferenzierung (price discrimination)

Übers. 7-1: **Klassifikation vollkommener und unvollkommener Märkte des Angebots**

Da bei der Analyse der Grundlagen der Preistheorie (4. Kap.) sowie der Nachfrage (5. Kap.) und des Angebots (6. Kap.) stets davon ausgegangen wurde, daß zahlreiche Marktteilnehmer vorhanden sind, homogene Güter gehandelt werden und der Marktpreis für Haushalte und Unternehmen ein Datum ist, sind **die Implikationen der Annahmen** für den Fall einer vollständigen Konkurrenz (perfect competition) für das Angebot bekannt:

⇨ Der einzelne Anbieter realisiert sein Gleichgewicht (das Gewinnmaximum oder Verlustminimum) unter der Bedingung $K' = p$. Kurzfristig ist das Gleichgewicht stabil, langfristig nicht, da bei Gewinnen neue Anbieter auftreten und bei Verlusten alte ausscheiden.
⇨ Das Angebot des Marktes ergibt sich aus der Aggregation der individuellen Angebotskurven. Der Anbieter operiert auf der Grenzkostenkurve, deren Untergrenze kurzfristig das Betriebsminimum, langfristig das Betriebsoptimum bildet.

Vor der Analyse des Angebotsmonopols und -oligopols sollen die Zusammenhänge zwischen zwei Märkten bei vollständiger Konkurrenz kurz beleuchtet werden.

Interdependenz der Märkte

Bei der Untersuchung der Preisbildung auf isolierten Märkten schaltet man Rückwirkungen oder Einflüsse anderer Märkte durch die ceteris paribus-Klausel aus. Im Hinblick auf die Realität wird die Ausschaltung von Wechselbeziehungen, die unter dem **Begriff der Interdependenz** gefaßt werden, meist als erhebliche Beschränkung der Analyse anzusehen sein. Man kann sich nur wenige Fälle vorstellen, in denen nicht irgendwelche Interdependenzen vorliegen. Wer sich ein anschauliches Bild von möglichen Interdependenzen machen möchte, lese das 1. Kapitel in den "Grundlagen der Nationalökonomie" von WALTER EUCKEN (1891-1950) oder die ersten Seiten der "Theorie der wirtschaftlichen Entwicklung" von JOSEPH ALOIS SCHUMPETER (1883-1950). Der Gebrauch der ceteris paribus-Klausel geht vor allem auf ALFRED MARSHALL (1842-1924) zurück. Der Lausanner Nationalökonom MARIE ESPRIT LEON WALRAS (1834-1910) hat dagegen mit seiner Analyse des volkswirtschaftlichen (allgemeinen) Gleichgewichts einen Weg zur Untersuchung der Interdependenzen gezeigt. Die Nachwelt folgte weitgehend MARSHALL - wie überhaupt für mehrere Generationen Methoden und Untersuchungsobjekte durch die Art der Betrachtungsweise im Mutterland der Nationalökonomie, in England, stark geprägt wurden. Die Prämissen bei WALRAS sind so einschneidend, daß seine Totalmodelle keine empirische Relevanz haben. Die ceteris paribus-Klausel ist aus methodischen Gründen insofern zu verteidigen, als sich Zusammenhänge zwischen unabhängigen und abhängigen Variablen am besten bei Beschränkung auf wenige Variable analysieren lassen. Doch sollte man sich der Problematik dieses Vorgehens bewußt bleiben, wenn das wissenschaftliche Ziel ist, eine empirisch gehaltvolle Theorie zu erarbeiten.

Von großer Bedeutung ist die Interdependenz für die Theorie der Wirtschaftspolitik. Eingriffe auf bestimmten Märkten ziehen Rückwirkungen auf anderen Märkten nach sich. Vielleicht hat ein Mangel solcher Einsichten in marktwirtschaftliche Zusammenhänge dem punktuellen Interventionismus den Boden bereitet. Dieser beruht auf der widerlegbaren These, der Anpassungsprozeß des Marktes bringe Ergebnisse zustande, die von der Mehrheit der Marktteilnehmer nicht gewünscht würden und die man deswegen korrigieren müsse. Welche Funktionen der Preismechanismus auf Produkt- und Faktor-

7. Produktpreisbildung

märkten ausüben kann, ist bereits erörtert worden (3. Kap.). Die interdependenten Wirkungen seien unter folgenden **Annahmen** näher erläutert:
⇨ In einer von der Außenwelt isolierten Volkswirtschaft gebe es zwei Produktmärkte (Zwei-Güter-Modell). Die Produkte (1 und 2) seien jeweils homogen.
⇨ Die Produkte werden von zwei Faktoren, Arbeit und Kapital, erzeugt. Die für die Produktion notwendigen Bodenleistungen sind im Begriff des Kapitals enthalten; von Besonderheiten der Faktormärkte, die später erläutert werden (8.-11. Kap.), sei abgesehen.
⇨ Auf den Produkt- und Faktormärkten bestehe vollständige Konkurrenz. Das Kapitalangebot erfolge aus gegebenen Beständen, aus denen in Abhängigkeit vom Preis für Kapitalnutzung für alternative Verwendungen unterschiedliche Mengen angeboten werden.
⇨ Die Produktion des Gutes 1 sei kapitalintensiver als die des Gutes 2. Für eine Einheit des Gutes 1 wird relativ mehr Kapital (relativ weniger Arbeit) aufgewendet, als für eine Einheit des Gutes 2.
⇨ Die Haushalte lassen sich nach Anbietern von Arbeit und Kapital gliedern.
⇨ Im Ausgangszustand herrsche allgemeines Gleichgewicht.
⇨ Haushalte und Unternehmen maximieren den Nutzen bzw. Gewinn.
⇨ Die Gesamtausgaben der Haushalte und Unternehmen seien konstant.

Es existieren also zwei Produkt- und zwei Faktormärkte, die zunächst im Gleichgewicht sind. Gleichgewichtspreis und -menge auf jedem Markt sind ebenso wie der Umsatz bestimmt (*Fig. 7-1*).

Die innerhalb dieses Modells auftretenden Interdependenzen, **Konsequenzen der Annahmen**, lassen sich verdeutlichen, wenn das ursprüngliche Gleichgewicht (E_0) gestört wird. Das ist möglich durch Verschiebungen der gegebenen Angebots- und (oder) Nachfragekurven. Es sei angenommen, der Geschmack der Konsumenten habe sich geändert. Vom Gut 1 werde weniger, vom Gut 2 mehr verlangt. Beide Nachfragekurven verschieben sich, die von Gut 1 nach links, die von Gut 2 nach rechts (D_0 nach D_1; neues Marktgleichgewicht E_1). Da die Gesamtausgaben der Konsumenten konstant sind, muß der Rückgang der Gesamtausgaben bei Gut 1 genauso groß sein wie die Zunahme bei Gut 2 (jeweils schraffierte Fläche). Den Preisabfall bei Gut 1 und den Preisanstieg bei Gut 2 nehmen die Produzenten zum Anlaß von Produktionsumstellungen. Da für die Erzeugung von Gut 1 relativ viel Kapital und für Gut 2 relativ viel Arbeit notwendig ist, wird - wegen des Geltens der Gewinnmaximierungshypothese (Grenzkosten = Preis) - die Nachfrage nach dem Faktor Kapital fallen, die nach dem Faktor Arbeit steigen. Es findet eine Umlenkung der Faktoren statt (D_0 nach D_1; neues Marktgleichgewicht E_1). Mit der Veränderung des Faktoreinsatzes geht eine Umverteilung der Einkommen einher. Die Bezieher von Kapitaleinkommen erhalten absolut weniger Einkommen als vorher, die Bezieher von Arbeitseinkommen mehr (jeweils schraffierte Fläche). Sie werden die hieraus resultierende Verschiebung ihrer Budgetkurve zum Anlaß nehmen, die Ausgabenrichtungen zu ändern, um den jeweiligen Tangentialpunkt ihres Indifferenzkurvensystems zu realisieren (Sekundäreffekt). Das führt zu einer weiteren Verschiebung der Nachfrage (in *Fig. 7-1* nicht eingezeichnet), als deren Folgewirkung erneut Änderungen der Preise, Ausbringung, Faktoreinsätze und Einkommen auftreten. Dieser Prozeß setzt sich bis zu einem neuen allgemeinen Gleichgewicht fort. In der Realität wird niemals ein allgemeines Gleichgewicht erreicht; es gibt lediglich Anpassungstendenzen in diese Richtung.

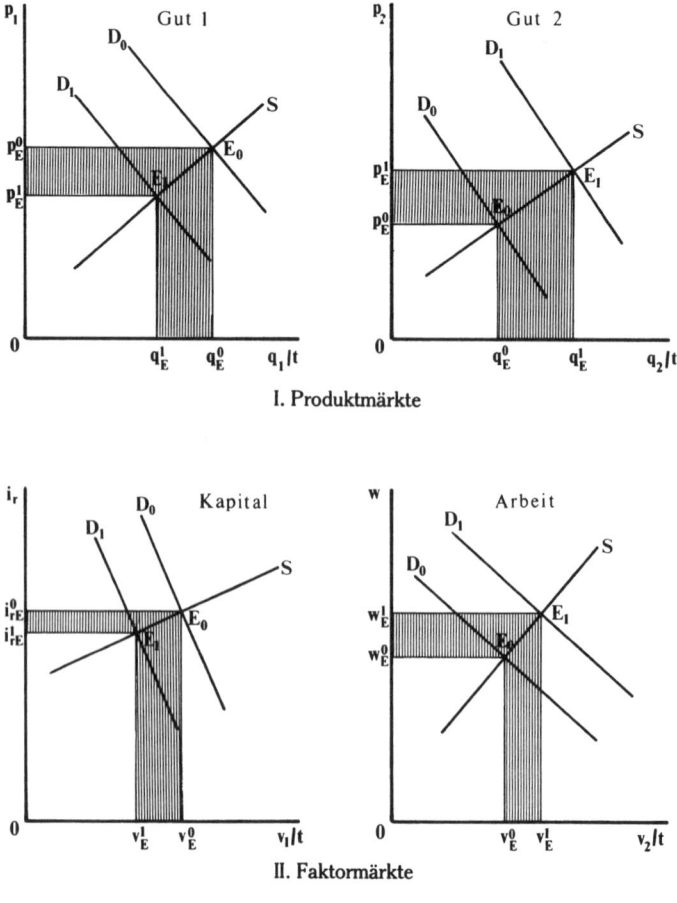

Fig. 7-1: Interdependenzen zwischen Märkten

Die Überlegungen für zwei Produkt- und Faktormärkte können auf eine größere Anzahl von Märkten übertragen werden. Dabei bedient man sich meist der mathematischen Ausdrucksweise, was notwendig ist, wenn eine gewisse Zahl der Variablen überschritten wird. Die allgemeine Lösung für m Produkte und n Faktoren hat LEON WALRAS entwickelt. Auf eine Darstellung dieses komplexen Modells sei verzichtet. In seiner mathematischen Form lassen sich die Gleichgewichtswerte der Variablen simultan bestimmen, ohne daß es möglich wäre, den dahinterstehenden Anpassungsprozeß sichtbar zu machen, wie es im obigen Beispiel geschehen ist. Allerdings wird an der **Struktur des allgemeinen Gleichgewichtsmodells** die gigantische Aufgabe deutlich, die der Preismechanismus zu lösen hat. Unter den sehr einschränkenden Annahmen des

Walrasianischen Systems sind bei 1000 Produkten und 100 Faktorleistungen über 100 000 Gleichungen und Unbekannte zur Bestimmung der Gleichgewichtslösung erforderlich. Mit einer solchen Berechnung wären nicht nur das menschliche Gehirn, sondern auch moderne Computer überfordert, vor allem, weil in Wirklichkeit die Zahl der Produkte und Faktorleistungen um ein Vielfaches größer ist und in kurzen Zeitabständen - Tag für Tag - neue Lösungen gefunden werden müßten. Daneben stünde man vor der unüberwindbaren Schwierigkeit, eine riesige Zahl von Daten rasch und fortlaufend zu beschaffen. Einige Forscher, so u. a. FRIEDRICH AUGUST VON HAYEK, betonen deshalb, daß die Informationsfunktion des Marktes durch nichts - auch nicht durch gegenwärtige oder künftige Technik - zu ersetzen sei.

II. Angebotsmonopol

Reines Monopol mit einheitlichem Preis

Gibt es auf einem Markt nur einen Anbieter und viele Nachfrager, liegt ein Angebotsmonopol vor. In diesem Fall sind individuelles Angebot und Angebot des Marktes identisch. Die dem Monopolisten gegenüberstehende Nachfrage ist die gleiche wie die für einen Markt insgesamt. Die Nachfragekurve des Marktes entsteht auf bekannte Weise aus der Aggregation individueller Nachfragekurven. Wir wollen annehmen, die **Nachfragekurve** sei für den Anbieter **ein Datum**. Im Gegensatz zur polypolistischen Konkurrenz (perfect competition), bei der der einzelne Anbieter nicht damit rechnet, durch seine Ausbringung den Preis zu seinen Gunsten beeinflussen zu können, weiß der Monopolist: eine größere Menge ist nur zu geringerem Preis absetzbar. Der Monopolist befindet sich gegenüber dem Polypolisten in der günstigen Lage, entweder die Menge oder den Preis gemäß seinen Vorstellungen am Markt durchsetzen zu können. Wählt der Monopolist den Preis, muß er eine bestimmte Absatzmenge akzeptieren; wählt er die Menge, muß er den Preis hinnehmen. Die Größe, die der Monopolist festsetzt, nennt man Aktionsparameter, diejenige, die er akzeptieren muß, Erwartungsparameter.

Welche Preis-Mengen-Kombination ist für den Monopolisten gewinnmaximal? Um diese Frage beantworten zu können, muß zunächst berücksichtigt werden, daß bei einer Nachfragekurve, die nicht parallel zur Abszisse verläuft, Preis (p) und Grenzerlös (R') nicht identisch sind. Für die Gewinnmaximierung gilt (6.20) und nicht (6.21). Beim Verkauf einer weiteren Einheit fällt der Preis nicht nur für diese, sondern auch für alle vorherigen Einheiten. Der Grenzerlös zu jeder Menge ist deshalb geringer als der Preis. Dieser Zusammenhang ist aus dem Abschnitt über die Nachfrageelastizitäten (4. Kap.) bereits bekannt. Unterstellt man mit zunehmendem output steigende Grenzkosten (K'), ergibt sich bei kurzfristiger Betrachtungsweise der Preis der gewinnmaximalen Preis-Mengen-Kombination [nach (6.20) $R' = K'$] aus der vertikalen Projektion des Schnittpunkts E der Grenzkosten- mit der Grenzerlöskurve auf die Nachfragekurve. Diese Stelle wird COURNOTscher Punkt (C) genannt. Das **Gewinnmaximum** verdeutlicht *Fig. 7-2*. Jede Menge, die größer oder kleiner als

q_E oder jeder Preis, der höher oder niedriger als p_E ist, kann nicht gewinnmaximal sein. Ist die Menge kleiner als q_E, wird auf möglichen Gewinn verzichtet, weil links von q_E die Grenzerlöse (R') die Grenzkosten (K') übersteigen. Eine Mengenzunahme bewirkt eine Gewinnsteigerung. Bei einer größeren Menge als q_E sind umgekehrt die Grenzkosten höher als die Grenzerlöse. Es gibt also keine Menge außer q_E, bei der der Gewinn größer sein könnte. Zu dieser Menge gehört der Preis p_E. Wählt der Monopolist p_E als Aktionsparameter, muß er q_E akzeptieren et vice versa. Der Gewinn pro Ausbringungseinheit (Stückgewinn) läßt sich aus der Differenz zwischen Preis (p_E) und durchschnittlichen totalen Kosten (DTK) bestimmen (CA); wird der Stückgewinn mit der Gleichgewichtsmenge (q_E) multipliziert, ergibt sich der Gesamtgewinn (schraffiertes Rechteck). Am Fall des Angebotsmonopols wird noch einmal deutlich, daß die Gleichgewichtsbedingung $K' = R'$ allgemeiner als die des Unternehmensgleichgewichts bei polypolistischer Konkurrenz ($K' = p$) ist. Da bei einer

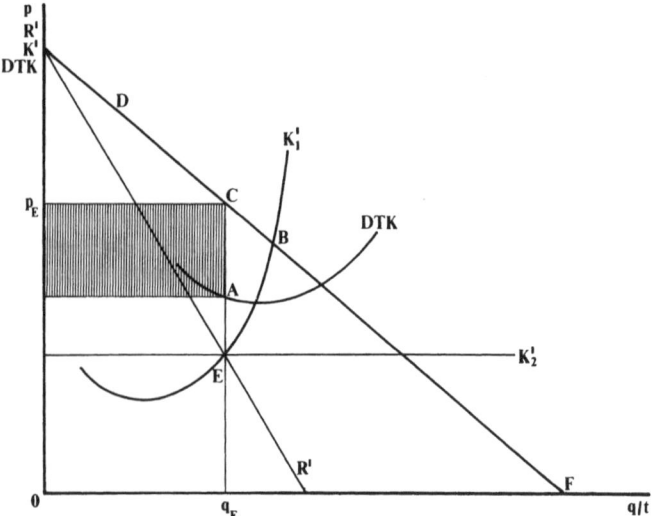

Fig. 7-2: Kurzfristiges Gleichgewicht im reinen Monopol

linearen individuellen Nachfragekurve, die zur q- Achse parallel verläuft, $p = R'$ gilt (der Umsatz steigt jeweils um den Preis der Grenzeinheit, die vorherigen Einheiten bleiben im Preis unverändert), läßt sich das Unternehmensgleichgewicht bei polypolistischer Konkurrenz unmittelbar als Grenzfall aus dem Monopolgleichgewicht ableiten.

Es sei auf folgende **Besonderheiten des kurzfristigen Monopolgleichgewichts** im Vergleich zum Unternehmensgleichgewicht bei polypolistischer Konkurrenz hingewiesen:

⇨ Unternehmens- und Marktgleichgewicht, die bei der perfect competition genau unterschieden werden müssen, fallen im Monopol zusammen.

⇨ Im Gewinnmaximum des Monopolisten ist ceteris paribus die Menge kleiner und der Preis höher als im Marktgleichgewicht der polypolistischen Konkurrenz. Wären nämlich zahlreiche Anbieter am Markt, läge das Gleichgewicht von Angebot und Nachfrage (Marktgleichgewicht) bei B. Für den Fall, daß die Nachfragekurve linear und die Grenzkosten konstant sind (K'_2 in Fig. 7-2), bringt der Monopolist genau die Hälfte der Menge auf den Markt, die bei vollständiger Konkurrenz auf den Markt kommen würde. Die R'-Kurve schneidet die Abszisse im Halbierungspunkt der Strecke $0F$. Wegen des Strahlensatzes gilt das für jede Parallele zur Abszisse.

⇨ Das Gleichgewicht des Anbietermonopols liegt bei positiven Grenzkosten ($K' > 0$) stets im elastischen Bereich der Nachfragekurve, da ein positiver Grenzerlös ($K' = R' > 0$) nur bei einer Nachfrageelastizität von größer als 1 möglich ist (Fig. 4-16).

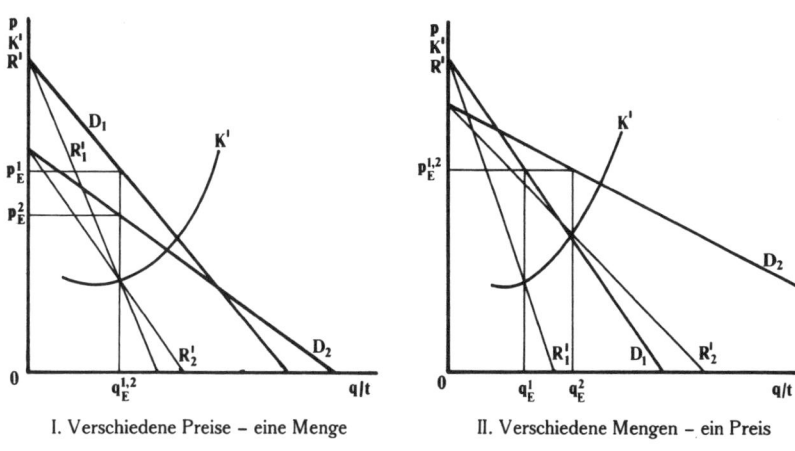

I. Verschiedene Preise – eine Menge   II. Verschiedene Mengen – ein Preis

Fig. 7-3: Indeterminiertes Monopolangebot

⇨ Die Angebotsfunktion des Monopolisten ist indeterminiert. Es ist möglich, daß sich bei unterschiedlichen Nachfrage-, aber gleichen Grenzkostenkurven einmal verschiedene Preise mit einer bestimmten Menge (*Fig. 7-3.I.*) und zum anderen gleiche Preise mit verschiedenen Mengen (*Fig. 7-3.II.*) im Gleichgewicht ergeben. Im Angebotsmonopol gibt es also keinen eindeutig bestimmten Zusammenhang zwischen Marktpreis und Angebotsmenge, wenn sich die Nachfragekurve verschiebt. Dann sind zu einem bestimmten Marktpreis verschiedene Angebotsmengen denkbar.

Bei der **Monopolbeurteilung** darf nicht vergessen werden, daß das Monopolgleichgewicht nichts anderes darstellt als eine deduktive Ableitung der Konklusionen aus den eingangs genannten Annahmen. Weder ist es bei der perfect competition noch beim pure monopoly ohne weiteres möglich, die Modellkonsequenzen zur Grundlage praktischer Entscheidungen zu machen. Der Gleichgewichtszustand der perfect competition dürfte - da ex definitione niemand Veranlassung hat, sein Verhalten zu ändern - das Gegenteil dessen sein, was sich die meisten Menschen unter vollständiger Konkurrenz vorstellen. Tatsächlich ist das, was die Preistheorie unter perfect competition abhandelt, eine "Schlafmützenkonkurrenz" (FRIEDRICH AUGUST LUTZ) oder - noch drastischer - eine "Grabesruhe" (EUGEN BÖHLER). Die Konkurrenz sieht in der Wirklichkeit anders aus. Die perfect competition wird deshalb zur "Grabesruhe", weil durch die obigen Annahmen Antriebskräfte (wie Verfahrensfortschritte, Produktverbesserungen, neue Produkte oder Absatzwege) ausgeschlossen werden, die die Konkurrenz in praxi am Leben halten. Die Beurteilung des Monopols orientiert sich deshalb nicht so sehr an den Eigentümlichkeiten des kurzfristigen Gleichgewichts. Andere Gesichtspunkte, die sich einer einfachen Analyse entziehen, haben oft größeres Gewicht. Unter ihnen spielt der Beitrag des Monopols zum wirtschaftlichen Fortschritt eine große Rolle. JOSEPH ALOIS SCHUMPETER hat zeitweiligen (temporären) Monopolen entscheidende Bedeutung für die wirtschaftliche Entwicklung beigemessen. "Dynamische" Unternehmen verschafften sich damit gegenüber "statischen" immer wieder einen Vorsprung im Wettbewerb, der durch Nachahmer abgebaut werde. Das durch diesen Vorsprung geschaffene zeitweilige Monopol gehe so in ein Oligopol über. Ein wirtschaftspolitisches Problem seien deshalb nicht Monopole schlechthin, sondern im wesentlichen nur die etablierten und nicht mehr unter dem Druck des potentiellen Wettbewerbs stehenden Einzelanbieter (11. Kap.).

Ist der Markteintritt - auch international gesehen - frei und genießen **Monopole** keinen staatlichen Schutz, kann man sich in hochentwickelten Volkswirtschaften tatsächlich schwer vorstellen, daß monopolistische Positionen **von langer Dauer** sind. Die Marktstrategie der Monopole richtet sich aus diesem Grund oft darauf, anderen den Zugang zum Markt zu erschweren oder unmöglich zu machen. Vor allem durch eine Beeinflussung der wirtschaftspolitischen Entscheidungsträger wird versucht, monopolbegünstigende Gesetze durchzusetzen (Vertrags-, Urheber- und Patentrecht, Zugangsregelungen durch "Berufsordnungen", Schutzzölle, Wareneinfuhrverbote u. a.). Eine besondere Form des Monopols bildet das "Kollektivmonopol", das aus der Zusammenarbeit von rechtlich selbständigen Unternehmen entstehen kann (Kartell). Dabei wird durch Preisgabe der wirtschaftlichen Selbständigkeit auf einigen Gebieten die Beseitigung der Anbieterkonkurrenz erreicht. Gelten dauerhafte Monopole als unerwünscht, sehen sich die politischen Instanzen nicht nur mit der Frage konfrontiert, wie bestehende Monopole dem Wettbewerb der "newcomer" unterworfen werden können, sondern auch, wie Schließungen von Märkten durch Marktteilnehmer zu verhindern oder rückgängig zu machen sind. Fragen wie diese sind Gegenstand der Theorie der Wirtschaftspolitik. Häufig hat sich gezeigt, daß allen Versuchen der Monopolisten, ihre Marktstellung auf Dauer zu sichern, selbst dann nur ein Teilerfolg beschieden ist, wenn der Marktzugang erschwert oder unmöglich gemacht wurde. Der wichtigste Grund dafür liegt in der Existenz oder im Aufkommen von Substitutionsgütern, deren Zahl im Zuge der wirtschaftlichen Entwicklung immer größer wird. Das Monopol der Eisenbahn ist in den meisten Ländern durch das Automobil und andere Verkehrsmittel, die ein ähnliches Gut - Verkehrsleistung - anbieten, beseitigt und durch ein Oligopol (oder Polypol) ersetzt worden. Da Substitutionsgüter Ausweichmöglichkeiten schaffen, wird eine Tendenz zur Erhöhung der Nachfrageelastizität ausgelöst. Die Nachfragekurven für die Monopolgüter werden immer flacher und nähern sich der bei vollständiger Konkurrenz. Man wird in einer entwickelten Volkswirtschaft nur noch wenige Güter ausfindig machen können, zu denen es überhaupt kein engeres Substitutionsgut gibt. Die Liberalisierung des Außenhandels hat im übrigen dazu beigetragen, daß nationale Monopolstellungen beseitigt oder zumindest erschwert werden. Aus diesen Gründen hat das Monopol viel von seinem Schrecken verloren, den es noch für KARL MARX und einige seiner Zeitgenossen hatte. Damit soll keineswegs gesagt werden, daß es heute kein gravierendes Monopolproblem mehr gibt. Es zeigt sich immer dann, wenn Monopole von der staatlichen Wirtschaftspolitik gewollt oder ungewollt gefördert werden. Die meisten Monopole, die man in der Realität antrifft, sind zum Teil als Folge dieser Politik entweder staatliche Monopole oder vom Staat vom Wettbewerb freigehaltene Bereiche (Ausnahmebereiche), so daß für die Monopolbekämpfung in der Regel als Restaufgabe die Bekämpfung "monopolartiger" Gebilde - v. a. erstarrte Oligopole - verbleibt. Durch den Willensbildungsprozeß in der Demokratie ist die Monopolbekämpfung ohnedies zu einer schwierigen Aufgabe geworden, der nur wenige Regierungen gewachsen zu sein scheinen.

Preisdiskriminierung

Es gibt für einen **Monopolisten** verschiedene **Möglichkeiten, seine Gewinnpositionen** gegenüber der soeben analysierten **zu verbessern**. Erstens würde eine Kostensenkung die Gewinne ceteris paribus erhöhen. Zweitens kann er durch absatzpolitische Maßnahmen (z. B. Werbung) versuchen, die Nachfragekurve nach rechts zu verschieben; solange die Grenzkosten der Absatzmaßnahmen niedriger sind als der zusätzliche Erlös, steigen die Gewinne. Drittens kann der Monopolist unter bestimmten Voraussetzungen für sein Produkt unterschiedliche Preise fordern. Auf den letzten Fall sei näher eingegangen, zumal die analytische Behandlung der ersten beiden Fälle mit den bereits bekannten Instrumenten auch dem Anfänger keine Schwierigkeiten bereiten sollte. Unter Preisdiskriminierung oder -differenzierung versteht man - im wertfreien Sinn - den Verkauf des gleichen Gutes eines Anbieters zu unterschiedlichen Preisen. Vielleicht kommt diesem Fall in der Realität bisweilen eine größere Bedeutung als der einheitlichen Preisstellung zu. Die Preisdiskriminierung erlaubt eine Steigerung des Gewinns gegenüber der Situation, in der nur ein Preis existiert.

Es ist naheliegend zu fragen, welche besonderen **Voraussetzungen** für die Preisdiskriminierung gegeben sein müssen, da sonst jeder Anbieter veranlaßt würde, seine Preise zu differenzieren. Zur Vereinfachung sei angenommen, die Grenzkosten (K') bleiben bei Änderungen der Ausbringung konstant. Wenn der Anbieter in einem reinen Monopol seinen Gewinn vergrößern will, ohne daß der Preis p_E unterschritten wird, kann er das nur durch Ausschöpfung der "Konsumentenrente". Darunter wird die positive Differenz zwischen der auf der Nachfragekurve erkennbaren Höhe des Preises, den der einzelne bei einem gegebenen Einkommen zu zahlen bereit ist, und dem für alle Nachfrager einheitlichen Preis p_E (*Fig. 7-4*) verstanden. Besteht keine Preisdifferenzierung, resultiert die Konsumentenrente also daraus, daß Konsumenten nur den für alle einheitlichen (Markt-, Gleichgewichts-) Preis zu zahlen brauchen, obwohl sie durchaus bereit wären, auch einen höheren Preis zu akzeptieren (Nachfragekurve oberhalb C). Wollte ein einzelner Anbieter bei vollständiger Konkurrenz die Konsumentenrente ausschöpfen, wäre er dazu nicht in der Lage. Für ihn ist der Preis ein Datum und die ihm gegenüberstehende, individuelle Nachfrage verläuft - graphisch gesehen - parallel zur Mengenachse. Bei vollständiger Konkurrenz gibt es für den einzelnen Anbieter keine Gewinnerhöhungsmöglichkeit durch Ausschöpfung der Konsumentenrente, wohl für den Markt als ganzes.

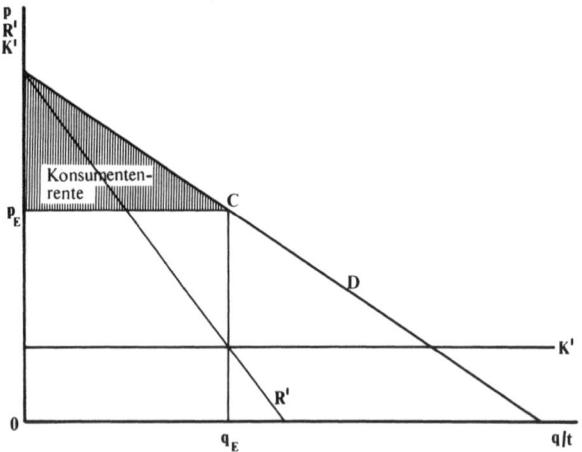

Fig. 7-4: Konsumentenrente

Erste Voraussetzung für die Preisdiskriminierung ist, daß ein einzelner Anbieter den Preis als Aktionsparameter wählen kann. Das ist beim Monopol, aber auch in anderen, später zu erörternden Marktformen - außer in der perfect competition - der Fall. Wenn gesagt wird, Voraussetzung der Preisdiskriminierung sei ein Monopol, so ist "Monopol" hier weit zu verstehen. Es genügt zu sagen, daß für den einzelnen Anbieter der Preis nicht ein Datum, die für ihn maßgebliche Nachfragekurve also nicht eine Parallele zur Mengenachse sein darf. Der Anbieter muß zweitens in der Lage sein, den Markt zu teilen. Stehen die Nachfrager in Verbindung miteinander, kann eine geplante Preisdiskriminierung scheitern, weil der Käufer mit dem niedrigsten Preis die Ware für andere Käufer, die höhere Preise zahlen sollen, mitkaufen könnte. Angenommen, der Autor eines Lehrbuches gibt an seine Hörer Scheine aus, die zum billigeren Bezug des Buches berechtigen. Interessenten des Buches, die nicht Hörer sind, können sich die Scheine vielleicht beschaffen, so daß an diesem Ort unter Umständen kein Käufer bereit ist, den höheren Preis zu zahlen. Da der Anbieter die Kommunikation nicht kontrollieren kann, wird er institutionelle Vorkehrungen zur Verhinderung des Austausches treffen müssen (z. B. Auflagen für den Wiederverkauf). Bedingung für die Preisdifferenzierung ist also, daß Personen, die der Anbieter auswählt, das Gut auch zu dem von ihm bestimmten Preis kaufen. Dabei können Eigenschaften eines Gutes der Marktteilung entgegenstehen oder dienlich sein. Generell eignen sich Dienstleistungen eher zur Preisdifferenzierung als physische Güter, schwer substituierbare physische Güter eher als leicht ersetzbare. Die Preisdifferenzierung ist um so leichter möglich, je geringer die

Transparenz (Typenvielfalt, fehlende Fachkenntnisse) und je größer die räumliche (große Entfernungen, schlechte Verkehrsverbindungen) wie zeitliche (unterschiedliche Ladenöffnungszeiten) Differenziertheit des Marktes ist. Mit der Marktteilung entstehen zusätzliche Kosten; die Annahme konstanter Grenzkosten ist problematisch. Schließt man in konstante Grenzkosten progressiv steigende Marktteilungskosten ein, müßten die Grenzkosten der Produktion fallen - eine wohl unrealistische Annahme, wenn sie über den ganzen Mengenbereich gelten soll. Ein zusätzlicher Gewinn entsteht nur, wenn die Marktteilungsgrenzkosten niedriger als die Zusatzerlöse aus der Ausschöpfung der Konsumentenrente sind. Doch soll von einer derartigen Vertiefung der Analyse abgesehen werden.

Die Formen der Preisdiskriminierung in der Wirklichkeit sind vielfältig. Ex definitione betrifft die Preisdiskriminierung gleiche Güter, die zu verschiedenen Preisen verkauft werden. Diese Definition schließt ein wichtiges Problem aus. Es gibt Fälle, in denen zu einem höheren Preis zwar ein qualitativ besseres Gut geliefert wird, in denen aber die Preisdifferenz höher ist als die Kostensteigerung der Qualitätsverbesserung. Wenn die Eisenbahn für die 1. gegenüber der 2. Wagenklasse einen um 50% höheren Fahrpreis verlangt, können dafür nicht nur Kostenüberlegungen maßgebend sein, da sich die Kosten durch die Einrichtung eines Sitzplatzes der 1. Klasse nicht so erheblich ändern. Ähnlich verhält es sich bei Kino- und Theaterplätzen. Einige Ökonomen verwenden in solchen Fällen nicht den Begriff der Preisdiskriminierung. Wenn die Kosten der Qualitätsverbesserung geringer sind als die Preiserhöhung gegenüber dem Gut mit der schlechteren Qualität, soll hier von einer "versteckten" Preisdiskriminierung gesprochen werden, wobei die strengere Definition, daß es sich bei der Differenzierung um vollkommen gleiche Güter handeln muß, aufgegeben wird. Gegen diese Auffassung ließe sich vom Standpunkt der Nutzentheorie einwenden: Wenn der Abnehmer den höheren Preis als angemessen empfinde, sei das keine versteckte Preisdiskriminierung, weil das Gut auch einen höheren Nutzen stifte. Dieser Einwand impliziert, daß der objektive Wert des Gutes unbeachtlich ist. Er läßt die Angebotsseite außer Betracht. Weiß nämlich der Anbieter um dieses Verhalten des Nachfragers, ist er in der Lage, dem Preis einen über die Kosten der Qualitätssteigerung hinausgehenden Betrag zuzuschlagen. Er braucht dann unter Umständen den Markt nicht zu teilen, da die Käufer vielleicht meinen, entsprechend der Preissteigerung objektiv höherwertige Güter zu erwerben (Preis als Qualitätsmaßstab). Besteht jedoch objektiv keine Qualitätsdifferenz, liegt ex definitione keine versteckte, sondern Preisdiskriminierung durch Irreführung vor. Sollten einige Käufer den Tatbestand fehlender Qualitätsunterschiede kennen und den Preis aus Nutzenerwägungen bewußt in Kauf nehmen, könnte man von psychologischer Preisdiskriminierung sprechen. Das Problem der versteckten Preisdiskriminierung würde nur dann nicht bestehen, wenn alle Nachfrager das Gut qualitativ genau beurteilen könnten (Qualitätstransparenz). Die getroffenen Unterscheidungen sollen auf die vielen Formen der Preisdiskriminierung hinweisen, deren theoretische Durchdringung bisher noch unvollkommen ist (*Übers. 7-2*).

Arten der Diskriminierung	Mögliche Kriterien der Diskriminierung	Beispiele
Räumliche Diskriminierung	Räumliche Verteilung der Käufer	• Dumping (Ausländer zahlen geringere Preise als Inländer) • Zonenpreise • Frachtbasensystem
Zeitliche Diskriminierung	Zeitliche Inanspruchnahme durch Käufer	• Tag- und Nachtstrom (soweit über Zusatzkosten oder -ersparnis hinausgehend) • Sommerpreise für Kohlen (soweit sie über Zusatzkosten oder -ersparnis hinausgehen)
Sachliche Diskriminierung	Verwendungszweck des Gutes	• Haushalts- und Kraftstrom
	Verwendungsmenge des Gutes	• Mengenrabatt über Kostenersparnis
	Qualität des Gutes	• Preisaufschlag für Luxusmodelle über Zusatzkosten
	Marke des Gutes	• Preisabschlag für unmarkierte Produkte
Persönliche Diskriminierung	Einkommen des Käufers	• Arztrechnungen
	Verbraucherstatus	• Geringere Preise für neue Kunden • Verwandtschaftspreise
	Gruppenzugehörigkeit	• Niedrige Eintrittspreise für Jugendliche, Studenten und Militär
	Verbrauchsgewohnheiten	• Verkehrstarife über Zusatzkosten hinaus
	Irreführung	• Vortäuschung von Produktverschiedenheiten

Übers. 7-2: Formen der Preisdiskriminierung

Die einzelnen Formen können sich überschneiden. Ebenso ist - wie die Überlegungen zur versteckten Preisdiskriminierung zeigen - die **Grenze zwischen Diskriminierung und qualitätsbedingten Preisänderungen** fließend. Mitunter rechnet man zeitliche Diskriminierung nicht dazu, weil sie sich von Angebots- und Nachfrageänderungen empirisch kaum abheben lassen. Neben den systematischen Formen der Preisdifferenzierung gibt es unsystematische, z. B. wenn ein Kunde aufgrund irgendwelcher Umstände - weil er sich mit einem sportbegeisterten Friseur über Fußball unterhält - einen Preisnachlaß beim Haarschneiden erhält. Es kann empirisch schwierig sein, zwischen Preisdiskriminierungen und -herabsetzungen zu unterscheiden. Im ersten Fall handelt es sich (graphisch gesehen) um Bewegungen auf gegebenen Kurven, im anderen Fall um Kurvenverschiebungen.

Zur Bestimmung des **Gewinnmaximums** bei Preisdifferenzierung wird gemäß der dafür notwendigen Bedingung der Markt in Teilmärkte aufgespalten. Dabei kann zwischen einer *horizontalen und vertikalen Aufspaltung des Marktes* unterschieden werden (**deglomeratives und agglomeratives Verfahren**). Bei einer horizontalen Marktaufspaltung geht man von der Frage aus, welche Aufteilung des Gesamtmarktes gewinnmaximal ist und welche Preise ein Anbieter setzen muß, um dieses Ziel zu erreichen. Die Teilmärkte sollen erst bei der Verfolgung des Ziels Gewinnmaximierung geschaffen werden. Man spricht deswegen von willkürlicher Teilung des Marktes (*Fig. 7-5*).

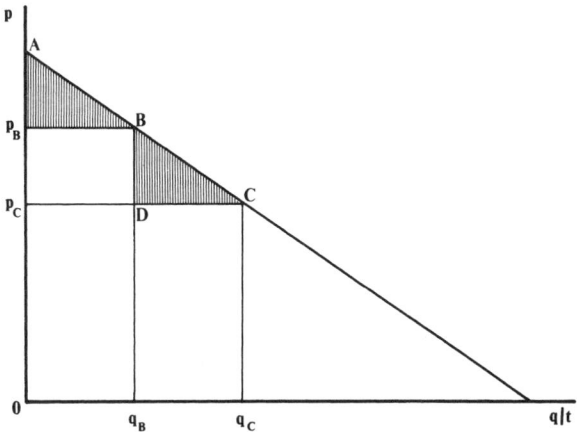

Fig. 7-5: Deglomerative Marktspaltung

Ein Monopolist, dessen COURNOTscher Punkt in C liege, vergrößert seinen Gewinn, wenn er die Menge q_B zum Preis p_B und die Menge $q_C - q_B$ zum Preis p_C verkauft (konstante Grenzkosten seien vorausgesetzt). Die Konsumentenrente ACp_C wird durch die Differenzierung zum Teil ausgeschöpft (Rechteck BDp_Cp_B) und in Gewinn verwandelt (*Fig. 7-5*). Es ist klar, daß der Gewinn ceteris paribus um so größer ist, je zahlreicher die Teilmärkte (Absatzschichten) sind. Zahlt jeder Nachfrager den Preis, den er gerade noch zu zahlen bereit ist, erreicht der Monopolgewinn ein absolutes Maximum und die Konsumentenrente wird völlig ausgeschöpft (perfect price discrimination). Das *deglomerative Verfahren* zur Bestimmung des Gewinnmaximums wird relativ selten behandelt. Es sei von einem reinen Monopol ausgegangen, das sich die Aufgabe setzt, den Markt einmal aufzuspalten, also in zwei Absatzschichten zu zerlegen (eine mehrmalige Teilung wäre in gleicher Weise möglich). Der Anbieter versucht, seine Kurve dann so aufzuspalten, daß - bei verschiedenen Preisen für jeden Teil der ursprünglichen Kurve, für jede sogenannte Absatzschicht - das Maximum des Erlöses erzielt wird. Das Ergebnis der Aufteilung sei verbal vorweggenommen, damit die mathematische Lösung verständlich wird: Der Gesamtgewinn (G) ist maximal, wenn die Menge jeder Schicht so gewählt wird, daß der Grenzerlös (R'_I) einer Absatzschicht gleich dem Preis (p_{II}) der folgenden Schicht und der Grenzerlös der letzten Schicht (R'_{II}) gleich den Grenzkosten (K') der Gesamtproduktion (q/t) wird (*Fig. 7-6*).

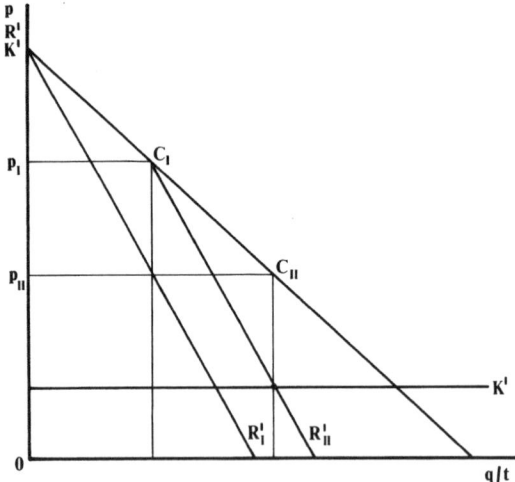

Fig. 7-6: Gewinnmaximierung bei Marktdeglomeration

Eine *vertikale Marktspaltung* liegt vor, wenn auf jedem Teilmarkt Käufer aller oder mehrerer Absatzschichten vorhanden sind. Die Teilmärkte sind hier bereits gegeben. Auf ihnen sollen aber verschiedene Preise so gesetzt werden, daß der insgesamt erzielbare Gewinn ein Maximum wird. Die Fragestellung ist anderer Art. Beim deglomerativen Verfahren ist der Teilmarkt im Ableitungszusammenhang eine zu erklärende Variable, bei der Agglomeration eine Prämisse. Geht man zur Vereinfachung von zwei regional getrennten Teilmärkten aus, läßt sich das agglomerative Verfahren wie folgt veranschaulichen (*Fig. 7-7*).

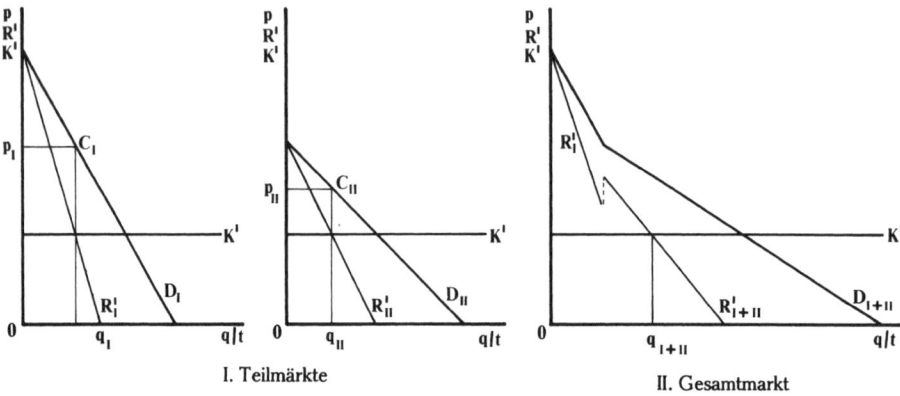

Fig. 7-7: Gewinnmaximierung bei Marktagglomeration

III. Anbieterwettbewerb

Monopolistische (polypolistisch-heterogene) Konkurrenz

Im **Modell der vollständigen Konkurrenz** herrscht **kein Wettbewerb**. Im Monopolfall ist Wettbewerb vom Begriff her ausgeschlossen, mag der Monopolist noch so viel leisten. Interpretiert man das System der vollständigen Konkurrenz empirisch, dürfte selbst im Anpassungsprozeß (Unterbietung der Anbieter, Überbietung der Nachfrager) bei den beteiligten Marktteilnehmern nicht unbedingt das Gefühl vorherrschen, untereinander im Wettbewerb zu stehen. Ein amerikanischer Farmer im Mittelwesten wird seinen Nachbarn, der ebenfalls zum Silo fährt und zu einem Preis verkauft, auf den beide nicht den geringsten Einfluß haben, kaum als Konkurrenten betrachten. Wettbewerb ist in der wirklichen Welt vor allem dort anzutreffen, wo der einzelne einen gewissen Einfluß auf die Höhe des Preises oder andere Absatzbedingungen nehmen kann und sich nicht nur anpassen muß. Das ist der Fall bei monopolistischer und oligopolistischer Konkurrenz.

Die Abgrenzung des **Begriffs "monopolistische Konkurrenz"** (monopolistic competition) ist - nach der Terminologie der meisten Ökonomen - am Kriterium der Güterart orientiert, während die Anbieterzahl - wie bei der vollständigen Konkurrenz - als groß unterstellt wird (*Übers. 7-1*). Die Konkurrenz gilt als "unvollkommen" (imperfect), weil die Güter nicht völlig gleich, sondern mehr oder weniger unterschiedlich (heterogen) sind. Die Heterogenität kann auf objektiven Gütereigenschaften oder auf der Konsumenteneinschätzung beruhen. Solche Kriterien für die Heterogenität von Gütern sind ähnlicher Art wie bei der Marktteilung im Monopol. Man unterscheidet räumliche, zeitliche, sachliche und persönliche Präferenzen, die ein Gut gegenüber anderen Gütern gleichen Verwendungszwecks abheben. Solche Güter, die die Nachfrager vorziehen, haben einen höheren Preis, der die bevorzugte Einschätzung ausdrückt. Bekannte Marken, feine Geschäfte oder nette Verkäuferinnen erlauben höhere Preise für das gleiche Produkt, als wenn es anonym, im Ramschladen oder unter wenig geschätzten Umständen gekauft werden muß. Anbieter heterogener Güter haben deshalb einen gewissen monopolistischen Spielraum, innerhalb dessen sie die Preise festsetzen können. Sie können den Preis heraufsetzen, ohne sogleich eine Abwanderung der Kundschaft befürchten zu müssen. Oberhalb dieses Bereichs, dessen Ausdehnung durch die Substitutionsverhältnisse zwischen den heterogenen Gütern bestimmt wird, gehen die Nachfrager zunehmend auf die Produkte anderer Anbieter über, wie umgekehrt bei niedrigen Preisen mehr und mehr ehemalige Kunden von anderen Anbietern zuwandern, d. h. dort herrschen die Bedingungen der Konkurrenz. Der Kölner Betriebswirt ERICH GUTENBERG (1897-1984) hat diese Zusammenhänge anschaulich in einer doppelt geknickten Nachfragekurve dargestellt (*Fig. 7-8*). Die Theorie der monopolistischen Konkurrenz läßt sich nach dieser Darstellung als eine Verbindung von Erklärungselementen der vollkommenen Konkurrenz und des reinen Monopols begreifen. Der mittlere Teil der für einen Anbieter relevanten Nachfragekurve verläuft wie beim Monopol, der oben und unten anschließende Bereich wie bei vollständiger Konkurrenz. Operiert der Anbieter im monopolistischen

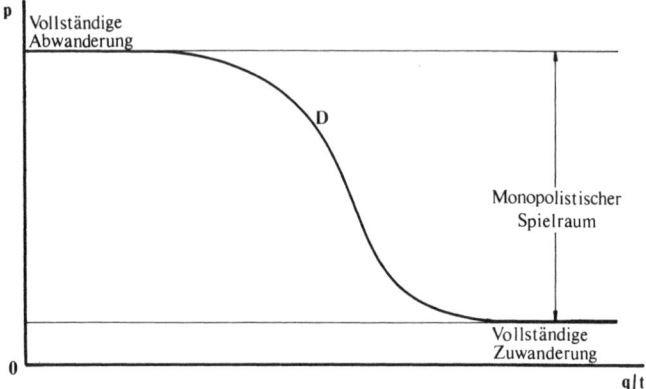

Fig. 7-8: Nachfragekurve bei monopolistischer Konkurrenz

Bereich, gilt die allgemeine Gewinnmaximierungsregel $K' = R'$. Sofern die Kurve der Grenzkosten die des Grenzerlöses nur einmal schneidet, erhält man eine einfache Lösung, die mit der des Monopols formal identisch ist. Etwas komplizierter sind die Lösungen, wenn sich zwischen Grenzerlös- und Grenzkostenkurve mehr als ein oder gar kein Schnittpunkt ergibt.

Im angelsächsischen Schrifttum dominiert die **Tangentenlösung**, auch excess capacity-Theorem genannt, bei der man nach kurz- und langfristiger Betrachtungsweise unterscheidet. Unterstellt wird generell eine große Zahl von Anbietern. Die Produkte der Anbieter werden als ähnlich, also nur wenig verschieden (heterogen) empfunden. Es gilt die Gewinnmaximierungsannahme. Der einzelne Anbieter befindet sich formal in der Position eines Monopolisten.

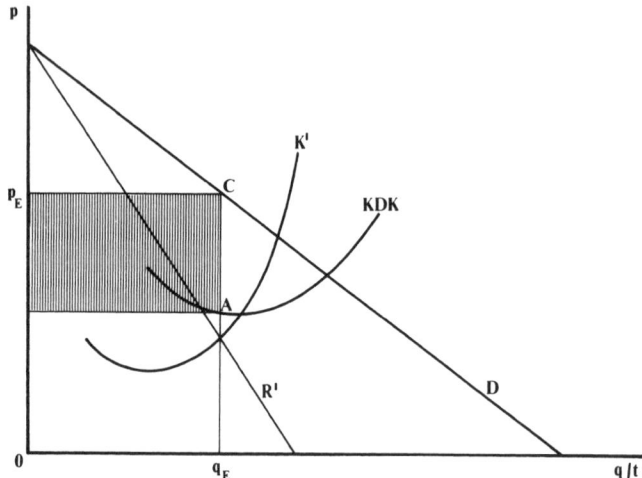

Fig. 7-9: Kurzfristiges Gleichgewicht bei monopolistischer Konkurrenz

Allerdings ist sein Spielraum relativ begrenzt und die Elastizität in einem beliebigen Punkt der Nachfrage wegen der leichten Substitutionsmöglichkeit vergleichsweise hoch (*Fig. 7-9*). Das kurzfristige Gleichgewicht (Gewinnmaximum) eines Monopolisten ist durch den Kurvenschnittpunkt von K' und R', die Höhe des Gewinns durch die Differenz von Preis und kurzfristigen Durchschnittskosten (CA), multipliziert mit der Angebotsmenge im Gleichgewicht (q_E), bestimmt (schraffierte Fläche). Das langfristige Gleichgewicht bei monopolistischer Konkurrenz sei unter den vereinfachenden Annahmen abgeleitet, daß alle Anbieter identische Kostenfunktionen haben und die Marktnachfrage zu gleichen Anteilen auf die einzelnen Unternehmen entfällt. Dann lassen sich zwei Anpassungsprozesse zum langfristigen Gleichgewicht unterscheiden, nämlich Marktzutritte und Preisvariationen. Zum ersten Anpassungsprozeß: Die im kurzfristigen Gleichgewicht entstehenden Gewinne aller am Markt befindlichen Unternehmen führen zu Markteintritten von newcomern, die durch die Gewinnerwartungen angelockt werden. Da sich die Marktnachfrage symmetrisch auf die Anbieter verteilt, verschiebt sich die firmenindividuelle Nachfragekurve jedes Anbieters nach links (*Fig. 7-10*).

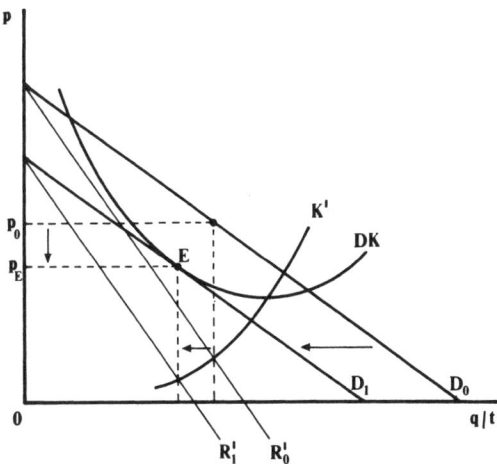

Fig. 7-10: Anpassung durch Markteintritte

Dieser Prozeß setzt sich so lange fort, bis die Gewinne aller Anbieter Null werden und die Durchschnittskostenkurve DK die neue Nachfragekurve D_1 tangiert (Tangentenlösung). Die Langfristigkeit des Gleichgewichts - verstanden als gewinnloser Zustand - darf nicht mit der Langfristigkeit von Kostenverläufen (6. Kap.) verwechselt werden. Der Tangentialpunkt liegt jedenfalls links vom Minimum der Durchschnittskostenkurve, gleichgültig davon, ob diese kurzfristig (mit Fixkosten) oder langfristig definiert ist (ohne Fixkosten). Jeder Anbieter ist während des Marktzutrittsprozesses, der durch die Verschiebung von D_0 nach D_1 gekennzeichnet ist, bestrebt, sein jeweiliges Gewinnmaximum zu verwirklichen. Daraus folgt unmittelbar die Änderung des Marktpreises von p_0 auf p_E, da die Preise den entsprechenden Grenzerlös-Grenzkosten-

Bedingungen angepaßt werden. Das neue langfristige Gleichgewicht E ist auch stabil, da für weitere Marktzutritte potentieller Anbieter der Gewinnanreiz entfallen ist und jede Abweichung von p_E zu Verlusten führen muß. Zum zweiten Anpassungsprozeß: Das langfristige Gleichgewicht kann auch durch Preisvariationen erreicht werden. Voraussetzung dafür ist, daß keine Marktzutritte erfolgen und somit die Lage der firmenindividuellen Nachfragekurve D_0 unverändert bleibt. Preisänderungen aller Anbieter werden durch Bewegungen auf dieser Kurve verdeutlicht. Ausgangspunkt der Überlegungen ist ein Ungleichgewicht eines Anbieters, der bestrebt ist, durch Preissenkungen sein individuelles Gleichgewicht zu erlangen. Da jedes Unternehmen auf einem durch die Heterogenität der Güter isolierten Teilmarkt anbietet, glaubt der Anbieter, die Konkurrenten würden auf seine Preisänderungen nicht durch Preisvariationen reagieren. Diese Verhaltensannahme schlägt sich in einer Menge von konjekturalen Nachfragekurven nieder, die preiselastischer als die D_0-Kurve sind, da in ihnen die vermuteten Nichtreaktionen der Konkurrenten zum Ausdruck kommen. Der Anbieter setzt gemäß dieser Verhaltensannahmen seinen Preis entlang der d_1-Kurve (von A nach B' in Fig. 7-11).

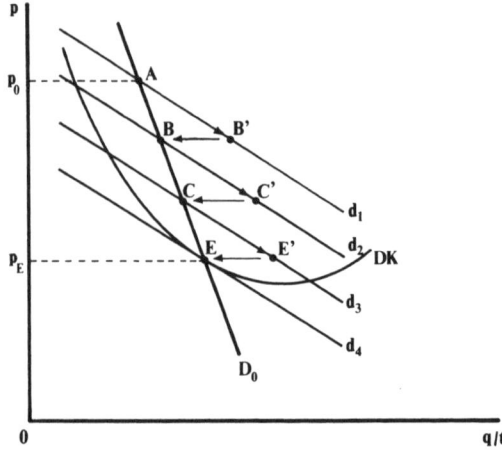

Fig. 7-11: Anpassung durch Preisvariationen

Da tatsächlich aber alle anderen Anbieter daraufhin ihren Preis entlang der D_0-Kurve senken, wird das angestrebte neue Gleichgewicht nicht erreicht, sondern ein neues Ungleichgewicht (Punkt B) des Anbieters realisiert. Die fehlerhafte Einschätzung des Konkurrentenverhaltens veranlaßt den Anbieter wiederum, entlang der konjekturalen Nachfragekurve d_2 seinen Preis zu senken (Punkt C'), woraufhin die Konkurrenten ebenfalls ihren Preis verringern (Punkt C). Da der Anbieter sein Verhalten annahmegemäß nicht ändert, führt dieser Prozeß schließlich zum Gleichgewichtspunkt E, der für alle Anbieter aufgrund der Symmetrieannahme (identische Kosten- und Nachfragestruktur) gleich ist und durch den Tangentialpunkt zwischen der Durchschnittskostenkurve DK und der konjekturalen firmenindividuellen Nachfragekurve d_4 gebildet wird. Auch dieses Gleichgewicht ist stabil, da jede weitere Preissenkung, sowohl entlang der tatsächlichen Nachfragekurve D_0 als auch entlang der konjekturalen Kurve d_4, zu Verlusten führen muß. Dieser Preisanpassungsprozeß setzt allerdings voraus - darauf sei ausdrücklich hingewiesen -, daß der Anbieter nicht aus den Ergebnissen vorangegangener Preisänderungen lernt, seine Nichtreaktionsannahme hinsichtlich der Konkurrentenpreise während des gesamten Anpassungsprozesses aufrecht erhält und daß ferner diese Verhaltensweise auch auf alle anderen Unternehmen zutrifft. Unabhängig davon, ob Markteintritte oder Preisvariationen zum langfristigen Gleichgewicht führen, werden in Punkt E Mengen angeboten, die kleiner sind als im Betriebsoptimum (Minimum von langfristigen DK). Die Differenz zwischen Tangentialpunkt E und Minimum der DK kann als Überschußkapazität (excess capacity) interpretiert werden, die aufgrund der gefallenen Nachfrage oder des zu geringen Marktpreises nicht ausgenutzt werden kann. Darin zeigt sich sowohl ein Konkurrenzelement, das die monopolistic competition vom reinen Monopol unterscheidet, als auch eine Wettbewerbsbeschränkung im Vergleich zur vollständigen Konkurrenz, bei der langfristig eine größere Menge des Gutes zu einem geringeren Preis angeboten wird. Das langfristige Gleichgewicht der perfect competition ist dadurch charakterisiert, daß alle Unternehmen im Minimum der Durchschnittskostenkurven produzieren (statisches Modell der vollständigen Konkurrenz). Es ist leicht zu sehen, daß die perfect competition den Grenzfall der monopolistic competition darstellt. Je flacher die Nachfragekurve verläuft, um so geringer wird der Abstand des Gleichgewichtspunktes bei monopolistic competition vom Betriebsoptimum, um so geringer auch die freie Kapazität. Bei völliger Substituierbarkeit des Gutes (Güterhomogenität) geht die unvollkommene in die vollkommene Konkurrenz über. Die Tangentenlösung ist formal glänzend. Doch wie stets bleibt die Frage nach der empirischen Relevanz.

Eine **Bestätigung der Hypothesen** ist - schon angesichts der unterstellten großen Anbieterzahl - am ehesten für den Einzelhandel, für einige Bereiche des Dienstleistungssektors sowie für bestimmte Konsumgüterindustrien zu erwarten. Im Vergleich zur traditionellen Preistheorie wird man der Konzeption der monopolistischen Konkurrenz nicht absprechen können, daß sie einen Fortschritt gegenüber der Dichotomie von Monopol und vollständiger Konkurrenz darstellt. Ihre Entwicklung fußt vor allem auf Arbeiten der beiden angelsächsischen Forscher EDWARD HASTINGS CHAMBERLIN (1899-1967) und JOAN VIOLET ROBINSON (1903-1983), die in den frühen dreißiger Jahren des 20. Jahrhunderts unabhängig voneinander zu gleichen Ergebnissen kamen. Auch deutsche Nationalökonomen, so vor allem HEINRICH VON STACKELBERG (1905-1946), hatten ganz ähnliche Überlegungen angestellt. Ein Vorzug der Analyse liegt darin, daß sie neben dem Preis andere "Aktionsparameter" des Wettbewerbs ins Blickfeld rücken . Wenn Präferenzen die ihnen zugemessene Rolle spielen, werden Produktgestaltung, Verkaufsorganisation und Werbung zu wichtigen Absatzmitteln. Diese Erkenntnisse sind nicht auf den Fall einer großen Zahl von Anbietern beschränkt. Sie gelten in gleicher Weise für das Oligopol.

Andererseits muß vor dem Glauben gewarnt werden, die Wirklichkeit lasse sich mit dem obigen Konzept zureichend beschreiben und analysieren. In vielen Fällen wird es nötig sein, **andere** oder modifizierte **Erklärungselemente** heranzuziehen. Die vielleicht gravierendste Einschränkung ist die Annahme von Einproduktanbietern, da empirisch Multiproduktunternehmen typisch sind. So bietet ein Einzelhändler eine Vielzahl von Diensten an, die überdies mit den verkauften Gütern ein gemeinsames Ganzes, ein "Kuppelprodukt" bilden, und Unternehmen, die eine Vielzahl oft völlig unterschiedlicher Produkte herstellen (wie Papier, Badewannen, Autos und Kunststoffe), haben auf den Einzelmärkten gänzlich andere Aktionsmöglichkeiten als ein Einproduktunternehmen. Auch stellt sich erneut das Problem der Abgrenzung des Gutsbegriffs. Die Homogenität läßt sich straff und die Heterogenität weit fassen, so daß für jedes Gut ein "Monopol" besteht ("world of monopolies"). Es ist in praktischer Hinsicht jedoch ein großer Unterschied, ob ein Einzelhändler ein lokales "Monopol" mit einem Einzugsbereich von einigen hundert Metern hat (weil die nächsten Nachbarn des Händlers es am bequemsten finden oder sich verpflichtet fühlen, vor allem bei ihm zu kaufen) oder ob die Getreideeinfuhr eines Landes, in dem es kaum andere Grundnahrungsmittel gibt, in der Hand eines Anbieters liegt. Einige Weiterentwicklungen der monopolistic competition sind für eine empirisch gehaltvolle Theorie ebenso wenig relevant wie die Ergebnisse des Modells der vollständigen Konkurrenz.

Oligopolistische Konkurrenz

Wie verhalten sich Anbieter, wenn nur eine geringe Anzahl von ihnen auf dem Markt ist? Das ist die Ausgangsfrage zur Analyse der homogenen und heterogenen Oligopole, Marktformen, die insbesondere in hochentwickelten Volkswirtschaften anzutreffen sind. Man denke an die Automobil-, Mineralöl-, Chemie-, Montan- oder Elektroindustrie. Es ist aber nicht so sehr die Zahl der Marktteilnehmer an sich, die das Oligopol von anderen Marktformen unterscheidet, sondern die Tatsache, daß ein oligopolistischer Anbieter bei seinen Aktionen am Markt mit Gegenmaßnahmen der Konkurrenten rechnen muß. Ausschlaggebend hierfür ist die beachtliche Höhe der Marktanteile bei nur wenigen Anbietern. Absatzpolitische Entscheidungen eines Konkurrenten können die übrigen Anbieter beträchtlich in Mitleidenschaft ziehen. Reagieren diese zur Verteidigung ihrer Marktposition, kann es zu einer neuen Aktion des Anbieters kommen, von dem die Bewegung ausging. Eine treffende Bezeichnung für das Oligopol ist deshalb **"zirkulare" Konkurrenz**. Die Handlungen der Anbieter werden indessen nicht nur davon bestimmt, was die Konkurrenten tun, sondern auch, was sie wider Erwarten unterlassen.

Man hat das Oligopolproblem analytisch auf verschiedene Weise behandelt. Ein Weg ist die Entwicklung von exakten, meist **mathematisch** formulierten **Modellen**. Zur Lösung dieser Modelle ist es notwendig, Annahmen über das Verhalten der Anbieter - vor allem über tatsächliche und mögliche Aktionen, Reaktionen und Gegenreaktionen - in die Überlegungen einzubeziehen. Die Zahl der Oligopolmodelle ist beträchtlich. "Klassische" Modelle entwickelten die Franzosen ANTOINE AUGUSTIN COURNOT (1801-1877), JOSEPH LOUIS FRANCOIS BERTRAND (1822-1900), die Briten FRANCIS YSIDRO EDGEWORTH (1845-1926), ARTHUR LYON BOWLEY (1869-1957) und der Deutsche HEINRICH VON STACKELBERG (1905-1946). Es lassen sich *zwei Gruppen von Modellansätzen* unterscheiden.

7. Produktpreisbildung

Haben die Nachfrager keine Präferenzen hinsichtlich der angebotenen Güter (homogenes Oligopol), so entsteht ein einheitlicher Marktpreis und die Unternehmen verändern ihre Absatzmengen solange, bis ein Marktgleichgewicht entsteht; die Alternative ist, daß die Anbieter ihre Preise ändern und die Absatzmengen als Ergebnis hinnehmen. Verfügen die Nachfrager jedoch über Präferenzen (heterogenes Oligopol), so variieren die Anbieter ihre Preise, bis sich ein Gleichgewicht einstellt. Beide Gruppen von Modellansätzen lassen sich nach den Reaktionskoeffizienten klassifizieren.

Für die nachfolgende graphische Darstellung wird aus der Vielzahl der mathematischen Modelle ein **heterogenes Oligopol mit zwei Anbietern (Dyopol)** ausgewählt und ein autonomes Marktverhalten unterstellt, d. h. jedes der beiden Unternehmen rechnet bei den eigenen Preissetzungen nicht mit Reaktionen des jeweiligen Konkurrenten. Ein derartiges Modell bezeichnet man nach WILHELM LAUNHARDT (1832-1918) und HAROLD HOTELLING (1895-1973) auch als LAUNHARDT-HOTELLING-Modell. Erhöht ein Anbieter im heterogenen Oligopol seinen Preis, so verliert er - bei unverändertem Preis seines Konkurrenten - aufgrund der bestehenden Präferenzstruktur lediglich einen Teil seiner Nachfrage. Für die ihm verbleibende Nachfrage kann die Differenz zwischen den beiden Marktpreisen als Ausdruck der Präferenzstärke seiner Käufer verstanden werden. Erhöht der Oligopolist 2 seinen Preis p_2 kontinuierlich (p_1 = const.), so verschiebt sich die Absatzfunktion des Anbieters 1 ($D_1^0, D_1^1,..., D_1^3$), wie in Fig. 7-12 dargestellt, nach rechts.

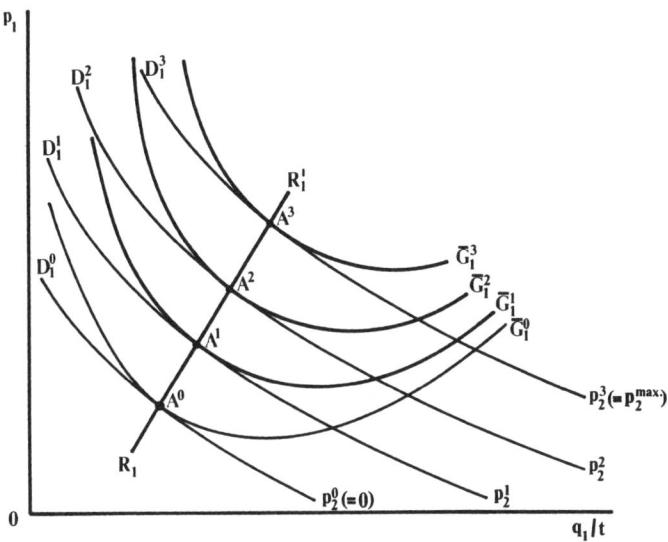

Fig. 7-12: Kosten- und Nachfragestruktur des Anbieters 1 bei Preisänderungen des Anbieters 2

Jeder dieser Nachfragekurven kann ein bestimmter Preis des Anbieters 2 (p_2^0, p_2^1,..., p_2^3) zugeordnet werden. Die Schar der Nachfragekurven wird nach unten begrenzt durch die Kurve D_1^0, die bei einem Preis von $p_2^0 = 0$ entsteht. Die obere Begrenzung bildet die Kurve, die gleichzeitig die gesamte Marktnachfrage repräsentiert ($D_1^3 = D_m$). Der Preis des Konkurrenten hat die Höhe erreicht oder überschritten, die alle Nachfrager veranlaßt, sich dem Oligopolisten 1 zuzuwenden ($D_2 = 0$). Für den Anbieter 2 läßt sich in gleicher Weise eine Schar von Absatzkurven für den Fall darstellen, daß der Anbieter 1 seinen Preis variiert. Weiterhin soll angenommen werden, daß beide Oligopolisten unter Bedingungen produzieren, die u-förmige Durchschnittskostenkurven entstehen lassen (klassische Kostenfunktion). Folgt nun die Preissetzung des Anbieters 1 genau der Durchschnittskostenkurve, so entsteht bei jeder Preis-Mengen-Kombination ein Gewinn von Null ($\overline{G}_1^0$). Soll unabhängig von der Outputmenge ein Gewinn von einer Geldeinheit realisiert werden, so verschiebt sich diese Kurve nach oben. Je geringer die Outputmenge ist, um so stärker ist die Verschiebung, da der vorgegebene Gewinn $\overline{G}_1^1$ durch eine geringere Stückzahl geteilt wird. Bei jeder Preissetzung entlang dieser Kurve wird ein Gewinn von einer Geldeinheit erzielt. Für jede Gewinnhöhe läßt sich eine derartige Kurve konstanten Gewinnes (Isogewinnkurve) konstruieren ($\overline{G}_1^0$, $\overline{G}_1^1$,..., $\overline{G}_1^3$). Die Isogewinnkurven des Oligopolisten 2 werden nach dem gleichen Verfahren abgeleitet.

Bei einem gegebenen Preis des Anbieters 2 wird das **Gewinnmaximum** des Anbieters 1 durch *die* Isogewinnkurve bezeichnet, die die Nachfragekurve (D_1; p_2) tangiert. Auf der Ordinate läßt sich der zugehörige gewinnmaximale Preis des Anbieters 1 ablesen. Die Menge aller Tangentialpunkte A wird als Reaktionslinie $R_1R'_1$ (auch: Kammlinie) des Anbieters 1 bezeichnet. Verfolgt der Oligopolist das Ziel der Gewinnmaximierung, so wird er bei Preisvariationen des Konkurrenten entlang dieser Linie reagieren und seine Preise festsetzen. Analog dazu läßt sich die Reaktionslinie $R_2R'_2$ des Oligopolisten 2 ableiten.

Die Isogewinnlinien beider Anbieter werden nun in ein p_1-p_2-Diagramm übertragen, um das **Marktgleichgewicht** zu ermitteln (*Fig. 7-13.I.*). Folgt man z. B. der Isogewinnkurve $\overline{G}_1^0$, so zeigt sich, daß im rechten Teil in *Fig. 7-12* der Preis p_1 fällt und - da sie die alternativen Nachfragekurven (D_1^3, D_1^2, D_1^1) schneidet - auch der Preis des Anbieters 2. Der Tangentialpunkt A^0 bezeichnet den minimalen Preis p_2^0. Im linken Teil der Graphik steigen die Preise beider Unternehmen entlang der Isogewinnlinie an. Alle Isogewinnlinien mit einem höheren Niveau liegen in *Fig. 7-13.I.* innerhalb der $\overline{G}_1^0$-Kurve. Werden die entsprechenden Isogewinnlinien des Konkurrenten eingezeichnet, so ergibt sich die *Fig. 7-13.I.* Weil beide Oligopolisten das Ziel der Gewinnmaximierung verfolgen, werden sie versuchen, durch Preisvariationen (*Fig. 7-13.II.*) zu ihrer Reaktionslinie zu gelangen. Somit stellt der Schnittpunkt beider Reaktionslinien E die Preiskombination dar, die keinen der Anbieter zu Preisänderungen veranlaßt. Das System ist im Gleichgewicht. Das gilt allerdings langfristig nur unter der Bedingung, daß beide $\overline{G}^0$-Kurven den Schnittpunkt E einschließen, d. h., daß keiner der Anbieter Verluste realisieren muß. Die *Fig. 7-13.I.* zeigt aber noch eine weitere Tatsache: Die Gleichgewichtspreiskombination repräsentiert nicht ein gemeinsames Gewinnmaximum. Verfolgt man die Isogewinnlinien beider Oligopolisten ($\overline{G}_1^1$, $\overline{G}_2^1$), die durch den Schnittpunkt E führen, so stellt man fest, daß beide Anbieter entlang der Strecke BC einen höheren Gewinn

7. Produktpreisbildung

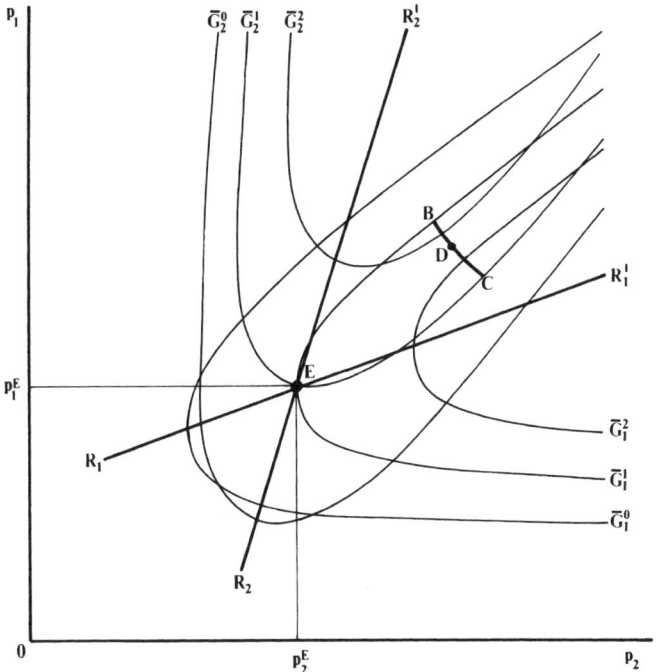

I. Isogewinn- und Reaktionslinien beider Anbieter

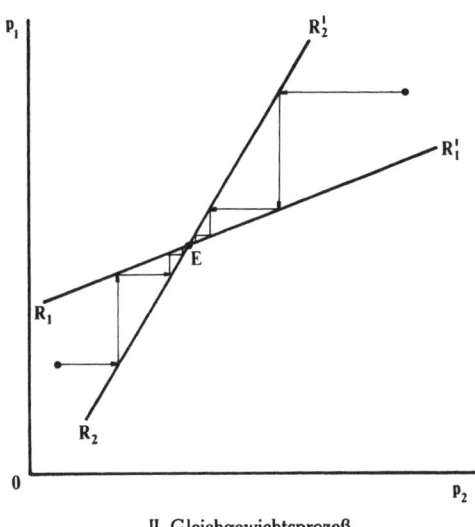

II. Gleichgewichtsprozeß

Fig. 7-13: Darstellung des Marktgleichgewichts

realisieren können. Der Punkt D soll dabei das gemeinsame Gewinnmaximum bilden. Zur Durchführung der kollektiven Gewinnmaximierung und zur Aufteilung des zusätzlichen Gewinns BC bedarf es aber gegenseitiger Verhandlungen und Absprachen und somit der Aufgabe der autonomen Verhaltensweise. Diese scheint in der Tat nicht sehr realistisch. In der Literatur sind deshalb weitere Verhaltensannahmen der Konkurrenten untersucht worden. Auch hat man - da die Situation im Oligopol der eines Spiels ähnelt - die Spieltheorie auf das Oligopolproblem angewendet. Wer sich für Einzelheiten interessiert, sei auf die bibliographischen Hinweise am Ende des Zweiten Teils aufmerksam gemacht.

Man hat bei der Untersuchung des Oligopols auch einen anderen als den üblichen Weg beschritten. Statt immer neue Modelle zu entwickeln, beobachtete man die Wirklichkeit und versuchte, **gleichförmige** oder an bestimmten Grundsätzen orientierte **Verhaltensweisen** zu ermitteln. Aus solchen Bruchstücken sollte dann allmählich eine abgerundete, einigermaßen geschlossene Oligopoltheorie entstehen. Diese Art des Vorgehens erinnert in gewisser Weise an die historische Schule der Nationalökonomie, die in Deutschland vor dem Ersten Weltkrieg dominierte (Hauptvertreter: GUSTAV VON SCHMOLLER (1838-1917)). In ihr wollte man durch Beobachtungen zu theoretischen Aussagen gelangen. Es ist deswegen nicht verwunderlich, daß sich die Forschungen zum Oligopolproblem auf alles greifbare Beobachtungsmaterial - etwa auf Kartelluntersuchungen - stützen, um empirisch gehaltvolle Ansatzpunkte zu gewinnen. Die Art des Vorgehens sei kurz an Beispielen illustriert.

So hat man beobachtet, daß auf oligopolistischen Märkten **Preisstarrheit** ein bemerkenswertes Phänomen ist. Angenommen, ein Anbieter habe die Preis-Mengen-Kombination C verwirklicht (*Fig. 7-14*). Würde die Unternehmung den Preis von p_E auf p_1 senken, müßte sie damit rechnen, daß Konkurrenten mit einer Preissenkung folgen. Zögen die Konkurrenten nicht nach, wäre der Mengenzuwachs größer. Kommt bei nachziehender Konkurrenz der Anbieter etwa von C nach C', so ohne konkurrierende Preissenkung vielleicht nach C''. Bei oligopolistischer Konkurrenz reagiert deshalb die Nachfrage bei einer Preissenkung unelastischer (C nach C'), als wenn der Anbieter allein auf dem Markt wäre oder ohne Rücksicht auf seine Konkurrenten handeln könnte (C nach C''). Bei einer Preiserhöhung hingegen werden die Konkurrenten nicht nachziehen, da ihnen diejenige Nachfrage zuwächst, die der preiserhöhende Anbieter verliert. Wäre er der einzige Anbieter, könnte er bei Preiserhöhungen auf der Kurve CD' operieren, hat er dagegen Konkurrenten, verläuft seine Preis-Absatz-Kurve flacher und nimmt möglicherweise die Lage CD ein. Im Punkt C weist also die Nachfragekurve DD des Oligopolisten einen Knick auf (kinked demand curve). Wegen dieses Knicks hat der positive Teil der Grenzerlöskurve einen Unbestimmtheitsbereich AB, so daß selbst ein Kostenanstieg die gewinnmaximale Situation nicht ändert, solange K' durch AB verläuft.

Ein weiteres Beispiel einer von Beobachtungen ausgehenden Oligopoltheorie ist die Hypothese **gemeinsamer Gewinnmaximierung** (EDWARD HASTINGS CHAMBERLIN). Nach ihr wissen die Anbieter, daß sie voneinander abhängig sind. Die Abhängigkeit zeigt sich darin, daß der Gesamtgewinn und seine Ver-

7. Produktpreisbildung

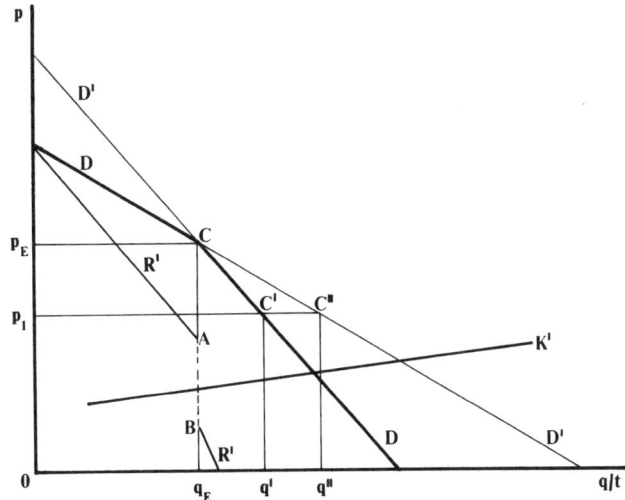

Fig. 7-14: Geknickte Nachfragekurve

teilung im Oligopol durch ihr Verhalten in erkennbarer Weise bestimmt wird. Würden der Preis und die Ausbringung im Oligopol insgesamt dieselben sein, die ein Angebotsmonopolist realisiert, hätten die Anbieter ihren gemeinsamen Profit maximiert. Weichen die Firmen vom Verhalten eines Monopolisten ab, verringert sich der gemeinsame Gewinn. Die Hypothese basiert auf der Vorstellung, daß bei einer gegebenen Nachfrage für die Angebotsseite verschiedene Gewinnmaxima existieren, unter denen das des Monopolisten am günstigsten ist. Für einen einzelnen Oligopolisten kann es sich auszahlen, wenn er auf Kosten anderer seinen Marktanteil vergrößert. Doch sein Verhalten reduziert zugleich den gemeinsamen Gewinn aller. Es gibt also aus der Sicht des einzelnen Anbieters Argumente für und gegen eine gemeinsame Gewinnmaximierung. Nun läßt sich beobachten, daß das Vorhandensein bestimmter objektiver Fakten für die gemeinsame Gewinnmaximierung spricht. Die Anbieter tendieren um so mehr zur gemeinsamen Gewinnmaximierung

⇨ je stärker sie voneinander abhängen (kleine Anbieterzahl, fast identische Produkte, gleiche Marktanteile und Produktionsmethoden);

⇨ je leichter es ist, geheime Abkommen zu treffen (Preisstarrheit, geringe Unsicherheit über die Entscheidungsgrundlagen, Unwirksamkeit der staatlichen Monopolkontrolle);

⇨ je größer die Marktzutrittsbeschränkungen sind (Massenproduktion, Patente, Ausmaß der Markenwerbung).

Die Hypothese über die gemeinsame Gewinnmaximierung im Oligopol (joint profit-Hypothese) stellt Kriterien heraus, die schon früher aus der Analyse von Kartellbildungen und Absprachen bekannt waren (etwa durch die Kartellenquête in Deutschland nach dem Ersten Weltkrieg). Zwei weitere Beispiele für Hypothesen dieser Art seien nur erwähnt. Vielfach stößt man auf die Ansicht, in Oligopolen seien der Gewinnmaximierung Grenzen gesetzt. Nach einer anderen Auffassung maximieren Oligopole nicht ihre Gewinne, sondern ihre Umsätze. Trotz einer noch relativ großen Unsicherheit bei der Analyse von Oligopolen besteht begründete Hoffnung, daß die methodische Neuorientierung der Oligopolforschung zu empirisch bestätigten Ergebnissen führt. Es darf dann von der Oligopoltheorie nicht jene Geschlossenheit und Eleganz erwartet werden, die wir von anderen, einfacheren Marktformen kennen.

B. Faktormärkte

8. Kapitel: Nachfrage: Einkaufsplan des Unternehmens

I. Grundlagen der Faktormarktanalyse

Besonderheiten
Gruppe Märkte für Produktionsfaktoren - inputabhängige Variable des output - Spezifische Analysen der Preisbildung - Produktive Dienste - Geldeinkommen - Faktorallokation - Funktionelle und personelle Einkommensverteilung

Hypothesen
Katalog von Annahmen - Preiselastizität der Nachfrage nach einem Faktor

II. Faktornachfrage bei vollständiger Konkurrenz

Individuelle Nachfrage
Bindeglied Produktions- und Kostentheorie - Allgemeine und spezielle Gewinnmaximierungsbedingung - Zusammenhang zwischen Grenzertrag und Grenzertragswert sowie Gleichgewichtsbestimmung - Gleichgewichtsänderung

Marktnachfrage
Aggregation der Einzelnachfragekurven - Probleme einer Aggregation

III. Faktornachfrage bei Monopol und Monopson

Gleichgewichtsbedingung für ein Monopol - Gleichgewichtsbedingung für ein Monopson - Gleichgewichtsbedingung für ein Monopol und ein Monopson - Übersicht der Gleichgewichtsbedingungen

I. Grundlagen der Faktormarktanalyse

Besonderheiten

Die bisherige Analyse bezog sich auf die Preisbildung bei konsumreifen Produkten, worunter sowohl materielle Güter als auch Dienstleistungen verstanden werden. Neben den Konsumgutmärkten als Teil der Produktmärkte gibt es als zweite **Gruppe** die **Märkte für Produktionsfaktoren**, die aufgeteilt werden können in die Märkte für Arbeit, Boden und Kapital. Auf den Faktormärkten sind die Unternehmen Nachfrager, die Haushalte Anbieter. Würde man auf einer hohen Stufe der Abstraktion argumentieren, bestünde kein Anlaß, neben der Preistheorie für Konsumgüter eine solche für Produktionsfaktoren zu entwickeln. Eine detaillierte Analyse der Faktorpreisbildung stößt jedoch auf der Nachfrage- wie Angebotsseite auf Eigentümlichkeiten, die spezifische Überlegungen erfordern.

Die von den Unternehmen nachgefragten Mengen der Faktoren sind abhängig von ihrem Güterangebot: Der **input** ist hier eine **abhängige Variable** des **output**. Die Faktornachfrage ist, anders ausgedrückt, eine aus dem Produktangebot abgeleitete Größe. Die Größe des input richtet sich - wie aus der Produktionstheorie bekannt ist und noch genauer erklärt wird - nach dem Beitrag, den eine zusätzliche Mengeneinheit eines Einsatzfaktors zur Erstellung des Produkts leistet. Da man diesen Beitrag Grenzproduktivität nennt, bezeichnet man die Aussagen über die daran orientierte Nachfrage der Unternehmen nach Produktionsfaktoren als Grenzproduktivitätstheorie. Diese Theorie sagt nur etwas über die Nachfrage auf Faktormärkten aus, genaugenommen sogar nur über die Nachfrage eines einzelnen Unternehmens. Sie gilt also weder für die gesamte Faktornachfrage noch für das Faktorangebot. Die synonyme Verwendung der Ausdrücke "Faktorpreisbildungslehre" und "Grenzproduktivitätstheorie" führt leicht in die Irre. Andererseits ist die Grenzproduktivitätstheorie auf die Nachfrage eines jeden Faktors anwendbar.

Ein zweiter Unterschied zwischen Konsumgut- und Faktorpreisbildung liegt darin, daß es beim Konsumgüterangebot nicht erforderlich ist, einzelne Güterarten preistheoretisch gesondert zu analysieren. Die tatsächlich vorhandenen Unterschiede werden mit Hilfe der Gutsbeziehungen (Substitution, Komplementarität, Indifferenz und Homogenität) erfaßt, die sich in der direkten und indirekten Preiselastizität niederschlagen. Bei den Faktoren dagegen sind die Unterschiede beträchtlich. **Spezifische Analysen der Preisbildung**, vor allem bei dem Angebot von Arbeit, Boden und Kapital, sind zweckmäßig oder notwendig. Die Besonderheiten erkennt man auch in der Terminologie. Die Preise der Faktorleistungen heißen Lohn (i. e. S. Preis für unselbständige Arbeit; i. w. S. Preis für alle Arten von Arbeitsleistungen, einschließlich der Unternehmerleistungen), Bodenrente, Zins.

Schließlich beruhen die Unterschiede zwischen Konsumgut- und Faktorpreistheorie zu einem beträchtlichen Teil auf der Tatsache, daß auf Faktormärkten nicht konsumreife, sondern **produktive Dienste** angeboten und bezahlt werden. Unter produktiven Diensten wird der Produktionsbeitrag von Faktoren verstanden, die man bei der Erzeugung einsetzt, in "Dienst" nimmt, ohne sie als Eigentum besitzen zu müssen. Indienstnahme oder entgeltliche Überlassung gibt es auch bei Konsumgütern (Beispiel: Wohnung). Ob Güter konsumtive oder produktive Dienste leisten, richtet sich nach dem Verwendungszweck. Die Faktoren werden letztlich von Haushalten angeboten. Soweit Unternehmen Faktoren anbieten, sei angenommen, die Unternehmen würden den Haushalten gehören (Unternehmer-Haushalte).

Haushalte können die Faktoren entweder auf dem Markt anbieten oder selbst in Anspruch nehmen; es muß zwischen fremder (produktiver) und eigener (konsumtiver) Verwendung gewählt werden. Der Preis eines variablen Faktors (l_v), multipliziert mit der tatsächlich verkauften Menge (v), ist das Faktorentgelt ($y = l_v \cdot v$), d. h. das **Geldeinkommen** des Faktoranbieters bei einer Fremdverwendung. Das Faktorentgelt bei Eigenverwendung läßt sich nach dem opportunity cost-Prinzip durch das Geldeinkommen der alternativ bestmöglichen Fremdverwendung bestimmen (*Fig. 8-1*). Zumindest ein Teil des Faktorentgelts muß zur Erhaltung der produktiven Dienste des Faktors aufgewendet werden, wenn auch in Zukunft ein Angebot erfolgen soll.

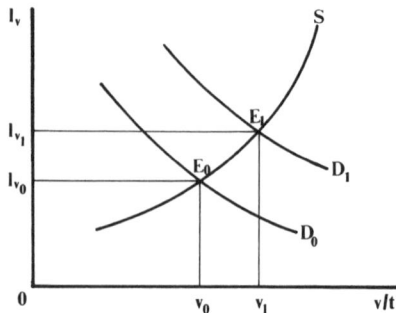

Fig. 8-1: Geldeinkommen eines Faktors

Aus diesem Grund kann das Verhalten der Haushalte als Anbieter stärkere Abweichungen von der "normalen" Reaktionsweise zeigen, bei der bekanntlich Mengen und Preise positiv korrelieren. Für die meisten Menschen ist der "Verkauf" von Arbeitsleistungen einzige oder wichtigste Quelle des Einkommens. Es ist verständlich, wenn sie am Faktormarkt einen möglichst hohen Preis erzielen wollen und eine organisierte Strategie betreiben (z. B. Zusammenschluß Unselbständiger zu Gewerkschaften), um die Preisbildung zu ihren Gunsten zu beeinflussen. Hinter so dürren Worten wie "Faktoreinkommen" oder "Erhaltung der produktiven Dienste" stehen die Probleme der physischen Existenz und des Lebensstandards der gesamten Bevölkerung.

Die Preisbildung auf dem Faktormarkt ist nicht nur für die Höhe, sondern auch für die Verteilung der Einkommen auf die einzelnen Anbieter bestimmend. Im Preisbildungsprozeß wirkt die Interdependenz der Märkte dahin, daß sich im relativen Preis die Knappheitsrelationen zwischen den Faktoren widerspiegeln. Von der Höhe und Verteilung der Einkommen werden das Niveau der Beschäftigung und die Einsatzrichtung der Faktoren, die **Faktorallokation**, entscheidend beeinflußt. Die Nachfrage der Unternehmen nach einem Faktor richtet sich nämlich nach den absoluten und relativen Preisen der Produktionsfaktoren. Wenn die Analyse der Faktorpreisbildung oft als "Theorie der Distribution" bezeichnet wird, darf man darunter nicht nur - wie es häufig geschieht - eine Einkommensverteilungstheorie verstehen. Für die ökonomische Frage, wie knappe Mittel bestmöglich gebraucht werden können, ist die Faktorallokation von nicht zu unterschätzender Bedeutung. Von ihrer Lösung hängt es ab, welches Einkommensniveau überhaupt erreicht wird, denn es kann nicht mehr verteilt werden als produziert worden ist - eine Binsenwahrheit, die leicht in Vergessenheit gerät. Sieht man das Ziel des Wirtschaftens darin, die Menschen mit Gütern zu versorgen, kommt somit der Preisbildung auf den Faktormärkten eine zentrale Bedeutung zu, weil Niveau und Verteilung der Einkommen die faktischen Möglichkeiten der Bedürfnisbefriedigung durch Güter bestimmen. Das ist der Grund, warum klassische Autoren, wie insbesondere DAVID RICARDO, die wichtigste Aufgabe der Volkswirtschaftslehre darin sahen, die "Gesetze" der Verteilung zu entdecken. Diese dominierende Stellung hat die Verteilungstheorie heute nicht mehr. Doch ist sie neben der Preistheorie für Konsumgüter ein Grundpfeiler der Mikroökonomie geblieben.

Die Verteilung der Einkommen auf die Produktionsfaktoren wird als **funktionelle Einkommensverteilung** bezeichnet. Die Geldeinkommen der Faktoranbieter sind für die Unternehmer als Faktornachfrager Kosten. Zu diesen Kosten gehören nicht nur die Aufwendungen für fremde Produktionsfaktoren, sondern auch die Inanspruchnahme von Arbeit, Boden und Kapital, die dem Unternehmer gehören und die er sich gleichsam selbst anbietet (kalkulatorische Kosten). Die Zahlungen an die Faktoren werden aus dem Erlös (Umsatz) bestritten. Ist die Differenz zwischen Erlös und Kosten positiv, erzielt der Unternehmer einen Profit oder Gewinn (6.15), ist sie negativ, macht er einen Verlust. Die Theorie der Preisbildung auf dem Faktormarkt ist deshalb eine Analyse der funktionellen Einkommensverteilung auf die Produktionsfaktoren Arbeit, Boden, Kapital und den Gewinn (oder Verlust). Der Gewinn (oder Verlust) wird meist als eine "Rest- oder Überraschungs-"Größe verstanden; einige Aspekte seiner Funktion kommen noch zur Sprache (10. Kap.). Von der funktionellen ist die **personelle Einkommensverteilung** zu unterscheiden, bei der auf die den natürlichen Personen, den Haushalten, zufließenden Einkommen abgestellt wird. Die personelle Einkommensverteilung wird dargestellt als Verteilung der Zahl der Einkommensbezieher auf Einkommensgruppen. Sie hängt erstens vom Umfang der den Personen zur Verfügung stehenden Produktionsfaktoren und dem Marktergebnis ab, zweitens von Umverteilungen (Transfers) durch private und staatliche Maßnahmen. In der Statistik der personellen Einkommensverteilung wird jedoch der Einfluß dieser Ursachenkomponenten oft negiert. Von der mikroökonomischen ist die makroökonomische Verteilungstheorie zu unterscheiden. Die makroökonomische Verteilungstheorie in ihrer heutigen Form ist ein relativ neues Gebiet der Volkswirtschaftslehre, für deren Entwicklung erstens die Theorie von JOHN MAYNARD KEYNES und zweitens die Versuche, die mikroökonomischen Beziehungen in gesamtwirtschaftlich relevante Aussagen zu transformieren, wichtige Impulse abgegeben haben. Einige

Grundzüge der makroökonomischen Verteilungstheorie werden später behandelt (17. Kap.).

Hypothesen

Entsprechend dem Vorgehen bei der Produktpreisbildung behandelt die Faktormarktanalyse:
(1.) die Determinanten der Nachfrage (Inhalt der Grenzproduktivitätsanalyse; 8. Kap.),
(2.) die Bestimmungsfaktoren des Angebots (jeweils für die Individuen und den Markt; 9. Kap.) und
(3.) das Zusammenspiel beider Komponenten bei der Preisbildung (unter verschiedenen Marktformen; 10. Kap.).

Die Überlegungen beschränken sich bei der Angebots- und Preistheorie auf den Faktor Arbeit und Kapital in Geldform (Geldkapital). Einige Folgerungen für die Einkommensverteilung und Faktorallokation schließen sich an. Die gesamte Faktormarktanalyse beruht - sofern nichts anderes gesagt wird - auf folgendem **Katalog von Annahmen**:

⇨ Die nachfragenden Unternehmer streben das Gewinnmaximum an. Sie werden nur dann zusätzlich Faktoren nachfragen, wenn ihr Gewinn dadurch steigt.

⇨ Die Ziele der Faktoranbieter sind grundsätzlich indeterminiert. Einkommensmaximierung ist ebenso möglich wie Maximierung der Freizeit oder Sicherheit. Andere Ziele oder Zielkombinationen sind denkbar.

⇨ Die Produktionsfaktoren lassen sich begrenzt (peripher) substituieren. Starre (limitationale) Faktorverhältnisse und völlige Substituierbarkeit seien unbeachtete Grenzfälle.

⇨ Ein Produktionsfaktor ist kurzfristig jeweils variabel bei Konstanz der übrigen. Es gilt das Ertragsgesetz.

⇨ Die Faktoren sind langfristig mobil.

⇨ Sehr langfristige Veränderungen (technische Fortschritte) werden ausgeschlossen.

Diese Annahmen sind überaus restriktiv. Für kompliziertere Modelle sei auf die Literatur am Schluß des Zweiten Teils verwiesen.

Unter diesem Annahmenkatalog läßt sich, wie ALFRED MARSHALL gezeigt hat, ableiten, daß die **Preiselastizität der Nachfrage nach einem Faktor** um so größer ist

⇨ je größer der Kostenanteil des Produktionsfaktors am Endprodukt,

⇨ je elastischer die Nachfrage nach dem produzierten Gut,

⇨ je leichter die Faktorsubstitution möglich und

⇨ je elastischer das Angebot gleichartiger Produktionsfaktoren ist.

Die ersten drei Aussagen seien an folgenden Überlegungen verdeutlicht; die letzte Aussage, die den Einfluß der Gewerkschaften illustrieren soll, dürfte erst später ganz verständlich werden (10. Kap.): Beträgt der Anteil der Arbeitsleistungen an den Gesamtkosten 10% (wie etwa bei der Energiegewinnung durch Wasserkraft), wird bei einer zehnprozentigen Lohnerhöhung die Nachfrage nach Arbeitsleistungen nicht so stark abfallen (unelastisch reagieren) wie bei einem Lohnkostenanteil von 50% (typisch für Teile der Verkehrswirtschaft). Im ersten Fall steigen die Gesamtkosten nur um 1%, im zweiten dagegen um 5%. Mit steigendem Kostenanteil eines Produktionsfaktors - gemessen an den Gesamtkosten - wird erstens die Faktornachfrage "preisempfindlich". Diese Empfindlichkeit hängt zweitens vor allem davon ab, ob die steigenden Faktorkosten "überwälzt", d. h. dem Produktpreis zugeschlagen und damit an den Käufer weitergegeben werden können. Je leichter das möglich, je unelastischer also die Nachfrage nach dem produzierten Gut ist, um so weniger wird der Produzent auf Preiserhöhungen der Produktionsfaktoren reagieren, weil er die zusätzlichen Kosten auf die Käufer seines Produkts abwälzen kann. Ist es drittens möglich, den teurer gewordenen Faktor durch einen im Preis konstant gebliebenen oder nicht so stark gestiegenen Faktor zu ersetzen, wird ceteris paribus bei der Preiserhöhung eines Faktors die Nachfrage nach ihm "empfindlicher" reagieren, als wenn eine Substitution schwierig oder unmöglich wäre. Je leichter sich ein Faktor ersetzen läßt, um so elastischer ist folglich die Faktornachfrage et vice versa. Deshalb kann eine aggressive Lohnpolitik, die keine Rücksicht auf diesen Zusammenhang nimmt, Arbeitslosigkeit zur Folge haben; sind Arbeitskräfte im Vergleich zum Kapital teurer, verdrängen sie sich selbst vom Markt.

II. Faktornachfrage bei vollständiger Konkurrenz

Individuelle Nachfrage

Die Theorie der Faktornachfrage ist ein wenig diffizil. Das **Bindeglied** der Analyse von input und output bildet die **Produktions- und Kostentheorie**. Bei Gültigkeit des Ertragsgesetzes fällt mit zunehmendem Einsatz des variablen Produktionsfaktors pro Zeiteinheit (v) der Grenzertrag (O'_v) von der Schwelle des Ertragsgesetzes an. Die Durchschnittserträge sind in ihrem Maximum gleich den fallenden Grenzerträgen. Beim Ertragsgesetz handelt es sich um eine physisch-technische Relation. Ökonomische Größen erhält man durch Einführung von Preisen (Übergang zur Kostentheorie). Bei der Analyse sind zwei Preise zu unterscheiden: der Preis des nachgefragten Produktionsfaktors (Faktorpreis auf dem Beschaffungsmarkt) und der des produzierten Gutes (Produktpreis auf dem Absatzmarkt). Beide Preise stehen in Beziehung zueinander, weil die Nachfrage nach dem Faktor vom Verkaufserlös des Produkts und damit vom Produktpreis abgeleitet wird. Die Höhe der Preise auf den Beschaffungs- und Absatzmärkten hängt vor allem von den jeweiligen Marktformen ab. Wie in der Preisbildungsanalyse bei Konsumgütern muß generell nach Unternehmens- und Marktvorgängen unterschieden werden. Welche Menge eines bestimmten Faktors wird ein Unternehmer für seinen Betrieb nachfragen?

Es sei zunächst unterstellt, daß ein einzelner Unternehmer nicht glaubt, durch den Verkauf seines Produkts oder durch die Nachfrage nach Produktionsfaktoren einen Einfluß auf die Preise ausüben zu können. Das bedeutet, es wird von vollständiger Konkurrenz auf den Absatz- und Beschaffungsmärkten ausgegangen. Sowohl der Preis l_v des variablen Produktionsfaktors v als auch der Preis p des Produkts - die Einsatzmenge eines zweiten Faktors F bleibt gemäß den Annahmen (Ertragsgesetz) konstant - verändern sich nicht mit der Faktornachfrage oder dem Produktangebot. Möchte der Unternehmer seinen Gewinn maximieren, muß er - wie bekannt ist (7. Kap.) - eine Produktmenge (output) anbieten, bei der Grenzkosten ($K' = dK/dO$) und Grenzerlös ($R' = dR/dO$) gleich sind:

(8.1 a) $K' = R'$ (Verhaltens-Gleichung).

Für den speziellen Fall vollständiger Konkurrenz auf dem Absatzmarkt ist $R' = p$, da die Erlösänderung bei einer Änderung der angebotenen Produktmenge um eine Einheit dem Produktpreis dieser Mengeneinheit entspricht $R' = \bar{p}$ = const..; Parallele zur Abszisse). Die Gewinnmaximierungsbedingung (8.1 a) erhält dann die Form

(8.1 b) $K' = \bar{p}$ (Verhaltens-Gleichung).

Die Grenzkosten K' sind die für die Herstellung einer zusätzlichen Produkteinheit erforderliche Geldsumme. Den für eine zusätzliche Einheit des variablen Produktionsfaktors auszugebenden Betrag bezeichnet man als Grenzausgabe ($A' = dA/dv$). Grenzkosten und Grenzausgaben unterscheiden sich durch die Bezugsbasis (O bzw. v). Nur wenn eine zusätzliche input-Einheit den output gerade um eine Einheit vergrößert, sind Grenzkosten und Grenzausgaben größengleich. Dann gilt:

(8.2 a) $K' = \dfrac{A'}{O'_v}$,

weil $\dfrac{dK}{dO} = \dfrac{dA}{dv} \div \dfrac{dO}{dv} = \dfrac{dA}{dO}$ (Definitions-Gleichung).

Da die Ausgabenänderung bei einer Änderung der nachgefragten Faktormenge um eine Einheit dem Preis der Mengeneinheit entspricht ($A' = l_v$), gilt bei Annahme einer vollständigen Konkurrenz auf dem Beschaffungsmarkt: $A' = \bar{l}_v$ = const.. Die Definitionsgleichung (8.2 a) erhält dann die spezielle Form

(8.2 b) $K' = \dfrac{\bar{l}_v}{O'_v}$ (Definitions-Gleichung).

Die **allgemeine Gewinnmaximierungsbedingung** (8.1 a) läßt sich unter Berücksichtigung von (8.2 a) als simultane Bedingung für Produktangebot (Absatzmarkt) und Faktornachfrage (Beschaffungsmarkt) formulieren:

(8.3 a) $A' = O'_v \cdot R'$ (Verhaltens-Gleichung).

Bei vollständiger Konkurrenz auf den Märkten für den Absatz ($R' = \bar{p}$) und die Beschaffung ($K' = \bar{l}_v / O'_v$) erhält man statt (8.3a) wegen (8.1b) und (8.2b) die **spezielle Gewinnmaximierungsbedingung**

(8.3 b) $\bar{l}_v = O'_v \cdot \bar{p}$ (Verhaltens-Gleichung).

8. Nachfrage: Einkaufsplan des Unternehmens 197

Für die Ausdrücke auf der linken und rechten Seite von (8.3) gibt es keine einheitlichen Bezeichnungen. Die vorherrschende Terminologie im angelsächsischen Schrifttum ist folgende: In (8.3 a) werden A' als Grenzausgabe (oder Grenzfaktorkosten), O'_v als (physischer) Grenzertrag (oder physische Grenzproduktivität), R' als Grenzerlös (Nettogrenzwert), das Produkt $O'_v \cdot R'$ als Nettogrenzertragswert (marginal revenue product) bezeichnet. In (8.3 b) werden $\bar{l}_v$ als Faktorpreis (Faktorkosten oder Durchschnittsfaktorkosten) und das Produkt $O'_v \cdot \bar{p}$ als Grenzertragswert (Durchschnittsnettoprodukt oder Grenzertragsprodukt) bezeichnet. In Übereinstimmung mit den meisten Autoren wird auf jene Termini zurückgegriffen, die vor der Klammer stehen. Die Klammerausdrücke mögen zur Verdeutlichung dienen. Wichtig ist, daß Faktorpreis und Grenzertragswert als Spezialfälle von Grenzausgabe bzw. Nettogrenzertragswert verstanden und physische Erträge mit bewerteten nicht konfundiert werden.

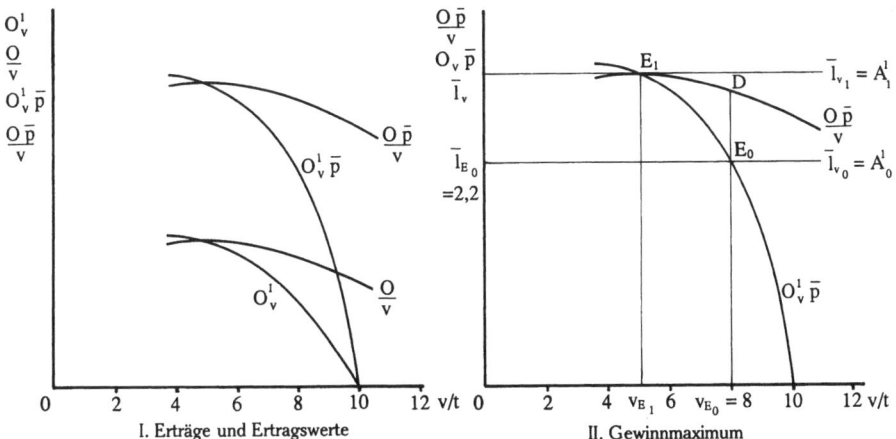

Fig. 8-2: Gewinnmaximierung bei vollständiger Konkurrenz auf den Absatz- und Beschaffungsmärkten

Den **Zusammenhang zwischen Grenzertrag und Grenzertragswert** sowie den dazugehörenden Durchschnittskurven bei vollständiger Konkurrenz auf den Absatz- und Beschaffungsmärkten veranschaulicht *Fig. 8-2.I.*, die **Bestimmung des Gleichgewichts** *Fig. 8-2.II.* Aus der Multiplikation des Grenzertrags (O'_v) mit dem konstanten Produktpreis ($\bar{p}$) - für den im folgenden die Bedingung $\bar{p} > 1$ gelten soll - erhält man die Grenzertragswertkurve, aus der Division des Ertrags und Ertragswerts durch die Einsatzmenge des variablen Faktors (v) die Durchschnittsertrags- bzw. Durchschnittsertragswertkurve (*Fig. 8-2.I.*). Der Unternehmer maximiert bei vollständiger Konkurrenz auf Absatz- und Beschaffungsmärkten seinen Gewinn (8.3 b), wenn er die Faktornachfrage bis zu jenem Punkt ausdehnt, bei dem der Faktorpreis ($\bar{l}_{v_0} = \bar{l}_{E_0}$) dem Grenzertragswert ($O'_v \cdot \bar{p}$) gleich wird ($E_0$ in *Fig. 8-2.II.*). Links vom Schnittpunkt der Faktorpreis- und Grenzertragswertkurve würden mögliche Gewinne ($O'_v \cdot \bar{p} - \bar{l}_{v_0}$ ist positiv) nicht realisiert, rechts von ihm Verluste entstehen

(Differenz $O'_v \cdot \bar{p} - \bar{l}_{v0}$ ist negativ). Ein Zahlenbeispiel soll die Zusammenhänge noch einmal illustrieren (*Übers. 8-1*). Die gewinnmaximale Faktormenge beträgt 8 Einheiten, weil bei dieser Menge der Grenzertragswert (= Nettogrenzertragswert) und der Faktorpreis (= Grenzausgabe) gleich werden (8.3 b). Bei jeder größeren (kleineren) Faktoreinsatzmenge entstehen Verluste (werden mögliche Gewinne nicht realisiert).

Menge des variablen Faktors	Grenzertrag	Produktpreis = Grenzerlös	Grenzertragswert = Nettogrenzertragswert	Faktorpreis = Grenzausgabe
(v)	(O'_v)	($\bar{p} = R'$)	$(O'_v \cdot \bar{p}$ $= O'_v \cdot R')$	($\bar{l}_v = A'$)
4	2,2	2	4,2	2,2
5	2,0	2	4,0	2,2
6	1,8	2	3,6	2,2
7	1,5	2	3,0	2,2
$v_{E0} = 8$	1,1	2	2,2	$\bar{l}_{E0} = 2,2$
9	0,6	2	1,2	2,2
10	0	2	0	2,2

Übers. 8-1: Gewinnmaximale Faktornachfrage bei vollständiger Konkurrenz auf Absatz- und Beschaffungsmärkten

Zu einem neuen Gleichgewicht, zu einer **Gleichgewichtsänderung**, und damit zu einer anderen Faktornachfrage kommt man
⇨ bei Variationen des Grenzertragsverlaufs und (oder) des Produktpreises, also bei Verschiebungen der Grenzertragswertkurve;
⇨ bei Variationen des Faktorpreises, d. h. bei Verschiebung der Faktorpreisgeraden.

Steigt ceteris paribus $\bar{l}_{v0}$ auf $\bar{l}_{v1}$ (*Fig. 8-2.II.*), erhält man die neue Gleichgewichtsmenge v_{E1}. In diesem Fall haben im Gleichgewicht (E_1) Grenz- und Durchschnittsertragswertkurven einen Schnittpunkt. Bestand in E_0 noch ein Überschuß E_0D über den Grenzertragswert, aus dem die fixen Kosten bezogen auf eine Einheit des variablen Faktors zu decken sind - wobei möglicherweise noch ein Rest als Gewinn verbleibt -, ist das in E_1 nicht mehr der Fall. Entstehen fixe Kosten, ist ein Verlust unvermeidbar, da der Erlös aus dem Verkauf des Produkts vollständig zur Bezahlung des variablen Faktors verwendet werden muß. Kostentheoretisch gesehen entspricht der Schnittpunkt der Grenz- und Durchschnittsertragswertkurve dem Betriebsminimum (6. Kap.).

Marktnachfrage

Kurzfristig würde das Unternehmen zum Preis $\bar{l}_{v0}$ ($\bar{l}_{v1}$) keine Faktormenge nachfragen, die kleiner als v_{E0} (v_{E1}) ist. Langfristig müßten die Gesamteinnahmen auch die fixen Kosten decken, über deren Anteil an den Gesamtkosten die Ausgaben für den variablen Faktor nichts aussagen. Mithin ist kurzfristig die individuelle Nachfrage nach Produktionsfaktoren bei vollständiger Konkurrenz auf Absatz- und Beschaffungsmärkten durch den Verlauf der Grenzertragswertkurve bestimmt. Diese Überlegung gilt für jedes Unternehmen. Aus der **Aggregation der Einzelnachfragekurven** erhält man die Marktnachfrage für den variablen Faktor (*Fig. 8-3*). Die Grenzertragswertkurve ist zwischen dem Maximum der Durchschnittsertragswertkurve (= Betriebsminimum) und dem Schnittpunkt mit der Abszisse die kurzfristige Nachfragekurve der einzelnen Unternehmen (U I, U II, U III), die des Marktes erhält man durch horizontale Addition(U I – U III). Die Kurve der Marktnachfrage verläuft flacher als die individuellen Nachfragekurven der Unternehmen. Zur Diskontinuität gelten die Ausführungen zu *Fig. 6-12.II.* analog.

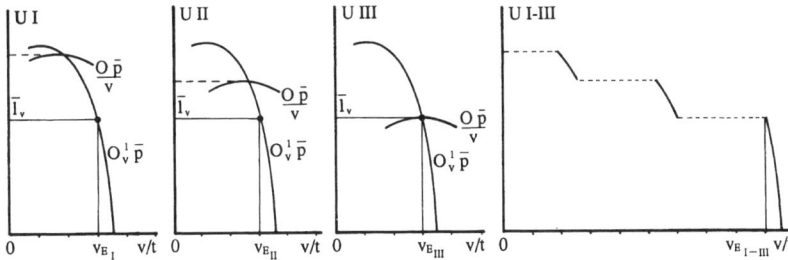

Fig. 8-3: Kurzfristige Faktornachfrage der einzelnen Unternehmen und des Marktes

Die früher schon erwähnten **Probleme einer Aggregation** von einzelwirtschaftlichen Nachfragekurven zu einer Marktnachfrage gelten hier in verstärktem Maße. Im Gegensatz zur Produktpreisbildung, bei der es eine große Zahl von Einzelmärkten gibt, unterscheidet man nur wenige, allerdings durch Eigentümlichkeiten gekennzeichnete Faktormärkte. Vor allem der Ausschluß von Rückwirkungen durch die ceteris paribus-Klausel und die Bedingungen der vollständigen Konkurrenz müssen im Hinblick auf die Wirklichkeit als erhebliche Einschränkung betrachtet werden. Wenn - wie in zahlreichen Volkswirtschaften - die Einkommen des Faktors Arbeit zwischen 60 bis 80% des Gesamteinkommens ausmachen, wirken sich Änderungen der Löhne über Anpassungen des Arbeitsangebots auf die Konsumgüternachfrage aus, so daß weder die Annahme konstanter Produktpreise noch die eines stabilen Gleichgewichts auf Faktormärkten als realistisch gelten kann. Die Einwendungen verlieren andererseits in dem Maße an Berechtigung, wie ein makroökonomischer Faktormarkt wegen der Faktorheterogenität in mikroökonomische Partialmärkte aufgelöst werden muß.

III. Faktornachfrage bei Monopol und Monopson

Die bisherige Annahme der vollständigen Konkurrenz wird dahingehend variiert, daß ein Unternehmen am *Absatzmarkt* ein Monopol haben, bei der Beschaffung des Produktionsfaktors hingegen in vollständiger Konkurrenz stehen soll. Auf dem Absatzmarkt divergieren Grenzerlös und Produktpreis; auf dem Beschaffungsmarkt sind Grenzausgabe und Faktorpreis gleich. Die allgemeine **Gleichgewichtsbedingung** (8.3 a) lautet dann **für ein Monopol**

(8.4) $A' = \overline{l}_v = O'_v \cdot R'$ (Verhaltens-Gleichung).

Nunmehr muß zwischen Grenzertragswert und Nettogrenzertragswert genau unterschieden werden. Ein Zahlenbeispiel mag das verdeutlichen (*Übers. 8-2*).

Menge des variablen Faktors (v)	Grenzertrag (O'_v)	Grenzerlös (R')	Nettogrenzertragswert ($O'_v \cdot R'$)	Faktorpreis = Grenzausgabe ($\overline{l}_v = A'$)
4	2,1	1,62	3,4	2,2
5	2,0	1,42	2,8	2,2
$v_E =$ 6	1,8	1,22	2,2	$\overline{l}_v =$ 2,2
7	1,5	1,02	1,5	2,2
8	1,1	0,82	0,9	2,2
9	0,6	0,62	0,4	2,2
10	0	0,42	0	2,2

Übers. 8-2: Faktornachfrage des Absatzmarktmonopolisten

Die gewinnmaximale Faktormenge beträgt 6 Einheiten, bei der der Nettogrenzertragswert und der Faktorpreis (= Grenzausgabe) gleich werden. Die Kurve des Nettogrenzertragswerts ($O'_v \cdot R'$) verläuft, da $p > R'$ ist, unterhalb der Grenzertragswertkurve (*Fig. 8-4*).

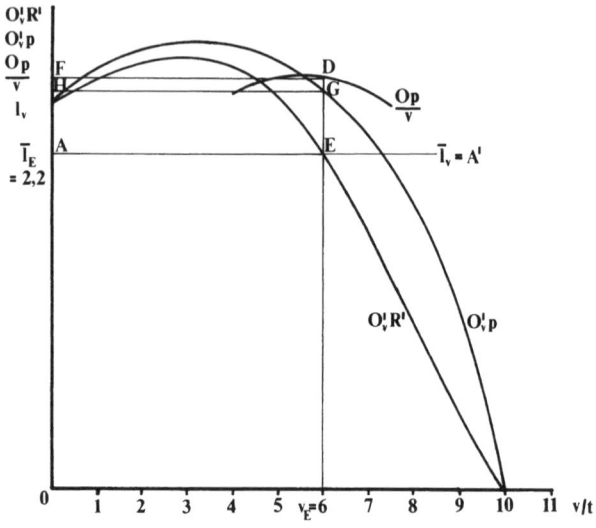

Fig. 8-4: Gewinnmaximum des Absatzmarktmonopolisten

8. Nachfrage: Einkaufsplan des Unternehmens

Im Punkt E befindet sich der Monopolist im Gleichgewicht; die dazugehörige Menge des variablen Faktors beträgt v_E. Das an den Faktor gezahlte Entgelt ist gleich dem Produkt aus Faktorpreis (l_E) und -menge (v_E). Der Monopolist zahlt weniger als den Grenzertragswert, um den der Produktionswert der Wirtschaft aufgrund des Faktoreinsatzes wächst. Das Rechteck $AEGH$ stellt den zu Lasten des variabel eingesetzten Faktors gemachten Monopolgewinn dar [$G_{MLV} = (O'_v \cdot p - l_E) \cdot v_E$]. Es wird deswegen gelegentlich als "monopolistische Ausbeutung" interpretiert. Aus dem verbleibenden Rechteck $HGDF$ sind die fixen Kosten zu decken.

Die Annahmen des letzten Abschnitts sollen umgekehrt werden. Das Unternehmen sei ein Beschaffungsmarktmonopson, d. h. einziger Faktornachfrager; auf dem Absatzmarkt befinde es sich in vollständiger Konkurrenz - ein Fall, dem in der Realität wohl keine große Bedeutung zukommt. Wenn auf einem Markt nur ein einziger Nachfrager vorhanden ist, wird er größere Nachfragemengen nur zu höheren Preisen beschaffen können. Die Grenzausgabe liegt dann über dem jeweiligen Faktorpreis. Weil auf dem Markt nur ein Preis bestehen kann, müssen neben der zusätzlichen Einheit auch alle vorhergehenden höher bezahlt werden. Die allgemeine **Gleichgewichtsbedingung** (8.3 a) lautet dann **für ein Monopson**

(8.5) $A' = O'_v \cdot R' = O'_v \cdot \bar{p}$ (Verhaltens-Gleichung).

Auch hier sei der Zusammenhang an einem einfachen Zahlenbeispiel erläutert (*Übers. 8-3*). Die gewinnmaximale Faktormenge beträgt 8 Einheiten, bei der Grenzertragswert (= Nettogrenzertragswert) und Grenzausgabe gleich werden. Die Grenzausgabe ist größer als der Faktorpreis (*Fig. 8-5*). Im Punkt E ist die Gleichgewichtsbedingung erfüllt; die dazugehörige Menge beträgt v_E, die Grenzausgabe A'_E. Das an den variablen Faktor gezahlte Entgelt ist gleich dem Produkt aus Faktorpreis (l_E) und -menge (v_E), also das Rechteck $0v_ECB$. Der

Menge des variablen Faktors (v)	Grenzertrag (O'_v)	Produktpreis = Grenzerlös ($\bar{p} = R'$)	Grenzertragswert = Nettogrenzertragswert ($O_v' \cdot p' = O'_v \cdot R'$)	Grenzausgabe (A')
4	2,1	1,62	3,4	2,2
5	2,0	1,42	2,8	2,2
$v_E =$ 6	1,8	1,22	2,2	$A'_E =$ 2,2
7	1,5	1,02	1,5	2,2
8	1,1	0,82	0,9	2,2
9	0,6	0,62	0,4	2,2
10	0	0,42	0	2,2

Übers. 8-3: Faktornachfrage des Beschaffungsmarktmonopsonisten

Unternehmer zahlt damit für eine Faktoreinheit weniger (l_E) als er anteilig beim Verkauf des Produkts erlöst ($O'_v \cdot \bar{p} = O'_v \cdot R'$). Bezogen auf die gesamte Menge des variablen Faktors macht er einen Monopsongewinn $ABCE$ [$G_{MNV} = (O'_v \cdot \bar{p} - l_E) \cdot v_E$] , was auch als "monopsonistische Ausbeutung" bezeichnet wird. Da die "Ausbeutung" von Produktionsfaktoren, v. a. von Arbeitsleistungen, ein auch theoretisch oft diskutierter Punkt ist, soll darauf später noch eingegangen werden (10. Kap.). Aus dem Rechteck $AEDF$ sind wiederum die fixen Kosten zu decken.

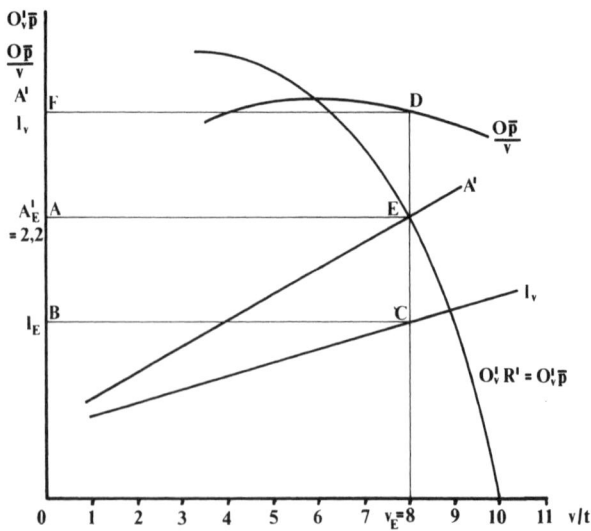

Fig. 8-5: Gewinnmaximum des Beschaffungsmarktmonopsonisten

Beide vorhergehende Darstellungen werden miteinander verbunden, wenn man annimmt, ein Unternehmen habe ein Absatzmarktmonopol und ein Beschaffungsmarktmonopson inne. Es gilt dann die allgemeine Bedingung (8.3 a), weil sowohl Grenzertragswert und Nettogrenzertragswert als auch Faktorpreis und Grenzausgabe verschieden sind (*Übers. 8-4*).

Menge des variablen Faktors (v)	Grenzertrag (O'_v)	Produktpreis = Grenzerlös (R')	Grenzertragswert = Nettogrenzertragswert ($O'_v \cdot R'$)	Grenzausgabe (A')
4	2,1	1,62	3,4	2,2
5	2,0	1,42	2,8	2,2
v_E = 6	1,8	1,22	2,2	A'_E = 2,2
7	1,5	1,02	1,5	2,2
8	1,1	0,82	0,9	2,2
9	0,6	0,62	0,4	2,2
10	0	0,42	0	2,2

Übers. 8-4: Faktornachfrage des Absatzmarktmonopolisten und Beschaffungsmarktmonopsonisten

Die gewinnmaximale Faktormenge, bei der Nettogrenzertragswert und Grenzausgabe gleich werden, beträgt 6 Einheiten. Die graphische Darstellung (*Fig. 8-6*) ist eine Kombination aus den beiden vorhergehenden Figuren.

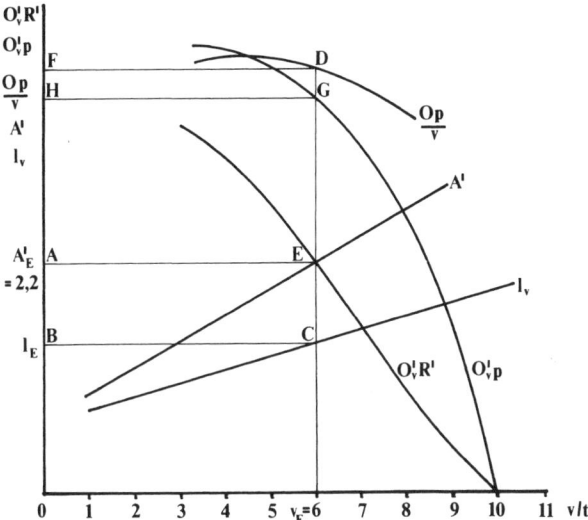

Fig. 8-6: Gewinnmaximum des Absatzmarktmonopolisten und Beschaffungsmonopsonisten

In Punkt E - Schnittpunkt der Nettogrenzertragswert- und Grenzausgabenkurve - ist die **Gleichgewichtsbedingung für ein Monopol und ein Monopson** erfüllt; die dazugehörige Faktormenge beträgt v_E, die Grenzausgabe A'_E. Das an den Faktor gezahlte Entgelt ist gleich dem Produkt aus Faktorpreis und -menge (Rechteck $0v_ECB$). Der Unternehmer erhält aus dem Verkauf des produzierten Gutes das Produkt aus Durchschnittsertragswert und Faktormenge (Rechteck $0v_E DF$). Der "Ausbeutungsbetrag" ist $BCGH$; er geht auf die Monopol- ($AEGH$) und Monopsonstellung ($BCEA$) zurück. Der Betrag des Rechtecks $HGDF$ dient zur Deckung der fixen Kosten.

Die in diesem Kapitel diskutierten **Gleichgewichtsbedingungen** seien in einer **Übersicht** zusammengefaßt (*Übers. 8-5*).

Marktstellung		Beschaffungsmarkt (Faktornachfrage)		Absatzmarkt (Produktangebot)		Gleichung
Beschaffungsmarkt	Absatzmarkt	Faktorpreis	Grenzausgabe	Nettogrenzertragswert	Grenzertragswert	
		\multicolumn{4}{c}{Allgemeine Bedingung}		(8.3 a)
		$l_v \ <$	$A' \ =$	$O'_v \cdot R' \ <$	$O'_v \cdot p$	
Vollständige Konkurrenz	Vollständige Konkurrenz	$\bar{l}_v \ =$	$A' \ =$	$O'_v \cdot R' \ =$	$O'_v \cdot \bar{p}$	(8.3 b) Spezielle Bedingungen
Vollständige Konkurrenz	Monopol	$\bar{l}_v \ =$	$A' \ =$	$O'_v \cdot R' \ <$	$O'_v \cdot p$	(8.4)
Monopson	Vollständige Konkurrenz	$l_v \ <$	$A' \ =$	$O'_v \cdot R' \ =$	$O'_v \cdot \bar{p}$	(8.5)
Monopson	Monopol	$l_v \ <$	$A' \ =$	$O'_v \cdot R' \ <$	$O'_v \cdot p$	(8.3 a)

Übers. 8-5: Übersicht der Gleichgewichtsbedingungen

9. Kapitel: Angebot: Verkaufsplan des Haushalts

I. Arbeitsangebot

Partielles Angebot
Partielles und totales Angebot - Lohnstruktur - Arbeits- und Freizeit - Lohnsatzänderungen - Angebotskurve des Marktes

Totales Angebot
Bevölkerungswachstum - Lohnhöhe und Erwerbstätige - Arbeitsqualität durch Ausbildung
K 9 - 1: Studium zum "Nulltarif"?

Lohnstruktur
Lohndifferenzen - Monetäre und nichtmonetäre Einflußfaktoren - Mobilität und Lohnänderungen - Mobilität und Arbeitsorganisation

II. Kapitalangebot

Individuelles Angebot
Sparen und Investieren - Angebotsanalyse des Geldkapitals - Analyse der individuellen Sparmenge - Haushaltsgleichgewicht - Zinsänderungen

Totales Angebot
Spar-Zins-Funktion - Spar-Einkommens-Funktion

Sparstruktur
Bestimmungsgründe - Kriterien

I. Arbeitsangebot

Partielles Angebot

Die *Angebotsmenge an Arbeitsleistungen* in einer Volkswirtschaft hängt von der Zahl der Erwerbstätigen und der Arbeitszeit ab, die Zahl der Erwerbstätigen wiederum von der Bevölkerungsentwicklung und der Erwerbsdauer (Spanne zwischen Berufsbeginn und -austritt). Unter den Erwerbstätigen bilden die Arbeiter (oder Arbeitnehmer), auf die sich die folgenden Überlegungen beschränken, die größte Gruppe (in der Bundesrepublik Deutschland über 80 v. H.). Als Arbeiter wird in der Theorie jeder unselbständige Anbieter von Arbeitsleistungen bezeichnet, unabhängig von seiner arbeitsrechtlichen Stellung (Arbeiter, Angestellter oder Beamter). Ein Eckpfeiler der klassischen Theorie war die im folgenden dargestellte Erklärung der Arbeiterzahl aus der Lohnentwicklung. Die Kritik an dieser Hypothese hat zu einer Ausklammerung der Bevölkerungslehre aus der Volkswirtschaftslehre geführt. Die meisten der heutigen Autoren gehen von einem gegebenen Bevölkerungsstand aus und untersuchen zwei Fragen: Wieviel Arbeitszeit wird angeboten? Welche Art von Arbeit wird offeriert? Bei der ersten Frage beschränkt man sich meist auf die kurzfristige Analyse der Aufteilung von Arbeits- und Freizeit. Man nimmt an, die Entscheidung darüber werde vom einzelnen Haushalt als Anbieter von Arbeitsleistungen getroffen - gewiß eine ganz erhebliche Vereinfachung der in der Realität herrschenden Verhältnisse. Der Haushalt bietet Arbeit an, um Einkommen zu erzielen. Somit ist der Verkauf von Arbeitsleistungen ein wesentlicher Teil des Einkommensplanes. Eine Zusammenfassung der Haushaltsangebote erscheint nur sinnvoll, soweit es sich um homogene Arbeitsleistungen (Arbeitsarten) handelt. Das individuelle Angebot und das für eine Arbeitsart (homogenes Angebot = Marktangebot) werden als **partielles Angebot** bezeichnet. Dagegen stand im Mittelpunkt der klassischen Erklärungsversuche das totale, alle Arbeitsarten umfassende Angebot einer Volkswirtschaft. Da die klassische Problematik einer "Überbevölkerung" in vielen Entwicklungsländern neue Aktualität erhalten hat, verstärkt sich wieder das wirtschaftswissenschaftliche Interesse an der Bevölkerungsentwicklung. Einige Aspekte des **totalen Angebots** werden nach der Analyse des kurzfristigen Partialangebots erörtert.

Die zweite Frage nach dem Arbeitsartenangebot wirft folgendes Problem auf: Hat sich ein Anbieter von Arbeitsleistungen für eine bestimmte Tätigkeit an einem Arbeitsplatz entschieden, ist er für eine gewisse Zeit an diese Entscheidung gebunden. Unter kurzfristigem Aspekt sind Arbeitsart und -ort ein Datum. Doch bestimmte Umstände können den Anbieter veranlassen, eine andere Wahl zu treffen. Es geht dabei offensichtlich um Fragen der Verteilung, der Allokation von Arbeitskräften auf verschiedene Tätigkeiten. Dieses Problem ist - wie das des totalen Angebots - mittel- und langfristiger Natur, was mit dem Begriff **Lohnstruktur** (auch Arbeitsangebotsstruktur) zum Ausdruck gebracht werden soll.

Für die kurzfristige Analyse des individuellen Angebots sei angenommen, daß für den Anbieter die Bedingungen der vollständigen Konkurrenz gelten. Der Marktpreis für Arbeit, der Lohn (auch Lohnsatz), ist dann für ihn ein Datum. Zweitens wird unterstellt, der einzelne könne die Arbeitsdauer frei wählen. Obwohl beide Annahmen häufig nicht erfüllt sind, vermitteln sie - wie sich zeigen wird - einige elementare Einsichten. Später werden die Annahmen aufgegeben. Der Haushalt als Anbieter von Arbeitsleistungen kann eine fest vorgegebene Gesamtzeit in **Arbeits- und Freizeit** aufteilen. Arbeit und Muße sind konkurrierende, substitutive "Güter". Man kann mit einer zusätzlichen Stunde Arbeit sein Einkommen vielleicht um 15 Euro erhöhen oder statt dessen an einer Demonstration teilnehmen. Die opportunity cost für eine Stunde Demonstration wären 15 Euro. Analytisch gesehen handelt es sich bei der Alternative "Arbeit - Freizeit" um eine ökonomische Entscheidung darüber, ob ein Anbieter sein monetäres Einkommen erhöhen will oder nicht. Freizeit bedeutet Verzicht auf Markteinkommen. Der Einsatz von Arbeitskraft führt - wie bei anderen Produktionsfaktoren - zu Leistungen, bei denen Fremd- und Eigenverwendung in Konkurrenz stehen. Physisch und psychisch kann die Beschäftigung während der Freizeit anstrengender als Arbeit sein, worauf die Erfahrungstatsache, daß die Berufstätigen montags oft ziemlich erschöpft und ihre Leistungen entsprechend gering sind, hindeutet. Die Beziehungen zwischen substitutiven Gütern können mit der bekannten Indifferenzkurven-Technik leicht veranschaulicht werden. Nimmt man an, pro Tag würden 12 Stunden für Schlafen, Essen und dergleichen benötigt, stellen die verbleibenden 12 Stunden mögliche Arbeitszeit dar. Bei einem Lohnsatz w (w = wage) von beispielsweise 15 Euro pro Stunde, der sich unter der Annahme vollständiger Konkurrenz durch unterschiedliche Angebotsmengen eines einzelnen Anbieters nicht ändern soll, bestehen folgende Zusammenhänge (Fig. 9-1):

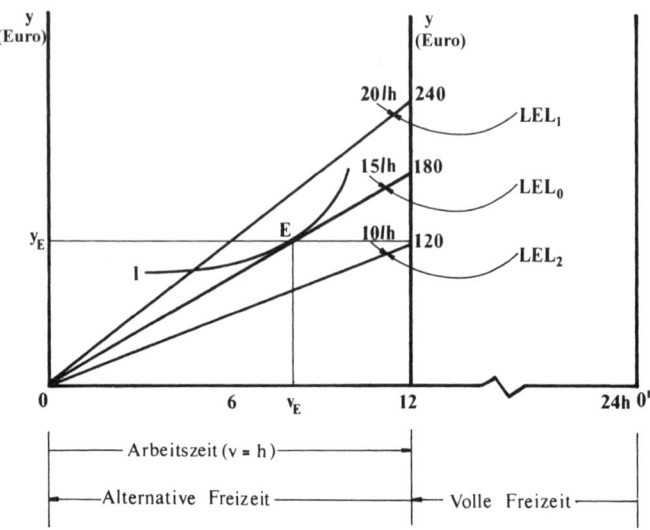

Fig. 9-1: Individuelles Einkommens-Freizeit-Gleichgewicht

Bei einer Arbeitszeit oder -menge ($v = h$) von 12 Stunden beläuft sich das arbeitstägliche individuelle Einkommen (y) auf 180 Euro. Würde der Lohnsatz 10

(20) Euro pro Stunde betragen, wäre das Einkommen 120 (240) Euro. Ohne Berücksichtigung der Zeitindizes läßt sich schreiben

(9.1) $y = w \cdot v$ (Definitions-Gleichung),

wobei w das Steigungsmaß der Geraden aus dem Nullpunkt ist. (9.1) ist die Gleichung der Lohneinkommens-Linie (*LEL*) des Haushalts. Das Haushaltseinkommen stammt dann ausschließlich aus Arbeit. Wenn der Haushalt zwischen Arbeits- und Freizeit wählen kann, wird es eine Reihe von Einkommens-Freizeit-Kombination geben, die ihm gleiche Befriedigung verschaffen. Diese indifferenten Kombinationen sind durch die Kurve *I* dargestellt. Ihre Steigung ist gleich der Grenzrate der Substitution von Einkommen und Freizeit. Ein Anbieter wird sich für jene Kombination entscheiden, die er bei einer gegebenen Einkommensgeraden gerade noch erreichen kann. Der Punkt E, in dem die Gerade $y = 15 \cdot v$ zur Tangente an I wird, ist der günstigste. Bei gegebenem Lohn und gegebener Präferenzstruktur ist die erwünschte Arbeitszeit v_E optimal. Es existiert ein Gleichgewicht, das bei einem gegebenen Lohn vom Haushalt als Arbeitskraftanbieter kurzfristig nicht verlassen wird.

Es wird nun gefragt, wie der Anbieter unter der Annahme, daß sich seine Vorstellungen über die gewünschten Verhältnisse von Einkommen und Freizeit nicht ändern, auf eine **Lohnsatzänderung** reagiert. Die Lohnsatzänderung führt zur Drehung der Einkommensgeraden im Nullpunkt (*Fig. 9-2*).

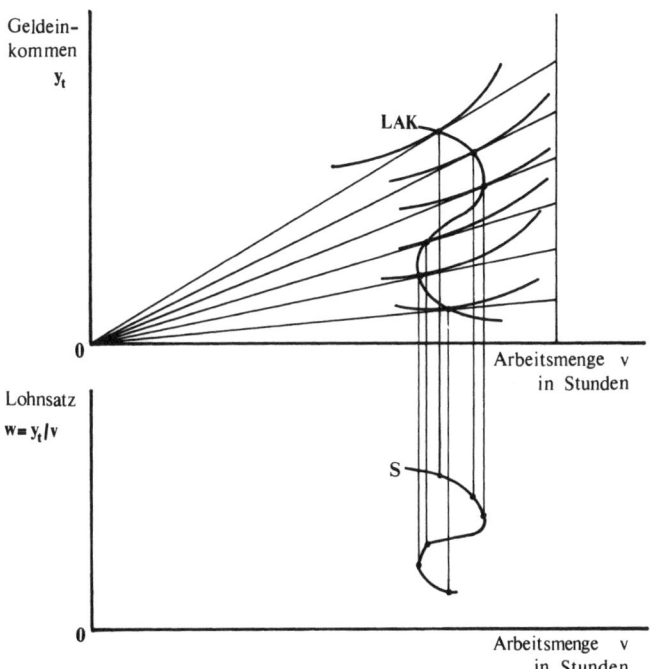

Fig. 9-2: Individuelles Arbeitsangebot bei Lohnsatzänderung

Die Verbindungslinie der Gleichgewichtspunkte bezeichnet man als Lohn-Angebotskurve (LAK). Wird der Lohnsatz $w = y/v$ auf der Ordinate abgetragen, läßt sich die angebotene Arbeitszeit als Funktion des Lohnes direkt ableiten; man erhält die Kurve des kurzfristigen Arbeitsangebots s (untere Figur). Ob das hier angenommene Verhalten als typisch für individuelle Anbieter anzusehen ist, läßt sich theoretisch kaum sagen. Manches spricht für eine anomale Reaktion bei niedrigen Lohnsätzen. Trotz steigender Lohnsätze würde die Angebotsmenge kleiner werden, weil der Anbieter bei niedrigen Löhnen unter Umständen bis an die Grenze seiner körperlichen Leistungsfähigkeit arbeiten muß, um elementare Bedürfnisse befriedigen zu können. In diesem Fall stehen Eigen- und Fremdverwendung von Arbeitskraft in scharfer Konkurrenz. Eine Wirkung steigender Löhne kann die Verkürzung der Arbeitszeit sein. Ein Teil des steigenden Lohnsatzes dient zur Erhöhung des Einkommens (Einkommenseffekt), ein anderer Teil zur Reduzierung der Arbeitszeit (Substitutionseffekt). Diese Wirkungen sind aus der Haushaltsanalyse bekannt. Unsicherheit herrscht über die Punkte der Lohn-Angebotskurve, an denen diese eine positive Steigung annimmt. Bei höheren Löhnen kann das Angebot steigen und bei sehr hohen Löhnen vielleicht wieder fallen. Doch lassen sich auch andere plausible Verhaltenshypothesen finden; nur empirische Beobachtungen können weiterhelfen.

Für die Konstruktion der **Angebotskurve des Marktes** ist folgendes zu beachten: Aggregiert werden nur individuelle Kurven gleicher (homogener) Arbeitsqualität (Arbeitsart), weil es keinen Sinn hätte, z. B. das Arbeitsangebot eines Fernlastfahrers und das eines Bäckers zusammenzufassen. Aber selbst bei Beachtung dieser Regel ist angesichts des unbestimmten Verlaufs individueller Lohn-Angebotskurven das Aggregationsergebnis offen. Auf einem Arbeitsmarkt kann im gesamten empirisch relevanten Bereich eine normale Reaktion auftreten, auch wenn individuelle Angebote in bestimmten Grenzen anomal verlaufen sollten (*Fig. 9-3*).

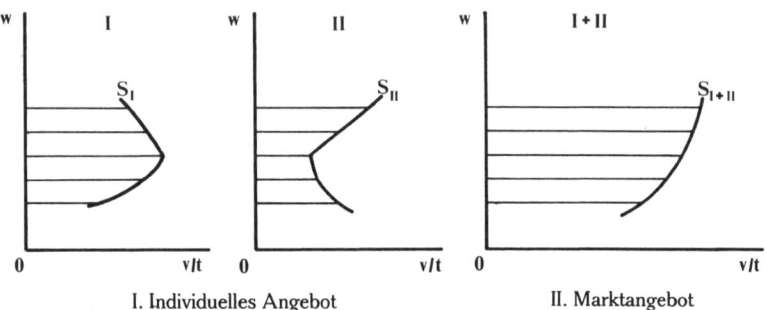

Fig. 9-3: Aggregation des kurzfristigen individuellen Arbeitsangebots

Langfristige Änderungen des Arbeitsangebots (Arbeitsplatzwechsel) wurden in der Analyse ausgeschlossen. Bedenkt man, daß es stets - auch bei Vollbeschäftigung - Arbeitskraftreserven gibt (Frauen, Schüler und Studenten, Pensionäre, Gastarbeiter), die kurzfristig als Anbieter auftreten können, erscheint die Hypothese plausibel, nach der das kurzfristige Marktangebot einen ande-

9. Angebot: Verkaufsplan des Haushalts

ren Verlauf als das individuelle Angebot zeigt. Allerdings sind anomale Marktangebote nicht auszuschließen.

Totales Angebot

Es ist schon immer - früher stärker als heute - die Frage nach den Bestimmungsgründen des gesamtwirtschaftlichen Bevölkerungswachstums untersucht worden. Das Bevölkerungswachstum einer Zeitperiode ist definiert durch den Überschuß der Geburten- über die Sterberate und die Differenz zwischen den Raten der Ein- und Auswanderung. Im Vordergrund stand traditionell die Überlegung, ob ein hoher (niedriger) Lohn das **Bevölkerungswachstum** anrege (dämpfe). THOMAS ROBERT MALTHUS (1766-1834) argumentierte, der Bevölkerungsanstieg habe eine so starke Erhöhung der Nachfrage nach Konsumgütern über das nicht nennenswert ausdehnbare Angebot zur Folge, daß durch die daraus erwachsenden Preissteigerungen die Reallöhne auf das Existenzminimum und zeitweilig sogar darunter zurückgingen. Es gebe nur einen begrenzten Vorrat an Gütern, der auf eine ständig steigende Zahl von Menschen aufgeteilt werden müsse. Die "Natur befehle" den zuviel Geborenen, "sich wieder zu entfernen", und zögere nicht, ihren Befehlen durch eine hohe Sterberate Nachdruck zu verleihen. In der striktesten Form läuft die Hypothese von MALTHUS auf eine Kostentheorie hinaus, in der die "Ausbringung" zu einem konstanten Reallohnsatz erfolgt, bei dem gerade noch die Aufrechterhaltung der physischen Existenz der Arbeiter und ihrer Familien möglich ist. Diese Hypothese wurde später durch FERDINAND LASSALLE (1825-1864) als "Ehernes Lohngesetz" popularisiert. Die Ansichten von Malthus stießen von Anfang an auf lebhaften Widerspruch. Es ist bemerkenswert, daß ein so einflußreicher Nationalökonom wie MARSHALL sie insoweit unterstützte, als nach seiner Ansicht steigende Löhne zwar keine eindeutige Wirkung auf die Geburtenrate hätten, jedoch die Sterberate verringerten und von einem Anstieg des Arbeitsangebots begleitet seien. Die Kritiker von MALTHUS und MARSHALL stützten sich weit weniger auf empirisches Material als diese beiden Autoren und verließen sich allzusehr auf die Plausibilität ihrer Einwände. Diese Tatsache ist ein lehrreiches Beispiel dafür, daß bestimmte Probleme nicht durch Spekulation, sondern nur empirisch-wissenschaftlich zu lösen sind.

Enger als die eben erörterte Beziehung dürfte die zwischen **Lohnhöhe und Erwerbstätigen** sein. Unter letzterer versteht man den im Arbeitsleben stehenden Bevölkerungsteil, der die Selbständigen einschließt. Schon kurzfristig werden Arbeitskräfte auf Lohnänderungen reagieren. In sehr langer Sicht scheint vor allem eine Korrelation zwischen Lohnhöhe und Erwerbsdauer (Zeit zwischen Eintritt in den und Ausscheiden aus dem Erwerb) zu bestehen. Mit den bisher ständig angestiegenen Löhnen hat sich im Durchschnitt nicht nur die kurzfristige Arbeitszeit, sondern auch die Erwerbsdauer verringert, weil das Eintrittsalter gestiegen und das Austrittsalter gesunken ist. Diese Entwicklung tritt in hochindustrialisierten Ländern besonders deutlich zutage. Da in zahlreichen Ländern die Bevölkerung steigt, Arbeitszeiten und Erwerbsdauer jedoch sinken, ist das Gesamtergebnis, die Entwicklung des mengenmäßigen Arbeitsangebots einer Volkswirtschaft, grundsätzlich offen. Es gibt Länder mit steigendem und solche mit fallendem Arbeitsmengenangebot. In der Bundesrepublik Deutschland ist in den frühen fünfziger Jahren durch einen positiven Wanderungssaldo (Flüchtlingsstrom) und den Übergang zur Vollbeschäftigung das Angebot sprunghaft gestiegen. In den letzten Jahren sind gegenläufige Tendenzen erkennbar geworden; das Mengenangebot beginnt trotz des Zugangs an ausländischen Arbeitskräften zu fallen, zunächst für Männer, später vermutlich auch für Frauen.

Seit einigen Jahren beschäftigt man sich zunehmend mit der Arbeitsqualität. Hier geht es ebenfalls um sehr langfristige Probleme. Der Arbeitsqualität wird deswegen eine wachsende Bedeutung zugemessen, weil in einigen Ländern das gesamte Arbeitsangebot mengenmäßig fällt und die technische Entwicklung in verschiedenen Tätigkeitsbereichen zu wachsenden Anforderungen an die Arbeiter führt. Ausgangspunkt der Analyse ist die Hypothese, daß sich durch bessere **Ausbildung die Arbeitsqualität** steigern lasse. Die privaten und sozialen Kosten der Ausbildung werden als Investitionen in den Menschen (human investment) bezeichnet, weil für ihre ökonomischen Aspekte weithin nichts anderes gilt als für Kapitalinvestitionen. Bei Sachgütern gibt es Investitionen, die einen quantifizierbaren Ertrag abwerfen (z. B. Bau einer Produktionsanlage) und solche, bei denen keine direkten Erträge in monetärer oder sonstwie meßbarer Form anfallen (z. B. Bau einer Grünanlage). Diese Unterscheidung kann auch bei Bildungsinvestitionen getroffen werden. Ein erster Problemkomplex hat seine Ursache darin, daß bei ein und derselben Bildungsinvestition meßbare und unmeßbare Erträge typischerweise zugleich anfallen, wobei der meßbare Teil dem Individuum in Form höherer Einkommen zugute kommt, der unmeßbare als gesamtwirtschaftlicher Vorteil in Erscheinung tritt (K 9 - 1). Eine zweite Frage ist, wie lange es dauert, bis von human investments ökonomische Wirkungen ausgehen (Ausreifungszeit). Erste Untersuchungen lassen erkennen, daß die Ausreifungszeit wahrscheinlich ziemlich lang ist. Obwohl größere Klarheit erst von weiteren empirischen Arbeiten erwartet werden kann, dürfte im Hinblick auf die Länge der Ausreifungszeit und die Verteilungswirkungen eine gewisse Skepsis gegenüber Ansichten am Platze sein, nach denen von Bildungsinvestitionen eine schnelle Lösung zahlreicher Probleme - wie die Kompensation der zurückgehenden Arbeitsmenge durch Verbesserung der Arbeitsqualität - zu erwarten ist. Andererseits gibt es gerade bei Bildungsinvestitionen eine Reihe gesellschaftspolitischer Aspekte, die für den Entscheidungsträger stärkeres Gewicht besitzen können als die ökonomischen Wirkungen.

K 9-1

Studium zum "Nulltarif"

In den letzten Jahrzehnten hat sich das wirtschaftswissenschaftliche Interesse an bildungsökonomischen Problemen, die schon die Klassiker ADAM SMITH (1723-1790) und JOHN STUART MILL (1806-1873) beschäftigt haben, neu belebt. Die bildungsökonomische Renaissance geht vor allem auf zwei Volkswirte zurück, dem Amerikaner THEODORE WILHAIN SCHULTZ (1902-1998), der dafür im Jahr 1979 den Nobelpreis erhielt, und dem Engländer

EDWIN G. WEST (1922-2001). Nach ihrer Betrachtungsweise sind Studenten Unternehmer, die gegenwärtig in ihre Person Humankapital investieren, um daraus künftig Erträge zu erzielen. Eine vieldiskutierte Frage ist: Sollen Studierende bei der Investitionsfinanzierung anders behandelt werden - wie es insbesondere in Deutschland üblich ist - als Unternehmer, die in Sachkapital investieren?

Zunächst scheint es angebracht, Art und Ausmaß der studentischen Investitionskosten zu präzisieren. Bei einem Hochschulstudium fallen drei Arten von Kosten an: die Kosten der Hochschule für das Studienangebot, die Lebenshaltungskosten der Studierenden und die wegen des Studiums entgangenen Einkommen (opportunity cost). Bei der Diskussion um Studiengebühren stehen die Hochschulkosten im Vordergrund, auch wenn die übrigen Kosten zwangsläufig zugleich auftreten und höher sind. Die Hochschulkosten differieren zwischen den einzelnen Studiengängen ganz erheblich. Die Spannweite reicht gegenwärtig in der Bundesrepublik Deutschland von 10 000 Euro in den Rechts- und Wirtschaftswissenschaften bis 25 000 Euro in der Medizin, jeweils pro Studienjahr. Die Lebenshaltungskosten sind mit jährlich 8 000 Euro zu veranschlagen.

Für Studiengebühren spricht, daß akademisch Ausgebildete - trotz der enormen Investitionskosten und der kürzeren Berufsdauer - ein höheres Lebenseinkommen erzielen als Nichtakademiker. Dem Einwand, höhere Einkommen bedeuten auch höhere Steuern, ist entgegenzuhalten, daß nach empirischen Untersuchungen Akademiker die Hochschulkosten nur zu einem kleinen Teil über hochschulbezogene Abgaben zurückzahlen. Die Akademiker werden von den Beziehern niedriger Einkommen "subventioniert". Auch der Hinweis auf positive externe Effekte dürfte kein durchgreifendes Gegenargument sein, weil die Existenz solcher Effekte als Folge einer Hochschulausbildung wissenschaftlich umstritten ist und allenfalls eine Teilrechtfertigung für einen "Nulltarif" bietet.

Bedenklich sind Studiengebühren aus ganz anderen Gründen: Erstens werden dadurch auch Begabte, an deren wissenschaftlicher Ausbildung ein allgemeines Interesse besteht, von einem Studium abgehalten. Zweitens belasten Studiengebühren vor allem Familien mit Kindern im studierfähigen Alter zusätzlich. Diese Wirkungen lassen sich nur vermeiden oder begrenzen, wenn es ein entwickeltes Stipendienwesen, ein Angebot an zinsgünstigen Ausbildungsdarlehen und eine familiengerechte Sozialpolitik gibt. Daß die dabei auftretenden praktischen Probleme sozialverträglich lösbar sind, zeigt ein Blick in Länder, die - auch an staatlichen Hochschulen - seit eh und je Studiengebühren kennen.

Lohnstruktur

Die Wahl zwischen verschiedenen Beschäftigungsmöglichkeiten stellt ein langfristiges Problem für den Anbieter von Arbeitsleistungen dar. Die Problematik ähnelt der, die ein Unternehmen mit der Wahl der Betriebsgröße zu lösen hat. Zentrales Thema der Lohnstrukturanalyse ist die Frage, warum sich in der Wirklichkeit **Lohndifferenzen** erhalten. Um diese Fragestellung zu erhellen, soll - im Widerspruch zur Realität - angenommen werden, daß für alle Arbeiten in einer Volkswirtschaft ein einziger Lohnsatz existiert. Das kann man sich nur

vorstellen, wenn eine Serie von Bedingungen gegeben ist, von denen die wichtigsten genannt seien:
⇨ alle Beschäftigungen, Branchen und Arbeitgeber haben für den Arbeiter gleiche Attraktivität,
⇨ die Arbeitskräfte sind unbegrenzt räumlich beweglich (vollständige Mobilität),
⇨ die individuellen Kosten der Mobilität sind Null,
⇨ die Arbeitsleistungen sind homogen,
⇨ auf dem Arbeitsmarkt besteht vollständige Konkurrenz und
⇨ alle zum bestehenden Lohnsatz Arbeitswilligen finden Arbeit (Vollbeschäftigung).

Es läßt sich zeigen: Immer dann, wenn auch nur eine dieser Bedingungen nicht gegeben ist, können langfristig Lohndifferenzen auftreten. Da in der Realität niemals alle Bedingungen zugleich vorliegen, sind Lohndifferenzen ein ständig konstatierbares Faktum. Die tatsächlichen Lohndifferenzen schließen Tendenzen, die auf eine Lohnnivellierung hinwirken, nicht aus. Wovon wird die Stärke solcher Tendenzen bestimmt? Zur Beantwortung der Frage scheint es zweckmäßig, auf einige Bedingungen des einheitlichen Lohnsatzes einzugehen.

Die Attraktivität der zur Wahl stehenden Beschäftigungen hängt von **monetären und nichtmonetären Einflußfaktoren** ab. Die monetäre Größe, der Lohn, ist nur ein Kriterium für die Entscheidung, ob eine bestimmte Tätigkeit aufgenommen, fortgesetzt oder aufgegeben wird. Für langfristige Erwägungen kann das auf Dauer erzielbare oder das sogenannte Lebenszeit-Einkommen wichtiger sein als das kurzfristig erzielbare. Ein Beamter wird vielleicht die Sicherheit des Einkommens und der Versorgung im Alter (Pension) so hoch einschätzen, daß er ein Angebot in der Privatwirtschaft mit besseren Bezügen ausschlägt. Andererseits kann eine stimmbegabte Sekretärin, die ihr Glück als Schlagersängerin versucht, im Showgeschäft erheblich mehr verdienen als der Präsident der Bundesbank; nur weiß sie, daß hundert andere nicht weniger begabte Schlagersängerinnen kaum ein Engagement finden oder sich in ihrer Branche nur wenige Jahre behaupten können. Das zweite Entscheidungskriterium sind nichtmonetäre Vor- und Nachteile. Auf diesen Punkt hat schon ADAM SMITH aufmerksam gemacht. Wenig angesehene, gefährliche, schmutzige oder besonders lästige Tätigkeiten (wie Nacht- oder Untertagearbeit) muß ein Unternehmer höher bezahlen, um überhaupt jemanden zu finden. Umgekehrt sind viele bereit, zu einem geringen oder gar ohne Entgelt Arbeiten auszuführen, die als ehrenvoll oder angenehm gelten. Hochschullehrer arbeiten oft für einen Teil des Lohnes, den sie bei anderer Tätigkeit verdienen könnten, nur weil die Unabhängigkeit und Ungestörtheit der wissenschaftlichen Arbeit die Nachteile eines geringeren Einkommens aufwiegen. Gehen solche nichtmonetären Vorteile auch nur teilweise verloren, muß langfristig entweder ein höheres Entgelt gezahlt oder Abwanderung und Arbeitsqualitätsverschlechterung in Kauf genommen werden. Nichtmonetäre Vor- und Nachteile sind oft eine bessere Richtgröße für die langfristige Entscheidung als der Lohn. Die Zusammenfassung monetärer und nichtmonetärer Einflußfaktoren bezeichnet man als Nettovorteil (oder -ertrag). Die übliche Hypothese für das langfristige Angebot von

9. Angebot: Verkaufsplan des Haushalts

Arbeit lautet: Der Anbieter von Arbeitsleistungen strebt ein Maximum des Nettovorteils an. Nach ihr brauchen steigende Löhne in anderen Bereichen nicht zu einem Arbeitsplatzwechsel zu führen, wenn sie dort bestehende nichtmonetäre Nachteile ausgleichen.

Die nichtmonetären Vor- und Nachteile sind ein wichtiger Grund für die Beobachtung, daß **Mobilität und Lohnänderungen** nur wenig oder gar nicht korrelieren. Aus dieser Beobachtung den Schluß zu ziehen, der Wettbewerb funktioniere auf Faktormärkten nicht, ist unzulässig. Man unterscheidet meist nach räumlicher und beruflicher Mobilität. Da die Mobilität ein wichtiges Kriterium für die Anpassungsfähigkeit der Wirtschaft an Veränderungen ist, welche von der Angebots- und Nachfrageseite eines Marktes ausgehen, kommt ihrer Analyse große praktische Bedeutung zu. Diese Feststellung gilt für alle Produktionsfaktoren, für die Arbeitskraft jedoch in besonderer Weise. Für den Faktor Boden, der räumlich festliegt, mag dies überraschen. Bei wirtschaftlicher Betrachtungsweise kommt es jedoch allein auf mögliche alternative Verwendungen an. Boden kann trotz seiner geographischen Unbeweglichkeit ökonomisch beweglicher sein als Kapital (Produktionsanlagen) oder Arbeit. Ein bestimmtes Grundstück, das erst landwirtschaftlich genutzt und dann mit einem Kino bebaut wurde, nach dessen Konkurs ein Discounter einzog, ist mobil im Vergleich zu Bergarbeitern, die den Bergbau nicht verlassen wollen. Weil im Produktionsprozeß alle drei Faktoren benötigt werden, wird die Anpassungsfähigkeit der Produktion von jenem Faktor determiniert, der am wenigsten ökonomisch beweglich ist. Für die Mobilität des Arbeitsangebots gibt es eine Reihe von Hypothesen:

⇨ Die Mobilität am Arbeitsort ist größer als zwischen verschiedenen Orten. Da es dabei vor allem auf die Entfernungen ankommt, läßt sich sagen, daß die Mobilität mit wachsenden Entfernungen abnimmt.

⇨ Die nationale Mobilität ist größer als die internationale. Letztere ist um so kleiner, je größer ein Land ist.

⇨ Die Mobilität in einem Sprachraum ist größer als zwischen verschiedenen Sprachräumen.

⇨ Die Mobilität zwischen eng verwandten Berufen ist größer als die zwischen grundverschiedenen.

In diesen Hypothesen kommt eine langfristige Verhaltensweise der Arbeiter zum Ausdruck, die nicht nur von subjektiv bedingten nichtmonetären Vor- und Nachteilen und dem Lohn (Nettovorteilshypothese) bestimmt wird, sondern auch von Unterschieden in der menschlichen Begabung und dem Fleiß, in der Bereitschaft, Ort oder Beruf zu wechseln, und von den Kosten der Mobilität. Lohndifferenzen können dann durch die Nettovorteilshypothese nicht hinreichend erklärt werden. Ein solcher Versuch würde mitunter zu absurden Ergebnissen führen. Die Arbeit eines hervorragenden Chirurgen, der vielleicht hundertmal soviel verdient wie ein Straßenfeger, müßte so unangenehm sein, daß sie alle menschlichen Vorstellungen übersteigt. Der einfache Grund für solche Lohndifferenzen kann in der schlichten Tatsache liegen, daß exzellente Chirurgen äußerst knapp sind und durch noch so viel Fleiß nicht vermehrt werden können.

Unterschiede in der Entlohnung sind schon deswegen wahrscheinlich, weil die Annahme der vollständigen Konkurrenz, von der die kurzfristige Betrachtungsweise ausgeht, unrealistisch ist. In fast allen Ländern ist das Angebot an Arbeitskraft mehr oder weniger beschränkt, kontrolliert oder organisiert. Ein Taxifahrer mag - bezogen auf die Fahr- und nicht auf die Wartezeiten - im Vergleich zu einem anderen Kraftfahrer einen hohen Lohn erhalten, nur weil der Marktzugang beschränkt ist. Auf die Höhe des Lohnes wird insbesondere durch Arbeitsmarktorganisationen Einfluß zu nehmen versucht. Beim Arbeitsangebot sind Gewerkschaften die wichtigste Organisationsform. Es sei für die Analyse der Lohnstruktur nur die Frage erörtert, welche Zusammenhänge zwischen **Mobilität und Arbeitsorganisation** bestehen. Einflüsse des organisierten Arbeitsangebots auf die Mobilität sind besonders deutlich, wenn Gewerkschaften Umstellungsprozesse in der Produktion (z. B. wegen der Einführung technischer Fortschritte, der Veränderung der Kapazität oder des Produktionsprogramms) dem Grunde oder Tempo nach bekämpfen, vielleicht aus der Befürch-tung, sie könnten durch berufliche Mobilität der Arbeit Mitglieder verlieren. Sie versuchen mitunter, staatliche Instanzen zu Schutzmaßnahmen zu drängen, wobei sie mit den von der Umstellung betroffenen Unternehmern nicht selten an einem Strang ziehen. Beispiele dafür gibt es in der Landwirtschaft, im Steinkohlenbergbau und im Eisenbahnverkehr. Wo - wie in einigen Fällen in den USA - der Staat einem solchen Drängen nicht nachgibt, kann die Gewerkschaftsstrategie auf Vereinbarungen mit den Unternehmern gerichtet sein, nach denen freigesetzte Arbeiter für eine gewisse Zeit auch dann weiter zu beschäftigen sind, wenn keine Arbeit für sie vorhanden ist. Die Arbeit wird nur "symbolisch" ausgeführt (Lokheizer fährt auf Elektrolok mit; Sinfonieorchester ist anwesend bei Tonbandsendungen). Da der wissenschaftliche Ökonom nicht bewertet, sondern feststellt, werden die Wirkungen gewerkschaftlicher Aktivität auf die Mobilität politisch und ökonomisch oft verschieden beurteilt. Vom ökonomischen Standpunkt ist unbestreitbar, daß durch die Gewerkschaften die Mobilität der Arbeit eingeschränkt werden kann und vielfach eingeschränkt worden ist. Ebenso wie bei anderen Mobilitätshemmungen wird damit die Umstellung in der Produktion und letztlich das Wachstum beeinflußt. Einige Nationalökonomen nehmen für die Vereinigten Staaten an, die Mobilitätshemmung durch Gewerkschaften reduziere die Produktion so erkennbar, daß die auszahlbaren Löhne (Lohnsumme) niedriger seien als sie es ohne Gewerkschaften sein könnten - ein empirisch zwar schwer beweisbarer, aber möglicher Zusammenhang.

II. Kapitalangebot

Individuelles Angebot

Nur wenige volkswirtschaftliche Termini werden in so unterschiedlicher Bedeutung gebraucht wie der Ausdruck Kapital. Es ist wichtig, auf die jeweilige Begriffsabgrenzung zu achten. In diesem Buch wird unter Kapital einmal ein Produktionsfaktor verstanden, also ein Gut, das bei der Herstellung von anderen Gütern Verwendung findet und nicht dem Konsum zur Verfügung steht (Realkapital). Konkret besteht Realkapital in Produktionsanlagen, Werkzeugen, Maschinen, Rohstoffen, Halbfabrikaten, Konsumgütern während ihrer Reifungszeit (Whisky in Fässern), Verkehrswegen usw. Man verwendet deshalb auch vielfach den Ausdruck Kapitalgüter, um den Gutscharakter des Realkapitals deutlicher zum Ausdruck zu bringen. Das Angebot von Realkapital erfolgt durch die Produzenten der Kapitalgüter. Nachgefragt wird es von denjenigen, die beabsichtigen, es zur Produktion heranzuziehen. Um aber Nachfrage entfalten zu können, müssen die Produzenten über Geld (Kaufkraft) verfügen. Die bereitstehende Kaufkraft in Geldform wird als Geldkapital bezeichnet. Dieses Geldkapital stammt zum Teil aus nicht konsumierten Einkommen der Haushalte, zum Teil aus neu produziertem Geld. Nicht konsumierte Einkommensteile nennt man (freiwilliges oder beabsichtigtes) **Sparen**. Alle Geldbeträge, die in einer Periode zum Ankauf von Kapitalgütern verwendet werden sollen, sind (freiwillige oder beabsichtigte) Investitionen; die "Umwandlung" von Geldkapital in Realkapital heißt **Investieren**. Anbieter von Geldkapital sind die sparenden Haushalte sowie alle Institutionen einer Volkswirtschaft, die Geld produzieren können. Nachfrager sind die investitionswilligen Produzenten und die Horter von Geldkapital. Der Leser achte genau auf die Formulierung: 1. Sparen und Investieren werden als geplante (ex ante), nicht als tatsächliche (ex post) Beträge definiert; sie können also verschieden groß sein. 2. Die Definition des Sparens enthält keine Aussage über die Verwendung der nicht ausgegebenen (nicht konsumierten) Einkommensteile. Ob das nicht ausgegebene Einkommen für den Erwerb von Kapitalgütern verwendet wird (Investieren) oder im Sparstrumpf verschwindet (Horten), bleibt offen. 3. Verfügt ein Haushalt über Sparbeträge aus früheren Zeiten (Vermögen) oder Schenkungen, ist er in der Lage, mehr auszugeben als er laufend an Einkommen bezieht. Sparen kann also negativ sein ("Entsparen").

Im folgenden werden einige Probleme des Geldkapitals untersucht. Die **Angebotsanalyse des Geldkapitals** beschäftigt sich vor allem mit den Determinanten des Sparangebots von Haushalten. Durch diese vereinfachende Annahme ergeben sich zwei kurz zu erwähnende Schwierigkeiten. Eine besteht darin, daß in der Realität nicht nur Haushalte, sondern auch Unternehmen sparen. Um ihr aus dem Weg zu gehen, wird das Sparen der Unternehmen als Vermögensbildung von Haushalten aufgefaßt, denn die Unternehmen sind mittelbar oder unmittelbar Eigentum oder Teileigentum der Haushalte. Eine zweite Schwierigkeit ergibt sich aus der Definition des Sparens, die auf die Verwendung der gesparten Geldbeträge keine Rücksicht nimmt, sondern lediglich den Rahmen für die Investitionen aus Sparkapital fixiert. Sie läßt ungeklärt, welche Art von Kapitalgütern tatsächlich angeschafft werden. Geht man dieser Frage nach, zeigt sich, daß die Unterscheidung von Arbeit, Boden und Kapital in einem gewissen Umfang bedeutungslos wird. Für die meisten volkswirtschaftlichen Fragen ist es gleichgültig, ob man z. B. Bodenmeliorationen oder Produktionsstättenerweiterungen durchführt; im folgenden wird deshalb nicht nach Investitionen in Arbeit, Boden und Kapital unterschieden. Das Angebot der Geldproduzenten wird im Detail gesondert behandelt (15. Kap.), weil es von anderen Einflußgrößen als den hier erörterten abhängt. Bei der Analyse des Geldkapitalangebots ist zuerst folgende Frage zu klären: Wie groß ist die Menge des pro Periode gesparten Geldkapitals, das individuelle und das gesamtwirtschaftliche (totale) Sparangebot? Da die nicht ausgegebenen Einkommensteile in verschiedenen Formen gehalten werden können (Sparformen), lautet eine zweite Frage: Was bestimmt die Form (Struktur) des Sparens? Von entsprechenden Fragestellungen wurde bereits bei der Behandlung des Faktors Arbeit ausgegangen.

Die **Analyse der individuellen Sparmenge** basiert auf folgender Hypothese: Wer spart, somit gegenwärtig auf mögliche Ausgaben verzichtet, verschiebt Konsum in die Zukunft. Gegenwartssparen heißt Verzicht auf gegenwärtig möglichen Konsum und damit beabsichtigter Zukunftskonsum. Diese Hypothese schließt weder die Behauptung ein, daß gegenwärtiges Sparen und zukünftiger Konsum (in monetären Einheiten gemessen) größengleich sind, noch, daß Personenidentität zwischen Sparern und künftigen Konsumenten bestehen muß. Man kann für andere (Kinder, Hinterbliebene) auf gegenwärtigen Konsum verzichten oder durch irgendwelche Umstände (Tod, Vertreibung) am künftigen Konsum verhindert sein. Der Markt, auf dem Zukunfts-"Güter" gehandelt werden, ist der Geldkapital- oder einfach: der Kapitalmarkt. Auf ihm wird als Preis für die zeitweise Überlassung von Kaufkraft in Geldform (Kredit) ein Zins (auch: Zinssatz) gezahlt. Der Haushalt hat zu entscheiden, wieviel vom gegenwärtigen Einkommen nicht ausgegeben oder welcher Teil des künftigen Einkommens schon in der Gegenwart konsumiert werden soll. Grundlage dieser Entscheidung ist eine Wertschätzung über Zukunftsgüter. Diese zeitliche Werteskala wird als Zeitpräferenz (time preference) bezeichnet. Dabei bleibt offen, ob Gegenwartsgüter höher geschätzt werden als Zukunftsgüter oder umgekehrt. Der Zusammenhang zwischen Gegenwarts- und Zukunftsgütern läßt sich wiederum mit der Indifferenzkurven-Technik darstellen. Es sei vereinfachend angenommen, der Haushalt nehme die Aufteilung des in zwei aufeinander folgenden Perioden erwarteten Realeinkommens in Konsumausgaben und Sparen zu Beginn der ersten Periode vor. Der Zinssatz i soll einziges Entscheidungskriterium sein. Der Zeithorizont des Haushalts beträgt also zwei Perioden (Jahre). Die für t_1 und t_2 erwarteten Realeinkommen seien y_1 und y_2. Die Ausgangsfrage ist: Wie verteilt der Haushalt dieses Einkommen unter der Annahme der Nutzenmaximierung auf beide Perioden (*Fig. 9-4*)? Ferner sei unterstellt, ein Haushalt erwarte in beiden Perioden jeweils ein Realeinkommen in Höhe von 10 000 Euro, also $y_1 = 10000$ und $y_2 = 10000$. Diese beiden Größen werden vom Ursprung aus auf den Koordinatenachsen ($0B, 0C$) abgetragen, wodurch A im Koordinatensystem festgelegt ist. Würde der Haushalt beide Einkommen in der ersten Periode vollständig konsumieren wollen, müßte er einen Kredit aufnehmen, weil ihm in der ersten Periode nur y_1 zur Verfügung steht. Der Haushalt soll jedoch nur so viel Kredit aufnehmen können, wie er mit dem in der zweiten Periode anfallenden Einkommen y_2 an Tilgung und Zinsen zurückzahlen kann. Der in der Gegenwart in Form eines Kredits zusätzlich zu y_1 für Konsumzwecke zur Verfügung stehende Geldbetrag ist $BD = y_2/(1+i)$. BD ist bei positiven Zinssätzen kleiner als y_2. Würde der

9. Angebot: Verkaufsplan des Haushalts 219

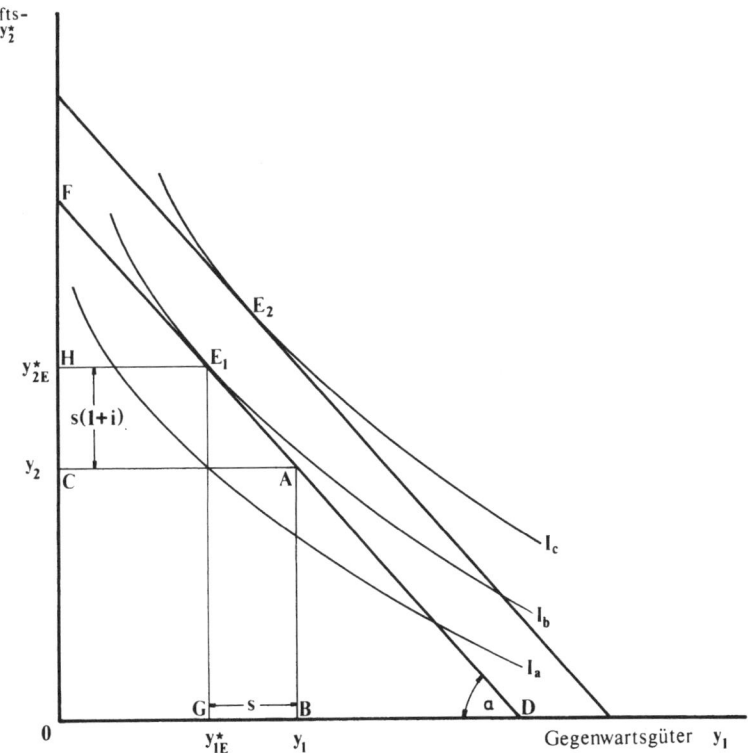

Fig. 9-4: Zeitpräferenz und Gleichgewicht

Haushalt statt dessen sein gesamtes Einkommen der ersten Periode erst in der zweiten Periode ausgeben, könnte er y_1 zum Zinssatz i ein Jahr lang ausleihen. Der ihm außer y_2 zur Verfügung stehende Betrag wäre $CF = y_1 \cdot (1+i)$. Die durch D, A und F verlaufende Kurve ist eine Gerade - analog der Budgetlinie - mit der Steigung

(9.2) $\quad tg\ \alpha\ =\ -\dfrac{AB}{BD}\ =\ -\dfrac{y_2}{y_2/(1+i)}$

$\qquad\qquad = -(1+i) \qquad\qquad$ (Definitions-Gleichung).

Bei einem Zinssatz von $i = 0,05$ ist die Steigung der Geraden $tg\ \alpha = -1,05$. Die Gerade ist der geometrische Ort aller möglichen Verteilungen der erwarteten Einkommen auf ihre gegenwärtige und zukünftige Verwendung bei gegebenem Zinssatz i. Ihre Gleichung lautet

(9.3) $\quad y^*_2\ =\ -(1+i) \cdot y^*_1 + [\overline{y_2} + \overline{y_1} \cdot (1+i)]$

oder im speziellen Fall des Sparens in Periode 1

(9.3 a) $\quad y^*_2\ =\ \overline{y_2} + s(1+i)$.

Dabei bedeuten $\bar{y}_1$ und $\bar{y}_2$ die erwarteten und zugleich als gegeben betrachteten Einkommen, y^*_1 der in der Gegenwart und y^*_2 der in Abhängigkeit davon in der Zukunft für Konsumzwecke verfügbare Geldbetrag (Einkommensteil). Der Ausdruck in der eckigen Klammer in (9.3) entspricht der Strecke $0F$, die sich aus dem zukünftigen Einkommen $\bar{y}_2 = 0C$ und dem in t_2 konsumierbaren Einkommen der ersten Periode ($\bar{y}_1 \cdot (1+i) = CF$) zusammensetzt. Punkt F kann realisiert werden, wenn $y^*_1 = 0$ ist.

Die von dem Haushalt jeweils als indifferent betrachteten Kombinationen aus gegenwärtig und zukünftig für Konsumgüter ausgebbaren Einkommen (y^*_1, y^*_2) stellen Punkte auf einer Indifferenzkurve dar. Wie bei der Konsumgüternachfrage liegt das Nutzenmaximum dort, wo die Gerade (9.3) zur Tangente an eine der Indifferenzkurven wird. Der **Haushalt** befindet sich in E_1 (*Fig. 9-4*) im **Gleichgewicht**. Die Grenzrate der Zeitpräferenz (Steigung der Indifferenzkurve I_b in E_1) ist gleich der Größe $-(1+i)$. Der Haushalt gibt dann $0G = y^*_{1E}$ Geldeinheiten für den Gegenwartskonsum und $0H = y^*_{2E}$ für den Zukunftskonsum aus. Von seinem Einkommen in der ersten Periode spart er $BG = s$ Geldeinheiten, die - zum Zinssatz i angelegt - in der zweiten Periode $CH = s \cdot (1+i)$ für den Konsum verfügbare Geldeinheiten ergeben. Der Haushalt gelangt dann auf ein höheres Nutzenniveau, wenn die erwarteten Periodeneinkommen $\bar{y}_1$ und (oder) $\bar{y}_2$ steigen, wodurch sich gemäß (9.3) ceteris paribus die "Budgetlinie" DF parallel nach rechts verschiebt. Bei normaler Lage der Indifferenzkurven könnte dann der Haushalt im Gleichgewicht sowohl in der Gegenwart als auch in der Zukunft mehr konsumieren (Punkt E_2 in *Fig. 9-4*). Würde sich das in der ersten Periode erwartete Einkommen ($\bar{y}_1$) erhöhen, könnte der Haushalt sowohl mehr konsumieren als auch mehr sparen. Daraus ist zu ersehen, daß das Ergebnis - bei gegebenem Zinssatz i - von der Zeitpräferenz (der Lage der Indifferenzkurvenschar) und den Einkommen ($\bar{y}_1$ und $\bar{y}_2$) abhängt.

Die Nachfrage des Haushalts wird von einer Reihe weiterer Faktoren determiniert, die bereits erörtert wurden (5. Kap.). Versteht man Sparen als Nachfrage nach Zukunftsgütern, leuchtet ein, daß noch andere Faktoren auf das Sparangebot zu einem bestimmten Zeitpunkt einwirken. Eine vollständige Analyse hätte unter Inanspruchnahme der ceteris paribus-Klausel die Einflüsse der einzelnen Komponenten zu untersuchen. Hier soll nur die Wirkung einer **Zinsänderung** auf das Sparangebot näher betrachtet werden. Wie aus (9.3) ersichtlich wird, muß sich die "Budgetlinie" bei Zinssatzänderungen in A drehen, wenn die erwarteten Realeinkommen für t_1 und t_2 konstant bleiben (*Fig. 9-5*). War sie ursprünglich DF, nimmt sie nach einer Zinssenkung die Lage MN ein. Infolge der Zinsänderung variieren sowohl die Steigung der "Budgetlinie" als auch ihre beiden Koordinatenabschnitte. Der Abszissenabschnitt wird größer, weil Kredite billiger werden ($BD < BM$), und der Ordinatenabschnitt kleiner, weil gespartes Geld weniger Zinsen bringt ($CF > CN$). In *Fig. 9-5.I.* entsteht aus E_0 nach einer Zinssenkung ein neues Gleichgewicht E_1, bei dem aus dem Gegenwartseinkommen $\bar{y}_1$ statt s_0 nur noch s_1 gespart wird ($s_0 > s_1$). Diese verringerte Ersparnis in t_1 wächst wegen des verringerten Zinssatzes i_1 nur noch auf $s_1 \cdot (1+i_1)$. Dieser Betrag ist kleiner als $s_0 \cdot (1+i_0)$. Da ein sinkender

9. Angebot: Verkaufsplan des Haushalts   221

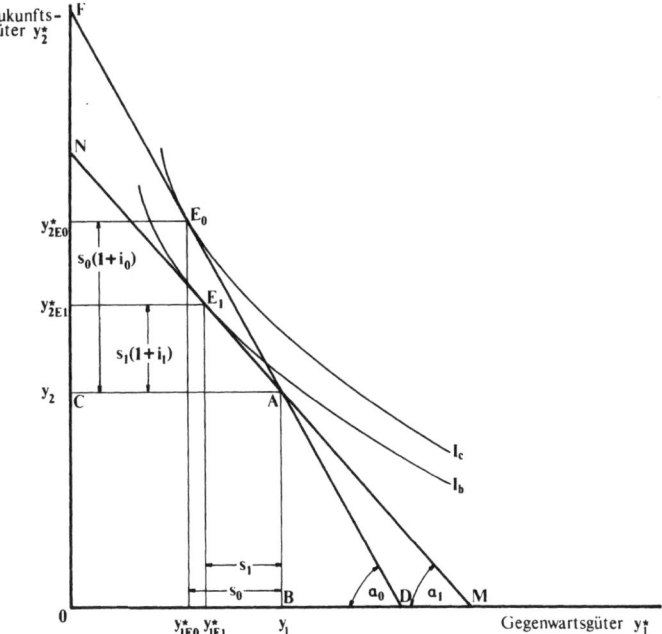

I. Verringerung des Sparens bei sinkendem Zins

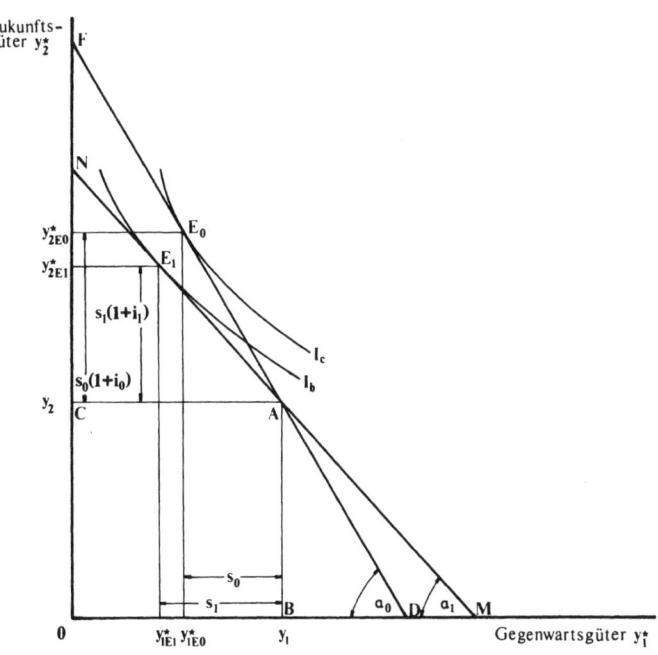

II. Erhöhung des Sparens bei sinkendem Zins

Fig. 9-5: Zinsänderungen und individuelles Sparen

Zins verringerte Sparbeträge zur Folge hat, liegt eine normale Reaktion vor. Demgegenüber wird im Gleichgewicht E_1 der *Fig. 9-5.II.* aus dem konstanten y_1 trotz sinkenden Zinses mehr gespart als im Ausgangsgleichgewicht E_0 ($s_0 < s_1$). Der Haushalt reagiert anomal. Allerdings ist die um den Zinsertrag vergrößerte Ersparnis in t_2 wegen des sinkenden Zinses immer noch kleiner als im Ausgangszustand $[s_0 \cdot (1 + i_0) > s_1 \cdot (1 + i_1)]$. Beide Fälle unterscheiden sich nur durch die Lage der Indifferenzkurvenschar. Im zweiten Fall werden die Zukunftsgüter generell höher geschätzt als im ersten. Aus der Bestimmung alternativer Gleichgewichtspunkte bei Zinsänderungen läßt sich die individuelle Sparfunktion ableiten:

(9.4) $\quad s/t = f(i) \quad$ (Verhaltens-Gleichung).

Das Sparen pro Zeiteinheit s/t wird dabei als abhängig vom Zinssatz i betrachtet. Wie soeben gezeigt wurde, sind je nach Lage der Indifferenzkurvenschar zwei Fälle möglich (*Fig. 9-6*). Im ersten Fall, der sich aus *Fig. 9-5.I.* ergeben würde, reagiert das Angebot normal, im zweiten, ableitbar aus *Fig. 9-5.II.*, anomal. Als Grenzfall ist eine Sparkurve parallel zur i-Achse denkbar.

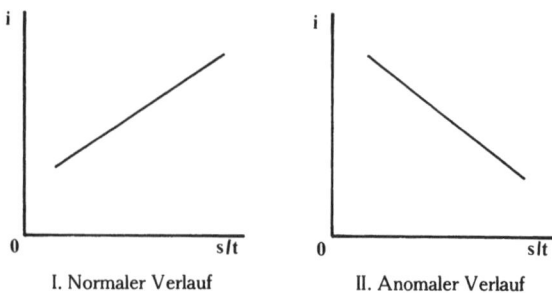

Fig. 9-6: Individuelle Sparkurven

Totales Angebot

Aus der horizontalen Aggregation der individuellen Angebotskurven (Addition der Ersparnisse zu alternativen Zinssätzen) erhält man die gesamtwirtschaftliche **Spar-Zins-Funktion**. Empirische Beobachtungen zeigen: Gesamtwirtschaftlich kann fast immer mit einer normalen Reaktion gerechnet werden. Nur in außergewöhnlichen Situationen fällt (steigt) trotz steigender (fallender) Zinssätze das Angebot. Für die Aggregation bleibt jedoch - wie immer - zu beachten, daß die Funktion unter ceteris paribus-Bedingungen abgeleitet wurde. Die ceteris paribus-Klausel ist auf einem Markt von so zentraler Bedeutung wie dem für Geldkapital gewiß besonders einschneidend. Einige Autoren lehnen deshalb die auf Irving Fisher zurückgehende partialanalytische Betrachtungsweise ab. Das Feld wird jedoch nach wie vor von der traditionellen mikroökonomischen Faktoranalyse beherrscht, weil die bisherigen makroökonomischen Ansätze kaum über erste Anfänge hinausgekommen sind. Der Zins auf dem Kapitalmarkt ist der Preis, zu dem Geldkapital angeboten und nachgefragt wird. Das gesamtwirtschaftliche Sparen (S) bildet aber nur eine Quelle des gesamtwirtschaftlichen Geldkapitalangebots. Da im allgemeinen davon auszugehen ist, daß Geld nicht nur aus dem gegenwärtigen Einkommen stammt, sondern auch aus nicht verausgabten Einkommen, die aus früheren Einkommensperioden vorhanden sind ("Kassenbestände"), kann aus freigesetzter Kasse (Enthorten) Geld über das in einer gegenwärtigen Periode ersparte Einkommen hinaus angeboten werden. Andererseits braucht erspartes Einkommen nicht in den Kreislauf zurückzukehren (Horten). Der Nettoeffekt der Kassenhaltung (Horten minus Enthorten) ΔK ist nach dieser Definition negativ, wenn aus der Kassenhaltungsänderung zusätzliches Geldkapital angeboten wird. Ähnliches gilt für die Geldproduktion. Geld kann geschöpft, jedoch auch vernichtet werden. Wird der Nettoeffekt ΔM des Geldangebots (Geldschöpfung minus Geldvernichtung) ebenfalls berücksichtigt, ist das gesamtwirtschaftliche Angebot an Geldkapital (G) pro Zeiteinheit

(9.5) $G_t = S + \Delta M - \Delta K$.

Nur wenn beide Nettoeffekte (ΔK, ΔM) Null sind oder sich zu Null addieren, wird das Angebot ausschließlich vom Sparen bestimmt. Letzteres wäre z. B. gegeben, wenn die Geldschöpfung die Geldvernichtung um denselben Betrag übersteigen würde wie das Horten das Enthorten.

Gesamtwirtschaftlich nicht weniger bedeutungsvoll als die Spar-Zins-Funktion ist die **Spar-Einkommens-Funktion**, die sich auf ähnliche Weise mit der Indifferenzkurven-Technik gewinnen läßt (Parallelverschiebungen der "Budgetlinie" bei Änderungen der erwarteten Gegenwarts- und Zukunftseinkommen, wie in *Fig. 9-4*). Während bei der Spar-Zins-Funktion gesamtwirtschaftlich mit normaler Reaktionsweise gerechnet werden kann, ist der Zusammenhang zwischen Sparen und Einkommen empirisch nicht eindeutig. Vor allem in konjunkturell unsicheren Zeiten ist zu beobachten, daß mit steigendem Realeinkommen (Y) das Sparen (S) nicht nur absolut zunimmt, sondern auch relativ (S/Y steigt). Doch auch das Gegenteil wurde schon festgestellt. In langer Sicht hat sich gezeigt, daß die Sparquote (S/Y) eine ziemlich konstante Größe ist. Da diese Fragen in der Makroökonomie Gegenstand der Beschäftigungs- und Geldanalyse sind, mag dieser Hinweis genügen. Für das gesamtwirtschaftliche Sparangebot, das in den aufgezeigten Grenzen das Geldkapitalangebot determiniert, dürften neben dem Einkommen die Zeitpräferenz, der Zinssatz, die Nutzenvorstellungen ("Geschmack") und die verfügbare Kasse die wichtigsten Einflußgrößen bilden, was durch Tests bestätigt wurde.

Sparstruktur

Die Analyse der Faktoren, von denen die Entscheidung über die Einkommensaufteilung in verausgabte und gesparte Beträge abhängt, ist ein Problem. Eine zweite Frage lautet: Was geschieht mit dem gesparten, nicht für den Konsum verausgabten Einkommen? Oder: In welchen Formen wird gespart, welches sind die **Bestimmungsgründe** für die Sparstruktur? In der Regel ist der individuell gesparte Betrag eine Geldsumme, für deren Verwendung es folgende Alternativen gibt: Erstens kann der Sparer den Betrag in Form von Geld halten, zweitens zum Kauf von Gütern verwenden. Da Sparen Einkommen ist, das ex definitione nicht für Konsumzwecke verausgabt wird, kann es sich im zweiten Fall nur um Güter handeln, die nicht oder nicht unmittelbar konsumierbar sind (nichtmonetäre Vermögensgüter). Nichtmonetäres Vermögen wirft im Gegensatz zum gehorteten Geld ein Einkommen ab oder stiftet unmittelbaren Nutzen. Es gibt eine Reihe von Gliederungen der Vermögensgüter. Häufig unterscheidet man Geldtitel (z. B. Wechsel), festverzinsliche Wertpapiere (z. B. Bundesanleihen), Dividendenpapiere (z. B. Aktien) und physische Güter (z. B. Gold, Häuser, Briefmarken). Eine Zweiteilung ist die nach Wertpapieren und physischen Gütern. Die Probleme, die sich dem Haushalt bei der Entscheidung über die Anlage des Sparkapitals stellen, sind formal die gleichen wie die beim Kauf von Konsumgütern. Geld, Wertpapiere und physische Güter sind teilweise substituierbar. Bei gegebenen Präferenzen teilt der Sparer die Mittel so auf Zahlungsmittel (Kasse), Wertpapiere und physische Güter auf, daß die gesetzten Ziele in bestmöglicher Weise erreicht werden. Aus diesem Grund kann man die Geldtheorie als Teil einer umfassenden Wahlhandlungs- oder Kapitaltheorie auffassen. Allerdings weist die Anlageentscheidung einige Unterschiede gegenüber der Konsumwahl auf. Die damit verbundenen Probleme sind Gegenstand der Portfolio-Theorie.

Einige **Kriterien** seien angeführt, die für die Entscheidung der Haushalte bedeutsam sind und in verschiedenen Hypothesensystemen Berücksichtigung finden. Ein erstes Kriterium sind die Transaktionskosten. Zu ihnen rechnen die beim Kauf von Wertpapieren anfallenden Provisionen oder Steuern, aber auch Unbequemlichkeiten oder sonstige mit dem Erwerb verbundene Schwierigkeiten. Ein zweites Kriterium bildet die Marktgängigkeit des Gutes. Je weniger spezifisch das Gut ist, um so größer ist die Marktgängigkeit und damit die Wiederverkäuflichkeit. Mit Geld als allgemeinem Tauschmittel hat man - von starken Inflationen abgesehen - keine "Absatzschwierigkeiten", während Wertpapiere oder Grundstücke schwer verkäuflich sein können. Die Marktgängigkeit determiniert das dritte Kriterium, die Zahlungsfähigkeit (Liquidität) des Kapitalbesitzers. Die höchste Liquidität verschafft das Geld. Mit den beiden letztgenannten Kriterien steht das Risiko in enger Beziehung. Die Wertbeständigkeit der Vermögensgüter hängt von ihrer Lagerfähigkeit, Wiederverkäuflichkeit und der Preisentwicklung ab. Das Risiko kann - in Abhängigkeit von tatsächlichen Entwicklungen der Risikokomponenten - bei den einzelnen Vermögensgütern recht verschieden sein. Schließlich spielt der Nutzen oder Ertrag (Rentabilität) eines Gutes eine große Rolle. Offensichtlich besitzt jedes Vermögensgut spezifische Vor- und Nachteile. Geld als Kasse braucht zum Teil nicht beschafft zu werden (nicht ausgegebenes Einkommen); es ist von höchster Marktgängigkeit und Liquidität, verliert nicht durch Lagerung, büßt jedoch bei steigenden Preisen an Realwert ein und bringt insbesondere keinen monetären Ertrag. Gegenteiliges kann für bestimmte physische Güter gelten. Oft schließen sich Vorteile gegenseitig aus, wie hohe Rentabilität und geringes Risiko. Als optimal wird diejenige Anlagekombination gewählt, bei der die Nachteile ein Minimum (oder die Vorteile ein Maximum) erreichen.

10. Kapitel: Faktorpreisbildung

I. Vollständige Konkurrenz

Relative Faktorpreise und Einkommensarten
Gleichgewichtspreise - Änderungen der relativen Preise - Tendenz zur Nivellierung der Preisunterschiede - Dynamische Differentialeinkommen - Statische Differentialeinkommen - Transfereinkommen und ökonomische Rente - Praktische Bedeutung der Unterscheidung von Differentialeinkommen

Transfereinkommen und Produktionsfaktoren
Arbeitskraft - Boden - Kapital - Abgrenzung beider Einkommenskomponenten

II. Monopolistische Elemente in der Lohnbildung

Theoretische Faktoren
Marktformen - Gleichgewichte

"Ausbeutung" der Arbeit
Analytisches Instrument ohne empirische oder wirtschaftspolitische Bedeutung - Stabilität des Gleichgewichts bei Mindestlöhnen - Ausbeutungskonzept nicht zu begründen

Gewerkschaften
Allgemeine Bedeutung - Einfluß auf die Lohnbildung
K 10 - 1: Krise der Gewerkschaften

III. Besonderheiten der Zinsbildung

Kredittheorie des Zinses
Quellen des Geldkapitalangebots - Gleichgewichtsbedingung

Einkommens- und Allokationsfunktion
Einkommensstrom und Vermögensstock - Zinserträge Stein des Anstoßes - Zinserträge nur Teil des Gewinns

I. Vollständige Konkurrenz

Relative Faktorpreise und Einkommensarten

Nach der Untersuchung der Determinanten von Angebot und Nachfrage auf den Faktormärkten kann man in der üblichen Weise die Preise bestimmen. Aus Angebot und Nachfrage ergeben sich unter entsprechenden Annahmen **Gleichgewichtspreise** für die einzelnen Faktoren (Lohn, Bodenrente, Zins). Werden sie mit der Menge der gekauften Faktoren multipliziert, erhält man das Faktoreinkommen. Änderungen des Angebots oder der Nachfrage haben auf Preise, Mengen und somit auch auf Faktoreinkommen die aus der Preisanalyse bekannten Wirkungen (4. Kap.).

Änderungen eines Faktorpreises sagen jedoch noch nichts über die relative Bewertung eines Produktionsfaktors aus. Steigt von zwei Faktorpreisen nur einer, entstehen andere Wirkungen, als wenn beide um denselben Prozentsatz gestiegen wären, da im ersten Fall wahrscheinlich eine Faktorwanderung ausgelöst wird (Realeinkommens-Effekt), im zweiten Fall nicht. Man kann aus Faktorpreisvariationen nur dann eine Information über die Faktorallokation gewinnen, wenn auch die **Änderungen der relativen Preise** bekannt sind. Das gilt strikt nur unter der ceteris paribus-Klausel, insbesondere dann, wenn sich die Summe der Einkommen (Volkseinkommen) nicht ändert. Steigen bei einer Volkseinkommenserhöhung die Einkommen solcher Produktionsfaktoren, deren Preis absolut gestiegen, aber relativ gegenüber anderen Faktoren gefallen ist, geht der Anteil dieser Faktoreinkommen am Volkseinkommen relativ zurück, obwohl sie absolut größer geworden sind. Das Ergebnis ist vermutlich anders, wenn das Faktoreinkommen absolut gefallen wäre und die Bezieher anderer Faktoreinkommen von einem konstanten Volkseinkommen einen größeren Teil erhielten.

Unter den Bedingungen, die für einen einheitlichen Preis eines Faktors gelten (9. Kap.), könnte es keine Unterschiede zwischen den Preisen verschiedener Faktoren geben. Stellt man sich einen Zustand vor, in dem die relativen Preise der Faktoren divergieren, würde mit der Verwirklichung der Bedingungen einer einheitlichen Faktorpreisbildung eine **Tendenz zur Nivellierung der Preisunterschiede** ausgelöst. Da unter den gemachten Annahmen sämtliche Faktoren völlig substituierbar sind, es also nur einen Faktor gibt, wandern die Faktoren von Unternehmen und Branchen, die niedrige Preise zahlen, zu solchen mit hohen. Dieser Prozeß hält so lange an, bis alle Faktorpreisunterschiede ausgeglichen sind. Die Nachfrage nach Faktoren hätte auf die Höhe ihrer Preise keinen Einfluß, wohl aber auf ihre Verteilung. Nimmt man vereinfachend an, in einer Volkswirtschaft existierten nur zwei Unternehmen, läßt sich das Ergebnis des Anpassungsprozesses leicht illustrieren (*Fig. 10-1*). Die insgesamt angebotene Faktormengen in der Volkswirtschaft ($a + b$) wird sich entsprechend der Nachfrage auf Unternehmen *I* (a) und *II* (b) aufteilen. Unter den genannten Voraussetzungen besteht kein Grund anzunehmen, die Faktorpreise könnten unterschiedlich sein ($l_I = l_{II}$). In der Realität sind Produktionsfaktoren meist heterogen. Nicht nur Arbeit, Boden und Kapital, sondern auch die einzelnen Leistungen eines Faktors lassen sich nicht vollständig substituieren. In einer

Welt mit heterogenen Faktoren gibt es Unterschiede bei den Faktorpreisen und Gewinnen. Diese können dynamischer oder statischer Art sein.

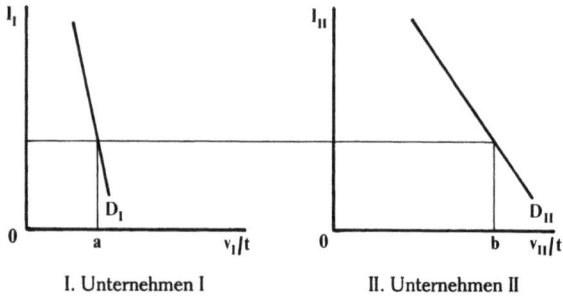

Fig. 10-1: Faktorpreis und -verteilung

Dynamische Faktorpreis- oder Gewinndifferenzen, sogenannte **dynamische Differentialeinkommen**, entstehen aus wechselnden, meist nicht vorhersehbaren Marktbedingungen (deswegen auch: windfall gains). Sie sind eine typische Begleiterscheinung von Ungleichgewichten und flüchtiger (transitorischer) Natur. Hinsichtlich ihrer Entstehung gibt es eine Reihe denkbarer Ursachen. Beispielhaft seien drei Fälle genannt:

(1.) Die Nachfrage nach einigen Gütern kann bei unverändertem Volkseinkommen steigen, während sie bei anderen Gütern sinkt (Nachfrageänderungseinkommen).

(2.) Eine Erhöhung des Einkommens - etwa durch Geldschöpfung - führt zu einer generellen, auf den einzelnen Märkten meist unterschiedlichen Nachfrageerhöhung (Kreislaufeinkommen).

(3.) Ein Marktteilnehmer verschafft sich für eine gewisse Zeit eine Monopolstellung (temporäre Monopoleinkommen).

Die Überlegungen gelten nicht nur für Faktor-, sondern mutatis mutandis auch für Produktmärkte. Bei allen drei Fällen geht man meist von der Hypothese aus, daß dynamische Einkommen nur Unternehmen zufließen. Die Analyse vereinfacht sich erheblich, wenn diese Hypothese übernommen wird. Da die Einkommen, die in den Unternehmen entstehen, entweder den Produktionsfaktoren als Faktorentgelte oder den Unternehmern als Gewinne temporär zukommen, lösen dynamische Differentialeinkommen Faktorwanderungen aus. Relativ gut verdienende Industrien ziehen Faktoren durch Preisüberbietung aus anderen Verwendungen oder aus verfügbaren Reserven ab. Damit wird - wie im obigen "Gedankenexperiment" - zugleich eine Tendenz zum Abbau der dynamischen Faktorpreisunterschiede oder Gewinne ausgelöst. Kriterium eines funktionierenden Wettbewerbs sind dynamische Differentialeinkommen, die über eine Angleichung der Faktorpreisdifferenzen verschwinden, mögen sie auch immer wieder an anderen Stellen auftreten und gesamtwirtschaftlich eine Dauererscheinung sein.

Statische Differentialeinkommen haben andere Ursachen. Sie basieren auf differenzierten Faktorleistungen (unterschiedliche Grenzproduktivitäten) oder auf Diskrepanzen zwischen den gesamten (monetären und nicht-monetären) Vorteilen und dem Faktorpreis (9. Kap.). Statische Faktorpreisunterschiede existieren auch im Gleichgewicht des Monopols (dauerhaftes Monopol) und der vollständigen Konkurrenz. Sie sind permanenter Natur. Selbst bei schärfstem Wettbewerb werden Produktionsfaktoren mit hoher Grenzproduktivität besser bezahlt als solche mit niedriger. Vergleicht man beide Differentialeinkommensarten, kann man deswegen auch sagen: Der Wettbewerb vermag zu zeigen, in welchem Umfang Einkommen auf Zufälligkeiten (windfalls) oder Leistungen (Grenzproduktivität) zurückgehen. Bei monopolistischer Marktposition spiegeln statische Differentialeinkommen auch die Machtstellung am Markt wider. Die Grenze zwischen statischen und dynamischen Monopoleinkommen kann jedoch empirisch nicht scharf gezogen werden.

Die wichtige Frage nach den Wirkungen statischer Differentialeinkommen auf die Faktorallokation hat zu der Unterscheidung von **Transfereinkommen und ökonomischer Rente** geführt. Die Begriffe Transfereinkommen und Rente werden in der Literatur in mehrdeutigem Sinn gebraucht; der Leser sollte auf die hier gewählte Definition achten. Als Transfereinkommen wird jenes Faktoreinkommen bezeichnet, das den Faktor in seiner bisherigen Verwendung festhält, also an einem Transfer in eine andere Beschäftigung hindert. Es hat mit "Transferzahlungen" (= Einkommensübertragungen) öffentlicher Haushalte nichts zu tun. Das Transfereinkommen ist mit den opportunity cost identisch, jenem Einkommen, das der Produzent einem Faktor im Hinblick auf dessen nächstbeste Verwendung zahlen muß, um ihn in einer bestimmten Beschäftigung festhalten zu können. Die ökonomische Rente ist die Differenz zwischen dem tatsächlichen, auch im Gleichgewicht gezahlten Faktoreinkommen, und dem Transfereinkommen. Sie ist deutlich von der "Bodenrente" - dem Preis für die Nutzung des Bodens - oder der "Altersrente" zu unterscheiden. Eine Analogie besteht lediglich zur "Konsumentenrente", als der Differenz zwischen den subjektiven Wertvorstellungen und tatsächlich gezahltem Preis auf Konsumgutmärkten. Das Verhältnis von Transfereinkommen, ökonomischer Rente und Faktorpreis veranschaulicht folgende Darstellung (*Fig. 10-2*). Auf einem Markt sei die Konstellation I gegeben. Wird einem Faktor ein Preis geboten, der kleiner als l_E ist, würde der Faktor definitionsgemäß nicht zum Angebot bereit sein. War der Preis für seine bisherige Beschäftigung l_E, wandert er in eine andere ab. Das "Festhalte-" oder Transfereinkommen - Produkt aus Preis und Menge eines Faktors - darf nicht kleiner sein als $l_E \cdot v_E$. Im Fall II würde die Angebotsmenge v_E auch zu jedem anderen Faktorpreis als l_E offeriert. Die völlig starre Angebotskurve zeigt an, daß ein niedrigerer Preis den Anbieter nicht veranlassen kann abzuwandern. Das gesamte Einkommen $l_E \cdot v_E$ ist ökonomische Rente. Eine Kombination von I und II ist der Fall III. Ein Teil des gezahlten Einkommens ist Transfereinkommen, ein anderer ökonomische Rente. Bei einem geringeren Faktorpreis als l_E, z. B. bei l_1, würde eine um $v_E - v_1$ geringere Menge angeboten. Preissenkungen führen - anders als im Fall II - zu Abwanderungen, jedoch bleibt - anders als im Fall I - ein Teil des Faktorangebots in seiner bisherigen Beschäftigung; die ökonomische Rente verringert sich. Der Anteil der ökonomischen Rente nimmt mit zunehmender Angebotselastizität ab. Da die Angebotselastizität langfristig größer ist als kurzfristig, kann man - in Analogie zu dem bei Wettbewerb transitorischen dynamischen Differentialeinkommen - sagen, daß langfristig bei vollständiger Konkurrenz eine Tendenz zur Reduzierung der ökonomischen Rente besteht.

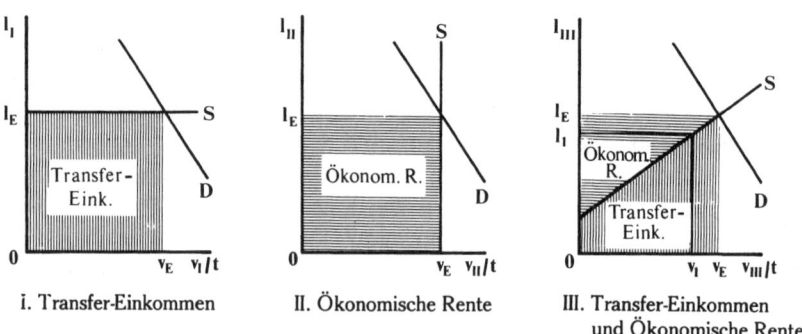

Fig. 10-2: Transfereinkommen und ökonomische Rente

Praktische Bedeutung gewinnt die **Unterscheidung** von dynamischen und statischen **Differentialeinkommen**, wenn man sich in der Wirtschaftspolitik die Aufgabe stellt, die Verteilung der Einkommen zu ändern, ohne daß die Faktorallokation beeinflußt werden soll. Insbesondere dynamische Differentialeinkommen und ökonomische Renten sind Gegenstand von Umverteilungsmaßnahmen. Will man diese Einkommensarten auf ein Minimum reduzieren, bleibt nur der Weg, ihre Entstehung so weit wie möglich zu vermeiden. Die Analyse der Faktorpreisbildung hat gezeigt, daß das um so eher gelingt, je intensiver der Wettbewerb ist. Sind nämlich solche Einkommen einmal entstanden, kann man sie empirisch nicht mehr oder nur schwer vom Transfereinkommen separieren. Bei einer Steuer auf den Gewinn ist deswegen ebensowenig wie beim Investivlohn, mit dem dynamische Gewinne der Unternehmer in die Hände der Arbeiter überführt werden sollen, zu vermeiden, daß Transfereinkommen erfaßt und damit die Faktorallokation beeinflußt wird. Schließlich hängt die Entscheidung der Frage, wie sich ein Faktoreinkommen auf Transfereinkommen und ökonomische Rente verteilt, auch davon ab, von welcher Art der Transfer ist. Dieser Punkt soll näher betrachtet werden.

Transfereinkommen und Produktionsfaktoren

Unter den Bedingungen vollständiger Konkurrenz wird eine **Arbeitskraft** von einer Beschäftigung in eine andere wechseln, wenn der Lohn, multipliziert mit der Menge der geleisteten Arbeit, niedriger als das Transfereinkommen ist. Es soll angenommen werden, der Stundenlohn eines Autoschlossers müsse mindestens 15 Euro betragen, wenn man ihn bei gleicher Arbeitszeit wie in der alternativen Verwendung halten will. Fiele der Stundenlohn unter 15 Euro, würde sich der Autoschlosser eine andere Stelle suchen. Das Transfereinkommen pro Stunde ist also 15 Euro. Was passiert, wenn andere Werkstätten in seiner Nähe in Schwierigkeiten geraten, vielleicht weil sie die Expansion des Reparaturgewerbes überschätzt haben? Wäre der beste Lohn, den der Autoschlosser bei einem Wechsel dann noch erzielen könnte, 14 Euro, würde er bei 15 Euro eine ökonomische Rente von 1 Euro pro Stunde beziehen. Das Transfereinkommen pro Stunde ist jetzt 14 Euro. Was geschieht, wenn die Nachfrage nach Autoschlossern auf allen Märkten fällt? Vielleicht ist der Autoschlosser noch bereit, für 13 Euro in der alten Firma zu arbeiten, um überhaupt Autoschlosser bleiben zu können. Bei einem geringeren Stundenlohn wird er den Beruf aufgeben und vielleicht Kraftfahrer werden. Das Transfereinkommen für einen Berufswechsel beträgt dann 13 Euro pro Stunde. Daraus muß gefolgert werden: Das individuell ohnedies unterschiedliche Transfereinkommen richtet sich nach der Konjunkturlage und hängt davon ab, ob ein Wechsel von Firma zu Firma oder von Beruf zu Beruf in Betracht gezogen wird.

Ähnliches gilt für das Transfereinkommen des Faktors **Boden**. Der Pächter eines zum Anbau von Weizen genutzten Bodens muß eine gewisse Pacht bezahlen, wenn er den Bodentransfer zu einem anderen Pächter verhindern will. Der den Wechsel hindernde Pachtbetrag ist das Transfereinkommen des Verpächters. In ähnlicher Lage ist ein Mieter, der einen bestimmten Mietpreis entrichten muß, um zu verhindern, daß der Hauseigentümer an einen anderen vermietet. Das Transfereinkommen ist in solchen Fällen offensichtlich ein anderes als jenes, das sich bei einer Industrieansiedlung auf dem landwirtschaftlich genutzten Boden oder bei einer gewerblichen Nutzung der bisherigen Mietwohnung ergeben würde. Will der Pächter die Industrieansiedlung verhindern, wird er eine höhere Mehrpacht bezahlen müssen als bei der Verhinderung einer Verpachtung an einen anderen Weizenproduzenten; ähnliches gilt für den Mieter. Die ökonomische Mobilität des Bodens und das Ausmaß seiner Knappheit kann bei den einzelnen Verwendungsrichtungen (Anbau-, Abbau- und Standortboden) recht unterschiedlich sein. Eine relativ große Mobilität besteht beim Anbauboden. Beim Abbauboden (je nachdem, was man abbaut, z. B. Gold oder "Mutterboden") und Standortboden (für Industrien oder Städte) ist die Verwendung und Mobilität oft stark eingeschränkt. Sind nur wenige Verwendungsrichtungen des Faktors möglich, wird das Angebot sehr unelastisch; bei großer Nachfrage fällt eine hohe ökonomische Rente an. Das gilt nicht nur für den Boden, sondern auch für die übrigen Produktionsfaktoren. Hervorragende Sänger und Schauspieler sind knapp und auch durch hohe Gagen nicht leicht vermehrbar. Preiserhöhungen führen kaum zu einer Erhöhung des Angebots. Der größte Teil des Einkommens ist ökonomische Rente.

Kapital wird vielfach als ein relativ mobiler Faktor angesehen. Das gilt für Geldkapital gewiß in hohem Maße. Beim Realkapital, wie Maschinen und Anlagen, werden jedoch mit zunehmender Arbeitsteilung die alternativen Verwendungsmöglichkeiten ein und derselben Anlage immer geringer. Eine bestimmte Maschine, etwa eine Förderanlage in einem Kohlenbergwerk, soll bei der Errichtung einen Überschuß über die Amortisation in Höhe von 1000 Euro für eine bestimmte Zeitperiode erwarten lassen. Fällt nun die Nachfrage nach dem Produkt, an dessen Erzeugung die Maschine beteiligt ist, so daß der Überschuß nur noch 100 Euro beträgt oder gar negativ wird, bleibt die Anlage oft in

Betrieb. Gibt es keine alternative Verwendung für die Förderanlage, dann lohnt sich ihre Weiterverwendung kurzfristig so lange, wie der Gesamterlös der Produktion die Arbeits- und sonstigen variablen Kosten deckt. In diesem Fall "verdient" die Anlage zwar weder den Kapitalzins noch die Amortisation; ihre produktionsgebundenen Eigenschaften verhindern jedoch den Übergang in eine andere Verwendung. Solche Situationen sind für manche Industrien typisch. Bei Ersatzinvestitionen wird der Unternehmer vor der Frage stehen, ob sich die Anschaffung der gleichen Anlage weiterhin rentiert. Eine Anlage kann in langer Sicht durchaus einen "Überschuß" abwerfen, ohne es auch in jeder kürzeren Periode zu tun. Da eine Anlage kurzfristig nicht ersetzt wird, sind die Einkommen der Anlage kurzfristig eine ökonomische Rente; langfristig ist ein Teil davon Transfereinkommen. Faktoreinkommen, die kurzfristig ökonomische Rente, langfristig Transfereinkommen sind, werden als Quasi-Rente bezeichnet.

Zusammenfassend ist festzuhalten: Ob eine Faktorzahlung als ökonomische Rente oder Transfereinkommen zu bezeichnen ist, hängt von einer Reihe subjektiver und objektiver Einflußfaktoren ab, die es ausschließen, sowohl in den Einzelfällen wie für ganze Märkte (oder gar für die Gesamtwirtschaft) eine Aufteilung a priori vorzunehmen. Eine exakte **Abgrenzung beider Einkommenskomponenten** scheitert schon daran, daß sie vom Zeithorizont abhängig ist. So plausibel die analytische Unterscheidung nach dynamischen und statischen Differentialeinkommen sein mag - insbesondere eignet sie sich zur Illustration der Unterschiede in der Einkommensverteilung -, so schwierig sind die Probleme einer empirischen Erfassung.

II. Monopolistische Elemente in der Lohnbildung

Theoretische Formen

Die Theorie der vollständigen Konkurrenz enthält einige nützliche Aussagen über Faktorpreise, -einkommen und -allokation, die durch empirisches Material bestätigt werden. Das gilt für alle Faktorleistungen, auch für Arbeit. Oft wird übersehen, daß selbst in hochentwickelten Ländern der größere Teil der Arbeitnehmer keiner Gewerkschaft angehört und daß mit wirtschaftlichem Wohlergehen das Interesse der Arbeiter an gewerkschaftlichen Organisationen abnehmen kann. Hinzu kommt, daß in Zeiten der Vollbeschäftigung und vor allem in der Hochkonjunktur übertarifliche Löhne gezahlt werden (Lohndrift), die sich marktmäßig bilden und mit den zwischen Gewerkschaften und Arbeitgeberverbänden kollektiv ausgehandelten Tariflöhnen (collective bargaining) nur in losem Zusammenhang stehen. Andererseits läßt sich gerade auf den Arbeitsmärkten (Märkte für Arbeitsarten) eine Anzahl von Fällen aufzeigen, in denen die Aussagen der Theorie der vollständigen Konkurrenz problematisch sind. Monopolistische Elemente sind dafür vielfach der Grund. Die **Marktformen**, in denen sich insbesondere die Löhne bilden, können recht vielgestaltig sein. Meist werden zur einführenden Analyse der komplexen Realität vier klassifikatorisch abgegrenzte Fälle unterschieden (Übers. 10-1).

Fälle	Zahl der Anbieter	Zahl der Nachfrager	Marktform
I.	viele	viele	Vollständige Konkurrenz
II.	einer	viele	Monopol (Angebotsmonopol)
III.	viele	einer	Monopson (Nachfragemonopol)
IV.	einer	einer	Bilaterales Monopol

Übers. 10-1: Marktformen auf Faktormärkten (Arbeitsmärkte)

Eine kurze Analyse dieser Fälle läßt folgende **Gleichgewichte** erkennen, wobei im Hinblick auf die Vergleichbarkeit identische, normal verlaufende Angebots- (S) und Nachfragekurven (D) angenommen werden (*Fig. 10-3*).

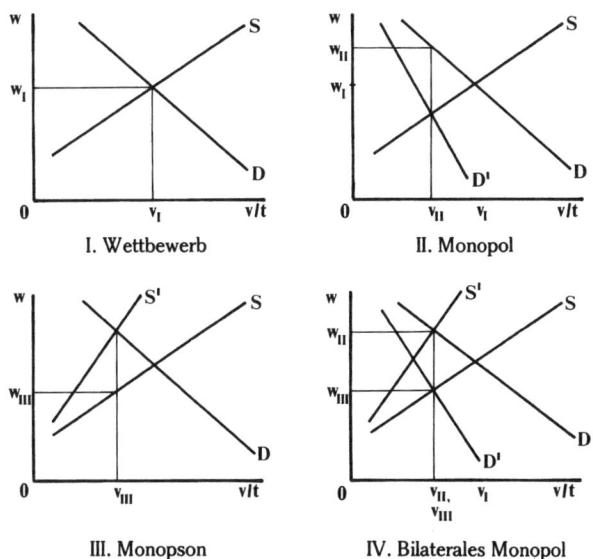

Fig. 10-3: Preisbildungsformen auf Faktormärkten (Arbeitsmärkte)

Wie man zu Angebots- und Nachfragekurven des Marktes gelangen kann, ist aus den beiden vorhergehenden Kapiteln bekannt. Im ersten Fall bildet sich der Lohn w einer Arbeitsart bei w_I, bei dem Angebot und Nachfrage zum Ausgleich kommen und gleich v_I sind (*Fig. 10-3.I.*). Im zweiten Fall ist das Angebot einer Arbeitsart monopolisiert, etwa durch eine Gewerkschaft. Die für den Anbieter günstigste Angebotsmenge wird durch den Schnittpunkt der Angebotskurve S mit der D'-Kurve bestimmt (*Fig. 10-3.II.*). Der Unterschied zur Produktnachfrage besteht darin, daß D (*Fig. 10-3*) eine Aggregation der individuellen Grenzertrags- oder Nettogrenzertragswertkurven ist (vgl. 8. Kap.); D repräsentiert zugleich die Durchschnittseinkommen, D' demgemäß die

Grenzeinkommen. Im Gleichgewicht wird die Menge v_{II} zum Lohnsatz w_{II} angeboten. Im dritten Fall gibt es nur einen Nachfrager nach Arbeitsleistungen (Monopson), wie es in kleineren Orten mit nur einem Unternehmer oder auf Märkten mit einer Arbeitgeberorganisation wohl vorkommen mag. Der Lohn w_{III}, der im Gleichgewicht für die Menge v_{III} gezahlt wird, ist durch den Schnittpunkt der Grenzausgabenkurve (S') mit der Nachfragekurve D bestimmt (*Fig. 10-3.III.*). Die Angebotskurve S zeigt dem Unternehmer, welche Durchschnittslöhne er bei alternativen Mengen zahlen muß. Fragt er eine Einheit mehr nach, ist sein Ausgabenzuwachs größer als der Preis dieser zusätzlichen Einheit. Waren 10 Einheiten zum Lohnsatz von 13 Euro pro Stunde beschäftigt und steigt der Lohnsatz für alle Einheiten bei Mehrnachfrage um eine Einheit auf 13,50 Euro, beträgt die Mehrausgabe des Unternehmers für die 11. Einheit (10 · 0,50 + 13,50) Euro = 18,50 Euro. Man könnte die Grenzausgabe auch als Grenzlohnsatz bezeichnen. Bei normal verlaufender Angebotskurve ist der Grenzlohnsatz stets größer als der Durchschnittslohnsatz. Im Monopson-Fall liegt die günstigste Situation für den Monopsonisten dort, wo der Grenzlohnsatz (S') gleich dem Grenzertragswert (D) ist. Im vierten Fall handelt es sich um eine Kombination aus den Fällen zwei und drei. Ein Monopolist bietet einem Monopsonisten an. Der Monopsonist würde am liebsten w_{III} zahlen, der Monopolist w_{II} erzielen. Sind beide Seiten an einem "Umsatz" interessiert, verhandeln sie miteinander. Zur Vereinfachung sei angenommen, man würde sich über die Menge $v_{II} = v_{III}$ einigen (*Fig. 10-3.IV.*). Dann bleibt nur noch die Frage, wie hoch der Lohn sein wird. Er kann sich zwischen w_{II} und w_{III} bewegen. Wo man sich trifft, läßt sich aus *Fig. 10-3.IV.* nicht ableiten. Ein Vergleich der Fälle zeigt, daß bei vollständiger Konkurrenz die größte Faktormenge eingesetzt wird. Der Preis im Angebotsmonopol ist höher, im Monopson niedriger als bei vollständiger Konkurrenz. Beim bilateralen Monopol bleibt der Preis unbestimmt; lediglich die möglichen Ausgangspunkte von Verhandlungen (w_{II}, w_{III}) können angegeben werden. Es sei noch vor einer Verwechslungsgefahr gewarnt. *Übers. 10-1* und *Fig. 10-3* enthalten vier Angebots- und Nachfragefälle auf einem Faktormarkt (hier: Arbeitsmarkt), *Übers. 8-5* und *Fig. 8-2, 8-4* bis *8-6* stellen vier Fälle der individuellen Faktornachfrage bei unterschiedlichen Formen des Produktmarktes (Absatzmarktes) dar.

"Ausbeutung" der Arbeit

Seit mehr als einem Jahrhundert wird die Behauptung aufgestellt, in der "kapitalistischen" Wirtschaftsordnung werde die Arbeitskraft "ausgebeutet". Die Einkommensverteilung zwischen Arbeit und Kapital sei deswegen "ungerecht". Einen erwägenswerten Definitionsversuch machte ARTHUR CECIL PIGOU (1877-1959), der vorschlug, von Ausbeutung dann zu sprechen, wenn der Lohnsatz unter dem Grenzertragswert der Arbeit liege. In Industrien, in denen Wettbewerb um Arbeitsleistungen herrsche, sei keine Ausbeutung möglich. Lediglich beim Monopson und bilateralen Monopol könnte der Lohn niedriger als der Grenzertragswert sein. Die Ausbeutung in der Definition PIGOUS ist an die Marktform des Monopols gebunden und damit zunächst vom Wortgebrauch bei MARX zu unterscheiden, nach dessen Festlegung Arbeiter auch bei vollständiger Konkurrenz ausgebeutet werden. Gibt es nicht nur den Produktionsfaktor Arbeit oder lassen sich andere Produktionsfaktoren nicht auf Arbeitsleistungen zurückführen, besteht kein Grund, sie analytisch anders zu behandeln: Dann werden auch die Besitzer von Boden und Kapital ausgebeutet, sofern das Entgelt für diese Faktoren unterhalb des Grenzertragswerts liegt. Vor allem besagt das Ausbeutungskonzept PIGOUS nichts über die absolute Höhe des Lohnsatzes. Ein ausgebeuteter Arbeiter kann - z. B. bei einer monopolistischen Stellung des Nachfragers auf dem Produktmarkt - einen erheblich höheren Lohn erhalten als ein nichtausgebeuteter. Die Monopolgewinne auf dem Produktmarkt würden also sowohl den "Kapitalisten" als auch den "Ausgebeuteten" zufließen. Es hätte in solchen Fällen wohl mehr Sinn, die Konsumenten, zu deren Lasten sich nicht selten Unternehmer und Arbeitnehmer einigen, und die übrigen Arbeitnehmer, deren Löhne ohne die Existenz von Monopolen höher sein könnten, als ausgebeutet zu betrachten. Diese Ausbeutung im Sinne PIGOUS ist lediglich ein **analytisches Instrument** zur Erklärung einer Faktoren- und Einkommensverteilung, die von der bei vollständiger Konkurrenz - unter den angegebenen strengen Prämissen (7. Kap.) - abweicht und die damit **ohne empirische oder wirtschaftspolitische Bedeutung** ist.

Angesichts solcher Schwierigkeiten hat sich die Ausbeutungskonzeption wirtschaftspolitisch vor allem in der Forderung nach Mindestlöhnen niedergeschlagen. Unter einem Mindeslohn pro Zeiteinheit versteht man ein Entgelt für die Arbeitsmenge, das nicht unterschritten werden darf. Die Durchsetzung und Garantie des Mindeslohnes - durch Eingreifen des Staates oder Vereinbarungen der Arbeitsmarktparteien - ist eine politische Frage. Angenommen, der Mindestlohn w_{MI} sei höher als der Lohnsatz im Monopson w_{M0}, jedoch niedriger als der Grenzertragswert.

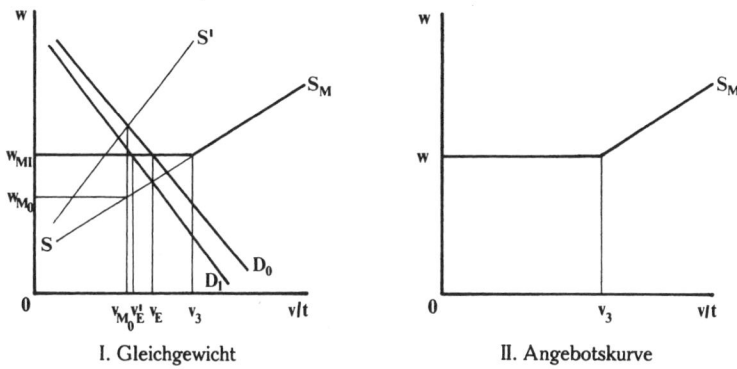

Fig. 10-4: Mindestlöhne im Monopson

Die Gleichgewichtsmenge v_E ist dann größer als im Monopson v_{M0} ohne Mindestlohn (*Fig. 10-4.I.*); die Angebotskurve S_M hat die in *Fig. 10-4.II.* angegebene Lage. Es bleibt die theoretische Frage nach der **Stabilität des Gleichgewichts bei Mindestlöhnen**. Durch den Anstieg der Durchschnittslohnsätze auf w_{MI} wird es für den Nachfrager interessant (*Fig. 10-4.I.*), statt Arbeit Kapital einzusetzen; die Arbeitsnachfrage geht zurück und die Nachfragekurve wird vielleicht die Lage D_1 einnehmen. Die Mindestlohnsatzkurve schneidet dann die Nachfragekurve bei der geringeren Menge v'_E. Es ist jedenfalls nicht auszuschließen, daß Mindestlohnsätze langfristig die Zahl der Beschäftigten einer Arbeitsart verringern. Das Ergebnis ist vom Verhalten der Produzenten, von der Substitutionsmöglichkeit zwischen den Arbeitsarten (z. B. zwischen gelernter und ungelernter Arbeit) und zwischen Arbeit und Kapital sowie von den Grenzertragswertfunktionen beider Faktoren abhängig. Ein tatsächlich zu beobachtender Effekt von Mindestlöhnen ist, daß weniger gute Arbeit durch höherwertige ersetzt wird.

Wie immer das Ergebnis aussehen mag, es sollte deutlich geworden sein, daß das **Ausbeutungskonzept** traditioneller Art auch theoretisch **nicht zu begründen** ist. Man erhielte eher einen akzeptablen Begriff der "Ausbeutung", wenn man im Gegensatz zu den bisherigen Definitionen an Fälle dächte, in denen der Nachfrager von Arbeitsleistungen die Unkenntnis von Arbeitern ausnutzt und für gleiche Leistungen unterschiedliche Löhne zahlt oder die Entlohnung nach außerökonomischen Kriterien (wie Geschlecht, Hautfarbe, Religion) differenziert. Vielleicht ist der Erfolg des organisierten Angebots auf dem Gebiet der allgemeinen Arbeitsbedingungen größer gewesen als bei der Lohnfindung.

Gewerkschaften

Gewerkschaften sind Vereinigungen von Arbeitnehmern, die vor allem höhere Löhne und bessere Arbeitsbedingungen für die Mitglieder der Gruppe erreichen wollen. Weitere mögliche Zielsetzungen sind die Schulung von Mitgliedern und - vor allem in der Bundesrepublik Deutschland - die Mitbestimmung, die eine nicht unwichtige Rolle in der gewerkschaftlichen Aktivität spielt. Eine weite Definition scheint im Hinblick auf die Realität zweckmäßig. Die **allgemeine Bedeutung** der Gewerkschaften liegt darin, daß sie eine Vielzahl individueller Arbeitnehmerinteressen auf den Arbeitsmärkten geschlossen vertreten. In weiten Bereichen sind kollektive Lohnverhandlungen typisch. Wenn auch in den westlichen Ländern der größere Teil der Arbeiter nicht organisiert ist - in der Bundesrepublik Deutschland gehört ungefähr jeder fünfte Arbeitnehmer einer Gewerkschaft an -, darf nicht übersehen werden, daß kollektive Vereinbarungen oft auch für die Nichtorganisierten gelten (Allgemeinverbindlichkeit). Ausgesprochen arbeitnehmerfeindliche Regelungen lassen sich nicht (oder nur schwer) aufrechterhalten oder durchsetzen. Der Einfluß der Gewerkschaften auf die politischen Entscheidungsträger ist erheblich und sollte nicht unterschätzt werden. Dominieren bei den Gewerkschaften politische Ziele, wäre der Terminus "politische Parteien" angebracht, unabhängig davon, wie sich die Organisationen selbst bezeichnen.

Die wichtigste ökonomische Frage ist die nach dem **Einfluß** der Gewerkschaften **auf die Lohnbildung**. Geht man von einem bilateralen Monopol auf dem Arbeitsmarkt aus, sind den Verhandlungsergebnissen nach oben und unten Grenzen gesetzt, jenseits derer Nachfrage oder Angebot völlig ausfallen (*Fig.10-3.IV.*). Innerhalb dieser Grenzen setzen beide Seiten zahlreiche strategische Möglichkeiten der Verhandlung und des Drucks ein, um die Gegenseite zu Zugeständnissen zu bewegen. Bekannte Mittel sind gegenseitige öffentliche

Anprangerung, Drohung, Boykott, Streik und Aussperrung. Das Interesse, welches Arbeitskämpfe in der Öffentlichkeit erwecken, läßt leicht vergessen, daß es gravierendere dynamische Einflüsse auf den Lohn gibt als Art und Dauer der Verhandlungen. Es sind jene bekannten Faktoren, die für die Elastizität des Angebots und der Nachfrage eines Arbeitsmarktes bestimmend sind. Aus diesen Gründen muß man annehmen, daß langfristig die Elastizität der Nachfrage und des Angebots auf dem Arbeitsmarkt größer ist als bei kurzfristiger Betrachtung. Mit zunehmender Nachfrage- und (oder) Angebotselastizität schrumpft der Verhandlungsspielraum im bilateralen Monopol. Befinden sich die Nachfrager nach Arbeitsleistungen auf den Absatzmärkten in scharfem Wettbewerb oder geht die Nachfrage nach den Produkten zurück, können auch harte Verhandlungen den Lohn nicht über ein bestimmtes Niveau hinaus erhöhen. Das gilt entsprechend für das Arbeitsangebot. Es ist deshalb nicht erstaunlich, daß der Lohn in der Bundesrepublik Deutschland auf einigen Arbeitsmärkten (z. B. im Kohlenbergbau) zeitweilig hinter anderen Löhnen zurückgeblieben ist, obwohl die Gewerkschaften einen starken Druck auszuüben versuchten und der Organisationsgrad (Anteil der organisierten an der Gesamtzahl der Arbeitnehmer) relativ hoch liegt, während auf anderen Arbeitsmärkten, auf denen das Angebot weniger organisiert ist (z. B. bei Hausangestellten), die Löhne besonders stark gestiegen sind. Generell ist festzuhalten: Die ökonomischen Bestimmungsfaktoren der Nachfrage und des Angebots auf dem Arbeitsmarkt können von größerem Gewicht sein als die Organisationsformen beider Marktseiten.

K 10-1

Krise der Gewerkschaften

Seit einigen Jahren sind die Mitgliederzahlen der Gewerkschaften in hochentwickelten Ländern rückläufig. Dieser Trend ist in der Bundesrepublik Deutschland durch die deutsche Einigung im Jahr 1990 überdeckt worden. Wegen des hohen Organisationsgrades in der früheren DDR, die typisch ist für ein sozialistisches Regime, wuchs der Mitgliederbestand kräftig an, nahm in den folgenden Jahren jedoch in Übereinstimmung mit dem internationalen Trend wieder ab. Gegenwärtig ist mit knapp 7 Millionen Organisierten ein Mitgliederbestand für das wiedervereinigte Deutschland zu verzeichnen (Organisationsgrad etwa 20 %), der niedriger ist, als in den achtziger Jahre allein für die alten Bundesländer. Ähnlich verläuft die Mitgliederentwicklung in anderen Industrieländern, allerdings mit einer erheblichen Streuung zwischen ihnen, deren Gründe übergangen seien. So ist der Organisationsgrad in Großbritannien in den letzten beiden Jahrzehnten von 55% (1978) - dem historischen Höchststand - auf 25% (2010) gefallen. Weniger dramatisch verlief die Entwicklung in den skandinavischen Ländern, in denen trotz eines Rückgangs die Gewerkschaften noch weit mehr als die Hälfte der Beschäftigten zu erfassen wissen. Der wichtigste Grund für die Krise der Gewerkschaften ist die abnehmende Bedeutung des primären und sekundären Sektors der Volkswirtschaft (Landwirtschaft und Bodenschätze bzw. Verarbeitende Industrie) im Vergleich zum tertiären Sektor (Dienstleistungen).Die Schwerpunktverlagerung zwischen den Sektoren ist eine Begleiterscheinung der wirtschaftlichen Entwicklung. In den beiden ersten Sektoren hat sich in allen hochentwickelten Ländern die Zahl der Arbeitsplätze zum Teil drastisch vermindert. So sind in der Bundesrepublik Deutschland Arbeitsplatzverluste in der Landwirtschaft, im Steinkohlebergbau, in der Stahlindustrie und in der Textil- und Bekleidungsindustrie zu verzeichnen. Vor allem im sekundären Sektor ist der Organisationsgrad ungewöhnlich hoch - zum Teil über 90% -, im Gegensatz zum Dienstleistungssektor. Die unvermeidliche Folge einer Umstrukturierung sind deshalb zurückgehende Mitgliederzahlen bei den Gewerkschaften.

Dieser weltweite Struktureffekt wird durch einige Faktoren verstärkt. Einer dieser Faktoren ist das Aufkommen des Computers. Durch den Computereinsatz hat sich die Natur des Arbeitsplatzes häufig fundamental verändert und diese - wie etwa im Druckgewerbe - einer gewerkschaftlichen Kontrolle entzogen. Ähnlich wirken die Flexibilisierung der Arbeitsverhältnisse (z. B. unterschiedliche Arbeitszeiten) und die Teilzeitarbeit. Schließlich hat auch die Privatisierung öffentlicher Unternehmen - mit einem meist hohen Organisationsgrad -, die in Großbritannien und Frankreich bisher ausgeprägter war als in Deutschland, die Bedeutung der Gewerkschaften zurückgedrängt.

Die Krise der Gewerkschaften ist kein unabwendbares Naturgesetz. Um den Mitgliederabgang auszugleichen, müßte sie für die junge Generation attraktiv werden. Angesichts des Mentalitätswandels erfordert dies nicht zuletzt, daß die Gewerkschaften ideologische Altlasten abwerfen. Ob sie dazu in der Lage sind, muß dahingestellt bleiben.

III. Besonderheiten der Zinsbildung

Kredittheorie des Zinses

Der Zins ist der Preis für die zeitliche Inanspruchnahme von Geldkapital (= Kredit), ausgedrückt in Prozenten und bezogen auf eine Periode (meistens ein Jahr). Man könnte auch sagen: Der Zins ist der Preis, der die Verteilung von Geld steuert. Das Geldkapital- oder Kreditvolumen kann deshalb bei einem gegebenen Geldvolumen steigen oder fallen. In diesem Abschnitt wird nur die Verteilung von Geld analysiert. Die Probleme der Änderungen des Geldvolumens werden später behandelt (18. und 19. Kap.). Da Geldvolumenänderungen (Kredite der Notenbank) auch den Zins beeinflussen, müssen sie in die Zinstheorie eingehen, obwohl es zweckmäßig ist, genau zwischen Geld und Kredit zu unterscheiden. Der Zins bildet sich aus Angebot und Nachfrage, die als solche bereits analysiert worden sind. Bei der Zinsbildung ist auf einige Besonderheiten zu achten, auf die schon kurz hingewiesen wurde (9. Kap.). **Quellen des Geldkapitalangebots** sind einmal das Sparen (S) der Haushalte und Unternehmen. Die Ersparnisse der Unternehmen lassen sich wieder vereinfachend als Vermögensbestände der Haushalte betrachten. Hierzu muß noch die Veränderung der Geldmenge (ΔM) gerechnet werden, die sich als Kredit der Notenbank interpretieren läßt. Das Gesamtangebot ist also $S + \Delta M$. Die Nachfrage einer Unternehmung nach Krediten wird aus ihrem Produktangebot abgeleitet.

Betrachtet man den Kreditmarkt einer Volkswirtschaft als Einheit, muß zur Nachfrage der Privaten noch die des Staates addiert werden; soweit nämlich Staatsausgaben nicht durch Steuereinnahmen gedeckt sind, werden Kredite in Anspruch genommen. Da auch Kredite aus früheren Zeiten zurückgezahlt werden, findet nur der Überschuß der Kredite über die Rückzahlungen (Nettokredite) Berücksichtigung. Die Gesamtnachfrage der Unternehmen und des Staates erfolgt zum Zwecke der Beschäftigung von Produktionsfaktoren oder zur Auffüllung der Kassenbestände (Horten). Horten und Enthorten ergeben saldiert die Veränderung der Kassenbestände (ΔK), das Nettohorten. Der für die Faktoreinsätze nachgefragte Betrag wird als Investition (I) bezeichnet. Kredite werden nicht nur für Investitionen und Horten, sondern auch für Konsumzwecke nachgefragt (Konsumentenkredite). Zur Vereinfachung sei angenommen, dieser Betrag wäre beim Sparangebot der Haushalte schon berücksichtigt worden. Das Sparen der Haushalte umfaßt dann nur jenen Betrag, der den Unternehmen und dem Staat angeboten wird. Die Gesamtnachfrage ist dann $I + \Delta K$.

Gesamtnachfrage und -angebot einer Periode t sind gleich, wenn gilt:

(10.1) $S + \Delta M = I + \Delta K$ (Gleichgewichts-Bedingung).

Durch Auflösen von (10.1) nach I ergibt sich

(10.2 a) $I = S + \Delta M - \Delta K$ (Gleichgewichts-Bedingung)

oder - wegen (9.5) -

(10.2 b) $I = G$ (Gleichgewichts-Bedingung).

Der amerikanische Nationalökonom ABBA PTACHYA LERNER (1903-1982) hat die Zusammensetzung des Angebots und der Nachfrage entsprechend der **Gleichgewichtsbedingung** (10.1) sowie die Beziehungen zwischen Krediten (Geldeinheiten M pro Zeit) und dem Zinssatz i übersichtlich dargestellt. Das Konzept wird auch als loanable funds-Theorie bezeichnet. In *Fig. 10-5* sind die Angebotsgrößen S und ΔM separat und dann als Summe $S + \Delta M$ aufgetragen; ebenso ist mit den Nachfragegrößen I und ΔK verfahren worden. Der Zinssatz i_E ist der Preis, der die gesamtwirtschaftlich ausleihbaren und nachgefragten Fonds $0M_E$, kurz: das Angebot und die Nachfrage auf dem Kreditmarkt, zum Ausgleich bringt. Diese Aussage steht unter dem Vorbehalt der ceteris paribus-Klausel; vor allem das Volkseinkommen darf sich nicht ändern (14. und 15. Kap.). Sparen und Investieren determinieren nur dann den Zins, wenn keine Geldmengen- und Kassenbestandsänderungen stattfinden (WICKSELLscher Punkt W bei $\Delta M = \Delta K = 0$) oder im anderen Grenzfall $\Delta M = \Delta K \neq 0$ gilt. Eine andere Erklärung der Zinsbildung, die nicht auf den Kredit- sondern den Geldmarkt abstellt, stammt von KEYNES. Nach seiner Hypothese wäre allein das Nettohorten zinsabhängig. Mit fallendem Zinssatz steige die Neigung zu horten und das Sparen habe nur indirekt mit dem Zinssatz zu tun; unmittelbar bestimmend dafür sei das Volkseinkommen ("Liquiditätspräferenz-Theorie"). Auf die Ansichten von KEYNES wird noch näher eingegangen (14. und 15. Kap.). Ein wichtiger Punkt mag schon hier erwähnt sein. Angebot und Nachfrage nach Krediten sind empirisch gesehen nur bedingt zinsabhängig. Es ist eine offene Frage, ob das Sparangebot in der Wirklichkeit auf Zinsänderungen stark reagiert.

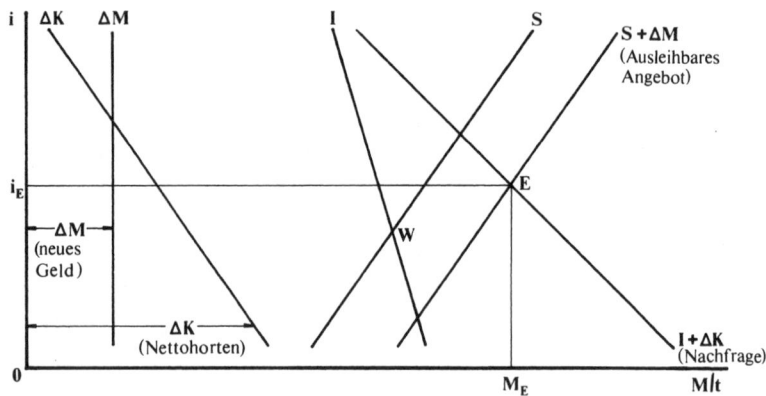

Fig. 10-5: Zinsbildung

Einkommens- und Allokationsfunktion

Die Festsetzung, der Zinssatz sei der Preis für die Inanspruchnahme von Krediten auf ein Jahr, schließt keine Aussage über die Laufzeit des Kredits ein. Diese kann zwischen einem Tag und praktisch unendlich ("ewige Rente") variieren. Ändert sich der Zinssatz, wirkt sich das zunächst nur auf das Einkommen der Anbieter neuer Kredite aus. Das Einkommen der Ausleiher früherer Kredite ändert sich nicht, es sei denn, bei der Ausleihung wurde eine Anpassung an Zinsänderungen vereinbart. Das gegenwärtige Einkommen der Ausleiher früherer Kredite wird zwar nicht beeinflußt, wohl aber der reale Wert ihres Vermögens. Eine festverzinsliche Schuldverschreibung über einen bestimmten Betrag (z. B. 100 Euro) wird bei einer Zinserhöhung im Realwert fallen et vice versa. Steigt der Zins von 4 auf 5%, müßte der Kurswert von beispielsweise 100 auf etwa 80 zurückgehen, denn dem Nominalzins von 4% auf den Nennwert des Papiers von 100 entspricht ein "Realzins" von 5% auf den Kaufpreis von 80. Der Zinssatz ist - wie wir wissen (9. Kap.) - eine Größe, die es gestattet, Gegenwarts- und Zukunftseinkommen zu verbinden. In der Zukunft erwartetes Einkommen soll als Vermögen bezeichnet werden. Man kann auch sagen: Der Zinssatz verbindet den gegenwärtigen **Einkommensstrom** (Y) mit dem gegenwärtigen **Vermögensstock** (W), aus dem künftige Einkommen fließen. Für den Fall einer dauernden Investition gilt die einfache Beziehung:

(10.3 a) $W = Y/i$ oder   (10.3. b) $Y = i \cdot W$.

Wirft ein Grundstück ein jährliches Einkommen von 1000 Euro ab und beträgt der Zinssatz auf dem Kapitalmarkt 5%, wäre der Marktwert des Grundstücks nach (10.3 a) $1000 \cdot 100/5 = 20\,000$ Euro. Fiele der Zins auf 4%, würde sich der

10. Faktorpreisbildung

Wert auf 25 000 Euro erhöhen, was keineswegs paradox ist, da ein Kapitalgut bei konstanten Darlehenserträgen und sinkendem Zinsniveau relativ im Wert steigt. Bei der Vermögensbewertung vermengt man häufig wirtschaftliche und technische Betrachtungsweise. Eine Investition mit dem dauernden Zinsertrag von Null ($Y = 0$) besitzt nach (10.3 a) keinen Wert, weil das Vermögen als zukünftiges Einkommen dann ebenfalls Null ist. Gleichgültig bleibt dabei, ob die Investition technisch erfolgreich durchgeführt wurde oder nicht. Investiert jemand 100 000 Euro in eine Fabrik und ist von dem produzierten Gut kein Stück absetzbar, existiert kein Vermögen im wirtschaftlichen Sinn, soweit nicht die Anlage einen Schrottwert besitzt oder für eine andere Produktion verwendet werden kann. Der Leser achte selbst einmal auf die nicht seltenen Fälle, in denen von "Kapitalvernichtung" oder "Vermögensverschleuderung" gesprochen wird, obwohl wirtschaftliches Vermögen nicht oder nicht mehr in dem behaupteten Umfang vorhanden, da ein entsprechendes künftiges Einkommen nicht zu erwarten ist.

Die Einkommen aus Krediten, die **Zinserträge**, werden von Kritikern des "Kapitalismus" als ein **Stein des Anstoßes** betrachtet. Die "Ausbeutung" der Arbeitskraft sei nur deswegen möglich, weil es Leute gebe, die ihre Arbeitskraft keinem Fremden anzubieten brauchten. Das seien die Kapitalbesitzer, die von der "Rente" ihrer Investitionen lebten. Wäre nicht eine Volkswirtschaft ohne Zinseinkommen besser? Wir wissen, daß Realkapital ein notwendiger Bestandteil einer arbeitsteiligen Produktion ist. Aus seinem Einsatz entstehen Erträge. Wer über Kredite verfügen will, wird wegen des dadurch möglichen ertragsteigernden Realkapitaleinsatzes bereit sein, Zinsen zu zahlen, was im allgemeinen auch erforderlich ist, um Einkommensbezieher zum Verzicht auf Gegenwartskonsum zu veranlassen. Die Entscheidung über die Allokation des Kapitals kann im Extremfall entweder vollständig von den Privaten oder dem Staat getroffen werden. Für welches System man sich auch entscheidet: Die Existenz von Kapital und Kapitalerträgen ist kein Unterscheidungskriterium der Lenkungssysteme. In einer Zentralverwaltungswirtschaft wird das "sozialisierte" Realkapital nach dem Zentralplan in seine Verwendungsrichtungen dirigiert. In einer Marktwirtschaft können die Privaten ihr Vermögen im Rahmen bestehender Gesetze am Ort größtmöglicher Erträge einsetzen. Man verläßt sich in ihr weitgehend auf die Lenkungs- oder Allokationsfunktion der Gewinne und Verluste. Die kurz- und langfristige Analyse des Angebots hat zu zeigen versucht, welche Wirkungen auf die Verwendung der Produktionsfaktoren von den Gewinnen ausgehen können.

Die **Zinserträge** sind allerdings **nur ein Teil** dessen, was die Unternehmer als **Gewinn** bezeichnen, und von den Zinserträgen ist wiederum nicht alles Gewinn. Wenn man Gewinn als Differenz zwischen Erlösen und opportunity cost (Transfereinkommen) versteht, ist von den Zinserträgen nur der Teil Gewinn, der über den "Festhaltebetrag" hinausgeht. Da Kredite, wie jedes andere Gut, knapp sind, können sie vom Investor nur gehalten werden, wenn er zumindest die opportunity cost zahlt. Es ist also fraglich, ob der größere Teil der Unternehmergewinne aus Zinserträgen stammt. Unternehmergewinne entstehen vor allem auch als ökonomische Rente aus dem Einsatz anderer, dem Unternehmer gehörenden Faktoren und als dynamische Gewinne - ganz abgesehen von jenen Fällen, in denen der "Lohn" des Unternehmers dem Gewinn zugerechnet wird. Die gängige Aufteilung des Volkseinkommens in Arbeitnehmereinkommen (Lohnquote), Unternehmer- und Vermögenseinkommen ist für die angedeuteten Probleme einer Gewinnabgrenzung ohne größere Aussagekraft.

11. Kapitel: Wettbewerbstheorie

I. Von der Preis- zur Wettbewerbstheorie

Ansatzpunkte
Grenzen der Deduktion - Theorie der vollständigen Konkurrenz - Theorie der monopolistic competition - Marktform - Verhaltensweise - Technik

Erklärungsziele
Realitätsbezogene Erklärung des Wettbewerbsprozesses - Erarbeitung von Normen - Politisch-praktisches Motiv

II. Grundzüge des Konzepts der workable competition

Unvollkommenheiten des Wettbewerbs
Diskrepanz zwischen vollständiger Konkurrenz und Realität - Dynamischer Prozeß - Beispiel - Keine Konstellation von Unvollkommenheitsprämissen

Wettbewerbsergebnis als Bewertungskriterium
Wirtschaftlicher Fortschritt - Meßproblem - Zielkonflikt - Preisgünstige Verbraucherversorgung als absolutes Ziel

III. Das neoklassische Wettbewerbskonzept

Theoretische Elemente
Keine homogene Theorie - Ungewißheit und Unsicherheit - Maximierung der Erwartungserfüllung - Potentieller Wettbewerb

Marktstruktur und -verhalten als Bewertungskriterien
Objektives und subjektives Kriterium - Marktstruktur - Marktverhalten - Wettbewerbsgeist - Unterschiede - Ausnahmebereiche - Angeblicher Widerspruch

I. Von der Preis- zur Wettbewerbstheorie

Ansatzpunkte

In der Wettbewerbstheorie wird versucht, solche Sachverhalte zu erklären, die in der bisher dargestellten Lehre (4. bis 10. Kap.) über vollkommene und unvollkommene Märkte Daten sind, obwohl sie im Wettbewerbsprozeß Änderungen unterliegen und auf ihn zurückwirken. Mit ihr möchte man primär Anpassungsprozesse analysieren, die durch den Prämissenkatalog der Preistheorie aus der Überlegung ausgeschlossen werden. Die traditionelle Preistheorie basiert - wie jede Theorie - auf bestimmten Hypothesen, die zunächst einmal mehr oder weniger plausibel sind und als Prämissen verschiedene Aussagensysteme abzuleiten gestatten. So unterscheiden sich die Theorien unvollkommener von denen vollkommener Märkte durch die Güterart (7. Kap.). Wie immer die Prämissen im einzelnen gewählt werden: Aus logischen Gründen gewinnt man durch die Ableitung keine Erkenntnisse, die nicht bereits vor der Deduktion in den Prämissen enthalten sind (1. Kap.). Die **Grenzen der Deduktion** lassen sich nach einer bekannten Redewendung in der Mathematik dadurch kennzeichnen, daß aus einem Topf nicht mehr herausgeholt werden kann, als vorher hineingelegt worden ist.

Beim Versuch, den Wettbewerbsprozeß theoretisch zu erfassen, lag es begrifflich nahe, auf die **Theorie der vollständigen Konkurrenz** zurückzugreifen. Es zeigte sich aber bald, daß die Verfeinerungen der preistheoretischen Analyse in den letzten Jahrzehnten zu einem System von Aussagen geführt haben, mit dem allein das Anbieter- und Nachfragerverhalten bei gegebenen Annahmen erklärt wird. Zu den wesentlichen Prämissen der perfect competition gehören bekanntlich eine große Zahl von Marktteilnehmern auf der Angebots- und Nachfrageseite, unbeschränkter Marktzutritt, Homogenität des Gutes, Unabhängigkeit der individuellen Entscheidung und völlige Markttransparenz. Hieraus sind unter der zusätzlichen Bedingung der Gewinn- bzw. Nutzenmaximierung der Marktteilnehmer kurz- und langfristige Gleichgewichte für die Einzelwirtschaft, den Markt und die Gesamtwirtschaft ableitbar. Beschränkt sich die Analyse auf die Erklärung der Gleichgewichte, entziehen sich jedoch dem Blickfeld gerade jene Faktoren, die für Unruhe auf den Märkten, für Wettbewerb sorgen. Im Gleichgewicht ist jeder Marktteilnehmer hinsichtlich seiner Erwartungen zufriedengestellt. Niemand hat Veranlassung, neue Aktivitäten zu entfalten. Auslösendes Moment einer Gleichgewichtsstörung an einem Markt sind Verschiebungen der Angebots- oder Nachfragekurve. Es entstehen Angebots- oder Nachfrageüberschüsse, die Anpassungsprozesse mit vorhersehbaren Ergebnissen ("Gesetze" von Angebot und Nachfrage) induzieren (4. Kap.). Weder die Prozesse selbst noch die auslösenden Ursachen und ihre Wechselbeziehungen können durch dieses Vorgehen adäquat erfaßt werden. Die traditionelle Preistheorie analysiert weniger die Datenänderungs- und die darauf folgenden Anpassungsprozesse sowie ihre treibenden Kräfte, sondern die mehr oder weniger fiktiven Ausgangs-, Übergangs- und Endzustände eines komplexen Marktgeschehens. Ein Teil der Wettbewerbskräfte wird durch die Anwendung der Methoden der komparativen Statik sowie der dynamischen

Analyse sichtbar gemacht. Dieser Ansatz schließt eine umfassende Wettbewerbsanalyse aus. Bei vorsichtiger Interpretation lassen sich gleichwohl realitätsbezogene Erkenntnisse gewinnen, wie die Arbeiten einiger Wissenschaftler (z. B. GEORGE JOSEPH STIGLER (1911-1991) und MILTON FRIEDMAN (1912-2006)) zeigen, die den Wettbewerb preistheoretisch zu erfassen suchen.

Die Prämisse heterogener Güter ermöglicht die Ableitung der Konsequenzen räumlicher, zeitlicher, sachlicher und persönlicher Präferenzen. Die **Theorie der monopolistic competition** (7. Kap.) vermittelt insoweit ein wirklichkeitsnäheres Bild der Realität. Sie vermag zu zeigen, daß einige der Ergebnisse, die bei vollständiger Konkurrenz zu erwarten sind, nicht eintreten. Vor allem bildet sich in der Regel und kurzfristig nicht der enge Zusammenhang zwischen Kosten und Preisen heraus, der für die vollständige Konkurrenz typisch ist. Eine realitätsbezogene Aussage über den Wettbewerb dürfte auf einige Argumente der Theorie der monopolistischen Konkurrenz kaum verzichten können. Eine andere Frage ist jedoch, ob damit der Wettbewerb in seinen wichtigsten Erscheinungsformen erfaßt wird. Zunehmend hat sich die Auffassung durchgesetzt, daß diese Theorie den Rahmen der perfect competition nicht entscheidend erweitert, wenn ihr auch ein erweiterter Prämissenkatalog zugrunde liegt. Bei der Anwendung auf konkrete Wettbewerbsprobleme hat sie sich als wenig nützlich erwiesen. Denn diese sind letztlich Phänomene ökonomischen und sozialen Wandels, Ergebnisse (und Elemente) historischer Prozesse und dabei in nicht unerheblichem Maße Konsequenzen innovativer Aktivitäten.

Die Preistheorie in ihrer morphologischen Ausrichtung geht von einer bestimmten **Marktform** aus, etwa der des Oligopols. Im Wettbewerb wandelt sich jedoch häufig die Marktform, weil ihre Transformation Folge oder Ziel von Anpassungsprozessen sein kann. Folge ist sie z. B., wenn technologische Änderungen immer größere Betriebseinheiten erfordern und der Markt nur einen quantitativ begrenzten Absatz zuläßt. Ziel ist sie, wenn z. B. ein auf verschiedenen Teilmärkten operierender Konzern (Konglomerat) auf einem Teilmarkt unter Selbstkosten verkauft mit der Absicht, die Konkurrenten zu ruinieren und den Markt schließlich zu monopolisieren. Die Marktformen sind deshalb vom Standpunkt einer empirisch relevanten Wettbewerbstheorie ihrerseits zu erklärende Variablen. Analoges gilt für die **Verhaltensweise**, das ebenfalls ein Klassifikationskriterium der Preistheorie ist. Verhaltensweisen bleiben im Wettbewerbsprozeß, dessen Intensität im Ablauf der Konjunkturphasen, der Entwicklungsstadien eines Marktes, des Wachstums der Unternehmung u. a. m. variiert, nicht konstant. Typisch ist vielmehr, daß die Konkurrenten sich mit wechselnden Verhaltensweisen begegnen. In der herkömmlichen Preistheorie behalf man sich durch die Einführung alternativer Verhaltensweisen, ohne sie selbst aus dem tatsächlichen Marktgeschehen heraus zu erklären. Ein drittes Datum der Preistheorie ist die **Technik**. Gelegentlich gibt man zwar - z. B. in der Kostentheorie (6. Kap.) - die Annahme einer konstanten Technik auf. Aber dabei werden technische Änderungen als vorgegeben (exogen) unterstellt. Es fehlt eine endogene Erklärung (aus dem Wirtschaftsprozeß), vor allem eine über die Wechselwirkungen zwischen technischem Fortschritt und Wettbewerb.

Erklärungsziele

Die Kritik an der traditionellen Preistheorie läßt erkennen, daß mit der Wettbewerbstheorie der Anspruch erhoben wird, eine **realitätsbezogene Erklärung des Wettbewerbsprozesses** zu bieten. Ohne Zweifel entspricht es nicht dem üblichen Sprachgebrauch, Aussagen über Gleichgewichte und ihre Bedingungen als Theorie des Wettbewerbs zu bezeichnen. Schon eher läßt sich der Begriff für die Beschreibung und Erklärung von Anpassungsprozessen an das Gleichgewicht verwenden. Dabei bleibt offen, ob jemals ein Gleichgewicht erreicht wird. Deshalb wird der Ausdruck "Marktprozeß" bevorzugt; "Anpassungsprozeß" deutet auf einen Endzustand hin. Wichtige - jedoch nicht ausschließliche - Variablen wettbewerbstheoretischer Analyse sind Marktform, Verhaltensweise und Technik, die in der Preistheorie Daten darstellen.

Marktprozesse können im einzelnen politisch erwünscht oder unerwünscht sein. In einer Wettbewerbsordnung sind diejenigen Marktprozesse unerwünscht, die das Wertsystem der Wirtschaftspolitik - das Freiheitspostulat und die gesamtwirtschaftlichen Ziele (3. Kap.) - verletzen. Als Gegenstand der Wettbewerbstheorie wird deshalb auch die **Erarbeitung von Normen** für Marktprozesse angesehen, die selbst und in ihren Ergebnissen den Anforderungen der Wettbewerbsordnung entsprechen. Die Ausgestaltung der Wettbewerbsordnung ist ein politischer Entscheidungsakt der betreffenden Wirtschaftsgesellschaft. Der Stellenwert der Wettbewerbspolitik variiert von Land zu Land und damit auch das Niveau der Wettbewerbstheorie und -politik. Es dürfte z. B. in den USA und auch in der Bundesrepublik Deutschland höher sein als in den meisten romanischen Ländern.

Für die Entwicklung der modernen Wettbewerbstheorie ist schließlich ein **politisch-praktisches Motiv** bestimmend gewesen. Soll die Wettbewerbstheorie der Wettbewerbspolitik dienen, die in entscheidenden Punkten den Rahmen der marktwirtschaftlichen Ordnung mitgestaltet, bedarf sie einer Form, die auch rechtlich-politischen Ansprüchen genügt, das heißt, es muß eine Brücke von einer empirisch gehaltvollen Theorie des Wettbewerbs zu einer praktikablen Wettbewerbspolitik vorhanden sein. Als Grundlage für eine solche Politik eignen sich nur Theorien, deren Konsequenzen von den politischen Entscheidungsträgern und Gerichten beurteilt werden können. Tatsächlich haben die Probleme der amerikanischen Wettbewerbspolitik die Entwicklung der Wettbewerbstheorie erheblich gefördert. Genereller Ansatzpunkt ist die Herausbildung von privater und öffentlicher Machtkonzentration, der in einer freien Gesellschaft mißtraut wird. Wettbewerb - wie immer er im einzelnen definiert werden mag - wird oft als Abwesenheit von Freiheitsbeschränkungen oder von dominierender Marktmacht verstanden. Für die Wettbewerbspolitik zahlreicher Länder hat sich deshalb der Grundsatz herausgebildet, daß der auf freier Entscheidung beruhende Wettbewerb vor Beschränkungen zu schützen und Marktmacht zu bekämpfen ist. Das "Grundgesetz" der Wettbewerbspolitik in der Bundesrepublik Deutschland heißt dementsprechend Gesetz "gegen" Wettbewerbsbeschränkungen (GWB vom 27. 7. 1957, sogenanntes Kartellgesetz; in Kraft seit 1. 1. 1958, mehrmals novelliert). Der Sherman Act von 1890 in den USA - einschließlich späterer Ergänzungen - wird als "Anti"-Trustgesetz bezeichnet. Hinter dieser negativen Fassung der Wettbewerbspolitik steht erstens die Erwartung, daß die vom Wettbewerb erwarteten Wirkungen eintreten, wenn seine Behinderung oder Beseitigung vermieden wird. Zweitens läßt sie vermuten, daß es offenbar schwierig ist, eine positive Legaldefinition des Wettbewerbs zu finden.

II. Grundzüge des Konzepts der workable competition

Unvollkommenheiten des Wettbewerbs

Das Konzept der workable competition läßt sich als Antwort auf die Frage verstehen, wie die **Diskrepanz zwischen** den wirklichkeitsfernen Prämissen des Modells der **vollständigen Konkurrenz und** der "unvollkommenen" **Realität** zu beheben ist. Ein möglicher Versuch wäre, die Unvollkommenheiten durch politische Maßnahmen so weit wie möglich zu beseitigen, so daß sich die Wirklichkeit dem Vollkommenheitsideal annähert. Mit der Konzeption der workable competition wird der entgegengesetzte Weg beschritten: Unvollkommenheiten seien die unvermeidbare Realität, gemessen am Ideal der vollständigen Konkurrenz. Es zeige sich sogar, daß bestimmte Unvollkommenheiten den Wettbewerb erst effektiv machten. Als erster formulierte diese Idee der amerikanische Nationalökonom JOHN MAURICE CLARK (1884-1963) in seinem Vortrag "Toward a Concept of Workable Competition" (1939, veröffentlicht 1940), der wie kaum eine andere Einzelpublikation eine weltweite Diskussion auslöste und zahlreiche Anhänger fand. Wie immer in solchen Fällen variieren die Ansichten einzelner Wissenschaftler erheblich im Detail. Wenn dennoch von "dem" Konzept der workable competition gesprochen wird, so nur deswegen, weil es gemeinsame Grundauffassungen gibt, die eher als eine Sammlung wettbewerbspolitischer Grundsätze denn als geschlossene Theorie zu bezeichnen sind.

CLARK geht von der Ansicht aus, Wettbewerb könne nur als **dynamischer Prozeß** verstanden werden, der sich in Vorstoß und Verfolgung zeige. Das werde deutlich, wenn man die dynamische Analyse mit der statischen Preistheorie vergleiche. Sei nur eine Prämisse der Preistheorie aus irgendwelchen Gründen nicht zu erfüllen, würde selbst bei vollständiger Präsenz der übrigen Bedingungen der Wettbewerb nicht ohne weiteres "workable". Wirksamer Wettbewerb ließe sich in der Wirklichkeit nur erreichen, wenn Bedingungen gefunden werden könnten, die gleichsam als "Gegengift" die Wirkungen von wettbewerbsbeschränkenden Unvollkommenheiten beseitigten. Im Hinblick auf das Ideal des vollkommenen Marktes erhalte man zwar "zweitbeste", aber realisierbare Lösungen - eine Überlegung, die im Anschluß an CLARK von anderen Autoren zu einer generellen Theorie des "second best" ausgestaltet wurde. In seiner letzten, monumentalen Veröffentlichung "Competition as a Dynamic Process" (1961) geht CLARK einen Schritt weiter. Seine Wettbewerbskonzeption, die unvollständige Konkurrenz, wird zur "first best-solution": Die vollständige Konkurrenz ist ihrer Funktion als Leitbild der Wettbewerbspolitik entkleidet, weil erst die

Abweichungen vom Modell, die Unvollkommenheiten, das bewirken, was die Bezeichnung Wettbewerb verdient.

An einem **Beispiel** sei der Gedanke von der heilenden Wirkung von Marktunvollkommenheiten illustriert, der in CLARKs Veröffentlichungen und denen seiner Anhänger ständig wiederkehrt. Gegenüber der vollständigen Konkurrenz ist ein Angebotsoligopol unvollkommen, da sich nur wenige Anbieter den Markt teilen. Im Oligopol besitzt der einzelne Anbieter so erhebliches Gewicht, daß er bei seinen Entscheidungen die möglichen Reaktionen der Rivalen in Rechnung stellen muß (7. Kap.). Bei "vollständiger Markttransparenz" - Prämisse des vollkommenen Marktes - weiß jeder Anbieter, wie die Rivalen auf seine Entscheidung reagieren. Ist ein Oligopolist unter diesen Bedingungen nicht stark genug, die Konkurrenten aus dem Markt zu verdrängen, könnte er auf Kosten der Rivalen kaum gewinnen. Dann drängt sich allen Anbietern ein gleichförmiges Verhalten (bewußtes Parallelverhalten) auf. Dazu bedarf es nicht einer vertraglichen Vereinbarung, etwa in Form eines Kartells, wie das gemeinsame Vorgehen deutscher und ausländischer Chemiekonzerne bei Preiserhöhungen für Farbstoffe deutlich zeigt (Teerfarbenfall), in der Regel nicht einmal der Abstimmung. An die Stelle der individuellen kann die kollektive Gewinn- oder Umsatzmaximierung treten. Völlige Markttransparenz führt so zu einem Ergebnis, das dem eines Angebotsmonopols ähnlich ist. Wettbewerb bleibt jedoch bei unvollständigem Wissen, wenn also die Reaktionen der Rivalen unvorhersehbar sind, möglich. Der Ausschluß gleichförmigen Verhaltens bedeutet, daß die Möglichkeit einer zirkularen Konkurrenz, mit Aktion und Reaktion der Marktkontrahenten, offengehalten und unter Umständen die wettbewerbsbeschränkende Wirkung der Anbieterzahl kompensiert wird. Diese Abweichung von der polypolistischen Angebotsstruktur könnte durch eine unvollkommene Markttransparenz geheilt werden. Sich ausgleichende Unvollkommenheiten ermöglichen in der Realität Wettbewerb, nicht dagegen die Realisierung der Bedingungen vollständiger Konkurrenz. Die wettbewerbsstimulierende Wirkung einer unvollkommenen Markttransparenz veranlaßt deshalb Konkurrenten zu Versuchen, die Ungewißheit durch einen institutionalisierten Informationsaustausch (Preismeldestellen) zu beseitigen.

Es liegt nahe anzunehmen, daß im Konzept der workable competition gewisse Kombinationen von Marktunvollkommenheiten als wettbewerbsfördernd klassifiziert werden und andere nicht. Die Vertreter der workable competition beschränken sich jedoch auf die vage Aussage, daß Abweichungen von den Vollkommenheitsbedingungen generell Voraussetzung für die Funktionsfähigkeit des Wettbewerbs sind. Sie geben also **keine Konstellation von Unvollkommenheitsprämissen** an, die als notwendige und/oder hinreichende Bedingung des funktionsfähigen Wettbewerbs anzusehen wären, räumen vielmehr ein, daß es unvollkommenen Wettbewerb gibt, den sie nicht als "workable" oder "effective" bezeichnen. Es bleibt die Frage, wie bestimmt werden kann, wann ein Wettbewerb als funktionsfähig zu bezeichnen ist. Charakteristisch für das Konzept dürfte sein, daß es keine Definitionen des Wettbewerbs und präzise Theorien anbietet, sondern sich darauf konzentriert, einen Rahmen zu beschreiben, innerhalb dessen eine Reihe unterschiedlicher Erklärungselemente des Wettbewerbs Platz finden.

Wettbewerbsergebnis als Bewertungskriterium

CLARK und seine Anhänger sehen den Wettbewerb als funktionsfähig oder effizient an, wenn dieser dem **wirtschaftlichen Fortschritt** dient. Es kommt also vor allem auf das Marktergebnis (market performance) an. Einen exakten Fortschrittsmaßstab gibt es nicht. Als positive Marktergebnisse werden z. B. sinkende Kosten und Preise, eine steigende Produktion oder die Verbesserung der Produktqualität betrachtet. Diese Bewertung des Wettbewerbs nach seinen Ergebnissen klingt plausibel: Wenn die Wirtschaft die Aufgabe hat, die Menschen mit dem zu versehen, was sie wünschen, ist ein Versorgungssystem mit hohem Niveau günstiger zu beurteilen als ein solches mit einem geringen. Was interessiert es z. B. den Konsumenten, durch welche Art von Marktgeschehen Güter bereitgestellt werden. Entscheidend bleibt, ob er bei einem System Waren bestimmter Qualität preisgünstiger erhält als bei einem anderen. Ein leistungsfähiges Monopol, das ihn besser versorgt, würde er wahrscheinlich einer Vielzahl träger Anbieter vorziehen. Mit der Wahl der Effizienz als Beurteilungsmaßstab scheint das Konzept der workable competition zugleich ein Dilemma der nationalökonomischen Theorie zu lösen: Nach der Theorie der vollständigen Konkurrenz führt die Abwesenheit von Monopolen zu den besten Marktergebnissen. In der Theorie der wirtschaftlichen Entwicklung, die vor allem auf JOSEPH SCHUMPETER zurückgeht, zeigt sich, daß zeitweilige Monopole den wirtschaftlichen Fortschritt entscheidend fördern (7. Kap.) - ein Gedanke, der von HELMUT ARNDT (1911-1997) wieder aufgegriffen wurde. Dieses Dilemma wird beseitigt, wenn die Marktform als Norm entfällt und die Ergebnisse entscheiden. Monopole, die dem Fortschritt dienen, sind "gut", solche, die dem Fortschritt schaden, "schlecht"; nichts anderes gilt für polypolistische oder oligopolistische Märkte. Die Betonung des market performance-Kriteriums schließt nicht aus, daß auch andere Maßstäbe - wie Marktstruktur und -verhalten - ergänzend herangezogen werden.

Das Konzept der workable competition wurde mit der Absicht entworfen, eine theoretische Grundlage für eine realistische Wettbewerbspolitik zu schaffen. Ob dieses Ziel erfüllt werden kann, hängt entscheidend von der Lösung des **Meßproblems** ab. Hier liegt die Schwäche des Konzepts: Ein Teil der Theorie ist nur möglich, wenn tatsächlich alternative Situationen (Marktergebnisse unter verschiedenen Bedingungen) miteinander verglichen werden können. Die alternativen Situationen liegen in der Wirklichkeit meist nicht vor, und empirisch können tatsächliche und potentielle Fälle, d. h. Wirklichkeit und Spekulation, nicht getestet werden. Dieser Einwand greift auch gegen die Anwendung von Als-Ob-Maßstäben bei der Monopolbekämpfung durch, wie es z. B. LEONHARD MIKSCH (1901-1950) vorgeschlagen hat. Das Dilemma des Konzepts der workable competition liegt darin, daß aus Mangel an analytischen Bezugspunkten und im Hinblick auf schwer eliminierbare Bewertungsunterschiede bei der Beurteilung einer bestimmten Wettbewerbssituation keine Übereinstimmung erzielt werden kann, ob diese Konkurrenz als effektiv zu bezeichnen ist oder nicht. Es ist deshalb nur folgerichtig, wenn in der amerikanischen Antitrustpraxis vor allem die Gerichte wenig Neigung erkennen lassen, das Konzept der workable competition als Entscheidungsgrundlage einer im Einzelfall vorzunehmenden performance-Beurteilung zu akzeptieren.

Selbst wenn angenommen wird, daß sich gelegentlich ein positives Marktergebnis gegenüber einer hypothetischen Konstellation mit einiger Wahrscheinlichkeit ermitteln ließe und über Erfolgskriterien Einigkeit bestünde, bliebe das Problem des **Zielkonfliktes** bestehen, das an einem bekannten Fall aus der amerikanischen Rechtsprechung aufgezeigt sei. Ein Konzern, die New York Great Atlantic and Pacific Tea Company (A & P) - ein Lebensmittelfilialsystem mit 5800 Läden -, hatte seine Marktmacht eingesetzt, um Waren billiger als die Konkurrenten einzukaufen. An Orten, an denen er sich niederlassen wollte oder starker Konkurrenz ausgesetzt war, bot er seine Ware zu geringeren Preisen an als seine Rivalen. Die Einkaufsvorteile des marktmächtigen Konzerns waren also einigen Verbrauchern zugute gekommen. Es bestand kein zwingender Grund zu der Annahme, daß die Besserstellung dieser Verbraucher nur temporär sein würde. Auch brauchte nicht befürchtet zu werden, daß A & P eine Monopolstellung beim Ein- und Verkauf von Lebensmitteln erlangt. Dennoch wurde im Jahre 1949 der Konzern wegen Verstoßes gegen das Antrittsrecht verurteilt.

Wird die **preisgünstige Verbraucherversorgung** unreflektiert zum einzigen, also **absoluten Ziel** oder entscheidenden Bewertungsmaßstab der Wettbewerbspolitik erhoben, ist die Gerichtsentscheidung problematisch. Der A & P-Fall ist demgemäß von Anhängern des Konzepts der workable competition zum Anlaß genommen worden, die Antitrustrechtsprechung zu attackieren. Sie laufe nach ihrer Auffassung auf eine per se-Verurteilung großer Unternehmen hinaus, auch wenn sie wettbewerbsaktiver seien und dem Verbraucher Vorteile brächten. Es muß jedoch beachtet werden, daß A & P seine Verkaufspreise nicht generell, sondern gezielt und dann oft unter die Selbstkostenpreise gesenkt hatte. Dementsprechend stellt sich die Frage, ob Vernichtungswettbewerb lokal geduldet werden soll, d. h. der Verkauf unter Kosten an bestimmten Orten. Rechtfertigt das Verbraucherinteresse die Drohung, Lieferanten, die nicht zu den geforderten Bedingungen verkaufen wollten, kämen auf schwarze Listen von A & P? Es liegt in der Logik des market performance-Tests, solchen Fragen mit dem Ergebnis des Wettbewerbs entgegenzutreten. Doch nicht nur die amerikanische Rechtsprechung, auch eine Reihe von Wettbewerbstheoretikern verschiedener Länder sind der Auffassung, daß letztlich nicht das Marktergebnis entscheidend sein dürfe. Einig sind sie mit JOHN MAURICE CLARK und seinen Nachfolgern in der weitgehenden Ablehnung der statischen Preistheorie als Grundlage der Politik und in der Bejahung der dynamischen Sicht des Wettbewerbsprozesses. Darüber hinaus gibt es Gemeinsamkeiten in anderen Details, die durch eine Gegenüberstellung kontroverser Punkte leicht überdeckt werden.

III. Das neoklassische Wettbewerbskonzept

Theoretische Elemente

Das neoklassische Wettbewerbskonzept ist, wie das der workable competition, **keine homogene Theorie** im Sinne der Preistheorie (7. Kap.). Obwohl die einzelnen Autoren ein breites Spektrum von Ansichten vertreten und einzelne Komponenten unterschiedlich gewichten, lassen sich gemeinsame Grundzüge feststellen, auf die sich die folgende Darstellung beschränkt. Die Bezeichnung "neoklassisch" soll einerseits besagen, daß Überlegungen einiger "Neoklassiker" - wie ALFRED MARSHALL (1842-1924) und JOHN BATES CLARK (1847-1938) - wieder aufgenommen und weitergeführt werden, die durch die Entwicklung der Preistheorie in Vergessenheit geraten waren. Andererseits wird auch unmittelbar auf klassische Vorstellungen - insbesondere auf die Lehre von ADAM SMITH - zurückgegriffen.

Ein wesentlicher Aspekt neoklassischer Wettbewerbstheorie ist die Betonung der für den Wettbewerbsprozeß charakteristischen **Ungewißheit und Unsicherheit**. Sieht man mit JOHN MAURICE CLARK den Wettbewerb als "challenge and response" an, als eine Abfolge von Handlungen agierender und reagierender Marktteilnehmer, dann ist das Ergebnis des Prozesses offen, da die wesentlichen Umstände, von denen sich die Handelnden leiten lassen, nicht bekannt sind. Der einzelne geht zunächst von bestimmten Erwartungen aus, die er im Prozeßablauf ständig korrigiert. Wettbewerb wird als ein Such- und Informationsprozeß, das heißt als Entdeckungsverfahren verstanden, bei dem Tatsachen bekannt werden, die ohne ihn unbekannt oder ungenützt bleiben würden. Die Wettbewerbstheorie kann deshalb nicht im einzelnen angeben, wie dieser Prozeß abläuft. Die konkreten Prozeßergebnisse sind im einzelnen unvorhersehbar und mitunter verschieden von den Erwartungen, die Marktteilnehmer und Wettbewerbspolitiker an ihn stellen.

Der Wettbewerb enttäuscht also einerseits ständig einige Erwartungen. Andererseits sorgt er in seiner Informationsfunktion für eine **Maximierung der Erwartungserfüllung**. Im Entdeckungsprozeß können mehr Wissen genutzt und Wünsche realisiert werden, als in allen bisher bekannten Organisationsformen der Produktion und Verteilung von Gütern. Diese Aussage impliziert die Hypothese, daß in einer gegebenen Situation jeder Marktteilnehmer seine Wünsche und Handlungsmöglichkeiten selbst am besten kennt, wie immer sie entstanden sein mögen. Dieses Maximum der Erwartungserfüllung sei zwar nicht mit dem Gleichgewicht bei vollkommener Konkurrenz identisch, bei dem ein bestimmtes Gut zu den geringsten Kosten erzeugt und zum niedrigsten Preis verkauft wird. Es komme ihm jedoch am ehesten in der Struktur (Übereinstimmung der Pläne) nahe. Man könne sich darauf verlassen, daß bei Wettbewerb alle Güter zu Kosten erzeugt und Preisen verkauft werden, die geringer sind als die potentieller Produzenten und Anbieter (FRIEDRICH AUGUST VON HAYEK). Das deckt nicht die Aussage, Kosten und Preise seien bei Wettbewerb so niedrig, wie sie ein allwissender Diktator festlegen könnte. Es wird lediglich angenommen, potentielle Marktteilnehmer würden Güter produzieren und verkaufen, wenn sie es zu günstigeren Bedingungen tun könnten als die am Markt vorhandenen Anbieter. Produzenten und Verkäufer haben demnach nicht nur mit ihren tatsächlichen, sondern auch mit möglichen Konkurrenten zu rechnen (6. Kap.).

Dieser **potentielle Wettbewerb** ist ein wichtiges Element der neoklassischen Wettbewerbstheorie. Da er gleichsam unsichtbar ist, wurde er von der Preistheorie ziemlich vernachlässigt, obwohl er im Hypothesenkatalog auftaucht (7. Kap.). In zahlreichen Fällen gehen jedoch, wie vor allem FRITZ MACHLUP (1902-1983) betont hat, von der Furcht, Konkurrenten auf den Markt zu ziehen, erheblich mehr Wettbewerbsimpulse aus als von vorhandenen Anbietern. Märkte, auf denen die Zahl und Zusammensetzung der Anbieter wechselt, zeichnen sich dementsprechend durch intensiveren Wettbewerb aus als die mit verfestigter Marktstruktur. Das führt auch zu einer differenzierteren Beurteilung von Monopolen und Oligopolen, als sie die Preistheorie nahelegt, die in der Lehre vom unvollkommenen Markt zwar Substitutionsbeziehungen zwischen Gütern, nicht jedoch potentiellen Wettbewerb berücksichtigt. Ein morphologisches Monopol, das jederzeit mit dem Auftreten von Konkurrenten rechnen muß und danach handelt, ist offenbar kein Monopol im wettbewerbstheoretischen Sinne und anders zu beurteilen als ein solches, dem durch staatliche Maßnahmen eine ungefährdete Position eingeräumt wird - wie z. B. dem Konzessionär einer Spielbank - oder das sich durch die Errichtung hoher Marktzutrittsschranken (barriers to entry; 7. Kap.) selbst vor newcomer-Wettbewerb schützt. Es ist deshalb nur folgerichtig, wenn die am Markt vorhandenen Anbieter danach trachten, sich der Konkurrenz durch Marktschließungen (wie Patente, Berufszulassungen, Einfuhrverbote, Durchführung oder Androhung eines Verdrängungswettbewerbs) zu erwehren, deren vielgestaltige Formen kaum zu systematisieren sind. Wird - wie in marktwirtschaftlichen Ordnungen - der Wettbewerb nicht nur als Instrument, sondern auch als Ziel der Wirtschaftspolitik angesehen (3. Kap.), muß durch institutionelle Maßnahmen gewährleistet sein, daß der Zugang zum Markt offen bleibt.

Marktstruktur und -verhalten als Bewertungskriterien

Die neoklassische Wettbewerbskonzeption rechnet mit zufriedenstellenden Marktergebnissen, wenn Wettbewerb möglich (frei) ist und tatsächlich stattfindet. Präziser wäre es wohl, zu sagen: Marktergebnisse, die nach einem unbeschränkten Wettbewerb zustande kommen, gelten als zufriedenstellend. Wettbewerbsfreiheit äußert sich als Freiheit der Anbieter, in Konkurrenz zueinander zu treten (Parallelprozeß), und als Freiheit der Marktgegenseite, unter Alternativen wählen zu können (Austauschprozeß). Parallel- und Austauschprozeß sind keine isolierten Elemente, sondern zwei Dimensionen des wettbewerblichen Marktprozesses (ERICH HOPPMANN (1923-2007)), die sich im "Vorstoß", aber auch in "Nachfolge" und "Imitation" zeigen. Einige Autoren (HELMUT ARNDT (1911-1997), ERNST HEUSS (geb. 1922)) haben Theorien entwickelt, die erheblich besser die Aktivitäten im Marktbereich (die Dynamik des Marktgeschehens) erfassen und erklären als die traditionelle Preistheorie. Trotzdem bleibt auch hier die Frage, woran die so definierte Wettbewerbsfreiheit gemessen werden kann. Die Bewertung des Wettbewerbs im neoklassischen Konzept erfolgt nach einem **objektiven und** einem **subjektiven Kriterium**. Diese Kriterien sind - anders als aus Modellvorstellungen abgeleitete - nicht positive Normen, sondern wegen der zentralen Bedeutung der Freiheit negative Abgrenzungen.

Das objektive Kriterium (notwendige Bedingung) ist die Beschaffenheit der **Marktstruktur** (market structure). Komponenten der Marktstruktur sind nicht nur die Teilnehmerzahl des Marktes (Marktform), die Produktqualität und die Organisation des Marktes hinsichtlich seiner räumlichen und zeitlichen Dimension, der subjektiven Präferenzen, der Markttransparenz und Zutrittsschranken, sondern auch die Unternehmensverfassung, der Konzentrationsgrad, die Existenz von conglomerates, die personelle Verflechtung des Managements (interlocking directors) oder die Entwicklungsphase, in der sich der Markt befindet. Wettbewerb ist möglich, wenn ihm aus der konkreten Beschaffenheit dieser Marktstrukturkomponenten keine Beschränkungen erwachsen (Negativabgrenzung). Zu denken ist hier vor allem an "künstliche" Beschränkungen, wie Absprachen unter Produzenten (z.B. über Preise, Qualitäten und Konditionen) und Beseitigung oder Erschwerung des Marktzugangs. Diese Beschränkungen können aktiv durch staatliche Wettbewerbspolitik geschaffen oder passiv geduldet werden. Im letzten Fall setzt ihre Realisierung private Marktmacht im Sinne von Marktbeherrschung voraus. Da sich Marktmacht aus einer Reihe von Gründen stets herauszubilden pflegt, besteht eine zentrale Aufgabe der Wettbewerbspolitik in der Verhinderung oder Auflösung von Marktmacht (Bekämpfung von Kartellen, Mißbrauchsaufsicht bei marktbeherrschenden Unternehmen, Fusionskontrolle). Soweit ihr das gelingt und staatliche Stellen selbst nicht tun, was sie privaten Marktteilnehmern verbieten, wäre eine wesentliche Voraussetzung für Wettbewerb geschaffen.

Das subjektive Kriterium (hinreichende Bedingung) ist das **Marktverhalten** (market conduct). Wenn Wettbewerb unbeschränkt möglich ist, bietet dies noch keine Gewähr dafür, daß er auch praktiziert wird. Hinzukommen muß der Wille zum Wettbewerb (spirit of competition). So läßt sich im Einzelhandel - doch auch anderswo - beobachten, daß kein intensiver Wettbewerb zustande kommt, obwohl er nach der Marktstruktur zu erwarten wäre. Der Grund kann sein, daß die Verhaltensweisen der Anbieter von der Idee der "auskömmlichen Nahrung" oder des "standesgemäßen Unterhalts des Geschäftsinhabers und seiner Familie" statt vom Wettbewerbsgeist bestimmt werden. Wenn die Wirtschaftsordnung für den Wettbewerb einen Freiheitsspielraum schafft, bleibt stets die Frage, ob er tatsächlich genutzt wird. Die Wirtschaftspolitik geriete mit sich selbst in Widerspruch, wenn sie die Ausfüllung des Freiheitsspielraumes erzwingen wollte. Ohne freiwilligen Wettbewerb (Negativabgrenzung) läßt sich die marktwirtschaftliche Ordnung nicht mit Leben füllen.

Die Erfahrung zeigt: Die Antriebskraft des Wettbewerbs, der **Wettbewerbsgeist**, unterliegt historischem Wandel und gesellschaftlichen Einflüssen. In wirtschaftlich hochentwickelten Ländern finden sich meist genügend wettbewerbswillige Anbieter und Nachfrager, die ihre Mitbewerber nicht zur Ruhe kommen lassen - sofern die Leistungsanreize, wie Gewinne und sonstige Vorteile verschiedener Art, nicht beseitigt und die Märkte national und international offengehalten werden. In wirtschaftlich unterentwickelten Ländern läßt sich - früher wie heute - beobachten, daß der Wettbewerb als Lenkungsinstrument versagt, weil die für seine Funktion notwendige Wirtschaftsgesinnung fehlt. Die Neigung zu zentralen Lenkungsmethoden in verschiedenen unterentwickelten Ländern spiegelt nicht nur die politischen Machteinflüsse bestimmter Supermächte in der "Dritten Welt", sondern auch die Tatsache wider, daß die individuellen Voraussetzungen des Wettbewerbs fehlen.

Vergleicht man das workable competition-Konzept mit der neoklassischen Wettbewerbstheorie, können Gemeinsamkeiten und **Unterschiede** konstatiert werden. Für die Unterscheidung ist wichtig: Die neoklassische Theorie beurteilt den Wettbewerb anhand von realen Marktstrukturen und -verhaltensweisen und nicht nach fiktiven alternativen Wettbewerbsergebnissen. "Faktische" Beschränkungen des Wettbewerbs entziehen sich - anders als hypothetische "market performance" - nicht generell empirischen Testverfahren. Dennoch ist es schwierig, wie die Antitrustgeschichte der USA verdeutlicht, eine zuverlässige Grenze zwischen erlaubten und unerlaubten Handlungen auf Grund allgemeiner Gesetze zu finden. Die wirtschaftspolitische Ausrichtung des Wettbewerbs an den Freiheitsnormen impliziert, daß Marktergebnisse so hingenommen werden, wie sie sich aus den freien Marktprozessen ergeben - auch wenn sie im Einzelfall für den Verbraucher temporäre Nachteile mit sich bringen. Die Vertreter der neoklassischen Wettbewerbstheorie verzichten hinsichtlich hypothetischer Marktergebnisse konsequent darauf, dort Wissen vorzugeben, wo man es nach ihrer Auffassung erst durch den Wettbewerb erwerben kann. Dieser Wettbewerb dient nicht einem bestimmten Zweck. Er wird gewünscht, weil kein ökonomisch leistungsfähigeres Koordinationsverfahren für individuelle Pläne bekannt ist. Daraus folgt eine Wettbewerbspolitik, die einerseits sowohl Freiheit gewährleistet als auch eindeutige Grenzen setzt (Verbot des Machtmißbrauchs) und andererseits nicht an vorgegebenen Modellen - gleich welcher Art - orientiert ist (Konstruktivismus).

Verwickelt sich die neoklassische Wettbewerbstheorie in Widersprüche, wenn einige ihrer Vertreter zugeben, daß es sogenannte **Ausnahmebereiche** der Wirtschaft gibt, die sich einer Organisation durch Wettbewerb entziehen? Beispiele für Ausnahmebereiche oder "natürliche" Monopole wären die Telefon- oder die Elektrizitätsversorgung. Um zu wissen, ob ein Bereich zu den Ausnahmen zählt, müßte man - so wird der neoklassischen Wettbewerbskonzeption entgegengehalten - sagen können, daß der Wettbewerb als Lenkungsmittel versagt. Das hieße aber: Man müßte vorhersehen können, welches Ergebnis der Wettbewerb zustande bringt. Die Trennung von Wettbewerbs- und Ausnahmebereichen impliziere also eine Kenntnis der Marktergebnisse.

Der **angebliche Widerspruch** existiert nicht, wenn generell von der Vermutung ausgegangen wird, daß auch in den Ausnahmebereichen Wettbewerb möglich ist. Diese Vermutung ist wie jede Hypothese widerlegbar, das heißt methodologisch aber: durch Erfahrung (a posteriori) und nicht durch die gegenteilige Annahme (a priori). Man könnte auch sagen, Ausnahmebereiche sind vom ökonomischen Standpunkt nur nachträglich zu rechtfertigen. Regelmäßig basiert jedoch die von der Wissenschaft und Wirtschaftspolitik gegebene Begründung für Ausnahmebereiche auf a priori-Vermutungen statt auf gesicherten Erfahrungen. Die meisten Monopole sind nicht das Ergebnis einer zwangsläufigen Entwicklung - etwa im Bereich der Technik -, sondern von Schutzvorschriften oder Unterlassungen staatlicher Wirtschaftspolitik. Es gibt z. B. keinen zwingenden ökonomischen Grund fürdas traditionelle Leitungs- und Versorgungsmonopol einer Elektrizitätsgesellschaft oder der Bundespost. Warum soll der Verbraucher nicht zwischen verschiedenen Elektrizitäts- und Telefonsystemen wählen können? Auf Grund welcher Tatsachen ist hinreichend genau bekannt, daß die Zulassung des Wettbewerbs schlechtere Ergebnisse zeitigt als eine Ausnahmeregelung? Die Schaffung oder Zulassung von Ausnahmebereichen durch die staatliche Wirtschaftspolitik auf Grund von a priori-Vermutungen basiert auf der - in jedem Fall unbewiesenen und unbeweisbaren - Behauptung, daß Monopole vorteilhafter seien als Wettbewerb. Was a priori festgelegt wird, entzieht sich jedem Test. Das bedeutet jedoch, daß sich Ausnahmebereiche nicht wissenschaftlich und rein ökonomisch (preis- oder wohlfahrtstheoretisch) begründen lassen, obwohl es in der Regel geschieht. Die Wirtschaftspolitik behandelt oft Branchen als Ausnahmebereiche, aber nicht deswegen, weil Wettbewerb unmöglich wäre, sondern weil er aus verschiedenen politischen Gründen nicht gewollt wird. Die Bildung und Zulassung von Ausnahmebereichen sind praktisch immer Akte politischer Entscheidungen gewesen. Letztlich können jedoch über die Wirkungen des Wettbewerbs in einem Bereich, in dem er nicht zugelassen ist, nur Mutmaßungen unterschiedlicher Plausibilität angestellt werden. Bei diesen Mutmaßungen bleiben wir überdies auf das angewiesen, was unter den bestehenden Umständen bekannt ist, weil wir nicht wissen können, welche Erkenntnisse der Wettbewerb zu Tage fördert und welche noch unbekannten Aktionen und Reaktionen erfolgen.

12. Kapitel: Konsumentenpolitik und Kontrolle wirtschaftlicher Macht

I. Zur gesamtwirtschaftlichen Rolle der Konsumenten

Konsumentensouveränität als zentrales Element einer Wettbewerbswirtschaft
Steuerung der Marktwirtschaft durch Konsumenten - Konsumentensouveränität ein Ideal oder Wirklichkeit? - Schwelle der Konsumentensouveränität

Behauptungen über Unfähigkeiten der Konsumenten
Großindustrie produziere Nachfrage - Konsumenten unwissend und überfordert - Mangel an Markttransparenz

Ansatzpunkte einer marktkonformen Konsumentenpolitik
Ziele der Konsumentenpolitik - Schutz von Sicherheit und Gesundheit - Verbesserung der Markttransparenz - Intensivierung des Wettbewerbs

II. Zur Kontrolle wirtschaftlicher Macht

Ursachen und Formen privater und staatlicher Wirtschaftsmacht
Zentrales Problem - Gemeinsame Ursache - Zwei Formen privater Machtausübung - Auflagen und Subventionen

Behauptungen über die Notwendigkeit wirtschaftlicher Macht
Wettbewerb durch Vereinbarungen beschränken - Gründe für Konzentrationen - Gründe für staatliche Eingriffe

Ansatzpunkte zur Bekämpfung freiheitsbedrohender wirtschaftlicher Macht
Drei Probleme - Verbot privater Wettbewerbsbeschränkungen - Marktbeherrschungen und Fusionen als Ergebnis des Wettbewerbs - Zurückdrängung systemwidriger Wettbewerbsinterventionen

III. Bereichsausnahmen des Wettbewerbs

Wettbewerbsausnahmen als Problem einer freiheitlichen Wirtschaftspolitik
Bereichsausnahmen in großer Zahl - Zentrale ökonomische Probleme - Staat erhöht Zahl der Gegner einer freiheitlichen Ordnung

Behauptungen über die Notwendigkeit von Bereichsausnahmen
Technische Gründe - Staatliche Unternehmer - Marktergebnisse

Mehr Markt oder mehr Staat?
Grundprobleme von Bereichsausnahmen - Ansatzpunkte systemkonformer Wirtschaftspolitik - Bindung des Staates an freiheitliche Wirtschaftsordnung

Literaturempfehlungen zum zweiten Teil

I. Zur gesamtwirtschaftlichen Rolle der Konsumenten

Konsumentensouveränität als zentrales Element einer Wettbewerbswirtschaft

Gegenstand der Wettbewerbspolitik ist der Wettbewerb, verstanden als individuelles Bestreben, vor anderen mit der Marktgegenseite zum Abschluß zu gelangen (3. Kap.). Wenn von Wettbewerb gesprochen wird, denkt man in der Regel an die „Wirtschaft", vor allem an die produzierende Industrie und den verteilenden Handel, die sich in Konkurrenz um einen Verkauf ihrer Produkte oder Dienstleistungen bemühen. Zu dieser Denkweise trägt bei, daß die Aufgabe der Wettbewerbspolitik darin gesehen wird, Wettbewerbsbeschränkungen der Anbieter zu verhindern oder zu begrenzen. Dabei gerät die entscheidende Figur der Wettbewerbsordnung, der nachfragende Konsument, leicht aus dem Blickfeld. Deshalb hat man ihn auch als „vergessenen Sozialpartner" bezeichnet. ADAM SMITH hat vor über 200 Jahren geschrieben: „Consumption is the sole end and purpose of all production". Unstreitig ist, daß die Erzeugung und der Vertrieb von Gütern nur einen Sinn ergeben, wenn die Wünsche der Letztverbraucher, der Konsumenten, die Richtschnur sind. In der Konsequenz heißt dies: Die **Steuerung der Marktwirtschaft** soll **durch Konsumenten** erfolgen. Was Konsumenten nicht wünschen, läßt sich in einer freiheitlichen Wirtschaftsordnung auch nicht verkaufen. Werden unverkäufliche Güter aus irgendwelchen Gründen - z. B. wegen Fehleinschätzungen der Konsumentenwünsche - gleichwohl hergestellt, müssen sich die Produzenten und Verteiler wegen des Wettbewerbs um die Konsumentennachfrage anpassen oder ausscheiden. Wer die Konsumentenwünsche erfüllt, kann verkaufen, dabei gewinnen und sich veranlaßt sehen, sein Angebot auszuweiten. Der Konsument ist in einer freiheitlichen Wirtschaftsordnung die entscheidende Macht: Er bestimmt durch seine Nachfrage die Allokation und Entlohnung der Produktionsfaktoren Arbeit, Boden und Kapital, ist also der „Souverän der Wirtschaft" - ein Ausdruck, der auf den in der englischsprachigen Welt einflußreichen, hierzulande kaum bekannten Nationalökonomen EDWIN CANNAN zurückgeht. Die Konsumentensouveränität ist zwar nicht hinreichend für eine freiheitliche Wirtschaftsordnung. Andere Freiheitsrechte sind ebenfalls erforderlich, so insbesondere die freie Berufswahl (Art. 12 Grundgesetz) und die Verfügungsgewalt über das Eigentum (Art. 14 Grundgesetz), unabhängig davon, ob Güter konsumtiv oder investiv verwendet werden. Doch in ihrer Bedeutung läßt sich die Konsumentensouveränität kaum überschätzen.

Ist die **Konsumentensouveränität ein Ideal oder Wirklichkeit?** Daß es in einer freiheitlichen Wirtschaftsordnung Konsumenten gibt, die Einkommen für bestimmte Güter verausgaben und sparen können, läßt sich nicht bestreiten. Letztlich kann nur verkauft werden, was auch gekauft wird. In einem formalen Sinn wäre damit die Frage, ob es eine Konsumentensouveränität in Wirklichkeit gibt, bereits positiv entschieden. In materieller Hinsicht kann bezweifelt werden und wird bezweifelt, ob die Kaufentscheidungen der Konsumenten Ausdruck ihrer eigenen Wünsche oder nur Reflex von Auswirkungen sind.

Überspitzt ausgedrückt: Ist der Konsument ein frei entscheidender Mensch, der entsprechend seinen Wünschen unabhängig wählt? Unbewiesen, weil unbeweisbar ist jedoch die Behauptung, freie Menschen ließen sich durch Außeneinwirkungen so leiten, daß sie sich in einer vorhersehbaren Weise verhalten werden. Gelegentliche Beispiele, die eine derartige Behauptung stützen sollen, brauchen nicht einmal in Abrede gestellt zu werden. Entscheidend sind die zahlreichen Gegenbeispiele, die der generellen Gültigkeit dieser Behauptung entgegenstehen (Falsifizierungstest). Der Punkt, auf den es ankommt, sei beispielhaft erläutert: Ein gelungener Werbespot im Fernsehen für ein bestimmtes Produkt mag die beabsichtigte Wirkung auf eine Reihe von Konsumenten nicht verfehlen. Ein ganz anderes Problem ist jedoch, welche vorhersehbaren Wirkungen der in Geld bemessene Werbeaufwand auf das Konsumentenverhalten hat. Bezweifelt wird lediglich die Behauptung, zwischen dem Werbeaufwand und dem Konsumentenverhalten gebe es einen sicheren Zusammenhang.

Wenn akzeptiert werden muß, daß Konsumenten in einer freiheitlichen Wirtschaftsordnung tatsächlich nicht auf bestimmte Ausgaben für bestimmte Güter durch Einwirkungen von außen festzulegen sind, bleibt als Frage, von welcher **Schwelle** an es einen Sinn ergibt, von **Konsumentensouveränität** zu sprechen. Dazu ist es nicht erforderlich, die Konsumentensouveränität auf Fälle zu beschränken, in denen auf allen Märkten Wettbewerb besteht. Es genügt festzuhalten, daß sich bei jeder Marktkonstellation die Konsumentenwünsche relativ rasch in den Entscheidungen der Hersteller und Händler niederschlagen. Aus der ökonomischen Präferenz für ein Wettbewerbssystem darf jedoch nicht der Umkehrschluß gezogen werden, die Konsumentensouveränität gelte nicht bei Wettbewerbsbeschränkungen, etwa bei Angebotsoligopolen und -monopolen auf Konsumgütermärkten. Auch ein Angebotsmonopolist kann von seinen Aktionsparametern nicht alle zugleich einsetzen. Er muß sich z. B. entscheiden, ob er den Preis oder die Menge wählt. Entscheidet er sich für den Preis, muß er die abgesetzte Menge hinnehmen oder umgekehrt. Deshalb würde selbst ein Güterangebot, das auf allen Märkten völlig monopolisiert wäre, die Konsumentensouveränität zwar einschränken, aber nicht aufheben. Dies träfe jedenfalls dann zu, wenn sich ein Monopolgut durch ein anderes ersetzen ließe. Bei engen Substituten läuft jeder Monopolist wegen der Wahlfreiheit der Käufer Gefahr, zu einem gegebenen Preis nichts abzusetzen. Wenn schon bei einem monopolisierten Angebot die Konsumentensouveränität erhalten bleibt - wenn auch mit Einschränkungen im Vergleich zu einem allseitigen Angebot unter Konkurrenz -, so gilt dies um so mehr für jede Form von Oligopolen. Monopolistische und oligopolistische Wettbewerbsbeschränkungen beeinflussen vor allem die Faktorallokation und Einkommensdistribution, beseitigen im Ergebnis aber nicht die Freiheit der Einkommensverwendung.

Behauptungen über Unfähigkeiten der Konsumenten

Zu den Kritikern der Konsumentensouveränität gehören auch einige Vertreter der Gebiete Marketing und Psychologie, die in Abrede stellen, daß Konsumentensouveränität in materieller Hinsicht bestehe. Eine erste Behauptung lautet:

Es gibt ein Ausmaß an Werbung, dem sich kaum jemand entziehen könne (high pressure advertising). Eine solche Hochdruck-Werbung könne und müsse von der Großindustrie betrieben werden, die anders ihre Massenprodukte nicht „an den Mann" bringen könne. Die **Großindustrie produziere** nicht nur Güter, sondern auch deren **Nachfrage**. Dies sei offenkundig bei neuen Produkten, für die es, da sie noch unbekannt seien, keine Nachfrage geben könne. Die Behauptung ist vor allem von JOHN KENNETH GALBRAITH aufgestellt und von anderen wissenschaftlichen, insbesondere aber von journalistischen Autoren übernommen worden. Sie konzentriert sich auf zwei Punkte: die Möglichkeiten der Hochdruck-Werbung und den Absatz bisher unbekannter Produkte. Gegen die Behauptung, mit Hochdruck-Werbung sei es möglich, ein beliebiges Produkt ohne Verluste abzusetzen, lassen sich so zahlreiche Gegenbeispiele anführen, daß sie nicht aufrechterhalten werden kann. Andererseits läßt sich gelegentlich beobachten, daß ohne Werbung des Herstellers dessen Produkte reißenden Absatz finden. Einsichtiger scheint die Behauptung zur Beeinflussung des Käuferverhaltens durch Anbieter insoweit, als ein Hersteller neuer Produkte die Nachfrage bei den Konsumenten erst schaffen müsse. Doch die Beobachtung der Wirklichkeit zeigt auch hier, daß diese Behauptung nicht zu halten ist. Die Hersteller erleben immer wieder: Neue Produkte werden einmal in hinreichend großer Zahl gekauft, ein anderes Mal nicht. Eine breite Öffentlichkeit registriert nur Produkte, die sich am Markt durchsetzen konnten, während nicht absetzbare Innovationen bald vergessen sind. Deshalb scheint es zweckmäßig, zwischen offenkundigem und latentem Bedarf zu unterscheiden, wobei der letztere nicht von den Herstellern erzeugt, sondern bei den Konsumenten schon vorhanden ist. Hersteller werden mit neuen Produkten nur Erfolg haben, wenn sie den latenten Bedarf für ein noch unbekanntes Gut erkennen. Andernfalls scheitern sie bei dem Versuch, ein neues Gut den Konsumenten zu verkaufen. Daran vermag in der Regel auch die Werbung nichts zu ändern.

Eine zweite Kritik an der Konsumentensouveränität lautet: Die **Konsumenten** seien für die ihnen zugedachte Rolle zu **unwissend und überfordert**. Der durchschnittliche Verbraucher besitze nicht die Intelligenz, die man für eine vernünftige Verwendung seines Einkommens benötige. Trotz eines universellen Erziehungssystems, das die hochentwickelten Länder besäßen, würde ein erheblicher Teil der Bevölkerung keine höhere Schule und ein noch größerer Teil keine Hochschule besuchen. Die Behauptung enthält zwei Aspekte: einen wissenschaftlich beachtlichen und einen moralischen. Wissenschaftlich beachtlich ist, daß eine freiheitliche Wirtschaftsordnung in hochentwickelten Ländern in der Regel ein Minimum an ausgebildeten Fähigkeiten voraussetzt, z. B. Lesen und Schreiben und die Kenntnis von allseits bekannten Gefahren, z. B. die der Trunksucht. Erst dann kann der Konsument bei der Konsumgüterwahl seine eigenen Bedürfnisse materiell verwirklichen. In modernen Staaten mit Schulpflichtpflicht kann jedoch davon ausgegangen werden, daß dieses Minimum an Intelligenz und Kenntnissen bei nahezu allen Konsumenten vorhanden ist. Die Erkennung nicht allseits bekannter Gefahren, die z. B. von Medikamenten ausgehen können, ist in der Regel nicht von der Schulbildung abhängig, deshalb ein generelles Problem der Erziehung und Information, weniger eines der Wirtschaftspolitik. Wissenschaftlich unbeachtlich, weil moralisch begründet, ist der andere Aspekt der Behauptung. Es mag sicher der Gesundheit dienen, statt Bier Milch zu trinken oder nicht zu rauchen. Mit einer freiheitlichen Ordnung ist jedoch unverträglich, die Individuen vor sich selbst zu schützen, weil ein solcher Schutz die individuelle Freiheit zwangsläufig zerstören würde. Körperliche Gefahren drohen nicht nur vom Zigaretten- und Alkoholgenuß, sondern auch von vielen anderen, letztlich unübersehbaren Dingen, von den Eßgewohnheiten bis zu der Art, sich fortzubewegen. Selbst wenn wir bereit sein würden, die individuelle Freiheit zu opfern: Es wäre praktisch unmöglich, alle Gefahren für die Gesundheit zu beseitigen. Ebenso unverträglich mit einer freiheitlichen Wirtschaftsordnung ist es, den Konsumenten ihren Geschmack vorschreiben zu wollen. Zur privaten Autonomie gehört, Dinge zu kaufen, die dem Käufer gefallen. Ob sie auch anderen gefallen, ist völlig unerheblich. Die Alternativen zu der behaupteten „Verschwendung" sind Unfreiheit und Geschmacksdiktatur.

Ein dritter Kritikpunkt setzt bei der industriellen Entwicklung an. Angesichts der Vielfalt des modernen Konsumgüterangebots fehlten dem Verbraucher für eine Entscheidung, die seinen Wünschen entsprechen und die Faktorallokation optimieren soll, zwei wesentliche Voraussetzungen: Erstens sei er immer weniger in der Lage, die meisten Güter qualitativ zu beurteilen. Zweitens fehle ihm ein zureichender Überblick - vor allem der Preise - bei vergleichbaren Gütern. Dieser **Mangel an Markttransparenz** führe dazu, daß sowohl die Verbraucherversorgung als auch der Ressourceneinsatz suboptimal seien. Der Verbraucher werde nicht so versorgt, wie es bei Markttransparenz der Fall wäre, und unter den Anbietern könnten sich clevere Geschäftsleute, die die Marktintransparenz der Verbraucher ausnutzten, behaupten, die andernfalls ausscheiden müßten. Dieser Einwand gegen die Konsumentensouveränität ist gravierend, aber auch zu relativieren. Im Hinblick auf die Qualitätsbeurteilung scheint bedeutsam, zwischen einfachen und komplexen sowie zwischen billigen und teuren Gütern zu unterscheiden. Zweifellos führt die technische Entwicklung zu immer weniger überschaubaren Produktionsprozessen. Das muß jedoch nicht bedeuten, daß auch die Produkte zunehmend komplexer werden. Neben komplexen Gütern - wie Haushaltsmaschinen, Fernsehgeräten und Autos - gibt es einfache Güter, die - wie z. B. Benzin und Butter - heute homogener sind als in der Vergangenheit. Einfache Güter, die meistens auch relativ wenig kosten, kann der Konsument oft hinreichend gut qualitativ beurteilen. Daß selbst bei ausführlicher Information, die auf verschiedenen Wegen möglich ist (auch Geld und Zeit kostet), ein Qualitätsrisiko trotz Gewährleistungen des Herstellers verbleibt, liegt in der Natur technisch komplizierter Produkte - ein „Preis", den die technische Entwicklung unausweichlich fordert. Im Hinblick auf die Marktübersicht wäre zunächst an Mittel zu denken, mit denen die Transparenz verbessert werden könnte. Die Informationskosten bleiben dabei gegenüber den Risiken aus fehlender Information abzuwägen. Bedeutsamer scheint der Hinweis, daß Wettbewerb nicht völlige Markttransparenz der Konsumenten erfordert. Bei Wettbewerb sind die Preise niedriger, als sie es ohne Wettbewerb wären, aber nicht so niedrig, wie sie bei allwissenden Verbrauchern sein könnten. Im Gegensatz zu den beiden ersten Kritikpunkten regt die Behauptung von der mangelhaften Markttransparenz zu der Frage an, ob es in einer freiheitlichen Wirtschaftsordnung marktkonforme Mittel zur Verbesserung der Konsumentenposition am Markt gibt.

Ansatzpunkte einer marktkonformen Konsumentenpolitik

Die freiheitliche Wirtschaftsordnung setzt ein selbstverantwortlich handelndes Individuum auch beim Konsum voraus. Deshalb ist es notwendig, sinnvolle **Ziele der Konsumentenpolitik** in einer Marktwirtschaft zu formulieren. Erfahrungen zeigen, daß es vornehmlich drei Aufgaben zu lösen gilt, die sich allesamt aus industriellen Produktions- und Absatzproblemen ergeben:
⇨ Schutz von Sicherheit und Gesundheit,
⇨ Verbesserung der Markttransparenz und
⇨ Intensivierung des Wettbewerbs.

Zu den Aufgaben der Konsumentenpolitik gehört als erstes der **Schutz von Sicherheit und Gesundheit**. Wer ein neues Auto erwirbt und vorschriftsmäßig benutzt, soll vor einem Unfall, z. B. durch sich lösende Räder oder Reifen, bewahrt werden. Und wer beim Metzger Fleisch kauft, soll nicht an einer Fleischvergiftung sterben. Daß die körperliche Unversehrtheit ein schutzwürdiges Gut ist, folgt unmittelbar aus der Stellung des Individuums in einer freien Gesellschaft. Einen breiten Raum in der Konsumentenpolitik haben deshalb Schutzmaßnahmen gegen gefährliche Produkte. Nach geltendem Recht haftet der Produzent für Konstruktions-, Fabrikations- und Instruktionsfehler (§ 823 BGB). Ein großer Teil von Verbraucherschutzvorschriften findet sich im Verwaltungsrecht. Wichtiges Ziel des Lebensmittelrechts (Lebensmittelgesetz mit seinen Nebengesetzen Fleischbeschaugesetz, Weingesetz u. a.) und des Arzneimittelrechts ist es, den Verbraucher vor Gesundheitsschäden zu bewahren. Die Hersteller oder die von ihnen angebotenen Produkte unterliegen einer Präventivkontrolle. Trotz dieser Kontrollen und ihrer laufenden Verschärfung, die aus neuen Erfahrungen resultieren, verbleibt ein letztlich kaum vermeidbares Risiko, das unter Umständen erhebliche Folgen haben kann. Der Schutz von Sicherheit und Gesundheit gehört zu den unbestrittenen, zum Teil jahrhundertealten Aufgaben der Konsumentenpolitik. Er findet in einer freiheitlichen Wirtschaftsordnung indessen dort seine Grenze, wo das Individuum bewußt für seine Person Risiken in Kauf nimmt. Ein Artist lebt häufig davon, daß er Dinge wagt, die die meisten Menschen unterlassen. Und viele Menschen essen mehr, als ihrer Gesundheit gut tut. Es gibt in einer freien Ordnung keinen Grund, dem Artisten seinen gefährlichen Beruf und den Menschen das übermäßige Essen zu untersagen. In der Konsequenz dieses Gedankens ist beispielsweise auch eine Anschnallpflicht für Autofahrer nicht zu rechtfertigen. Wer bewußt gefährlicher leben will, darf nicht vom Staat zum Schutz seiner Person gezwungen werden.

Eine zweite Aufgabe der Konsumentenpolitik ist die **Verbesserung der Markttransparenz**. Zu bekämpfen ist zunächst die bewußte Irreführung der Konsumenten. Schutzvorschriften gegen Irreführung finden sich vor allem im Gesetz gegen den unlauteren Wettbewerb (UWG) und ergänzenden Gesetzen (z. B. Kennzeichenrecht). Maßgeblich ist die Generalklausel des UWG (§ 3), nach der Marktteilnehmer, die unlauter handeln, auf Unterlassung und Schadenersatz in Anspruch genommen werden können. In Einzelvorschriften werden Ansprüche bei irreführenden Angaben begründet, Konkurswaren- und Ausverkäufe geregelt. Die Intention des 1909 erlassenen, 2004 reformierten UWG, die Marktteilnehmer vor Irreführung zu schützen, ist unbestritten, das Regelungsbedürfnis unverändert aktuell. Viele Anbieter sind bestrebt, die Konsumenten insbesondere über die Qualität, Preiswürdigkeit und Lebensdauer der Waren im unklaren zu lassen, wie gewollte mißverständliche Qualitätsbezeichnungen, Verpackungen unterschiedlichster Größe und verschlüsselte Herstellungsdaten unter anderem zeigen. Irreführende oder die Konsumentscheidungen erschwerende Marktpraktiken sind mit der Forderung nach einem Wettbewerb, bei dem das Angebot einer Bewertung durch die Nachfrager zugänglich sein soll, nicht zu vereinbaren. Der Konsument, der sich gemäß seinen Wünschen entscheiden will, soll im Rahmen seines Einkommens auch in der Lage sein, dies zu tun. Deshalb ist es ordnungspolitisch nicht nur erlaubt, sondern geboten, die Markttransparenz durch Vorschriften zu verbessern, die gezielte Irreführungen ausschließen und gewollte Unklarheiten beseitigen. Zu denken ist an Angaben über definierte Warensubstanzen (z. B. durch Gütezeichen), Inhalt der Verpakkung in runden Gewichtseinheiten (z. B. in Gramm oder Kilogramm) und allgemein verständliche Verfallsdaten bei nicht dauerhaften Produkten (z. B. späteste Verbrauchszeit nach dem Kalender).

Zu den wichtigsten staatlichen Maßnahmen der Konsumentenpolitik in einer freiheitlichen Wirtschaftsordnung gehört alles, was geeignet erscheint, den **Wettbewerb zu intensivieren**. Konsumentenpolitik läßt sich nur als „Kuppelprodukt" einer konsequenten Wettbewerbspolitik ganz verstehen. Je mehr die Produzenten und Händler gehalten sind, den „Verbraucherbefehlen zu gehorchen", um so weniger Bedarf bleibt für eine Konsumentenpolitik außerhalb der Wettbewerbspolitik. Das stets vorhandene Sicherheits- und Gesundheitsbedürfnis der Konsumenten ist kompetitiv zumindest teilweise zu befriedigen, die Markttransparenz ist kein Ziel an sich, aus der Interessenlage des Verbrauchers vielmehr nur ein Mittel des Zwecks Wettbewerb. Dieser findet seine Schranken - nach allen Erfahrungen in modernen Industriestaaten - nicht so sehr in mangelnden privaten Aktivitäten, sondern in staatlichen Beschränkungen, die die Rivalität, die Schaffung von Alternativ- oder Substitutionsmöglichkeiten sowie den freien Zugang zum Markt behindern. Schutzvorschriften zur Erhaltung und Entfaltung des „fairen" Wettbewerbs, die nötig sind, können Wettbewerbsbeschränkungen nicht ausschließen.

II. Zur Kontrolle wirtschaftlicher Macht

Ursachen und Formen privater und staatlicher Wirtschaftsmacht

Die Kontrolle der Macht ist ein **zentrales Problem** der freiheitlichen Wirtschaftsordnung. Gelingt es nicht, dieses Problem adäquat zu lösen, geht die individuelle Freiheit und damit die Ordnung als Ganzes verloren. Macht ist ein sehr weiter und vager Begriff. Sie hat die Menschen seit altersher in vielfältiger

12. Konsumentenpolitik

Weise beschäftigt, z. B. in der Kunst (als Thema vieler Dramen und bildhafter Kunstwerke), in der Wissenschaft (als Untersuchungsobjekt vor allem in der Philosophie, Politologie und Soziologie) und im Alltag von Politik und Wirtschaft (als Kampf um Einfluß). Deshalb empfiehlt es sich, die Überlegungen auf Probleme der wirtschaftlichen Macht zu beschränken und den Kern des Problems zu umreißen. Eine freiheitliche Wirtschaftsordnung, die durch die Konsumenten gelenkt wird, muß eine Grundtatsache mit einem konkurrierenden Prinzip in Einklang bringen:

⇨ Macht ist existent in vielen Formen, als Kaufkraft der Konsumenten, als Entscheidungspielraum der Wirtschaftssubjekte, als Eingriff des Staates und anderes mehr (Grundtatsache).

⇨ Andererseits ist individuelle Freiheit notwendig, um die Bedürfnisse der Menschen, auf die es letztlich ankommt, zu befriedigen (Prinzip).

Ein Problem, die Realität und das Leitbild zur Übereinstimmung zu bringen, ergäbe sich nicht, wenn die Macht durch Wettbewerb neutralisiert und damit die dauerhafte Entstehung von Übermacht einer Seite verhindert werden könnte. Dieses Ideal läßt sich auch in einer freiheitlichen Wirtschaftsordnung - wie alle Erfahrungen zeigen - niemals völlig und meistens nicht einmal befriedigend erreichen. Dafür gibt es trotz unterschiedlicher Formen von Machtkonzentrationen eine **gemeinsame Ursache**: Die individuelle Freiheit und auch die Souveränität des Konsumenten wird ständig bedroht und tatsächlich beeinträchtigt, weil sie den Interessen anderer Personen oder Gruppen in Wirtschaft, Gesellschaft und Staat zuwiderläuft. Individuelle Freiheit bedeutet nämlich, im Rahmen eines Freiheitsspielraumes unabhängig von den Interessen anderer entscheiden zu können. Diesen notwendigen Tribut der Freiheit wollen aber viele Entscheidungsträger in Wirtschaft, Gesellschaft und Staat, die für sich selbst Freiheit beanspruchen, nicht oder nur teilweise erbringen. Denn anders ließe sich nicht verstehen, daß einerseits private Unternehmer - in der Regel Produzenten und Händler - wirtschaftliche Privilegien beanspruchen und durchsetzen, mit denen die individuellen Freiheitsrechte anderer ausgehöhlt werden, und andererseits staatliche Unternehmer - in der Regel Politiker, aber auch politisch abhängige Beamte - im Hinblick auf ihre Ziele, Klientel und Förderer es für nützlich halten, den Freiheitsspielraum der Privaten einzuschränken. Zu den Paradoxien gehört: Alle bekennen sich zu einer freiheitlichen Ordnung. Bestimmte Personen oder Gruppen behaupten aber, daß es im allgemeinen Interesse läge, wenn die Freiheit beschränkt wird.

Die Art und Weise, mit der sich bestimmte private Agenten gegenüber ihren Rivalen und der anderen Markseite Vorteile verschaffen können, sind vielgestaltig. Sie lassen sich auf **zwei Formen privater Machtausübung** reduzieren: Wettbewerbsbeschränkungen im engeren Sinn und Marktbeherrschung. Der wichtigste Fall einer Wettbewerbsbeschränkung im engeren Sinn ist das Kartell, insbesondere das Preiskartell. Kartelle haben in Deutschland, dem „klassischen" Land der Kartelle, eine lange Tradition. Das Reichsgericht entschied schon im 19. Jahrhundert, daß die Freiheit zur Bildung von Kartellen Vorrang gegenüber der Wettbewerbsfreiheit habe. Der deutsche Gesetzgeber hat diese ordnungspolitisch sehr bedenkliche Entscheidung niemals korrigiert. Erst durch das Einschreiten der Besatzungsmächte nach dem Zweiten Weltkrieg, vor allem der amerikanischen, das vom Kartellverbot des Antitrustrechts inspiriert war, erfolgte eine Wende, der die Gesetzgebung der Bundesrepublik Deutschland unter dem Einfluß von LUDWIG ERHARD folgte. Das im Jahr 1957 erlassene Gesetz gegen Wettbewerbsbeschränkungen (GWB; s. 11. Kap.) hält am Kartellverbot fest, erlaubt indessen eine Reihe von Ausnahmen. Da die wichtigste Kartellform, das Preiskartell, nicht zugelassen wurde, ist die in der Wirtschaft verbreitete Kartellmentalität erheblich zurückgegangen, weil die verbleibenden Ausnahmen vom Kartellverbot die früher bekannte Kartellierung der Wirtschaft weder zuließen noch ökonomisch besonders interessant machten. Dies hat dazu beigetragen, die Leistungs- und Innovationskraft der deutschen Wirtschaft zu stärken, die in früheren Dezennien durch die Kartellierung oft erstickt wurde. Die Gesetzgebung der Bundesrepublik Deutschland hat zwar aus dem amerikanischen Antitrustrecht das Verbot der Kartelle als Generalregel übernommen, nicht jedoch das der „Monopolisierung" (Marktbeherrschung), in die später auch die Fusionskontrolle einbezogen wurde. „Marktbeherrschende Unternehmen" unterstellte man einer Mißbrauchsaufsicht durch die Kartellbehörde. Als „marktbeherrschend" gilt ein Unternehmen, wenn es auf einem bestimmten, dem „relevanten" Markt keinem wesentlichen Wettbewerb ausgesetzt ist. Dabei interessiert den Gesetzgeber nicht die ökonomische Interdependenz der Märkte. Das heißt: Wesentlicher Wettbewerb zwischen einzelnen Märkten, der eine Marktwirtschaft charakterisiert, bleibt unberücksichtigt. Das gleiche Verfahren gilt für die Fusionskontrolle. Maßgeblich für eine Beurteilung ist auch hier der „relevante Markt", auf dem keine „überragende" Stellung erreicht werden darf, wenn eine Mißbrauchsaufsicht vermieden werden soll. Da Unternehmen ihre wirtschaftlichen Vorteile dort suchen, wo sich eine Gelegenheit dazu bietet, haben sie ihre Aktivitäten nicht auf Kartellbildungen, sondern auf Größenwachstum und Fusionen konzentriert. Diese Linie ist durch das GWB, das Kartelle grundsätzlich verbietet, sonstige wirtschaftliche Macht jedoch nur einer Mißbrauchsaufsicht und Fusionskontrolle unterwirft, klar vorgezeichnet. Das klassische Land der Kartelle ist heute zu einem Beispiel dafür geworden, warum in der Regel große Unternehmen schneller wachsen als kleine und wie man durch Zusammenschlüsse groß werden kann. An die Stelle der Kartell-Enquete, die in den zwanziger Jahren Folianten füllte, sind heute Berichte der Monopolkommission getreten, die Aufschluß über die Entwicklung der Konzentration geben sollen.

In einer freiheitlichen Wirtschaftsordnung ist das Verhältnis von Staat und Wirtschaft durch das Prinzip bestimmt, daß der Staat den rechtlichen Rahmen sichert, in den Wirtschaftsablauf selbst aber nicht eingreift. Zu betonen bleibt aus der Erfahrung vieler Länder, daß die staatlichen Vorschriften nur dann ihren Zweck erfüllen, wenn sie Allgemeingültigkeit haben, sich auf das Unerläßliche beschränken und vorhersehbar - das heißt auf Dauer - angelegt sind. Von diesen Regeln wird seit einer Reihe von Jahren immer mehr abgewichen. Auch in freiheitlichen Wirtschaftsordnungen greift der Staat zunehmend und kurzfristig, meistens partiell, in den Wirtschaftsablauf ein. Dadurch wird der Wettbewerb zwischen den Märkten verzerrt, im Gesamtergebnis beschränkt. Diese staatliche Machtausübung hat in der Regel als Form: **Auflagen und Subventionen** an bestimmte Private. Besonders behandelt werden staatliche Eingriffe, die ganze Wirtschaftszweige vom Wettbewerb ausnehmen. Mit Auflagen an einige Private sollen andere Personengruppen begünstigt werden. Unter Auflagen sind erstens Rechtsvorschriften zu verstehen, die bestimmte Sachverhalte an Bedingungen knüpfen. Zweitens wird oft in die Vertragsfreiheit der Individuen eingegriffen. Beispiele dafür sind in der Bundesrepublik Deutschland die Vorschriften über den Mutterschutz, den Jugendschutz, die Kündigung von Mietverträgen. Die Wettbewerbsbeschränkungen ergeben sich aus der Tatsache, daß einige Unternehmen, insbesondere Großunternehmen, die ihnen auferlegten Lasten überwälzen können, andere dagegen nicht. Nicht minder gravierend sind Subventionen. Sie werden mehr und mehr zum bevorzugten Mittel einer kurzatmigen, ordnungspolitisch systemwidrigen Wirtschaftspolitik. Zu den Subventionen gehören sowohl Zahlungen des Staates an bestimmte Private als auch der Verzicht auf allgemein geforderte Zwangsabgaben, vor allem auf Steuern. Die Höhe der Subventionen kann so erheblich sein, daß fraglich ist, ob bestimmte Industrien überhaupt noch zum privaten Sektor gehören. Das Ausmaß an Subventionen, insbesondere die Unübersichtlichkeit des Steuerrechts, läßt sich kaum noch überbieten. Für viele Private kann es angesichts ihrer wirtschaftlichen Interessen ökonomisch angezeigt sein, die Zeit für die Inanspruchnahme von Subventionen, die stets an bestimmte Voraussetzungen gebunden sind, oder für die Schaffung der Subventionsvoraussetzungen zu verwenden, als für eine Produktitätsverbesserung und Umsatzsteigerung. Die Möglichkeiten für Private, vor allem für Unternehmer, andere Steuerzahler für sich in Anspruch zu nehmen, sind jedenfalls für den einzelnen nicht übersehbar. Angeschlagen werden damit die freiheitliche Wirtschaftsordnung, mögen auch einzelne durch Subventionen Wettbewerbsvorteile erringen, und die wohltätige Wirkung, die von einem interventionsfreien Wettbewerb ausgeht.

Behauptungen über die Notwendigkeit wirtschaftlicher Macht

Es gibt eine Reihe von Behauptungen, mit denen nachgewiesen werden soll, der Einsatz privater und staatlicher wirtschaftlicher Macht sei unerläßlich. Von diesen Behauptungen werden nur solche aufgegriffen, die horizontale und vertikale Wettbewerbsbeschränkungen, Konzentrationen und staatliche Eingriffe zu begründen versuchen. Zu den horizontalen und vertikalen Wettbewerbsbeschränkungen ist zunächst festzuhalten, daß sie auf Vereinbarungen zwischen Unternehmern beruhen (vertragliche Wettbewerbsbeschränkungen), also nicht durch den Wettbewerbsprozeß entstehen. Deshalb beabsichtigen die Begründungen darzulegen, warum der **Wettbewerb durch Vereinbarungen beschränkt** werden sollte. So wird behauptet, das Recht der Unternehmer zu wettbewerbsbeschränkenden Verträgen sei Ausfluß ihrer Dispositionsfreiheit. Ein freier Unternehmer müsse das Recht haben, den Wettbewerb zugunsten einer besseren Marktordnung zu beschränken. Dafür spräche auch, daß der Staat möglichst wenig in die Wirtschaft eingreife. Was im Wege der Selbstverwaltung der Wirtschaft geregelt werden könne, sollte auf diese Weise erledigt und nicht einem staatlichen Dirigismus überlassen werden. Diese Begründungen sind mit den Prinzipien einer freiheitlichen Wirtschaftsordnung unvereinbar. Unternehmerische Entscheidungsfreiheit hat - wie jede Freiheit - dort ihre Grenzen, wo sie die Freiheit anderer, letztlich oder direkt die der Konsumenten, beeinträchtigt oder gar beseitigt. Die Aufgabe des Staates liegt gerade darin, die Freiheit aller zu sichern. Seine Eingriffe sollen sich zwar auf ein Minimum beschränken, aber nicht durch eine „Selbstverwaltung" der Wirtschaft ersetzt werden.

Konzentrationen in der Wirtschaft sind teils die Folge des Wettbewerbsprozesses (marktbeherrschende Unternehmen), teils das Ergebnis von Unternehmensvereinbarungen (Fusionen). Die letzteren unterscheiden sich von den horizontalen und vertikalen Wettbewerbsbeschränkungen jedoch dadurch, daß mit Fusionen die bisherige wirtschaftliche Selbständigkeit von Unternehmen verschwindet - in der Regel zugunsten einer „Muttergesellschaft" oder einer „Holding", die eine „Tochter" erwirbt und kontrolliert. Die Begründungen vertraglicher Wettbewerbsbeschränkungen versuchen auch hier darzulegen, daß es in einer Wettbewerbswirtschaft gute **Gründe für Konzentrationen** gebe. So wird behauptet, die Entwicklung der modernen Technik fördere zwangsläufig die Konzentration. Nur große Unternehmen seien in der Lage, die erheblichen und steigenden Kosten für Forschung und Entwicklung zu verdienen und damit zu tragen. Viele Produkte könnte man zu marktgängigen Preisen nicht mehr in kleinen Hinterhofwerkstätten herstellen, z. B. Autos und Treibstoffe. Ein mehr oder minder großer Teil der Kosten, in manchen Branchen bis zu 90%, sei durch Tarifverträge, Steuern, amtlich festgesetzte Preise, technische Vorgaben u. a. fest gebunden und der unternehmerischen Disposition entzogen. Diese Behauptungen sind in dieser Allgemeinheit unhaltbar. Auch wenn nicht zu bestreiten ist, daß die Aufwendungen für Forschung und Entwicklung in großen Unternehmen meistens relativ höher sind als in kleinen, läßt sich nicht der behauptete Umkehrschluß ziehen. Kleine Unternehmen leisten durchaus ihren Beitrag zur Forschung und Entwicklung. Bezieht man wirtschaftlich bahnbrechende Erfindungen in die Überlegungen ein, sind Einzelpersonen und Kleinunternehmen zumindest historisch bedeutsamer gewesen als Großunternehmen, weil Geld nicht auch schon ein Genie hervorbringt. Daß sich bestimmte Produkte, deren Zahl indessen nicht überschätzt werden sollte, nur noch absetzen lassen, wenn sie kostengünstig als standardisierte Masse erzeugt werden, ist nicht zu bestreiten. Sehr hohe fixe Kosten (economies of scale) sind unstreitig zum Teil eine unumgängliche Erscheinung der modernen Technologie. Andere Begründungen für Konzentrationen sind auch für eine freiheitliche Wirtschaftsordnung bedenkenswert: Der Ausdruck Mißbrauch lasse sich eng und weit fassen. Mißbrauch könne in einer weiten Fassung - wie beim UWG - auch Tatbestände erfassen, die als Wettbewerbshandlungen in einer freiheitlichen Wirtschaftsordnung erwünscht seien. Die überragende Stellung auf einem Markt sei ebenfalls ein definitorisches Problem. Auf einem sehr eng verstandenen Markt gebe es nur überragende dominante Marktpositionen, auf einem sehr weit verstandenen überhaupt keine oder nur vernachlässigbare. Wettbewerbstypisch seien überdies Prozesse, in denen bestimmte Unternehmen als

Pioniere tätig sind und deshalb eine Führung auf einem Markt erlangen könnten. Insoweit müsse verhindert werden, daß temporäre Marktführer auf einem partiellen Markt, die ihre Position ihren Wettbewerbsanstrengungen verdanken, für solche Leistungen auch noch bestraft würden. Fusionen könnten - anders als horizontale und vertikale Wettbewerbsbeschränkungen, bei denen Unternehmen selbständig bleiben - zu effizienteren Unternehmen führen. Ob sich Fusionen bewähren, entscheide der Markt, dessen Alternativen durch Unternehmensauflösungen in der Regel nicht nennenswert vermindert würden. Machtzusammenballungen stellen der freiheitlichen Wirtschaftspolitik die Aufgabe, zwischen Konzentrationen, die ihren Prinzipien widersprechen, und solchen, die ihnen entsprechen, zu unterscheiden. Damit ist keine theoretische Frage aufgeworfen, bei der nur zwischen zwei Übeln gewählt werden kann (Dilemma-Position), sondern eine empirische, bei der kasuistisch zu klären bleibt, ob der Wettbewerb gefördert oder behindert wird (Alternativ-Position). Die Empirie zeigt, daß große Unternehmen den Wettbewerb sowohl behindern als auch fördern können.

Für staatliche Eingriffe in den Wettbewerb, für Auflagen und Subventionen, die in der Bundesrepublik Deutschland das Marktgeschehen wohl am schwerwiegendsten beeinträchtigen, gibt es trotz des Bekenntnisses für eine freiheitliche Wirtschaftsordnung keine ernst zu nehmende Begründung. Seit Jahren werden deshalb ohne weitere Täuschungsversuche neue Auflagen und Subventionen als politischer „Sündenfall", vor allem in den Massenmedien, vermarktet. Ökonomisch ernsthafte **Gründe für staatliche Eingriffe** sind bisher auch nicht vorgebracht worden. Eine gewisse Ausnahme scheint die Behauptung, durch die Subventionierung technischer Entwicklungen würde die Wettbewerbsfähigkeit in der Zukunft erhöht. Entsprechend werden mit staatlicher Hilfe Entwicklungsinvestitionen getätigt, die wegen ihres Risikos ohne diese Hlfe unterblieben wären. Tatsächlich konnte nicht ausbleiben, daß Milliardenbeträge für unwirtschaftliche Projekte vertan worden sind (z. B. Windkraftwerke). Dies gilt nicht nur für ein Land als Ganzes, sondern auch regional und lokal, wo über das Parteieninteresse hinweg die Konkurrenz um das politische Mandat zu allen nur denkbaren Koalitionen von Politikern führt, mit denen man sich bei der Suche nach staatlicher Hilfe „vor Ort" behaupten möchte. Zu wiederholen bleibt: Das Ergebnis der um sich greifenden politischen Interventionen in den Wettbewerbsprozeß ist eine Aushöhlung, letztlich eine Zerstörung der freiheitlichen Ordnung in Wirtschaft, Gesellschaft und Staat.

Ansatzpunkte zur Bekämpfung freiheitsbedrohender wirtschaftlicher Macht

Die Ordnung des Wirtschaftslebens durch Wettbewerb und die Regelung wirtschaftlicher Vorgänge durch private Wettbewerbsbeschränkungen und staatliche Eingriffe schließen sich gegenseitig aus. Die Ansatzpunkte zur Bekämpfung wirtschaftlicher Macht müssen deshalb von der Entscheidung für Wettbewerb als Mittel und Ziel einer freiheitlich verfaßten Ordnung ausgehen. Dann kann es weder der Wirtschaft noch dem Staat überlassen bleiben, diese Ordnung nach eigenem Ermessen zu durchkreuzen. Es sind vor allem **drei Probleme** zu

bewältigen, die bisher nicht befriedigend gelöst sind:
⇨ Vertragliche Wettbewerbsbeschränkungen,
⇨ Konzentrationen (Marktbeherrschung, Fusionen) und
⇨ Intervention des Staates in den Wettbewerb.

In der Entstehungsgeschichte des GWB ist belegt, daß der damalige Wirtschaftsminister LUDWIG ERHARD sich für ein Verbot der vertraglichen Wettbewerbsbeschränkungen mit der Begründung einsetzte, vor allem Kartelle seien eine „besondere Spielart kollektivistischen Geistes", eine Art „Planwirtschaft der Unternehmer". Er wollte die Zustimmung der Industrievertreter, die den Regierungsentwurf heftig bekämpften, mit wenigen Ausnahmen vom Verbot - für Normierungs- und Typisierungskartelle - erreichen. Eine ökonomische Begründung für Ausnahmen hat er nicht gegeben. Eine widerspruchsfreie Lösung kann nur sein, **private Wettbewerbsbeschränkungen zu verbieten**. Im Hinblick auf das geltende Gesetz gegen Wettbewerbsbeschränkungen würde dies vor allem bedeuten, daß die Ausnahmen vom Kartellverbot und vom vertikalen Preisbindungsverbot ersatzlos zu streichen sind. Das Substitut der vertikalen Preisbindung, die vertikale Preisempfehlung, ist zu verbieten. Neu zu fassen wären auch Vorschriften, die vertragliche Wettbewerbsbeschränkungen anderer Art erlauben. Ein nicht unwichtiger Nebeneffekt einer solchen gestrafften Fassung des GWB wäre eine erhebliche Reduzierung der in Bund und Ländern vorhandenen Kartellbürokratie sowie eine Entlastung der Gerichte. Die mehrfachen Novellierungen des GWB lassen erkennen, daß die Hauptprobleme des Gesetzes nicht bei den vertraglichen Wettbewerbsbeschränkungen, sondern bei den Konzentrationen gesehen werden. Unstreitig ist, daß § 1 GWB frühere Ausmaße einer Kartellierung verhindert hat, auch, daß die staatlichen Eingriffe in den Wettbewerbsprozeß das Hauptübel darstellen, während die Bedeutung der Konzentration unterschiedlich eingeschätzt wird. Dennoch sei festgehalten: Die existierenden vertraglichen Wettbewerbs-beschränkungen horizontaler und vertikaler Art sind erheblich und in jedem Fall ein Fremdkörper des freien Wettbewerbs.

Die Frage, an welcher Stelle die Wettbewerbspolitik bei marktbeherrschenden Unternehmen und Fusionen ansetzen soll, wird auch von Vertretern einer freiheitlichen Wirtschaftsordnung verschieden beantwortet. Insbesondere WALTER EUCKEN sowie ihm nahestehende Anhänger der „Freiburger Schule" vertreten die Auffassung, Macht an sich müsse bekämpft werden. Die Gefährlichkeit von Monopolen bestehe nicht darin, daß sie ihre Macht mißbrauchen, sondern daß sie überhaupt Macht haben. Dieser Standpunkt, der vom irrealen Modell der vollkommenen Konkurrenz bestimmt ist, wird heute nur noch selten vertreten. Nach der herrschenden Meinung soll nur der Mißbrauch von Marktmacht verfolgt werden. Dabei scheiden sich die Geister an der Frage, was als Mißbrauch zu betrachten und wie er in der Praxis zu bekämpfen ist. Eine Legaldefinition des Mißbrauchs gibt es nicht, wohl eine stehende Kartellamtspraxis. Das GWB nennt drei Fallbeispiele für Mißbrauch von Marktmacht: erstens die ungerechtfertigte Beeinträchtigung anderer Unternehmen im Wettbewerb, zweitens den Preis- und Konditionenmißbrauch als Abweichung vom hypothetischen Marktergebnis bei wirksamen Wettbewerb und drittens die ungerechtfertigte regionale Preis- und Konditionendifferenzierung. Diese Beispiele führen im Ergebnis nicht viel weiter als bisher, schon wegen einiger unbestimmter Rechtsbegriffe - wie „ungerechtfertigte" Beeinträchtigungen oder „wirksamer" Wettbewerb -, zeigen jedoch, daß der Bundesgesetzgeber glaubt, Abweichungen vom hypothetischen Marktergebnis als Maßstab für Eingriffe des Kartellamtes heranziehen zu können. Das entscheidende Problem läßt sich auf die Frage reduzieren: Soll ein „Als-ob-Wettbewerb" - eine Art wohlfahrtsökonomisches PARETO-Optimum - Maßstab des Mißbrauchs sein oder die Beeinträchtigung der Wettbewerbsfreiheit? Ausgangspunkt einer Wettbewerbspolitik kann nur sein, daß die Wettbewerbsfreiheit nicht beeinträchtigt wird. Deshalb kommt es vor allem darauf an, die Wettbewerbsfreiheit zu sichern. Sollten sich als **Ergebnis eines** freien **Wettbewerbs Marktbeherrschungen und Fusionen** herausbilden, sind diese zu tolerieren. Die Wettbewerbspolitik ist offen gegenüber Betriebsgrößen - grundsätzlich offen, also nicht dafür da, bestimmte betriebliche Entwicklungen vorab zu verfemen. Dahinter steht die gesicherte Erfahrung, daß im Zuge eines Wettbewerbsprozesses Ergebnisse eintreten, die niemand vorhersehen kann. Eine Orientierung an einem fiktiven „Als-ob-Wettbewerb" oder - in der Sprache des GWB - einem hypothetischen Marktergebnis bei wirksamen Wettbewerb, die das Kartellamt zu gerichtlich bestätigten Preisverfügungen veranlassen kann, sind schon gedanklich verfehlt. Aus welchen Erkenntnissen leitet das Kartellamt ab, daß die Benzinpreise an Autobahntankstellen nur bis 2 Cents pro Liter höher sein dürfen als an benachbarten Straßentankstellen, mehr als 3 Cents aber ein Mißbrauch von Marktmacht sein muß? Dieser, als „Ausbeutungsmißbrauch" bezeichnete Sachverhalt ist in einer freiheitlichen Wirtschaftsordnung nicht zu beanstanden, wenn die Straßentankstellen nicht behindert werden, billiger als die Autobahntankstellen anzubieten und die Autofahrer die freie Wahl haben, an oder abseits der Autobahn zu tanken (kein „Behinderungsmißbrauch"). Die Problematik großer Unternehmen, die oft Pioniere des Wettbewerbs sind und ihre Größe nicht selten dem Wettbewerb verdanken, liegt nicht in der Höhe ihrer Marktanteile auf irgendwelchen Märkten, deren Bestimmung je nach Markt- und Gutsdefinition willkürlich ist, sondern in ihrer Potenz, die Wettbewerbsfreiheit von Konkurrenten oder die Wahlfreiheit der Nachfrager zu behindern. Nur insoweit dies geschieht, also bei „Behinderungsmißbrauch", ist die Wettbewerbspolitik gefordert, für Abhilfe zu sorgen. Die tatsächliche Ausgestaltung des GWB trägt diesem Erfordernis jedoch keine Rechnung.

Die Klärung des Ansatzpunktes für eine Wirtschaftspolitik, wie staatliche Eingriffe (rechtliche Auflagen und finanzielle Subventionen) in den Wettbewerb zu behandeln sind, bereitet kaum wissenschaftliche, offensichtlich aber schwer zu überwindende politische Probleme. Politisch ist nur das Ziel der Wettbewerbspolitik in einer freiheitlichen Ordnung klar: die **Zurückdrängung systemwidriger Wettbewerbsinterventionen**. Entscheidend für unterschiedliche Beurteilungen sind die Mittel, die Glaubwürdigkeit und die Konsequenz, mit denen unkontroverse Ziele wirklich verfolgt werden. Einem politisch erklärten Willen müssen Taten folgen, die - für die Bundesrepublik Deutschland - folgende Fakten zu verändern haben:

⇨ Die „Lust" gesetzgeberischer Organe, in Bund, Ländern und Gemeinden, alles Denkbare möglichst perfektionistisch zu reglementieren.
⇨ Die „Täuschungsversuche" staatlicher Stellen, Zwangsabgaben beliebig zu deklarieren, um auf diese Weise über Steuern, Sozialasten, Inflationsgewinne und anderes die frei verfügbaren Realeinkommen der Individuen zu schmälern.
⇨ Die Versuche politischer Unternehmer - Abgeordneter wie politisierter Beamtenschaft -, als „Wohltaten" zu deklarieren, was die staatlich verursachten, von einer breiten Bevölkerungsschicht jedoch nicht erkannten Folgen hoheitlicher Eingriffe in den Wettbewerb sind, die durch Belastungen aller Steuerzahler finanziert werden müssen.

Dieser Ausgangspunkt einer freiheitlichen Wirtschaftspolitik ist leicht beschrieben, angesicht der kurzfristigen Erfolgswünsche politischer Unternehmer aber nur dann in ihrem Bewußtsein zu verankern, wenn weite Teile der Bevölkerung den Mechanismus, sie auf ihre eigene Kosten zu täuschen, durchschauen und diese Einsicht bei autonomen Politikerpersönlichkeiten Platz greift. Es führt kein Weg daran vorbei: Wer weniger Staat und mehr persönliche Freiheit will, kommt nicht umhin, den Dschungel staatlicher Auflagen zu durchforsten.

III. Bereichsausnahmen des Wettbewerbs

Wettbewerbsausnahmen als Problem einer freiheitlichen Wirtschaftsordnung

Der Wettbewerb wird nicht nur von Wettbewerbsbeschränkungen durchbrochen, die in allen Wirtschaftszweigen auftreten können, sondern auch durch die Herausnahme ganzer Bereiche aus dem Wettbewerbsgeschehen. Diese Bereiche werden Bereichsausnahmen oder Ausnahmebereiche genannt. **Bereichsausnahmen** gibt es **in großer Zahl**: Ganz oder teilweise freigestellt werden insbesondere:
⇨ Unternehmen der Verkehrswirtschaft (Bundespost,
    Bundesbahn, Schiffs- und Flugunternehmen),
⇨ die Landwirtschaft,
⇨ die Deutsche Bundesbank und die Kreditanstalt für Wiederaufbau,
⇨ Verwertungsgesellschaften (z. B. GEMA) und
⇨ Versorgungsunternehmen (Elektrizitäts-, Gas- und
    Wasserversorgung).

Die Freistellungen wurden früher im GWB, neuerdings zum Teil in speziellen Gesetzen geregelt. Das GWB ist darüber hinaus entgegen den Regelungen in anderen Ländern nicht anzuwenden auf den Arbeitsmarkt (Arbeitsverträge, Tarifverträge) und den Gesundheitssektor (Sozialversicherungsträger, Krankenanstalten, kassen- und zahnärztliche Vereinigungen). Schließlich gibt es Bereiche, in denen der Staat ein Monopol innehat oder als Marktführer neben privaten Anbietern tätig ist, wie bei der Arbeitsvermittlung und Berufsberatung, in der Spielindustrie (Lotterien und Spielbanken), bei einigen Medien (Rundfunk und Fernsehen) sowie im Hochschulsektor. Rechnet man zu diesen

12. Konsumentenpolitik

Bereichsausnahme die staatlichen Eingriffe in den Wettbewerb, in Form von Auflagen und Subventionen, hinzu, wird deutlich, in welchem Umfang in einem Land, das international als ein Hort des freien Wettbewerbs gilt, hoheitlicher Zwang die individuelle Freiheit beeinträchtigt oder beseitigt. Angesichts des Ausmaßes und der Bedeutung der Bereichsausnahmen, die einigen Industrien gesamtwirtschaftlich zukommt, sind zunächst ihre ökonomischen Wirkungen von Interesse. Die entscheidende Frage lautet, ob und gegebenenfalls inwieweit Bereichsausnahmen mit einer freiheitlichen Wirtschafts-, Gesellschafts- und Staatsordnung zu vereinbaren sind und wie eine ordnungskonforme Wettbewerbspolitik im Hinblick auf die Bereichsausnahmen konzipiert sein muß.

Die Wirkungen der Bereichsausnahmen im Vergleich zum Wettbewerb lassen sich nur in ihrer Richtung, nicht im Detail analysieren. Grundlage einer Beurteilung sind die generell feststellbaren Folgen des Wettbewerbs (Mustervorhersage), in geeigneten Fällen auch Vergleiche mit anderen Ländern (Analogievorhersage). Die **zentralen ökonomischen Probleme d**er Bereichsausnahme in freiheitlichen Ordnungen ergeben sich aus der Tatsache, daß
⇨ knappe Ressourcen verschwendet,
⇨ Einkommen nach Behördenwillkür verteilt und
⇨ die Angebote nicht durch Nachfrager maßgeblich bestimmt
werden.

Diese Folgen lassen sich an einem beliebigen der genannten Bereiche illustrieren. Im Hinblick auf später behandelte Bereiche sei auf die Rundfunk- und Fernsehindustrie beispielhaft eingegangen, womit nicht die im Wettbewerb stehenden Gerätehersteller, sondern die staatlichen Rundfunk- und Fernsehanstalten als Dienstleistungsunternehmen gemeint sind. Der Ausdruck Anstalten weist vorab hinreichend deutlich darauf hin, daß es sich in der Tat um staatliche Einrichtungen handelt, die - wie z. B. Universitäten - Körperschaften des öffentlichen Rechts sind, für die die Bundesländer mit Ausnahme der Fernmeldetechnik die Kompetenz besitzen. Die Finanzierung der Rundfunkanstalten erfolgt im wesentlichen durch Gebühren und durch Einnahmen aus Werbesendungen. Die Beschaffung der wichtigsten Einnahmen, das heißt die Festsetzung der Gebühren für Rundfunk und Fernsehen, obliegt den Länderparlamenten. Über dreißig Jahre hinweg wußten die Landesgesetzgeber nicht - nicht einmal in Andeutungen -, ob die von den Rundfunkanstalten. geforderten und vom Gesetzgeber ganz oder teilweise verordneten Gebühren für technische und personelle Ausgaben tatsächlich notwendig waren. Erst nachdem Rechnungsprüfer der Rundfunkanstalten ihre Berichte den Parlamenten und damit der Öffentlichkeit zugänglich machten, wurde einiges über das wirtschaftliche Gebaren von „Rundfunkbeamten" bekannt, so vor allem: die Verschwendung von knappen Ressourcen, die bei einem privaten Unternehmen längst zum Konkurs geführt hätte, und die Gehälter und Altersversorgung von Rundfunkbediensteten, bei denen Redakteure besser als Staatssekretäre und Intendanten besser als das Staatsoberhaupt gestellt wurden.

Die staatlichen Bereichsausnahmen werden, wie man durchaus verstehen kann, von Beschäftigten in diesen Industrien verteidigt. Staatliche Organe, staatlich bestellte oder von staatlichen Eingriffen abhängige Unternehmer können überhaupt kein Interesse daran haben, sich dem Wettbewerb auszusetzen. Da der **Staat** eine steigende Zahl von Menschen gegen Wettbewerb schützt, **erhöht** er durch sein Verhalten die **Zahl der Gegner einer freiheitlichen Ordnung**. Mit anderen Worten: Staatlich gebildete Bereichsausnahmen schaffen ein Millionenheer von Wettbewerbsgegnern und damit einen erheblichen Widerstand gegen eine auf dem Wettbewerb basierende Wirtschafts- und mit ihr verknüpfte Gesellschaftsordnung. Diese Gruppe der Gegner wird noch verstärkt von denjenigen in Wirtschaft, Gesellschaft und Staat, die von staatlichen Eingriffen in den Wettbewerb profitieren. Kommt schließlich noch hinzu, daß die Wettbewerbsgegner über wesentliche Teile der Massenkommunikationsindustrie verfügen oder auf sie maßgeblich einwirken - z. B. durch elektronische Massenmedien verbreitete Verlautbarungen ihrer Presseämter und -abteilungen -, befinden sich die Vertreter der freiheitlichen Ordnung in einer geradezu hoffnungslosen Lage. Hilfe können diese nur von der Überzeugungskraft ihrer Argumente erwarten, was angesichts der wirtschaftlichen Interessen ihrer Gegner meistens nur wenig bewirkt, und vom Desaster, das staatliche Eingriffe in die persönliche Sphäre - soweit diese und deren Urheber überhaupt erkannt werden - kurz- und vor allem langfristig geradezu zwangsläufig anrichten. Nach allen Erfahrungen liegt die Chance der Vertreter einer freiheitlichen Ordnung nicht in der intellektuellen Überzeugungskraft ihrer Argumente, sondern in dem Versagen einer Politik, die die Unausweichlichkeit von Bereichsausnahmen behauptet, staatliche Amtsträger für weniger selbstsüchtig hält als private Unternehmer und den Wettbewerb entweder nicht versteht oder seine Ergebnisse nicht akzeptiert. Die folgende Analyse der Ausnahmebereiche konzentriert sich deshalb auf Behauptungen, nach denen in bestimmten Fällen - erstens - Bereichsausnahmen notwendig seien, der Staat - zweitens - eingreifen müsse und - drittens - der Markt versage.

Behauptungen über die Notwendigkeit von Bereichsausnahmen

Die Behauptungen über die Notwendigkeit von Bereichsausnahmen haben als gemeinsame Wurzel die Dilemma-These: Wettbewerbsfreiheit und ökonomische Vorteilhaftigkeit seien unter bestimmten Marktbedingungen nicht zugleich realisierbar. Da das Ziel des Wettbewerbs - verstanden als Instrument - die Erlangung ökonomischer Vorteile ist, müßten diese bei bestimmten Marktstrukturen auf einem anderen Weg erreicht werden. Die Dilemma-These enthält zwei Aspekte. Unterstellt wird erstens, daß das Marktergebnis bei Wettbewerb als Referenzsituation bekannt sei, zweitens, daß angegeben werden kann, in welchen Fällen der Wettbewerb ökonomisch nicht die gewünschten Ergebnisse zeitige. Beide Annahmen - über das Marktergebnis und die Marktstruktur - sind problematisch, wenn Wettbewerb als ein Entdeckungsverfahren verstanden wird. Nach diesem Verständnis sind nicht bestimmte Marktergebnisse, sondern nur die Muster der Wettbewerbswirkungen vorhersehbar (Mustervorhersagen) und Marktstrukturen für den Wettbewerb keine vorgegebene Größe. Gegen dieses Wettbewerbsverständnis wird eingewandt, es gebe **technische**

12. Konsumentenpolitik

Gründe für Bereichsausnahmen, gleichsam „naturgegebene" Ausnahmen vom Wettbewerb. Wenn ein Markt nur einem Unternehmen Platz biete, liege ein „natürliches" Monopol vor, bei dem Wettbewerbsfreiheit keinen Sinn ergebe. Solche natürlichen Bereichsausnahmen seien insbesondere leitungsgebundene Produkte oder Dienstleistungen, z. B. die Elektrizitätsversorgung. Denkbar sei wohl, Märkte dieser Art einem privaten Unternehmen zu überlassen. Dieses müsse als Monopolist aber staatlich beaufsichtigt werden (regulierte Industrie). Es ist nicht zu bestreiten, daß die Zahl der Alternativen aus technischen Gründen beschränkt sein kann. Damit läßt sich jedoch weder die zu beobachtende staatliche Praxis - mit weitgehenden Wettbewerbsbeschränkungen - noch ein Wettbewerbsausschluß von vorneherein begründen.

Für die Dilemma-These wird zweitens vorgebracht, ein Wettbewerb scheide oft wegen übergeordneter gesellschaftlicher und politischer Gesichtspunkte aus. Darin liegt der Anspruch, **staatliche Unternehmer** - Politiker und politisierte Beamte - seien besser als private Unternehmer, die dem Profitstreben nachgehen, in der Lage, das Gemeinwohl zu verfolgen. Erinnert sei daran: In unserer Wirtschafts-, Gesellschafts- und Staatsordnung ist die individuelle Freiheit das maßgebende Prinzip. Gemeinwohl erhält nur einen Sinn, wenn es ein Maximum an persönlicher Freiheit bedeutet, die ihre Grenzen dort hat, wo in die Freiheit anderer eingegriffen wird. Staatliche Beschränkungen der individuellen Freiheit, auf irgendwelchen Märkten tätig zu werden, bedürfen deshalb der näheren Begründung, warum diese Eingriffe im Interesse der Individuen notwendig sind.

Schließlich wird zur Stützung der Dilemma-These die Behauptung vorgetragen, der **Markt** bringe nicht die gewünschten **Ergebnisse** zustande. Deshalb müsse der Wettbewerb als Ordnungsmittel durch eine wie auch immer geartete Organisation des Marktes ersetzt werden. Diese Marktversagensthese impliziert vor allem eine Festlegung darüber, wie gewünschte Ergebnisse auszusehen hätten. Herrschende Auffassung unter Ökonomen ist, Abweichungen vom Modell der vollständigen Konkurrenz oder vom wohlfahrtsökonomischen PARETO-Optimum als Defekte des Wettbewerbs anzusehen: Damit wird der Wettbewerb nicht nur an einem irrealen Zustand (Wettbewerbs-Utopie), sondern auch am Modell der vollständigen Konkurrenz gemessen, in dem Wettbewerb tatsächlich nicht mehr stattfinden kann (Wettbewerbs-„Nirwana").

Mehr Markt oder mehr Staat?

Bereichsausnahmen können, wie deutlich geworden sein dürfte, ökonomisch nur in Einzelfällen begründet werden. Aber auch wenn Bereichsausnahmen aus anderen Gründen gewollt sind - meistens aus politischen -, wird fast immer ein ökonomisches Ziel vorgegeben, nämlich bestimmte wirtschaftliche Ergebnisse zu erzielen, die lediglich anders als die bei Wettbewerb erreichten aussehen sollen. Bei der Verwirklichung tauchen fast überall die gleichen **Grundprobleme von Bereichsausnahmen** auf:
⇨ Auch bei Bereichsausnahmen gilt die nationale und internationale Interdependenz der Wirtschaft, so daß eine wirkliche Kontrolle der Ausnahmeberei-

che nicht gelingen kann.
⇨ Maßnahmen innerhalb der Bereichsausnahmen führen zu unerwünschten, destabilisierenden Nebenwirkungen.

Bei der Schaffung von Bereichsausnahmen wird meistens davon ausgegangen, es lasse sich auf bestimmten Gebieten eine wirtschaftliche Teilautonomie herstellen, die gegenüber dem Wettbewerb abzuschirmen sei. Diese Annahme ist - wie die Realität immer wieder zeigt - unhaltbar. Das sei am Beispiel der Landwirtschaft erläutert, die national und innerhalb der Europäischen Gemeinschaft vom Wettbewerb ausgenommen wird. Die generelle Begründung für diese Bereichsausnahme ist die Behauptung eines Marktversagens. Politisch gewollte Ziele für die Herausnahme der Landwirtschaft sind: die Produktivität durch Rationalisierung zu steigern, die Versorgung der Bevölkerung zu angemessenen Preisen sicherzustellen, die Agrarproduktion zu stabilisieren sowie Angebot und Nachfrage zu koordinieren. Zur Verwirklichung dieses Zielbündels wurden umfangreiche Marktorganisationen errichtet - sogenannte „Marktordnungen" -, die inzwischen so kompliziert sind, daß ihre technischen Einzelheiten nur wenigen Spezialisten bekannt sein dürften.

Die Problematik der Bereichsausnahmen führt zur Frage, an welcher Stelle eine **systemkonforme Wirtschaftspolitik** ansetzen soll. Ohne Zweifel sind Bereichsausnahmen grundsätzlich ein Fremdkörper in einer freiheitlichen Wirtschaftsordnung, die zudem die übrigen Staatseingriffe verstärken und damit den Freiheitsspielraum der Individuen unnötig einengen. Für ein Remedur scheinen derzeit nur zwei Wege realistisch:
⇨ zunehmende Schwierigkeiten in allen Bereichen, in denen staatliche Stellen den Wettbewerb beschränken oder ausschalten;
⇨ ein Prozeß des Umdenkens bei denjenigen, die künftig die Macht ausüben oder gegenwärtig die Gesetzgebung kontrollieren.

Beim ersten Weg wird darauf gesetzt, daß auch Politiker aus der Erfahrung, die immer noch der beste Lehrmeister zu sein scheint, wirklich lernen. Die Probleme und Gefahren dieses Weges sind offenkundig. Erstens hat dieser Weg unübersehbare volkswirtschaftliche Kosten zur Folge, selbst wenn er zum Ziele führt. Zweitens ist nach allen wirtschaftspolitischen Erfahrungen keineswegs sicher, daß die Folgen staatlicher Eingriffe überhaupt erkannt werden, zumal auch schonungslose Analysen nicht akzeptiert werden, wenn sie eigenen Interessen widersprechen. Drittens kann angesichts des gegenwärtigen Ausmaßes staatlicher Eingriffe nicht ausgeschlossen werden, daß jede politische Einsicht zu spät kommt, die freiheitliche Ordnung schon verloren ist. Auf den zweiten Weg sei abschließend eingegangen.

Geht man davon aus, daß die freiheitliche Ordnung schon gegenwärtig ernsthaft durch staatliches Verhalten bedroht ist, liegt es nahe, an diejenigen zu denken, die die herrschende Schicht der Politiker ablösen wird, wie den politischen Nachwuchs, oder der Gesetzgebung Grenzen setzt, wie das Verfassungsgericht. Die bisherige Rechtsprechung dieses Gerichts zeugt allerdings von einer elementaren Unkenntnis des entscheidenden Punktes: Auch der **Staat** muß **an die freiheitliche Wirtschaftsordnung gebunden** werden, wenn die freiheitliche Ordnung als Ganzes überleben soll. Diese Auffassung erfordert eine etwas nähere Begründung. Das Verfassungsgericht vertritt seit einigen Jahrzehnten unverändert die These von „der wirtschaftspolitischen Neutralität des Grundgesetzes". Damit hat es der Legislative freie Bahn gelassen, bei der Gesetzgebung in wirtschaftlichen Angelegenheiten fast nach Belieben zu verfahren, während diese sonst darauf sehen muß, die Verfassungsnormen zu beachten. Wirtschaftspolitik wird damit zu einem verfassungsrechtlichen Freiraum, in dem das Wollen der Politiker fast allein entscheidet. Der Standpunkt des Verfassungsgerichts kann ordnungspolitisch nur als tragisch bezeichnet werden, was führende Rechtsgelehrte, wie der erste Präsident des Bundesarbeitsgerichts, HANS-CARL NIPPERDEY, frühzeitig erkannt haben. Verschiedene prominente Staatsrechtslehrer versuchen bis heute - allerdings ohne praktischen Erfolg - zu zeigen, daß das Grundgesetz der Bundesrepublik Deutschland im Gegensatz zur Weimarer Verfassung eine bestimmte ordnungspolitische Wertentscheidung enthalte, so die Garantie des Privateigentums, des Erbrechtes, der Berufsfreiheit und der Freizügigkeit. Diese Wertentscheidungen, die essentielle Bestandteile einer freiheitlichen Wirtschaftsordnung seien, könnten nicht ausgewechselt werden, ohne daß die Verfassung ihre Identität verlöre und der staatliche Gewalt legitimierende Grundkonsens zerbräche. Diese Grundrechte seien nicht nur willkürlich in die Verfassung eingestreute subjektive Rechte des einzelnen gegenüber dem Staat, sondern auch diesen bindende objektive Normen. Folgt man diesem Verfassungsverständnis, gelten die Grundrechte als höchstrangige Rechtsprinzipien auch für die Wirtschaftsgesetzgebung. Die freiheitliche Wirtschaftsordnung ist dann zwangsläufig ein unverzichtbarer Teil unserer gesellschaftlichen und staatlichen Ordnung, deren Ausgestaltung unstreitig nur im Rahmen so verstandener Grundrechte erfolgen darf. Die zunehmende Zerstörung der freiheitlichen Ordnung durch hoheitliche Gewalt könnte eines Tages zu einer Wende in der Rechtsprechung des Verfassungsgerichtes führen. Ob sie jemals und für die Sicherung der Freiheit noch rechtzeitig eintreten wird, vermag niemand zu sagen.

Literaturempfehlungen zum zweiten Teil

U. FEHL - P. OBERENDER, Grundlagen der Mikroökonomie. Eine Einführung in die Produktions-, Nachfrage- und Markttheorie, 9. A., München 2004.

J. FRANKE, Grundzüge der Mikroökonomik, 8. A., München-Wien 1996.

W. GÜTH, Markt- und Preistheorie, Berlin 1994.

K. HERDZINA- ST. SEITER, Einführung in die Mikroökonomik, 11. A., München 2009.

W. HOYER - R. RETTIG - K.-D. ROTHE, Grundlagen der mikroökonomischen Theorie, 3. A., Düsseldorf 1993.

G.KNIPS, Wettbewerbsökonomie. Regulierungstheorie, Industrieökonomie, Wettbewerbspolitik, 3. A., Berlin 2010.

I. SCHMIDT, Wettbewerbspolitik und Kartellrecht. Eine interdisziplinäre Einführung, 8.A., Stuttgart 2005.

K. SCHÖLER, Grundlagen der Mikroökonomik. Eine Einführung in die Theorie der Haushalte, der Firmen und des Marktes, 2. A., München 2004.

J. SCHUMANN - U. MEYER - W. STRÖBELE, Grundzüge der mikroökonomischen Theorie, 7. A., Berlin-Heidelberg-New York 1999.

H. R. VARIAN, Grundzüge der Mikroökonomik, 7. A., München-Wien 2007.

A. WAGNER, Mikroökonomik, 5. A., Marburg 2009.

S. WIED-NEBBELING , Preistheorie und Industrieökonomik, 5. A., Berlin 2009.

H. WIESE, Mikroökonomik. Eine Einführung in 376 Aufgaben, 5. A., Berlin 2010.

Dritter Teil

Makroökonomie

13. Kapitel: Volkswirtschaftliche Gesamtrechnung

I. Aufgabe, Formen und Merkmale

Aufgabe und Formen
System von Definitionen gesamtwirtschaftlicher Größen und deren empirische Darstellung - Aufgabe - Formen nationaler Buchhaltung, Input-Output-Rechnung, Flow of Funds-Analyse

Merkmale
Theoretische Basis - Zeitdimension - ex post-Analyse - Wertrechnung

II. Ermittlungsarten und Identitäten

Ermittlungsarten
Entstehungsrechnung - Verteilungsrechnung - Verwendungsrechnung - Verbindung von Verteilungs- und Verwendungsrechnung

Vergleich der Ermittlungsarten und einige Identitäten
Ermittlungsart - Identitäten
K 13 - 1: Das Sozialprodukt als Indikator des Wohlstandes

III. Das Kontensystem in der Bundesrepublik Deutschland

Sektoren
Sektoren als ökonomische Gruppen - Unternehmen - Staat - Haushalt

Wirtschaftliche Tätigkeiten (Funktionen)
Produktion - Erzielung und Verwendung von Einkommen - Bildung von Vermögen - Verbindung von sektoralen und funktionalen Konten

IV. Input-Output-Rechnung

Erklärungsziel und Merkmale
Erklärungsziel - Merkmale

Input-Output-Tabellen
Bauart - Bedeutung

I. Aufgabe, Formen und Merkmale

Aufgabe und Formen

Die Volkswirtschaftliche Gesamtrechnung (National Income Accounting) ist zentraler Ausgangspunkt der makroökonomischen Analyse. Nach überwiegendem internationalen Sprachgebrauch versteht man unter Volkswirtschaftlicher Gesamtrechnung ein **System von Definitionen gesamtwirtschaftlicher Größen und deren empirische Darstellung**. Gelegentlich wird - im deutschen Schrifttum eher als im angelsächsischen - die Erarbeitung des Definitionssystems (Kreislaufanalyse) von seiner statistischen Auffüllung (Volkswirtschaftliche Gesamtrechnung als Gebiet der Statistik) unterschieden; auch in anderer Hinsicht ist die Terminologie nicht sehr gefestigt. Obwohl sich die theoretischen und empirischen Arbeiten zur Erfassung des gesamtwirtschaftlichen Einkommens bis in das 18. Jahrhundert zurückverfolgen lassen, handelt es sich bei der Volkswirtschaftlichen Gesamtrechnung in ihrer heutigen Form um eine relativ junge Entwicklung. Entscheidende Anstöße gab 1936 JOHN M. KEYNES mit seinem Werk "General Theory of Employment, Interest and Money". Nach dem Zweiten Weltkrieg schufen sich zahlreiche Länder volkswirtschaftliche Rechnungssysteme als Teil der amtlichen Statistik, die später durch weitgehende Übernahme eines Standardsystems international vereinheitlicht wurden.

Die englische Bezeichnung National Income Accounting deutet - besser als die deutsche - die **Aufgabe** der Volkswirtschaftlichen Gesamtrechnung an: Generell sollen mit ihr die neu geschaffenen Werte eines Landes, gemessen am Volkseinkommen oder Sozialprodukt, für einen bestimmten Zeitraum erfaßt werden. Von der Volkswirtschaftlichen Gesamtrechnung zu unterscheiden ist die Volksvermögensrechnung, in die nicht der Wertzuwachs einer Zeitperiode, sondern der Wertbestand in einem bestimmten Zeitpunkt eingeht. Mit der Messung neu geschaffener Werte läßt sich ein wirklichkeitsnahes, quantitatives Gesamtbild über das Ergebnis des wirtschaftlichen Geschehens gewinnen. Aus diesem Grund dient die Volkswirtschaftliche Gesamtrechnung insbesondere dazu,
⇨ das Verständnis für gesamtwirtschaftliche Zusammenhänge zu fördern;
⇨ wissenschaftliche Aussagen zu bestätigen oder zu falsifizieren;
⇨ wirtschaftspolitische Vorschläge und Entwicklungen rational zu fundieren.
Diese Zielsetzungen erfordern, daß die empirischen Daten nicht als einziger Maßstab (z. B. für die Konjunkturlage oder gar den "Volkswohlstand") angesehen und dadurch möglicherweise falsch interpretiert werden. Mißdeutungen von Zahlen sind bei der Volkswirtschaftlichen Gesamtrechnung leicht möglich: Erstens können durch die Aggregation von zahlreichen Untergruppen wichtige Einzelheiten verlorengehen. Zweitens beruht ein Teil der Ergebnisse nicht auf statistischen Erhebungen, sondern auf Schätzungen oder fiktiven Zahlen (z. B. beim Eigenverbrauch). Drittens ist die logische Verbindung und Messung der makroökonomischen Aggregate zu einer komplizierten Materie geworden, deren Beherrschung erhebliche ökonomische und statistisch-methodische Kenntnisse voraussetzt. Die Volkswirtschaftliche Gesamtrechnung wird im folgen-

den soweit dargestellt, wie es für das Verständnis der makroökonomischen Theorie und zur Interpretation der Statistik notwendig scheint.

Bei der Volkswirtschaftlichen Gesamtrechnung kann man verschiedene **Formen** ausmachen, insbesondere die **nationale Buchhaltung** - nach häufiger Begriffsabgrenzung mit der Volkswirtschaftlichen Gesamtrechnung identisch -, die **Input-Output-Rechnung** und die **Flow of Funds-Analyse**. Weitaus am gebräuchlichsten ist die nationale Buchhaltung, die dem betrieblichen System der doppelten Buchführung stark ähnelt. Die Volkswirtschaft als Ganzes wird gleichsam als ein einziger Betrieb behandelt, die Volkswirtschaftliche Gesamtrechnung ist eine Art gesamtwirtschaftliches Rechnungswesen. Konten gibt es für bestimmte Sektoren: Haushalte, Unternehmen, Staat und Ausland. Daneben oder statt dessen werden Konten auch nach ökonomischen Funktionen - wie Produktion, Finanzierung, Einkommens- und Vermögensbildung - geführt. Die Input-Output-Rechnung ist ebenso wie die Volkswirtschaftliche Gesamtrechnung ein System von Definitionsgleichungen und eine spezielle Statistik, auf der theoretische Analysen aufbauen. Ex post sind die Angebots- und Nachfragemengen für die einzelnen Teile der Wirtschaft simultan gleich. Jeder Teil der Wirtschaft figuriert in einer Input-Output-Tabelle dementsprechend zweimal, in der Angebots- und der Nachfragespalte. Die Input-Output-Rechnung wird vor allem verwendet, um die intersektoralen Güterströme und damit die Interdependenzen (Strukturen) zwischen den einzelnen Industrien sichtbar zu machen. Im Gesamtergebnis weicht sie - bei gleicher Definition - nicht von der nationalen Buchhaltung ab, die sie ergänzt und erweitert. Die Flow of Funds-Analyse (Geldstrom-Analyse), die auf den amerikanischen Nationalökonomen MORRIS A. COPELAND zurückgeht, erfaßt alle Transaktionen des Geld- und Kreditsektors. Deshalb bleiben - im Vergleich zur nationalen Buchführung - einseitig reale Transaktionen (z. B. Schenkungen) und interne Vorgänge (z. B. Abschreibungen) unberücksichtigt. Eine entsprechende Statistik gibt es in den USA, die sich von der analogen, gesamtwirtschaftlichen Finanzierungsrechnung der Deutschen Bundesbank erheblich unterscheidet. Nachfolgend wird fast ausschließlich die Volkswirtschaftliche Gesamtrechnung - im Sinne von National Income Accounting - behandelt und die Input-Output-Rechnung kurz skizziert. Für die Flow of Funds-Analyse und andere Ausprägungen des überbetrieblichen Rechnungswesens sei auf das einschlägige Schrifttum verwiesen.

Merkmale

Theoretische Basis der Volkswirtschaftlichen Gesamtrechnung ist der volkswirtschaftliche Kreislauf, dessen einfachste Version bereits erläutert wurde (2. Kap.). Beachtet werden muß jedoch, daß die Volkseinkommens- oder Produktionsrechnung die Transaktionen nur mit dem Teil erfaßt, der eine Wertschöpfung darstellt (Wertschöpfungs-, nicht Umsatzrechnung). Wertschöpfung einer Zeitperiode wird im Kreislauf an drei Meßstellen erfaßt: bei der Produktion, bei der Entlohnung der Produktionsfaktoren und beim Verbrauch. Auf diese Weise erhält man Daten, die Aufschluß geben über die gesamtwirtschaftliche Struktur des Volkseinkommens bei seiner Entstehung, Verteilung und Verwendung. Die jeweiligen Summen der Entstehungs-, Verteilungs- und Verwendungsrechnung sind bei einem "geschlossenen" Kreislauf größengleich, was vor allem für die statistische Erhebung und deren Kontrolle Bedeutung hat. Ein Kreislauf gilt als geschlossen, wenn die Summe der herausfließenden Ströme gleich der Summe der hineinfließenden Ströme ist (Kreislaufaxiom). Buchhalterisch gesehen erfordert das Kreislaufaxiom, daß die Konten insgesamt ausgeglichen sind (Budgetforderung), was bedeutet: Jede Buchung erscheint gemäß den Grundsätzen der doppelten Buchführung zweimal. Ein geschlossener Kreislauf im so definierten Sinn darf nicht mit dem Kreislauf einer geschlossenen Volkswirtschaft (Volkswirtschaft ohne Auslandsbeziehung) verwechselt werden.

Ein wichtiges Merkmal der Kreislaufgrößen ist ihre **Zeitdimension**. Einkommen und Produktion werden für eine bestimmte Zeitperiode festgestellt, in der Volkswirtschaftlichen Gesamtrechnung meist für ein Jahr. Durch den Bezug auf eine bestimmte Zeitperiode erhält eine quantitative Angabe zur Wertschöpfung überhaupt erst ihre Bedeutung. Ein Einkommen von z. B. 100 000 Euro kann hoch oder niedrig sein, je nachdem, auf welchen Zeitraum es sich bezieht. Man nennt Größen, die für eine bestimmte Zeitperiode definiert sind, also eine Zeitdimension haben, Stromgrößen (flows) zum Unterschied von Bestandsgrößen (stocks), die für einen bestimmten Zeitpunkt ermittelt werden (z. B. Geld- oder Kapitalbestände). Aufzeichnungen über bewertete Bestände werden als Vermögensrechnungen bezeichnet. Änderungen der Bestände (Zu- und Abgänge) sind Stromgrößen, da sie notwendig eine Zeitdimension haben. In die Volkswirtschaftliche Gesamtrechnung gehen nur Stromgrößen ein. Da Stromgrößen auch Bestandsänderungen sein können, besteht zwischen der Volkswirtschaftlichen Gesamtrechnung und der Vermögensrechnung eine Verbindung.

Die Volkswirtschaftliche Gesamtrechnung bezieht sich stets auf eine Zeitperiode, die in der Vergangenheit liegt. Sie ist damit eine **ex post-Analyse**, mit der die Ergebnisse von Entscheidungen der Wirtschaftssubjekte für einen zurückliegenden Zeitraum sichtbar gemacht werden. Von der ex post- ist die ex ante-Analyse zu unterscheiden (1. Kap.), der erwartete oder geplante Größen zugrunde liegen. Die ex ante-Analyse ist für die mikro- und makroökonomische Untersuchung ökonomischen Verhaltens typisch. Die methodisch erforderliche Trennung von ex post- und ex ante-Analyse darf nicht als ein Entweder-Oder mißverstanden werden. Beide Arten der Analyse können nebeneinander bestehen und sich aus sachlich gebotenen Gründen sogar bedingen, so z. B., wenn die definitorischen Festlegungen der Volkswirtschaftlichen Gesamtrechnung in makroökonomische Verhaltenshypothesen eingehen.

Die Volkswirtschaftliche Gesamtrechnung ist eine **Wertrechnung**, das heißt, Mengen werden mit Preisen bewertet, so daß man einen Geldausdruck erhält. Auf diese Weise werden unterschiedliche Güter und Dienstleistungen national und - nach Umrechnung in eine bestimmte Währung - auch international vergleichbar. Die Bewertung erfolgt, soweit dies möglich ist, zu Marktpreisen. Bewertungsprobleme ergeben sich bei Gütern, deren Erfassung notwendig erscheint, die jedoch keinen Marktpreis haben. Zu denken ist vor allem an nicht marktgängigen Eigenverbrauch und an staatliche Leistungen. Im ersten Fall behilft man sich mit den Marktpreisen vergleichbarer Transaktionen, im zweiten Fall mit dem Kostenwertprinzip. Sämtliche Staatsleistungen gehen in Höhe der Personal- und Sachausgaben in die Wertschöpfung ein - angesichts des hohen staatlichen Anteils am Volkseinkommen eine unbefriedigende Lösung. Bei jeder Wertrechnung erhöht sich der Wert auch ohne Änderungen der Güter- und Dienstleistungsmengen, wenn die Preise im Durchschnitt steigen; Analoges gilt für Preissenkungen. In den meisten Fällen haben Wertänderungen eine Mengen- und Preiskomponente. Um beide zu isolieren, rechnet man zunächst mit Marktpreisen (bzw. nach den angegebenen Bewertungsregeln). Die so ermittelte Gesamtgröße wird als das nominale Volkseinkommen (Volkseinkommen in jeweiligen Preisen) bezeichnet. Ihm wird das reale Volkseinkommen gegenübergestellt, das man durch Bewertung mit Preisen erhält, die als konstant unterstellt werden (z. B. Volkseinkommen von 2000-2010 in Preisen von 2000). Nach Ermittlungen eines Preisindexes kann man aus dem nominalen unmittelbar das reale Volkseinkommen berechnen, indem das nominelle Volkseinkommen durch den Preisindex dividiert wird. Am realen Volkseinkommen läßt sich die Änderung in der Güterversorgung ablesen, an der Differenz zwischen der Wachstumsrate des realen und nominalen Volkseinkommens das durchschnittliche Steigen oder Fallen der Preise (Inflation oder Deflation).

II. Ermittlungsarten und Identitäten

Ermittlungsarten

In der **Entstehungsrechnung** der Volkswirtschaftlichen Gesamtrechnung wird das Produktionsergebnis einer bestimmten Zeitperiode erfaßt. Ausgangsgröße für die Ermittlung ist der Bruttoproduktionswert (gross output), der sich aus dem wirtschaftlichen Umsatz, den Bestandsänderungen - des Kapitalstocks und der auf Lager genommenen Güter - und den selbsterstellten Anlagen zusammensetzt. Werden vom Bruttoproduktionswert die Vorleistungen (z. B. Material, Energie und Dienstleistungen) abgezogen, erhält man das Bruttoinlandsprodukt zu Marktpreisen. Das Bruttoinlandsprodukt zu Marktpreisen - errechnet in jeweiligen und in konstanten Preisen - dient als Basis für weitere Berechnungen. Nach Abzug des durch Abschreibungen erfaßten Anlagenverschleißes erhält man das Nettoinlandsprodukt zu Marktpreisen. Da der Ermittlung Umsatzzahlen zugrunde liegen, die auch indirekte Steuern enthalten, würden z. B. Erhöhungen dieser Steuern eine Vergrößerung des Inlandsproduktes zu Marktpreisen zur Folge haben, ohne daß sich der Beitrag der Produktionsfaktoren geändert hat. Umgekehrtes gilt für Subventionen, die zu einer Verringerung der Marktpreise führen. Deshalb zieht man vom Nettoinlandsprodukt zu Marktpreisen die indirekten Steuern ab, während die Subventionen hinzugerechnet werden (Saldo beider Positionen: indirekte Steuern abzüglich Subventionen). Das Ergebnis wird als Nettoinlandsprodukt zu Faktorkosten (Wertschöpfung) bezeichnet, das den von Unternehmer- und Nichtunternehmerhaushalten aus der Inlandsproduktion erzielten Einkommen (in Form von Löhnen, Gehältern, Gewinnen u. a.) entspricht. Die beiden Nettoinlandspro-

13. Volkswirtschaftliche Gesamtrechnung

duktdefinitionen heben auf den Einfluß bestimmter staatlicher Aktivitäten ab und nicht - wie der Ausdruck "zu Marktpreisen" suggerieren könnte - auf den Unterschied zwischen nominalen und realen Größen.

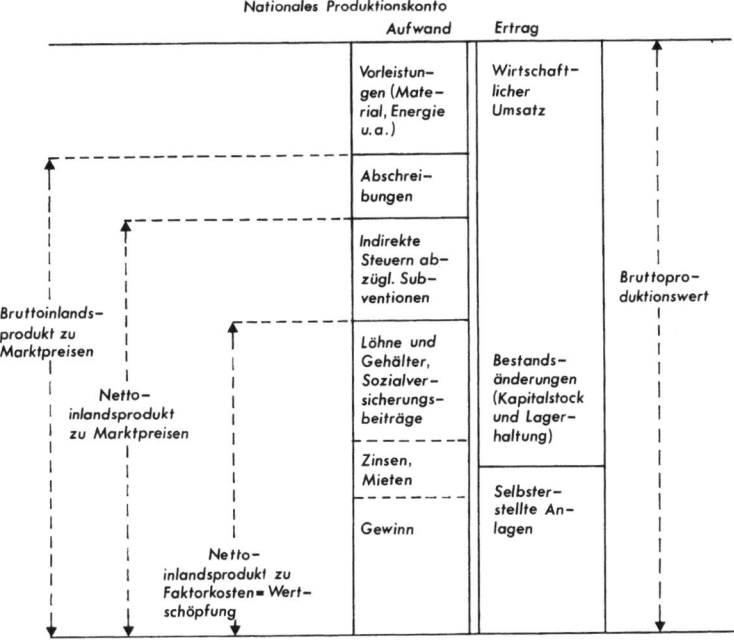

Übers. 13-1: Nationales Produktionskonto

Abgrenzung nach dem Wirtschaftsraum:

Inlandskonzept

Abgrenzung nach Wirtschaftseinheiten:

Inländerkonzept

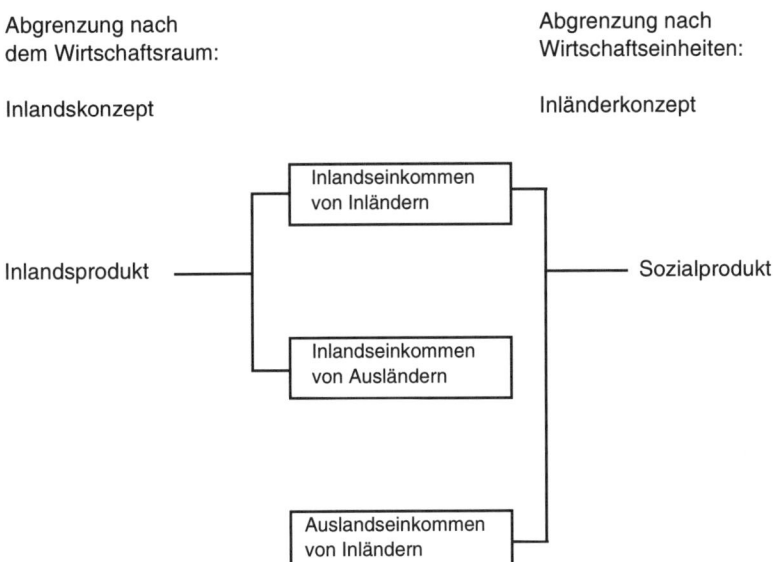

Übers. 13-2: Inlands- und Inländerkonzept

Das nationale Produktionskonto weist demgemäß folgende Systematik auf (*Übers. 13-1*). Die Inlandsprodukte - brutto wie netto - sind räumlich abgegrenzt (domestic product): Sie schließen die Gesamtheit der innerhalb der Landesgrenzen von Inländern und Ausländern erstellten wirtschaftlichen Leistungen ein. Man kann jedoch auch eine Abgrenzung nach Inländern und Ausländern vornehmen: Dann spricht man vom (Brutto- oder Netto-)Sozialprodukt oder Volkseinkommen (national product), das die Gesamtheit der an Inländer im In- und Ausland fließenden wirtschaftlichen Leistungen umfaßt. Inlands- und Sozialprodukt weichen um die Einkommen (aus Erwerbstätigkeit und Vermögensbesitz) ab, die inländische Wirtschaftseinheiten (Personen und Institutionen) im Ausland und ausländische Wirtschaftseinheiten im Inland bezogen haben (*Übers. 13-2*). Das Sozialprodukt ist demnach gleich dem Inlandsprodukt, vermindert um die von Ausländern im Inland und vermehrt um die von Inländern im Ausland verdienten Einkommen. Die verschiedenen Begriffe stehen also in folgender Beziehung zueinander (*Übers. 13-3*)..

Inlandskonzept (Inlandsprodukt)	Saldo der Erwerbs- und Vermögenseinkommen (F)		Inländerkonzept (Sozialprodukt = Volkseinkommen)
	aus dem Ausland	an das Ausland	
Bruttoinlandsprodukt zu Marktpreisen (BI)	+	-	Bruttosozialprodukt zu Marktpreisen = Bruttovolkseinkommen (GNP)
- Abschreibungen (D)			- Abschreibungen (D)
= Nettoinlandsprodukt zu Marktpreisen	+	-	= Nettosozialprodukt zu Marktpreisen (Y_I)
- indirekte Steuern + Subventionen (T_i)			- indirekte Steuern + Subventionen (T_i)
= Nettoinlandsprodukt zu Faktorkosten = Wertschöpfung	+	-	= Nettosozialprodukt zu Faktorkosten = Volkseinkommen = Nettovolkseinkommen (NI)

Übers. 13-3: Systematik der Inlandsprodukt- und Sozialprodukt- (Volkseinkommens-) Begriffe

Den Begriffen in *Übers. 13-3* sind Symbole beigefügt, die sich weitgehend an die international üblichen Bezeichnungen anlehnen (T = Taxes, i = indirect; D = Depreciation; NI = National Income; Y_I = Nettosozialprodukt zu Marktpreisen

[Inländerkonzept], GNP = Gross National Product). In Gleichungsform läßt sich schreiben:

(13.1) $GNP \equiv BI + F \equiv NI + T_i + D \equiv Y_I + D$

(13.2) $Y_I \equiv NI + T_i$ (Definitions-Gleichungen).

Die Entstehung des Bruttosozialproduktes zu Marktpreisen, auf das auch die übrigen Ermittlungsarten abstellen, wird von der Statistik nach folgendem Schema ausgewiesen, in dem die Wirtschaftsbereiche aufgeführt sind (*Übers. 13-4*). BI steht für das Bruttoinlandsprodukt, F für den Saldo der Erwerbs- und Vermögenseinkommen zwischen In- und Ausland.

Übers. 13-4: Entstehungsrechnung des Sozialprodukts

Die Beiträge zum Bruttoinlandsprodukt enthalten - mit Ausnahme der Beiträge von im Haushalt angestellten Arbeitskräften - nicht die Arbeitsleistungen im Haushalt, die vor allem von Frauen erbracht werden. Die Ursache dafür liegt in den praktischen Schwierigkeiten der Erfassung und Bewertung, die in gewissem Umfang auch in anderen Bereichen auftauchen. Theoretisch gesehen gibt es keinen Grund, häusliche Arbeitsleistungen auszuschließen.

Wertschöpfung und - das von ihr um den Einkommenssaldo zwischen In- und Ausland abweichende - Volkseinkommen setzen den Rahmen für die Einkommensverteilung einer Periode. Die **Verteilungsrechnung** der Volkswirtschaftlichen Gesamtrechnung geht deshalb vom Volkseinkommen aus. Statistisch werden nur zwei Gruppen von Einkommensempfängern unterschieden: die Bezieher von Einkommen aus unselbständiger Arbeit oder aus Unternehmertätigkeit und Vermögen. Das Bruttoeinkommen aus unselbständiger Arbeit umfaßt die Bruttolöhne und -gehälter, Arbeitgeberbeiträge zur Sozialversicherung (einschließlich der Zusatzversicherung im öffentlichen Dienst und der fiktiven Pensionsfonds für Beamte) sowie zusätzliche Sozialaufwendungen der Arbeitgeber (z. B. Zuschüsse zu Werkskindergärten). Der Anteil des Einkommens der Unselbständigen am Volkseinkommen - ausgedrückt in Prozent - wird als Lohnquote bezeichnet (vgl. 17. Kap.). Hinter dem Begriff Bruttoeinkommen aus Unternehmertätigkeit und Vermögen verbirgt sich eine Vielzahl von Einkünften, die man statistisch durch Abzug der Einkommen aus unselbständiger Arbeit vom Volkseinkommen als Restgröße ermittelt. Da das

Unselbständigeneinkommen relativ genau bekannt ist, schlagen sich alle Mängel der Volkseinkommensrechnung in der Restgröße nieder. Beim Gebrauch dieser Zahl ist also Vorsicht geboten, mehr noch bei wirtschaftspolitischen Schlußfolgerungen. Im einzelnen schließt sie u. a. ein: das Einkommen der privaten Haushalte und des Staates aus Zinsen, Nettopachten, Einkommen aus immateriellen Werten, Dividenden und nicht ausgeschüttete Gewinne. Werden zum Volkseinkommen - Basis der Verteilungsrechnung - die indirekten Steuern (abzüglich Subventionen) und Abschreibungen hinzugerechnet (*Übers. 13-3*), erhält man das Bruttosozialprodukt (*Übers. 13-5*).

Bruttoeinkommen aus unselbständiger Arbeit	(W_u)
+ Bruttoeinkommen aus Unternehmertätigkeit und Vermögen	(P_r)
= Nettosozialprodukt zu Faktorkosten = Volkseinkommen	(NI)
+ Indirekte Steuern abzüglich Subventionen	(T_i)
= Nettosozialprodukt zu Marktpreisen	(Y_I)
+ Abschreibungen	(D)
= Bruttosozialprodukt zu Marktpreisen	(GNP)

Übers. 13-5: Verteilungsrechnung des Sozialprodukts

Die Begriffssystematik kann auch durch folgende Identitäten dargestellt werden:

(13.3) $GNP \equiv W_u + P_r + T_i + D$

(13.4) $Y_I \equiv W_u + P_r + T_i$ (Definitions-Gleichungen).

Die **Verwendungsrechnung** der Volkswirtschaftlichen Gesamtrechnung ist ein Nachweis der Ausgabenrichtungen des Bruttosozialprodukts. Unterschieden werden vier Verwendungszwecke: privater Verbrauch, Staatsverbrauch, Investitionen und Außenbeitrag. Der private Verbrauch umfaßt die Waren- und Dienstleistungskäufe der inländischen privaten Haushalte für Konsumzwecke. Neben den tatsächlichen Käufen werden bestimmte fiktive Käufe erfaßt, z. B. die Wohnungsnutzung durch den Eigentümer und Deputate der Arbeitnehmer. Der Erwerb von Wohneigentum ist in den Investitionen des Unternehmenssektors enthalten, da die privaten Haushalte definitionsgemäß nur konsumieren und sparen, also kein Erwerbsvermögen bilden. Der Staatsverbrauch entspricht den Aufwendungen des Staates für zivile und militärische Leistungen, die der Allgemeinheit fast immer ohne spezielles Entgelt zur Verfügung gestellt werden. Zu den zivilen Aufwendungen zählen die Einkommen aus unselbständiger Arbeit der beim Staat Beschäftigten, unterstellte Zahlungen in fiktive Pensionsfonds für Beamte, Waren- und Dienstleistungskäufe des Staates sowie fiktive Nettomieten für die vom Staat benutzten Gebäude. Es handelt sich also um konsumtive Ausgaben (Konsum des Staates). Die zivilen Ausgaben für Investitionen sind bei den Investitionen erfaßt. Zu den Aufwendungen für Verteidigungszwecke gehören neben den laufenden Personal- und Sachausgaben (konsumtive Ausgaben) auch die Käufe von Rüstungsgütern und militärische Bauten (militärische "Investitionen"). Die Investitionen der Privatwirtschaft (Unternehmen) und des Staates setzen sich aus Anlage- und Vorratsinvestitionen zusammen. Die Anlageinvestitionen werden unterteilt in Ausrüstungsinvestitionen (neue Ausrüstungen: Maschinen und sonstige Ausrüstungen, Fahrzeuge; gebrauchte Ausrüstungen: Käufe abzüglich Verkäufe gebrauchter Ausrüstungen einschließlich Anlageschrott) und Bauinvestitionen (neue Bauten: Wohnbauten und sonstige Bauten; gebrauchte Bauten: Differenz aus Käufen und Verkäufen von vorhandenen Bauten und Land). Als Vorratsinvestition gilt die Bestandsänderung von Roh-, Halb- und Fertigprodukten der eigenen Produktion und der Handelsware im Laufe der Berichtsperiode. Die Bewertung erfolgt zu Wiederbeschaffungspreisen; damit wird der Ausweis von Scheingewinnen oder -verlusten vermieden, die aus preisbedingten Änderungen der Buchwerte resultieren. Der Außenbeitrag ist die Differenz zwischen der Ausfuhr und Einfuhr von Waren und Dienstleistungen. Erfaßt werden die Umsätze zwischen Inländern und der übrigen Welt sowie die Erwerbs- und Vermögenseinkommen, die Inländer von Ausländern und Ausländer von Inländern bezogen haben. Die Aufgliederung der Verwendungsrechnung zeigt *Übers. 13-6.* G (government) steht für den Staatsverbrauch, $I + I_E$ für die Bruttoinvestitionen (I für die Nettoinvestitionen, I_E für die durch die Abschreibung erfaßten Ersatzinvestitionen), X für den Export und M für den Import. In Gleichungsform gebracht, erhält man:

(13.5) $GNP \equiv C + G + I + I_E + X - M$

und wegen $GNP - D \equiv Y_I$ sowie $I_E - D \equiv 0$:

(13.6) $Y_I \equiv C + G + I + X - M$ (Definitions-Gleichungen).

Aus folgenden Gründen ist es zweckmäßig, die **Verteilungs- und die Verwendungsrechnung** zu **verbinden**: Das auf Unselbständige und Unternehmer (einschließlich Vermögensbesitzer) verteilte Einkommen deckt sich nicht mit

Privater Verbrauch	(C)

+ Staatsverbrauch
  1. Verbrauch für zivile Zwecke
  2. Verteidigungsaufwand
	(G)

+ Investitionen
  1. Ausrüstungsinvestitionen
  2. Bauinvestitionen
  3. Vorratsinvestitionen
	$(I + I_E)$

= Inländische Verwendung + Außenbeitrag (Ausfuhr ./. Einfuhr)	$(X - M)$
= Bruttosozialprodukt zu Marktpreisen	(GNP)

Übers. 13-6: Verwendungsrechnung des Sozialprodukts

dem Einkommen, das für private Ausgaben verfügbar ist. Einerseits beziehen die privaten Haushalte vom Staat und vom Ausland Einkommen (wie Renten, Pensionen und Unterstützungen); sie tragen die Bezeichnung Transferzahlungen oder laufende Übertragungen. Andererseits enthält das Volkseinkommen noch an den Staat abzuführende direkte Steuern, wie die Bezeichnungen "Bruttoeinkommen" bei beiden Empfängergruppen andeuten. Die ursprüngliche Verteilung ("Primärverteilung") wird durch die Aktivität des Staates korrigiert.

Sparen	(S)
+ Privater Verbrauch	(C)
= Verfügbares (disponibles) Volkseinkommen	(Y_v)
+ Direkte Steuern abzüglich Transferzahlungen	(T_d)
= Nettosozialprodukt zu Faktorkosten = Volkseinkommen	(NI)
1. Bruttoeinkommen aus unselbständiger Arbeit	(W_u)
2. Bruttoeinkommen aus Unternehmertätigkeit und Vermögen	(P_r)
+ Indirekte Steuern abzüglich Subventionen	(T_i)
= Nettosozialprodukt zu Marktpreisen	(Y_I)
+ Abschreibungen	(D)
= Bruttosozialprodukt zu Marktpreisen	(GNP)

Einkommensumverteilung (Sekundärverteilung) umfasst Y_v und T_d.
Einkommensverteilung (Primärverteilung) umfasst NI, W_u, P_r.

Übers. 13-7: Verbindung von Verteilungs- und Verwendungsrechnung des Sozialprodukts

Ihr Ergebnis ist die "Sekundärverteilung". Erhöht man das Volkseinkommen um die Transferzahlungen und zieht man davon die direkten Steuern ab, ergibt sich das verfügbare Einkommen (Y_v). Vom verfügbaren Einkommen zieht man mitunter noch die nicht ausgeschütteten Gewinne ab (verfügbares persönliches Einkommen). Aus dem verfügbaren Einkommen wird der private Verbrauch der Inlandshaushalte (Konsumausgaben) bestritten; die verbleibende Restgröße heißt Ersparnis (Sparen). Der definitorische Zusammenhang ergibt sich aus *Übers. 13-7*. Die Begriffssystematik kann auch durch folgende Identitäten dargestellt werden:

(13.7) $\quad GNP \equiv W_u + P_r + T_i + D \equiv C + S + T_d + T_i + D$

(13.8) $\quad Y_I \equiv W_u + P_r + T_i$

$\quad\quad\quad \equiv C + S + T_d + T_i \quad\quad\quad$ (Definitions-Gleichungen).

Der erste Ausdruck für GNP bzw. Y_I ist Verteilungs-, der zweite Ausdruck Verwendungsrechnung.

Vergleich der Ermittlungsarten und einige Identitäten

Für einen gegebenen Zeitraum ist das auf drei Wegen ermittelte Bruttosozialprodukt identisch (*Übers. 13-8*). Ein Vergleich der **Ermittlungsarten** führt zu folgenden Identitäten: Das Bruttosozialprodukt zu Marktpreisen ist wegen (13.1), (13.5) und (13.7) mit der Definition $T \equiv T_i + T_d$:

(13.9) $\quad GNP \equiv BI + F \equiv C + S + T + D$

$\quad\quad\quad \equiv C + G + I + I_E + X - M$.

Wegen $D \equiv I_E$ gilt für das Nettosozialprodukt zu Marktpreisen ($Y_I = GNP - D$):

(13.10) $\quad Y_I \equiv BI + F - D \equiv C + S + T \equiv C + G + I + X - M$.

Definiert man $Y_I + M = Y$, wird (13.10) zu:

(13.11 a) $\quad Y \equiv Y_I + M \equiv BI + F - D + M \equiv C + S + T + M$

$\quad\quad\quad\quad \equiv C + G + I + X$ \quad\quad (Definitions-Gleichungen).

In der Form $Y \equiv C + G + I + X$ stellt Y die volkswirtschaftliche Netto-Endnachfrage dar, d. h. die während einer Periode für das Netto-Produktionsergebnis eines Landes insgesamt getätigte Ausgabe ($A \equiv Y$). Y kann auch durch Größen dargestellt werden, die aus der Gegenüberstellung von Güter- und Geldkreislauf bekannt sind (2. Kap.).

Übers. 13-8: Vergleich der Ermittlungsarten des Bruttosozialprodukts (GNP)

Da die Volkswirtschaftliche Gesamtrechnung auf Einkommen und nicht auf Umsätze abstellt, muß man die Verkehrsgleichung (2.6) $M_S \cdot V \equiv Q \cdot P$ - statt M in (2.6) steht hier wegen (13.5), in der M den Importwert symbolisiert, für die Geldmenge M_S (money supply) - modifizieren: Die Gütermenge schließt nur die in den Endprodukten (Waren und Dienstleistungen) erfaßte Wertschöpfung ein (Q^*). Aus diesem Grund werden auch die Mengen mit Endproduktpreisen (P^*) bewertet. Dem Güterwert ($Q^* \cdot P^*$) entspricht aus definitorischen Gründen der Geldwert, dessen Komponente Geldmenge (M_S) durch den Übergang von der Umsatz- auf die Einkommensrechnung nicht tangiert wird, während sich die Komponente Umlaufgeschwindigkeit auf den Einkommenskreislauf (V^*) bezieht. Wenn auf das über den Anlagenverschleiß hinausgehende, um den Import vergrößerte Sozialprodukt abgehoben und $BI + F - D + M$ fortgelassen wird, läßt sich (13.11 a) schreiben:

(13.11 b) $Y \equiv C + S + T + M \equiv C + G + I + X$

$\equiv M_S \cdot V^* \equiv Q \cdot P^*$ (Definitions-Gleichungen).

Die ersten zwei Ausdrücke für Y entstammen dem Begriffssystem der Theorie von KEYNES (14. Kap.), die letzten zwei dem der Quantitätstheorie (18. Kap.). Aus (13.10) folgt:

(13.12 a) $S + T + M \equiv G + I + X$ (Definitions-Gleichung).

Auf der linken Seite von (13.12 a) stehen Kontraktions- oder Restriktionsgrößen (R): Sparen (S) ist nicht verausgabtes, Steuern (T) nicht verfügbares und Import (M) nicht im Inland verausgabtes Einkommen. Die rechte Seite enthält Expansionsgrößen (E), weil ein Sozialprodukt nur insoweit entsteht, wie Ausgaben für im Inland produzierte Güter und Dienstleistungen getätigt werden. Zu den Expansionsgrößen gehört auch das durch Kürzung entfallene C. Setzt man $R \equiv S + T + M$ und $E \equiv G + I + X$, wird (13.12 a) zu:

(13.12 b) $R \equiv E$.

Durch Umstellung von (13.12 a) erhält man:

(13.13) $S \equiv I + (G - T) + (X - M)$,

(13.14) $S \equiv I + (G - T)$ für $X - M = 0$ und

(13.15) $S \equiv I$ für $G - T = 0$ und $X - M = 0$.

Sind nicht nur $X - M = 0$, sondern auch $X = 0$ und $M = 0$, wird (13.10) zu:

(13.16) $Y \equiv C + S + T \equiv C + I + G$.

Gilt überdies $T = 0$ und $G = 0$, erhält man:

(13.17) $Y \equiv C + S \equiv C + I$ und

(13.18) $Y - C \equiv S \equiv I$ (Definitions-Gleichungen).

Wenn X und M gleich Null sind (13.16), also keine Aus- und Einfuhr von Waren und Dienstleistungen erfolgt, spricht man von einer geschlossenen Volkswirtschaft, im Gegensatz zu einer nach außen offenen. Sind T und G gleich Null, werden also weder Steuern noch die mit G symbolisierten Staatsausgaben getätigt, spricht man von einer Volkswirtschaft ohne staatliche Aktivität;

diese Ausdrucksweise ist irreführend, wenn wie üblich S und I nicht nur den privaten, sondern auch den staatlichen Sektor umfassen.

Die Ausdrücke (13.1) bis (13.18) sind wegen der zugrunde liegenden Definition stets erfüllte **Identitäten**. Anders als bei Hypothesen können statistisch ermittelte Werte für die einzelnen Größen die dargestellten Zusammenhänge nicht falsifizieren. Zu fragen ist lediglich nach der Zweckmäßigkeit der Definitionen. So sind z. B. nach (13.18) Nichtkonsum ($Y - C$) mit Sparen (S) und Investitionen (I) identisch. Ob es zweckmäßig ist, nicht verkaufte Konsumgüter (Lagerbildung nicht verkaufter Erzeugnisse) als Investitionen zu bezeichnen, erscheint zweifelhaft. Hinzu kommt, daß die makroökonomische Theorie S und I als voneinander unabhängige Größen betrachtet, die - anders als in der ex post-Identität (13.18) - ex ante in der Regel unterschiedlich groß sind (14. Kap.).

K 13-1

Das Sozialprodukt als Indikator des Wohlstandes

Früher wie heute wird die Verbesserung des Wohlstandes mit Wirtschaftswachstum gleichgesetzt. Indikator des Wachstums ist eine Erhöhung des Sozialprodukts. Beim Wettlauf zwischen Ost und West nach dem Zweiten Weltkrieg kam der Entwicklung des Sozialprodukts die entscheidende Rolle zu. Ebenso richten die Entwicklungsländer ihre ganzen Bemühungen darauf, das Wirtschaftswachstum zu fördern. Auch in hochentwickelten Ländern hat dieses Ziel nichts an Bedeutung verloren, schon um die permanenten Verteilungskämpfe und sonstigen sozialen Konflikte zu mildern.

Angesichts der Bedeutung des Sozialprodukts als Wohlstandsindikator sei festgehalten, welche wirtschaftlichen Aktivitäten in seine Berechnung eingehen: Die Volkswirtschaftliche Gesamtrechnung mißt den Strom der Wertschöpfung für eine bestimmte Zeit (meist in Jahr) auf organisierten, statistisch erfaßten Märkten. In jeder Volkswirtschaft gibt es jedoch wirtschaftliche Aktivitäten, die *nicht über organisierte Märkte* ablaufen. Dazu gehören Haushaltsproduktion ("do it yourself"), Nachbarschaftshilfe, soziale Dienste und "Schwarzarbeit". In hochentwickelten Ländern ist die gesamtwirtschaftliche Bedeutung dieser am Markt nichterfaßten Leistungen gering, anders als in Entwicklungsländern, für die eine "bipolare" Produktion typisch scheint. Aus diesem Grund ist ein Vergleich des Sozialprodukts zwischen hoch- und unterentwickelten Ländern problematisch. In die volkswirtschaftliche Rechnung gehen auch *keine illegale Aktivitäten* - neben der Schwarzarbeit - ein, wie Drogenproduktion und -handel, Glücksspiel und Prostitution. Schließlich werden *Bestandsänderungen von Ressourcen vernachlässigt*, die sich aus der Umweltnutzung ergeben, wie das Abholzen von Wäldern und der Abbau von Bodenschätzen.

Verfahrensgrundlage der Volkswirtschaftlichen Gesamtrechnung ist eine Bewertung von Mengen in einem gegebenen Kreislauf. *Außerhalb der Betrachtung* bleiben *Qualitätsverbesserungen*, nicht nur der einzelnen Produkte. Zu denken ist an Verbesserungen der Rechtssicherheit, der Verkehrswege sowie der Wohn- und Arbeitsverhältnisse - Dinge, für den Wohlstand eine nicht zu unterschätzende Bedeutung haben. Hierher gehört auch die Erhöhung der Lebensqualität durch Freizeit. Internationale Vergleiche leiden häufig darunter, daß Qualitätsunterschiede vernachlässigt werden. So ist das Sozialprodukt pro Kopf in Deutschland und Japan etwa gleich groß, während die Lebensqualität (z. B. bei Wohnen und Freizeit) deutlich voneinander abweicht.

Der Ausschluß bestimmter Aktivitäten und die Vernachlässigung der Lebensqualität hat zu Versuchen geführt, Wohlstand durch einen weit gefaßten sozialen Indikator zu beschreiben. Soziale Indikatoren, die sich letztlich an der individuellen Bedürfnisstruktur orientieren, werfen jedoch neue Probleme auf, wie ein hoher Anteil von Schätzungen und subjektive Urteile über gesamtwirtschaftlich Wichtiges. Das Sozialprodukt bleibt immer noch der beste Wohlstandsindikator, wenn man den begrenzten Aussagewert vor allem bei internationalen Vergleichen beachtet.

III. Das Kontensystem in der Bundesrepublik Deutschland

Sektoren

Das Kontensystem für die Volkswirtschaftliche Gesamtrechnung der Bundesrepublik ist ein nach den Grundsätzen der doppelten Buchhaltung gestaltetes Rechnungswesen, das die oben skizzierten Vorgänge statistisch erfaßt. Die wirtschaftlichen Vorgänge schlagen sich in funktionellen Konten nieder, die zu Sektoren (institutionelle Konten) zusammengefaßt (aggregiert) werden. **Sektoren** sind **als ökonomische Gruppen** von Entscheidungseinheiten definiert, deren Zusammenfassung nach Art und Kombination ihrer Aktivitäten, ihrer Stellung am Markt und ihrer Finanzierungsmöglichkeiten zweckmäßig erscheint. Es werden drei große Sektoren unterschieden, die jeweils noch mehr oder weniger untergliedert sind: Unternehmen, Staat und (private) Haushalte. Der Sektor Ausland erscheint auf einem zusammengefaßten Konto.

Zum Sektor **Unternehmen** gehören alle Institutionen, die vorwiegend Güter (Waren und Dienstleistungen) herstellen und auf dem Markt mit Gewinn- oder zumindest Kostendeckungsabsicht verkaufen. Hierzu zählen neben privaten Produktions- und Dienstleistungsbetrieben (einschließlich Landwirtschaft, Handwerk und freie Berufe) die öffentlichen Unternehmen unabhängig von ihrer Rechtsform (z. B. Bundesbahn, Bundespost, Bundesbank). Die Vermietung von Wohnungen und ihre Nutzung durch Eigentümer wird dem Unternehmenssektor zugerechnet. Der Unternehmenssektor ist nach Wirtschaftsbereichen (*Übers. 13-4*) untergliedert. Der Sektor **Staat** umfaßt alle Institutionen (Gebietskörperschaften und Sozialversicherung), die Dienste für die Allgemeinheit anbieten und sich aus Zwangsabgaben (Steuern, Beiträge u. a.) finanzieren. Die Gebietskörperschaften bestehen aus dem Bund (einschließlich Lastenausgleichsfonds und ERP-Sondervermögen), den Ländern (einschließlich Stadtstaaten) und Gemeinden (einschließlich Gemeindeverbänden) sowie Zweckverbänden und Organisationen ohne Erwerbscharakter, soweit ihre Mittel vorwiegend aus öffentlichen Abgaben stammen. Der Sektor **Haushalt** enthält die privaten Ein- und Mehrpersonenhaushalte (einschließlich Anstaltshaushalte) und private Institutionen ohne Erwerbscharakter (z. B. Kirchen, Parteien,

13. Volkswirtschaftliche Gesamtrechnung

Gewerkschaften, Vereine), deren Mittel vorwiegend aus freiwilligen privaten Zahlungen herrühren.

Wirtschaftliche Tätigkeiten (Funktionen)

Jede Entscheidungseinheit, die in einem der drei Sektoren erfaßt wird, geht bestimmten wirtschaftlichen Tätigkeiten (Funktionen) nach. In der Volkswirtschaftlichen Gesamtrechnung werden drei Tätigkeiten - und dementsprechende Funktionskonten - unterschieden: die **Produktion** (*Übers. 13-1*), die **Erzielung und Verwendung von Einkommen** sowie die **Bildung von Vermögen**. Sie spiegeln die bereits erläuterten Vorgänge im Kreislauf wider. Die beiden letzten Funktionen werden noch weiter untergliedert. In der amtlichen Statistik gibt es 7 Funktionskonten (*Übers. 13-9*).

Funktion	Kontengruppe	Bezeichnung	Funktionsmerkmal
Produktion	1	Produktionskonto	Produktion von Gütern (Waren und Dienstleistungen)
Einkommenserzielung und -verwendung	2	Einkommensentstehungskonto	Entstehung von Erwerbs- und Vermögenseinkommen
Einkommenserzielung und -verwendung	3	Einkommensverteilungskonto	Verteilung von Erwerbs- und Vermögenseinkommen
Einkommenserzielung und -verwendung	4	Einkommensumverteilungskonto	Umverteilung der Einkommen
Einkommenserzielung und -verwendung	5	Einkommensverwendungskonto	Letzter Verbrauch und Ersparnis
Vermögensbildung	6	Vermögensänderungskonto	Veränderung des Vermögens
Vermögensbildung	7	Kreditänderungskonto	Veränderung der Forderungen und Verbindlichkeiten

Übers. 13-9: Systematik der Funktionskonten

In der Volkswirtschaftlichen Gesamtrechnung werden für jeden der drei Sektoren diese 7 Funktionskonten gebildet, so daß man insgesamt 21 Konten erhält. Ihnen sind je ein Sammelkonto vor- und nachgestellt: Ein vorgeschaltetes zusammengefaßtes Güterkonto (Kontogruppe 0) weist das Aufkommen an Gütern und ihre Verwendung nach, ein nachgeschaltetes, zusammengefaßtes Konto der übrigen Welt (Kontogruppe 8) die Transaktion mit dem Ausland. **Die Verbindung von sektoralen und funktionalen Konten** mit den entsprechenden Kontonummern zeigt *Übers. 13-10*.

	Sektoren		
	1. Unternehmen	2. Staat	3. Haushalte
Wirtschaftliche Tätigkeiten (Funktionen)		0. Zusammengefaßtes Güterkonto	
		1. Produktionskonten	
	1 – 1	2 – 1	3 – 1
		2. Einkommensentstehungskonten	
	1 – 2	2 – 2	3 – 2
		3. Einkommensverteilungskonten	
	1 – 3	2 – 3	3 – 3
		4. Einkommensumverteilungskonten	
	1 – 4	2 – 4	3 – 4
		5. Einkommensverwendungskonten	
	1 – 5	2 – 5	3 – 5
		6. Vermögensänderungskonten	
	1 – 6	2 – 6	3 – 6
		7. Finanzierungskonten	
	1 – 7	2 – 7	3 – 7
		8. Zusammengefaßtes Konto der übrigen Welt	

Übers. 13-10: Schema des Kontensystems

Die auf den Konten vorgenommenen Buchungen tragen die Kontonummer, aufgegliedert durch Unterziffern. So haben z. B. die Importe (Einfuhr von Waren und Dienstleistungen) auf dem zusammengefaßten Güterkonto die Buchungsnummer 0.40, ihre Gegenbuchung auf dem zusammengefaßten Konto der übrigen Welt die Buchungsnummer 8.60. Da in der amtlichen Statistik die Nummern der Buchungen und Gegenbuchungen angegeben werden, dürfte das Verständnis des Kontensystems der Volkswirtschaftlichen Gesamtrechnung keine Schwierigkeiten bereiten. Seit dem Jahr 1992 weist das Statistische Bundesamt die Verwendungsseite der Volkswirtschaftlichen Gesamtrechnung nach dem Inlands-, statt wie früher nach dem Inländer-Konzept aus. Es erreicht dadurch eine größere konjunkturelle Aussagekraft der Zahlen, da der Ort der Entstehung in den Vordergrund rückt.

IV. Input-Output-Rechnung

Erklärungsziel und Merkmale

In der Volkswirtschaftlichen Gesamtrechnung werden - neben dem Ausland - nur drei Sektoren unterschieden: Unternehmen, Haushalte und Staat. Die Verflechtung (Interdependenz) zwischen den Unternehmen wird dabei nicht näher erfaßt. Unternehmen produzieren mit Hilfe von Vorleistungen aus anderen Unternehmen und Faktoreinsätzen aus den Sektoren Haushalte, Staat und Ausland (Inputs) eine Reihe von Erzeugnissen (Outputs), die von anderen Unternehmen oder Sektoren nachgefragt werden. **Erklärungsziel** der Input-Output-Rechnung - auch: Input-Output-Technik oder Input-Output-Analyse im weiten Sinne - ist es, diese Zusammenhänge

⇨ zunächst empirisch zu erfassen (Input-Output-Tabelle) sowie daran anschließend

⇨ analytisch und prognostisch auszuwerten (Input-Output-Analyse im engen Sinne, Input-Output-Modelle).

Die Input-Output-Rechnung geht insbesondere auf Arbeiten des amerikanischen Wirtschaftswissenschaftlers WASSILY LEONTIEF (1906-1999) zurück.

Die **Merkmale** der Input-Output-Rechnung sind im wesentlichen die gleichen wie in der Volkswirtschaftlichen Gesamtrechnung, zumal sie mit dieser oft verknüpft wird. Erstens gilt das Kreislaufaxiom; die Summe der hineinfließenden Ströme ist gleich der Summe der herausfließenden Ströme. Zweitens werden die Mengen mit Preisen bewertet; es handelt sich um eine Wertrechnung. Drittens sind die Größen - wie Stromgrößen generell - auf eine bestimmte Zeitperiode, meistens von der Länge eines Jahres, bezogen; sie haben eine Zeitdimension. Schließlich ist die Input-Output-Tabelle - wie die Volkswirtschaftliche Gesamtrechnung - eine ex post-Analyse, während die Input-Output-Analy-se oder in ihrem Rahmen entwickelte Input-Output-Modelle - wie makroökonomische Hypothesen oder Theorien - ex ante gelten. Nachfolgend werden nur Input-Output-Tabellen erläutert. Zur Input-Output-Analyse sei auf das unten erwähnte Schrifttum verwiesen.

Input-Output-Tabellen

Die Bauart von Input-Output-Tabellen, soweit diese mit der Volkswirtschaftlichen Gesamtrechnung in nähere Beziehung gesetzt werden, soll ein Schema verdeutlichen (*Übers. 13-11*). Die Inputs sind in Spalten, die Outputs in Zeilen angeordnet. Der Sektor Unternehmen ist in "Produktionssektoren" (auch: Produktionsbereiche oder Wirtschaftszweige) unterteilt, deren Vorleistungen Input oder Output sein können. Die Güterströme insgesamt werden in drei Blöcken erfaßt, in der

⇨ Vorleistungsmatrix (endogener Sektor)
⇨ Primärfaktorenmatrix (exogener Sektor)
⇨ Endnachfragematrix (exogener Sektor).

Die wegen des Kreislaufaxioms größengleichen Spalten- und Zeilensummen ergeben den Bruttoproduktionswert, der sich aus den Vorleistungen des "endogenen" Sektors Produktion und dem Bruttoinlandsprodukt zusammensetzt (*Übers. 13-1*). Die für die Produktion "exogenen" Sektoren entsprechen dem Bruttoinlandsprodukt, wobei die Primärfaktoren durch Größen der Verteilungsrechnung, die Endnachfrage durch solche der Verwendungsrechnung erfaßt werden (*Übers. 13-8*); der Außenbeitrag ($X-M$) wird dabei folgerichtig teils (M) den Primärfaktoren, teils (X) der Endnachfrage zugerechnet. Auf einen kurzen Nenner gebracht: Die Input-Output-Tabelle zeigt die produktionsbedingten Verflechtungen, die bei der Produktion entstehende primäre Einkommensverteilung sowie die von der Produktion gespeiste Endnachfrage.

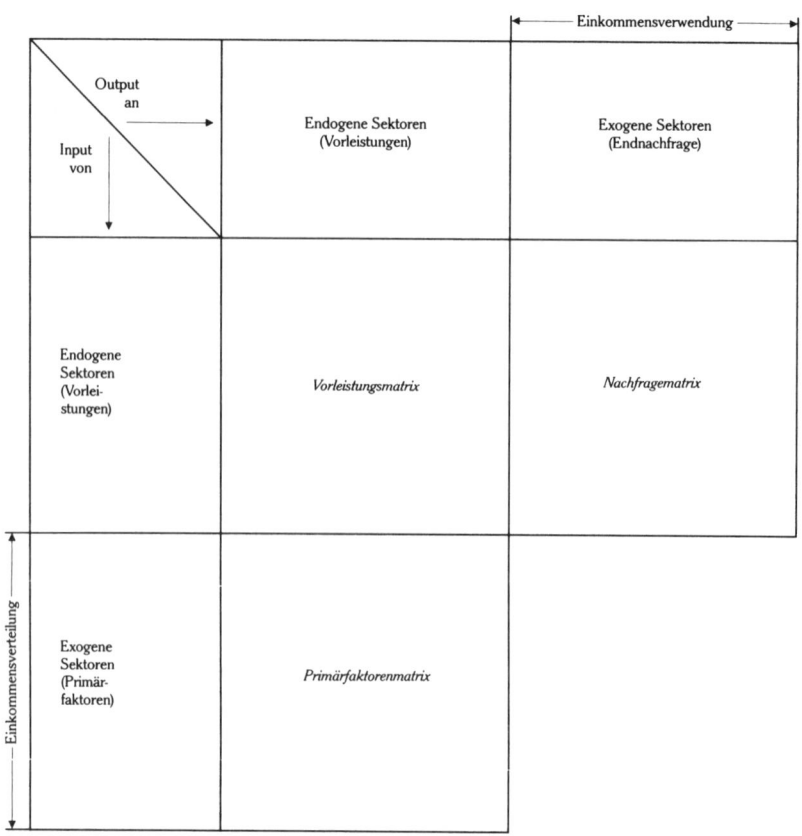

Übers. 13-11: Schema einer Input-Output-Tabelle

Zur **Bedeutung** der Input-Output-Tabellen läßt sich sagen: Input-Output-Tabellen des dargestellten Schemas haben einen höheren Informationswert als die bloße Volkswirtschaftliche Gesamtrechnung. Anders als diese geben sie auch Auskunft über strukturelle Eigenheiten der Wirtschaft. Die Erstellung solcher Tabellen führt jedoch zu einer Reihe konzeptioneller Schwierigkeiten, statistischer Erfassungsprobleme und erfordert überdies einen großen Arbeitsaufwand. Gesamtwirtschaftliche Input-Output-Tabellen erscheinen deshalb mit großer Zeitverzögerung, sind bei ihrer Veröffentlichung nicht auf dem neuesten Stand und deshalb als Basis einer empirisch gehaltvollen Input-Output-Analyse problematisch. Allerdings ändert sich die Wirtschaftsstruktur - im Vergleich zum Volkseinkommen - in der Regel nicht sehr schnell, so daß auch einige Jahre zurückliegende Werte wertvolle Informationen liefern. Input-Output-Tabellen können, müssen also nicht mit der Volkswirtschaftlichen Gesamtrechnung verzahnt sein. So werden sie z. B. auch in der Regionalforschung oder bei der Untersuchung einzelner Wirtschaftszweige verwendet.

14. Kapitel: Einkommen und Beschäftigung

I. Erklärungsansatz, Hypothesensystem und Prämissen

Erklärungsansatz
Erklärungsziel - Anspruch auf eine allgemeine Theorie - Gesamtnachfrage - Systematik der Keynesschen Theorie - Gleichungen - Beschäftigungsniveau und Arbeitslosenquote

Ein einfaches Hypothesensystem
Ausgangsfragen - Konsumfunktion - Investitionsfunktion - Gleichgewichtsbedingung - Multiplikator - Graphische Illustration - Autonome Änderung der Investitionsausgaben

Einige Erweiterungen und Prämissen
Einige Annahmen - Zahlenbeispiel und graphische Darstellung - Gleichgewichts-Volkseinkommen - Stabilität des Gleichgewichts - Autonome Ausgabenänderungen - Sparparadoxon - Kombinierte Expansions- und Kontraktionswirkungen - Prämissen - Vier aggregierte Märkte

II. Gütermärkte

Konsum
Ausgangsfrage - Typische Verläufe der Konsumfunktion - Zusammenhang zwischen Konsum- und Sparfunktion - Definition des Volkseinkommens - Lage der Konsumkurve

Investition
Investitionen Käufe von Gütern - Investitionsentscheidung von drei Elementen determiniert - Kapitalertrag - Beschaffungskosten des Kapitals - Gewinnmaximum - Grenzleistungsfähigkeit des Kapitals - Gleichgewicht auf dem Gütermarkt - IS-Kurve - Lage der Investitionskurve gewinnabhängig - Weitere Einflußfaktoren

III. Geldmarkt

Geldnachfrage
In Keynesscher Theorie Beschränkung auf Geldnachfrage - Geldnachfrage gleich Geldangebot - Umsatzkasse - Vorsichtskasse - Spekulationskasse

Geldmarktgleichgewicht
Totale Geldnachfrage - Gleichgewicht auf dem Geldmarkt - LM-Kurve

IV. Arbeitsmarkt

Arbeitsnachfragefunktion - Arbeitsangebotsfunktion - Gleichgewicht auf dem Arbeitsmarkt
K 14-1: Vollbeschäftigung in Theorie und Wirklichkeit

I. Erklärungsansatz, Hypothesensystem und Prämissen

Erklärungsansatz

Die im folgenden darzustellenden Teile der Makroökonomie sind Theorien über Abhängigkeiten zwischen gesamtwirtschaftlichen Aggregaten (Additionsgrößen), von denen die wichtigsten in der Volkswirtschaftlichen Gesamtrechnung definiert und begriffssystematisch behandelt wurden (13. Kap.). Sie basieren im wesentlichen auf Arbeiten von JOHN M. KEYNES, von dem auch die den Klassikern unbekannte Trennung von mikro- und makroökonomischer Theorie ausgeht. Die Klassiker - nach dem Selbstverständnis von KEYNES alle Nationalökonomen vor seiner Zeit - unterschieden nach realer Theorie (Bestimmung des Wertes von Gütern, ausgedrückt in einem anderen Gut) und monetärer Theorie (Bestimmung des Preisniveaus bzw. der Kaufkraft des Geldes). Inwieweit diese klassische Zweiteilung (Dichotomie) zu widerspruchsfreien Ergebnissen führt, ist eine Kernfrage der modernen Makroökonomie. Sie geht von der klassischen monetären Theorie aus, deren Schwerpunkt von KEYNES deutlich verlagert wird: **Erklärungsziel** seiner Analyse - dargestellt aus der Sicht unseres gegenwärtigen Wissens (14. und 15. Kap.) - ist die Deutung der Höhe und der Schwankungen von Beschäftigung, Produktion und Volkseinkommen. Terminologie und Instrumentarium der Keynesschen Theorie lassen sich darüber hinaus sowohl zur Bestimmung des Preisniveaus als auch anderer makroökonomischer Größen verwenden.

Die Schwerpunktverlagerung von der klassischen zur Keynesschen Theorie muß auf dem Hintergrund der Weltwirtschaftskrise in den dreißiger Jahren gesehen werden. KEYNES war davon überzeugt, daß die klassische Nationalökonomie außerstande sei, für die Massenarbeitslosigkeit eine zutreffende Ursachenerklärung zu geben. Er erhebt mit seiner Interpretation - wie schon im Titel seines Hauptwerks zum Ausdruck kommt - **den Anspruch auf eine allgemeine Theorie**, welche die klassische Theorie als Spezialfall einschließt. Umstritten bleibt bis heute, ob die Beurteilung der klassischen Theorie durch KEYNES zutreffend ist und - in Abhängigkeit von der Antwort auf diese Frage - ob sich sein Anspruch auf Allgemeinheit aufrechterhalten läßt.

Auf die generelle Frage, wovon Beschäftigung, Produktion und Volkseinkommen eines Landes abhängen, lassen sich unmittelbar eine Reihe plausibler Bestimmungsgründe nennen, wie: Versorgung mit Bodenschätzen, Umfang und Ausbildung der Bevölkerung sowie Größe und Qualität des Kapitalstocks, Art des Wirtschaftssystems, Unternehmensorganisation, technisches Wissen und Nachfrage nach Gütern. Der Theorieansatz von KEYNES ist demgegenüber relativ einfach, weil er die möglichen Hypothesen bis auf eine reduziert: Determinante von Beschäftigung, Produktion und Volkseinkommen sei die **Gesamtnachfrage** nach Gütern. Die Zusammenhänge zwischen Volkseinkommen und Gesamtnachfrage werden durch Einkommens- oder Ausgabenfunktionen beschrieben.

Die Entstehungsrechnung der Volkswirtschaftlichen Gesamtrechnung (13. Kap.) verdeutlicht, daß das Volkseinkommen ein bestimmter Teil der mit Preisen bewerteten Produktion ist. Deshalb werden die Beziehungen zwischen Produktion und Nachfrage durch die Ausgabenfunktion erfaßt. Der Zusammenhang zwischen Produktion und Beschäftigung wird durch die gesamtwirtschaftliche Produktionsfunktion beschrieben, die einen der mikroökonomischen Produktionsfunktion entsprechenden Verlauf hat (6. Kap.). Produktion (oder Volkseinkommen) und Beschäftigung bewegen sich in dieselbe Richtung, solange die Produktion zu konstanten Preisen bewertet wird (reale Definition). Ist Vollbeschäftigung erreicht, können Produktion und Volkseinkommen bei inflationärer Preisentwicklung nominell weiter steigen, real dagegen nicht, solange der Kapazitätseffekt der Investitionen außer Betracht bleibt (16. Kap.). Wenn in der KEYNESschen Theorie Beschäftigung und Volkseinkommen (oder Produktion) substitutiv verwendet werden, sollte bewußt bleiben, daß dies nur gilt, wenn Wertänderungen der Produktion auf Mengeneffekte der Beschäftigung zurückgehen, d. h. das Preisniveau konstant ist.

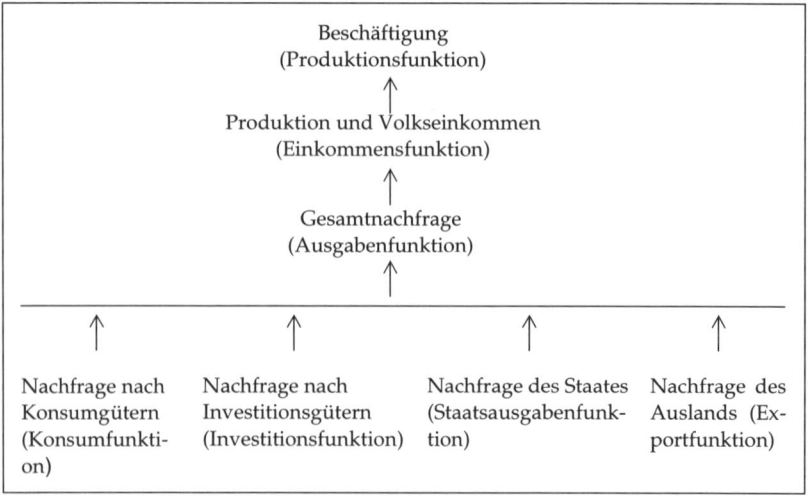

Übers. 14-1: System der KEYNESschen Theorie

Die KEYNESsche Analyse der Gesamtnachfrage hat sich im wesentlichen auf die Gesamtheit der inländischen Haushalte und Unternehmen beschränkt (geschlossene Wirtschaft ohne staatliche Aktivität). Zur Vereinfachung empfiehlt es sich oft, diese Restriktion beizubehalten. Es bereitet jedoch keine großen Schwierigkeiten, die Nachfrage des Staates und des Auslandes in die Analyse einzubeziehen. Die Nachfrage der privaten Haushalte wird in der Konsumfunktion, die der Unternehmen in der Investitionsfunktion, die des Staates in der Staatsausgabenfunktion und die des Auslands in der Exportfunktion ausgedrückt. Für den Ansatz der **KEYNESschen Theorie** ergibt sich folgende **Systematik** (*Übers. 14-1*).

Dieser Ansatz läßt sich in **Gleichungen** ausdrücken. Wird die Gesamtnachfrage Y nach (13.11) als Nettosozialprodukt zu Marktpreisen zuzüglich der Importe M verstanden, gilt

(14.1) $\quad Y = C + I + G + X,$

wobei C für die private Konsumgüter-, I für die Nettoinvestitionsgüter-, G für die Staats- und X für die Auslandsnachfrage steht. Für eine geschlossene Wirtschaft erhält man

(14.2) $\quad Y = C + I + G$,

für eine geschlossene Wirtschaft ohne staatliche Aktivität

(14.3) $\quad Y = C + I = C + S$; daraus folgt

(14.4) $\quad S = I$.

Die meisten der bisher verwendeten Begriffe sind empirisch bestimmbar. Ihnen entsprechen Größen, die in der Volkswirtschaftlichen Gesamtrechnung statistisch ermittelt werden. Das gilt auch für den Ausdruck Beschäftigung, der durch die - von Keynes bereits vorgeschlagene - Größe **Beschäftigungsniveau** (L) statistisch erfaßt wird. Die komplementäre Größe bildet die **Arbeitslosenquote** (U). Sprachlich konsequenter wäre es, in beiden Fällen vom Niveau oder Quote zu sprechen. Bezeichnet man die absolute Zahl der abhängigen Beschäftigten eines Landes mit l, die der Arbeitslosen mit u, kann man definieren:

(14.5) $\quad L \equiv \dfrac{l}{l+u} \cdot 100\%$ und

(14.6) $\quad U \equiv \dfrac{u}{l+u} \cdot 100\%$ $\quad\quad$ (Definitions-Gleichungen),

woraus folgt, daß sich L und U zu 100% addieren ($L \equiv 100\% - U$). Die Summe der Beschäftigten und Arbeitslosen ($l + u$) stellt die abhängigen Erwerbspersonen dar. Sie ist definiert als die Zahl derjenigen, die zu den geltenden Faktorentlohnungen arbeiten möchten, unabhängig davon, ob sie Arbeit finden oder nicht. Als arbeitslos werden in einer engeren Definition jene Arbeitnehmer bezeichnet, die zu den bestehenden Löhnen arbeiten würden, jedoch keinen Arbeitsplatz finden. Diejenigen, die bei den bestehenden Löhnen nicht arbeiten wollen, die "freiwillig Arbeitslosen", werden nicht als arbeitslos geführt. Statistisch kann es schwirig sein, die freiwilligen ("unechten") von den unfreiwilligen ("echten") Arbeitslosen zu trennen. Vollbeschäftigung wird nicht mit einem Beschäftigungsniveau von 100% - oder einer Arbeitslosenquote von 0% - gleichgesetzt, weil aus verschiedenen Gründen (Arbeitsplatzwechsel, Strukturänderungen, Saisontätigkeiten u. a.) ein gewisses Maß an Arbeitslosigkeit unvermeidlich ist. Die wirtschaftspolitisch akzeptierte Arbeitslosigkeit variiert von Land zu Land (meist zwischen 1 bis 4%).

Ein einfaches Hypothesensystem

Die Logik der KEYNESschen Theorie kann an einem einfachen Hypothesensystem - auch Grundmodell genannt - gezeigt werden. Spätere Ausgestaltungen lassen den Kern dieses Systems unberührt. Mit ihm erhält man eine Antwort auf folgende **Ausgangsfragen**:
⇨ Wie läßt sich das Volkseinkommen bei gesamtwirtschaftlichem Gleichgewicht bestimmen?

⇨ Wie ändert sich das Volkseinkommen nach einer autonomen Ausgabenänderung?

Zur Beantwortung der ersten Frage nach der Bestimmung des Gleichgewichtvolkseinkommens sei von einer geschlossenen Wirtschaft ohne staatliche Aktivität ausgegangen, bei der für eine Zeitperiode t gilt

(14.7) $\quad Y_t = A_t^p \equiv C_t^p + I_t^p \quad$ oder - für $Y_t = C_t^p + S_t^p$ -

(14.8) $\quad S_t^p = I_t^p \hspace{4cm}$ (Gleichgewichts-Bedingungen),

d. h. das Gleichgewichtseinkommen (Y_t) einer Zeitperiode entspricht der Summe der geplanten Ausgaben (A_t^p) für Konsum- (C_t^p) und Investitionsgüter (I_t^p). Anders als in der Volkswirtschaftlichen Gesamtrechnung - einer ex post-Rechnung - sind (14.7) und (14.8) geplante Größen (ex ante), was durch p indiziert wird. Es ist bekannt (1. Kap.), daß nur Verhaltenshypothesen wissenschaftliche Aussagen erlauben, nicht dagegen ex post-Definitionen. Zu beachten bleibt, daß in der Makroökonomie Aggregate von individuellen Größen stehen. Verhalten ist dementsprechend als eine Durchschnittsgröße zu interpretieren. Künftig wird generell von geplanten Größen ausgegangen; auf einen besonderen Index sei deshalb verzichtet. Es sollte klar sein, daß ex ante- von ex post-Ausdrücken genau unterschieden werden müssen.

Gleichung (14.7) erlaubt noch keine Bestimmung des Gleichgewichts, weil wir eine Gleichung, jedoch drei Unbekannte haben. Deshalb sei angenommen

(14.9) $\quad C_t = c \cdot Y_t \quad$ und

(14.10) $\quad I_t = \bar{I}_t \hspace{4cm}$ (Verhaltens-Gleichungen).

(14.9) ist eine **Konsumfunktion** $C(Y_t)$, die besagt, daß die Konsumausgaben einer Zeitperiode (C_t) vom Volkseinkommen derselben Periode abhängen. Wenn eine Größe von einer anderen Größe desselben theoretischen Modells abhängt, nennt man sie endogene Variable. Die Steigung c der Konsumfunktion wird als marginale Konsumquote bezeichnet. Sie drückt aus, in welchem Umfang sich die Konsumausgaben mit einer Einkommensvariation ändern. Ist z. B. $c = 0,9$, fließen von 1 Euro Mehreinkommen 90 Cents in den Konsum. In den meisten Fällen liegt c zwischen 0 und 1. Gleichung (14.10) ist eine **Investitionsfunktion**, die ausdrückt, daß die Nettoausgaben für Investitionsgüter konstant und - weil sie nicht von einer Größe desselben Modells abhängen - exogen bestimmt sind. Aus (14.7) bis (14.10) erhält man

(14.11) $\quad Y_t = C(Y_t) + \bar{I}_t = c \cdot Y_t + \bar{I}_t \hspace{2cm}$ (Gleichgewichts-Bedingung).

Diese **Gleichgewichtsbedingung** ist der Kern des KEYNESschen Systems. Zur Verdeutlichung wird er unten graphisch noch illustriert.

Die marginale Konsumquote c und die Investitionsausgaben I können empirisch ermittelt oder geschätzt werden. Auf diese Weise erhält man für (14.11) eine Gleichung mit nur einer Unbekannten, für die es eine eindeutige Lösung gibt, wie durch folgende Umformung gezeigt werden kann. Aus (14.11) folgt:

(14.12) $\quad Y_t - c \cdot Y_t = \bar{I}_t = Y_t(1-c) = \bar{I}_t \quad$ oder

(14.13) $\quad Y_t = \dfrac{1}{1-c} \cdot \bar{I}_t \quad$ (Gleichgewichts-Bedingungen).

Wird das nicht für Konsumgüter verausgabte Einkommen als Sparen bezeichnet (13.7), sind marginale Konsumquote c und marginale Sparquote s komplementäre Größen, die sich zu 1 ergänzen:

(14.14) $\quad c + s \equiv 1 \quad$ oder

(14.15) $\quad 1 - c \equiv s \quad$ (Definitions-Gleichungen).

Wegen (14.15) können die Gleichgewichtsbedingungen (14.11) und (14.13) geschrieben werden

(14.16) $\quad Y_t = \dfrac{1}{s} \cdot \bar{I}_t \quad$ (Gleichgewichts-Bedingung).

Verbal ausgedrückt: In einer geschlossenen Volkswirtschaft ohne staatliche Aktivität ist das Gleichgewichtseinkommen gleich den Ausgaben für Investitionsgüter multipliziert mit dem reziproken Wert der marginalen Sparquote. Den Wert $1/s$, mit dem die Ausgaben - wie Investitionsausgaben - zu multiplizieren sind, bezeichnet man als **Multiplikator**. Generell stehen im Nenner die Teile des Einkommens, die nicht zu Ausgaben oder die "entzogen" werden (Entzugs- oder Kontraktionsgrößen). Der Ausdruck, von dem es im Hinblick auf verschiedene Entzugseffekte auch andere, zum Teil komplizierte Formeln gibt, wird meist nach der jeweiligen Ausgabe bezeichnet, so daß er im vorliegenden Basissystem (14.16) Investitions-Multiplikator heißt.

Zur **graphischen Illustration** des Hypothesensystems sei angenommen, die in einer bestimmten Zeitperiode beobachtete marginale Konsumquote c betrage 2/3 (s also 1/3), die exogen bestimmte Investitionsgüterausgabe $\bar{I}_t = 200$ Mrd. Euro. Das Gleichgewichtseinkommen - (14.11) und (14.16) - wäre dann in Mrd. Euro

(14.17) $\quad Y_t = A_t \equiv \dfrac{1}{\left(1 - \dfrac{2}{3}\right)} \cdot 200$

$\qquad\qquad = \dfrac{1}{\tfrac{1}{3}} \cdot 200 = 600 \quad$ (Verhaltens-Gleichung).

Wegen (14.8) müssen beim Einkommen $Y_t (= A_t)$ geplantes Sparen und geplante Investition größengleich sein. Den exogen bestimmten Investitionsgüterkäufen von 200 Mrd. Euro steht im Gleichgewicht also ein endogener, weil vom Volkseinkommen abhängiger Sparbetrag gleicher Größe gegenüber. Die Sparfunktion ist komplementär zur Konsumfunktion (14.9), mithin wegen (14.15)

(14.18) $\quad S_t = Y_t - C_t = Y_t - c \cdot Y_t$

$\qquad\qquad = (1 - c) \cdot Y_t = s \cdot Y_t \quad$ (Verhaltens-Gleichung).

Durch Einsetzen der Beispielswerte ergibt sich

(14.19) $S_t = \frac{1}{3} \cdot Y_t = \bar{I}_t = 200$ (Verhaltens-Gleichung).

Die Verhaltens-Gleichungen (14.16) und (14.18) sind - wie auch *Fig. 14-1* veranschaulicht - Gleichgewichts-Bedingungen. Generell besteht ein Gleichgewicht nach (14.7), wenn die geplanten Ausgaben für Konsum- und Investitionsgüter gleich dem empfangenen Einkommen sind. Dieses Gleichgewicht ist in allen Punkten der 45°-Linie realisiert, sofern auf den Koordinaten gleiche Maßstäbe aufgetragen werden. Das gilt deshalb, weil die 45°-Linie der geometrische Ort aller identischen Ausgaben und Einkommen. Die Ausgabenfunktion (14.17) entspricht der Gleichgewichtsbedingung bei einemEinkommen von 600 Mrd. Euro. Nach der alternativen Ausdrucksweise (14.8) besteht ein Gleichgewicht, wenn sich geplantes Sparen und geplantes Investieren entsprechen. Diese Be-

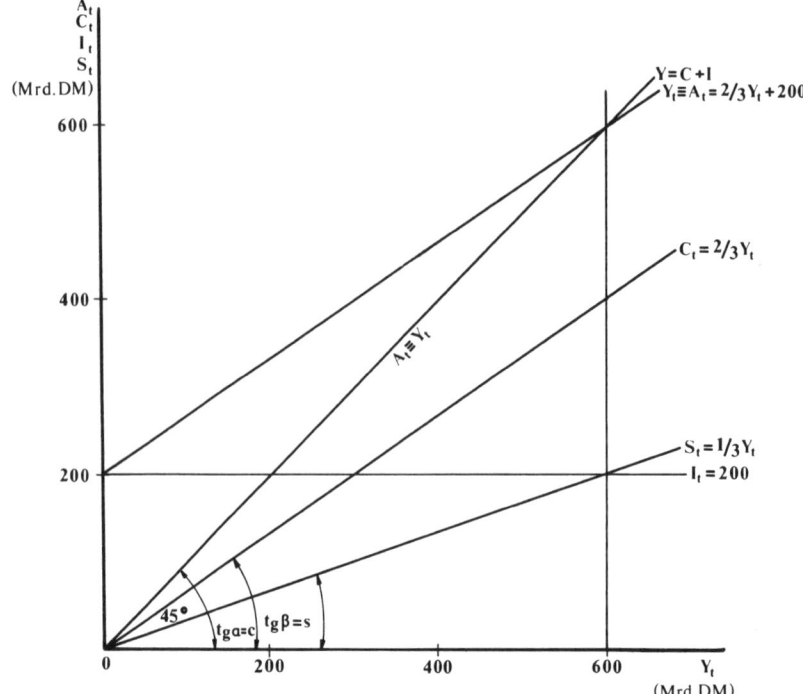

Fig. 14-1: Gesamtwirtschaftliches Gleichgewicht in der geschlossenen Wirtschaft ohne staatliche Aktivität

dingung ist nach (14.19) bei einer Ersparnis von 200 Mrd. Euro erfüllt, was wiederum ein Einkommen von 600 Mrd. Euro voraussetzt. Solange sich Konsum- und Investitionsfunktion, d. h. die geplanten Größen, nicht ändern, bleibt das Gleichgewicht bestehen.

14. Einkommen und Beschäftigung

Wie ändert sich - so lautet die zweite Ausgangsfrage - das Gleichgewichtsvolkseinkommen nach einer **autonomen Änderung der Investitionsausgaben**? Aus (14.16) erhält man, wenn der Multiplikator $1/s \equiv m$ definiert wird:

(14.20) $\quad \Delta Y_t = \dfrac{1}{s} \cdot \Delta \bar{I}_t = m \cdot \Delta \bar{I}_t \quad$ (Gleichgewichts-Bedingung).

Eine Erhöhung einer autonomen Ausgabe um $\Delta \bar{I}$ erhöht das Volkseinkommen um diese Mehrausgabe multipliziert mit m, dem Multiplikator. Beträgt - wie in (14.19) - der Multiplikator 3, steigt bei einer zusätzlichen autonomen Investition von 1 Mrd. Euro das Volkseinkommen um 3 Mrd. Euro. Der Grund für die Multiplikatorwirkung ist: Eine Zusatzausgabe - hier eine autonome Erhöhung der Investitionen - vergrößert das Volkseinkommen zunächst um den Betrag der Zusatzausgabe. Aus dem Einkommenszuwachs werden, sofern die marginale Konsumquote größer als Null ist, zusätzliche Konsumausgaben getätigt, die wiederum das Einkommen vergrößern und so fort.

Einige Erweiterungen und Prämissen

Die bisherige Analyse wird im folgenden Hypothesensystem durch **einige Annahmen** erweitert:

⇨ Die Gesamtnachfrage - ausgedrückt als Summe der geplanten Ausgaben - bestehe aus den Komponenten: Geplante Ausgaben für Konsumgüter und für Investitionsgüter, geplante Käufe des Staates und des Auslands (offene Volkswirtschaft mit staatlicher Aktivität):

(14.21) $\quad Y_t = A_t \equiv C_t + I_t + G_t + X_t \quad$ (Verhaltens-Gleichung).

⇨ Der Konsum sei teils eine endogene, teils eine autonome, d. h. hier: vom Volkseinkommen unabhängige Größe (autonomer Konsum):

(14.22) $\quad C_t = C_0 + c \cdot Y_t \quad$ (Verhaltens-Gleichung).

⇨ Die Kontraktionsgrößen R_t ($\equiv S_t + T_t + M_t$) seien - wie der Konsum - teils endogen, teils autonom ($a \equiv$ marginale Quote des nichtausgegebenen Einkommens):

(14.23) $\quad R_t = R_0 + a \cdot Y_t \quad$ (Verhaltens-Gleichung).

⇨ Die Expansionsgrößen E_t ($\equiv I_t + G_t + X_t$) seien - wie bisher die Investition - autonom bestimmt:

(14.24) $\quad E_t = \bar{E}_t \quad$ (Verhaltens-Gleichung).

Aus (14.21) bis (14.24) folgt die Einkommens- oder Ausgabenfunktion:

(14.25) $\quad Y_t = A_t \equiv C_0 + c \cdot Y_t + \bar{E}_t \quad$ (Verhaltens-Gleichung).

Ein **Zahlenbeispiel** (*Übers. 14-2*) **und eine graphische Darstellung** (*Fig. 14-2*) mögen das System illustrieren. Dabei seien $C_0 = 60$, $c = 2/3$ und $\bar{E}_t = 80$, so daß man

(14.26) $Y_t = 60 + 2/3 \cdot Y_t + 80$ (Verhaltens-Gleichung)

erhält. Da $Y = C + R$, mithin $Y - C = R$, und $c + a = 1$ bzw. $a = 1 - c$ sind, gilt

(14.27) $R_t = Y_t - (C_0 + c \cdot Y_t) = (1 - c) \cdot Y_t - C_0$.

Mit (14.23) folgt daraus

(14.28) $C_0 = -R_0$ oder $R_0 = -C_0$.

Die Konsum- und Kontraktionsfunktion sind aus definitorischen Gründen komplementäre Funktionen. Neben (14.26) kann man deshalb schreiben

(14.27) $R_t = -60 + 1/3 \cdot Y_t$ (Verhaltens-Gleichung).

Die Werte von *Übers. 14-2* sind in *Fig. 14-2. I.* als Teil- und Gesamtausgaben-, in *Fig. 14-2. II.* als Expansions- und Kontraktionsgrößen aufgetragen. Die Steigung der Konsumfunktion $tg\, \alpha = c = \Delta C / \Delta Y$ (als Differentialquotient: dC/dY) ist die marginale Konsumquote (*Fig. 14-2*). Dementsprechend ist $tg\, \beta = a = \Delta R / \Delta Y$ (bzw. dR/dY) die marginale Kontraktionsquote und $\Delta E / \Delta Y = 0$ (bzw. dE/dY) die marginale Expansionsquote. Marginalausdrücke lassen sich auch für einzelne Expansions- oder Kontraktionsgrößen bilden (z. B. marginale Sparquote = dS/dY; marginale Importquote = dM/dY).

Es hängt vom Verhalten der wirtschaftlichen Entscheidungsträger ab, ob die von ihnen am Anfang der Periode geplanten Ausgaben so groß sind, daß $Y_t = A_t$ und $E_t = R_t$ werden. Diese unter dem Verhaltens-Gesichtspunkt zu Gleichgewichtsbedingungen gewordenen Gleichungen können ex ante erfüllt sein, müssen es aber nicht. Nur bei einem bestimmten Einkommen, nämlich bei $Y_t = 420$, gilt $Y_t = A_t$ und $E_t = R_t$ (*Übers. 14-2* und *Fig. 14-2*). In diesem Fall entsprechen auch die ex ante-Werte den ex post-Werten, was in allen anderen Fällen nicht gilt. Dieser Abszissenwert ist das **Gleichgewichts-Volkseinkommen** Y_E oder das Gleichgewichtsniveau. Ein Gleichgewicht liegt dann vor, wenn bei gegebenen Parameterwerten keine Veranlassung besteht, einen einmal erreichten Stand aufzugeben, wenn also die von den Einzelwirtschaften (Haushalten, Unternehmen, Staat) unter diesen Bedingungen erwarteten Größen mit den faktischen übereinstimmen. Ein solcher Zustand läßt sich wieder alternativ bestimmen:

1. Ein Gleichgewicht liegt vor, wenn die geplanten Expansions- und Kontraktionsgrößen gleich sind (*Fig. 14-2. II.*)

(14.28) $I_t + G_t + X_t = S_t + T_t + M_t$ oder

(14.29) $E_t = R_t$ (Verhaltens-Gleichungen).

(14.28) und (14.29) sind Bedingungen des gesamtwirtschaftlichen Gleichgewichts. Ist ex ante $E_t < R_t$ oder $E_t > R_t$, ergeben sich Expansions- oder Kontraktionswirkungen. Bei $E_t > R_t$ (im Bereich $Y < 420$) sind die geplanten Ausgaben I_t, G_t und X_t größer als aus dem laufenden Einkommen finanziert werden kann. Da das Geldsystem elastisch sein soll, kommt zusätzlich Geld in den Umlauf, das eine Ausweitung der Nachfrage über $S_t + T_t + M_t$ gestattet.

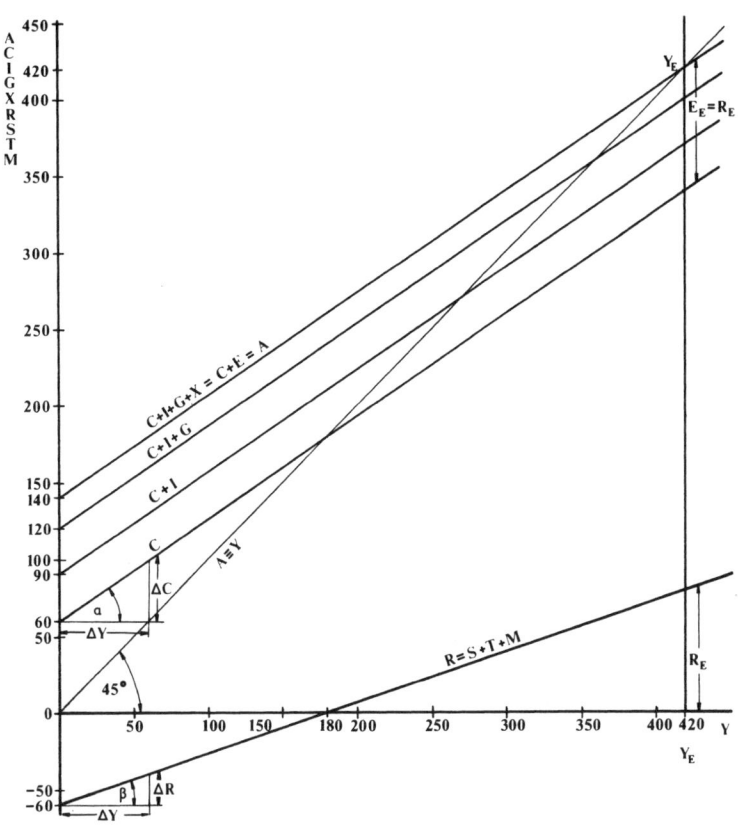

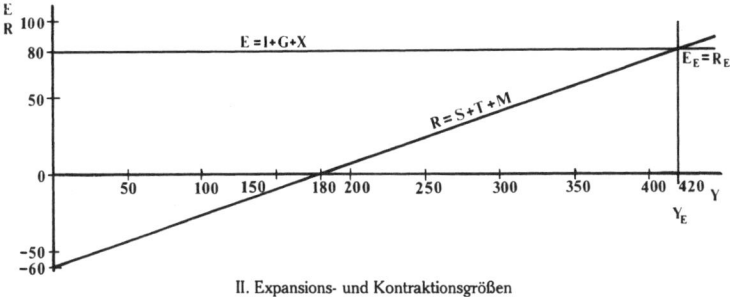

Fig. 14-2: Einkommen und geplante Ausgaben

Ein-kom-men	Konsum-ausgaben	Expansionsgrößen					Kontrakti-onsgrößen
Y_t	$C_t = 60 +$ $+ 2/3 \cdot Y_t$	I_t	G_t	X_t	$A_t \equiv C_t + I_t$ $+ G_t + X_t$ $= 60 + 2/3 \cdot Y_t$ $+ I_t + G_t + X_t$	$E_t \equiv$ $I_t + G_t + X_t$ $=$ const.	$R_t \equiv$ $S_t + T_t + M_t$ $=$ $-60 + \frac{1}{3} Y_t$
0	60 (C_0)	30	30	20	140	80	-60
60	100	30	30	20	180	80	-40
120	140	30	30	20	220	80	-20
180	180	30	30	20	260	80	0
240	220	30	30	20	300	80	20
300	260	30	30	20	340	80	40
360	300	30	30	20	380	80	60
420	**340**	30	30	20	**420**	**80**	**80**
480	380	30	30	20	460	80	100
540	420	30	30	20	500	80	120
600	460	30	30	20	540	80	140

Übers. 14-2: Einkommen, Konsumausgaben, Expansions- und Kontraktionsgrößen pro geplanter Zeitperiode in Mrd. Euro

Die Zusatzausgaben sind also größer als die aus dem laufenden Einkommen bereitstehenden Mittel. Durch die erhöhte Gesamtnachfrage werden Beschäftigung und Produktion steigen. Umgekehrtes gilt für den Fall $E_t < R_t$ (im Bereich $Y > 420$), da ein Teil des laufenden Einkommens nicht zu Ausgaben, sondern aus dem Kreislauf gezogen ("stillgelegt") wird. Im obigen Beispiel gilt für das Gleichgewicht: $E_E = R_E = 80$.

2. Denselben Punkt erhält man, wenn die aus einem Volkseinkommen (Y_t) geplanten Ausgaben (A_t) ein Volkseinkommen ergeben, das dem tatsächlichen gleich ist. Der geometrische Ort für die Identität von A_t und Y_t ist - bei gleichem Koordinatenmaß - die 45°-Linie (*Fig. 14-2.I.*). Punkte oberhalb der Linie zeigen Ausgaben, die größer, unterhalb der Linie, die kleiner sind als das laufende Einkommen, aus dem die Ausgaben A_t getätigt werden. Entsprechend den Annahmen bestimmt die in Ausgaben ausgedrückte Gesamtnachfrage $A_t = C_t + I_t + G_t + X_t$ die Beschäftigung und Produktion. Die aus der Produktion gezahlten Einkommen bestimmen wiederum die Gesamtnachfrage. Ist sie gleich dem laufenden Einkommen, sind mit anderen Worten die geplanten Ausgaben mit dem laufenden Volkseinkommen größengleich, besteht kein Grund, daß sich Beschäftigung, Produktion und Gesamtnachfrage ändern ($Y_E = 420$). Entsprechend kann die Gleichgewichtsbedingung auch wie folgt ausgedrückt werden:

(14.30) $Y_t = C_t + E_t = A_t$

In (14.30) stehen auf der rechten Seite die geplanten Ausgaben, auf der linken das Volkseinkommen, von dem man bei der Planung ausgeht und das in (14.21)

14. Einkommen und Beschäftigung

und (14.25) als unabhängige Variable erscheint. Übersteigt die Ausgabensumme (Gesamtnachfrage) A_t das "produzierte" bzw. "angebotene" Volkseinkommen Y_t, wird die Produktion und das daraus gezahlte Volkseinkommen steigen et vice versa, bis das Gleichgewicht erreicht ist.

Das **Gleichgewicht** ist **stabil**, wenn folgende **Bedingung** gilt:

(14.31) $\quad Y_E = Y_t = Y_{t+1}$.

Diese Bedingung wird unmittelbar verständlich, wenn die zeitliche Abfolge von Kreislaufvorgängen beachtet wird. Die aus dem Einkommen einer Periode (Y_t) stammenden Ausgaben (A_t) werden zu Einkommen der nächsten Periode (Y_{t+1}), die in derselben Periode wieder ausgegeben (A_{t+1}) und zu Einkommen der nächsten Periode (Y_{t+2}) werden. Da im Gleichgewicht keine Dispositionsänderungen mehr stattfinden, ist $Y_t = A_t = Y_{t+1} = A_{t+1}$. Solange also die Einkommen der einzelnen Perioden gleich sind, besteht ceteris paribus kein Anlaß zu einer Niveauänderung, weil aus dem Einkommen jeder Periode die Ausgaben getätigt werden, die dasselbe Einkommen in der jeweils nächsten Periode wieder entstehen lassen. Faktische und geplante Größen entsprechen sich in jeder Periode. Ein *Ungleichgewicht* existiert, wenn die geplanten Ausgaben und damit das Einkommen der folgenden Periode größer oder kleiner als das laufende Einkommen sind. Ist A_t kleiner als das laufende Einkommen Y_t,

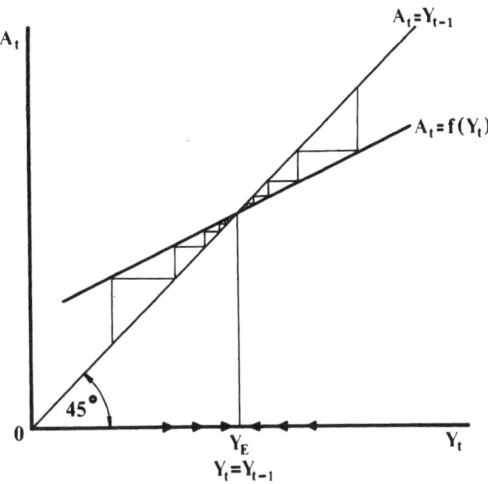

Fig. 14-3: Stabilität des Gleichgewichts

schrumpft das Einkommen der folgenden Periode so lange, bis aus dem verringerten Einkommen genausoviel ausgegeben wird, wie dem Gleichgewichtseinkommen entspricht. Gleiches gilt für den umgekehrten Fall (*Fig. 14-3*). Sollte das Gleichgewichtseinkommen (Y_E) gerade jenes sein, bei dem alle Produktionsfaktoren beschäftigt werden, bestünde Gleichgewicht bei Vollbeschäftigung. Kurzfristig kann die Produktion entsprechend den Annahmen (Ausschluß von Betriebsgrößenänderungen und technischem Fortschritt) nicht weiter steigen. Jedes Gleichgewicht unterhalb dieses Niveaus ist mit Unterbeschäftigung verbunden. Übersteigt A_t das Vollbeschäftigungseinkommen, bezeichnet man die Differenz $A_t - Y_t$ als inflatorische Lücke (inflationary gap); entsprechend heißt die negative Differenz $A_t - Y_t$ deflatorische Lücke (deflationary gap).

Was geschieht bei **autonomen Ausgabenänderungen**? Die Wirkungen werden anhand von Änderungen der Größen E und R analysiert. Die Verfahrensweise ist komparativ-statisch; altes und neues Gleichgewicht werden miteinander verglichen. Als erstes sei angenommen, daß ceteris paribus die autonome Größe E steigt, etwa weil die Neigung, mehr zu investieren, zu exportieren und (oder) staatlicherseits auszugeben, zunimmt. Alle drei Fälle lassen sich als Verschiebung der E-Kurve nach oben darstellen (*Fig. 14-4*). Das ursprüngliche Gleichgewichtseinkommen ist Y_E^0. Steigt E von E_0 auf E_1, erhält man das neue Gleichgewichtseinkommen $Y_E^1{}'$, das um ΔY^2 größer ist als Y_E^0. Gegenteiliges würde gelten, wenn E fiele, etwa von E_1 auf E_0.

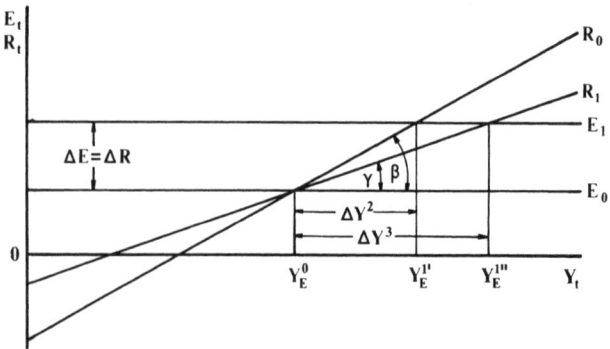

Fig. 14-4: **Expansionswirkungen**

Bei einer gegebenen (hier: autonomen) Ausgabenänderung hängt die Volkseinkommensänderung offenbar von der Steigung der R-Kurve ab. Bei einem flacheren Verlauf als R_0, z. B. R_1, wäre das neue Gleichgewichtseinkommen $Y_E^1{}''$ um $\Delta Y^3 - \Delta Y^2$ größer als $Y_E^1{}'$. Will man wissen, um wieviel das Volkseinkommen bei einer gegebenen Erhöhung der Ausgabenkomponenten (I, G, X) und gegebenem R (R_1) steigt, muß man die Relation $\Delta E / \Delta Y$ bilden, die der Steigerung der R-Kurve ($tg\ \beta = dR/dY$) entspricht (im zuletzt betrachteten Fall der (R_1)-Kurve: $tg\ \gamma = dR/dY$). Somit ergibt sich das Gleichgewicht aus

(14.32) $\quad \dfrac{\Delta E}{\Delta Y} = \dfrac{dR}{dY} = tg\ \beta$

durch Auflösung nach ΔY

(14.33) $\quad \Delta Y = \dfrac{1}{\dfrac{dR}{dY}} \cdot \Delta E$ \hfill (Verhaltens-Gleichung).

Als erste Ableitung von (14.23) ist $dR/dY \equiv a$, die marginale Kontraktionsquote, so daß sich (14.33) schreiben läßt

(14.34) $\quad \Delta Y = \dfrac{1}{a} \cdot \Delta E$,

oder für $1/a = m$:

(14.35) $\quad \Delta Y = m \cdot \Delta E$ \hfill (Verhaltens-Gleichung).

Die Größe m ist der Expansionsgrößen-Multiplikator - ein bereits bekannter Begriff -, der die Rate der Änderung des Gleichgewichtseinkommens für marginale Ausgabenänderungen angibt. Nicht selten wird m nur für bestimmte Komponenten von E definiert - z. B. für Änderungen der Investitionen wie in (14.20). Nimmt man nun an, ceteris paribus ändere sich die Größe R, erhält man folgendes Bild (*Fig. 14-5*). Das ursprüngliche Gleichgewichtseinkommen ist Y_E^0. Verschiebt sich R_0 nach R_1 - weil sich bei alternativen Einkommen die nicht verausgabten Beträge für S, T und (oder) M reduzieren -, steigt das Volkseinkommen auf Y_E^1. Für eine Verschiebung von R_1 auf R_0 - S, T und (oder) M erhöhen sich bei alternativen Y -, hätte sich das Volkseinkommen ceteris paribus von Y_E^1 auf Y_E^0 reduziert.

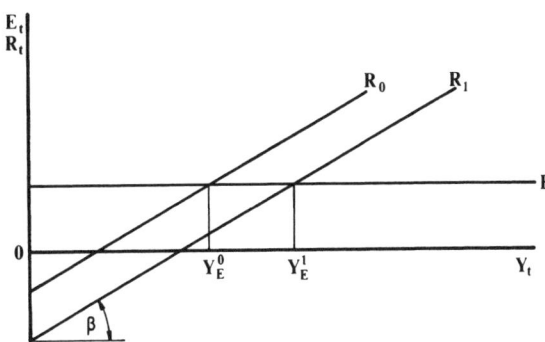

Fig. 14-5: **Kontraktionswirkungen**

In diesen Zusammenhang gehört das **Sparparadoxon**. Eine Verschiebung von R_1 auf R_0 könnte auf verstärktes Sparen aus einem gegebenen Einkommen zurückgehen (erhöhte "Sparneigung"). Die Folge wäre ein Sinken des Volkseinkommens, der Produktion und der Beschäftigung. Mißt man den Reichtum an diesen Größen - wie es oft geschieht -, kann man sagen: Durch Sparen wird ein Land ärmer, was offenbar verbreiteter Ansicht widerspricht. Wie immer muß auf die Bedingungen geachtet werden, unter denen die Aussage gemacht wird. Im System von KEYNES wird generell von Unterbeschäftigung ausgegangen. Steigt dann die Summe der nicht ausgegebenen Einkommensteile durch verstärktes Sparen ($\Delta R > 0$) bei unveränderten Nichtkonsumausgaben ($\Delta E = 0$), bedeutet der Einkommensrückgang zugleich einen Produktionsverlust und weitere Arbeitslosigkeit. Diese Aussage gilt nur ceteris paribus. Wird der nichtkonsumierte (gesparte) Betrag ausgegeben ($\Delta E = \Delta R$), tritt das Sparparadoxon nicht auf. Ist die Gesamtnachfrage groß genug, um nicht nur alle Produktionsfaktoren voll zu beschäftigen, sondern auch das Preisniveau der Vorperiode steigen zu lassen, würde verstärktes Sparen ceteris paribus die Preissteigerungen dämpfen. Ein Produktions- und Beschäftigungseffekt träte erst auf, wenn durch das Sparen die Gesamtnachfrage soweit zurückginge, daß sie zur Vollbeschäftigung nicht mehr reicht. Verstärktes Sparen ohne kompensierende Ausgaben macht ein Land nur bei Unterbeschäftigung ärmer. In einer Inflation ist es erwünscht, sofern Preisniveaustabilität ein Ziel der Wirtschaftspolitik darstellt. Auf die beliebte Frage: "Ist Sparen gesamtwirtschaftlich vorteilhaft oder nicht?" wäre deshalb die richtige Antwort: "Es kommt darauf an, was mit gespartem Geld geschieht und ob Arbeitslosigkeit oder Inflation herrscht". Die obigen Überlegungen gelten überdies nur gesamtwirtschaftlich.

Es ist nicht schwierig, **Expansions- und Kontraktionswirkungen** zu **kombinieren**, zumal sowohl E als auch R aus je drei Komponenten bestehen, die sich verstärken (*Fig. 14-6.I.*) oder - ganz oder teilweise - kompensieren (*Fig. 14-6.II.*) können. Das ursprüngliche Gleichgewicht ist jeweils Y_E^0, das neue Y_E^1. Wirken expansive und kontraktive Größen zugleich auf das Volkseinkommen, hängt es von der Richtung der jeweiligen Wirkungen ab, ob und in welchem Umfang sie sich verstärken oder teilweise (im Grenzfall: genau) kompensieren.

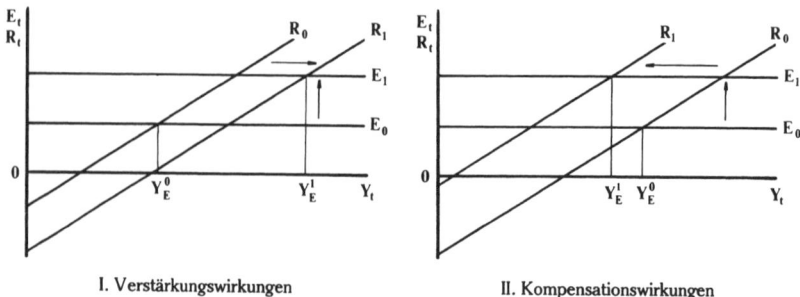

I. Verstärkungswirkungen   II. Kompensationswirkungen

Fig. 14-6: Expansions- und Kontraktionswirkungen

Darstellung in	Ausgaben				Kontraktions-größen			Volkseinkommen, Beschäftigung, Produktion
	C	I	G	X	S	M	T	Y
Fig. 14-4	+	+	+	+	ceteris paribus			+
Fig. 14-4	-	-	-	-	ceteris paribus			-
Fig. 14-4	ceteris paribus				-	-	-	+
Fig. 14-4	ceteris paribus				+	+	+	-
Fig. 14-6.I.	+	+	+	+	-	-	-	+
Fig. 14-6.I.	-	-	-	-	+	+	+	-
Fig. 14-6.II.	+	+	+	+	+	+	+	+, - oder 0
Fig. 14-6.II.	-	-	-	-	-	-	-	+, - oder 0

Übers. 14-3: Richtung der Ausgaben- und Kontraktionswirkungen

14. Einkommen und Beschäftigung

Symbolisiert man Vergrößerungen einer Expansions- oder Kontraktionskomponente mit +, Reduzierungen mit -, lassen sich die analysierten Wirkungen in einer Übersicht leicht darstellen. In ihr ist auch der Konsum als Bestandteil der aggregierten Gesamtnachfrage berücksichtigt (*Übers. 14-3*).

Die Einkommens- und Beschäftigungstheorie enthält wie jede Theorie einige **Prämissen,** die explizit oder implizit der bisherigen Analyse zugrunde lagen. Die wichtigsten seien kurz wiederholend genannt oder ergänzend angeführt, zumal ihre Kenntnis für eine vertiefte Behandlung makroökonomischer Probleme notwendig ist.

⇨ Generell wird davon ausgegangen, daß nicht beschäftigte Produktionsfaktoren (Arbeitskräfte und Kapitalstock) zur Verfügung stehen (Unterbeschäftigung). Dann können mit steigenden Ausgaben das Preisniveau, das Verhältnis der Lagerbestände zur Produktion und die Arbeitszeit konstant bleiben sowie Einkommen und Produktion sich gleichläufig ändern.

⇨ Mit der Hypothese, daß Volkseinkommen und Beschäftigung ausschließlich von der Gesamtnachfrage nach Gütern abhängen, werden andere Einflußgrößen - wie Änderungen des Kapitalstocks oder des technischen Wissens - ausgeschaltet, also konstant gesetzt. Diese Hypothese läßt sich empirisch allenfalls für kurze Perioden vertreten (kurzfristige Betrachtungsweise). Für die Behandlung langfristiger Probleme (16. Kap.) ist die KEYNESsche Theorie unbefriedigend oder zumindest ergänzungsbedürftig.

⇨ Aus beiden Prämissen folgt, daß die Produktion eine Funktion der Variablen "Beschäftigungsmenge" ist.

⇨ Gesamtwirtschaftlich gibt es keine monetären Beschränkungen bei der Finanzierung zusätzlicher Ausgaben ("elastisches" Geldsystem).

Beim voll entwickelten KEYNESschen System wird die Wirtschaft in **vier aggregierte Märkte** aufgeteilt: den - auf hoher Abstraktionsstufe soeben behandelten - Markt für Güter (Konsum- und Investitionsgüter), den Arbeitsmarkt, den Geldmarkt und den damit eng verbundenen Wertpapiermarkt. Vereinfachte Analysen behandeln nur den Markt für Güter. Dies impliziert, daß die übrigen Märkte ohne Einfluß auf das Gleichgewicht des Gütermarkts sind. Die Prämissen des vereinfachten Systems sind sehr restriktiv und erlauben es nicht, auf folgende oder ähnliche Fragen eine Antwort zu geben: Ist *I* notwendigerweise eine Konstante? Wenn nicht, wovon hängt sie ab? Sind monetäre Einflüsse auf das Gleichgewicht möglich? Wenn ja, welche und wieso? Was bestimmt die Lage der Konsumfunktion? Im voll entwickelten KEYNESschen System ist die Behandlung solcher Probleme möglich. Indessen bleibt der Wertpapiermarkt meist entweder ausgeschlossen oder er wird als Komplement des Geldmarktes behandelt. Dieser Verfahrensweise, die also aggregierte Märkte für Konsum- und Investitionsgüter, für Geld und für Arbeit explizit berücksichtigt, soll gefolgt werden. Zunächst sei noch einmal gesondert auf die Gütermärkte, den Geld- und den Arbeitsmarkt eingegangen. Anschließend (15. Kap.) werden das gesamtwirtschaftliche Gleichgewicht bestimmt, Gleichgewichtsänderungen analysiert und der Unterschied zum klassischen System erörtert. Auch in der erweiterten Analyse wird durchgängig von einer geschlossenen Volkswirtschaft ohne staatliche Aktivität ausgegangen. Der Leser dürfte bereits in der

Lage sein, die Bedeutung dieser Einschränkungen zu beurteilen und sie ggf. selbst aufzugeben. Die Bestimmungsgründe der Komponenten des Außenhandels (X und M) werden später noch untersucht (22. und 23. Kap.), die der staatlichen Aktivität im einzelnen bleiben ausgeklammert, weil ihre Prüfung im hier gegebenen Rahmen nicht möglich ist.

II. Gütermärkte

Konsum

Die aggregierte Konsumfunktion ist ein charakteristisches Element der KEYNESschen Theorie. In allen Volkswirtschaften machen Konsumausgaben der Privaten und des Staates den größten Teil des verwendeten Einkommens aus (oft 70 bis 80%). Eine empirisch gehaltvolle Konsumfunktion wäre deshalb eine große Hilfe für die Wirtschaftspolitik. Die **Ausgangsfrage** fast aller theoretischen Analysen lautet: Worauf gehen Veränderungen der von den Haushalten getätigten Konsumausgaben zurück? Aus früheren Überlegungen ist bekannt, daß bei Veränderungen zwei Fälle genau zu trennen sind:
1. Was bestimmt die Gestalt der Konsumkurve? Dabei geht es - graphisch gesehen - um Veränderungen der Konsumausgaben längs einer Kurve.
2. Was bestimmt die Lage der Konsumkurve? Gefragt wird insbesondere nach den Gründen von Kurvenverschiebungen.

In der Beschäftigungstheorie steht die erste Frage im Vordergrund. Auf die zweite Frage soll ebenfalls kurz eingegangen werden, weil dabei die Grenzen der kurzfristigen Betrachtungsweise deutlicher zutage treten. Die allgemein akzeptierte Antwort auf die erste Frage läßt sich in einer makroökonomischen Verhaltensfunktion von der Form

(14.36) $\quad C_t = f(Y_t, \bar{Z})$

ausdrücken. Alle anderen Einflußfaktoren (zusammengefaßt zu Z) auf die Höhe des Konsums werden konstant gehalten. Ihre Änderung würde zu Kurvenverschiebungen führen. Offen bleiben auch dann noch drei Teilfragen:
1. Welche Funktionsgleichungen werden für (14.36) angegeben?
2. In welcher Beziehung stehen Konsum- und Sparfunktion?
3. Wie ist Y in diesem Zusammenhang definiert?
Die Zahl der empirisch relevanten Konsumfunktionen ist - in Abhängigkeit von Zeit und Raum - ziemlich groß. "Die" **Konsumfunktion** dürfte es nicht geben. Es seien deshalb einige **typische Verläufe** dargestellt. Die mathematisch einfachste Form einer Konsumfunktion lautet

(14.9) $\quad C_t = c \cdot Y_t$.

(14.9) ist eine durch den Nullpunkt laufende Gerade mit der Steigung c (im Grenzfall $c = 1$ würde sie zur 45°-Linie, somit zu $C_t = Y_t$). Der bisherigen Darstellung wurde diese Konsumfunktion und die Funktion

(14.22) $\quad C_t = C_0 + c \cdot Y_t$

14. Einkommen und Beschäftigung

zugrunde gelegt, die außerdem einen autonomen, d. h. einkommensunabhängigen Konsum berücksichtigt. Kompliziertere Funktionen sind

(14.37) $\quad C_t = C_0 + a \cdot Y_t + b \cdot Y_t^2 \quad$ und

(14.38) $\quad C_t = C_0 + a \cdot \sqrt{Y_t}$.

Die Gleichungen ergeben folgendes Bild (*Fig. 14-7*), wobei die Gestalt

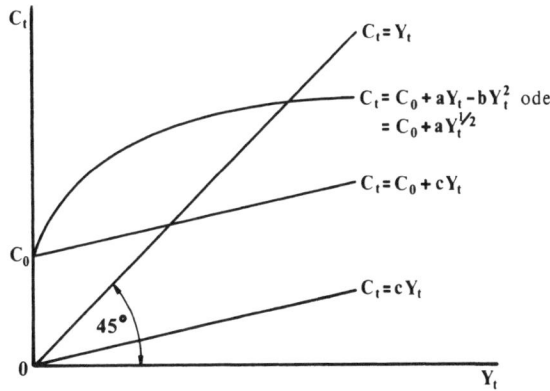

Fig. 14-7: Konsumkurven

von (14.37) und (14.38) innerhalb des dargestellten Bereichs von der Wahl der Parameter a und b abhängt. Man kann die unterschiedlichen Konsumfunktionen mit den Begriffen der marginalen und durchschnittlichen Konsumquote oder -neigung beschreiben. Die marginale Konsumquote (MC) ist das Steigungsmaß der Kurve ($tg\ \alpha = MC = c = \Delta C/\Delta Y$ bzw. dC/dY), die durchschnittliche Konsumquote (DC) der Quotient aus gesamtem Konsum und Einkommen ($tg\ \beta = DC = C/Y$). Für (14.9) ist $DC = MC$. (14.22) läßt sich durch die Eigenschaften $DC > MC$ (wegen C_0) und $MC =$ const. charakterisieren. Welche Kombination von C und Y in der Funktion (14.22) auch gewählt wird, stets ist $DC < MC$ (*Fig. 14-8.I.*). Für (14.37) und (14.38) wird MC durch den Tangens des mit der Tangente an die Konsumkurve und der Abszisse gebildeten Winkels α angegeben; $tg\ \alpha$ fällt mit zunehmendem Y, bleibt aber (wegen C_0) stets hinter DC zurück: $DC > MC$; MC ist fallend (*Fig. 14-8.II.*). Die Zusammenhänge verdeutlicht *Übers. 14-4*.

Der **Zusammenhang zwischen Konsum- und Sparfunktion** in einer geschlossenen Volkswirtschaft ohne staatliche Aktivität kann analog zum Ausdruck (14.28) durch die Gleichung

(14.39) $\quad S_0 = -C_0$

beschrieben werden. Die Sparfunktion ist eine Komplementärfunktion der Konsumfunktion, so daß aus der Konsum- die Sparfunktion gewonnen werden kann und umgekehrt. Lautet z. B. die Konsumfunktion $C_t = 60 + 2/3 \cdot Y_t$, ist die Sparfunktion $S_t = -60 + (1 - 2/3) \cdot Y_t = -60 + 1/3 \cdot Y_t$. Graphisch gesehen erhält man die Sparfunktion, indem die bei alternativen Einkommen getätigten Konsumausgaben von den durch die 45°-Linie definierten Gleichgewichtseinkommen subtrahiert werden.

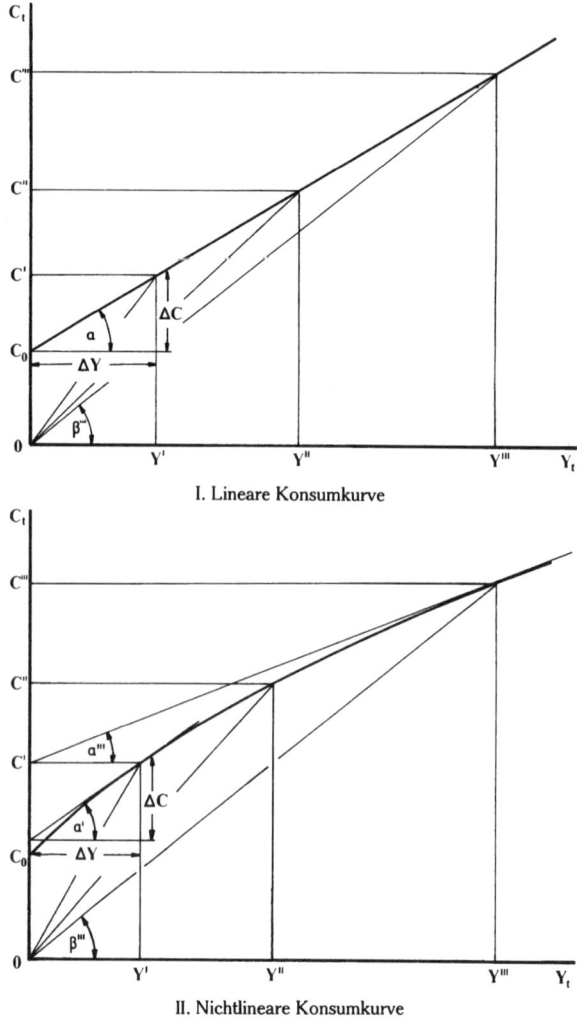

Fig. 14-8: Marginale und durchschnittliche Konsumquote

KEYNES nahm an, daß das Sparen mit steigendem Einkommen relativ zunehme; die Sparfunktion hätte dann den in Fig. 14-9 dargestellten Verlauf. In diesem Sparverhalten sieht er ein "fundamentales psychologisches Gesetz". Im Hinblick auf empirische Tests empfiehlt es sich, Sparen als eine Funktion des disponiblen Einkommens anzusehen, also jenes Einkommens, das den Haushalten bei ihrer Entscheidung zur Verfügung steht.

Wesentlich für die Konsumtheorie ist die **Definition des Volkseinkommens**. Dabei geht es nicht um unterschiedliche Abgrenzungen im Sinne der Volks-

14. Einkommen und Beschäftigung

Funktionstyp	Beispiel	Marginale Konsumquote (MC)	Durchschnittliche Konsumquote (DC)	Verhältnis von DC zu MC
I. Linear; $C_0 = 0$	$C_t = 2/3 \cdot Y_t$	konstant	konstant	$DC = MC$
II. Linear; $C_0 > 0$	$C_t = 60 + 2/3 \cdot Y_t$	konstant	fallend	$DC > MC$
III. Nichtlinear; $C_0 > 0$	$C_t = 60 + 5 \cdot Y_t - \frac{1}{10} \cdot Y_t^2$	fallend	fallend	$DC > MC$

Übers. 14-4: Entwicklung der marginalen und durchschnittlichen Konsumquote bei steigendem Volkseinkommen

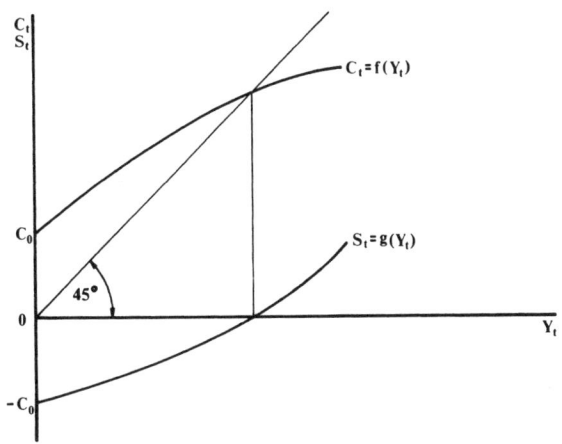

Fig. 14-9: Konsum- und Sparkurve

wirtschaftlichen Gesamtrechnung, sondern um die Einbeziehung von Erwartungen. KEYNES war der Meinung, daß sich gesamtwirtschaftlich optimistische und pessimistische Einkommenserwartungen der Konsumenten ausgleichen. Deshalb bezieht er die Konsumausgaben auf das laufende Einkommen, wie es die bisher verwendeten Konsumfunktionen von der generellen Form $C_t = f(Y_t)$ anzeigen. Es ist aber fraglich, ob das laufende oder aktuelle Einkommen die wichtigste oder gar einzige Entscheidungsgrundlage der Konsumgüterkäufe ist. Beispielsweise sind in den USA während und nach dem Zweiten Weltkrieg die Einkommen stark gestiegen, so daß nach dem KEYNESschen "fundamentalen psychologischen Gesetz" die durchschnittliche Konsumquote hätte

fallen müssen. Tatsächlich trat dieses Ergebnis nicht ein, ohne daß ein Einfluß des Einkommens auf die Konsumausgaben zu leugnen wäre. Es ist deshalb naheliegend, nach anderen Einkommenskonzepten zu suchen. Von den zahlreichen Varianten seien nur drei erwähnt:
⇨ die relative Einkommenshypothese (relative income hypothesis) von JAMES S. DUESENBERRY (1918-2009), nach der die Konsumausgaben von der jeweiligen sozialen Schichtung des Konsumenten abhängen;
⇨ die Dauereinkommenshypothese (permanent income hypothesis) von MILTON FRIEDMAN (1912-2006), nach der die gegenwärtigen Konsumausgaben von den erwarteten ständigen Einkommen bestimmt werden;
⇨ die Lebenszyklushypothese (life cycle hypothesis) von ALBERT K. ANDO (1929-2002) und FRANCO MODIGLIANI (1918-2003), nach der der Konsum als Funktion des Arbeits- und Renteneinkommens einer gesamten Lebensspanne angesehen wird.

Wirkungen auf die Lage der Konsumkurve		*Begründung der Hypothese*
Die Konsumausgaben steigen bei alternativen Einkommen, wenn... et vice versa.		
die Einkommensverteilung gleichmäßiger	wird	Bezieher relativ niedriger Einkommen haben größere Konsumneigung
das liquide Vermögen (Geldvermögen)	steigt	Sparneigung fällt mit steigendem Geldvermögen
das nichtliquide Vermögen (dauerhafte Konsumgüter)	sinkt	„Dienste" dauerhafter Güter müssen gekauft werden
das Preisniveau	sinkt	Realvermögen steigt
die Zinsen	sinken	Kredite werden billiger
die relativen Preise (nachfrageunelastische Güter)	steigen	Gleiches Konsumniveau erfordert höhere Ausgaben
die „Fixkosten" des Konsumenten (Ratenverpflichtungen, Versicherungsbeiträge, Miete u.ä.)	sinken	Restliches Einkommen steigt
das Produktsortiment	steigt	Neue Produkte erhöhen Konsum
die Kaufmotive (Werbung)	steigen	Kaufanreize und -nachahmungen sind soziale Phänomene
die Bevölkerung	steigt	Bevölkerung im konsumfähigen Alter nimmt zu

Übers. 14-5: **Bestimmungsgründe des Konsums**

Gemeinsames Merkmal dieser Einkommenshypothesen ist, daß sie - im Gegensatz zur KEYNESschen Konsumfunktion - von langfristigen Einflüssen des Ein-

kommens auf den Konsum ausgehen. Dieser Punkt wird im Testkapitel wieder aufgegriffen.
Neben dem Einkommen gibt es eine Reihe von kurz- und langfristigen Einflußfaktoren des Konsums, die nicht den Verlauf bestimmen, sondern die **Lage der Konsumkurve** beeinflussen. Bekanntlich muß man zwischen Bewegungen auf einer Kurve und Kurvenverschiebungen scharf trennen. Für Bewegungen auf einer Konsumkurve wird das Einkommen in seinen verschiedenen Definitionen als die einzige Einflußgröße betrachtet; andere Einflüsse sind durch die ceteris paribus-Klausel eliminiert. Die folgende Übersicht enthält einige empirisch plausible, teilweise schon bei der Haushaltsnachfrage (4. Kap.) erörterte Hypothesen über die Bestimmungsgründe für die Lage der Konsumkurve und damit für ihre Änderung (*Übers. 14-5*). Unter den wirtschaftspolitischen Folgerungen, die Keynes aus seiner Analyse der Massenarbeitslosigkeit zog, hat die Änderung der Einkommensverteilung großes Gewicht, weil eine Einkommensnivellierung - etwa durch Besteuerung relativ hoher zugunsten niedriger Einkommen (redistributive Steuer) - wie eine Einkommenserhöhung bei den Beziehern niedriger Einkommen wirkt. Das gilt, wie die Übersicht zeigt, auch in anderen Fällen. Insbesondere die Vernachlässigung des Vermögens als Bestimmungsfaktor der Nachfrage sowie die Wirkungen des Preisniveaus, das in einer Krise weniger stark steigt oder gar fällt, sind häufig kritisierte Defekte der Keynesschen Überlegungen, die von seinen Nachfolgern teilweise behoben worden sind.

Investition

Die zweite in der gesamtwirtschaftlichen Betrachtung genannte zentrale Nachfragekomponente sind die von den Unternehmen getätigten Investitionen (I). Es ist zu beachten, daß **Investitionen** in der Beschäftigungstheorie **Käufe von Gütern** (wie Anlagen, Maschinen, Lagergüter) sind und nicht mit den noch zu behandelnden Käufen von Wertpapieren ("Finanzinvestitionen", "Portfolioinvestitionen") konfundiert werden dürfen. Wie beim Konsum handelt es sich um geplante Ausgaben. Die Investitionen, deren Anteil an der Gesamtnachfrage (durchschnittliche Investitionsquote) in allen Volkswirtschaften gegenüber der durchschnittlichen Konsumquote nur einen relativ kleinen Teil ausmacht, haben starkes Interesse auf sich gezogen, weil sie erfahrungsgemäß stärker als die Konsumausgaben schwanken und deswegen beschäftigungstheoretisch von großer Bedeutung sind. Wegen des Multiplikatoreffekts können die durch diese Schwankungen ausgelösten gesamtwirtschaftlichen Volkseinkommens- und Beschäftigungswirkungen gravierend sein. Die Investitionen, die bisher vereinfachend als autonome, vorgegebene Größe behandelt wurden, hängen in Wirklichkeit von einer Reihe ökonomischer und technischer Faktoren ab. Ist das Ausmaß der Investitionen nicht vor allem eine Frage der Finanzierungsmöglichkeiten? Es ist zweckmäßig, die Frage der Investitionsfinanzierung, die betriebswirtschaftlich oft im Vordergrund steht, als ein einzelwirtschaftliches Problem eigener Art zu betrachten. Gesamtwirtschaftlich gilt dagegen die empirisch bestätigte Hypothese, daß das Geldsystem ausreichend elastisch ist, um Investitionsvorhaben innerhalb weiter Grenzen zu finanzieren.

⇨ Welche Bedeutung haben exogene Faktoren für das gesamtwirtschaftliche Investitionsniveau? Das ist - wie beim Konsum - eine erste Ausgangsfrage.
⇨ Eine zweite lautet: Welche Konsequenzen ergeben sich für das gesamtwirtschaftliche Gleichgewicht, wenn die Investitionen - nicht wie bisher eine autonome, sondern - eine induzierte Größe sind?
⇨ Drittens: Wie kommt es zu Verschiebungen des gesamtwirtschaftlichen Gleichgewichts?

Auf diese drei Fragen sei im folgenden eingegangen. Die Analyse der Investitionen ist um einiges schwieriger als die des Konsums, ihre Ergebnisse sind umstrittener und größtenteils noch Gegenstand der Forschung.

Die erste Frage versucht man meist mikroökonomisch zu beantworten. Die dabei gewonnenen Funktionen für einzelne Unternehmen werden dann aggregiert. Die Investitionsentscheidung der Unternehmen wird durch einen technischen Aspekt und durch eine Verhaltensweise beeinflußt. Technisch gesehen stellen Investitionen eine Veränderung des Kapitalbestands dar, der für die Produktion eingesetzt wird. Verhaltensmäßig wird unterstellt, daß Investitionen nur dann getätigt werden, wenn sie einen Gewinn versprechen. Die **Investitionsentscheidung** wird daher von **drei Elementen determiniert:**
1. dem aus einem bestimmten Kapitalbestand zu erwartenden Ertrag,
2. den Kosten dieses Kapitalbestands und
3. dem vorhandenen (aktuellen) Kapitalbestand.

Die Analyse der einzelnen Elemente greift auf die in der Mikroökonomie verwendeten Darstellungen und Techniken zurück. Wird eine Produktionsfunktion vom COBB-DOUGLAS-Typ (6. Kap.) unterstellt, hängt die Produktionsmenge pro Periode O vom Beschäftigungsstand N und dem technischen Entwicklungsstand β - beide werden hier als konstant angenommen - sowie vom Kapitalbestand K (z. B. Anzahl der zur Produktion eingesetzten Maschinen) ab:

(14.40) $O = f(K, \overline{N}, \overline{\beta}) = f(K)$

mit $f''(K) < 0$ (technische Gleichung).

Der aus einem bestimmten Kapitalbestand zu erwartende **Kapitalertrag** R_K pro Periode ergibt sich aus der Produktionsmenge, die mit dem Produktpreis P bewertet wird:

(14.41 a) $R_K = P \cdot O = P \cdot f(K)$ (Definitions-Gleichung).

Da eine aggregierte Betrachtung vorgenommen wird, entspricht der aggregierte (gesamtwirtschaftliche) Ertrag der einzelnen Unternehmen unter Einschluß der staatlichen "Produktion" dem nominalen Bruttosozialprodukt (Lagerbewegungen bleiben unberücksichtigt):

(14.41 b) $R_K \equiv Y_n$.

Wird der aggregierte Produktpreis dem Preisniveau gleichgesetzt, entspricht die aggregierte Produktionsmenge dem realen Bruttosozialprodukt:

(14.41 c) $Y_n = P \cdot Y_r \equiv R_K = P \cdot O = P \cdot f(K)$
$Y_r \equiv O = f(K)$.

14. Einkommen und Beschäftigung

Die **Beschaffungskosten des Kapitalbestands** K_K pro Periode sind abhängig vom Preis der Kapitaleinheiten P_K (z. B. dem Preis einer Maschine), dem Kapitalbestand (Anzahl der Maschinen) und dem Zinssatz i, der - bei Fremdfinanzierung - für die Aufnahme der Kaufsumme zu zahlen ist bzw. - bei Eigenfinanzierung - bei einer alternativen Verwendung der Kaufsumme für die Anschaffung von Wertpapieren (Opportunitätskosten) erzielt würde:

(14.42) $\quad K_K = i \cdot P_K \cdot K \quad$ (Definitions-Gleichung).

In der aggregierten Betrachtungsweise entspricht der aggregierte Kapitalgüterpreis dem Preisniveau für Kapitalgüter und der aggregierte Zinssatz dem nominalen Marktzins.

Das gesamtwirtschaftliche **Gewinnmaximum**

(14.43) $\quad G_K = R_K - K_K = Y_n - K_K =$ Maximum!

wird bei dem (optimalen) Kapitalbestand erreicht, bei dem der gesamtwirtschaftliche Grenzertrag des Kapitals und die Grenzkosten des Kapitals gleich sind:

(14.44 a) $\quad Y'_n = \dfrac{dY_n}{SK} = \dfrac{dK_K}{dK} = K'_K \quad$ (Verhaltens-Gleichung).

Entsprechend der Ertragsfunktion (14.41) und der Kostenfunktion (14.42) wird dies bei

(14.44b) $\quad P \cdot \dfrac{dY_r}{dK} = p \cdot f'(K_{opt}) = i \cdot P_K \quad$ (Verhaltens-Gleichung)

erreicht. Die Höhe der (optimalen) Investitionen I ergibt sich aus der Differenz zwischen optimalem und aktuellem Kapitalbestand:

(14.45) $\quad I = K_{opt} - K_{akt}$

$\quad\quad\quad = f'^{-1}\left(\dfrac{i \cdot P_K}{P}\right) - K_{akt} \quad$ (Verhaltens-Gleichung).

Eine spezielle Charakteristik des Investitionsverhaltens zeigt sich bei der Betrachtung der **Grenzleistungsfähigkeit des Kapitals** (marginal effeciency of capital):

(14.46) $\quad i_r = \dfrac{P \cdot dY_r}{P_K \cdot dK} = \dfrac{P}{P_K} \cdot f'(K) \quad$ (Definitions-Gleichung).

Sie bezeichnet (ungefähr) den - erwarteten - Ertragswert, der von einer Werteinheit der zuletzt eingesetzten Kapitaleinheit erzielt wird. Löst man die Gewinnmaximierungsbedingung (14.44 b) nach i auf:

(14.47) $\quad i = \dfrac{P \cdot dY_r}{P_K \cdot dK} = \dfrac{P}{P_K} \cdot f'(K_{opt})$, wird deutlich, daß bei einem optimalen Kapitalbestand die Grenzleistungsfähigkeit des Kapitals dem Marktzins entspricht:

(14.44 c) $i = i_r$ (Verhaltens-Gleichung).

Bei einem Kapitalbestand unterhalb des Optimums ist die Grenzleistung des Kapitals höher als der Marktzins und umgekehrt. Die Investitionen erfolgen daher bis zu der Höhe des Kapitalbestands, bei der die Grenzleistungsfähigkeit des Kapitals mit dem Marktzins übereinstimmt. Eine entsprechende Umformung von (14.47) führt unter Berücksichtigung des aktuellen Kapitalbestands wieder zu (14.45). Die Bestimmung des optimalen Kapitalbestands und der Investitionshöhe läßt sich graphisch verdeutlichen (*Fig. 14-10*). Es wird ersicht-

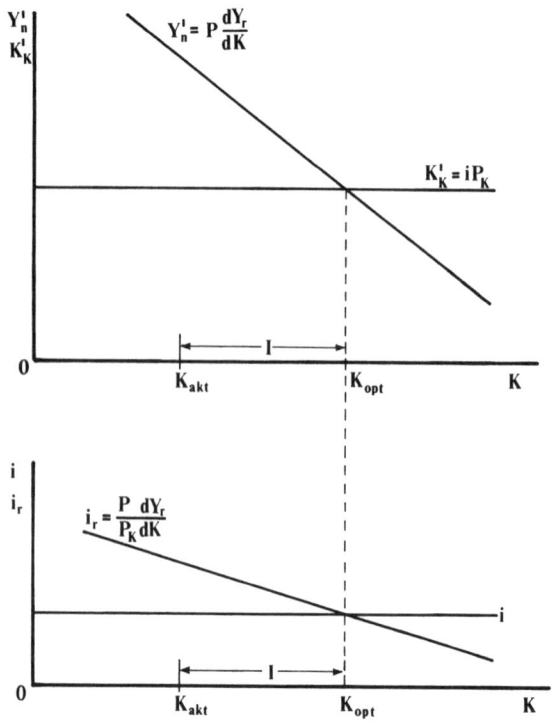

Fig. 14-10: Investitionshöhe und optimaler Kapitalbestand

lich, daß die Investitionshöhe in jeder Periode davon abhängig ist
⇨ inwieweit die Ertragskurve sich verändert hat durch eine Änderung des Preisniveaus oder durch eine Änderung der Produktionsfunktion aufgrund des technischen Fortschritts oder eines anderen Beschäftigungsstandes,
⇨ inwieweit sich die Kostenkurve verschoben hat durch eine Änderung des Kapitalpreisniveaus oder durch eine Änderung des Marktzinses und
⇨ welche Höhe der aktuelle Kapitalbestand einnimmt, der durch Abschreibung und Investitionen der Vorperiode verändert wurde.

14. Einkommen und Beschäftigung

In der KEYNESschen Analyse des Investitionsverhaltens werden alle Einflußfaktoren außer dem Zins als konstant angesehen:

(14.48) $\quad I_t = g(\overline{P}, \overline{f(K)}, \overline{P_K}, i, \overline{K_{akt}})$

$\qquad\quad = I_t(i) \qquad\qquad$ (Verhaltens-Gleichung).

Unter diesen Annahmen wird bei steigendem Marktzins der optimale Kapitalbestand - und damit die Investitionshöhe - zurückgehen und umgekehrt (*Fig.14-11*).

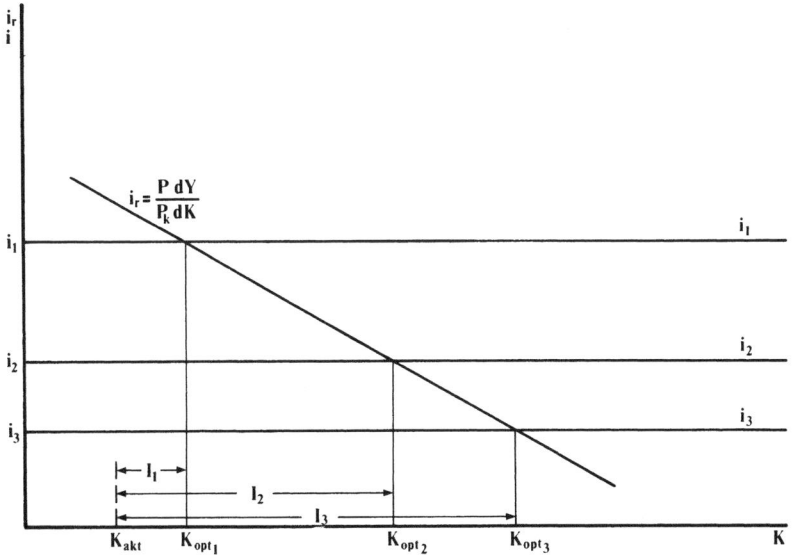

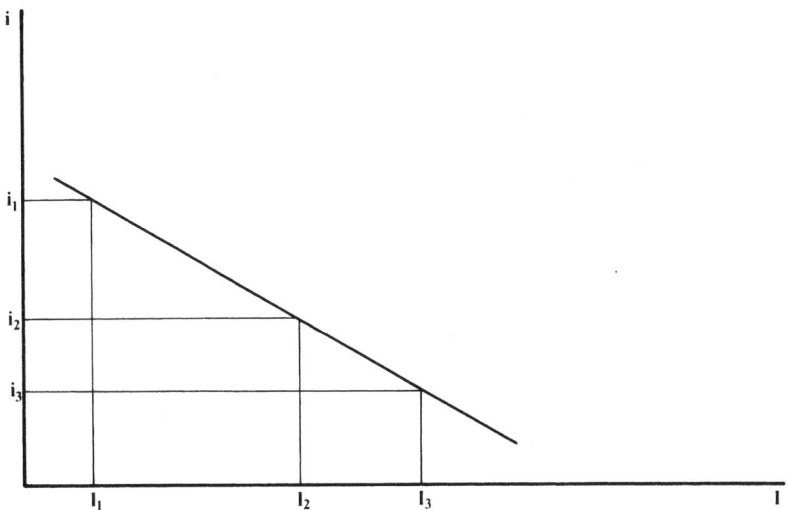

Fig. 14-11: Zinsabhängige Investitionen

Die analytische Konsequenz zinsabhängiger Investitionen ist, daß für das **Gleichgewicht auf dem Gütermarkt** nunmehr - statt (14.11) - gilt:

(14.49) $\quad Y_t = C_t(Y_t) + I_t(i)$ \hfill (Verhaltens-Gleichung).

Dieser Ausdruck gibt die Ansichten von KEYNES - als Antwort auf die zweite Frage - in Kürze wieder. Die Ausgaben sind eine Funktion des Volkseinkommens und des Zinssatzes, wobei der Konsum - und damit implizit das Sparen - ausschließlich als Funktion des Volkseinkommens, die Investition ausschließlich als Funktion des Zinssatzes angesehen werden. Während bei einer autonomen Investition das gesamtwirtschaftliche Gleichgewicht nur vom Volkseinkommen abhängt, wird es nun auch vom Zinssatz bestimmt (*Fig. 14-12*).

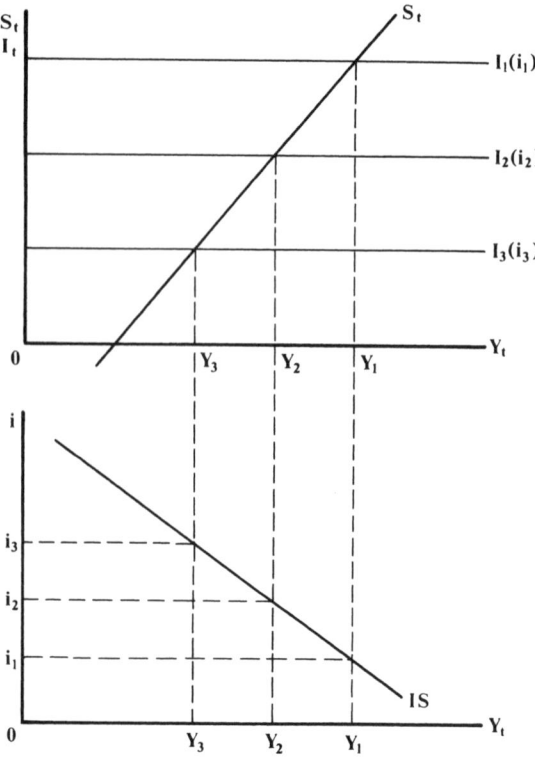

Fig. 14-12: Ableitung der *IS*-Kurve

Die Gleichgewichtsbedingung $S_t = I_t$ ist im oberen Teil der *Fig. 14-12* in jedem Schnittpunkt der S-Kurve mit einer I-Kurve erfüllt. Ist der Zinssatz i_1, beträgt nach (14.48) die Investition $I_1(i_1)$ und man erhält das Gleichgewichtseinkommen Y_1. Steigt der Zins, geht die Investition zurück, für i_2 auf I_2. Dieser Investition entspricht ein Gleichgewichtseinkommen von Y_2 und so fort. Man kann nun alle zusammengehörigen Gleichgewichtswerte von i und Y in einem Koordinatensystem abtragen (*Fig. 14-12*; unterer Teil). Die Verbindungslinie dieser Punkte wird als **IS-Kurve** bezeichnet. Die *IS*-Kurve verschiebt sich, wenn ceteris paribus die Investitions-(I-) oder die Spar-(S-)Kurve ihre Lage ändern: Die *IS*-Kurve verschiebt sich nach rechts, wenn die Sparbeträge (= Investitionsgüterkäufe) fallen. Der Leser merke sich dieses i-Y-Diagramm, auf das später zurückgegriffen wird (15. Kap.). Wenn das Volkseinkommen die abhängige Variable des Zinssatzes ist, werden auch die vom Volkseinkommen determinierten Konsumausgaben vom Zinssatz bestimmt. Andererseits gehört zu einem hohen Volkseinkommen ceteris paribus eine hohe Sparquote. Der Gleichgewichtszins, der für eine diesem Sparen entsprechende Investition sorgt, muß dann relativ niedrig sein. Daraus wird deutlich, daß die Investitionen indirekt auch vom Volkseinkommen bestimmt werden.

Hierfür läßt sich eine weitere Begründung - und zugleich als Antwort auf die dritte Frage - anführen: Empirische Studien haben gezeigt, daß die **Lage der Investitionskurve**, das Investitionsniveau, **von** den **Gewinnen abhängt**, insbesondere von jenen, die der Unternehmer nicht auszuschütten braucht. Je höher der Anteil eigener Mittel bei der Investitionsfinanzierung ist (Selbstfinanzierungsquote), um so eher neigen die Unternehmer zur Investition, was oft auch gilt, wenn geeignete Mittel von außen (Fremdfinanzierung) leicht zu beschaffen sind.

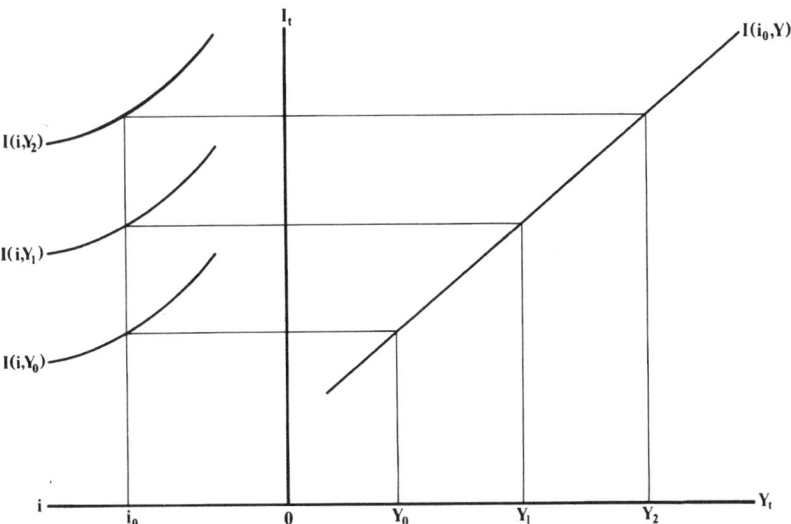

Fig. 14-13: Investitionen als Funktion gewinnabhängigen Volkseinkommens

Die Selbstfinanzierungsquote wiederum korreliert stark mit dem Volkseinkommen. Bei steigendem Volkseinkommen (Prosperität) nimmt die Quote zu, bei fallendem (Depression) ab, meist sogar überproportional. Graphisch gesehen kann man das wie folgt ausdrücken (*Fig. 14-13*). Der linke Teil der *Fig. 14-13* stellt die um 90° gedrehte *Fig. 14-11* (unterer Teil) dar. Betrachtet man Y als Parameter, läßt sich eine ganze Schar von Investitionskurven denken, weil mit steigendem Volkseinkommen ($Y_2 > Y_1 > Y_0$) zu jeweils alternativen Zinssätzen mehr investiert wird. Die Einkommens- oder Ausgabenfunktion (14.49) erhält dann die von den Postkeynesianern (15. Kap.) entwickelte Form:

(14.50) $Y_t = C(Y_t) + I(Y_t, i)$ (Verhaltens-Gleichung).

Die Bestimmungsgründe für die Investitionsausgaben sollen - da sie ein zentrales Stück der KEYNESschen Theorie bilden - in einer Übersicht noch einmal verdeutlicht werden (Übers. 14-5).

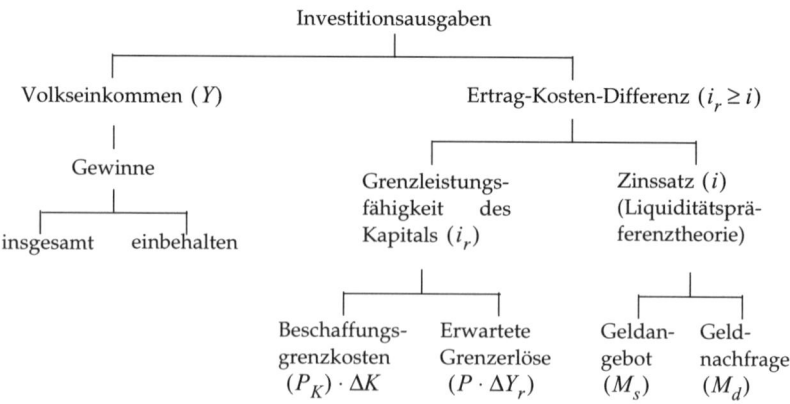

Übers. 14-5: Bestimmungsgründe der Investitionsausgaben

Es herrscht weitgehendes Einvernehmen darüber, daß Gewinnänderungen nur eine Größe sind, die auf die Lage der Investitionskurve einwirken. Von **weiteren Einflußfaktoren** seien einige mit ihrer Wirkungsrichtung genannt:
⇨ Der Stand der Technik: Technischer Fortschritt verschiebt die Nachfragekurve für Investitionsgüter nach rechts.
⇨ Die Ertragserwartungen: Bei pessimistischen Ertragserwartungen, die wirtschaftlich und politisch bedingt sein können, verläuft die Nachfragekurve unterhalb einer Kurve, die bei optimistischen Zukunftsaussichten relevant ist.
⇨ Das Ausmaß der Unsicherheit: Bei großer Unsicherheit wird die Ertragserwartung größer sein müssen als bei geringer, um eine bestimmte Investition zu veranlassen, so daß die Nachfragekurve im ersten Fall höher verläuft. Die Unsicherheit kann bereits im Zinssatz i (Marktzinssatz plus Risikoprämie des Kreditgebers) und i_r (Kapitalertrag minus Risikoprämie des Kreditnehmers) berücksichtigt werden.
Dieser Katalog von Hypothesen ist keineswegs vollständig. Es sei daran erinnert: Das Geldangebot wurde gesamtwirtschaftlich als hinreichend elastisch unterstellt, was volkswirtschaftlich plausibler ist als betriebswirtschaftlich, aber nicht in allen konkreten Fällen die tatsächliche Situation umschreibt. Beschränkungen in den Finanzierungsmöglichkeiten führen zu Verschiebungen der Investitionsfunktion nach links et vice versa.

III. Geldmarkt

Geldnachfrage

Der Zins war bisher eine autonome, theoretisch nicht erklärte Größe. Seine Bestimmungsgründe werden nun in der monetären Analyse der Einkommens- und Beschäftigungstheorie erörtert. Ausgangspunkt der Überlegungen ist die Vorstellung, daß es im monetären Sektor Anbieter und Nachfrager wie auf Gütermärkten gibt. **In der KEYNESschen Theorie** wird eine **Beschränkung auf die Geldnachfrage** vorgenommen. Das Geldangebot, das von den Geldproduzenten stammt, wird als vorgegeben betrachtet (autonome, exogene Variable) - mithin theoretisch nicht untersucht -, ebenso wie das Preisniveau, dessen Wirkungen auf Einkommen und Beschäftigung allerdings Teil der Analyse sind. Die daraus abgeleitete nachfrageorientierte Zinstheorie - kaum mehr als Rudiment einer Geldtheorie - ist jedoch für das KEYNESsche System wesentlich.

Das vorgegebene Geldangebot, kurz die Geldmenge, befindet sich in einem gegebenen Augenblick in der Verfügungsgewalt von Kassenhaltern (Haushalte, Unternehmen einschließlich Geschäftsbanken und Staat; die Bestimmungsgründe der Kassenhaltung des Staates sollen im folgenden außer Betracht bleiben). Die nominale Kassenhaltung oder **Geldnachfrage** (M_d) ist ex post stets **gleich** dem nominalen **Geldangebot** (M_s) und es gilt deswegen: $M_s \equiv M_d$. (Dies muß und wird in der Regel nicht ex ante gelten.) Durch bloße Änderungen der individuellen Kreditbeziehungen ist demnach eine Erhöhung oder Verringerung der nominalen Geldmenge nicht möglich. Für die Wirkungen des Geldes in der Zeit ist ausschlaggebend, wie lange eine gegebene Geldmenge im Durchschnitt von den Kassenhaltern festgehalten, also nicht zu Zahlungen verwendet wird. Diese Zeit wird als Kassenhaltungsdauer bezeichnet, ausgedrückt in Zeiteinheiten (Tagen, Wochen usw.). Ihre Reziproke ist die Umlaufgeschwindigkeit des Geldes pro Zeiteinheit (2. Kap.). Die Kassenhalter können zwar die Geldmenge nicht verändern (18. Kap.), wohl aber die Kassenhaltungsdauer bzw. die Umlaufgeschwindigkeit. Da - wie (2.6) zeigt - Geldmenge und Umlaufgeschwindigkeit die Komponenten der monetären Gesamtnachfrage sind, wird diese ebenso durch die Verhaltensweise der Privaten (über V) wie der Geldproduzenten (über M) beeinflußt. Makroökonomisch dürfte es in der Regel gleichgültig sein, ob eine Verringerung der monetären Gesamtnachfrage auf Geldvernichtung oder Erhöhung der Kassenhaltungsdauer (et vice versa) zurückgeht.

Auf die Frage nach den Ursachen für Größe und Veränderungen der Kasse gibt KEYNES die Antwort: Kasse wird gehalten für Zwecke des Umsatzes, aus Gründen der Vorsicht und zur Spekulation. Das Umsatzmotiv veranlaßt Haushalte und Unternehmen, Geld zur Überbrückung der Zeitdifferenz zwischen den Zahlungseingängen und -ausgängen, die **Umsatzkasse**, bereitzuhalten. Die Kassenhalter geben sich gleichsam selbst einen Überbrückungskredit. Liefen Einnahmen und Ausgaben völlig synchron, würden sie keine Umsatzkasse benötigen, da jeder Ausgabe zur selben Zeit eine Einnahme gegenüberstünde. Um die Zeitüberbrückungsfunktion der Umsatzkasse herauszuarbeiten, sei zunächst unterstellt, die Privaten hielten nur aus dem Umsatzmotiv Kasse. *Fig. 14-*

14.I. und II. zeigen die Transformation des Einkommens, das Haushalte am Beginn einer einmonatigen Ausgabenperiode ausgezahlt bekommen, zu kontinuierlichen Einnahmen der Unternehmen im Verlauf der Periode.

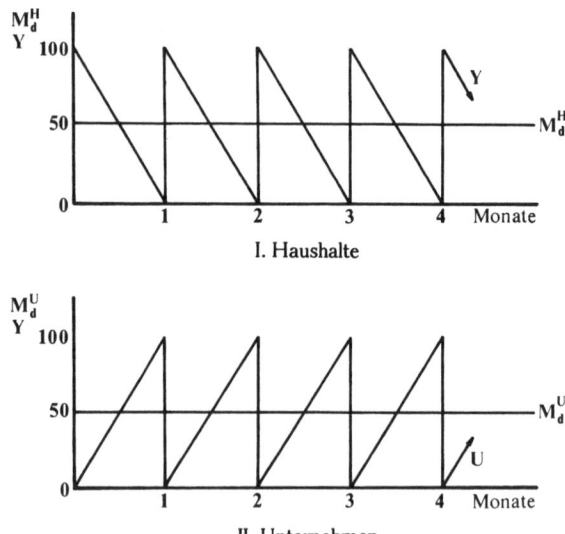

Fig. 14-14: Zahlungsperiode und Kassenhaltung

Die Zeichnung läßt sich mikro- oder makroökonomisch interpretieren. Die beiden Kassenhalter sollen jeweils die Gesamtheit der Haushalte (Fig. 14-14.I.) und Unternehmen (Fig. 14-14.II.) darstellen. Zu Beginn der Zahlungsperiode erhalten die Haushalte ein Einkommen (Y) in Höhe von 100, das von den Unternehmen als Faktorentgelt gezahlt wird. Gegen Ende der Periode ist das von den Haushalten wieder an die Unternehmen fließende Einkommen verausgabt. Im gleichen Zeitpunkt erfolgt eine neue Zahlung an die Haushalte durch die Unternehmen. Im Durchschnitt eines Monats verfügen dann die Haushalte über eine Kasse $M_d^H = 1/2 \cdot Y = 1/2 \cdot 100 = 50 Euro$. Bezogen auf das Monatseinkommen ist sie 1/2, bezogen auf das Jahreseinkommen 1/24 des Monats- bzw. Jahreseinkommens. Ähnliches gilt für die Unternehmen, deren Kasse (M_d^U) im Durchschnitt ebenfalls 50 Euro beträgt. Da die Einkommen in den Haushaltszahlungen erfaßt sind (Zahlungen der Unternehmen an die Faktoren), beläuft sich die totale Nachfrage der Haushalte und der Unternehmen nach Kasse insgesamt auf ein vollständiges Monats- oder 1/12 Jahreseinkommen ($M_d = M_d^H + M_d^U = Y = 100$). Wird nicht auf Einkommen, sondern auf Zahlungen (Umsätze) abgestellt, ist die Geldnachfrage der Haushalte und Unternehmen jeweils 1/2 der monatlichen oder 1/24 der jährlichen Umsätze. Die auf das Einkommen bezogene tatsächliche Kassenhaltungsdauer (k^*) läßt sich demnach als Quotient aus der Geldnachfrage M_d und dem für eine bestimmte Zeitperiode erzielten Einkommen Y_t definieren

(14.51) $$k^* = \frac{M_d}{Y_t}$$ (Definitions-Gleichung).

14. Einkommen und Beschäftigung

Betrachtet man k^* als eine über die Zeit konstante ex ante-Größe, d. h. als Verhaltenskonstante (Verhaltensparameter) k^*_t, läßt sich aus (14.51) eine Hypothese formulieren, die als Gleichung lautet

(14.52) $\quad M_d = k^*_t \cdot Y_t \quad$ (Verhaltens-Gleichung).

Mit (14.52) wird im Gegensatz zu (14.51) behauptet, daß sich die Geldnachfrage proportional zum Volkseinkommen verhält. Sie ist demnach ein konstanter Teil des Einkommens. Die auf sämtliche Transaktionen bezogene tatsächliche Kassenhaltungsdauer (k) kann als reziproke Größe der Umlaufgeschwindigkeit (Verkehrsgleichung) definiert werden, was aus (2.6) unmittelbar einsichtig wird. Schreibt man (2.6)

(2.6 a) $\quad V \equiv \dfrac{Q \cdot P}{M}$

folgt wegen der Definition

(14.53) $\quad k \equiv \dfrac{1}{V}$

(14.54) $\quad k \equiv \dfrac{M}{Q \cdot P} \quad$ (Definitions-Gleichungen).

Auch die Größe k kann als Verhaltensparameter behandelt werden, indem man sie - ebenso wie k^*_t - als eine strukturelle Konstante k_t einführt. Das Ergebnis ist

(14.55) $\quad M_d = k_t \cdot Q \cdot P \quad$ (Verhaltens-Gleichung).

(14.55) besagt, daß sich die Geldnachfrage proportional zum gesamtwirtschaftlichen Angebot - ausgedrückt in der Sprache der Verkehrsgleichung - verhält. (14.52) und (14.55) stellen als Verhaltenshypothesen Behauptungen über die Abhängigkeit der Geldnachfrage dar. Für die Größe der beiden tatsächlichen Kassenhaltungszeiten gilt $k^* > k$, weil nicht alle Umsätze zu Einkommen führen $Y < Q - P$. Aus *Fig. 14-14* wird evident, daß diskontinuierliche Einkommensverausgabungen auf die Höhe der Kassenhaltung einwirken. Von einer Analyse solcher Feinheiten sei abgesehen. Empirische Bedeutung hat die Tatsache, daß sich die Kassenhaltung auch mit Variationen der Periode ändert. Es sei angenommen, die Zahlungsperiode des Einkommens wird auf eine Woche verkürzt; ein Monat soll aus vier Wochen bestehen (*Fig. 14-15*) Das auf den Monat oder das Jahr bezogene Einkommen hat sich dagegen nicht verändert. Die totale Durchschnittskasse ist von M_d auf M'_d gesunken (payment-interval-effect). In *Fig. 14-15.II.* ist die Zahlungsperiode ebenfalls verkürzt, jedoch keine entsprechende Verringerung der Höhe der Zahlungen vorgenommen worden. Das auf den Monat oder das Jahr bezogene Einkommen muß sich dann vervierfacht haben, die Durchschnittskasse M_d ist unverändert geblieben (payment-pattern-effect). Mit Verkürzung der Zahlungsperiode verringert sich demnach die für die Verausgabung eines bestimmten Einkommens benötigte Geldmenge. Wird die Geldmenge nicht reduziert, kann ein höheres Einkommen bewältigt werden und umgekehrt. Größere gesamtwirtschaftliche Änderungen der

334   Dritter Teil. Makroökonomie

Zahlungsperioden dürften in der Realität kurzfristig kaum auftreten. Sie können - wie bei KEYNES - in einer kurzfristigen Analyse außer Betracht bleiben, nicht dagegen in einer langfristigen.

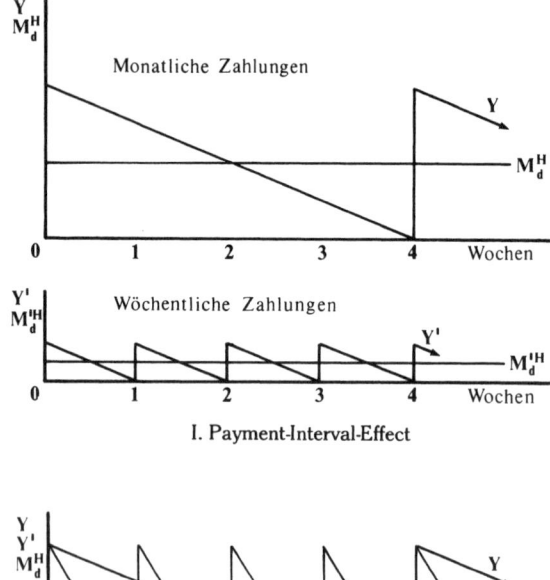

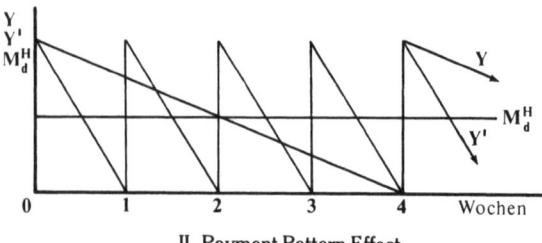

Fig. 14-15: Änderungen der Zahlungsperioden und Kassenhaltung

Eine Kassenhaltung ist nicht nur nötig für Umsatzzwecke. Jeder weiß, daß in der Wirklichkeit Ereignisse eintreten, die nicht vorherzusehen sind. Das Automobil kann plötzlich defekt, das Haus reparaturbedürftig werden. Dann sind unerwartete Ausgaben fällig. Aus Gründen der Vorsicht wird man eine Kassenreserve bilden, die **Vorsichtskasse**. Wovon hängt ihre Größe ab? Wer wenig Einkommen hat, wird keine oder nur eine kleine Reserve bilden können. Bezieher hoher Einkommen dürften einen größeren Teil ihres Einkommens abzweigen. Nach dieser Hypothese ist die Vorsichtskasse vom Einkommen abhängig. Für ein gegebenes Einkommen gilt im einfachsten Fall folgender Zusammenhang (*Fig. 14-16*). Beide Kassen (Umsatz- und Vorsichtskasse) werden unter dem Begriff aktive Kasse (M_{d1}) zusammengefaßt. Es ist jener Teil des Einkommens, der als Durchschnittsbetrag für vorgesehene und unvorhergesehene Zahlungen bereitgehalten wird. Die einkommensabhängige aktive Kasse läßt sich bei einem konstanten Parameter k^*_t durch eine Gleichung von der Form (14.52) wie folgt beschrieben (*Fig. 14-17*). Beim Einkommen Y' wird vom Geldangebot die Geldmenge M' für die aktive Kasse nachgefragt (gebraucht), beim Einkommen Y'' die Geldmenge M'' und so fort. Das Steigungsmaß der Geld-

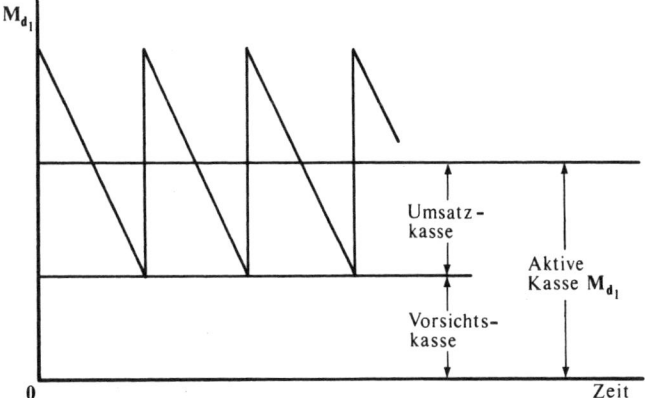

Fig. 14-16: Umsatz- und Vorsichtskasse

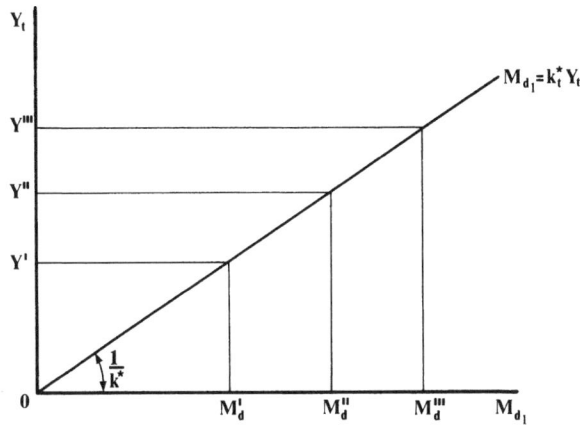

Fig. 14-17: Geldnachfrage für die aktive Kasse

nachfragekurve ist - wegen der Ordinatenbezeichnung - die Reziproke der Kassenhaltungsdauer k^*_t, die sich hier auf die Umsatz- und Vorsichtskasse bezieht.

Über die Motive für eine aktive Kasse besteht ziemlich Einigkeit. KEYNES hat jedoch als drittes Motiv für die Kassenhaltung die Spekulationsabsicht hervorgehoben. Es ist möglich, durch die Wahl der Zeitperiode spekulative Ausgaben einmal zum Bestandteil der erwarteten, zum anderen der unerwarteten Transaktionen werden zu lassen. Will man das Spekulationsmotiv explizit berücksichtigen, darf die Zeitperiode nicht zu lang gewählt werden, was für die Analyse von KEYNES generell gilt. Seine Begründung für die **Spekulationskasse** (M_{d2}), die passive Kasse, basiert auf folgender Überlegung: Es gibt einen "normalen" Zinssatz, bei dem in bestimmtem Umfang Geld für Spekulationszwecke, aber auch bestimmte Wertpapiere (festverzinslich, nicht rückzahlbar) als alternative Anlageform gehalten werden. Marktpreis (Kurs) und effektiver Zins

(Rendite) der Wertpapiere verhalten sich umgekehrt proportional (effektiver Zins = Nominalzins · 100/Kurs), so daß an Stelle der Wertpapierpreise der Zinssatz i gesetzt werden kann (*Fig. 14-18*). Die Kurve in *Fig. 14-18* ist Ausdruck

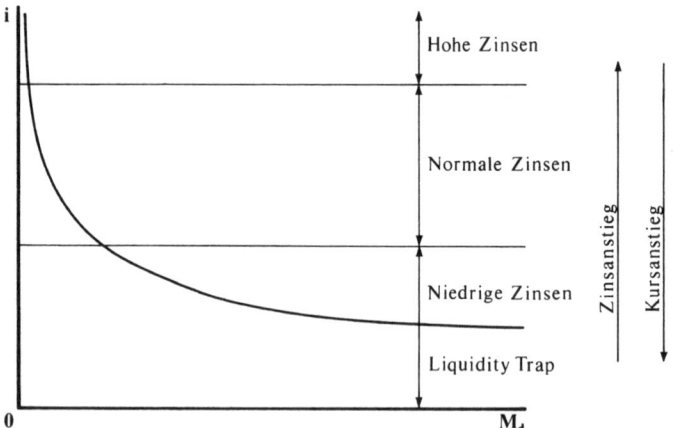

Fig. 14-18: Geldnachfrage für die Spekulationskasse

der Liquiditätspräferenz. Sie besagt: Steigt der Effektivzins infolge einer Senkung der Wertpapierkurse über eine als normal empfundene Höhe, wird durch den Kauf von Wertpapieren die Spekulationskasse pro Zeiteinheit reduziert, da man in Zukunft mit einer Zinssenkung auf das als normal betrachtete Niveau (also mit einer Kurssteigerung) rechnet. Fällt der Zins unter die normale Rate (steigender Kurs), werden zunehmend Wertpapiere verkauft und die Spekulationskasse wird aufgestockt, da man eine Zinssteigerung (Kurssenkung) befürchtet, bei der die möglichen Kursverluste - bei Wertpapierhaltung - größer als der entgangene Zinsertrag - bei Kassenhaltung - sein könnten. Von einem bestimmten niedrigen Zinssatz an wird die spekulative Geldnachfrage vollkommen zinselastisch. Jede Geldmenge, die nicht für Transaktionszwecke nötig ist, wird weder zu Güter- noch zu Wertpapierkäufen verwendet, sondern wandert in die Spekulationskasse (liquidity trap). Zum Unterschied von der loanable funds-Theorie (10. Kap.), bei der sich der Zinssatz auf das Geldkapitalangebot pro Zeiteinheit bezieht (Kapitalstrom), beruht die Liquiditätspräferenztheorie auf einem gegebenen Geldkapitalbestand, so daß bei M_d der Zeitindex fehlt.

Geldmarktgleichgewicht

Die **totale Geldnachfrage** M_d ist nach KEYNES die Summe aus den Teilkassen M_{d1} und M_{d2}:

(14.56) $M_d = M_{d1} + M_{d2}$ (Definitions-Gleichung).

M - gleichgültig, ob Geldnachfrage oder -angebot (M_d oder M_s) - ist nominal, das heißt in Währungseinheiten, definiert. Die reale Geldmenge erhält man, indem z. B. durch den Preisindex P - etwa des Bruttosozialprodukts - dividiert wird (M/P). Da $1/P$ die Kaufkraft einer Geldeinheit ist, gibt M/P die Kaufkraft der zu einem bestimmten Zeitpunkt vorhandenen Geldmenge M an. Ob die Geldmenge im Keynesschen System nominal oder real interpretiert werden muß, ist strittig. Den Intentionen von KEYNES dürfte die reale Definition mehr entsprechen, wie noch deutlich gemacht wird (15. Kap.). Da M_{d1} einkommens- und M_{d2} zinsabhängig ist, erhält man für (14.56) generell:

(14.57) $\quad \dfrac{M_d}{P} = \dfrac{L_1(Y_t) + L_2(i)}{P}$,

für den in *Fig. 14-17* dargestellten Fall speziell

(14.58) $\quad \dfrac{M_d}{P} = k^*_t \cdot Y_r + \dfrac{L_2(i)}{P}$ \hfill (Verhaltens-Gleichungen).

(14.57) wird als reale Geldnachfrage oder als Realkassenfunktion der Keynesschen Theorie bezeichnet. Das Geldangebot (M_s/P) ist vorgegeben und sei konstant

(14.59) $\quad \dfrac{M_s}{P} = \left(\dfrac{\overline{M_s}}{P}\right)$ \hfill (Verhaltens-Gleichung).

Der Schnittpunkt der durch (14.58) und (14.59) symbolisierten Kurven für Nachfrage und Angebot

(14.60) $\quad \dfrac{M_s}{P} = \dfrac{M_d}{P}$

ist das **Gleichgewicht auf dem Geldmarkt**, zu dem als Preis der Zins und als Menge die totale Geldnachfrage gehören (*Fig. 14-19*). Im unteren Teil der *Fig. 14-19* ist *Fig. 14-17* spiegelbildlich wiederholt. Vom Nullpunkt wird zunächst die aktive Kasse abgetragen. Das ist für drei verschiedene Volkseinkommen geschehen. Im oberen Teil der Figur ist die Nachfragekurve für Spekulationskasse - beginnend nach der aktiven Kasse - eingezeichnet, so daß sie die totale Geldnachfrage wiedergibt. Sind ex ante gesamte Geldnachfrage und -angebot größengleich, herrscht ein Gleichgewicht (Schnittpunkte der M_s/P - mit den M_d/P -Kurven). Der jeweilige Gleichgewichtszins ist i' (für Y'), i'' (Y'') bzw. i''' (Y'''). In der liquidity trap hat das Geldangebot keinen Einfluß auf den Zins.

Ähnlich wie auf dem Gütermarkt - für Konsum und Investition - lassen sich die Gleichgewichtspunkte in ein i-Y-Diagramm übertragen und durch eine Kurve verbinden, die **LM-Kurve**, welche die Beziehungen zwischen Gleichgewichtszinssatz und Volkseinkommen ausdrückt (*Fig. 14-20*). Im linken Teil der *Fig. 14-20* ist die Bestimmung des Gleichgewichts aus *Fig. 14-19* wiederholt. Zu jedem Gleichgewicht gehört ein bestimmtes Volkseinkommen (Y', Y'' und Y'''), das mit dem Zinssatz innerhalb bestimmter Grenzen positiv korreliert. Verbindungslinie der Gleichgewichte im rechten Teil von *Fig. 14-20* ist die LM-Kurve.

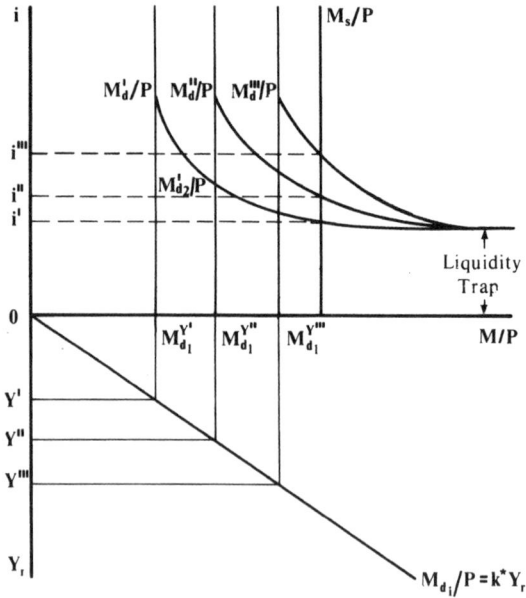

Fig. 14-19: Bestimmung des Gleichgewichtszinses

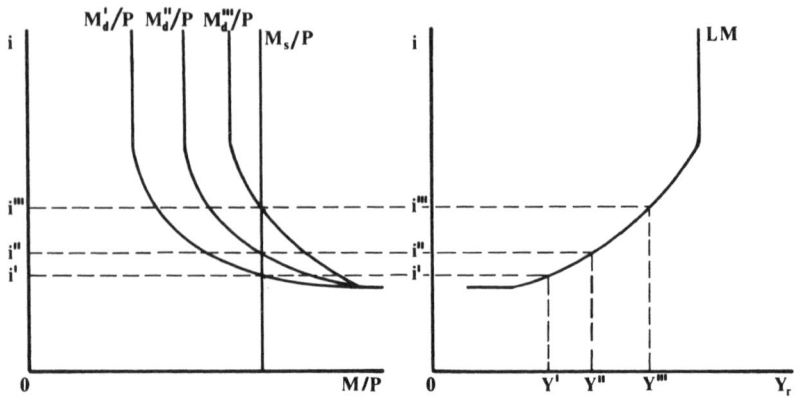

Fig. 14-20: Ableitung der LM-Kurve

Bei einem geringen Volkseinkommen und gegebenem Geldangebot ist die aktive (passive) Kasse klein (groß), der Zins demzufolge niedrig et vice versa. Bei einem sehr geringen Volkseinkommen wird die LM-Kurve wegen der liquidity trap vollkommen zinselastisch. Umgekehrt, bei sehr hohem Volkseinkommen, hat die LM-Kurve einen vertikalen Ast, d. h. daß bei sehr hohen Zinsen die Nachfrage nach Spekulationskasse völlig unelastisch wird. Die LM-Kurve verschiebt sich, wenn ceteris paribus die Liquiditätspräferenz-(L-) oder die Geldangebots-(M-)Kurve ihre Lage ändern. Eine Rechtsverschiebung wird ceteris paribus von einem steigenden nominalen Geldangebot oder einer Abnahme der Liquiditätsneigung (Verminderung von k^*_t (Kurvendrehung) und/ oder Linksverschiebung von $L_2(i)$ und/oder fallende Preise) ausgelöst. Wie bei der IS-Kurve sollte der Leser sich das i-Y-Diagramm merken, weil darauf später zurückgegriffen wird (15. Kap.).

IV. Arbeitsmarkt

Ausgangspunkt für die Analyse der **Arbeitsnachfragefunktion** ist wiederum die gesamtwirtschaftliche Produktionsfunktion (14.40). Während bei der Analyse der Investitionsfunktion die Beschäftigung konstant gehalten und der Kapitalbestand variiert wurde, wird bei der Arbeitsnachfrageanalyse umgekehrt verfahren. Der Produktionsfaktor des technischen Fortschritts wird ebenfalls konstant gehalten:

(14.61) $\quad Y_r = f(N, \bar{K}, \bar{\beta}) = f(N) \quad$ (technische Gleichung).

Der gesamtwirtschaftliche Ertrag (nominales Bruttosozialprodukt) folgt aus:

(14.62) $\quad Y_n = P \cdot Y_r = P \cdot f(N) \quad$ (Definitions-Gleichung).

Die Produktionskosten, die der Faktor Arbeit verursacht, sind abhängig vom Nominallohnniveau W und dem Beschäftigungsstand:

(14.63) $\quad K_N = W \cdot N \quad$ (Definitions-Gleichung).

Ein gewinnoptimaler Beschäftigungsstand N_{opt} wird erreicht, wenn das volkswirtschaftliche Grenzwertprodukt der Arbeit den Grenzkosten des Faktors Arbeit entspricht:

(14.64 a) $\quad Y'_n = K'_N \quad$ oder

(14.64 b) $\quad \dfrac{dY_n}{dN} = d\dfrac{K_N}{dN} \quad$ (Verhaltens-Gleichung).

Entsprechend der Ertragsfunktion (14.62) und der Kostenfunktion (14.63) gilt dies für:

(14.65) $\quad P \cdot \dfrac{dY_r}{dN} = P \cdot f'(N_{opt}) = W \quad$ (Verhaltens-Gleichung).

Dies Ergebnis stimmt mit der Grenzproduktivitätstheorie (9. Kap.) überein, nach der die Unternehmer nur soviel Arbeitsmenge einsetzen, bis der Grenzertrag gleich dem Nominallohn wird. Der Zusammenhang zwischen dem nominalen Bruttosozialprodukt, dem volkswirtschaftlichen Grenzertrag und dem Nominallohnniveau kann auf reale Größen abgestellt werden, wenn (14.65) durch das Preisniveau dividiert wird:

(14.66) $\quad \dfrac{dY_r}{dN} = f'(N_{opt}) = \dfrac{W}{P} \quad$ (Verhaltens-Gleichung).

Die Wirkungsweise des Zusammenhangs zwischen dem realen Bruttosozialprodukt, realen Grenzertrag und dem Reallohnniveau wird aus einer Graphik deutlich (*Fig. 14-21*). Ein steigender Reallohn führt zu einer Verringerung des optimalen Beschäftigungsstandes und damit zu einem niedrigeren realen Produktionswert. Soll dagegen das reale Bruttosozialprodukt ansteigen, ist ein höherer optimaler Beschäftigungsstand erforderlich, der sich nur bei einer Verringerung des Reallohnniveaus einstellt. Da der optimale Beschäftigungsstand die Nachfrage nach Arbeit kennzeichnet ($N_{opt} = N_d$), stellt der Zusammenhang zwischen optimalem Beschäftigungsstand und Reallohn (14.66) die Nachfragefunktion nach Arbeit dar:

(14.67 a) $\quad \dfrac{W}{P} = f'(N_d) \quad$ bzw.

(14.67 b) $\quad N_d = f'^{-1}\left(\dfrac{W}{P}\right) \qquad$ (Verhaltens-Gleichung).

Der Verlauf der Arbeitsnachfragefunktion ist durch die Form der Produktionsfunktion bestimmt, deren Ableitung einen - für Nachfragefunktionen typischen - fallenden Verlauf zeigt.

Für die **Arbeitsangebotsfunktion**, die später (15. Kap.) näher erläutert wird, ist die Annahme eines entgegengerichteten Verlaufs plausibel. Steigende Reallöhne werden zu einer Erhöhung des Arbeitsangebots - und damit des Beschäftigungsstandes - führen und umgekehrt:

(14.68 a) $\quad \dfrac{W}{P} = g(N_s) \quad$ mit $g'(N_s) > 0 \quad$ bzw.

(14.68 b) $\quad N_s = g^{-1}\left(\dfrac{W}{P}\right) \qquad$ (Verhaltens-Gleichung).

Das **Gleichgewicht auf dem Arbeitsmarkt** ergibt sich aus dem Schnittpunkt der Angebots- und Nachfragekurve (*Fig. 14-22*). Der Gleichgewichtslohn ist $(W/P)_E$, die Gleichgewichtsmenge N_E, die erstens angibt, wieviel Arbeitskräfte zum herrschenden Reallohn arbeiten und - wegen der Form der Produktionsfunktion - zweitens das reale Volkseinkommen bestimmt (*Fig. 14-21*). Im übrigen sei auf die früheren Ausführungen zum Arbeitsmarkt hingewiesen (9. und 10. Kap.).

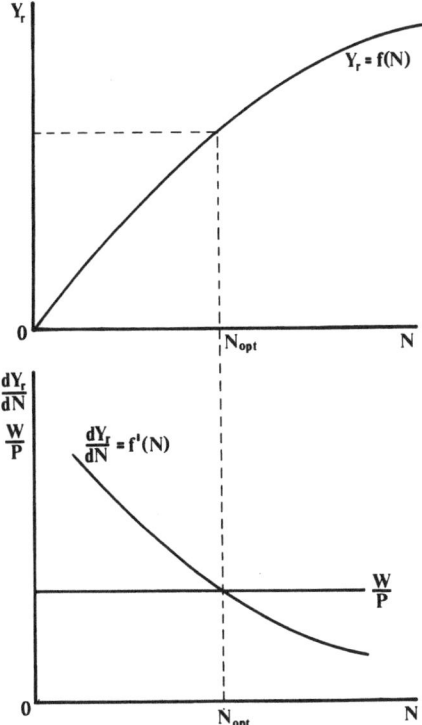

Fig. 14-21: Produktionsfunktion (reales Bruttosozialprodukt), Grenzertrag (real) und Reallohnniveau

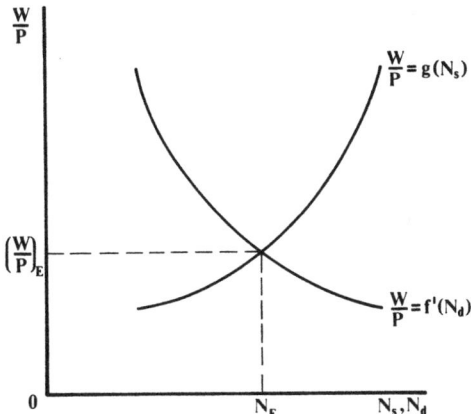

Fig. 14-22: Gesamtwirtschaftliches Gleichgewicht auf dem Arbeitsmarkt

K 14-1

Vollbeschäftigung in Theorie und Wirklichkeit

Nach der Theorie befindet sich eine Volkswirtschaft im Zustand der Vollbeschäftigung, wenn auf dem Arbeitsmarkt ein Gleichgewicht herrscht. Beim Gleichgewicht - im Schnittpunkt von Arbeitsangebots- und -nachfragekurve (*Fig. 14-22*) - haben alle Arbeitswilligen zum geltenden Lohn eine Arbeit gefunden. Wer keiner Tätigkeit nachgeht, ist freiwillig arbeitslos und bleibt außerhalb der Betrachtung.

Die Wirklichkeit auf dem Arbeitsmarkt kontrastiert jedoch mit dieser theoretischen Eindeutigkeit ganz erheblich. Tatsächlich ist es nicht möglich, genau anzugeben, ob Vollbeschäftigung vorliegt. Die Gründe dafür liegen in der Erfassung der Arbeitslosen. Diese werden von der amtlichen Statistik, die sich auf Erhebungen der Arbeitsargenturen stützt, fortlaufend registriert. Der prozentuale Anteil der Arbeitslosen an den unselbständigen Erwerbspersonen, die *Arbeitslosenquote*, wird in Deutschland monatlich publiziert und von Politik und Öffentlichkeit aufmerksam wahrgenommen. Aus mehreren Gründen weist die amtliche Statistik die Arbeitslosigkeit zu hoch oder zu niedrig aus - mit der Folge, daß eine nur an der Arbeitslosenquote orientierte Beschäftigungspolitik auf schwankendem Boden steht.

Die Arbeitslosigkeit wird von der amtlichen Statistik übertrieben, weil sie auch Personen umfaßt, die freiwillig arbeitslos sind. Deren genaue Zahl ist unbekannt, das Faktum als solches unstreitig. Die freiwillige, aber registrierte Arbeitslosigkeit nimmt mit der sozialen Absicherung der Arbeitslosen zu. In Deutschland, in den sich die aus öffentlichen Mitteln stammenden Einkommen eines Arbeitslosen oft nicht nennenswert von denen aus Arbeit unterscheiden, ist deshalb mit einem hohen Anteil an freiwilliger Arbeitslosigkeit zu rechnen. Diese wird erkennbar, wenn die Zahlungen für Arbeitslose gekürzt oder an den Einsatz für öffentliche Arbeiten gebunden werden.

Untertrieben wird die Arbeitslosigkeit in der amtlichen Statistik durch nicht registrierte Personen. Ein Arbeitsloser ist an einer Meldung in der Regel nur dann interessiert, wenn er Anspruch auf eine öffentliche Unterstützung hat. Das kann der Fall sein, wenn der Arbeitslose nur kurzzeitig ohne eine Beschäftigung ist. Umgekehrt übertreibt die amtliche Statistik die Arbeitslosigkeit, wenn als arbeitslos Gemeldete wieder eine Arbeit haben - gelegentlich auch, wie an Betrugsfällen immer wieder deutlich wird, eine Unterstützung weiterbeziehen -, dies aber den Arbeitsargenturen unbekannt ist.

In Wirklichkeit ist schließlich ein gewisses Maß an Arbeitslosigkeit unvermeidlich, weil es einen ständigen Berufs- und Arbeitsplatzwechsel von jährlich Millionen Fällen gibt (Fluktuations-Arbeitslosigkeit). Aus diesem Grund wird in der wirtschaftspolitischen Praxis von Vollbeschäftigung gesprochen, wenn die Arbeitslosenquote nicht mehr als 2% bis 3% ausmacht. Dies spräche für eine Definition der Vollbeschäftigung, die vorläge, wenn die Zahl der Arbeitslosen und die der offenen Stellen in etwa gleich sind. Dieser Definition steht die Heterogenität von Arbeit entgegen, weil Arbeitslose oft freie Stellen entweder nicht oder nicht ohne weiteres füllen können.

15. Kapitel: Statisches Gesamtgleichgewicht

I. Das Gesamtgleichgewicht bei Voll- und Unterbeschäftigung in der Terminologie von KEYNES

Erklärungsansatz
IS-LM-Modelle als Basis der postkeynesianischen Gleichgewichtsanalyse - Ihre komparativ-statische Natur - Zusammenfassung von Gütermarkt, Geldmarkt, Arbeitsmarkt - Gleichgewicht auf Gütermarkt und Geldmarkt - Verschiebung der IS- oder LM-Kurve - Ursachen der Verschiebung - Erweiterung der Analyse um den Arbeitsmarkt und totales Gleichgewicht

Vollbeschäftigungsgleichgewicht
Flexible Preise und Löhne bedingen Vollbeschäftigungsgleichgewicht - Stabilität des Gleichgewichts

Unterbeschäftigungsgleichgewicht
KEYNES' Nachweis einer stabilen Unterbeschäftigung - Hohe Zinselastizität der Geldnachfrage - Zinselastizität der Investitionen zu klein - Einseitige Starrheit der Geldlöhne

II. Wirtschaftspolitische Bewertung des Keynesschen Systems

Negativkatalog wirtschaftspolitischer Maßnahmen
Bestimmte wirtschaftspolitische Maßnahmen scheiden aus

Positivkatalog wirtschaftspolitischer Maßnahmen
Schwerpunkt der Wirtschaftspolitik im öffentlichen Bereich - Politik des leichten Geldes - Redistributive Besteuerung - Budgetpolitik des Staates

KEYNES aus heutiger Sicht
Funktionen des Geldes, der Preise und des liquiden Vermögens wenig beachtet - Einer der bedeutendsten Nationalökonomen
K 15 - 1: Die Stagflation als Keynessches Erbe

III. Neoklassische Kritik und Synthese

Neoklassische Kritik
Oberbegriff Realkasseneffekt, Unterfälle KEYNES-Effekt und PIGOU-Effekt - KEYNES-Effekt - PIGOU-Effekt - Unterbeschäftigungsgleichgewicht nicht stabil

Neoklassische Synthese
Zusammenfassung von drei Elementen - Neoklassisches Gleichgewicht - Unterbeschäftigungsgleichgewicht

I. Das Gesamtgleichgewicht bei Voll- und Unterbeschäftigung in der Terminologie von KEYNES

Erklärungsansatz

Probleme des gesamtwirtschaftlichen Gleichgewichts haben früher wie heute hervorragende Theoretiker angezogen. Die bekanntesten Gleichgewichtsanalysen (Totalmodelle) wurden in der Vergangenheit von MARIE ESPRIT LÉON WALRAS und in der Gegenwart von KEYNES-Nachfolgern (Postkeynesianern) entwickelt. Die **Basis der postkeynesianischen Gleichgewichtsanalyse** bildet das von JOHN RICHARD HICKS und ALVIN HARVEY HANSEN formulierte **IS-LM-Modell**. Diese Autoren beabsichtigen, mit ihrem Modell eine straffe Interpretation der schwer verständlichen und zum Teil dunklen "Allgemeinen Theorie" von JOHN MAYNARD KEYNES zu geben. Obwohl die Gültigkeit dieser Deutung in der von AXEL LEIJONHUFVUD ausgelösten Diskussion mit beachtlichen Gründen bestritten wird, herrscht das KEYNES-Verständnis von HICKS-HANSEN fort.

Das postkeynesianische Gleichgewichtsmodell ist - wie das von KEYNES - **komparativ-statischer Natur**. Damit soll gesagt werden: Es handelt sich um eine Analyse, mit der verschiedene Gleichgewichtszustände eines Systems gegenübergestellt werden. Die Dynamisierung des Modells - eine makroökonomische Erklärung der Übergänge zwischen verschiedenen Gleichgewichtszuständen - ist durch die Einführung der Dimension Zeit generell möglich. Die folgende komparativ-statische Darstellung des gesamtwirtschaftlichen Gleichgewichts beschränkt sich auf die traditionelle, durch HICKS-HANSEN vorgezeichnete Interpretation der KEYNESschen Theorie, deren Kenntnis vorausgesetzt wird (14. Kap.).

Im postkeynesianischen Totalmodell sind die Partialanalysen wichtiger Märkte (präziser eigentlich: Marktgruppen) - die "des" **Gütermarkts** (Konsum- und Investitionsgüter), "des" **Geldmarkts** (für die Geldnachfrage bei exogenem Geldangebot) und "des" **Arbeitsmarkts** (für den Produktionsfaktor Arbeit, bei gegebenem Kapitalbestand $\bar{K}$) - zusammengefaßt. Entsprechend den Herleitungen im 14. Kap. werden der Gütermarkt und der Geldmarkt implizit durch die IS- und LM-Kurven dargestellt, während der Arbeitsmarkt explizit durch die entsprechenden Angebots- und Nachfragekurven vertreten ist. In analytischer Schreibweise lassen sich die drei Märkte durch vier Funktionsgleichungen beschreiben (*Übers. 15-1*). Die Funktionsgleichung der IS-Kurve (15.1) resultiert aus dem Gütermarktgleichgewicht (14.49) mit der Konsumfunktion (14.22), die der LM-Kurve (15.2) aus der Zusammenfassung der Geldnachfragefunktion (14.58) und der Geldangebotsfunktion (14.59) über die Gleichgewichtsbedingung (14.60), beide Gleichungen aufgelöst nach dem realen Volkseinkommen (Y_r). In *Übers. 15-1* ist zusätzlich die gesamtwirtschaftliche Produktionsfunktion (14.61) aufgeführt, da sie die Verbindung zwischen dem Arbeitsmarkt und dem Güter- und Geldmarkt herstellt.

Die implizite Erfassung des Güter- und Geldmarktes über die IS- und LM-Kurve bedeutet, daß sämtliche Kombinationen des Marktzinses (i) und des realen Volkseinkommens (Y_r) erfaßt sind, die zum Gleichgewicht auf dem jeweiligen Markt führen. Da IS- und LM-Kurven im gleichen Koordinatensystem

Markt	Funktionsbe-zeichnung	Funktionsgleichung	Funktionsgraphik
Gütermarkt	IS-Kurve	(15.1) $Y_r = \dfrac{1}{1-c} \cdot [I(i) + C_0]$	Fig. 14-12
Geldmarkt	LM-Kurve	(15.2) $Y_r = \dfrac{M_s - L_2(i)}{k \cdot P}$	Fig. 14-20
Arbeitsmarkt	Nachfragekurve	(14.67 b) $\dfrac{W}{P} = f'(N_d)$	Fig. 14-22
	Angebotskurve	(14.68 b) $\dfrac{W}{P} = g(N_s)$	Fig. 14-22
Verbindung zwischen Arbeitsmarkt und Güter-Geld-Markt	Produktionsfunktion	(14.61) $Y_r = f(N, \bar{K})$	Fig. 14-21

Übers. 15-1: Grundlage der postkeynesianischen Totalanalyse

dargestellt sind, läßt sich aus dem Schnittpunkt beider Kurven diejenige Zins-Volkseinkommens-Kombination (i_E, Y_E) ermitteln, bei der **Gleichgewicht auf dem Gütermarkt und** auf dem **Geldmarkt** (E) gleichzeitig besteht (*Fig.* 15-1).

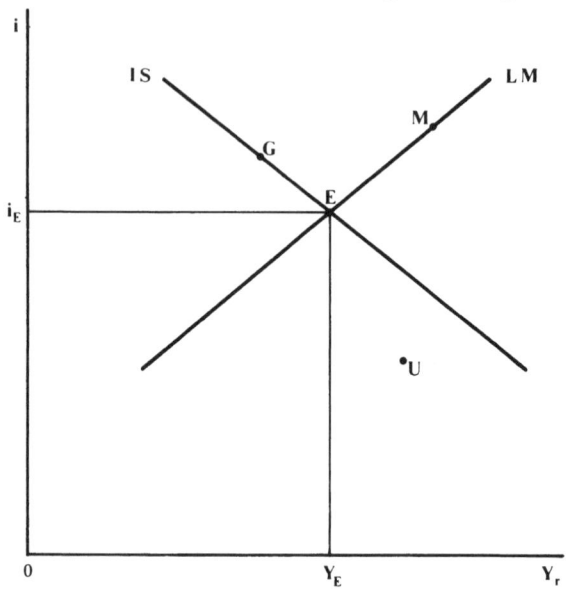

Fig. 15-1: IS-LM-System

Andere Punkte auf der IS-Kurve (G) bezeichnen allein einen gleichgewichtigen Gütermarkt, während der Geldmarkt im Ungleichgewicht ist. Entsprechend kennzeichnen andere Punkte auf der LM-Kurve (M) Ungleichgewichte auf dem Gütermarkt bei ausgeglichenem Geldmarkt. Außerhalb beider Kurven liegende Kombinationen des Zinses und des Volkseinkommens (U) bedeuten Ungleichgewichte sowohl auf dem Güter- als auch auf dem Geldmarkt.

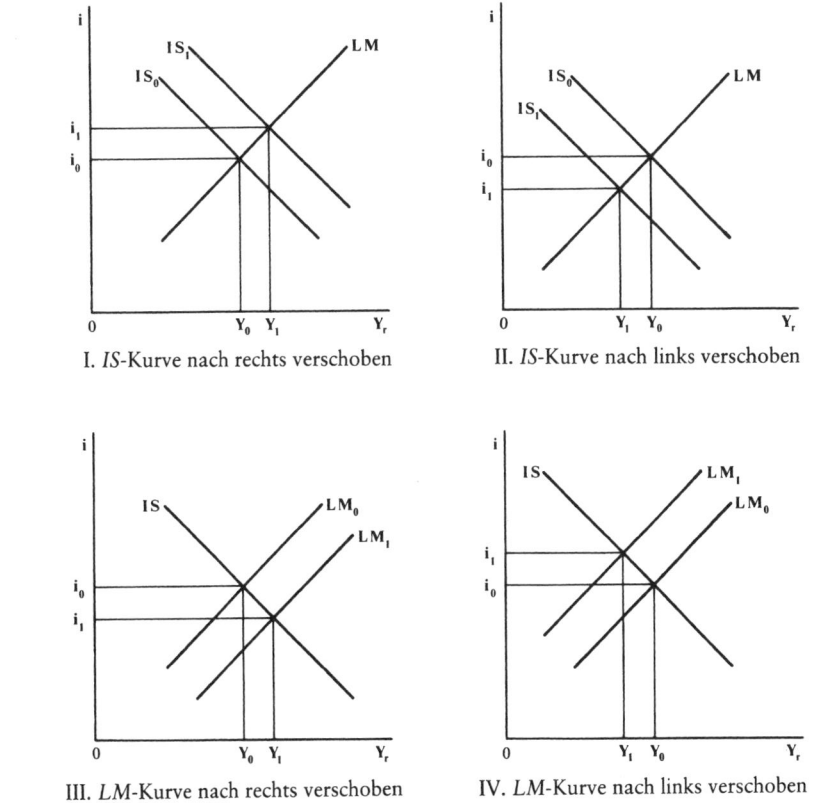

I. IS-Kurve nach rechts verschoben II. IS-Kurve nach links verschoben

III. LM-Kurve nach rechts verschoben IV. LM-Kurve nach links verschoben

Fig. 15-2: Verschiebung der IS- oder LM-Kurve

Eine Veränderung des gemeinsamen Gleichgewichts auf dem Güter- und Geldmarkt - etwa im Hinblick auf ein höheres reales Volkseinkommen - ist offensichtlich nur möglich, wenn eine **Verschiebung der IS- oder LM-Kurve** oder beider Kurven eintritt. Die Auswirkungen auf den neuen Gleichgewichtszins (i_1) und das neue Gleichgewichtsvolkseinkommen (Y_1) bei Rechts- bzw. Linksverschiebung der IS- bzw. LM-Kurve verdeutlicht *Fig. 15-2*, wobei von einem "normalen" Verlauf der IS- und LM-Kurven ausgegangen wird. Dagegen können "Sonderfälle" des Kurvenverlaufs dazu führen, daß der Gleichgewichtszins oder das gleichgewichtige reale Volkseinkommen konstant bleiben (*Fig. 15-3*). In den Sonderfällen S I und S II kann nur eine Verschiebung der IS-Kurve, in den Sonderfällen S III und S IV dagegen nur eine Verschiebung der LM-Kurve zu einem höheren Volkseinkommen führen. Unveränderte Werte des gleichgewichtigen Zinses oder realen Volkseinkommens können aber auch bei normalen Kurvenverläufen durch eine entsprechende simultane

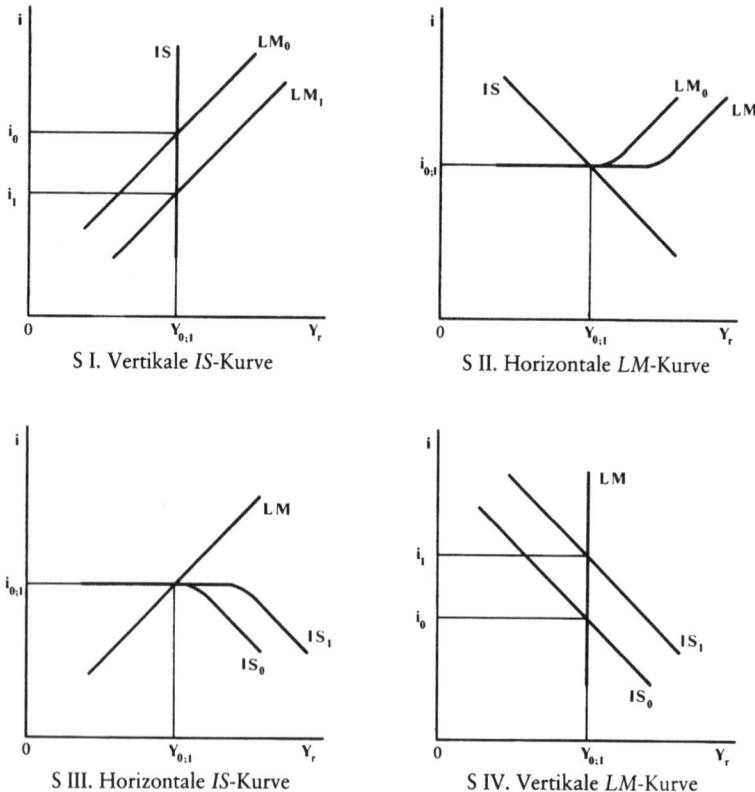

Fig. 15-3: Sonderfälle des IS-LM-Systems

Verschiebung sowohl der IS- wie auch der LM-Kurve eintreten. Das Ergebnis wird - insbesondere im Hinblick auf ein unverändertes reales Volkseinkommen - als crowding out-Effekt bezeichnet (*Fig. 15-4*).

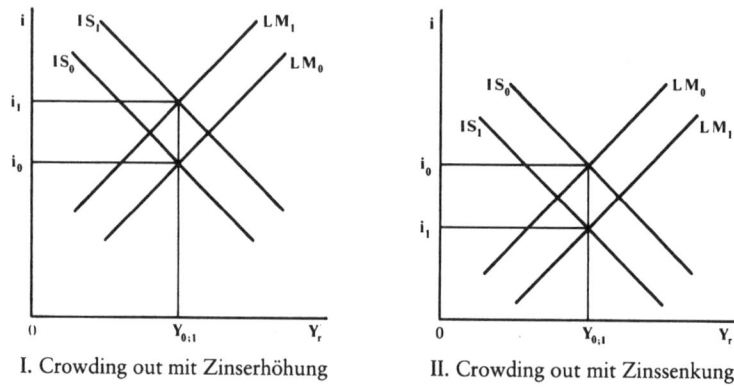

Fig. 15-4: Crowding out-Effekt

15. Statisches Gesamtgleichgewicht

Die **Ursachen für die Verschiebung** der IS- und LM-Kurve können entsprechend ihrer analytischen Herleitungen und den dabei als konstant angenommenen Faktoren vielfältiger Art sein. Einen auf die Richtung der Verschiebung abgestellten Überblick über die Wirkung der Veränderung dieser Faktoren bietet *Übers. 15-2*.

Verschiebungen auslösende Faktoren	Verschiebung der			
	IS-Kurve nach links	IS-Kurve nach rechts	LM-Kurve nach links	LM-Kurve nach rechts
	wenn der auslösende Faktor			
Konsumkurve $C(Y_r)$	nach unten verschoben	nach oben verschoben	-	-
insbesondere:				
marginale Konsumquote (c)	fällt	steigt	-	-
Autonomer Konsum (C_0)	fällt	steigt	-	-
Investitionskurve $I(i)$	nach unten verschoben	nach oben verschoben	-	-
insbesondere:				
aktueller Kapitalbestand (K_{akt})	steigt	fällt	-	-
Preisniveau für Kapitalgüter (P_K)	steigt	fällt	-	-
Grenzproduktivität des Kapitals dY_r/dK	fällt	steigt	-	-
Steuerkurve $T(Y_r)$ insbesondere:	nach oben verschoben	nach unten verschoben	-	-
Steuersatz (t)	steigt	fällt	-	-
Staatsausgaben (G)	fallen	steigen	-	-
Geldangebot (M_s)	-	-	fällt	steigt
Liquiditätspräferenzkurve $L_2(i)$	-	-	nach oben verschoben	nach unten verschoben
Kassenhaltungsdauer (k)	-	-	steigt	fällt
Preisniveau (P)	-	-	steigt	fällt

Übers. 15-2: Verschiebungsursachen der IS- und LM-Kurve

Da in der keynesianischen Theorie das Verhalten des Staates eine besondere Rolle spielt, sind als Verschiebungsursachen zusätzlich die fiskalischen Faktoren Steuerkurve $T(Y)$, insbesondere der Steuersatz (t), und Staatsausgaben (G) aufgeführt, die in der Herleitung der IS-Kurve (15.1) für eine Volkswirtschaft ohne staatliche Aktivitäten nicht erfaßt sind. Die Wirkungsweise fiskalischer Faktoren ist ebenso wie die der in *Übers. 15-2* nicht berücksichtigten Außenhandelsfaktoren aus den Ausführungen über Expansions- und Kontraktionsgrößen und ihrer Effekte ersichtlich (*Fig. 14-2. II.*).

Die **Erweiterung der Analyse um den Arbeitsmarkt** erfolgt über die Produktionsfunktion (14.61), die als Verbindung von Arbeitsmenge (N) und realer Güterproduktion (Y_r), die dem realen Volkseinkommen entspricht, eine Anbindung des Arbeitsmarktes an das IS-LM-System ermöglicht. Zur graphischen Darstellung der Totalanalyse wird das (i, Y_r)-Diagramm des IS-LM-Systems in den Quadranten I eines Vierquadrantenschemas übertragen, im Quadranten IV die gesamtwirtschaftliche Produktionsfunktion abgebildet und in den Quadranten II die Nachfrage- und Angebotsfunktion des Arbeitsmarktes eingetragen (*Fig. 15-5*).

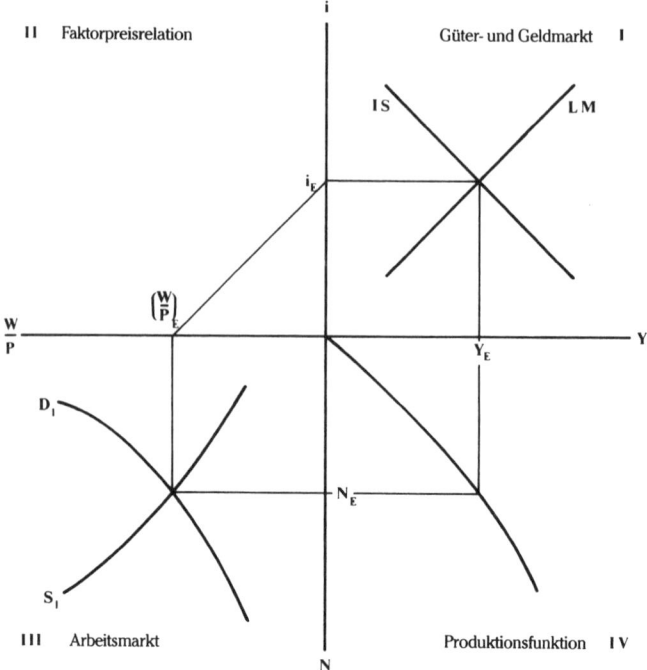

Fig. 15-5: Gleichgewichtssystem der postkeynesianischen Totalanalyse

Der Quadrant II kennzeichnet die Faktorpreisrelation mit den Achsen Zins (i) für den Preis einer Einheit Geldkapital (zum Erwerb von Investitionsgütern) und Reallohn (W/P) für den Preis einer Einheit des Faktors Arbeit. Das **totale Gleichgewicht** auf allen drei Märkten ist durch eine Kombination von Zins i_E, reale Güterproduktion bzw. reales Volkseinkommen Y_E, Arbeitsmenge bzw.

Beschäftigungsstand N_E und Reallohn $(W/P)_E$ gegeben, bei denen sämtliche Funktionsgleichungen der Übers. 15-1 erfüllt sind.

Vollbeschäftigungsgleichgewicht

Die Volkswirtschaft befindet sich im Zustand der Vollbeschäftigung, wenn alle Arbeitswilligen - abgesehen von einem geringen Ausmaß unvermeidlicher Arbeitslosigkeit - zum herrschenden Lohn Arbeit finden. Die simultanen partiellen Gleichgewichte sind Bedingungen des gesamtwirtschaftlichen **Vollbeschäftigungsgleichgewichts** mit den durch v indizierten Werten der Variablen W/P, N, Y und i. Die Voraussetzung eines gegebenen Kapitalbestandes ($\bar{K}$) bedeutet, daß die real definierte Produktion kurzfristig nicht über Y_v hinausgehen kann. Wären - anders als im postkeynesianischen System - **Preise und Löhne flexibel**, könnte mit anderen Worten von vollständiger Konkurrenz auf dem Güter- und Faktormarkt ausgegangen werden, bliebe das Vollbeschäftigungsgleichgewicht nach exogenen Störungen - von Anpassungsvorgängen abgesehen - erhalten. Das hieße auch: Ein Unterbeschäftigungsgleichgewicht induziert - wenn die Stabilitätsbedingungen gegeben sind - Kräfte, die auf ein Vollbeschäftigungsgleichgewicht hinführen (stabiles Gleichgewicht).

Um die **Stabilität des Gleichgewichts** bei Vollbeschäftigung zu illustrieren, sei ein Anstieg des Reallohns auf $(W/P)_u$ angenommen, so daß aufgrund der Nachfragefunktion D_l die Beschäftigungsmenge abgenommen hat (von N_v auf N_u); u indiziert Unterbeschäftigung.

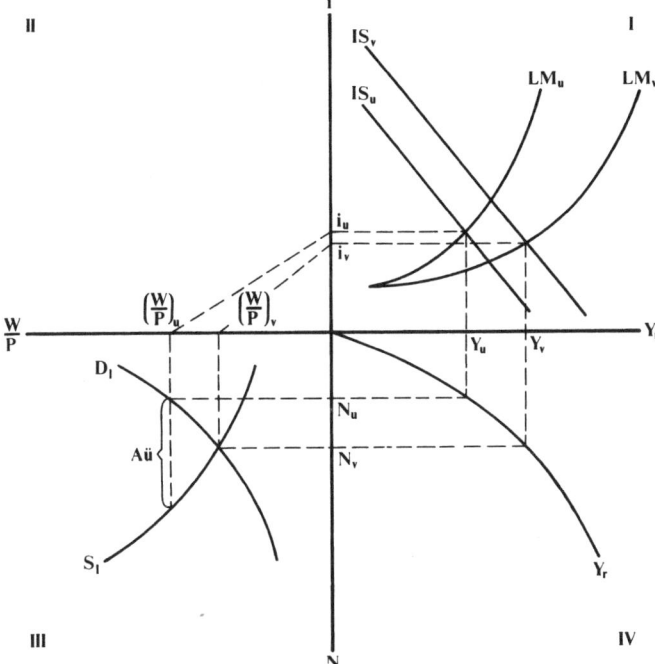

Fig. 15-6: Stabilität des Gleichgewichtssystems

Der zugehörige Zins steigt auf i_u, wenn Verhaltensweisen unterstellt werden, wie sie im Quadranten I der *Fig. 15-6* durch die *IS-LM*-Kurven gezeigt sind. Eine derartige Unterbeschäftigungssituation kann nicht von Dauer sein, weil auf dem Faktormarkt beim Reallohn $(W/P)_u$ ein Angebotsüberschuß $A\ddot{u}$ ($S_l > D_l$) und damit ein partielles Ungleichgewicht besteht (*Fig. 15-6*, Quadrant *III*). Während der Faktormarkt unausgeglichen ist, kann am Geld- und Gütermarkt kurzfristig ein simultanes Gleichgewicht existieren - Schnittpunkt der *IS*- mit der *LM*-Kurve (*Fig. 15-6*, Quadrant *I*). Da zwischen Faktor- sowie Geld- und Gütermarkt Abhängigkeitsbeziehungen bestehen, ist die Gesamtsituation jedoch labil: Der Angebotsüberschuß am Faktormarkt drückt bei vollständiger Konkurrenz den Reallohn - an dem sich Arbeitnehmer und Arbeitgeber orientieren - herunter. Fallende Reallöhne ergeben sich aus sinkenden Nominallöhnen - niedrigeren Produktionskosten - und sinkendem Preisniveau, wobei der Nominallohn stärker als das Preisniveau fällt. Niedrigere Preise bedeuten eine Erhöhung des realen Wertes der Kassenhaltung, die als eine Ausdehnung der nominalen Geldmenge interpretiert werden kann. Ein Teil der aktiven Kasse wechselt in die passive Kasse. Die Änderung in den Motiven der Kassenhaltung führt zu einer Verschiebung der *LM*-Kurve von LM_u nach LM_v (KEYNES-Effekt). Die Wertsteigerung der Kasse - interpretiert als Vermögensanstieg - wirkt aber auch auf die Ausgaben für Konsum- und Investitionsgüter ein, wenn Vermögensaspekte in die Ausgabenentscheidungen einbezogen werden. Dies führt zu einer Rechtsverschiebung der *IS*-Kurve von IS_u nach IS_v (PIGOU-Effekt). Der Übergang von der labilen Unterbeschäftigungssituation zum stabilen Vollbeschäftigungsgleichgewicht ist dann abgeschlossen, wenn der Reallohn $(W/P)_v$ erreicht ist, zu dem Faktorangebot und -nachfrage ausgeglichen sind. Die zugehörigen Gleichgewichtswerte für die Beschäftigungsmenge N_v, das Volkseinkommen Y_v und den Zins i_v sind in *Fig. 15-6* dargestellt.

Unterbeschäftigungsgleichgewicht

Wenn Preise und Löhne - wie die Klassiker und Neoklassiker unterstellen - generell flexibel wären, ist im vollentwickelten, durch die *Fig. 15-6* dargestellten makroökonomischen System Vollbeschäftigung gewährleistet, weil eine Unterbeschäftigung Reaktionen auslöst, die zur Vollbeschäftigung zurückführen. KEYNES möchte indessen **nachweisen**: Vollbeschäftigung stellt sich nicht automatisch ein; die **Unterbeschäftigung kann stabil** sein. Der PIGOU-Effekt muß dabei außer Betracht bleiben. Für seine Auffassung führt KEYNES - nach dem Verständnis der Postkeynesianer - vor allem drei Gründe an:
1. die hohe Elastizität der Geldnachfrage bei einem niedrigen Zinssatz, die im Grenzfall zur Liquiditätsfalle (liquidity trap) wird,
2. die niedrige Zinselastizität der Investitionsausgaben und
3. die institutionell oder durch bestimmte Verhaltensweisen bedingte Schwierigkeit, die Nominallöhne zu senken (stickiness of wages).
  Die **hohe Zinselastizität der Geldnachfrage** - 1. KEYNES-Fall - ist die in der Literatur am häufigsten diskutierte Möglichkeit für die Ableitung eines stabilen Gleichgewichtes bei Unterbeschäftigung, wobei KEYNES selbst dem Grenzfall (liquidity trap) keine allzu große Bedeutung für die ökonomische Realität bei-

mißt. Ausgangspunkt der Analyse ist, daß die Geldnachfrage bei einem niedrigeren Zinssatz vollkommen zinselastisch werden kann (Liquiditätspräferenzkurve verläuft parallel zur Abszisse), weil entweder die Kassenhalter mit steigenden Zinsen (bei fallenden Wertpapierkursen) rechnen oder die Transaktionskosten den Investoren (unter Einschluß der Risikokosten) zu hoch sind. Eine derartige Situation ist insbesondere für eine schwere Depression typisch, in der ein fallendes Volkseinkommen den Bedarf für die aktive Kasse reduziert (und die Geldpolitik unter Umständen das Geldangebot vergrößert) hat. Die überschüssige, passive Kasse drückt auf das Zinsniveau, das jedoch aus noch zu erörternden Gründen positiv bleibt. Für die Argumentation von KEYNES ist es nicht notwendig - was Gegenstand häufiger Kritik war -, daß die Liquiditätspräferenz (die spekulative Geldnachfrage) völlig zinselastisch wird. Es genügt, wenn die "liquidity trap" zu einer *LM*-Kurve mit sehr hoher Zinselastizität bei einem niedrigen Zinsniveau führt. Eine Ausdehnung der Geldmenge wäre dann völlig oder fast ohne Wirkung auf Volkseinkommen und Beschäftigung, weil die passive Kasse aufgestockt würde, neues Geld also aus dem Kreislauf verschwände (gehortet würde) - es sei denn, öffentliche Stellen wären bereit, sich zunehmend zu verschulden und das Geld auszugeben. Ein stabiles, auf eine liquidity trap zurückgehendes Unterbeschäftigungsgleichgewicht sei am Diagramm des Totalmodells erläutert (*Fig. 15-7*).

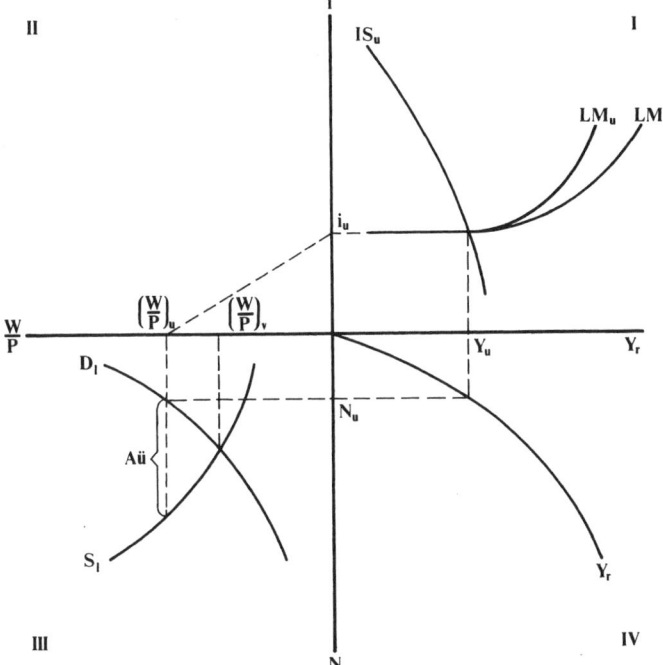

Fig. 15-7: Stabiles Unterbeschäftigungsgleichgewicht bei unendlich elastischer Geldnachfrage (liquidity trap)

Angenommen, zum Reallohn $(W/P)_u$ gibt es einen Angebotsüberschuß $A_\ddot{U}$ auf dem Arbeitsmarkt, der Geldlöhne und Preise nach unten treibt. Die Preissenkung erhöht den Wert der Realkasse, die - interpretiert als Erhöhung der nominalen Geldmenge - zu einer Rechtsverschiebung der LM-Kurve von LM_u nach LM_v führt (KEYNES-Effekt). Da eine sehr große Zinselastizität der Geldnachfrage besteht, wird das zusätzliche Geld gehortet: Der Zins fällt nicht. Wenn der Zinssatz unverändert bleibt, gehen - vernachlässigt man den PIGOU-Effekt - keine Wirkungen auf die Nachfrage am Gütermarkt aus. Diese Nachfrage bestimmt aber das Realeinkommen und die Beschäftigung. Da die Unternehmen aufgrund zu niedriger Güternachfrage die Nachfrage nach Faktoren nicht ausdehnen - und das gilt auch bei fallenden Löhnen und Preisen -, bleibt das Unterbeschäftigungsgleichgewicht erhalten.

Bei der liquidity trap verhindert eine zu große Zinselastizität der LM-Kurve eine Vollbeschäftigung. Bei niedrigen Zinselastizitäten der Investitionsgüternachfrage - 2. KEYNES-Fall - kommt es auch bei weniger elastischen LM-Kurven zu einem stabilen Unterbeschäftigungsgleichgewicht, weil die **Zinselastizität der Investitionen** und damit die der IS-Kurve **zu klein** ist. In diesem Fall kommt es deswegen *nicht* zu einem Vollbeschäftigungsgleichgewicht, weil der - an sich schon niedrige - Zins nicht unter ein bestimmtes Niveau fällt: Solange die Kassenhaltung nichts kostet, kann der Zins nicht negativ werden; in der Regel wird er positiv sein.

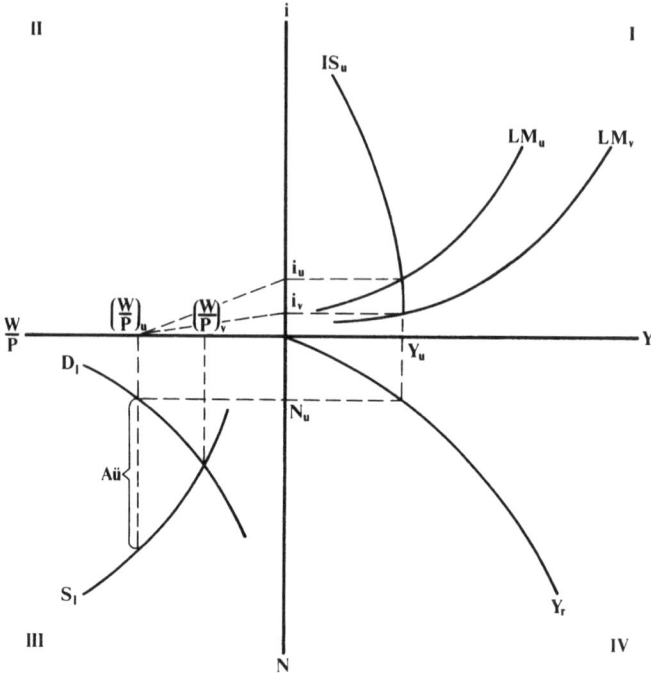

Fig. 15-8: Stabiles Unterbeschäftigungsgleichgewicht bei zinsunelastischer Investitionsgüternachfrage

Stehen in einer Volkswirtschaft ungenutzte Kapazitäten zur Verfügung, läßt sich denken, daß die Unternehmer Investitionen nur bei negativen Zinsen betriebswirtschaftlich für vertretbar halten (Grenzleistungsfähigkeit des Kapitals nahe Null oder negativ). In solchen Situationen kann die Investitionsnachfrage auf fallende Zinsen immer weniger reagieren, d. h. die IS-Kurve weist eine Krümmung auf (Fig. 15-8). Wegen der mit sinkendem Zins abnehmenden Zinselastizität der Investitionen würde eine durch einen Angebotsüberschuß auf dem Arbeitsmarkt Aü induzierte Lohn- und Preissenkung zwar den Zinssatz reduzieren, aber nicht zu einer Einkommenserhöhung führen. Ein Vollbeschäftigungsgleichgewicht ist bei einem positiven Zins nicht möglich. Solange Zinssätze positiv oder null sind, wird sich bei dem dargestellten Verlauf der IS-Kurve ein stabiles Unterbeschäftigungsgleichgewicht einstellen.

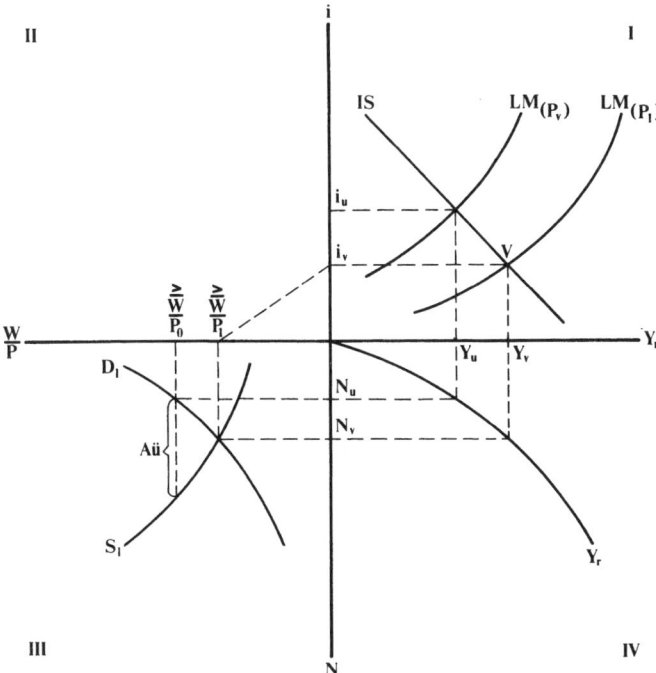

Fig. 15-9: Stabiles Unterbeschäftigungsgleichgewicht bei nach unten starren Geldlöhnen

Die **einseitige Starrheit der Geldlöhne** nach unten - 3. KEYNES-Fall - ist die Folge der Geldillusion der Arbeiter: KEYNES nimmt an, daß die Arbeiter nicht bereit seien, zu geringeren Nominallöhnen als bisher zu arbeiten, wohl aber zu geringeren Reallöhnen. Diese fallen bei konstanten Nominallöhnen, wenn die Preise steigen. Zur Arbeitsangebotsfunktion, nach der die angebotene Menge an Arbeit eine positive Funktion des Reallohnes ist - Funktion 14.68 a in *Übers. 15-1* -, gehört also die zusätzliche Bedingung $W_1 \geq W_2$. Nur bei Reallohnsteigerungen, die auf Nominallohnsteigerungen zurückgehen, wird das Arbeitsangebot ausgeweitet. Theoretisch gesehen kann es dahingestellt bleiben, wie die

Arbeiter nach unten starre Geldlöhne realisieren (z. B. durch gewerkschaftlichen Zusammenschluß oder eine Durchsetzung von Mindestlöhnen). Zur Vollbeschäftigung gehören bestimmte Niveaus der Preise (P_v) und des Zinses (i_v). Um die Vollbeschäftigung N_v zu erreichen, müßte das Preisniveau P_v sein. Bei diesem Preisniveau würde der Reallohn W größer oder gleich P_v auf dem Arbeitsmarkt für Vollbeschäftigung sorgen. Indessen zeigt Fig. 15-9 eine andere Konstellation: Bei einem gegebenen Geldangebot schneidet die $LM(P_v)$-Kurve die IS-Kurve in einem Punkt, für den $Y_u < Y_v$ und $i_u > i_v$ gilt (Fig. 15-9). Zum Preisniveau P_v wird die Vollbeschäftigung wegen unzureichender Nachfrage auf dem Gütermarkt nicht erreicht. Ein anderer Aspekt des gleichen Sachverhalts wäre: Das Reallohnniveau ist für eine Vollbeschäftigung zu hoch, das diesen Lohn mitbestimmende Preisniveau zu niedrig. Für eine Vollbeschäftigung müßte das Geldangebot M so stark ausgeweitet werden, daß die $LM(P_1)$ - die IS-Kurve in V schneidet. Das auf P_1 steigende Preisniveau reduziert bei konstantem Nominallohn den Reallohn auf $\overline{W}/P_1$, der auf dem Arbeitsmarkt den Angebotsüberschuß beseitigt. Bei exogenem Preisniveau kann dieser Prozeß im KEYNESschen System nicht erklärt werden.

II. Wirtschaftspolitische Bewertung des KEYNESschen Systems

Negativkatalog wirtschaftspolitischer Maßnahmen

Für KEYNES **scheiden** aufgrund seiner Analyse **bestimmte wirtschaftspolitische Maßnahmen aus**, deren Eignung als Mittel zur Beseitigung der Arbeitslosigkeit vor ihm nicht in Zweifel gezogen worden war: die Kürzung von Geldlöhnen und die Expansion der Geldmenge. Die Kürzung von Geldlöhnen garantiert nach ihm keineswegs, daß eine Unterbeschäftigung überwunden wird. Auch wenn die Geldlöhne reduziert werden, bleibe offen, wie die Preise reagieren. Fallen die Preise im gleichen Umfang, ändert sich das Realeinkommen nicht. Sind die Ausgaben eine Funktion des Realeinkommens, haben die Geldlohnkürzungen keine Volkseinkommens- und Beschäftigungswirkungen. Aus dem gleichen Grund folgen auch andererseits den Geldlohnerhöhungen - vor allem bei steigenden Preisen - nicht zwangsläufig Ausgabenausweitungen, wie KEYNES und seine Anhänger oft annehmen. Ähnlich unwirksam sei die - traditionell im Mittelpunkt stehende - Geldpolitik, die über die Geldmenge nur indirekt (via Zins und Investition) auf die Ausgaben einwirke. Der Geldpolitik wird von KEYNES infolgedessen nur insoweit Bedeutung zugemessen, als sie Zinspolitik ist.

Positivkatalog wirtschaftspolitischer Maßnahmen

Der **Schwerpunkt der Wirtschaftspolitik** nach KEYNESschem Muster liegt im **öffentlichen Bereich**. Da die Entscheidungen der Privaten kein Vollbeschäftigungsniveau der Ausgaben garantieren, müsse der Staat Maßnahmen ergreifen, die entweder die Privaten zu höheren Ausgaben veranlassen oder die fehlende private Aktivität ersetzen. Wichtigste geldpolitische Maßnahme zur Steigerung der privaten Ausgaben ist eine **Politik des leichten Geldes** (easy money policy). Der Zinssatz soll durch die Geldpolitik heruntergedrückt werden, um Investitionen anzuregen. KEYNES ist sich darüber im klaren, daß das Vollbeschäftigungszinsniveau negativ werden kann. In solchen Fällen könnte die easy money policy nur ergänzende Bedeutung haben oder sie müßte Teil einer Investitionslenkung durch Zinssubventionen sein. Alles in allem steht die - in jedem Fall nur zinsorientierte - Geldpolitik nicht im Vordergrund des Interesses, und Keynes versucht deutlich zu machen, daß die Unfähigkeit der bisherigen Wirtschaftspolitik, das Problem der Arbeitslosigkeit zu meistern, vor allem der Geldpolitik anzulasten ist.

Mit einer zweiten Maßnahme sollen die Konsumausgaben angehoben werden. Das wäre - wie aus der Diskussion der Konsumfunktion bekannt ist (14. Kap.) - auf verschiedenen Wegen möglich. KEYNES hat nur eine Möglichkeit im Auge: eine **redistributive Besteuerung** (Besteuerung einkommensstarker zugunsten einkommensschwacher Schichten). Da bei den Beziehern niedriger Einkommen die marginale Konsum-(Spar-)Quote höher (tiefer) liegt als bei den Beziehern hoher Einkommen, wird durch eine Einkommensumverteilung die Konsumquote insgesamt angehoben. Die Problematik einer derartigen Maßnahme liegt darin, daß sie - abgesehen von den Schwierigkeiten der Realisierung - weder kurzfristig hinreichend sicher wirkt noch überhaupt den gewünschten Erfolg zeitigt. Empirische Beobachtungen legen den Schluß nahe, daß die Gründe, die es jemandem ermöglichen, ein hohes Einkommen zu erzielen, die gleichen Gründe sind, die es ihm weitgehend gestatten, einer zusätzlichen Steuerlast auszuweichen. Die redistributiv wirkende Steuerpolitik hat insofern keine überragende Bedeutung in der Wirtschaftspolitik KEYNESscher Prägung.

Das Schwergewicht der Vollbeschäftigungspolitik liegt bei der **Budgetpolitik des Staates**, dessen Ausgaben höher als die Steuereinnahmen sein sollen (deficit spending); das Defizit sei durch Kredite zu finanzieren. Zusätzliche Ausgaben des Staates sollten vor allem für öffentliche Investitionen (z. B. Straßenbau) getätigt werden. Die Gesamtausgabenlücke - Ursache der Arbeitslosigkeit - ließe sich auf diese Weise schließen. Das Haushaltsdefizit kann wegen der Multiplikatorwirkung zusätzlicher Ausgaben geringer sein als die Einkommenslücke. Kritiker von KEYNES haben sich vor allem mit der Frage befaßt, welche Wirkungen von der Finanzierung des Haushaltsdefizits ausgehen. Nimmt der Staat Anleihen im Inland, jedoch außerhalb des Zentralbanksystems, auf, ist nicht auszuschließen, daß staatliche statt private Stellen Ausgaben tätigen, so daß kein Expansionseffekt zu verzeichnen ist (crowding out). Aber auch bei einer Finanzierung durch Notenbank- oder Auslandskredite kann es zu einer bloßen Substitution privater durch staatliche Aktivität kommen, so vor allem, wenn der Staat bei seinen Investitionen die Zinsen in die Höhe treibt und private Investoren entmutigt.

KEYNES aus heutiger Sicht

KEYNES wollte mit seiner "Allgemeinen Theorie" die Überbetonung realer Größen und die "schleierähnliche" Bedeutungslosigkeit des Geldes im klassischen System beseitigen und eine Integration von Güter- und Geldtheorie erreichen.

Im Hinblick auf diese Absicht ist es ein bemerkenswertes Faktum, daß er die wirtschaftlichen **Funktionen des Geldes, der Preise und des liquiden Vermögens so wenig beachtete.** Nach KEYNES beeinflußt das Geld weder die Ausgaben für Konsum- und Investitionsgüter noch die Preise, ausgenommen über Änderungen des Zinssatzes, der nur das Verhältnis von Spekulationskasse und Wertpapieren determiniert. Die gesamte Last des Ausgleichs hängt am Zins - was nicht auf den Zins wirkt, ist streng genommen bedeutungslos -, womit die Ansicht kontrastiert, daß einige Größen (z. B. Investitionen) sehr zinsunempfindlich sein können. Wenn von einer "KEYNESschen Revolution" gesprochen wird, ist dieser Ausdruck sinnvoll kaum auf die theoretische Entwicklung zu beziehen. Manches spricht vielmehr dafür, in der KEYNESschen Theorie eine Verengung des Blickwinkels zu sehen.

Es gibt dennoch keinen Zweifel, daß KEYNES **zu den bedeutendsten Nationalökonomen gehört** und die Entwicklung der modernen Volkswirtschaftslehre nicht ohne seine analytisch wertvollen Arbeiten vorstellbar ist. Der beherrschende und dauerhafte Einfluß seines Hauptwerkes im Fache dürfte vor allem zwei Tatsachen zuzuschreiben sein: Erstens formulierte KEYNES seine Hypothesen in einer Weise, die sie ökonometrischen Meßverfahren zugänglich machte. Wenn die moderne Volkswirtschaftslehre - insbesondere die makroökonomische Theorie - einen großen Schritt auf dem Wege zur exakten Wissenschaft vorwärts gekommen ist, gebührt Keynes ein alles überragendes Verdienst. Einen gewissen Eindruck davon versuchen die Testkapitel dieses Buches zu geben. Zweitens hat KEYNES - wie nur wenige vor seiner Zeit - die Wirtschaftstheorie keineswegs als Selbstzweck betrachtet. Er hat das politische Engagement nicht nur nicht gescheut, sondern sich vielmehr bemüht, seine Konzeption zu realisieren. Dazu mußte er die Implikationen seiner theoretischen Analyse so formulieren, daß sie die Qualität wirtschaftspolitischer Entscheidungsregeln erhielten.

K 15-1

Die Stagflation als Keynessches Erbe

In den sechziger und siebziger Jahren gingen führende Industrieländer - die USA, Großbritannien und schließlich die Bundesrepublik Deutschland (ab 1967) - dazu über, eine an den Lehren von KEYNES orientierte Wirtschaftspolitik zu betreiben. Durch eine "Globalsteuerung" sollten dauerhaft Inflation und Arbeitslosigkeit zugleich vermieden sowie das Wirtschaftswachstum gefördert werden. Diese Wirtschaftspolitik endete in einem Fiasko: Ihre unmittelbare Folge war eine *Inflation*, danach wachsende Arbeitslosigkeit mit Stagnation (*Stagflation*), so daß kein einziges Ziel erreicht wurde. Zugleich nahm die Staatsverschuldung geradezu atemberaubend zu, z. B. in der Bundesrepublik Deutschland von 1 000 Euro (1970) auf 5 000 Euro (1980) pro Kopf der Bevölkerung. Nach Abwahl der dafür verantwortlichen Regierungen um 1980 kam es weltweit zu einem wirtschaftspolitischen Kurswechsel, der von der Rückkehr zu bewährten Verfahren - wie der *angebotsorientierten Wirtschaftspolitik* - gekennzeichnet war.

Die an KEYNES orientierte Politik

mußte aus zwei Gründen scheitern. Erstens ist sie außerstande, Menschen als lernfähige Wesen zu sehen, in deren Entscheidungen aus Wissen und Erfahrung gebildete Erwartungen eingehen. Eine Beschäftigungspolitik, die sich auf eine Nachfrageausweitung mit monetärer Expansion stützt, kann allenfalls kurzfristige Erfolge vorweisen. Auf Dauer trägt sie selbst dazu bei, die Grundlage solcher Erfolge, die Geldillusion, zu zerstören. Wissenschaftlich ist heute unstreitig, daß das PHILLIPS-Theorem - als Prinzip der KEYNESschen Stabilitätspolitik - empirisch unhaltbar ist (19. Kap.).

Zweitens wird verkannt, daß eine Staatsverschuldung die Beschäftigung auch verringern, also Arbeitslosigkeit verursachen kann. Zur Rechtfertigung von KEYNES ist hierzu allerdings anzumerken, daß er ein deficit spending nur bei Massenarbeitslosigkeit empfohlen hat und - anders als einige seiner Anhänger - auch wußte, daß bei Wegfall dieser Voraussetzung die klassische Erklärung gilt. Unter den herrschenden Verhältnissen löst eine wachsende Staatsverschuldung eine Re-Allokation der Produktionsfaktoren aus, von der Investitions- zur Konsumgüterindustrie. Diese Umstrukturierung tritt ein, weil die überwiegend konsumtiv wirksamen Staatsausgaben zunehmend aus potentiellen privaten Investitionsmitteln finanziert werden. Die Investitionen gehen zurück - in der Bundesrepublik Deutschland zu jener Zeit von 25% auf 20% des Bruttosozialprodukts - und damit die Zahl der Arbeitsplätze. Die Arbeitslosigkeit nimmt zu.

Die Lehren aus dem Scheitern der KEYNESschen Wirtschaftspolitik sind: Einer Politik, die auf die Erwartungen der Menschen keine Rücksicht nimmt, ist der Erfolg versagt. So läßt sich z. B. eine dauerhafte Beschäftigung nicht mit Inflation "erkaufen", was nur bei wirklichkeitsfremder Geldillusion möglich wäre. Ein Beschäftigungsanstieg setzt Realinvestitionen vor allem privater Unternehmer voraus. Eine hohe Staatsquote und ein defizitäres Budget sind bestenfalls unwirksam, tatsächlich jedoch oft die Ursache von Arbeitslosigkeit. Solche Einsichten sind nicht neu, aber für einige Zeit vergessen worden.

III. Neoklassische Kritik und Synthese

Neoklassische Kritik

Im Anschluß an die oben dargestellte Theorie haben sich eine Reihe von Autoren, die der klassischen Theorie nahestehen (sogenannte Neoklassiker), mit der Frage befaßt, ob das Unterbeschäftigungsgleichgewicht unter den genannten Bedingungen stabil sein kann. Dabei sind insbesondere die Wirkungen (Effekte) von Preisniveauänderungen auf das reale Volkseinkommen untersucht worden. Die Bezeichnungen dieser Effekte sind uneinheitlich, so daß sie den Anfänger leicht verwirren. Als **Oberbegriff** soll der von DON PATINKIN (1922-1995) stammende Ausdruck **Realkasseneffekt** (real-balance effect, auch wealth effect) dienen. Er umfaßt neben anderen die wichtigen **Unterfälle KEYNES-Effekt und PIGOU-Effekt** (letzterer wird auch als HABERLER-PIGOU-Effekt bezeichnet). Der KEYNES-Effekt schlägt sich in einer *LM*-, der PIGOU-Effekt in einer *IS*-Kurvenverschiebung nieder, sofern auf die Primärwirkung gesehen wird und weitere Rückwirkungen außer Betracht bleiben. Eine Verfolgung dieser Rückwirkungen, auf die im folgenden verzichtet sei, würde zeigen, daß die klare Unterscheidung nach Verschiebungsursachen der LM- und IS-Kurven (*Übers. 15-2*) nicht aufrecht erhalten werden kann, wenn es Realklasseneffekte gibt. Preisniveauänderungen - Auslöser von KEYNES- und PIGOU-Effekt - schlagen sich mit anderen Worten in Verschiebungen beider Kurven nieder. Die folgenden Darstellungen sind deshalb Vereinfachungen eines komplizierten Anpassungsprozesses.

Der **KEYNES-Effekt** - so von GOTTFRIED VON HABERLER (1900-1995) benannt, weil KEYNES ihn als geringfügige Qualifikation seines Unterbeschäftigungsgleichgewichts einräumte - bedeutet: Fallende Preise, eine plausible Annahme für Unterbeschäftigung, reduzieren die Nachfrage nach aktiver Kasse, so daß bei einem gegebenen Geldangebot die passive Kasse größer wird. Der Zinssatz fällt, die Zinssenkung induziert zusätzliche Investitionen, die das Volkseinkommen erhöhen. Für eine graphische Darstellung des Realkasseneffekts ist das übliche IS-LM-Schema wenig geeignet, weil die Ursache des Effekts, die Preisniveauänderung, nicht besonders ausgewiesen wird. Entweder versieht man die einzelnen IS- und LM-Kurven mit einem Preisniveauindex oder - was häufiger geschieht - die IS-LM-Kurven werden in eine gesamtwirtschaftliche Nachfragekurve des Typs $Y_r^D = Y_r^D(P)$ transformiert. Dem letzteren Vorgehen wird hier gefolgt. Im Fall einer Preisniveausenkung - Folge eines Angebotsüberschusses auf dem Gütermarkt - von P_0 auf P_1 führt der KEYNES-Effekt, der die Wirkungen dieser Senkung auf dem Geldmarkt beschreibt, zu einem sinkenden Zins, weil bei unveränderter nominaler Geldmenge der Wert der Realkasse gestiegen und der Bedarf an Transaktionskasse gefallen ist. Die passive Kasse steigt, so daß der Zins von i_0 auf i_1 fällt, solange die Liquiditätsfalle nicht erreicht worden ist (*Fig. 14-19*). Dadurch werden Investitionen angeregt. Ein fallendes Preisniveau wirkt vor dem Erreichen der Liquiditätsfalle auf den Zins wie ein steigendes Geldangebot. Der sinkende Zins induziert eine Verschiebung der LM-Kurve nach rechts, bis sich ein neues Gleichgewicht (E_1) auf dem Güter- und Geldmarkt herausbildet (*Fig. 15-10*). Das reale Volkseinkommen hat sich durch die Preisniveausenkung von Y_r^0 auf Y_r^1 erhöht. Der Verlauf der aus dem Geld- und Gütermarkt (IS-LM-Schema) abgeleiteten gesamtwirtschaftlichen Nachfragekurve ergibt sich aus der Verbindung der Gleichgewichtspunkte E_0, E_1 und E_2, sowie weiterer Punkte, die sich ableiten ließen. Preisniveauänderungen bei einer konstanten nominalen Geldmenge führen zu Bewegungen auf einer Nachfragekurve, die einen normalen Verlauf hat, wobei Preisniveau und Volkseinkommen in einer umgekehrt proportionalen Beziehung zueinander stehen. Die ökonomische Bedeutung dieses Verlaufs ist: Mit dem Preisniveau sinkt der Zins, dessen Fallen erhöht die Investitionen und damit Volkseinkommen und Beschäftigung.

Die Erklärung des Unterfalls **PIGOU-Effekt** setzt - wie die des KEYNES-Effekt - bei fallenden Preisen an (Realwirkung). In beiden Fällen wird die gesamtwirtschaftliche Nachfrage beeinflußt: bei KEYNES steigt die Nachfrage via Zins, Investition und Einkommen indirekt, bei PIGOU werden die Konsumausgaben direkt erhöht. Ausgangshypothese bei PIGOU ist, daß die Konsumausgaben nicht nur vom Einkommen, sondern auch vom Geldvermögen abhängen (4. und 14. Kap.).

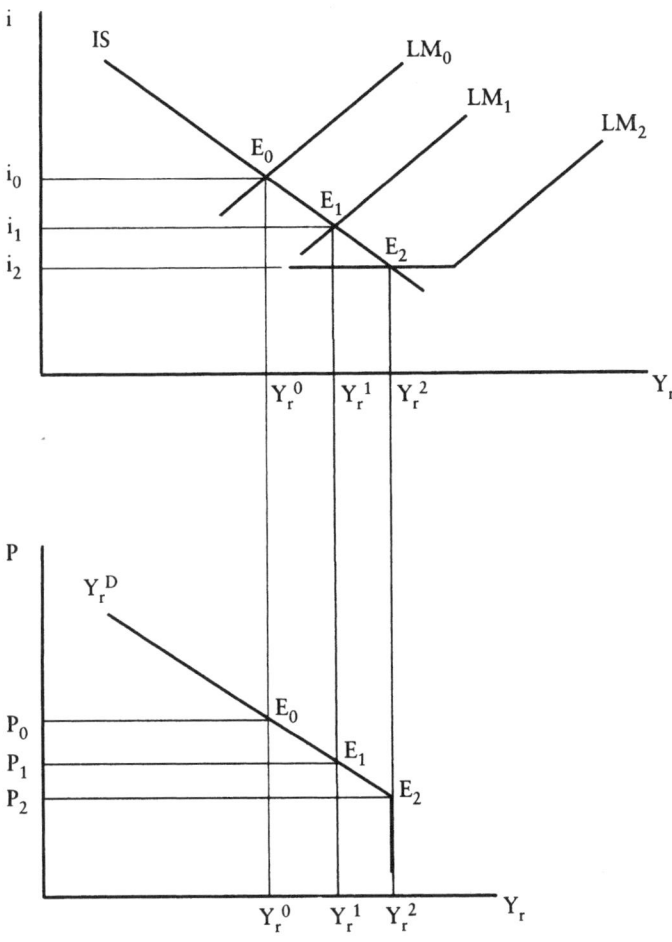

Fig. 15-10: KEYNES-Effekt

Fallen die Preise, steigt der reale Wert (die Kaufkraft) des Geldvermögens, so als wäre bei konstanten Preisen der nominale Betrag des Vermögens und damit auch sein realer Wert erhöht worden. Tatsächlich hat sich im Pigou-Ansatz das Geldvermögen nicht nominal, sondern nur real geändert. Besitzer von Geldvermögen ziehen - so die Konsumhypothese von PIGOU - daraus die Konsequenz, weniger zu sparen und zusätzliche Konsumausgaben zu tätigen, da sie ihr bisheriges Realniveau des Geldvermögens aufrecht erhalten: Die *IS*-Kurve verschiebt sich von IS_0 nach IS_1 (*Fig. 15-11*). Das reale Volkseinkommen steigt dabei von Y_r^0 nach Y_r^1. Analog zu *Fig. 15-10* läßt sich die gesamtwirtschaftliche Nachfragekurve ableiten. Ein kritischer Punkt in der Erklärung PIGOUS ist die Abgrenzung des Vermögens. Forderungen von Gläubigern stehen Verpflichtungen von Schuldnern gegenüber. Gesamtwirtschaftlich ist dieses Vermögen deshalb gleich Null.

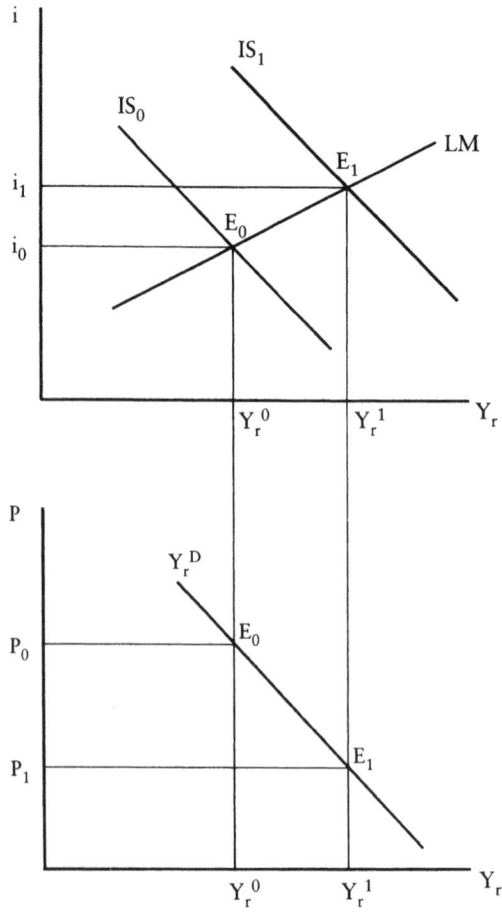

Fig. 15-11: PIGOU-Effekt

Der PIGOU-Effekt würde nur auftreten, wenn die Haushalte mit einem Vermögensgewinn (Gläubiger) den Konsum stärker ausweiten, als ihn Haushalte mit einem Vermögensverlust (Schuldner) einschränken. Will man den PIGOU-Effekt nicht dieser oder anderen Spitzfindigkeiten zuschreiben, ist es konsequent, nur vom gesamtwirtschaftlichen Nettovermögen auszugehen. Darunter wird jenes Vermögen verstanden, bei dem einer Vermögensvergrößerung (z. B. durch eine allgemeine Preissenkung = Deflation) keine Vermögensverringerung gegenübersteht. Dieses Nettovermögen entspricht dem sogenannten "outside money" (GURLEY-SHAW): Gold (oder eine andere Ware als Währungsstoff), Papiergeld - soweit mit seiner Ausgabe keine Verbindlichkeiten im privaten Sektor entstehen (fiat paper money) - und öffentliche Anleihen, falls Private diese nicht als künftige Steuerlasten diskontieren (Freiheit von "Fiskalillusion"). Ohne Einschränkungen kann von einem Nettovermögen nur bei Zentralbankgeld oder einem anderen Gut als Währungsstoff gesprochen werden, so daß im striktesten Fall der PIGOU-Effekt eine Warenwährung voraussetzt.

Aus den Überlegungen zum Realkasseneffekt folgt, daß eine Unterbeschäftigung - definiert als Angebotsüberschuß auf dem Arbeitsmarkt - auch unter den von KEYNES gewählten Bedingungen Kräfte zur Herstellung der Vollbeschäftigung auslöst. Die Kritiker von KEYNES gehen nicht so weit zu behaupten, die Vollbeschäftigung werde tatsächlich - quasi automatisch - erreicht. Sie beschränken sich auf die Aussage, das **Unterbeschäftigungsgleichgewicht** sei selbst dann **nicht stabil**, wenn langfristige Wirkungen (16. Kap.) vernachlässigt würden. Für die KEYNESsche und neoklassische Position ist das Argument der nach unten starren Löhne nur insoweit relevant, als sie nur eine von mehreren Möglichkeiten für ein stabiles Unterbeschäftigungsgleichgewicht bilden. KEYNES wollte nachweisen, daß auch bei Wettbewerb auf dem Arbeitsmarkt dauerhaft Arbeitslosigkeit eintreten kann. Genau dies bestreiten die Neoklassiker, die die Möglichkeit temporärer Arbeitslosigkeit keineswegs leugnen. Gegen die neoklassische, im Realkasseneffekt formulierte Kritik gibt es aus der traditionellen KEYNESschen Theorie keinen durchgreifenden Einwand. Wenn "outside money" existiert, sind - mehr oder weniger starke - Realkasseneffekte nicht abzustreiten. Die KEYNESsche Theorie ist deshalb weit entfernt davon, eine "allgemeine" Theorie zu sein, in der lediglich "inside money" existiert: eine reine Kreditgeldwirtschaft, in der - bezogen auf moderne Verhältnisse - die öffentliche Hand keine Schulden hat und deswegen auch kein Papiergeld zu ihren Lasten ausgeben darf; Geld existiert nur als Kredit (etwa in Form von Girokonten), dessen gesamtwirtschaftliche Summe Null ist. Die neoklassische Kritik setzt "outside money" voraus - eine Bedingung, die anders als die von KEYNES als realistisch anzusehen ist. Kann das KEYNESsche System gegen die neoklassische Kritik immunisiert werden, indem man den Realkasseneffekt akzeptiert, also "outside money" einbezieht? Der Realkasseneffekt verändert praktisch alle wichtigen Hypothesen:

⇨ Die Konsumausgaben hängen nicht nur vom laufenden Realeinkommen, sondern auch vom Wert des Realvermögens ab.
⇨ Gleiches gilt für die Nachfrage nach aktiver Kasse.
⇨ Die Liquiditätspräferenz beeinflußt die Gesamtnachfrage nicht nur über Zins und Investition, sondern auch über den Konsum.
⇨ Das Realeinkommen ist abhängig von Änderungen der Geldlöhne und Preise.

Das exogene Preisniveau wird nunmehr zu einer entscheidenden Größe des Systems. Die Funktionsgleichungen für den Güter- und Geldmarkt erhalten dann - statt (15.1) und (15.2) - die Form:

(15.3) $\quad Y_r = C(Y, i, M/P) + I(Y, i, M/P) \quad$ und

(15.4) $\quad \dfrac{M_d}{P} = L_1\left(Y, \dfrac{M}{P}\right) + L_2\left(i, \dfrac{M}{P}\right) \quad$ (Verhaltens-Gleichungen).

Neoklassische Synthese

Die neoklassische Synthese ist eine **Zusammenfassung von drei Elementen:**
⇨ der KEYNESschen Theorie der gesamtwirtschaftlichen Nachfrage (IS-LM-System),
⇨ dem Basismodell des gesamtwirtschaftlichen Angebots und
⇨ der monetären Theorie von Preisniveauänderungen, die auf ein gesamtwirtschaftliches Ungleichgewicht von Angebot und Nachfrage zurückgehen.

Erklärt werden das reale Volkseinkommen (Y_r), die Beschäftigung (N) und das Preisniveau (P). Gegenüber der bisherigen Darstellung (14. und 15. Kap.) ist das dritte Element neu, dessen Einführung in die gesamtwirtschaftliche Totalanalyse zeigt, daß ein Unterbeschäftigungsgleichgewicht selbst kurzfristig nicht stabil sein kann. Auch wenn der Realkasseneffekt ein wichtiger Aspekt von Preisniveauänderungen ist, beschränkt sich die monetäre Theorie keineswegs nur darauf. Bedeutsamer sind in der Realität die Probleme des Geldangebots und der Geldnachfrage sowie die monetären Ursachen und Wirkungen von anhaltenden Preisniveauerhöhungen (Inflation), die weltweit als ein Übel empfunden werden. Deshalb wird die Theorie des Geldes und der Inflation gesondert behandelt (18. und 19. Kap.). In der Analyse und ihrer graphischen Darstellung greift man dabei in der Regel auf die Elemente der neoklassischen Synthese zurück. Das Gleichgewichtssystem der neoklassischen Synthese gleicht dem der postkeynesianischen Totalanalyse (*Fig. 15-5*). Da in dieser Synthese die Wirkungen von Preisniveauänderungen explizit behandelt werden und die IS-LM-Darstellung - wie bei der Erörterung des Realkasseneffekts gezeigt - in eine gesamtwirtschaftliche Nachfragekurve transformiert werden kann, wird der Güter- und Geldmarkt durch eine Nachfragekurve Y_r^D und eine Angebotskurve Y_r^S, die auf einer Produktionsfunktion basiert (14.61), repräsentiert. Der Gesamtzusammenhang läßt sich durch eine Übersicht verdeutlichen (*Übers. 15-3*).

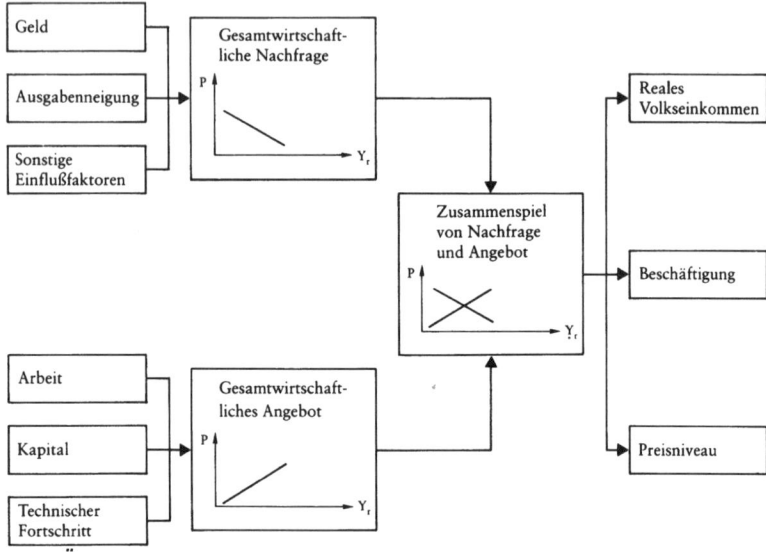

Übers. 15-3: Zusammenhang der neoklassischen Synthese

15. Statisches Gesamtgleichgewicht

Für die simultane Darstellung des gesamtwirtschaftlichen Gleichgewichts sei auf das Vierquadrantenschema (*Fig. 15-5*) zurückgegriffen. Ein **neoklassisches Gleichgewicht**, bei dem Vollbeschäftigung realisiert ist, ergibt folgendes Bild (*Fig. 15-12*). Ein Vollbeschäftigungsgleichgewicht besteht, wenn auf dem Arbeitsmarkt alle Arbeitswilligen zum herrschenden Reallohn Arbeit finden (III. Quadrant als Ausgangspunkt). Über die Produktionsfunktion (IV. Quadrant) ist das Güterangebot bestimmt, das von der Nachfrage - wegen des simultanen Gleichgewichts auf dem Güter- und Geldmarkt (keine Überschüsse) - abgenommen wird (I. Quadrant). Durch das Preisniveau (P_v) bei Vollbeschäftigung ist auch das Nominallohnniveau $W = (W/P) \cdot P$ bestimmt (II. Quadrant). Im Vergleich zur bisherigen Darstellung des gesamtwirtschaftlichen Gleichgewichts ist der Verlauf des Angebots Y_r^S (I. Quadrant) erläuterungsbedürftig. Die gesamtwirtschaftliche Angebotsfunktion Y_r^S wird aus der Produktionsfunktion $Y_r = f(N, \bar{K})$ abgeleitet (14.61). Wird N durch die neoklassische Beschäftigungsfunktion $N = f(w, P)$ substituiert (Kap. 14.V.),

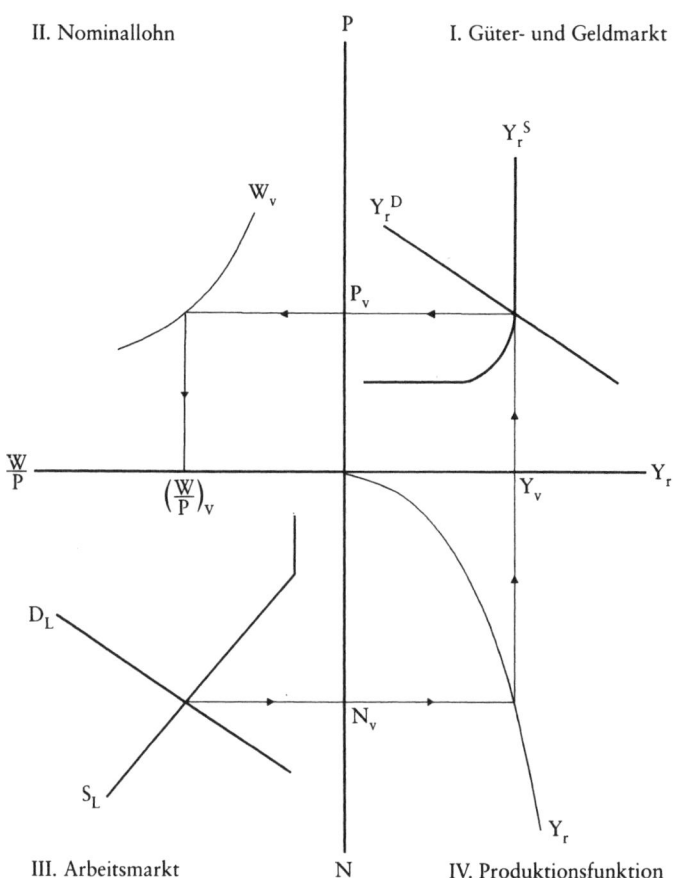

Fig. 15-12: Neoklassisches Vollbeschäftigungsgleichgewicht

erhält man $Y_r^S = f(w, P, \bar{K})$: Das gesamtwirtschaftliche Angebot bleibt konstant, wenn es auf Änderungen des Preisniveaus - und solche des Nominallohns - nicht reagiert, weil die Kapazität des Produktionsapparats ganz ausgeschöpft ist. Die Angebotskurve reagiert hier völlig unelastisch im Hinblick auf Preisniveauänderungen, wovon die neoklassische Theorie ausgeht, so daß die Y_r^S-Kurve parallel zur P-Achse verläuft. Der Extremfall dazu ist, daß eine steigende Nachfrage nicht zu Preisniveauerhöhungen führt, was allseits brachliegende Produktionsfaktoren voraussetzt. Dies nimmt die Keynessche Theorie für den Extremfall an, so daß die Y_r^S-Kurve parallel zur Y_r-Achse verläuft. Zwischen diesen beiden Grenzen existiert ein Bereich, in dem Nachfrageerhöhungen sowohl das Preisniveau wie die Produktion ausweiten. Da die Reaktionen des Preisniveaus auf die Nachfrageänderungen unterschiedlich sind - im Hinblick auf den Verlauf des Angebots -, wird darauf bei der Inflationsanalyse zurückzukommen sein (Kap. 19.III.).

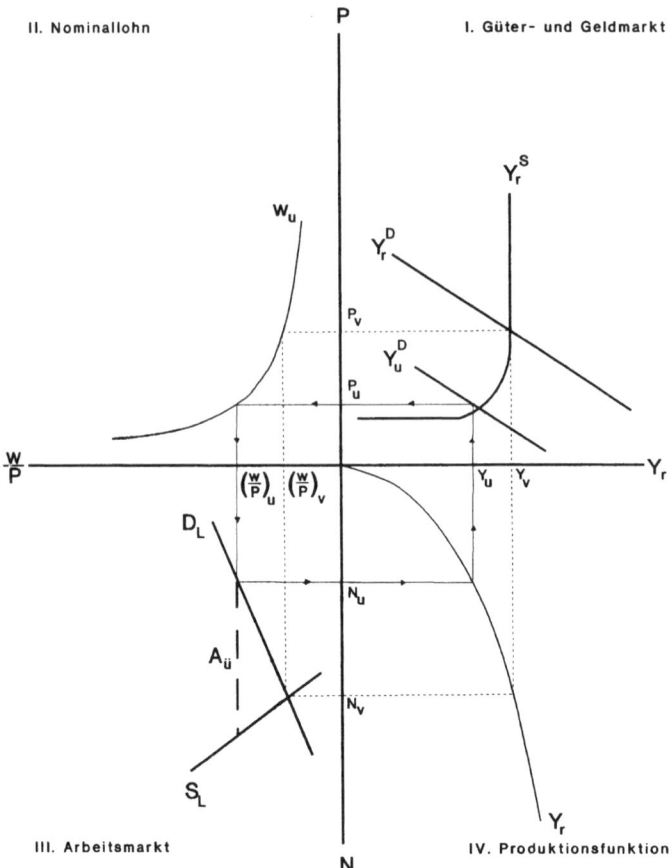

Fig. 15-13: Unterbeschäftigungsgleichgewicht bei nach unten starren Geldlöhnen

Ein **Unterbeschäftigungsgleichgewicht** ist nur unter bestimmten Annahmen, die zuvor beschrieben worden sind, möglich (Kap. 15.II.). Von den drei Fällen sei nur einer herausgegriffen, nämlich der nach unten starren Geldlöhne - der von den drei Fällen der Realität wohl am ehesten entsprechen dürfte. Im Vergleich zu *Fig. 15-9*, in der dieser Fall beschrieben ist, zeigt sich (*Fig. 15-13*), daß im I. Quadranten das gesamtwirtschaftliche Gleichgewicht im preiselastischen Angebotsabschnitt liegt, so daß eine Ausweitung der Nachfrage - etwa durch eine Expansion der Geldmenge - das reale Volkseinkommen und die Beschäftigung, aber auch das Preisniveau erhöht. Auf ähnliche Weise ließen sich die beiden anderen Fälle des Unterbeschäftigungsgleichgewichts in diesem Vierquadrantenschema darstellen.

16. Kapitel: Wachstum

I. Grundlagen und methodische Ansätze

Grundlagen
Definition - Definitionsproblematik - Andere Wachstumsdefinitionen - Ursachen - Determinanten - Klassische Ansichten - Kosten - Bedeutung

Erklärungsansätze
Wachstumsmodelle - Wachstumsprognosen - Deskriptive Wachstumserklärungen

II. Wachstumsmodelle

Gemeinsame Merkmale
Annahmen - Wachstumsmodelle als Kombination von drei Basisfunktionen - Arbeitskräftefunktion - Produktionsfunktion - Spar-Investitions-Funktion - Grundlegende Verhältnisgrößen: Kapitalintensität, Arbeitsintensität, Kapitalkoeffizient, Kapitalproduktivität, Arbeitskoeffizient, Arbeitsproduktivität - Varianten des technischen Fortschritts: Hicks-neutral, Harrod-neutral, Solow-neutral

Postkeynesianische Wachstumstheorie
Domar-Modell - Konstantes Faktoreinsatzverhältnis - Optimale Faktorausstattung - Gleichgewichtsbedingung - Drei wesentliche Konsequenzen - Zahlenbeispiel - Kritische Bemerkungen

Neoklassische Wachstumstheorie
Andere Produktionsfunktion - COBB-DOUGLAS-Funktion - Pro-Kopf-Größen - Gleichgewichtsbedingung - Stabilität des neoklassischen Wachstumsmodells - Technischer Fortschritt als Wachstumsursache - Schwäche des neoklassischen Modells

Endogene Wachstumstheorie
Steigende Grenzerträge - Formales Gerüst der neoklassischen Wachstumstheorie - Produktionsfunktion für Ideen - Gesamtwirtschaftliches Gleichgewicht - Realitätsnahe Erklärung für Wirtschaftswachstum

III. Wachstumsprognosen

Wachstumsprognosen in einer marktwirtschaftlichen Ordnung
Keine Begründung für quantitative Wachstumsprognosen - Leistungsstreben der Individuen als Produkt von Erziehung und Umwelt - Staatliches Handeln als Ergänzung privater Präferenzen

Stagnations- und Stufenprognosen
Stagnationsprognose von HANSEN - Vier Gründe - Prognoseerfüllung - Stufenprognose von ROSTOW - Reduktion historischer Entwicklung

Mathematischer Anhang zu Kapitel 16

K 16 - 1: Grenzen des Wachstums

I. Grundlagen und methodische Ansätze

Grundlagen

Unter Wachstum soll ein Anstieg des realen Volkseinkommens (Y_r) pro Kopf der Bevölkerung (N_b) zwischen aufeinanderfolgenden Zeitperioden ($t, t+1, \ldots$) verstanden werden. Das ist eine von mehreren im Schrifttum gebrauchten **Definitionen**. Die Wachstumsrate (G_r; G = growth) als prozentualer Anstieg des Pro-Kopf-Realeinkommens wird dann wie folgt berechnet:

$$(16.1) \quad G_r = \frac{\dfrac{Y_{r_{t+1}}}{N_{b_{t+1}}} - \dfrac{Y_{r_t}}{N_{b_t}}}{\dfrac{Y_{r_t}}{N_{b_t}}} \cdot 100 \qquad \text{(Definitions-Gleichung)}.$$

In der Bundesrepublik Deutschland belief sich das reale Bruttoinlandsprodukt im Jahr 2008 auf 2 496 (Y_{r_t}), im Jahr 2009 betrug es nur 2 407 ($Y_{r_{t+1}}$) Mrd. Euro (Zahlen leicht modifiziert). Die entsprechenden Zahlen für die Wohnbevölkerung sind 82,0 (N_{b_t}) bzw. 81,9 ($N_{b_{t+1}}$) Millionen. Setzt man diese Werte in (16.1) ein, erhält man für 2009 gegenüber 2008 eine negative Wachstumsrate pro Kopf von etwa -3,6% (Folge der weltweiten Finanzkrise). Statt des Bruttoinlandsprodukts können selbstverständlich auch andere, aus dem 13. Kap. bekannte Abgrenzungen für Volkseinkommen und Sozialprodukt verwendet werden.

Die Definition (16.1) berücksichtigt erstens die Veränderung der Bevölkerung. Erhöhen sich reales Volkseinkommen und Bevölkerung um denselben Prozentsatz, ist das Wachstum pro Kopf gleich Null. Demnach liegt kein Wachstum vor, wenn die Produktion nicht stärker als die Bevölkerung steigt. Zweitens werden Schwankungen des Preisniveaus ausgeschlossen, also nur reale Produktions- oder Volkseinkommensänderungen erfaßt. Drittens ist bei dieser Definition - wegen der Berücksichtigung des Bevölkerungswachstums - die Gefahr, daß aus Vergleichen der Wachstumsraten verschiedener Länder irreführende Schlußfolgerungen gezogen werden, nicht so groß wie bei einfacheren Definitionen. In anderer Hinsicht ist die **Definition problematisch**. Unter konjunkturellem Aspekt könnte gefragt werden: Ist es sinnvoll, von Wachstum zu sprechen, wenn sich eine zu 20% unterbeschäftigte Wirtschaft mit "Wachstumsraten" von 3% über einige Jahre hinweg der Vollbeschäftigung nähert? (16.1) ist nämlich zugleich ein Maßstab (Indikator) für konjunkturelle Änderungen. Wäre es nicht besser, diesen Fall als Wachstum auszuschließen und statt dessen von einer steigenden Auslastung der Produktionskapazität zu sprechen? Deswegen wird auch die Erweiterung der Produktionskapazität als Maß für das Wachstum angesehen, wenngleich ihre statistische Ermittlung schwierig ist. Im folgenden seien die konjunktur- und beschäftigungstheoretischen Probleme durch die Annahme einer vollbeschäftigten Wirtschaft eliminiert, sofern nicht ausdrücklich etwas anderes gesagt wird.

Andere Wachstumsdefinitionen würden sich insbesondere vom Verbraucherstandpunkt aus anbieten: Ist wirtschaftliches Wachstum nicht vor allem daran zu messen, welchen Nutzen die Konsumenten aus der Mehrproduktion von Gütern oder aus der Verlängerung der Freizeit ziehen? Wachstum würde dann in der Wohlfahrtssteigerung einer Gesellschaft ausgedrückt. Dies ist Gegenstand der in diesem Lehrbuch nicht behandelten Wohlfahrtsökonomie (welfare economics), die zur Theorie der Wirtschaftspolitik gehört. Die aus der Haushaltstheorie (5. Kap.) bekannten Schwierigkeiten eines interpersonellen Nutzenvergleichs schließen indessen eine empirische Erfassung einer Wachstumsdefinition aus, die auf der Wohlfahrtsökonomie basiert. Zweifellos ist Wachstum nicht bloß ein quantitativer Vorgang. Es kommt auch auf seine Qualität an. Solche und ähnliche Überlegungen dürften verdeutlichen: "Die" Definition für Wachstum gibt es nicht, kann es wohl auch nicht geben. Wenn sich Definition (16.1) in Theorie und Praxis durchgesetzt hat, so deswegen, weil sie eine für verschiedene Untersuchungsziele adäquate und empirisch brauchbare Sprachregelung ist. Beachtenswert bleibt in jedem Fall, daß Wachstum ein langfristiges Phänomen darstellt und seine Beobachtung deshalb nicht auf kurze Zeiträume abgestellt sein sollte.

Für die wissenschaftliche - ebenso wie für die politische - Betrachtungsweise liegt es nahe, nach den **Ursachen** des wirtschaftlichen Wachstums zu fragen. Überlegungen zu dieser Frage zeigen jedoch bald: Es gibt so zahlreiche Gründe, die zu wirtschaftlichem Wachstum führen, daß nicht nur ihre Erfassung, sondern sogar eine Klassifikation auf erhebliche Schwierigkeiten stößt. Wachstum ist praktisch immer das Ergebnis komplizierter, zeit- und raumabhängiger Prozesse - ähnlich dem biologischen Wachstum, das von einem schwer durchschaubaren System ineinandergreifender Einzelursachen bewirkt wird. Die Ursachen des Wachstums sind nicht allein oder primär wirtschaftlicher Natur, wenn man an folgende Einflußfaktoren denkt: Motivationen (z. B. asketische oder verschwenderische Bedürfnisse nach Gütern), Arbeitsintensität (Faulenzer und "Arbeitstiere"), sozialer Status und berufliches Image (etwa die ökonomische Stellung gehobener Schichten), Rechtsordnung (Ausmaß und Grenzen freier Aktivitäten, Regierungssystem) und natürliche Ressourcen (Bevölkerung, Umfang der Bodenschätze und ihre Erschließungsmöglichkeiten).

Die meisten Wirtschaftswissenschaftler stellen deshalb in ihrer Analyse nicht auf letzte Ursachen, sondern auf solche Bestimmungsgründe oder **Determinanten** des Wachstums ab, die einer ökonomischen Untersuchung zugänglich sind - wohl wissend, daß Determinanten von einer Reihe tiefer gehender Faktoren beeinflußt werden. Die Determinanten, die das (durch [16.1] definierte) Wirtschaftswachstum bestimmen, lassen sich in doppelter Hinsicht unterscheiden. Die Wirtschaft wächst, weil entweder

⇨ der input (Mengenausweitungen der eingesetzten Produktionsfaktoren) oder

⇨ der output pro input-Einheit (Qualitätsverbesserungen der Produktionsfaktoren = technischer Fortschritt im weiten Sinn)

ansteigt. Bei den Produktionsfaktoren geht man in der Regel nur von Arbeit und Kapital aus (Erschließung des Bodens läßt sich ohne Schwierigkeiten als Kapitalinvestition begreifen). Da die Vergrößerung des output pro input-Einheit auf Qualitätsverbesserungen einzelner Faktoren oder der Faktorkombinationen zurückgehen kann, erhält man folgende Systematik der Wachstumsdeterminanten (*Übers. 16-1*).

Die Determinanten des Wachstums haben schon frühzeitig das Interesse der Ökonomen, vor allem der Klassiker, gefunden. Die **klassischen Ansichten** zur Vermehrung der Faktoren waren - grob skizziert - folgende: Das Angebot von Produktionsfaktoren hängt von wirtschaftlichen Größen ab. Das Kapitalangebot ist ebenso wie die Kapitalnachfrage eine Funktion des Zinses. Die Neigung zum Sparen nimmt mit wachsendem Zins zu. Dahinter stehen die Entscheidungen der Einkommensbezieher zwischen Gegenwarts- und Zukunftskonsum. Je mehr gespart wird, um so größer ist der beabsichtigte Zukunftskonsum, um so größer aber auch die ermöglichte Kapitalbildung. Die Vermehrung der Bevölkerung, des Faktors Arbeit, hängt nach Auffassung der Klassiker entscheidend von den Lohnsätzen ab. Liegen diese über dem Existenzminimum, wächst die Bevölkerung. Bei einem Lohn unterhalb des Minimums geht das Bevölkerungswachstum - wenigstens relativ - zurück. Die berechtigte, bereits erwähnte Kritik an der traditionellen Bevölkerungslehre und gewisse Schwächen der Kapitaltheorie haben vergessen lassen, daß sich die klassischen Nationalökonomen Gedanken über die Verbesserung der Produktionsfaktoren, den technischen Fortschritt (im weiten Sinn), gemacht haben, ja daß diese Probleme oft im Zentrum ihrer Überlegungen standen. Es ging ihnen - ausgesprochen und unausgesprochen - immer wieder um zwei Fragen:

⇨ Wie kann man ein Maximum an Faktorverbesserungen, an effizienter Ausbildung, an Erfindungen und Neuerungen erreichen?

⇨ Auf welchem Wege können Verbesserungen wirtschaftlich am besten durchgesetzt und marktgängig gemacht werden?

Auf beide Fragen gaben sie im Grunde eine einheitliche Antwort, die sie in ihren theoretischen Systemen im Detail ausführten: Im Rahmen bestehender Gesetze komme es entscheidend auf die freie Entfaltung der persönlichen Initiative an. Die wirkungsvollste Methode, um Ausbildungen, Erfindungen und Neuerungen eine allgemeine Verbreitung zu sichern, bilde das Wettbewerbssystem als Motor des Wirtschaftswachstums. Es wird verständlich, daß die Beurteilung der Wachstumskräfte von der Einschätzung der Wettbewerbswirkungen abhängt. Wer auf die Effektivität der Konkurrenz vertraut, sieht in der Konstituierung und Sicherung des marktwirtschaftlichen Systems, im Schutz des Wettbewerbs und in der Beseitigung von Wettbewerbsbeschränkungen die beste Wachstumspolitik, vor allem, soweit es um die Qualitätsverbesserung der Produktionsfaktoren geht. Wer die Leistungen der Wettbewerbsordnung skeptisch einschätzt, neigt demgegenüber dazu, nach Ersatzlösungen Ausschau zu halten.

Optimistische und skeptische Beurteiler der Wettbewerbsordnung sind sich darin einig, daß Ausweitungen und Qualitätsverbesserungen der Produktionsfaktoren in der Regel Investitionen erfordern. Da Investitionen wesentliche Voraussetzungen für Wirtschaftswachstum sind, verursacht dieses volkswirtschaftliche **Kosten**. Im Zustand der Vollbeschäftigung, von dem - wie bei der Erörterung der Wachstumsdefinition erwähnt - generell ausgegangen wird, bedeuten Investitionen zwangsläufig Konsumverzicht: Investitionen sind eine

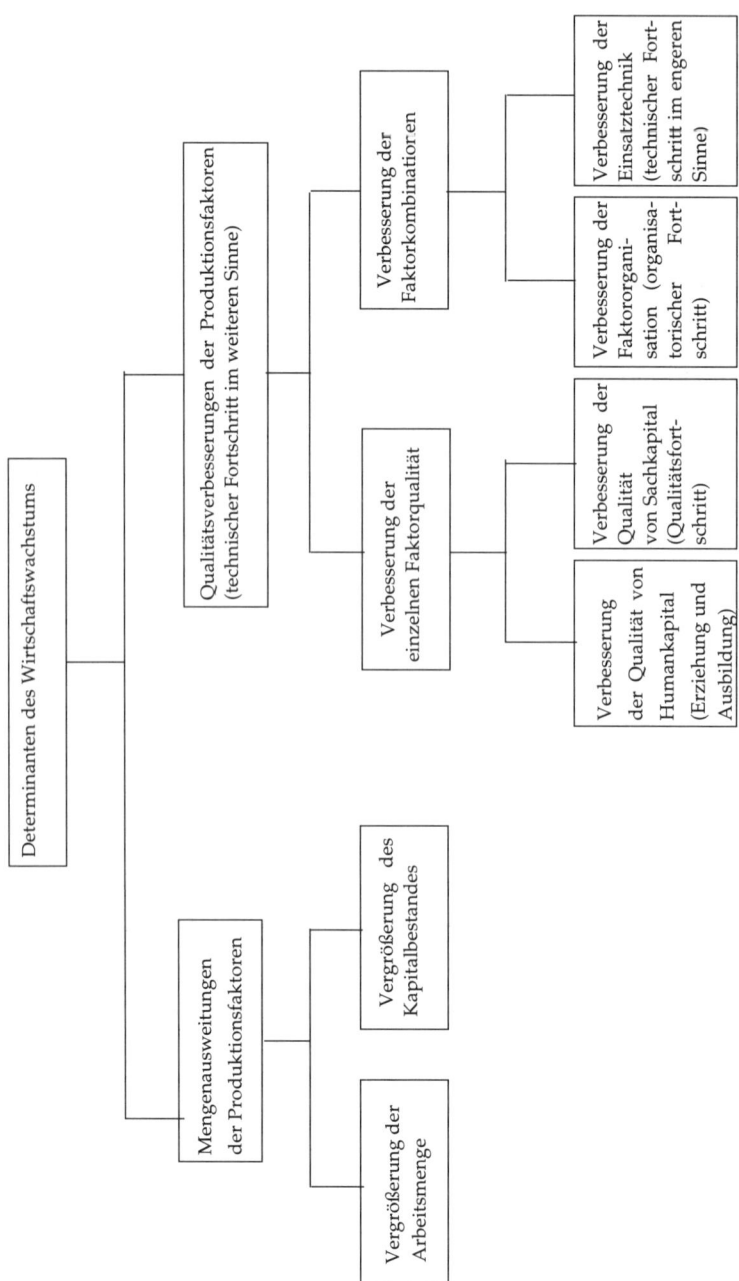

Übers. 16-1: Determinanten des Wirtschaftswachstums

notwendige, wenngleich nicht hinreichende Bedingung wirtschaftlichen Wachstums. Wenn wir mehr Fabriken, Maschinen oder Straßen wünschen, müssen wir auf Automobile, Häuser oder Ferienreisen verzichten - güterwirtschaftlich gesehen "sparen". Soweit dieses Sparen nicht freiwillig erfolgt, läßt es sich unter bestimmten Umständen durch eine höhere Besteuerung oder eine Inflation, die einer Besteuerung entspricht (19. Kap.), erzwingen. Die Kosten des Wachstums oder die volkswirtschaftliche Alternative können an der bekannten Produktionsmöglichkeitenkurve (*Fig. 2-1*) veranschaulicht werden (*Fig. 16-1*). Es sei von der Hypothese ausgegangen, daß mit den Investitionen (oder dem Konsumverzicht) die Wachstumsrate steigt. Dabei kann offen bleiben, ob sich diese Hypothese empirisch bestätigt und in welcher Zeit das Wachstum eintreten wird. In den drei Darstellungen der *Fig. 16-1* sind für die Gegenwart dieselben Produktionsmöglichkeitenkurven (durchgezogene Linie) eingezeichnet. Bei einer kleinen Investitionsquote (*Fig. 16-1.I.*) wird sich die Produktionsmöglichkeitenkurve künftig weniger stark nach rechts verschieben (gestrichelte Kurve) als bei einer relativ großen (*Fig. 16-1.II.*). Im ersten Fall könnte nach der Ausreifungszeit der Investitionen von der Kombination A auf B, B' oder andere Punkte der gestrichelten Kurve übergegangen werden, im zweiten Fall dagegen von C auf D, D' und so fort. Die größere Wachstumsrate im zweiten Fall ist durch größere Investitionen ermöglicht worden, hat aber auch einen höheren Konsumverzicht gekostet. Die Entscheidung über die Wachstumsrate impliziert eine Entscheidung über die zeitliche Verteilung des Konsums (Zeitpräferenzfunktion) und damit über die Kosten des Wachstums. Bei einer zeitlich konstanten Investitionsquote liegen A und B bzw. C und D auf einer Geraden, die vom Nullpunkt ausgeht (*Fig. 16-1.III.*).

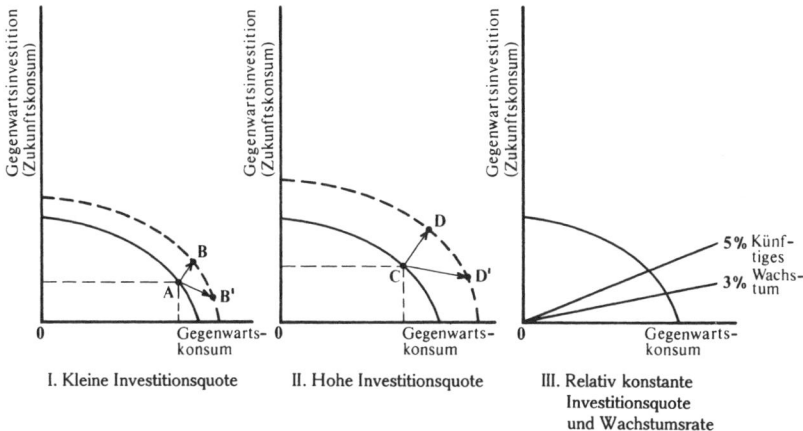

Fig. 16-1: Kosten des Wachstums

Wachstum ist aus einer Reihe von Gründen in den letzten Jahren in der theoretischen Analyse und praktischen Wirtschaftspolitik ein Thema von großer **Bedeutung** geworden. Erstens herrscht in hochentwickelten Ländern, die fast alle in der gemäßigten Zone der nördlichen Erdhalbkugel liegen, die Befürchtung vor, das Wachstum könne sich zunehmend verlangsamen. Auf einige Gründe für solche Befürchtungen wird noch eingegangen (III.). Zweitens hat nach dem Zweiten Weltkrieg ein internationaler Wettlauf eingesetzt, dessen wichtigstes Kriterium Wachstumsraten sind. Da Investitionen in marktwirtschaftlichen Ordnungen im wesentlichen aufgrund privater Entscheidungen, in zentralgelenkten Systemen nach staatlichen Befehlen zustande kommen, sind einige Nationalökonomen der Auffassung, Investitionen - unerläßliche Voraussetzung des Wachstums - müßten auch in einer Marktwirtschaft zentral gesteuert werden. Die naheliegende Frage, ob zentrale Investitionslenkung und Marktwirtschaft überhaupt kompatibel sind, bleibt dabei - gewollt oder ungewollt - meist offen. Drittens scheint das Bewußtsein über die internationale Einkommensungleichheit und die Teilung der Welt in reiche und arme Länder zu keiner Zeit so ausgeprägt gewesen zu sein wie in der Gegenwart. Zwar waren auch in der Vergangenheit die relativen Unterschiede zwischen reichen und armen Ländern keineswegs gering. Doch erst in jüngster Zeit wird es allgemein als Aufgabe empfunden, diejenigen Wachstumskräfte ausfindig zu machen, die eine rasche Entwicklung zurückgebliebener Länder und damit die Nivellierung internationaler Einkommensdivergenzen ermöglichen. Viertens sind durch das Vordringen der von KEYNES konzipierten Beschäftigungstheorie Fragen zum Wachstum aufgeworfen worden: Ist langfristig zu erwarten, daß die Gesamtnachfrage zur Erhaltung dauernder Vollbeschäftigung ausreicht? Diese Frage basiert auf ähnlichen Überlegungen wie die kritische Beurteilung der Zukunft des "kapitalistischen" Wirtschaftssystems durch KARL MARX und seine Nachfolger. Anders formuliert: Werden langfristige Wirkungen auftreten, die das kurzfristige KEYNESsche Gleichgewicht stören?

Erklärungsansätze

In der Wirtschaftswissenschaft befaßt man sich mit dem Wachstum unter verschiedenen Aspekten. Eine erste Gruppe von Ansätzen, die seit Jahrzehnten im Zentrum der Wachstumsanalyse steht, sind **Wachstumsmodelle**. Sie verdanken ihr Entstehen hauptsächlich der Ergänzungsbedürftigkeit des Keynesschen Systems - jenem wachstumstheoretischen Wunderland, in dem über den Ersatzbedarf des Kapitals hinaus investiert (exakt: nettoinvestiert), aus dem vergrößerten Kapitalstock aber nicht zusätzlich produziert wird. Daß das KEYNESsche Gleichgewicht bestenfalls nur kurzfristig stabil sein kann, ist heute unbestritten. Zu Recht wurde deshalb von ROY FORBES HARROD und EVSEY DAVID DOMAR die Frage aufgeworfen, unter welchen Bedingungen das KEYNESsche Gleichgewicht langfristig - d. h. nach Einbeziehung des Kapazitätseffekts der Investitionen - stabil sein würde. Schon die Art der Frage verdeutlicht, daß solche Wachstumsmodelle keine Aussagen über die realen Wachstumsprozesse und ihre Ursachen bieten. Gezeigt werden soll lediglich, welche Bedingungen für ein gleichgewichtiges Wachstum unter den üblichen Annahmen des KEYNESschen Systems erforderlich sind ("postkeynesianische" Wachstumstheorie). Das von HARROD und DOMAR abgeleitete Gleichgewicht steht gleichsam auf des Messers Schneide. Wenn sich die entscheidenden, an der Realität gemessen sehr restriktiven Konstanten (Parameter) geringfügig ändern, führt kein Weg zum gleichgewichtigen Wachstumspfad zurück. Wachsende Arbeitslosigkeit oder konjunkturelle Überhitzung sind die Folge. ROBERT MERTON SOLOW entwickelte Mitte der fünziger Jahre ein stabiles Wachstumsmodell. Er zeigte, daß sich die Instabilität der postkeynesianischen Wachstumstheorie durch eine Produktionsfunktion beseitigen läßt, in der die Produktionsfaktoren Kapital und Arbeit substituierbar sind. Weil diese Prämisse vollständige Konkurrenz auf beiden Faktormärkten voraussetzt, rechnet man das von SOLOW entwickelte Modell der "neoklassischen" Wachstumstheorie zu - eine insofern irreführende Bezeichnung, weil nur eine andere Produktionsfunktion als bei HARROD und DOMAR unterstellt, ansonsten aber deren an KEYNES orientiertes Instrumentarium übernommen wird. Einen anderen Weg, die Instabilität des HARROD-DOMAR Gleichgewichtspfades zu beseitigen, beschritt - zur gleichen Zeit wie SOLOW - NICHOLAS KALDOR. Eine säkulare Stabilität für eine wachsende Wirtschaft ist nach seiner Analyse möglich, wenn sich die volkswirtschaftliche Sparquote durch die Einkommensverteilung so ändert, daß die Gleichgewichtsrate des Wachstums erreicht wird. Seine Theorie ist eine Mischung aus Wachstumstheorie und makroökonomischer Verteilungstheorie (Cambridge Modell). In den Modellen von SOLOW (16. Kap. II.) und KALDOR (17. Kap.) ist der technische Fortschritt exogen vorgegeben. Er fällt wie „Manna vom Himmel". PAUL S. ROMER und ROBERT E. LUCAS JR. entwickelten in den achtziger Jahren des letzten Jahrhunderts Wachstumsmodelle, in denen der technische Fortschritt endogen erfaßt wird. Ansonsten basieren diese endogenen Wachstumsmodelle (Kap. 16. II.), von denen es inzwischen eine Vielzahl von Varianten gibt, auf der neoklassischen Wachstumstheorie. Wachstumsmodelle werden oft als normative Theorien bezeichnet, weil das Ziel (die Norm) - Gleichgewicht oder gleichgewichtige Wachstumsrate - gegeben sei und nur analysiert werde, wie man zu diesem Ziel gelange. Der Ausdruck "normative Theorie" kann jedoch im Hinblick auf den hier verwendeten Wissenschaftsbegriff (1. Kap.) nicht als besonders gelungen bezeichnet werden. Warum eine Wirtschaft wachsen soll, stellt eine wissenschaftlich nicht zu beantwortende Frage dar. Wird die Realisierbarkeit einer Norm ökonomisch untersucht - wie bei den Bedingungen gleichgewichtigen Wachstums -, handelt es sich lediglich um eine Umkehrung des Erklärungszusammenhangs. Das Gleichgewicht ist Datum; die bestimmenden Größen werden gesucht. Wachstumsmodelle unterscheiden sich methodisch nicht grundlegend von anderen Modellen. Wenn der modernen Wachstumstheorie Wirklichkeitsferne nachgesagt wird, beruht das auf der Simplizität ihrer Aussagen.

In Übereinstimmung mit der Literatur wird im folgenden von Wachstumstheorien gesprochen. Es sollte jedoch kein Zweifel bestehen, daß ihr Abstand zu Hypothesen (1. Kap.) groß sein kann. Eine empirisch gehaltvolle Theorie erlaubt Vorhersagen. Vor allem die postkeynesianischen und neoklassischen Wachstumsmodelle sind jedoch - trotz ihrer zum Teil komplizierten Form - für prognostische Zwecke kaum verwendbar. Ein genereller Vorbehalt ist insbesondere gegen quantifizierte **Wachstumsprognosen** angebracht. Dies wird näher begründet (Kap. 16. III.). Eine zweite Gruppe von Erklärungsansätzen sind die Versuche, Entwicklungen des marktwirtschaftlichen Systems vorherzusagen. Dabei geht es meistens um die Frage, welche Bedeutung den in der Gegenwart vorhandenen Wachstumskräften künftig zukommt. Die Antwort fällt verschieden aus, je nachdem, ob die Zukunft wachstumspessimistisch oder - optimistisch eingeschätzt wird. Eine bekannte pessimistische Prognose ist die Stagnationstheorie von ALVIN HARVEY HANSEN. Andere Autoren sind der Meinung, daß die künftige Entwicklung durch in der Historie immer wieder feststellbare Gemeinsamkeiten vorgezeichnet sei. Hierher gehört die Stufentheorie von WALT WHITMAN ROSTOW, in der es - ebenso wie in der Stagnationstheorie - zahlreiche Berührungspunkte zu Erklärungen gibt, die aus dem 19. Jahrhundert stammen. Obwohl bei dieser Art von Wachstumsprognosen die Verwandtschaft zu Visionen größer sein dürfte als zu wissenschaftlichen Theorien, erfreuen sie sich selbst unter wissenschaftlichen Nationalökonomen einiger Beliebtheit. Da solche Vorhersagen auch schon in früheren Zeiten abgegeben wurden, ist die Überprüfung ihres prognostischen Werts von besonderem Interesse.

Eine dritte Gruppe von Ansätzen sind die **deskriptiven Wachstumserklärungen**, die statistisch angelegte Wachstumsstudien sein können (wie z. B. bei SIMON KUZNETS, RAYMOND WILLIAM GOLDSMITH und WALTHER GUSTAV HOFFMANN) oder Beschreibungen des ökonomischen Datenkranzes wachstumsrelevanter Einflußfaktoren soziologischer, demographischer und institutioneller Art (z. B. bei WILLIAM ARTHUR LEWIS). Insbesondere Darstellungen des letzten Typs vermögen die hinter den abstrakten Formeln der Wachstumsmodelle stehenden Wachstumskräfte sichtbar zu machen. Deskription und Modelltheorie bezeichnen äußere Markierungspunkte wissenschaftlicher Überlegungen und zugleich bestimmte Gefahren: In der Deskription sucht man oft vergeblich nach der theoretischen Analyse, in dieser nach der empirischen Relevanz. Im folgenden wird auf zwei Erklärungsansätze eingegangen, auf Wachstumsmodelle (II.) und auf Wachstumsprognosen (III.).

II. Wachstumsmodelle

Gemeinsame Merkmale

Alle in diesem Kapitel behandelten Wachstumsmodelle basieren auf folgenden allgemeinen **Annahmen**:
⇨ Investitionen haben einen Einkommens- und Kapazitätseffekt. Durch Investitionen fallen sowohl einkommenswirksame Ausgaben als auch kapazitätserhöhende Realkapitalzuwächse (dK) an. In der Berücksichtigung des Kapazitätseffekts liegt die Besonderheit der Wachstumstheorie gegenüber der Beschäftigungstheorie von KEYNES. Dementsprechend gilt (abgestellt auf Differential-Ausdrücke):

(16.2) $\quad I_t = \dfrac{dK}{dt} \quad$ (Definitions-Gleichung).

Diese Gleichung impliziert die Vereinfachung, daß der Kapitalbestand K eine unbegrenzte Lebensdauer hat. Abschreibungen finden deshalb nicht

16. Wachstum

statt, so daß die Investitionen (Brutto = Netto) dem Kapitalzuwachs entsprechen. Bei einigen Varianten von Wachstumsmodellen werden - anders als hier - Abschreibungen als Differenz zwischen Brutto- und Nettoinvestitionen berücksichtigt.

⇨ Es besteht Vollbeschäftigung. Diese Annahme ist zweckmäßig, um konjunkturelle Änderungen vom Wachstumstrend eindeutig eliminieren zu können, zumal für beide die Definition (16.1) ein Indikator ist.

⇨ Das Preisniveau bleibt konstant. Alle Symbole bezeichnen reale Größen, so daß nominales Volkseinkommen und reales Volkseinkommen (Produktion, output) identisch sind, hier auch synonym gebraucht werden:

(16.3) $\quad Y \equiv Y_n \equiv Y_r$ $\quad\quad$ (Definitions-Gleichung).

⇨ Die Volkswirtschaft ist geschlossen (ohne Außenhandel) und ohne staatliche Aktivität. In der Nomenklatur von KEYNES:

(16.4 a) $\quad Y \equiv C + I \equiv C + S$ und

(16.4 b) $\quad I \equiv S \equiv Y - C$ $\quad\quad$ (Definitions-Gleichungen).

⇨ Die Volkswirtschaft soll sich während des Wachstums im Gleichgewicht befinden. Dies erfordert, daß das gesamtwirtschaftliche Angebot (Y_s; s = supply) genauso stark zunimmt wie die gesamtwirtschaftliche Nachfrage (Y_d; d = demand):

(16.5 a) $\quad Y_s = Y_d$ $\quad\quad$ (Gleichgewichts-Bedingung).

Statt dessen kann auch geschrieben werden (14. Kap.):

(16.5 b) $\quad I_t = S_t = Y_t - C_t$ $\quad\quad$ (Gleichgewichts-Bedingung),

wobei daran erinnert sei, daß I und S in (16.5 b) - im Gegensatz zu (16.4) - geplante Größen sind.

Unter diesen allgemeinen Annahmen lassen sich die **Wachstumsmodelle** als eine **Kombination von drei Basisfunktionen** begreifen. Nach der ersten Basisfunktion wird das Arbeitskräfteangebot bestimmt, das pro Zeitperiode mit einer bestimmten Rate wächst. Dieses Arbeitskräfteangebot einer bestimmten Zeitperiode t stellt zusammen mit dem Kapitalbestand K den input dar. Boden ist im Kapitalbestand einbegriffen. Die zweite Basisfunktion ist die Produktionsfunktion, die den - aus der Mikroökonomie (6. Kap.) bekannten - Zusammenhang zwischen input und output (Produktion) beschreibt. Sie ist in der Wachstumstheorie auf die Gesamtwirtschaft bezogen. Die dritte Basisfunktion gibt den Anteil an, der aus der Produktion Y_t (= dem Volkseinkommen) gespart und - gemäß (16.5 b) - investiert wird. Investitionen sind nach (16.2) identisch mit einer Kapitalbestandsvergrößerung, aus der mit dem - entsprechend der ersten Basisfunktion - gestiegenen Arbeitskräfteangebot zu Beginn der Periode $t + 1$ ein vergrößerter input resultiert. Dieser ermöglicht - im Hinblick auf die zweite Basisfunktion - die Produktion Y_{t+1}, aus der sich das Sparen und Investieren dieser Periode - dritte Basisfunktion - ergibt. Die Wachstumsmodelle beschreiben den soeben für zwei Perioden angedeuteten, durch drei Basisfunktionen erfaßten Prozeß, der zu einem gleichgewichtigen Wachstum führt.

Die **Arbeitskräftefunktion** ist in den Wachstumsmodellen exogen determiniert, d. h. es gibt - anders als bei den Klassikern, vor allem bei THOMAS ROBERT MALTHUS (9. Kap.) - keine ökonomische Erklärung für das Bevölkerungswachstum als Hauptkomponente des Beschäftigungsniveaus oder Arbeitskräfteangebots (L). Ändert sich dieses in Arbeitsstunden oder Arbeitern pro Produktionsperiode bestimmte Angebot mit der konstanten Wachstumsrate

(16.6) $\dfrac{\frac{dL}{dt}}{L} = \hat{L} = n$ (Verhaltens-Gleichung),

ist das Angebot einer bestimmten Periode t

(16.7) $L_t = L_0 \cdot e^{n \cdot t}$ (Verhaltens-Gleichung).

(16.6) ist eine Differentialgleichung erster Ordnung - in dieser Art häufig in der Wachstumstheorie, aber auch in der Zinseszinsrechnung -, deren Lösung (16.7) durch Integration möglich ist (Mathematischer Anhang zu diesem Kapitel).

In der **Produktionsfunktion** der Wachstumsmodelle wird der gesamtwirtschaftliche Zusammenhang zwischen den unabhängigen Variablen Kapitalbestand (K_t) und Arbeitskräfteeinsatz (L_t) zur abhängigen Variablen output oder Volkseinkommen (Y_t) beschrieben:

(16.8) $Y_t = f(K_t, L_t)$ (technische Gleichung).

Es ist bekannt (6. Kap.), daß die durch (16.8) bezeichnete produktionstechnische Beziehung zwischen input und output verschiedene Formen einschließt (vgl. [6.1 a] bis [6.1 c]). Bestimmte Formen von (16.8) - d. h. spezifische Produktionsfunktionen - sind Ausgangspunkt einer Trennung zwischen postkeynesianischer und neoklassischer (einschließlich endogener) Wachstumstheorie.

Der dritte Block der Wachstumsmodelle ist die **Spar-Investitions-Funktion**. Sie gibt Auskunft über das Verhältnis von Sparen und Investieren für das Einkommen einer bestimmten Zeitperiode gemäß (16.5 b). Die einfachste Form einer Spar-Funktion, von der hier ausgegangen wird und die bei den meisten postkeynesianischen, neoklassischen und endogenen Wachstumsmodellen anzutreffen ist, lautet (14. Kap.):

(16.9) $S_t = s \cdot Y_t = (1 - c) \cdot Y_t$ (Verhaltens-Gleichung),

in der die marginalen und durchschnittlichen Quoten für Sparen und Konsum größengleich sind. Nur in Ausnahmefällen wird explizit eine Investitions-Funktion eingeführt. Ansonsten ist die Investition eine exogene Größe - in merkwürdigem Kontrast zur KEYNESschen Theorie, nach der die endogenen Bestimmungsgrößen der Investitions-Funktion (14. Kap.) wichtige Ursache eines stabilen Unterbeschäftigungsgleichgewichts sind.

Weiterhin sind für die in diesem Kapitel behandelten Wachstumsmodelle einige **grundlegende Verhältnisgrößen** bedeutsam, die sich aus den verschiedenen Relationen zwischen Realkapitalbestand (K), Arbeitskräfteeinsatz (L) und Volkseinkommen bzw. Produktion (Y) ergeben. Das Verhältnis von Kapitalbestand und Arbeitsvolumen (K/L) wird als **Kapitalintensität** (k_i), der Kehrwert (L/K) als **Arbeitsintensität** (l_i) bezeichnet. Die Relation von Kapitalbestand zu Volkseinkommen (K/Y) wird als **Kapitalkoeffizient** (v) definiert, die des Kehrwertes (Y/K) als **Kapitalproduktivität** (σ). Auf den Arbeitsfaktor bezogen heißt dementsprechend die Relation Arbeitskräfteeinsatz zu Volkseinkommen (L/Y) **Arbeitskoeffizient** (b) und sein Kehrwert (Y/L) **Arbeitsproduktivität** ($1/b$). Unter der Voraussetzung konstanter Faktorentlohnungssätze kennzeichnet die Entwicklung von Kapital- und Arbeitskoeffizient die zeitliche Veränderung der Einkommensverteilung auf die beiden Faktoren Arbeit und Kapital, auf die noch eingegangen wird (17. Kap.). Alle diese Verhältnisgrößen können sich im Zeitablauf ändern. Aus Gründen der vereinfachten Darstellung wird hier jedoch auf die Anfügung eines Zeitparameters verzichtet. Aufgrund der vorgestellten Definitionen ist eine Kombination der Verhältnisgrößen möglich:

(16.10 a) $\quad (K/L) = (Y/L) : (Y/L) = (Y/K) : (L/Y)$

(16.10 b) $\quad k_i = v/b \quad$ (Definitions-Gleichung).

Die Kapitalintensität entspricht dem Verhältnis von Arbeitsproduktivität und Kapitalproduktivität bzw. der Relation von Kapitalkoeffizient zu Arbeitskoeffizient. Dieser Zusammenhang läßt sich auch in Wachstumsraten ausdrücken:

(16.11 a) $\quad \widehat{(K/L)} = \widehat{(Y/L)} - \widehat{(Y/K)} = \widehat{(K/Y)} - \widehat{(L/Y)}$

(16.11 b) $\quad \hat{k}_i = \hat{v} - \hat{b} \quad$ (Definitions-Gleichung).

Die Wachstumsrate der Kapitalintensität ergibt sich demnach aus der Differenz der Wachstumsraten der Arbeitsproduktivität und der Kapitalproduktivität oder dem Abstand der Wachstumsrate des Kapitalkoeffizienten zu der des Arbeitskoeffizienten.

Aus diesem Zusammenhang lassen sich die verschiedenen **Varianten des technischen Fortschritts** entwickeln, die auf unterschiedlichen Formen der "Neutralität" beruhen. Neutralität bedeutet dabei die zeitliche Konstanz bestimmter Verhältnisgrößen. Der technische Fortschritt heißt **Hicks-neutral**, wenn die Kapitalintensität konstant bleibt. Wegen (16.11) ist dies gleichbedeutend mit einem gleichmäßigen Wachstum von Arbeitsproduktivität und Kapitalproduktivität:

(16.12 a) $\quad \widehat{(K/L)} = \hat{k}_i = 0 \Leftrightarrow \widehat{(Y/L)} = \widehat{(Y/K)}$

$\quad \Leftrightarrow \hat{b} = \hat{v} \quad$ (technische Gleichung).

Der technische Fortschritt wird als **Harrod-neutral** bezeichnet, wenn die Kapitalproduktivität bzw. der Kapitalkoeffizient konstant bleibt. Bei entsprechender Umformulierung von (16.11) folgt daraus eine gleichmäßige Entwicklung von Kapitalintensität und Arbeitsproduktivität:

(16.12 b) $\quad \widehat{(Y/K)} = \hat{\sigma} = 0 \Leftrightarrow \widehat{(K/L)} = \widehat{(Y/L)}$

$\quad \Leftrightarrow \hat{k}_i = \widehat{(1/b)} \quad$ (technische Gleichung).

Schließlich bleibt als dritte Variante der **Solow-neutrale** technische Fortschritt. Hier wird die Entwicklung der Arbeitsproduktivität bzw. des Arbeitskoeffizienten als konstant angenommen, so daß ein gleichgewichtiges Wachstum von Kapitalintensität und Kapitalkoeffizient vorliegt:

(16.12 c) $\quad (\widehat{L/Y}) = \hat{b} = 0 \Leftrightarrow (\widehat{K/L}) = (\widehat{K/Y})$

$\Leftrightarrow \hat{k}_i = \hat{v} \quad$ (technische Gleichung).

Die unterschiedlichen Annahmen über die Entwicklung dieser grundlegenden Relationen bestimmen auch die Unterschiede zwischen den Hauptrichtungen der Wachstumstheorie, den postkeynesianischen, neoklassischen und endogenen Wachstumsmodellen.

Postkeynesianische Wachstumstheorie

Die Modelle von HARROD und DOMAR stimmen im wesentlichen formal überein. Die Unterschiede sind zum Teil terminologischer Art. Die folgende Darstellung gibt den Kern des **DOMAR-Modells** in Formulierungen wieder, die - im Hinblick auf das Modell von HARROD - hier und da von denen DOMARS abweichen. Die Besonderheit der postkeynesianischen Wachstumstheorie liegt in der Annahme der speziellen Produktionsfunktion

(16.13) $\quad Y_t = min\left(\dfrac{K_t}{v}, \dfrac{L_t}{b}\right) \quad$ (technische Gleichung).

Diese Produktionsfunktion geht von einem **konstanten** (limitationalen) **Faktoreinsatzverhältnis** v/b (fixed-coefficients technology) aus (LEONTIEF-Funktion). Die Isoquanten verlaufen im Koordinatensystem parallel zur K- und L-Achse (6. Kap.), ihre Eckpunkte $A, B, C...$ (geringste [min] Faktoreinsatzmengen) liegen auf einem Fahrstrahl aus dem Ursprung (*Fig. 16-2*). Um eine output-Einheit (Y_1) zu erstellen, sind b Arbeitskräfte- und v Kapitaleinheiten erforderlich. Ist die Modellwirtschaft mit einer bestimmten Menge von Arbeitskräften L_t ausgestattet - Arbeitskräfte werden als limitierender Faktor angesehen -, können bei Vollbeschäftigung maximal L_t/b output-Einheiten ($Y_t = Y_1 \cdot L_t/b$) erzeugt werden.

Die **Faktorausstattung** der mit dieser Produktionsfunktion operierenden Wirtschaft ist dann **optimal**, wenn stets die Eckpunkte der Produktionsfunktion erreicht werden:

(16.14 a) $\quad Y_t = K_t/v = L_t/b \quad$ (Verhaltens-Gleichung).

Aus der rechten Seite der Gleichungskette der Optimalbedingung folgt, daß eine konstante Kapitalintensität angestrebt wird:

(16.14 b) $\quad K_t/L_t = k_i = v/b \quad$ (Verhaltens-Gleichung).

Ist die tatsächliche Kapitalintensität größer als die optimale Konstante v/b (z. B. Punkt Q_1 in *Fig. 16-2*), stehen Kapitalbestände frei und es werden keine Investitionen vorgenommen. Im umgekehrten Fall (Punkt Q_2 in *Fig. 16-2*) sind die Arbeitskräfte nicht vollbeschäftigt. Aus der Optimalbedingung (16.14 b) folgt insbesondere das gleichgewichtige Wachstum des Kapitalbestands und des Arbeitskräfteeinsatzes, dessen Wachstumsrate durch (16.6) vorgegeben ist:

(16.14 c) $\hat{K}_t = \hat{L}_t = n$ (Verhaltens-Gleichung).

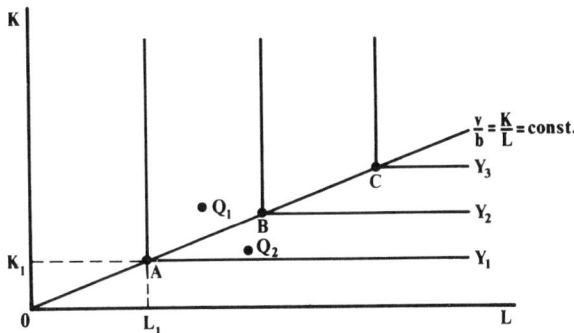

Fig. 16-2: Produktionsfunktion der postkeynesianischen Wachstumstheorie

Aus der Optimalbedingung (16.14 a) folgt weiterhin: Kapital und Arbeit werden so eingesetzt, daß die Kapitalproduktivität und die Arbeitsproduktivität im Zeitablauf konstant bleiben:

(16.14 d) $Y_t/K_t = 1/v = \sigma$ (Verhaltens-Gleichung)

(16.14 e) $Y_t/L_t = 1/b$ (Verhaltens-Gleichung).

Damit ist auch ein der Kapital- und Arbeitsentwicklung angepaßtes Wachstum des Volkseinkommens vorgegeben:

(16.14 f) $\hat{Y}_t = \hat{K}_t = \hat{L}_t = n$ (Verhaltens-Gleichung).

Aus der speziellen Vorgabe der Produktionsfunktion ergibt sich demnach die Situation eines Wachstumspfades, der frei von technischem Fortschritt ist und die drei Neutralitätsbedingungen (16.12 a-c) gleichzeitig erfüllt.

Die Auswirkungen der postkeynesianischen Produktionsfunktion auf das Spar- und Investitionsverhalten zeigen sich in der Verbindung der Sparfunktion (16.9) mit den Annahmen (16.2) und (16.5 b). Die Auflösung dieser Zusammenhänge nach der Produktionshöhe führt zunächst zu einem erweiterten Multiplikator-Modell (vgl. 14.16):

(16.15) $Y_t = \frac{1}{s} \cdot S_t = \frac{1}{s} \cdot I_t = \frac{1}{s} \cdot \frac{dK_t}{dt}$ (Verhaltens-Gleichung).

Wird dieser Zusammenhang auf die Kapitalproduktivität bezogen, indem - mathematisch ausgedrückt - beide Gleichungsseiten durch den Kapitalbestand dividiert werden, gilt in Verbindung mit (16.14 d) und (16.14 c) als **Gleichgewichtsbedingung** der postkeynesianischen Wachstumsmodelle:

(16.16 a) $\dfrac{1}{v} = \sigma = \dfrac{Y_t}{K_t} = \dfrac{1}{s} \cdot \hat{K}$

$= \dfrac{1}{s} \cdot n$ (Gleichgewichts-Bedingung).

Im gleichgewichtigen Wachstum muß der reziproke Kapitalkoeffizient (= Kapitalproduktivität) mit dem Verhältnis von Kapitalwachstumsrate und reziproker Sparquote übereinstimmen. Da nach (16.14 f) die Wachstumsraten von Kapital, Arbeit und Volkseinkommen sich entsprechen und bei einer konstanten Wachstumsrate des Kapitals auch die Investitionen mit der gleichen konstanten Rate wachsen müssen, läßt sich die Gleichgewichtsbedingung umformulieren:

(16.16 b) $\hat{Y}_t = \hat{K}_t = \hat{I}_t = \hat{L}_z = n = s/v = s \cdot \sigma$.

Die übereinstimmenden Wachstumsraten müssen im Gleichgewichtsfall dem Produkt aus Kapitalproduktivität und Sparquote entsprechen. Alle in (16.16) enthaltenen Funktionen sind Differentialgleichungen erster Ordnung, deren Auflösungen nach der Zeit - wie die Integration von (16.6) verdeutlicht - für $\hat{I}, \hat{Y}$ und $\hat{K}$ lauten:

(16.17) $I_t = I_0 \cdot e^{\sigma \cdot s \cdot t}$ (Gleichgewichts-Bedingung)

(16.18) $Y_t = Y_0 \cdot e^{\sigma \cdot s \cdot t}$ (Gleichgewichts-Bedingung)

(16.19) $K_t = K_0 \cdot e^{\sigma \cdot s \cdot t}$ (Gleichgewichts-Bedingung).

Aus dem postkeynesianischen Modell ergeben sich **drei wesentliche Konsequenzen:**

⇨ Ein Wachstumsgleichgewicht erfordert, daß das Produkt aus Kapitalkoeffizient und der Wachstumsrate des Arbeitskräfteeinsatzes gleich der Sparquote ist.

⇨ Zur Erhaltung der Vollbeschäftigung reicht ein absolut konstantes Wachstum der Investitionen nicht aus. Um den vergrößerten Kapitalbestand voll zu nutzen, muß immer mehr investiert werden (DOMAR-Paradoxon).

⇨ Kapitalbestand und exogen bestimmter Arbeitskräfteeinsatz müssen mit derselben Rate wachsen: $n = \sigma \cdot s$.

Ein **Zahlenbeispiel**, in dem zur besseren Illustration auf Differenzen abgestellt wird, mag diese Ergebnisse verdeutlichen (*Übers. 16-2*). Die Beispiele zeigen, daß im postkeynesianischen Wachstumsgleichgewicht mögliche und tatsächliche Produktion ($Y_s = Y_d$) übereinstimmen (Vollbeschäftigungsannahme), Kapitalbestand (K), Volkseinkommen (Y = Produktion), Konsum (C) und Investition (I) mit derselben Rate ($\sigma \cdot s$) wachsen - (16.17) bis (16.19) - und eine Wachstumsbeschleunigung stattfindet, die von den Komponenten der Wachstumsrate - der Kapitalproduktivität und der Sparquote bei entsprechender Wachstumsrate des Arbeitskräfteangebots - abhängt. Diese Beschleunigung tritt bei größeren Zahlen für t, als sie der *Übers. 16-2* zu entnehmen sind, deutlicher zutage. Bei einer Wachstumsrate von 0,05 (*Übers. 16-2*, Beispiel 1) würde nach 50 Perioden (t) - setzt man die entsprechenden Werte in (16.17) bis (16.19) ein - K von 400 auf 4860, Y von 100 auf 1215 und I von 20 auf 243 anwachsen

(Differentialrechnung; Werte gerundet). Ist die Wachstumsrate 0,1 (*Übers.* 16-2, Beispiel 3), erhält man nach 50 Perioden für K 29 680, Y 14 840 und I 2968, obwohl im Ausgangszeitpunkt t_0 der Kapitalbestand K nur halb so groß war wie im Beispiel 1 (200).

Zeitperiode	Kapitalbestand	Mögliche Produktion	Realisierte Produktion	Konsum $C =$	Investition	Investitionsänderung
t	K	$Y_s = \sigma \cdot K$	$Y_d = C + I$	$(1-s) \cdot Y_d$	I	ΔI
Beispiel 1: $s = 0,2$; $\sigma = 0,25$; $\Delta I / I = \sigma \cdot s = 0,05$ (Wachstumsrate)						
0	400,00	100,00	100,00	80,00	20,00	1,00
1	420,00	105,00	105,00	84,00	21,00	1,05
2	441,00	110,25	110,25	88,20	22,05	1,10
3	463,05	115,76	115,76	92,61	23,15	
Beispiel 2: $s = 0,1$; $\sigma = 0,25$; $\Delta I / I = \sigma \cdot s = 0,025$ (Wachstumsrate)						
0	400,00	100,00	100,00	90,00	10,00	0,25
1	410,00	102,50	102,50	92,95	10,25	0,25
2	420,25	105,06	105,06	94,56	10,50	0,27
3	430,75	107,69	107,69	96,92	10,77	
Beispiel 3: $s = 0,2$; $\sigma = 0,5$; $\Delta I / I = \sigma \cdot s = 0,10$ (Wachstumsrate)						
0	200,00	100,00	100,00	80,00	20,00	2,00
1	220,00	110,00	110,00	88,00	22,00	2,20
2	242,00	121,00	121,00	96,80	24,20	2,42
3	266,20	133,10	133,10	106,48	26,62	

Übers. 16-2: Wachstumsgleichgewichte mit drei unterschiedlichen Wachstumsraten

Eine graphische Darstellung, in der auf die zeitliche Entwicklung von Y (16.18) und K (16.19) abgehoben wird, ergibt für die drei Beispiele der *Übers.* 16-2 das in *Fig.* 16-3 dargestellte Bild. Die Gleichgewichtsbedingungen einer wachsenden Wirtschaft sind in der postkeynesianischen Wachstumstheorie deshalb so stringent, weil in der Realität Abweichungen von den Konstanten - Sparneigung, Kapitalkoeffizient, Wachstumsrate des Arbeitskräfteangebots - nicht nur möglich, sondern wahrscheinlich sind. DOMAR wie HARROD beschreiben ein Wachstum mit dem Keim zur Instabilität.

Einige **kritische Bemerkungen** zur postkeynesianischen Wachstumstheorie scheinen angebracht. Es war die Absicht von DOMAR - und die von HARROD -, die Wachstumsrate als nützliches Instrument der ökonomischen Analyse zukonzipieren. Im formalen Aufbau ähneln ihre Modelle sehr stark denen, die ei-

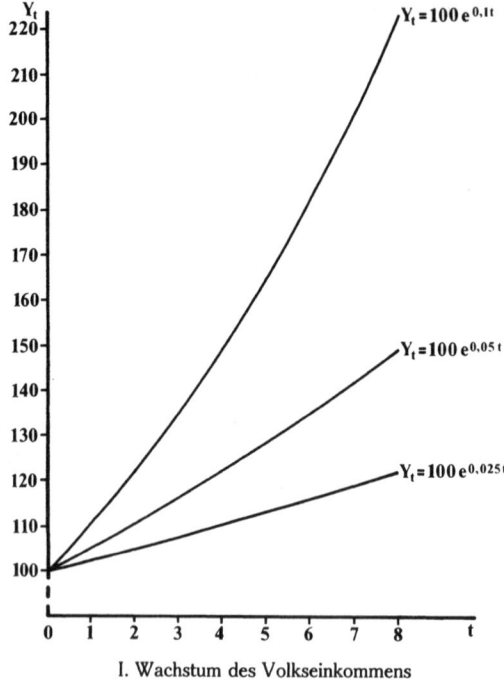

I. Wachstum des Volkseinkommens

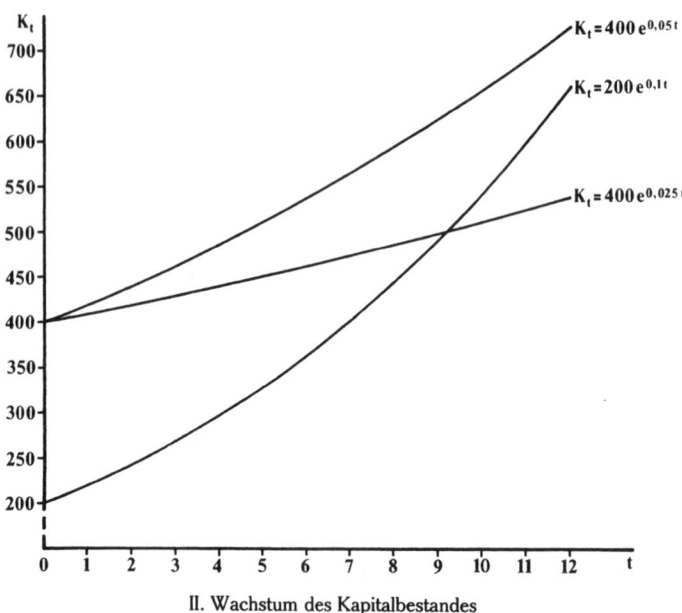

II. Wachstum des Kapitalbestandes

Fig. 16-3: Wachstum des Volkseinkommens und Kapitalbestands nach der postkeynesianischen Wachstumstheorie

nige Jahrzehnte zuvor der schwedische Nationalökonom GUSTAV CASSEL entwickelt hat. Da die Investitionen sowohl Volkseinkommen und Beschäftigung als auch die Kapazitäten beeinflussen, liegt es nahe, sie als entscheidende wirtschaftspolitische Operationsvariable zur Erreichung wachstumspolitischer Ziele anzusehen. Dieser Schluß ist hier und da tatsächlich gezogen worden. Überwogen hat jedoch die Skepsis, die aufgrund der rigorosen Modellvereinfachungen angebracht ist. Weder die Kapitalproduktivität noch die Konsum- bzw. Sparquote sind in der Realität konstant. Abgesehen davon sind auch die übrigen Modellprämissen - konstantes Preisniveau, Vollbeschäftigung, linear-limitationale Produktionsfunktion, unveränderte Technik - so restriktiv, daß der Erkenntniswert der Modelle als gering zu veranschlagen ist. Weiterhin ist ein konstanter Quotient v/b ohne Realitätsbezug, da v/b trendartig wegen der produktionstechnischen Kapitalintensivierung wächst. Die Ursache für die Gleichgewichtsinstabilität läßt sich beheben. Wenn vermieden werden soll, daß die konstanten Größen σ und s nur zufällig ein Produkt ergeben, das der Gleichgewichtsrate des Wachstums entspricht, bieten sich zwei Lösungswege an: Entweder gleicht sich σ - über die Produktionsfunktion - oder s - über die Sparfunktion - so an, daß die Gleichgewichtsrate gewahrt bleibt. Die erste Lösung hat SOLOW (neoklassische Wachstumstheorie), die zweite KALDOR (Cambridge Growth and Distribution Theory) aufgezeigt. Wie häufig sind Kombinationen beider Lösungen entwickelt worden. In diesem Kapitel sei die Lösung von SOLOW skizziert.

Neoklassische Wachstumstheorie

Die von SOLOW entwickelte neoklassische Wachstumstheorie unterstellt eine **andere Produktionsfunktion** als die des HARROD-DOMAR-Modells (16.13). Weil diese Funktion in der Wachstumstheorie eine erhebliche Rolle spielt, sei sie etwas genauer betrachtet. SOLOW geht von einer Produktionsfunktion aus, die folgende Eigenschaften hat:
⇨ Die Faktoren K und L lassen sich technisch substituieren.
⇨ Die partiellen Grenzprodukte dieser Faktoren nehmen ab.
⇨ Die Niveaugrenz- oder Skalenerträge sind konstant und gleich 1 (linear homogene Produktionsfunktion).

Eine Produktionsfunktion mit diesen Eigenschaften - von der ausgegangen sei - ist die aus der Mikroökonomie (6. Kap.) bekannte COBB-DOUGLAS-Funktion (1.32), die hier wie alle aus der Mikroökonomie verwendeten Größen auf die Gesamtwirtschaft zu beziehen ist. Sie hat - bei Verwendung der Symbole dieses Kapitals - die Form

(16.20 a) $\quad Y_t = A \cdot K_t^\alpha \cdot L_t^{1-\alpha}$, mit $0 < \alpha < 1$.

A ist ein Parameter für den Stand der Technologie (Niveaugröße). Setzt man ihn gleich 1, folgt aus (16.20 a) vereinfachend

(16.20 b) $\quad Y_t = K_t^\alpha \cdot L_t^{1-\alpha}$ \hfill (technische Gleichung).

Nach (16.20 b) findet technischer Fortschritt nicht statt. Diese Einschränkung wird später aufgegeben. Die Konstanz der Skalenerträge ist durch die Bedingung gegeben, daß die Exponenten von Kapital und Arbeit (= partielle Produktionselastizitäten der Faktoren) sich zu 1 ergänzen ($\alpha + (1 - \alpha) = 1$). Graphisch läßt sich die COBB-DOUGLAS-Funktion wie folgt darstellen (*Fig. 16-4*).

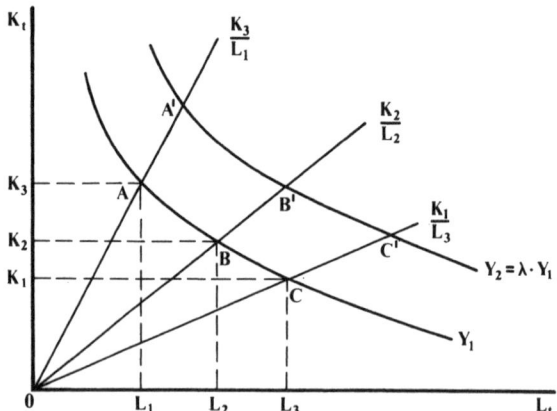

Fig. 16-4: Produktionsfunktion der neoklassischen Wachstumstheorie (COBB-DOUGLAS)

Die erste Eigenschaft - technische Substituierbarkeit von K und L - zeigt sich im Verlauf der Isoquanten oder Isoproduktkurven Y_1 und Y_2. Die Produktion Y_1 läßt sich z. B. durch die Faktormengenkombination L_1, K_3 (Punkt A), L_2, K_2 (Punkt B) oder L_3, K_1 (Punkt C) erzeugen. Eine kleinere (größere) Menge eines Faktors wird durch eine größere (kleinere) Menge des anderen Faktors substituiert - Zusammenhänge, die dem Leser aus verschiedenen früheren Kapiteln bekannt sind. Die zweite Eigenschaft ist eine Implikation des - zum Nullpunkt - konvexen Verlaufs der Isoquanten. Beim Übergang von A nach B und B nach C sind im vorliegenden Beispiel die Zuwächse an Arbeitsmengen konstant ($L_2 - L_1 = L_3 - L_2$), während die Abnahmen von Kapitalmengen ($K_3 - K_2 > K_2 - K_1$) fallen ("Gesetz" fallender technischer Substitutionsraten). Die dritte Eigenschaft erfordert (vgl. [6.3]), daß eine Multiplikation der Einsatzmengen mit λ auch zu einer Vergrößerung der Produktion um diesen Faktor führt. Ist λ z. B. gleich 2, müßte eine Verdoppelung von K und L eine Verdoppelung von Y bewirken. Da die Mengen von K und L gleichmäßig erhöht werden, bewegt man sich auf Fahrstrahlen aus dem Nullpunkt, je nach dem Verhältnis K/L. In Punkt A' hat sich die Produktion von Y_1 auf $Y_2 = \lambda \cdot Y_1$ - nach einer Vergrößerung von λ für L_1 und K_3 - erhöht. Entsprechendes gilt für andere Kombinationen von K und L, wie B' und C' (*Fig. 16-4*). Zahlenbeispiele bietet *Übers.* 6-1 (6. Kap.).

Die COBB-DOUGLAS-Funktion kann auch für skalierte Größen gebildet werden. Eine skalierte Größe erhält man durch Bezug auf die Arbeitsmenge L, ausgedrückt z. B. in der Zahl der Arbeiter. Absolute Größen werden damit - wie in Gleichung (16.1) - zu **Pro-Kopf-Größen** umgeformt. In (16.20 b) eingesetzt, erhält man

(16.21 a) $\dfrac{Y_t}{L_t} \equiv q \equiv \dfrac{K_t^\alpha \cdot L_t^{1-\alpha}}{L_t} = \left(\dfrac{K_t}{L_t}\right)^\alpha \equiv k_i^\alpha$

(16.21 b) $\dfrac{Y_t}{L_t} = f\left(\dfrac{K_t}{L_t}\right) = f(k_i)$ bzw.

(16.21 c) $Y_t = L_t \cdot f(k_i)$

sofern $f'(k_i) > 0$ und $f''(k_i) < 0$ \hfill (technische Gleichung).

Danach läßt sich die Produktion pro Arbeiter (q) als Funktion des Kapitals pro Arbeiter - der Kapitalintensität (k_i) - durch *Fig. 16-5* darstellen. Mit zunehmender Kapitalintensität k_i steigt die Produktion pro Arbeiter. Die Zuwächse nehmen jedoch ab, weil das partielle Grenzprodukt des Faktors Kapital fällt. Für jeden Punkt der Kurve $f(k_i)$ gilt q/k_i. Da $q \equiv Y_t/L_t$ und $k_i \equiv K_t/L_t$ definiert sind, kann man

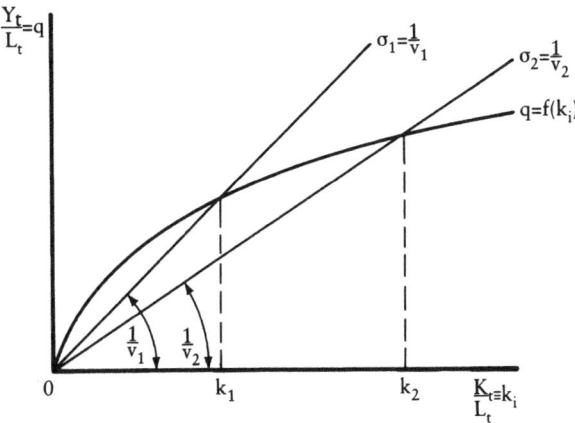

Fig. 16-5: Die Beziehungen zwischen Kapitalintensität, Produktion pro Arbeiter und Kapitalproduktivität

auch schreiben:

(16.22 a) $\dfrac{q}{k_i} \equiv \dfrac{\frac{Y_t}{L_t}}{\frac{K_t}{L_t}} = \dfrac{Y_t}{K_z} = \sigma = \dfrac{1}{v}$ \hfill (technische Gleichung),

oder

(16.22 b) $q = f(k_i) \equiv f\left(\dfrac{K_t}{L_t}\right)$ \hfill (technische Gleichung).

(16.22) besagt: Die Werte für die Kapitalproduktivität s oder den Kapitalkoeffizienten v werden durch die Kurve $f(k_i)$ wiedergegeben. Für den Quotienten aus Produktion und Kapitalbestand $\sigma = 1/v$ lassen sich beliebige Werte durch Fahrstrahlen aus dem Nullpunkt bestimmen. Mit steigender Kapitalintensität k_i steigt (fällt) der Kapitalkoeffizient v (die Kapitalproduktivität σ), wie es für zwei Werte veranschaulicht wird (*Fig. 16-5*). In der neoklassischen Wachstumstheorie sind - anders als im HARROD-DOMAR-Modell - v und σ variable, von k_i abhängige Größen.

Die **Gleichgewichtsbedingung** läßt sich nun wie folgt bestimmen, wenn man davon ausgeht, daß eine durch Verhaltensweisen realisierte, also nicht bloß definitorische Kapitalintensität $k_i = K_t/L_t$ vorliegt, die in Wachstumsraten ausgedrückt sei:

(16.23) $\quad \hat{k}_i = \hat{K}_t - \hat{L}_t \quad$ (Verhaltens-Gleichung).

Da die Wachstumsrate des Arbeitskräfteeinsatzes als exogen vorgegeben betrachtet wird (16.6) und für die Wachstumsrate des Kapitals aus (16.2), (16.5b) und (16.9)

(16.24) $\quad \hat{K}_t = \dfrac{\dfrac{dK_t}{dt}}{K_t} = \dfrac{I_t}{K_t} = \dfrac{S_t}{K_t} = \dfrac{s \cdot Y_t}{K_t} \quad$ (Verhaltens-Gleichung)

folgt, kann (16.23) auch geschrieben werden:

(16.25 a) $\quad \hat{k}_i = \dfrac{s \cdot Y_t}{K_t} - n$

oder nach Division von Y_t und K_t durch L_t

(16.25b) $\quad \hat{k}_i = \dfrac{s \cdot q}{k_i} - n = \dfrac{s \cdot f(k_i)}{k_i} - n \quad$ (Gleichgewichts-Bedingung)

Setzt man $\hat{k}_i = 0$ (in 16.25), erhält man die Kapitalintensität für die im Gleichgewicht wachsende Volkswirtschaft k_i^e (e = equilibrium). Die Gleichgewichtswachstumsrate des neoklassischen Modells ist gegeben, wenn $\hat{k}$ in (16.25) Null wird:

(16.26 a) $\quad \dfrac{s \cdot q^e}{k_i^e} \equiv \dfrac{s \cdot f(k_i^e)}{k_i^e} = n \quad$ oder

(16.26 b) $\quad q^e = f(k_i^e) = \dfrac{n}{s} k_i^e \quad$ (Gleichgewichts-Bedingung).

Da $n/s = q/k_i = \sigma = 1/v$ - wegen (16.22) -, beschreibt der Quotient in *Fig. 16-5* einen Fahrstrahl aus dem Nullpunkt, der die $f(k_i)$-Kurve in dem durch (16.26) bestimmten Punkt schneidet (*Fig. 16-6*). Vergleicht man die Gleichgewichtsbedingungen der postkeynesianischen (16.16) und neoklassischen (16.26) Wachstumstheorie, erhält man - auf gleiche Größen abgestellt - im ersten Fall (HARROD-DOMAR-Modell)

(16.27 a) $\frac{n}{s} = \sigma$ (16.27 b) $s = \frac{n}{\sigma} = n \cdot v$ für σ = const.,

im zweiten Fall (SOLOW-Modell):

(16.28 a) $\frac{n}{s} = \sigma$ (16.28 b) $s = \frac{n}{\sigma} = n \cdot v$ für $\sigma = f(k_i)$.

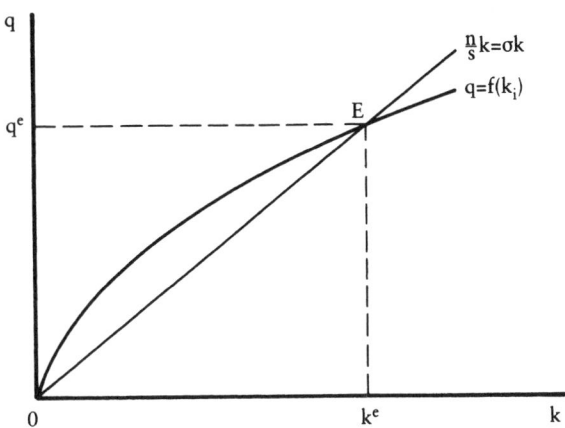

Fig. 16-6: Gleichgewicht in der neoklassischen Wachstumstheorie

Es bleibt nach der **Stabilität des neoklassischen Wachstumsmodells** zu fragen, da bekanntlich das HARROD-DOMAR-Modell instabil ist, denn Abweichungen vom Gleichgewicht lösen keine Wirkungen aus, die zum Gleichgewicht zurückführen. Angenommen, es würde $k_i < k_i^e$, $f(k_i) > [(n/s) \cdot k_i]$ sein, ein Punkt, der links von k_i^e läge (*Fig. 16-6*). Dies bedeutet, daß $[s \cdot f(k_i)/k_i] > n$ ist. In diesem Fall ist wegen (16.25) $\dot{k}_i > 0$, so daß k_i ansteigt. Analoges gilt, wenn $k_i > k_i^e$ wäre; k_i würde fallen. Die Wirtschaft bewegt sich deshalb auf das Gleichgewicht $E(q^e, k_i^e)$ zu, in dem $\dot{k}_i = 0$ ist (*Fig. 16-7*).

In Gleichung (16.20 a) steht A für den Stand der Technologie. Bisher wurde unterstellt, daß $A = 1$ ist, was bedeutet: ein technischer Fortschritt findet nicht statt. Ohne technischen Fortschritt wachsen im Gleichgewicht Produktion Y und Kapitalbestand K mit derselben Rate wie die Arbeitskräfte L. In gesamtwirtschaftlichen Größen ausgedrückt

(16.29 a) $\hat{Y} = \hat{K} = \hat{L}$ (Gleichgewichts-Bedingung)

oder in Pro-Kopf-Größen

(16.29 b) $\hat{q} = \hat{k} = n$ (Gleichgewichts-Bedingung).

Dieses modelltheoretische Ergebnis läßt sich mit der Realität kaum in Einklang bringen. Typisch für die wirklichen Verhältnisse ist, daß Produktion und Kapitalbestand zwar in etwa mit der gleichen Rate wachsen, doch schneller als die

Zahl der Arbeitskräfte. SOLOW führt deswegen den **technischen Fortschritt als Wachstumsursache** ein.

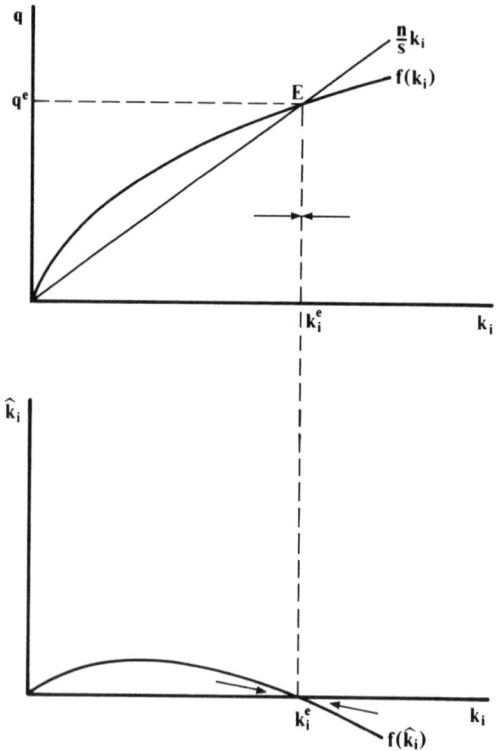

Fig. 16-7: Stabilität des neoklassischen Gleichgewichts

Er geht davon aus, daß das Produktionsergebnis nicht nur von der Zahl der Arbeitskräfte, sondern auch von deren Effizienz abhängt. Wie die Zahl der Arbeitskräfte wird auch der technische Fortschritt, der sich in der Effizienz niederschlägt, nicht ökonomisch erklärt, sondern exogen vorgegeben. Der technische Fortschritt wird im Modell berücksichtigt, indem man in die Produktionsfunktion (16.20 b) eine Variable A aufnimmt:

(16.30) $\quad Y_t = K_t^\alpha \cdot (A_t \cdot L_t)^{1-\alpha}$ \hfill (technische Gleichung).

Technischer Fortschritt tritt ein, wenn A im Zeitablauf steigt. Mit anderen Worten: Eine Arbeitskraft ist produktiver, wenn das Niveau der Technologie zunimmt. A wird von SOLOW - anders als in Gleichung (16.20 a) - ausschließlich der Größe L beigefügt, was bedeutet, daß der technische Fortschritt „arbeitsvermehrend" oder HARROD-neutral ist (16.12 b). Die Prozedur der Ableitung des Gleichgewichts ist dieselbe, wie bei den Gleichungen (16.23) bis (16.26), jedoch mit der Besonderheit, daß es nun zwei exogene Wachstumsraten gibt. L wächst um die Rate n, A mit einer Rate, die mit g bezeichnet sei. Zur Vereinfachung der Ableitung wird das Produkt AL durch die Größe E ersetzt, die sowohl die Zahl der Arbeiter als auch den technischen Fortschritt einschließt. Aus (16.23) wird dann

(16.31) $\hat{k} = \hat{K}_t - \hat{E}_t$ (Verhaltens-Gleichung).

Analog zu (16.7) erhält man durch die mathematische Ableitung (siehe Mathematischer Anhang zu Kapitel 16) die technische Gleichung

(16.32) $E_t = L_1 \cdot e^{g \cdot t} = L_0 \cdot e^{n \cdot t} \cdot e^{g \cdot t} = L_0 \cdot e^{(n+g)t}$.

Nach Umformung - analog zu (16.24) und (16.25) - läßt sich (16.31) nunmehr schreiben

(16.33) $\hat{k} = \dfrac{s \cdot f(k_i)}{k_i} - (n+g)$ (Verhaltens-Gleichung).

Ein Gleichgewicht liegt wiederum vor, wenn in (16.33) $\hat{k}_i = 0$ ist:

(16.34 a) $\dfrac{s \cdot f(k_i^e)}{k_i^e} = n+g$ oder

(16.34 b) $q^e = f(k_i^e) = \dfrac{n+g}{s} \cdot k^e$ (Gleichgewichts-Bedingung).

Graphisch gesehen verschiebt sich als Folge des technischen Fortschritts die Kurve mit der Funktion $q = f(k_i)$, die die Produktion pro Arbeiter in Abhängigkeit von der Kapitalintensität beschreibt (*Fig. 16-5*), nach oben. Der Fahrstrahl aus dem Ursprung (*Fig. 16-6* und *16-7*) hat nunmehr die Steigung $(n+g)/s$ (*Fig. 16-8*). Ohne technischen Fortschritt erhält man - wie in *Fig. 16.6* - das Gleichgewicht q_1^e, das sich aus Schnittpunkt der q_1-Kurve mit dem Fahrstrahl aus dem Nullpunkt $(n/s) \cdot k_i$ ergibt. Bei der durch den technischen Fortschritt nach oben verschobenen Kurve q_2 erhält man das Gleichgewicht q_2^e wiederum durch den Schnittpunkt der q_2-Kurve mit dem Fahrstrahl aus dem Ursprung, dessen Steigungsmaß nun die Wachstumsrate des technischen Fortschritts g enthält. Die Einführung des technischen Fortschritts zeigt, daß dieser die Quelle einer steigenden Pro Kopf-Produktion ist. Die Wachstumsrate der Pro-Kopf-Größen entspricht der Wachstumsrate g des technischen Fortschritts.

Die neoklassische Wachstumstheorie war ausgezogen, die Instabilität des postkeynesianischen Modells durch eine Produktionsfunktion zu beseitigen, in der die Faktoren substituierbar sind und die Grenzraten der technischen Substitution fallen. Das bedeutet: Die Wachstumsrate kann durch eine steigende Spar- und Investitionsquote nicht fortwährend erhöht werden. Anderseits ist ein Kapitalbestand Voraussetzung der Produktion und des Konsums. Im ersten Fall wird zu viel, im zweiten Fall zu wenig gespart, wenn der Verbrauch pro Kopf maximiert werden soll. Um das tatsächlich zu beobachtende Wachstum dennoch erklären zu können, bedarf es des technischen Fortschritts. Dieser wird vorgegeben, also nicht als Resultat ökonomischer Entscheidungen beschrieben. Übereinstimmend wird die Exogenität des technischen Fortschritts als größte **Schwäche des neoklassischen Modells** angesehen. Diese Schwäche versucht die endogene Wachstumstheorie zu überwinden.

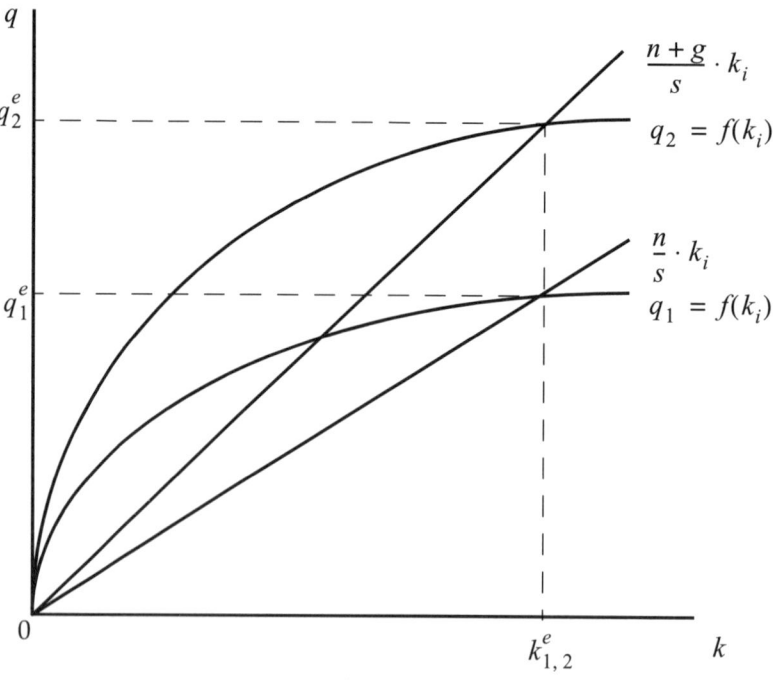

Fig. 16-8: Neoklassisches Wachstumsgleichgewicht ohne und mit technische Fortschritt

Endogene Wachstumstheorie

ROBERT SOLOW veröffentlichte seinen grundlegenden, mit einem Nobelpreis ausgezeichneten Beitrag zur Wachstumstheorie im Jahr 1956. Drei Jahrzehnte später erschienen die ersten Untersuchungen, in denen der technische Fortschritt nicht mehr vorgegeben, sondern modelltheoretisch erklärt wird. Deshalb spricht man von einer endogenen oder „neuen" Wachstumstheorie. Die ersten Beiträge mit dem endogenen Ansatz lösten eine Flut von Veröffentlichungen aus. Mit Recht wird deshalb von einer Renaissance der Wachstumstheorie gesprochen. Bahnbrechend waren die Arbeiten von PAUL S. ROMER, der schon in seiner an der University of Chicago verfaßten Dissertation und daran anschließenden Veröffentlichungen von **steigenden Grenzerträgen** des Kapitals ausging und damit das entscheidende Merkmal des SOLOW-Modells - sinkende Grenzerträge - in sein Gegenteil verkehrte. Zum Aufschwung der Wachstumstheorie hat auch ROBERT E. LUCAS JR. wesentlich beigetragen. Ein Kennzeichen der wachstumstheoretischen Renaissance ist die Vielzahl von Modellen, deren gemeinsames Merkmal die Endogenität des technischen Fortschritts ist, die sich jedoch sonst erheblich unterscheiden. Eine überzeugende

Systematisierung der unterschiedlichen Modellansätze in der endogenen Wachstumstheorie fehlt bisher.

Die Modelle der endogenen Wachstumstheorie sind mathematisch komplex. Eine lückenlose Ableitung des Wachstumsgleichgewichts würde den Rahmen einer Einführung sprengen. Deshalb mag es genügen, die Basiselemente des Modells von PAUL S. ROMER zu verdeutlichen und insbesondere die Unterschiede zur neoklassischen Wachstumstheorie hervorzuheben. Bemerkenswert ist zunächst, daß ROMER das **formale Gerüst der neoklassischen Wachstumstheorie** übernimmt: die Produktionsfunktion vom COBB-DOUGLAS-Typ und einige Gleichungen, in denen der zeitliche Verlauf von Faktoreinsätzen beschrieben wird. Die Produktionsfunktion bei ROMER entspricht der in den Gleichungen (16.20 b) und (16.30) aufgeführten (zur Vereinfachung wird im folgenden der Zeitindex meist weggelassen):

(16.35) $\quad Y = K^\alpha \cdot (A \cdot L_y)^{1-\alpha}$, mit $0 < \alpha < 1$.

Die Bedeutung von Y, K und L ist dieselbe, wie im SOLOW-Modell, ebenso die der Definitionsgleichungen für die Wachstumsraten des Kapitalstocks (ohne Abschreibungen) $(dK)/(dt) \equiv \dot{K}$ und der Arbeitskräfte (oder der Bevölkerung) $(dL)/(dt) \equiv \dot{L}$.

Neu ist die Bedeutung von A, dem Symbol des technischen Fortschritts: Diese Größe steht im SOLOW-Modell für die Effizienz der Arbeitskräfte. Sie muß mit einer konstanten, exogen vorgegebenen Rate steigen, wenn die Wirtschaft dauerhaft wachsen soll. Nach ROMER ist A_t der Bestand an Kenntnissen oder die Zahl von Ideen, die in der Vergangenheit bis zum Zeitpunkt t entwickelt oder erfunden worden sind. Für einen Vergleich seines Modells mit dem von SOLOW genügt es zu zeigen, wie A endogen abgeleitet wird. Zunächst ist der Begriff Ideen weit gefaßt. Er schließt jegliche Art von Entdeckungen und Erfindungen ein. Die Definition $(dA)/(dt) \equiv \dot{A}$ bezeichnet die Zahl der Ideen zu einem bestimmten Zeitpunkt. Die Arbeitskräfte insgesamt (L) werden in zwei Gruppen geteilt. Arbeitskräfte entwickeln entweder neue Ideen (L_A) oder sie produzieren Güter (L_Y), so daß $L = L_A + L_Y$. In der einfachsten Modellversion ist $\dot{A}$ gleich der Zahl der Arbeitskräfte L_A, multipliziert mit einer Rate, mit der sie neue Ideen tatsächlich entwickeln ($\bar{\delta}$):

(16.36) $\quad \dot{A} = \bar{\delta} \cdot L_A \qquad\qquad$ (Verhaltens-Gleichung).

Die Rate $\bar{\delta}$, mit der die Arbeitskräfte der Gruppe L_A neue Ideen entdecken, kann steigen, fallen oder konstant sein. So wird $\bar{\delta}$ steigen, wenn Erfindungen der Vergangenheit - wie der Computer - die Produktivität der Forscher in der Gegenwart erhöht. Dagegen wird $\bar{\delta}$ fallen, wenn es in der Gegenwart immer schwieriger wird, Neues zu erfinden, weil in der Vergangenheit das meiste schon entdeckt wurde. Im Grenzfall bleibt $\bar{\delta}$ konstant. Aufgrund dieser Überlegungen läßt sich die Rate neuer Erfindungen wie folgt modellieren:

(16.37) $\quad \bar{\delta} = \delta \cdot A^\Phi \qquad\qquad$ (Verhaltens-Gleichung).

In dieser Gleichung sind δ und ϕ Konstanten. $\phi > 0$ bedeutet, daß die Produktivität der Ideenentwickler mit dem bereits vorhandenen Bestand an Ideen steigt (Beispiel Computer). Entsprechend gilt für $\Phi < 0$ das Gegenteil, während $\Phi = 0$ den Grenzfall darstellt, bei dem der Ideenbestand keinen Einfluß auf die Ideenentwicklung hat. Überdies wird angenommen, daß die Ideenentwicklung auch von der Größe der Gruppe L_A abhängt. So mag die Entwicklung neuer Ideen zunehmen, je mehr Forscher mit einem Projekt befaßt sind, so daß eine stärkere Arbeitsteilung und Spezialisierung möglich wird. Nimmt man diese Annahme im Modell auf, wird (16.36) unter Berücksichtigung von (16.37) zu

(16.38) $\quad \dot{A} = \delta \cdot L_A^\lambda \cdot A^\phi$, mit $0 < \lambda < 1$ $\qquad$ (Verhaltens-Gleichung).

Die Gleichung (16.38), die - wie wiederholt sei - nur den Faktor Arbeit in (16.35) spezifiziert, stellt eine gesamtwirtschaftliche **Produktionsfunktion für Ideen** dar. Sie zeigt das wesentliche Merkmal der endogen Wachstumstheorie: Die Produktion von technischem Fortschritt (repräsentiert durch $\dot{A}$) hängt ab vom Anteil der in Forschung und Entwicklung tätigen Arbeitskräfte (λ) sowie der Produktivität dieser Kräfte (φ). So steigt der technische Fortschritt, wenn $\phi > 0$ oder der Anteil L_A zunimmt. Es genügt, daß eine dieser Bedingungen vorliegt. Der endogen erklärbare technische Fortschritt ist nach ROMER der Motor des Wirtschaftswachstums. Durch neue Erfindungen und/oder verstärkten Einsatz von Forschern sei es möglich, steigende Grenzerträge des Kapitals zu erreichen. Bei Investitionen in Sachkapital und Humankapital träten externe Effekte auf, die nicht nur das Einkommen des Investors, sondern auch das anderer erhöhten. Über ein diffundierendes Wissen komme es zu gesamtwirtschaftlichen Synergiewirkungen. Auf diese Weise sei - anders als im SOLOW-Modell - dauerhaftes Wachstum möglich.

Die Ableitung des **gesamtwirtschaftlichen Gleichgewichts** folgt der Linie des neoklassischen Modells. Die für dieses Modell geltende Gleichgewichts-Bedingung (16.29 b) $\hat{q} = \hat{k} = n$ wird modifiziert durch eine Gleichgewichts-Bedingung für die Arbeitsproduktivität, für die g_A stehen mag. Es läßt sich leicht zeigen, daß

(16.39) $\quad \hat{q} = \hat{k} = g_A$ $\qquad$ (Gleichgewichts-Bedingung)

stehen muß. Die Pro Kopf-Wachstumsraten für die Produktion ($\hat{q}$), die Kapitalintensität ($\hat{k}$) und den Bestand an Ideen (g_A) müssen gleich sein. Ohne technischen Fortschritt, wenn g_A gleich Null oder negativ ist, gibt es auch kein Wachstum. Die Frage ist deshalb, wovon die Wachstumsrate des technischen Fortschritts abhängt. Dividiert man beide Seiten der Produktionsfunktion von Ideen (16.38) durch A, erhält man etwas umgeformt

(16.40) $\quad \dfrac{\dot{A}}{A} = \delta \cdot \dfrac{L_A^\lambda}{A^{1-\phi}}$ $\qquad$ (Verhaltens-Gleichung).

Entlang eines Gleichgewichtspfades ist $\dot{A}/A \equiv g_A$ konstant, was nur dann der Fall ist, wenn Zähler und Nenner der rechten Seite in Gleichung (16.40) mit derselben Rate wachsen. Logarithmiert und umgestellt wird (16.40) zu

(16.41) $\quad 0 = \lambda \cdot \dfrac{\dot{L}_A}{L_A} - \left((1-\Phi) \cdot \dfrac{\dot{A}}{A}\right) \quad$ (Verhaltens-Gleichung).

Auf dem Gleichgewichtspfad muß die Wachstumsrate der Gruppe L_A gleich der Wachstumsrate der gesamten Arbeitskräfte sein. Wäre sie höher, würde die Gruppe L_A womöglich die Gesamtzahl der Arbeitskräfte übersteigen, was unmöglich ist. Das heißt $\dot{L}_A/L_A = n$. In (16.41) eingesetzt, erhält man schließlich

(16.42) $\quad g_A = \dfrac{\lambda \cdot n}{1-\Phi} \quad$ (Verhaltens-Gleichung).

Nach (16.42) wird die wirtschaftliche Wachstumsrate bestimmt durch die Parameter der Produktionsfunktion für Ideen und der Wachstumsrate der Gruppe L_A, die wiederum vom Wachstum der Arbeitskräfte insgesamt abhängt.

Die endogene Wachstumstheorie überwindet die Beschränkung der neoklassischen Wachstumstheorie auf das Sachkapital. Durch die Einbeziehung von Humankapital in den Kapitalbegriff wird es möglich, eine **realitätsnahe Erklärung für das Wirtschaftswachstum** zu finden. Empirische Untersuchungen haben das weitgehend bestätigt. Es hat sich als fruchtbar erwiesen, für die gesamtwirtschaftliche Sicht von der neoklassischen Annahme sinkender Grenzerträge abzurücken und von steigenden Grenzerträgen auszugehen, die auf wissenschaftlichen und technologischen Innovationen der letzten Jahrhunderte beruhen. Anders als die neoklassische vermag die endogene Wachstumstheorie auch Unterschiede in der wirtschaftlichen Entwicklung zu erklären. Länder, in denen die Bildung und Verbesserung von Humankapital günstig verlaufen und gefördert worden ist, weisen in aller Regel höhere Wachstumsraten auf als Länder, in denen das nicht oder kaum der Fall war. Deutlich sind auch die Lehren der endogenen Wachstumstheorie für die Politik. Der Wissenschafts- und Bildungspolitik kommt eine kaum zu überschätzende Bedeutung auch für das Wirtschaftswachstum zu.

III. Wachstumsprognosen

Wachstumsprognosen in einer marktwirtschaftlichen Ordnung

Prognosen über das quantitative Wirtschaftswachstum erfreuen sich, vor allem unter wissenschaftlichen Beratern, großer Beliebtheit. Demgegenüber ist festzuhalten: Es gibt **keine** wissenschaftlich haltbare **Begründung für quantitative Wachstumsprognosen** in einer Marktwirtschaft. Die marktwirtschaftliche Ordnung beruht im privaten Sektor auf Einzelentscheidungen von Millionen Haushalten und Unternehmen, deren Pläne am Markt abgestimmt werden. Diese kurze und geläufige Formel läßt leicht übersehen, daß die Marktparteien im

Hinblick auf ihre Erwartungen sich ständig positiven wie negativen Überraschungen gegenübersehen. Die Ursache dafür ist: Obwohl sich die Pläne der Marktteilnehmer auf verfügbare Informationen stützen, führt die Unvollkommenheit des Wissens dazu, daß Wünsche und Realität nur selten voll zur Deckung gebracht werden können. Abweichungen der Wirklichkeit von den Erwartungen haben die Konsequenz, daß der einzelne Erfahrungen und Wissen sammelt über Dinge, die er bisher nicht erfahren oder wissen konnte, und daß er bei seinen nächsten Entscheidungen am Markt von diesem Stand seiner Erkenntnisse ausgeht. Unter dem Informationsaspekt wird man die auf FRIEDRICH AUGUST VON HAYEK zurückgehende Formulierung für zutreffend halten, nach der der Wettbewerbsprozeß ein Vorgang der Informationsausbreitung ist, der uns alle zu ständigen Anpassungen zwingt. Es ist ausgeschlossen, daß irgend jemand zu Beginn einer Zeitperiode weiß, wie hoch die Wachstumsrate als Ergebnis eines Prozesses nach Ablauf eines bestimmten Zeitabschnitts sein wird. Als Frage verbleibt, ob sich an dieser Aussage etwas ändert, wenn man die Beeinflußbarkeit der privaten Entscheidungen und die Möglichkeiten staatlichen Handelns berücksichtigt.

In Deutschland gibt seit es seit dem Jahr 1963 einen Sachverständigenrat zur Begutachtung der gesamtwirtschaftlichen Entwicklung. Angesichts dieses Auftrags ist es naheliegend, daß sich die Sachverständigen mit dem Problem quantitativer Wachstumsprognosen befaßt haben. Die Sachverständigen haben nach ihren Worten Verständnis für die Auffassung, Wachstum ergebe sich aus Millionen Individualentscheidungen. Sie könnten sich jedoch bei Würdigung aller Umstände dieser Auffassung nicht anschließen. Einen dieser Umstände sehen sie darin, daß das **Leistungsstreben der Individuen** mindestens teilweise **ein Produkt von Erziehung und Umwelt** sei. Die marktwirtschaftliche Ordnung habe sich als leistungsfördernd erwiese. Aber niemand wird behaupten wollen, diese Ordnung ließe sich nicht mehr weiterentwickeln oder an veränderte Aufgaben anpassen. An der Richtigkeit dieser Ansicht der Sachverständigen soll nicht gezweifelt werden. Doch ist nicht einzusehen, wieso sie als Antwort auf das Argument verstanden werden kann, Wachstum sei das Ergebnis von Einzelentscheidungen. Nur wenn man unterstellt, man könne auf die „Erziehung und Umwelt" von Millionen Haushalten und Unternehmen so einwirken, daß das prognostizierte quantitative Wachstum exakt eintritt, ließe sich die Antwort halten. Der utopische Charakter einer derartigen Ansicht ist evident. Es geht nicht darum, die Einwirkungsmöglichkeiten auf menschliches Handeln zu leugnen, sondern um die Implikation der Ansicht, daß Menschen in einer Weise beeinflußbar und ihre Umweltbedingen so gestaltungsfähig sind, daß man nach einem Jahr ein Wirtschaftswachstum von z. B. 2,4% erreicht.

Einen weiteren Umstand, der für quantitative Wachstumsprognosen spräche, sehen die Sachverständigen im Einfluß, den der Staat auch in einer Marktwirtschaft habe. **Staatliches Handeln** lasse sich **als Ergänzung privater Präferenzen** verstehen. Weil die öffentliche Hand über einen beträchtlichen Anteil am Sozialprodukt verfüge, sei es möglich, die privaten Entscheidungen so zu ergänzen, daß die prognostizierte Wachstumsrate tatsächlich erreicht werde. Dieses Bild vom Staat und die Einschätzung seiner Möglichkeiten haben wiederum mit der Realität wenig zu tun. Erstens ist für die Verhältnisse in Deutschland - ähnliches trifft für andere Länder zu - zunächst festzuhalten, daß es „den" Staat nicht gibt, wohl aber über 10 000 Gebietskörperschaften (Bund, Länder, Kommunen), für die zwar gemeinsame Rahmenbedingungen gelten, die jedoch - im Hinblick auf wirtschaftliche Wirkungen - nach keinem bestimmten Plan operieren. Alle Versuche, wenigstens auf einigen Gebieten gemeinsam vorzugehen - etwa in der Haushaltspolitik - sind bisher gescheitert. Zweitens sehen staatliche Stellen ihre Aufgabe nicht darin, private Entscheidungen zu ergänzen. Am Markt werden tagtäglich Entscheidungen getroffen, die tausendfach unterschiedliche Ergebnisse zulassen. Ein gewählte Regierungsmehrheit dagegen versucht in der jeweiligen Wahlperiode Pläne zu verwirklichen, die zuvor - je nach Interessenlagen der beteiligten politischen Gruppen - vereinbart worden sind. Diese auf Jahre angelegten Pläne sind nicht geeignet und auch nicht dafür vorgesehen, die kurzfristig erheblich schwankenden Wünsche von Marktteilnehmern zu ergänzen. Drittens sind staatliche Stellen außerstande, die quantitative Wirkung ihrer Maßnahmen vorherzusehen. Da diese die privaten quantitativen Wirkungen ergänzen sollen, müßten staatliche Stellen auch diese vorhersehen können. Es ist wirklichkeitsfremd anzunehmen, daß der Staat zu solchen Prognosen in der Lage sei.

Stagnations- und Stufenprognosen

Ein anderer Typ von Wachstumsprognosen sind Vorhersagen über die strukturelle Entwicklung des marktwirtschaftlichen Systems. Hierher gehören Stagnations- und Stufenprognosen, von denen zwei ausgewählt seien. Eine ist die **Stagnationsprognose von** ALVIN HARVEY HANSEN. Sie baut auf der Theorie von JOHN MAYNARD KEYNES auf. Unterstellt man, daß Staatshaushalt und Außenhandel ausgeglichen sind ($G = T$ und $X = M$), hängen im KEYNESschen System die Expansions- und Kontraktionswirkungen ausschließlich von I und S ab. Wenn langfristig bei gegebener Investitionsneigung so viel gespart wird, daß das Gleichgewichtseinkommen geringer als das Vollbeschäftigungseinkommen ist, ergibt sich daraus eine säkulare Stagnation (*Fig. 16-9*). Eine dauerhafte Vollbeschäftigung (Y_V) ist nicht erreichbar, weil die Investitionen (I_0), gemessen am langfristigen Sparen (S_0), zu gering sind. Im langfristigen Gleichgewicht (Y_E) wird zwar ebensoviel gespart wie investiert, aber die Investitionen sind zu niedrig, um das Vollbeschäftigungsniveau sichern zu können. Eine ständige Unterauslastung (Arbeitslosigkeit) wäre unvermeidlich, würde nicht der Staat die fehlende Nachfrage entfalten (Verschiebung von I_0 nach I_1). Da beim ersten Aufkommen dieser Prognose (1938) der Staat in erheblichem Umfang Rüstungsgüter kaufte, verbindet sich mit ihr häufig die Behauptung, eine Abrüstung ziehe Krise und Stagnation nach sich oder - anders formuliert - der "Kapitalismus" brauche Rüstungsausgaben zu seiner wirtschaftlichen Existenzerhaltung - ein unumstößlicher Glaubenssatz vor allem von Marxisten.

HANSEN, der seine Prognose ausschließlich für die hochindustrialisierten Vereinigen Staaten gab, führt für eine Stagnation **vier Gründe** an:

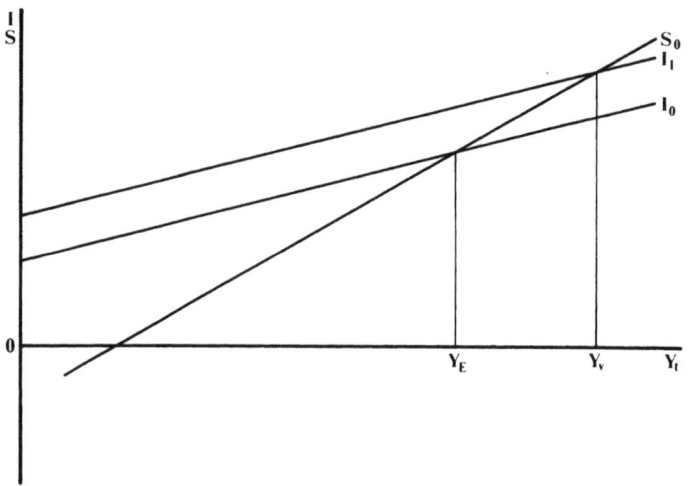

Fig. 16-9: Säkulare Stagnation

1. eine fallende Wachstumsrate der Bevölkerung,
2. das Aufhören geographischer Erschließungen,
3. das Anwachsen der absoluten Sparsumme und
4. die Tendenz zu kapitalsparenden technischen Entwicklungen.

Alle Gründe bewirken entweder ein Übersparen oder eine Unterinvestition. Wie andere Prognostiker, kam auch er zu seinen Aussagen nach historischen Vergleichen. Im 19. Jahrhundert war die amerikanische Volkswirtschaft sprunghaft gewachsen. In einem starken Anstieg der Bevölkerung - vor allem durch Einwanderungen -, der von der Erschließung neuer Gebiete angeregt und begleitet wurde, sah HANSEN die Triebfeder des Wachstums. Eine expandierende Bevölkerung und die Besiedlung des Mittelwestens, Westens und Südens der Vereinigten Staaten hatten den Bedarf nach Investitions- und Konsumgütern enorm erhöht. Für gesparte Mittel und ausländische Kapitalimporte gab es stets ausreichende Investitionsmöglichkeiten. Verglichen mit dieser Zeit vollzog sich in den dreißiger Jahren dieses Jahrhunderts ein grundlegender Wandel, der nach HANSEN zu der Annahme Anlaß gebe, die Weltwirtschaftskrise sei nicht in erster Linie eine tiefe Depression, sondern der Beginn einer dauerhaften Unterbeschäftigung. Mit fallender Wachstumsrate der Bevölkerung und dem Abschluß der Gebietserschließungen entstehe ein Überschuß der Ersparnisse über die Investitionen, weil eine im Durchschnitt ältere Bevölkerung sowohl mehr spare (junge Leute haben größeren Bedarf als alte) als auch weniger Investitionsmöglichkeiten biete (mit zunehmendem Alter werden relativ mehr Dienstleistungen nachgefragt als materielle Konsumgüter, womit der Investitionsbedarf sinkt). Hinzu komme der technische Trend zu kapitalsparenden Neuerungen und die - im Vergleich zum 19. und frühen 20. Jahrhundert - geringe Zahl großer Investitionswellen (wie Eisenbahnbau, Fahrzeugbau, Elektrifizierung).

Die **Prognose** von HANSEN hat sich bisher **nicht erfüllt**. Während des Zweiten Weltkriegs war in den angelsächsischen Ländern die Ansicht verbreitet, die säkulare Stagnation werde durch den Kriegsbedarf überdeckt und trete deswegen nach dem Krieg in Erscheinung. Für die USA und Europa wurde folgerichtig andauernde Massenarbeitslosigkeit in Friedenszeiten vorhergesagt. Da bis in die Gegenwart hinein die Verhältnisse noch nicht denen früherer Friedenszeiten entsprechen und der Staat überall einen hohen Anteil des Sozialprodukts nachfragt, ist es bis auf eine wichtige Ausnahme nicht ganz einfach, HANSENS Hypothesensystem - Grundlage seiner Prognose - zu widerlegen. Mag er einerseits die künftige Entwicklung falsch eingeschätzt haben, so sind andererseits die meisten seiner Hypothesen empirisch plausibel, wenn die Bevölkerungszuwachsrate fällt. In diesem Punkt hat sich die Lage in den USA freilich völlig verändert. Nach dem Zweiten Weltkrieg stieg die Bevölkerung stark an. In den letzten Jahren bestand eine permanente Schwierigkeit, das Arbeitsangebot in den Produktionsprozeß einzugliedern. Wenn HANSENS Prognose viel von ihrer Furcht eingebüßt hat, so vor allem deshalb, weil sie auf einer zeitbedingten, heute überholten Bevölkerungsentwicklung basiert. Die Erfahrung daraus könnte lauten, daß man mit säkularen Prognosen vorsichtig sein sollte, wenn nicht einigermaßen feststeht, daß die analytischen Grundlagen für den gesamten Zeitraum gelten.

Die **Stufenprognose** von WALT W. ROSTOW, der eine Alternative zur marxistischen Entwicklungstheorie für notwendig hält, ist eine die historischen, geistigen und sozialen Charakteristiken berücksichtigende Antwort auf die "rigiden und mechanistischen" Wachstumsmodelle. Während sich die Stagnationstheoretiker mit den langfristigen Tendenzen reifer Volkswirtschaften befassen, wollen die Stufentheoretiker typische Prozeßabläufe vom Urzustand bis zur Reife aufweisen. ROSTOW versucht, dem Anstieg des Realeinkommens pro Kopf insgesamt fünf Phasen (Stufen) gesellschaftlicher Entwicklung zuzuordnen. Die Phasen ließen sich immer wieder beobachten, sogar unabhängig davon, ob es sich um eine "sozialistische" oder "kapitalistische" Wirtschaft handele:

⇨ Die erste Stufe ist die traditionelle oder statische Gesellschaft. Die Arbeitsteilung ist wenig entwickelt, ein kontinuierlicher Strom technischer Neuerungen fehlt. Mehr als 75% der Erwerbstätigen sind in der Lebensmittelproduktion tätig. Mit guten Ernten fallen, mit schlechten steigen die Sterberaten. Die Gesellschaftsstruktur ändert sich kaum. Die soziale, berufliche und räumliche Mobilität ist gering. Die Zeit des Mittelalters in Europa dürfte ein gutes Beispiel für die erste Stufe sein.

⇨ In einer zweiten Stufe bilden sich die Vorbedingungen für den Aufstieg heraus. Sie ist gekennzeichnet durch die allmähliche Entwicklung einer wissenschaftlichen Betrachtungsweise und insbesondere der modernen Naturwissenschaft. Damit geht die Entdeckung neuer Gebiete und Produktionsstätten einher. Drei Änderungen seien für diese Phase allgemeine Voraussetzung: Erstens müßten soziale Einrichtungen geschaffen werden - z. B. ein leistungsfähiges Transportwesen -, um die Märkte zu erweitern und wirtschaftlich zu integrieren. Zweitens müsse die Produktivität der Landwirtschaft stark ansteigen, wodurch erst ein rascher Anstieg der Stadt-Bevölkerung möglich werde. Drittens müsse sich der Außenhandel ausweiten (Zunahme vor allem der Agrarexporte), um Kapitaleinfuhren für Investitionen zu ermöglichen. Großbritannien im 18. und Deutschland in der ersten Hälfte des 19. Jahrhunderts können als Beispiele der zweiten Stufe gelten.

⇨ Früher oder später wächst aus der zweiten die dritte Stufe der wirtschaftlichen Entwicklung (Phase des take-off = Abheben eines Flugzeuges). Langsam aber sicher wird Wachstum als ein Normalzustand akzeptiert. Die Spar- und Investitionsquote steigt von 5 auf 10% des Volkseinkommens. Der Aufstieg "produziert" eine Klasse von Unternehmern, die den Wachstumsprozeß vorantreiben. Die Mentalität, schnell Geld zu verdienen, breitet sich aus. Die take-off-Phase dauert im Schnitt etwa 20 Jahre. ROSTOW gibt für einzelne Länder folgende Daten: Großbritannien 1783-1802, Frankreich 1830-1860, USA 1843-1860, Deutschland 1850-1873, Japan 1878-1900, Rußland 1890-1910, Indien und China 1952 bis heute.

⇨ Als vierte Stufe wird die Entwicklung zur Reife angesehen. Die moderne Technik findet allgemein Anwendung. 10 bis 20% des Volkseinkommens werden investiert, so daß die Realeinkommen schneller als die Bevölkerung steigen. Der Anteil der Arbeitskräfte in der Landwirtschaft fällt von 40 auf 20% der Erwerbstätigen. Neben den Pionierunternehmern der Frühentwicklung bildet sich eine Managerklasse heraus. Die Reifephase dauert im Schnitt etwa 40 Jahre und wurde nach ROSTOW in Großbritannien um 1850, in den USA um 1900, in Deutschland um 1910 und in der Sowjetunion um 1950 erreicht.

⇨ Die fünfte und letzte Stufe ist die der "Gesellschaft im Überfluß" oder des "Massenkonsums". Die meisten Menschen verfügen über Einkommensteile, die sie auch für einen gehobenen Lebensstandard nicht auszugeben brauchen. Die Produktionsfaktoren werden zunehmend für die Produktion dauerhafter Konsumgüter (Häuser, Automobile, Haushaltsmaschinen u. a.) und zur Deckung des Kollektivbedarfs (Zug zum Wohlfahrtsstaat) eingesetzt. Beides führt dazu, daß Wachstumsraten, die mehr und mehr fallen, individuell nicht mehr um jeden Preis als Ziel verfolgt werden, weswegen Wachstum eines der Ziele der Wirtschaftspolitik wird.

ROSTOW sieht bemerkenswerte Parallelen zwischen der Entwicklung in den USA und der UdSSR. Die USA habe einen zeitlichen Vorsprung von 35 Jahren in der Industrieproduktion und von 50 Jahren bei den Pro-Kopf-Einkommen.

Die Einteilung der Entwicklung einer Wirtschaft in mehr oder weniger eindeutig abgegrenzte Entwicklungsstufen und ihre prognostische Verwendung bei ROSTOW sind ein neueres Beispiel für die in der Geschichte der Volkswirtschaftslehre immer wieder auftauchenden Versuche, **historische Entwicklungen** auf wenige elementare Merkmale zu **reduzieren**, um sie auf solche Länder zu übertragen, die die letzte Stufe noch nicht erreicht haben. Die Analyse von ROSTOW ist gewiß dem schon logisch fehlerhaften System von MARX vorzuziehen und auch in mancher Hinsicht der auf dem KEYNESschen System beruhenden Stagnationsthese überlegen, wenngleich die Stetigkeit des Ablaufs und die Charakterisierung der fünften Stufe gewisse Bezüge zu MARX und HANSEN erkennen lassen. Der eigentliche Wert der Untersuchung ROSTOWS liegt eher in der Beschreibung wirtschaftshistorischer Fakten, mit der er jedoch bei Fachhistorikern auf Widerspruch gestoßen ist. Eine zureichende Grundlage der Prognose künftigen Wachstums bildet seine Analyse wohl kaum. Die Anklänge an die individuellen Lebensvorgänge der Jugend, der Reife und des Alters sind deutlich. Zwischen individuellen Abläufen und gesellschaftlichen Entwicklungen sollte jedoch scharf getrennt werden. Eine Gesellschaft braucht nicht zu altern und wenn sie gealtert ist, kann sie sich - anders als Individuen - verjüngen. Deterministischen Geschichtsphilosophien, wie denen von KARL MARX, OSWALD SPENGLER und ARNOLD TOYNBEE, ist gemeinsam, daß sie biologische Gesetzmäßigkeiten "sozialisieren", wofür es zwar einige Belege, aber zahlreiche Gegenbeispiele gibt. Als Grundlage allgemeiner Prognosen können sie nicht akzeptiert werden. Außerdem bestehen Zweifel, ob die unterentwickelten Länder tatsächlich alle Entwicklungsstufen durchlaufen müssen, zumal sie es gar nicht wollen. Entscheidend für den Wert einer Theorie ist - wie stets - die Überprüfung ihrer Hypothesen an der Realität. Sie müßte zeigen, ob die Analyse ROSTOWS jene Allgemeinverbindlichkeit für das Wachstum besitzt, die ihr beigemessen wird. Dabei bleiben gewisse Besonderheiten einzelner Länder, die den gekennzeichneten Entwicklungstrend variieren können, zu berücksichtigen. Diese Variationen dürfen jedoch keine generelle und zudem unspezifizierte Ausnahmeklausel sein, wenn Rostows Fünfstufenschema nicht zu einer unverbindlichen Aussage werden soll.

Mathematischer Anhang zu Kapitel 16

Die Gleichung für die Wachstumsrate des Arbeitskräfteangebots

(16.6) $\quad n = \dfrac{dL}{dt} \cdot \dfrac{1}{L}$

läßt sich umformen zu

(16 A.1) $\quad \dfrac{dL}{L} = n \cdot dt$.

Durch Integration der linken Seite über L

(16 A.2) $\quad \displaystyle\int \dfrac{dL}{L} = \ln L + C_1$

und der rechten Seite über t

(16 A.3) $\quad \displaystyle\int n \cdot dt = n \cdot t + C_2$

ergibt sich bei entsprechender Wahl der Integrationskonstanten C_1 und C_2:

(16 A.4) $\quad \ln L + C_1 = n \cdot t + C_2$.

Die Integrationskonstanten C_1 und C_2 können nun auf der rechten Seite der Gleichung zu C zusammengefaßt ($C_2 - C_1 = C$) und unter der Voraussetzung $C > 0$ in logarithmischer Darstellung ($C = \ln c$) geschrieben werden:

(16 A.5) $\ln L = n \cdot t + \ln c$.

Exponiert man beide Seiten zur Basis e, gilt wegen $e^{\ln L} = L$:

(16 A.6) $L = c \cdot e^{n \cdot t}$.

Zur Zeit $t = 0$ gilt: $L_0 = c \cdot e^0 = c$, woraus schließlich folgt:

(16.7) $L_t = L_0 \cdot e^{n \cdot t}$.

K 16 - 1

Grenzen des Wachstums

Im Jahr 1972 veröffentlichte der "Club of Rome" die Studie "The limits to growth" (dt. "Die Grenzen des Wachstums", 1981), die ein internationales Wissenschaftlerteam am Massachusetts Institute of Technologie, Cambridge (USA), unter der Leitung von DENNIS L. MEADOWS (geb. 1942) verfaßt hatte. Diese Publikation löste eine weltweite Diskussion aus, die bis heute anhält. Mit einem Weltmodell, wie es in der Futurologie üblich ist, versuchten die Verfasser, die langfristigen Auswirkungen von politischen, wirtschaftlichen und technologischen Entscheidungen auf die Zerstörung der Umwelt zu erfassen und die Belastungsgrenzen der Erde bei fortschreitendem Wachstum der Bevölkerung, des Rohstoff- und Energieverbrauchs aufzuzeigen. Seitdem wird auch in anderen Untersuchungen mit Weltmodellen zu diesem Gegenstand operiert, wie z. B. in der vom früheren amerikanischen Präsidenten JAMES (JIMMY) CARTER (geb. 1924) in Auftrag gegebenen Arbeit "Global 2000" (1980).

Die Autoren von "Grenzen des Wachstums" kommen zum Ergebnis, daß im Verlauf der nächsten 100 Jahre die Rohstoffvorräte der Erde erschöpft seien und die industrielle Produktion - einschließlich Landwirtschaft und Dienstleistungssektor - zusammenbreche. Wegen einer Nahrungsmittelverknappung würde sich die Weltbevölkerung drastisch vermindern. Dieser Zusammenbruch ließe sich nur vermeiden, wenn das quantitative Wirtschaftswachstum beschränkt und ein Bevölkerungswachstum durch Geburtenkontrolle verhindert werde.

"Prognosen" dieses Zuschnitts haben mit Wissenschaft wenig zu tun. Sie basieren auf einer großen Zahl von Annahmen über künftige Entwicklungen und Zusammenhänge, die niemand wirklich kennt oder kennen kann. In der Wirtschaftswissenschaft sind deshalb Weltmodelle ganz ungebräuchlich. Die tatsächliche Entwicklung offenbart auch die Fragwürdigkeit solcher Behauptungen. So ist das Versiegen der Ölquellen - verkündet schon für das Jahr 1992 - nicht eingetreten. Vielmehr hat sich durch neue Explorationen - induziert von hohen Mineralölpreisen - die Ölreserve von 1970 bis 1990 erheblich vergrößert, von 550 auf 900 Milliarden Barrels, bei einem Verbrauch von 600 Milliarden Barrels in dieser Zeit.

Die kritische Beurteilung der Studie "Grenzen des Wachstums" und ähnlich angelegter Arbeiten sollte jedoch nicht verdecken: Die Probleme Ressourcenerschöpfung, Umweltbelastung und Bevölkerungsdruck existieren und gewinnen eine zunehmende Bedeutung.

Daß z. B. die Ölreserven irgendwann in der Zukunft - nach seriösen Schätzungen in 300 Jahren - erschöpft sein werden, scheint ziemlich sicher.
Ob es technologische Entwicklungen geben wird, die diese Probleme abmildern, bleibt abzuwarten. Eine nicht nur vom Pessimismus bestimmte Beobachtung der Vergangenheit zeigt, daß kein Anlaß besteht, in eine Art Weltuntergangsstimmung zu verfallen, die der "Club of Rome" bei vielen erzeugt hat. Eine an der Realität orientierte Wirtschaftswissenschaft wird sich jedoch der aufgezeigten Probleme mehr als bisher annehmen müssen.

17. Kapitel: Einkommensverteilung

I. Definitionen und Bedeutung der Einkommensverteilung

Einkommensverteilungsdefinitionen
Bezugsgrößen - Lohnquote und Profitquote - Abgrenzungen der funktionellen Einkommensverteilung

Bedeutung der Einkommensverteilung
Allgemeines Interesse an der Einkommensverteilung - Wachsender Bedarf nach öffentlichen Gütern und nichtmonetären Einkommen - Verteilungsprobleme oft vernachlässigt - Gesamtwirtschaftliche Ziele und Einkommensverteilung - Konkretisierung der "gerechten" Einkommensverteilung - Ökonomische Aspekte einer gleichmäßigen Einkommensverteilung
K 17 - 1: Einkommensverteilung im vereinigten Deutschland

II. Makroökonomische Verteilungstheorien

Theoretische Ansatzpunkte
Grenzproduktivitätstheorie - Funktionelle Einkommensverteilung - Wachstum und Verteilung - Einfluß der Monopolisierung

Postkeynesianische Verteilungstheorie
KALDORs Modell der Einkommensverteilung und des Wachstums - Profitquote determiniert von Sparneigung und vom Anteil der Investitionen am Volkseinkommen - Alternative Investitionsquote - Änderungen der Sparneigung der Arbeitnehmer - Änderungen der Sparneigung der Unternehmer - Wachstumstheoretische Implikationen - Einkommensverteilung mit I-S-Mechanismus

III. Verteilungsmaße

„Gesetz" von PARETO - Empirische Relevanz - LORENZ-Kurve - GINI-Koeffizient - Keine Aussage über absolute Höhe der Einkommen

I. Definitionen und Bedeutung der Einkommensverteilung

Einkommensverteilungsdefinitionen

Die Verteilung des Einkommens eines Landes knüpft an bestimmte **Bezugsgrößen** an. Die wichtigsten sind: die Produktionsfaktoren und Einzelpersonen (oder Einzelhaushalte). Die auf Produktionsfaktoren bezogene Verteilung wird als funktionelle, die auf Personen (oder Haushalte) bezogene als personelle Einkommensverteilung bezeichnet (9. Kap.). Die Berücksichtigung staatlicher Einflüsse führt zu der Unterscheidung von primärer und sekundärer Einkommensverteilung (13. Kap.).

Im Mittelpunkt der wirtschaftstheoretischen Überlegungen steht die funktionelle Einkommensverteilung. In der makroökonomischen Theorie wird von zwei Produktionsfaktoren, von Kapital und Arbeit, ausgegangen; Boden läßt sich ohne Schwierigkeiten unter Kapital subsumieren. Der Anteil des Volkseinkommens, der auf den Produktionsfaktor Arbeit entfällt, wird als **Lohnquote**, der des Produktionsfaktors Kapital als **Profitquote** bezeichnet (10. Kap.). Die Anteile werden in Bruchteilen oder Prozentsätzen des Volkseinkommens ausgedrückt:

(17.1 a) $\quad \dfrac{W_u}{Y} + \dfrac{P_r}{Y} \equiv 1 \quad$ oder

(17.1 b) $\quad \dfrac{W_u}{Y} \cdot 100\% + \dfrac{P_r}{Y} \cdot 100\%$

$\equiv 100\%$ \hfill (Definitions-Gleichungen).

Das auf den Produktionsfaktor Arbeit entfallende Einkommen wird durch W_u, das auf den Produktionsfaktor Kapital entfallende durch P_r symbolisiert (13. Kap.). Lohn- und Profitquote sind komplementäre Größen: Je größer die eine Quote, um so kleiner ist die andere et vice versa.

Die üblichen **Abgrenzungen der funktionellen Einkommensverteilung** sind nicht eindeutig. Im engeren Wortsinn wird die funktionelle Einkommensverteilung strikt auf die Faktoren Kapital und Arbeit bezogen. Diese theoretisch mögliche Zurechnung bereitet statistisch erhebliche Schwierigkeiten. Deshalb wird von einer funktionellen Einkommensverteilung auch dann noch gesprochen, wenn die Verteilung auf Arbeitnehmer- und Unternehmerhaushalte gemeint ist, obwohl Arbeitnehmerhaushalte Kapital besitzen und Unternehmerhaushalte Arbeitsleistungen erbringen. Die Trennung zwischen Arbeitnehmer- und Unternehmerhaushalten ist sozioökonomischer Natur. Sie hat sich in der makroökonomischen Verteilungstheorie gleichwohl durchgesetzt. Dem Kriterium der funktionellen Einkommensverteilung - Faktorentlohnung - wird oft durch die Annahme entsprochen, daß die Einkommen der Arbeitnehmerhaushalte ausschließlich auf Lohneinkommen, die der Unternehmerhaushalte auf Unternehmertätigkeit und Vermögensbesitz zurückgehen. Durch Berechnen eines fiktiven Entgelts für Unternehmertätigkeit - die Einkommensarten der Unternehmerhaushalte sind empirisch nicht zu trennen - ist es möglich, das gesamte aus Arbeitsleistungen stammende Einkommen (die Arbeitsquote) zu ermitteln (Bruttoarbeitseinkommen der Arbeitnehmer plus Arbeitseinkommen der Selbständigen). Demgegenüber ist die Abgrenzung in der Errechnung der personellen Einkommensverteilung eindeutig - statistisch allerdings schwierig - zu ermitteln: Sie gibt die auf Personen oder Einzelhaushalte entfallenden Einkommen ihrer Höhe nach an (Size Distribution of Income). Soweit sich wirtschaftspolitische Überlegungen auf eine gleichmäßigere Verteilung richten, knüpfen sie meistens an die personelle Einkommensverteilung an.

Bedeutung der Einkommensverteilung

Zu allen Zeiten haben Fragen der Einkommensverteilung die Aufmerksamkeit der Menschen auf sich gezogen. Solange nicht die Zustände eines Schlaraffenlandes existieren, können Güter nicht im gewünschten Umfang zugeteilt werden. Verbessern einige Personen oder Gruppen ihren bisherigen Anteil am Volkseinkommen, geht dies zwangsläufig zu Lasten der Anteile anderer. Letztlich dürfte die Menschen nicht so sehr interessieren, auf welche Weise die Güterproduktion funktioniert, sondern was ihnen im einzelnen vom Produktionsergebnis zukommt. Das **allgemeine Interesse an der Einkommensverteilung** scheint vom Produktionsniveau eines Landes nicht unabhängig zu sein. Leben breite Bevölkerungsschichten am Rande des physischen Existenzminimums, haben Verteilungsprobleme objektiv ein größeres Gewicht als bei einer ausreichenden Versorgung in einer wachsenden Wirtschaft.

Man sollte meinen, daß mit steigendem realen Volkseinkommen pro Kopf Verteilungsprobleme in den Hintergrund treten. Demgegenüber sieht es so aus, als würde die Einkommensverteilung eine zunehmende Bedeutung in einer "Gesellschaft im Überfluß" gewinnen, wenn man an die Schärfe des Verteilungskampfes in wirtschaftlich hochentwickelten Ländern denkt. Eine objektive Interpretation dieses Phänomens könnte sein: Für eine Volkswirtschaft auf einem sehr hohen Produktionsniveau ist ein **wachsender Bedarf nach öffentlichen Gütern und nicht-monetären Einkommen** charakteristisch. Wenn auf Grund steigenden Staatsanteils der Einfluß des Staates an der Einkommensverteilung zunimmt, verliert die gesamte Einkommensverteilung an Eindeutigkeit und die über den Markt erfolgende primäre Verteilung an Gewicht. Die bislang weitgehend anonyme Einkommensverteilung wird mehr und mehr zu einer öffentlichen Angelegenheit, in der um die Gewährung von Einkommensanteilen und nicht-monetären Vorteilen gerungen wird. Ob und inwieweit das generelle verteilungspolitische Ziel staatlicher Aktivitäten, die primäre Verteilung des Marktes zu korrigieren, tatsächlich erreicht wird, ist indessen schwer abzuschätzen. Selbst der Ausschluß bestimmter Bevölkerungsgruppen von der Nachfrage nach öffentlich bereitgestellten Gütern oder von der Inanspruchnahme von Einkommensvorteilen gewährleistet keineswegs eine Einkommensverteilung zugunsten derjenigen, denen geholfen werden soll. In diesem Zusammenhang spielen Steuerüberwälzungen und -ausweichungen eine erhebliche Rolle. Von diesen Möglichkeiten können vor allem die Bezieher höherer Einkommen Gebrauch machen, weil die Gründe, die zu einem hohen Einkommen führen, oft eine Steuerüberwälzung oder -ausweichung gestatten - womit einer redistributiven Steuer (15. Kap.) oder progressiven Einkommenssteuer bestimmte Grenzen gesetzt sind. Das skizzierte Phänomen dürfte auch eine subjektive Komponente haben: Steigende Einkommen bedeuten nicht zugleich wachsende Befriedigung. Der relative Abstand zu den Vergleichspersonen oder -gruppen scheint für die Bedürfnisbefriedigung nicht weniger wichtig als das absolute Niveau. Die Gleichmäßigkeit der Einkommensverteilung mag in entwickelten Volkswirtschaften größer sein. Wenn es eklatante Fälle mit großem relativen Abstand oder auch nur eine gute Einkommensverteilungstransparenz gibt, ist das Maß des Verteilungskonsenses oft gering. In der öffentlichen Auseinandersetzung werden in der Regel Verteilungsansprüche mit hohen sozialen Werten begründet. Niemand gibt gern zu, daß Neid und nicht der vorgegebene Wunsch ("Verdeckungsideologie") nach "sozialer Gerechtigkeit" Motiv der Forderung sein könnte.

Zum starken emotionalen Interesse breiter Schichten an der Einkommensverteilung steht in bemerkenswertem Kontrast, daß in der Wirtschaftstheorie **Verteilungsprobleme oft völlig vernachlässigt** oder nur am Rand behandelt wurden. Der Schluß, erst die moderne Wirtschaftstheorie hätte sich Verteilungsproblemen zugewandt, wäre jedoch verfehlt. Vor über 150 Jahren erklärte kein Geringerer als DAVID RICARDO im Vorwort zu seinem Hauptwerk "On the Principles of Political Economy and Taxation": "To determine the laws which regulate this distribution, is the principal problem in Political Economy...". Die von Neoklassikern entwickelte Grenzproduktivitätstheorie, auf der die Faktormarktanalyse basiert (9. Kap.) und die einen starken Einfluß auf die Erklärung der funktionellen Einkommensverteilung hat, kann als Versuch interpretiert werden, die "Gesetze" der Verteilung aufzudecken. Bis in die Gegenwart hinein ist die Grenzproduktivitätstheorie die vorherrschende Verteilungstheorie geblieben. Doch sie hat - wie noch ausgeführt wird - nicht nur einen sehr begrenzten Erklärungswert für die makroökonomische Einkommensverteilung. Sie ist auch in der volkswirtschaftlichen Analyse gegenüber anderen Theorieelementen zurückgetreten. Angesichts der skizzierten wirtschaftspolitischen und - theoretischen Entwicklung wird verständlich, daß man sich in der modernen Wirtschaftstheorie Fragen der makroökonomischen Einkommensverteilung verstärkt zuwendet, wie es ihrer Bedeutung und dem breiten Interesse für diesen Gegenstand angemessen scheint.

Im Hinblick auf die Bedeutung von Verteilungsfragen ist erstaunlich, daß eine bestimmte **Einkommensverteilung** nicht zu den expliziten **gesamtwirtschaftlichen Zielen** gehört. Für die Bundesrepublik Deutschland heißt es in § 2 des Gesetzes über die Bildung eines Sachverständigenrats zur Begutachtung der gesamtwirtschaftlichen Entwicklung von 1963 (eine analoge Formulierung findet sich im Gesetz zur Förderung der Stabilität und des Wachstums der Wirtschaft von 1967): "Der Sachverständigenrat soll in seinen Gutachten die jeweilige gesamtwirtschaftliche Lage und deren absehbare Entwicklung darstellen. Dabei soll er untersuchen, wie im Rahmen der marktwirtschaftlichen Ordnung gleichzeitig Stabilität des Preisniveaus, hoher Beschäftigungsstand und außenwirtschaftliches Gleichgewicht bei stetigem und angemessenem Wachstum gewährleistet werden können. In die Untersuchung sollen auch die Bildung und die Verteilung von Einkommen und Vermögen einbezogen werden." Für dieses Vorgehen des Gesetzgebers spricht die Schwierigkeit, die Einkommens- (und Vermögens-) Verteilung als Ziel operational zu definieren. Gewiß sind auch die Definitionen der explizit genannten Ziele Preisniveaustabilität, Vollbeschäftigung, außenwirtschaftliches Gleichgewicht und Wachstum nicht unbestritten und innerhalb gewisser Grenzen Ausfluß politischer Ansichten. Bei der Einkommensverteilung gibt es jedoch kaum Maßstäbe, die - selbst bei Tolerierung gewisser Bandbreiten - einer operationalen Definition zugänglich wären. Auf einige Versuche, Verteilungsmaße zu finden, wird noch eingegangen.

Zu einem erheblichen Teil beruht die Schwierigkeit, eine bestimmte Verteilung zu postulieren, auf dem tiefer liegenden Problem, daß es trotz zahlreicher Versuche seit Menschengedenken bis heute nicht gelungen ist, gesamtwirtschaftlich zu **konkretisieren**, was eine "gerechte" **Einkommensverteilung** bedeutet. Das ist eine wirtschaftsethische Frage, die kurz berührt sei, weil sie bei Verteilungsdiskussionen regelmäßig auftaucht. Geht man von der Prämisse aus, die meisten Menschen würden eine Einkommensverteilung für gerechtfertigt halten, bei der sich individuelle Leistung und Gegenleistung entsprechen, bleibt dennoch offen, was eine leistungsgerechte Entlohnung im einzelnen heißt. Das Problem wird nur auf eine andere Ebene verlagert. Gesamtwirtschaftlich wird häufig von einer gerechteren Einkommensverteilung gesprochen, wenn sie nur gleichmäßiger als die bestehende ist. Im Extremfall würde diese Gleichheitsforderung zu einer arithmetischen Verteilung führen, wobei dahingestellt sein kann, ob als Verteilungseinheit die Person, die Erwerbsperson oder der Haushalt gelten soll. Eine völlig gleiche Einkommensverteilung dürfte wohl kaum den Gerechtigkeitsvorstellungen der meisten Menschen entsprechen. Sie impliziert, daß individuelle Unterschiede der Begabung, der Ausbildung, des Fleißes, der Arbeitszeit und des Arbeitsleids nicht berücksichtigt werden. Verbreiteten Gerechtigkeitsvorstellungen entspricht wohl eher, Gleiches - nicht jedoch alles - gleich zu behandeln. Doch was sind in Anbetracht der zahlreichen Komponenten gleiche Leistungen? Wer soll das feststellen, wenn davon ausgegangen werden muß, daß jeder Mensch ein Interesse an einer für ihn günstigen Verteilung hat? Auf diese und ähnliche Fragen konnte bisher keine allseits befriedigende Antwort gefunden werden - und es ist zu bezweifeln, ob es sie jemals geben wird. Die Wissenschaft ist überfordert, wenn man von ihr die Ableitung normativer Aussagen verlangt, die der Willkür eines Werturteils nicht entraten können.

Die Forderung nach **Gleichmäßigkeit der Einkommensverteilung** hat nicht nur ethische, sondern beachtenswerte **ökonomische Aspekte**. Unterstellt man, daß zwischen dem Leistungsentgelt und der wirtschaftlichen Aktivität eine positive Korrelation besteht, wirkt die Einkommensverteilung fördernd auf das Produktionsergebnis ein. Bei einer sehr gleichmäßigen Einkommensverteilung würde das Volkseinkommen geringer sein als bei einer ungleichmäßigeren, sofern sich die Ungleichmäßigkeit in Grenzen hält, die von der Leistungsmotivation gesteckt sind. In opportunity cost ausgedrückt: Eine hohe Wachstumsrate ist - unter der angegebenen Prämisse - nur um den "Preis" einer ungleichmäßigeren Einkommensverteilung zu haben, eine gleichmäßigere Einkommensverteilung kostet Wachstum. Wachstumspolitik ist damit zwangsläufig Einkommensverteilungspolitik. Da die Preisniveaustabilitäts-, Beschäftigungs- und Außenwirtschaftspolitik ihrerseits nicht ohne Einfluß auf das Wachstum sind, läßt sich generell konstatieren: Die Wirtschaftspolitik ändert - gewollt oder ungewollt - Einkommensverteilung und Wachstum.

K 17-1

Einkommensverteilung im vereinigten Deutschland

Die Einkommen als Ergebnis der Produktion streuen nicht nur nach Produktionsfaktoren und Personen, sondern auch räumlich, national wie international. Internationale Einkommensunterschiede sind der entscheidende Grund für die Entwicklungspolitik. Ähnliches gilt für regionale Streuungen innerhalb eines Landes, die zwar nicht so ausgeprägt wie international, aber noch deutlich vorhanden sind. Generell liegen die Einkommen in den Städten - vor allem in Ballungsgebieten, wie dem Frankfurter und Münchener Raum - höher als in entlegenen Landstrichen, wie dem Bayrischen Wald. Regionale Einkommensunterschiede lösen jedoch nur in Ausnahmefällen eine auf Ausgleich oder Milderung setzende Subventionspolitik des Staates aus. Solche Ausnahmen waren die Zonenrand- und die Berlin-Förderung vor der deutschen Einigung.

Nach der deutschen Einigung im Jahr 1990 stellte sich dieses Problem in einer bisher unbekannten Schärfe. In den neuen Bundesländern betrugen die durchschnittlichen Einkommen - weit überwiegend aus Löhnen - trotz einer großzügigen Umstellung von DM-Ost auf DM-West etwa die Hälfte der in den alten Bundesländern. Gemessen jedoch an der ostdeutschen Produktivität, die auf etwa ein Viertel oder ein Drittel der westdeutschen geschätzt wurde, waren selbst diese Einkommen zu hoch. Die Wirtschaftspolitik stand vor einem Dilemma: Bleibt sie untätig, wird sich die schon vorhandene Ost-West-Wanderung der Arbeitskräfte in Deutschland (Pendler und Aussiedler) erheblich verstärken und - wie im unterentwickelten Süden Italiens - ein deutsches Mezzogiorno entstehen. Ermöglicht sie dagegen mit Subventionen hohe Löhne, wird die vorhandene Arbeitslosigkeit bestehen bleiben oder verschärft.

Die Politik hat sich - entgegen den Ratschlägen mancher Ökonomen - für die zweite Möglichkeit entschieden und einen riesigen Strom von Subventionen, die nicht den Einkommensempfängern direkt, sondern Unternehmen zufließen, in die neuen Bundesländer geleitet. Nach Berechnungen der Deutschen Bundesbank beliefen sich die Nettotransfers in den ersten zehn Jahren nach der deutschen Einigung auf über 500 Mrd. DM. Dieser Betrag entspricht dem Zuwachs der öffentlichen Verschuldung in dieser Zeit. Durch diese Transfers konnten sich die ostdeutschen Einkommen, insbesondere die Löhne, in wenigen Jahren fast vollständig denen in Westdeutschland anpassen.

Die zu erwartenden Folgen blieben nicht aus: Die Arbeitslosigkeit in den neuen Bundesländern hält sich seit Beginn der Transferzahlungen auf einem hohen Niveau, zumal die Subventionen bisher keinen selbsttragenden Aufschwung in Gang gesetzt haben. Deutlich zeichnet sich auch für die Zukunft ein hoher Bedarf für weitere

> Subventionen ab. Die Finanzierung der Subventionen führte zu steigenden Zwangsabgaben, die die internationale Wettbewerbsfähigkeit der deutschen Wirtschaft merklich vermindert haben. Höhere Zwangsabgaben und geringere Wachstumsraten haben schließlich bewirkt, daß seit dem Jahr 1993 die verfügbaren Einkommen aus unselbständiger Arbeit in den alten Bundesländern gefallen sind. Ein solches Ergebnis führt zu politischer Labilität und ist auf Dauer kaum aufrecht zu erhalten.

II. Makroökonomische Verteilungstheorien

Theoretische Ansatzpunkte

Die traditionelle **Grenzproduktivitätstheorie** versucht die mikroökonomische Einkommensverteilung zwischen Anbietern und Nachfragern von Produktionsfaktoren zu erklären. Genau genommen enthält sie nur Aussagen über die Bestimmungsgründe der Faktornachfrage. Sie ist andererseits - was im Hinblick auf die üblichen Annahmen in der Wachstumstheorie und makroökonomischen Einkommensverteilungstheorie zu beachten bleibt - nicht auf die Marktform der vollständigen Konkurrenz beschränkt. Die makroökonomische Verteilung läßt sich als das Ergebnis eines Tauschprozesses auf zahlreichen Faktormärkten interpretieren. Unter diesem Aspekt scheint eine besondere makroökonomische Verteilungstheorie weder nötig noch möglich, wenn an die Schwierigkeiten der Aggregation komplexer Marktvorgänge gedacht wird - es sei denn, man führt drastische Vereinfachungen ein. Genereller ausgedrückt: In marktwirtschaftlichen Systemen vollzieht sich die Einkommensverteilung im wesentlichen auf zahlreichen Teilmärkten. In einem vielschichtigen, interdependenten Faktorpreisbildungsprozeß kommen Verteilungsergebnisse zustande, die sich makroökonomisch in Faktoreinkommen niederschlagen.

Die Diskrepanz - die bis heute nicht befriedigend gelöste Integration von mikro- und makroökonomischer Verteilungstheorie - wird in der neoklassischen Wachstumstheorie durch rigorose Vereinfachungen der Prämissen beseitigt: Die Volkswirtschaft als Ganzes entspricht einem Betrieb, für den insbesondere die Bedingungen der vollständigen Konkurrenz auf den Beschaffungs- und Absatzmärkten sowie der unbegrenzten technischen Teilbarkeit und Substituierbarkeit der Produktionsfaktoren Kapital und Arbeit unterstellt werden. Es liegt in der Logik dieser Prämissen, z. B. eine Volkswirtschaft mit einer Produktionsfunktion vom COBB-DOUGLAS-Typ anzunehmen. Die Frage nach der **funktionellen Einkommensverteilung** auf Kapital und Arbeit ist in der neoklassischen Wachstumstheorie damit implizit beantwortet. Der Profit pro Kapitaleinheit ($\pi d\, P_r/K$) bei konstanten Skalenerträgen und vollständiger Konkurrenz auf allen Märkten entspricht im Gleichgewicht dem Grenzertragswert des Faktors Kapital, der die partielle Ableitung der Funktion (16.21) nach K ist. Partielles Differenzieren von (16.21) ergibt (ohne Zeitindizes), da $k_i = K/L$ ist:

$$(17.2) \quad \pi = \frac{\partial Y}{\partial L} = L \cdot f\left(\frac{K}{L}\right) \cdot \frac{1}{L}$$

$$= f'(k_i) \quad \text{(Gleichgewichts-Bedingung).}$$

Der Profit pro Kapitaleinheit ist gleich dem Steigungsmaß der Kurve für die Arbeitsproduktivität als Funktion der Kapitalintensität, die in den *Fig. 16-5* bis *16-7* dargestellt wurde. Unter gleichen Bedingungen ist der Lohn pro Kopf ($\omega \equiv W_u/L$) gleich dem Grenzertragswert des Faktors Arbeit, der die partielle Ableitung der Funktion (16.21) nach L ist. Partielles Differenzieren von (16.21) ergibt:

$$(17.3) \quad \omega = \frac{\partial Y}{\partial L} = L \cdot f\left(\frac{K}{L}\right)' \cdot \left(-\frac{K}{L^2}\right) + f\left(\frac{K}{L}\right)$$

$$= f(k_i) - k_i \cdot f'(k_i) \quad \text{(Gleichgewichts-Bedingung).}$$

Der Lohn pro Kopf ist gleich dem Volkseinkommen pro Kopf minus dem Profit pro Kopf, da Löhne und Profite komplementäre Größen sind. Die Zusammenhänge - bezogen auf ein Gleichgewicht E - veranschaulicht *Fig. 17-1*. Im Gleichgewicht E ist das Volkseinkommen pro Kopf (Y/L) gleich q^e, das Kapital pro Kopf (K/L) gleich k_i^e.

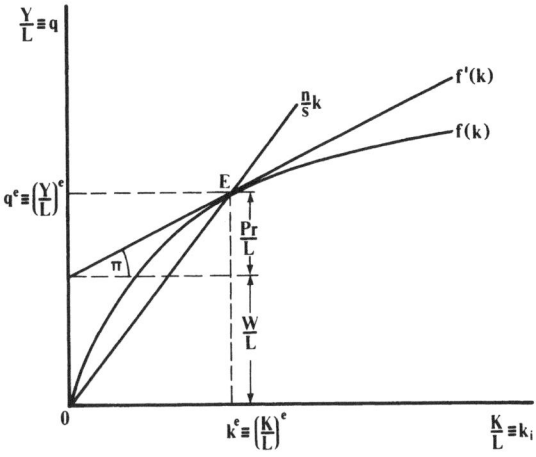

Fig. 17-1: Einkommensverteilung nach der neoklassischen Wachstumstheorie

Der Profit pro Kopf P_r/L ist das Produkt von K/L und P_r/K, wobei $\pi \equiv P_r/K$ - der Profit pro Kapitaleinheit im Gleichgewicht - der Steigung von $f(k_i)$ in E entspricht. Die Differenz zwischen Y/L und P_r/L ist der Lohn pro Kopf (W_u/L). Ist in der neoklassischen Wachstumstheorie das Gleichgewicht erreicht, bleibt die Verteilung zwischen den Faktoren Kapital und Arbeit konstant. Dieses Verteilungsergebnis ändert sich für die COBB-DOUGLAS-Funktion, wenn nicht - wie unterstellt - von einer konstanten Technik ausgegangen wird. In der Makroökonomie führt die Einbeziehung des technischen Fortschritts graphisch gesehen zu anderen Verläufen der Produktionsfunktion, wie aus der Mikroökonomie bekannt ist. Unverändert bleibt auch dann, daß die aus der neoklassischen Wachstumstheorie abgeleitete funktionelle Einkommensverteilung eine gesamtwirtschaftliche Produktionsfunktion voraussetzt.

Es dürfte auch kaum die Intention anderer Neoklassiker gewesen sein, soweit sie sich mit der Einkommensverteilung beschäftigt haben - von JOHN BATES CLARK bis GEORGE JOSEPH STIGLER -, ihre mikroökonomischen Analysen durch weitere Vereinfachungen makroökonomisch verwendbar zu machen. Die meisten Neoklassiker waren und sind nicht primär an makroökonomischen Wachstums- und Verteilungstheorien interessiert - ein Grund mehr zu bezweifeln, ob die "neoklassische" Wachstumstheorie von SOLOW und seinen Nachfolgern die traditionelle Neoklassik widerspiegelt. Diese Schwäche der neoklassischen Wachstumstheorie ist von NICHOLAS KALDOR richtig erkannt worden. Während der "Neoklassiker" SOLOW eine Wachstumstheorie entwickelt, die verteilungspolitische Implikationen enthält, stellt KALDOR auf eine makroökonomische Verteilungstheorie ab, die wachstumstheoretische Konsequenzen hat. Gemeinsam ist ihnen - wie erwähnt -, daß die Instabilität der Modelle von HARROD und DOMAR beseitigt wird. Die Dominanz des Erklärungsziels rechtfertigt es, die Theorie SOLOWS und seiner Anhänger der Wachstumstheorie, die KALDORS und seiner Nachfolger der makroökonomischen Verteilungstheorie zuzuordnen. In der modernen makroökonomischen Theorie bilden **Wachstum und Verteilung** ein schwer zu trennendes Ganzes.

Die scharfe wachstums- und verteilungstheoretische Konfrontation zwischen Neo-Klassikern und Neo-Keynesianern drängte eine Entwicklung in den Hintergrund, die für beide Richtungen beachtlich bleibt: Nach einem Grundgedanken von MICHAL KALECKI (1899-1970), der verschiedene frühere Ansätze aufnimmt, **beeinflußt** das Ausmaß der **Monopolisierung** die Verteilung maßgeblich auch gesamtwirtschaftlich. Soweit Unternehmen eine monopolistische Marktstellung innehaben, bestimmen sie mit ihrer Preispolitik die Höhe des Einkommens und zugleich die Beschäftigung. Das reale Einkommen der Arbeitnehmer ist bei einem hohen Monopolisierungsgrad gering et vice versa. Eine monopolistische Preispolitik kann Ursache der Unterbeschäftigung sein - eine Behauptung, die KALECKI nicht zuletzt unter dem Eindruck der Weltwirtschaftskrise der dreißiger Jahre vortrug. Schon vor ihm hatte ABBA PTACHYA LERNER den Monopolisierungsgrad als relative Abweichung des Preises (p) von den Grenzkosten (K') definiert [$(p - K')p$]. KALECKI nimmt an, daß im Zuge einer laufend steigenden Monopolisierung die Verteilung für die Arbeitnehmer ungünstiger werden wird. So beachtlich die Überlegungen KALECKIS für jeden Ansatz einer makroökonomischen Theorie auch bleiben: Die Reduktion der gesamtwirtschaftlichen Verteilungskomponenten auf monopolistische Marktstellungen läßt alle übrigen Einflüsse so stark zurücktreten, daß sie für die Erklärung ausfallen. Tatsächlich entzieht sich die Theorie KALECKIS bisher einer empirischen Erfassung.

Postkeynesianische Verteilungstheorie

Das von **KALDOR** Mitte der fünfziger Jahre entwickelte **Modell der Einkommensverteilung und des Wachstums** ist ein auf der Analyse von KEYNES basierendes Konzept, das als Reaktion auf die Neoklassik zu verstehen ist. KEYNES selbst zeigte sich an Verteilungsfragen wenig interessiert. KALDOR übernimmt sein Instrumentarium und unterstellt eine Zwei-Klassen-Gesellschaft, die aus Lohnempfängern und Profiteinkommensbeziehern besteht. Die Lohnempfänger sind entweder Arbeiter oder Gehaltsempfänger, die Profiteinkommensbezieher bestehen aus Unternehmern und Vermögensbesitzern. Für die KALDORsche Unterscheidung sind letztlich nicht die Beiträge beider Klassen zur gesamtwirtschaftlichen Produktion oder sozio-ökonomische Schichtungen, sondern ihr unterschiedliches Sparverhalten relevant. Der wichtige Unterschied liegt nach KALDORS eigenen Worten in der Tatsache, daß die marginale Konsum-(Spar-)Quote bei den Lohnempfängern groß (klein) ist im Vergleich zur Quote der Profiteinkommensbezieher. Vorausgesetzt wird - wie meist in der Theorie des Wachstums und der makroökonomischen Einkommensverteilung - Vollbeschäftigung. Das KALDOR-Modell geht von folgenden Gleichungen aus:

(17.4) $\quad Y \equiv W_u + P_r \quad$ (Definitions-Gleichung),

(17.5) $\quad I \equiv S \quad$ (Definitions-Gleichung),

(17.6) $\quad S \equiv S_w + S_p \quad$ (Definitions-Gleichung),

(17.7 a) $\quad S_w = s_w \cdot W_u \quad$ und

(17.7 b) $\quad S_p = s_{p_r} \cdot P_r \quad$ (Verhaltens- Gleichungen).

In (17.6) und (17.7) bedeuten S_w (S_{p_r}) das Sparen, s_w (s_{p_r}) die - marginale und zugleich auch die durchschnittliche - Sparquote der Arbeitnehmer (Unternehmer) aus ihren Einkommen W_u (P_r). Bei gegebenen (autonomen) Investitionen läßt sich (17.6) wegen (17.7) - unter Berücksichtigung von (17.4) und (17.5) - als Verhaltens-Gleichung schreiben:

(17.8) $\quad I = s_{p_r} \cdot P_r + s_w \cdot W_u = s_{p_r} \cdot P_r + s_w(Y - P_r)$

$\qquad = (s_p - s_w) \cdot P_r + s_w \cdot Y \quad$ (Verhaltens-Gleichung).

Dividiert man (17.8) durch Y, folgt

(17.9) $\quad \dfrac{I}{Y} = (s_{p_r} - s_w) \cdot \dfrac{P_r}{Y} + s_w \quad$ (Verhaltens-Gleichung).

(17.9) mit $1/(s_{p_r} - s_w)$ multipliziert und nach der Profitquote P_r/Y aufgelöst, ergibt

(17.10 a) $\quad \dfrac{P_r}{Y} = \dfrac{I}{Y} \cdot \dfrac{1}{s_{p_r} - s_w} - \dfrac{s_w}{s_{p_r} - s_w} \quad$ bzw.

(17.10 b) $\quad \dfrac{P_r}{Y} = \dfrac{1}{s_{p_r} - s_w} \cdot \left(\dfrac{I}{Y} - s_w \right) \quad$ (Verhaltens-Gleichung).

Die abhängige Variable **Profitquote** P_r/Y - oder die komplementäre Lohnquote W_u/Y - wird im KALDOR-Modell von zwei nicht komplementären Größen **determiniert**:

⇨ **von der Sparneigung** aus Lohneinkommen oder Profit (s_w bzw. s_{p_r}) und
⇨ **vom Anteil der Investitionen am Volkseinkommen**, der Investitionsquote (I/Y).

Eine positive Profitquote ergibt sich solange, wie $s_{p_r} > s_w$ und $I/Y > s_w$ sind, was in der Regel der Fall sein dürfte. Die Zusammenhänge lassen sich graphisch wie folgt veranschaulichen (Fig. 17-2). Die Einkommensverteilungsfunktion (17.10) wird durch die Gerade AC dargestellt: Die abhängige Variable P_r/Y ist auf der Ordinate, eine der unabhängigen Variablen, (I/Y), auf der Abszisse aufgetragen. Die beiden anderen unabhängigen Variablen bestimmen die Steigung der Kurve AC $1/(s_{p_r} - s_w)$ und ihren Schnittpunkt $-s_w/(s_{p_r} - s_w)$ mit der Ordinate.

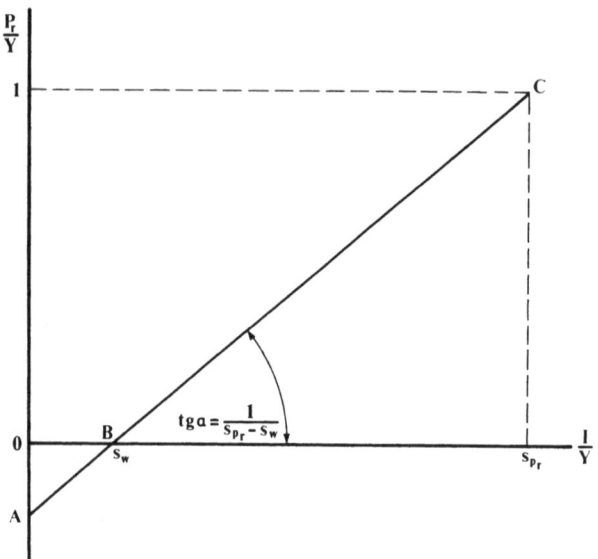

Fig. 17-2: Einkommensverteilung nach der postkeynesianischen Verteilungstheorie von KALDOR

Wenn für die Profitquote $P_r/Y = 0$ gilt, ist nur der Punkt B relevant. Der skizzierte Zusammenhang wird auch deutlich, wenn man in (17.10) für die Profitquote P_r/Y die Extremwerte 0 und 1 einsetzt und nach I/Y auflöst. (17.10) wird dann zu

(17.11 a) $\dfrac{I}{Y} = s_w$ für $\dfrac{P_r}{Y} = 0$ bzw.

(17.11 b) $\dfrac{I}{Y} = s_{p_r}$ für $\dfrac{P_r}{Y} = 1$ (Verhaltens-Gleichung).

(17.11 a) bezeichnet den Punkt B, (17.11 b) den Punkt C in Fig. 17-2.

Wie beeinflussen Änderungen der drei unabhängigen Variablen I/Y, s_w und s_{p_r}, die Profitquote? Die Beantwortung dieser Frage erfolgt unter Anwendung der ceteris paribus-Klausel. Als erstes sei nach den Verteilungswirkungen gefragt, die von **alternativen Investitionsquoten** I/Y bei konstanten Sparquoten ausgehen (Fig. 17-3). Es ist ohne weiteres ersichtlich, daß bei konstanten Sparneigungen s_w und s_{p_r} eine steigende Investitionsquote von I_1/Y nach I_2/Y zu einer Vergrößerung der Profitquote von P_{r_1}/Y nach P_{r_2}/Y führt. Der Effekt kann gemessen werden, wenn man (17.10) partiell nach I/Y differenziert:

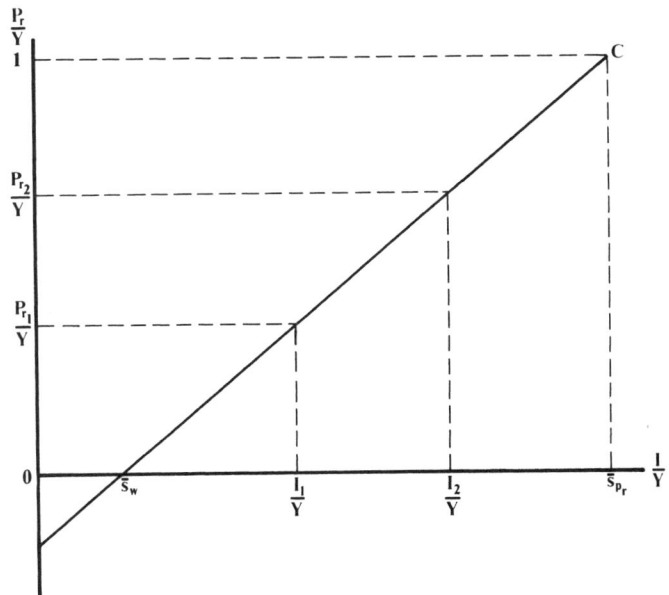

Fig. 17-3: Einfluß der Investitionsquote auf die Einkommensverteilung

(17.12) $\quad \dfrac{\partial (P_r/Y)}{\partial (I/Y)} = \dfrac{1}{s_{p_r} - s_w}$ \hfill (Verhaltens-Gleichung).

(17.12) ergibt eine positive Größe, weil $s_{p_r} > s_w$ gilt. KALDOR nennt diesen Ausdruck "Empfindlichkeitskoeffizient der Einkommensverteilung" (coefficient of sensitivity of income distribution). Damit will er ausdrücken: Je größer die absolute Differenz der Sparquoten - d. h. je kleiner der Quotient bzw. die Steigung der Geraden in *Fig. 17-3* - ist, um so geringer wird die Differenz zwischen Lohn- und Profitquote in Abhängigkeit von der Investitionsquote sein.

Als zweites seien die Verteilungswirkungen untersucht, die bei Konstanz der Sparneigung der Profiteinkommensempfänger s_{p_r} und der Investitionsquote I/Y von **Änderungen der Sparneigung der Arbeitnehmer** s_w auf die Profitquote ausgeübt werden (*Fig. 17-4*). Die Profitquote geht bei steigender Sparneigung der Arbeitnehmer, einer gegebenen Investitionsquote $\overline{I/Y}$ und konstanter Sparneigung der Unternehmer s_{p_r} von P_{r_1}/Y auf P_{r_2}/Y zurück (die Lohnquote steigt von $1-P_{r_1}/Y$ auf $1-P_{r_2}/Y$), wenn die Arbeitnehmer mehr sparen (von s_{w_1} nach s_{w_2}). Die Arbeitnehmer haben es also nach dem Modell selbst in der Hand, die Einkommensverteilung zu ihren Gunsten zu ändern.

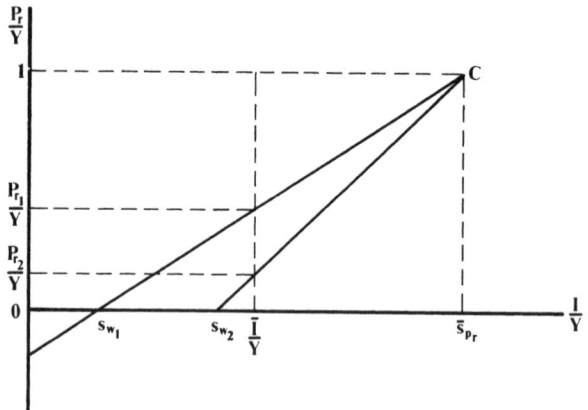

Fig. 17-4: Einfluß des Arbeitnehmersparens auf die Einkommensverteilung

Als dritte Möglichkeit sei der Einfluß einer **Änderung der Sparneigung der Unternehmer** s_{p_r} auf die Profitquote erörtert, wobei die Investitionsquote und die Sparneigung der Arbeitnehmer konstant gehalten werden ($\overline{I/Y}$, $\overline{s_w}$; Fig.17-5).

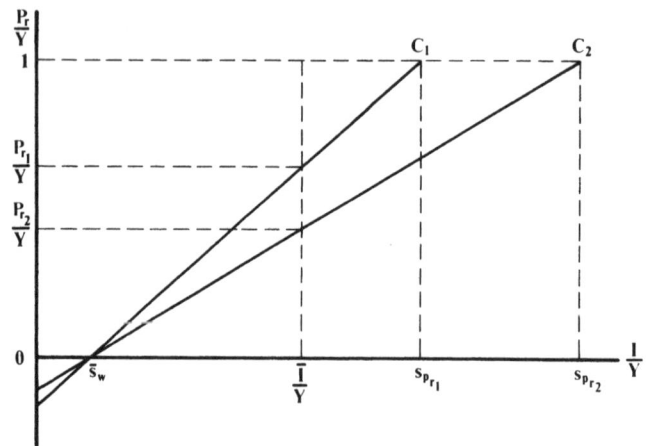

Fig. 17-5: Einfluß des Unternehmersparens auf die Einkommensverteilung

Die Profitquote geht bei stegendem Unternehmersparen $s_{p_{r_1}} < s_{p_{r_2}}$, einer Investitionsquote I/Y und konstantem s_w von P_{r_1}/Y auf P_{r_2}/Y zurück, d. h. das Unternehmersparen reduziert (erhöht) ebenso wie das Arbeitnehmersparen die Profitquote (Lohnquote). Zusammenfassend gilt für das KALDOR-Modell: Erhöhungen der Investitionsquote vergrößern (reduzieren) die Profitquote (Lohnquote). Im Gegensatz dazu führt steigendes Sparen - gleichgültig, ob bei Arbeitnehmern oder Unternehmern - zu höheren Lohnquoten (geringeren Profitquoten).

Auf die **wachstumstheoretischen Implikationen** des KALDOR-Modells wurde bereits hingewiesen. Sie seien auch explizit behandelt. Für ein gleichgewichtiges Wachstum gilt neben anderen die Prämisse, daß geplantes Sparen und Investieren gleich sind

(16.5 b) $\quad I_r = S_t \quad$ (Gleichgewichts-Bedingung).

Dann kann (17.10 b) geschrieben werden

(17.13) $\quad \dfrac{P_r}{Y} = \dfrac{1}{s_{p_r} - s_w} \cdot \left(\dfrac{S}{Y} - s_w\right) \quad$ (Verhaltens-Gleichung).

Da im KALDOR-Modell - wie in der Wachstumstheorie - die marginale und durchschnittliche Sparquote gleichgesetzt worden sind ($\Delta S/\Delta Y \equiv S/Y$), geht (17.13) wegen (16.27 b) über in

(17.14) $\quad \dfrac{P_r}{Y} = \dfrac{n \cdot v - s_w}{s_{p_r} - s_w} \quad$ (Verhaltens-Gleichung).

Nimmt man mit KALDOR an, daß s_w eine zu ignorierende Größe - im Grenzfall Null - ist, gilt

(17.15 a) $\quad \dfrac{P_r}{Y} = \dfrac{n \cdot v}{s_{p_r}} \quad$ bzw.

(17.15 b) $\quad n \cdot v = s_{p_r} \cdot \dfrac{P_r}{Y} \quad$ (Verhaltens-Gleichungen).

Aus (17.14) und (17.15) ist ersichtlich, daß im KALDOR-Modell die Gleichgewichtsbedingung $n \cdot v$ von der Einkommensverteilung abhängt, deren Determinanten die Investitions- und Sparquoten sind. Bezeichnet man die von Investitions- und Sparquoten abhängige Einkommensverteilung mit d, so kann man im Hinblick auf (16.27) und (16.28) für das KALDOR-Modell formulieren:

(17.16 a) $\quad \dfrac{n}{s} = \sigma \quad$ oder

(17.16 b) $\quad n \cdot v = s \quad$ für $s = f(d) \quad$ (Gleichgewichts-Bedingung).

Die Größen n, s und σ sind im Modell von HARROD-DOMAR konstant, während bei SOLOW $\sigma = f(k_i)$ und bei KALDOR $\sigma = f(d)$ ist. Das Gleichgewicht nach (17.16) ist stabil, wenn bei Abweichungen vom Gleichgewicht Einkommensumschichtungen zwischen Lohn- und Profiteinkommensbeziehern ausgelöst werden, die zum Gleichgewicht zurückführen. Zwischen den Modellen von SOLOW und KALDOR ist eine Verbindung möglich, wenn sowohl s als auch s Variable sind, so daß Variationen der Kapitalproduktivität und der Sparquote zur Stabilität des Wachstumsgleichgewichts beitragen.

KALDOR macht nicht hinreichend deutlich, auf welche Weise sich in seinem System Investitionsquote und Spareigung endogen anpassen und damit die Einkommensverteilung - als Anpassungserfordernis des Gleichgewichts - geändert wird. Ausführungen bei KALDOR deuten auf eine klassische Annahme hin: Bei flexiblen Preisen (oder Profitänderungen) führen steigende Investitionsausgaben zur Verminderung des realen Konsums et vice versa. S und I werden also - gemäß dieser Interpretation - über flexible Preise real abgestimmt. Indessen bleibt zu bedenken, daß KALDOR nicht primär die Stabilität des Wirtschaftswachstums, sondern die makroökonomische funktionelle Einkommensverteilung erklären möchte. Einige Restriktionen seiner Analyse haben - neben ihm selbst in späteren Arbeiten - andere "Cambridger", wie LUIGI LUDOVICO PASINETTI und JOAN VIOLET ROBINSON, aufgelöst. Problematisch bleibt, daß die **Einkommensverteilung vom I-S-Mechanismus** bestimmt wird. Aussagen über den - in der Mikroökonomie analysierten - Einfluß der Grenzproduktivität, der Marktformen - vor allem der Komponente Marktmacht - und anderer Bestimmungsgrößen fehlen. Eine Verteilungstheorie, die mikro- und makroökonomische Aspekte verbindet, ist bisher nur im Ansatz vorhanden.

III. Verteilungsmaße

Wenn die Wirtschaftstheorie nicht um ihrer selbst willen betrieben, sondern als Entscheidungsgrundlage der Wirtschaftspolitik verstanden werden soll, liegt es nahe, auch in der Einkommensverteilung nach operationalen Maßstäben zu suchen. Von den zahlreichen Versuchen, Maße für die Einkommens- (und Vermögens-)Verteilung zu entwickeln, sollen zwei der wichtigsten Erwähnung finden: das Gesetz von PARETO und die LORENZ-Kurve. VILFREDO FEDERIGE DAMASO PARETO, neben WALRAS ein Haupt der Lausanner-Schule der Nationalökonomie, hat für verschiedene Länder die Statistiken über die personelle Einkommensverteilung untersucht und rein empirisch als Regelmäßigkeit herausgefunden, daß die Verteilung oberhalb eines bestimmten Einkommens der Funktion

(17.17 a) $\quad N = \beta \cdot Y^{-\alpha}$

oder in logarithmischer Form

(17.17 b) $\quad \log N = \log \beta - \alpha \cdot \log Y$

entspricht. In der Funktion (17.17 b) - dem **"Gesetz" von PARETO** - bedeuten N die Anzahl der Einkommensbezieher, Y die Einkommensgrenzen, $\log \beta$ den durch den Schnittpunkt der Geraden mit der Ordinatenachse geschaffenen Abschnitt und α die Steigung der Geraden. Daß PARETO nur die Verteilung oberhalb eines bestimmten Einkommens untersucht, war vom verfügbaren statistischen Material abhängig. Die durch das "Gesetz" von PARETO beschriebenen Zusammenhänge seien graphisch illustriert. Trägt man auf der Abszisse die Höhe des - nach Gruppen gegliederten - Einkommens ab, auf der Ordinate die dazugehörige Zahl der Einkommensbezieher N, ergibt sich bei kontinuierlicher Darstellungsweise folgendes Bild (*Fig. 17-6*).

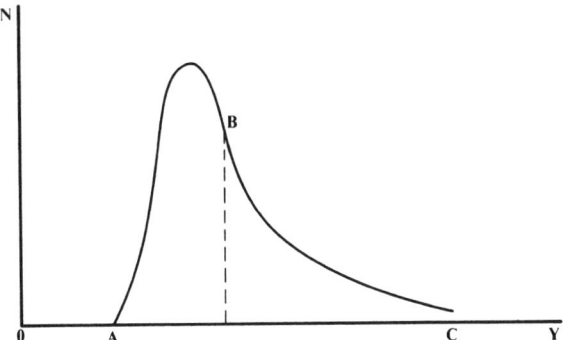

Fig. 17-6: Der Zusammenhang zwischen Einkommenshöhe und Anzahl der Einkommensbezieher

Das Einkommen A ist das für die Existenzerhaltung erforderliche Minimum. Über den Kurvenabschnitt AB hatte PARETO keine oder nur geringe statistische Kenntnisse. Die Gleichung (17.17 b) ergibt folgendes Bild (*Fig. 17-7*). Die logarithmische Gerade der *Fig. 17-7* entspricht dem Kurvenabschnitt BC in *Fig. 17-6*. PARETO ist nicht nur der Ansicht, daß die Verteilung der oberen Gruppen von Einkommensbeziehern durch diese Gerade hinreichend beschrieben, sondern auch, daß das Steigungsmaß α (hier: 2) eine in Raum und Zeit wenig schwankende Größe sei, die im Mittel bei 1,5 liegt, obwohl er bei dem von ihm präsentierten Material auf Werte zwischen 1,24 bis 1,79 kommt.

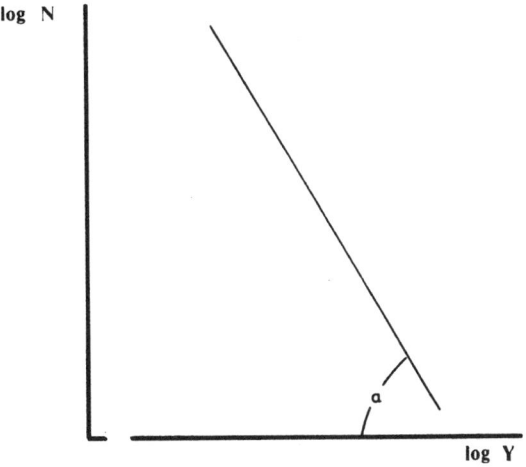

Fig. 17-7: Das „Gesetz" von PARETO in logarithmischer Form

Das vor der Jahrhundertwende von PARETO publizierte Verteilungsgesetz hat eine erhebliche Diskussion ausgelöst. Da es von der theoretischen Ableitung her nicht angegriffen werden kann, stellte sich die Frage nach seiner **empirischen Relevanz**. In einer Zahl von Fällen hat es sich verifizieren lassen, in anderen dagegen nicht, so daß von der Universalität seiner Gültigkeit erhebliche Abstriche zu machen sind. Das scheint insbesondere für hochentwickelte Länder zu gelten. Wenn nur Werte von größer als 1 genommen werden, muß α zwangsläufig oberhalb dieses Niveaus liegen. In der heutigen Messung der Verteilungsungleichheit spielt das "Gesetz" nicht mehr die Rolle wie in der Vergangenheit. Soweit es gilt, bleibt es für die Wirtschaftspolitik von Bedeutung, wie PARETO richtig hervorhebt: Eine Verringerung der ungleichen personellen Verteilung ist dann nur möglich, wenn das Volkseinkommen schneller als die Bevölkerung wächst.

In der modernen Analyse wird bei der Messung der personellen Verteilung häufiger auf die **LORENZ-Kurve** - MAX OTTO LORENZ war ein amerikanischer Statistiker - zurückgegriffen. In einem "Box-Diagramm" werden auf der Abszisse die Einkommensbezieher von 0 bis 100% - von der untersten Einkommensstufe beginnend -, auf der Ordinate die jeweils dazugehörigen Prozentzahlen für das persönliche Einkommen abgetragen (*Fig. 17-8. I.*). Bei einer gleichmäßigen Verteilung würde die Einkommensverteilung durch die Diagonale dargestellt. Das Ausmaß der ungleichmäßigen Einkommensverteilung zeigt die LORENZ-Kurve. Nimmt man z. B. 50 v. H. der Einkommensbezieher, von der untersten Stufe an gerechnet, erhielten sie bei Gültigkeit der in *Fig. 17-8* dargestellten Kurve 12,5 v. H. der Einkommen.

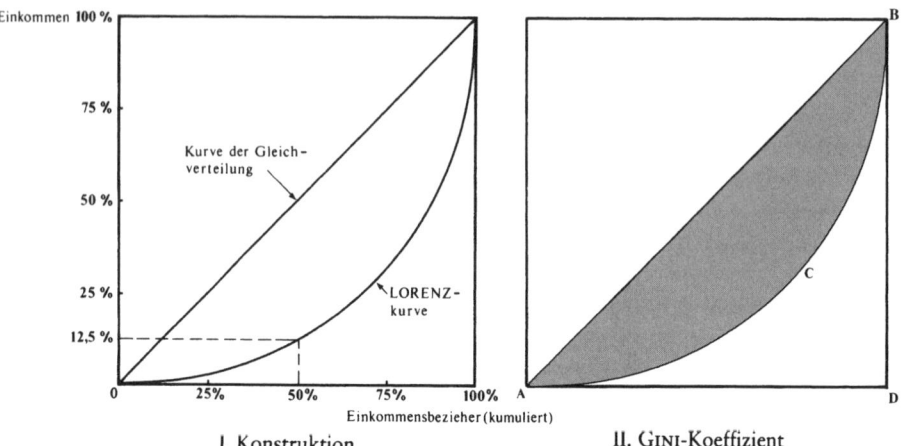

Fig. 17-8: LORENZ-Kurve

Es leuchtet ohne weiteres ein, daß eine gleichmäßiger werdende Einkommensverteilung die LORENZ-Kurve der Gleichverteilungskurve annähert et vice versa. Deshalb hat der italienische Statistiker CORRADO GINI das Verhältnis der Flächen ABC/ABD durch einen nach ihm benannten Ausdruck erfaßt, dem **GINI-Koeffizienten,** der als Maß für die Einkommensverteilung oder -konzentration benutzt wird (*Fig. 17-8. II.*). Werte für die Bundesrepublik Deutschland, die der amtlichen Statistik entstammen, sind als Lorenz-Kurve aufgetragen (*Fig. 17-9*).

Die auf Haushalte bezogene Nettoeinkommensverteilung zeigt keine nennenswerten Unterschiede für die einzelnen Beschäftigungsarten. Es sollte klar sein, daß die LORENZ-Kurve **nichts über die absolute Höhe der Einkommen aussagt**. Einem Bevölkerungsteil mit einem geringen Einkommensanteil im Land A kann es absolut erheblich besser gehen als einem gleich großen Bevölkerungsteil im Land B mit einem hohen Einkommensanteil.

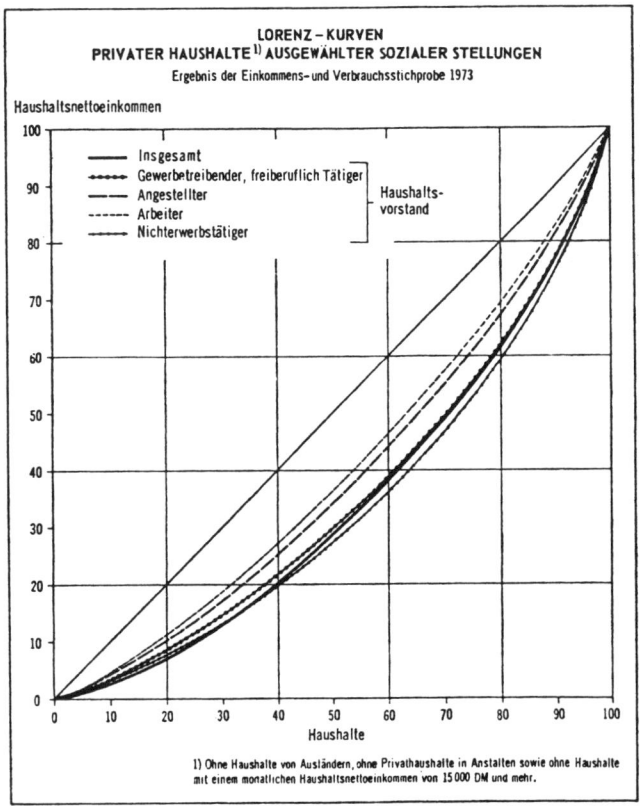

Fig. 17-9: Einkommensverteilung in der Bundesrepublik Deutschland als LORENZ-Kurven

18. Kapitel: Geld

I. Geldfunktionen und Geldmengendefinitionen

Geldfunktionen
Aussagen der realen Theorie gelten nicht unbesehen für die Geldtheorie - Funktionen des Geldes - Recheneinheit - Tauschmedium - Wertaufbewahrungsmittel

Gelddefinitionen
Geldstoff - Geldmenge - Geldsubstitute

Vor- und Nachteile unterschiedlicher Geldsysteme
Volkswirtschaftlicher Vorteil eines bestimmten Geldsystems - Gesamtwirtschaftliches Risiko

II. Geldangebot

Geldproduzenten
Zentralbank - Staat - Geschäftsbanken

Geldproduktion
Bereitstellung von Währungseinheiten - Monetisierung von Aktiva - Unterscheidung zwischen Geld und Kredit - Bargeldproduktion der Zentralbank - Buchgeldproduktion der Geschäftsbanken

Geldangebotstheorie
Gegenstand - Traditionelle Geldangebotstheorie - Multiplikator - Moderne Ansätze - Traditionelle und moderne Theorie - Kann Zentralbank Geldbasis kontrollieren? - Freie Liquiditätsreserven - Komponenten, Umfang, Kontrollierbarkeit - Andere Definitionen der Geldbasis - Expansion (Kontraktion) der Geldbasis

III. Geldnachfrage

Bedeutung und traditionelle Analyse
Geldnachfragetheorie Kernstück makroökonomischer Theorien - Quantitätstheorie - Konsequenzen

Neoklassische Geldnachfragetheorie
Geld eine Vermögensform - Geldnachfrage als Funktion von Variablen - Gesamtvermögen - Vermögensteilung in Humankapital und andere Vermögenswerte - Erträge aus Geld und anderen Vermögensbestandteilen - Geldnutzen - Geldnachfragefunktion - Monetarismus versus Fiskalismus - Sprache der Empirie

I. Geldfunktionen und Geldmengendefinitionen

Geldfunktionen

Es war schon häufiger von Geld die Rede, ohne daß genauer gesagt wurde, worin die Eigentümlichkeiten des Geldes liegen und was dieser Begriff konkret umfaßt. Geld ist - wie auch der Nichtökonom aus täglicher Erfahrung weiß - offenkundig sehr wichtig, in seinen Funktionen und Wirkungen jedoch schwer zu durchschauen. Es genügt nicht zu wissen, daß eine Geldwirtschaft das Gegenstück zur Naturaltauschwirtschaft ist, da **Aussagen** aus **der realen**, güterwirtschaftlichen **Theorie nicht unbesehen für die Geldtheorie gelten**, wenn falsche Ergebnisse vermieden werden sollen. Wenn sich z. B. bei Vollbeschäftigung die Güterproduktion eines Landes pro Kopf verdoppelt, ist es durch Wachstum reicher geworden. Produziert ein Land doppelt soviel Geld pro Kopf wie bisher, ist es dagegen - gemessen am realen Volkseinkommen - ärmer geworden, was nicht ohne weiteres einleuchtet; selbst wenn es das zusätzliche Geld vom Ausland geschenkt bekäme, wäre es zwar nicht ärmer, aber auch nicht reicher geworden. Um ein anderes Beispiel zu wählen: Werden Goldmünzen durch Banknoten ersetzt, steigt der Reichtum eines Landes. Es bedarf gewisser Einsichten in die Geldfunktionen und -wirkungen, um zu verstehen, daß Geld einerseits bedeutsamer als andere Güter ist, weil es die notwendige Voraussetzung für einen hohen Lebensstandard bildet. Andererseits ist Geld etwas, nach dem Menschen letztlich nicht verlangen.

In der Vergangenheit hat man viel Mühe darauf verwendet, nach dem "Wesen" des Geldes zu suchen. Nicht selten standen am Beginn der Überlegungen mehr oder weniger ausführliche Gelddefinitionen. Heute wird demgegenüber in der Regel zunächst allgemein nach den **Funktionen des Geldes** gefragt und dann konkretisiert, welche Gegenstände Geldfunktionen wahrnehmen. War die ältere Theorie durch unterschiedliche Deutungen des Geldwesens charakterisiert, so herrscht in der modernen Geldfunktionslehre Einheitlichkeit: Von Geld wird gesprochen, wenn eine Sache Recheneinheit, Tauschmedium und Wertaufbewahrungsmittel ist. Da es sich um drei Funktionen handelt, stößt man im Schrifttum auf den - wohl von JOHN R. HICKS geprägten - Begriff "Triade des Geldes".

Die Funktion **Recheneinheit** ist nicht dinglicher, sondern abstrakter Natur, im Gegensatz zu den anderen Funktionen des Geldes. Keiner weiteren Erläuterung bedarf es, daß ohne eine Rechenskala weder eine mikroökonomische noch eine makroökonomische Theorie in ihrer heutigen Form vorhanden sein könnte. Durch Geld als Recheneinheit wird es möglich, ungleiche Güter - wie Apfelsinen, Automobile und Flugreisen - zu addieren. Alle Waren und Dienstleistungen lassen sich in Geld ausdrücken und auf einen Nenner bringen. Die Existenz eines Generalnenners ist insbesondere Voraussetzung jeder über bloße Mengenrechnung hinausgehenden Statistik, der Buchhaltung und der Volkswirtschaftlichen Gesamtrechnung (13. Kap.). Die abstrakte Natur der Geldfunktion Recheneinheit darf nicht mißdeutet werden: Von dieser Funktion gehen konkrete Vor- oder Nachteile des Geldes aus - je nachdem, ob Geld diese Funktion erfüllt oder nicht. Der wichtigste Vorteil einer generellen Recheneinheit ist, daß die Zahl der möglichen Preise erheblich reduziert und dementsprechend die Effizienz des gesamtwirtschaftlichen Systems gesteigert wird. In einer Naturaltauschwirtschaft ohne Geld ist die Zahl der möglichen Preise (p_i) in Abhängigkeit von der Güterzahl (n):

(18.1) $p_i = n(n-1)$,

wenn auch die reziproken Austauschverhältnisse als Preise definiert werden. Schließt man reziproke Ausdrücke als selbständige Preise aus (z. B. 1 Pferd = 10 Schafe ist derselbe Preis wie 1 Schaf = 1/10 Pferd), erhält man statt (18.1):

(18.2) $p_i = \dfrac{n(n-1)}{2} = \dfrac{n^2 - n}{2}$

Bei 3 Gütern ($n = 3$) ergäbe (18.2) 3 Preise, bei 4 Gütern 6 Preise, bei 6 Gütern dagegen schon 15 Preise - Zahlen, die sich bei einem kleinen n durch kombinatorischen Regeln gehorchenden Beziehungen zwischen den Gütern (A, B, C, D...) finden lassen (*Übers. 18-1* für den Fall von 4 Gütern).

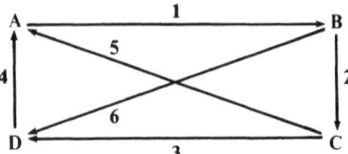

Übers. 18-1: Anzahl möglicher Preise zwischen 4 Gütern

Gibt es einen Generalnenner, ist die Zahl der möglichen Preise gleich der Güterzahl, sofern Geld nicht als Gut gezählt wird. Die für die Naturaltauschwirtschaft gültige Gleichung (18.2) lautet in einer Geldwirtschaft:

(18.3) $p_i = n$.

Bei 100 000 Gütern - eine für moderne Volkswirtschaften kleine Zahl, die bereits in Großunternehmen erreicht oder überschritten wird -, ergäben sich nach (18.2) ca. 5 Milliarden - exakt 4 999 950 000 - Preise, nach (18.3) dagegen nur 100 000, das sind nur 0,002 v. H. einer Naturaltauschwirtschaft. Solche Größenrelationen verdeutlichen: Ohne einen Generalnenner ist eine fortgeschrittene Arbeitsteilung schwer vorstellbar, weil die erforderlichen Rechenoperationen die den Menschen zur Verfügung stehenden Rechenkapazitäten übersteigen und/oder sehr zeitaufwendig sind. Dem Vorteil eines Generalnenners steht freilich als wichtigster Nachteil gegenüber: Wenn der Maßstab variiert, verschieben sich sämtliche Wertrelationen, sofern sich nicht die Preise gleichmäßig ändern - was in der Realität praktisch nie der Fall ist. Welche Konsequenzen Wertänderungen haben, wird noch erörtert (19. Kap.). Gesamtwirtschaftlich wie einzelwirtschaftlich gilt der Grundsatz, daß Vorteile etwas kosten, hier: das Risiko und die Konsequenzen einer Maßstabsänderung.

Die Funktion **Tauschmedium** (auch Tauschmittel, Zahlungsmittel, allgemeines Tauschgut u. a.) galt und gilt vielen Nationalökonomen als zentrales Merkmal des Geldes. Bei unterschiedlichen, von Zeit und Raum abhängigen Geldstoffen wird als Gemeinsamkeit die Fähigkeit des Geldes angesehen, ein allgemein anerkanntes Tausch- und Zahlungsmittel zu sein. Im Gegensatz zu einem beliebigen Gut einer Naturaltauschwirtschaft ist Geld generalisierte Kaufkraft, ein nicht spezifizierter Anspruch auf Teile des Sozialprodukts. Wer für sein reales Gut (Waren oder Dienstleistungen) kein anderes reales Gut, sondern Geld entgegennimmt, vertraut darauf, zu einem späteren Zeitpunkt ein beliebiges Gut erwerben zu können. Mit Geld können Güter, mit Gütern aber nicht beliebig Geld gekauft werden. Ein Verkäufer muß sich beim Tauschakt deshalb noch nicht für ein bestimmtes Gut entscheiden. In einer Geldwirtschaft ist ein beliebiges Gut kein allgemeines Tauschmittel, mit Ausnahme des "Tauschgutes" Geld. Eine anschauliche Charakterisierung der Geldfunktion Tauschmedium bietet eine Tauschmatrix, in der eine Wirtschaft mit den Gütern A bis G illustriert sei, wobei das Gut G als allgemeines Tauschmittel dient (*Übers. 18-2*). Wer ein Gut A anbietet, fragt das allgemeine Tauschmedium G nach, ohne sich bereits für den Kauf von B bis F zu entscheiden. Man kann auch sagen: Wer ein Gut A nachfragt, bietet das allgemeine Tauschmedium G an, da die Güter B bis F als Tauschmittel ausscheiden. Durch den mittelbaren Tausch über G wird zwar die Zahl der Tauschakte verdoppelt, die Suche nach einem Tauschpartner jedoch dadurch erheblich erleichtert, weil sie sich stets auf Transaktionen über G (A gegen G, B gegen G usw.) beschränkt (einfache Koinzidenz der Wünsche; vgl. 2. Kap.). Bei 7 Gütern, von denen eines allgemeines Tauschmittel ist, sind maximal 2 mal 6 = 12 gleichartige, generalisierte Tauschakte nötig, um ein Gut A bis F letztlich gegen ein anderes Gut aus diesem Güterpaket zu erwerben. Generell gilt für die maximale Zahl gleicher Transaktionen (t_i) in einer Geldwirtschaft

	Angebot						
	A	B	C	D	E	F	G
A	•	o	o	o	o	o	x
B	o	•	o	o	o	o	x
C	o	o	•	o	o	o	x
D	o	o	o	•	o	o	x
E	o	o	o	o	•	o	x
F	o	o	o	o	o	•	x
G	x	x	x	x	x	x	•

(Nachfrage)

Übers. 18-2: Tauschmatrix einer Geldwirtschaft

(18.4) $t_i = 2 \cdot n(n-1)$.

(18.4) gibt - um es noch einmal zu betonen - nicht die Zahl tatsächlicher, sondern die gleicher Transaktionen an, um alle denkbaren Käufe und Verkäufe der Güter A bis F zu tätigen. Wäre G nicht allgemeines Tauschmittel (Fall einer Naturaltauschwirtschaft), sind bei 7 Gütern 21 gleiche Transaktionen nötig ((7 · 7 -- 7): 2), um ein Gut A bis F gegen ein beliebiges Gut aus diesem Güterpaket zu erwerben.

Generell gilt für eine Naturaltauschwirtschaft

(18.5) $\quad t_i = \dfrac{n(n-1)}{2} = \dfrac{n^2 - n}{2}.$

(18.5) deckt sich nicht zufällig mit (18.2). Beide spiegeln die Zahl der möglichen Beziehungen zwischen *n* Gütern wider. Bei 100 000 Gütern z. B. sind in einer Geldwirtschaft - trotz doppelter Zahl der Tauschakte - nur ca. 200 000, in einer Naturaltauschwirtschaft dagegen etwa 5 Milliarden gleiche Transaktionen nötig, um alle Tauschmöglichkeiten auszuschöpfen. Man kann - mit KARL BRUNNER (1916-1989), ALLAN H. MELTZER (geb. 1928), ARMEN ALBERT ALCHIAN (geb. 1914) und JÜRG NIEHANS (1919-2007) - auch sagen: Geld vermeidet die höheren Transaktions- und Informationskosten einer Naturaltauschwirtschaft. Daraus erklärt sich die hohe Fungibilität von Geld, weil es wie kein anderes seinem Besitzer jederzeit Zugriff auf Teile des Sozialprodukts verschafft.

Die Funktion **Wertaufbewahrungsmittel** ist eine Folge der Tatsache, daß allgemein zwischen der Annahme und Verausgabung von Geld Zeit vergeht. Zwischen Annahme und Verausgabung bildet sich - wie bei physischen Gütern - ein Lager von Werten (store of value), die Kasse. Dabei ist - in der Sprache von KEYNES - nicht an die Umsatzkasse gedacht (14. Kap.), die aus technischen Gründen zur Zahlungsbereitschaft gehalten werden muß, sondern an die darüber hinausgehende Möglichkeit, mit Geld Vermögen zu bilden. Die Fähigkeit des Geldes, Wertspeicher zu sein, bedeutet nicht, daß der Wert stabil sein muß, die Geldhaltung also problemlos wäre. Sieht man von Extremfällen ab, erfüllt Geld diese Aufgabe meist zufriedenstellend. Selbstverständlich ist eine Geldlagerbildung nur eine Form der Wertspeicherung. Diese Funktion können insbesondere Wertpapiere der verschiedensten Art (z. B. festverzinsliche Wertpapiere, Aktien) und physische Güter (z. B. Edelmetalle, Edelsteine) übernehmen. Die Entscheidung darüber, ob und inwieweit Geld sowie andere Güter zur Wertspeicherung herangezogen werden, hängt von einer Reihe von Komponenten (wie Rentabilität, Liquidität und Sicherheit) ab, die Gegenstand der Vermögens- oder Kapitaltheorie sind. Die KEYNESsche Theorie der Kassenhaltung ist eine rudimentäre Vermögenstheorie und Ausgangspunkt späterer Analysen (III. Abschnitt). Soweit Geld als Vermögensgut fungiert, also Wertspeicherfunktion übernimmt, entstehen potentielle gesamtwirtschaftliche Instabilitäten. Dem Lager zugeführtes Geld wird unter bestimmten Umständen dem Kreislauf entzogen et vice versa. Mit anderen Worten: Wechselt Geld seine konkreten Funktionen (Tauschmedium und Wertspeicher), folgen störende Rückwirkungen für den Geld- und Güterkreislauf, um so mehr, je rascher und umfangreicher das geschieht. Aus diesem Grund treten Fragen, die das Verhältnis der konkreten Geldfunktionen und die Beziehungen zwischen Geld und dem Verhalten der Wirtschaftssubjekte betreffen, in der modernen monetären Analyse in den Vordergrund (19. und 20. Kap.). Den Nachteilen, die sich aus der konkreten Doppelfunktion des Geldes ergeben, stehen als Vorteile gegenüber: Die Wertspeicherung in Geld vermag u. a. das Risiko schwankender Einkommen auszugleichen und die Ansammlung größerer Beträge - etwa für Investitionen - zu erleichtern.

Gelddefinitionen

Durch die Gelddefinition wird festgelegt, welche Dinge die beschriebenen Funktionen ausüben. Während - wie erwähnt - über die Geldfunktionen weitgehende Einigkeit besteht, ist die Definition des Geldes kontrovers. Einen ersten Aspekt bildet die Frage nach dem **Geldstoff**. Historisch gesehen gibt es eine lange Liste von Dingen, die als Geld fungiert haben. Sie umfaßt so Unterschiedliches wie Buntspechtskalps, Walfischzähne, Kaurimuscheln, Wampume, Schafe und Pferde. Moderne Geldstoffe sind insbesondere verschiedene Metalle wie Kupfer, Nickel und Silber, Legierungen, Papier und - weitgehend "stofflose" - Bankguthaben. Zwischen Geldstoff und Geldfunktionen bestehen Zusammenhänge. Die Geldfunktionen lassen sich nicht mit allen denkbaren Stoffen erfüllen. Die Funktion Recheneinheit erfordert kleine Meßeinheiten, vor allem wenn Geld zugleich die Rechen- und Tauschfunktion wahrnehmen soll. Fungieren z. B. Pferde als Geld, treten beim Kauf und Verkauf von Eiern Schwierigkeiten auf, im Gegensatz etwa zu einer Zigarettenwährung. Die Funktion Tauschmedium ließe sich nur schwer mit Immobilien oder kaum transportierbaren Gütern - wie Mühlsteinen - erfüllen. Die dritte Geldfunktion verlangt einen dauerhaft lagerfähigen Geldstoff. Butter scheidet deshalb - insbesondere bei tropischen Temperaturen - als Geld ebenso aus wie andere leicht verderbliche Güter.

Ein wichtiger Aspekt ist die Frage nach der aus verschiedenen Stoffen bestehenden **Geldmenge**. Im Hinblick auf die drei Geldfunktionen gibt es keine einheitliche Abgrenzung der Geldmenge. Das gilt vor allem für die beiden dinglichen Funktionen Tauschmedium und Wertaufbewahrungsmittel. Generell gilt: Sämtliche Tauschmedien können auch als Wertspeicher fungieren, während nicht alle monetären Wertaufbewahrungsmittel im Tauschverkehr einzusetzen sind. Die Geldmengenabgrenzung ist also im Hinblick auf die Tauschfunktion enger als bei der Wertspeicherfunktion. Tauschfunktion haben in modernen Volkswirtschaften Münzen und Banknoten, die man als Bargeld bezeichnet, sowie Schecks und Überweisungen, für die die Aussteller Sichteinlagen bei Banken (Girokonten) benötigen. Ob und inwieweit für bestimmte Zeiten angelegte Beträge (Termin- und Spareinlagen) der Tausch-Geldmenge zuzurechnen sind, ist umstritten und in gewissem Umfang eine Ermessensfrage. Manches spricht dafür, Termineinlagen mit kurzen Fristen - etwa bis zu 3 Monaten - und Spareinlagen, soweit über sie jederzeit verfügt werden kann, wie Girokonten zu behandeln. Die Wertspeicher-Geldmenge besteht aus der Tausch-Geldmenge zuzüglich den Termin- und Spareinlagen. Bei Termineinlagen wird in der Bankenstatistik noch danach unterschieden, ob sie bis zu 2 Jahren oder länger befristet sind. Aus der Schwierigkeit, Geld in seinen verschiedenen Funktionen klar abzugrenzen, ist die Frage entstanden, ob Geld nicht einfach empirisch zu bestimmen sei: Man betrachtet die Geldmengenabgrenzung als abhängige Variable von unabhängigen Größen (u. a. des Volkseinkommens), wobei die Geldmengenabgrenzung mit der höchsten statistischen Abhängigkeit als die für den jeweiligen Untersuchungszweck geeignetste ausgewählt wird. Gängige Kriterien zur empirisch orientierten Geldmengenabgrenzung ist z. B. die Straffheit der Beziehung zwischen Geldmenge und

Volkseinkommen, die Kontrollierbarkeit des Geldangebots (II.) oder die Stabilität der Geldnachfrage (III.). Mit anderen Worten: "Die" Geldmenge gibt es nicht. Unterschiedliche Geldmengenabgrenzungen werden verkürzt oft als M_1, M_2 und M_3 bezeichnet. M_1 umfaßt Bargeld und Sichteinlagen, M_2 schließt neben M_1 Termineinlagen bis 2 Jahre ein und M_3 überdies noch - neben Termineinlagen von mehr als 2 Jahren - die Spareinlagen.

Einige Ökonomen halten die erläuterten Geldmengendefinitionen - auch die von M_3 - für zu eng. In noch weiteren Abgrenzungen beziehen sie verschiedene geldnahe Anlageformen ein, die meistens nicht für Zahlungen verwendbar sind, jedoch Geld in seiner Wertspeicherfunktion ersetzen können. Solche geldnahen Titel (near-moneys) werden deshalb als **Geldsubstitute** bezeichnet. Zu denken ist an marktgängige Wertpapiere, beleihbare Policen oder Gutschriften. Diese Substitute werden vor allem von Instituten außerhalb des Bankensystems ("intermediäre Institute") bereitgestellt, wie Bausparkassen, Versicherungen, Hypothekenbanken, aber auch von Einzelpersonen (z. B. Maklern). Für die Einbeziehung der Geldsubstitute in die Geldmengendefinition spricht die Überlegung, daß Ausgabenentscheidungen der Kassenhalter nicht allein vom Geld, sondern auch von leicht liquidisierbaren Titeln, generell vom "Liquiditätsstatus", abhängen. Wertspeicherfunktionen erfüllen indes auch physische Güter, deren Liquidisierbarkeit wiederum größer als die von Wertpapieren sein kann. Liquidität ist ein theoretisch, aber hauptsächlich empirisch zu unscharfer Begriff, als daß sich seine Einführung in die monetäre Analyse vertreten ließe - eine Ansicht, die unter Wissenschaftlern allerdings kontrovers ist. Verfällt man nicht in den Fehler, in der vorhandenen Geldmenge, dem Geldangebot, den einzigen Bestimmungsgrund von Ausgabenentscheidungen zu sehen, und berücksichtigt man in der noch zu erörternden Geldnachfragetheorie den Einfluß des Vermögens in seinen verschiedenen Komponenten, läßt sich dem Problem der Geldsubstitute Rechnung tragen, ohne auf nebulöse Gelddefinitionen ausweichen zu müssen.

Vor- und Nachteile unterschiedlicher Geldsysteme

Schon häufiger war von den Vor- und Nachteilen einer Geldwirtschaft im Vergleich zur Naturaltauschwirtschaft die Rede. Analoge Überlegungen lassen sich innerhalb einer Geldwirtschaft für ihre verschiedenen Formen anstellen. In der modernen Geldtheorie wird - wie schon im älteren Schrifttum - in diesem Zusammenhang die Frage erörtert, welche Bedeutung die verschiedenen Geldstoffe für die Stabilität der Volkswirtschaft haben. Schlicht gefragt: Ist z. B. eine Goldwährung "besser" als eine Papierwährung? Wenn verschiedene Stoffe, die erzeugt werden müssen und somit den Einsatz von Produktionsfaktoren voraussetzen, ausschließlich als Geld fungieren, gilt die Regel: Der **volkswirtschaftliche Vorteil eines bestimmten Geldsystems** wird um so größer, je minderwertiger - gemessen an den Produktionskosten - der Geldstoff ist. Der Grund für diese paradox klingende Regel ist die bereits erwähnte Tatsache, daß Geld letztlich kein Konsumgut ist. Es gibt somit immer einen Zeitraum, in dem Geld wieder verausgabt wird. Für seine Erzeugung eingesetzte Produktionsfaktoren stehen für die Güterproduktion also nicht zur Verfügung. Mißt man den volkswirtschaftlichen Wohlstand am realen Volkseinkommen (Y_r), besteht zwischen Wohlstand und Geldproduktionskosten (K_m) folgender Zusammenhang (*Fig. 18-1*).

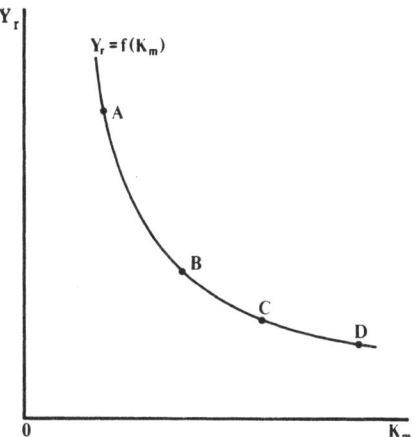

Fig. 18-1: Zusammenhang zwischen Geldproduktionskosten und Realeinkommen

Werden für die Produktion des Geldstoffes nur wenig Produktionsfaktoren eingesetzt und entstehen, wie in Punkt A, nur geringe Produktionskosten z. B. für die Erzeugung eines Girokontensystems, ist das reale Volkseinkommen größer, als z. B. bei einer Papier- (Punkt B), Silber- (Punkt C) oder Goldwährung (Punkt D), sofern die Produktionskosten für die genannten Geldstoffe entsprechend *Fig. 18-1* steigen. Unter diesen realistischen Annahmen wäre eine Goldwährung gesamtwirtschaftlich weniger "wert" als eine Papierwährung. Die Produktionskosten moderner Geldstoffe sind so gering, daß sie in zahlreichen Analysen gleich Null gesetzt werden. Das bedruckte Papier, das als Banknote fungiert, kostet im Durchschnitt vielleicht 50 Cents pro Stück. Noch niedriger liegen die Produktionskosten von Giralgeld. Billige Geldstoffe lassen sich andererseits leichter vermehren als teure. Wenn Schwankungen der Geldstoffproduktion auf das Preisniveau wirken, tragen teure Geldstoffe zur Stabilisierung des Preisniveaus bei, weil der Erhöhung ihrer Produktion engere Grenzen gesetzt sind als der billiger Geldstoffe. So kann Gold nach dem Ressourceneinsatz ein teurer, aber für das Preisniveau stabilisierend wirkender Geldstoff sein, während es bei Papier umgekehrt sein mag. Das ist eine sehr grobe Skizze zahlreicher Fälle, die keineswegs für jede Situation zutrifft, hier aber unterstellt sei. Da zwischen Preisniveaustabilität und realem Volkseinkommen - zumindest kurzfristig - eine positive Korrelation besteht (20. Kap.), ist ein preisniveaustabilisierender Geldstoff ein geringeres **gesamtwirtschaftliches Risiko** (R^*) für die Erzielung des betreffenden realen Volkseinkommens et vice versa (*Fig. 18-2*). Ein teurer Geldstoff, wie z. B. Gold, führt zu einem bestimmten realen Volkseinkommen, das niedriger ist, als bei einem relativ billigen Geldstoff (D im Vergleich zu A). Das Risiko, dieses reale Volkseinkommen zu erzielen, ist jedoch mit dem relativ teuren Geldstoff geringer als bei einem billigen Geldstoff (D' im Vergleich zu A').

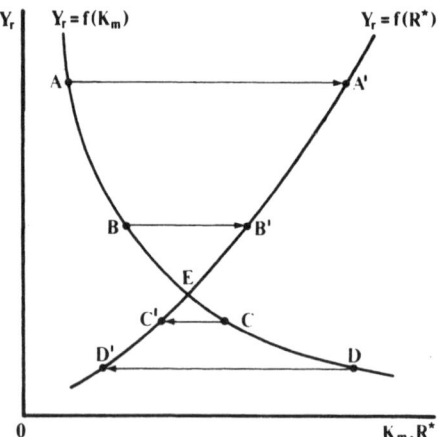

Fig. 18-2: Zusammenhang zwischen Realeinkommensrisiko, Geldproduktionskosten und Realeinkommen

Analoges gilt für andere Punkte beider Kurven. Danach wäre ein Geldsystem volkswirtschaftlich optimal - falls der am realen Volkseinkommen gemessene Wohlstand Ziel der Wirtschaftspolitik ist -, wenn die von Geldproduktionskosten und gesamtwirtschaftlichem Risiko abhängigen realen Volkseinkommen größengleich sind. Das ist im Schnittpunkt beider Kurven (E) der Fall. Die moderne Wirtschaftspolitik kann als ständiger Versuch interpretiert werden, den Punkt E auf ein höheres Y-Niveau zu verschieben - entweder durch Senkung der Geldproduktionskosten oder insbesondere durch Reduzierung der Instabilitätswirkungen, zu deren Komponenten der Geldstoff gehört.

II. Geldangebot

Geldproduzenten

Da Geld wie ein anderes Gut hergestellt werden muß, gibt es Geldproduzenten. Produzenten des Bargeldes in der Bundesrepublik Deutschland, auf deren Verhältnisse angesichts international verschiedener Regelungen im folgenden abgestellt wird, sind die Zentralbank (für Banknoten) und der Staat (für Münzen). Die **Zentralbank** (bisher die Deutsche Bundesbank, seit 2002 die Europäische Zentralbank) ist eine Währungsbehörde mit dem Produktionsmonopol für Banknoten, die sie in verschiedener Stückelung ausgibt. Anderen Stellen oder Privatleuten ist die Banknotenproduktion bei Strafe verboten. Eine Strafandrohung - mit Strafmaß - war früher auf jeder Banknote aufgedruckt. Die ökonomische Begründung für das Produktionsverbot ist die beträchtliche Differenz zwischen Nenn- (Umlaufs- oder Tausch-) und Produktions- (oder Stoff-)Wert der Banknote, die bei einer nichtmonopolisierten Geldproduktion zu einer Angebotsschwemme und damit zur Funktionsunfähigkeit des Bargelds führen wür-

18. Geld

de. Die Zentralbank ist nicht nur Papiergeldproduzent, sondern auch die Bank der Banken (deswegen "Zentralbank") und die "Hausbank" des Staates. Von der Regierung ist sie unabhängig. Die Zentralbank schafft "originäres" (primäres) Geld, das - wie noch gezeigt wird - den Geschäftsbanken zur "derivativen" (sekundären) Geldproduktion dient. Wöchentlich veröffentlichte Notenbankausweise über die Entwicklung der Aktiva und Passiva, Monatsberichte und ein jährlicher Geschäftsbericht geben jedem Interessierten die Möglichkeit, sich über die Geschäftstätigkeit und die Notenbankpolitik zu informieren. Die funktional autonome Position der für die Geldproduktion früher zuständigen Deutschen Bundesbank bei der Verfolgung des Zieles Währungssicherung und die Verpflichtung zur Unterstützung der Regierungspolitik in solchen Fällen, in denen sie ihre Aufgabe Währungssicherung nicht verletzt, war international vorbildlich. Mit weisungsgebundenen, regierungsabhängigen Zentralbanken hatte man in Deutschland und heute noch in anderen Ländern schlechte Erfahrungen gemacht. Geldausgeben ist für eine Regierung eine angenehmere Tätigkeit als Steuereintreibung. Deshalb besteht eine latente Versuchung, Etatdefizite durch die Produktion neuen Geldes zu decken. Zwar treten konjunkturelle Situationen auf, in denen eine zusätzliche Geldproduktion empfehlenswert ist. Nach aller Erfahrung gibt es jedoch keine Gewähr dafür, daß eine Regierung, die Geld produzieren kann, dies nur in solchen Fällen tut, in denen es gesamtwirtschaftlich wünschenswert wäre. In den Vorschriften für die Deutsche Bundesbank sind beide, vielfach zu belegende Notwendigkeiten berücksichtigt worden. Der Gesetzgeber hat einerseits die Regelung des Geldumlaufs als eine zu wichtige Angelegenheit betrachtet, als daß man sie der um Wählerstimmen ringenden Regierung hätte überlassen können. Bestand keine Gefahr für die Währung, ist die Deutsche Bundesbank andererseits gehalten gewesen, die Regierung bei der Verwirklichung ihrer Ziele - wie Wachstum und Vollbeschäftigung - zu unterstützen. Die positiven Erfahrungen mit der Deutschen Bundesbank waren Anlaß, die Europäische Zentralbank nach diesem Vorbild zu gestalten.

Produzent des Münzgeldes ist der **Staat** (Münzherr), in Deutschland bisher vertreten durch die Bundesregierung. Die Münzgeldausgabe stellt ein Überbleibsel des fürstlichen Münzregals (Münzhoheit) dar, das zu den Wesenszügen der Souveränität gehört. Wie bei der Banknote besteht zwischen Nenn- und Produktions-Wert der Münzen eine Differenz (Schlagschatz), die allerdings nicht so groß ist wie bei der Banknote und die bei den einzelnen Münzen stärker als bei Banknoten variiert. Relativ "vollwertig" - wenn nicht wertvoller als der Nennwert - sind vor allem kleine Münzen, an denen deshalb in Inflationszeiten ein Mangel herrschen kann. Im Gegensatz zur Banknote wird beim Münzgeld ein Gewinn ausgewiesen, der dem Münzherrn (Bund) zufließt. Dieser Gewinn ist indessen kein sozialer Vorteil, sondern eine Einkommensumverteilung - praktisch wie bei einer Steuer - zwischen Staat und Privaten. Die Münzen werden im Auftrag und für Rechnung des Bundes in den Münzstätten (München, Stuttgart, Karlsruhe und Hamburg) geprägt und durch die Bundesbank in Umlauf gesetzt. Daran hat sich in der Europäischen Währungsunion nichts geändert. Deshalb wird der Staat bei folgender Darstellung von Produktionsvorgängen neben der Zentralbank nicht besonders ausgewiesen, zumal die Münzgeldausgabe an die Zustimmung der Zentralbank gebunden ist.

Ein weiterer Geldproduzent sind die **Geschäftsbanken** (auch Kreditinstitute genannt). Sie befinden sich in der Bundesrepublik im Besitz von Gebietskörperschaften (Gemeinden, Ländern), Genossenschaften oder Privaten (Aktiengesellschaften, Einzelfirmen). Sie nehmen insbesondere Gelder herein (Einlagen) und leihen sie als Kredite wieder aus. Aus der Differenz der Zinsen für Einlagen und Kredite, der Zinsmarge, sowie aus sonstigen Einnahmen (Gebühren, Provisionen u. a.) bestreiten sie ihre Aufwendungen. Sieht man von gesamtwirtschaftlich unwesentlichen Besonderheiten ab, kann man Banken als Geldhändler bezeichnen, die von ihrer Handelsspanne, der Zinsmarge, leben. Dabei produzieren sie auf noch zu erklärende Weise wie Zentralbank und Staat Geld, das sogenannte Buchgeld (auch Geschäftsbankengeld, Giralgeld). An dieser Produktion sind in der Bundesrepublik Deutschland über 2 000 Banken beteiligt. Folgende Gruppen spielen die größte Rolle:
1. Kreditbanken, bei denen einige Großbanken dominieren
2. Sparkassen, die in Girozentralen zusammengefaßt sind;
3. Genossenschaftsbanken, wie Spar- und Darlehnskassen, Raiffeisenkassen und Volksbanken, die ebenfalls überörtliche Ringe bilden (Genossenschaftliche Zentralbanken).

Geldproduktion

Unter **Geldproduktion** versteht man in der Wirtschaftswissenschaft nicht die Produktion im technischen Sinn, wie den Druck von Banknoten, das Prägen von Münzen oder die Eintragung auf einem Bankkonto, sondern die **Bereitstellung von Währungseinheiten** an Geldnachfrager. Am Beispiel der Banknotenproduktion heißt das konkret: Banknoten innerhalb der Zentralbank, über die ein Geldnachfrager nicht disponieren kann, sind nicht mehr als bedrucktes Papier. Sobald jedoch Geldnachfrager, etwa Geschäftsbanken oder staatliche Stellen, über diese Banknoten - oder in Banknoten umtauschbare Zentralbankguthaben - verfügen können, werden sie zu Geld, unabhängig davon, ob Geldnachfrager Banknoten der Zentralbank zur Aufbewahrung belassen oder der eigenen Kasse zuführen. Den umgekehrten Vorgang, den Entzug von Währungseinheiten, über die Geldnachfrager bisher disponieren konnten, nennt man Geldvernichtung. Kehren also z. B. Banknoten an die Zentralbank zurück und können Geldnachfrager über dieses Geld nicht mehr verfügen, geht Geld unter, unabhängig davon, ob die Zentralbank die Banknoten lagert oder verbrennt. Was am Beispiel des Bargeldproduzenten Zentralbank illustriert wurde, gilt auch für die Buchgeldproduktion jeder Geschäftsbank.

Welche Vorgänge führen zu einer Geldproduktion oder -vernichtung? Generell gilt: Banken - Zentralbank oder Geschäftsbanken - produzieren Geld, wenn sie Aktiva (Vermögen), die keine inländischen Zahlungsmittel sind, von Nichtbanken (Staat, Publikum) erwerben und mit Forderungen gegen sich selbst, die Zahlungsmittel sind (Bargeld, Sichteinlagen oder -verbindlichkeiten), bezahlen. Man nennt diesen Vorgang **Monetisierung von Aktiva**. Wenn Banken an Nichtbanken solche Aktiva gegen eigene Zahlungsmittel verkaufen, wird Geld vernichtet (Demonetisierung von Aktiva). Für die Geldproduktion und -vernichtung ist es unerheblich, von wem die Initiative zur Transaktion ausgeht. Ebenso spielt grundsätzlich keine Rolle, ob die Aktiva Sachgüter oder finanzielle Vermögensgüter (Forderungen in verbriefter oder unverbriefter Form gegen andere Wirtschaftseinheiten) sind, obwohl Sachgüter im Vermögensbestand der Banken eine untergeordnete Bedeutung haben. Ein Beispiel mag den Geldproduktionsvorgang, die Monetisierung von Aktiva, verdeutlichen. Eine beliebige Bank X soll jeweils gegen Sichtverbindlichkeiten erstens von einem Besitzer A einen Supermarkt für 10 Währungseinheiten - gerechnet in Millionen -, zweitens vom Staat B ausgegebene verbriefte Schuldverschreibungen (Wertpapiere) für 40 Währungseinheiten und drittens vom Großunternehmen C eine unverbriefte Forderung (Buchkredit) für 50 Währungseinheiten erwerben. Die Bilanz dieser Bank als Gegenüberstellung von Vermögen und Verpflichtungen würde - bei einem bisherigen Volumen von beispielsweise 500 - wie folgt aussehen (*Übers. 18-3*). Im vorliegenden Fall hat eine Geldproduktion von 100 Währungseinheiten stattgefunden, abzulesen auf der Passivseite der Bilanz. Der Geldmengenänderung steht eine größengleiche Erhöhung des Sach- und Finanzvermögens des Geldproduzenten gegenüber, abzulesen auf der Aktivseite. Eine Geldmengenänderung findet offenkundig nicht statt, wenn die Bank von Nichtbanken inländische Zahlungsmittel, z. B. 20 Währungseinheiten Bargeld gegen Sichtverbindlichkeiten, erworben hätte, weil damit bereits vorhandenes Geld nur anders als bisher gehalten würde.

Aktiva		Bank X	Passiva
Bisheriges Vermögen	500	Bisherige Verpflichtungen	500
Supermarkt	10	Sichtverbindlichkeiten A	10
Wertpapiere	40	Sichtverbindlichkeiten B	40
Buchkredit	50	Sichtverbindlichkeiten C	50
	600		600

Übers. 18-3: Bilanz einer Bank nach einer Geldproduktion

Die *Übers. 18-3* verdeutlicht, daß mit der Geldproduktion eine Kreditgewährung - definiert als befristete Überlassung von Zahlungsmitteln - einhergehen kann (hier an den Staat B und das Großunternehmen C). Tatsächlich sind in den meisten Fällen bei Banken Geld- und Kreditschöpfungsvorgänge gekoppelt. Gleichwohl muß genau zwischen **Geld und Kredit unterschieden** werden. Äußerlich gesehen stehen Geld und Kredit auf verschiedenen Seiten einer Bankbilanz (Geld auf der Passiv-, Kredit auf der Aktivseite). Wichtiger sind die unterschiedlichen ökonomischen Bedeutungen. Durch Kredite können vorhandene Geldbestände anders verwendet, damit die Allokation der Ressourcen und die Umlaufgeschwindigkeit mitbestimmt werden (III. Geldnachfrage). Kreditwünsche sind auch häufig Anlaß für eine Geldmengenausweitung. Jedoch kann das Kreditvolumen bei einer gegebenen Geldmenge unterschiedlich sein. Selbst wenn Kreditgeschäfte zu Geldmengenänderungen führen, sind dafür Kredite ein möglicher, aber kein hinreichender Grund. Soweit es insbesondere auf die Geldmenge ankommt, z. B. als Ursache einer Inflation (19. Kap.), spielt das Kreditvolumen letztlich keine Rolle. Ohnedies werden zahlreiche Kreditgeschäfte ohne Kreditinstitute und anderweitige gewerbliche Vermittler getätigt, z. B. in der privaten Sphäre. Das Kreditvolumen eines Landes ist eine unbekannte Größe, weil statistisch nicht erfaßbar und deshalb auch nicht kontrollierbar.

Die Kosten der modernen Geldproduktion sind - wie dargelegt - so minimal, daß sie praktisch vernachlässigt werden können. Das Vermögen würde sich zunehmend bei den Banken konzentrieren, wenn es für die Geldproduktion keine Grenzen gäbe. Für die Zentralbank und die Geschäftsbanken ist die Geldproduktion unterschiedlich begrenzt worden. Die **Bargeldproduktion der Zentralbank** ist in der Regel nicht durch einen bestimmten Betrag begrenzt, so wie früher bei der Deutschen Bundesbank und neuerdings bei der Europäischen Zentralbank (EZB). Aber bei der Geldproduktion ist die Zentralbank erstens an die Aufgabe gebunden, die Währung zu sichern. Zweitens ist die Zentralbankbank nicht berechtigt, beliebige Aktiva zu monetisieren - einen Supermarkt (wie in *Übers. 18-3*) dürfte sie nicht kaufen. Aktiva erwirbt sie im wesentlichen von drei "Institutionen", vom Ausland (Währungsreserven in Form von Gold und Devisenforderungen aus Krediten), von öffentlichen Haushalten (Forderungen aus Krediten) und von Kreditinstituten (Forderungen aus Refinanzierungskrediten im Wechsel- und Lombardgeschäft, aus Offenmarktgeschäften), die dafür Bargeld, Sichteinlagen oder Wertpapiere von der Zentralbank erhalten. Drittens gilt der Grundsatz, daß die Zentralbank Aktiva erwerben kann, aber nicht erwerben muß. Die Zentralbankbilanz, die sich auch als Gleichung schreiben läßt

(18.6) $\quad WR + K\ddot{O} + KB + SA \equiv BG$

$\qquad\qquad + RB + SP \qquad\qquad\qquad$ (Definitions-Gleichung),

zeigt auf der linken Seite die Entstehungskomponenten des Basisgeldes - ausgedrückt als Nettogröße, d. h. vermindert um entsprechende Passiva -, auf der rechten Seite dessen Verwendungskomponenten. Die Bedeutung der Verwendungsgröße RB wird bei der anschließenden Erörterung über die Grenzen der Bankengeldproduktion deutlich.

Die **Buchgeldproduktion der Geschäftsbanken** geschieht - wie die Geldproduktion generell - durch Monetisierung von Aktiva. Grenzen und Besonderheiten der Buchgeldproduktion folgen aus zwei Bedingungen des Bankengeschäfts: Erstens müssen sich Kreditinstitute in Zentralbankgeld, das sie nicht selbst produzieren, zahlungsfähig halten, weil die Bankkunden über ihre Guthaben auch bar - durch Abhebungen - und nicht nur unbar - durch Schecks und Überweisungen - verfügen (Liquiditätserfordernis). Zweitens müssen Kreditinstitute bestrebt sein, Einlagen ihrer Kunden ertragbringend anzulegen; andernfalls könnten sie erwerbswirtschaftlich nicht existieren (Rentabilitätserfordernis). Um dem Liquiditätserfordernis Rechnung zu tragen, bilden die Banken von Kundeneinlagen eine Reserve in Zentralbankgeld (RB), die sich aus den beiden Komponenten Mindestreserve (MR) und Überschußreserve ($\ddot{U}R$) zusammensetzt. Die Mindestreserve MR differiert nach Einlagearten (Sicht-, Termin- und Spareinlagen) und anderen Kriterien (Größe der Bank, Einlagearten,

Herkunft der Einlage [Inländer und Ausländer]). Zwar soll die Mindestreserve die Zahlungsfähigkeit der Bank in Zentralbankgeld sichern. Ihre wichtigste Funktion ist jedoch, die noch zu erläuternde Geldproduktion der Banken zu steuern. Neben der vorgeschriebenen Mindestreserve halten die Banken freiwillig eine Reserve an Zentralbankgeld, um den Kundenwünschen nach Barauszahlung jederzeit entsprechen zu können. Zur Vereinfachung wird angenommen, daß diese freiwillige Reserve sich mit der ungeplanten Überschußreserve $ÜR$ (Differenz zwischen Mindestreservesoll und -ist) deckt und die Banken ihre gesamte Reserve RB bei der Zentralbank halten. Der Vorgang der Buchgeldproduktion sei an einem Beispiel mit fiktiven Zahlen illustriert. Das Geschäftsbankensystem, das aus den Banken A, B und C bestehen soll, nehme nur Sichteinlagen oder Depositen (D) an. Der vorgeschriebene und der freiwillige Reservesatz auf Sichtdepositen

(18.7) $\quad r_D = \dfrac{RB}{D} = \dfrac{MR + ÜR}{D} \qquad$ (Verhaltens-Gleichung)

betrage insgesamt 0,2 (20 v. H. der Depositen). Zahlt ein Kunde z. B. 1250 Euro bar bei seiner Bank A ein, erhält er eine Gutschrift - die für die Bank eine Verbindlichkeit darstellt - in gleicher Höhe. Die Bank bildet eine Reserve von 250 Euro. Den überschießenden Betrag, den Reserveüberschuß ($RÜ$), von 1000 Euro muß sie auszuleihen versuchen, denn die bei der Zentralbank gehaltene Reserve wirft keine Zinserträge ab. Gelingt es der Bank A, diesen Betrag an einen Kreditnehmer auszuleihen, erhält dieser eine Gutschrift - für die Bank eine Verbindlichkeit - auf dem Girokonto, die der Schuldner für seine Zwecke verwenden kann. Barabhebungen von eingeräumten Guthaben seien hier ausgeschlossen. Das Sichtguthaben des ersten Kunden über 1250 Euro ist ein Zahlungsmittel, also Geld geblieben. Hinzugetreten ist neues Geld in Form eines Sichtguthabens über 1000 Euro. Die Bank A hat Buchgeld produziert. Ob es zu einer weiteren Buchgeldproduktion kommt, hängt davon ab, in welcher Weise der Kreditnehmer über die 1000 Euro verfügt. Kehrt dieser Betrag nicht zu einer Bank zurück, ist der Buchgeldproduktionsprozeß abgeschlossen. Fließt dagegen dieser Betrag ganz oder teilweise einer Bank zu, kann sich der beschriebene Vorgang wiederholen. Zur Vereinfachung sei angenommen, der Kreditnehmer begleiche mit diesem Betrag eine Rechnung über 1000 Euro durch Zahlung (per Überweisung oder Scheck) auf ein Konto, das bei einer Bank B gehalten wird. Die Sichteinlage löst bei der Bank B den gleichen Vorgang aus wie bei der Bank A. Verfolgt man unter ansonsten gleichen Annahmen die Geldproduktion für den Fall, daß der Reserveüberschuß der Bank B schließlich zu einer Zahlung bei der Bank C führt, erhält man für die Veränderungen in den Bilanzen der Banken A, B und C folgendes Schema (*Übers. 18-4*).

Aktiva	Bank A		Passiva
Reserve (RB)	250	Sichtverbindlichkeit (D)	1250
Reserveüberschuß (RÜ)	1000		
Kredit (K)	+1000	Sichtverbindlichkeit (D)	+1000

Aktiva	Bank B		Passiva
Reserve (RB)	200	Sichtverbindlichkeit (D)	1000
Reserveüberschuß (RÜ)	800		
Kredit (K)	+800	Sichtverbindlichkeit (D)	+800

Aktiva	Bank C		Passiva
Reserve (RB)	160	Sichtverbindlichkeit (D)	800
Reserveüberschuß (RÜ)	640		
Kredit (K)	+640	Sichtverbindlichkeit (D)	+640

Übers. 18-4: **Buchgeldproduktion**

Schon anhand dieses einfachen Beispiels können die wichtigsten Einsichten in die Buchgeldproduktion der Geschäftsbanken gewonnen werden:

⇨ Eine einzelne Bank, die von einer Einlage nur einen Teil als Reserve hält, kann durch Monetisierung von Aktiva (hier: einer Kreditforderung) Geld produzieren, dessen maximale Höhe die Differenz zwischen Einlage und Zentralbankgeldreserve (Reserveüberschuß) ist.

⇨ Kehrt von den Banken produziertes Geld in das Bankensystem zurück, kann dieses eine Geldmenge produzieren, die größer ist als die ursprünglich vorhandene Bargeldmenge (1250 Euro) oder der davon anfallende Reserveüberschuß (1000 Euro). Im Beispiel beträgt die auf der Passivseite ablesbare Buchgeldproduktion 2440 Euro (1000 + 800 + 640) - die sich hier mit der Kreditausweitung deckt -, so daß die Geldmenge 2,44 mal größer ist (Geldmengenmultiplikator) als der den Geldproduktionsprozeß auslösende Basisbetrag von 1000 Euro.

⇨ Das Ausmaß der Buchgeldproduktion eines Bankensystems ist offenkundig abhängig vom Reservesatz r_D, der Höhe des vom Reserveüberschuß $RÜ$ tatsächlich ausgeliehenen Geldes, dem Umfang, in dem geliehenes Geld in das Bankensystem zurückströmt und der Häufigkeit des Ausleihens von Reserveüberschüssen.

⇨ Eine Ausweitung der Zentralbankgeldproduktion dürfte im Hinblick auf das Rentabilitätserfordernis der Geschäftsbanken in der Regel auch eine Buchgeldproduktion induzieren, wie umgekehrt eine Einschränkung der Zentralbankgeldproduktion wegen des Liquiditätserfordernisses die Geschäftsbanken zu einer Schrumpfung der Buchgeldproduktion veranlassen wird.

Geldangebotstheorie

In der Theorie des Geldangebots wird die Geldproduktion, die Kenntnisse über den beschriebenen Vorgang voraussetzt, modelltheoretisch und empirisch untersucht. **Gegenstand** der Theorie ist die Analyse der Bestimmungsgründe für ein bestimmtes Geldmengenangebot M_s, wobei die Geldmenge unterschiedlich weit - meist nach M_1, M_2 oder M_3 - abgegrenzt sein kann. Den meisten Modellen liegen drei Sektoren zugrunde: Zentralbank, Geschäftsbanken und Nichtbanken (Haushalte, Unternehmen, öffentliche Stellen), auch "Publikum" genannt. Da die Geldmenge - gleichgültig in welcher Abgrenzung - wegen der Buchgeldproduktion um einen Multiplikationsfaktor m größer ist als die Zentralbank- oder Basisgeldmenge, gilt

(18.8 a) $M_s \equiv m \cdot B$ oder

(18.8 b) $m \equiv \dfrac{M_s}{B}$ (Definitions-Gleichung).

In der Geldangebotstheorie kommt es darauf an zu erklären, in welcher Weise und in welchem Umfang das Verhalten der drei Sektoren Zentralbank (Z), Geschäftsbanken (G) und Nichtbanken (N) auf das Geldangebot einwirkt

(18.9) $M_s = m(Z, G, N) \cdot B(Z, ...)$ (Verhaltens-Gleichung),

wobei davon ausgegangen wird, daß für den Multiplikationsfaktor m das Verhalten aller drei Sektoren von Bedeutung ist, während für die Basigeldmenge B das Verhalten der Zentralbank eine wichtige Rolle spielt und der Einfluß weiterer Faktoren offen bleibt. In der Analyse des Geldangebots lassen sich zwei Modelltypen unterscheiden: die traditionelle Multiplikatortheorie und moderne Ansätze, in denen man die strikten Annahmen der überkommenen Theorie durch plausible Verhaltensweisen zu erklären sucht.

Die **traditionelle Geldangebotstheorie** oder "Geldschöpfungslehre", die formal in enger Verwandtschaft zur Einkommensmultiplikatoranalyse von KEYNES steht (14. Kap.) - ohne auf ihrem Boden entstanden zu sein -, läßt sich durch einige Definitions- und Verhaltensgleichungen abschließend beschreiben, wobei von den üblichen Annahmen ausgegangen wird. Erklärungsziel ist das mögliche Geldangebot M_s (Geldangebotspotential bei der Ausleihhäufigkeit Unendlich), für das eine weite Geldmengenabgrenzung gewählt sei

(18.10 a) $M_s \equiv M_3 \equiv BG + D + T + S$ (Definitions-Gleichung),

wobei BG das Bargeld, D, T und S die Sicht-, Termin- und Spareinlagen symbolisieren. Die weite Geldmengenabgrenzung läßt sich später leicht auf

(18.10 b) $M_2 \equiv BG + D + T$ oder

(18.10 c) $M_1 \equiv BG + D$ (Definitions-Gleichungen)

verengen. Für die drei Sektoren werden einfache Verhältnisse unterstellt. Der Zentralbanksektor wird durch die Verwendungskomponenten einer exogenen, geldpolitisch vorgegebenen Geldbasis B beschrieben (vgl. Gleichung [18.6]).

(18.11) $\quad B \equiv BG + RB$ \hfill (Definitions-Gleichung).

Der Ausdruck besagt, daß die exogene Basisgeldmenge für die Bargeldhaltung der Nichtbanken (vgl. [18.14]) und die Reservehaltung der Banken verwendet wird. Der Geschäftsbankensektor sei durch eine konsolidierte Bilanz erfaßt

(18.12) $\quad K + RB \equiv D + T + S$ \hfill (Definitions-Gleichung),

die besagt, daß sich die Geschäftsbanken auf die Hereinnahme von Sicht-, Termin- und Spareinlagen beschränken, von denen sie Kredite K begeben und eine Reserve RB bei der Zentralbank halten (RB = Mindestreserve MR und Überschußreserve $ÜR$), wobei die geldpolitisch festgelegten Reservesätze r - die Bestandteil der Gesamtreservesätze r_D, r_T und r_S sind (18.6) - nach Einlagearten differieren

(18.13) $\quad RB = r_D \cdot D + r_T \cdot T + r_S \cdot S$ \hfill (Verhaltens-Gleichung).

Der Nichtbankensektor verfügt auf der Aktivseite über das Bargeld BG sowie über die Sicht-, Termin- und Spareinlagen D, T und S, denen auf der Passivseite die Bankkredite K und - als Differenz zwischen Aktiva und Passiva - das Nettovermögen NV gegenüberstehen

(18.14) $\quad BG + D + T + S \equiv K + NV$ \hfill (Definitions-Gleichung).

Die Nachfrage der Nichtbanken nach BG, D, T und S wird durch die konstanten Allokationsparameter k, t und s beschrieben

(18.15a) $k = \dfrac{BG}{D}$ oder (18.15 b) $BG = k \cdot D$,

(18.16a) $t = \dfrac{T}{D}$ oder (18.16 b) $T = t \cdot D$ und

(18.17a) $s = \dfrac{S}{D}$ oder (18.17 b) $S = s \cdot D$ \hfill (Verhaltens-Gleichungen).

Gemeinsame Bezugsgrößen sind die Depositen. Der Quotient k wird als Bargeldquote, t und s dementsprechend als Termineinlagen- bzw. Spareinlagenquote bezeichnet.

Das entwickelte Gleichungssystem läßt sich auf einfache Weise reduzieren. Dividiert man Gleichung (18.10 a) durch Gleichung (18.11) - also die Geldmenge durch die Geldbasis - erhält man für die Geldmengenabgrenzung M_3 den in Gleichung (18.8 b) definierten **Multiplikator**

(18.18) $\quad m_3 \equiv \dfrac{M_s}{B} \equiv \dfrac{BG + D + T + S}{BG + RB}$ \hfill (Definitions-Gleichung).

18. Geld

Ersetzt man die Ausdrücke auf der rechten Seite im Zähler des Bruches durch die Verhaltens-Gleichungen (18.15 b) bis (18.17 b) und im Nenner durch (18.15b) und (18.13) sowie die darin enthalten Größen T und S durch (18.16 b) und (18.17 b), so läßt sich schreiben

(18.19) $\quad m_3 = \dfrac{M_s}{B} = \dfrac{k \cdot D + D + t \cdot D + s \cdot D}{k \cdot D + r_D \cdot D + r_T \cdot t \cdot D + r_S \cdot s \cdot D}$

$\qquad\qquad = \dfrac{1 + k + t + s}{k + r_D + r_T \cdot t + r_S \cdot s} \qquad$ (Verhaltens-Gleichung).

Daraus folgt schließlich

(18.20a) $\quad M_s \equiv M_3$

$\qquad\qquad = \dfrac{1 + k + t + s}{k + r_D + r_T \cdot t + r_S \cdot s} \cdot B \qquad$ (Verhaltens-Gleichung).

Bei anderen Geldmengenabgrenzungen erhält man - weil dann Gleichung (18.10 b) oder (18.10 c) in den Zähler von (18.18) eingesetzt wird - auf dem gleichen Weg

(18.20b) $\quad M_s \equiv M_2 = \dfrac{1 + k + t}{k + r_D + r_T \cdot t + r_S \cdot s} \cdot B \qquad$ und

(18.20c) $\quad M_s \equiv M_1$

$\qquad\qquad = \dfrac{1 + k}{k + r_D + r_T \cdot t + r_S \cdot s} \cdot B \qquad$ (Verhaltens-Gleichungen).

Gleichung (18.20) präzisiert die aus der Darstellung zur Buchgeldproduktion bekannte Konsequenz, daß bei einer gegebenen Basisgeldmenge B das mögliche Geldangebot M_s (Geldangebotspotential) vom Ausmaß der Buchgeldproduktion abhängt, das wiederum von Reservesätzen, vom Verhalten der Nichtbanken und der Ausleihhäufigkeit, die den Grenzwert Unendlich hat, determiniert wird. Der Wert des Multiplikators nimmt mit der Weite der Geldmengenabgrenzungen zu - der Zähler des Bruches in (18.20) wird größer -, so daß wie erwartet die Geldmenge bei einer bestimmten Geldbasis steigt. Setzt man die Verhaltensparameter des Modells in Gleichung (18.9) ein, tritt seine Struktur deutlich zutage, wenn man konstante Parameter mit einem Strich versieht

(18.21) $\quad M_s = m(\bar{r}_{D,\,T,\,S}, \bar{k}, \bar{t}, \bar{s}) \cdot B(\bar{B}) \qquad$ (Verhaltens-Gleichung).

Die traditionelle Multiplikatoranalyse basiert auf einem Modell, in dem die Geldbasis eine exogene Größe, das Verhalten der Geschäftsbanken durch Reservesatzvorschriften der Zentralbank - bei exogen gewünschten Überschußreserven - und das der Nichtbanken durch nicht weiter erklärte Allokationsparameter fixiert ist. Eine Vergrößerung (Verringerung) der Geldbasis B führt zu einer vorhersehbaren Expansion (Kontraktion) des potentiellen Geldangebots

M_s. Es ist ein "mechanistisch" funktionierendes System, in dem es auch überflüssig scheint, zwischen Geld und Kredit, die uno actu entstehen oder verschwinden, zu unterscheiden - was zur Konfusion von Geld und Kredit beigetragen haben mag. Als entscheidende Frage bleibt, ob die traditionelle Multiplikatortheorie die Realität zutreffend beschreibt. Nach heute herrschender Meinung ist diese Frage zu verneinen.

Die **modernen Ansätze** zur Geldangebotstheorie entspringen einer Unzufriedenheit mit der überkommenen Geldangebotstheorie. Allerdings gibt es noch keine neue Theorie, die überwiegende oder gar allgemeine Anerkennung gefunden hat. Unter verschiedenen Lösungsversuchen besteht insoweit Übereinstimmung, als die Konstanten der traditionellen Analyse durch ökonomisch begründete (endogene) Verhaltensparameter erklärt werden. Die konstanten Allokationsparameter des Publikums - Gleichungen (18.15) bis (18.17) - gehen damit in die Verhaltensfunktionen

(18.22) $k = f(i,z)$,

(18.23) $t = f(i,z)$ und

(18.24) $s = f(i,z)$ (Verhaltens-Gleichungen)

über, wobei i den Zinssatz und z alle übrigen Determinanten der Bargeld-, Termineinlagen- und Spareinlagenquote repräsentiert. Ähnliches gilt für die gewünschten Reservesätze $r_{D,T,S}$. Der Zinssatz i und die in z zusammengefaßten Größen werden als die "letzten" Determinanten des Geldangebots bezeichnet, im Gegensatz zu den "unmittelbaren" Bestimmungsgrößen k, t und s. Entsprechend hat die Geldangebotsfunktion (18.21) in der modernen Geldangebotstheorie folgendes Aussehen

(18.25) $M_s = m(i,z) \cdot B(\bar{B})$ (Verhaltens-Gleichung).

Das gesamtwirtschaftliche Geldangebot M_s stellt jetzt eine tatsächliche und keine potentielle Größe - wie in der traditionellen Theorie - dar. Geldangebotsfunktionen der Form (18.25) können deshalb Grundlage von empirischen Untersuchungen sein.

Die **traditionelle und moderne Theorie** des Geldangebots haben sich nicht völlig voneinander entfernt. Sie decken sich unter anderem in der Nomenklatur - so wird das Geldangebot M_s in verschiedenen Geldmengenabgrenzungen als das Produkt aus Basisgeld und Geldmultiplikator ausgedrückt - und der Unterscheidung nach den Sektoren Zentralbank, Geschäftsbanken und Nichtbanken. Das Vorgehen ist wie stets: Die in Verhaltensfunktionen ausgedrückten sektoralen und intersektoralen Aktionen lassen sich so formulieren, daß sie ein System von Definitions- und Verhaltensgleichungen bilden (Modell). Solche umfassenden Modelle für das Geldangebot sind unter anderem schon Ende der dreißiger Jahre von JAN TINBERGEN und in den sechziger Jahren von KARL BRUNNER mit ALLAN H. MELTZER entwickelt worden. Ihre Darstellung würde umfangreiche Definitionen und Funktionsbestimmungen für alle drei Sektoren und ihre Reduzierung auf eine Geldangebotsfunktion erfordern. Insbesondere aber setzt eine Modellspezifizierung für ein bestimmtes Land, die wegen international unterschiedlicher institutioneller Regelungen unerläßlich ist, eine genaue Kenntnis des monetären-finanziellen Bereichs einer Volkswirtschaft voraus. Die folgenden Darlegungen beschränken sich deshalb auf einen Sektor, die Zentralbank. Das Verhalten der beiden anderen Sektoren, Geschäftsbanken und Nichtbanken, wird unter einem bestimmten Aspekt noch in der Geldnachfragetheorie erörtert, in der beide Sektoren als "Kassenhalter" figurieren. Die Analyse des Zentralbanksektors konzentriert sich auf das Zentralbankgeld- oder Basisgeldkonzept.

Die traditionelle Geldangebotstheorie setzt wie einige moderne Ansätze - z. B. dem von BRUNNER und MELTZER - eine exogene, das soll heißen: geldpolitisch kontrollierte Geldbasis voraus. Geschäftsbanken und Nichtbanken hätten dann durch ihr Verhalten keinen Einfluß auf die Geldbasis B, womit jedoch - über die Verhaltensparameter des Multiplikators - eine Einwirkung auf das Geldangebot M_S nicht ausgeschlossen ist. Könnten Geschäftsbanken und Nichtbanken die Geldbasis bestimmen, ginge die gesamte Geldangebots- in der Geldnachfragetheorie auf, die beschreibt, wieviel Geld diese beiden Sektoren zu halten wünschen. Die grundlegende Frage ist: **Kann** die **Zentralbank** durch ihre Entscheidungen die **Geldbasis kontrollieren**? Politischer Hintergrund dieser Frage ist, daß das Ausmaß gesetzlicher Zahlungsmittel nicht vom Ergebnis privatwirtschaftlichen Erwerbsstrebens abhängen darf. Die Antworten auf die Frage sind - auch unter Berücksichtigung der modernen Geldangebotstheorie - in Wissenschaft und Praxis nicht einheitlich. Einige Differenzen sind behebbar oder nur scheinbar vorhanden, wenn die Ausgangsfrage beachtet und eine Verständigung darüber erfolgen würde, was mit Geldbasiskontrolle im Hinblick auf ihre zeitliche Realisierbarkeit gemeint ist. Das sei kurz erläutert, bevor auf den Kern der Frage eingegangen wird. Erstens lautet die Ausgangsfrage nicht, ob die Zentralbank die Geldbasis wirklich kontrolliert, sondern ob sie sie kontrollieren kann. Es muß also zwischen tatsächlichen und möglichen Handlungen der Zentralbank differenziert werden. Ein beliebig gewähltes Beispiel soll den wichtigen Unterschied verdeutlichen. Mit dem im Jahr 1973 vollzogenen Übergang zu flexiblen Wechselkursen, von dem die Europäische Gemeinschaft ausgenommen wurde, entfiel für die Zentralbanken die Pflicht, durch An- und Verkäufe den Dollar-Wechselkurs der DM zu stabilisieren. Gleichwohl hat die Deutsche Bundesbank gegen Ende 1977 binnen kurzem für etliche Milliarden DM Dollars gekauft und damit unbestritten - durch Monetisierung von Währungsreserven - Zentralbank- oder Basisgeld produziert. Für das Verhalten der Bundesbank gab es gewiß Gründe, etwa der Versuch, Arbeitsplätze in der Exportindustrie zu sichern: Die Bundesbank konnte anders Handeln, z. B. völlig darauf verzichten, den Dollarpreis in DM zu "stützen". Wenn behauptet wird, die Bundesbank sei außerstande gewesen, die Zentralbank- oder Basisgeldmenge zu kontrollieren, muß man zunächst prüfen, ob sämtliche Möglichkeiten zur Kontrolle tatsächlich ausgeschöpft worden sind. Schon eine oberflächliche Prüfung ergibt allerdings, daß die Bundesbank - aus welchen Gründen auch immer - ihre Fähigkeit zur Basisgeldkontrolle nicht voll genutzt hat. Auffassungsunterschiede gibt es zweitens über den notwendigen Zeithorizont für die Realisierung der Geldbasiskontrolle. Unter den Verhältnissen in der Bundesrepublik Deutschland ist - wie sogleich noch dargelegt wird - eine Geldbasiskontrolle kurzfristig, etwa für jede Woche oder für jeden Monat, nicht möglich. Wird aber genau dies verlangt, kann es eine Geldbasiskontrolle durch die Zentralbank nicht geben. Das Geldbasiskonzept läßt sich nur mittelfristig realisieren. Unter mittelfristig soll ein Zeitraum von ein bis zwei Jahren verstanden werden. Eine kurzfristige Kontrolle wäre im Hinblick auf die Funktion der Geldbasis nicht nur nicht nötig, sondern sogar problematisch. Mit der Geldbasis läßt sich - in Abhängigkeit von der Stabilität des Verhaltens bei den Kassenhaltern Geschäftsbanken und Nichtbanken - die Geldmenge mehr oder weniger kontrollieren. Geldmengenänderungen wirken gesamtwirtschaftlich kurzfristig auf das Beschäftigungs- und/oder Preisniveau. Die wissenschaftlichen Kenntnisse über diese Wirkungen von Geldmengenänderungen sind indessen so unvollkommen, daß sie wirtschaftspolitisch kaum brauchbar sein dürften. Kurzfristige Variationen der Geldbasis tragen - wie verschiedene Untersuchungen belegen - mehr zur Instabilität als zur Stabilität des Preis- und vor allem des Beschäftigungsniveaus bei. Über die mittelfristigen Wirkungen von Geldmengenänderungen gibt es bessere Kenntnisse, wie z. B. die Darstellung zum Phillips-Theorem verdeutlichen wird (19. Kap.). Bei diesem Kenntnisstand spricht einiges dafür, die Definition der Geldbasis - ebenso wie die des Preis- und vielleicht auch die des Beschäftigungsniveaus - mittelfristig anzulegen.

Wenn die Ausgangsfrage beachtet und Einigkeit über einen realisierbaren Zeithorizont der Geldbasiskontrolle erzielt wird, verbleibt als zentrale Frage, ob die Zentralbank die Zentralbank- oder Basisgeldmenge dann zu kontrollieren vermag. Nach der eingangs gewählten Definition entsteht Zentralbankgeld durch Bereitstellung an Geldnachfrager, das sind bei Transaktionen der Bundesbank fast ausschließlich Geschäftsbanken und staatliche Stellen. Es ist weitgehend unkontrovers, daß die Zentralbank damit die Entstehung von Basisgeld bestimmt. Nicht das gesamte von der Zentralbank produzierte Geld befindet sich jedoch in Umlauf, ist aktuelles Basisgeld. Insbesondere die Geschäftsbanken verfügen über **freie Liquiditätsreserven**, über potentielles Basisgeld, das sie bei Bedarf in Anspruch nehmen können und damit potentielles in aktuelles Basisgeld verwandeln. Für die Verwendung von Basisgeld gilt also anderes als bei der Entstehung: Die Zentralbank kontrolliert bei der Verwendung nur einen Teil des Basisgeldes unmittelbar. Ein anderer Teil hängt vom Verhalten der Nichtzentralbanksektoren, insbesondere von den Geschäftsbanken ab. Geschäftsbanken verfügen also neben Buch- auch über bereits produziertes Bargeld oder diesem gleichwertige Einlagen bei der Zentralbank. Das Faktum selbst ist unbestritten. Die Frage ist, ob damit die Zentralbank die Kontrolle über die Geldbasis letztlich verliert. Eine Antwort erfordert, auf die Komponenten, den Umfang und vor allem auf die Kontrollierbarkeit der freien Liquiditätsreserven durch die Zentralbank einzugehen.

Komponenten der freien Liquiditätsreserven sind erstens Überschußreserven $ÜR$ (positive Differenz zwischen Reserven der Banken bei der Zentralbank RB und vorgeschriebenen Mindestreserven MR), zweitens unausgenutzte Kontingente (Refinanzierungsobergrenzen) für Wechsel- sowie Lombardkredite der Zentralbank an Geschäftsbanken und drittens festverzinsliche Wertpapiere in Besitz der Geschäftsbanken, die diese jederzeit gegen Zentralbankguthaben - am "offenen" Markt - eintauschen können (in die "Geldmarktregulierung einbezogene Mobilisierungs- und Liquiditätspapiere"). Der **Umfang** und damit die quantitative Relevanz der freien Liquiditätsreserven ist - mit Ausnahme der unbedeutenden Überschußreserven - Dritten nicht genau bekannt, weil sowohl in der Bilanz der Zentralbank (und in der Bankstatistik) als auch der einzelner Geschäftsbanken diese Positionen im allgemeinen nicht separat ausgewiesen werden. Doch ungeachtet dessen läßt sich - wie die *Übers. 18-4* typisch ausweist - feststellen, daß die Transaktionen mit Geschäftsbanken insgesamt wenn schon nicht eine Quantité négligeable sind, so doch klar gegenüber denen mit dem Ausland zurücktreten. Implizit ist damit auch eine Antwort zur **Kontrollierbarkeit** der freien Liquiditätsreserven gegeben. Da die Zentralbank bei der Monetisierung von Auslandsaktiva seit einigen Jahren freie Hand hat, gibt es keine quantitativen Schwierigkeiten, die Inanspruchnahme durch Geschäftsbanken zu kompensieren. Darüberhinaus könnte die Zentralbank bei der Entstehung von Basisgeld - und späteren Korrekturen - seine mögliche Verwendung im Auge behalten: Mindestreserven, Refinanzierungskontingente und Offenmarktpapiere sind für ihre Entscheidungen Variable, deren Festlegung gesetzlich bewußt freigehalten worden ist. Mindestreservenänderungen beeinflussen die Basisgeldmenge (Gleichung [18.6]) direkt, Refinanzierungs- und Offenmarktkonditionen indirekt. Sollte sich gleichwohl zeigen, daß Geschäftsbanken in unerträglicher Weise die Kontrolle der Geldbasis behindern, bleibt zu überlegen, ob die bisherigen Refinanzierungsmechanismen und Geldmarktregulierungen zu ändern sind.

Die in Gleichung (18.6) definierte Geldbasis wurde bisher als exogen, d. h. unter vollständiger Kontrolle der Zentralbank, betrachtet. Tatsächlich ist das nicht der Fall. So haben für die Geldbasisabgrenzung nach (18.6) unter den institutionellen Gegebenheiten in der Bundesrepublik Deutschland Zentralbankaktionen auch Einfluß auf den Multiplikator, wie auch Geschäftsbanken- oder Publikumsverhalten die Geldbasis verändern. Um zu erreichen, daß sich das Zentralbankverhalten ausschließlich auf die **Geldbasis** und das Nichtzentralbankverhalten ausschließlich im Multiplikator niederschlägt, wurden aus beiden Gründen **andere Definitionen** entwickelt. In der erweiterten Geldbasis B^e

(18.26) $\quad B^e \equiv B \pm KP \quad$ (Definitions-Gleichung)

wird das Basisgeld B um einen Korrekturposten KP bereinigt, um die durch Mindestreservesatzänderungen freigegebene (+) oder gebundene (-) Basisgeldmenge im Vergleich zu konstanten Mindestreservesätzen erfassen zu können. Nach der Geldbasisabgrenzung (18.6) würden sich Mindestreservesatzänderungen im Multiplikator niederschlagen. Bei der adjustierten oder bereinigten Geldbasis B^a

(18.27) $\quad B^e \equiv B \pm KP - KB \equiv B^e - KB \quad$ (Definitions-Gleichung)

wird die Nettoverschuldung der Geschäftsbanken KB aus der Entstehungsseite der Geldbasis (Gleichung [18.6]) herausgelöst, um den Einfluß des Refinanzierungs- und Offenmarktverhaltens der Geschäftsbanken auf die Höhe der

Geldbasis zu eliminieren. Eine um die Nettoverschuldung der Geschäftsbanken verkürzte Geldbasis enthält nur die Entstehungskomponenten, die die Zentralbank tatsächlich kontrollieren kann (exogene Geldbasis). Das Refinanzierungsverhalten der Geschäftsbanken schlägt sich dann in der Höhe des Multiplikators nieder. Es ist eine empirische Frage, ob die Stabilität des Multiplikators dadurch erhalten bleibt oder dessen Variabilität erhöht wird. Die Antwort darauf hat weitreichende Implikationen für die quantitative Gestaltung der Geldbasiskontrolle durch die Zentralbank.

Eine **Expansion (Kontraktion) der Geldbasis** ist nach der modernen Geldangebotstheorie eine Voraussetzung für eine Ausweitung (Reduzierung) der Geldmenge. Theoretisch sind zwei Grenzfälle denkbar: Entweder führt das Verhalten der Geschäftsbanken und Nichtbanken zu einem Unterlaufen einer - von der Geldpolitik über die Geldbasis B beabsichtigten - Steuerung der Geldmenge M ($\Delta B/B \approx -\Delta m/m$) oder zu einer Parallelität von Geldbasis- und Geldmengenentwicklung ($\Delta B/B \approx \Delta M/M$). Was wirklich eintritt, läßt sich nicht theoretisch, sondern nur empirisch entscheiden. Untersuchungsergebnisse für die Bundesrepublik Deutschland zeigen, daß Änderungen der Geldbasis die der Geldmenge dominieren.

III. Geldnachfrage

Bedeutung und traditionelle Analyse

Unter Geldnachfrage versteht man die am Markt auftretenden Kassenhaltungswünsche (effektive Nachfrage) nach solchen monetären Titeln, die allgemeines Tauschmedium und Wertspeicher sind. Dementsprechend ist die Geldnachfragetheorie eine Analyse der Kassenhaltungsdauer oder ihrer reziproken Größe Geldumlaufgeschwindigkeit. In Symbolen der Tausch- oder Verkehrsgleichung

(2.6) $\quad M \cdot V \equiv Q \cdot P$ \hfill (Definitions-Gleichung)

ausgedrückt, befaßt sich die Geldangebotstheorie mit der Geldmenge M, die Geldnachfragetheorie mit der Umlaufgeschwindigkeit des Geldes V (oder der Kassenhaltungsdauer $k \equiv 1/V$), die Inflationstheorie (19. Kap.) mit dem Preisniveau P und die Beschäftigungs- und Wachstumstheorie (14. bis 16. Kap.) mit der Gütermenge Q. Die Kassenhalter, das sind die Sektoren außerhalb der Zentralbank (Geschäftsbanken und Nichtbanken - oft unter Ausklammerung des Staates), fragen Geld nach. Aus der Geldangebotstheorie ist bekannt: Auch wenn die Basisgeldmenge von der monetären Instanz (Bundesbank) kontrolliert wird, kann die Gesamtgeldmenge letztlich von den Kassenhaltern abhängen, weil sie den Multiplikator bestimmen. Da die Umlaufgeschwindigkeit der Gesamtgeldmenge von den Kassenhaltern determiniert wird, beeinflussen sie auch die monetäre Gesamtnachfrage ($M \cdot V$). Wirken Änderungen von M und/oder V auf Q und/oder P ein - worüber wissenschaftlich kein Konsens herrscht -, wird die Umlaufgeschwindigkeit zum archimedischen Punkt gesamtwirtschaftlicher Prozesse und die **Geldnachfrage-**

theorie Kernstück makroökonomischer Theorien. Kein Geringerer als KEYNES hat das genau erkannt.

Die präkeynesianische Geldtheorie ist von hervorragenden angelsächsischen Nationalökonomen - wie dem Amerikaner IRVING FISHER und dem Engländer ARTHUR CECIL PIGOU - geprägt worden. Sie trägt die Sammelbezeichnung **Quantitätstheorie.** Bei manchen Nuancen im Detail vertraten die Quantitätstheoretiker die Auffassung, die Umlaufgeschwindigkeit sei weitgehend eine technische, insbesondere von den Zahlungssitten und der Bankenstruktur abhängige Größe. Deshalb glaubten sie keinen großen Fehler zu begehen, wenn sie die Umlaufgeschwindigkeit als relativ konstant ansahen und die monetäre Analyse auf die Zusammensetzung und Änderungen des Geldangebots sowie dessen Wirkungen auf das Preisniveau konzentrierten. KEYNES hat das Vertrauen in die Stabilität der Umlaufgeschwindigkeit oder Kassenhaltungsdauer erschüttert, wenn nicht weitgehend zerstört. Er lehnte die Quantitätstheorie nicht schlechthin ab, sondern meinte lediglich, daß Umlaufgeschwindigkeit und Geldmenge negativ korrelierten: Steige die Geldmenge, falle die Umlaufgeschwindigkeit, so daß weder auf das Produktions- (Q) noch das Preisniveau (P) mit der Geldpolitik eingewirkt werden könnte. Das gelte für Geldmengenerhöhungen mehr noch als für Geldmengenreduktionen - eine Ansicht, die bis heute verbreitet ist, etwa wenn behauptet wird, die Geldpolitik wirke, wenn überhaupt, nur asymmetrisch oder sie gleiche einer Schnur, mit der man allenfalls in eine Richtung ziehen (Geldmengenreduktion) aber nicht in die andere Richtung (Geldmengenausweitung) stoßen könne. Für die Kassenhaltung gab KEYNES deshalb eine andere Erklärung als die Quantitätstheoretiker. Seine Analyse basiert auf der Unterscheidung von aktiver und passiver Kasse. Während die erste vom Volkseinkommen abhängig sei, bestimmt sich das Volumen der zweiten nach dem Zinssatz. Die Zusammenhänge - integrierter Bestandteil des KEYNESschen Systems - sind dem Leser bekannt (14. Kap.), brauchen deswegen nur kurz wiederholt zu werden. Die totale Geldnachfrage M_d ist die Summe aus den Komponenten M_{d_1} (Geldnachfrage nach aktiver Kasse) und M_{d_2} (Nachfrage nach passiver Kasse), die man für Transaktionen (aus Umsatz- und Vorsichtsgründen) bzw. Spekulationen hält. M_{d_1} ist einkommens-, M_{d_2} zinsabhängig, so daß gilt

(18.28 a) $\quad M_d = L_1(Y_n) + L_2(i) \quad$ oder generell

(18.28 b) $\quad M_d = f(Y_n, i) \quad\quad\quad\quad\quad$ (Verhaltens-Gleichungen).

Ob die Geldnachfrage bei KEYNES nominal oder real interpretiert werden muß - KEYNES selbst hat sich dazu nicht ausdrücklich geäußert -, ist kontrovers. Einige Intentionen der KEYNESschen Analyse sind wohl besser verständlich, wenn man von einer realen Geldnachfrage ausgeht (15. Kap.). In diesem Fall wäre die nominale Geldmenge durch das Preisniveau P zu korrigieren

(18.29 a) $\quad \dfrac{M_d}{P} = L_1(Y_r) + \dfrac{L_2(i)}{P}, \quad$ generell

(18.29 b) $\quad \dfrac{M_d}{P} = f(Y_n, i) \quad$ oder

(18.29 c) $\quad M_d = f(Y_r, i) \cdot P \qquad\qquad\qquad$ (Verhaltens-Gleichungen).

Andererseits ist aber festzuhalten, daß KEYNES nicht das Preisniveau erklären will und wesentliche Teile seiner Theorie sogar ein konstantes Preisniveau voraussetzen - ohne weiteres auch verständlich, da die wirtschaftliche Ausgangslage seiner Analyse durch Massenarbeitslosigkeit gekennzeichnet ist.

Die Kassenhaltungstheorie von KEYNES schien seinen Zeitgenossen ebenso evident zu sein wie die klassische Quantitätstheorie vor ihm. In der wirtschaftspolitischen Praxis zog man in zahlreichen Ländern mehr oder weniger rasch die **Konsequenzen**: Es wurde die früher im Vordergrund stehende Geldpolitik zugunsten der Fiskalpolitik zurückgedrängt, die die vom Zins abhängigen Investitionen mit einer Politik des billigen Geldes förderte und die um sich greifende Inflation durch - tatsächliche oder versuchte - Absprachen zwischen den Arbeitsmarktparteien (Einkommenspolitik) sowie durch wachstumsfördernde Maßnahmen bekämpfte. Jedoch zeigte sich bald, daß eine an KEYNES orientierte Wirtschaftspolitik die Probleme - insbesondere das der Inflation - nicht löste, sondern oft verschärfte. Während sich in der Wirtschaftspolitik die Auffassungen von KEYNES verstärkt durchsetzten oder doch behaupteten, nahmen immer mehr Wissenschaftler von ihnen Abschied, in der Geldtheorie wohl stärker als in anderen Theoriebereichen. Die Kassenhaltungstheorie von KEYNES - ein wesentliches Element der "Revolution" gegen die Klassiker - dürfte vom gegenwärtigen Stand unseres Wissens fast schon der dogmenhistorischen Tradition zuzurechnen sein. Die moderne Kassenhaltungstheorie wird vor allem von der neoklassischen Quantitätstheorie (Monetarismus) geprägt, die indessen weder als bloße Fortsetzung der klassischen Quantitätstheorie noch als Bruch mit der Keynesschen Tradition mißdeutet werden darf. Entscheidende Anregungen stammen vom amerikanischen Nationalökonomen MILTON FRIEDMAN.

Neoklassische Geldnachfragetheorie

Die neoklassische Geldnachfragetheorie ist Kern der Neoquantitätstheorie. Grundlegend ist die These, daß **Geld eine von vielen Formen** ist, in der **Vermögen** (wealth) - Quelle aller Einkommen und konsumierbaren Dienste - gehalten wird. Die Geld-, insbesondere die Geldnachfragetheorie wird damit Unterfall einer allgemeinen Kapital-, Vermögens- oder Wahlhandlungstheorie. Sie gilt unbesehen nicht für alle Kassenhalter, sondern nur für die letzten Vermögensbesitzer (ultimate wealth holders), zu denen nicht die Unternehmen gehören. In Unternehmen sei Geld ein Produktionsfaktor, ähnlich wie Lagerbestände und Maschinen, für deren Nachfrage andere Gründe bestimmend wären als für die von Haushaltsvermögen. Rudimente einer Vermögenstheorie finden sich schon bei KEYNES: die passive Kasse (Geld) ist eine Form des Vermögens, die einzige Alternative (bonds) eine andere. Diese Rudimente sind in der Portfoliotheorie (theory of portfolio selection) weiterentwickelt worden (v. a. von HARRY M.

18. Geld

MARKOWITZ). In ihr geht es um die Frage nach der optimalen Zusammensetzung der finanziellen Vermögensteile bei risikobehafteten Erwartungen - eine Frage, die professionelle Anleger (z. B. Versicherungen) interessiert, deren Beziehung zu gesamtwirtschaftlichen Problemen der Geldtheorie nur lose ist. Die Neoquantitätstheoretiker wählen - wie einige Postkeynesianer (u. a. WILLIAM BAUMOL und JAMES TOBIN) - zwar den vermögenstheoretischen Ansatz. Erklärungsziel bleiben jedoch die gesamtwirtschaftlichen Wirkungen des Geldes.

FRIEDMAN unterscheidet fünf Vermögensbestandteile (auch Vermögensformen genannt): Geld, Obligationen (bonds), Aktien (equities), Sachkapital (physical nonhuman goods) und Humankapital (human capital). Eine Besonderheit gegenüber anderen Vermögenstheorien ist die Einbeziehung von Humankapital. Wenn Vermögen ökonomisch als künftiges Einkommen verstanden wird, ist Humankapital nicht bloß ein, sondern für die meisten Menschen sogar das wichtigste Vermögensgut. Gewiß stehen seiner empirischen Erfassung große, aber nicht unüberwindliche Schwierigkeiten gegenüber, wie die moderne Bildungsökonomie zeigt. Die **Geldnachfrage** der letzten Eigner dieser Vermögensbestandteile ist eine **Funktion folgender Variablen**:
1. Gesamtvermögen,
2. Aufteilung des Gesamtvermögens in Humankapital und andere Vermögensformen,
3. erwartete Erträge von Geld und anderen Aktiva und
4. Geldnutzen.

Die Bedeutung der einzelnen Variablen, die eher als Gruppen von Ursachen zu interpretieren sind, sei nur kurz erläutert, zumal die theoretisch abgeleitete Geldnachfragefunktion für den empirischen Test wieder simplifiziert werden muß.

Der Einfluß des **Gesamtvermögens** auf die Geldnachfrage ist dem des mikroökonomischen Haushalteinkommens bei der Wahl eines Gutes analog (4. Kap.). Das Gesamtvermögen wird auf die verschiedenen Vermögensbestandteile aufgeteilt, so daß zunächst von seiner Höhe abhängt, wieviel auf Geld entfällt. In der Praxis gibt es nur selten Schätzungen über das Gesamtvermögen eines Landes. Statt dessen wird das Einkommen als Vermögensmaßstab benutzt. Um die jährlichen Einkommensschwankungen auszuschalten, die ein verzerrtes Maß wären, wird nicht auf das laufende, sondern auf ein längerfristiges Volkseinkommenskonzept abgestellt: Bezugsgröße ist das dauerhaft erwartete Einkommen (permanent income). Der Gegenwartswert aller zukünftig dauerhaft erwarteten Einkommen steht als Index des Gesamtvermögens. Das Konzept des permanenten Einkommens, dessen empirische Relevanz sich bereits bei Untersuchungen über die Konsumfunktion gegenüber dem des laufenden Einkommens als überlegen erwiesen hat, hebt die moderne Quantitätstheorie vielleicht am stärksten von der klassischen ab.

Die **Vermögensteilung in Humankapital und andere Vermögenswerte** hat einen nicht leicht durchschaubaren Effekt auf die Geldnachfrage. Auszugehen ist von der Überlegung, daß die Möglichkeiten, Humankapital gegen andere Vermögenswerte zu tauschen, begrenzt sind. Soweit sich in der Vermögenshaltung Humankapital durch anderes Kapital überhaupt ersetzen läßt et vice versa

- z. B. durch einen Vertrag über persönliche Dienste als Gegenleistung für bestimmte Zahlungen -, geschieht es bei Humankapital nur partiell, solange es keine Sklavenhaltung gibt. Diese Marktbegrenzung hat zwei gegenläufige Wirkungen auf die Geldnachfrage: Besteht einerseits bei einem Individuum die Hauptquelle künftigen Einkommens aus Humankapital, ist es sehr schwierig, in Notfällen Humankapital in liquides Vermögen zu konvertieren. Aus diesem Grund wird ein Vermögensbesitzer mit hohem Humankapitalanteil eine relativ größere Geldnachfrage entfalten als einer, dessen Vermögen zu einem geringeren Teil aus Humankapital besteht. Andererseits führt der imperfekte Markt für Humankapital auf diesem tendenziell zu höheren Investitionserträgen als auf anderen Kapitalmärkten. Wer über Erträge aus einem bestimmten Humankapital verfügt, kann eine geringere Kasse halten, als wenn Erträge aus anderen Anlagen kämen. Das Ergebnis der gegenläufigen Wirkungen des Humankapitalanteils am Gesamtvermögen auf die Geldnachfrage ist theoretisch offen. Deshalb wird diese Einflußgröße in der Regel konstant gesetzt.

Weniger schwer einsichtig ist, daß die erwarteten **Erträge aus Geld- und anderen Vermögensbestandteilen** die Geldnachfrage beeinflussen. Auch bei diesem Einflußfaktor dürfte die Analogie zur Haushaltstheorie offenkundig sein, soweit es in dieser um den Preis eines Gutes und seine Wirkungen auf Substitutions- und Komplementärgüter geht. Der nominal erwartete Ertrag aus der Geldhaltung ist generell Null, wie etwa bei einer Barkasse im Gegensatz zu Depositen mit geringen Zinserträgen. Selbst ohne Zinserträge kann die Geldhaltung reale Erträge und Verluste bringen, nämlich bei allgemeinen Preissenkungen und -steigerungen. Wird Geld z. B. durch eine inflationäre Preisentwicklung stärker entwertet als andere Vermögensbestandteile, findet ein Substitutionsprozeß mit der Folge statt, daß sich die Geldnachfrage verringert. Die Zusammenhänge sind aus der Liquiditätspräferenztheorie von KEYNES bekannt. Allerdings beschränkt sich Keynes auf zwei Vermögensgüter.

Der **Geldnutzen** ist ein nichtmonetärer Vorteil des Geldes. Nichtmonetäre Vorteile des Geldes für den Vermögenshalter können verschiedener Art sein. Sie mögen in der Bequemlichkeit liegen, die ein generell akzeptiertes Tauschmittel verschafft, oder in der Sicherheit, jederzeit zahlungsfähig zu sein. Die Schwierigkeiten einer Quantifizierung dieser Variablen sind offenkundig, obwohl sie erheblichen Einfluß auf die Geldnachfrage haben kann.

Faßt man die Bestimmungsgrößen der Geldnachfrage für einen individuellen Vermögenshalter in einer **Geldnachfragefunktion** zusammen, erhält man die von Friedman entwickelte Gleichung

$$(18.30) \quad \frac{M_d}{P} = f\left(y_p, w, i_m, i_b, i_e, \frac{1}{P} \cdot \frac{dP}{dt}, u_m\right).$$

In (18.30) stehen - wie in (18.29) - M_d für die nominale Geldmenge, P für das Preisniveau; es symbolisieren y_P das permanente Einkommen, w den Humankapitalanteil am Gesamtvermögen, i_m, i_b und i_e die erwarteten Erträge aus Geldvermögen (money), Obligationen (bonds) und Aktien (equities), $1/P \cdot dP/dt$ die erwartete Preisniveauänderung und u_m den Geldnutzen.

Wenn (18.30) in eine gesamtwirtschaftliche Funktion überführt werden soll, tauchen die üblichen Aggregationsprobleme auf (4. Kap.). So besitzt für die gesamtwirtschaftliche Geldnachfrage nicht nur das Niveau von y_P und w, sondern auch deren Verteilung eine erhebliche Bedeutung. Hinzufügen bliebe schließlich die Geldnachfrage der Unternehmen. Friedman legt dar, daß mit Ausnahme von w (18.30) auch für Unternehmen gilt. Verkürzt man (18.30), indem die Preisniveauänderungen in den verbleibenden Größen erfaßt und u_m als Konstante ausgeklammert wird, erhält man

(18.31 a) $\quad \dfrac{M_d}{P} = f(Y_p, i_{m, b, e}, W) \quad$ oder

(18.31 b) $\quad M_d = f(Y_p, i_{m, b, e}, W) \cdot P$.

Ein Gleichgewicht besteht, wenn $M_s = M_d$ ist, die vorhandene Geldmenge mit der gewünschten Geldnachfrage übereinstimmt

(18.32) $\quad M_s = M_d = f(Y_P, i_{m, b, e}, W) \cdot P$.

Die neoquantitätstheoretische Geldnachfragetheorie unterscheidet sich von der KEYNESschen durch
⇨ ein anderes Einkommenskonzept, da an die Stelle des laufenden Einkommens (Y_t) das permanente Einkommen (Y_P) tritt;
⇨ einen breiten Fächer von Wertpapieren, da nicht nur Obligationen (bonds), sondern auch andere Titel berücksichtigt werden;
⇨ die Berücksichtigung des für die meisten Menschen wichtigsten Vermögensgutes Humankapital.

Die Kassenhaltungstheorie von FRIEDMAN hat in den sechziger Jahren eine heftige, zum Teil noch andauernde Kontroverse ausgelöst, die mit dem Etikett **Monetarismus versus Fiskalismus** belegt worden ist, wobei FRIEDMAN und seine Anhänger die "Monetaristen", die Keynesianer die "Fiskalisten" sind. Einzelheiten dieser Debatte können und brauchen nicht nachgezeichnet zu werden. Die wesentliche Differenz zwischen KEYNES und FRIEDMAN läßt sich durch ein einfaches Schema - mit Hilfe der in diesem Kapitel erläuterten oder aus früheren Darlegungen (13. und 14. Kap.) bekannten Größen - wie folgt illustrieren:

$$B \to M \to (i\text{-}\,\text{-}\to I)\text{-}\,\text{-}\to Y_n \equiv Y_r \cdot \bar{P} \qquad \text{(KEYNES)}$$

$$B \to M \to (Y_P, i_{m, b, e}, W) \cdot P \to Y_n \equiv Y_r \cdot P \qquad \text{(FRIEDMAN)}.$$

Unterstellt man eine Ausdehnung der Basisgeldmenge um ΔB, so ist die "Transmission" auf das Volkseinkommen in einigen wichtigen Punkten verschieden: Eine Ausweitung der Basisgeldmenge führt in beiden Modellen zu einer Vergrößerung der Geldmenge insgesamt. Eine Geldmengenexpansion induziert im Keynesschen System mit Sicherheit nur eine Zinssenkung, nach Erreichen der Liquiditätsfalle nicht einmal das *(Fig. 14-18)*: Das zusätzliche Geld verschwindet teilweise - im Grenzfall ganz - in der Spekulationskasse, so daß insoweit weder die Investitionen I noch das davon abhängige Volkseinkommen Y_n steigen. Die durchbrochenen Pfeile sollen den lockeren Zusammenhang in der Kette veranschaulichen. Kommt es zu einer Erhöhung von Y_n, steigt angesichts der Massenarbeitslosigkeit auch das reale Volkseinkommen ($\Delta Y_r = \Delta Y_n$ bei konstantem P). Eine deutliche Wirkung der Geldmengen- auf Ausgabenänderungen gibt es nicht. Bei FRIEDMAN reagieren die Geldnachfrager auf Geldangebotserhöhungen anders. Die Auffüllung der Kassen erhöht bei gleichbleibendem Preisniveau deren Realwert. Dadurch sinkt der Grenznutzen des Geldes unter den alternativer Verwendungsformen. Es kommt deshalb zu verstärkten Ausgaben für Konsumgüter und zu Vermögensumschichtungen, die sich z. B. nach der von BRUNNER und MELTZER entwickelten Theorie der "relativen Preise" beschreiben lassen. Jedenfalls führt die Aufstockung der Realkasse zu Käufen auf den Güter- und Finanzmärkten. Das nominale Volkseinkommen Y_n steigt stets, wenn die Geldmenge wächst. Zunächst wird sich, solange noch Ressourcen verfügbar sind, das reale Volkseinkommen erhöhen - das im übrigen nicht nur von Geldmengenänderungen abhängt -, dann auch das Preisniveau. Dauerhafte Vergrößerungen der Geldbasis bewirken nichts anderes als eine Inflation. Die wirtschaftspolitischen Konsequenzen unterscheiden sich dementsprechend deutlich. Da eine Ausdehnung der Geldmenge im KEYNESschen System von den Kassenhaltern teilweise oder völlig neutralisiert wird, scheidet sie als Mittel der Krisenüberwindung aus. An die Stelle fehlender privater Nachfrage für Konsum- und Investitionsgüter müßten staatliche Ausgaben treten (*Übers. 14-3*), wenn die Beschäftigung steigen soll. Es sei sicherer, zusätzliches Geld über eine Defizitfinanzierung des Staatshaushalts (deficit spending) dem Volkseinkommenskreislauf zuzuführen ("Fiskalismus") statt privaten Kassenhaltern. Demgegenüber betonen die "Monetaristen" die Rolle der Geldpolitik. Es könne darauf vertraut werden, daß Geldmengenerhöhungen auch zu steigenden Ausgaben führen. Zugleich treten die Monetaristen dafür ein, die Geldmengenexpansion inflationsneutral zu halten (19. Kap.) und im Hinblick auf kaum prognostizierbare Wirkungsverzögerungen zu verstetigen.

Es sollte deutlich geworden sein: KEYNES stellt die Motive der Kassenhalter, FRIEDMAN die zur Verfügung stehende nominale Geldmenge als Ursache von Kassenhaltungsänderungen in den Vordergrund. FRIEDMAN ist der Auffassung, daß die reale Geldnachfrage (M_D/P) erheblich stabiler sei als KEYNES vermutet, sofern nicht auf das laufende, sondern permanente Einkommen abgestellt werde. Dementsprechend liegt im KEYNESschen System das Schwergewicht der Erklärungen in Ausgabe-, im FRIEDMANschen System in Geldmengenschwankungen, wobei aber beide beabsichtigen, die Determinanten der Volkseinkommensentwicklungen zu erklären. Ein Vorzug dieser Kontroverse zwischen Postkeynesianern und Neoquantitätstheoretikern im Vergleich zu früheren Debatten dürfte sein, daß sie zunehmend auf empirischem Gebiet ausgetragen wird. Die **Sprache der Empirie** ist indessen nicht so eindeutig, wie man es sich theoretisch wünschen mag. In den zahlreichen Untersuchungen wurden sowohl quantitätstheoretische als auch KEYNESsche Hypothesen revidiert. In der Sache läßt sich eine Annäherung ursprünglich weit auseinandergehender Standpunkte konstatieren. Klar scheint soviel: Für die meisten Länder dürfte die Zinsabhängigkeit der Geldnachfrage von geringer, die Einkommensabhängigkeit von überragender Bedeutung sein. Das permanente Einkommen ist als analytisches Konzept eine wertvolle Erweiterung der monetären Theorie. In Zeiten relativ stabiler Einkommensentwicklung führen das laufende und das permanente Einkommen zu ähnlichen Ergebnissen für die Geldnachfrage. Die von KEYNES stark betonten Änderungen der Kassenhaltung halten sich in normalen Zeiten in engen Grenzen, wenn von saisonalen Schwankungen abgesehen wird, die sich schon im Jahresablauf ausgleichen. Die konjunkturellen Schwankungen, deren konstatiertes Ausmaß stark vom Einkommenskonzept abhängt, sind nicht nur Reflex der Umlaufgeschwindigkeit, sondern - vielleicht mehr noch - deren Ursache. Das würde der Steuerung des Geldangebotes eine hohe Verantwortung aufbürden und für eine Rolle der Geldpolitik sprechen, die erheblicher ist, als KEYNES sie ihr zugedacht hat.

19. Kapitel: Inflation

I. Definition, Messung und Formen

Definition und Messung
Definitionen für Inflationen - Zwei Gründe für eine enge Definition - Messung des Preisniveaus - Preisentwicklung in Deutschland - Wahl des Basisjahres - Gewichtung der Preise - Änderungen von Qualität und Zusammensetzung der Güter

Formen
Schleichende Inflation und Hyper-Inflation - Wissenschaftliche Einigkeit über Hyper-Inflation

II. Inflationswirkungen

Allgemeine Aspekte
Gründe für die Inflationsbekämpfung - Ökonomische Gründe - Skepsis gegenüber wissenschaftlichen Analysen von Inflationswirkungen - Preisniveau und Geldwert umgekehrt proportional zueinander - cost benefit-Analyse der Inflation

Inflationswirkungen auf die Einkommensverteilung und Beschäftigung
Redistributionseffekte der Inflation - Rentner-Hypothese - "wage lag"-Hypothese - "interest lag"-Hypothese - Einige Schlußfolgerungen - Inflationswirkungen auf die Beschäftigung im PHILLIPS-Theorem kristallisiert - Vorzug des PHILLIPS-Theorems - Verzögerungseffekte - "Natürliche Arbeitslosenquote" - Ausmaß der "natürlichen Arbeitslosigkeit" - Rationale und adaptive Erwartungen - Wirkungslosigkeit der Geldpolitik bei rationalen Erwartungen - Nicht erwartete und erwartete Inflation

III. Inflationstheorien

Inflationsbedingungen und Inflationstheorien
Inflationsbedingungen - Allgemeine Inflationsbedingung - Gegenstand der Inflationstheorien

Monetäre und nichtmonetäre Inflationstheorien
Theorien über Ursachen der Inflation - Systematik der Inflationsursachentheorien - Monetäre Inflationstheorie - Nachfrageinduzierte und kosteninduzierte Inflation - Nichtmonetäre Inflationstheorien - Kritik

Mathematischer Anhang zu Kapitel 19
K 19 - 1: Haftung der Zentralbankleitung

I. Definition, Messung und Formen

Definition und Messung

Es gibt verschiedene **Definitionen für die Inflation**. Für die folgenden Überlegungen sei auf eine Definition zurückgegriffen, die wohl auch die geläufigste sein dürfte: Inflation ist ein Prozeß ständiger Preisniveausteigerungen. Der umgekehrte Vorgang - ständige Preisniveausenkungen - wird als Deflation bezeichnet. Durch diese Abgrenzung sind Vorgänge ausgeschlossen, die andere Definitionen zum Teil erfassen. Nach der gewählten Definition liegt erstens keine Inflation vor, wenn überhaupt keine Preissteigerungen stattfinden, die aber vielleicht einträten, wenn die institutionellen Bedingungen andere wären. Zu denken ist insbesondere an eine Situation, in der die Regierung einen allgemeinen Preisstopp durchsetzt. Die durch den Preisstopp zurückgedrängte Kaufkraft wäre in der Lage, das Preisniveau heraufzutreiben (auch gestoppte, verdeckte oder zurückgestaute Inflation genannt im Gegensatz zur "offenen" Inflation, von der die oben gewählte Definition ausgeht). Zweitens sind Entwicklungen ausgeschlossen, in denen das Preisniveau nicht ständig steigt, etwa weil die Erhöhungen nur saisonal oder temporär (Mißernten, Verknappungen bestimmter Güter u. a.) auftreten. Der Ausdruck ständig entbehrt einer exakten Zeitdimension, die zweckmäßigerweise nicht zu kurz anzusetzen ist (mindestens einige Jahre), schon um die konjunkturellen Preisniveauerhöhungen von der langfristigen Trendentwicklung abzuheben. Drittens werden von der Definition relative Steigerungen von Preisbestandteilen - Kosten und Gewinne - nicht erfaßt. "Gewinn- oder Kosteninflationen" fallen somit nicht unter den gewählten Inflationsbegriff. Viertens bleiben Einzelpreissteigerungen, die nicht auf das Preisniveau durchschlagen, ausgeklammert, so wichtig einzelne Preise - auch gesamtwirtschaftlich gesehen - sein mögen.

Die Beurteilung einer Definition ist an ihrer Zweckmäßigkeit zu orientieren. Für die im Schrifttum häufig verwendete **enge Definition** der Inflation gibt es vor allem **zwei Gründe**: Erstens ist selbst die relativ enge Definition - wie noch deutlich werden dürfte - ein Sammelbegriff für komplexe Vorgänge. Obwohl der Untersuchungsgegenstand "Inflation" so alt sein dürfte wie die Geldgeschichte, ist seine wissenschaftliche Deutung unverändert kontrovers. Versuche, zu einem Konsens zu kommen, werden durch weite Definitionen eher erschwert, sofern durch enge Begriffsabgrenzungen nicht wesentliche Zusammenhänge zerschnitten werden (definitorische Problemlösung). Die ständigen Preisniveausteigerungen in den meisten Ländern sind ein so gravierendes und zugleich komplexes Phänomen, daß eine "enge" Definition angezeigt scheint. Zweitens nötigen weite Definitionen zu Beschreibungen, die kontroverse Ursachenerklärungen umfassen. Eine Definition z. B., die neben der offenen auch die verdeckte Inflation einschließt, kann auf Begriffe wie Nachfrage-, Güter- oder Realeinkommenslücke kaum verzichten. Ob eine gesamtwirtschaftliche "Lücke" zu einer Inflation führt, hängt von einer Reihe weiterer Faktoren ab, die Gegenstand der umstrittenen Inflationsanalyse sind. Es scheint zweckmäßig, Definitionen auf die Erfassung eines Sachverhalts zu begrenzen und Ursachenerklärungen auszuschließen.

Die Problematik - selbst der engen Definition - wird bereits deutlich, wenn man die Frage stellt, wie das **Preisniveau zu messen** und wirtschaftspolitisch operational zu erfassen ist. Alle Preise einer Volkswirtschaft zu messen, ist entweder technisch unmöglich oder zu kostspielig. Deshalb gibt es nur Preiserfassungen bei ausgewählten Gütern, wobei sich deren Auswahl nach dem Untersuchungszweck richtet. In der Bundesrepublik Deutschland beobachtet die amtliche Statistik über 30 verschiedene, sich zum Teil überlappende Bereiche, von den Erzeugerpreisen industrieller Produkte bis hin zu Preisen für Schnittblumen und Topfpflanzen. In statistischen Veröffentlichungen werden Einzelpreise - z. B. die Preise pro Tonne Weizen zu verschiedenen Zeitpunkten - oder Preisindizes (normierter Mischpreis für bestimmte Gütergruppen) veröffentlicht. Als statistisches Substitut für das allgemeine Preisniveau stehen entweder - vor allem für die nationale Inflationsentwicklung - Preisindizes für die Lebenshaltung privater Haushalte oder - vor allem für internationale Inflationsvergleiche - Preisindizes für Größen aus der Volkswirtschaftlichen Gesamtrechnung (Brutto-, Nettosozialprodukt u. a.; vgl. 13. Kap.). Die Preisindizes für die Lebenshaltung basieren in der Regel auf Vier-Personen-Haushalten.

Übersichten der **Preisentwicklung** zeigen **für Deutschland** dreierlei: Die Preise sämtlicher Größen in der Volkswirtschaftlichen Gesamtrechnung sind - erstens - ständig gestiegen. Gemessen am Bruttoinlandsprodukt haben sie sich in den letzten beiden Jahrzehnten in etwa verdoppelt. Die Preise entwickelten sich - zweitens - unterschiedlich. Die Preise für die staatlichen Leistungen sind überdurchschnittlich, die für Ein- und Ausfuhren sowie Anlageinvestitionen unterdurchschnittlich gestiegen. Dieses Bild wiederholt sich, wenn man die Preisentwicklung für die Lebenshaltung betrachtet. Auch die Preise für die Lebenshaltung sind ständig gestiegen. Die Entwicklung bei einzelnen Gütergruppen ist jedoch unterschiedlich verlaufen.

Aus verschiedenen Gründen der statistischen Meßtechnik ist es notwendig, die Aussagefähigkeit von Preisindizes zu präzisieren: Das Ausmaß der Inflation hängt zunächst von der **Wahl des Basisjahres** ab. Das Basisjahr sollte im Trend der Entwicklung liegen, das heißt, nicht zu sehr aus der Reihe fallen. Es leuchtet ohne weiteres ein, daß man zu unterschiedlichen Ergebnissen über das Ausmaß der Inflation gelangt, je nachdem, ob man z. B. t_0 oder t_1 als Basisjahr wählt (*Fig. 19-1*). Den durchschnittlichen Preisanstieg der Beobachtungszeit gibt die Trendkurve, den tatsächlichen Preisanstieg zwischen beliebigen Zeitpunkten die P-Kurve wieder. Geht man vom Zeitpunkt t_0 als Basis aus, kommt man bei Zeitvergleichen zu anderen Werten als beim Ausgang von t_1.

Eine bedeutende Rolle für die Aussagefähigkeit von Zeitreihen für Preisindizes spielt bei gewogenen Indizes die **Gewichtung der Preise**. Die Gewichtung sollte repräsentativ für die Zusammensetzung des Warenkorbs sein - der Preisindex für die Lebenshaltung eines privaten Haushalts also die haushaltstypische Gütermengenwahl widerspiegeln. Ein Preisindex (P_L), der einer vorgegebenen Mengengewichtung folgt, wird durch

(19.1) $\quad P_{L_t} = \dfrac{\sum p_t \cdot q_0}{\sum p_0 \cdot q_0} \cdot 100 \qquad t = 0, 1, 2, \ldots$

19. Inflation

ermittelt. Ein Berechnungsschema zeigt diese Zusammenhänge (*Übers.* 19-1).

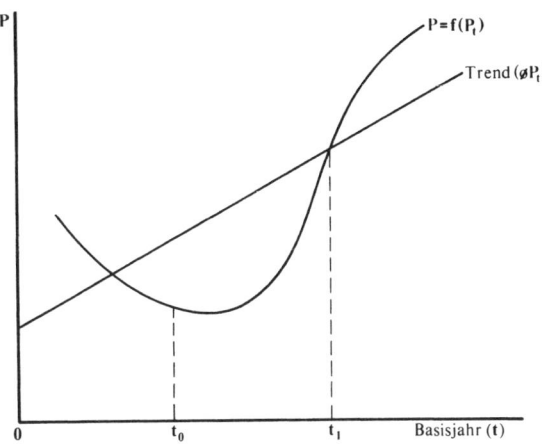

Fig. 19-1: Bedeutung des Basisjahres für einen Preisindex

Im vorliegenden Beispiel stieg der Preisindex vom Wert 100 (im Basisjahr) auf 150 (im Berichtsjahr), was sich durch Einsetzen der Werte sofort ergibt (36/24 × 100). (19.1) wird als Preisindex nach LASPEYRES (P_L) bezeichnet; ERNST LOUIS ÉTIENNE LASPEYRES (1834-1913) war Statistiker in Gießen. Im Unterschied zu anderen Preisindizes, die in der praktischen Statistik kaum Bedeutung haben, werden die Preise in beiden Jahren (Basis- und Berichtsjahr) mit derselben Menge gewogen. Soweit dieses statistisch unterstellte "Mengengerüst" vom tatsächlichen abweicht, ist ein Preisindex irreführend.

Ware	Preise in Euro pro kg im Basisjahr	Mengengewicht	Wert im Basisjahr (t=0)	Preis in Euro pro kg im Berichtsjahr	Mengengewicht	Wert im Berichtsjahr (t=1)
	(p_0)	(q_0)	$p_0 \cdot q_0$	(p_1)	(q_0)	$p_1 \cdot q_1$
Fleisch	6	1	6	11	1	11
Brot	2	5	10	3	5	15
Butter	4	2	8	5	2	10
Summe			24			36

Übers. 19-1: Berechnungsschema für den Preisindex der Lebenshaltung

Schließlich lassen sich **Qualitätsänderungen der Güter und ihre Zusammensetzung** im haushaltstypischen Warenkorb statistisch nur schwer erfassen. Der LASPEYRES-Index würde die Realität wiedergeben, wenn sich zwischen Basis- und Berichtsjahr weder die Güterqualitäten noch die Zusammensetzung des Güterbündels ändern würden. In Wirklichkeit ist beides nicht der Fall. Man könnte daran denken, andere Qualitäten als neue Güter zu definieren - wie es HERMANN PAASCHE (1851-1925) vorgeschlagen hat - und jeweils die Gütermengen des Berichtsjahres als Gewichte ermitteln. Abgesehen von den erheblich höheren Kosten der statistischen Erhebung erhielte man Indizes, die zwar die Käufe des Berichtsjahres abbilden, aber keine zuverlässigen Vergleiche mit früheren Jahren bieten würden. Wenn man beim Paasche-Index vor einem ähnlichen Dilemma wie beim LASPEYRES-Index steht - lange Zeitreihen mit hohem Informationsgehalt über die Inflationsrate, aber problematischem Mengengerüst (LASPEYRES) oder exaktem Mengengerüst, aber geringem Aussagewert über die Inflationsrate (PAASCHE) -, ist es konsequent, den weniger aufwendigen Laspeyres-Index zu wählen. In der amtlichen Statistik schlägt man eine mittlere Linie ein und ermittelt das Mengengerüst alle 4 Jahre neu.

Formen

Im Schrifttum werden im Hinblick auf die Inflationsraten grob gesehen zwei Formen der Inflation unterschieden: **Schleichende Inflation und Hyper-Inflation**. Differenzierter wird von schleichender, trabender, galoppierender und rasender Inflation gesprochen. Die letzte Form ist mit Hyper-Inflation identisch. Die Grenzen zwischen den Formen der Inflation sind fließend. PHILLIP DAVID CAGAN hat als Definition einer Hyper-Inflation jährliche Preisniveausteigerungen von mehr als 50 v. H. vorgeschlagen. Wie internationale Übersichten zeigen, gibt es früher wie heute Länder, in denen der Konsumentenpreisindex jährlich über 50 v. H., teilweise mit drei- oder vierstelligen Raten steigt. Folgt man dem Vorschlag CAGANS, würde man bei solchen Inflationsraten - wenigstens für einige Jahre - von einer Hyper-Inflation sprechen. Das bei den übrigen Ländern zu konstatierende Inflationstempo entspräche dem Typus der schleichenden Inflation oder einer etwas flotteren Gangart. Der Übersicht ist zu entnehmen, daß in allen Ländern Inflation herrscht - Inflation also ein weltweites Problem darstellt - und es nur temporäre Konsumentenpreisrückgänge gegeben hat. Hyper-Inflationen treten - sieht man von Staaten Lateinamerikas ab - relativ selten auf. Sie sind oft Folge eines verlorenen Krieges, wie im Deutschen Reich und in Rußland nach dem Ersten, in Ungarn und China nach dem Zweiten Weltkrieg. Wahrscheinlich hat der allgemeine Preisstopp in Deutschland nach dem Zweiten Weltkrieg eine amtlich notierte Hyper-Inflation verhindert, nicht jedoch Käufe und Verkäufe zu verbotenen, inflationären Preisen auf "schwarzen" Märkten.

Über Hyper-Inflation herrscht erheblich größere **wissenschaftliche Einigkeit** als über eine Inflation mit kleineren Inflationsraten. Wie zwischen Hyper-Inflation und schleichender Inflation ist auch die Grenze zwischen schleichender Inflation und Preisniveaustabilität nicht eindeutig zu ziehen. Angesichts der skizzierten Meßprobleme der Statistik läßt sich nicht ausschließen, daß mit dem Preisindex gleichzeitig die Güterqualität steigt. Eine Preisniveauerhöhung um ca. 500 v. H. in einem Jahr - wie in Chile im Jahr 1974 - kann mit einer Qualitätsverbesserung nichts zu tun haben, wohl aber eine um 2 v. H. Viele würden bei einem geringen andauernden Preisniveauanstieg wohl nicht von einer Inflation sprechen, wenn sie für höhere Preise Güter besserer Qualität bekämen.

Was am Beispiel der Güterqualität gezeigt werden sollte: Geringe Inflationsraten sind schwieriger zu erklären, weil sie Ausdruck von Einflußfaktoren sein können, die als Ursache bei einer Hyper-Inflation ausscheiden. Tatsächlich hat der weltweite allmähliche Anstieg der Preisniveaus, den es in dieser Form früher nicht gegeben hat, mehr zur Initiierung der Inflationsforschung beigetragen, als die gelegentlich auftretenden Hyper-Inflationen.

II. Inflationswirkungen

Allgemeine Aspekte

Preisniveaustabilität - die Vermeidung von Inflationen und Deflationen - ist in allen Ländern erklärtes Ziel der Wirtschaftspolitik (3. Kap.). Das führt zu der Frage, **warum** die **Inflation bekämpft wird**. Üblicherweise wird für die Inflationsbekämpfung eine Reihe von nichtökonomischen und ökonomischen Gründen genannt. Zu den nichtökonomischen Gründen, auf die nicht weiter eingegangen werden soll, gehört z. B. das Argument, mit der Inflation gehe Staatsverdrossenheit einher, die die Grundlagen der Demokratie aushöhle, oder ein Verfall der Moral, weil eine wachsende Verschuldung zur Tugend werde.

Die Liste der **ökonomischen Gründe** ist so lang, daß nur die wichtigsten genannt und einige davon erörtert werden können. So wird behauptet, eine Inflation
⇨ beschleunige sich zwangsläufig, eine schleichende Inflation gehe in eine Hyper-Inflation über, die nicht mehr zu kontrollieren sei;
⇨ treibe immer mehr auf eine Situation zu, in der eine Währungsreform unvermeidlich werde;
⇨ schaffe eine nicht gewollte Einkommens- und Vermögensverteilung zu Lasten der Sparer oder Arbeitnehmer, während sie Schuldner oder Unternehmer begünstige;
⇨ lähme den Wettbewerbsmechanismus, weil die Produzenten den Nachfragewünschen nicht zu folgen brauchten und Produktionsfaktoren ineffizient beschäftigen könnten (versteckte Arbeitslosigkeit);
⇨ behindere das Wirtschaftswachstum und gefährde eine andauernde Vollbeschäftigung, wenn ein Land international seine Konkurrenzfähigkeit verliere.

Tatsächlich lassen sich für jede dieser Behauptungen Beispiele finden. So erwuchsen Hyper-Inflationen fast immer aus schleichenden Inflationen und am Ende des Prozesses standen Währungsreformen (z. B. in Deutschland 1923). Durch Inflationen sind viele Sparer ihres oft mühselig ersparten Vermögens beraubt worden, das ihnen zur Alterssicherung dienen sollte. Die Löhne der Arbeitnehmer blieben hinter Unternehmergewinnen relativ zurück oder sind sogar absolut gefallen. Versteckte Arbeitslosigkeit und sonstige Faktorenverschwendung konnten vor allem bei Inflationsprozessen beobachtet werden. Schließlich waren hohe Inflationsraten und niedriges Wachstum sowie Zahlungsbilanzdefizite als Ausdruck geringer Exportchancen simultan feststellbare Erscheinungen. Es verwundert deshalb kaum, daß in der öffentlichen Diskussion diese und andere Inflationswirkungen als selbstverständlich gelten.

Die **wissenschaftliche Analyse der Inflationswirkungen** ist demgegenüber von einer **gewissen Skepsis** gezeichnet, die in den letzten Jahren deutlicher ausgeprägt sein dürfte als früher. Der Grund dafür liegt nicht in einer Verharmlosung der Inflation, an der den jeweils politisch Verantwortlichen, nicht aber den Wissenschaftlern, gelegen sein mag, sondern an der empirischen Unsicherheit der behaupteten Wirkungen. Methodologisch gesehen lassen sich bei umfangreichem Tatsachenmaterial fast immer Bestätigungen für bestimmte Aussagen finden. Entscheidend ist jedoch, ob Hypothesen systematischen Falsifizierungstests standhalten. Soweit Untersuchungen durchgeführt worden sind, haben sie - oft mehr oder ebensoviele - Gegenbeispiele zutage gefördert. Deshalb wird heute der Inflationsprozeß nicht mit bestimmten Folgen verknüpft, d. h. die Zwangsläufigkeit bestimmter Inflationswirkungen zurückgewiesen. Eine derartige, empirisch angezeigte Unsicherheitsklausel bedeutet, daß die beispielhaft aufgeführten sowie weitere Inflationswirkungen eintreten können, aber nicht eintreten müssen. Als unbestritten gilt, daß von der Inflation Wirkungen ausgehen, deren Richtung und Ausmaß jedoch grundsätzlich offen ist. Für die Forschung gibt es freilich - trotz zahlreicher Untersuchungen - noch zahlreiche "weiße Flecken" auf der Karte.

Die theoretische Argumentation zu den Inflationswirkungen knüpft zweckmäßigerweise an der Überlegung an, daß sich **Preisniveau** (P) **und Geldwert** (G_w) **umgekehrt proportional zu einander bewegen:**

(19.2 a) $P \equiv \dfrac{1}{G_w}$ oder   (19.1 b) $G_w \equiv \dfrac{1}{P}$ (Definitions-Gleichungen).

Steigt das Preisniveau ständig (Definition der Inflation), fällt der Geldwert: Für eine Währungseinheit erhält der Geldbesitzer weniger als vorher. Bei einem unveränderten Nominalbetrag steht ihm weniger Kaufkraft (realer Geldwert) zur Verfügung, unabhängig davon, welche Funktion Geld hat. Der Verlust des Geldbesitzers verflüchtigt sich nicht, sondern wächst anderen als Kaufkraft zu. Diese theoretisch unbestrittene Aussage wird durch die Einschränkung "bei einem unveränderten Nominalbetrag" in ihrer empirischen Bedeutung erheblich entwertet, weil in einer wachsenden Wirtschaft die Nominaleinkommen steigen. Wenn die wissenschaftliche Analyse früher stärker dem populären Verständnis der Inflationswirkungen zuneigte, so deshalb, weil sie von der Prämisse eines unveränderten - oder hinter der Inflationsrate zurückbleibenden - Nominalbetrags für bestimmte Gruppen, z. B. für Geldbesitzer oder Gläubiger von Schulden, ausging. Ein Beispiel mit hypothetischen Indexzahlen soll die gewandelte Betrachtungsweise verdeutlichen (*Übers. 19-2*). In der Übersicht wird eine Inflationsrate von 5 v. H. (P steigt von 100 auf 105) zwischen zwei Zeitpunkten (Periode 0 und 1) unterstellt. Es seien gesamtwirtschaftlich nur zwei Gruppen (A und B) vorhanden, die dasselbe Güterpaket zum selben Preisniveau kaufen - eine erhebliche Vereinfachung -, während sich ihre Nominaleinkommen (Y_n) und damit auch Realeinkommen (Y_r) unterschiedlich entwickeln. Das Realeinkommen steigt nach den Beispielszahlen gesamtwirtschaftlich im Durchschnitt um 5 v. H., das der Gruppe *A* jedoch um 10 v. H., das der Gruppe B nur um 3 v. H.

Fall	Periode	P	Indexzahlen für		
			Y_n	$Y_r \equiv \frac{Y_n}{P} \cdot 100$	$Y_{r_1} - Y_{r_0}$
Gesamt-wirtschaft	0 1	100 105	100 110,25	100 105	+ 5
Gruppe A	0 1	100 105	100 115,5	100 110	+ 10
Gruppe B	0 1	100 105	100 108,15	100 103	+ 3

Übers. 19-2: Kaufkraftentwicklung in einer Inflation

Die älteren wissenschaftlichen und heutigen populären Vorstellungen laufen darauf hinaus, die Zugehörigkeit zu *A* und *B* an bestimmte Personengruppen oder soziale Schichten zu binden: Zur Gruppe *A* rechnet man die Schuldner, Arbeitgeber oder schlicht den politischen und wirtschaftlichen Gegner, dem man Belastungen irgendwelcher Art zu übertragen gedenkt, zur Gruppe B die Gläubiger, Arbeitnehmer, Rentner, generell Personengruppen oder Schichten, die soziale Ansprüche anmelden oder sich geschädigt fühlen. Diese Zuordnungsphilosophie kann im Einzelfall richtig, aber auch falsch sein. Es gibt z. B. Schuldner, die inflationsgeschädigt sind und Gläubiger, die gewinnen. Es kann auch in Abweichung von der traditionellen Zuordnung der Grenzfall eintreten, daß durch die Inflation keine nennenswerte Verschiebung eintritt.

Die Wirkungen der Inflation sollten deshalb danach unterschieden werden, ob sie im Hinblick auf die gesamtwirtschaftlichen Ziele nachteilig oder vorteilhaft sind. Gesamtwirtschaftliche Nachteile lassen sich als Kosten, gesamtwirtschaftliche Vorteile als Nutzen eines Landes interpretieren. Die Wirkungen einer allgemeinen anhaltenden Preissteigerung können deshalb in einer **cost benefit-Analyse** der Inflation zusammengefaßt werden. Besonderheiten einer solchen Analyse wären:

⇨ Es hängt von der Definition der gesamtwirtschaftlichen Ziele ab, was Vor- und Nachteile sind.

⇨ Die cost-benefit-Analyse ist von Raum und Zeit determiniert. Was für ein Land erwünscht ist, kann für ein anderes unerwünscht sein - je nachdem, wie die Ziele definiert sind und wie die konkreten Inflationsprozesse aussehen.

⇨ Auf der Kosten- wie auf der Nutzenseite erscheinen dieselben Positionen, soweit es ambivalente Wirkungen gibt; ob eine Inflation zu bekämpfen ist, hinge vom Kosten-Nutzen-Saldo ab.

Eine genauere Übersicht der Inflationswirkungen vermag sich der Leser anhand der angegebenen Literatur verschaffen. Hier seien lediglich zwei Inflationswirkungen herausgegriffen, die in der Realität und im Schrifttum im Vordergrund stehen, nämlich die Einkommensverteilungs- und Beschäftigungseffekte.

Inflationswirkungen auf die Einkommensverteilung und Beschäftigung

Die Wirkungen von Preisniveauerhöhungen auf die Einkommensverteilung, die sogenannten **Redistributionseffekte der Inflation**, haben verschiedene Aspekte. In der politischen und wissenschaftlichen Diskussion stehen drei Behauptungen im Vordergrund:
⇨ Rentner und Pensionäre sind Hauptgeschädigte der Inflation (Rentner-Hypothese).
⇨ Die Löhne folgen in einer Inflation nur mit Verzögerungen den Unternehmergewinnen ("wage lag"-Hypothese).
⇨ Geldgläubiger erleiden Verluste, weil die verlangten Nominalzinsen den Preissteigerungen nur verzögert folgen ("interest lag"-Hypothese; auch "Gläubiger-Schuldner"-Hypothese).

Anders ausgedrückt: Rentner und Pensionäre, Arbeitnehmer sowie Gläubiger wären in *Übers. 19-2* der Gruppe der Inflationsgeschädigten (B), Arbeitgeber und Schuldner der Gruppe der Inflationsgewinner (A) zuzurechnen. Ist diese Zuordnung haltbar? Da generelle Antworten - wie erwähnt - problematisch sind, sei diese Frage für die Verhältnisse in der Bundesrepublik Deutschland kurz diskutiert.

Die **Rentner-Hypothese** ist insoweit unbestritten, als Rentner, Pensionäre und Sozialhilfeempfänger als passive Marktteilnehmer ihre Nominaleinkommen nicht in dem Maße anpassen können, wie aktive Marktteilnehmer. Diese Einkommen hängen in gewissem Umfang vom Wohlwollen des Gesetzgebers ab, der vor Wahlen das nicht unbeträchtliche Stimmengewicht der Rentner stärker einzuschätzen weiß als in anderen Zeiten. Seit Einführung der dynamischen Rente erfolgen die Einkommensanpassungen für Rentner aus Pflichtversicherungen quasiautomatisch, wobei jedoch bei einer Inflation im Hinblick auf die Bemessungsgrundlage - Durchschnitt der Bruttoverdienste aller Versicherten in den letzten drei Jahren - eine zeitliche Verzögerung in der Realeinkommensentwicklung eintritt. Die vom Staat bezahlten Pensionen sind an die Beamtenbezüge gekoppelt. Die Behauptung, es sei "inflationstypisch", daß die Preise der Produkte, die Rentner kaufen, im Durchschnitt stärker steigen als der Preisindex für die Lebenshaltung aller Haushalte, läßt sich empirisch nicht bestätigen. Andererseits sind Renten - anders als Pensionen - bisher nicht einkommensteuerpflichtig. Da den Einkommensempfänger letztlich nur sein verfügbares Einkommen interessiert, steht den Nachteilen der Renteneinkommen der Vorteil der Steuerfreiheit gegenüber. Die Rentenautomatik hat dazu geführt, daß die vom Staat gezahlten Renten sich der allgemeinen Einkommensentwicklung stärker angepaßt haben, als es bei den Pensionen der Fall war. Folgende Aussage müßte deshalb der Realität nahe kommen: Die Realeinkommen der Rentner sind zu einem erheblichen Teil der allgemeinen Realeinkommensentwicklung gefolgt. Mit beschleunigenden Inflationsraten verschlechtert sich diese Realeinkommensposition allerdings rapide wegen der Rentenanpassungsformel, die man ändern könnte. Die Pensionäre, soweit sie Empfänger staatlicher Zahlun-

19. Inflation

gen sind, befinden sich in keiner besseren Lage: Für sie gilt weder die Rentenanpassungsformel - mit ihren Vor- und Nachteilen - noch die Steuerfreiheit. An den Besoldungserhöhungen für aktive Beamte haben sie teilgenommen, in der Regel nicht an den Verbesserungen der Besoldungsstruktur.

Die **"wage lag"-Hypothese** ist für die Bundesrepublik bereits implizit behandelt worden (17. Kap.). Die funktionelle Einkommensverteilung zwischen Arbeitnehmern und Unternehmern ist, wenn man die Verschiebungen zwischen Unselbständigen und Selbständigen berücksichtigt, im wesentlichen unverändert geblieben. Die in den Wachstumszyklen feststellbaren wage-lags sind von wage-leads (oder profit-lags) abgelöst worden, ohne daß sich im Trend erhebliche Veränderungen ergeben hätten. Beiden Marktparteien scheint es gelungen zu sein, den temporären, konjunkturell begünstigten Vorsprung der anderen Marktseite nachträglich zu korrigieren. Dabei bleiben - wofür manche Indizien sprechen - Änderungen der Einkommensverteilung innerhalb dieser Gruppen (Arbeitnehmer und -geber) durchaus möglich. Generell dürften im Zuge steigender Realeinkommen die Einkommen bestimmter, von der konjunkturellen Entwicklung begünstigter Marktteilnehmer (Arbeitgeber und -nehmer) stärker gestiegen sein als die anderer. Auf *Übers.* 19-2 bezogen: Die Gruppengrenze zwischen A und B scheint nicht so sehr die zwischen Arbeitnehmern und Arbeitgebern, sondern die zwischen konjunkturell begünstigten und benachteiligten Industrien und Firmen zu sein. Das hieße aber: Bestimmte Arbeitnehmergruppen (Unternehmergruppen) haben ihre Vorteile nicht aus Nachteilen von Unternehmergruppen (Arbeitnehmergruppen) - der anderen Marktseite -, sondern aus denen von Konkurrenten derselben Marktseite gezogen. Erfolgreiche Gewerkschaften - analoges gilt für Unternehmen - schränken deshalb gesamtwirtschaftlich gesehen weniger den Spielraum der Unternehmer als den schwacher Gewerkschaften ein. Daß der gewerkschaftliche Erfolg nicht ausschließlich oder auch nur primär vom Organisationsverhältnis abhängt, ist bekannt (10. Kap.).

Nach der **"interest lag"-Hypothese** sind Geldgläubiger Verlierer, Geldschuldner Gewinner der Inflation, weil die in der Inflation steigenden Nominalzinsen (i^*_n) sich langsamer als die tatsächlichen Inflationsraten ($\dot{P}$) oder das Preisniveau (P) erhöhen. Damit sinkt der tatsächliche Realzins (i_r), weil zwischen den genannten Größen folgende Zusammenhänge bestehen:

(19.3) $\quad i_r \equiv i^*_n - \dot{P}$ \hspace{2em} (Definitions-Gleichung)

oder

(19.4) $\quad i_r \equiv \dfrac{i^*_n - \dot{P}}{P} \cdot 100$ \hspace{2em} (Definitions-Gleichung).

(19.3) wird als additive, (19.4) als multiplikative Methode der Realzinsberechnung bezeichnet. Die Ergebnisse weichen bei gleichen Werten geringfügig voneinander ab. Der Realzins ist in einer Inflation geringer als der Nominalzins. Die Realzinsen für Spareinlagen, der typischen Anlageform breiter Bevölkerungsschichten, liegen unter denen für festverzinsliche Wertpapiere, wobei unterschiedliche Risiken der Sparformen zu beachten bleiben. Es scheint ziemlich sicher, daß die Sparkonteninhaber - selbst unter Berücksichtigung steuerlicher Vorteile - zu den Hauptleidtragenden der Inflation gehören, zumal der Sparzins den Inflationsraten noch zögernder folgt als andere Nominalzinssätze. Inwieweit der einzelne Sparer den Inflationsfolgen auszuweichen vermag, dürfte nicht allein eine Frage des persönlichen Geschicks, sondern auch der Höhe des Anlagekapitals sein: Wirtschaftlich Starke können in der Regel negativen Inflationswirkungen leichter ausweichen als Schwache. Ob es den Besitzern größerer Geldvermögen gelungen ist, Einkommensumverteilungen zugunsten der Geldschuldner zu entgehen, kann aufgrund der verfügbaren Informationen nicht eindeutig beantwortet werden, scheint jedoch zweifelhaft. Hauptschuldner - und damit Inflationsgewinner - sind die Unternehmen, um so mehr, je stärker sie verschuldet sind - eine These, die u. a. schon IRVING FISHER und JOHN MAYNARD KEYNES vertreten haben. Indessen darf der Lernprozeß in einer Inflation nicht unterschätzt werden. Wird mit steigenden Nominalzinssätzen gerechnet, kann es zu Gläubiger-Schuldner-Vereinbarungen kommen, bei denen der Schuldner verliert, weil er die Inflationsraten überschätzte. Solchen Fällen scheint in hochentwickelten Ländern bisher empirisch kaum Bedeutung zuzukommen.

Aus allem ergäben sich **einige Schlußfolgerungen**: Die Inflation schädigt Anleger kleinerer Beträge stärker als die größerer Beträge. Andererseits profitieren die Unternehmen als größte Schuldnergruppe vom interest-lag - eine Verzögerung, bei der die Verteilungswirkungen jedoch umgekehrt verlaufen, wenn die erwarteten Inflationsraten überschätzt worden sind. Wer wenig Geldvermögen hat, dem wird - mit anderen Worten - durch die Inflation relativ viel genommen, mag sich auch der Gesetzgeber bemühen, die negativen Wirkungen für breite Schichten steuerlich auszugleichen. Zu den Erkenntnissen der Klassiker, die heute unverändert Relevanz haben, gehört die Einsicht, daß die Inflation einer Steuer vergleichbar ist, die vom Staat als Geldproduzenten und von einkommensstarken Schichten den Schwachen aufgezwungen wird. Unerörtert geblieben ist die Wirkung der Inflation auf den Vermögensbestand. Hierzu sei soviel angemerkt: Wer langfristig Vermögen in Geld oder geldwerten Titeln in Erwartung von Preisniveaustabilität oder von Zinssätzen, die unter den tatsächlich eintretenden liegen, angelegt hat, gehört zu den Geschädigten, seine Schuldner zu den Gewinnern der Inflation. Der Inflationsverlust korrespondiert mit der Inflexibilität einer zeitlichen Anpassung des Nominalzinses. Bei fünfzigjähriger Laufzeit einer Schuldverschreibung ist der - buchhalterische oder realisierte - Verlust größer als bei einer fünfjährigen.

Die Diskussion der **Inflationswirkungen auf die Beschäftigung** hat sich **im PHILLIPS-Theorem kristallisiert**, das in der PHILLIPS-Kurve veranschaulicht werden kann. ALBAN WILLIAM HOUSEGO PHILLIPS - ein englischer Statistiker und Ökonometriker - gibt in seiner Untersuchung (1958) keine Ursachenerklärung der Inflation. Er beschränkt sich auf eine Beschreibung der Beziehungen zwischen der Arbeitslosenquote und Geldlohnsteigerungen in Großbritannien für einen Zeitraum von etwa 100 Jahren. PAUL ANTHONY SAMUELSON und ROBERT MERTON SOLOW transformierten durch die Annahme einer festen Beziehung zwischen Nominallohn- und Preisniveauänderungen die ursprüngliche

19. Inflation

PHILLIPS-Kurve in ihre modifizierte, heute allgemein zugrundegelegte Form (*Fig. 19-2*). Bei einer Inflationsrate - ausgedrückt in Prozenten eines Preisindexes - von Null soll eine prozentuale Nominallohnerhöhung von 3 v. H. möglich sein (inflationsneutrale Lohnerhöhung). Stärkere Lohnanhebungen führen zur Inflation, deren Rate um 3 v. H. unter dem Anstieg der Nominallöhne liegt. Bei einer hohen Inflationsrate ist die in Prozenten ausgedrückte Arbeitslosenquote (14.Kap.) geringer als bei einer niedrigen Inflationsonsrate. Dem sozialen Vorteil einer niedrigen Arbeitslosenquote stünde der Nachteil einer hohen Inflationsrate gegenüber et vice versa.

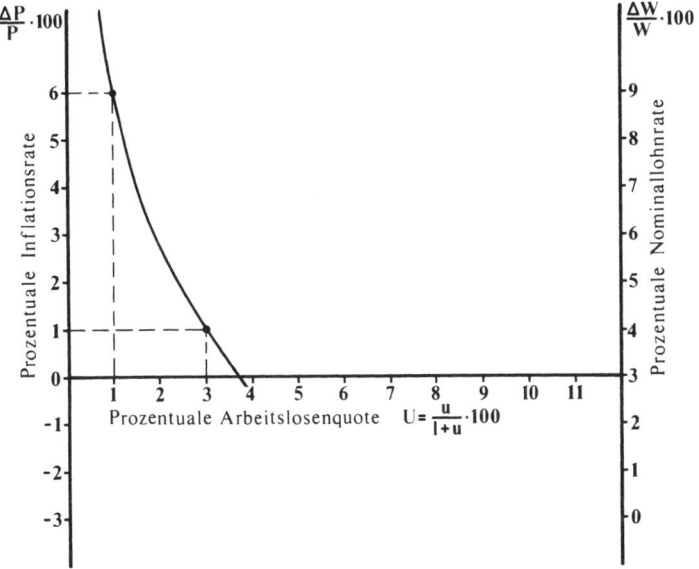

Fig. 19-2: PHILLIPS-Kurve

Eine niedrige Arbeitslosenquote kostet - anders ausgedrückt - eine hohe Inflationsrate, es ließen sich zu einem solchen "Preis" verschiedene Arbeitslosenquoten tauschen (trade off).

Der **Vorzug des PHILLIPS-Theorems** liegt darin, eine theoretisch kontroverse Wirkung der Inflation in eine empirisch greifbare Form gebracht zu haben. Die Bekämpfung der Inflation läßt sich dem Parteienstreit entziehen: Während eine Seite behaupten konnte, eine geringe Erhöhung der Arbeitslosenquote würde die Inflation beseitigen, stellte sich die andere auf den Standpunkt, eine Inflationsdämpfung habe unzumutbare Beschäftigungsrückgänge zur Folge. Unbestritten scheint, daß das PHILLIPS-Theorem das Dilemma der Wirtschaftspolitik verdeutlicht, zwischen Inflation und Arbeitslosigkeit wählen zu müssen. Wird die Einkommensumverteilung als wichtigster gesamtwirtschaftlicher Kostenfaktor der Inflation vernachlässigt oder durch steuerliche Maßnahmen korrigiert, wäre - wie ABBA P. LERNER fordert - der Vollbeschäftigung im Hinblick auf die gesamtwirtschaftlichen Ziele unbedingt Vorrang einzuräumen.

Bevor wirtschaftspolitische Schlußfolgerungen aus dem PHILLIPS-Theorem gezogen werden, ist auf eine wichtige Implikation hinzuweisen: Die PHILLIPS-Kurve - auch in ihrer modifizierten Form - ist die Verbindung simultaner Lohn- (bzw. Preis-) und Arbeitslosensätze. **Verzögerungseffekte** als Ausdruck der Inflationserwartungen spielen in ihr keine Rolle, obwohl sie ein wesentliches Element jedes Inflationsprozesses sind. Berücksichtigt man Erwartungen, ist die PHILLIPS-Kurve instabil. Wenn z. B. Unternehmer und Arbeiter feststellen, daß die Preissteigerungen ihre Inflationserwartungen übertreffen, werden sie ihre Erwartungen nach oben korrigieren. Langfristig kann die Arbeitslosigkeit trotz Inflation ein Niveau erreichen, das sie vor der Inflationierung hatte oder die Inflation von einer zurückgehenden Beschäftigung begleitet sein. Die von PHILLIPS für Großbritannien empirisch abgeleitete, für andere Länder in dieser Form nur selten oder gar nicht nachweisbare Kurve kann allenfalls kurzfristig der Wirtschaftspolitik Vor- und Nachteile der Inflation vor Augen führen. Für eine langfristige, auf dauerhafte Inflationsbekämpfung ausgerichtete Politik dürfte sie eher problematisch sein. In *Fig. 19-3* sei P^I eine PHILLIPS-Kurve, bei der Erwartungseffekte ausgeschlossen sein sollen.

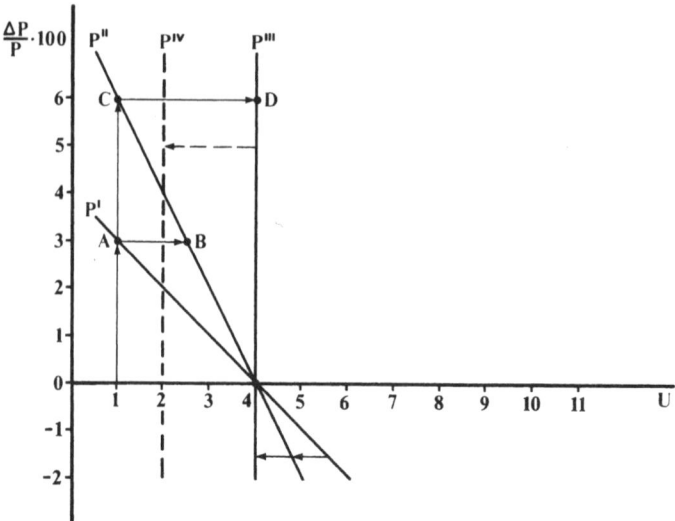

Fig. 19-3: Instabilität der PHILLIPS-Kurve

Zur Vereinfachung ist sie als Gerade gezeichnet. Im Punkt A würde bei einer Arbeitslosenquote von 1 v. H. eine Inflation von 3 v. H. auftreten. Bei abweichenden Erwartungen ist die PHILLIPS-Kurve instabil: Sind nämlich Unternehmer und Arbeitnehmer durch diese Inflationsrate in ihren Erwartungen überrascht, werden sie Preise nach oben zu korrigieren versuchen. Gelingt ihnen das, kommen sie von A zu Punkt C, bei dem dieselbe Arbeitslosenquote, aber eine höhere Inflationsrate herrschen. Gelingt ihnen das nicht, gehen sie zu Punkt B über, der die gleiche Inflationsrate wie Punkt A, aber eine höhere Arbeitslosenquote aufweist. Die Punkte B und C sind Extremfälle (mit reinen

Preisniveau- oder Beschäftigungseffekten), zwischen denen man sich alle Kombinationen denken kann. Die P^I-Kurve dreht sich nach P^{II}, letztlich nach P^{III}: Die Parallele (P^{III}) zur Ordinate wird erreicht, wenn das Beschäftigungsniveau von der Inflationsrate unbeeinflußt bleibt, d. h. langfristig gibt es keine Inflationswirkungen auf die Beschäftigung.

Man nennt die langfristig durch Geldpolitik nicht veränderbare Arbeitslosigkeit "**natürliche Arbeitslosenquote**" (in *Fig. 19-3*: 4 v. H.). Der Ausdruck "natürliche Arbeitslosenquote", den MILTON FRIEDMAN in Analogie zum Begriff "natürlicher Zinssatz" von KNUT WICKSELL prägte, hat zu theoretischen und wirtschaftspolitischen Kontroversen geführt. Tatsächlich ist der Terminus "natürlich" leicht mißzuverstehen und deshalb unglücklich gewählt. Einer Arbeitslosenquote, deren Kriterium ist, daß sie durch eine antizipierte Inflation langfristig nicht beeinflußt wird, haftet nichts Natürliches im Sinne von echt oder zwangsläufig an. Worauf FRIEDMAN die Aufmerksamkeit hinlenken möchte, ist die gelegentlich in Vergessenheit geratene Tatsache, daß es für Arbeitslosigkeit auch andere Ursachen gibt als die vom KEYNESschen Typ (14. Kap.).

Das **Ausmaß der "natürlichen" Arbeitslosigkeit** hängt insbesondere von einer Reihe nichtmonetärer, realer Faktoren ab, deren Bedeutung von Land zu Land und im Zeitablauf unterschiedlich sein kann. Zu diesen, oft interdependenten Faktoren gehören beispielsweise die berufliche und räumliche Mobilität, der Anreiz zur Arbeit und die Wettbewerbsintensität. Jede nichtstationäre Volkswirtschaft hat einen Bedarf an beruflicher und räumlicher Mobilität, der um so größer ist, je rascher und nachhaltiger sich ein struktureller Wandel vollzieht. Es leuchtet ohne weiteres ein, daß eine hohe Bereitschaft der Arbeitskräfte, Beruf und Arbeitsort zu wechseln, zu weniger "natürlicher Arbeitslosigkeit" führt als eine geringe Mobilität. Diese wird oft noch dadurch gefördert, daß sich der Anreiz zur Arbeit durch soziale Absicherungen gemindert hat. Arbeitslose stehen in vielen Ländern heute nicht mehr unter dem Druck früherer Zeiten, zur Erzielung eines existentiell notwendigen Einkommens jedes Arbeitsangebot wahrzunehmen. Der Wissenschaftler hat dies nicht zu bewerten, kann aber konstatieren, daß soziale Sicherungen ökonomische Folgen - hier Arbeitslosigkeit - zeitigen. Häufig stößt man auf die Behauptung, eine hohe Arbeitslosigkeit zeuge für die Unfähigkeit des "Kapitalismus", für Vollbeschäftigung zu sorgen. Tatsächlich werden bei fehlender Konkurrenz Arbeitskräfte weiterbeschäftigt ("versteckte" Arbeitslosigkeit), die bei intensivem Wettbewerb temporär freigesetzt werden. Nicht zufällig ist deshalb in Ländern mit geringen Arbeitslosenquoten das Wirtschaftswachstum oft niedriger als in solchen mit etwas höherer Arbeitslosigkeit. Diese wenigen Beispiele verdeutlichen bereits: Die "natürliche Arbeitslosigkeit" ist keine wirtschaftspolitisch vorgegebene Größe und läßt sich, wie auch FRIEDMAN betont, mit geeigneten Mitteln beeinflussen - nur auf Dauer nicht durch eine Inflation. Durch ursachenadäquate Maßnahmen könnte deshalb eine sozial nicht akzeptierte natürliche Arbeitslosenquote von z. B. 4 auf 2 v. H. gesenkt werden, so daß sich - in Ausdrücken des PHILLIPS-Theorems - die langfristige Kurve P^{III} nach P^{IV} verschiebt (*Fig. 19-3*).

Die Inflationserwartungen - ursprünglich nur ein kritischer Einwand gegen das PHILLIPS-Theorem - scheinen ein wesentliches Erklärungselement der modernen Inflations- und Beschäftigungstheorie zu werden. In den letzten Jahren entwickelte sich eine Erwartungstheorie, die inzwischen fast alle Bereiche der Makroökonomie erfaßt hat und diese künftig in wichtigen Teilen modifizieren - wenn nicht umgestalten - könnte. Diese Entwicklung nahm ihren Ausgang von der Theorie der **rationalen Erwartungen**, deren Vertreter - anfänglich insbesondere ROBERT EMERSON LUCAS JR., THOMAS JOHN SARGENT, NEIL WALLACE und ROBERT JOSEPH BARRO - adaptive Erwartungen für unrealistisch halten. Hinter diesen Begriffen verbergen sich einfache Sachverhalte, die anhand der skizzierten Diskussion des PHILLIPS-Theorems mit anderen Worten ausgedrückt seien: Eine inverse Beziehung zwischen Inflationsrate und Arbeitslosenquote besteht nur dann für eine kurze Zeit oder eng begrenzte Zahl von Perioden, wenn erwartete und tatsächliche Inflationsrate divergieren. Durch Inflation läßt sich folglich die Beschäftigung erhöhen, solange die Wirtschaftssubjekte - auch wenn sie historische Inflationsraten bei ihren Erwartungen berücksichtigen - die Zukunft nicht voll antizipieren. Diese Einstellung der Wirtschaftssubjekte nennt man "adaptive" Erwartungen. Adaptive Erwartungsbildung erlaubt demnach der Wirtschaftspolitik, die Inflation als Mittel der Beschäftigungspolitik einzusetzen. Kern der Kritik am PHILLIPS-Theorem ist, daß man Wirtschaftssubjekte nicht auf Dauer täuschen könne, diese also lernen würden, die tatsächliche Inflationsrate zu antizipieren. Die Vertreter der rationalen (begrifflich vielleicht besser: konsistenten) Erwartungstheorie unterstellen, daß die Wirtschaftssubjekte ihre Erwartungen aufgrund sämtlicher ihnen verfügbaren Kenntnisse bilden. Die Individuen antizipierten die Inflationsrate und andere gesamtwirtschaftliche Größen in Kenntnis erwarteter wirtschaftspolitischer Maßnahmen (feedback-rule). Wird überdies angenommen, auf allen Produkt- und Faktormärkten herrsche vollständige Konkurrenz, läßt sich theoretisch zeigen, daß die Wirtschaftspolitiker die Wirtschaftssubjekte auch kurzfristig nicht mehr täuschen können, die Inflation als Mittel der Beschäftigungspolitik also völlig ausfällt.

Durch ein einfaches, stochastisch formuliertes Modell kann die **Wirkungslosigkeit der Geldpolitik bei rationalen Erwartungen** leicht gezeigt werden, wobei die Größen jeweils in natürlichen Logarithmen formuliert werden:

(19.5) $\quad y^s_t = y_t + a(p_t - p^*_t) + v_1$, $\qquad$ Angebotsfunktion,

(19.6) $\quad y^d_s = m_t - p_t + u_t$, $\qquad$ Nachfragefunktion,

(19.7) $\quad p^*_t = E_{t-1}(p_t / I_{t-1})$, $\qquad$ Erwartungsbildung,

(19.8) $\quad y^s_t = y^d_t$, $\qquad$ Gleichgewichtsbedingung,

(19.9) $\quad m_t = \Psi(Z_{t-1}) + w_t$, $\qquad$ Geldangebotsfunktion.

Das Angebot (19.5) weicht von dem normalen oder trendbestimmten Output $\bar{y}_t$ ab, wenn die Anbieter das Preisniveau falsch einschätzen. Die Erwartungsfehler kommen im Term $p_t - p^*_t$ zum Ausdruck, wobei eine Überschätzung des

19. Inflation

Preisniveaus zu einer Einschränkung des Angebots führt et vice versa ($a > 0$). Als "normal" wird der Output bezeichnet, der mit dem Einsatz des "natürlichen" Arbeitskräftepotentials - definiert als Erwerbsfähige abzüglich des natürlichen Arbeitslosenbestandes - erstellt werden kann. Weiterhin beeinflussen reale Störungen v_t mit den Eigenschaften $v_t \sim N(0, \sigma_v^2)$ das Angebot einer Volkswirtschaft. Mikroökonomisch läßt sich der Einfluß der Preisniveauerwartungsfehler auf das Angebot wie folgt begründen: Beobachten die Anbieter eine Preisänderung auf ihrem spezifischen Gütermarkt (Branchenpreisänderungen), so werden sie nur dann ihren Output anpassen, wenn diese Preisänderung nicht nur auf Preisniveauvariation zurückzuführen ist. Sie werden deshalb den beobachteten Branchenpreis um das Preisniveau bereinigen. Da den Anbietern das Preisniveau wegen statistischer Lags gegenwärtig unbekannt ist, verwenden sie einen Erwartungswert dieser Größe, der auf Grund von Informationen gebildet wird, die auf historischen Erfahrungen basieren (19.7). Wird das Preisniveau überschätzt, so erfolgt wegen einer daraus resultierenden Unterschätzung des relativen Preises eine Einschränkung des Angebots et vice versa. Im Aggregat ergibt sich somit eine Abweichung des Angebots vom Normaloutput in Abhängigkeit vom Erwartungsfehler des Preisniveaus. Anders gesagt: Nur unerwartete Preisniveauänderungen führen zu Variationen der in einer Volkswirtschaft angebotenen Güter und Dienstleistungen. Die Nachfragefunktion (19.6) enthält neben der Realkasse $m_t - p_t$ einen Störterm mit den Eigenschaften $vu_t \sim N(0, \sigma_u^2)$. Das Gleichgewicht zwischen Angebot und Nachfrage wird durch (19.8) beschrieben. Die Geldmengenpolitik der Zentralbank, die auf gesamtwirtschaftliche Variablen Z_{t-1} reagiert, wird in (19.9) formuliert. Nach Umformungen lautet die reduzierte Form für das Preisniveau aus (19.5) bis (19.8):

(19.10) $\quad p_t = \dfrac{1}{1+a}(m_t - \bar{y}_t + aE_{t-1}p_t - v_t + u_t)$.

Unter Verwendung des Erwartungswertoperators E_{t-1} und der Annahmen $E_{t-1}v_t = E_{t-1}u_t = 0$ lautet der Erwartungswert des Preisniveaus

(19.11) $\quad E_{t-1}p_t = \dfrac{1}{1+a}(E_{t-1}m_t - \bar{y}_t + aE_{t-1}p_t)$

oder:

(19.12) $\quad E_{t-1}p_t = E_{t-1}m_t - \bar{y}_t$.

Bei rationalen Erwartungen, d. h. bei Kenntnis der Größen, von denen p_t abhängig ist, entspricht das prognostizierte Preisniveau gemäß (19.12) der erwarteten Geldmenge, vermindert um den Normaloutput. (19.12) in (19.10) eingesetzt ergibt:

(19.13) $\quad p_t - E_{t-1}p_t = \dfrac{1}{1+a}(m_t - E_{t-1}m_t + u_t - v_t)$.

Wird der Ausdruck $a(p_t - E_{t-1}p_t)$ in der Outputformulierung (19.5) ersetzt, lautet die Outputgleichung schließlich:

(19.14) $\quad y_t^s = \bar{y}_t + \dfrac{a}{1+a}(m_t - E_{t-1}m_t) + \dfrac{au_t + v_t}{1+a}$.

Wie aus Gleichung (19.14) unmittelbar hervorgeht, werden Abweichungen des Angebots von seiner normalen Komponente $\bar{y}_t$ ausschließlich bestimmt von
⇨ dem unerwarteten Teil der Geldmenge ($m_t - E_{t-1}m_t$) und von
⇨ den realen Angebots- und Nachfrageschocks (u_t und v_t).
Somit kann durch Geldpolitik der reale Output y_t^s nur dann systematisch beeinflußt werden, wenn auch die Geldmengenerwartungen des privaten Sektors systematische Fehler aufweisen. Dieses Ergebnis kann mit Hilfe einer bestimmten Feedback-Regel für das Geldangebot (19.9) veranschaulicht werden. Die Geldmenge in Periode t soll dabei von einer autonomen Größe γ_0 und von der Differenz zwischen Output und Normaloutput der Vorperiode $\gamma_1(y_{t-1} - \bar{y}_{t-1})$ abhängen. Außerdem wird das Geldangebot noch durch einen Zufallsterm w_t, $E(w_t) = 0$, bestimmt, da die Zentralbank die Geldmenge nicht exakt steuern kann:

(19.15) $\quad m_t = \gamma_0 + \gamma_1(y_{t-1} - \bar{y}_{t-1}) + w_t$.

Da die Gesamtheit der Wirtschaftssubjekte über rationale Erwartungen verfügt und die Bestimmungsgründe des Geldangebots kennt, folgen die Geldmengenerwartungen der Feedback-Regel:

(19.16) $\quad E_{t-1}m_t = \gamma_0 + \gamma_1(y_{t-1} - \bar{y}_{t-1})$.

Setzt man (19.15) und (19.16) in (19.14) ein, erhält man eine Outputgleichung, aus der sich die Politikineffizienz direkt ersehen läßt:

(19.17) $\quad y_t^s = \bar{y}_t + \dfrac{1}{1+a}(aw_t + au_t + v_t)$.

Abweichungen des Angebots vom Normaloutput entstehen nun ausschließlich aus den Störgrößen w_t, u_t und v_t; die Parameter der Zentralbank-Reaktionsfunktion γ_0 und γ_1 treten in der Outputgleichung (19.17) nicht auf. Eine systematische Geldpolitik ist unter den getroffenen Annahmen damit unmöglich.

Die ökonomischen Wirkungen einer Inflation hängen entscheidend von den Erwartungen der Wirtschaftssubjekte über die Zukunft ab. Eine von den Wirtschaftssubjekten **nicht erwartete Inflation** zeitigt andere Folgen als eine **erwartete**. Der Zusammenhang sei für die oben behandelten Einkommensverteilungs- und Beschäftigungswirkungen einer Inflation exemplarisch verdeutlicht (*Übers. 19-3*).

Erwartungsfall	Handlungsrahmen	Wirkungen
1. Unerwartete Inflation	feste Kontrakte mit Verminderung des Realwertes von Geld	a) Ressourcentransfer vom Gläubiger zum Schuldner, steigende Kreditnachfrage b) Ressourcentransfer vom Arbeiter zum Unternehmer, steigende Arbeitsnachfrage
2. Erwartete Inflation	Anpassung der Kontrakte an Inflation	a) verzögerte Anpassung: temporäre Wirkungen wie zu 1. b) sofortige Anpassung bei unzutreffenden Erwartungen: Ergebnis offen c) sofortige Anpassung bei zutreffenden Erwartungen: keine realen Wirkungen auf Beschäftigung; nur nominale Effekte auf Preisniveau und Löhne d) laufende Anpassung bei Erwartungsunsicherheit: Indexierung von Nominalkontrakten, erhöhter Risikozuschlag bei Zinsen

Übers. 19-3: Einige Inflationswirkungen für Einkommensverteilung und Beschäftigung

III. Inflationstheorien

Inflationsbedingungen und Inflationstheorien

Inflationsbedingungen geben an, unter welchen Umständen eine Inflation zustande kommt. Sie sind Definitionen - also keine Ursachenerklärungen -, die sich in verschiedenen Symbolen ausdrücken lassen. Bezeichnet man das reale Volkseinkommen mit Y_r, das nominale Volkseinkommen mit Y_n und das Preisniveau für alle Endprodukte (Deflator) mit P, schreibt man bekanntlich

(19.18) $\quad Y_n \equiv Y_r \cdot P \quad$ (Definitions-Gleichung).

Für eine geschlossene Wirtschaft ohne staatliche Aktivität, die zur Vereinfachung unterstellt sei, gilt in der Terminologie von KEYNES

(19.19) $\quad Y_n \equiv Y_r \cdot P \equiv C + I \quad$ (Definitions-Gleichung).

C steht für die Ausgaben für die Konsumgüter, I für die von Investitionsgütern. In der Sprache der Quantitätstheorie, die nicht auf sämtliche Transaktionen, sondern auf das Volkseinkommen abstellt (Cambridge-Version), lautet (19.19):

(19.20) $\quad Y_r \cdot P \equiv M \cdot V^* \equiv M \cdot \dfrac{1}{k^*} \quad$ (Definitions-Gleichung).

V^* symbolisiert die Einkommenskreislaufgeschwindigkeit (k^* als reziproke Größe die Kassenhaltungsdauer) der Geldmenge (M). Auf Indizes, die die Quantitätsgleichung FISHERS von der Cambridge-Version abheben, sei verzichtet. Aus (19.19) und (19.20) folgen:

(19.21 a) $\quad Y_r \cdot P \equiv M \cdot V^* \equiv C + I \quad$ und

(19.21 b) $\quad P \equiv \dfrac{M \cdot V^*}{Y_r} \equiv \dfrac{C+I}{Y_r} \quad$ (Definitions-Gleichungen).

Wird auf prozentuale Änderungsraten abgestellt, gilt näherungsweise:

(19.22) $\quad \dfrac{\Delta P}{P} \cdot 100 \cong \dfrac{\Delta(M \cdot V^*)}{M \cdot V^*} \cdot 100 - \dfrac{\Delta Y_r}{Y_r} \cdot 100$

$\qquad \cong \dfrac{\Delta(C+I)}{C+I} \cdot 100 - \dfrac{\Delta Y_r}{Y_r} \cdot 100$

oder bei weiter Fassung

(19.23) $\quad \dfrac{\Delta P}{P} \cdot 100 \cong \dfrac{\Delta M}{M} \cdot 100 + \dfrac{\Delta V^*}{V^*} \cdot 100 - \dfrac{\Delta Y_r}{Y_r} \cdot 100$

$\qquad \cong \dfrac{C}{C+I} \cdot \dfrac{\Delta C}{C} \cdot 100 + \dfrac{I}{C+I} \cdot \dfrac{\Delta I}{I} \cdot 100 - \dfrac{\Delta Y_r}{Y_r} \cdot 100 .$

In welcher Form lediglich eine näherungsweise Darstellung vorliegt, ist im mathematischen Anhang zu diesem Kapitel aufgeführt.

Eine Inflation wurde als dauerhafte Preisniveausteigerung definiert. Sie liegt vor, wenn $(\Delta P/P) \cdot 100 > 0$ ist. Aus (19.22) folgt logisch, daß dies nur dann der Fall sein kann, wenn als **allgemeine Inflationsbedingung** gilt:

(19.24 a) $\quad \dfrac{\Delta(M \cdot V^*)}{M \cdot V^*} \cdot 100 > \dfrac{\Delta Y_r}{Y_r} \cdot 100 \quad$ bzw.

(19.24 b) $\quad \dfrac{\Delta(C+I)}{C+I} \cdot 100 > \dfrac{\Delta Y_r}{Y_r} \cdot 100 \quad ,$

oder auf (19.23) abgestellt:

(19.24 c) $\quad \dfrac{\Delta M}{M} \cdot 100 + \dfrac{\Delta V^*}{V^*} \cdot 100 > \dfrac{\Delta Y_r}{Y_r} \cdot 100 \quad$ bzw.

(19.24 d) $\quad \dfrac{C}{C+I} \cdot \dfrac{\Delta C}{C} \cdot 100 + \dfrac{I}{I+C} \cdot \dfrac{\Delta I}{I} \cdot 100 > \dfrac{\Delta Y_r}{Y_r} \cdot 100 \quad .$

Diese allgemeine Inflationsbedingung läßt sich - beschränkt auf die Symbole der Quantitätsgleichung - für bestimmte Fälle spezifizieren:

19. Inflation

(19.25) $\quad \dfrac{\Delta M}{M} \cdot 100 > 0 \quad$ für V^* und Y_r = const.

(19.26) $\quad \dfrac{\Delta V^*}{V^*} \cdot 100 > 0 \quad$ für M und Y_r = const.

(19.27) $\quad \dfrac{\Delta Y_r}{Y_r} \cdot 100 > 0 \quad$ für M und V^* = const. $\qquad$ (Definitions-Gleichung)

Steigt also z. B. die Geldmenge um 10 v. H. bei Konstanz von Umlaufgeschwindigkeit und realem Volkseinkommen, steigt auch das Preisniveau um diesen Betrag. Das ist zwangsläufig, weil definitorisch der Fall. Aus (19.25) und (19.27) folgt u. a., daß die Inflationsbedingung nur vorliegt, wenn

(19.28) $\quad \dfrac{\Delta M}{M} \cdot 100 > \dfrac{\Delta Y_r}{Y_r} \cdot 100 \quad$ für V^* = const. $\qquad$ (Definitions-Gleichung)

gegeben ist. In einer Wirtschaft mit einem steigenden realen Volkseinkommen muß die prozentuale Wachstumsrate der Geldmenge bei einer konstanten Umlaufgeschwindigkeit größer sein als die des realen Volkseinkommens. (19.28) ist nicht nur eine notwendige, sondern auch hinreichende Bedingung einer Inflation. Die Gleichungen (19.25) bis (19.27) beziehen sich auf isolierte Fälle, je nachdem, welche Größen in der Symbolik der Quantitätstheorie als variabel bzw. konstant gesetzt worden sind. Im Hinblick auf mögliche Konfusionen und auf gewisse Unklarheiten im Schrifttum sei auf den Charakter der Inflationsbedingungen besonders aufmerksam gemacht. Sie sind definitorische Festlegungen, ihre Ableitungen - wie (19.28) - deshalb logisch zwingend. Über Kausalbeziehungen und empirische Relevanz geben sie keine Auskunft.

Die Suche nach den Ursachen ist **Gegenstand der Inflationstheorien**: Bei ihnen wird die Frage nach den abhängigen und unabhängigen Variablen und ihren Beziehungen gestellt. In der Symbolsprache von (19.21) könnte man z. B. schreiben

(19.29) $\quad P = f(M, V^*, Y_r) \qquad$ (Verhaltens-Gleichung).

(19.29) könnte als spezifizierte inflationstheoretische Hypothese lauten

(19.30) $\quad P = \dfrac{M \cdot V^*}{Y_r} \qquad$ (Verhaltens-Gleichung).

Es ließe sich aber auch formulieren

(19.31) $\quad V^* = f(M, P, Y_r) \qquad$ (Verhaltens-Gleichung).

(19.31) würde - analog zu (19.30) -

(19.32) $\quad V^* = \dfrac{Y_r \cdot P}{M} \qquad$ (Verhaltens-Gleichung).

In (19.29) und (19.30) wäre das Preisniveau abhängige Variable der Größen M, V^* und Y_r, in (19.31) und (19.32) die Umlaufgeschwindigkeit abhängige Variable von M, P und Y_r. Beide Hypothesen sind - schon kombinatorisch - nicht ausschließliche Möglichkeiten der Beziehungen zwischen den Größen von (19.20). Sie können aber als die in der internationalen Diskussion wichtigsten angesehen werden. Im deutschen - stärker als im angelsächsischen - Schrifttum stößt man noch auf die Behauptung

(19.33) $\quad M = f(P, V^*, Y_r)$ \hfill (Verhaltens-Gleichung),

so daß man entsprechend erhielte

(19.34) $\quad M = \dfrac{Y_r \cdot P}{V^*}$ \hfill (Verhaltens-Gleichung).

Relativ wenig untersucht ist - vom Fall einer verbreiteten Arbeitslosigkeit abgesehen - die Beziehung

(19.35) $\quad Y_r = f(M, V^*, P)$ \hfill (Verhaltens-Gleichung),

bei der man zur Hypothese

(19.36) $\quad Y_r = \dfrac{M \cdot V^*}{P}$ \hfill (Verhaltens-Gleichung)

gelangen könnte. Die Beziehungen (19.29) bis (19.36) schließen komplexere Formen nicht aus, die hier unerörtert bleiben sollen.

Monetäre und nichtmonetäre Inflationstheorien

Theorien über die Ursachen der Inflation sind so zahlreich wie Sand am Meer oder kaum weniger häufig wie Menschen, die sich zu diesem Problem geäußert haben. So macht einer den Krieg in irgendeinem Erdteil, ein zweiter kauflustige Hausfrauen, ein dritter die Besteuerung von Dienstleistungen, ein vierter übermäßige Ansprüche an das Sozialprodukt verantwortlich - eine Liste, die sich beliebig verlängern ließe. Welche Erklärungen, Umstände und Motivationen man im einzelnen auch anziehen mag: Der Wissenschaftler muß daran festhalten, daß Preisniveausteigerungen nur eintreten können, wenn die aufgezeigten Inflationsbedingungen erfüllt sind. Ob man sich in der Sprache der Quantitätstheoretiker oder in der von KEYNES ausdrückt, stets muß gezeigt werden, warum die Determinanten des Preisniveaus sich so ändern, daß eine Inflation hinreichend und notwendig begründet ist. Eine Inflation mag wirtschaftsimmanente oder außerökonomische Ursachen haben. Stets müssen sie die in (19.24) aufgeführten Bedingungen, gleichsam das "Räderwerk" des Preisniveaus, beeinflussen. Alle Erklärungen, die die Komponenten des Preisniveaus nicht tangieren, sind unter den angegebenen Prämissen wissenschaftlich irrelevant und allenfalls psychologisch aufschlußreich.

Die wissenschaftlich relevanten Inflationstheorien lassen sich unter verschiedene Oberbegriffe subsumieren. Traditionell wird nach Nachfragesoginflation (demand pull inflation) und Kostendruckinflation (cost push inflation) unterschieden. In der modernen Inflationstheorie setzt sich zunehmend die Trennung von monetär und nichtmonetär verursachten Preisniveausteigerungen durch, die mit der üblichen Abgrenzung wohl teilweise übereinstimmt, die

19. Inflation

Theorie-gruppe	Monetäre Inflationstheorie ($M \cdot V^*$)				Nichtmonetäre Inflationstheorie (Y_r)				
Unab-hängige Variable	Geldmenge (M)		Umlauf-geschwindigkeit (V^*)		Monetäre Gesamt-nachfrage ($M \cdot V^*$) (demand pull)		Kostendruck (cost push)	Nachfrageverschiebung (demand shift)	Marktmacht (market power)
Inflations-bedingung	$\frac{\Delta(M \cdot V^*)}{M \cdot V^*} \cdot 100 > \frac{\Delta Y_r}{Y_r} \cdot 100$						$\frac{\Delta Y_r}{Y_r} \cdot 100 < \frac{\Delta Y_n}{Y} \cdot 100$ bei $\frac{\Delta(M \cdot V^*)}{M \cdot V^*} \cdot 100 > \frac{\Delta P}{P} \cdot 100$		
Inflations-ursache	Kontroll-mängel bei Pri-märgeldproduk-tion (No-ten, Münzen)	Kontroll-mängel bei Se-kundär-geldpro-duktion (Giral-geld)	Kontrollmän-gel bei geld-produzieren-den Nicht-banken (In-termediäre Institute)	Verkür-zung der Kassen-haltungs-dauer	Substitution der Wertspei-cherfunktion des Geldes durch liquide Titel und Güter	Bloßes Zu-sammen-wirken der Kriterien zu M und V^*	Verstär-kungs- und Rückkop-pelungsef-fekte zwi-schen M und V^*	Lohndruck (wage push) / Steuer-druck (tax push)	Struktu-relle Ver-schiebun-gen (struc-tural shift) / Internatio-nale Ver-schiebun-gen (terms of trade shift)	Monopol-macht (mo-nopoly power) / Preisfest-setzungen (administe-red prices)
Spezielle Inflations-bedingung	Die Geldmenge (M) expandiert stärker als das reale Sozialprodukt (Y_r) bei – im Extremfall – konstan-ter Umlaufgeschwindigkeit oder Kassenhaltungsdauer: $\frac{\Delta M}{M} \cdot 100 > \frac{\Delta Y_r}{Y_r} \cdot 100$ bei $\overline{V^*}$			Die Umlaufgeschwindig-keit (V^*) expandiert stär-ker als das reale Sozial-produkt bei – im Extrem-fall – konstanter Geld-menge: $\frac{\Delta V^*}{V^*} \cdot 100 >$ $\frac{\Delta Y_r}{Y_r} \cdot 100$ bei $\overline{M}$		Das Produkt aus Geld-menge und Umlaufge-schwindigkeit ($M \cdot V^*$) expandiert stärker als das reale Sozialprodukt; es bleibt offen, welche der beiden Komponen-ten sich am stärksten än-dert: $\frac{\Delta(M \cdot V^*)}{M \cdot V^*} \cdot 100 >$ $\frac{\Delta Y_r}{Y_r} \cdot 100$		Die Kosten treiben die Preise, die Preise die Ko-sten (z. B. Lohn-Preis- und Preis-Lohn-Spirale).	Die Nachfrage ver-schiebt sich dauerhaft in bestimmter Richtung (z. B. von Industriepro-duktion zu Dienstlei-stungen), wobei die Nachfragevergrößerung bei bestimmten Gütern die Preise heraufstreibt, ohne daß die auf ande-ren Gebieten zurückge-hende Nachfrage zu Preissenkungen führt.	Bestimmte Anbieter – wie private Monopoli-sten, Oligopolisten oder der Staat – sind in der Lage, gegen den Willen der Abnehmer die Preise heraufzusetzen

Übers. 19-4: Theorien über Inflationsursachen

sachlichen Differenzen jedoch - auch terminologisch - genauer betont. Eine **Systematik der** so gegliederten **Inflationsursachentheorien** bietet *Übers. 19-4.* Ansatzpunkt der monetären Inflationstheorien sind - in der Sprache der Quantitätstheorie - die Größen M und V^*, der nichtmonetären Inflationstheorien Y_r. Die Inflationsursachen wirken - unter verschiedenen speziellen Bedingungen - auf die Determinanten des Preisniveaus M, V^* und Y_r ein. In welchem Umfang das geschieht, ist kontrovers. Die unterschiedlichen Auffassungen lassen sich graphisch illustrieren, wenn man Angebot und Nachfrage einer Volkswirtschaft wie auf einem partiellen Markt darstellt.

Die **monetäre Inflationstheorie** spiegelt sich in Lage und Verlauf einer gesamtwirtschaftlichen Nachfragekurve wider. Bei der gesamtwirtschaftlichen Nachfrage (D-Kurve) sind Bewegungen auf der Kurve als Änderungen der Einkommenskreislaufgeschwindigkeit bei gegebener nomineller Geldmenge, Verschiebungen der Kurve als Variationen der nominellen Geldmenge zu interpretieren. Das gesamtwirtschaftliche Angebot (S-Kurve) ist eine Aggregation der bekannten mikroökonomischen Kostenfunktionen (*Fig. 19-4*).

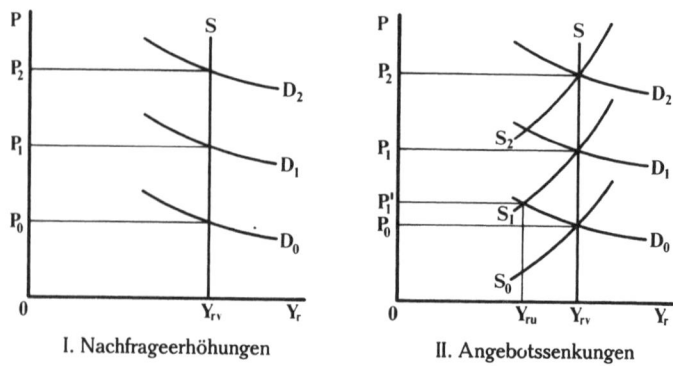

Fig. 19-4: Preisniveauerhöhungen nach der Quantitätstheorie

Für den Fall (*Fig. 19-4.I.*), daß sich die gesamtwirtschaftliche Nachfrage erhöht (von D_0 auf D_1), weil die Geldmenge gestiegen ist, kommt es zu einer entsprechenden Preisniveauerhöhung (von P_0 auf P_1). Diese Preisniveausteigerung setzt aber ein völlig unelastisches Angebot S an Gütern voraus. Tatsächlich impliziert diese Theorie in den meisten Versionen, daß kurzfristig keine größeren Reserven an Produktionsfaktoren mehr bereitstehen, die es erlauben würden, das Angebot der gestiegenen Nachfrage anzupassen. Die obige Aussage gilt dann kurzfristig nur unter den Bedingungen der Vollbeschäftigung oder langfristig, wenn mit der Eingliederung temporär freigesetzter Produktionsfaktoren nicht gerechnet werden kann.

Geht der Preisanstieg auf eine Erhöhung der Nachfrage zurück, spricht man traditionell von einer **nachfrageinduzierten Inflation** (demand pull inflation). Fällt bei gegebener monetärer Gesamtnachfrage D_0 das Angebot von S_0 auf S_1 (*Fig. 19-4.II.*), weil beispielsweise die Produktionskosten wegen einer Verschlechterung der Produktionsbedingungen oder Erhöhung der Lohnkosten gestiegen sind, wird das reale Volkseinkommen sinken. Herrschte bisher Vollbeschäftigung (Y_{rv}), tritt nun Unterbeschäftigung (Y_{ru}) ein. Inwieweit sich das Preisniveau ändert, hängt von der Lage der D-Kurve ab. Würde sich die Kurve der monetären Gesamtnachfrage von D_0 nach D_1 verschieben (z. B. als Folge von Geldmengenausweitungen), bestünde eine Tendenz zur Vergrößerung des Angebots (von Y_{ru} auf Y_{rv}) bei gleichzeitig steigendem Preisniveau. Soweit Y_{rv} nicht erreicht wird, sind weitere wirtschaftspolitische Maßnahmen nötig, um die Nachfrage aufzustocken. Der "Preis" für die Vollbeschäftigung bei einer Angebotsverschiebung von S_0 nach S_1 ist die Differenz $P_1 - P_0$. Entsprechendes gilt für die Verschiebung von S_1 nach S_2. Preissteigerungen als Folge einer Angebotsverschiebung werden als **kosteninduzierte Inflation** (cost push inflation) bezeichnet. Vor allem KEYNES hat die Prämisse der Vollbeschäftigung kritisiert. Bei der Bestimmung des Preisniveaus müsse auf die jeweilige Beschäftigungslage Rücksicht genommen werden. Stiege die Nachfrage bei allseitig noch verfügbaren Produktionsfaktoren, würden nicht die Preise, sondern die verkäufliche Produktion und damit die Beschäftigung steigen. Produktionserhöhungen ohne Preissteigerungen wären jedoch in einer solchen Situation genau das, was die meisten Menschen wünschten. Erst wenn die Produktionsfaktoren zunehmend eingegliedert wären, vergrößerte sich mit steigender Nachfrage die Gefahr allgemeiner Preiserhöhungen. Solange die gesamte Nachfrage nicht mehr als das Angebot Y_{ru} aufnimmt, steigt das Preisniveau nicht über P_u (*Fig. 19-5*), auch wenn die Geldmenge expandiert. Werden bei weiter steigender Nachfrage einige Produktionsfaktoren knapp und wird damit die Produktionselastizität zunehmend geringer (Engpässe), ziehen die Preise etwas an, doch nicht in dem Maße wie bei Vollbeschäftigung aller Faktoren (Y_{rv}). Erhöhungen der monetären Gesamtnachfrage haben bei allgemeiner Unterbeschäftigung ausschließlich Produktionseffekte, in Engpässen Produktions- und Preiseffekte, bei Vollbeschäftigung ausschließlich Preiseffekte zur Folge.

KEYNES wird damit nicht zum Anhänger einer nichtmonetären Inflationserklärung. Er hat ihr jedoch den Weg bereitet. Nach der Quantitätstheorie schlagen Geldmengenerhöhungen bald auf das Preisniveau durch, wohingegen nach KEYNES Geldmengenexpansionen erst über die Zwischenstationen Zins

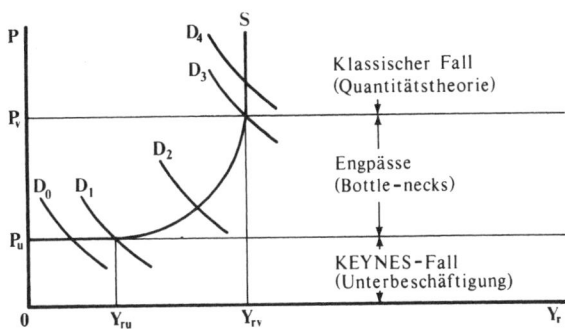

Fig. 19-5: Preisniveau bei unterschiedlicher Produktion

und Investitionen auf die Ausgaben einwirken. Die **nichtmonetären Inflationstheorien** gehen noch einen Schritt weiter und suchen fast ausschließlich in den Bestimmungsfaktoren des realen Volkseinkommens die Ursache von Preisniveauerhöhungen. Diese Theorien nehmen überwiegend ihren Ausgang vom wage push-Modell, das vielfältig variiert und generalisiert worden ist, indem man es auf alle Kostenarten (unter Einschluß der Steuern, z. T. auch auf Gewinne) bezog. Zu den Varianten der nichtmonetären Inflationserklärung sind ferner solche Hypothesen zu rechnen, die strukturelle Nachfrageverschiebungen innerhalb eines Landes (structural shift-inflation) oder international (terms of trade shift-inflation), die Ausübung von Monopolmacht (monopoly power-inflation) oder Preisfestsetzungen (administered prices-inflation) als Inflationsursachen ansehen (*Übers. 19-4*). Die Entwicklung der Inflationstheorien, vor allem auch ihre empirische Überprüfung, ist noch in vollem Fluß.

Als **Kritik** schält sich heraus: Monetäre Inflationstheorien vernachlässigen - auch mittelfristig - den Einfluß nichtmonetärer Faktoren auf das Preisniveau. Erstens kann die Elastizität der monetären Gesamtnachfrage - im Hinblick auf das Fehlen exakter Geldmengenabgrenzungen und der Variabilität der Umlaufgeschwindigkeit - größer sein, als generell angenommen wird. Zweitens ist die Produktionselastizität der Wirtschaft - ausgedrückt im Auslastungsgrad der Unternehmen - erheblichen Schwankungen unterworfen, auch wenn keine Massenarbeitslosigkeit eintritt. Für eine schleichende Inflation verbleibt ein größerer Spielraum. Nichtmonetäre Inflationstheorien haben oft den Fehler, die Ursachen von partiellen Preisänderungen mit solchen des Preisniveaus, auf die es ankommt, zu konfundieren oder zu identifizieren. Leicht wird übersehen, daß eine anhaltende nichtmonetär verursachte Inflation der Alimentierung durch eine Ausweitung der monetären Gesamtnachfrage, letztlich der Geldmenge, bedarf. So gesehen ist die Inflationserklärung nach einem der beiden Ursachenmuster ein Scheinproblem, weil es ohne eine monetäre Expansion eine dauerhafte Inflation - auch mit geringen Inflationsraten - nicht geben kann. Die unterschiedlichen Erklärungen gewinnen an Bedeutung, wenn sich die Inflationsraten in Grenzen halten und kurze Beobachtungszeiträume zugrunde liegen.

Mathematischer Anhang zu Kapitel 19

Aus (19.18) folgt:

(19 A. 1) $\quad P \equiv \dfrac{Y_n}{Y_r}$.

Betrachtet man diese Identität im Zeitablauf, gilt für die Wachstumsrate des Preisniveaus:

(19 A. 2) $\quad \dfrac{P'}{P} \equiv \dfrac{Y_r}{Y_n} \cdot \left(\dfrac{Y_n}{Y_r}\right)'$.

19. Inflation

Die Anwendung der Quotientenregel für Ableitungen ergibt:

(19 A. 3) $\quad \dfrac{P'}{P} \equiv \dfrac{Y_r}{Y_n} \cdot \left(\dfrac{Y'_n \cdot Y_r - Y'_r \cdot Y_n}{Y_r^2} \right)$

$\equiv \dfrac{Y_r}{Y_n} \cdot \left(\dfrac{Y'_n}{Y_r} - \dfrac{Y'_r \cdot Y_n}{Y_r^2} \right)$

$\equiv \dfrac{Y'_n}{Y_n} - \dfrac{Y'_r}{Y_r}.$

Mit

(19 A. 4) $\quad Y_n \equiv M \cdot V^*$ \hfill (Cambridge-Version)

$\equiv C + I$ \hfill (KEYNES-Version)

folgt:

(19 A. 5) $\quad \dfrac{P'}{P} \equiv \dfrac{(M \cdot V^*)'}{M \cdot V^*} - \dfrac{Y'_r}{Y_r}$ \hfill (Cambridge-Version)

$\equiv \dfrac{(C + I)'}{C + I} - \dfrac{Y'_r}{Y_r}$ \hfill (KEYNES-Version).

Wird weiterhin die Produktregel bzw. die Summenregel für Ableitungen angewendet, gilt für die Cambridge-Version:

(19 A. 6 a) $\quad \dfrac{P'}{P} \equiv \dfrac{M' \cdot V^* + M \cdot V^{*'}}{M \cdot V^*} - \dfrac{Y'_r}{Y_r}$

$\equiv \dfrac{M'}{M} + \dfrac{V^{*'}}{V^*} - \dfrac{Y'_r}{Y_r}$

bzw. für die KEYNES-Version:

(19 A. 6 b) $\quad \dfrac{P'}{P} \equiv \dfrac{C' + I'}{C + I} - \dfrac{Y'_r}{Y_r}$

$\equiv \dfrac{C'}{C + I} + \dfrac{I'}{C + I} - \dfrac{Y'_r}{Y_r}$

$\equiv \dfrac{C}{C + I} \cdot \dfrac{C'}{C} + \dfrac{I}{C + I} \cdot \dfrac{I'}{I} - \dfrac{Y'_r}{Y_r}.$

Werden die Differentialquotienten der jeweiligen Ableitungen durch Differenzenquotienten näherungsweise bestimmt:

(19 A. 7) $X' = \dfrac{dX}{dt} \approx \dfrac{\Delta X}{\Delta t}$ für $X = P, M, V^*, Y_r, C, I, M \cdot V^*, C+I$

entsprechen für den speziellen Fall $\Delta t = 1$ (1 Jahr) die Ableitungswerte näherungsweise dem Betrag der absoluten Differenzen (Jahresänderung)

(19 A. 8) $X' \approx \Delta X$ für $\quad X = P, M, V^*, Y_r, C, I, M \cdot V^*, C+I$

mit $\Delta t = 1$

und die Wachstumsraten den relativen Änderungsraten (auf Jahresbasis):

(19 A. 9) $\dfrac{X'}{X} \approx \dfrac{\Delta X}{X}$ für $\quad X = P, M, V^*, Y_r, C, I, M \cdot V^*, C+I$

mit $\Delta t = 1$.

Werden die Änderungsraten prozentual erfaßt, ist eine zusätzliche Multiplikation mit 100 (%) erforderlich. Die Anwendung dieser Näherungsbetrachtung auf (19 A. 5) und (19 A. 6) ergibt (19.22) und (19.23).

K 19-1

Haftung der Zentralbankleitung

Zu den schlimmsten wirtschaftlichen Erfahrungen der jüngeren deutschen Geschichte gehören zwei Hyperinflationen, die im Gefolge der beiden Weltkriege auftraten. Daraus ist die Lehre gezogen worden, daß Stabilität des Geldwertes unabdingbare Voraussetzung für eine freiheitliche Ordnung in Staat, Gesellschaft und Wirtschaft ist. Die Geldwertsicherung soll eine von der Regierung unabhängige Zentralbank, der die notwendigen geldpolitischen Instrumente an die Hand zu geben sind, in die Wirklichkeit umsetzen. Die Deutsche Bundesbank ist als Zentralbank ihrer Aufgabe nach allgemeiner Einschätzung in einem hohen Maße gerecht geworden, vor allem im internationalen Vergleich. Gleichwohl gab es immer wieder Zeiten - in den siebziger und in den ersten neunziger Jahren -, in denen sie ihr Ziel Geldwertsicherung verfehlt hat.

Die geldpolitischen Entscheidungen in Deutschland fällte in der Vergangenheit der Zentralbankrat. Seine Mitglieder - das Direktorium und die Präsidenten der Landeszentralbanken - wurden in der Regel für 8 Jahre bestellt. Eine Abberufung konnte nur aus wichtigem Grund erfolgen - z. B. bei grober Pflichtverletzung -, eine Wiederbestellung war möglich. Die Bezahlung der einzelnen Mitglieder des Zentralbankrats gab man nicht bekannt - im Gegensatz zur üblichen Verfahrensweise im öffentlichen Dienst. Ihre Bezüge wurden im Geschäftsbericht nur insgesamt ausgewiesen. Es ist davon auszugehen, daß der Vorsitzende des Zentralbankrats und sein Vertreter - Präsident und Vizepräsident - die am höchsten bezahlten Staatsdiener in Deutschland waren. Was für die Deutsche Bundesbank in der Vergangenheit galt, trifft wohl auch für die ähnlich verfaßte Europäische Zentralbank zu, die seit dem Jahr 2002 für die Geldpolitik verantwortlich ist.

Welche Folgen treten ein, wenn eine Zentralbank ihre Aufgabe Geldwertsicherung nicht erfüllt? Es geschieht in aller Regel nichts. Bei Gesetzen lassen sich zwei Typen unterscheiden: Ein erster Typ sind Sanktionsgesetze.

Wer gegen eine Norm verstößt, wird mit einer Sanktion - wie Geldstrafe oder Haft - belegt.

Ein zweiter Typ sind Deklarationsgesetze. Es wird etwas zur Norm erklärt, ein Verstoß bleibt jedoch folgenlos. Die Regelungen zur Geldwertsicherung im Gesetz über die Deutsche Bundesbank oder die entsprechenden Vorschriften für die Europäische Zentralbank gehören zur zweiten Gruppe.

Daß Gesetzesverstöße einer Zentralbank für ihre leitenden Mitglieder folgenlos bleiben, entspricht zwar - auch in anderen Ländern - der Tradition, ist aber nicht selbstverständlich. Im privaten Sektor werden Manager - z. B. einer Großbank -, die ihre Aufgabe nicht oder schlecht erfüllen, unter Umständen entlassen. Auch ohne Entlassung hängt die Höhe ihrer Bezüge vom Geschäftserfolg ab. Es gibt keinen überzeugenden Grund, bei einer Zentralbank anders zu verfahren.

Tatsächlich ist Neuseeland als erstes Land weltweit dazu übergegangen, die Beschäftigung des Governors der Zentralbank von seiner *performance* abhängig zu machen. Verfehlt die Zentralbank ihr Ziel, kann der Governor vor dem Ende seiner Amtszeit entlassen werden. Der Erfolg ließ nicht lange auf sich warten. Das seit Jahrzehnten von der Inflation heimgesuchte Land verzeichnete sehr bald ein stabiles Preisniveau. Über diese Regelung hinaus ist erwägenswert, die Bezüge mit jedem Inflationsprozent zu kürzen. Ergebnis einer anhaltenden wissenschaftlichen Diskussion ist die Empfehlung, für die Zentralbankleitungen diese Art von Haftung einzuführen.

20. Kapitel: Konjunktur

I. Sachverhalt der Konjunktur

Begriff, wissenschaftliche Bedeutung und Meßgrößen
Definition - Wissenschaftliche Bedeutung der Konjunkturtheorie - Meßgrößen - Frühindikatoren - Präsensindikatoren - Spätindikatoren

Erscheinungsformen
Wiederkehrende Merkmale - Indikatorenmuster - Saisonzyklen

II. Hypothesen über Konjunkturschwankungen

Traditionelle Theorien
Ursachenerklärungen - SAYsches Theorem eine reale Konjunkturtheorie - SAYsches Theorem für Geldwirtschaft unhaltbar - Monetäre Konjunkturerklärung von HAWTREY - Inflation und Prosperität brauchen nicht zusammenzufallen - Überinvestitionstheorie von WICKSELL und HAYEK - Zusammenbruch nicht zwingend - Unterkonsumtionstheorie von LEDERER und KEYNES - Strukturänderungen als Krisenursache

Neuere Theorien
Theorie realer Konjunkturschwankungen von KYDLAND und PRESCOTT - Externe Schocks - Kritik gegen die Annahmen des Modells - Neukeynesianische Konjunkturtheorie - Modell über Preisänderungskosten von MANKIW - Kritische Anmerkungen

III. Zyklenmerkmale

Verstärker
Psychologische Verstärkereffekte bei PIGOU - Ursachen der Aktivitätsschwankungen - Produktionstechnische Akzeleratorwirkungen bei AFTALION - Zur Erklärung von Wendepunkten ungeeignet

Konjunktur und Wachstum
Gemeinsame Ursachen für Konjunktur und Wachstum bei SCHUMPETER - Multiplikator-Akzelerator-Modelle von SAMUELSON und HICKS

I. Sachverhalt der Konjunktur

Begriff, wissenschaftliche Bedeutung und Meßgrößen

Konjunkturschwankungen sind zeitliche Änderungen der wirtschaftlichen Aktivität. Diese **Definition** soll Fälle partieller wirtschaftlicher Aktivitätsänderungen einschließen, sofern sie gesamtwirtschaftlich durchschlagen. Die Aktivität kann an verschiedenen Größen gemessen werden, wie Volkseinkommen, Beschäftigung, Produktion und Preisniveau. Die Wirtschaftswissenschaft bemüht sich, die Erfahrungstatsache der Konjunkturschwankungen zu beschreiben und zu erklären. Ein breiteres Interesse an der Beschreibung und Analyse des Konjunkturverlaufs ist erst festzustellen, nachdem im 19. Jahrhundert der französische Amateurökonom CLEMENT JUGLAR die Allgegenwärtigkeit der Aktivitätsschwankungen aufgezeigt hatte. Traditionell galt die Konjunkturtheorie als eines der schwierigsten Kapitel, wenn nicht als der krönende Abschluß des volkswirtschaftlichen Lehrgebäudes. Nach heutigem Verständnis ist sie ein wesentliches Element der in der Zeit zwischen den beiden Weltkriegen aufkommenden Makroökonomie, weil es sich als schwierig oder als unbefriedigend erwiesen hat, konjunkturelle Schwankungen mikroökonomisch zu erklären.

Die **wissenschaftliche Bedeutung der Konjunkturtheorie** hat sich in den letzten Jahrzehnten aus verschiedenen Gründen gewandelt. Erstens schien das Zeitalter ständiger Aufwärtsentwicklung - eine ewige Prosperität - angebrochen zu sein, was man in den zwanziger Jahren des letzten Jahrhunderts schon einmal geglaubt hatte. Scharfe Einbrüche, die früher beobachtet wurden, traten jahrzehntelang nicht mehr auf. Zweitens hat die Analyse der Weltwirtschaftskrise durch KEYNES und die damit einsetzende Entwicklung der Beschäftigungstheorie (14. und 15. Kap.) die Hoffnung geweckt, man könne stärkere Konjunkturausschläge verhindern. Erfahrungen der jüngsten Vergangenheit mahnen jedoch zur Vorsicht. Auch wenn die meisten glauben, die Prosperitätsphase nach dem Zweiten Weltkrieg werde nicht in einem ähnlichen Desaster wie nach 1929 enden, so sind in verschiedenen Ländern die Aktivitätsschwankungen doch erheblich größer gewesen als es wirtschaftspolitisch erwünscht und gesamtwirtschaftlich notwendig war. Drittens hat das Aufkommen der Ökonometrie dazu geführt, die Erklärung der Konjunktur als erledigt zu betrachten, wenn man die Wirkungen der Geld- und Fiskalpolitik analysiert hat. Mit dieser Sichtweise wird die traditionelle Konjunkturtheorie in doppelter Hinsicht verengt. Erstens: Aktivitätsschwankungen können, müssen also nicht Ursache oder Folge bestimmter staatlicher Maßnahmen sein. Zweitens: Meßbare Größen sind ein, also nicht der einzige Faktor der Konjunkturerklärung. Deshalb kann man nur wiederholen, was auch professionelle Ökonomen leicht vergessen: Methodisch muß scharf zwischen logischer Wahrheit und empirischer Geltung von Aussagen unterschieden werden. Aussagensysteme, wie die von KEYNES oder modernen Autoren, sind zunächst nur logisch wahr. In welchem Maße sie empirisch relevant sind, ist eine ganz andere Frage. Der KEYNESsche Erklärungstyp eines starken konjunkturellen Einbruchs war in den frühen dreißiger Jahren in einigen Ländern vermutlich empirisch bedeutsam, wenngleich es auch daran begründete Zweifel gibt. Was für die Jahre nach dem Zweiten Weltkrieg gilt, ist selbst dann eine ganz andere Frage, wenn die ursprünglich zur Analyse einer Massenarbeitslosigkeit formulierten Hypothesen jene Fälle decken, in denen - gemessen an der Zahl der verfügbaren Arbeitsplätze - zu wenig Arbeitskräfte vorhanden sind (Überbeschäftigung). Ob es jemals eine Konjunkturtheorie geben wird, die den Entscheidungsträgern in Staat und Wirtschaft hinreichend sichere Erkenntnisse bietet, scheint zweifelhaft.

Konjunkturschwankungen werden durch bestimmte **Meßgrößen**, die Konjunkturindikatoren, erfaßt. Als Konjunkturindikatoren eignen sich generell solche statistischen Zeitreihen, deren Verlauf die Expansion und Kontraktion der wirtschaftlichen Aktivität widerspiegeln. In der Bundesrepublik Deutschland werden gut ein Dutzend verschiedener Indikatoren ständig zu dem Zweck beobachtet, Aufschlüsse über den Konjunkturverlauf zu gewinnen. Die Meßgrößen werden in drei Gruppen eingeteilt: Frühindikatoren, Präsensindikatoren und Spätindikatoren. Frühindikatoren zeigen den Verlauf der Konjunktur in absehbarer Zukunft - in den nächsten Monaten - an. Präsensindikatoren sind Beschreibungsmerkmale für den jeweiligen Stand der Konjunktur. Spätindikatoren hinken der Konjunktur nach und markieren oft noch Aufwärtsbewegungen, wenn bereits ein Abschwung eingetreten ist.

Zu den wichtigsten **Frühindikatoren** zählen die Auftragseingänge der Industrie und die Baugenehmigungen im Hochbau. Den Auftragseingängen - vor allem in der Investitionsgüterindustrie - kommt eine erhebliche Bedeutung zu. Stocken die Auftragseingänge, läßt sich an der Höhe der "Auftragspolster" mit einiger Genauigkeit der Zeitpunkt berechnen, an dem die Produktion und die Beschäftigung zurückgehen werden. Der Hersteller eines 250 000 Tonnen-Tankers dürfte kaum geneigt sein, das Schiff ohne Auftrag auf Lager zu produzieren, wie es in der Massenproduktion, z. B. bei Schuhen, üblich ist. Von der Statistik der Auftragseingänge in der Investitionsgüterindustrie darf deshalb nicht unbesehen auf die künftige Beschäftigungslage der Gesamtindustrie geschlossen werden, wenn auch sektorale Rückgänge in der Vergangenheit auslösende Faktoren eines Konjunkturabschwungs waren. Der Frühindikator Baugenehmigungen bezieht sich auf eine bestimmte Industrie. Wer eine Baugenehmigung hat, wird - nach allen Erfahrungen mit einer Wahrscheinlichkeit von mehr als 90% - innerhalb von zwei Jahren mit der Bauausführung beginnen, zumal die Erteilung von Baugenehmigungen Kosten verursacht. Die Erstellung von Bauten ist stark abhängig von der Konjunkturentwicklung. Die Baugenehmigungen geben deshalb zuverlässige Hinweise über die zu erwartende wirtschaftliche Aktivität.

Die gegenwärtige Konjunkturlage wird insbesondere an den **Präsensindikatoren** industrielle Produktion und Kapazitätsauslastung gemessen. Einerseits kann in einem Land, wie der Bundesrepublik Deutschland, die Produktion der Industrie noch als repräsentativ für die Gesamtwirtschaft gelten. Andererseits hängen von der Produktion andere Indikatoren ab, insbesondere die Entwicklung des Volkseinkommens und Arbeitsmarktes. Produktion und Volkseinkommen werden oft sogar synonym gebraucht. Für beide liegen relativ gute Statistiken vor - für die Produktion Monats-, für das Volkseinkommen Halbjahreszahlen. Auf dem Arbeitsmarkt werden die Angebots-Nachfrage-Verhältnisse durch die Zahl der Arbeitslosen und der offenen Stellen ausgedrückt. Angebot und Nachfrage gelten als ausgeglichen, wenn die Zahl der Arbeitslosen der der offenen Stellen entspricht. Überwiegen die offenen Stellen gegenüber den Arbeitslosen, ist das ein Zeichen für große Wirtschaftsaktivität und umgekehrt. Neben der konjunkturellen gibt es jedoch auch eine strukturelle Arbeitslosigkeit, die von der Konjunkturentwicklung nur wenig beeinflußt wird. Typisch für die strukturelle Arbeitslosigkeit ist, daß die Qualifikation der Arbeitskraft nicht mit der Anforderung des Arbeitsplatzes übereinstimmt. So kann ein Friseur nicht als Arzt tätig sein. Ein bloßer Vergleich von offenen Stellen und Arbeitslosen als Indikator für die Konjunkturlage führt deshalb leicht in die Irre.

Die wichtigsten **Spätindikatoren** sind die Löhne und Preise, vor allem die Preise für Güter der Lebenshaltung (Lebenshaltungskostenindex). Diese Preise folgen hauptsächlich aus zwei Gründen den Konjunkturphasen: Erstens erhöhen sich die Masseneinkommen und damit die Konsumgüternachfrage im Konjunkturaufschwung ziemlich spät (Lohn-Lag). Zweitens kann im Aufschwung eine steigende Nachfrage zu relativ stabilen Preisen befriedigt werden. Erst nach Erreichung der Kapazitätsgrenzen ziehen die Löhne und Preise an. Ähnliches gilt für andere Konjunkturphasen. Einige Indizes, z. B. für die Erzeugerpreise, können mit der Konjunktur parallel laufen. Aus der Lohn- und Preisentwicklung allein darf nur mit Vorbehalt auf die Konjunkturlage geschlossen werden, weil die zeitlichen Verzögerungen von unterschiedlicher Länge sind. Vor allem sind sie als Richtgröße der Konjunkturpolitik ungeeignet. Setzt diese z. B. erst dämpfende Maßnahmen ein, wenn die Löhne und Preise erheblich gestiegen sind oder ihren Höhepunkt erreicht haben, wird sie in der Regel den Abschwung verstärken – ein Fehler, der immer wieder zu beobachten ist.

Erscheinungsformen

Ein bestimmter Konjunkturablauf weist eine Reihe von Gegebenheiten auf, die in dieser Kombination und in ihrem jeweiligen Zusammenspiel einmalig sind. Kein Konjunkturgeschehen wiederholt sich genau in derselben Weise. Andererseits gibt es **wiederkehrende Merkmale**, die allgemeine Aussagen gestatten. Trotz der historischen Einmaligkeit jedes Konjunkturablaufs neigen die meisten Forscher deshalb zu der Auffassung, der Versuch zur Entwicklung einer allgemeinen Konjunkturtheorie sei nicht ganz ohne Erfolgsaussichten. Zu den Ökonomen, die gegenteiliger Ansicht sind, gehören vor allem WALTER EUCKEN und FRIEDRICH AUGUST LUTZ. Der Konjunkturablauf wird im allgemeinen in vier Phasen unterteilt. Dieser idealisierte Konjunkturablauf ergäbe – nimmt man als Präsensindikator die Produktion, gemessen am realen Volkseinkommen Y_r – graphisch folgendes Bild (*Fig. 20-1*). Eine scharfe Trennung zwischen den einzelnen Phasen läßt sich in empirisch relevanter Weise nicht ziehen. Auch bei vereinfachter Darstellung von Konjunkturabläufen geht man heute generell von unterschiedlichen Phasenlängen (aperiodischen Zyklen) aus. Die Zeitspanne zwischen aufeinander folgenden Wendepunkten ist unbestimmt. Meist sind es Zeiträume von mehr als einem Jahr (oft 4-5 Jahre).

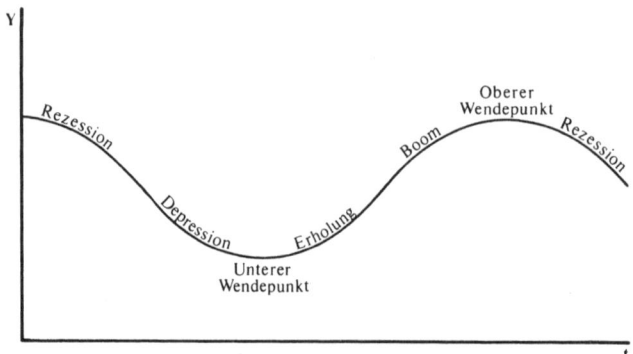

Fig.20-1: Idealisierter Konjunkturablauf

In *Fig. 20-1* wird der idealisierte Konjunkturablauf durch einen Präsensindikator dargestellt. Berücksichtigt man sämtliche Indikatorengruppen (Früh-, Präsens- und Spätindikatoren) erhält man ein **Indikatorenmuster**, das für die meisten Konjunkturabläufe typisch ist (*Fig. 20-2*).

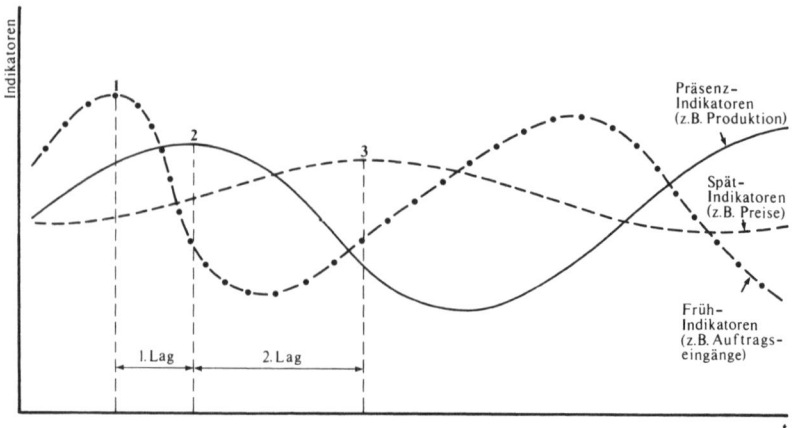

Fig. 20-2: Indikatorenmuster

Die zeitlichen Verläufe der einzelnen Indikatoren sind zueinander verschoben. Als Ausgangspunkt - auch in der Terminologie - dient der Präsensindikator, dessen oberer Wendepunkt nach dem des Frühindikators (1. Lag) und vor dem des Spätindikators (2. Lag) liegt; Entsprechendes gilt für den unteren Wendepunkt. *Fig. 20-2* läßt sich durch eine Übersicht weiter verdeutlichen (*Übers. 20-1*). Aus *Fig. 20-2* und *Übers. 20-1* ist ersichtlich, daß die Amplituden der Indikatorengruppen unterschiedlich groß sind und nicht symmetrisch verlaufen müssen: Die Schwankungen der Frühindikatoren haben größere Ausmaße als die der Präsensindikatoren, deren Schwankungen übertreffen wiederum die der Spätindikatoren. Eine strenge Symmetrie der Ausschläge liegt nicht vor, bei den Spätindikatoren weniger als bei den Präsens- und den Frühindikatoren. Diese Aussage basiert vor allem auf empirisch gemessenen Konjunkturabläufen.

Indikatoren Konjunktur- phasen	Frühindikatoren (z.B. Auftragsein- gänge)	Präsensindikatoren (z.B. Produktion)	Spätindikatoren (z.B. Preise)
Rezession	schnell fallend	fallend	langsam fallend
Depression	langsam fallend	langsam fallend	lamgsam fallend, konstant
Erholung	steigend	langsam steigend	konstant, langsam steigend
Boom	schnell steigend	steigend	schnell steigend

Übers. 20-1: Konjunkturphasen und Indikatorverlauf

Von den so charakterisierten Konjunkturschwankungen muß man zwei andere Sachverhalte unterscheiden: den *Saisonzyklus und* den *Trend.* **Saisonzyklen** (saisonale Schwankungen) sind jahreszeitlich bedingte Vorgänge, die in der Regel nur einige Wochen oder Monate dauern. Die Ursachen dieser Schwankungen können ganz verschieden sein (Wetter, natürliche Reifeprozesse, Urlaubszeiten, Feiertage, gesellschaftliche Gewohnheiten u. a.). Sie sind meist gut voraussehbar.

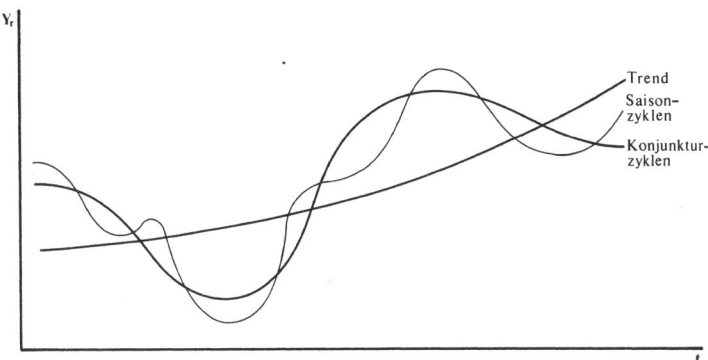

Fig. 20-3: Saisonzyklen, Konjunkturschwankungen und Trend

Die Unternehmen richten sich auf solche Fluktuationen der Geschäftstätigkeit ein. Unter **Trend** versteht man die langfristige Grundrichtung einer Zeitreihe. In den meisten Volkswirtschaften zeigt sich langfristig eine Aufwärtsentwicklung des Volkseinkommens (Wachstumstrend), die mit Verschiebungen der ökonomischen Bedeutung einzelner Wirtschaftszweige (Strukturwandlungen) einhergeht. Den zur Vereinfachung wiederum idealisierten Zusammenhang zwischen Saisonzyklen, Konjunkturschwankungen und Trend veranschaulicht für den konjunkturellen Präsensindikator (Y_r) *Fig. 20-3*. Das statistische Material enthält neben den Komponenten der Saison- und Konjunkturschwankungen noch unsystematische Restgrößen. Wenn die empirischen Werte den Konjunkturverlauf anzeigen sollen, müssen sie deshalb von saisonalen und zufälligen Größen bereinigt werden. Aber erst nach einiger Beobachtungszeit erlauben die Fakten sichere Erkenntnisse über den Verlauf der Konjunktur.

II. Hypothesen über Konjunkturschwankungen

Traditionelle Theorien

Als konjunkturtheoretisch entscheidend ist traditionell stets die Frage angesehen worden, worauf Konjunkturschwankungen zurückgehen. In neueren Erklärungen ist es dagegen üblich, neben den Ursachen auch die Ausbreitungsmechanismen zu analysieren, sofern man sich nicht - wie bei Modellen mit exogen Ursachen - sogar auf diese beschränkt. Wird eine einzige Ursache als bestimmend angesehen, spricht man von "monokausalen", andernfalls von "multikausalen" **Ursachenerklärungen**. An Hypothesen besteht kaum Mangel. Die amerikanischen Nationalökonomen WILLIAM T. FOSTER und WADDILL CATCHINGS kamen schon in den zwanziger Jahren des letzten Jahrhunderts auf mehr als 200 Ursachenhypothesen. Man hat versucht, diese zu systematisieren und in Gruppen zu unterteilen:

⇨ Eine Einteilung ist die nach exogenen (außerwirtschaftlichen; nichtökonomischen) und endogenen (innerwirtschaftlichen; ökonomischen) Theorien.
⇨ Eine zweite Klassifizierung fußt auf der Unterscheidung von güterwirtschaftlichen (realen) und geldwirtschaftlichen (monetären) Ursachen.
⇨ Nach einer dritten Ansicht besteht eine Tendenz zu übermäßigen Investitionen, die einen Rückschlag unvermeidlich machen ("Überinvestitionstheorien"). Demgegenüber wird von anderen Autoren ein "Unterkonsum" als entscheidend betrachtet ("Unterkonsumtionstheorie").
⇨ Schließlich hat man nach "psychologischen" und "mechanistischen" Theorien zu differenzieren versucht.

Will man die traditionellen Hypothesen zusammenfassen, kann mit einigen Vorbehalten folgendes gesagt werden:
1. Monokausale Erklärungen werden überwiegend abgelehnt.
2. Die Analyse der Investitionen und der von ihnen ausgehenden Wirkungen steht im Zentrum der meisten Konjunkturtheorien.
3. Fast alle Erklärungen sind primär endogen. Exogene Einflüsse - wie das Wetter und die Politik - werden in unterschiedlichem Maße berücksichtigt.
4. Monetäre und psychologische Einflüsse bilden in der Regel einen festen, gelegentlich vorherrschenden Bestandteil der Theorien.
5. Zwischen Konjunktur und Wachstum besteht ein enger Zusammenhang. Es ist empirisch schwierig, konjunkturelle Schwankungen und Wachstumszyklen voneinander abzuheben.
6. Eine allgemeine Konjunkturtheorie, die nicht im Widerspruch zu den vorherrschenden Theorien stände, müßte angesichts stark divergierender Erklä-

rungen so abstrakt sein, daß sie kaum empirischen Wert besäße. Aus diesem Grund ist es zweifelhaft, ob es je "die" Konjunkturtheorie geben wird.

Aus einigen der genannten Gruppen (reale und monetäre Ursachenerklärungen, Überinvestitions- und Unterkonsumtionstheorien) seien die traditionell herrschenden Ansichten kurz angeführt.

Als traditionelle **reale Konjunkturtheorie** gilt das **SAYsche Theorem**. Der französische Nationalökonom JEAN BAPTISTE SAY hat sich gegen die auch heute noch populäre These gewandt, die Ursache wirtschaftlicher Krisen sei in einer allgemeinen Überproduktion oder Übersättigung zu suchen. Seine ursprüngliche Aussage hat durch Kritik und Antikritik eine derartige Umgestaltung erfahren, daß spätere Autoren nur noch selten auf sie zurückgriffen. Dabei ist der Kern seiner Argumentation einfach. Nach SAY wäre es unsinnig, von einer allgemeinen Überproduktion zu sprechen. Warum arbeiten die Menschen überhaupt, warum bieten sie Güter und Dienste an? Wer nicht nachfragen möchte, wird sich nicht den Mühen der Produktion unterziehen. Also wird nur insoweit produziert, um fremde Produkte nachfragen zu können. Das Angebot erzeugt gleichsam seine eigene Nachfrage. Das gilt für eine Naturaltausch-, jedoch auch für eine Geldwirtschaft, in der Geld für Zwecke des Tauschverkehrs - neben dem für die Vermögensbildung - benötigt wird. Es kann keine Nachfrage ausfallen. Das gesamtwirtschaftliche Gleichgewicht als Gleichheit von Angebot und Nachfrage ist unzerstörbar. Wenn es dennoch Absatzkrisen gibt, die SAY nicht leugnen wollte, handelt es sich um partielle Störungen. In einer arbeitsteiligen Produktion muß in einem gewissen Umfang "auf Verdacht hin" produziert werden. Stimmt das tatsächliche Angebot mit den Marktwünschen nicht überein, sorgt der Marktmechanismus dafür, daß das Angebot der Nachfrage angepaßt wird.

Das **SAYsche Theorem** ist **für eine Geldwirtschaft unhaltbar**. Aus einer richtigen Erkenntnis (keine allgemeine Übersättigung) wird ein falscher Schluß gezogen. Geld ist nämlich nicht nur Tausch-, sondern auch Wertaufbewahrungsmittel. Mit steigender Kassenhaltungsdauer verliert Geld seine "Neutralität" für den Warentausch. Es ist nicht nur "Schmiermittel des Tausches", was eine wesentliche Voraussetzung des Theorems ist. Mit steigender Kassenhaltung bei konstantem Geldangebot - ein mögliches Verhalten - würden die aus Faktorleistungen und Produktverkauf erzielten Einkommen nicht völlig wieder verausgabt werden. Monetäre Gesamtnachfrage fällt temporär aus. Das wirtschaftliche Gleichgewicht zwischen Gesamtangebot an Waren und Diensten und monetärer Gesamtnachfrage wird gestört, wie jede allgemeine Depression, die auf schrumpfende Ausgaben zurückgeht, deutlich genug zeigt. Unter Benutzung der Geldfunktionsbegriffe kann man auch sagen: Die Depression kommt durch einen Funktionswechsel des Geldes zustande. Ein Teil der Tauschmittel hat die Aufgabe einer Wertspeicherung übernommen. Die Geldneutralität kann ebenso durch das Geldangebot gestört werden. Geldproduktion ist in den meisten Geldsystemen ohne eine entsprechende Vorleistung möglich, so daß eine güterangebotsunabhängige Zusatznachfrage auftreten kann. Aus einer langen Diskussion des SAYschen Theorems haben die meisten Forscher die Konsequenz gezogen, Geld bilde in seinen verschiedenen Funktionen ein unverzichtbares Erklärungselement der Konjunkturtheorie.

Wenn sich allgemeine Schwankungen nicht aus der Natur des tauschwirtschaftlichen Prozesses erklären lassen, ist dann die Konjunkturursache in Eigenheiten der Geldwirtschaft zu suchen? Diese Frage wird von den Vertretern einer rein **monetären Konjunkturerklärung** eindeutig bejaht. Unter ihnen ragt RALPH GEORGE HAWTREY, Wissenschaftler von Rang und erfahrener Praktiker - er war vier Jahrzehnte leitender Beamter des britischen Schatzamtes -, eindeutig hervor. Er formulierte folgende Hypothesen:

1. Die Wiederkehr des Zyklus kann durch rein monetäre Ursachen erklärt werden, die bewirken, daß ständig Schwankungen eintreten, deren Dauer sich über Jahre erstreckt.
2. Unvermeidliche Geld- oder Kreditbewegungen sind notwendige und hinreichende Bedingungen für den Konjunkturzyklus.

Die erste Hypothese impliziert eine straffe Korrelation von Geld- und Güterbewegungen. Fällt die Geldmenge, dann sinkt die Nachfrage nach Gütern. Die Produzenten sehen sich in ihren Erwartungen getäuscht. Sie produzieren zunächst auf Lager, die Preise fallen. Schließlich müssen die Produktion gedrosselt und Produktionsfaktoren freigesetzt werden. Erst nach einem Anpassungsprozeß entsteht ein neues Gleichgewicht von Angebot und Nachfrage. Steigt die Geldmenge, sind die Wirkungen entgegengesetzt. Die Nachfrage ist größer als erwartet, die Läger werden abgebaut, die Preise steigen, und die Produktion nimmt zu bis die Produktionsfaktoren vollbeschäftigt sind. Die Konjunkturphasen, Prosperität und Depression, werden mit den Wirkungen von Geldumlaufschwankungen, Inflation und Deflation, gleichgeschaltet. Mit einer Stabilisierung des Geldumlaufs sowie einer Beseitigung der Geldwertschwankungen würde sich der Konjunkturzyklus beseitigen lassen. Die zweite These HAWTREYS besagt jedoch, der Geldumlauf kann in modernen Volkswirtschaften nicht konstant gehalten werden. Insbesondere das Kreditsystem zeigt eine inhärente Instabilität, weil der Optimismus im Aufschwung zu einer Kreditnachfrage führt, deren Wirkungen sich verstärken. Solange die Banken über Reserven verfügen, können sie die Nachfrage befriedigen. Doch mit zunehmender Kreditnachfrage, steigenden Preisen und erhöhter Produktion verschlechtert sich die Bankenliquidität. Durch scharfes Anziehen der Kreditbremse läßt sich die Expansion stoppen, so daß immer die Gefahr eines Umschlags besteht. Gäbe es unbeschränkt Kredit, könnte die Expansion weitergehen. Nur würden dann die Preise ständig steigen.

HAWTREY hat auf Eigentümlichkeiten des modernen Kreditsystems aufmerksam gemacht, die keine realistische Konjunkturerklärung vernachlässigen kann. Doch seine Hypothesen sind unvollständig. Wahrscheinlich würden die meisten Nationalökonomen die Behauptung, der Grund für den Zusammenbruch liege in monetären Restriktionen, wohl akzeptieren, jedoch seine These, dies müsse stets der Fall sein, aus empirischen Gründen ablehnen. Auf Skepsis ist vor allem die Ansicht gestoßen, mit einer unbeschränkten Kreditexpansion lasse sich die Prosperität ad infinitum fortsetzen. Beobachtungen in Ländern mit praktisch unbeschränkter Kreditexpansion (wie in einigen Staaten Lateinamerikas) und neuere Erfahrungen mit der Inflation in hochentwickelten Ländern zeigen: **Inflation und Prosperität brauchen nicht zusammenzufallen**. Rein "monetäre" Ursachenerklärungen sind, sosehr sie den rein "realen" Theorien überlegen zu sein scheinen, unbefriedigend oder zumindest unvollständig. Bei der folgenden Unterscheidung nach Überinvestitions- und Unterkonsumtionstheorien bleibt also zu beachten, daß zwar die realen oder monetären Einflüsse verschieden betont, jedoch zusammenwirkend gesehen werden.

Die **Theorie**, nach der der konjunkturelle Zusammenbruch auf **Überinvestitionen** zurückgehe, fand traditionell breite Zustimmung. Innerhalb der "Überinvestitionsschule" gibt es verschiedene Richtungen, die sich meist auf den schwedischen Nationalökonomen KNUT **WICKSELL** berufen. WICKSELLS Absicht war, eine Erklärung für die Bewegungen des allgemeinen Preisniveaus zu liefern. Doch gaben seine Untersuchungen den Anstoß sowohl zur Überinvestitionstheorie als auch zur monetären Zinserklärung. Die Ursache von Änderungen des allgemeinen Preisniveaus sieht WICKSELL in der Zinsspanne, definiert als die Differenz zwischen dem "natürlichen" und "monetären" Zins. Beide Zinssätze versteht WICKSELL geldwirtschaftlich. Der natürliche Zins ist der Gleichgewichtspreis des Geldkapitalmarktes, zu dem das Angebot an Sparbeträgen genau der Nachfrage für Investitionsmittel (Kredite) entspricht. Änderungen der Kassenbestände und des Geldangebots finden nicht statt (*Fig. 10-5*). Da in der Realität weder die Kassenbestände noch das Geldangebot konstant bleiben, weicht der tatsächliche Zinssatz, der für die Nachfrager ein wichtiger relativer Preis ist, vom natürlichen Zins ab. Diesen Ungleichgewichtszins nennt WICKSELL Marktzins (auch: Geldzins). Ist der Marktzins niedriger als der natürliche, besteht ein Angebotsüberschuß, umgekehrt ein Nachfrageüberschuß an Geldkapital. Im ersten Fall steigt die Nachfrage der Unternehmen nach Krediten und daraus folgend auch die Nachfrage nach Vorprodukten und Produktionsfaktoren. Die Preise ziehen auf diesen Märkten an. Die aus erhöhter Faktorentlohnung gestiegenen Einkommen führen zu Preiserhöhungen bei Konsumgütern. Dieser "WICKSELLsche Prozeß" läuft so lange, wie eine positive Zinsspanne existiert. Die steigende Geldkapitalnachfrage drückt den Geldzins in die Höhe. Die positive Zinsspanne verringert sich deshalb im Aufschwung, bis sie schließlich negativ wird. Bei negativer Zinsspanne sind die Wirkungen auf die Preise gegenteilig. Was geschieht in einem Prozeß, in dem der Marktzins unter dem natürlichen Zins liegt, mit den Gütermengen, dem input und output? Diese Frage, die bei WICKSELL offen bleibt, stellt FRIEDRICH AUGUST VON **HAYEK**. Ihm kommt es darauf an zu zeigen, daß sich im Aufschwung eine Disproportionalität zwischen dem Angebot an Investitions- und Konsumgütern auf der einen und der Nachfrage nach ihnen auf der anderen Seite herausbildet, die zum Konjunkturumschlag im oberen Wendepunkt führt. Mit den Investitionen der Unternehmer, die bei einer "positiven" Zinsspanne ihre Gewinne erhöhen können, gelangt zusätzliches Geld in Umlauf. Steigt die Kreditnachfrage der Unternehmer, werden sich in dem dann einsetzenden Konkurrenzprozeß die Preise der Rohmaterialien und Produktionsfaktoren erhöhen. Die Ausdehnung der Investitionsgüterproduktion ist bei Vollbeschäftigung nur zu Lasten der Konsumgüterproduktion möglich. Die davon ausgehenden Preissteigerungen im Konsumgütersektor nötigen die Verbraucher, auf einen Teil des Konsums zu verzichten (erzwungenes Sparen). Wenn nach einiger Zeit auch die Einkommen der Konsumenten steigen, versuchen diese, ihr altes Konsumniveau wiederherzustellen. Mit fortschreitendem Aufschwung wird deshalb die Konsumgüter- im Vergleich zur Kapitalgüternachfrage wieder zunehmen. In der Produktion werden Faktoren aus dem Investitions- in den Konsumgüterbereich umgelenkt. Soweit Investitionen nicht fertiggestellt werden konnten, führt das zur Freisetzung auch anderer Faktoren und zu Verlusten. Hinzu kommt meist, daß im Boom die Kredite knapper werden und damit der Marktzins steigt. Bei Krediteinschränkungen kann das bisherige Ausmaß der Investitionen nicht durchgehalten werden, weil das Geldangebot, das aus freiwillig Erspartem besteht, nicht entsprechend gewachsen ist. Die Situation vor dem Tendenzumschwung ist also durch Überinvestition (Investitionsgüterüberproduktion), Untersparen (Kapitalknappheit) und Überkonsum (Konsumgüterdefizit) gekennzeichnet: eine paradoxe, doch plausible Situation - Mangel und Überfluß zur gleichen Zeit. Wenn die Haushalte mehr freiwillig sparen und weniger konsumieren würden, ließe sich der Zusammenbruch vermeiden. Der Keim des Zusammenbruchs liegt im kreditfinanzierten Aufschwung, der notwendig zur Überinvestition führt.

Ein schwacher Punkt der Überinvestitionstheorien ist, daß der **Zusammenbruch nicht zwingend** endogen erklärt wird. Die disproportionale Entwicklung vor dem oberen Wendepunkt erfordert eine Drosselung der Kapital- und eine Ausdehnung der Konsumgüterproduktion. Diese Umstellung kann, muß aber nicht durch eine Depression erzwungen werden. Es ist durchaus möglich, daß sich beide Bereiche ohne Depression an die veränderte Situation anpassen. Offen bleibt auch die Frage, ob nicht eine Kreditexpansion den Abschwung verhindern könnte. Das einzige Hindernis für permanente Kreditausweitungen ist die Gefahr progressiver Preissteigerungen und letztlich die eines Zusammenbruchs des Kreditsystems.

Die **Unterkonsumtionstheorie** ist eher eine Depressions- als eine voll entwickelte Konjunkturtheorie. Ihr wissenschaftliches Niveau liegt - wie eine der größten Autoritäten auf dem Gebiet der Konjunkturtheorie, GOTTFRIED VON HABERLER, meint - niedriger als das der anderen Theorien. Ein bekannter Vertreter dieser Theorie ist EMIL **LEDERER**. Zentraler Bestandteil der Theorie ist die Hypothese, daß Kaufkraft in irgendeiner Form fehle, um die Vollbeschäftigung zu sichern. Dieses Kaufkraftdefizit kann seine Ursache in einer Vergrößerung der Kassenhaltungsdauer haben. Finden die Spargelder keine Anlage in der Investition, entstehen Hortbeträge, die einen Kaufkraftausfall darstellen. Der Rückgang im Konsum - Kehrseite der Horte - führt zu einem Preisverfall. Unterkonsumtion wäre dann eine andere Bezeichnung für Deflation. Ein Kaufkraftdefizit kann sich auch aus einem Anwachsen des Güterangebots ergeben. Wird in diesem Fall die Geldmenge nicht ausgedehnt, müssen die Preise tendenziell sinken, weil die vorhandene Kaufkraft nicht ausreicht, um die Produkte zum bisherigen Preis vom Markt zu nehmen. Generell läßt sich sagen: Eine Kaufkraftausweitung - durch Vergrößerung des Geldangebots oder Verringerung der Kassenhaltungsdauer - kann eine Krise verhindern, sofern deren Ursache eine zu geringe monetäre Nachfrage ist. Verschiedene Unterkonsumtionstheoretiker heben besonders hervor, daß die Löhne im Aufschwung hinter den Profiten zurückbleiben. Da aus Profiten mehr als aus Löhnen gespart werde, sei die Wurzel des Übels eine Disparität der Einkommensverteilung im Aufschwung - eine These, die unter Gewerkschaften verständlicherweise beliebt ist. Diese Konjunkturerklärung ähnelt stark der von KEYNES. Die Konjunkturtheorie von KEYNES läßt sich am besten als ein Spezialfall der Unterkonsumtionstheorie einordnen.

Für diese Theorie ist charakteristisch, daß sie keine geschlossene Konjunkturtheorie bildet, was KEYNES auch gar nicht beabsichtigt hat. Wenn seine Argumentation über die Konjunkturerklärung hinaus so große Bedeutung gewonnen hat, daß häufig von einer "KEYNESschen Revolution" gesprochen wird, so deswegen, weil er Begriffe und Denkmethoden zu entwickeln vermochte, die sich für die Untersuchung zahlreicher Probleme als recht nützlich erwiesen haben. Mit seinen Aussagen zur Depression hat er einige wertvolle Aspekte zur Interpretation bestimmter Konjunkturphasen beigetragen. In der monetären Überinvestitionstheorie wird betont, daß eine Ursache des Zusammenbruchs ein Überkonsum sei. Wenn diese Erklärung des Zusammenbruchs auch problematisch scheint, so läßt sich empirisch zeigen, daß die in der Überinvestitionstheorie herausgearbeiteten Merkmale vor dem Umschwung typischer sind als die der Unterkonsumtionstheorie, mit der man den Zusammenbruch in der Regel nicht erklären kann. Zeichnet sich der Umschwung ab oder ist er bereits eingetreten, stellt eine Ausdehnung der Konsumgüternachfrage mitunter ein geeignetes Mittel dar, eine Depression zu vermeiden. Doch diese Feststellung gilt nicht in allen Fällen. Es ist beobachtet worden, daß ein beträchtliches Maß an Arbeitslosigkeit herrschte, während Volkseinkommen und Produktion nicht fielen, manchmal sogar stiegen, wenn auch nicht in einem Maße, wie es bei Vollbeschäftigung der Fall gewesen wäre. **Ursachen solcher Krisen** sind **Strukturänderungen**, die auf das Angebot (z. B. Automation) oder die Nachfrage (z. B. Wechsel von Kohle zu Öl) zurückgehen können. Der rasche Strukturwandel setzt Arbeitskräfte frei, die jedoch wegen zu geringer räumlicher und beruflicher Mobilität nicht so schnell wieder in den Produktionsprozeß eingegliedert werden können, daß sich nennenswerte Unterbeschäftigung vermeiden ließe (strukturelle Arbeitslosigkeit). Eine in einem solchen Fall vorgenommene Erhöhung der Kaufkraft würde die Preise in die Höhe treiben oder die vorhandenen Preissteigerungstendenzen verstärken, ohne den betroffenen Industrien zu nützen oder die rasche Eingliederung der Arbeitskräfte zu gewährleisten. Viele "Postkeynesianer" haben, sofern sie Unterkonsumtionsanhänger waren, in einem langwierigen Lernprozeß einsehen müssen, daß der "KEYNES-Fall" für Krisen in der Zeit nach dem Zweiten Weltkrieg ohne empirische Bedeutung war und die - wenn auch gegensätzlichen - Ansichten der Überinvestitions- oder Überkonsumtionsschule größere Beachtung verdienen. Diese Feststellung gilt um so mehr, als die Trendentwicklung, das Wachstum, stärker als früher die Aufmerksamkeit auf sich lenkt. Bemerkenswert bleibt, daß man sich bei der Untersuchung dieser Fragen weitgehend der Sprache von KEYNES bedient.

Neuere Theorien

In den siebziger Jahren des letzten Jahrhunderts wuchs erneut das Interesse an Konjunkturtheorien, nachdem in den Jahrzehnten zuvor die Wachstumstheorie sowie die Kontroverse zwischen Monetaristen und Fiskalisten im Vordergrund des makroökonomischen Interesses gestanden haben. Die Renaissance der Konjunkturtheorie nahm ihren Ausgang von der Diskussion des PHILLIPS-Theorems und dem Konzept der rationalen Erwartungen. Nach einem als „neuklassisch" bezeichneten Modell ist die Geldpolitik bei rationalen Erwartungen und bei Markträumung auf allen Faktor- und Produktmärkten selbst kurzfristig wirkungslos (19. Kap. II.). Hier setzt die **Theorie der realen Konjunkturschwankungen** (real business cycle approach) an, die deshalb als eine Variante der neuklassischen Konjunkturmodelle angesehen wird. Ihre grundlegende Formulierung stammt von FINN E. KYDLAND und EDWARD C. PRESCOTT. Wesentliche Beiträge lieferten auch JOHN B. LONG, CHARLES I. PLOSSER und ROBERT G. KING.

Die Theorie der realen Konjunkturzyklen unterstellt - wie alle neuklassischen Modelle - optimales Verhalten (Nutzen- und Gewinnmaximierung), Markträumung bei vollständiger Konkurrenz und rationale Erwartungen. Von der Existenz des Geldes, dem nur nominale Wirkungen zugeschrieben werden (Geldneutralität), wird analytisch abgesehen. Konjunkturelle Schwankungen, insbesondere Änderungen der realen Größen Produktion, Beschäftigung, Konsum, Investition und Produktivität, werden ausgelöst durch **externe Schocks**. Diese sind plötzliche, unvorhergesehe Änderungen der äußeren Umstände, die für das Wirtschaften bedeutsam sind, oder Entwicklungen, die die Produktionstechnik beeinflussen. Die Schocks werden modelltheoretisch nicht erklärt, sind also exogen vorgegeben. Die Individuen passen sich an Schocks an, die sie nicht verhindern können. Zur Verdeutlichung der individuellen Entscheidungen greifen LONG und PLOSSER auf den repräsentativen Konsumenten - einen „Robinson Crusoe" - zurück, der für den Einzelfall zeige, wie sich alle Konsumenten eines Landes unter den gegebenen Annahmen verhielten. Angenommen, durch einen realen Schock, z. B. eine unerwartet reiche Ernte, erhöht sich temporär die Produktivität von Robinson Crusoe. Es ist dann optimal, mehr Zeit für die Produktion einzusetzen und weniger Freizeit in Anspruch zu nehmen. Arbeit und Freizeit sind zeitlich gesehen Substitute. Da alle Konsumenten wie der repräsentative Robinson Crusoe handeln, boomt die Wirtschaft eines Landes. Andere Schocks, z. B. temporär verschlechterte Arbeitsbedingungen durch eine Naturkatastrophe, haben die gegenteilige Wirkung, so daß weniger gearbeitet und produziert wird. Neben Schocks, die auf den Arbeitsmarkt einwirken und zu einem intertemporalen Austausch von Arbeit und Freizeit führen, werden technologische Schocks, die die Produktionsfunktion verändern, in die Überlegungen einbezogen. Als Fazit der Erklärungen läßt sich festhalten: Konjunkturschwankungen sind nichts anderes als die Reaktion von Individuen auf unvermeidbare Schocks aus ihrer Umwelt. Es mache keinen Sinn, Konjunkturschwankungen als Abweichungen von einem Wachstumspfad zu interpretieren. Was sich verändere, sei der Trend selbst, der sich als Ergebnis einer Serie von realen Schocks begreifen lasse. Eine wichtige wirtschaftspolitische Konsequenz der Theorie realer Konjunkturschwankungen ist: Da für die Reaktionen aller Individuen das Optimalprinzip gilt, wären konjunkturpolitische Eingriffe des Staates schädlich, weil sie vom gesamtwirtschaftlichen Optimum wegführen.

Die **Kritik** an der Theorie der realen Konjunkturschwankungen richtet sich vor allem **gegen** die **Annahmen des Modells**. Ein erster Kritikpunkt ist die Annahme über die Exogenität der Konjunkturursache, die selbst in der traditionellen Konjunkturtheorie eher eine Ausnahme war. Nachdem die Exogenität in der Wachstumstheorie - hier die des technischen Fortschritts - überwunden und dies als Erfolg angesehen wurde (16. Kap. II.), hält sie in der Theorie der realen Konjunkturschwankungen erneut Einzug. Dadurch beschränkt sich diese Theorie auf die Frage, wie sich Konjunkturschwankungen ausbreiten und sie erklärt nicht, warum sie auftreten. Ein zweiter Kritikpunkt ist - wie schon im SAYschen Theorem - die Annahme, Geld habe keine realen Wirkungen (Neutralitätshypothese). Dagegen sprechen vor allem empirische Beobachtungen. Die Vertreter der Theorie realer Konjunkturschwankungen leugnen diese Beobachtungen nicht, kehren aber die Ursache-Wirkung-Beziehung um. Sie behaupten, das Geldangebot reagiere auf reale Schwankungen und sei deswegen endogen. Doch diese Behauptung steht auf schwachen Füßen, wie Untersuchungen ergeben haben. Drittens wird die Annahme vollständiger Markträumung kritisiert. Eine Markträumung setzt unter anderem eine völlige Flexibilität der Löhne und Preise sowie symmetrisch verteilte Marktinformationen voraus. Davon kann in der Wirklichkeit häufig nicht die Rede sein.

Einige Kritiker der Theorie realer Konjunkturschwankungen haben Modelle entwickelt, die der Tradition von KEYNES verhaftet sind. Die **neukeynesianische Konjunkturtheorie** ist eine Sammelbezeichnung für eine Gruppe von Modellen, die sich in ihren Ansätzen jedoch ganz erheblich unterscheiden. Wesentliche Beiträge stammen von N. GREGORY MANKIW, DAVID ROMER, ROBERT J. GORDON, GEORGE A. AKERLOF, JANE L. YELLEN und JOSEPH E. STIGLITZ. Einige Autoren stellen die Nichtneutralität des Geldes, andere die Inflexibilität von Löhnen und Preisen, wieder andere asymmetrisch verteilte Marktinformationen in den Mittelpunkt ihrer Analyse. Die einzige Gemeinsamkeit ist, daß alle oder einige Annahmen der Theorie realer Konjunkturschwankungen abgelehnt werden, aus deren Kritik die neukeynesianische Konjunkturtheorie entstanden ist.

Als Beispiel für diese Gruppe sei das **Modell über Preisänderungskosten** (menu cost approach) von MANKIW herausgegriffen. Das Modell soll Preisstarrheiten und daraus resultierende Konjunkturschwankungen endogen begründen. Der Analyse liegt partialanalytisch ein repräsentatives Unternehmen zugrunde, das sich auf dem Gütermarkt wie ein Monopolist verhalten kann. Wie beim repräsentativen Konsumenten in der Theorie realer Konjunkturschwankungen läßt sich das Ergebnis der Analyse totalanalytisch verallgemeinern. Ausgangspunkt der ökonomischen Ereignisse in diesem Modell ist ein monetärer Schock, z. B. eine Geldmengenausweitung und eine daraus folgende Nachfrageerhöhung. Das Unternehmen kann nun entweder den Preis erhöhen oder unverändert lassen. Gegen eine Preiserhöhung sprechen die dabei entstehenden Kosten, etwa für die Auszeichnung der Waren oder die Erstellung neuer Speisekarten (deshalb der Ausdruck „menu costs"). Diese Kosten können größer sein als der Gewinnanstieg bei einem höheren Preis. Preisänderungskosten führen dazu, daß alle Unternehmen, die sich in der gleichen Lage wie das repräsentative Unternehmen befinden, ihre Preise nur von Zeit zu Zeit anpassen. Wie entstehen aus solcher Preisstarrheit konjunkturelle Schwankungen? Wenn Unternehmen ihre Preise nicht erhöhen, die Produkte also zu einem relativ geringeren Preis verkaufen, treten externe Wirkungen auf die Gesamtnachfrage auf. Durch die relative Preissenkung ist das Preisniveau niedriger als es ohne eine Preiserhöhung der Unternehmen wäre, so daß der Wert der realen Kassenbestände gesamtwirtschaftlich steigt. Eine Erhöhung der Realkasse löst eine Nachfragesteigerung nach den Produkten aller Unternehmen aus. Der monetäre Schock, die Geldmengenausweitung, bewirkt im Ergebnis einen Boom. In gleicher Weise läßt sich zeigen, daß eine Geldmengenkontraktion eine Rezession verursacht.

Das Modell über Preisänderungskosten ist zwar nur eines von mehreren Modellen, wird allerdings von einigen Autoren als Kernstück der neukeynesianischen Makroökonomik angesehen. **Kritische Anmerkungen** sind angebracht - erstens - gegen die Beschränkung auf die Preisänderungskosten. Andere Kosten, insbesondere die einer Outputänderung, bleiben ausgeschlossen. Solche Kosten, die in der Regel erheblich höher sind, treten ein, weil eine gestiegene oder gesunkene Nachfrage als Folge eines monetären Schocks eine Anpassung über die Menge erfordert, wenn der Preis unverändert bleibt. Ein unveränderter Preis ist aber nur dann rational, wenn die Kosten einer Mengenänderung höher sind als die einer Preisänderung. Kritisch ist - zweitens - die Annahme zu bewerten, daß das repräsentative Unternehmen ein Monopolist ist. Auf vielen Märkten herrscht Wettbewerb, der die Möglichkeiten zur partialen Preisfestsetzung mit zunehmender Wettbewerbsintensität einschränkt oder beseitigt. Dieser Einwand trifft vor allem zu, wenn externe Schocks zu einer Verringerung der Gesamtnachfrage führen, die die Unternehmen zu Preissenkungen zwingt. Drittens ist auch hier darauf hinzuweisen, daß der menu cost approach keine Ursachenerklärung für konjunkturelle Schwankungen bietet, sondern nur deren Ausbreitung nach einem exogenen Schock beschreibt.

III. Zyklenmerkmale

Verstärker

In der Konjunkturerklärung lassen sich einige Gemeinsamkeiten feststellen. Nur wenige bestreiten, daß es Verstärker der Konjunkturbewegungen gibt. Außerdem wird ein Zusammenhang zwischen Konjunktur und Wachstum gesehen. Unter den Verstärkern kann man subjektive - vom Verhalten abhängige - und objektive - durch Produktionseigentümlichkeiten vorgegebene - unterscheiden. Gelegentlich spricht man auch von "psychologischen" und "mechanistischen" Verstärkern oder Konjunkturtheorien, sofern angenommen wird, daß psychologische und mechanistische Zusammenhänge den Konjunkturablauf hinreichend erklären. In den meisten Analysen werden **psychologische Verstärkereffekte** berücksichtigt. Besonders ARTHUR CECIL PIGOU hat die Basis psychologischer Einflüsse herausgearbeitet: die Ungewißheit. Zukünftige Ereignisse ließen sich niemals mit absoluter Sicherheit prognostizieren. Die Unsicherheit nehme mit der Entfernung von der Gegenwart zu. Jede wirtschaftliche Entscheidung sei eine Gegenwartsentscheidung, die in die Zukunft wirke. Die Investitionsentscheidungen reichten weiter in die Zukunft und seien deshalb unsicherer als Konsumentscheidungen. In einer Prosperität herrsche Optimismus, in einer Depression Pessimismus über die künftige Entwicklung. Prosperität und Depression seien Wellen des Optimismus und Pessimismus.

Die meisten Konjunkturtheoretiker würden diese Wellen vermutlich als Verstärkungselemente des Auf- oder Abschwungs akzeptieren und nicht wenige unter ihnen haben psychologische Einflüsse betont. Berücksichtigt man Verhaltenswellen, sind einige Zusammenhänge - etwa die Reaktion der Unternehmer auf Zinsänderungen oder die der Kassenhalter auf Geldangebotsvariationen - nicht so strikt wie sie gemeinhin unterstellt werden. Die Geister scheiden sich an der Frage, ob Optimismus und Pessimismus einzige **Ursachen der Aktivitätsschwankungen** sind. Ein gutes Beispiel für die unterschiedlichen Ansichten ist die Rezession in der Bundesrepublik Deutschland, die mit der Bildung der großen Koalition Ende 1966 einsetzte. Eine rein "mechanistische" Interpretation leugnet den Einfluß psychologischer Faktoren, eine rein "psychologische" Erklärung macht den Stimmungsumschwung, der durch den Regierungswechsel und öffentliche Erklärungen zur tatsächlichen oder vermeintlichen "Krise" ausgelöst wurde, für die "Talfahrt" des Jahres 1967 verantwortlich. Die Wahrheit dürfte vermutlich in der Mitte zu suchen sein. Daß man sich mit Vermutungen behelfen muß, zeigt, wie wenig wir letztlich über die entscheidenden Triebkräfte und ihr Gewicht im konjunkturellen Ablauf wissen.

Neben psychologischen gibt es **produktionstechnische** Beschleunigungseffekte, die man als **Akzeleratorwirkungen** bezeichnet. Sie wurden von dem französischen Sozialökonomen ALBERT AFTALION (1874-1956) entdeckt. Zahlreiche Konjunkturtheoretiker sind ihm gefolgt. Die zentrale Hypothese ist folgende: Veränderungen in der Nachfrage nach und der Produktion von Konsumgütern tendieren dahin, viel größere ("akzelerierte") Veränderungen in der Nachfrage nach und der Produktion von Investitionsgütern hervorzurufen, als zu ihrer Produktion benötigt werden. Was für Konsum- und Kapitalgüter gilt, kann mutatis mutandis sowohl auf ein beliebiges Gut und seine Kapitalgüter übertragen werden als auch auf jene Fälle, in denen im Verhältnis zur Produktion ein bestimmtes Lager gehalten wird. Die Hypothese lautet dann: Die Schwankungen der Kapitalgüterproduktion und der Lagerhaltung sind größer als die mengenmäßigen Schwankungen der mit ihrer Hilfe erzeugten oder zu ihnen in Beziehung stehenden Produkte. Der Akzelerator b^* (Beschleuniger) läßt sich definieren als Quotient aus der Nettoinvestition I und einer (marginalen) Zunahme der Konsumgüternachfrage C, also:

(20.1) $\quad b^* = \dfrac{I}{dC} \quad$ (Definitions-Gleichung).

Der Ausdruck b^* gibt an, wieviel monetär bewertete Kapitalgütereinheiten zusätzlich für die Produktion einer weiteren Konsumgütereinheit nötig sind. Wird b^* als im Zeitablauf konstant betrachtet, kann I als Funktion von dC aufgefaßt werden:

(20.2) $I = b^* \cdot dC$ (technische Gleichung).

Mit (20.2), die sich auch als Verhaltens-Gleichung interpretieren läßt, wird behauptet, die Nettoinvestitionen (Gesamt- oder Bruttoinvestitionen minus Ersatzinvestitionen) seien von Änderungen der Konsumgüternachfrage proportional abhängig. Die Schwankungen im Investitionsgüterbereich sind nach (20.2) um so stärker, je größer b^* ist. Eine Akzeleratorwirkung im etymologischen Wortsinne auf die Nettoinvestitionen tritt offenbar nur ein, wenn $b^* > 1$ ist; in diesem Fall schwanken die Investitionen relativ stärker als der Konsum, werden aber nicht mehr "beschleunigt" (*Fig. 20-4*).

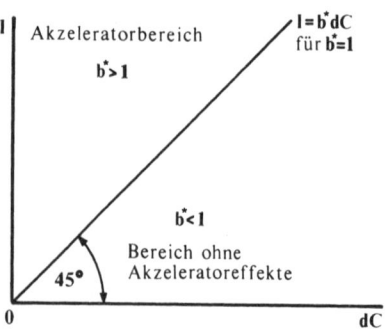

Fig. 20-4: Akzeleratorwirkungen

Für die Beurteilung der Wirkungen des Akzelerators kommt es nicht allein auf die Nettoinvestitionen, sondern auch auf die Schwankungen der Gesamtinvestitionen an, die sich aus Ersatz- und Nettoinvestitionen zusammensetzen. Das Akzeleratorprinzip - vorsichtig verwendet - ist eine Erklärung für die Beschleunigungswirkungen im Auf- und Abschwung. Zur **Erklärung von Wendepunkten scheidet es** - isoliert betrachtet - **aus**.

Konjunktur und Wachstum

Konjunkturschwankungen und Wachstumstrend sind theoretisch leichter zu trennen als faktisch. Es ist überhaupt die Frage, ob **konjunkturelle und langfristige Entwicklungen** nicht die **gleichen Ursachen** haben. JOSEPH ALOIS SCHUMPETER (1883-1950) sieht die wirtschaftliche Entwicklung als einen Vorgang an, der sich in Stößen vollzieht. Die Bewegung zum Aufschwung ist nicht so sehr eine Konsequenz der vorhergehenden Depression, sondern das Ergebnis selbständiger Kräfte. Dynamische Unternehmer nutzen neues technisches Wissen (inventions) zur Einführung von Neuerungen (innovations) und verschaffen sich damit einen zeitweiligen Vorsprung vor den Konkurrenten. Monetäre Voraussetzung der innovations sind Finanzierungsmöglichkeiten, in der Regel

Bankkredite, da es an freiwilligen Ersparnissen in den Unternehmen mangelt. Andere Unternehmer ahmen die Neuerungen der Innovatoren mit einem zeitlichen Abstand (lag) nach (imitations), so daß sich ein Anpassungsprozeß in Richtung auf ein neues Gleichgewicht auf höherem Niveau einstellt, das schließlich durch erneute innovations gestört wird (*Fig. 20-5*). Ob die SCHUMPETERsche Analyse eine Konjunktur- oder Wachstumserklärung (Erklärung von Wachstumszyklen) ist, kann unterschiedlich beantwortet werden. Sie ist jedenfalls so angelegt, daß die Unterschiede zwischen Konjunktur und Wachstum an Bedeutung verlieren.

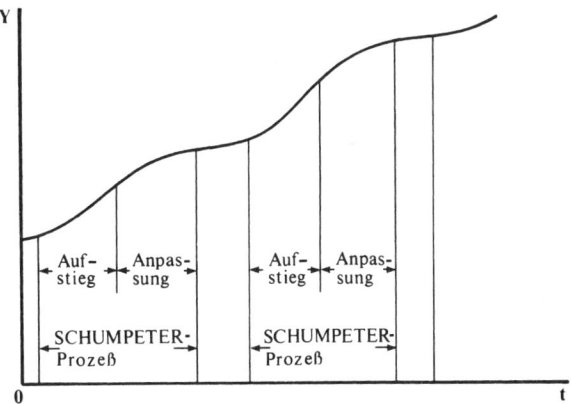

Fig. 20-5: SCHUMPETER-Prozeß

Das gilt auch für die Theorie von JOHN RICHARD HICKS, der - wie zunehmend andere Autoren - Konjunktur und Wachstum als einen integrierten Prozeß ansieht. Ausgangspunkt seiner Überlegungen ist ein Modell, in dem der Akzelerator mit einem Einkommensmultiplikator kombiniert wird. Daraus lassen sich Schwankungen des Volkseinkommens und der Beschäftigung im Zeitablauf ableiten. Der Einkommensmultiplikator des HICKSschen Modells (im 14. Kap. wird eine allgemeinere Multiplikatorformel dargestellt) gestattet die Berechnung der Erhöhung des Volkseinkommens, die eintritt, wenn die Nettoinvestitionen um einen bestimmten Betrag steigen. Der zugrunde liegende Gedanke ist: Investitionsausgaben werden zu Einkommen, die - soweit sie wieder ausgegeben werden - erneut Einkommen schaffen. Das gilt um so mehr, je größer der aus den entstandenen Einkommen wieder verausgabte Betrag ist. Eine zusätzlich vorgenommene Investition von 1000 Euro wird nach einer mehr oder weniger langen Zeit zu Einkommen der an der Produktion des Investitionsgutes beteiligten Arbeiter, Kapital- und Bodeneigentümer. Werden 4/5 dieser 1000 Euro wieder ausgegeben - z. B. für Konsumgüter -, entsteht erneut Einkommen in Höhe von 800 Euro. Gibt man diese Einkommen wieder zu 4/5 aus, entsteht ein neues Einkommen von 640 Euro. Addiert man die nacheinander entstehenden Einkommen, ergibt sich als Folge der Investitionszunahme $\Delta I = 1000$ Euro bei einer (marginalen) Konsumquote $c = 4/5$ ein zusätzliches Einkommen $\Delta Y = 5000$ Euro.

Das läßt sich nach folgender Formel berechnen:

(20.3 a) $\Delta Y = \dfrac{1}{1-c} \cdot \Delta I$ oder   (20.3 b) $\Delta Y = \dfrac{1}{s} \cdot \Delta I$,

für infinitesimale Änderungen:

(20.3 c) $dY = \dfrac{1}{s} \cdot dI$ \hfill (Verhaltens-Gleichung).

Gleichung (20.3 c) kann aus $Y = C(Y) + I$ durch Differenzierung nach I gewonnen werden. Die Größe $c = 1 - s$ ist bekanntlich die (marginale) Konsumquote, die Größe $1/s = 1/(1-c)$ der Multiplikator.

PAUL ANTHONY SAMUELSON hat das kombinierte **Multiplikator-Akzelerator-Modell** entwickelt. Da es in verschiedenen Konjunkturtheorien auftaucht, sei es kurz erläutert. Dabei ist hier auf Änderungsgrößen (Differenzen) abgestellt worden. Gefragt wird nach Schwankungen des Volkseinkommens als Folge von zusätzlichen Ausgaben, die man als "autonom" bezeichnet, weil ihr Entstehen nicht - wie die "induzierten" Ausgaben - aus dem wirtschaftlichen Kreislauf heraus erklärt wird. Die autonomen Ausgaben sollen Investitionen (I_a) sein, die bei den Produktionsfaktoren in der Periode $t-1$ ein Einkommen in gleicher Höhe entstehen lassen (ΔY_{t-1}). Von diesem Einkommen wird in der nächsten Periode, also in t, nur der marginalen Konsumneigung c entsprechende Teil ausgegeben:

(20.4) $\Delta C_t = c \cdot \Delta Y_{t-1}$ \hfill (Verhaltens-Gleichung).

Die Zunahme der Konsumausgaben (ΔC_t) wird nach dem Akzeleratorprinzip (20.2) eine Investition "induzieren", die wiederum Einkommen entstehen läßt, für das (20.4) gilt. Der beschriebene Vorgang wiederholt sich ständig. Hinsichtlich der zeitlichen Abfolge sei angenommen, die induzierten Investitionen werden in der gleichen Periode getätigt, in der die Konsumgüternachfrage steigt, so daß (20.2) wie folgt lautet:

(20.5) $I_t = b^* \cdot \Delta C_t$.

Die Änderung einer Nettoinvestition (ΔI_t) hängt dementsprechend von der Änderung der Konsumausgabenänderung ($\Delta C_t - \Delta C_{t-1}$) ab:

(20.6) $\Delta I_t = b^*(\Delta C_t - \Delta C_{t-1}) = b^* \cdot \Delta C_t - b^* \cdot \Delta C_{t-1}$.

Wenn

(20.7) $\Delta Y_t \equiv \Delta I_a + \Delta C_t + \Delta I_t$ \hfill (Definitions-Gleichung)

gilt, kann man unter Berücksichtigung von (20.4) und (20.6) schreiben:

(20.8) $\Delta Y_t = \Delta I_a + c \cdot \Delta Y_{t-1} + c \cdot b^* \cdot \Delta Y_{t-1} - c \cdot b^* \cdot \Delta Y_{t-2}$
$= \Delta I_a + c(1 + b^*)\Delta Y_{t-1} - c \cdot b^* \cdot \Delta Y_{t-2}$ \hfill (Verhaltens-Gleichung).

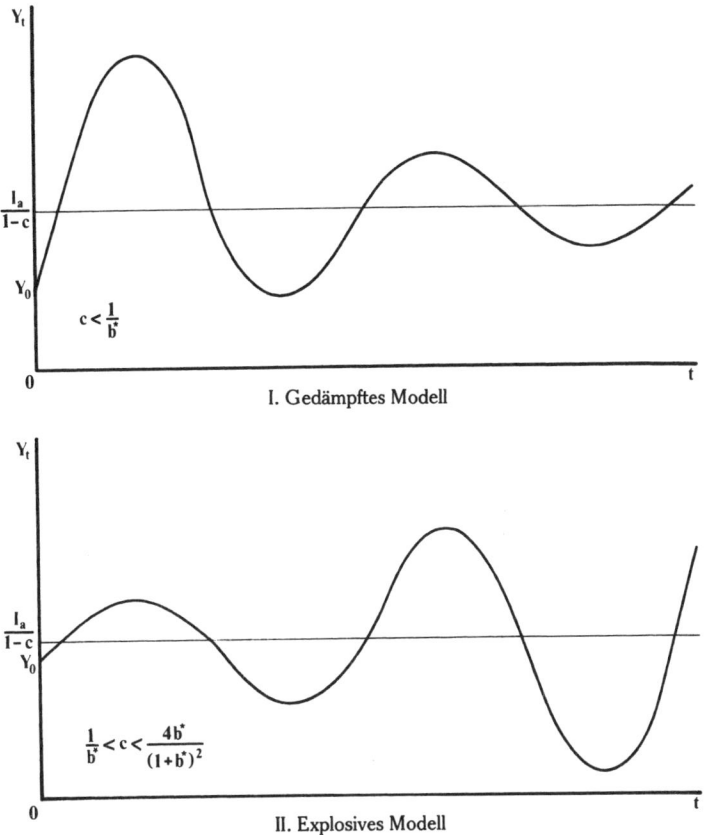

Fig. 20-6: Multiplikator- und Akzeleratormodelle

Der Parameter c ist eine Verhaltenskonstante (marginale Konsumquote), der Parameter b^* sei als eine technische Relation (Akzelerator) gedeutet. Samuelson wies nach, daß die Volkseinkommensänderungen (20.8) einen schwingenden Verlauf zeigen, also Wendepunkte besitzen können. Die Schwingungstendenz wird von der Wahl des Verhältnisses von c zu b^* bestimmt. Von vier möglichen Fällen sind zwei hervorzuheben: Ist $c < 1/b^*$, sind die Schwingungen gedämpft, ist $1/b^* < c < 4b^*/(1 + b^*)^2$, sind sie explosiv. Das absolute Volkseinkommen schwankt dann um den Wert $I_a/(1-c)$ (Fig. 20-6). Der Zusammenhang sei an einem numerischen Beispiel erläutert. Die autonome Investition betrage 100, $c = 0{,}9$ und $b^* = 1$. Nach den Werten von c und b^* ist ein gedämpftes Modell zu erwarten. Die Werte für 30 Perioden sind graphisch (*Fig. 20-7*) und tabellarisch (*Übers. 20-2*) wiedergegeben. Die Erwartung, daß durch die Wahl von c und b^* $(0{,}9 < 1/1)$ ein gedämpftes Modell entsteht, wird bestätigt. In kleiner werdenden Amplituden nähert sich ΔY dem Wert Null. Das Modell ist zugleich ein Beispiel für eine endogene Theorie. Mit Ausnahme der autonomen Investition können die Änderungen des periodischen Volkseinkommens, der Konsumausgaben und Investitionen aus dem Prozeß erklärt werden. HICKS wählt nun ein *explosives Modell mit der Besonderheit,* daß die In-

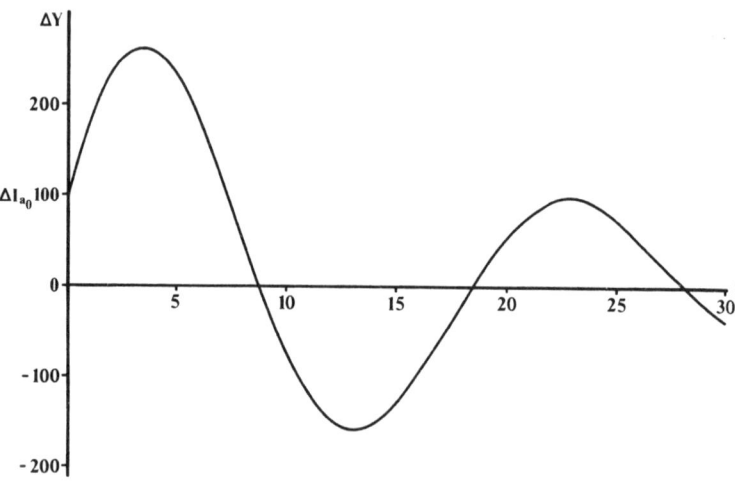

Fig. 20-7: Gedämpftes Multiplikator-Akzelerator-Modell

vestitionen erst in der Periode nach der Erhöhung der Konsumgüterausgaben durchgeführt werden. Das Volkseinkommen schwingt darin um einen ansteigenden Trend, den HICKS durch die Annahme dauernd steigender autonomer Nettoinvestitionen I_a in das Modell einführt, die damit zu einer Funktion der Zeit werden. Da das Anwachsen von I_a im Zeitablauf nicht erklärt wird, handelt es sich um kein vollständig endogenes Konjunktur-Modell. Schranken der explosiven Schwankungen nach oben (ceiling) und nach unten (floor) sind exogen vorgegeben. Reale Kapazitätsbeschränkungen gestatten keine Ausschläge über eine obere Grenze (full employment), Desinvestitionen keine über eine untere Grenze, sofern das reale Volkseinkommen Y_r als Bezugsgröße gewählt wird. Die untere Grenze liegt über den autonomen Investitionen (*Fig. 20-8*). Das Modell von Hicks ist ein Beispiel für das wachsende Bestreben, eine Verbindung von Konjunktur- und Wachstumstheorie herzustellen. Es kam Hicks in erster Linie darauf an, die Grenzen konjunktureller Abläufe und die destabilisierende sowie verstärkende Wirkung des Akzelerators aufzuzeigen. An eine umfassende, empirisch relevante Konjunkturerklärung konnte schon deshalb nicht gedacht sein, weil wichtige Einflußgrößen (wie Zinsen, Preise) außer Betracht bleiben.

Periode	Änderung der autonomen Investitionen	Änderung der Konsumausgaben	Änderung der induzierten Investitionen	Änderung des periodischen Volkseinkommens
t	ΔI_a	$\Delta C_t = c \cdot \Delta Y_{t-1}$	$\Delta I_t = b^* \cdot \Delta C_t$ $-b^* \cdot \Delta C_{t-1}$	$\Delta Y_t = \Delta I_a +$ $\Delta C_t + \Delta I_t$
0	100	-	-	100
1	-	90	90	180
2	-	162	72	234
3	-	211	49	260
4	-	234	23	257
5	-	231	- 3	228
6	-	205	- 26	179
7	-	161	- 44	117
8	-	105	- 56	49
9	-	44	- 61	- 17
10	-	- 15	- 59	- 74
11	-	- 67	- 52	- 119
12	-	- 107	- 40	- 147
13	-	- 132	- 25	- 157
14	-	- 141	- 9	- 150
15	-	- 135	6	- 129
16	-	- 116	19	- 97
17	-	- 87	29	- 58
18	-	- 52	35	- 17
19	-	- 15	37	22
20	-	20	35	55
21	-	50	30	80
22	-	72	22	94
23	-	85	13	98
24	-	88	3	91
25	-	82	- 6	76
26	-	68	- 14	54
27	-	49	- 19	30
28	-	27	- 22	5
29	-	5	- 22	- 17
30	-	- 15	- 20	- 35

Übers. 20-2: Gedämpftes Multiplikator-Akzelerator-Modell

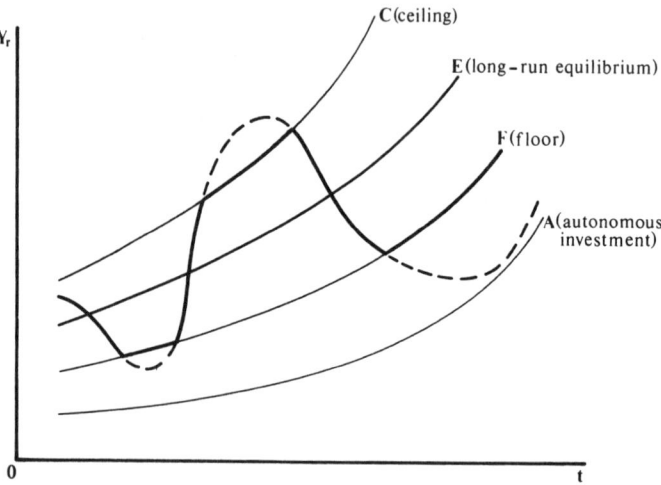

Fig. 20-8: Konjunktur und Wachstum bei HICKS

21. Kapitel: Stabilitätspolitik

I. Gesamtwirtschaftliche Instabiltät als Problem einer Wirtschaftsordnung

Gesamtwirtschaftliche Instabiltät als Tatsache
Konjunkturen sind zeitlich unterschiedliche Ausnutzungen der Produktionskapazitäten - Gesamtwirtschaftliche Instabilität - Gesamtwirtschaftliche Inflexibilität

Behauptungen über die Ursachen der gesamtwirtschaftlichen Instabilität
Instabilität des privaten Sektors - Instabiliät auch Folge von Strukturänderungen - Instabilität des staatlichen Sektors

Prinzipien der Stabilitätspolitik
Systemkonformität der gesamtwirtschaftlichen Ziele und wirtschaftspolitische Mittel - Stetigkeit beim Mitteleinsatz - Einhaltung angenommener Wirkungszeiten nach dem Mitteleinsatz

II. Stabilisierung des Preisniveaus

Träger der Geldpolitik und Regulierungen
Träger der Geldpolitik ist die Europäische Zentralbank - Regelungen

Systemkonforme Maßstäbe
Rolle der Preisniveaustabilität - Zerrüttung des Geldsystems beseitigt Marktwirtschaft - Priorität unter den Zielen der Stabilitätspolitik

Systemkonforme Mittel
Wachstum der Geldmenge steuern - Empirische Untersuchungen belegen übermäßige Geldmengenexpansion führt zu Inflation - Geldpolitik Feuerwehr der Stabilitätspolitik? - Geldnachfrage hinreichend stabil - Absolute Preisniveaustabilität ein utopisches Ziel

III. Sicherung eines hohen Beschäftigungsstandes

Tatsächliches Verhalten der Entscheidungsträger
Mißverständnis über die Voraussetzungen der „Fiscal Policy" - Eine Schwäche der parlamentarischen Demokratie - Zunehmende staatliche Regulierungen

Systemkonforme Maßstäbe
Beschäftigungsprobleme sind vor allem mikroökonomischer Natur - Räumliche und berufliche Mobilität - Arbeitsmärkte sollten nicht durch staatliche Interventionen behindert werden

Systemkonforme Mittel
Gewährleistung funktionsfähiger Arbeitsmärkte - Sicherung der räumlichen und beruflichen Mobilität - Beachtung der Systemkonformität auch bei Arbeitsmarktinterventionen

Literaturempfehlungen zum dritten Teil

I. Gesamtwirtschaftliche Instabilität als Problem einer Wirtschaftsordnung

Gesamtwirtschaftliche Instabilität als Tatsache

Die gesamtwirtschaftlichen **Produktionskapazitäten** werden durch die Wirtschaftsubjekte **zeitlich unterschiedlich** genutzt. Diese unterschiedlichen Aktivitäten **bezeichnet man als Konjunkturen**, Konjunkurschwankungen oder Konjunkturzyklen, die von Schwankungen im Ablauf eines Jahres (Saisonzyklen), in Teilbereichen der Volkswirtschaft (Branchenzyklen) und des Produktionspotentials (Wachstumszyklen) abgehoben werden. Die Frage, warum Konjunkturen auftreten, beschäftigt die Wirtschaftswissenschaft seit langem. Hypothesen über die Ursachen konjunktureller Schwankungen sind ein wichtiger Gegenstand der Wirtschaftstheorie. In der theoretischen Wirtschaftspolitik genügt es zu prüfen, ob und inwieweit es in einer freiheitlichen Wirtschaftsordnung angezeigt ist, Konjunkturen zu bekämpfen, also die unterschiedliche Auslastung der Produktionskapazitäten zu verstetigen, zu stabilisieren. Dabei wird auf gesicherte Erkenntnisse der Konjunkturtheorie zurückgegriffen. Vor einem Einsatz der Wirtschaftspolitik bleibt zu klären, was konjunkturpolitische Ziele in einer freiheitlichen Wirtschaftsordnung sind. Zu den im einzelnen noch zu erörternden Zielen gehören:

⇨ Preisniveaustabilität,
⇨ Vollbeschäftigung und
⇨ Zahlungsbilanzausgleich.

Die Forderung, wirtschaftliche Aktivitäten zeitlich so zu stabilisieren, daß Preisniveaustabilität, Vollbeschäftigung und Zahlungsbilanzausgleich zugleich erreicht werden, stellt sich nur insoweit, als Anpassungsmechanismen der Marktwirtschaft behindert oder außer Kraft gesetzt werden. Die wachsende Bedeutung der Stabilitätspolitik ist - wie auf anderen Gebieten - Symptom und Folge zunehmender staatlicher Eingriffe in eine freiheitliche Wirtschaftsordnung. Die **gesamtwirtschaftliche Instabilität** wird durch Indikatoren beschrieben. Konjunkturindikatoren sind Meßgrößen, mit denen der zeitliche Verlauf der Expansion (Boom) oder Kontraktion (Depression) wirtschaftlicher Aktivitäten in einem Land erfaßt wird. Als Konjunkturindikatoren eignen sich vor allem bestimmte Zeitreihen. Beim Zyklenmuster unterscheidet man Früh-, Präsens- und Spätindikatoren der Konjunkturen. Zu den wichtigsten Frühindikatoren gehören die Auftragseingänge und Baugenehmigungen, weil sinkende Auftragseingänge oder Baugenehmigungen Vorboten von Produktionseinschränkungen sind und umgekehrt. Die gegenwärtige Konjunkturlage wird durch Indikatoren für die Produktion und den Arbeitsmarkt (Arbeitslose, offene Stellen, Kurzarbeiter) sowie durch Einzelhandelsumsätze und den Saldo der Ein- und Ausfuhren (Handelsbilanz) beschrieben. Zu den Spätindikatoren gehören Preise, insbesondere die Löhne und die Preise für Güter der Lebenshaltung, weil sich die Massenkaufkraft und damit die Konsumgüternachfrage im Konjunkturablauf ziemlich spät anpassen. Das moderne Schema der Kapazitätsauslastung stellt das Produktionspotential - eine errechnete Größe - dem Bruttoinlandsprodukt - eine gemessene Größe - gegenüber. Als prozentualen Anteil des Bruttoinlandsprodukts am Produktionspotential erhält man den

Auslastungsgrad.

Die **gesamtwirtschaftliche Inflexibilität** ist das zentrale Problem jeder freiheitlichen Wirtschaftsordnung, wenn man die Anpassungsmechanismen des Marktes behindert oder beseitigt. Davon muß freilich in allen Demokratien mehr oder weniger ausgegangen werden, in denen bei der Bevölkerung wie bei den Politikern eine verbreitete Unkenntnis über die Marktwirtschaft sowie ihrer engen Verzahnung mit der Gesellschafts- und Staatsordnung - in Verbindung mit dem Glauben an die „Machbarkeit" einer gesamtwirtschaftlichen Steuerung - dazu geführt haben, Eingriffe in den Marktprozeß permanent zu verstärken. Bezieht man diese generelle Aussage auf die Verhältnisse in der Bundesrepublik Deutschland während der letzten Jahrzehnte, läßt sich empirisch festhalten, daß ein hoher Bedarf für eine Stabilitätspolitik nur deswegen aufgetreten ist, weil

⇨ negative Schocks, die die Volkswirtschaft früher ohne weiteres verkraftet hat, nicht mehr von der Wirtschaft aufgefangen werden konnten,

⇨ die Ausweitung des staatlichen Sektors in die Handlungsmöglichkeiten der privaten Wirtschaftssubjekte tief eingegriffen hat,

⇨ damit zusammenhängende Tendenzen der Steuerung und staatlichen Umverteilung verstärkt worden sind,

⇨ verzerrte Preisverhältnisse zwischen Kapital und Arbeit zu einer unzureichenden Kapitalbildung geführt haben und deshalb der nach dem Zweiten Weltkrieg aufgebaute Kapitalstock veralten mußte.

Ob sich in einem Land diese, in einem anderen Land jene Eingriffe beobachten lassen, ist letztlich unbeachtlich, weil im Hinblick auf die spezifischen Verhältnisse eines bestimmten Landes festgestellt werden muß: Die Neigung, private Freiheiten einzuschränken und staatliche Interventionen auszudehnen, ist unbeschadet der jeweiligen Eingriffsformen überall zu konstatieren. Die Verhältnisse in der Bundesrepublik Deutschland dürften zumindest für die drei erstgenannten Gründe übernationale Bedeutung haben. Erstens hat die Fähigkeit der privaten Sektoren in verschiedenen Ländern, Schocks in einer kurzen Zeit zu absorbieren, deutlich abgenommen. Schocks sind einmalige Ereignisse, deren Wirkungen dauerhafte Krisen nicht erklären können. Wenn einmalige Schocks gleichwohl eine anhaltende Arbeitslosigkeit oder gar eine Stagnation auslösen, kann die Erklärung nur sein, daß die Wirtschaft wegen bestehender oder erwarteter Staatseingriffe keinen Grund sieht, sich den veränderten Umständen anzupassen. Zweitens hat sich der staatliche Sektor überall zu Lasten des privaten Sektors ausgeweitet. Die Belastung durch Abgaben ist international kräftig gestiegen - in der Bundesrepublik Deutschland von 1960 bis 2010 von 30 auf weit über 40% -, der private Sektor entsprechend geschrumpft. Damit geht eine Zunahme bürokratischer Regelungen - durch Auflagen, Anweisungen und Verbote - einher, die die dezentralen Entscheidungen der privaten Wirtschaftssubjekte weiter einengen und überdies erhebliche gesamtwirtschaftliche Kosten verursachen, die insbesondere an kontraproduktiven Industrien deutlich werden. Drittens haben die geasmtwirtschaftliche Steuerung, mit der bestimmte Wirtschaftssubjekte zugunsten anderer belastet werden, ebenso wie die Umverteilungspolitik des Staates den Spielraum der Wirtschaft, insbesondere die Fähigkeit der privaten Unternehmer, sich unerwarteten Risiken anzupassen, erheblich eingeschränkt. Ein wichtiges Symptom dieser beschnittenen Anpassungsfähigkeit dürfte vor allem der rapide Rückgang der Eigenkapitalbildung sein, der ein Indiz für die private Fähigkeit ist, sich ohne die Hilfe anderer am Markt zu behaupten.

Behauptungen über die Ursachen der gesamtwirtschaftlichen Instabilität

Genauere Analysen der gesamtwirtschaftlichen Instabilität bietet die Konjunkturtheorie. In gewisser Unabhängigkeit von konjunkturtheoretischen Begründungen werden seit einer Reihe von Jahren vor allem zwei Behauptungen über die Ursachen der gesamtwirtschaftlichen Instabilität wissenschaftlich erörtert. Eine erste Behauptung geht dahin, die private Nachfrage reiche bei einer gegebenen staatlichen Nachfrage zur Vollbeschäftigung in der Regel nicht aus. Deshalb solle der Staat eine gesamtwirtschaftliche Steuerung mit dem Ziel betreiben, das für eine Vollbeschäftigung nötige Niveau der Nachfrage auch kurzfristig zu sichern. Diese Auffassung, die von JOHN MAYNARD KEYNES stammt, basiert auf der Annahme, die gesamtwirtschaftliche Instabilität gehe auf die **Instabilität des privaten Sektors** zurück. Solche Ansichten sind nicht von KEYNES allein geäußert worden. Vielmehr vertreten die meisten Konjunkturtheoretiker endogene Theorien, nach denen allein innerwirtschaftliche Faktoren die Konjunkturbewegungen auslösen. Was jedoch viele dieser Theorien, z. B. die Überinvestitionstheorie VON HAYEKS, von der Keynesschen Erklärung trennt, ist die Unausweichlichkeit der Konjunkturschwankungen, die sie gegenüber wirtschaftspolitischen Eingriffen unempfindlich macht. Demgegenüber ist bei KEYNES der Staat aufgerufen, die Rolle des Demand-Managements zu übernehmen. Die These von der Instabilität des privaten Sektors impliziert nach unten unbewegliche oder relativ starre Preise, so daß Angebot und Nachfrage auf den Märkten nicht über Preisbewegungen zum Ausgleich kommen können. Eigentliche Ursache der Instabilität des privaten Sektors sei deshalb, daß der Wettbewerb nicht oder nicht schnell genug funktioniere, die Wirtschaft bei Störungen deshalb nicht zum Vollbeschäftigungsgleichgewicht zurückkehre. Konjunkturschwankungen seien die Folge von Änderungen der effektiven gesamtwirtschaftlichen Nachfrage, die insbesondere durch die instabile Entwicklung der privaten Investitionen über Multiplikator- und Akzeleratorprozesse hervorgerufen würden. Für eine freiheitliche Wirtschaftsordnung kommt es bei einer Beurteilung dieser Ansicht nicht in erster Linie auf die theoretische Analyse an, die richtig oder falsch sein mag, sondern auf die stabilitätspolitischen Konsequenzen. Fällt dem Staat die Aufgabe zu, zu jeder Zeit an die Stelle angeblich unterlassener privater Ausgaben seine eigenen zu setzen, werden kurzfristige und diskretionäre Interventionen notwendig, die jeweils auf einzelne Situationen abgestellt sind. Damit ist dem wirtschaftspolitischen Aktionismus staatlicher Akteure Tür und Tor geöffnet. Eine Stop-and-Go-Politik bewirkt nachweislich genau, was theoretisch vorausgesetzt wird: der private Sektor verliert wegen der unvorhersehbaren staatlichen Eingriffe und ihrer nicht abzusehenden Folgen an Fähigkeit, für einen Ausgleich von Angebot und Nachfrage über die Märkte zu sorgen.

Eine Variante der an KEYNES orientierten Stabilitätspolitik ist die sogenannte Globalsteuerung. Wie der Ausdruck erkennen läßt, sollen die volkswirtschaftlichen Aggregate, Konsum- und Investitionsausgaben, gesteuert werden. Es ist aber unkontrovers, daß gesamtwirtschaftliche Maßnahmen der Politik - der Geld-, aber auch der Finanzpolitik - nicht durchgängig die gleichen Wirkungen entfalten. Einzelne Industrien, Sektoren und Regionen werden unterschiedlich getroffen. Eine Zinserhöhung z. B. führt in zinsempfindlichen Bereichen, etwa im Wohnungsbau, zu anderen Wirkungen als in solchen, bei denen die Zinsbelastungen unerheblich sind. Maßnahmen der Globalsteuerung zeitigen deshalb auch immer strukturelle Wirkungen. Von dieser Erkenntnis ist es nur noch ein kleiner Schritt zur Auffassung, die Globalsteuerung sei ein Teil der Strukturpolitik. Noch weiter gehen Autoren, die behaupten, die gesamtwirtschaftlichen **Instabilitäten** hätten **auch** oder überwiegend **strukturelle Ursachen**. Als Ursachen für Instabilitäten bei Preisen und Beschäftigung werden unter anderem genannt: Strukturverschiebungen zwischen dem primären, sekundären und tertiären Sektor der Volkswirtschaft sowie Branchenkonzentrationen, gemessen als gesamtwirtschaftliche Anteile der zehn oder zwanzig größten Branchen am Produktionsvolumen der Volkswirtschaft. Zwischen den kurzfristigen Instabilitäten als Folge unzureichender effektiver Gesamtnachfrage und langfristigen Instabilitäten als Folge struktureller Änderungen gebe es bisher nicht beachtete, aber auch wenig erforschte Wechselwirkungen. Deshalb sei es zweckmäßig, die Stabilitäts- und die Strukturpolitik zu integrieren. Ziel dieser Politik müsse es sein, die wirtschaftspolitischen Aktivitäten von der gesamtwirtschaftlichen, kurzfristig orientierten Einflußnahme auf das Wirtschaftsgeschehen in Richtung auf eine längerfristige, strukturell orientierte Steuerung zu verlagern. Was aus der Sicht einer freiheitlichen Wirtschaftsordnung gegen die Globalsteuerung vorgebracht wurde, gilt verstärkt für eine strukturorientierte Stabilitätspolitik. Ein ordnungspolitisches Bedenken - wachsende Staatsinterventionen bei erlahmender Wettbewerbskraft - wird durch ein zweites verstärkt: Die Eingriffe kämen einer staatlichen Investitionslenkung gleich, die auf diese Weise durch die „Hintertür" eingeführt würde. Eine solche Wirtschaftspolitik ist schon deshalb verfehlt, weil sie der theoretischen Fundierung ermangelt und die Integration von Stabilitäts- und Strukturpolitik nicht über schlichte Denkansätze hinausgekommen ist.

Aus der Kritik an der Stabilitätspolitik Keynesschen Zuschnitts erwuchs die Gegenthese, die vor allem MILTON FRIEDMAN vorgetragen hat: Die gesamtwirtschaftliche Instabilität gehe auf die **Instabilität des staatlichen Sektors** zurück. Der private Sektor sei grundsätzlich stabil, wenn freier Wettbewerb herrsche. Dies schließe Schwankungen der wirtschaftlichen Aktivitäten, z. B. nach exogenen Schocks, nicht aus. Doch Störungen des Marktgleichgewichts würden rasch absorbiert, so daß eine Beschäftigungspolitik des Staates nicht erforderlich sei. Dessen Aufgabe in der Stabilitätspolitik liege darin, für ein möglichst gleichmäßiges Geldmengenwachstum der Wirtschaft zu sorgen (Monetarismus). Denn entgegen den Annahmen von KEYNES gingen von der Geldpolitik konjunkturelle Wirkungen aus, wenn Geldmengenänderungen nicht erwartet würden. Die Konstanz der Wachstumrate der Geldmenge sei stabilitätspolitisch wichtiger als die Höhe der Wachstumsrate, für die als Richtgröße die reale Wachstumsrate des Produktionspotentials dienen könne. Die Behauptung von der Instabilität des staatlichen Sektors wird auf verschiedene Argumente gestützt: Empirische Untersuchungen über die Geldpolitik in den Vereinigten Staaten hätten eindeutig ergeben, daß starke Schwankungen des Geldmengenwachstums nach einiger Zeit zu Änderungen des Volkseinkommens führten und nach einem weiteren „lag" auch das Preisniveau beeinflußten. Diese Wirkungen träten jedoch nicht nach einem bestimmten lag-Muster ein, das heißt, die Zeiten zwischen Mitteleinsatz und Mittelwirkungen seien unterschiedlich lang und nicht prognostizierbar. Dies gelte im übrigen für alle stabilitätspolitischen Interventionen. Deshalb sei davon auszugehen, daß die Stabilitätspolitik prozyklisch wirken, also einen Boom oder eine Depression verstärken könne. Im Hinblick auf die Stabilität des privaten Sektors bestehe kein stabilitätspolitischer Handlungsbedarf über die Geldpolitik hinaus. Soweit der Staat aus Steuererhöhungen oder Inlandsschulden Ausgaben tätige, verdränge er nur private Nachfrage (crowding-out-Effekt). Für eine über Geldmengenexpansion finanzierte Ausgabenerhöhung gelte nichts anderes als für die Wirkungen einer expansiven Geldpolitik, da es ökonomisch gleichgültig sei, auf welche Weise Geld in den Umlauf gelange. Die stabilitätspolitischen Konsequenzen der monetaristischen Position stehen mit der freiheitlichen Wirtschaftsordnung in Einklang, sofern akzeptiert wird, daß die Geldversorgung eines Landes durch ein staatliches Monopol erfolgen kann. Die Schwierigkeiten liegen nicht in der Konzeption an sich, sondern in dem Verzicht, den sie fordert: das Abgehen von einer diskretionären, aktionistischen Stabilitätspolitik, sowohl in der Finanz- als auch in der Geldpolitik.

Prinzipien der Stabilitätspolitik

Die Stabilitätspolitik in einer Marktwirtschaft wird nur dann Erfolg haben, wenn bestimmte Grundsätze beachtet werden. Diese sind nicht abstrakte Gedankengebilde, sondern erfahrungswissenschaftlich gestützte Konsequenzen aus Fehlschlägen der Stabilitätspolitik in den letzten Jahrzehnten, in der Bundesrepublik Deutschland insbesondere mit der Anwendung des Gesetzes zur Förderung der Stabilität und des Wachstums der Wirtschaft aus dem Jahr 1967. Die seit Jahrzehnten anhaltende Wachstumsschwäche ist nach überwiegender wissenschaftlicher Meinung auch das Ergebnis einer Stabilitätspolitik, die mit dem Anspruch auftrat, für einen hohen Beschäftigungsstand und Preisniveaustabilität zu sorgen, am Ende aber beides verfehlte. Aus den Erfahrungen mit einer Stabilitätspolitik dieses Zuschnitts muß aus ordnungspolitischer Sicht die Lehre gezogen werden, daß die gesamtwirtschaftliche Instabilität nur bei Beachtung der folgenden Prinzipien in akzeptablen Grenzen zu halten sein dürfte:
  ⇨ Systemkonformität der gesamtwirtschaftlichen Ziele und der wirtschaftspolitischen Mittel,
  ⇨ Stetigkeit beim Mitteleinsatz und
  ⇨ Einhaltung von Wirkungszeiten nach einem Mitteleinsatz.
Das Prinzip **Systemkonformität der gesamtwirtschaftlichen Ziele und wirtschaftspolitischen Mittel** ist im Zusammenhang mit gesamtwirtschaftlichen

Entscheidungsverfahren generell bereits behandelt worden (3. Kap.). Es ist keine Frage des Glaubens, sondern der Logik, ob sich Ziele und Mittel der Stabilitätspolitik mit einer freiheitlichen Wirtschaftsordnung vereinbaren lassen. Es sei wiederholt, daß Vollbeschäftigung, Preisniveaustabilität und Zahlungsbilanzausgleich systemkonform sind. Sind die genannten Ziele auch miteinander vereinbar? Diese Frage beschäftigt die Fachwelt seit langem. Ein Diskussionsergebnis ist: Vollbeschäftigung und Preisniveaustabilität sind entgegen verbreiteter Behauptung konsistente Ziele. Eine Unvereinbarkeit folgt nicht aus den Zielen an sich, kann aber die Folge eines bestimmten Mitteleinsatzes sein. Ordnungspolitisch zumindest bedenklich sind andere Ziele, wie Wirtschaftswachstum und Strukturänderungen, insbesondere wenn mit der darauf gerichteten Politik mehr als die Beseitigung von Wettbewerbshemmungen erreicht werden soll. Letztlich sind aber nicht die Ziele, sondern die Mittel der Stabilitätspolitik ordnungspolitisch zu beurteilen. Als Regel kann gelten, daß nur die geldpolitischen Instrumente ordnungspolitisch unproblematisch sind. Schweren Bedenken unterliegt dagegen der Einsatz des Staatshaushalts für die Ziele der Stabilitätspolitik (antizyklische Finanzpolitik). Diese Bedenken ergeben sich nicht so sehr daraus, daß die Finanzpolitik tatsächlich nur in geringem Umfang – wenn überhaupt – in der Lage sein dürfte, antizyklisch zu wirken. Der ordnungspolitisch entscheidende Punkt ist: Der Staat entzieht den privaten Haushalten und Unternehmen Teile ihres Einkommens für unstreitig nichthoheitliche Verwendungszwecke, also nicht bloß für Aufgaben, die nur er wahrnehmen kann. In einer freiheitlichen Wirtschaftsordnung gehört es nicht zu den Aufgaben des Staates, über hoheitliche Aufgaben hinaus die Einkommensverwendung zu bestimmen.

Das Prinzip, **Stetigkeit beim Mitteleinsatz** walten zu lassen, gründet auf der Erkenntnis, daß die Stabilitätspolitik die Verhaltensweise der Menschen beeinflußt, meistens in eine bestimmte Richtung lenken will. Das ist ordnungspolitisch nicht ohne weiteres zu beanstanden, jedenfalls nicht, solange die Individuen frei sind, solchen Beeinflussungsversuchen, die ein Mittel der Politik sind, zu folgen. Eine Stabilitätspolitik, die im Hinblick auf gesteckte und unkontroverse Ziele erfolgreich sein will, muß jedoch beachten, daß die Wirtschaftssubjekte lernen, die Entscheidungen der politischen Instanzen in ihr Kalkül einzubeziehen. Verursachen die Entscheidungen dieser Instanzen z. B. eine anhaltende Inflation und kennen die Wirtschaftssubjekte den Zusammenhang zwischen der Inflation und dem Handeln wirtschaftspolitischer Instanzen, so werden sie für die Zukunft mit einer Inflation rechnen und sich darauf einrichten – was zur Unwirksamkeit der politischen Maßnahme führt, die die Inflation hervorrief. In diesem Fall ist die Politik nur wirksam, wenn es ihr gelingt, die Wirtschaftssubjekte in ihren Erwartungen zu täuschen. Durch den Einsatz stets wechselnder Mittel zu unterschiedlichen Zeitpunkten in variierendem Ausmaß kann zwar die Erwartungsbildung der Individuen konterkariert werden. Das gewünschte Resultat wird dennoch nicht erzielt: Eine Stabilitätspolitik, die ständig wechselnde Mittel einsetzt oder deren künftiger Kurs unklar ist, verunsichert Wirtschaftssubjekte und führt zu abwartendem Verhalten und zur Untätigkeit. Es kommt letztlich darauf an, daß die Stetigkeit der Stabilitätspolitik geeignet sein muß, die Glaubwürdigkeit der politischen Instanzen zu erhöhen. Dies setzt Kontinuität beim Mitteleinsatz, Übereinstimmung von Wort und Tat, ökonomischen Sachverstand und die Fähigkeit zur Auswahl adäquater Mittel bei den Trägern der Stabilitätspolitik voraus. Fehlt auch nur eines dieser Elemente, beispielsweise weil eine Diskrepanz zwischen den Erklärungen einer Partei vor einer Wahl und ihrem Tun danach besteht, ist das Vertrauen zwischen Politikern und Wählern erschüttert, so daß der Stabilitätspolitik eine wichtige Erfolgsgrundlage entzogen wird. Für den politischen Alltag von Demokratien dürfte dies keine neue Erkenntnis sein. Erstaunlich ist vielmehr, daß solche allgemein verbreiteten Einsichten von „politischen Unternehmern" kaum zur Kenntnis genommen werden.

Eine Volkswirtschaft gleicht – unabhängig von der Ordnungspolitik – nicht einem Fahrrad, dessen Fahrtrichtung sich schnell ändern läßt, sondern einem Ozeandampfer, auf dessen Kurs man durch Steuerbewegungen nur allmählich Einfluß nehmen kann. Hält man sich dies vor Augen, wird die Bedeutung des Prinzips **Einhaltung angemessener Wirkungszeiten nach dem Mitteleinsatz** deutlich. Alle Erfahrungen zeigen, daß die Kapitäne der Stabilitätspolitik – um im Bild zu bleiben – sich fast immer wie Radfahrer verhalten und verwundert sind, daß ihren Steuerungsbemühungen ein schneller und sichtbarer Erfolg versagt bleibt. Die wissenschaftliche Kontroverse zu diesem Punkt kreist um die Frage, ob die gesamtwirtschaftlichen Ergebnisse machbar sind oder nicht. Aus empirischer Sicht lassen sich extreme Positonen nicht halten. Einerseits muß vor der Hybris gewarnt werden, Vollbeschäftigung und Preisniveaustabilität könnten unter allen Umständen in relativ kurzer Zeit erreicht werden. Diesem Irrtum sind die politischen „Macher", die der „Philosophie" des Stabilitätsgesetzes folgten, nachweislich erlegen. Andererseits läßt sich nicht leugnen, daß die Stabilitätspolitik zu einem hohen Beschäftigungsstand und zur Geldwertsicherung auch in einer freiheitlichen Wirtschaftsordnung beitragen kann, wenn sie einige Grundsätze beachtet. Zu beobachten ist: Stabilitätspolitische Maßnahmen entfalten Wirkungen, die sich teilweise auch bei dem vorherrschenden aktionistischen Mitteleinsatz empirisch feststellen lassen. Diese Wirkungen treten nur selten kurzfristig auf, weil die Wirtschaftssubjekte sich auf neue Bedingungen nur allmählich einstellen. Verzögerungen in der Anpassung muß die Stabilitätspolitik von vornherein einkalkulieren, damit nicht zu früh weitere Maßnahmen ergriffen werden, nur weil der fälschliche Eindruck entstanden ist, die ursprüngliche Vorgehensweise sei wirkungslos geblieben. Auch beim Prinzip der Einhaltung angenommener Wirkungszeiten wird deutlich, daß die wesentliche Anforderung an die Stabilitätspolitiker unpopulär ist. Gefragt ist Geduld und Vertrauen auf die Reaktionen des Marktes, nicht Hektik und Diffamierung der freiheitlichen Wirtschaftsordnung.

II. Stabilisierung des Preisniveaus

Träger der Geldpolitik und Regelungen

Träger der Geldpolitik ist die **Europäische Zentralbank** (EZB) mit Sitz in Frankfurt am Main, die diese Aufgabe für die Bundesrepublik Deutschland von der Deutschen Bundesbank in den neunziger Jahren des letzten Jahrhunderts übernommen hat. Sie ist zuständig für alle Ländern, die Mitglied der Europäischen Währungsunion sind. Ursprünglich waren es zwölf Länder. Durch die Ausweitung der Europäischen Union vor allem nach Osteuropa hat sich der Mitgliederkreis inzwischen vergrößert - ein Vorgang, der noch nicht abgeschlossen ist. Die Verfassung der Europäischen Zentralbank und die für sie geltenden Regelungen für die Geldpoltik decken sich weitgehend mit denen der Deutschen Bundesbank. Für eine solche Übernahmeentscheidung sprach vor allem die vorbildliche Rolle und - daraus folgend - die hohe Reputation, die die deutsche Zentralbank im internationalen Vergleich besaß.

Die Geldpolitik hat generell die Aufgabe, den Geldwert zu sichern, das heißt durch eine Stabilisierung des Preisniveaus Deflationen und Inflationen zu verhindern. Traditionell spielt die Verhinderung einer Inflation die größere Rolle. Bei einer Papiergeldwährung und in einer Demokratie kann eine Zentralbank diese Aufgabe nur erfüllen, wenn bestimmte **Regelungen** gelten. Die Europäische Zentralbank muß

⇨ autonom, das heißt von Weisungen anderer Staatsorgane - wie Regierungen und Parlamenten - unabhängig sein,

⇨ das Monopol bei der Papiergeldproduktion (mit Strafandrohungen für andere Produzenten von Geldscheinen) besitzen und

⇨ die Bankengeldproduktion (mit entsprechenden Befugnissen) kontrollieren können.

Systemkonforme Maßstäbe

Die zentrale Frage stellt ist, welche **Rolle der Preisniveaustabilität** zukommt. Eine, auch wissenschaftlich verbreitete Auffassung geht dahin, Preisniveaustabilität sei ausschließlich ein Ziel von mehreren Zielen der Stabilitätspolitik. Dies ist auch die Ratio des Gesetzes zur Förderung der Stabilität und des Wachstums der Wirtschaft. Wird überdies in Rechnung gestellt, daß unerwartete Preisniveauänderungen die Beschäftigung beeinflussen, liegt der Schluß nahe, die Stabilisierung des Preisniveaus habe nicht einen Wert an sich. Ihr Wert leite sich daraus ab, Vollbeschäftigung auf Dauer zu garantieren. Diesem Standpunkt muß aus folgenden Gründen widersprochen werden:

⇨ Die Stabilisierung des Preisniveaus hat einen eigenen ordnungspolitischen Rang.

⇨ Ordnungspolitisch hat die Preisniveaustabilisierung Priorität unter den Zielen der Stabilitätspolitik.

Der ordnungspolitische Rang der Preisniveaustabilisierung ergibt sich insbesondere aus der Erfahrungstatsache, daß mit einer **Zerrüttung des Geldsystems die Marktwirtschaft**, in der Regel auch die gesellschaftliche und staatliche

Ordnung, **beseitigt** wird. „Um die bürgerliche Ordnung zu zerstören, muß man ihr Geldwesen verwüsten", soll LENIN erklärt haben. Einer solchen Einschätzung ist ohne weiteres zuzustimmen. Vor allem die mehr als hinreichenden Inflationserfahrungen in vielen Ländern zeigen eindeutig, daß von einer Geldentwertung die Beschäftigung beeinflußt werden kann. Allerdings ist diese Wirkung keineswegs sicher. An dieser zweifelhaften Wirkung der Geldpolitik wird das Ziel Preisniveaustabilisierung gemessen. Mit anderen Worten: Mögliche stabilitätspolitische Folgen sind Richtschnur einer Bewertung der Geldwertstabilität. Eine ordnungspolitische Betrachtungsweise hat jedoch auch andere und gewichtigere, vor allem sichere Folgen der Geldentwertung einzubeziehen. Eine sichere Folge jeder Geldentwertung ist eine reale Einkommens- und Vermögensumverteilung zwischen Privaten, zwischen dem privaten und staatlichen Sektor einer Volkswirtschaft sowie zwischen dem Inland und Ausland. In diesem Zusammenhang kommt es nicht darauf an zu analysieren, wer unter welchen Umständen bei einer Inflation gewinnt oder verliert. Es genügt die empirisch gestützte Aussage, daß die erzielten Markteinkommen und daraus gebildeten Vermögen durch eine vom Staat verursachte Geldentwertung wie bei einer Steuer nachträglich und unvorhersehbar zugunsten oder zu Lasten bestimmter Individuen, Gruppen und Länder zwangsläufig verändert werden. Eine Inflation ist deshalb schon von den Klassikern zu Recht als eine redistributive Steuer verstanden worden, mit der der Staat in den Markt willkürlich eingreift. Die staatliche Redistribution ist eine sichere, aber nicht die einzige ordnungspolitisch problematische Folge der Inflation. Eine Inflation vermindert in jedem Fall, unabhängig davon, ob sie erwartet oder unerwartet eintritt, die Wirksamkeit des Wettbewerbs und die Vorteile einer Geldwirtschaft. Preisniveauverschiebungen führen zu Verzerrungen der relativen Preise, die für den Allokationsmechanismus einer Marktwirtschaft entscheidend sind. Eine Inflation, bei der sich alle Preise gleichmäßig erhöhen und damit die Einzelpreisrelationen nicht ändern würden, wäre insoweit unproblematisch. Da es dergleichen niemals gegeben hat und geben dürfte, täuscht eine Inflation Knappheitsrelationen vor, die es in Wirklichkeit nicht gibt. Die Folgen sind Fehlleitungen knapper Ressourcen. Die Wettbewerbslenkung wird durch eine Inflation irregeführt, gleichsam „überlistet". Nimmt eine Inflation zudem noch exorbitante Maße an, fällt eine Geldwirtschaft in eine Naturaltauschwirtschaft zurück. Auch dies hat erhebliche Folgen für den Wohlstand der Bevölkerung. Eine Ordnungspolitik, die auf Wettbewerb und Geldwirtschaft basiert, ist auf Geldwertstabilität angewiesen. Ordnungspolitisch diskutabel ist lediglich eine Geldwerterhöhung in einer wachsenden Wirtschaft. Gegenüber der verbreiteten stabilitätspolitischen Betrachtungsweise sollte der früher wie heute nicht zu bestreitende ordnungspolitische Rang der Preisniveaustabilität wieder ins Blickfeld geraten.

Im Hinblick auf ihren ordnungspolitischen Rang hat die Preisniveaustabilisierung eine eindeutige **Priorität unter den Zielen der Stabilitätspolitik.** Damit soll - negativ formuliert - nicht die überflüssige und unergiebige Diskussion zwischen Anhängern bestimmter stabilitätspolitischer Prioritäten, zwischen den „Preisniveaufanatikern" und den „Vollbeschäftigungsfetischisten", aufgenommen und fortgeführt werden. Es geht um die schlichte Frage, ob Preisniveaustabilität gleichsam vor die Klammer des Katalogs stabilitätspolitischer Ziele gezogen werden kann. Diese Frage ist beim gegenwärtigen Stand der wissenschaftlichen Kenntnisse mit einem eindeutigen Ja zu beantworten. Denn die strikte Verfolgung der Preisniveaustabilisierung beeinträchtigt zumindest mittelfristig weder die Vollbeschäftigung noch den Zahlungsbilanzausgleich, sofern die Geldpolitik ordnungspolitisch konform betrieben wird. Umgekehrt läßt sich in der Regel beobachten, daß viele Maßnahmen, die jenseits der Geldpolitik - im engeren Wortsinn - zur Sicherung der Vollbeschäftigung und des Zahlungsbilanzausgleichs getroffen werden, die Bemühungen um eine Preisniveaustabilisierung fördern.

Systemkonforme Mittel

Aus den Darlegungen zu den systemkonformen Maßstäben ergibt sich, daß die Preisniveaustabilisierung anzustreben ist, unabhängig davon, ob andere stabilitätspolitische Ziele verwirklicht sind. Wo haben die systemkonformen Mittel anzusetzen? Die entscheidende Aufgabe der Geldpolitik liegt darin, das **Wachstum der Geldmenge** so zu **steuern**, daß das Preisniveau stabilisiert wird und die Geldpolitik nicht zur gesamtwirtschaftlichen Instabilität beiträgt. Die Lösung dieser Aufgabe ist schwierig genug, wie sogleich deutlich werden wird. Schon deshalb sollte die Geldpolitik nicht auch noch damit belastet werden, Konjunkturschwankungen auszugleichen - eine Aufgabe, die sie bisher weder zu lösen vermochte, noch im Einklang mit der Ordnungspolitik leisten kann. Konzentriert man die Geldpolitik auf die beiden genannten Anforderungen, läßt sich das so formulierte Ziel erreichen, wenn die effektive gesamtwirtschaftliche Nachfrage mit dem gesamtwirtschaftlichen Angebot übereinstimmt und die Geldmengenexpansion für die Wirtschaftssubjekte kalkulierbar ist. Im Hinblick auf die weltweite Inflation würde dies für die meisten Länder konkret bedeuten, die Ausdehnung der Geldmenge auf die des Wirtschaftswachstums zurückzuführen und zeitlich zu verstetigen.

Eine so konzipierte Geldpolitik wird von der Praxis, teilweise auch von der Wissenschaft, mit einigen Argumenten angegriffen: Das Konzept beruhe auf einer „falschen" Theorie. Die sich ändernde Geldnachfrage der Wirtschaftssubjekte erlaube es nicht, von der Expansion der Geldmenge auf eine Expansion der Gesamtnachfrage zu schließen. Auch gebe es nicht „die" Geldmenge, sondern verschiedene Geldmengenabgrenzungen, so daß unklar sei, woran sich die Geldpolitik zu halten habe. Solche Einwände gegen das Konzept sind wissenschaftlich unhaltbar, also empirisch zu widerlegen. Zu den Einwänden ist vom gegenwärtigen Stand der wissenschaftlichen Kenntnisse anzumerken: **Empirische Untersuchungen belegen**, daß eine **übermäßige Geldmengenexpansion zu einer Inflation führt**. Theoretisch denkbare Kausalitätsumkehrungen werden zwar immer wieder behauptet, empirisch aber nicht nachgewiesen. Wissenschaftlicher Praxis entspricht es, vom jeweils empirisch fundierten Erkenntnisstand auszugehen, der durch neue, auf Tatsachen basierenden Erkenntnissen überholt werden kann.

21. Stabilitätspolitik

Auf die Problematik der Ansicht, die Sicherung des Geldwertes ausschließlich oder primär stabilitätspolitisch zu würdigen, wurde bereits eingegangen. Doch meinen auch Wissenschaftler, die eine Verstetigung der Geldpolitik für angezeigt halten, die **Geldpolitik** müsse zumindest als **Feuerwehr der Stabilitätspolitik** für Extremfälle zur Verfügung stehen, z. B. bei Schocks, die vor allem vom Ausland (etwa Ölpreis- oder sonstige Rohstoffpreis-„Explosionen") ausgehen, oder bei kumulativen Abschwüngen, die sich aus irgendwelchen Gründen herausbilden können. Eine Geldpolitik dieses Zuschnitts läßt sich auch in Extremfällen unstreitig nur vertreten, wenn Einzelpreisbewegungen nach unten ausgeschlossen werden. Solange die Wirtschaftssubjektive entsprechend ihren Erfahrungen darauf vertrauen, daß Einzelpreiserhöhungen wegen einer expansiven Geldpolitik keine Einzelpreissenkungen notwendig machen, werden sie sich gegen Preisanpassungen nach unten wehren und Arbeitslosigkeit in Kauf nehmen oder produzieren. Eine Geldpolitik muß deshalb eindeutig und nachhaltig die Einzelpreisflexibilität in beiden Richtungen ermöglichen und sichern.

Die vielbeschworene Geldnachfrage der Wirtschaftssubjekte besagt - bildlich gesprochen -, daß zwischen Geldmengen- und Geldausgabenexpansion, zwischen „Kelchrand und Lippe", noch viel passieren kann. Empirisch ist jedoch hinreichend gesichert, daß die **Geldnachfrage**, die die Relation zwischen erhaltenen und verausgabten Einkommen bestimmt, für mittelfristige Zeiträume von 2 bis 4 Jahren konjunkturpolitisch in der Regel als **hinreichend stabil** angesehen werden kann. Die Frage, welche Geldmengenabgrenzung der Geldpolitik zugrunde zu legen ist, läßt sich für jedes Land empirisch befriedigend beantworten. Die meisten Untersuchungen zeigen, daß für die Geldpolitik vor allem die Geldmenge M 1 (Bargeld und Sichteinlagen bei den Banken) geeignet ist.

Eine **absolute Preisniveaustabilität** - Konstanz des Preisniveaus im Zeitablauf - wäre unstreitig **ein utopisches Ziel**, auch in mittelfristiger Sicht. Wegen der Schwierigkeiten, das Wirtschaftswachstum zu prognostizieren, aber auch wegen der Entscheidungsmöglichkeiten der Geldnachfrager, Vermögen in verschiedenen Anlageformen zu halten, kann es in einer Marktwirtschaft keine absolute Preisniveaustabilität geben. Jede realistisch orientierte Geldpolitik muß deshalb „Fehlermargen" oder „Toleranzabweichungen" einkalkulieren. Für eine im Ansatz richtige Geldpolitik ist jedoch typisch, daß die Summe der Abweichungen von der absoluten Preisniveaustabilität gegen Null tendiert. Ein Inflationstrend - ein ökonometrischer „bias" - ist ein sicheres Indiz für eine Geldpolitik, die ihr Ziel Preisniveaustabilität verfehlt hat.

III. Sicherung eines hohen Beschäftigungsstandes

Tatsächliches Verhalten der Entscheidungsträger

Ein hoher Beschäftigungsstand, die Vollbeschäftigung, läßt sich nur erreichen und sichern, wenn bei einer verbreiteten Arbeitslosigkeit deren Ursachen erkannt und zu ihrer Beseitigung Anpassungsprozesse ausgelöst oder geeignete

Mittel eingesetzt werden. Prüft man, ob und inwieweit diese in Wissenschaft und Praxis unkontroverse Ansicht in der Wirklichkeit zum Zuge gekommen ist, muß für die Bundesrepublik Deutschland zunächst konstatiert werden, daß seit einigen Jahrzehnten die staatlichen Entscheidungsträger - trotz der Pflichten und Vollmachten des Stabilitätsgesetzes - nicht in der Lage waren, Vollbeschäftigung zu erreichen. Für das Versagen der staatlichen Beschäftigungspolitik sind vor allem auf drei Gründe maßgeblich gewesen:
⇨ ein Mißverständnis über die Voraussetzungen der „Fiscal Policy",
⇨ eine Schwäche der parlamentarischen Demokratie und
⇨ zunehmende staatliche Regulierungen.

Das verbreitete **Mißverständnis über die Voraussetzungen der „Fiscal Policy"** liegt darin, daß eine Beschäftigungspolitik betrieben worden ist, die eine bestimmte Ursache der Arbeitslosigkeit unterstellt: Die gesamtwirtschaftlich effektive Nachfrage reiche nicht aus, um die Produkte vom Markt zu nehmen. Eine Erhöhung der Staatsausgaben führe zu einer Erhöhung des Sozialproduktes und der Beschäftigung. Der entscheidende Einwand gegen diese Annahme ist: Nachfragedefizit und gleichzeitige Inflation schließen sich aus, weil eine Inflation - verstanden als anhaltende Preisniveauerhöhung - Ausdruck der Tatsache ist, daß die Nachfrage nicht nur ausreicht, um die Produkte vom Markt zu nehmen, sondern auch noch allgemeine Preiserhöhungen erlaubt. Auch andere Voraussetzungen einer beschäftigungseffizienten Wirtschaftspolitik, z. B. bestimmte Annahmen über das Verhalten der Wirtschaftssubjekte, lagen nicht vor. Die Ursache der Arbeitslosigkeit konnte deshalb nicht in einem gesamtwirtschaftlichen Nachfragedefizit liegen. Die staatlichen Entscheidungsträger haben jedoch durch zusätzliche Staatsausgaben, z. B. durch „Beschäftigungsprogramme", in einer Weise gehandelt, als fehle es gesamtwirtschaftlich an Nachfrage. Die Beschäftigungswirkungen solcher Programme, deren Zahl erheblich ist, ließen auf sich warten und sind in der Regel nicht meßbar, die Folgen der Finanzierung dieser Programme vor allem auf die Investitionstätigkeit und die Einkommensumverteilung dagegen um so beachtlicher. Durch staatliche, kreditfinanzierte Ausgabenerhöhungen und den daraus folgenden Zinssteigerungen sind privaten Investoren Mittel entzogen worden, die der Schaffung neuer Arbeitsplätze gedient hätten. Die Zinsen für staatliche Verschuldungen müssen von Steuerzahlern aufgebracht werden, die für den aufgezwungenen Verzicht auf das verfügbare Einkommen keine Gegenleistung erhalten. Ordnungspolitisch gesehen engt die „Fiscal Policy", selbst wenn ihre Voraussetzungen vorgelegen hätten, den Freiraum der Individuen ein. Der Vater dieser Politik, JOHN MAYNARD KEYNES, hat dies wohl deutlicher gesehen als seine Anhänger. Im Vorwort zur deutschen Übersetzung seines wichtigsten Buches schreibt er im Jahr 1936, daß seine Konzeption viel besser für eine Diktatur als für eine freiheitliche Ordnung geeignet sei.

Die Behinderung des Marktgeschehens war beschäftigungspolitisch in doppelter Hinsicht beachtlich. Erstens sind durch die „Fiscal Policy" in zunehmendem Maße Arbeitsplätze - für die Öffentlichkeit meist unsichtbar - freigesetzt worden. Zweitens haben staatliche Stellen eine Politik betrieben, vor allem über Subventionen an kränkelnde Unternehmen und Branchen, die auf Dauer die

Arbeitslosigkeit erhöhen mußte. Gemeinsame Ursache dieser Politik ist eine **Schwäche der parlamentarischen Demokratie.** Der erste Grund für die zunehmende Arbeitslosigkeit - als Folge der Behinderung des Marktgeschehens - wurde bereits angedeutet. Staatliche Stellen hielten die Ausgaben der Privaten trotz der Inflation für unzureichend. Deshalb haben sie die Staatsausgaben, vor allem durch staatliche Schuldenaufnahmen im In- und Ausland, erhöht. Die privaten inländischen Nachfrager nach Krediten sahen sich einer scharfen Konkurrenz durch den Staat ausgesetzt, der die Zinsen herauftrieb. Staatliche Zinsverpflichtungen werden jedoch zwangsweise dem Steuerzahler aufgebürdet, während private Schuldner ihre Zinsen im Wettbewerb erwirtschaften müssen. Selbst wenn man ordnungspolitische Bedenken zurückstellt, ließe sich ein derartiges Verfahren stabilitätspolitisch nur rechtfertigen, wenn die staatlichen Ausgaben für produktive Investitionen verwendet worden wären, also unterbliebene private Investitionen ersetzt hätten. Tatsächlich sind die erhöhten Staatsausgaben überwiegend in den Konsum geflossen, so daß die gesamtwirtschaftliche Investitionsquote mehr und mehr abgesunken ist. „Fiscal Policy" hat in der Bundesrepublik Deutschland die nachweisbare Folge gehabt, daß Arbeitsplätze durch Investitionen nicht mehr im bisherigen Umfang geschaffen werden konnten. Schon die Begriffsprägung „Beschäftigungsprogramm" ist für eine breitere Öffentlichkeit irreführend, ganz zu schweigen von den politisch verständlichen, ökonomisch jedoch unhaltbaren Behauptungen über die beschäftigungspolitischen Wirkungen der „Fiscal Policy". Der zweite Grund hängt mit dem ersten eng zusammen. Jede Regierung in einer Demokratie, die aus ihrem eigenen Überlebensinteresse das Ziel der Vollbeschäftigung verfolgt, muß von der Öffentlichkeit bemerkten Freisetzungen von Arbeitskräften entgegentreten - es sei denn, sie versteht es, ihre Wählerschaft von der Notwendigkeit der „Arbeitsplatzvernichtung" oder von den unzumutbaren finanziellen Folgen der „Arbeitsplatzsicherung" zu überzeugen. Staatliche „Erhaltungssubventionen" werden also nicht ökonomisch begründet: Sie sind allein daran orientiert, ob Freisetzungen in bestimmten Firmen oder Industrien öffentlich bemerkt werden. Die Folge ist eine Art Staatsgarantie für das Überleben von großen Firmen oder für „bedeutend" erklärte - womöglich als „lebensnotwendig" erachtete - Industrien. Die solchen Unternehmen oder Industrien gewährten Unterstützungen beseitigen jedoch nur selten auf Dauer die ökonomischen Ursachen für die Freisetzung von Arbeitskräften. Im Gegenteil verleiten staatliche Hilfen, zumal wenn sie ohne strenge Auflagen gewährt werden, vielmehr dazu, die Aktivitäten der Industrien - sowie ihrer Lobby in Arbeitgeber- und Arbeitnehmerverbänden - nicht auf die Herstellung der Wettbewerbsfähigkeit, sondern auf die Fortgewährung der Unterstützungen zu richten. Die Leidtragenden sind sämtliche Steuerzahler sowie die Konkurrenten der begünstigten Industrien. Denn Subventionen müssen zwangsweise aufgebracht werden, wobei die steuerzahlenden Subventionsempfänger „unter dem Strich" einen Gewinn verbuchen können. Doppelt betroffen sind mittelständische Unternehmen oder staatlich nicht präferierte Industrien, die zur Subvention herangezogen und überdies dem Konkurrenzdruck staatlich begünstigter Großunternehmen ausgesetzt werden.

Die staatliche Beschäftigungspolitik mißtraute den Kräften des Marktes und suchte ihre Zuflucht in bürokratischen Vorschriften. Deswegen waren **zunehmende staatliche Regulierungen** zu verzeichnen, je mehr die Arbeitslosigkeit zunahm. Daß die anwachsende Arbeitslosigkeit auch oder überwiegend eine Folge der Ausschaltung der Marktkräfte war, die auf eine Anpassung von Arbeitsangebot und Arbeitsnachfrage hinwirken, wurde nicht gesehen. Es galt als ausgemacht, daß ansteigende Arbeitslosigkeit die zwangsläufige Folge eines Marktversagens ist - eine politische Auffassung, die auch von einigen Wissenschaftlern vertreten wird und auf deren Meinung man sich berufen konnte. Erst nachdem „das Kind in den Brunnen gefallen war", das heißt die staatliche Beschäftigungspolitik für jedermann erkennbar zu staatlichen Regulierungen, zur Bürokratisierung der Wirtschaft und Einengungen der persönlichen Freiheit geführt hatte, setzte auch wissenschaftlich eine Besinnung ein. So empfiehlt der Wissenschaftliche Beirat beim Bundeswirtschaftsministerium nicht nur, die privaten Investitionen zu fördern, sondern auch, einen Abbau der staatlichen Regulierungen privater Wirtschaftstätigkeit und eine Entbürokratisierung in Angriff zu nehmen. Die Begründung für diese Empfehlung, damit würden öffentliche Ausgaben eingespart, vor allem aber die gesamtwirtschaftlichen Kosten vermindert, ist aus ordnungspolitischer Sicht unbefriedigend. Zwar wird eingeräumt, ein Abbau der Regulierungen und der Bürokratisierung bedeute keine Aufgabe der staatlichen Ziele, sondern füge sich besser als die bisherige Politik in den gesamtwirtschaftlichen Steuerungsmechanismus ein. Doch es wird nicht deutlich ausgesprochen, daß staatliche Regulierungen dem Prinzip einer freiheitlichen Wirtschaftsordnung eindeutig zuwiderlaufen. Die einzelnen Staatseingriffe aufzuzählen, ist angesichts ihrer Fülle unmöglich. Ihr Ausmaß mögen folgende Tatsachen oder Einschätzungen verdeutlichen. Die Bundesrepublik Deutschland gilt heute anders als in den fünfziger und sechziger Jahren als ein Land, in dem

⇨ für eine freie Wirtschaftstätigkeit - auch international vergleichend - große bürokratische Hemmnisse bestehen,

⇨ mit neuen willkürlichen Eingriffen des Staates jederzeit gerechnet werden muß,

⇨ insbesondere der Einsatz von Arbeitskräften einer unübersehbaren Fülle „sozialstaatlicher" Vorschriften unterworfen ist.

Viele Maßnahmen der letzten Jahrzehnte, deren vernünftiges Ziel die Sicherung der Vollbeschäftigung war, produzierten jedoch als Ergebnis eine anhaltende Arbeitslosigkeit. Dieses paradox scheinende Phänomen läßt sich nur verstehen, wenn man das ordnungspolitische Mißverständnis staatlicher Stellen berücksichtigt: Die Stabilisierung eines hohen Beschäftigungsstandes könne nicht durch freie Entscheidungen von Anbietern und Nachfragern, also durch Marktparteien herbeigeführt werden. Erreichung und Sicherung der Vollbeschäftigung sei eine Aufgabe, die nur der Staat lösen könne, dem deshalb alle Mittel an die Hand gegeben werden müßten, von der Kontrolle des Arbeitsmarktes - bei der Arbeitsvermittlung und Berufsberatung - bis zu Verpflichtungen für die Arbeitgeber, welche Berufs-, Alters- und Sozialgruppen sie zu bestimmten Konditionen zu beschäftigen haben. Tatsächlich hat dieses Mißverständnis bewirkt, was vermieden werden sollte: die Erhöhung der Arbeitslosigkeit. Deshalb scheint es angezeigt, sich auf systemkonforme Maßstäbe und Mittel zur Sicherung eines hohen Beschäftigungsstandes zu besinnen.

Systemkonforme Maßstäbe

Eine Feststellung systemkonformer Maßstäbe der Beschäftigungspolitik geht zweckmäßig von einer Tatsache aus, die unstreitig ist, oft aber vergessen wird: „den" Arbeitsmarkt gibt es gesamtwirtschaftlich nicht. Eine Argumentation auf diesem Abstraktionsniveau verdeckt vielmehr gerade die Probleme, auf deren Lösung es ankommt. Arbeitsmärkte sind - von Ausnahmen abgesehen - lokal oder regional begrenzt und durch eine Vielzahl unterschiedlicher Arbeitsqualitäten voneinander abgehoben. Zwischen den jeweiligen lokal und regional begrenzten Arbeitsmärkten besteht eine Interdependenz nationalen, zum Teil auch internationalen Ausmaßes, zwischen den Arbeitsqualitäten eine gewisse, vom Einzelfall abhängige Substitutionsmöglichkeit. Anbieter und Nachfrager auf allen Arbeitsmärkten neigen dazu, sich über die Arbeitsbedingungen, insbesondere über den Lohn, zu verständigen, sofern nicht zum angeblichen Schutz der Arbeit von staatlicher Seite eingegriffen, den Arbeitgebern z. B. unnötige Auflagen oder den Arbeitnehmern z. B. Vollbeschäftigungsgarantien erteilt werden. Eine systemkonforme Beschäftigungspolitik sollte daher als Maßstäbe beachten:
⇨ „Der"Arbeitsmarkt besteht aus einer großen Zahl von einzelnen Arbeitsmärkten, die wie beliebige andere Märkte funktionieren können.
⇨ Zwischen den einzelnen Arbeitsmärkten gibt es räumliche und substitutive Beziehungen.
⇨ „Der"Arbeitsmarkt tendiert zur Vollbeschäftigung, wenn das Marktgeschehen auf und zwischen den einzelnen Arbeitsmärkten nicht durch staatliche Eingriffe behindert wird.

Nach dem ersten Maßstab der Beschäftigungspolitik sind **Beschäftigungsprobleme vor allem mikroökonomischer Natur**. Die Schwierigkeiten in vielen Ländern, mit einer marktwirtschaftlichen Ordnung Vollbeschäftigung zu erreichen, dürften zu einem erheblichen Teil ihre Ursache darin haben, daß dieses Faktum mißachtet wird. Das in der Bundesrepublik Deutschland und auch anderswo praktizierte Demand-Management führt vor allem deswegen zu nennenswerten Inflationsraten, weil trotz einer überhöhten Gesamtnachfrage immer noch Arbeitslosigkeit verbleibt - ganz entgegen dem Keynesschen Erklärungsmuster - und deshalb die Neigung besteht, die schon mehr als ausreichende Gesamtnachfrage noch weiter aufzustocken. Eine gegenüber Nachfrageaufblähungen resistente Arbeitslosigkeit wird von einigen Autoren als strukturelle Arbeitslosigkeit bezeichnet. Der Ausdruck „strukturelle Arbeitslosigkeit" - negativer Sammelbegriff für nichtkonjunkturelle Arbeitslosigkeit - verdeckt den entscheidenden Punkt: die Arbeitslosigkeit entsteht auf einzelnen Märkten. Dort muß eine Ursachenanalyse einsetzen. Dabei mag sich z. B. zeigen, daß für Anbieter von Arbeit am Angebotsort keine Nachfrage besteht oder bei vorhandenem Angebot und vorhandener Nachfrage ein Angebotsüberschuß - also Arbeitslosigkeit - auftritt. Solche Beobachtungen legen die Frage nahe, warum ein erfolgloser Arbeitsanbieter nicht den Ort oder den Beruf wechselt oder warum ein Angebotsüberschuß nicht durch einen sinkenden Lohn zum Verschwinden gebracht wird.

Ein zweiter Maßstab für die Beschäftigungspolitik ist die Erkenntnis, daß Vollbeschäftigung **räumliche und berufliche Mobilität** unerläßlich voraussetzt. Der Bedarf an räumlicher und beruflicher Mobilität entsteht aus den für eine Marktwirtschaft typischen Schwankungen von Angebot und Nachfrage, die mit der ökonomischen Dynamik der Volkswirtschaft zunehmen. So führt ein rascher technischer Fortschritt, der sich auch ökonomisch als vorteilhaft erweist - z. B. in der Entwicklung der Elektronik - zu neuen Produktionsverfahren, bei denen bestimmte Arbeitskräfte freigesetzt und andere benötigt werden. Geschmackswandel, neue Technologien und Sättigungserscheinungen auf bestimmten Märkten induzieren eine Umorientierung der Nachfrage, bei der bisher nachgefragte Güter nicht mehr oder nicht im bisherigen Umfang abzusetzen sind und andere sich besser verkaufen lassen. Wirtschaftlicher Fortschritt und freie Einkommensverwendung haben zur Konsequenz, daß laufend einige Arbeitsqualitäten überflüssig, andere dagegen zusätzlich oder erstmalig benötigt werden. Außerhalb der Wissenschaft wird oft angenommen, daß aus den genannten Gründen gesamtwirtschaftlich Arbeitslosigkeit und deswegen eine Beschäftigungspolitik unvermeidlich sei. Die Wissenschaft hat demgegenüber früher wie heute betont, daß diese Arbeitslosigkeit in der Regel nur kurzfristig auftrete, also nicht ohne weiteres zu dauerhafter Arbeitslosigkeit führe. Beim technisch-ökonomischen Fortschritt werden Arbeitskräfte freigesetzt (technologische Arbeitslosigkeit), in einer funktionierenden Wettbewerbswirtschaft aber nach einiger Zeit wieder in den Wirtschaftsprozeß eingegliedert. Der Eingliederungsprozeß hängt von Kräften ab, die dem durch die Störungsursache eingeleiteten Prozeß entgegenwirken. Diese Kräfte kommen im Einkommenskreislauf zum Zuge. Ein ökonomischer Fortschritt löst Senkungen der Produktionskosten aus. Sinkende Kosten erhöhen die Unternehmergewinne und/oder - über sinkende Preise - die Realeinkommen der Konsumenten. Werden die Gewinne oder real gestiegenen Konsumenteneinkommen nicht dem Einkommenskreislauf entzogen, führen sie zu erhöhten Investions- und/oder Konsumgüterausgaben. Diese Expansion, die nichts anderes als eine durch den technischen Fortschritt bewirkte Einkommensumlenkung ist, erfordert an anderer Stelle neue Arbeitskräfte. Was für den technischen Fortschritt dargelegt worden ist, gilt auch für Nachfrageschwankungen, die temporär Arbeitslosigkeit verursachen (friktionelle Arbeitslosigkeit), mittelfristig aber durch Einkommensumlenkungen die Voraussetzung für eine Wiedereingliederung schaffen. Eine anhaltende Arbeitslosigkeit läßt sich - erstens - nur erklären, wenn eine Einkommensumlenkung nicht erfolgt. Dies wiederum setzt voraus, daß wirtschaftlicher Fortschritt und Nachfrageschwankungen eine Hortung von Kaufkraft bewirken (entsprechende Aufstockung der Realkasse). Empirische Untersuchungen zeigen insoweit eindeutig, daß abgesehen von ganz außergewöhnlichen Situationen - etwa einer tiefen Depression - eine derartige Annahme unrealistisch wäre. Deshalb ist das Kassenverhalten der Wirtschaftssubjekte kein Problem, das sich der Stabilitätspolitik stellt. Technologische und friktionelle

Arbeitslosigkeit als notwendige Begleiterscheinungen der Marktwirtschaft kann - zweitens - in Dauerarbeitslosigkeit übergehen, wenn das für eine Vollbeschäftigung erforderliche Maß an räumlicher und beruflicher Mobilität fehlt. Räumliche und berufliche Mobilität sind in der Regel etwas persönlich Lästiges. Deshalb muß sich die gesamte Wirtschaftspolitik - nicht nur die Stabilitätspolitik - darauf einstellen, daß sie laufend mit der Forderung konfrontiert wird, die ökonomische Notwendigkeit zum Wohnort- und/oder Berufswechsel zu verhindern.

Als dritter Maßstab für die Beschäftigungspolitik gilt, daß die **Arbeitsmärkte nicht durch staatliche Interventionen behindert werden sollten.** Die Wirtschaftswissenschaft kann die unbestrittenen Bedingungen nennen, bei deren Vorliegen unfreiwillige Arbeitslosigkeit weder auf den einzelnen Märkten noch gesamtwirtschaftlich auftritt. Auf jedem einzelnen Arbeitsmarkt kommt es bei freien Entscheidungen der Wirtschaftssubjekte zu einem Ausgleich zwischen Angebot und Nachfrage. Wer zum Marktlohn, der sich einspielt, nicht arbeiten will, gilt als freiwillig arbeitslos. Gesamtwirtschaftlich ist überdies erforderlich, daß Substitutionsmöglichkeiten von Arbeitsarten und räumliche Interdependenz zwischen einzelnen Arbeitsmärkten existieren. Jede Erklärung der Arbeitslosigkeitsursachen hat darzulegen, weshalb diese Bedingungen, die Vollbeschäftigung sicherstellen, nicht vorliegen können oder sollen. Hierzu gibt es eine Vielzahl von Tatsachenbehauptungen und Meinungsäußerungen, aus der nur wenige von Bedeutung willkürlich herausgegriffen seien:

⇨ Für Arbeitsmärkte würden nicht die Bedingungen des Modells vollständiger Konkurrenz gelten. Zutreffender sei es angesichts der Organisation beider Marktseiten, von der Theorie bilateraler Monopole auszugehen.

⇨ Räumliche und berufliche Mobilität sei eine Illusion, die es in Wirklichkeit nicht gebe.

⇨ Arbeit sei keine „Ware", die wie Käse und Bier dem freien Spiel der Marktkräfte überantwortet werden dürfe.

Die Konsequenz, die aus solchen Behauptungen und Meinungen gezogen wird, ist immer die gleiche: Der Staat dürfe es nicht zulassen, daß auf Arbeitsmärkten ökonomische Überlegungen bestimmend seien. Tatsächlich läßt sich beobachten, daß staatliche Instanzen wegen solcher Argumente in die Arbeitsmärkte eingreifen, damit jedoch Arbeitslosigkeit verursachen. Zu den einzelnen Argumenten sei angemerkt: Erstens ist unstreitig, daß sich auf Arbeitsmärkten organisierte Gruppen gegenüberstehen. Der Organisationsgrad ist jedoch so gering, daß bestenfalls die Verhältnisse eines Teiloligopols herrschen. Die meisten Arbeitnehmer und -geber gehören nicht einer Organisation an, die Arbeitnehmer durchschnittlich nur zu etwa 25%. Erst durch staatliches Eingreifen (z. B. durch Allgemeinverbindlichkeitsvorschriften für Tariflohnabschlüsse) und durch Bequemlichkeiten (z. B. Verzicht auf Verhandlungen mit Nichtorganisierten) wird das Verhandlungsergebnis auch für Nichtorganisierte verbindlich. Zweitens kann räumliche und berufliche Mobilität fehlen, vor allem, wenn es für Arbeitslose keinen existentiellen Zwang gibt, an anderen Orten oder/und in anderen Berufen tätig zu werden. Drittens funktioniert der Arbeitsmarkt im Grunde genauso wie der für Käse und Bier. Es ist ein - oft gewolltes - Mißverständnis, damit sei auch schon etwas über den Wert des Menschen und seiner Arbeit gesagt. Menschliche Arbeitsleistungen werden durch Menschen bewertet und bezahlt, entsprechend dem Dienst, den Arbeitende anderen gewähren. Die Bewertung dürfte - jedenfalls nach allgemeiner Einschätzung freier Individuen - „humaner" sein als eine Subventionierung der Arbeitslosen auf Kosten des Arbeitsleids der Beschäftigten oder gar als staatliche Vorschriften, wer wo zu irgendeinem vom Staat festgesetzten Entgelt zu arbeiten hat. Wo immer Arbeitslosigkeit auftritt, zeigt sich: Vollbeschäftigung kann erreicht werden, wenn der Staat nicht aus irgendwelchen sachwidrigen, meist willkürlichen Gründen in Arbeitsmärkte eingreift. Dabei bleiben außerökonomische Gründe für verbreitete Arbeitslosigkeit außer Betracht, die durch verheerende Kriegseinwirkungen (Zerstörung der Produktionsanlagen) oder große Flüchtlingsströme (Völkervertreibungen) entstehen können. Gerade die Bundesrepublik Deutschland ist ein Beispiel dafür, daß durch Wettbewerb auf den Arbeitsmärkten und berufliche wie räumliche Mobilität selbst diese auf Kapitalmangel zurückgehende Arbeitslosigkeit relativ rasch zu beseitigen ist.

Systemkonforme Mittel

Geht man von normalen Verhältnissen in dem Sinne aus, daß weder eine tiefe Depression noch Kriegsverwüstungen und Flüchtlingsströme, wohl aber Konjunkturschwankungen - neben Saisonschwankungen - zu verzeichnen sind, liegt die zentrale Aufgabe der Beschäftigungspolitik darin, die
⇨ Funktionsfähigkeit der Arbeitsmärkte zu gewährleisten,
⇨ räumliche und berufliche Mobilität zu sichern und
⇨ auch bei Arbeitsmarktinterventionen auf die Systemkonformität
   zu achten.

Die **Gewährleistung funktionsfähiger Arbeitsmärkte** ist in einer freiheitlichen Wirtschaftsordnung eine unerläßliche Aufgabe der Wirtschaftspolitik. Denn wenn - von exorbitanten Ausnahmen abgesehen - funktionierende Arbeitsmärkte in einer Wettbewerbswirtschaft zu der Erwartung berechtigen, daß freigesetzte Arbeitskräfte in einer relativ kurzen Zeit wieder eingegliedert werden, besteht aller Anlaß, bei auftretender Arbeitslosigkeit zunächst die Kräfte des Marktes zur Wirkung kommen zu lassen. Dabei ist nicht nur an die Arbeitsmärkte selbst zu denken, auf die unten noch eingegangen wird, sondern auch an alle übrigen Märkte einer Volkswirtschaft und an den Verbund mit der Weltwirtschaft. Denn nur eine durchgängige Konkurrenzwirtschaft sichert wegen der Interdependenz zwischen den Märkten auch die Wettbewerbsfunktion einzelner Märkte. Aus stabilitätspolitischer Sicht, das heißt im Hinblick auf die Ziele Preisniveaustabilität, Vollbeschäftigung und Zahlungsbilanzausgleich, muß aus der Erfahrung in vielen Ländern festgestellt werden, daß die Arbeitslosigkeit zu einem nicht unerheblichen Teil durch Inflation und/oder durch marktwidrige Wechselkurse verursacht wird. Inflation und feste Wechselkurse verzerren national und international die tatsächlichen Knappheitsrelationen der Güter, die bei Preisniveaustabilität und freier Wechselkursbildung erkennbar sind. Muß - angesichts der Währungsverfassungen - die stets vom Staat zu vertretende Inflation gestoppt oder ihr Ausmaß reduziert werden, zeigt sich ebenso wie bei Auf- oder Abwertungen im System freier Wechselkurse, daß ein Teil der Arbeitskräfte in der bisherigen Verwendung - wegen der nationalen und internationalen Absatzmöglichkeiten der von ihnen erzeugten Produkte - nicht mehr beschäftigt werden kann. Inflation und feste Wechselkurse führen deshalb zu Fehlleitungen der Arbeitskräfte, die bei der Inflationsbekämpfung und Wechselkursänderung zutage treten. Sie werden in diesem Sinne zur Ursache der Arbeitslosigkeit. Eine Inflations- und Wechselkurspolitik staatlicher Instanzen ist generell ein zusätzliches Risikoelement der Beschäftigung, neben den unvermeidlichen Schwankungen in einer Marktwirtschaft, die aus dem Angebot und der Nachfrage stammen. Diese empirisch fundierte Aussage stellt frühere Behauptungen auf den Kopf, nach denen eine mäßige Inflation und exportorientierte Wechselkursfestsetzungen das Beschäftigungsniveau eines Landes erhöhen sollen. Worauf es letztlich ankommt, ist eindeutig: Die tatsächlichen Knappheiten der Güter und die marktorientierte Entlohnung der Produktionsfaktoren, also auch der Arbeitskräfte, sollte nicht durch Inflation und willkürliche Wechselkursfestsetzungen verschleiert werden. In der „Stunde der Wahrheit", wenn die tatsächlichen Knappheiten national und international sichtbar werden, sind die Kosten der Fehlleitung auch und vor allem von den Arbeitnehmern zu tragen. Eine von der übrigen Wirtschaftspolitik isolierte Beschäftigungspolitik kann es in einer freiheitlichen Wirtschaftsordnung nicht geben.

Die **Sicherung der räumlichen und beruflichen Mobilität** gewährleistet die Wiedereingliederung freigesetzter Arbeitskräfte. Denkbar wäre durchaus - auch ordnungspolitisch -, daß die in der Regel persönliche Lästigkeit, den bisherigen Ort und/oder die Art der Tätigkeit zu wechseln, die stabilitätspolitische Marschroute bestimmt. Konkret würde dies heißen: Niemandem wird zugemutet, sein Haus und seine gewohnte Umgebung zu verlassen, vielleicht einige Zeit ohne täglichen Kontakt mit seiner Familie zu leben. Die unvermeidlichen Folgen einer solchen Politik sind unstreitig. Das Wirtschaftswachstum bliebe erheblich hinter einem bei Mobilität möglichen Ausmaß zurück. Es würde - angesichts der internationalen Konkurrenz, die auf Mobilität nicht verzichtet - mehr und mehr zu einem Schrumpfungsprozeß kommen, das heißt zu einer Verarmung der Bevölkerung. In einem Land wie der Bundesrepublik Deutschland kann der Staat nicht das Wirtschaftswachstum und damit - wegen des Außenhandelsanteils an der Wertschöpfung - die Erhaltung der Konkurrenzfähigkeit auf den Weltmärkten als Ziel deklarieren, die Voraussetzungen dafür jedoch mißachten. Mögliche Kombinationen sind Immobilität der Arbeitskräfte und schrumpfende Wirtschaft oder Mobilität der Arbeitskräfte und wachsende Wirtschaft. Alles Übrige entbehrt der ökonomischen Logik und tatsächlichen Erfahrung. Eine Immobilität der Arbeitskräfte und eine schrumpfende Wirtschaft sind zudem ordnungspolitisch überaus bedenklich. Konkret bedeutet diese Wahl, daß das Vermeiden der monetären und psychologischen Kosten eines Orts- oder/und Berufswechsels für bestimmte Personen von anderen getragen werden müssen. Wer die Vorteile der Arbeitsteilung genossen hat, sollte auch bereit sein, ihren „Preis" zu zahlen, wenn die freiheitliche Ordnung überleben soll. Für die Existenz dieser Ordnung ist die Sicherung der räumlichen und beruflichen Mobilität unerläßlich. Im Hinblick auf die Verhältnisse in der Bundesrepublik Deutschland bedeutet dies vor allem: Abbau der Mobilitätshemmungen. Mobilitätsbehinderungen gibt es zunächst auf dem Arbeitsmarkt, beispielsweise bei der Ausgestaltung der Zumutbarkeitsregelungen für Arbeitslose. Aber auch viele andere Interventionen des Staates sind entweder geeignet, die Mobilität zu hemmen (z. B. die steuerliche Förderung von Wohnhäusern und Eigentumswohnungen) oder zu verhindern (z. B. Subventionen an unrentable Unternehmen). Durch solche Maßnahmen kann die Arbeitslosigkeit kurzfristig unter einer Quote gehalten werden, die sich bei Mobilität ergäbe. Dafür ist sie langfristig um so höher. Diese langfristig unvermeidliche Arbeitslosigkeit erweist sich in der Regel als besonders hartnäckig, weil sie das Ergebnis einer zunehmend unrentablen Produktion ist. Bei einem internationalen Vergleich von Arbeitslosenquoten, mit dem die wirtschaftspolitischen Debatten häufig bestritten werden, muß selbst bei identischen Erhebungsmethoden beachtet werden, daß eine relativ hohe Arbeitslosenquote für die Betroffenen erträglicher sein kann als eine geringe. Eine hohe Mobilität führt zu einer geringeren Dauer der durchschnittlichen Arbeitslosenzeiten und umgekehrt. Deshalb dürfte z. B. eine Arbeitslosenquote von 10% mit einer durchschnittlichen Arbeitslosenzeit von zwei Wochen einer solchen von 5 % und sechs Monate durchschnittlicher Arbeitslosenzeit vorzuziehen sein. Das primäre Problem der Beschäftigungspolitik kann nicht die Senkung irgendwelcher Arbeitslosenquoten sein, sondern die Beseitigung der Dauerarbeitslosigkeit. Anhaltende Arbeitslosigkeit stellt sich um so sicherer ein, je geringer die berufliche und räumliche Mobilität ist.

Es besteht eine verbreitete Neigung, Arbeitsleistungen ökonomisch als etwas Besonderes zu betrachten. Ganz unstreitig hat die Arbeit nicht nur - und nach der Einschätzung wohl vieler Menschen nicht in erster Linie - eine ökonomische Seite. Dies bedeutet jedoch nicht, daß ein Arbeitsmarkt anders als ein beliebiger Markt funktioniert und daß Eingriffe in den Markt ohne Folgen für die Wirtschafts-, Gesellschafts- und Staatsordnung und damit für das Individuum bleiben können. Deshalb verdient festgehalten zu werden, was schon in verschiedenen Zusammenhängen betont worden ist: Die gewünschten Wirkungen des Wettbewerbs können sich nur einstellen, wenn **auch bei Arbeitsmarktinterventionen die Systemkonformität der Mittel beachtet wird.** Das wichtigste Ergebnis interventionsfreier Arbeitsmärkte ist die Vollbeschäftigung. Entgegen allen Versuchen, die Arbeitslosigkeit auf Marktversagen zurückzuführen, muß festgehalten werden, daß sich dauerhafte Arbeitslosigkeit ohne staatliche Interventionen auf den Märkten nicht, jedenfalls nur sehr schwer nachweisen und erklären läßt. Wo immer Dauerarbeitslosigkeit auftritt, stößt man bei genaueren Untersuchungen auf Denaturierungen der Wettbewerbswirtschaft, die der Staat zuließ oder verursacht hat. Es kommt bei staatlichen Unterlassungen oder Eingriffen nicht darauf an, wie diese gemeint sind - und meistens soll bestimmten oder allen Arbeitnehmern geholfen werden -, sondern wie sie wirken. So sind in der staatlichen Arbeitsverwaltung weit über 100 000 Menschen beschäftigt, von denen ein erheblicher Teil versucht, Arbeitslose unterzubringen. Das ist die gute Absicht, aber nicht die Wirklichkeit. Tatsächlich erfolgt ein großer

Teil der Arbeitsvermittlungen direkt, z. B. über Zeitungsanzeigen, was bisher nur zu der Forderung der Arbeitsverwaltung geführt hat, ihre Behörde müsse noch weiter vergrößert werden. Ein anderes, willkürlich gewähltes Beispiel ist die 1969 gesetzlich vorgeschriebene Einbeziehung des Lehrvertrags in das kollektive Arbeitsrecht (Tarifvertrag, Betriebsvereinbarung) - eine gut gemeinte Tat. Auch wenn Unternehmer die Lehrlingsausbildung als eine Zukunftsinvestition betrachten, sind für viele, vor allem kleine Betriebe, die Lehrlingsvergütungen unerschwinglich, so daß mit Unterstützungen aus Steuermitteln versucht worden ist, für ein hinreichendes Lehrstellenangebot zu sorgen. Auf die ökonomisch sinnvollste Lösung, den Eltern und Lehrlingen einerseits und den Lehrherren andererseits wie früher die freie Entscheidung über den Lehrvertrag zu überlassen, kommt trotz der allgemeinen Klage über die Jugendarbeitslosigkeit anscheinend niemand mehr. Aus ähnlichen Gründen haben eine Ausgestaltung des Mutterschutzes, Bestimmungen über Sozialpläne, Verschärfungen des Kündigungsschutzes, der Zwang zur Überleitung von Zeitverträgen in Dauerarbeitsverhältnisse und anderes dazu geführt, daß Arbeitswillige nur deswegen nicht eingestellt werden, weil viele Unternehmer außerstande sind, ihnen vom Staat auferlegte Risiken, die mit der Beschäftigung bestimmter Personengruppen verbunden sind, zu tragen. Da es ein Leben ohne wirtschaftliche Risiken nicht geben kann, geht es auch auf dem Arbeitsmarkt um die Frage der Risikoverteilung. Die Eingriffe in die freie Vertragsgestaltung begünstigen die Arbeitenden und diskriminieren die Arbeitslosen, deren Zahl höher ist, als sie es ohne solche Eingriffe wäre. Die Arbeitsplatzbesitzer gewinnen auf Kosten der Arbeitslosen. Das Risiko, Arbeit zu finden, wird einseitig verteilt. Staatliche Vorschriften sind individuellen Vereinbarungen, die im beiderseitigen Interesse liegen, generell unterlegen. Der Arbeitsmarkt ist ein geradezu klassisches Beispiel für die Regel: Der Wettbewerb bringt für alle bessere Ergebnisse zustande als Wettbewerbsbeschränkungen, die einige auf Kosten anderer begünstigen.

Literaturempfehlungen zum dritten Teil

R. J. BARRO - V. GRILLI, Makroökonomie. Europäische Perspektive, München-Wien 1996.

M. C. BURDA - C. WYPLOSZ, Makroökonomie. Eine europäische Perspektive, 3. A., München 2009.

D. CASSEL - H. J. THIEME, Stabilitätspolitik, in: Vahlens Kompendium der Wirtschaftstheorie und Wirtschaftspolitik, Bd. 2, 9. A., München 2007.

W. CEZANNE, Grundzüge der Makroökonomik, 7. A., München-Wien 1998.

R. DORNBUSCH - S. FISCHER - R. STARTZ, Makroökonomik, 8. A., München-Wien 2003.

B. FELDERER - S. HOMBURG, Makroökonomik und neue Makroökonomik, 9. A., Berlin u. a. 2005.

W. FUHRMANN, Makroökonomik. Zur Theorie interdependenter Märkte, 3. A., München-Wien 1994.

N. G. MANKIW, Makroökonomik, 5. A., München 2003.

H. MÜLLER, Angewandte Makroökonomik, München-Wien 1999.

R. RETTIG - L. BÖCKMANN - D. VOGGENREITER, Makroökonomische Theorie, 7. A., Düsseldorf 1998.

J. STARBATTY, Stabilitätspolitik in der freiheitlich-sozialstaatlichen Demokratie, Baden-Baden 1977.

J. D. SACHS - F. LARRAIN B., Makroökonomik - In globaler Sicht, München-Wien 2001.

H.-W. WOHLTMANN, Grundzüge der makroökonomischen Theorie. Totalanalyse geschlossener und offener Volkswirtschaften, 5. A., München-Wien 2007.

Vierter Teil

Weltwirtschaft

22. Kapitel: Monetäre Theorie

I. Zahlungsbilanz

Begriff
Zwei Tatbestände machen besondere theoretische Behandlung des internationalen Wirtschaftsverkehrs erforderlich - Definition der Zahlungsbilanz - Bilanzsystem

Gliederung
Handelsbilanz - Dienstleistungsbilanz - Übertragungsbilanz - Kapitalbilanz - Restposten - Devisenbilanz - Übersicht

Ausgleich
Negativabgrenzungen - Zahlungsbilanz ausgeglichen, wenn Devisenbilanzsaldo Null - Zahlungsbilanz ausgeglichen, wenn Außenbeitrag Null - Zahlungsbilanz-Funktion

II. Wechselkurs-Mechanismus

Wechselkurs und Preisniveau
Wechselkurs Preis einer Währung - Kaufkraftparitätentheorie - Abwertung und Aufwertung - Wechselkurswirkungen auf Zahlungsbilanz - Preisniveauänderungen und Wechselkursänderungen als Alternativen für bestimmte Änderungen der Zahlungsbilanz - Schlußfolgerungen

Wechselkurswirkungen
Hypothese - Flexibler Wechselkurs - Normale Reaktion - Anomale Reaktion

III. Preis-Mechanismen

Preisniveau-Mechanismus
Geldmengen-Preis-Mechanismus als wichtigste Unterform - Voraussetzung - Interventionen der Zentralbank - Wirkungen, die Zahlungsbilanzstörung mildern - Implikation

Einzelpreis-Mechanismus
Hypothese - Anpassungsprozeß - Schwächen

Monetärer Zahlungsbilanz-Mechanismus
Monetäre Zahlungsbilanztheorie - Annahmen - Wirkungsweise - Reichweite

IV. Volkseinkommen-Mechanismus

Hypothese - Teil der Beschäftigungstheorie - Dynamische Betrachtungsweise - Erklärungsreichweite

Anhang:

elasticity approach
Devisenelastizitäten - Allgemeine Reaktionsbedingung - Hirschman-Bedingung

Wechselkurse, Zinssätze und internationaler Kapitalverkehr
"asset-approach" der Wechselkursbestimmung - Charakteristische Devisenmarktgeschäfte - Zinssatz-Paritäten-Theorem - Entscheidung bei Unsicherheit - Erwartungseigenschaften des Termin-Kurses
K 22 - 1: Euro-Geld - Wozu?

I. Zahlungsbilanz

Begriff

Die Außenwirtschaftstheorie ist nach vorherrschendem Verständnis kein eigenes Gebiet der Volkswirtschaftslehre, sondern Teil der allgemeinen Wirtschaftstheorie, von der sie sich nur graduell, nicht grundsätzlich, unterscheidet. Mikro- und makroökonomische Aussagen können sich deshalb ebenso auf außenwirtschaftliche Transaktionen beziehen wie auf binnenwirtschaftliche. Auch wenn keine eigene außenwirtschaftliche Theorie notwendig ist, so **machen zwei Tatbestände des internationalen Wirtschaftsverkehrs** doch eine **besondere theoretische Behandlung erforderlich:**

⇨ Erstens finden außenwirtschaftliche Transaktionen zwischen verschiedenen Währungsgebieten statt. Dabei genügt es nicht, daß inländische Käufer in nationalen Währungseinheiten liquide sind. Sie müssen generell auch in der Lage sein, gegen Inlandsgeld Währungseinheiten eines anderen Landes (Devisen) zu erwerben, um ihre Auslandsschulden zu begleichen. Werden Auslandsschulden mit Inlandsgeld bezahlt, müssen ausländische Verkäufer, da sie in der Regel Währungseinheiten ihres Landes benötigen, den Erlös in Auslandsgeld umtauschen können. Im ersten Fall wird nationale Währung im Inland, im zweiten Fall im Ausland gegen Geld des Lieferlandes angeboten, d. h. Devisen nachgefragt (Einfuhr in das Inland). Analoges gilt bei einer Ausfuhr aus dem Inland, bei der Devisen angeboten werden. Ökonomische Probleme, die aus Transaktionen zwischen Ländern mit verschiedenen Währungen entstehen, sind Gegenstand der monetären Theorie des Außenhandels.

⇨ Zweitens bleibt, wenn man vom Geld abstrahiert (realwirtschaftliche Betrachtungsweise), der Fragenkomplex, welche Güter international gehandelt werden, was ihr reales Austauschverhältnis (terms of trade) bestimmt und welche Wohlfahrtswirkungen vom Außenhandel auf die einzelnen Länder und die Welt als Ganzes ausgehen. Dieser Katalog von Fragen, die sich vermehren lassen (z. B. Wirkungen von Zöllen oder Zollunionen), wird in der reinen (realwirtschaftlichen) Theorie des Außenhandels (23. Kap.) untersucht.

Monetäre und reine Theorie sind, obwohl sie sich gelegentlich ergänzen, noch nicht befriedigend untereinander verbunden - eine Feststellung, die indessen auch für die Integration anderer monetärer und güterwirtschaftlicher Analysen (z. B. zum Konjunkturproblem) gilt.

Die systematische, in Währungseinheiten eines Landes ausgedrückte Aufzeichnung aller ökonomischen Transaktionen eines bestimmten Zeitraumes (meist eines Jahres) zwischen Inländern und Ausländern bezeichnet man als **Zahlungsbilanz.** Diese **Definition** führt einerseits leicht in die Irre, weil - wie noch deutlich werden dürfte - die Aufzeichnung weder nur "Zahlungen" enthält, noch eine "Bilanz" im betriebswirtschaftlichen Sinn (Gegenüberstellung von Bestandsgrößen zu einem bestimmten Zeitpunkt) ist. Die Begriffsbildung verdeutlicht andererseits, warum die Zahlungsbilanz zentrales Thema der monetären Theorie ist: In der Aufzeichnung werden alle Transaktionen zwischen

Wirtschaftssubjekten (Einwohnern, Regierungen, Institutionen) des Inlandes und dem gesamten Ausland (Rest der Welt) erfaßt, damit auch der jeweilige Bedarf an Devisen. Maßgeblich für die Zurechnung der Wirtschaftssubjekte zum In- oder Ausland ist der Wohnsitz. So werden Gastarbeiter in der Regel zu Inländern, während Angehörige ausländischer Botschaften oder Streitkräfte Ausländer bleiben. Obwohl auf Wirtschaftssubjekte (In- und Ausländer) abgehoben wird, spricht man statt dessen oft von Inland und Ausland.

Die Zahlungsbilanz ist - gemäß der Definition - eine systematische Aufzeichnung. Das **Bilanzsystem** entspricht dem der doppelten Buchführung: In der Zahlungsbilanz eines Landes A steht jeder Buchung eine Gegenbuchung gegenüber. Deshalb braucht man in einer Zahlungsbilanz mindestens zwei Konten (Teilbilanzen). Für den einfachen Fall, daß zwischen Inland und Ausland nur physische Güter (Waren) gehandelt und diese sofort bar bezahlt werden, sähe das - in bestimmten Währungseinheiten (z. B. Euro oder Dollar) ausgedrückte Zahlungsbilanzsystem eines Landes A für hypothetische Werte wie folgt aus (*Übers. 22-1*). Aus der ersten Aufzeichnung, der Gegenüberstellung von Warenausfuhr und -einfuhr (Handelsbilanz), ergibt sich, ob das Inland mehr an das Ausland verkauft hat ("aktive" oder "positive" Handelsbilanz, wie im Beispiel) oder umgekehrt das Ausland mehr an das Inland ("passive" oder "negative" Handelsbilanz).

Soll oder Debet (Ausgaben)		Land A Handelsbilanz 2000	Haben oder Credit (Einnahmen)	
Wareneinfuhr	800	Warenausfuhr		1000
Saldo der Handelsbilanz	200			
Insgesamt	1000	Insgesamt		1000

Soll oder Debet (Ausgaben)		Land B Handelsbilanz 2000	Haben oder Credit (Einnahmen)	
Devisenabschluß (für Warenausfuhr)	800	Devisenzufluß (für Warenausfuhr)		1000
Saldo der Devisenbilanz (Erhöhung des Bestandes)	200			
Insgesamt	1000	Insgesamt		1000

Übers. 22-1: System der Zahlungsbilanz

Bei einer positiven Handelsbilanz fließen Devisen zu ("Zahlungsbilanzüberschuß", im Beispiel 200), bei einer negativen Handelsbilanz ab ("Zahlungsbilanzdefizit"). Die Ausdrücke "Zahlungsbilanzüberschuß" und "Zahlungsbilanzdefizit" beziehen sich bei dieser Wortwahl auf den Devisenbilanzsaldo (Änderung des Devisenbestandes). Der *Übers. 22-1* ist zu entnehmen, daß ein Saldo (als Differenzgröße) auf der Soll-(Debet-)Seite der Devisenbilanz zu einer

Devisenbestandserhöhung, ein Saldo auf der Haben-(Credit-)Seite zu einer Devisenbestandsminderung führt.

Gliederung

Internationale Transaktionen sind in der Realität - anders als bisher angenommen - nicht auf den einfachen Fall beschränkt, daß nur Waren gegen gleichzeitige Barzahlung gekauft und verkauft werden. Erstens finden auch Käufe und Verkäufe von Dienstleistungen statt. Zweitens gibt es einseitige Übertragungen, Güter- oder Geldüberweisungen zwischen Inland und Ausland. Drittens werden Leistungen auch gegen Kredit gehandelt sowie Zahlungen für Erwerb und Absatz von Wertpapieren (Finanzinvestitionen) getätigt. Aus diesen drei Gründen unterscheidet man - neben der Handelsbilanz und Devisenbilanz (*Übers.* 22-1) - weitere Teilbilanzen für Dienstleistungen, Übertragungen und Kapitalverkehr. Zu allen fünf Teilbilanzen als Untergliederungen der Zahlungsbilanz seien ihre Charakteristika aufgeführt. Die Warenausfuhr und -einfuhr in der **Handelsbilanz** (in der amtlichen Statistik als Spezialhandel bezeichnet) werden nach dem fob-Verfahren bewertet. Fob-(free on board) Werte sind die Preise, die bei Überschreiten der Grenze des Exportlandes unter Einschluß z. B. eventueller Beladungskosten für ein Verkehrsmittel anfallen. Wareneinfuhren werden meist nach dem cif-Verfahren berechnet. Cif-(cost, insurance, freight) Werte sind die Preise bei Überschreiten der Grenze des Importlandes, so daß die cif- die fob-Werte um die Transport- und Versicherungskosten u. a. m. zwischen zwei Ländern übersteigen. Die Handelsbilanz enthält als Ergänzung noch einen Betrag, der hauptsächlich aus dem Transithandel (Verkehr durchs Inland von Ausland zu Ausland) und Lagerverkehr (Einfuhren in Zollgut- und Freihafenlager) stammt.

In der **Dienstleistungsbilanz** wird nach Einnahmen und Ausgaben unterschieden. Wichtige Posten der Dienstleistungsbilanz ("unsichtbare" Exporte und Importe) sind der Reiseverkehr, Transportleistungen, Kapitalerträge und Regierungsleistungen (z. B. für im Ausland stationierte Streitkräfte). Die miteinander verrechneten (konsolidierten) Salden aus Handels- und Dienstleistungsbilanz ergeben den aus der Verwendungsrechnung des Sozialprodukts bekannten (13. Kap.) Außenbeitrag.

Die **Übertragungsbilanz** enthält Buchungen für einseitige, d. h. ohne ökonomische Gegenleistung erbrachte Güter- oder Geldleistungen zwischen In- und Ausland (deshalb auch als "Schenkungsbilanz" bezeichnet). Es wird nach fremden Leistungen (Übertragungen vom Ausland aufs Inland) und eigenen Leistungen (Übertragungen vom Inland aufs Ausland) unterschieden. In der Übertragungsbilanz der Bundesrepublik Deutschland spielen Überweisungen der Gastarbeiter in ihre Heimatländer, Lieferungen an Entwicklungsländer, Wiedergutmachungsleistungen und Beiträge zu internationalen Organisationen eine überragende Rolle. Die Zusammenfassung der Handels-, Dienstleistungs- und Übertragungsbilanz nennt man Leistungsbilanz (auch Bilanz der laufenden Posten; current account).

In der **Kapitalbilanz** (capital account, auch Kapitalverkehrsbilanz) sind Forderungen und Verbindlichkeiten zwischen In- und Ausland erfaßt, soweit sie in der Bilanzperiode entstehen oder getilgt werden. Ausgeklammert bleiben Forderungen und Verbindlichkeiten der Zentralbank, die in der Devisenbilanz gesondert ausgewiesen sind. Dies hat vor allem währungspolitische Gründe (z. B. die Sichtbarmachung der Verfügungsmasse für Interventionen und Währungshilfen). Unterschieden wird zwischen langfristigem Kapitalverkehr (Direktinvestitionen, Finanzinvestitionen, Kredite und Darlehen) und kurzfristigem Kapitalverkehr (Handels- und Finanzkredite) von Privaten und öffentlicher Hand.

Wäre die Erfassung der Transaktionen in der Leistungs- und Kapitalbilanz vollständig, müßte der Saldo beider Bilanzen mit dem Saldo der Devisenbilanz größengleich sein, da alle Gegenleistungen (Schenkungen und Kredite) in die Übertragungs- und Kapitalbilanz eingegangen sind. Tatsächlich nicht erfaßte und deshalb nicht aufgliederbare Transaktionen werden als **Restposten** ausgewiesen.

Die **Devisenbilanz** (foreign exchange account, Änderung der Auslandsaktiva der Zentralbank oder Auslandsposition) enthält Währungsreserven (Gold, Ziehungsrechte im internationalen Währungsfonds, Devisen, Auslandsverbindlichkeiten [= Bestand an ausländischen Wertpapieren]) und Kredite der Zentralbank an das Ausland. Der Ausdruck "Devisen"-Bilanz ist zweifellos zu eng. Im Gegensatz zu den anderen Teilbilanzen sind in der Devisenbilanz (Änderungen der Auslandsaktiva der Zentralbank) alle Auslandstransaktionen erfaßt. Deshalb läßt sich der Restposten als Differenz zwischen der Devisenbilanz und der statistisch erfaßten Leistungs- und Kapitalbilanz ermitteln. Die "Auslandsposition" der Zentralbank wird noch durch einen Ausgleichsposten korrigiert, der sich aus Wertberichtigungen zu den Währungsreserven (Prinzip der Realwertverbuchung) und Zuteilung von Sonderziehungsrechten (Verfügbare "Kreditlinie") zusammensetzt. Nach dieser Korrektur erhält man die Netto-Auslandsaktiva der Zentralbank.

Eine **Übersicht** verdeutlicht noch einmal die Ausführungen zur Gliederung der Zahlungsbilanz. Die Teilbilanzen sind überdies unter die international übliche Dreiteilung in A. Leistungsbilanz (current account), B. Kapitalbilanz (capital account) und C. Devisenbilanz (foreign exchange account) subsumiert worden (*Übers.* 22-2). Diese Zahlungsbilanzgliederung ist nicht die einzig mögliche. *Übers.* 22-2 stellt auf die Verhältnisse in der Bundesrepublik Deutschland ab. In anderen Ländern können davon abweichende Gliederungen zweckmäßig sein. Eine für alle Fälle "richtige" Gliederung gibt es nicht.

Teilbilanzen	Land A Zahlungsbilanz für (Jahr)	
	Soll oder Debet (Ausgaben)	Haben oder Credit (Einnahmen)
A. Leistungsbilanz (current account)	1. šWareneinfuhr (fob oder cif) šErgänzungen (v.a. Transit, Lagerverkehr)	1. šWarenausfuhr (fob) šErgänzungen (v.a. Transit, Lagerverkehr)
	2. Dienstleistungen (Ausgaben) („unsichtbare" Einfuhren)	2. Dienstleistungen (Einnahmen) („unsichtbare" Ausfuhren)
	3. Übertragungen (eigene, Inland an Ausland)	3. Übertragungen (fremde, Ausland an Inland)
B. Kapitalbilanz (capital account)	4. Kapitalausfuhr (lang- und kurzfristig)	4. Kapitaleinfuhr (lang- und kurzfristig)
Statistische Differenz sämtlicher Transaktionen im Leistungs- und Kapitalverkehr	5. Restposten (statistisch nicht erfaßt, nicht aufgliederbar)	5. Restposten (statistisch nicht erfaßt, nicht aufgliederbar)
C. Devisenbilanz (foreign exchange account)	6. Ausgleichsposten 7. Erhöhung des Devisenbestandes	6. Ausgleichsposten 7. Verminderung des Devisenbestandes

Übers. 22-2: Zahlungsbilanzgliederung

Ausgleich

Die monetäre Außenwirtschaftstheorie stellt - wie erwähnt - in ihrem Kern eine Theorie des Zahlungsbilanzausgleichs dar. Wann ist eine Zahlungsbilanz ausgeglichen? Auf die simple Frage nach einer Definition des Zahlungsbilanzausgleichs gibt es verschiedene Antworten. Zunächst kann man **Negativabgrenzungen** vornehmen, d. h. festlegen, was Zahlungsbilanzausgleich nicht bedeutet. Erstens scheidet im Hinblick auf die Definition der Zahlungsbilanz (Aufzeichnung *aller* internationalen Wirtschaftstransaktionen) der statistische Ausgleich aus, die Beseitigung der Differenz zwischen der vollständigen Devisenbilanz und der statistisch erfaßten, aber unvollständigen Leistungs- und Kapitalbilanz. In einem unvollständigen Erfassungssystem würde ein Ausgleich von statistisch erhobenen Größen dazu führen, daß tatsächlich ein Ungleichgewicht entstünde. Zweitens ergäbe es - angesichts der doppelten Buchführung - keinen Sinn, an einen Ausgleich der gesamten Zahlungsbilanz zu denken, die ex definitione buchhalterisch ausgeglichen ist, zumal wenn die statistisch bedingte Lücke durch einen Restposten gefüllt wird. Der Begriff "Zahlungsbilanzausgleich" kann sich ökonomisch sinnvoll also nur auf eine bestimmte Teilbilanz - z. B. die Devisenbilanz - oder mehrere, jedoch nicht auf alle Teilbilanzen beziehen.

In der währungspolitischen Praxis, insbesondere soweit sie von Zentralbanken betrieben wird, gilt eine **Zahlungsbilanz** als **ausgeglichen, wenn der Devisenbilanzsaldo Null** ist. In analoger Übereinstimmung mit dem in *Übers. 22-1* dargestellten Fall bezeichnet man eine Zahlungsbilanz als "aktiv" oder "positiv" ("passiv" oder "negativ"), wenn sich die Devisenbestände - für die Bundesrepublik Deutschland präzise: die Netto-Auslandsaktiva der Deutschen Bundesbank - erhöhen (vermindern), auch wenn die Ursachen für Devisenbestandsänderungen nicht (wie in *Übers. 22-1*) nur in der Handelsbilanz liegen. Nach der Zahlungsbilanzgliederung von *Übers. 22-2* würden die Positionen 1 bis 6 der Position 7 gegenübergestellt. Dieses Verständnis einer ausgeglichenen Zahlungsbilanz - ohnedies mehr eine Faustregel, als theoretisch begründbar - ist mit geringfügigen Überschüssen oder Defiziten durchaus vereinbar, wenn diese keinen Trend aufweisen.

Für eine wirtschaftswissenschaftliche Betrachtungsweise, in der außen- und binnenwirtschaftliche Transaktionen miteinander verbunden sind, dürfte es zweckmäßig sein, auf Abgrenzungen der Volkswirtschaftlichen Gesamtrechnung zurückzugreifen (13. Kap.). Der in der Verwendungsrechnung des Sozialprodukts benutzte Begriff Außenbeitrag (Gleichung (13.5) und *Übers. 13-8*) ist die Differenz von Ausfuhr und Einfuhr ($X - M$). Aus- und Einfuhr umfassen im wesentlichen die Werte für den Waren- und Dienstleistungsverkehr, der früher die Leistungsbilanz (die nunmehr auch Übertragungen [*Übers. 22-2*] einschließt) ausmachte. Der Außenbeitrag und die frühere Leistungsbilanz differieren geringfügig, vor allem, weil der Außenbeitrag auf Einkomensströme, die Leistungsbilanz dagegen auf Waren- und Dienstleistungsströme abhebt. Diese Differenz wird im folgenden vernachlässigt. Eine **Zahlungsbilanz** ist demzufolge nach dem hier verwendeten Sprachgebrauch **ausgeglichen, wenn** der **Außenbeitrag** (Saldo der Waren- und Dienstleistungsbilanz) gleich **Null** ist ($X - M = 0$). Soweit nicht ausdrücklich anderes gesagt wird, bleibt zunächst der Kapitalverkehr ausgeklammert. Die Bedeutung des internationalen Kapitalverkehrs für die Zahlungsbilanz sowie für die Entwicklung von Wechselkursen und Zinssätzen ist in einem Anhang zu diesem Kapitel dargestellt (vgl. Anhang: Wechselkurse, Zinssätze und internationaler Kapitalverkehr).

Der internationale Waren- und Dienstleistungsverkehr hängt zunächst - wie Angebot und Nachfrage von Gütern schlechthin (4. Kap.) - von Preisen (P) und Einkommen (Y) ab. Unterschiedliche Währungen lassen sich nur mit einem gemeinsamen Nenner, dem Wechselkurs (r), vergleichen. Der Wechselkurs bestimmt jedoch zugleich - wie noch deutlich werden wird - als Preis von Devisenangebot und -nachfrage das internationale Verhältnis von Preisen und Einkommen. Er tritt damit zu Preisen und Einkommen als eigenständige Bestimmungsgröße des internationalen Kaufs und Verkaufs von Waren wie Dienstleistungen hinzu. Die traditionelle Analyse beschränkt sich auf die Untersuchung des Einflusses dieser drei Größen, die in der Regel auch empirisch eine überragende Bedeutung haben. Die **Zahlungsbilanz** ($Z \equiv X - M$) nach der hier gewählten Abgrenzung, ausgedrückt in bestimmten Währungseinheiten

22. Monetäre Theorie

(des Inlandes oder Auslandes), läßt sich demnach durch folgende **Funktion** bestimmen:

(22.1) $Z = f(r, P, Y)$ (Verhaltens-Gleichung).

In Gleichung (22.1) sind Wechselkurs (r), Preise (P) und Einkommen (Y) unabhängige, die Zahlungsbilanz (Z) die abhängige Variable. Zwischen den unabhängigen Variablen gibt es Interdependenzen. Zu beachten bleibt überdies, daß es auch Rückwirkungen der Zahlungsbilanz auf diese Größen gibt, die Beziehungsrichtung sich umkehren läßt, so daß die Zahlungsbilanz unabhängige, die übrigen Größen abhängige Variable werden. Wie aus der makroökonomischen Theorie bereits bekannt ist, stellt $Z \equiv X - M$ einen Teil des Volkseinkommens Y dar. Geht man von Gleichung (22.1) aus, kann man generell sagen: Änderungen der unabhängigen Variablen wirken auf die Zahlungsbilanz ein (Primäreffekt), die wiederum auf die unabhängigen Variablen zurückwirkt (Sekundäreffekt). Diese Abfolge kann sich wiederholen. Generell wäre eine dynamische Analyse angezeigt. An geeigneter Stelle wird deshalb nicht nur die durch Gleichung (22.1) bezeichnete, sondern auch die umgekehrte Beziehungsrichtung in die Überlegungen einbezogen. Nach bekannter Methode wird in der Regel - trotz der Interdependenz zwischen den unabhängigen Variablen - jeweils eine Beziehung isoliert untersucht, also:

(22.2) $Z = f(r, \bar{P}, \bar{Y})$ oder $Z = f(r)$,

(22.3) $Z = f(\bar{r}, P, \bar{Y})$ oder $Z = f(P)$,

(22.4) $Z = f(\bar{r}, \bar{P}, Y)$ oder $Z = f(Y)$ (Verhaltens-Gleichungen).

Diese Gleichungen sind Ausgangspunkte der Untersuchung von Effekten auf die Zahlungsbilanz: für Wechselkurs- (II.), Preis- (III.) und Volkseinkommen-Mechanismen (IV.). In allen Fällen steht die Frage im Vordergrund, ob und ggf. in welchem Umfang diese Mechanismen die Zahlungsbilanz ausgleichen. Die hier gewählte, traditionelle Unterscheidung nach Wechselkurs-, Preis- und Volkseinkommen-Mechanismen ist nicht die einzig mögliche.

II. Wechselkurs-Mechanismus

Wechselkurs und Preisniveau

Der **Wechselkurs** ist der **Preis einer Währung**, ausgedrückt in Einheiten einer anderen Währung. Dabei ist zwischen zwei Ausdrucksformen oder Notierungsarten des Wechselkurses zu unterscheiden: Erstens kann der Wechselkurs als Preis einer Einheit der Auslandswährung (z. B. $) in Inlandswährung (z. B. Euro) ausgedrückt werden (Euro für 1 $). Diese Art der Notierung, die früher in Deutschland und im übrigen Kontinentaleuropa vorherrschte, wird als Preis-Wechselkurs, als Devisenkurs oder als Wechselkurs des Inlandes für Auslandswährungen (r_i) bezeichnet. Zweitens kann der Wechselkurs als Preis einer Einheit der Inlandswährung (z. B. Euro) in Auslandswährung (z. B. $) ausgedrückt werden ($ für 1 Euro). Diese Art der Notierung, die in der neu errichteten Europäischen Währungsunion und deshalb auch für Deutschland gilt, bezeichnet man als Mengen-Wechselkurs oder als Wechselkurs des Auslandes für Inlandswährung (r_a). Diese beiden Ausdrucksformen des Wechselkurses stehen in einer Zwei-Länder-Welt (eine Inlands- und eine Auslandswährung) in einem umgekehrt proportionalen Verhältnis:

(22.5 a) $r_i \equiv \dfrac{1}{r_a}$ oder

(22.5 b) $r_i \cdot r_a \equiv 1$ (Definitions-Gleichungen).

Im folgenden wird generell auf den Preis-Wechselkurs als Ausdrucksform zurückgegriffen, der mit r - zur Vereinfachung ohne ausdrückliche Kennzeichnung durch den Index i - bezeichnet wird. Der Wechselkurs ist ein Generalnenner, der es ermöglicht, in verschiedenen Währungseinheiten ausgedrückte Größen miteinander zu vergleichen (Rechenfunktion des Wechselkurses). Für das Verhältnis von in- und ausländischem Preis gilt - analog zur Verkehrsgleichung (2.6) - die Relation:

(22.6 a) $P_a \cdot r \equiv p \cdot P_i$,

(22.6 b) $p \equiv \dfrac{P_a \cdot r}{P_i}$ oder

(22.6 c) $r \equiv \dfrac{P_i \cdot p}{P_a}$ (Definitions-Gleichungen).

In diesen Gleichungen stehen P_i für das Preisniveau des Inlandes in Inlandswährung, P_a für das Preisniveau des Auslandes in Auslandswährung, r für den Wechselkurs des Inlandes für Auslandswährung und p für das internationale Preisniveauverhältnis (auch als realer Wechselkurs bezeichnet); p ist - allenfalls durch komplexe Äquivalenzrelationen konstruierbar - jedoch nicht direkt zu erfassen. Ist $p = 1$, besteht kein Unterschied zwischen inländischem und ausländischem Preisniveau. Für $p \neq 1$ gilt das Gegenteil.

Von diesen Definitionen sind wie immer Hypothesen scharf abzuheben, die den Wechselkurs als abhängige, in- und ausländische Preisniveaus als unabhängige Variable ansehen. In diesen Zusammenhang gehört die **Kaufkraftparitätentheorie**, die GUSTAV CASSEL - wie schon klassische Nationalökonomen hundert Jahre vor ihm - vorgetragen hat. Kern der Theorie ist die Behauptung, daß die Kaufkraftparität (KP), verstanden als das Verhältnis der Kaufkraft des Geldes in zwei Ländern, den Wechselkurs bestimmt:

(22.7) $r \cong KP \equiv \dfrac{P_i}{P_a}$ (Verhaltens-Gleichung).

Ein Vergleich mit der Identität (22.6 c) zeigt, daß die Kaufkraftparitätentheorie die These beinhaltet, daß der Wechselkurs internationale Preisniveauunterschiede ausgleicht:

(22.8) $\quad r \equiv \dfrac{P_i \cdot p}{P_a} \cong \dfrac{P_1}{P_a}$ und damit

(22.9) $\quad p \cong 1$ \hfill (Verhaltens-Gleichung).

Neben dem Ausdruck (22.7), der absoluten Version der Kaufkraftparitätentheorie, gibt es eine relative Fassung:

(22.10) $\quad \dfrac{r_1}{r_2} \cong \dfrac{KP_1}{KP_2} \cong \dfrac{P_{i_1}}{P_{a_1}} \div \dfrac{P_{i_2}}{P_{a_2}}$ \hfill (Verhaltens-Gleichung),

wobei die Indizes 1 und 2 verschiedene Zeitpunkte bedeuten. In der Version (22.10) beschränkt sich die Kaufkraftparitätentheorie auf die Behauptung, daß sich Kaufkraftparitäten und Wechselkurse proportional ändern. Bezogen auf p bedeutet diese Version die Konstanz des internationalen Preisniveauverhältnisses:

(22.11 a) $\quad \dfrac{p_1}{p_2} \cong 1$ bzw.

(22.11 b) $\quad p_1 \cong p_2$ \hfill (Verhaltens-Gleichung)

Zur empirischen Relevanz mag zunächst die Feststellung genügen, daß die behauptete Entwicklungsrichtung des Wechselkurses kaum kontrovers ist, ein straffer Zusammenhang der Preisniveau- und Wechselkursentwicklung sich dagegen nicht immer nachweisen läßt (24. Kap.). Hält man das im Auge, kann diese Theorie in Fällen, in denen es nur auf die Richtung von Preisniveau- und Wechselkursänderung ankommt, auch in modernen Darstellungen verwendet werden.

In der Theorie wird in der Regel von *einem* Wechselkurs ausgegangen. Tatsächlich gibt es für ein Land ebenso viele Wechselkurse wie ausländische Währungen. Für einfache Analysen reicht indessen, das gesamte Ausland - den Rest der Welt - wie ein Land zu behandeln (Zwei-Länder-Modell). Steigt der Wechselkurs aus irgendeinem Grund, spricht man von **Abwertung** (hier immer auf die Inlandswährung bezogen), weil mehr inländische Währungseinheiten für eine Einheit der ausländischen Währung zu zahlen sind (die Einheit der Inlandswährung wird weniger wert), im umgekehrten Fall von **Aufwertung**. Eine Abwertung (Aufwertung) der Inlandswährung bedeutet eine Aufwertung (Abwertung) der Auslandswährung, weil sich ex definitione der Wechselkurs des Inlandes (r_i) zum ausländischen Wechselkurs (r_a) umgekehrt proportional verhält (22.5 a).

Inlands- und Auslandspreise können - wie erwähnt - über den Wechselkurs in einer Währungseinheit ausgedrückt und damit vergleichbar gemacht werden. Der Verdeutlichung bedarf, wie **Wechselkursänderungen auf die Zahlungsbilanz einwirken**. Ausgegangen sei von folgender Funktion:

(22.12) $Z(= X - M) = f(p) = f\left(\dfrac{P_a \cdot r}{P_i}\right)$

mit $dZ/dp > 0$ für $\bar{Y}$ (Verhaltens-Gleichung).

Gleichung (22.12) besagt, daß mit steigendem Auslandspreisniveau, steigendem Wechselkurs (Abwertung) und/oder fallendem Inlandspreisniveau die inländische Zahlungsbilanz, ausgedrückt in Inlandswährung, zur Aktivierung neigen wird - was die Reduzierung von Defiziten einschließt - et vice versa. Diese Verhaltensannahmen scheinen plausibel und sind kongruent mit den aus der Preistheorie bekannten Normalfällen. Es leuchtet z. B. ohne weiteres ein, daß steigende Auslandspreise bei konstantem Wechselkurs und konstanten Inlandspreisen sowohl den Güterexport anregen als auch den Import drosseln dürften. Aus welchen Gründen sich die beiden Preisniveaus ändern, sei dahingestellt. Als zusätzliche Annahme gelte, daß sich die allgemeinen Preisniveaus ($P_{i,a}$) und die der international gehandelten Güter parallel entwickeln. Der durch Gleichung (22.12) angegebene Zusammenhang läßt sich graphisch wie folgt veranschaulichen (Fig. 22-1).

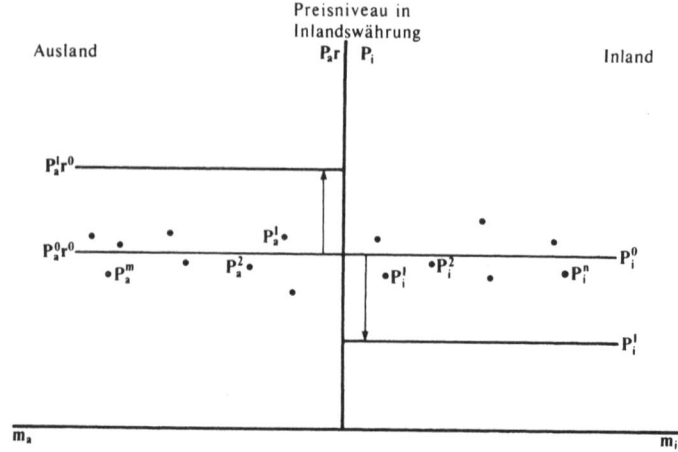

Fig.22-1: Entstehung eines Preisniveaugefälles zwischen Inland und Ausland

Im Ausgangszustand sollen die Preisniveaus P_i^0 und $P_i^0 \cdot r^0$ auf gleicher Höhe stehen. Die Preisniveaus sind der Durchschnitt aus den Einzelpreisen (für das Inland $P_i^1, P_i^2, ..., P_i^n$, Entsprechendes gilt für das Ausland), wobei offen bleiben kann, ob bei der Berechnung die Mengen (m_i^1 etc.) als Gewichte berücksichtigt werden. Ein Preisniveaugefälle vom Ausland zum Inland kann entstehen, wenn ceteris paribus
⇨ das Auslandspreisniveau steigt,
⇨ das Inlandspreisniveau fällt oder
⇨ der Wechselkurs steigt (Abwertung).

War die Zahlungsbilanz in der Ausgangssituation im Gleichgewicht - was nicht bedeutet, daß Preisniveaugleichheit bestanden haben muß -, würde sie bei den in *Fig. 22-1* dargestellten Fällen zu Überschüssen des Inlands (und Defiziten des Auslands) führen. Umgekehrt würde sich eine aktive Zahlungsbilanz im Inland durch Preissteigerungen im Inland, durch Preissenkungen des Auslands oder eine Aufwertung der Inlandswährung beseitigen lassen. **Preisniveauänderungen** bei gegebenem Wechselkurs **und Wechselkursänderungen** bei gegebenen Preisniveaus sind also **Alternativen für bestimmte Änderungen der Zahlungsbilanz**. In der Realität fallen oft Preisniveauänderungen als gezielt eingesetztes Mittel für Zahlungsbilanzänderungen aus, weil Deflationen wegen ihrer Wirkungen auf die Beschäftigung vermieden werden oder eine Inflation nicht unter Kontrolle gebracht werden kann: Bei der engen Verzahnung von Inflation und Deflation mit Konjunkturschwankungen sind beim Zahlungsbilanzausgleich Wechselkursänderungen den Preisniveauschwankungen ökonomisch oft überlegen, insbesondere bei Zahlungsbilanzüberschüssen. Dann kann nur die Wahl bleiben, den Wechselkurs entsprechend zu ändern, zumal dadurch - anders bei beiderseitigen Preisniveauänderungen - ein Land allein das Preisniveauverhältnis bestimmen kann.

Fall	I	II	III	IV
Die *jeweiligen Preisniveaus* ...	bleiben im In- und Ausland stabil	bewegen sich in die gleiche Richtung und mit denselben Änderungsraten	bleiben in einem Land stabil, im zweiten Land nicht	bewegen sich in beiden Ländern mit unterschiedlichen Änderungsraten und (oder) Richtungen
Die zu verschiedenen Preisniveaurelationen gehörenden *Wechselkursbedingungen* sind ...	gleichbleibende Wechselkurse	gleichbleibende Wechselkurse	proportional schwankende Wechselkurse	proportional schwankende Wechselkurse

Übers. 22-3: Beziehungen zwischen Preisniveaus und Wechselkursen bei konstantem Zahlungsbilanzsaldo

Der Zahlungsbilanzausgleich wird dann ohne allgemeine Preisänderung möglich, ist also mit Preisniveaustabilität eines Landes vereinbar. Es kommt hinzu, daß Preisniveauänderungen nicht in das oder aus dem Ausland übertragen werden. Die möglichen Beziehungen zwischen Preisniveau- und Wechselkursänderungen (Gleichung 22.12) lassen sich zusammenfassen (*Übers. 22-3*), wobei für alle Fälle (I bis IV) von Preisniveaugleichheit (wie in *Fig. 22-1*) ausgegangen und ein konstanter Zahlungsbilanzsaldo unterstellt wird.

Aus den Beziehungen zwischen Preisniveaus und Wechselkursen können folgende **Schlußfolgerungen** gezogen werden:
⇨ Sollen die Wechselkurse konstant (stabil, "fest") bleiben, ist ein Ausgleich der Zahlungsbilanz nicht zu erwarten, wenn sich die Preisniveaus entsprechend den Fällen III und IV ändern.
⇨ Beliebige Zahlungsbilanzungleichgewichte lassen sich durch entsprechende Preisniveau- oder Wechselkursänderungen beseitigen.

⇨ Die Richtungen von Preisniveau- und Wechselkursänderungen zur Beseitigung eines Zahlungsbilanzungleichgewichts sind bekannt (Gleichung [22.12] und Fig. 22-1).

Die letzte Aussage ist nicht allgemeingültig. Es sind Preisniveaueffekte denkbar, die den in Gleichung (22.12) angezeigten entgegengesetzt wirken (siehe unter Wechselkurswirkungen). Verlaufen die Effekte in der in Gleichung (22.12) angegebenen Richtung, spricht man von einer normalen Reaktion, im umgekehrten Fall von einer anomalen Reaktion der Zahlungsbilanz auf Preisniveau- oder Wechselkursänderungen. Die beschriebenen Wirkungen sind - mit Einschränkungen und trotz der stringenten Annahmen - als empirisch relevant anzusehen. Eine theoretische Schwäche liegt im statischen Charakter der Analyse. Insbesondere aber bleiben Einkommenseffekte unberücksichtigt, auf die an geeigneter Stelle eingegangen wird.

Wechselkurswirkungen

Der Wechselkurs-Mechanismus basiert auf der **Hypothese**, daß Zahlungsbilanzungleichgewichte durch Wechselkursvariationen bei konstanten Preisniveaus beseitigt werden. Die Analyse dieses Mechanismus steht - schon wegen der oft zu beobachtenden wirtschaftspolitischen Unmöglichkeit oder Unfähigkeit, Preisniveaus zu stabilisieren - im Zentrum der Untersuchungen über den Zahlungsbilanzausgleich. Bemerkenswert für ihren heutigen Stand ist ein Nebeneinander traditioneller und moderner Erklärungen, die sich jedoch weitgehend ergänzen. In der modernen Wechselkurstheorie hat der Elastizitätsbegriff eine beherrschende Stellung ("elasticity approach"). Gleichwohl wird im folgenden vor allem aus zwei Gründen eine mehr traditionelle Darstellungsform bevorzugt:
1. Die im elasticity approach herausgearbeitete Unterscheidung nach normaler und anomaler Reaktion der Zahlungsbilanz läßt sich in der traditionellen Analyse leicht berücksichtigen.
2. Die in ihm zur Erklärung der Zahlungsbilanzreaktion benutzten Größen (vor allem Angebots- und Nachfrageelastizitäten) sind empirisch kaum testbar.

Bei der Darstellung des Wechselkurs-Mechanismus bedient man sich des aus der Mikroökonomie bekannten Preis-Mengen-Diagramms, wobei auf der Mengenachse die Devisenmenge und auf der Preisachse der Wechselkurs abgetragen wird. Der einfachste Fall eines Devisenmarktes liegt vor, wenn Angebot und Nachfrage weder hinsichtlich der Mengen noch in der Preisbildung irgendwelchen Beschränkungen unterliegen. Ein derartiger Markt wird als (interventions-) freier Devisenmarkt, der sich auf ihm bildende Preis als frei schwankender oder **flexibler Wechselkurs** bezeichnet. Das Angebot auf dem inländischen Devisenmarkt stammt aus Exporten von Gütern und Dienstleistungen, die Nachfrage aus Importen (Beschränkung auf Leistungsbilanz). Die Währungseinheit des Inlands sei Euro, die des Auslands Dollar (Zwei-Länder-Modell). Untersucht wird der Zusammenhang

(22.2) $Z = f(r)$ für $\bar{P}_i$ (oder $\bar{P}_a$) und $\bar{Y}_{i,a}$ (Verhaltens-Gleichung).

Beim üblichen Verlauf der Angebots- und Nachfragekurven erhält man das folgende Bild (*Fig. 22-2*). Zum Wechselkurs r_0 kommen Devisenangebot aus Exporten und Devisennachfrage für Importe zum Ausgleich.

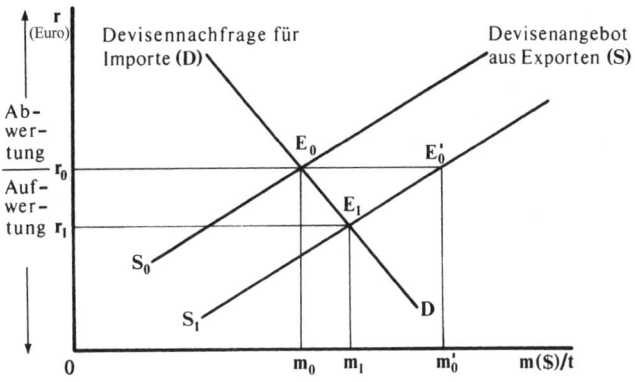

Fig. 22-2: Inlandsmarkt für Devisen (normale Reaktion)

Dann werden gerade m_0 Dollareinheiten umgesetzt. Da nach der Definition die Zahlungsbilanz im Gleichgewicht ist, wenn in einer bestimmten Zeit weder Devisenzuflüsse noch -abflüsse stattfinden, ist r_0 zugleich der Wechselkurs, der die Zahlungsbilanz zum Ausgleich bringt (Gleichgewichtskurs). Die Werte des Exports und Imports in Inlandswährung, die im Gleichgewicht größengleich sein müssen, sind durch das Rechteck $0m_0E_0r_0$ bestimmt, weil das rechnerische Produkt aus Wechselkurs r und Devisenmenge $m_\$$ gleich dem in heimischer Währung ausgedrückten Wert der Devisenmenge m_{Euro} ist: $m_{Euro} = r \cdot m_\$$. Aus der S-Kurve als geometrischem Ort alternativer Devisenmengen- und Wechselkurskombinationen erhält man also das in Inlandswährung ausgedrückte Devisenangebot, wenn Kurs und dazugehörige Devisenmenge multipliziert werden. Diese Werte des Devisenangebots sind nichts anderes als das monetäre Gegenstück (Zahlungen) für Exportleistungen des Inlands an das Ausland (X = Exportwerte in Inlandswährung). Entsprechend sind die Produkte aus Kurs und dazugehöriger Devisenmenge entlang der D-Kurve gleich der in Inlandswährung ausgedrückten Importwerte (M).

Es sei nun angenommen, die Nachfrage des Auslands nach Inlandsgütern steige, etwa weil bestimmte Güter im Ausland teurer geworden sind. Das wird zu einem vergrößerten Angebot an Devisen aus Exporten führen. Die Angebotskurve wird sich nach rechts verschieben (S_1) und der Wechselkurs müßte sinken. Würde der Wechselkurs - etwa durch staatliches Eingreifen - daran gehindert, entstünde ein Zahlungsbilanzüberschuß, weil das Exportangebot die unveränderte Importnachfrage überstiege und ein Devisenüberschuß in Höhe von $m'_0 - m_0$ zustande käme. Ein flexibler Wechselkurs fällt jedoch von r_0 auf r_1. Zum neuen Wechselkurs herrscht wieder Gleichgewicht (E_1). Das Fallen des Wechselkurses bremst das Exportangebot im Vergleich zu E'_0 und vergrößert die Importnachfrage gegenüber E_0. Das ist der Fall einer **normalen Reaktion**. Mit der Ermäßigung des Preises für Devisen wird die Inlandswährung aufgewertet, die Auslandswährung abgewertet. Gemäß Gleichung (22.12) läßt sich der Vorgang kurz so beschreiben: Eine autonome Preisniveausteigerung ΔP_a, die eine Zahlungsbilanz aktiviert, ist durch eine entgegengerichtete Änderung von r korrigiert worden. Generell kann man sagen, daß Änderungen der Preisniveaurelationen durch Wechselkursänderungen kompensiert werden. Inflationiert z. B. das Ausland ständig stärker als das Inland, würde der Wechselkurs dauernd fallen (laufende Aufwertungen). Der theoretisch evidente Vorteil eines frei schwankenden Wechselkurses ist die gleichsam automatische Beseitigung von Zahlungsbilanzungleichgewichten.

Diese Feststellung gilt nicht bei **anomaler Reaktion**. Sie tritt ein, wenn die S-Kurve flacher verläuft als die D-Kurve (*Fig. 22-3.I.*). Erhöht sich die Devisennachfrage für Importe wegen eines Preisniveaugefälles vom Inland zum Ausland, so daß sich D_0 nach D_1 verschiebt (*Fig. 22-3.I.*), stiege der Wechselkurs bei normalem Verlauf der Devisenangebotsfunktion S_0 von r_0 auf r_1 (Abwertung der Inlands- und Aufwertung der Auslandswährung). Eine Wechselkurserhöhung würde das Devisenangebot aus Exporten vergrößern und die Devisennachfrage für Importe (entlang der D_1-Kurve) vermindern, bis schließlich ein neues Gleichgewicht zustande käme (E'_1). Im obigen Beispiel entsteht jedoch ein Ungleichgewicht, da die tatsächliche Devisenangebotsfunktion S_1 ist.

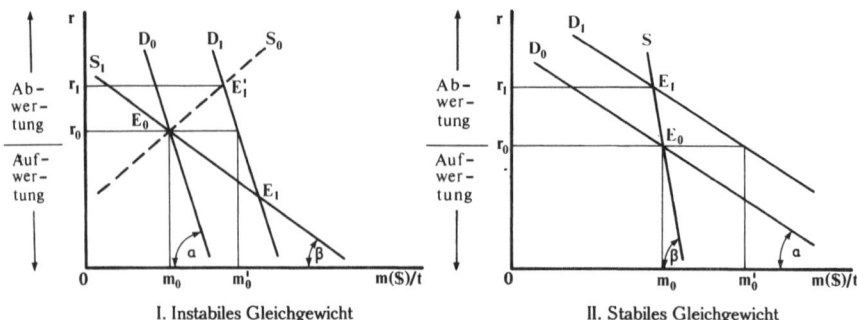

Fig. 22-3: Inlandsmarkt für Devisen (anomale Reaktion)

Nach der Verschiebung der Devisennachfragekurve von D_0 nach D_1 entsteht beim alten Wechselkurs r_0 ein Nachfrageüberhang in Höhe von $m'_0 - m_0$. Die Nachfrager werden sich nun, um in den Besitz größerer Devisenmengen zu gelangen, überbieten und bereit sein, einen höheren Wechselkurs zu zahlen. Dadurch drängen sie aber das Angebot noch weiter zurück. Der Nachfrageüberhang wird immer größer. Ein neues Gleichgewicht kommt also nicht zustande. Sowohl E_0 als auch E_1 sind als Ausgangsgleichgewichte labil. In *Fig. 22-3.II.* verläuft die S-Kurve anomal, aber nicht flacher als die D-Kurve. Verschiebt sich auch hier die Devisennachfrage nach rechts (von D_0 nach D_1), entsteht beim alten Wechselkurs r_0 ein Nachfrageüberhang ($m'_0 - m_0$), der aber im Gegensatz zum ersten Beispiel durch Überbietung der Nachfrager, d. h. durch Heraufsetzung des Wechselkurses auf r_1, beseitigt wird. E_0 und E_1 sind stabile Gleichgewichte. Auf einem freien Devisenmarkt ist demnach unter bestimmten Verhältnissen ($tg\ \alpha > tg\ \beta$) ein automatischer Ausgleich der Zahlungsbilanz nicht zu erwarten. Die meisten Ökonomen vertreten heute im Hinblick auf die Wirkungen von Auf- und Abwertungen fester Wechselkurse die Ansicht, daß der Fall einer anomalen Reaktion - weil empirisch kaum relevant - vernachlässigt werden kann.

III. Preis-Mechanismen

Preisniveau-Mechanismus

Bei festen Wechselkursen sind Preisniveauänderungen zwischen In- und Ausland die Alternative zu Wechselkursänderungen bei gegebenen Preisniveaus. Diese - theoretisch anders als praktisch zu wertenden - alternativen Möglichkeiten, eine Zahlungsbilanz auszugleichen, wurden bereits erörtert. Es dürfte keine Schwierigkeiten machen, sich den Zusammenhang

(22.3 a) $\quad Z = f(P_i, P_a) \quad \text{mit} \quad \partial Z/\partial P_i < 0 \quad \text{und} \quad \partial Z/\partial P_a > 0$

für $\bar{r}$ und $\bar{Y}_{i,a}$ \hfill (Verhaltens-Gleichung)

noch einmal kurz klarzumachen, etwa anhand der *Fig. 22-1* und *Übers. 22-3*. Im Fall einer normalen Reaktion gilt

(22.12 a) $\quad Z = f(p) = f\left(\dfrac{P_a \cdot \bar{r}}{P_i}\right) \quad \text{mit} \quad dZ/dp > 0 \quad \text{für} \quad \bar{Y}_{i,a}$

(Verhaltens-Gleichung).

Ceteris paribus wirken dann Erhöhungen (Senkungen) des ausländischen (inländischen) Preisniveaus auf die Zahlungsbilanz in der gleichen Weise, wie Abwertungen bei konstanten Preisniveaus et vice versa. Diese Erklärung ist ziemlich abstrakt. Eine konkrete Ausgestaltung hat sie im **Geldmengen-Preis-Mechanismus als wichtigster Unterform** gefunden - der klassischen, auf DAVID HUME zurückgehenden Erklärung, wie in einem System fester Wechselkurse ein gestörtes Zahlungsbilanzgleichgewicht wieder ausgeglichen wird. Obwohl für den internationalen Goldstandard entwickelt, lassen sich die wichtigsten Erklärungselemente auch für moderne Währungssysteme verwenden. Wesentlich für den Geldmengen-Preis-Mechanismus sind
⇨ die Festsetzung einer Parität zwischen Inlands- und Auslandswährung,
⇨ Interventionen der Zentralbanken zur Verteidigung der Parität und
⇨ durch Geldmengenänderungen induzierte internationale Preisniveauverschiebungen zum Ausgleich eines gestörten Zahlungsbilanzgleichgewichts.
Unerheblich ist dagegen, nach welchen Kriterien die Paritätsfestsetzung erfolgt, mit welchem "Material" (Gold oder Devisen) die Zentralbanken eingreifen und ob die Interventionen erst bei gewissen Abweichungen von der Parität nach oben und unten (Bandbreiten) einsetzen oder keine Paritätsschwankungen toleriert werden. Die Wirkungsweise des Mechanismus läßt sich in graphischer Darstellung veranschaulichen (*Fig. 22-4*). Wie in *Fig. 22-2* wird von einem Inlandsmarkt für Devisen bei normaler Reaktion ausgegangen. Die Inlandswährung (Euro) ist als Preis für Devisenmengen ($) pro Zeiteinheit aufgetragen

(Zwei-Länder-Modell). Das Devisenangebot S repräsentiert die Exportwerte X, die Devisennachfrage D die Importwerte M, beide ausgedrückt in Inlandswährung, so daß r_0 der Wechselkurs ist, bei dem sich die Zahlungsbilanz im Gleichgewicht befindet ($Z \equiv X - M = 0$).

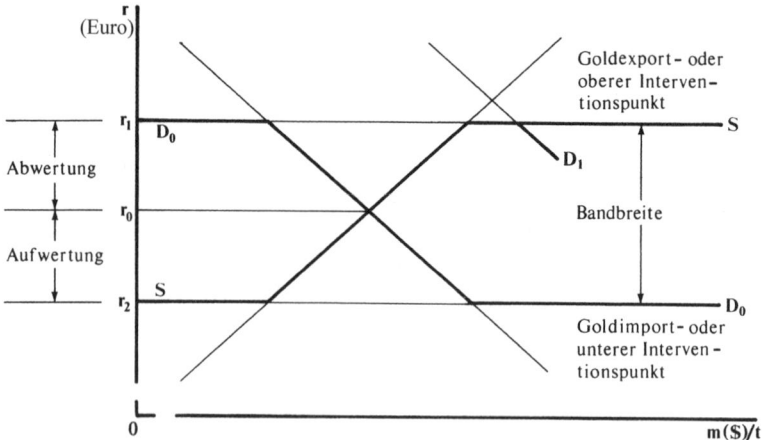

Fig. 22-4: Geldmengen-Preis-Mechanismus

In *Fig. 22-4* ist die - nicht essentielle - Möglichkeit einer *Bandbreite* vorgesehen, innerhalb der Wechselkursschwankungen keine Interventionen der Zentralbank auslösen. Man beachte, daß die Bandbreite stark vergrößert gezeichnet ist und deshalb die Koordinaten nicht durchgezogen wurden. So werden die Wechselkurse zwischen den Ländern, die sich dem Europäischen Währungssystem (EWS) angeschlossen haben - wobei die Währungen dritter Länder dem freien Markt überlassen bleiben -, untereinander innerhalb einer Bandbreite zu multilateralen Paritäten gehalten.

Eine **Voraussetzung** für den Geldmengen-Preis-Mechanismus ist die Festsetzung einer Parität. Dazu bieten sich zwei Möglichkeiten an: Erstens können die Währungen der Länder auf eine dritte Bezugsgröße (Reservenmedium) ausgerichtet werden (z. B. auf Gold, wie im Goldwährungssystem, auf den US-Dollar [Devisenstandard] oder auf eine abstrakte Werteinheit, z. B. Sonderziehungsrechte). Zweitens ist es möglich, Paritäten rechnerisch oder fiktiv einfach festzulegen (z. B. aus Erfahrungswerten oder im Hinblick auf wirtschaftspolitische Ziele). Im Goldwährungssystem vor dem Ersten Weltkrieg war in jedem Land der Goldpreis, zu dem die Zentralbanken vom Publikum Gold ankaufen und an dieses verkaufen mußten, gesetzlich fixiert, so daß sich aus den Preisen die Parität ergab. Der deutsche Gesetzgeber hatte z. B. den Preis für 1 kg Feingold auf 2790 Mark festgelegt, der englische Gesetzgeber - in gleicher Goldparität und Gewichtseinheit gerechnet - auf 136 £ 11 s 3 d (in Dezimalrechnung = 136,565 £), so daß die Währungsparität für das englische Pfund 20,43 Mark betrug (2790: 136,565). Ebenso ließ sich die Parität für andere Währungen bestimmen (z. B. für 100 französische Franc gleich 80,96 Mark). Analoges gilt für Paritäten, die auf andere Weise zustande kommen. Werden - wie in der Regel - Abweichungen von der Parität zugelassen, vereinbaren die Länder eine Band-

22. Monetäre Theorie

breite oder intervenieren von sich aus entsprechend. Gegen Inlandswährung kaufen und verkaufen die Zentralbanken Gold oder Devisen entweder bei jeder Paritätsabweichung oder bei Erreichen der maximalen Abweichungen.

Die **Interventionen der Zentralbank** setzen bei Störungen der Zahlungsbilanz ein. Angenommen, die Importnachfrage steigt bei einer zuvor ausgeglichenen Zahlungsbilanz, etwa infolge eines inländischen Preisauftriebs. Ein frei beweglicher Wechselkurs wird sich - wenn sich die Devisennachfrage z. B. von D_0 nach D_1 (*Fig. 22-4*) verschiebt - erhöhen, von r_0 nach oben bewegen (Abwertung). Ist keine Bandbreite zugelassen, bietet die Zentralbank Gold oder Devisen in dem Maße an, daß sich r_0 nicht ändert. Bei einem Bandbreitensystem würde die Zentralbank von einem bestimmten Punkt an intervenieren. In einem Goldwährungssystem kann der Wechselkurs nicht über r_1 steigen, weil es bei einem höheren Wechselkurs günstiger sein würde, die gestiegenen Importe mit Gold statt mit ausländischer Währung zu bezahlen. Das Gold beschaffen sich die Importeure zum festgesetzten Preis bei der Notenbank. Der Grund, warum ein solcher Kauf von Gold erst bei r_1 einsetzt, liegt darin, daß die Übersendung des Goldes - anstelle von Devisen - ins Ausland Kosten verursacht (sogenannte Transferkosten wie Transport-, Versicherungskosten und Zölle), die durch den steigenden Wechselkurs und den damit verbundenen Abwertungs-"Gewinn" gedeckt sein müssen. Den Wechselkurs r_1, bei dem der Goldexport einsetzt, nennt man deshalb den Goldexportpunkt. Verschieben sich Angebot oder Nachfrage in den völlig elastischen Bereich, wird Gold exportiert. Ähnliches gilt für den Goldimportpunkt r_2. Das Bandbreitensystem funktioniert auch ohne Goldwährung, wenn die Zentralbank von bestimmten Kursen an interveniert. Im oberen Interventionspunkt (r_1; Devisenknappheit) bietet sie Devisen an, im unteren (r_2; Devisenüberschuß) fragt sie nach.

Die Zentralbank interveniert mit einem Material (Gold oder Devisen), das sie nicht selbst produziert. Auf Dauer kann sie die Parität nur verteidigen, wenn ein Abfluß von Gold oder Devisen von einem entsprechenden Zufluß abgelöst wird et vice versa. Die Besonderheit des Geldmengen-Preis-Mechanismus liegt darin, daß mit Zentralbankinterventionen **Wirkungen** ausgelöst werden sollen, die die **Zahlungsbilanzstörung mildern**, bei einem Abfluß von Gold oder Devisen also einen Zufluß induzieren und umgekehrt. Wenn, wie angenommen, die Zentralbank wegen einer inländischen Preisniveauerhöhung Gold oder Devisen verkauft (oder Private Gold exportieren), wird dem inländischen Kreislauf Geld entzogen. Anhaltender Geldentzug führt zu einer Dämpfung des inländischen Preisniveaus. Bei einem festen Wechselkurs fällt damit das inländische Preisniveau absolut oder relativ gegenüber dem ausländischen. Ein absolut oder relativ fallendes Inlandspreisniveau bei konstantem Wechselkurs wirkt in die gleiche Richtung wie ein steigender Wechselkurs bei konstanten Preisen (Abwertung), beides bezogen auf den Fall einer normalen Reaktion: Der Devisenabfluß wird beseitigt und durch einen Devisenzufluß abgelöst. Das Gegenteil ließe sich für eine Zahlungsbilanzstörung zeigen, bei der aus Exporten verstärkt Devisen angeboten werden.

Der Geldmengen-Preis-Mechanismus beruht auf einer wichtigen **Implikation**: Expansionen und Kontraktionen der Geldmenge führen zu gleichgerichteten Preisniveauänderungen. Das ist eine zentrale Hypothese in der Quantitätstheorie des Geldes. Diese kann für längere Zeitperioden und für Zustände hohen Beschäftigungsgrades empirisch als bestätigt gelten, wie Untersuchungen der letzten Jahre verdeutlicht haben (21. Kap.). Eine andere Frage ist jedoch, ob man wirtschaftspolitisch die Wirkungen von Geldmengenkontraktionen oder -expansionen auf den Konjunkturverlauf in Kauf nehmen muß oder will. Die Frage wird heute in praktisch allen Ländern verneint. Man ist insbesondere nicht mehr bereit, die Vollbeschäftigung dem Zahlungsbilanzausgleich zu opfern, wie das früher - insbesondere vor dem Ersten Weltkrieg - selbstverständlich war. Dazu besteht auch keine Notwendigkeit, weil frei schwankende Wechselkurse grundsätzlich geeignet sind, Zahlungsbilanzstörungen unter Beibehaltung der Vollbeschäftigung zu beseitigen.

Einzelpreis-Mechanismus

Der Einzelpreis-Mechanismus ist eine der ältesten Erklärungen zum Zahlungsbilanzausgleich, zu der man in der modernen Theorie - etwa in der Variante "absorption approach" - im Hinblick auf den unbefriedigenden Erklärungsgehalt anderer Zahlungsbilanzmechanismen wieder zurückfindet (vgl. Literaturempfehlungen zum vierten Teil). Seine Wirkungsweise beruht auf der **Hypothese**, die Funktion der Preise werde nur von den Einzelpreisen und nicht von einem errechneten Durchschnittspreis geleistet. Das gelte bei einem gegebenen Wechselkurs auch für die internationale Nachfrage (direkter internationaler Preiszusammenhang). Ist der Preis eines bestimmten, international gehandelten Gutes z. B. im Ausland höher als im Inland, zieht der Preis auch im Inland an. Gleiches gilt selbstverständlich, wenn die Preise zahlreicher oder gar aller gehandelten Güter höher liegen. Ceteris paribus wäre also ein Inflationsimport - oder bei niedrigeren Auslandspreisen Deflationsimport - unabhängig vom Stand der Zahlungsbilanz möglich, während der Geldmengen-Preis-Mechanismus für eine Inflations- oder Deflationsübertragung aus dem Ausland einen Zahlungsbilanzüberschuß bzw. ein Zahlungsbilanzdefizit voraussetzt.

Zwischen Geldmengen-Preis- und Einzelpreis-Mechanismus besteht kein notwendiger Gegensatz. Der Terminus "Einzelpreis-Mechanismus" verdeckt nämlich, daß primär nicht Einzelpreise, sondern die von ihnen induzierten Ausgaben- oder Einkommenseffekte für die Wirkungen auf die Zahlungsbilanz entscheidend sind (deshalb auch "Einkommen-Preis-Mechanismus" genannt). Ein **Anpassungsprozeß** der Zahlungsbilanz wird dadurch ausgelöst, daß Einzelpreisänderungen die internationale Nachfrage nach dem entsprechenden Gut verschieben. Vorausgesetzt werden in einfachen Modellen - neben Vollbeschäftigung im In- und Ausland - ein unveränderter Wechselkurs und Konstanz des nominellen Welteinkommens. Angenommen, im Inland tritt eine Mißernte auf: Das inländische Angebot an Brotgetreide verringert sich als Folge der schlechten Ernte. Der Getreidepreis im Inland steigt. Es wird verstärkt billigeres ausländisches Getreide nachgefragt, dessen Preis dadurch ebenfalls anzieht. Mit steigender Nachfrage nach ausländischem Getreide erhalten die Auslandsproduzenten ein erhöhtes, die Inlandsproduzenten insgesamt unter gleichbleibenden Umständen notwendigerweise ein sinkendes Einkommen.

Somit führt unter den angegebenen Bedingungen eine partielle Nachfrageverschiebung zu einem Defizit (Überschuß) der inländischen (ausländischen) Zahlungsbilanz und zu einer Kaufkraftübertragung vom Inland auf das Ausland (primärer Einkommenseffekt). Die gestiegenen (gesunkenen) Auslands-(Inlands-)Einkommen bewirken tendenziell eine allgemeine Preissteigerung (-senkung) im Ausland (Inland) - weil im Ausland ein erhöhtes Einkommen bei Vollbeschäftigung zu gleichen Preisen nicht "absorbiert" werden kann -, so daß die Neigung der Ausländer wächst, ihre zusätzlichen Einkommen im Inland zu verausgaben. Soweit das der Fall ist, wird Kaufkraft zurückübertragen (sekundärer Einkommenseffekt) und das Defizit der Zahlungsbilanz reduziert sich wieder. Im Grenzfall geben die Ausländer ihr gesamtes Zusatzeinkommen im Inland aus. Beide Einkommenseffekte sind dann gleich groß und die Zahlungsbilanzen wären wieder ausgeglichen. In diesem Fall wird die zusätzliche Inlandsnachfrage nach Auslandsgütern (Importe) von einer größengleichen Auslandsnachfrage nach Inlandsgütern (Exporte) "finanziert".

Ein Zahlenbeispiel - bei dem zur Vereinfachung von einer ursprünglich ausgeglichenen Zahlungsbilanz ausgegangen wird - soll den Einzelpreis-Mechanismus illustrieren (*Übers. 22-4*).

Periode	Periodenendstand	Inlandseinkommen Y_i	Einkommensänderung $(Y_{t+1} - Y_t)_i$	Zahlungsbilanz Z_i $(X_i - M_i)$	Auslandseinkommen	Einkommensänderung $(Y_{t+1} - Y_t)_a \cdot \bar{r}$	Zahlungsbilanz $Z_a \cdot \bar{r}$ $(X_a - M_a)$	Inlands- und Auslandseinkommen $Y_i + Y_a \cdot \bar{r} =$ const.
1	Ausgangssituation	100	-	0	600	-	0	700
2	Primärer Einkommenseffekt	80	-20	-20	620	+20	+20	700
3	Sekundärer Einkommenseffekt a) Regelfall	95	+15	-5	605	-15	+5	700
	b) Grenzfall	100	+20	0	600	-20	0	700

Übers. 22-4: Wirkungsweise des Einzelpreis-Mechanismus

Das Beispiel verdeutlicht, daß der Einzelpreis-Mechanismus in die gleiche Richtung wirken kann - man könnte sagen, wirken muß - wie der Geldmengen-Preis-Mechanismus. Allerdings hängt die Stärke dieser Wirkung von der ökonomischen Bedeutung (der Größe) ab, die das Inland für das Ausland besitzt.

Ist das Inland im Vergleich zum Ausland sehr klein, treten Sekundäreffekte kaum oder gar nicht ein, so daß auch keine Zahlungsbilanzkorrekturen erfolgen. **Schwächen** des Einzelpreis-Mechanismus liegen darin, daß die in der Regel eintretenden multiplikativen Einkommenswirkungen und der Einfluß der Preisniveauverschiebungen auf die internationale Nachfrage - freilich bewußt - außer Betracht bleiben.

Monetärer Zahlungsbilanz-Mechanismus

Bei den Mechanismen für den Zahlungsbilanzausgleich wird zunehmend die **monetäre Zahlungsbilanztheorie** diskutiert, die im wesentlichen von Ökonomen des Internationalen Währungsfonds konzipiert und durch einige akademische Wirtschaftswissenschaftler verfeinert worden ist. Die Elemente dieser Theorie sind nicht neu, wohl aber ihre Verbindung. Sie entstammen teils der Geld-, insbesondere der Kassenhaltungstheorie, teils den eben behandelten Theorien des Zahlungsbilanzausgleichs. Ihre wichtigste Hypothese ist, daß bei festen Wechselkursen ein Zahlungsbilanzungleichgewicht nur temporär existieren kann, sofern nicht vor Erreichen des Gleichgewichts eine neue Störung eintritt.

Der "monetary approach" geht von der Überlegung aus, daß sich ein partielles Währungsgebiet bei festen Wechselkursen von der monetären Entwicklung im Rest der Welt um so weniger abschirmen kann, je kleiner es ist. Deshalb macht man bei der Analyse in Modellen regelmäßig folgende **Annahmen**: Das Land sei so klein, daß es Preise international gehandelter Güter und Zinsen handelsfähiger Wertpapiere vom Ausland hinnehmen muß (direkter internationaler Preiszusammenhang). Das Geldangebot M_s (Bargeld und Giralgeld) sei eine stabile und steigende Funktion sowohl der inländischen Aktiva des Bankensystems als auch des Bestandes an internationalen Reserven. Änderungen dieses Bestandes sind als Zahlungsbilanzsaldo Z definiert, der danach - in Übereinstimmung mit der Begriffsverwendung in der währungspolitischen Praxis - Kapitaltransaktionen einschließt. Die Geldnachfrage sei ebenfalls stabil und frei von Geldillusion entsprechend der Gleichung (18.27). Unter diesen Annahmen besagt die monetäre Zahlungsbilanztheorie, daß ein Geldmarktungleichgewicht ein Zahlungsbilanzungleichgewicht auslöst, das solange dauert, bis der Geldmarkt wieder im Gleichgewicht ist.

Die **Wirkungsweise** des monetären Zahlungsbilanzmechanismus soll anhand einer Störung illustriert werden. Im Ausgangszustand befinde sich der Geldmarkt ($M_s = M_d$) und die Zahlungsbilanz ($Z = 0$) im Gleichgewicht. Die Störung werde z. B. durch Preiserhöhungen im Ausland ausgelöst. Annahmegemäß steigen auch die Inlandspreise, zumindest die der international gehandelten Güter. Bei gegebenen Zinssätzen übersteigt die Geldnachfrage das Geldangebot. Das Ungleichgewicht ließe sich durch eine Vergrößerung des Geldangebots beseitigen. Dieses könnte vergrößert werden durch Maßnahmen, die den Geldschöpfungsmultiplikator erhöhen oder durch einen Devisenzufluß. Die erste Möglichkeit wird durch die Annahme einer stabilen Geldangebotsfunktion ausgeschlossen. Die Zentralbank ist danach nicht bereit, verstärkt inländische Bankaktiva oder internationale Reserven zu erwerben. Die zweite

Möglichkeit steht jedoch den Geldnachfragern offen. Das Geldmarktungleichgewicht induziert einen Zufluß an Devisen, den die Zentralbank bei festem Wechselkurs in inländische Währungseinheiten umtauschen muß: das Geldangebot steigt. Damit wird deutlich, daß die inländische Zentralbank unter den Annahmen des Modells nicht die Höhe, sondern nur die Zusammensetzung des jeweiligen Geldangebots bestimmen kann. Die Höhe des inländischen Geldangebots wird durch die inländische Geldnachfrage bestimmt. Da die Zahlungsbilanz vor der Störung im Gleichgewicht war, entsteht durch das Geldmarktungleichgewicht ein Überschuß in der Zahlungsbilanz. Dieser Devisenzufluß wird realisiert durch den Export von Gütern (Leistungsbilanzverbesserung) und/oder Wertpapieren (Kapitalbilanzverbesserung). Er ist allerdings nicht von Dauer, weil mit der Auffüllung der Realkasse der Exportdrang nachläßt. Anders als beim Geldmengen-Preis-Mechanismus, der durch die Annahme nichtautonomer Preise ausgeschlossen ist, vollzieht sich der Ausgleich der Zahlungsbilanz über Realkasseneffekte. Die Weltgeldmenge verteilt sich international, bis das ursprüngliche Gleichgewicht am Geldmarkt und in der Zahlungsbilanz wieder hergestellt ist. Damit wird erstens die eingangs erwähnte Hypothese deutlich, daß in einem System fester Wechselkurse eine Störung der Zahlungsbilanz Kräfte auslöst, die auf ein neues Gleichgewicht hinwirken. Zweitens erkennt man, daß unter den gegebenen Voraussetzungen eine unabhängige nationale Geldpolitik unmöglich ist.

Die **Reichweite** der monetären Zahlungsbilanztheorie wird vor allem an zwei Prämissen deutlich: an der weltwirtschaftlich irrelevanten Größe des Landes und am festen Wechselkurs. In eine Welt, in der beide Prämissen nicht oder nur sehr eingeschränkt gelten, lassen sich nur Teile der Erklärung herüberretten. Im Hinblick auf das vorherrschende System freier Wechselkurse läßt sich die Theorie des "monetary approach" des Zahlungsbilanzausgleichs allerdings anpassen. Die monetäre Zahlungsbilanztheorie erweitert unabhängig davon die Erklärung der Realkassenhaltung, indem explizit ausländische Aktiva einbezogen werden, und enthält Elemente für eine Analyse der weltweiten Inflation.

IV. Volkseinkommen-Mechanismus

Der Volkseinkommen-Mechanismus - auf dem Boden der Analyse von KEYNES gewachsen - basiert auf dem gleichen Grundgedanken wie der klassische Einkommen-Preis-Mechanismus. Die zentrale **Hypothese** ist, daß bei einem festen Wechselkurs eine zahlungsbilanzwirksame Einkommensumverteilung zwischen In- und Ausland im begünstigten Land eine Nachfrageerhöhung nach Auslandsgütern induziere, die das ursprüngliche Zahlungsbilanzungleichgewicht reduziere und im Grenzfall völlig beseitige. Das Entstehen des ursprünglichen, beim Einzelpreis-Mechanismus aus dem internationalen Preiszusammenhang abgeleiteten Ungleichgewichts wird in der Regel nicht erklärt. Preisänderungen werden ausgeschlossen. Man geht - im Gegensatz v. a. zum Einzelpreis-Mechanismus - von Unterbeschäftigung aus. Schon hieraus läßt sich ersehen, daß der Volkseinkommen-Mechanismus das Zustandekommen des Zahlungsbilanzausgleichs nicht über den direkten internationalen Preiszusammenhang und seine Einkommenswirkung, sondern über die Einkommenswirkung von Beschäftigungsschwankungen erklärt.

Der Mechanismus läßt sich als **Teil der Beschäftigungstheorie** darstellen. Die Ausgangsfrage lautet: Kann ein positiver Saldo der Zahlungsbilanz, der durch eine autonome Exporterhöhung entstanden sein soll, über Einkommenseffekte beseitigt werden, so daß die Zahlungsbilanz wieder ins Gleichgewicht kommt? Es gilt also:

(22.4) $Z = f(Y)$ für $\bar{r}$ und $\bar{P}$ (Verhaltens-Gleichung).

Da der Saldo der Zahlungsbilanz als Differenz zwischen Exporten und Importen definiert ist ($Z \equiv X - M$), ergibt sich für die Änderung des Zahlungsbilanzsaldos:

(22.13) $\Delta Z \equiv \Delta X - \Delta M$ (Definitions-Gleichung).

Unterstellt man, aus einem gegebenen Volkseinkommen (Y) werde ein Teil gespart (marginale Sparquote: s) und ein weiterer für Einfuhren ausgegeben (marginale Importquote: m), erhält man eine Spar- und eine Importfunktion:

(22.14 a) $S = s \cdot Y$ und

(22.15 a) $M = m \cdot Y$ (Verhaltens-Gleichungen).

Für die Einkommensänderung (ΔY) lassen sich diese Funktionen überführen in

(22.14 b) $\Delta S = s \cdot \Delta Y$ und   (22.15 b) $\Delta M = m \cdot \Delta Y$.

Ein gesamtwirtschaftliches Gleichgewicht ohne staatliche Aktivität liegt vor - wie aus der Beschäftigungstheorie bekannt ist -, wenn gilt:

(22.16) $S + M = I + X$ (Gleichgewichts-Bedingung).

Bei einer angenommenen autonomen Erhöhung des Exports um ΔX wird (22.16) bei konstanter Nettoinvestition I zu

(22.17 a) $\Delta S + \Delta M = \Delta X$

und - wegen (22.14 b) und (22.16) - zu

(22.17 b) $\Delta X = s \cdot \Delta Y + m \cdot \Delta Y = \Delta Y \cdot (s + m)$ bzw.

(22.17 c) $\Delta Y = \dfrac{1}{s + m} \cdot \Delta X$.

Substituiert man in (22.15 b) ΔY durch den Ausdruck in (22.17 c), erhält man für (22.13)

(22.18 a) $\Delta Z = \Delta X - \dfrac{m}{m + s} \cdot \Delta X = \Delta X \cdot \left(1 - \dfrac{m}{m + s}\right)$

oder, da $1 - \dfrac{m}{m + s} = \dfrac{s}{m + s}$ ist,

(22.18 b) $\Delta Z = \dfrac{s}{m+s} \cdot \Delta X$.

(22.17) und (22.18) sind Verhaltens-Gleichungen. In (22.18 b) ist $s/(s+m)$ der Zahlungsbilanzmultiplikator, ΔX die autonome Exportsteigerung. Die Frage ist nun, wie sich der Saldo der Zahlungsbilanz, der im Ausgangszustand gleich Null war, verändert (ΔZ), wenn es zu einer autonomen Exportsteigerung kommt. Würde trotz steigenden Exports $\Delta Z = 0$, bliebe die Zahlungsbilanz ausgeglichen ($Z = 0$). Würde ΔZ positiv, käme es zu einem Zahlungsbilanzüberschuß, der der Exportsteigerung gleich ist, wenn $\Delta Z = \Delta X$ wird, der aber kleiner ist, wenn $\Delta Z < \Delta X$ gilt. Unter welchen Bedingungen diese Fälle eintreten, hängt von den Größen s und m ab. Haben s und m einen von Null verschiedenen Wert, kann die Zahlungsbilanz nicht vollständig durch die Einkommenswirkungen ausgeglichen werden ($\Delta Z < \Delta X$). Als Grenzfälle können gelten:
1. Die marginale Importquote ist Null ($m = 0$). Dann bliebe der durch die Exporterhöhung entstandene Zahlungsbilanzüberschuß bestehen ($\Delta Z = \Delta X$).
2. Ist die marginale Sparquote gleich Null ($s = 0$), würde die Zahlungsbilanz ausgeglichen ($\Delta Z = 0$).

Die bisherige Analyse war komparativ-statisch. Ein Ausgangsgleichgewicht wurde einem neuen Gleichgewicht gegenübergestellt. Den zeitlichen Anpassungsprozeß, die **dynamische Betrachtungsweise**, mag ein Zahlenbeispiel (ohne staatliche Aktivität) verdeutlichen, wobei für Konsum und Import folgende dynamische Verhaltens-Gleichungen gelten sollen:

(22.19) $\Delta C_t = c \cdot \Delta Y_{t-1}$

(22.20) $\Delta M_t = m \cdot \Delta Y_{t-1}$ (Verhaltens-Gleichungen).

Bei $m = 0,3$ und $c = 0,8$ ($s = 0,2$) - m ist ein Teil von c - erhält man unter der Annahme einer autonomen Exportsteigerung von 100 und einer im Ausgangszustand ausgeglichenen Zahlungsbilanz folgenden Verlauf (*Übers. 22-5*).

Periode	ΔX (autonom)	$\Delta S =$ ($0,2 \cdot \Delta Y_{t-1}$)	$\Delta C =$ ($0,8 \cdot \Delta Y_{t-1}$)	$\Delta M =$ ($0,3 \cdot \Delta Y_{t-1}$)	$\Delta Z =$ $\Delta X - \Delta M$	$\Delta Y =$ $\Delta X + \Delta C$ $- \Delta M$
1	100	-	-	-	100	100
2	100	20	80	30	70	150
3	100	30	120	45	55	175
4	100	35	140	52,5	47,5	187,5
5	100	37,5	150	56,25	43,75	193,75
.	.	.	.	.	.	.
.	.	.	.	.	.	.
∞	100	40	160	60	40	200

Übers. 22-5: Volkseinkommen-Mechanismus

Das mit der autonomen Exportsteigerung eingetretene Zahlungsbilanzungleichgewicht fällt von 100 auf 40: $\Delta Z = [0{,}2/(0{,}2 + 0{,}3)] \cdot 100 = 40$. Den Zahlen kommt nur eine illustrative Bedeutung für die Wirkungsweise des Mechanismus zu. Der Zahlungsbilanzmultiplikator darf nicht mit dem Volkseinkommensmultiplikator verwechselt werden, der im vorliegenden Fall $1/(0{,}2 + 0{,}3) = 2$ beträgt.

Eine verfeinerte Analyse könnte die Rückwirkungen einbeziehen, die durch die Entwicklung der Zahlungsbilanz vom Ausland her zu erwarten sind. Exportsteigerungen des Inlandes bedeuten Importerhöhungen des Auslandes. Der inländischen Einkommensexpansion steht eine Kontraktion im Ausland gegenüber, die auf die Inlandsexporte dämpfend wirkt. Des weiteren ist der Mechanismus nicht an konstante Spar- und Importquoten gebunden. Grenzen für seine **Erklärungsreichweite** ergeben sich vor allem daraus, daß er - von einem empirisch irrelevanten Grenzfall abgesehen - kein Mittel zum Zahlungsbilanzausgleich darstellt. Einkommenseffekte haben generell nur eine komplementäre Ausgleichsfunktion zu Preiseffekten. Die Voraussetzung konstanter Preise - die Ausschaltung der Preiswirkungen - muß als ein noch größerer Mangel angesehen werden. Die Identifikation von Nominal- und Realeinkommenserhöhungen, die nur bei konstanten Preisen gleich sind, ist lediglich bei allgemeiner Unterbeschäftigung realistisch. Unter dieser Voraussetzung wird eine Exporterhöhung Volkseinkommen und Beschäftigung steigen lassen. Für Importsteigerungen gilt das Gegenteil. Man würde jedoch zu unhaltbaren oder ökonomisch wenig sinnvollen Schlußfolgerungen gelangen, wenn man diese Einsicht auf eine vollbeschäftigte Wirtschaft übertrüge.

Anhang

elasticity approach

Der "elasticity approach", der auf ALFRED MARSHALL zurückgeht, beschreibt die Reaktion der Zahlungsbilanz - genauer: der Leistungsbilanz - nach einer Wechselkursänderung (Abwertung oder Aufwertung) anhand der Elastizitäten des Devisenmarktes oder des Gütermarktes. Da Angebot und Nachfrage von Devisen auf Güterexporte und -importe zurückgehen, lassen sich die Elastizitäten des Devisenmarktes durch die des Gütermarktes ersetzen. Hier mag es zur Veranschaulichung des Vorgehens genügen, die Zahlungsbilanzreaktion mit **Devisenelastizitäten** zu beschreiben.

Bezeichnet man den Inlandspreis für Auslandswährung - den inländischen Wechselkurs in einer Zwei-Länder-Welt - mit r (vereinfacht, statt bisher r_i), den Auslandspreis für Inlandswährung mit r' (statt bisher r_a), die Werte des Exportes und Importes in Auslandswährung mit X' und M' und in Inlandswährung mit X und M, so können analog (4.15) und (4.23) die Wechselkurselastizitäten auf dem Inlandsmarkt für Auslandswährung für Exporte (ε'_X) und Importe (η'_M) und auf dem Auslandsmarkt für Inlandswährung für Exporte (ε_X) und Importe (η_M) - letztere vom Ausland gesehen - wie folgt definiert werden:

(22A.1 a) $\varepsilon'_X = \dfrac{r}{X'} \cdot \dfrac{dX'}{dr}$ (22A.1 b) $\eta'_M = -\dfrac{r}{M'} \cdot \dfrac{dM'}{dr}$

(22A.1 c) $\varepsilon_X = \dfrac{r'}{X} \cdot \dfrac{dX}{dr'}$ (22A.1 d) $\eta_M = -\dfrac{r'}{M} \cdot \dfrac{dM}{dr'}$ (Definitions-Gleichungen).

Die Zahlungsbilanz ($Z = X - M$) wird sich nach einer Abwertung der Inlandswährung (Erhöhung von r) verbessern (normal reagieren), wenn die sichere Zunahme von X größer ist als die mögliche Zunahme von M et vice versa, so daß folgende **allgemeine Reaktionsbedingung** gilt:

(22A.2) $\dfrac{dX}{dr} \leq \dfrac{dM}{dr}$ bzw. $\geq \dfrac{dM}{dr}$ (Verhaltens-Gleichung).

Im "elasticity approach" wird (22A.2) durch Elastizitäten ersetzt. Für den linken Ausdruck erhält man, da für die Beziehung zwischen Inlands- und Auslandswerten des Exportes $X = X' \cdot r$ gilt:

$$\dfrac{dX}{dr} = \dfrac{dX'}{dr} \cdot r + X' = X'\left(\dfrac{dX'}{dr} \cdot \dfrac{r}{X'} + 1\right)$$

oder wegen (22A.1 a) und $X' = \dfrac{X}{r}$

(22A.3) $\dfrac{dX}{dr} = \dfrac{X}{r}(\varepsilon'_X + 1)$.

Ähnlich lautet, da $M = M' \cdot r$ gilt:

$$\dfrac{dM}{dr} = \dfrac{dM'}{dr} \cdot r + M' = M'\left(\dfrac{dM'}{dr} \cdot \dfrac{r}{M'} + 1\right)$$

oder wegen (22A.1 b) und $M' = \dfrac{M}{r}$

(22A.4) $\dfrac{dM}{dr} = \dfrac{M}{r}(1 - \eta'_M)$.

Setzt man (22A.3) und (22A.4) in (22A.2) ein, folgt:

(22A.5a) $\dfrac{X}{r}(\varepsilon'_X + 1) \leq \dfrac{M}{r}(1 - \eta'_M)$ bzw. $\geq \dfrac{M}{r}(1 - \eta'_M)$ oder

(22A.5b) $\dfrac{X}{M}(\varepsilon'_x + 1) \leq 1 - \eta'_M$ bzw $\geq 1 - \eta'_M$ (Verhaltens-Gleichung).

Mit dem Ausdruck (22A.5) könnte der "elasticity approach" abgeschlossen werden. Es ist jedoch gängige Praxis, die Elastizitäten des Devisenmarktes auf die jeweilige Importseite oder - was selten geschieht - Exportseite abzustellen, also

ε'_X durch η_M zu ersetzen. Das ist möglich, weil Angebot und Nachfrage von Devisen im In- und Ausland keine unabhängigen Größen sind. Inländisches Devisenangebot (X') und ausländische Devisennachfrage (X) verhalten sich zueinander wie Mengen und Werte ($X' \cdot r = X$), was für inländische Devisennachfrage (M') und ausländisches Devisenangebot (M) entsprechend gilt. Mengen- und Wertelastizitäten unterscheiden sich um die Größe 1, wie sich zeigen läßt. Geht man von $X = f(r')$ aus, erhält man (22A.1 d) die Form:

$$(22A.6) \quad \eta_M = -\frac{r'}{X} \cdot \frac{dX}{dr'}.$$

Da $r = \frac{1}{r'}$ ist, gilt $\frac{dr}{dr'} = -\frac{1}{r'^2}$.

Eingesetzt in (22A.6) erhält man nach Umformungen:

$$(22A.7) \quad \frac{dX}{dr} = \frac{X}{r} \cdot \eta_{M'}$$

woraus nach Vergleich mit (22A.3) folgt:

$$(22A.8) \quad \varepsilon'_X + 1 = \eta_{M'}$$

so daß (22A.5 b) auch geschrieben werden kann:

$$(22A.9) \quad \frac{X}{M} \cdot \eta_M + \eta'_M \leq 1 \text{ bzw.} \geq 1 \qquad \text{(Verhaltens-Gleichung)}.$$

Gleichung (22A.9) wird als **HIRSCHMAN-Bedingung** bezeichnet. Sie besagt, daß eine Abwertung (Aufwertung) zu einer Verbesserung (Verschlechterung) der Zahlungsbilanz führt, wenn die Summe der Devisenelastizitäten für Importe - η_M gewichtet mit X/M - größer als 1 ist (normale Reaktion). Im umgekehrten Fall - kleiner als 1 - reagiert die Zahlungsbilanz anomal, im Grenzfall - gleich 1 - überhaupt nicht. In der theoretischen Analyse wird häufig von einer ausgeglichenen Zahlungsbilanz ausgegangen ($X = M$) und nur die normale Reaktion behandelt, weil die anomale das jeweilige Gegenteil ist. Dann vereinfacht sich (22A.9) zu:

$$(22A.10) \quad \eta_M + \eta'_M > 1 \qquad \text{(Verhaltens-Gleichung)}.$$

Gleichung (22A.10) ähnelt der MARSHALL-LERNER-Bedingung $\eta_m + \eta_x > 1$, die in Elastizitäten der hier nicht behandelten Gütermärkte ausgedrückt ist.

Wechselkurse, Zinssätze und internationaler Kapitalverkehr

Angebot und Nachfrage ausländischer Währungen auf dem Devisenmarkt spiegeln nicht nur den grenzüberschreitenden Waren- und Dienstleistungsverkehr wider, sondern auch - in den letzten zehn Jahren sogar überwiegend - den internationalen Kapitalverkehr. Weltweit versuchen Gläubiger und Schuldner durch Erwerb oder Verkauf von in- und ausländischen Forderungen ihre Vermögensanlage zu optimieren. Seit dem Zusammenbruch des Systems fester Wechselkurse und dem Übergang zu mehr oder weniger flexiblen Wechselkursen im Jahr 1973 hat sich als herrschende Auffassung durchgesetzt, daß Änderungen in der Haltung in- und ausländischer Wertpapiere zumindest kurzfristig die Entwicklung der Wechselkurse bestimmen (**"asset-approach" der Wechselkursbestimmung**). Damit kommt dem Kapitalverkehr bei flexiblen Wechselkursen eine erhebliche Bedeutung bei der Erklärung der Zahlungsbilanz und des Wechselkurses zu. Die nationalen Finanz- und Kapitalmärkte sind international eng miteinander verbunden. Ob ein deutscher Anleger ein Wertpapier in Frankfurt oder New York erwirbt, bereitet keine technischen oder institutionellen Schwierigkeiten. Generell gilt, daß die Kosten internationaler Finanztransaktionen relativ gering sind. Die Substituierbarkeit von Wertpapieren, die in den Finanzzentren begeben werden, ist als hoch anzusehen. Entsprechend stark ist der Konkurrenzdruck. Die Finanz- und Kapitalmärkte sind Märkte mit hoher Wettbewerbsintensität. Die Banken spielen in den weltweit integrierten Finanzbeziehungen eine doppelte Rolle: Erstens sind sie Vermittler, welche Kundenaufträge zum Erwerb oder Verkauf ausländischer Währungen, die Spiegelbild des Handels- und Kapitalverkehrs sind, entgegennehmen und dabei Gewinn aus dem Unterschied zwischen jeweiligen An- und Verkaufskursen erzielen (Arbitrage). Zweitens treten sie aktiv als eigenständige Halter ausländischer Währungen in Erscheinung, in der Hoffnung, aus einer erwarteten Veränderung der Wechselkurse zu profitieren (Spekulation). Die skizzierten Bedingungen der Devisenmärkte verdeutlichen: Anleger reagieren äußerst schnell auf weltweit sich bietende Zinsunterschiede und auf erwartete Wechselkursänderungen. Die Annahme einer hohen Flexibilität der Kapitalströme erscheint somit gerechtfertigt. Deshalb kann davon ausgegangen werden, daß wechselkursbedingte Zinsdifferenzen vergleichbarer Anlagen schnell ausgeglichen werden.

Zur Verdeutlichung des Zusammenhanges zwischen Zinssätzen, Wechselkursen und Kapitalverkehr seien einige **charakteristische Devisenmarktgeschäfte** beschrieben. Ein inländischer Importeur benötige zum Erwerb von Gütern im Ausland ausländische Währung. Diese besorgt er sich über seine Bank auf dem Devisenmarkt. Dabei sind zwei Typen von Transaktionen zu unterscheiden:

⇨ Kassa-Geschäfte und
⇨ Termin-Geschäfte.

Ein Kassa-Kauf liegt vor, wenn zu einem bestimmten Datum gegen inländische Währung sofort ausländische Währung - berechnet zum laufenden Wechselkurs (Kassa-Kurs) - zur Verfügung gestellt wird. Dies ist dann der Fall, wenn der inländische Importeur die ausländischen Güter sofort bezahlen muß. Liegt der Zahlungszeitpunkt des Importeurs in der Zukunft (z. B. in drei Monaten), wird dieser in der Regel einen Termin-Kauf ausländischer Währung tätigen. Dabei wird der Kontrakt - berechnet zum laufenden Termin-Kurs - im Augenblick geschlossen, die erworbene ausländische Währung jedoch erst zum festgelegten späteren Zeitpunkt (in drei Monaten) gegen inländische Währung zur Verfügung gestellt. Der Vorteil beim Termin-Geschäft liegt darin, daß unerwartete Wechselkursänderungen, die bis zur Fälligkeit des Kontraktes eintreten können, vermieden werden. Steht dem Importeur der in Zukunft zu bezahlende Betrag schon im Augenblick des Termin-Kontraktes zur Verfügung, erwirbt er bis zu dessen Fälligkeit im Inland eine Anlage mit entsprechender Fälligkeit zum herrschenden Zinssatz. Nach diesem Zeitraum wird der Anlagebetrag (zusätzlich der erzielten Zinsen) - wie im Termin-Geschäft festgelegt - gegen ausländische Währung getauscht und damit die Importverbindlichkeit beglichen. Der Importeur könnte allerdings auch eine andere Strategie verfolgen. Ist der entsprechende Zinssatz im Ausland höher als im Inland, tätigt er einen Kassa-Kauf ausländischer Währung, um diesen Betrag bis zur Fälligkeit seiner Importverbindlichkeit im Ausland anzulegen. Nach Ende der Anlagefrist wird der erzielte Betrag ausländischer Währung direkt zur Bezahlung der Importe benutzt. Beide Alternativen - Kassa-Kauf und Auslandsanlage oder Termin-Kauf und Inlandsanlage - sind dann gleich vorteilhaft, wenn die Zinsdifferenz zwischen Auslands- und Inlandsanlage genau dem prozentualen Unterschied zwischen Termin-Kurs und Kassa-Kurs (Swapsatz) entspricht.

Die Hypothese, daß das Ausnutzen von Gewinnmöglichkeiten bei bestehenden Zinsunterschieden zwischen den internationalen Finanzzentren (Arbitrage) zum Ausgleich von Zinsdifferenzen und Swapsätzen führt, wird als **Zinssatz-Paritäten-Theorem** bezeichnet. Für Wertpapiere mit gleicher Laufzeit wie der für entsprechende Termin-Kontrakte gilt demnach:

(22A.11) $\quad i_I - i_A = \dfrac{r_T - r_K}{r_K} \cdot (1 + i_A) \quad$ (Verhaltens-Gleichung).

Für $1 + i_A \approx 1$ erhält man näherungsweise:

(22A.12) $\quad i_I - i_A = \dfrac{r_{T,t} - r_{K,t}}{r_{K,t}} \quad$ (Verhaltens-Gleichung).

Dabei sind $r_{K,t}$ = Kassa-Wechselkurs zum Zeitpunkt t, $r_{T,t}$ = Termin-Kurs zum Zeitpunkt t, i_I und i_A = Inlands- bzw. Auslandszinssatz für Wertpapiere mit gleicher Laufzeit wie der Termin-Kontrakt. Effiziente Zinsarbitrage sorgt in jedem Zeitpunkt für die Einhaltung des Zinssatz-Paritäten-Theorems. Diese Aussage ist von folgenden Bedingungen abhängig: Es existieren keine signifikanten Transaktionskosten und kein Risiko; hohe Substituierbarkeit in- und ausländischer Wertpapiere sowie Kapitalflexibilität sind gewährleistet. Es kann davon ausgegangen werden, daß diese Bedingungen in den beobachteten Finanz- und Kapitalmärkten näherungsweise erfüllt sind.

Zinsarbitrage vermeidet das Wechselkursrisiko. In der Zinsparitätengleichung (22A.12) sind alle Größen zum Zeitpunkt des Termin-Kontrakts und der Wertpapieranlage bekannt (kursgesicherte bzw. "gedeckte" Zinsparität). Für den gewinnmaximierenden individuellen Anleger existiert jedoch eine **Entscheidung bei Unsicherheit:** Beim Wertpapierkauf muß er zur Beurteilung der Vorteilhaftigkeit in- und ausländischer Anlagen Erwartungen über den Wechselkurs zur Zeit der Fälligkeit des Wertpapiers anstellen. Er vergleicht den Inlandszins mit dem um die erwartete Wechselkursentwicklung bereinigten Auslandszins:

(22A.13) $\quad i_I = i_A + \dfrac{r^*_{K,t+1} - r_{K,t}}{r_{K,t}}$ (Verhaltens-Gleichung).

Hier ist $r^*_{K,t+1}$ der für den Zeitpunkt $t+1$ erwartete Kassa-Kurs. Gleichung (22A.13) stellt die "ungedeckte" Zinsparitätenbeziehung dar. Im Gegensatz zur "gedeckten" Zinsparität, die sich bei effizienten Arbitragegeschäften unter Vermeidung von Wechselkursrisiko ergibt, verdeutlicht die "ungedeckte" Zinsparität - auch "FISHER-open" genannt, in Anlehnung an IRVING FISHERS Beziehung zwischen Nominalzins, Realzins und erwarteter Inflationsrate - die Anlageentscheidung bei Unsicherheit über die zukünftige Wechselkursentwicklung. Zu Abweichungen von der "ungedeckten" Zinsparität kann es kommen, wenn die Anleger empfundene Währungsrisiken oder politische Risiken (z. B. die Gefahr von Kapitalverkehrskontrollen) vermeiden wollen und erst nach Berücksichtigung einer Risikoprämie zu finanziellen Investitionen bereit sind. Diese Risikostrategie kann bei großer Wechselkursunsicherheit zu einer Verminderung der Kapitalflexibilität führen.

Werden im Devisenmarkt alle momentan verfügbaren Informationen über die zukünftige Wechselkursentwicklung effizient genutzt und schlagen sich diese im Termin-Kurs nieder, dann stellt die laufende Zinsdifferenz oder - bei unterstellter hoher Kapitalmobilität - der Swapsatz eine optimale Erwartung der zukünftigen Wechselkursentwicklung dar, sieht man von Risikoprämien ab. Anders ausgedrückt repräsentiert in diesem Fall der gegenwärtige Termin-Kurs eine durchschnittlich unverzerrte Erwartung des künftigen Kassa-Kurses. Allerdings nutzt dem individuellen Anleger diese "Optimalitäts"-Eigenschaft des Termin-Kurses wenig. Wie die bisherigen Erfahrungen mit flexiblen Wechselkursen zeigen, schlagen sich neue, für die Wechselkursentwicklung relevante Informationen - z. B. die Ankündigung expansiverer Geldpolitik im Ausland - sofort im Kassa-Kurs nieder. Für die **Erwartungseigenschaften des Termin-Kurses** bedeutet dies: Nach Abschluß des Termin-Kontraktes sorgen neue Informationen in der Regel dafür, daß bei Fälligkeit des Termin-Kontraktes festgelegter Termin-Kurs und später tatsächlich eingetretener Kassa-Kurs oft weit auseinanderliegen. Der Termin-Kurs ist demnach zwar eine durchschnittlich unverzerrte, aber wenig "effiziente" Erwartung des künftigen Kassa-Kurses. Daraus folgt, daß Veränderungen der nominalen Zinsunterschiede zwischen In- und Ausland, die tatsächlich nur relativ träge und in kleinen Schritten erfolgen, die beobachteten hohen Wechselkursschwankungen nicht erklären können. Dieses Phänomen ist offensichtlich auf das kurzfristige und oft heftigen Ausschlägen unterworfene Auftreten neuer Informationen zurückzuführen, die zu hektischen Anpassungen des zukünftig erwarteten Kassa-Kurses führen. Damit aber trägt der stark schwankende Kassa-Kurs die Hauptlast zur Herstellung der "ungedeckten" Zinsparität. Erfahrungen mit flexiblen Wechselkursen rechtfertigen dieses Erklärungsmuster und demonstrieren somit eindrucksvoll, daß die Flexibilität der Wechselkurserwartungen noch größer ist als die Mobilität des Kapitalverkehrs.

K 22-1

Euro-Geld - Wozu?

Im Dezember 1991 vereinbarten die Regierungschefs der Europäischen Union in Maastricht einen Vertrag, der nach der Ratifizierung durch die Parlamente im Jahr 1993 in Kraft getreten ist. Den Kern des Vertrages bildet eine Europäische Währungsunion - mit der Einheitswährung Euro und einer supranationalen Zentralbank -, die am 1. Januar 1999 ins Leben trat. Die nationalen Währungen und Zentralbanken werden in den Mitgliedsländern der Währungsunion aufgegeben. Mitglied kann werden, wer bestimmte Konvergenzkriterien - beim Preisniveau, Wechselkurs, Zins und Staatshaushalt - erfüllt. Als größtes Beitrittshindernis haben sich die Konvergenzbedingungen für öffentliche Haushalte erwiesen, bei denen die jährliche Neuverschuldung 3% und die gesamte Staatsschuld 60% des Bruttoinlandsprodukts nicht übersteigen dürfen. Gänzlich erfüllte nur Luxemburg die Aufnahmebedingungen.

Die Verfechter des Maastricht-Vertrages, der vor allem bei der deutschen Bevölkerung wenig Zustimmung gefunden hat, führen eine Reihe von wirtschaftlichen und politischen Vorteilen der Währungsunion ins Feld. Unter den behaupteten wirtschaftlichen Vorteilen ist nur die Ersparnis von Währungstauschkosten wissenschaftlich diskutabel. Die in amtlichen Werbeschriften genannten Zahlen von 20 Mrd. Euro sind angesichts des modernen internationalen Zahlungsverkehrs sehr hoch angesetzt, basieren überdies auf der irrealen Annahme, daß alle Länder Mitglied werden. Vom Umtauschgewinn sind Verluste abzuziehen, die durch die Währungsumstellung - von der Geldproduktion bis zum Warenautomatenaustausch - und durch Vermögensverluste in Ländern entstehen, deren Währungen stabiler waren als die neue Einheitswährung sein wird. Alle sonstigen angeblichen Vorteile beruhen auf Wunschdenken - z. B. "Der Euro wird stabiler sein als die DM" - oder Irrtümern. Ein typischer, vor allem bei Großbanken und -industrie verbreiteter Irrtum ist, der Wegfall von Wechselkursschwankungen sei ein wirtschaftlicher Vorteil. Ein freier Wechselkurs zeigt als Marktpreis international divergierende Entwicklungen an, und gleicht diese aus, beseitigt deren Ursachen aber nicht. Der Verzicht auf Wechselkurse bei unterschiedlichen Entwicklungen bedeutet, daß die Last des Ausgleichs um so mehr andere, oft weniger marktkonforme Instrumente übernehmen müssen.

Der eigentliche Grund für die Währungsunion ist politischer Natur: Sie soll die politische Integration Europas verwirklichen, die - entgegen ursprünglicher Absicht - direkt nicht erreicht werden kann. Ob es klug und erfolgversprechend ist, die politische Einheit mit einer währungspolitischen Spaltung auf unabsehbare Zeit anzustreben, sei dahingestellt. Denn eine Reihe von europäischen Ländern wird auf eine Teilnahme an der Europäischen Währungsunion verzichten oder bleibt ausgesperrt, weil sie die Konvergenzkriterien nicht erfüllen. Aus historischer Sicht ist darauf hinzuweisen, daß es kein Beispiel für eine funktionierende Einheitswährung ohne politische Einheit gibt, wohl aber - wie die Lateinische Münzunion im 19. Jahrhundert - für das Gegenteil. Eine Einheitswährung wurde immer erst dann eingeführt, wenn die politische Einheit verwirklicht war. Ob die von Politikern durchgedrückte Europäische Währungsunion auf Dauer funktionieren wird, ist keineswegs sicher.

23. Kapitel: Güterwirtschaftliche Theorie

I. Theorie der komparativen Kosten

Erklärungsansatz
Annahme international immobiler Produktionsfaktoren - Ursachen des Außenhandels - Absolute Kostenvorteile - Komparative Kostenvorteile - Annahmen - Vier Fälle - Schlußfolgerungen

Handelsgewinn
Größe - Verteilung - terms of trade

II. Einige Erweiterungen der Analyse
Kosten in Währungseinheiten - Arbeitswerthypothese - Kostenverlauf - Nachfragestruktur - Faktorausstattung

III. Zolltheorie

Zollwirkungen
Zölle sind Steuern an der Grenze - Erhebung eines Zolls verursacht eine Reihe von Wirkungen - Schutzeffekt, Konsumeffekt, Einnahmeeffekt, Umverteilungseffekt, terms of trade-Effekt - Schlußfolgerungen

Zollbegründungen
Politische Zollbegründungen - Finanzzölle - Instrumentalzölle - Schutzzölle, Verbesserung der terms of trade, Erziehungszollgedanke

K 23 - 1: Die Welthandelsordnung

I. Theorie der komparativen Kosten

Erklärungsansatz

Die güterwirtschaftliche oder "reine" - vom Geld befreite - Theorie des Außenhandels gehört zu den ältesten Teilen der Volkswirtschaftslehre. Wesentliche Elemente dieser Theorie stammen von DAVID RICARDO, JOHN STUART MILL und ALFRED MARSHALL. Zu ihrer modernen Ausgestaltung trugen vor allem FRANK WILLIAM TAUSSIG, JACOB VINER, BERTIL OHLIN und GOTTFRIED VON HABERLER bei. Die starke Verwurzlung im klassischen System erklärt bis zu einem gewissen Grad, warum monetäre und reine Außenwirtschaftstheorie bis heute ein ziemlich isoliertes Dasein führen. Sahen doch die Klassiker Geld als einen Schleier über den letztlich entscheidenden güterwirtschaftlichen Tauschvorgängen an. Die monetäre Theorie setzt voraus, daß Außenhandel stattfindet, ist aber nach traditioneller Auffassung außerstande zu erklären, warum und in welchem Ausmaß Güter international getauscht werden. Diese Erklärung wird als Kern der reinen Außenhandelstheorie angesehen. Da - wie erwähnt - die Außenhandelstheorie Teil der allgemeinen Wirtschaftstheorie ist, muß man fragen, warum es einer besonderen güterwirtschaftlichen Analyse bedarf, so wie die Tatsache unterschiedlicher Währungseinheiten eigene monetäre Überlegungen für den Außenhandel begründet (22. Kap.). Tragender Grund für eine reine Theorie des Außenhandels ist die fundamentale **Annahme**: Die **Produktionsfaktoren** Arbeit und Kapital innerhalb eines Landes seien mobil, **international** dagegen **immobil**. Die internationale Arbeitsteilung unterscheide sich von der innerhalb eines Landes, weil statt der Faktoren die Produkte wanderten, die meist noch spezifische Hindernisse (Zölle, lange Transportwege) zu überwinden hätten. Diese Annahme hat für die reine Theorie offenkundig nur dann keine Bedeutung, wenn die Produktionsfaktoren international so verteilt sind, wie sie bei voller Mobilität verteilt wären.

Die Ausgangsfrage der reinen Theorie lautet: Welches sind die maßgeblichen Ursachen für den internationalen Handel und welche Einflußgrößen bestimmen seine Richtung und sein Ausmaß? Diese Ausgangsfrage beinhaltet einen Komplex von Problemen, von denen hier nur wenige, aber wichtige behandelt werden. Ein erster Problemkomplex betrifft die **Ursachen** des **Außenhandels**. Eine Antwort scheint nicht schwierig: Alle Faktoren, die auf Angebot und Nachfrage im Inland einwirken, sind auch für den Austausch über Landesgrenzen hinweg bedeutsam. Dem Grunde nach ist eine derartige Antwort richtig. Angenommen, es gäbe keine internationalen Handelsbeschränkungen - von monetären Schwierigkeiten wird in der reinen Theorie ohnedies abgesehen -, so leuchtet ohne weiteres ein, daß Inländer bestimmte Auslandsgüter kaufen, wenn diese nicht - oder nicht in gewünschter Art und Qualität - aus inländischer Produktion zur Verfügung stehen. Zu denken ist erstens an Rohstoffe (z. B. Gold), Agrarprodukte (z. B. Apfelsinen) und Fischereierzeugnisse (z. B. Thunfisch), die im Inland fehlen, zweitens an Geschmackswünsche und Präferenzen bei im Inland und Ausland vorhandenen, aber heterogenen Gütern (z. B. französischen Cognac gegenüber deutschem Weinbrand). Tatsächlich kann das Zustandekommen des Außenhandels zu einem beträchtlichen Teil durch die übliche Angebots-Nachfrage-Theorie erklärt werden. Aus dieser ist allerdings auch bekannt, daß neben der Präferenzstruktur den Güterpreisen erhebliche Bedeutung für die Nachfrage zukommt, wenn man von bestimmten Einkommen und Vermögen ausgeht (4. Kap.). Bei vollständiger Konkurrenz werden Preise bekanntlich von den Kosten bestimmt (Grenzkosten = Preis), so daß - diese Marktform unterstellt - die Erklärung naheliegt: Eine Ware wird importiert, wenn sie billiger hergestellt und/oder angeboten wird als im Inland. Ein erheblicher Teil des Außenhandels läßt sich tatsächlich auf diese Erklärung zurückführen. Es wird indessen noch gezeigt: Diese Behauptung ist oberflächlich, weil die Preise nicht nur Voraussetzung, sondern auch Ergebnis des internationalen Handels sind. Zu beachten bleibt überdies, daß in der reinen Theorie - wie in der Naturaltauschwirtschaft - ein Preis in Einheiten eines anderen Gutes, z. B. 1/2 Meter Tuch für 1 Zentner Weizen, ausgedrückt wird. Wer Tuch erwirbt, verzichtet auf Weizen oder umgekehrt. Der Preis entspricht den opportunity cost (2. Kap.).

In der traditionellen Begründung für das Zustandekommen des Außenhandels wird die Tatsache, daß bestimmte Güter national nicht verfügbar sind, ebensowenig berücksichtigt wie Produktdifferenzierungen. Wesentliche Faktoren der Nachfrage werden damit ausgeklammert. Die reine Außenhandelstheorie ist - wie die klassische Werttheorie - am Güterangebot orientiert. Da bei der generell unterstellten vollständigen Konkurrenz Preise die Kosten der Anbieter widerspiegeln, wird verständlich, warum sich die Frage nach den Gründen des Außenhandels auf das Problem internationaler Kostenvergleiche reduziert. ADAM SMITH vertrat die Auffassung, **absolute Kostenvorteile** seien der Grund für einen Außenhandel, was sich bei vollständiger Konkurrenz mit der bereits erwähnten Behauptung deckt, daß eine Ware importiert wird, wenn sie im Ausland billiger zu erhalten ist als im Inland. Müssen z. B. für die Produktion eines Meters Tuch im Inland Kosten von 8, ausgedrückt in Arbeitstagen, im Ausland von 6 aufgewendet werden - wobei Zölle und Transportkosten zur Vereinfachung Null seien -, kommt es zu einer Tucheinfuhr ins Inland. Daß absolute Kostendifferenzen zum internationalen Handel führen, ist unbestritten, weil Inland und Ausland gewinnen, wenn sich ein Land auf die Produktion solcher Güter konzentriert, die es billiger als das Ausland produzieren kann. Die Wohlstandswirkungen der Arbeitsteilung (2. Kap.) sind nicht auf Produktion und Tausch innerhalb eines Landes beschränkt.

Solange es Erzeugnisse gibt, die ein Land kostengünstiger als ein anderes produzieren kann, läßt sich durch absolute Kostenvorteile begründen, warum ein internationaler Handel stattfindet. Was geschieht aber, wenn ein Land einem anderen bei der Produktion eines jeden Guts absolut unterlegen, also generell teurer ist? Es scheint logisch, zu antworten: In diesem Fall kommt es nicht zu einem internationalen Austausch, weil es sich für das billiger produzierende Land nicht lohnt, Güter einzuführen. Diese Antwort ist jedoch unhaltbar, weil sich zeigen läßt, daß ein Austausch auch dann für beide Länder einen Handelsgewinn abwerfen kann. DAVID RICARDO konnte nachweisen, daß letztlich **komparative Kostenvorteile** über das Zustandekommen des Außenhandels entscheiden und absolute Kostenvorteile einen Sonderfall darstellen. Bei absoluten

23. Güterwirtschaftliche Theorie 573

Kostenvergleichen zwischen Inland und Ausland werden Kosten eines Produkts (z. B. die Zahl von Arbeitstagen für die Herstellung eines Meters Tuch), bei komparativen Kostenvergleichen opportunity cost (z. B. der Preis eines Meters Tuch, ausgedrückt in Zentner Weizen) international verglichen. Nach dem Theorem der komparativen Kosten kommt es zu einem, für das Inland und Ausland gewinnbringenden Handel, wenn komparative Kostenunterschiede bestehen. Davon kann allerdings in der Regel ausgegangen werden. Nicht ausschlaggebend sind absolute Kostendifferenzen. Diese Theorie erklärt überdies, wie schon das Theorem der absoluten Kostenvorteile, die Richtung des Außenhandels - welche Güter exportiert, welche importiert werden - und die Größe, nicht jedoch die Verteilung des Handelsgewinns. Sie sei deshalb genauer betrachtet.

Das Theorem der komparativen Kostenvorteile basiert auf einer Reihe von - zum Teil schon erwähnten - **Annahmen**, von denen die wichtigsten sind:

⇨ Die Produktionsfaktoren sind international immobil (Immobilitätshypothese).
⇨ Internationaler Handel kommt zustande, wenn ein Land durch Außenhandel eine größere Güterversorgung erreichen kann als ohne Handel (Handelsgewinnhypothese).
⇨ Arbeitsleistungen sind national homogen (Homogenitätshypothese).
⇨ Es herrscht vollständige Konkurrenz (Grenzkosten = Preis).
⇨ Das Ausland wird als ein Land aufgefaßt (Zwei-Länder-Welt).
⇨ Im In- und Ausland können jeweils zwei homogene Güter erzeugt werden (Zwei-Güter-Welt).
⇨ Alle Faktoren lassen sich auf Arbeit zurückführen. Die Kosten der Güter sind in Arbeitseinheiten ausdrückbar (Arbeitswerthypothese).
⇨ Der Handel wird als Naturaltausch abgewickelt (Naturaltauschwirtschaft: Der Preis eines Gutes wird durch Mengen des anderen Gutes ausgedrückt).
⇨ Die Produktion eines Gutes kann mit konstanten Grenzkosten ausgedehnt werden (lineare Transformationskurve).
⇨ Von Zöllen und Transportkosten wird abgesehen (die internationalen Transferkosten sind Null).

Obgleich die Annahmen restriktiv sind, stellen die aus dem Modell abgeleiteten Schlußfolgerungen keine weltfernen Hypothesen dar, weil eine Aufgabe der strengen Annahmen den Aussagekern kaum berührt. Um dies zu verdeutlichen, wird auf die Bedeutung einiger Annahmen später noch näher eingegangen. Unterstellt man, daß die (Arbeits-)Kosten der Güter pro Produkteinheit im In- und Ausland nicht gleich sind, kann man sich vor Aufnahme des Außenhandels **vier Fälle** denken, die mit einem Zahlenbeispiel erläutert werden sollen *(Übers. 23-1)*.

1. Im ersten Fall differieren die in Arbeitseinheiten ausgedrückten Kosten der Produktion von Weizen (W) und Tuch (T) in jedem der beiden Länder. Die Kosten eines Gutes sind dagegen im In- und Ausland (i bzw. a) die gleichen. Unter diesen Umständen würde kein Außenhandel zustande kommen, weil für kein Land ein Vorteil (Handelsgewinn) entstünde. Soll Weizen importiert werden, müßte an die Ausländer mehr als $1/2$ Einheit Tuch für eine Einheit Wei-

zen hergegeben werden, um die Ausländer zu veranlassen, Weizen gegen Tuch zu tauschen. Einen solchen Weizenpreis werden aber die Inländer nicht zahlen wollen, denn sie können sich durch Minderproduktion von 1/2 Einheit Tuch die Mehrproduktion von einer Einheit Weizen verschaffen. Das Tauschverhältnis von Weizen und Tuch vor Beginn des Außenhandels ist 1/2. Außenhandel kommt also dann nicht zustande, wenn das Austauschverhältnis (opportunity cost) in beiden Ländern gleich ist, denn der Handel bringt in diesem Fall weder für das Inland noch für das Ausland einen Gewinn.

2. Fall II unterscheidet sich von Fall I durch eine absolute Kostenüberlegenheit des Auslands bei der Produktion beider Güter. Die Überlegenheit bei Weizen und Tuch ist relativ gleich groß. Das Inland muß bei der Produktion jedes Gutes viermal so viel Arbeitseinheiten aufwenden wie das Ausland. Es wäre deshalb naheliegend anzunehmen, daß in einem solchen Fall beide Güter importiert würden. Das ist nicht möglich, weil das Inland die Importe nicht mit einem entsprechenden Export bezahlen könnte.

Fall	Land	Absolute Arbeitskosten (in Arbeitstagen für eine Einheit)		Internationales Verhältnis der absoluten Arbeitskosten		opportunity cost in einem Land		Internationales Verhältnis der opportunity cost	
		W	T	$\dfrac{W_i}{W_a}$	$\dfrac{T_i}{T_a}$	$\dfrac{W}{T}$	$\dfrac{T}{W}$	$\dfrac{W_i \cdot T_a}{T_i \cdot W_a}$	$\dfrac{T_i \cdot W_a}{W \cdot T_a}$
I	i	1	2	1	1	1/2	2	1	1
	a	1	2			1/2	2		
II	i	4	8	4	4	1/2	2	1	1
	a	1	2			1/2	2		
III	i	4	6	4	3/4	2/3	3/2	16/3	3/16
	a	1	8			1/8	8		
IV	i	4	8	4	4/3	1/2	2	3	1/3
	a	1	6			1/6	6		

Übers. 23-1: Absolute und komparative Kostendifferenz

Würden die Inländer andererseits nur Weizen einführen, müßten sie für die Weizeneinheit im internationalen Handel mehr als 1/2 Tucheinheit hergeben - ein Preis, den sie nicht einmal im Inland zu bezahlen brauchten. Dort ist das Tauschverhältnis 1/2. Da wie im Fall I kein Handelsgewinn entsteht, findet auch kein Handel statt.

3. Im Fall III ist das Inland bei der Weizenproduktion kostenmäßig unterlegen, bei der Tuchproduktion überlegen - eine Konstellation, von der das Theo-

rem der absoluten Kostenvorteile ausgeht. Es leuchtet unmittelbar ein, daß beide Seiten gewinnen können, wenn die Güter jeweils in dem Land erzeugt werden, in dem sie absolut am billigsten zu erzeugen sind und dann zum Tausch kommen. Das Ausland wird vor allem Weizen, das Inland Tuch produzieren. Wird Weizen importiert, sind Inländer bereit, bis zu 2/3 Tucheinheiten hinzugeben (opportunity cost des Weizens im Inland). Die Ausländer würden gewinnen, wenn sie mehr als 1/8 Tucheinheiten (opportunity cost des Weizens im Ausland) erlösten. Bei einem Weizenpreis zwischen 1/8 und 2/3 Tucheinheiten gewinnen beide Seiten.

4. Im Fall IV ist das Ausland wie im Fall II bei beiden Gütern absolut überlegen - eine Konstellation, von der das Theorem der komparativen Kostenvorteile ausgeht. Doch die Austauschverhältnisse der beiden Güter (opportunity cost) sind in beiden Ländern unterschiedlich. Das Ausland wird sich auf die Produktion jenes Gutes konzentrieren, das es relativ am günstigsten produzieren kann. Relativ ist das Inland bei der Tuchproduktion überlegen (komparativer Vorteil, obwohl absolut unterlegen), denn es kann eine Tucheinheit mehr produzieren, wenn es auf zwei Weizeneinheiten verzichtet, während das Ausland auf sechs Weizeneinheiten verzichten müßte. Die Weizenkosten des Tuchs sind also im Inland doppelt, im Ausland sechsmal so hoch wie die Tuchkosten des Weizens.

Für alle Fälle gilt: Da die Faktoren nicht wandern können, ist international nur der relative Anteil der Faktoren bei der Güterproduktion in einem Land im Vergleich zum anderen bedeutsam. In einem Land ist bei zwei Gütern der relative Anteil durch die opportunity cost, international durch das Verhältnis der opportunity cost erfaßbar. Außenhandel ist vorteilhaft und findet folglich statt, wenn das internationale Verhältnis der opportunity cost von 1 verschieden ist (Fälle III und IV in *Übers. 23-1*). Das Land mit den relativ niedrigsten opportunity cost wird sich auf die Erzeugung der kostengünstigen Produkte spezialisieren. Im Beispiel ist $3/16 < 16/3$ und $1/3 < 3$, so daß das Inland bei der Tuchproduktion sowohl im Fall III (absoluter Vorteil des Inlands beim Gut Tuch) als auch im Fall IV (komparativer Vorteil des Inlands beim Gut Tuch) überlegen ist. Das Ausland hat in beiden Fällen Vorteile bei der Weizenerzeugung.

Folgende **Schlußfolgerungen** aus dem Theorem der komparativen Kostenvorteile, die anhand der Beispiele deutlich werden, sind wichtig:

1. Notwendig und hinreichend für das Zustandekommen des internationalen Handels zwischen zwei Ländern mit den Gütern W und T ist ein Unterschied in den opportunity cost:

(23.1 a) $\dfrac{W_i}{T_i} \neq \dfrac{W_a}{T_a}$

oder

(23.1 b) $\dfrac{W_i \cdot T_a}{T_i \cdot W_a} \neq 1$

2. Daraus folgen die beiden Tauschbedingungen:

(23.2 a) $W_i \cdot T_a > T_i \cdot W_a$

für den Tausch von inländischem Tuch gegen ausländischen Weizen, und:

(23.2 b) $W_i \cdot T_a < T_i \cdot W_a$

für den Tausch von inländischem Weizen gegen ausländisches Tuch.

3. Absolute Kostenunterschiede (Fälle II und IV für beide Güter, Fall III für jeweils ein Gut) bei einem Gut sind eine zwar notwendige, aber nicht hinreichende Bedingung für das Zustandekommen des internationalen Handels.
4. Die Güter werden nicht unbedingt dort erzeugt, wo ihre Produktion international die absolut geringsten Kosten erfordert.
5. Das Theorem gibt eine Antwort auf die Frage, ob der internationale Handel ökonomisch vorteilhaft ist. Wie der Handelsgewinn international aufgeteilt wird, bleibt offen.
6. Der insgesamt entstehende Gewinn aus dem internationalen Handel hängt vom opportunity cost-Verhältnis ab. Je größer die relativen Kostendifferenzen vor Aufnahme des Handels sind, um so größer wird der gesamte Handelsgewinn.
7. Der Handelsgewinn nimmt mit der Zahl der getauschten Einheiten (Handelsvolumen) zu.

Handelsgewinn

Die **Größe** des möglichen Handelsgewinns läßt sich unter den getroffenen Annahmen ermitteln, wenn beide Länder ausschließlich jene Güter produzieren, bei denen sie einen komparativen Kostenvorteil haben. Ob dieser Handelsgewinn ausgeschöpft wird, hängt vor allem von der Nachfrage ab. Die Arbeitsteilung auf der Angebotsseite kann nur so weit gehen, wie die Nachfrage die Mehrproduktion aufnimmt. Es wird zur Vereinfachung unterstellt, in jedem der vier Fälle (*Übers. 23-1*) sei die Nachfrage beider Länder nach Weizen zusammengenommen konstant und gleich zwei Einheiten. Die Nachfrage nach Tuch soll vollkommen elastisch sein, so daß die Nachfrage jede produzierte Menge aufnimmt. Wie verändern sich dann Weizen- und Tuchproduktion im In- und Ausland, wenn eine internationale Arbeitsteilung gemäß dem Theorem der komparativen Kostenvorteile eintritt und wie groß ist der daraus entstehende Handelsgewinn? Die Antwort sei mit einer Übersicht verdeutlicht (*Übers. 23-2*). Der Handelsgewinn läßt sich an der Veränderung der Tuchproduktion messen. In den Fällen I und II entsteht kein Handelsgewinn, so daß es keinen Grund für eine Aufnahme des Handels gibt. In beiden Fällen ist das internationale Verhältnis der opportunity cost gleich 1. In den Fällen III und IV beläuft sich der Gesamtgewinn auf 13/24 bzw. 8/24 Tucheinheiten. Wegen der völlig unelastischen Weizennachfrage erzeugt das Ausland noch Tuch, obwohl es bei dieser Produktion unterlegen ist. Der Handelsvorteil oder -gewinn ist geringer als er bei größerer Nachfrage nach Weizen sein könnte. Sein Maximum erreicht er, wenn das Inland nur Tuch, das Ausland nur Weizen erzeugen würde (vollkommene Spezialisierung). Zu beachten ist, daß Bezugsbasis die für Gütereinheiten erforderlichen Gesamtkosten (in Arbeitstagen) sind, die mit dem Gesamtangebot an Arbeit nicht verwechselt werden dürfen. Es bereitet jedoch keine Schwierigkeit, wenn statt dessen vom Arbeitspotential der Länder ausgegangen wird.

Fall	Land	Erzeugte Einheiten vor Handelsaufnahme		Gesamtkosten (in Arbeitstagen)	Erzeugte Einheiten nach Handelsaufnahme		Handelsgewinn in Tucheinheiten
		W	T		W	T	
I	i	1	1	1 + 2 = 3	-	3/2	
	a	1	1	1 + 2 = 3	2	1/2	
	zus.	2	2		2	2	0
II	i	1	1	4 + 8 = 12	-	12/8	
	a	1	1	1 + 2 = 3	2	1/2	
	zus.	2	2		2	2	0
III	i	1	1	4 + 6 = 10	-	10/6	
	a	1	1	1 + 8 = 9	2	7/8	
	zus.	2	2		2	2 13/24	13/24
IV	i	1	1	4 + 8 = 12	-	12/8	
	a	1	1	1 + 6 = 7	2	5/6	
	zus.	2	2		2	2 8/24	8/24

Übers. 23-2: Handelsgewinn

Die **Verteilung** des Handelsgewinns zwischen In- und Ausland hängt vom Verhältnis ab, in dem die Güter international getauscht werden (Tauschverhältnis). Die opportunity cost-Hypothese gibt die Grenzen an, in denen sich das Verhältnis bilden kann, wenn es zur Aufnahme des Handels kommt. Im Fall IV (*Übers.* 23-1 und 23-2) macht das Inland (Ausland) einen Gewinn, wenn es für eine Weizeneinheit weniger (mehr) als 1/2 (1/6) Tucheinheit hingibt (erhält). Bei einer Tauschrelation von 1/2 (1/6) ist der Gewinn für das Inland (Ausland) gleich Null. Liegt sie zwischen 1/2 und 1/6, gewinnen beide Länder. Ist das Tauschverhältnis 2/6, fällt der Gewinn pro Einheit Weizen dem In- und Ausland zu gleichen Teilen zu. Jedes Land macht einen Gewinn von 1/6 Einheit Tuch pro international gehandelter Einheit Weizen. Folglich läßt sich sagen, daß für ein Land der Gewinn aus dem Außenhandel um so größer wird, je höher die Differenz zwischen dem internationalen Tauschverhältnis und seinem Tauschverhältnis vor Eröffnung des Außenhandels ist. Fallen internationales und inländisches Tauschverhältnis vor Eröffnung des Außenhandels zusammen, ist der Gewinn dieses Landes gleich Null. Der gesamte Vorteil fällt dem anderen Land zu. Die Frage, welche Faktoren das Tauschverhältnis und damit die Verteilung des Handelsgewinns bestimmen, hat JOHN STUART MILL aufgegriffen. Auf das Tauschverhältnis wirken alle Faktoren ein, die Angebot und Nachfrage im In- und Ausland bestimmen. Die aus dem Zusammenspiel der Einflußfaktoren resultierenden Wirkungen lassen sich durch Kurven oder Elastizitäten beschreiben. In Fortgeschrittenenbüchern zur Außenhandelstheorie wird das Tauschverhältnis eingehend analysiert. Nennenswerte empirische Bedeutung haben solche Analysen meist nicht, weil die erforderlichen statistischen Daten selten bekannt oder nur schwer erfaßbar sind. In theoretischer Sicht mündet das Theorem der komparativen Kostenvorteile in eine Theorie der komparativen Preisvorteile ein, worauf hier nicht eingegangen wird.

Die natural ausgedrückte Tauschrelation nennt man **terms of trade**. Sie ist der in Mengeneinheiten anderer Güter ausgedrückte Preis eines international gehandelten Gutes auf dem Weltmarkt. Es gibt verschiedene Fassungen des terms of trade-Begriffs. In allen Fällen ist die Frage nach der Verteilung des Handelsgewinns der Ausgangspunkt. Der Außenhandelsgewinn für das Inland vergrößert sich ceteris paribus, wenn die Kosten des Imports (Exports) fallen (steigen) - etwa als Folge von Produktivitätsverbesserungen (-verschlechterungen) - et vice versa (terms of trade-Effekt). Für eine exportierte Einheit erhält dann das Inland mehr importierte Einheiten und umgekehrt. Der terms of trade-Begriff der Praxis (T_r) ist definiert als das prozentuale Verhältnis aus Export- (P_x) und Importgüterpreisniveau (P_m):

$$(23.3) \quad T_r \equiv \frac{P_x}{P_m} \cdot 100 \qquad \text{(Definitions-Gleichung).}$$

Die Entwicklung des Ausdrucks T_r zeigt, in welchem Verhältnis sich die Exportgüterpreise eines Landes zu den Importgüterpreisen verändern. Steigt (fällt) T_r, spricht man von einer Verbesserung (Verschlechterung) der terms of trade, weil dann die Exporterlöse relativ zu den Aufwendungen für Importe steigen (fallen). Die Änderungsursachen können auch monetärer, also nicht nur güterwirtschaftlicher Art sein. T_r gibt auch nicht die Größe des Handelsgewinns an, sondern lediglich, ob sich die unbekannten Handelsgewinnanteile zwischen In- und Ausland verändert haben. Deshalb sollten Zeitreihen für die terms of trade vorsichtig gedeutet werden.

II. Einige Erweiterungen der Analyse

Kosten in Währungseinheiten

Der Übergang zu einer praktisch verwendbaren Außenhandelstheorie erfordert die empirische Prüfung des Hypothesensystems und eine daran anschließende Auswahl nach bestätigten und nicht bestätigten Hypothesen. Zur empirischen Prüfung müssen einige Annahmen revidiert werden. An einigen Beispielen soll gezeigt werden, welche Konsequenzen aus der Aufgabe einiger Annahmen des Theorems der komparativen Kostenvorteile zu ziehen sind. Als erstes sollen die Prämisse der Naturaltauschwirtschaft fallengelassen und die *Kosten monetär* ausgedrückt werden. Die Zusammenhänge vor Aufnahme des internationalen Handels seien an einem Zahlenbeispiel verdeutlicht, das vom Fall IV (*Übers.* 23-1 und 23-2) ausgeht. In 10 Arbeitstagen können im Inland 5/2 Einheiten Weizen oder 5/4 Einheiten Tuch, im Ausland 10 Einheiten Weizen oder 5/3 Einheiten Tuch erzeugt werden. Die Kosten für einen Tageslohn seien für das Inland mit 10 Euro, für das Ausland mit 20 Euro angenommen (*Übers.* 23-3). Das Ausland ist in monetär ausgedrückten Kosten absolut bei Weizen, das Inland absolut bei Tuch überlegen, so daß die Tuchausfuhr ins Ausland und die Weizeneinfuhr vom Ausland Vorteile bringen. Am Ergebnis hat sich gegenüber der Naturalrechnung nichts geändert. Naturalwirtschaftlich war das Ausland bei beiden Gütern absolut überlegen, bei Weizen relativ stärker als bei Tuch. Durch die monetäre Ausdrucksweise werden komparative Vorteile zu absoluten Preisunterschieden. Es läßt sich leicht zeigen, daß absolute Unterschiede (Fall III) zum gleichen Ergebnis führen.

Land	Tageslohn in Euro	10 - Tageslohn in Euro	10 - Tagesertrag in Mengeneinheiten	Stückkosten in Euro
Inland:				
Weizen	10	100	5/2	40
Tuch	10	100	5/4	80
Ausland:				
Weizen	20	200	10	20
Tuch	20	200	5/3	120

Übers. 23-3: Geldkosten vor Aufnahme des internationalen Handels

Die absoluten Preisunterschiede vor Aufnahme des Handels sind güterwirtschaftlich erklärt und nicht einfach vorausgesetzt worden. Es ließe sich einwenden, dieses Ergebnis sei durch die Wahl der *Lohnsätze* im In- und Ausland, deren *Bedeutung* bisher negiert wurde, zustande gekommen. Wäre bei unveränderten Inlandslöhnen und Erträgen der Auslandslohnsatz pro Tag 50 Euro (Auslandslöhne/Inlandslöhne = 5/1), kostete im Ausland eine Weizeneinheit 50 Euro und eine Tucheinheit 300 Euro. Das Inland würde dann Weizen und Tuch exportieren, das Ausland könnte kein Produkt anbieten, dessen Einfuhr vorteilhaft ist. Nimmt man den Handel auf, entsteht im Inland ein Zahlungsbilanzüberschuß, im Ausland ein -defizit. Ein solcher Zustand ist auf Dauer unvorstellbar. Entweder wird der Handel nach einiger Zeit wieder aufgegeben oder eine Tendenz zum Ausgleich der Zahlungsbilanz ausgelöst. Aus dem letzten Kapitel ist bekannt, daß die Art des Zahlungsbilanzausgleichs vom Wechselkurssystem abhängt. Bei festen Wechselkursen werden im Inland (Ausland) Einkommen und Preise steigen (fallen), bei flexiblen Wechselkursen wird der Kurs sinken (Aufwertung der Inlandswährung). Das Ergebnis ist für beide

Wechselkurssysteme gleich. Die Auslandslöhne werden fallen und (oder) die des Inlands steigen, bis die Zahlungsbilanz ausgeglichen ist. Bei einem Auslandslohnsatz von 40 Euro (Lohnverhältnis Ausland/Inland = 4/1) wären die Stückkosten des Weizens im Ausland gerade so hoch wie im Inland. Bei einem Lohnverhältnis unter 4/1 ist Weizen im Ausland billiger. Ebenso läßt sich zeigen, daß bei einem Lohnverhältnis unter 1,33/1 nur importiert würde, so daß das umgekehrte Ergebnis einträte. Daraus können zwei wichtige Schlüsse gezogen werden:

⇨ Das Verhältnis der Löhne zwischen In- und Ausland ist nur innerhalb bestimmter Grenzen variabel, wenn langfristig internationaler Handel bestehen soll. Die Grenzen sind durch das internationale Verhältnis der absoluten Geldkosten bestimmt (im Beispiel: 4/1 und 1,33/1).

⇨ Hat ein Land bessere Produktionsbedingungen (absolute Kostenüberlegenheit), ist auch das Lohn- und Einkommensniveau höher als im anderen Land (im Fall IV das Ausland).

Arbeitswerthypothese

In der klassischen Ausprägung des Theorems der komparativen Kostenvorteile werden die Kosten in naturalen Einheiten des Universalproduktionsfaktors Arbeit gerechnet. Die Arbeitswerthypothese hält jedoch empirischen Kriterien nicht stand. Erstens ist das Zurechnungsproblem - die Zuordnung des Produktionsertrags auf die einzelnen Faktoren - wegen des engen Verbunds der Produktionsmittel bei der Gütererzeugung praktisch unlösbar. Zweitens lassen sich die heterogenen Faktorqualitäten von Arbeit und Kapital nicht auf eine Arbeitsart reduzieren. Die aus der Arbeitswertlehre abgeleiteten Konsequenzen sind daher empirisch bedeutungslos, weil inhaltsleer. Sie können weder bewiesen noch widerlegt werden, was sie praktisch auf eine Stufe mit Werturteilen oder Meinungssätzen stellt. Die güterwirtschaftliche Analyse wäre wissenschaftlich wertlos, wenn sie von der Arbeitswerthypothese abhinge. Tatsächlich kann, wie FRANK WILLIAM TAUSSIG und GOTTFRIED VON HABERLER gezeigt haben, die Annahme eines Universalproduktionsfaktors aufgegeben, die Arbeitswerthypothese also eliminiert werden, ohne daß sich am aufgezeigten Ergebnis etwas ändert. Der Leser verdeutliche sich noch einmal den Inhalt der opportunity cost-Hypothese. Die Kosten einer Guteinheit werden am Verzicht auf Mengeneinheiten eines anderen Gutes gemessen. Im Fall IV muß man im Inland für eine Einheit Weizen 1/2 Einheit Tuch aufgeben (Übers. 23-1); 1/2 Tucheinheit sind die Kosten einer Einheit Weizen. Nicht erforderlich ist, daß die absoluten Faktorkosten nur aus Arbeitskosten oder Kosten einer einzigen Arbeitsart oder -qualität bestehen. Die Arbeitswerthypothese kann - ebenso wie die Homogenitätsannahme - fallengelassen werden. Eine ganz andere Frage ist, inwieweit die Faktorausstattung im In- und Ausland auf die Höhe der absoluten Kosten einwirkt, worauf noch eingegangen wird.

Kostenverlauf

Daß die Produktion eines Gutes mit konstanten Grenzkosten ausgedehnt werden kann, ist empirisch nicht besonders relevant. Realistischer sind steigende Grenzkosten. Der Unterschied zwischen konstanten und steigenden Grenzkosten läßt sich anhand von Transformationskurven verdeutlichen, die bekannt sind (1. Kap.). Statt zu sagen, pro Arbeitstag können im Inland 1/4 Einheit Weizen oder 1/8 Einheit Tuch erzeugt werden (*Übers. 23-1*; Fall IV), läßt sich derselbe Sachverhalt bei konstanten Grenzkosten wie folgt beschreiben: Im Inland können bei aller Ausnutzung der Faktoren Weizen und Tuch immer nur im Verhältnis 2/1 produziert werden, wobei jedoch die absoluten Mengen ganz unterschiedlich sein können (*Fig. 23-1.I.*). Die *Fig. 23-1.I.* und *II.* stellen eine graphische Illustration der bisherigen Analyse dar. Die Transformationskurven vor Beginn des Außenhandels (TK_I; TK_A) sind Geraden, weil sich die opportunity cost bei unterschiedlichen Mengen der produzierten Güter annahmegemäß nicht ändern. Das bedeutet, daß für jede Einheit Tuch, die mehr produziert werden soll, auf dieselbe Menge Weizen verzichtet werden muß - unabhängig davon, wieviel Tuch bereits produziert wird. Diese Beziehung gilt jedoch nur auf der Transformationskurve. Die opportunity cost bzw. die inländischen Austauschverhältnisse vor Aufnahme des Außenhandels werden durch den Tangens der Winkel α_i und α_A angeben. Deshalb wird eine lineare Transformationskurve auch als Preislinie bezeichnet. Die Steigung der Preislinie ist demnach durch die opportunity cost bestimmt. Die auf ihr realisierten Konsumpunkte A_I und A_A hängen von der Nachfrage in beiden Ländern ab. Sie sind zugleich die Produktionspunkte ohne Außenhandel. Aus den vorangegangenen Ausführungen dürfte deutlich geworden sein, daß nach der Eröffnung des Außenhandels ein Austauschverhältnis zustande kommen muß, das zwischen $tg\ \alpha_I = 2$ und $tg\ \alpha_A = 6$ liegt. In *Fig. 23-1.III.* und *IV.* werden die terms of trade als der für beide Länder gleiche Tangens des Winkels β angegeben ($tg\ \beta = tg\ \beta_I = tg\ \beta_A$). Nimmt man an, die terms of trade seien mengenunabhängig, wird β aus der Abszisse und einer Geraden gebildet, die man als terms of trade-Linie (TL_I; TL_A) bezeichnet. Sie zeigt an, welche Versorgungslage ein Land bei gegebenem internationalen Austauschverhältnis und völliger Spezialisierung auf das komparativ kostengünstiger herzustellende Gut (Produktion in P_I und P_A) erreichen kann. Man könnte sie unter diesen Annahmen auch als eine durch den internationalen Handel nach außen gedrehte Transformationskurve interpretieren, die bis auf die Drehpunkte (P_I; P_A) eine höhere Versorgungsmöglichkeit anzeigt. Die Nachfrage bestimmt auch nach Aufnahme des Außenhandels die Konsumpunkte. Aus Vereinfachungsgründen wurden die neuen Konsumpunkte (C_I; C_A) senkrecht über den alten (A_I; A_A) eingezeichnet (*Fig. 23-1.III.* und *IV.*). Diese Punkte müssen der Bedingung genügen, daß für jedes Gut der mengenmäßige Export eines Landes gleich dem mengenmäßigen Import des anderen Landes ist ($Ex_T = Im_T$; $Ex_W = Im_W$). In *Fig. 23-1.III.* spezialisiert sich das Inland vollständig auf Tuch und produziert davon $0P_I$ Einheiten, wovon B_IP_I Einheiten in den Export gehen und $0B_I$ Einheiten für den Eigenverbrauch verbleiben. Für das exportierte Tuch erhält das Inland bei gegebenen terms of trade $0D_I$ Einheiten Weizen, die zugleich die gesamte Konsummenge darstellen. Für das Ausland gilt mutatis mutandis dasselbe.

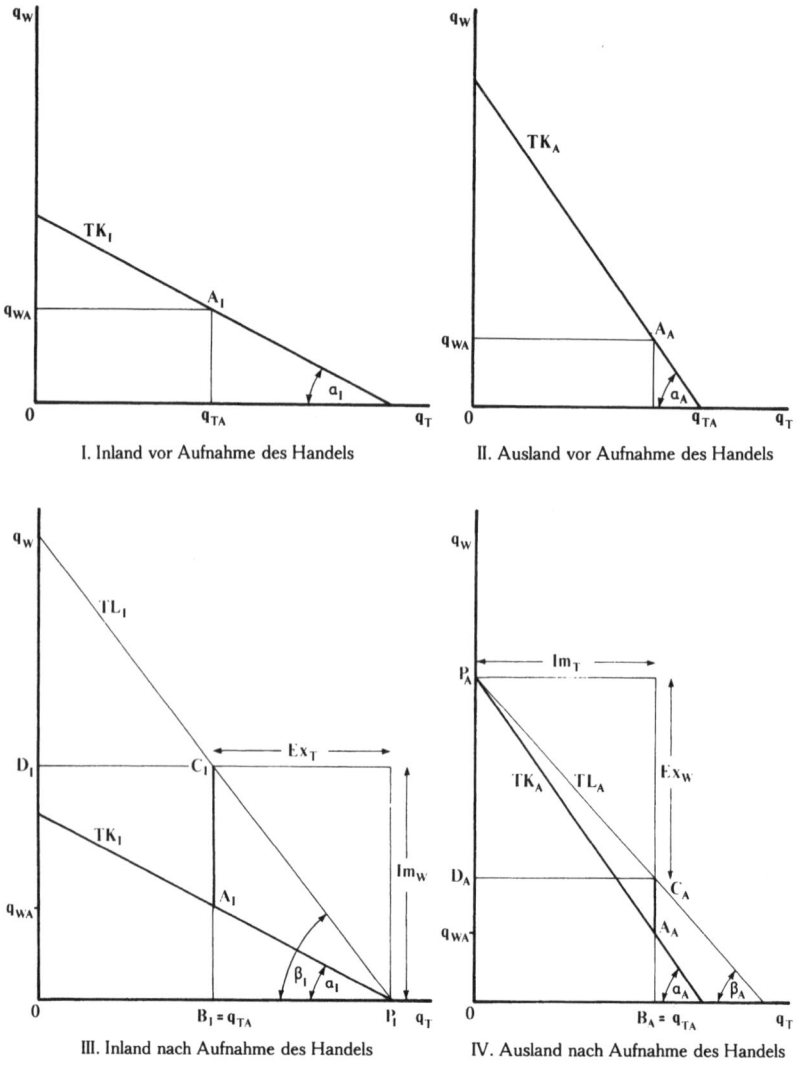

Fig. 23-1: Transformationskurven bei konstanten opportunity cost

Vergleicht man nun den alten und den neuen Konsumpunkt, so zeigt sich, daß in beiden Ländern bei gleichbleibender Versorgung mit Tuch eine Besserversorgung mit Weizen möglich wäre. Dieser Gewinn aus dem Außenhandel könnte für das Inland noch größer sein, wenn die terms of trade-Linie steiler verliefe und (oder) die exportierte Menge größer wäre. Bei steigenden Grenzkosten haben die Transformationskurven einen konkaven Verlauf - vom Ursprung gesehen -, da für die Erzeugung einer weiteren Einheit eines Gutes zunehmend mehr Einheiten des anderen Gutes aufgegeben werden müssen (*Fig. 23-2*). In *Fig. 23-2* wird entgegen den bisherigen Beispielen angenommen, daß das Inland Weizen statt Tuch exportiert, den komparativen Kostenvorteil also bei Weizen hat ($tg\ \alpha_I > tg\ \alpha_A$). Transformationskurve *TK* und Preislinie *PL* (hier: die Tangente an die Transformationskurve in einem beliebigen Punkt) sind nicht mehr identisch (*Fig. 23-2.I. und II.*). Die Tauschrelation zwischen beiden Gütern, die den marginalen opportunity cost vor Eröffnung des Handels in einem Land entspricht, ist gleich der Steigung der Tangente an die Transformationskurve ($tg\ \alpha_I;\ tg\ \alpha_A$). Die Tangentialpunkte A_I und A_A geben die realisierte Produktion und Konsumtion ohne Außenhandel an. Nach der Eröffnung des Außenhandels, dessen Richtung von den komparativen Kostenvorteilen abhängt, stellen sich terms of trade ein, die wiederum gleich den inländischen Austauschverhältnissen sind. Da $tg\ \alpha_I$ und $tg\ \alpha_A$ die Grenzen der terms of trade angeben, liegt das sich bildende Austauschverhältnis dazwischen.

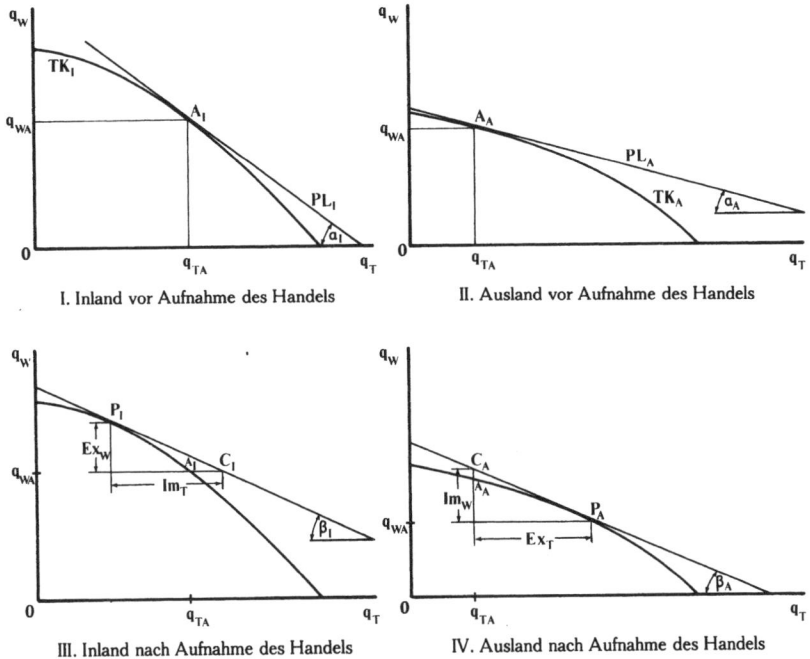

Fig. 23-2: Transformationskurven bei steigenden opportunity cost

Das Inland wird sich auf die Weizenproduktion, das Ausland auf die Tuchproduktion spezialisieren (*Fig. 23-2.III. und IV.*). Die Spezialisierung geht so weit, bis die Steigungen der beiden Transformationskurven übereinstimmen und der der terms of trade-Linie entsprechen ($tg\ \beta = tg\ \beta_I = tg\ \beta_A$ in P_I bzw. P_A). Die terms of trade sind dann gleich den Austauschverhältnissen in beiden Ländern. Die Konsequenz steigender Grenzkosten ist, daß die Spezialisierung eines

Landes nach Eröffnung des Außenhandels nicht mehr vollständig sein kann, wenn der Gewinn aus dem Außenhandel maximal sein soll (unvollkommene Spezialisierung). Da in einem Land mit zunehmender Spezialisierung auf ein Gut die Grenzkosten steigen, im anderen Land durch Produktionsdrosselung dagegen sinken, ist eine Situation denkbar, bei der die vor Handelsbeginn bestehende Überlegenheit verschwindet und sich in eine Unterlegenheit umkehrt ($tg\ \beta_I < tg\ \beta_A$). Dies erklärt, warum Länder auch Güter erzeugen, die sie größtenteils einführen. Wie *Fig. 23-2.III.* und *IV.* weiterhin erkennen lassen, liegen die Konsumpunkte C_I und C_A außerhalb der Transformationskurve, was ein größeres Versorgungsniveau gegenüber der Situation vor Außenhandel anzeigt. Bezüglich der Gewinnhöhe und ihrer Abhängigkeit bestehen dieselben Beziehungen wie bei linearen Transformationskurven.

Nachfragestruktur

Wie gezeigt, sind als eine Ursache für den internationalen Handel die unterschiedlichen Kosten (opportunity costs) zu sehen, die für die Produktion der Güter im Inland und Ausland aufgewendet werden müssen. Dabei wurde implizit angenommen, daß von der Nachfrageseite keine gegenläufigen Wirkungen auf die relativen Preise der gehandelten Güter ausgehen. Erfüllt wird diese Voraussetzung beispielsweise durch die Annahme identischer Nachfragerpräferenzen in beiden Ländern. Um zu allgemeineren Aussagen über die Gründe und die Richtung des Außenhandels zu gelangen, sollen diese Vereinfachungen durch die explizite Berücksichtigung der Nutzenvorstellungen inländischer und ausländischer Konsumenten aufgehoben werden. Die jeweils nationalen Präferenzstrukturen können mit Hilfe gesellschaftlicher (sozialer) Indifferenzkurven abgebildet werden, die analog zu den behandelten individuellen Indifferenzkurven (5. Kap.) definiert werden: Gesellschaftliche Indifferenzkurven stellen die Verbindungslinie (den geometrischen Ort) solcher Güterkombinationen dar, die von einer Gesellschaft als gleichwertig angesehen werden. Schließt man Kompensationsmöglichkeiten zwischen den Individuen aus, so weisen die gesellschaftlichen Indifferenzkurven eine weitere Eigenschaft auf: Jede Güterkombination, die auf einer Indifferenzkurve liegt, stiftet einem Individuum den gleichen Nutzen. Da diese Aussage für alle Individuen einer Gesellschaft gleichermaßen gilt, findet ein Übergang zu einer höheren Indifferenzkurve dann statt, wenn durch eine neue Güterkombination wenigstens ein Individuum einen Nutzenzuwachs erfährt und keines der restlichen Individuen Nutzenverluste hinnehmen muß. Kann durch eine veränderte Güterkombination der Nutzen eines Individuums nicht gesteigert werden, ohne gleichzeitig den Nutzen wenigstens eines Individuums zu reduzieren, bezeichnet man diesen Zustand als pareto-optimal. Wird - wie allgemein üblich - ein zum Ursprung hin konvexer Verlauf der gesellschaftlichen Indifferenzkurven und ein konkaver Verlauf der Transformationskurven unterstellt, so existiert nur eine einzige Güterkombination, die aufgrund der nationalen Faktorausstattung möglich und pareto-optimal ist. Für die optimale Lösung des Allokationsproblems gilt, daß das Verhältnis der sozialen Grenznutzen gleich dem der sozialen Grenzkosten ist (Tangentialpunkt C_1 in *Fig. 23-3*). Die Konsumpunkte

C_2 und C_3 auf der Indifferenzkurve I_1 lassen sich zwar produktionstechnisch realisieren, sind aber im Vergleich zu Konsumpunkt C_1 auf Indifferenzkurve I_2 nicht pareto-optimal; der Konsumpunkt C_4 ist zwar gegenüber C_1 pareto-optimal, kann aber mit den verfügbaren Ressourcen nicht erreicht werden. Aus dieser Darstellung des Gleichgewichts zwischen Konsum und Produktion eines Landes können bereits Schlußfolgerungen für den internationalen Warenaustausch gezogen werden: Verfügen zwei Länder über identische Transformationskurven und Präferenzstrukturen und somit über die gleichen relativen Preise im Autarkiezustand, kommt kein Außenhandel zustande.

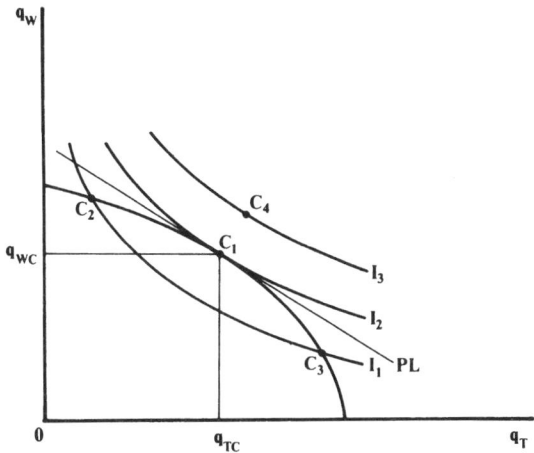

Fig 23-3: Gleiche Produktionsmöglichkeiten und Nachfragestrukturen

Dann bleibt zu prüfen, ob unterschiedliche Nachfragestrukturen und/oder Angebotsstrukturen zur Aufnahme des internationalen Handels führen. In einem ersten Fall wird angenommen, daß Inland und Ausland über die gleichen Transformationsstrukturen verfügen ($T_{I,A}$), sich die Nachfragerpräferenzen aber unterscheiden. Im Inland wird eine relativ höhere Menge Weizen konsumiert, während im Ausland eine relativ höhere Menge Tuch nachgefragt wird. Diese Situation ist in *Fig. 23-4* dargestellt, wobei die nationalen Produktions- und Konsumtionspunkte vor Aufnahme des Außenhandels durch die jeweiligen Tangentialpunkte (A_I, A_A) der gesellschaftlichen Indifferenzkurven (I_1^I, I_1^A) bestimmt werden und die Preislinien (PL_I, PL_A) die Steigerungen α_I und α_A aufweisen. Nach Einführung des Freihandels stellt sich die durch die Preislinie $PL_{I/A}$ gekennzeichnete internationale Preisrelation ein. Sie führt dazu, daß die nationalen Produktionspunkte beider Länder in $P_{I/A}$ zusammenfallen: Beide Länder geben ihre nachfragebedingte Spezialisierung auf, um Handelsgewinne realisieren zu können. Die neue Preislinie $PL_{A/I}$ tangiert sowohl eine höhere inländische (I_2^I) als auch eine höhere ausländische Indifferenzkurve (I_2^A). Dies kann, wie in *Fig. 23-4* dargestellt, zu einer Spezialisierung des Konsums (C_A, C_I) führen. Ebenso wie in *Fig. 23-2* müssen sich inländischer Tuchexport und ausländischer Tuchimport sowie inländischer Weizenimport und ausländischer Weizenexport einander entsprechen. Das dargestellte Beispiel (gleiche Transformationskurven, unterschiedliche Nachfragestrukturen) weist auf zwei interessante Aspekte hin. Zum einen kann gezeigt werden, daß die Aufnahme des Freihandels nicht unter jeder Voraussetzung zur Spezialisierung der nationalen Produktion führen muß, sondern auch die Angleichung der Produktionspunkte bewirken kann. Zum anderen wird deutlich, daß letztlich nicht unterschiedliche Opportunitätskosten eine notwendige Voraussetzung für gewinnbringenden Außenhandel sind, sondern lediglich national unterschiedliche relative Güterpreise.

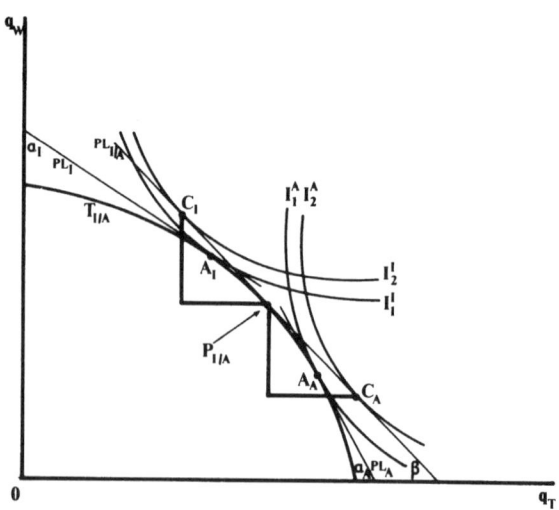

Fig. 23-4: Gleiche Produktionsmöglichkeiten und unterschiedliche Nachfragestrukturen

Im dritten Fall werden die Bedingungen umgekehrt und identische Nachfragestrukturen sowie unterschiedliche Transformationskurven (T_I, T_A) angenommen. Da die Indifferenzkurven in *Fig. 23-5* für beide Länder gelten, kann die länderspezifische Indexierung entfallen. Im Autarkiezustand bilden sich die Produktions- und Konsumtionspunkte A_I und A_A heraus sowie die zugehörigen Preislinien PL_A und PL_I. Ihre unterschiedlichen Steigungen, die Ausdruck national unterschiedlicher relativer Preise sind, deuten an, daß Außenhandel Handelsgewinne nach sich ziehen wird. Entsteht nach Aufnahme des Freihandels die internationale Preisrelation $PL_{I/A}$, bilden sich die neuen Produktionspunkte (P_I, P_A) und Konsumtionspunkte (C_I, C_A) heraus. Das Inland exportiert Weizen und importiert Tuch; spiegelbildlich dazu exportiert das Ausland Tuch und importiert Weizen. Der Handelsgewinn läßt sich als Übergang des inländischen Konsumpunktes von Indifferenzkurve I_2 auf I_3 und des ausländischen Konsumpunktes von I_1 auf I_2 definieren. In beiden Ländern werden Güterkombinationen dem Konsum zugeführt, die von den Gesellschaften höher bewertet werden als die Konsumgüterversorgung im Autarkiezustand. Der letzte Fall, der unterschiedliche Nachfrage- und Produktionsstrukturen in beiden Ländern unterstellt, dürfte für den internationalen Güteraustausch der empirisch bedeutsamste sein.

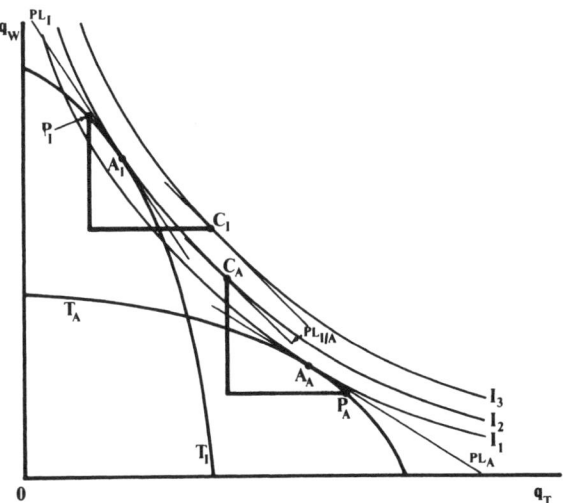

Fig. 23-5: Unterschiedliche Produktionsmöglichkeine und gleiche Nachfragestrukturen

In *Fig. 23-6* wird durch die dargestellte Lage der Transformations- und Indifferenzkurven beispielhaft angenommen, daß jede Gesellschaft eine relativ stärkere Vorliebe für das Produkt hat, das sie zu komparativ höheren Kosten produzieren kann (A_I, A_A). Wie mit Hilfe der Preislinie $PL_{I/A}$ gezeigt werden kann, lassen sich die neuen, entsprechend der vorliegenden Präferenzstrukturen höher bewerteten Konsumpunkte (C_A, C_I) durch den Export des jeweils kostengünstiger produzierten Gutes (Inland: Weizen; Ausland: Tuch) und durch den Import des Gutes (Inland: Tuch; Ausland: Weizen), für dessen Produktion jeweils komparative Kostennachteile bestehen, erreichen. Es stellt sich die Frage, ob die Autarkie auch dann aufgegeben wird, wenn in beiden Ländern eine relativ stärkere Präferenz für das Gut besteht, welches mit komparativen Kostenvorteilen erzeugt werden kann. Auch unter diesen Bedingungen ist Freihandel lohnenswert, wenn die Güter mit komparativen Kostenvorteilen einen - durch die hohe Nachfrage hervorgerufenen - komparativen Preisnachteil haben. Anders gesagt: Die Wirkungen der komparativen Kostennachteile auf die relativen Preise werden durch den Einfluß der Präferenzstruktur überkompensiert. In diesem Falle werden sowohl vom Inland als auch vom Ausland solche Güter exportiert, die nur unter vergleichsweise höheren Kosten produziert werden können. Dieses Ergebnis ist keineswegs überraschend, wenn man bedenkt, daß der entscheidende Anreiz für die Aufnahme des Freihandels letztlich in den unterschiedlichen relativen Preisen begründet ist.

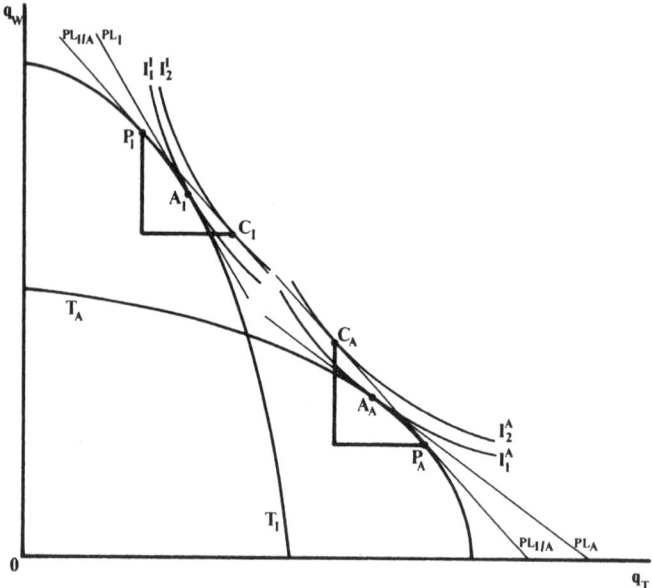

Fig. 23-6: Unterschiedliche Produktionsmöglichkeiten und Nachfragestrukturen

Faktorausstattung

Das Theorem der komparativen Kostenvorteile setzt voraus, daß die Faktorkosten pro Produkteinheit zwischen In- und Ausland differieren. Eine notwendige Bedingung ist, daß die relativen opportunity cost voneinander abweichen, was wiederum voraussetzt, daß wenigstens bei einem Produkt die Faktorkosten international verschieden sind. Davon kann in der Realität regelmäßig ausgegangen werden. Erklärt wird jedoch nicht, wie die für das Zustandekommen des internationalen Handels relevanten Kostendifferenzen entstehen, was also Ursache solcher Differenzen ist. Unterschiedliche Faktorkosten gehen generell entweder auf die Produktivität ("Qualität") oder auf die Quantität der Faktoren zurück. Bei gleichen Faktormengen ergeben Faktoreinsätze unterschiedlicher Produktivität abweichende Produktmengen. Andererseits differieren die Produktmengen, wenn Faktoren gleicher Produktivität mit alternativen Mengen eingesetzt werden. Stellt man sich die Wirtschaft eines Landes als einen Betrieb vor, lassen sich einzelbetriebliche Analysen zur Produktionstheorie (6. Kap.) auf den Handel zwischen Volkswirtschaften übertragen. Das geschieht auch weitgehend mit der Besonderheit, daß bei der Ausgestaltung der reinen Außenwirtschaftstheorie die Faktorausstattung, d. h. die international unterschiedlichen Faktoreinsatzmengen bei der Güterproduktion, im Vordergrund steht, Produktivitätsanalysen dagegen erst neuerdings stärker ins Blickfeld treten. Auf die Bedeutung der Faktorausstattung sei etwas näher eingegangen, weil dieses Thema sich eng an die bisher behandelten Probleme anschließt. Kern der Überlegungen zur Faktorausstattung, des Einflusses der Faktormengen bei gleicher Faktorproduktivität, ist die Hypothese: Komparative Kostenvorteile als notwendige Bedingung des internationalen Handels entstehen durch unterschiedliche Faktorproportionen (relative Anteile der Faktoren bei der Produktion). Ein Land wird jenes Gut exportieren (importieren), bei dessen Produktion der relativ reichlich (knapp) vorhandene Faktor entsprechend seinen relativen Anteilen auch eingesetzt wird. Verfügt ein Land über relativ viel Boden und wenig Arbeitskräfte, wie Australien, wird es Produkte mit hoher Boden- und geringer Arbeitsintensität (z. B. Weizen) exportieren, im Gegensatz zu einem Land, in dem Boden (Arbeitskräfte) relativ knapp (reichlich) vorhanden ist (sind), wie Japan, das deshalb arbeitsintensive Produkte (z. B. Digitalkameras) ausführt. Gilt das Gesetz abnehmender Grenzerträge, fallen (steigen) - sofern die Annahmen des Theorems der komparativen Kostenvorteile vorliegen - durch den internationalen Handel die Preise für die relativ knapp (reichlich) vorhandenen Faktoren. Mit anderen Worten: Die Faktorpreise gleichen sich international tendenziell an (in theoretisch bestimmbaren Grenzfällen werden sie gleich [Faktorpreisausgleichs-Theorem]), obwohl Faktoren nur innerhalb eines Landes mobil sind. Diese Hypothese wird als HECKSCHER-OHLIN-Theorem (auch Faktorproportionen-Theorem) bezeichnet. Der schwedische Wirtschaftshistoriker und Nationalökonom ELI FILIP HECKSCHER, der durch bahnbrechende Forschungen über den Merkantilismus hervorgetreten ist, hat es 1919 entwickelt, sein Landsmann BERTIL OHLIN 1933 verfeinert. Die anschließende Diskussion erstreckt sich auf eine Reihe von Detailproblemen, z. B. auf die Untersuchung der Folgen internationaler Faktorausstattung für die Realeinkommensverteilung (SAMUELSON-STOLPER-Theorem) und die Produktionsstruktur (RYBCZYNSKI-Theorem). Ein empirischer Test des HECKSCHER-OHLIN-Theorems für die USA mit Hilfe der input-output-Analyse verlief scheinbar negativ (LEONTIEF-Paradox), war jedoch tatsächlich mit dem Theorem vereinbar. Unbestritten ist, daß das Theorem das der komparativen Kostenvorteile erweitert - weswegen es hier behandelt wird - und wie dieses restriktiven Annahmen unterliegt, deren empirische Tragweite wissenschaftlich teilweise noch klärungsbedürftig scheint.

III. Zolltheorie

Zollwirkungen

In der reinen Außenhandelstheorie wird von einem ungehinderten internationalen Handel (Freihandel) ausgegangen. Tatsächlich gibt es jedoch eine Reihe von Handelsbeschränkungen, unter denen der Zoll früher wie heute die größte Rolle spielt und auch wissenschaftlich das meiste Interesse gefunden hat. Die Freihandelsannahme der reinen Theorie wird im folgenden fallen gelassen. Von untergeordneter Bedeutung ist, ob man die Zolltheorie als Teil der reinen Theorie ansieht oder von dieser absetzt. **Zölle sind Steuern**, die der Staat **auf grenzüberschreitenden Warenverkehr** erhebt (Warenverkehrssteuer). Ihre Erhebungsformen - man unterscheidet nach Mengen- (= spezifischen) und Wert-Zöllen - können in der Theorie vernachlässigt werden. Es gibt praktisch nur

Einfuhrzölle. Für eine Zollerhebung werden verschiedene Gründe vorgetragen, die sich besser beurteilen lassen, wenn die Zollwirkungen bekannt sind.

Von der **Erhebung eines Zolls** (oder seiner Erhöhung) können **eine Reihe von Wirkungen** ausgehen, der
⇨ Schutzeffekt,
⇨ Konsumeffekt,
⇨ Einnahmeneffekt,
⇨ Umverteilungseffekt und
⇨ terms of trade-Effekt.

Dieser Katalog ließe sich insbesondere erweitern, wenn nicht nur die unmittelbaren, sondern auch die mittelbaren Wirkungen ("Fernwirkungen") einer Zollerhebung erfaßt werden (z. B. auf den Wettbewerb, das Volkseinkommen und die Zahlungsbilanz). Es mag genügen, die angeführten Effekte zu erläutern, wofür summarisch eine *graphische Darstellung* nützlich scheint (*Fig. 23-7*). In *Fig. 23-7* sind Angebot und Nachfrage eines homogenen Gutes für das Inland (S_i, D_i) und Ausland (S_a, D_a) in bekannter Weise (4. Kap.) dargestellt. Der Auslandspreis wird durch Umrechnung zu einem festen Wechselkurs in Inlandswährung ausgedrückt ($p_a \cdot \bar{r}$). Es herrsche vollständige Konkurrenz. Die Transportkosten seien Null. Diese, aus der mikroökonomischen Analyse stammende Form der Darstellung liefert nur Teilaspekte der Wirkungen des internationalen Handels und der Zölle, hat sich aber seit Jahrzehnten im Schrifttum zur Klarstellung bewährt. Gäbe es keinen internationalen Handel (Autarkie), wären im Inland (Ausland) Angebot und Nachfrage bei E_i (E_a) im Gleichgewicht.

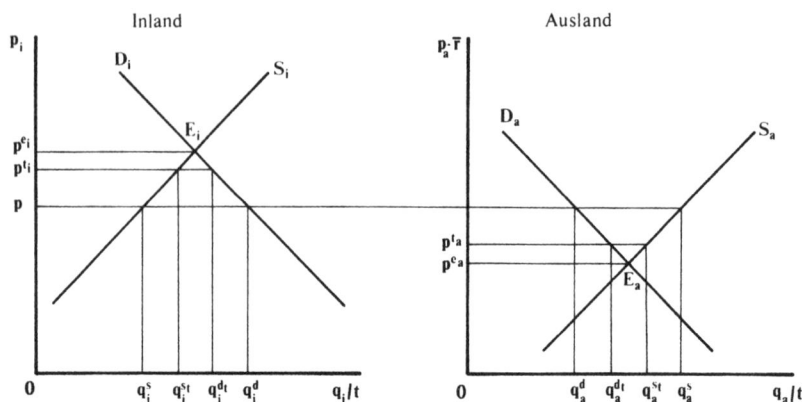

Fig. 23-7: Zollwirkungen

Da der Gleichgewichtspreis im Inland höher als im Ausland liegt, wird bei internationalem Handel das Gut ins Inland importiert. Für ein Exportgut müßte der Gleichgewichtspreis im Inland niedriger als im Ausland sein. Findet keine Beschränkung des internationalen Handels statt (Freihandel), fällt (steigt) der Preis im Inland (Ausland) auf p, da bei vollständiger Konkurrenz ohne Transportkosten nur ein Preis für ein homogenes Gut existiert.

23. Güterwirtschaftliche Theorie

Bei p ist der inländische Nachfrageüberschuß ($q_i^d - q_i^s$) gleich dem ausländischen Angebotsüberschuß ($q_a^s - q_a^d$). Wird ein Zoll T eingeführt, steigt der inländische Preis auf p^{t_i}, während der ausländische auf p^{t_a} fällt, so daß der inländische Nachfrageüberschuß ($q_i^{d_t} - q_i^{s_t}$) wieder genau dem ausländischen Angebotsüberschuß ($q_a^{s_t} - q_a^{d_t}$) entspricht.

Vergleicht man die Situation bei Freihandel mit der nach der Einführung des Zolls, lassen sich unter der gegebenen Annahme unmittelbar folgende Wirkungen nachweisen:

⇨ Das inländische Angebot steigt um ($q_i^{s_t} - q_i^s$), den **Schutzeffekt** (auch Protektions- oder Produktionseffekt), wohingegen das ausländische Angebot um ($q_a^s - q_a^d$) fällt.

⇨ Die inländische Nachfrage fällt um ($q_i^d - q_i^{d_t}$), den **Konsumeffekt**, wohingegen die ausländische Nachfrage um ($q_a^{d_t} - q_a^d$) steigt.

⇨ Der inländische Staat erhält durch den Zoll Einnahmen (**Einnahmeneffekt**), die dem Produkt aus Importmenge ($[q_i^{d_t} - q_i^{s_t}]$ bzw. $[q_a^{s_t} - q_a^{d_t}]$) und T entspricht, also durch ($q_i^{d_t} - q_i^{s_t}$)($p^t - p$) (Zollbelastung der Inländer) und ($q_a^{s_t} - q_a^{d_t}$)($p - p^{t_a}$) (Zollbelastung der Ausländer) berechnet wird.

⇨ Zwischen den Produzenten und Konsumenten findet eine Umverteilung statt (**Umverteilungseffekt**): Im Inland steigt die "Produzentenrente" (als das Integral über die Angebotsmenge bis zum

Preis p: $\int_0^p q_i^s \cdot dp$) um den Betrag

$$(23.4\text{ a}) \quad \int_p^{p^{t_i}} q_i^s \cdot dp = \frac{1}{2} \cdot (q_i^s + q_i^{s_t}) \cdot (p^{t_i} - p),$$

während die sie tragende "Konsumentenrente" (als das Integral über die Nachfragemenge bis zum Preis p: $\int_0^p q_i^d \cdot dp$) um den Betrag

$$(23.4\text{ b}) \quad \int_p^{p^{t_i}} q_i^d \cdot dp = \frac{1}{2} \cdot (q_i^{d_t} + q_i^d) \cdot (p^{t_i} - p)$$

fällt. Im Ausland vermindert sich die "Produzentenrente" entsprechend um $1/2 \cdot (q_a^{s_t} - q_a^s) \cdot (p - p^{t_a})$, während sich die "Konsumentenrente" um $1/2 \cdot (q_a^{d_t} + q_a^d) \cdot (p - p^{t_a})$ erhöht.

⇨ Der von p auf p^{t_a} gefallene Preis für den Import bedeutet ceteris paribus (d. h. bei gegebenen - nicht eingezeichneten - Exportpreisen), daß sich die terms of trade des Inlandes (nach Gleichung (23.3): $T_r \equiv 100 \cdot P_x/P_m$) verbessern (**terms of trade-Effekt**), also die des Auslandes verschlechtern.

Die aufgezeigten Effekte sind nicht unabhängig voneinander: Je größer bestimmte Wirkungen sind, um so geringer sind andere. Beispielsweise wird bei einem maximalen Schutzeffekt (Autarkie), der eintritt, wenn der Zoll der Differenz zwischen den Preisen bei den Gleichgewichten E_i und E_a entspricht($p^{e_i} - p^{e_a}$), der Einnahmeneffekt gleich Null. An diesem Beispiel eines einfuhrhindernden Zolls (Prohibitivzoll) wird zugleich deutlich, daß Zölle die gleiche Wirkung haben können wie Einfuhrverbote. Das jeweilige Ausmaß der Zollwirkungen ist offenkundig von den Elastizitäten des Angebots und der Nachfrage im Inland und Ausland abhängig.

Trotz der analytischen Einschränkungen ist es möglich, einige **Schlußfolgerungen** zu ziehen, die für eine, auf das Wesentliche beschränkte Beurteilung der Zölle bedeutsam sind:

⇨ Zölle ermöglichen eine Inlandsproduktion, die im Hinblick auf günstigere Produktionsmöglichkeiten bei Freihandel nicht erstellt würde. Das bedeutet ceteris paribus eine Verschwendung knapper Ressourcen. Mit dem Schutzeffekt schwinden die Vorteile internationaler Arbeitsteilung.

⇨ Durch Zölle wird Arbeitslosigkeit exportiert. Dem Ansteigen der inländischen Produktion steht eine sinkende Auslandsproduktion gegenüber. Ein Land mit Unterbeschäftigung kann mit Zöllen ceteris paribus - d. h. vor allem, wenn sich das Ausland nicht wehrt - im Inland Vollbeschäftigung erreichen und eine ausländische Vollbeschäftigung in die Unterbeschäftigung überführen.

⇨ Die inländischen Verbraucher zahlen höhere Preise als bei Freihandel. Ein Zoll begünstigt bestimmte Anbieter, die sich monopolähnlich verhalten können. Das zeigt sich schon daran, daß Konsumentenrenten bei vollständiger Konkurrenz nicht ausschöpfbar sind (7. Kap.).

Unter den mittelbaren Wirkungen ist insbesondere der Einfluß der Zölle auf den Wettbewerb gravierend. Die Wettbewerbsintensität nimmt im allgemeinen mit der Höhe von Zöllen ab, vor allem auch deswegen, weil Produzenten, die in nationaler Sicht häufig monopolistische oder oligopolistische Marktstellungen haben, international meistens einer scharfen Konkurrenz ausgesetzt sind.

Zollbegründungen

Politische Zollbegründungen

Zölle und Handelsbeschränkungen anderer Art - mit oft ähnlichen Wirkungen wie Zölle - haben für eine Volkswirtschaft als Ganzes und für die Weltwirtschaft so offenkundige Nachteile, daß ökonomisch alles für Freihandel spricht. Effizienz und Niveau der Güterproduktion sind höher als ohne oder mit beschränktem Außenhandel, weil dieser die ungleiche Verteilung der Produktionsfaktoren und unterschiedliche Produktionsbedingungen zu einem erheblichen Teil international ausgleicht. Im wissenschaftlichen Schrifttum besteht über die Vorteile des Freihandels im Hinblick auf das Ziel Wohlstandsmaximierung weitgehende Einigkeit, die um so bemerkenswerter ist, weil es nur wenige unkontroverse Ansichten unter Nationalökonomen gibt. Demgegenüber mag überraschen, daß so gut wie kein Land Freihandel zuläßt. Warum werden Zölle erhoben? Diese Frage drängt sich angesichts der Diskrepanz zwischen Wissenschaft und Praxis auf. Es gibt eine Reihe von nichtökonomischen und ökonomischen Zollbegründungen, von denen einige wichtige und diskutable erörtert seien. Unter den ökonomisch begründeten Zöllen wird danach unterschieden, ob Zölle der Einnahmenbeschaffung des Staates (Finanzzölle), als Instrumente der Wirtschaftspolitik (Instrumentalzölle) oder dem Schutz der Produzenten (Schutzzölle) dienen sollen. Die nichtökonomischen Zollargumente sind meistens politischer Natur: Ob ein Land oder die gesamte Welt Produktion und Einkommen durch Freihandel erhöhen sollen, sei nicht allein eine ökonomische oder wissenschaftliche Frage. Freihandel ist oft aus nationalen Gründen abzulehnen, ohne daß die für die Produktion und Einkommen vorteilhaften Wirkungen in Zweifel gezogen werden. Man solle sich nicht "dem Ausland überantworten". Das ist der Kern des traditionellen Autarkiearguments. Es ist nicht zu bestreiten, daß eine internationale Arbeitsteilung auch ihren "Preis" fordert. Er besteht in einer Verstärkung der gegenseitigen wirtschaftlichen Verflechtung. Ihre vollständige Ersetzung durch die Autarkie würde jedoch vermutlich den Tod für zahlreiche Menschen in der Welt bedeuten. An eine völlige Autarkie ist freilich selten gedacht, vielmehr wird meist nur eine sektorale Autarkie angestrebt (Rohstoffe, Energie). Der Ökonom kann auf Verluste hinweisen, die eine Abweichung vom Freihandel mit sich bringt, muß aber die Entscheidung darüber Politikern und Wählern überlassen. Eine politische Zollbegründung wird freilich nicht immer offen ausgesprochen. So dürften sich für das Ausmaß des gegenwärtigen Schutzes der westdeutschen Landwirtschaft oder des Kohlenbergbaus kaum ökonomische Gründe finden lassen. Aber nur selten stößt man auf eindeutig politische Argumente, wie etwa: "Die Regierungsparteien schützen Landwirtschaft und Kohlenbergbau vor internationalem Wettbewerb, um keine Wähler zu verlieren." Oder: "Die Beseitigung von Handelsbeschränkungen ist wegen der Zusammensetzung des Parlaments nicht realisierbar." Diese Argumente erscheinen im politischen Prozeß oft in einem anderen Gewand.

Finanzzölle

Das Finanzzollargument entstammt fiskalischem Denken. Die Wareneinfuhr gilt als bequeme und beliebte *Steuerquelle*. Von einem "echten" Finanzzoll kann man sprechen, wenn Einnahmenerzielung einziger Zweck des Zolls ist. Die Motive des Gesetzgebers sind indessen schwer zu ergründen. Eine praktisch brauchbare, objektiv faßbare Abgrenzung zwischen Finanzzöllen und Zöllen, von denen auch Schutzwirkungen ausgehen ("unechte" Finanzzölle), erhält man, wenn die Inlands- und Grenzbesteuerung verglichen wird. Ein echter Finanzzoll liegt vor, sofern inländische Produkte genauso wie ausländische besteuert oder zollbelastete Produkte im Inland nicht hergestellt werden. Daran gemessen, dürften "unechte" Finanzzölle überwiegen. Über die Ergiebigkeit des Finanzzolls als Steuerquelle bestehen wohl übertriebene Vorstellungen. Man könnte im Extremfall sogar daran denken, den staatlichen Finanzbedarf ausschließlich durch Finanzzölle zu decken. Vor dem Ersten Weltkrieg gab es in den Vereinigten Staaten Bestrebungen, inländische Steuern durch Zollerhöhungen vollständig zu ersetzen. Damit mochte sich die Vorstellung verbinden, das Ausland zur Staatshaushaltsfinanzierung heranziehen zu können. Angesichts des Umfangs staatlicher Aktivitäten ist daran nirgends mehr zu denken. In den meisten Ländern käme der internationale Handel zum Erliegen, wollte man auch nur erhebliche Staatsausgaben aus Zolleinnahmen decken, zumal langfristig ein Land nicht nennenswert mehr ausführen als einführen kann. Zölle reduzieren in der Regel die Einfuhr und damit auch die Ausfuhr. Der Zollerhebung sind enge Grenzen gesetzt. Tatsächlich ist der Anteil der Zölle an den Staatseinnahmen in fast allen Ländern relativ gering.

Instrumentalzölle

Zölle dienen auch als Instrument der Wirtschaftspolitik. In Zeiten der Hochkonjunktur hat man Zölle auf Importe gesenkt oder beseitigt, in Depressionen erhöht oder eingeführt. Die damit verfolgten Ziele sind Vollbeschäftigung, Preisniveaustabilität und gelegentlich Zahlungsbilanzausgleich. Das anschaulichste Beispiel bieten die Jahre der Weltwirtschaftskrise, in denen zahlreiche Länder ihre Währungen abwerteten (Abwertungskonkurrenz) und die (Import-)Zollmauern erhöhten (Hochzollsystem), um das Beschäftigungsniveau im Inland anzuheben. Isoliert, d. h. von einem Land aus gesehen, sind Zölle tatsächlich ein geeignetes Mittel der Konjunkturpolitik. Die Schwierigkeiten des Inlands werden jedoch auf das Ausland überwälzt (beggar-my-neighbour policy). Wie erwähnt, kann eine im Inland herrschende Arbeitslosigkeit durch Importzollerhöhungen beseitigt werden: Da die Importe des Inlands Exporte des Auslands sind, wird zwar die durch die Zollerhöhung bewirkte Importdrosselung das inländische Beschäftigungsniveau anheben können, aber gleichzeitig im Ausland Unterbeschäftigung verursachen. Das Inland exportiert Arbeitslosigkeit, wogegen sich das Ausland wehren wird. Kompensatorische Maßnahmen des Auslands (Abwehrzölle [Retorsionszölle], Abwertung u. a.) sind ziemlich sicher, es sei denn, im Ausland herrscht zu gleicher Zeit Hochkonjunktur. Retorsionszölle werden allgemein gebilligt. Dahinter steht die Forderung, daß (Import-)Zollerhöhungen aus beschäftigungspolitischen Gründen zu unterlassen sind, weil sie die Rückwirkungen einer Depression eher verschärfen. Andererseits ist eine Hochkonjunktur die geeignetste Zeit, Zölle abzubauen, zumal dann auch die politischen Widerstände relativ gering sind.

Schutzzölle

Die Schutzzollargumente bilden die wichtigste Gruppe unter den ökonomischen Zollbegründungen. Wenn von der Vorteilhaftigkeit eines Schutzzolls gesprochen wird, dürfte klar sein, wessen Vorteile gemeint sind. Schutzzölle nützen in der Regel einzelnen Unternehmen, Industrien oder Regionen, schaden jedoch dem Land und der Weltwirtschaft als Ganzes. Gibt es gesamtwirtschaftlich vertretbare Schutzzollargumente? Die Handelsgewinnhypothese beinhaltet, daß ein Land den Handel aufnimmt, wenn damit Produktion und Einkommen erhöht werden. Da diese Hypothese für beide Länder gilt, kann man sagen: Die güterwirtschaftliche Analyse zeigt die Maximierung des Welteinkommens bei Freihandel. Damit ist noch nicht gesagt, daß der Anteil eines Landes am Welteinkommen durch völlig freien Außenhandel so groß wie möglich wird. Wie bereits gezeigt, kann sich der Gewinn aus dem Außenhandel recht unterschiedlich auf die Länder verteilen. Somit wäre denkbar, daß durch Zölle dieser Anteil auf Kosten anderer Länder erhöht werden kann, womit zwar dem eigenen Land genutzt, der Weltwirtschaft aber geschadet würde. Tatsächlich ist es möglich nachzuweisen, wie unter bestimmten Bedingungen auch dann, wenn die sonstigen Voraussetzungen des güterwirtschaftlichen Modells gegeben sind, das Einkommen eines Landes durch die Einführung eines Zolls noch gesteigert werden kann. Die - neuerdings viel diskutierte - Hypothese knüpft an die **Verbesserung** der **terms of trade** durch die Einführung oder Erhöhung eines Zolls (terms of trade-Effekt) an. Ist ein Land bedeutender Käufer eines Produkts, kann der ausländische Verkäufer durch den Importzoll zu einer Reduktion des Preises veranlaßt werden, so daß sich die terms of trade für das Inland verbessern und der Zoll zum Teil - im Grenzfall vollständig - vom Ausland getragen wird. Was für ein einzelnes Land gilt, trifft freilich nicht für die ganze Welt zu. Der Gewinn des Inlands wird notwendig vom Ausland getragen, wobei noch zu bedenken ist, daß die durch die Zollerhöhung verursachte Verringerung des Handelsvolumens eine Reduzierung des Welteinkommens zur Folge hat. Der terms of trade-Effekt bewirkt vor allem eine internationale Einkommensumverteilung. Unter sehr restriktiven Annahmen kann man sich vorstellen, daß das Welteinkommen nicht sinkt. Weil die Importe und damit langfristig auch die Exporte zurückgehen, dürfte das allerdings nicht die Regel sein. In jedem Fall bleibt fraglich, ob das Ausland die neue Verteilung hinnimmt. Wahrscheinlich wird es mit Retorsionszöllen oder ähnlich wirkenden Mitteln antworten. Es ist deshalb problematisch, darauf zu vertrauen, ein Land könnte isoliert über eine entsprechende Zollpolitik sein Einkommen verbessern. Das an spezielle Annahmen gebundene terms of trade-Argument verdient so gesehen eher theoretisches als wirtschaftspolitisches Interesse.

Eine zweite gesamtwirtschaftliche Schutzzollkonzeption ist der **Erziehungszollgedanke**. Durch Zoll geschützt soll einem gegenwärtig unterlegenen Land die Möglichkeit geboten werden, eine Produktion aufzubauen, die in einem zukünftigen Zeitpunkt auch ohne Zollmauern international wettbewerbsfähig ist. Freihandel in der Gegenwart würde die Entwicklung (Erziehung) einer Produktion verhindern, die sich später als überlegen erweisen könnte. Das Erziehungsargument (infant industry-Argument) steht nicht im Widerspruch zu den

Ergebnissen der bisherigen Analyse, sondern legt die Betonung auf langfristige Änderungsprozesse in der Wirtschaft, die von der statischen Theorie nicht erfaßt werden. Das Erziehungsargument stellt auf den Wandel der opportunity cost ab, ohne ihre Bedeutung für die Lenkung des Außenhandels zu negieren. Es warnt vor der Annahme, daß die gegenwärtigen opportunity cost bestehen bleiben, insbesondere wenn die handeltreibenden Länder sehr unterschiedlich entwickelt sind. Die vom Erziehungsargument aufgewiesene Möglichkeit ist nicht zu leugnen. Es versteht sich, daß der Gedanke insbesondere in unterentwickelten Ländern beliebt ist. Seine Problematik liegt allerdings in der Unvorhersehbarkeit zukünftiger Umstände. Niemand ist in der Lage, mit einiger Sicherheit anzugeben, ob die Automobilindustrie in Ägypten eines Tages international konkurrenzfähig sein wird. Fast überall in der Welt hat man seit Generationen Industrien aufgebaut, die ohne Schutzzölle kaum lebensfähig wären. Dabei sind die Nationalökonomen, die das Problem genauer studiert haben, skeptisch, ob die wirtschaftliche Entwicklung durch Zollschutz überhaupt erleichtert wird. Die meisten schlagen eine offene Subventionierung vor, sofern eine gewisse Wahrscheinlichkeit für den Aufbau einer leistungsfähigen Industrie besteht. Dadurch würden die volkswirtschaftlichen Belastungen für jeden erkennbar sein. Der Druck auf die Industrie, die Konkurrenzfähigkeit herzustellen, wäre größer als hinter Zollmauern, die abzubauen aus verschiedenen Gründen nach aller Erfahrung einige Schwierigkeiten bereitet. So zeigt sich auch in der Diskussion des Erziehungsarguments: Existenz und Höhe der Schutzzölle können meist nicht mit wissenschaftlichen Einsichten erklärt werden. Sie sind in der Regel das Ergebnis politisch motivierter Entscheidungen.

K 23-1

Die Welthandelsordnung

Im Jahr 1945 schlugen die USA vor, bis Ende 1947 eine *International Trade Organization* (ITO) zu schaffen, die die im Jahr 1944 errichteten Währungsinstitutionen von Bretton Woods - Weltwährungsfonds und Weltbank (K 24-1) - ergänzen sollte. Mit der ITO hoffte man, dem handelslähmenden Protektionismus, der im Gefolge der Weltwirtschaftskrise in den dreißiger Jahren früher unbekannte Ausmaße angenommen hatte, durch einen Abbau von Handelsschranken (Zöllen und nichttarifären Handelshemmnissen) zu begegnen. Da es bis Ende 1947 zu keiner internationalen Verständigung über das amerikanische Angebot kam, wurde anstelle der ITO vorläufig ein *General Agreement on Tariffs and Trade* (GATT) in Kraft gesetzt. Die "vorläufige" Regelung galt bis zum Jahr 1995, als das GATT durch die *World Trade Organization* (WTO) ersetzt wurde. Nicht zuletzt dem Wirken des GATT ist es zu danken, daß der internationale Handel in der Zeit nach dem Zweiten Weltkrieg einen enormen Aufschwung nahm - stärker noch als das Bruttosozialprodukt - und der weltweite Wohlstand sich dementsprechend vergrößerte.

Im Rahmen des GATT ist es in verschiedenen, mehrjährigen Runden gelungen - wie der Kennedy-Runde (1964-1967), Tokio-Runde (1973-1979) und Uruguay-Runde (1986-1993) -, die Zölle zu senken und nichttarifäre Handelshemmnisse (Handelsbeschränkungen außerhalb der Zolltarife) zu beseitigen, allerdings ohne die völlige Abschaffung zu erreichen. Im Vergleich zu den dreißiger Jahren mit Zollsätzen von durchschnittlich etwa 50% haben die Zölle gegenwärtig ein niedriges Niveau, mit erheblichen Streuungen im einzelnen. In der Uruguay-Runde konnten die Zölle auf Industrieprodukte bis auf etwa 4% im Durchschnitt reduziert werden. Weniger erfolgreich war dagegen das GATT beim Agrarhandel und den nichttarifären Handelshemmnissen, die - häufig als Schutzvorschriften für Menschen, Tiere und Pflanzen getarnt - in den achtziger Jahren sogar zugenommen haben.

Zwei Regeln des GATT haben überdies zum freieren Warenverkehr erheblich beigetragen. Eine erste Regel ist die Meistbegünstigungspflicht (inhaltlich zutreffender: der Gleichbehandlungszwang). Wenn ein Mitgliedsland des GATT einem anderen Land, das nicht dem GATT angehören muß, einen Handelsvorteil gewährt, können alle übrigen Mitglieder unverzüglich und bedingungslos diesen Vorteil auch in Anspruch nehmen. Eine zweite Regel ist das Inländerprinzip. Ein ausländisches Gut darf in einem Mitgliedsland nicht ungünstiger behandelt werden - z. B. bei der Besteuerung -, als ein inländisches Produkt.

Die neue Welthandelsorganisation (WTO) hat die bisherigen GATT-Regelungen übernommen, geht aber in einigen Punkten darüber hinaus. Einmal müssen die Mitglieder alle Abkommen der Uruguay-Runde übernehmen und können nicht mehr - wie früher - ihnen nicht passende Teilverträge ausklammern. Ferner sollen die Dienstleistungen und der Agrarhandel integriert, die bei diesem vorherrschenden nichttarifären Beschränkungen in Zölle umgewandelt und im Laufe der nächsten Jahre abgebaut werden. Schließlich wird das generelle Ziel "Erhöhung des Lebensstandards" mit der Bedingung verknüpft, die Weltressourcen "optimal zu nutzen".

24. Kapitel: Außenwirtschaftspolitik

I. Handelspolitik

Die Außenwirtschaftspolitik im allgemeinen, die Handelspolitik im besonderen
Eigene Theorie der Außenwirtschaft wissenschaftlich nur schwer zu begründen - Für übliche Abgrenzung der Außenwirtschaftspolitik keinen ökonomischen Grund - Freihandel und Autarkie

Zur Realität der Handelspolitik
Protektionismus ein genereller Tatbestand - Klassisches Mittel des Protektionismus ist der Zoll - Handelspolitische Integration

Handelspolitik aus ordnungspolitischer Sicht
Konsequente Verfolgung des Freihandels - Gesamtwirtschaftlich vertretbare Zollargumente? - Fragwürdigkeit von Zollunionen

II. Währungspolitik

Währungspolitik als generelle Aufgabe
Konsistenz von nationalen und internationalen Zielen - Internationale Währungsordnung - Zahlungsbilanzpolitik Kernstück der Währungspolitik

Zur Realität der Währungspolitik
Internationaler Währungsfond (IWF) - Europäisches Währungssystem (EWS) und Europäische Zentralbank (EZB)

Währungspolitik aus ordnungspolitischer Sicht
Fester Wechselkurs läßt sich ordnungspolitisch nicht rechtfertigen - Regierung darf keine währungspolitischen Befugnisse haben

III. Entwicklungspolitik

Entwicklungspolitik als Teil der Außenwirtschaftspolitik
Was sind Entwicklungsländer? - These vom Teufelskreis der Armut - Begründungen für staatliche Hilfen fortgeschrittener Länder

Zur Realität der Entwicklungspolitik
Entwicklungshilfe - Nationale und internationale Bürokratie - Subventionierung von Rohstoffen

Entwicklungspolitik aus ordnungspolitischer Sicht
Eindeutige Grenzen - Aufgabe, ein knappes Gut an den international optimalen Standort zu lenken - Das beste „Exportgut" die freiheitliche Ordnung

Literaturempfehlungen zum vierten Teil

I. Handelspolitik

Die Außenwirtschaftspolitik im allgemeinen, die Handelspolitik im besonderen

Eine **eigene Theorie der Außenwirtschaftspolitik läßt sich wissenschaftlich nur schwer begründen.** Die Tatsache, daß die Beteiligten im wirtschaftlichen Tauschverkehr politische Grenzen überschreiten, in ihren Ländern mit verschiedenen Währungseinheiten (z. B. Euro, Dollar oder Pfund) rechnen, meistens verschiedene Sprachen sprechen, sind theoretisch irrelevant und kein Grund an sich, als Abgrenzungskriterien für die Anwendung der ökonomischen Theorie zu dienen. Die wirtschaftswissenschaftliche Unterscheidung zwischen Inland und Ausland basiert auf der Annahme, daß die Produktionsfaktoren Arbeit und Kapital national mobil, international dagegen immobil sind. Diese Annahme führt jedoch zu ökonomischen Konsequenzen: Völlige Mobilität der Produktionsfaktoren im Inland löst bei unterschiedlichen Faktorentlohnungen einen Anpassungsprozeß aus, der erst bei einer Gleichheit der Löhne und Zinsen endet. Immobilität der Produktionsfaktoren zwischen Inland und Ausland verhindert dagegen diesen Ausgleich, erklärt also, warum international unterschiedliche Löhne und Zinsen fortbestehen können. Die Umstände, die unter sonst gleichen Bedingungen mehr oder minder hohe Kosten des Inlandverkehrs verursachen, sind ganz andere, wie die eines internationalen Gütertransports, die spezifische Ursachen haben, z. B. lokale Faktorbindungen, mangelhaften Versicherungs- und Rechtsschutz, Unkenntnis der wirtschaftlichen Möglichkeiten in einem fremden Land und anderes mehr. Solche Ursachen dürften den Faktor Kapital relativ weniger betreffen als den Faktor Arbeit und deshalb die Anpassung der Zinsen eher ermöglichen als die der effektiven Löhne. Mit anderen Worten steht zu erwarten, daß die internationalen Diskrepanzen zwischen Löhnen erheblicher sind als die zwischen Zinsen, so daß die Immobilitätsannahme für Preisdifferenzen beim Faktor Arbeit bedeutsamer sein müßte als für den Faktor Kapital. Die Empirie bestätigt diese Überlegungen. Vergleicht man für eine bestimmte Zeit einige Länder, zeigt sich als langfristiger Trend:
⇨ Löhne und Zinsen gleichen sich international nicht oder nur verzögert an.
⇨ Internationale Differenzen zwischen Löhnen sind größer als die
  zwischen Zinsen.
⇨ Nationale Differenzen zwischen Löhnen und Zinsen sind Ausdruck nationaler Knappheiten von Arbeit und Kapital, jedoch von internationalen Knappheitsrelationen zu unterscheiden, die ganz anders aussehen können.

Die Erkenntnis, daß Faktorproportionen und -preise unterschiedlich sind, ist eine bekannte Erscheinung, die in der Außenhandelstheorie jedoch akzentuiert wird. Einer besonderen Begründung bedarf, weshalb die Außenwirtschaftspolitik im allgemeinen und die Handelspolitik im besonderen ein Gegenstand der Wirtschaftspolitik ist.

Aus der Sicht eines Politikers stellt sich das Problem des Außenhandels anders dar als aus der eines Wirtschaftswissenschaftlers. Für einen Politiker ist das Inland ein Gebiet, für dessen Wohlergehen er zu sorgen hat, was immer dies im einzelnen bedeutet. Das Inland wird vom Ausland durch überwachte Hoheitsgrenzen getrennt. Außenhandel ist der Handel zwischen unabhängigen Staaten, Außenhandelspolitik ein Katalog von Maßnahmen zur Beeinflussung des grenzüberschreitenden Waren- und Kapitalverkehrs. **Für diese übliche Abgrenzung der Außenwirtschaftspolitik** gibt es **keinen** eigentlich **ökonomischen Grund**, wie etwa die internationale Immobilität von Arbeit und Kapital, von der die Klassiker ausgehen. Die Ausdrücke „Volkswirtschaft", „Währungsgemeinschaft" oder „Hoheitsgebiet" dürfen keineswegs darüber hinwegtäuschen, daß die betonten Gemeinsamkeiten nicht der objektive Grund oder gar ein vorgegebenes Datum, sondern eher die Folge einer gewollten Abgrenzung zwischen Inland und Ausland sind. Inhalt und Reichweite der Außenwirtschaftspolitik hängen - erstens - von Art und Umfang der jeweiligen Grenzziehung ab, also davon, was als Inland gilt. So verändert sich die Außenwirtschaftspolitik mit der Vergrößerung oder Verkleinerung eines Staatsgebietes, durch staatliche Zusammenschlüsse oder mit der Bildung von Zoll- und Währungsunionen, gleichgültig, ob die Produktionsfaktoren international immobil oder mobil sind. Zweitens ist die Außenwirtschaftspolitik eingebunden in die Wirtschaftspolitik des Inlandes, gleichsam deren Außenbezug. Diese Einbindung könnte zu dem Schluß verleiten, daß die Außenwirtschaftspolitik mit dem Umfang des Außenhandels - gemessen z. B. als Anteil am Sozialprodukt - zunimmt. Dies ist tatsächlich nicht der Fall, wie im nächsten Absatz dargelegt wird. Richtig ist - drittens -, daß die für das Inland verfolgten Ziele oft auch für die Außenwirtschaftspolitik gelten. Förderung des wirtschaftlichen Wohlstandes, Vollbeschäftigung und Preisniveaustabilität werden von der Binnen- und Außenwirtschaftspolitik meistens gleichermaßen angestrebt. Dem Ausgleich der Zahlungsbilanz kommt mehr eine instrumentelle Bedeutung zu, auch wenn insbesondere zwischen der Preisniveaustabilität und dem Zahlungsbilanzausgleich bei bestimmten Wechselkurssystemen eine Interdependenz besteht. Schließlich ist für die Außenwirtschaftspolitik charakteristisch, daß sie aus der Sicht eines Landes in einem bestimmten Sinn nicht autonom sein kann. Weil durch die Außenwirtschaftspolitik zwangsläufig das wirtschaftliche Interesse anderer Länder berührt wird, muß bei allen Maßnahmen die Möglichkeit einer Reaktion bedacht werden. Dies gilt vor allem, wenn eine Maßnahme nicht mit anderen Ländern abgestimmt ist, internationalen Abmachungen zuwiderläuft oder das Ausland wirtschaftlich erheblich beeinträchtigt wird. Die Akteure der Außenwirtschaftspolitik gleichen Oligopolisten, die ihren Bereich nach innen kontrollieren, im äußeren Bereich aber von den Entscheidungen anderer abhängen.

Von ordnungspolitischer Bedeutung ist das Ausmaß der wirtschaftlichen Verflechtung zwischen Inland und Ausland im Bereich des Güter- und Dienstleistungsverkehrs und auf monetärem Gebiet. Dabei sind zwei Extremfälle denkbar: **Freihandel und Autarkie.** Freihandel bedeutet politisch, daß die wirtschaftlichen Beziehungen zwischen Inländern und Ausländern keinen staatlichen Handelsbeschränkungen oder sonstigen Eingriffen unterliegen. Die traditionell wichtigste Form der Handelsbeschränkungen sind Zölle, vor allem bei der Einfuhr. Daneben gibt es eine große Zahl weiterer, nur schwer zu systematisierende Handelsbeschränkungen, wie Kontingente, Auflagen über die „Sicherheit" von Gütern (z. B. bei elektrischen Geräten) oder Vorschriften über die „Gesundheit" (z. B. bei Tieren). Zu den monetären Eingriffen gehören insbesondere Maßnahmen über die Devisenbewirtschaftung, wie etwa die Festsetzung von Höchstbeträgen bei Auslandsreisen oder ein Zwangsumtausch von Devisen gegen Inlandswährung. Es leuchtet ohne weiteres ein: Freihandel macht einerseits eine Außenwirtschaftspolitik praktisch überflüssig und maximiert andererseits den Umfang des Außenhandels. Die ökonomische Bedeutung des Freihandels liegt darin, daß sich die Arbeitsteilung zwischen den Wirtschaftssubjekten weltweit ungestört entfalten kann. Für die Entscheidung der Individuen kommt es im Wirtschaftsverkehr nicht auf die Staatsangehörigkeit des Marktpartners, sondern auf die ökonomische Vorteilhaftigkeit des Geschäftes an. Der Freihandelsgedanke ist vor allem von ADAM SMITH klar entwickelt und in seinen ökonomischen Wirkungen dargestellt worden. Spätere Klassiker - wie DAVID RICARDO und JOHN STUART MILL - haben das Konzept verfeinert. Die wichtigste ökonomische Wirkung ist: Freihandel vergrößert den wirtschaftlichen Wohlstand in allen Ländern, im Vergleich zu einem Zustand mit Handelsbeschränkungen oder ohne Außenhandel. Nicht zufällig trägt das Hauptwerk von SMITH den Titel „Eine Untersuchung über die Natur und Ursachen des Wohlstands der Nationen". Das andere Extrem, gleichsam der Gegenpol des Freihandels, ist die Autarkie. Völlige Autarkie bedeutet, daß zwischen Inland und Ausland kein wirtschaftlicher Verkehr besteht. Die Verhinderung jeder Art von Austausch läßt sich - wenn überhaupt - nur mit einem umfangreichen Katalog von Maßnahmen durchsetzen. Als Regel kann auch im Hinblick auf den Freihandel gelten, daß sich das Volumen des Außenhandels und das Ausmaß der Außenhandelspolitik umgekehrt proportional zueinander verhalten. Tatsächlich wird völlige Autarkie nirgends, oft jedoch eine partielle oder sektorale Autarkie angestrebt, z. B. bei Rohstoffen oder Grundnahrungsmitteln. Autarkie bedeutet ökonomisch, daß sich Länder wie Wirtschaftssubjekte verhalten, die eine Selbstversorgung betreiben (hauswirtschaftliche Produktion oder Eigenwirtschaft). Das Wohlstandsniveau ist zwangsläufig niedrig, wie etwa in den dreißiger Jahren des 20. Jahrhunderts der Übergang vom relativ freien Welthandel zu weitgehend autarker Versorgung im Deutschen Reich unter den Nationalsozialisten deutlich erkennen läßt.

Zur Realität der Handelspolitik

Freihandel und Autarkie sind Extreme oder - je nach Wirtschaftsordnung - politische Ziele, die in der wirklichen Welt bisher nicht erreicht wurden. Dem steht zunächst entgegen, daß es Länder mit unterschiedlichen Wirtschaftsordnungen gibt. Selbst wenn unter marktwirtschaftlich-freiheitlich verfaßten Ländern Freihandel bestünde, verblieben die sozialistischen Staaten, in denen neben den nationalen auch die internationalen Wirtschaftsbeziehungen zentral geplant werden. Der Außenhandel sozialistischer Länder wird von Staatsmonopolen durchgeführt, was sich mit Freihandel nicht vereinbaren läßt. Doch auch im Handel zwischen Staaten mit einer freiheitlichen Grundausrichtung ist

man vom Ideal des Freihandels weit entfernt. Historisch gesehen kam man diesem Ziel in der Mitte des 19. Jahrhunderts wohl am nächsten. Die Zeit zwischen den beiden Weltkriegen, insbesondere die dreißiger Jahre, brachten einen schweren Rückschlag gegenüber der Zeit vor dem Ersten Weltkrieg, mit verbreiteten Neigungen zur nationalen Autarkie. Nach dem Zweiten Weltkrieg hat es erhebliche Anstrengungen gegeben, den internationalen Handel von Fesseln zu befreien, z. B. durch ein Allgemeines Zoll- und Handelsabkommen (General Agreement an Tariffs and Trade: GATT), dem ursprünglich praktisch alle westlichen Länder, jedoch nicht den früheren Ostblock beherrschenden Staaten (UdSSR, Volksrepublik China) angehörten. Eine Welthandelsordnung, die geplant war (Havanna-Charta), kam nicht zustande. Alle Bemühungen dieser Art haben nicht verhindern können, daß im internationalen Handel gegenwärtig **Protektionismus ein genereller Tatbestand** ist, der den Freihandel erheblich beeinträchtigt und durch die Gefahr weiterer Einschränkungen laufend bedroht. Unter Protektionismus versteht man eine Außenwirtschaftspolitik, die darauf abzielt, inländische Wirtschaftsbereiche vor ausländischer Konkurrenz zu schützen. Früher wie heute eingesetzte Mittel des Protektionismus sind:
⇨ Belastungen der Importe durch Zölle (Zollpolitik),
⇨ Beschränkungen der Einfuhrmengen (Mengenpolitik) und
⇨ staatliche Zuwendungen an inländische, im internationalen
   Wettbewerb stehende Industrien (Subventionspolitik).
Diese, keineswegs vollständige Liste protektionistischer Maßnahmen wird auf verschiedene Weise begründet. Die Gründe, die in voller Breite nicht wiedergegeben werden können, seien kurz skizziert. Hingewiesen wird häufig - in der Wissenschaft mehr als in der Praxis - auf Ausnahmen vom Freihandel, die schon klassische Autoren als notwendig erachtet hätten. So fänden sich bei ADAM SMITH Argumente für Retorsionszölle: Wenn andere Länder einen Zoll für das heimische Exportangebot erhöben, könne es gerechtfertigt sein, Produkte solcher Länder mit einem Vergeltungszoll bei der Einfuhr zu belasten, in der Hoffnung, daß durch die Retorsion eine Rückkehr zum Freihandel erfolge. Bei verständiger Auslegung des klassischen Schrifttums lassen sich jedoch weder Art noch Umfang des herrschenden Protektionismus begründen. In der politischen Praxis stehen andere Argumente im Vordergrund, wie die
⇨ Sicherung der heimischen Arbeitsplätze,
⇨ Entwicklung von Industrien, die der internationalen
   Konkurrenz noch nicht gewachsen sind,
⇨ Erhaltung von Industrien, die ohne Schutz gänzlich
   verschwinden würden (Landwirtschaft) und
⇨ Sicherung der militärischen Unabhängigkeit vom Ausland
   (eigene Rüstungsindustrien).
Ob diese Standardargumente für den Protektionismus einer genauen Prüfung standhalten, bleibt noch darzulegen.

Das traditionelle, sozusagen **klassische Mittel des Protektionismus ist der Zoll**. Deshalb wird das Instrumentarium der Außenhandelspolitik häufig nach tarifären Hemmungen des Freihandels (Zollpolitik) und nichttarifären Hemmungen unterteilt. Zölle sind jedoch nicht nur in der Vergangenheit das zentrale Mittel der Außenhandelspolitik gewesen, sondern trotz des Vordringens der nichttarifären Handelspolitik auch in der Gegenwart von nicht zu unterschätzender Bedeutung. Der Charakter von Zöllen wird vielleicht am besten deutlich, wenn man sie als eine Steuer versteht, die im grenzüberschreitenden Wirtschaftsverkehr bei der Einfuhr nur deswegen erhoben wird, weil der Anbieter Ausländer ist. Daß es, vor allem in Entwicklungsländern, noch Ausfuhrzölle gibt, kann vernachlässigt werden. Da die Zollerhebung Teil des Protektionismus ist, wird sie nicht nur nicht anders begründet als sonstige Maßnahmen zur Handelsbeschränkung; vielmehr entstammen die Gründe für den Protektionimus der zollpolitischen Debatte, die seit einigen Jahrhunderten währt. Dogmenhistorisch sind in der Regel von Vertretern des Freihandels die Argumente für den Protektionismus als Gründe für einen Zoll vorgetragen oder vage Ansichten in eine wissenschaftlich diskutable Form gebracht worden. Einige Theoretiker der Gegenwart haben sich jedoch nicht damit begnügt, den Zoll bloß als Schutz für die heimische Industrie zu verstehen. Vom Zoll gingen auch noch andere Wirkungen aus, die bei ihrer Gesamtwürdigung zu berücksichtigen seien. Diese Wirkungen

⇨ verbessern die „terms of trade" und
⇨ verändern die Einkommensverteilung zugunsten des knappen Faktors.

Beide Argumente sind theoretisch interessant, aber wirtschaftspolitisch bedeutungslos: Das erste Argument basiert auf der empirisch irrelevanten Wohlfahrtsökonomie, das zweite auf vereinfachenden Modellannahmen. Die „terms of trade", von denen verschiedene Versionen existieren, geben an, in welchem Verhältnis international gehandelte Güter getauscht werden. Definiert man die „terms of trade" als das Verhältnis der Import- zu den Exportgüterpreisen, verbessert ein Einfuhrzoll das Austauschverhältnis für das Inland: Eine Erhöhung der Importgüterpreise durch den Zoll verringert die Nachfrage und damit die Weltmarktpreise dieser Güter. Dem wohlfahrtssteigernden Effekt - pro Währungseinheit des Exporterlöses kann mehr als bisher importiert werden - steht jedoch eine Einbuße des Handelsvolumens aufgrund der Zollerhebung gegenüber. „Optimal" ist ein Zoll, bei dem sich Wohlfahrtsgewinne und -verluste ausgleichen (Optimalzolltheorie).Die Einwände gegen die wohlfahrtsökonomische Betrachtungsweise vom Standpunkt des hier verwendeten Wissenschaftsbegriffs brauchen nicht wiederholt zu werden. Wird das importierte Gut auch im Inland produziert, ergibt sich im übrigen ein Widerspruch zum Schutzzollargument: Der Schutz heimischer Industrien wird in dem Maße verschlechtert, je stärker sich wegen fallender Importpreise die „terms of trade" verbessern. Das zweite Argument beruht auf einem bestimmten Modell, das international von unterschiedlichen relativen Faktorknappheiten ausgeht. Ein Land mit wenig Arbeit und hohen Arbeitskosten wird arbeitsintensive Produkte importieren, so daß die Löhne gegenüber einem autarken Zustand fallen. Also bewirken Zölle, die die Einfuhr arbeitsintensiver Produkte unterbinden, daß im Inland mehr Arbeit nachgefragt wird und die Löhne steigen (SAMUELSON-STOLPER-Theorem). Dieses Ergebnis kommt nur bei einer Reihe von Annahmen zustande - z. B. linear-homogene Produktionsfunktion, vollständige Konkurrenz auf Produkt- und Faktormärkten sowie Vollbeschäftigung, jeweils in allen Ländern -, die seine Anwendung in der Politik ausschließen. Somit besitzen auch für die Zollpolitik nur die oben, für den Protektionismus insgesamt erwähnten Argumente praktisches Gewicht.

Zur Realität des Außenhandels gehört, daß sich einzelne Länder handelspolitisch zusammenschließen und unter weltweiten Gesichtspunkten eine Art regionale Außenwirtschaftspolitik betreiben. Gegenstand oder Ausgangspunkt solcher Vereinbarungen sind meistens die Zölle. Ordnet man die Vereinbarungen in der Reihenfolge zunehmender Intensität, erhält man folgende Formen der **handelspolitischen Integration**:

⇨ Präferenzräume,
⇨ Freihandelszonen,
⇨ Zollunionen,
⇨ Gemeinsame Märkte und
⇨ Wirtschaftsunionen.

Präferenzräume entstehen, wenn einem Land oder mehreren Ländern bei der Einfuhr bestimmter Waren Zollbegünstigungen gewährt werden. Räumen sich die beteiligten Länder gegenseitig Zollbegünstigungen ein (Reziprozitätsprinzip), spricht man von Präferenzzonen. Ein Beispiel für Zollpräferenzen ist das Verfahren der Europäischen Gemeinschaft, für Halb- und Fertigfabrikate aus Entwicklungsländern ermäßigte Zölle zu erheben. Eine Präferenzzone geht in eine Freihandelszone über, wenn alle Waren erfaßt und die Zölle völlig beseitigt werden. Die Zölle gegenüber Ländern außerhalb der Freihandelszone (Drittländer) bleiben unverändert, sind also von Land zu Land unterschiedlich hoch. Ein Beispiel für eine Freihandelszone ist die Europäische Freihandelsassoziation (European Free Trade Association: EFTA), der derzeit noch - bei schwindender Bedeutung - Norwegen, Schweiz, Lichtenstein und Island angehören. Errichten die beteiligten Länder darüber hinaus eine gemeinsame Außenzollmauer, spricht man von einer Zollunion. Den höchsten Grad einer handelspolitischen Integration erreicht man in einem Gemeinsamen Markt, in dem zwischen den beteiligten Ländern auch internationale Faktorwanderungen ohne Beschränkungen möglich sind. Wird die güterwirtschaftliche Integration eines Gemeinsamen Marktes durch eine Währungsunion ergänzt, erhält man eine Wirtschaftsunion. An den letztgenannten Integrationsformen ist die Bundesrepublik Deutschland beteiligt: Die frühere Europäische Wirtschaftsgemeinschaft (EWG) - jetzt Europäische Gemeinschaft (EU) -, der sämtliche großen Länder des freien Europas angehören, wurde zunächst als Zollunion verwirklicht und allmählich in einen Gemeinsamen Markt überführt. Das erklärte Vertragsziel ist eine Wirtschaftsunion, die wiederum die Vorstufe der Vereinigten Staaten von Europa sein soll. Für eine ordnungspolitische Würdigung mag es genügen, die Formen der handelspolitischen Integration zu skizzieren. Im Hinblick auf die Verhältnisse in der Bundesrepublik Deutschland, von denen generell ausgegangen wird, müssen zur Beurteilung der Europäischen Gemeinschaft zwei Fakten hinzugefügt werden. Erstens: Die EU wurde als institutionelle Lösung verwirklicht und nicht, was keineswegs vorgezeichnet war und selbstverständlich ist, als funktionelle. Für eine Zollunion und einen Gemeinsamen Markt hätte es genügt, handelshemmende Vorschriften zu beseitigen, was durch die vorhandenen staatlichen Verwaltungen möglich gewesen wäre (funktionaler Weg). Tatsächlich hat man die EU wie einen Superstaat konstruiert, mit den typischen Staatsorganen Parlament, Regierung und Justiz, wobei die Bezeichnungen im einzelnen unerheblich sind (institutionaler Weg). Da im Gegenzug die nationalen Organe nicht abgebaut wurden, entstand auf diese Weise neben der innerstaatlichen eine riesige europäische Bürokratie, die sich in ihren Kompetenzen überschneiden. Zweitens: Die EU hat die Funktionen einer Zollunion und eines Gemeinsamen Marktes nur für die gewerbliche Wirtschaft. Ausgenommen ist vor allem die Landwirtschaft, die über Zölle hinaus gegenüber Drittländern geschützt und durch ein undurchschaubares Netz von Ausgleichszahlungen auch innerhalb der Gemeinschaft vor übermäßiger Konkurrenz bewahrt wird.

Handelspolitik aus ordnungspolitischer Sicht

Die ordnungspolitische Beurteilung der Handelspolitik konzentriert sich auf drei generelle oder exemplarische Fälle:
⇨ den Protektionismus im allgemeinen,
⇨ diskutable Zollbegründungen und
⇨ die Europäische Union.

Bei der ordnungspolitischen Würdigung des Protektionismus jeglicher Spielart, der den internationalen Handel beeinträchtigt, sei von der unkontroversen Ansicht ausgegangen, daß das Freihandelsprinzip Ausfluß der freiheitlichen Ordnung ist. Wenn sich ein Land für eine freiheitliche Ordnung entschieden hat - eine Entscheidung, die im Hinblick auf ordnungspolitisch indifferente Ziele wissenschaftlich begründet werden kann -, sprechen theoretische Überlegungen und praktische Erfahrungen für eine **konsequente Verfolgung des Freihandels**. Staatliche Eingriffe in den Freihandel sind nicht anders zu beurteilen als solche in den Wettbewerb. Ein Staat, der im Inland durch Subventionen submarginalen Anbietern die Existenz sichert, handelt nur konsequent, wenn er die Konsumenten von Nahrungsmitteln belastet, um eine international nicht konkurrenzfähige Landwirtschaft zu bereichern. Die Aufgabe der Wissenschaft besteht nicht darin, diesen Sachverhalt zu verschleiern und den Politikern Argumente für ihr Tun zu liefern, sondern tatsächliche Zusammenhänge aufzuzeigen. Für den Freihandel, also gegen den Protektionismus, sprechen vor allem zwei Fakten. Erstens sind die ökonomischen Vorteile international ungleich verteilt (Theorem der komparativen Kosten). Viele Rohstoffe und Naturprodukte gibt es nur an bestimmten Stellen der Erde. Wer diese als Grundlage nationalen Reichtums nutzen will, muß seinerseits Güter anbieten, die anderen unentbehrlich oder erwünscht sind. Zweitens profitieren von einer international ungestörten Arbeitsteilung alle beteiligten Länder, wenn auch in unterschiedlichem Ausmaß. Der Freihandel ist ein mit den nationalen Zielen, insbesondere mit der Wohlstandsförderung, korrespondierendes Konzept. Wer Wirtschaftswachstum will, muß sich für Freihandel und gegen Protektionismus aussprechen. Daß dieser Sachverhalt in der Öffentlichkeit anders dargestellt wird, ist bekannt. Politiker und sachunkundige Journalisten in Massenmedien haben es verstanden, einer breiteren Öffentlichkeit zu suggerieren, daß

Hemmnisse des internationalen Handels im allgemeinen Interesse lägen, die Versorgung nicht verschlechtern, vielmehr verbessern würden und das Inland vor der Ausbeutung durch das Ausland bewahrten. Tatsächlich werden durch den Protektionismus die Inländer insgesamt wirtschaftlich schlechter gestellt als bei Freihandel. Zur Tatsachenverneblung tragen auch Vertreter der Wissenschaft bei, die behaupten, der Protektionismus sei ordnungspolitisch indifferent und der Freihandel eine Utopie. Es gibt bisher keine wissenschaftlich überzeugenden Begründungen für wirtschaftliche Diskriminierungen, die sich auf die Staatsangehörigkeit - als Kern des Protektionismus - stützen lassen. Anders ausgedrückt müßte ökonomisch erklärt werden, welches Interesse Individuen daran haben könnten, bei einem freien Handel nach dem Paß eines Geschäftspartners zu fragen und warum ein Ausländer gegenüber einem Inländer zusätzliche Lasten zu tragen habe. Es gibt auch keinen Grund, den Freihandel als Utopie zu bezeichnen. Freihandel schließt ebensowenig wie eine freiheitliche Ordnung aus, daß fundamentale Schutzvorschriften für die Arbeitnehmer - z. B. gegen Unfälle oder physische Existenzbedrohungen - erlassen werden. Vorschriften jedoch, die in ihrer Konsequenz Ausländer im Tauschverkehr stärker belasten als Inländer und auch diese schädigen, lassen sich ordnungspolitisch nicht begründen.

Die Zollpolitik als traditionelle Speerspitze des Protektionismus bietet keine grundsätzlich neuen Argumente. Dogmenhistorisch gesehen hat die zollpolitische Diskussion den Nährboden für den Protektionismus abgegeben. Die entscheidende Frage dürfte sein: Gibt es in einer freiheitlichen Ordnung **gesamtwirtschaftlich vertretbare Zollargumente?** Eine genaue Prüfung aller vorgetragenen Zollbegründungen führt zu einem eindeutig negativen Ergebnis. Nicht erneut braucht auf Zollbegründungen eingegangen zu werden, die theoretisch interessant, wirtschaftspolitisch jedoch irrelevant sind (z. B. Optimalzoll, SAMUELSON-STOLPER-Theorem). Unter den diskutablen Argumenten ist zunächst zwischen Finanz- und Schutzzöllen zu unterscheiden. Diese fiskalisch beliebte Unterscheidung dürfte alles andere als eindeutig sein, denn sie unterstellt, daß es möglich ist, die Motive des Gesetzgebers zum Unterscheidungsmerkmal von Zollwirkungen zu machen. Als Regel kann gelten, daß ein Schutzzoll im Gewande eines Finanzzolls auftritt, so wie Steuern optisch als Beiträge, Gebühren und Abgaben verkleidet werden. Von einem „echten" Finanzzoll als Quelle staatlicher Einnahmen läßt sich nur sprechen, wenn zwischen Inländern und Ausländern keine steuerliche Diskriminierung erfolgt. Bisher konnte jedoch die internationale Neutralität von Finanzzöllen nicht nachgewiesen werden. Völlig unerheblich ist in diesem Zusammenhang, daß als Finanzzölle deklarierte Einnahmen („unechte" Finanzzölle) einen mehr oder weniger großen Anteil an der staatlichen Mittelbeschaffung haben. Im übrigen sind die Begründungen für echte Finanzzölle und Schutzzölle unvereinbar. Denn ein prohibitiver Schutzzoll bringt dem Staat keine Einnahmen et vice versa. Aus solchen und ähnlichen Erwägungen wird auf die Begründung, Schutzzölle hätten die zusätzliche Funktion, dem Staat Einnahmen zu verschaffen, wissenschaftlich kaum noch zurückgegriffen. Mit Recht konzentriert sich die moderne Debatte ebenso wie die historische auf die Schutzbehauptung: Zölle erhielten - erstens - inländische Arbeitsplätze und ermöglichten - zweitens - die Entwicklung bisher international nicht konkurrenzfähiger Industrien. Das erste Argument läuft darauf hinaus, die Zollpolitik als Mittel der Stabilitätspolitik einzusetzen. Schon die zeitlichen Verzögerungen zoll- und stabilitätspolitischer Maßnahmen sprechen dagegen, die langfristig wirkende Zollpolitik den Konjunkturzyklen zu unterwerfen. Gewichtiger scheint, daß mit der Zollpolitik die Arbeitslosigkeit lediglich exportiert würde, was das Ausland nur ausnahmsweise - z. B. bei einer Überbeschäftigung - akzeptieren könnte. Die Handelspolitik als Mittel zum Export der Arbeitslosigkeit einzusetzen, ist von Schülern von JOHN MAYNARD KEYNES - z.B. von JOAN VIOLET ROBINSON (1903-1983) - offen vertreten (beggar-my-neighbour policy), von diesem selbst aber abgelehnt worden. KEYNES war der Meinung, daß er den Protektionisten gern zustimme, wenn diese nur sagen wollten, unter ihrem System müßten die Menschen mehr schwitzen und arbeiten. Er sei mit ihnen auch der Meinung, daß es vielleicht möglich sei, die im Inland zu leistende Arbeit zu vergrößern. Was die Protektionisten jedoch zu beweisen hätten, sei, daß durch Zölle nicht nur die Arbeit, sondern auch das Volkseinkommen vermehrt würde. Importe seien das Entgelt, Exporte die Zahlung für nationale Leistungen. Wie könne ein Land seine Lage verbessern, wenn es durch Zölle seine Einkünfte vermindere? Nach dem zweiten Argument ist Zollpolitik ein Mittel der Entwicklungspolitik. Durch einen Zoll geschützt, soll einem gegenwärtig unterlegenen Land die Möglichkeit gegeben werden, eine Produktion aufzubauen, die zukünftig auch ohne Zollschutz wettbewerbsfähig sei (Erziehungszollargument). Im Gegensatz zu anderen Zollbegründungen findet der alte Erziehungszollgedanke bis heute Anhänger. Der einfache Grund dafür ist: Gegen das Erziehungszollargument lassen sich keine theoretisch durchgreifenden, sondern nur empirische Bedenken vortragen. Die Möglichkeit, mittels temporären Zöllen einer Industrie über ihre Kinderkrankheiten hinwegzuhelfen (infant industry-Argument) und damit die internationale Arbeitsteilung zu intensivieren, läßt sich nicht leugnen. Die Schwierigkeiten beginnen, wenn man versucht, solche Fälle empirisch nachzuweisen. Fast immer oder häufig wird die Einführung von Zöllen mit dem Erziehungsgedanken begründet, doch fast niemals sind Zölle abgeschafft worden. Wenn eine Industrie der Entwicklungshilfe bedarf, sind nach allen Erfahrungen offen ausgewiesene, das heißt in Demokratien öffentlicher Kritik zugängliche Subventionen einem Zollschutz vorzuziehen. Doch auch dann verbleibt als Frage, wer das Risiko der Einschätzung künftiger Entwicklungen zu tragen hat. In einer freiheitlichen Ordnung liegt dieses Risiko bei den Privaten, nicht beim Staat. In letzter Konsequenz lassen sich deshalb weder Erziehungszölle noch staatliche Zahlungen an bestimmte Industrien, deren Zukunft von bestimmten Politikern auf Kosten der Steuerzahler alimentiert wird, mit den Prinzipien einer freiheitlichen Ordnung in Einklang bringen.

Angesichts des weltweiten Protektionismus - gekennzeichnet durch Zollbarrieren und nichttarifäre Handelsbeschränkungen - scheint es evident, daß die Schaffung regionaler Freihandelsräume ordnungspolitisch nur positiv bewertet werden kann, weil eine Welt mit partiellem Freihandel einer solchen ohne Freihandel überlegen sein dürfte. Genauere Überlegungen zeigen, daß diese

Schlußfolgerung zumindest als kontrovers bezeichnet werden muß. Sie haben ihren Niederschlag in einer schier unübersehbaren Fülle von wissenschaftlichen Beiträgen gefunden, deren bisheriges Ergebnis die ordnungspolitische **Fragwürdigkeit von Zollunionen** ist. Von Zollunionen gehen zwei Wirkungen aus, wie JACOB VINER mustergültig dargelegt hat: Es gibt interne, wohlfahrtssteigernde Wirkungen der Zollbeseitigung (handelsschaffende Effekte) und externe, wohlfahrtsmindernde Wirkungen gegenüber Drittländern (handelsablenkende oder -vernichtende Effekte). Anders ausgedrückt wird der Handel zwischen den Ländern einer Zollunion ausgeweitet, zwischen den Zollunionsländern und den Drittländern eingeschränkt. So mögen aus der Sicht eines Landes, wie der Bundesrepublik Deutschland, einige Produkte aus Italien und Frankreich (z. B. Flugzeuge) gegenüber der Konkurrenz aus überseeischen Ländern früher unterlegen gewesen sein. Mit der Errichtung der EU hat sich die Marktlage verändert, weil die Einfuhren aus Italien und Frankreich keinem Zoll unterliegen, während der Zoll gegenüber Drittländern gleichgeblieben oder im Zuge der Errichtung einer gemeinsamen Außenzollmauer vielleicht noch erhöht worden ist. Spätere Verfeinerungen der Überlegungen von VINER haben die grundsätzliche Einschätzung von Zollunionen nicht mehr verändert. Wegen der gegenläufigen Wirkungen jeder Zollunion ist für die Beurteilung der EG festzuhalten:

⇨ die wirtschaftlichen Gesamtwirkungen (Handelsschaffung versus Handelsablenkung) in den Gemeinschaftsländern sind fraglich, zumindest erklärungsbedürftig,
⇨ von den wirtschaftlichen Gesamtwirkungen müssen die Kosten der EG (für die europäische Bürokratie und die Landwirtschaft) abgezogen werden und
⇨ generelle Zollsenkungen verdienen ordnungspolitisch den Vorzug vor Zollunionen.

Die meisten Autoren neigen zur Ansicht, daß die Handelsschaffung erheblich größer sei als die Handelsablenkung oder -vernichtung. Für diese Einschätzung, die sich wissenschaftlich befriedigend nicht beweisen läßt, sprechen insbesondere die relativ hohen realen Wachstumsraten in allen Ländern der EU nach Errichtung der Zollunion. Der größere Markt scheint economies of scale und technischen Fortschritt induziert zu haben. Diesem möglichen oder wahrscheinlichen Vorteil stehen jedoch zwei erhebliche Nachteile gegenüber: erstens eine wachsende Belastung der Steuerzahler wegen der europäischen Bürokratie und der Konsumenten wegen der Subventionierung (vor allem der Landwirtschaft), zweitens ein Verzicht auf weltweite Zollsenkungen. Während der erste Nachteil keiner Erläuterung bedarf, sei auf den zweiten noch kurz eingegangen. Die Höhe des Außenzolls der EU gehört nicht mehr zur Kompetenz der Mitgliedsländer. Es ist wissenschaftlich aber unstreitig, daß weltweite Zollsenkungen, die z. B. zu den Zielen des bisherigen GATT und seinem Nachfolger WTO gehören, ökonomisch bedeutsamer sind als ein völliger Zollabbau innerhalb von Zollunionen. Diese sind nur dann relativ unproblematisch, wenn das Zollniveau gegenüber Drittländern niedrig ist oder gesenkt werden kann. Gerade diese Fähigkeit besitzen Zollunionen nach allen Erfahrungen nicht. Es ist keine Übertreibung zu sagen, daß die Beseitigung der Binnenzölle mit einer

Verfestigung der Außenzölle und mangelnder Flexibilität, diese zu senken, einhergeht. Aus ökonomischer Sicht wäre - hypothetisch gesehen - eine Halbierung des Zollniveaus zwischen den großen Industrienationen wahrscheinlich einer völligen Beseitigung der Zölle innerhalb der EU vorzuziehen. Es kommt hinzu, daß supranationale Behörden ihre Existenzberechtigung verteidigen, so daß sie einem Freihandel ebenso entgegenstehen wie nationale Bürokratien einem Steuerabbau.

II. Währungspolitik

Währungspolitik als generelle Aufgabe

Die Aufgabe der Währungspolitik besteht generell darin, die internationale Arbeitsteilung in der Güterproduktion zu ermöglichen und zu verbessern. Die Währungspolitik dient dem Außenhandel, hat also eine instrumentelle Funktion. Wie die Handelspolitik darf auch die Währungspolitik nicht losgelöst von der Wirtschaftspolitik eines Landes betrachtet werden, wenn wesentliche Zusammenhänge nicht aus dem Blickfeld geraten sollen. Die Währung eines Landes ist nach vorherrschendem Sprachverständnis gleichbedeutend mit seiner Geldordnung (deshalb auch Währungsordnung). Währungspolitik ist die Bezeichnung für Maßnahmen zur Regelung des Geldumlaufs. Der Begriff wird jedoch häufig im engeren Wortsinn nur auf Mittel bezogen, die auf den Außenwert der Währung einwirken. Gegen diese Begriffsverwendung läßt sich nichts einwenden, sofern nicht vergessen wird, daß währungspolitische Maßnahmen den Binnen- und Außenwert des Geldes beeinflussen, weil in der Regel eine Interdependenz zwischen Inlands- und Auslandswährung besteht. Ein stabiles Preisniveau und feste Wechselkurse können aus der Sicht eines Landes verwirklicht werden, wenn im Ausland Preisniveaustabilität herrscht, die Zahlungsbilanz ausgeglichen ist und die Produktivitätsfortschritte sich international nicht nennenswert unterscheiden - um nur die wichtigsten Voraussetzungen zu nennen. Es leuchtet ohne weiteres ein, daß in Wirklichkeit Binnen- und Außenwert des Geldes nicht zugleich stabil gehalten werden können: Die Währungspolitik im weiteren Sinne kann sich nur darauf konzentrieren, einen der beiden Werte zu stabilisieren, das Preisniveau oder den Wechselkurs - und häufig erreicht sie keines von beiden. Bei der Währungspolitik im engeren Sinne, den Maßnahmen zur Beeinflussung des Außenwertes des Geldes, scheint dieser elementare Zusammenhang oft vergessen zu werden. So sind in Vergangenheit und Gegenwart internationale Vereinbarungen über Währungen getroffen worden, die einen festen Wechselkurs vorsehen, obwohl von vorneherein kein beteiligtes Land bereit war, auf eine Inflation zu verzichten oder gar eine Deflation hinzunehmen. Eine erste, gleichwohl oft mißachtete Aufgabe jeder Währungspolitik scheint deshalb nach allen Erfahrungen, die **Konsistenz von nationalen und internationalen Zielen** zu gewährleisten. Dieses Erfordernis entspringt nicht ordnungspolitischen Grundsätzen, sondern der wirtschaftlichen Ratio.

Eine Währungspolitik, die einem freien Außenhandel dienen soll (Freihandelsprinzip), bedarf einer **internationalen Währungsordnung**, die im Idealfall die gesamte Welt umfaßt. Angesichts unterschiedlicher Wirtschaftssysteme käme man dem Ideal schon hinreichend nahe, wenn es eine funktionierende Weltwährungsordnung gäbe, die alle Länder mit marktwirtschaftlicher Grundausrichtung einschließt. Warum genügen nicht nationale Währungsordnungen, welche Gründe erfordern internationale Vereinbarungen? Ein freier Außenhandel setzt voraus:

⇨ Konvertibilität der Währungen,

⇨ unbeschränkten Kapitalverkehr und

⇨ systemkonforme Mechanismen des Zahlungsbilanzausgleichs.

Erste Voraussetzung eines freien Außenhandels ist Konvertibilität der Währungen. Außenhandel unter marktwirtschaftlich orientierten Ländern findet zwischen Individuen statt. Diese werden nur exportieren und importieren, wenn sie die Erlöse aus dem Export und die Zahlungen für den Import von fremden Währungen in heimisches Geld umtauschen können et vice versa. Ein Exporteur muß aus den Auslandserlösen seine Arbeitskräfte, Lieferanten, Steuern, Sozialabgaben und anderes mehr in Inlandwährung bezahlen können, sollen die Güterausfuhren nicht eingeschränkt werden oder gar zum Erliegen kommen. Ein Importeur kann Güter nur dann in beliebigem Umfang einführen, wenn seiner Devisennachfrage keine Grenzen gesetzt sind. Grenzen für seine Einfuhren ergeben sich daraus - wie in der Außenhandelstheorie nachgewiesen wird -, daß nicht alle Auslandswaren, schon gar nicht auf Dauer, billiger sein können als alle Inlandsangebote. Güterausfuhren und -einfuhren schließen neben Waren auch Dienstleistungen ein. Ein Auslandsurlaub z. B. bedeutet Import von Dienstleistungen, ein Urlauber ist also ein Importeur. Konvertibilität der Währungen heißt - bezogen auf dieses Beispiel -, daß ein Inländer in ein beliebiges Land als Urlauber beliebig lange reisen kann und die Verwirklichung dieses Wunsches nicht an Verweigerungen oder Zuteilungen von Devisen scheitert. Zweite Voraussetzung eines freien Außenhandels ist ein von Beschränkungen freier Kapitalverkehr. Freier Kapitalverkehr und volle Konvertibilität sind nicht identisch, bedingen sich aber gegenseitig. Der internationale Kapitalverkehr hat - wie jeder nationale Kapitalverkehr - die Aufgabe, knappes Kapital an die Orte des dringendsten Bedarfs zu lenken. Eine internationale Arbeitsteilung kann sich nur dann voll entfalten, wenn die Ressourcen nach ihrer Knappheit in Anspruch genommen, die Geldkapitalströme von den höchsten Ertragsraten angezogen werden können. Erst durch einen freien Kapitalverkehr wird eine Ressourcenverteilung möglich, die der weltweiten Arbeitsteilung zum Durchbruch verhilft. Eine dritte Voraussetzung jeder internationalen Währungsordnung ist ein Ausgleichsmechanismus der Zahlungsbilanz, der instrumentell angemessen ist, das heißt, den freien Handel zumindest nicht stört. Wie immer der Zahlungsbilanzausgleich im einzelnen erfolgt, mag dahingestellt sein. Entscheidend ist, daß Zahlungsbilanzüberschüsse und -defizite nicht als Dauerzustand auftreten dürfen und die Anpassungsmechanismen, die zum Zahlungsbilanzgleichgewicht führen, keine Beschränkungen des freien Güter- und Devisenverkehrs erfordern.

Die Ausgleichsmechanismen der Zahlungsbilanz, die **Zahlungsbilanzpoli-**

tik, wird heute als das **Kernstück der Währungspolitik** angesehen. Dieses Aufgabenverständnis ist - historisch gesehen - nicht selbstverständlich und im Hinblick auf vielfältige Erfahrungen erklärungsbedürftig. Die Welt hatte über viele Jahrzehnte hinweg in der Goldwährung eine gut funktionierende internationale Währungsordnung, in der Devisenbewirtschaftungen oder Vorschriften über die Konvertibilität und den Kapitalverkehr unbekannt waren. In der Handelspolitik kam man dem Freihandel nahe. Soweit Zölle erhoben wurden, waren sie minimal. Das Goldwährungssystem brach mit der Weltwirtschaftskrise, die um 1930 einsetzte, endgültig zusammen. Der maßgebliche Grund für die Abkehr von der Goldwährung war, daß sich einige Länder nicht dem Deflationsdruck - damit einer Vergrößerung ihrer Arbeitslosigkeit - aussetzen wollten, der als notwendige Folge einer Verringerung der Goldbestände eintrat. Der Ausgleich der Zahlungsbilanz, den der Goldwährungsmechanismus ohne Eingreifen der Wirtschaftspolitik quasi automatisch bewirkte, wurde nationalen Zielen, insbesondere der Vollbeschäftigung, untergeordnet. Wahrscheinlich hat erst das Ausmaß der Arbeitslosigkeit in der Weltwirtschaftskrise die Einsicht hervorgerufen, daß die Wirtschaftspolitik eines Landes nicht von internationalen Goldbewegungen, die den freien Handel und den Ausgleich der Zahlungsbilanz gewährleisten, abhängig gemacht werden sollte. Die Goldwährung war ein geistreiches System der internationalen Währungsordnung, weil seine Funktionsweise nicht von Entscheidungen der Politiker abhing und von allen Ländern akzeptiert wurde, daß außenwirtschaftliche Währungssicherung nur um den Preis inländischer Währungsschwankungen zu haben ist. Sieht man von den dreißiger und vierziger Jahren ab, in der die Devisenbewirtschaftung und der handelspolitische Bilateralismus zum üblichen Verfahren der Außenwirtschaftspolitik wurden - mit einer Reihe von schwerwiegenden Konsequenzen für den Außenhandel bis in den privaten Bereich hinein -, so ist für die Zeit nach dem Zweiten Weltkrieg zu konstatieren: Richtig wird als Aufgabe erkannt, daß ein freier internationaler Handel des Pendants einer Weltwährungsordnung bedarf. An die Seite des GATT, die als Welthandelsordnung gedacht ist, wird der Internationale Währungsfonds (IWF, auch International Monetary Fund: IMF) gestellt, der den internationalen Handel ermöglichen und erleichtern soll. Diese notwendige Aufgabe wird jedoch nicht widerspruchsfrei gelöst. Ohne auf Einzelheiten der IWF-Statuten einzugehen, sei in Kürze festgehalten: Aus der Goldwährung wird das Prinzip fester Wechselkurse übernommen. Aus der Devisenzwangswirtschaft der vorangegangenen Jahrzehnte ist das System der Devisenkontrolle eingeflossen, denn einem Land ist es erlaubt, seinen Kapitalverkehr nach außen zu kontrollieren. Schließlich kann jedes Land ohne Zustimmung der IWF-Organe oder -Mitglieder seine Währung auf- oder abwerten, ein Element, das aus dem System flexibler Wechselkurse stammt. Hier kommt es nicht darauf an, die Vorgehensweise der Währungspolitik nach dem Zweiten Weltkrieg zu beschreiben oder ordnungspolitisch zu beurteilen, sondern lediglich darzulegen, was dazu geführt hat, daß in der Gegenwart Währungspolitik und Zahlungsbilanzpolitik weitgehend identisch sind. Unbestritten ist, daß es zu den Aufgaben der Währungspolitik in marktwirtschaftlichen Ordnungen gehört, für einen systemkonformen Ausgleich der Zahlungsbilanz zu sorgen, weil anhaltende Zahlungsbilanzüberschüsse oder -defizite den freien internationalen Handel bedrohen. Doch erst die historische Entwicklung und die von ihr beeinflußte Konstruktion der internationalen Währungsordnung verdeutlicht, warum die Zahlungsbilanzpolitik in der Gegenwart ins Zentrum der Währungspolitik gerückt ist.

Zur Realität der Währungspolitik

Die Realität der Währungspolitik sieht, gemessen an den Erfordernissen einer internationalen Währungsordnung als Voraussetzung eines freien Welthandels, insgesamt etwas günstiger aus als die Handelspolitik, in der der Protektionismus ein erhebliches Gewicht besitzt. Der Grund dafür mag sein, daß Beschränkungen des Devisenmarkts nur selten im partiellen Interesse - von Industrien und Regionen - liegen, sondern aus politischen Erwägungen genereller Art und aus zahlungsbilanzpolitischen Notwendigkeiten erfolgen. Im Hinblick auf die Konvertibilität der Währungen läßt sich konstatieren, daß fast alle Länder der freien Welt nach dem Zweiten Weltkrieg die Devisenbewirtschaftung schrittweise abgebaut haben und Ende der fünfziger Jahre die volle Konvertibilität zumindest für Ausländer (Tausch von Devisen in Inlandswährung), in einigen Ländern - wie der Bundesrepublik Deutschland - auch für Inländer (Tausch von Inlandsgeld in Devisen) hergestellt war. Nicht ganz so günstig steht es um den freien Kapitalverkehr, der in vielen Ländern mehr oder weniger großen Einschränkungen unterliegt, wobei die Eingriffsintensität mit den Schwierigkeiten, ein Zahlungsbilanzdefizit auszugleichen, in der Regel zunimmt. Institutioneller Rahmen für die Währungspolitik ist der **Internationale Währungsfonds (IWF)**, der - schon 1944 in Bretton Woods (USA) unter 44 alliierten Ländern vereinbart - nach dem Zweiten Weltkrieg in Kraft trat. Von den großen östlichen Ländern sind bisher nur Rußland, von den westlichen Ländern nur die Schweiz kein Mitglied, aber assoziiert („konstruktive Nichtmitgliedschaft"). Die Ziele des IWF sind insbesondere:
⇨ Wiederbelebung und Stärkung des Welthandels,
⇨ Abbau von Devisenbeschränkungen,
⇨ Wahl eines geeigneten Wechselkurssystems zum Ausgleich der Zahlungsbilanz und
⇨ zentrale Bereitstellung von befristeten Devisenkrediten zur Überbrückung von Zahlungsbilanzstörungen.

Im Hinblick auf die beiden erstgenannten Ziele ist der Internationale Währungsfonds erfolgreich gewesen, zumal wenn man von den Verhältnissen der ersten Jahre nach dem Zweiten Weltkrieg ausgeht. Bei der Verfolgung der zahlungsbilanzpolitischen Ziele, die gleichermaßen bezwecken, anhaltende („fundamentale") Zahlungsbilanzungleichgewichte zu vermeiden, hat das System des IWF jedoch versagt. Der entscheidende Grund dafür ist: Entgegen den Erwartungen der geistigen Väter dieser internationalen Währungsordnung beherrschten nach dem Zweiten Weltkrieg nicht Stagnation und Deflation, sondern Wirtschaftswachstum und Inflation die internationale Szene. Zwischen den einzelnen Ländern entwickelte sich ein beträchtliches Inflationsgefälle. Da die Währungen der Mitgliedsländer des IWF durch feste Wechselkurse mit geringen Bandbreiten verbunden wurden - Bezugspunkt für den Umrechnungskurs war der US-Dollar, für diesen das Gold (Gold-Devisen-Standard) -, entstanden bald anhaltende Zahlungsbilanzungleichgewichte, die im Laufe der Zeit immer häufiger durch Auf- oder Abwertungen beseitigt werden mußten. Zugleich wurde die Bereitstellung von befristeten Zahlungsbilanzkrediten erweitert und erleichtert, so daß die Notwendigkeit, durch binnenwirtschaftliche Maßnahmen für einen Ausgleich der Zahlungsbilanz zu sorgen, abnahm. Im Jahr 1973 ging man faktisch zu frei schwankenden Wechselkursen über, ab 1976 stellten die IWF-Statuten die Wahl des Wechselkurssystems den Mitgliedsländern frei. In den siebziger Jahren konnte der Eindruck entstehen, als hätten die meisten Länder erkannt, daß ein erhebliches internationales Inflationsgefälle und ein inzwischen enorm gewachsenes Potential international mobilen Kapitals („Eurodollargeld") ein hohes Maß an Wechselkursflexibilität unter den wichtigen Währungen der Welt unerläßlich macht. Die Entwicklung der Währungspolitik in der Europäischen Gemeinschaft zeigt indessen: Negative Erfahrungen mit dem Internationalen Währungsfonds haben die Entstehung eines regionalen Festwährungssystems nicht verhindert.

Innerhalb der Europäischen Gemeinschaft hat es seit Anbeginn Bestrebungen gegeben, den Gemeinsamen Markt der Europäischen Wirtschaftsgemeinschaft durch eine Währungsunion zu ergänzen, beide zu einer Wirtschaftsunion zu integrieren, um die Voraussetzungen für die Vereinigten Staaten von Europa zu schaffen. Eine erste Station auf dem Weg zu einer Währungsunion war das **Europäische Währungssystem** (EWS), das 1979 in Kraft trat. Ihm gehörten die Länder der Europäischen Gemeinschaft mit Ausnahme von Griechenland und Portugal an. In den meisten Darstellungen werden die Grundzüge des EWS aus seiner Vorgeschichte (z. B. der „Währungsschlange") entwickelt. Demgegenüber bleibt zu betonen, daß das EWS ein ziemlich getreues Abbild des Internationalen Währungsfonds war. Sieht man von allgemeinen Deklarationen zu den Zielen ab - z. B. Stärkung des Zusammenhalts in der Europäischen Gemeinschaft -, war wirtschaftspolitisch beabsichtigt, den Binnen- und Außenwert der Währungen zu stabilisieren. Deshalb enthielt das EWS zwei Bauelemente des früheren IWF:
⇒ feste Wechselkurse und
⇒ ein umfangreiches System zur Bereitstellung von Zahlungsbilanzkrediten.
Die Währungen der Mitgliedsländer waren untereinander - mit Bandbreiten - festgelegt (Leitkurse). Die Zentralbanken der teilnehmenden Länder hatten die Pflicht, spätestens an den Interventionspunkten (± 2,25%, bei Spanien ± 6% vom Leitkurs) Partnerwährungen in unbegrenzter Höhe zu kaufen bzw. zu verkaufen. Gleichwohl waren Leitkursänderungen vorgesehen, aber - anders als früher beim IWF - an die Zustimmung aller beteiligten Länder gebunden. Zum zweiten Bauelement: Es stand ein umfangreiches Kreditsystem bereit, auf das die Zentralbanken zur Finanzierung ihrer Interventionen zurückgreifen konnten. Wirtschaftspolitische Auflagen wurden mit Zahlungsbilanzkrediten nur in bestimmten Fällen erteilt. Erneute Anstrengungen zur politischen Integration in Europa waren der Anlaß, einen zweiten Schritt ins Auge zu fassen: die Schaffung einer **Europäischen Zentralbank (EZB)** mit einer einheitlicher Währung

(Euro). Nach einem Beschluß der Regierungschefs der Europäischen Gemeinschaft ist die Europäische Währungsunion am 1. Januar 1999 in Kraft getreten. Deren Kennzeichen sind freie Märkte, monetäre Stabilität und finanzpolitische Solidität. Sie soll die letzte Stufe für die Vereinigten Staaten von Europa sein. Mitglieder dieser Union können nur Länder werden, die bei der Preisniveaustabilität, Staatsverschuldung und Wechselkursanpassung strenge Kriterien erfüllen. Die Europäische Zentralbank ist - ähnlich wie die Deutsche Bundesbank - vorrangig der Preisniveaustabilität verpflichtet und politisch unabhängig. Die Realität der Währungspolitik für die Bundesrepublik Deutschland ist deshalb durch zwei Tatsachen gekennzeichnet, nämlich durch Einbindung in die weltweite Ordnung des Internationalen Währungssystems und Einordnung in das Europäische Währungssystem.

Währungspolitik aus ordnungspolitischer Sicht

Die ordnungspolitische Beurteilung der Währungspolitik muß von einer Tatsache ausgehen, auf die ein einzelnes Land keinen Einfluß hat: Weltweit herrscht Inflation, mit ganz unterschiedlichen Inflationsraten in den einzelnen Ländern. Aus der Sicht eines Landes wie der Bundesrepublik Deutschland ist es deshalb unmöglich, den Binnenwert einer Währung, das Preisniveau, und den Außenwert, den Wechselkurs, simultan zu stabilisieren. Wenn Binnen- und Außenwert nicht zugleich gesichert werden können, verbleibt als Frage, welchem Wert ordnungspolitisch Vorrang zukommt. Die Antwort ist eindeutig: dem Binnenwert. Seine Stabilisierung bedeutet nicht, daß Einzelpreise fixiert werden, sondern nur ihr rechnerischer Durchschnitt, das Preisniveau. Ein stabiles Preisniveau ist mit frei schwankenden Einzelpreisen, die es in einer Marktwirtschaft geben muß, durchaus vereinbar. **Ein fester Wechselkurs läßt sich** dagegen **ordnungspolitisch nicht rechtfertigen**. Der Wechselkurs, so wichtig er gesamtwirtschaftlich auch sein mag, ist demgegenüber ein Einzelpreis, der auf dem Markt für ausländische Währungseinheiten, für Devisen, gilt. Es gibt keinen Grund, den Preis für Devisen ordnungspolitisch anders zu beurteilen als den für ein beliebiges sonstiges Gut. Eine Fixierung des Wechselkurses wäre ordnungspolitisch selbst dann bedenklich, wenn die Voraussetzungen für eine simultane Sicherung des Binnen- und Außenwertes einer Währung vorlägen. In einem solchen, praktisch irrelevanten Fall brauchte man überdies keine Wechselkursbindung, weil der Wechselkurs auch ohne Eingriffe stabil bliebe. Die Auffassung, feste Wechselkurse seien ordnungswidrig, soll begründet werden, zumal in der Vergangenheit das Goldwährungssystem als eines von mehreren möglichen Systemen fester Wechselkurse von Vertretern der freiheitlichen Wirtschaftsordnung verteidigt worden ist. Es mag historisch gesehen gute Gründe gegeben haben, die Bindung nationaler Währungen an einen internationalen Goldstandard zu gewährleisten, den Binnenwert insoweit der Außenwertsicherung unterzuordnen. Dies alles kann dahingestellt bleiben, weil die von Papiergeldsystemen geprägte Gegenwart völlig anders aussieht. Eine Wechselkursfixierung würde in einer Welt, die nur noch Inflationen kennt, keinem Land mehr ermöglichen, Preisniveaustabilität zu erreichen oder sich von der weltweiten Inflation zu isolieren, die im Ausland herrschenden Inflationen also zwangsläufig auf das Inland übertragen. Deshalb darf die ordnungspolitische Beurteilung nicht das Wechselkurssystem isoliert betrachten, sondern muß seine unvermeidlichen Wirkungen auf den Binnenmarkt einbeziehen. Mit anderen Worten: Wie ist eine Inflation vom Standpunkt einer freiheitlichen Ordnung zu werten? Eine Inflation gefährdet eine freiheitliche Ordnung, weil sie zu realen Einkommens- und Vermögensumverteilungen führt und unter bestimmten Voraussetzungen, die oft vorliegen, auch Arbeitslosigkeit verursacht. Inflation und Arbeitslosigkeit zugleich, eine Stagflation, die von beträchtlichen Umverteilungswirkungen am Markt erzielter Einkommen und daraus gebildeter Vermögen begleitet wird, diskreditieren eine Wirtschaftsordnung gerade dann, wenn sie nicht Folgen von „Unvollkommenheiten" des Marktes, sondern der Wirtschaftspolitik sind. Es kommt nicht bloß und in erster Linie darauf an, was die wirklichen Ursachen gesamtwirtschaftlich unbefriedigender oder sozial unerträglicher Ergebnisse sind. Bedeutsamer dürfte sein, was breite Bevölkerungsschichten als Ursache ansehen.

Die Ordnungswidrigkeit fester Wechselkurse führt zu einer institutionellen Konsequenz: Eine **Regierung darf keine währungspolitischen Befugnisse haben**. Die Aufgabenverteilung zwischen Regierung und Notenbank folgt in den meisten Ländern der Regel, daß die Regierung für das Wechselkurssystem - oder zumindest für die Bestimmung des Wechselkurses im einzelnen - und die Notenbank für die Preisniveaustabilisierung zuständig ist. Auf die Europäische Währungsunion bezogen heißt dies, daß für die Währungspoltik der Ministerrat und für die Preisniveaustabiltät die EZB zuständig ist. Eine derartige Aufgabenverteilung kontrastiert mit den erklärten gesamtwirtschaftlichen Zielen, insbesondere mit der simultanen Sicherung des Außen- und Binnenwerts einer Währung, wenn nicht zugleich die Einheit im Handeln bei der Verfolgung dieser Ziele garantiert wird. Tatsächlich sind Regierungen und Notenbanken keineswegs zu einheitlichem Handeln verpflichtet, obwohl doch beide Organe eines Staates sind. Eine Regierung bestimmt letztlich den Außenwert ohne Rücksichtnahme auf die Notenbank, diese versucht den Binnenwert zu stabilisieren, wobei von der Regierung festgelegte Wechselkurse eine vorgegebene Bedingung sind. Eine Regierung kann es auf diese Weise einer Notenbank unmöglich machen oder erschweren, Preisniveaustabilität zu erreichen. Anders ausgedrückt besitzt eine Regierung, die eine freie Wahl beim Wechselkurssystem und bei der Bestimmung einzelner Wechselkurse hat, den Hebel für das Ausmaß der Inflation. Eine Notenbank, selbst wenn sie rechtlich und tatsächlich von der Regierung unabhängig wäre, ist kaum in der Lage, ihrer primären Aufgabe nachzukommen, das Preisniveau zu stabilisieren. In der Bundesrepublik Deutschland, aber auch in anderen Ländern, war und ist es jedoch der Wille des Gesetzgebers - nach schlimmen Erfahrungen einer inflationsgeschädigten Bevölkerung -, der Regierung keine Inflation zu erlauben. Die Währungsgesetze waren deshalb so angelegt, einer Inflation durch den inländischen Staat den Weg zu verbauen. Die Möglichkeiten einer „hausgemachten" Inflation sind infolgedessen gesetzlich eng beschränkt worden. Soweit innere Ursachen eine Inflation ermöglichen, basieren sie in der Regel auf Gesetzeslücken oder extensiven Gesetzesauslegungen, jedenfalls nicht auf der ratio legis. Einer

Inflationsverursachung durch ausländische Staaten im Inland sind jedoch kaum Grenzen gesetzt. Dies beruht auf mangelnden Erfahrungen des Gesetzgebers, bei dem es sich auch nur um Personen unterschiedlicher Prägungen handelt, und vor allem auf generellen Fehleinschätzungen von Exportüberschüssen, die traditionell als Devisenpolster angesehen, aus heutiger Sicht aber als Quelle der inländischen Geldmengenexpansion begriffen werden müssen. Wenn es der ordnungskonforme Wille des Gesetzgebers ist, traditionelle Staatsinflationen zu vermeiden, muß die Beliebigkeit von Regierungen, über Wechselkurse und Wechselkurssysteme zu befinden, beseitigt werden. Mit anderen Worten darf ausländischen Regierungen über Wechselkursfestsetzungen einer inländischen Regierung nicht erlaubt werden, was dieser selbst verboten ist: eine Inflation im Inland auszulösen und ihr Ausmaß zu bestimmen. Die Währungspolitik wirkt stets auf die Binnen- und Außenwirtschaft ein. Wenn der Einfluß der Regierung auf die Preisniveauentwicklung ausgeschaltet werden soll, muß konsequenterweise auch ihre Möglichkeit, ausländische Inflationen im Inland zu ermöglichen, beseitigt werden. Das beste Mittel, Auslandsinflationen aufs Inland zu übertragen, ist die Wechselkurspolitik. Erst durch flexible Wechselkurse, die nicht dem Zugriff der Regierung unterliegen dürfen, wird gewährleistet, daß die Inflationspolitik eines beliebigen Staates nicht eine Inflation in einem Lande nach sich zöge, das auf Preisniveaustabilität Wert legt. Aus solchen Gründen sollte - was ordnungspolitisch konsequent wäre -, der EZB auch die Wechselkurspolitik übertragen werden.

III. Entwicklungspolitik

Entwicklungspolitik als Teil der Außenwirtschaftspolitik

Der dritte und jüngste Zweig der Außenwirtschaftspolitik ist die Entwicklungspolitik. Unter Entwicklungspolitik wird hier die Gesamtheit aller staatlichen Maßnahmen verstanden, mit denen der wirtschaftliche und soziale Standard in Entwicklungsländern gehoben werden soll. Entwicklungspolitik hat in der Wirtschaft ihren Schwerpunkt, ist aber nicht auf diese begrenzt. Sie wird zum einen von den Entwicklungsländern selbst, zum anderen von hoch entwickelten, fortgeschrittenen Ländern - direkt oder indirekt über internationale Organisationen (z. B. der Weltbank) - getragen. Die folgenden Ausführungen beschränken sich auf die Entwicklungspolitik der fortgeschrittenen Länder. Zuvor sei erläutert, **was Entwicklungsländer sind** und aus welchen Gründen die traditionelle Handels- und Währungspolitik seit einigen Jahrzehnten durch eine besondere Entwicklungspolitik ergänzt wird. Nach üblichem Sprachgebrauch bezeichnet man als Entwicklungsländer - früher oft „unterentwickelte" Länder genannt - solche Staaten der Erde, in denen das Realeinkommen pro Kopf niedrig liegt („arme" Länder), verglichen mit den fortgeschrittenen Ländern Nordamerikas, West- und Mitteleuropas und einigen Ländern Asiens (Japan), Afrikas (Südafrika) und Ozeaniens (Australien, Neuseeland). Mit Ausnahme der letzten drei liegen alle fortgeschrittenen Länder auf der nördlichen Erdhalbkugel (Nord-Süd-Gefälle). Die weitaus meisten Länder der Erde sind

24. Außenwirtschaftspolitik

Entwicklungsländer - von den gegenwärtig über 200 Mitgliedern der Vereinten Nationen etwa 140), in denen etwa 70% der Weltbevölkerung lebt. Der größte Teil der Welt gilt als arm und - was häufig damit verbunden wird - als hilfsbedürftig. Es ist jedoch evident, daß der Einteilung der Welt nach dem Pro-Kopf-Einkommen in zwei Gruppen von armen und reichen Ländern einige Probleme anhaften, von denen zwei hervorgehoben seien. Erstens dürfte für viele Entwicklungsländer eine wirtschaftliche Dualität bei der Güterversorgung typisch sein. Ein Teil der Güterversorgung geht über den Markt (Verkehrs- oder Tauschwirtschaft) und wird in der Volkseinkommensstatistik erfaßt, ein anderer Teil, der in einigen afrikanischen Ländern auf die Hälfte der Gesamtproduktion geschätzt wird, dagegen nicht (Selbstversorgungs- oder Subsistenzwirtschaft). Die statistisch erfaßten Pro-Kopf-Einkommen muß man entsprechend nach oben korrigieren, was in der Regel nicht bedeutet, daß aus armen Ländern reiche werden. Zweitens sind die Einkommensunterschiede zwischen den Entwicklungsländern erheblich größer als zwischen einigen relativ gut gestellten Entwicklungsländern und weniger wohlhabenden fortgeschrittenen Ländern.

Es ist naheliegend, nach den Ursachen zu fragen, warum es unstreitig wirtschaftlich ganz arme und sehr reiche Länder auf der Erde gibt. Auf die Ursachenanalyse kann hier schon deswegen nicht näher eingegangen werden, weil es eine fast unübersehbare Zahl unterschiedlicher ökonomischer und nichtökonomischer Erklärungen dafür gibt, weshalb in den meisten Ländern die Unterentwicklung bisher nicht überwunden werden konnte (Entwicklungstheorien). Indessen sei eine Begründung aufgegriffen, die im Schrifttum oft stärker als andere betont und zur Begründung der Entwicklungspolitik herangezogen wird, nämlich die **These vom Teufelskreis der Armut**, die vor allem von HANS WOLFGANG SINGER, RAGNAR NURSKE und GUNNAR MYRDAL konzipiert wurde. Die These existiert in verschiedenen Versionen. Ihr gemeinsamer Tenor ist: Weil Entwicklungsländer heute arm seien, blieben sie auch zwangsläufig in der Zukunft arm. So erlaube das geringe Einkommen keine Ersparnis, weshalb die für ein Wirtschaftswachstum nötigen Investitionen unterblieben. Die unzureichende Kapitalausstattung habe eine niedrige Produktivität und damit eine geringe Bezahlung zur Folge, womit sich der Teufelskreis schließe. Mitunter wird in der Argumentation auf die engen Konsumgütermärkte der Länder mit niedrigem Einkommen abgestellt, die eine größere Arbeitsteilung und damit eine höhere Produktivität verhinderten, oder auf den Zusammenhang zwischen ungenügender Ernährung, geringer körperlicher Leistungsfähigkeit und Produktivität. Die These vom circulus vitiosus der Armut dient zugleich zur Begründung der Entwicklungspolitik: Da die Entwicklungsländer sich nicht - wie Münchhausen am eigenen Schopf - aus der Misere selbst befreien könnten, müßten sie durch staatliche Hilfen der fortgeschrittenen Staaten massiv unterstützt werden, wenn ein Dritter Weltkrieg oder zumindest international unerträgliche Spannungen zwischen armen und reichen Ländern vermieden werden sollten. Eine kritische Würdigung der These vom Teufelskreis der Armut kann nicht übersehen, daß die skizzierten Argumente im Einzelfall durchaus die Realität zutreffend beschreiben. Als generelle Begründung für den Zustand und die Möglichkeiten der Entwicklungsländer ist sie jedoch völlig unannehmbar und damit auch als pauschale Begründung für öffentliche Entwicklungshilfe hinfällig. Die Vertreter dieser These hätten sich fragen müssen, wieso die fortgeschrittenen Länder, die als solche nicht „auf die Welt gekommen sind", in der Vergangenheit den „take off" von einem niedrigen Entwicklungsstand ohne Hilfe anderer Länder geschafft haben und warum es in der Gegenwart eine nicht geringe Zahl von Entwicklungsländern gibt, die weitgehend ohne fremde Hilfe, mitunter gegen internationalen Widerstand, zum „Schwellenland" geworden und noch nicht ans Ende der Entwicklung gekommen sind (z. B. Südkorea und Taiwan). Das Gegenargument, wenn Entwicklungsländer schon wüchsen, bliebe ihr Wachstum hinter dem der fortgeschrittenen Länder zurück, so daß sich der Abstand zwischen armen und reichen Ländern vergrößere, ist in dieser Pauschalität ebenfalls unhaltbar. Soweit es überhaupt einigermaßen verläßliche Zahlen, aber auch sonstige Erkenntnisse über Entwicklungsländer gibt, läßt sich konstatieren: Einige Entwicklungsländer sind schneller, andere langsamer als fortgeschrittene Länder gewachsen. Es ist unmöglich anzugeben, ob die Entwicklungsländer insgesamt langsamer gewachsen sind als die fortgeschrittenen Länder - wie die Vertreter der Teufelskreishypothese behaupten - oder schneller, zumal in Entwicklungsländern dem qualitativen Wachstum, das sich in Zahlen nicht fassen läßt, eine erhebliche Bedeutung zukommt.

Die plausibelsten **Begründungen für staatliche Hilfen der fortgeschrittenen Länder** an Entwicklungsländer findet man, wenn vor allem die Interessen der Geberländer ins Auge gefaßt werden. Ökonomische Gründe spielen dabei nicht die entscheidende Rolle. Auffällig ist zunächst, daß die Entwicklungspolitik erst nach dem Zweiten Weltkrieg international eine größere Bedeutung gewonnen hat. Damit soll nicht gesagt werden, in früheren Zeiten habe es überhaupt keine Entwicklungspolitik gegeben. Weltweite Ausmaße konnte die Entwicklungspolitik jedoch nur wegen neu auftretender Gründe gewinnen, zu denen vor allem zu rechnen sind:

⇨ der Zerfall der Kolonialimperien,

⇨ der Ost-West-Konflikt und

⇨ die weltweite Kommunikation durch moderne Verkehrsmittel und Massenmedien.

Zum ersten Grund: Vor allem Großbritannien und Frankreich besaßen vor dem Eintritt in den Zweiten Weltkrieg noch eine beträchtliche Zahl von Kolonien, auch wenn sich die Auflösung dieser Kolonialimperien seit dem Ersten Weltkrieg abzeichnete. Deshalb kann es nicht verwundern, daß die Entwicklungshilfe dieser beiden Länder, jedenfalls soweit sie direkt (bilateral) erfolgt, praktisch ausschließlich ehemaligen Untertanen gewährt wird, um den wirtschaftlichen, politischen und kulturellen Einfluß aufrechtzuerhalten. Zum zweiten Grund: Zwischen den Ländern des Ostblocks und der freien Welt entwickelte sich ein Wettlauf um die Länder der Dritten Welt, weil diese eine strategisch wichtige Lage haben und überdies in zahlreichen internationalen Organisationen (z. B. der UNO) Vollmitglieder sind. Der Wettlauf verschärfte sich, als die Versuche der Großmächte USA und UdSSR, von der jeweiligen anderen Großmacht zu respektierende Einflußräume zu schaffen, fehlschlugen, die UdSSR in der westlichen Hemisphäre, die USA in der östlichen sich Stützpunkte verschaffen konnten. Entwicklungspolitik pervertierte zu einem Instrument der globalen Strategie, dessen Einsatz regelmäßig humanitär und sozial begründet, tatsächlich aber militärisch und politisch für erforderlich gehalten wird. Die enorme Expansion der Entwicklungshilfe geht zu einem Teil auf diesen Umstand zurück, auf die Befürchtung der Großmächte und anderer Geberländer, an Einfluß in Ländern der Dritten Welt zu verlieren, und auf die Drohung von Entwicklungsländern, den „Partner" zu wechseln, wenn bestimmte Ansprüche nicht erfüllt werden. Mit dem Zerfall des Ostblocks hat der zweite Grund an Bedeutung verloren. Zum dritten Grund: Die modernen Verkehrsmittel - vor allem das Flugzeug - und die Massenmedien - insbesondere das Internet, Funk und Fernsehen - haben die Welt näher zusammengerückt und für breite Bevölkerungsschichten überschaubarer als bisher gemacht. Es gibt nur wenige Winkel in der Welt, in denen nicht wenigstens grobe Vorstellungen über die Verhältnisse an anderen Orten des Erdteils bestehen. „Eine Welt", die durch Kommunikation „entsteht" und sich so versteht, ist mit der Realität, in der es arme und reiche Länder gibt, ebensowenig spannungsfrei auf einen Nenner zu bringen wie bekannte krasse Einkommensunterschiede in einem Land. Zu diesen drei Gründen kommen ergänzend, doch nicht ausschlaggebend andere hinzu, so die Absicht, durch Entwicklungspolitik die Handelsbeziehungen zu festigen oder existentielle Nöte, z. B. nach Naturkatastrophen, zu mildern. Es versteht sich, daß die politische Führung vor allem in Demokratien solche Gründe stark betont, um die häufig unbeliebte öffentliche Entwicklungshilfe zu rechtfertigen.

Zur Realität der Entwicklungspolitik

Wirtschaftliche **Entwicklungshilfe** wird als
⇨ Kapitalhilfe,
⇨ Technische Hilfe und
⇨ Nahrungsmittelhilfe
gewährt. Den größten Anteil hat die Kapitalhilfe, deren primäre Intention ist, Investitionen in Entwicklungsländern zu ermöglichen. Die Abwicklung dieser Hilfe obliegt in der Bundesrepublik Deutschland der Kreditanstalt für Wiederaufbau (KfW). Diese Hilfe - meistens Kredite - wird nach internationaler Praxis nicht selten mit Lieferbindungen gekoppelt, das heißt mit der Auflage verbunden, in bestimmter Höhe Waren im Geberland zu kaufen. Die Technische Hilfe soll den Transfer von Wissen und Können ermöglichen, um das in Entwicklungsländern vorhandene wirtschaftliche Potential zu nutzen. Der Schwerpunkt liegt in personellen Maßnahmen (z. B. Entsendung von Experten oder Stipendien für Studenten aus Entwicklungsländern) und in der Vermittlung moderner Technologie für geförderte Projekte. Technische Hilfe wird überwiegend aus Zuschüssen finanziert. Die Nahrungsmittelhilfe, die relativ unbedeutend ist und nur zeitweilig einen Anteil von 20% der gesamten Entwicklungshilfe ausmacht, dient den Entwicklungsländern zur Bekämpfung der Unterernährung, von der nach realistischen Schätzungen etwa 500 Millionen Menschen - ungefähr 10% der Weltbevölkerung - betroffen sind, und den fortgeschrittenen Ländern als Ventil zur Lösung ihrer landwirtschaftlichen Überschußpro-

bleme.

Zur Realität der Entwicklungspolitik gehört eine **nationale und internationale Bürokratie** der Entwicklungspolitik. Das Ausmaß dieser Bürokratie wird kaum zur Kenntnis genommen, noch seltener ökonomisch gewürdigt. Da die Entwicklungsländerpolitik aus wirtschaftlicher Sicht nichts anderes als eine internationale Einkommensredistribution darstellt, war es fast unausweichlich, daß sich Verteilungskämpfe entwickelten, deren Interessenvertreter auf beiden Seiten sich vor allem international ähnlich wie die bei einer nationalen Redistribution organisierten. Es gibt Fordernde, die die Moral (die „Ungerechtigkeit" des Bestehenden), die Historie (vor allem koloniale „Sünden" der Vergangenheit) und alle sonst greifbaren Argumente bemühen, und Geforderte, die sich den vorgetragenen Argumenten nicht völlig verschließen, ihnen oft hilflos gegenüberstehen oder sie sich aus Eigeninteresse zunutze machen. Diese Rollenverteilung ist seit vielen Jahren für alle weltweiten Organisationen typisch, insbesondere für die Vereinten Nationen (UNO) und ihre zahlreichen Sonderorganisationen, von denen für die Entwicklungspolitik die Internationale Bank für Wiederaufbau und Entwicklung (IBRD) mit ihren Tochtergesellschaften Internationale Finanzgesellschaft (IFC) und Internationale Entwicklungsgesellschaft (IDA), der Internationale Währungsfonds (IWF), die Organisation für industrielle Entwicklung (UNIDO) und die Welthandelskonferenz (UNCTAD) erwähnt seien. Allein unter dem Generalsekretär der UNO arbeiten über 7000 Beamte. Die Gesamtzahl der Verwaltungsangestellten in allen UNO-Organisationen, die vorrangig oder ausschließlich mit Entwicklungsländern befaßt sind, dürfte jedoch ein Vielfaches betragen. Die Finanzierung dieser riesigen und aufwendigen Bürokratie erfolgt fast ausschließlich durch die Steuerzahler demokratisch regierter Länder. Zu den weltweiten Organisationen kommen international regionale Bürokratien, soweit sie mit der Entwicklungspolitik befaßt sind (z. B. OECD, EU), ebenso hinzu wie nationale, in der Bundesrepublik Deutschland z. B. das Bundesministerium für wirtschaftliche Zusammenarbeit (BMZ) mit zahlreichen Unterorganisationen, von denen neben der schon genannten Kreditanstalt für Wiederaufbau (KfW) die Deutsche Gesellschaft für Technische Zusammenarbeit (GTZ) erwähnt sei. Es widerspräche allen Lebenserfahrungen, wenn nicht davon ausgegangen würde, daß die Bürokratie der Entwicklungspolitik die aufgebrachten Mittel der Steuerzahler aus den Geberländern in einem erheblichen Umfang selbst aufzehrt. Die internationale Umverteilungsbürokratie, deren Finanzierungskosten schneller ansteigen als die aufgebrachten öffentlichen Mittel, hat den Charakter einer Industrie, die nicht primär an den Interessen der Geber- und Nehmerländer, sondern vor allem an denen der Beschäftigten der entwicklungspolitischen Einrichtungen orientiert sein dürfte.

Zu den ökonomischen Merkmalen fortgeschrittener Länder gehört eine breite Produktionspalette, zu denen der Entwicklungsländer eine schmale, manchmal eine „Monokultur" bei der Rohstoffproduktion (z. B. Erdöl, Zucker, Kaffee und Kautschuk). Das erklärte Ziel und Interesse der Entwicklungsländer ist deshalb, die fortgeschrittenen Länder zur **Subventionierung von Rohstoffen** heranzuziehen. Dieses Ziel läßt sich je nach Umständen auf verschiedenen Wegen erreichen, vor allem - erstens - durch internationale Kartelle und - zweitens - Rohstoffonds. Erstens: Das bekannteste Beispiel für internationale Kartelle ist die 1960 gegründete Organisation der Erdöl exportierenden Länder (Organization of the Petroleum Exporting Countries: OPEC), zu der die größten Ölausfuhrländer der Welt gehören. Bei der Gründung waren alle OPEC-Mitglieder arme Entwicklungsländer, heute verfügen die meisten über ein Pro-Kopf-Einkommen, das im Durchschnitt doppelt so hoch liegt wie das der meisten fortgeschrittenen Industriestaaten. International hat sich damit nichts anderes vollzogen als bei einem Preiskartell, das es wegen der relativ unelastischen Nachfrage nach seinem Produkt verstanden hat, die Einkommensverteilung zu seinen Gunsten zu ändern. Davon waren nicht nur die fortgeschrittenen Länder betroffen, sondern auch die Entwicklungsländer - einer Konsequenz, der die OPEC-Länder durch ein eigenes Programm zur Entwicklungshilfe begegnen. Die Kartellkonsequenzen sowie deren Abmilderung für Entwicklungsländer verdeutlichen eindeutig genug, daß das Ziel die Heranziehung der fortgeschrittenen Länder zur Subventionierung von Rohstoffen ist, auch wenn es in der zeitlichen Strategie bei der Verfolgung dieses Zieles Auffassungsunterschiede unter den OPEC-Staaten gibt. Zweitens: Soweit die Voraussetzungen für internationale Kartelle - vor allem keine kurzfristig verfügbaren Substitute für das Kartellprodukt und keine nennenswerten Außenseiter - fehlen, haben sich die Entwicklungsländer darauf konzentriert, die fortgeschrittenen Länder über Rohstoffonds zur Subventionierung zu gewinnen. Die fortgeschrittenen Länder sind bereit, einen Rohstoffonds überwiegend (zu 70%) zu finanzieren, obwohl sie bei den Entscheidungen des Fonds nur über 40% der Stimmen verfügen. Wie in anderen weltweiten Organisationen tragen die fortgeschrittenen Länder der westlichen Welt die finanziellen Lasten, während die Entwicklungsländer die Entscheidungsmehrheit haben.

Entwicklungspolitik aus ordnungspolitischer Sicht

Es ist in einer kurzen Beurteilung der Entwicklungspolitik nicht möglich, die vielschichtigen Probleme der Entwicklungsländer und ihrer Beziehungen zu den fortgeschrittenen Ländern zu würdigen. Deshalb seien nur drei Komplexe behandelt, die ordnungspolitisch im Vordergrund stehen, und die an folgende Thesen anknüpfen:
⇨ Die Entwicklung eines Landes kann letztlich nur durch das Land selbst geleistet werden.
⇨ Die Entwicklungshilfe ist ein knappes Gut, ihr Einsatz auf bestimmte Fälle zu beschränken.
⇨ Das wirtschaftlich beste Exportgut der fortgeschrittenen Länder ist eine freiheitliche Ordnung, die auf die gewachsene Ordnung in den Entwicklungsländern Rücksicht nimmt.

Die Entwicklung eines Landes läßt sich durch Entwicklungshilfe unter Umständen unterstützen, aber letztlich nur durch eigene Anstrengungen erreichen. Damit sind der Entwicklungspolitik **eindeutige Grenzen** gesetzt, gemessen an ihren eigenen Zielen. Zwar wird der Grundsatz, Entwicklungspolitik könne nur Hilfe zur Selbsthilfe sein, allenthalben betont, in der Vergabepraxis der öffentlichen Auslandshilfe jedoch mißachtet. Die bilateralen und multilateralen Zuschüsse und Kredite orientieren sich an Kriterien, die aus ökonomischer Sicht nicht nachzuvollziehen sind. Daß Länder mit einem niedrigen Pro-Kopf-Einkommen im Durchschnitt höhere Zuschüsse erhalten als Länder mit einem mittleren Einkommen, scheint zunächst plausibel, hält aber ökonomisch genaueren Überlegungen nicht stand. Für die Frage, ob sich ein Land wirtschaftlich entwickeln läßt, kommt es auf eine Reihe von Umständen an (z. B. Rohstoffreserven, klimatische Verhältnisse, Arbeitswilligkeit der Bevölkerung, Durchsetzbarkeit von rechtlichen und organisatorischen Voraussetzungen in oft historisch gewachsenen Stammesgesellschaften), die es geradezu ausschließen, die jeweilige Höhe des Pro-Kopf-Einkommens zum maßgeblichen Kriterium zu wählen. Soweit innerhalb von Ländergruppen - gestaffelt nach der Höhe des Einkommens - differenziert wird, läßt sich keine Systematik erkennen, daß die unterschiedliche Behandlung auf der Einschätzung des Entwicklungspotentials beruht. Im Gegenteil ist zu konstatieren, daß fast alle Staaten, die sich nach dem Zweiten Weltkrieg aus dem Zustand der Unterentwicklung befreien konnten und heute zu den Schwellenländern oder fortgeschrittenen Nationen gehören - von Japan über Thailand bis zur Elfenbeinküste - mit öffentlicher Entwicklungshilfe kaum oder nur unterdurchschnittlich bedacht worden sind. Zwischen der Höhe der ausländischen Entwicklungshilfe und der wirtschaftlichen Entwicklung eines Landes besteht generell keine eindeutig positive Korrelation. Es gibt einerseits eine nicht geringe Zahl von Ländern, die eine wirtschaftliche Entwicklung ohne nennenswerte Auslandshilfe geschafft haben, und andererseits eine große Zahl von Entwicklungsländern, die trotz massiver Hilfen in der wirtschaftlichen Armut verharren. Dieses Faktum widerspricht der gängigen Auffassung in den Geberländern, in denen man bisher nicht hinreichend zur Kenntnis genommen hat, daß aus Gründen, die außerhalb menschlicher Möglichkeiten liegen, es immer reiche und arme Länder geben wird. Eine internationale Einkommensgleichheit ist ebensowenig zu erreichen wie eine nationale. Eine Entwicklungspolitik, die sich solche Ziele steckt, ist vom Standpunkt einer freiheitlichen Ordnung abzulehnen und wirtschaftlich irreal.

Jede öffentliche Entwicklungspolitik stellt eine Übertragung von Kapital vom Inland auf das Ausland dar (Ressourcentransfer), das in den Geberländern Individuen zwangsweise entzogen wird, anders als bei der privaten Entwicklungspolitik, die auf freiwilligen Leistungen beruht. Soweit die Entwicklungshilfe ökonomisch begründet wird, wäre es ihre **Aufgabe, ein knappes Gut an den international optimalen Standort zu lenken.** Dann ist jedoch nicht einzusehen, warum es eine öffentliche Entwicklungspolitik neben privaten Transaktionen gibt. Denn die privaten Kapitalströme orientieren sich unter Berücksichtigung der Risiken an Orten, die international die jeweils höchsten Erträge abzuwerfen versprechen. Ob die Erwartungen für eine private Kapitalanlage sich als richtig erweisen, kann dahingestellt bleiben. Da es keine ökonomischen Gründe für eine öffentliche Entwicklungshilfe gibt, bleibt zu fragen, warum Geberländer überhaupt Auslandshilfe gewähren. Mit einer freiheitlichen Ordnung wäre es durchaus vereinbar - nicht nur national, sondern auch weltweit -, die Sicherung des physischen Existenzminimums zu gewährleisten. Dieser

Aufgabe, der sich bemerkenswerterweise vor allem karitative und kirchliche Einrichtungen annehmen, kommt in der Entwicklungspolitik nur eine untergeordnete Bedeutung zu. Da eine ökonomische Begründung der Entwicklungspolitik, verstanden als öffentliche Hilfe der Geberländer, nicht zu erkennen ist, und die Sicherung der physischen Existenz von Menschenleben keine entscheidende Rolle spielt, bleibt als Erklärung, daß politische und militärische Gründe die tatsächlich entscheidenden Motive sind. Zu solchen Gründen läßt sich aus der Sicht der Wissenschaft nichts aussagen. Damit werden jedoch Überlegungen nicht ausgeschlossen, die mit der Gewährung und Verteilung der öffentlichen Hilfen einhergehen. Durch öffentliche Entwicklungshilfe greift das Geberland zwangsläufig in die politische Willensbildung des Entwicklungslandes ein, dies um so mehr, je bedeutsamer die Auslandshilfe für die Existenz der jeweiligen Regierung ist. Ob man mit solchen Hilfen sich andere Länder politisch und militärisch gewogen machen kann, muß nach allen Erfahrungen bezweifelt werden. Öffentliche Entwicklungshilfe scheint eher den Argwohn zu erhöhen, der zwischen Gebern und Nehmern und zudem unter diesen besteht - eine Beobachtung, die sich auch bei nationalen Redistributionen konstatieren läßt. Die Kalkulation, mit der öffentlichen Entwicklungshilfe würden Sympathien für das Geberland erworben, ist schon deshalb häufig nicht aufgegangen, weil von Zuwendungen ein bei der Bevölkerung unbeliebtes Regime gestützt und breiten Schichten sichtlich nicht geholfen wurde. Bei den häufigen Regimewechseln und Revolutionen in den meisten Entwicklungsländern nehmen Geberländer in Kauf, von den jeweils neuen Regierungen auch noch auf die Anklagebank gesetzt zu werden. Gegen die massive öffentliche Unterstützung spricht nicht zuletzt die riesige Entwicklungsbürokratie, an deren Existenz die Politiker und Verwaltungen in Geber- und Nehmerländern gleichermaßen interessiert sind, die aber wie jeder Redistributionsapparat die Umverteilungsmasse ganz erheblich reduziert.

Viel zu wenig beachtet wird, daß **das beste** wirtschaftliche „**Exportgut**" der fortgeschrittenen Länder **die freiheitliche Ordnung** ist. Die öffentliche Entwicklungshilfe stellt nicht das einzige und nicht das wichtigste Mittel der Förderung dar, ist aus den genannten Gründen vielmehr problematisch. Für die Übertragung der Vorteile einer freiheitlichen Ordnung auf Entwicklungsländer sprechen nicht dogmatische Erwägungen, sondern eindeutige Erfahrungen. Keinem Land der Erde ist es bisher gelungen, mit sozialistischer Wirtschaftsplanung die weite Strecke von der Unter- zur Hochentwicklung zu durchschreiten. Unter den fortgeschrittenen Ländern gibt es kein einziges sozialistisches Land, allenfalls ein Ölexportland mit hohem Pro-Kopf-Einkommen nach der Verstaatlichung der privaten Industrie (Algerien). Dagegen fehlt es nicht an Beispielen für eine wirtschaftliche Entwicklung, die sich auf die marktwirtschaftliche Ordnung stützt. Als unstreitig darf gelten, daß in vielen Entwicklungsländern derzeit wichtige Voraussetzungen für eine marktwirtschaftliche Ordnung fehlen und daß sich diese Voraussetzungen oft nur schwer schaffen lassen. So kann eine marktwirtschaftliche Ordnung z. B. auf Unternehmer und auf eine marktorientierte Güterproduktion nicht verzichten. Die häufige Behauptung, in vielen Ländern fehle eine Unternehmerschicht westlichen Zuschnitts oder das Verlangen, die Erträge aus eigenen Bemühungen zu ziehen, mag beim ersten Eindruck richtig sein, erweist sich jedoch unter anderen gesellschaftlichen und rechtlichen Rahmenbedingungen oft als haltlos. Diese und nicht die Motive des Individuums bilden in der Regel eine Schranke für private Aktivitäten. Daraus wird jedoch häufig der unzulässige Umkehrschluß gezogen: Wenn die Voraussetzungen für eine marktwirtschaftliche Ordnung nicht vorliegen, muß an die Stelle des Marktes die staatliche Planung treten. Dieser Schluß übersieht, daß die Mängel, die den Marktmechanismus verhindern, sich potenziert auf eine staatliche Planung auswirken können. Nimmt man noch hinzu, daß es auch in einer freiheitlichen Ordnung Aufgaben gibt, die vom Staat oder von ihm kontrollierten Körperschaften übernommen werden müssen, läßt sich schwer erkennen, welche wirtschaftlichen Vorteile von einer zentralgeplanten Wirtschaft ausgehen können. Denn die Etablierung einer marktwirtschaftlichen Ordnung bedeutet nicht die Herstellung der Voraussetzungen vollständiger Konkurrenz und nicht die Sicherstellung des PARETO-Optimums, sondern die Steuerung knapper Ressourcen durch den Markt. So unterschiedlich die Verhältnisse in den Entwicklungsländern sein mögen: Es gibt keinen durchgreifenden Einwand gegen die grundsätzliche Möglichkeit, eine marktwirtschaftliche Ordnung zunehmend einzurichten und ihr entgegenstehende Hemmungen abzubauen. Die Anwendbarkeit und Leistungsfähigkeit der marktwirtschaftlichen Ordnung in verschiedenen Entwicklungsländern ist eindeutig erwiesen, so daß das Schwergewicht der Entwicklungspolitik fortgeschrittener Länder nicht im öffentlichen Ressourcentransfer liegen sollte. Was den Entwicklungsländern auf Dauer wirklich hilft, ist eine Aktivierung ihres Entwicklungspotentials, sofern sie dies wünschen. Dazu gibt es kein besseres Mittel als eine freiheitliche Ordnung.

Literaturempfehlungen zum vierten Teil

P. T. BAUER, Entwicklungsländer (II). Ökonomische Problematik, in: Handwörterbuch der Sozialwissenschaften, 3. Bd., Stuttgart 1961.

M. BORCHERT, Außenwirtschaftslehre. Theorie und Politik, 7. A., Wiesbaden 2001.

U. BROLL, Internationaler Handel, 2. A., München-Wien 1998.

R. CLAPHAM, Marktwirtschaft in Entwicklungsländern. Zur Anwendung und Leistungsfähigkeit des marktwirtschaftlichen Konzeptes, Freiburg i. Br. 1973.

E. GÖRGENS, Entwicklungshilfe und Ordnungspolitik. Eine theoretisch-empirische Wirkungsanalyse unter besonderer Berücksichtigung Schwarzafrikas, Bern-Stuttgart 1983.

G. VON HABERLER, Der internationale Handel. Theorie der weltwirtschaftlichen Zusammenhänge sowie Darstellung und Analyse der Außenhandelspolitik, Berlin 1933.

H. R. HEMMER, Wirtschaftsprobleme der Entwicklungsländer. Eine Einführung, 2. A., München 1988.

A. KONRAD, Zahlungsbilanztheorie und Zahlungsbilanzpolitik, München 1979.

H. LUCKENBACH (Hrsg.), Theorie der Außenwirtschaftspolitik, Berlin-Heidelberg-New York 1979.

K. ROSE - K. SAUERNHEIMER, Theorie der Außenwirtschaft, 14. A., München 2006.

Symbolverzeichnis

Teil I (Grundlagen der Volkswirtschaftslehre) und Teil II (Mikroökonomie)

1. *Großbuchstaben*

A	Gesamtausgaben des Haushalts
A'	Grenzausgabe des Haushalts
B	Anzahl der nachfragenden Haushalte
C	Ausgaben für Konsumgüter
dC/dY	marginale Konsumquote
D	Nachfrage(kurve)
E	Gleichgewicht
EKK	Einkommen-Konsum-Kurve
G	Gewinn
I	Ausgaben für Investitionsgüter
K	Kosten
K'	Grenzkosten
K_f	Fixe Kosten
K_v	Variable Kosten
DK	Durchschnittliche Kosten
DTK	Durchschnittliche totale Kosten
DVK	Durchschnittliche variable Kosten
KDK	Kurzfristige Durchschnittskosten
LDK	Langfristige Durchschnittskosten
TDK	Sehr langfristige totale Durchschnittskosten
LK'	Langfristige Grenzkosten
ΔK	Nettoeffekt der Kassenhaltung
M	Geldmenge
N	Index der Nominaleinkommensänderung
O	Produktionsmenge
P	Preisniveau
P_r	Profit
PKK	Preis-Konsum-Kurve
Q	Gesamtwirtschaftliche Gütermenge
R	Gesamterlös des Unternehmens
R'	Grenzerlös
S	Angebot(skurve)
S	Sparen
S/Y	Sparquote

T	Stand des angewandten technischen Wissens
U	Güterwert im Kreislauf
V	Umlaufgeschwindigkeit des Geldes
W	Vermögen
X	Kombinationen der Gütereigenschaften
Y	Volkseinkommen
Z	Zum Kauf verwandte Geldmenge

2. *Kleinbuchstaben*

c	Konsumsumme
d	konjekturale Nachfrage(kurve)
e	Irrtumsgröße
i	Zinssatz
l	Preis eines Produktionsfaktors
p	Preis eines Gutes
q^d	Vom Haushalt nachgefragte Menge eines Gutes
q^s	Vom Unternehmen angebotene Menge eines Gutes
s	Sparsumme eines Haushalts
u	Bedürfnisstruktur
u	Gesamtnutzen
u'	Grenznutzen
w	Vermögen eines Haushalts
w	Nominallohnsatz
w_r	Reallohnsatz
y	Nominaleinkommen eines Haushalts
z	Gütereigenschaft

3. *Griechische Symbole*

∂	Differential (partielle Ableitung)
ε	Angebotselastizität
η	Nachfrageelastizität
$\eta_{i,n}$	Indirekte Nachfrageelastizität
$\eta_{2,1}$	Kreuzpreiselastizität
η_y	Einkommenselastizität
ν	Einsatzmenge eines Faktors

Teil III (Makroökomomische Theorie)

4. *Großbuchstaben*

A	Gesamtwirtschaftliche Ausgaben
B	Basisgeld

Symbolverzeichnis

B^a	Adjustierte oder bereinigte Geldbasis
B^e	Erweiterte Geldbasis
BG	Bargeld
BI	Bruttoinlandsprodukt zu Marktpreisen
C	Konsumausgaben
D	Abschreibungen
D	Sichteinlagen (Depositen)
D_l	Arbeitsnachfrage
DC	Durchschnittliche Konsumquote
E	Expansionsgröße
E	Erwartungswertoperator
F	Saldo der Erwerbs- und Vermögenseinkommen zwischen Inland und Inländern
G	Staatsverbrauch
G	Geschäftsbankenverhalten
G_K	Kapitalgewinn
G_r	Wachstumsrate des Pro-Kopf-Realeinkommens
G_w	Geldwert
GNP	Bruttosozialprodukt zu Marktpreisen
I	Nettoinvestition
I	Information
K	Kredit
K	Kapitalbestand
K_{akt}	Aktueller Kapitalbestand
K_{opt}	Optimaler Kapitalbestand
K_K	Kapitalkosten
K_N	Beschäftigungskosten
K_m	Kosten der Geldproduktion
K'	Grenzkosten
KB	Nettokredite an Banken
$K\ddot{O}$	Nettokredite an öffentliche Haushalte
KP	Korrekturposten
L	Beschäftigungsniveau
$L_{1,2}$	Liquiditätspräferenz
M	Import
M_1	Geldmenge M_1 (Bargeld + Sichteinlagen)
M_2	Geldmenge M_2 (M_1 + Termingelder bis unter 2 Jahre)

M_3	Geldmenge M_3 (M_2 + Termingelder über 2 Jahre + Spargelder)
M_d	Nachgefragte nominale Geldmenge (= $M_{d1} + M_{d1}$)
M_d^H	Nachgefragte Geldmenge der Haushalte
M_d^U	Nachgefragte Geldmenge der Unternehmen
M_{d1}	Nachfrage nach aktiver Kasse (Umsatz- und Vorsichtskasse)
M_{d2}	Nachfrage nach passiver Kasse (Spekulationskasse)
M_s	Geldangebot
M_d/P	Nachgefragte reale Geldmenge
MC	Marginale Konsumquote
MR	Mindestreserve
N	Beschäftigungsmenge des Faktors Arbeit
N	Nichtbankenverhalten
N_d	Nachfrage Arbeitsmenge
N_s	Arbeitsangebot
N_b	Wohnbevölkerung
N_{opt}	Optimaler Beschäftigungsstand
NI	Volkseinkommen (national income)
NV	Nettovermögen
O	Produktionsmenge
P	Preisniveau
P_K	Preisniveau für Kapitalgüter
P_p	Permanentes Preisniveau
P_r	Profit (Bruttoeinkommen aus Unternehmertätigkeit und Vermögen)
P_L	Preisindex nach LASPEYRES
Q	Gesamtwirtschaftliche Gütermenge
R	Restriktionsgröße (Kontraktionsgröße)
R*	Gesamtwirtschaftliches Risiko
R_K	Kapitalertrag
RB	Reserven der Banken
RÜ	Reserveüberschuß
S	Sparen
S	Spareinlagen
S_l	Arbeitsangebot
S_M	Geldangebot
SA	Sonstige Aktiva minus Passiva

Symbolverzeichnis

T	Steuern
T	Termineinlagen
T_d	Direkte Steuern ./. Transferzahlungen
T_i	Indirekte Steuern ./. Subventionen
U	Prozentuale Arbeitslosenquote
$ÜR$	Überschußreserve
V	Umlaufgeschwindigkeit des Geldes
V^*	Einkommenskreislaufgeschwindigkeit des Geldes
W	Nominallohn-Niveau
W	Volkswirtschaftliches Gesamtvermögen oder Vermögensteile
W_u	Bruttoeinkommen aus unselbständiger Arbeit
WR	Nettowährungsreserven
X	Export
Y	Volkseinkommen (Nettosozialprodukt zu Marktpreisen + Importe)
Y_d	Gesamtwirtschaftliche Nachfrage
Y_n	Nominales Volkseinkommen
Y_p	Permanentes Volkseinkommen
Y_r	Reales Volkseinkommen
Y_s	Gesamtwirtschaftliches Angebot
Y_t	Laufendes Einkommen
Y_v	Verfügbares Einkommen
Y_I	Nettosozialprodukt zu Marktpreisen
Z	Bestimmungsgründe der Konsumausgaben (neben Volkseinkommen)
Z	Zentralbankverhalten

5. Kleinbuchstaben

a	Marginale Quote des nichtausgegebenen Einkommens (dR/dY)
$1/a$	Expansions(größen)-Multiplikator
b	Arbeitskoeffizient
b^*	Akzelerator
c	Marginale Konsumquote (dC/dY)
d	Von Investitions- und Sparquoten unabhängige Einkommensverteilung

g_l	Wachstumsrate des Arbeitskräfteangebots
i	Zinssatz
i_b	Ertragserwartung auf Obligationen
u_e	Ertragserwartung auf Aktien
i_m	Ertragserwartung auf Geld
i^*_n	Nominalzins
i_r	Grenzleistungsfähigkeit des Kapitals
i^*_r	Realzins
k	Kassenhaltungsdauer für Geldumlauf
k	Bargeldquote
k^*	Kassenhaltungsdauer für Einkommenskreislauf
k_i	Kapitalintensität
k_i^e	Gleichgewichtige Wachstumsrate der Kapitalintensität
$1/k_i$	Arbeitsintensität
l	Absolute Beschäftigtenzahl
m	Geldmengenmultiplikator
m	Geldmenge (in natürlichen Logarithmen)
n	Gleichgewichts-Wachstumsrate
p	Preis eines Gutes
p	Preisniveau (in natürlichen Logarithmen)
p^*	erwartetes Preisniveau (in natürlichen Logarithmen)
q	Arbeitsproduktivität
r_D	Reservesatz auf Sichteinlagen
r_S	Reservesatz auf Spareinlagen
r_T	Reservesatz auf Termineinlagen
s	Marginale Sparquote
s	Spareinlagenquote
t	Termineinlagenquote
t_i	Anzahl von Transaktionen
u	Absolute Zahl der Arbeitslosen
u	Unterbeschäftigung
u_m	Geldnutzen
u	Nachfrageschock (in natürlichen Logarithmen)
v	Angebotsschock (in natürlichen Logarithmen)
v	Vollbeschäftigung
w	Geldmengenschock (in natürlichen Logarithmen)
w	Humankapital eines Vermögenshalters

Symbolverzeichnis

$\bar{y}$	Normaloutput (in natürlichen Logarithmen)
y^d	Gesamtwirtschaftliche Nachfrage (in natürlichen Logarithmen)
y^s	Gesamtwirtschaftliches Angebot (in natürlichen Logarithmen)
y_p	Permanentes Einkommen eines Vermögenshalters
z	Sonstige Determinanten der Bargeld-, Termineinlagen- und Spareinlagenquote

6. Griechische Symbole

α	Partielle Produktionselastizität
β	Technischer Entwicklungsstand
v	Kapitalkoeffizient
π	Profit pro Kapitaleinheit
σ	Kapitalproduktivität
ω	Lohn pro Kopf

Teil IV (Weltwirtschaft)

7. Großbuchstaben

A_i	Inlandsausgaben
C	Konsum
C_A	Konsumpunkt Ausland
C_I	Konsumpunkt Inland
D	Gesamtwirtschaftliche Nachfrage
E	Gleichgewicht
$(Ex - Im)$	Güterwirtschaftlicher Beitrag des Auslands
G	Öffentliche Güter
I	Investitionen
I^A	Indifferenzkurve Ausland
I^I	Indifferenzkurve Inland
KP	Kaufkraftparität
M	Import
O	Inlandsproduktion
P	Preisniveau
P_A	Produktionspunkt Ausland
P_I	Produktionspunkt Inland
P_m	Preisniveau der Importgüter
P_x	Preisniveau der Exportgüter
PL_A	Preislinie Ausland

636   *Symbolverzeichnis*

PL_I	Preislinie Inland
S	Gesamtwirtschaftliches Angebot
S	Sparen
T_A	Transformationskurve Ausland
T_I	Transformationskurve Inland
T_r	Terms of trade
X	Export
Y	Einkommen
Z	Zahlungsbilanzsaldo

8. Kleinbuchstaben

a	Ausland
i	Inland
i_A	Auslandszinssatz
i_I	Inlandszinssatz
m_d	Devisenmenge
m	Marginale Importquote
p	Internationales Preisniveauverhältnis
p	Preis
p^e	Gleichgewichtspreis
p^t	Preis nach Einführung des Zolls
q	Mengeneinheit eines gehandelten Gutes
q^d	Nachfragemenge
q^{dt}	Nachfragemenge nach Einführung des Zolls
q^s	Angebotsmenge
q^{st}	Angebotsmenge nach Einführung des Zolls
r	Wechselkurs
r_K	Kassa-Wechselkurs
r_T	Termin-Wechselkurs
$r r^*_K$	erwarteter Kassa-Wechselkurs
s	Marginale Sparquote
u	Unterbeschäftigung
v	Vollbeschäftigung

Personenregister

A
Aftalion, A. 489, 505
Akerlof, G. A. 503
Alchian, A. A. 432
Amoroso, L. 84
Ando, A. 322
Arndt, H. 250, 253
Arrow, K. J. 124

B
Barro, R. J. 474, 535
Bartling, H. 60
Baumol, W. J. 111, 153, 453
Bertrand, J. 182
Böckmann, L. 536
Böhler, E. 169
Boulding, K. E. 125
Bowley, A. L. 182
Brunner, K. 432, 446 f., 456
Bücher, K. W. 145
Burda, M. C. 535
Burnham, J. 28

C
Cagan, P. D. 464
Cannan, E. 50
Carter, J. 404
Cassel, G. 387, 546
Catchings, W. 496
Cezanne, W. 60, 535
Chamberlin, E. H. 181, 186
Chenery, H. B. 124
Clark, J. B. 252, 416
Clark, J. M. 248 ff.
Coase, R. H. 138, 154 ff.
Cobb, C. W. 119, 124 f., 324, 369, 387 f., 395, 414 f.
Copeland, M. A. 282
Cournot, A. A. 167, 175, 182

D
Dantzig, G. B. 122
Domar, E. D. 376 ff., 416, 421
Dornbusch, R. 535
Douglas, P. H. 124 f., 324, 369, 387 f.,

Duesenberry, J. S. 322

E
Edgeworth, F. Y. 182
Engelkamp, P. 60
Eucken, W. 4, 55, 60, 136, 164, 493

F
Fehl, U. 277
Felderer, B. 535
Fischer, S. 535
Fisher, I. 38, 451, 470, 478, 567
Foster, W. T. 496
Franke, J. 277
Friedman, M. 16, 61, 246, 322, 452 ff., 473, 518
Fuhrmann, W. 536

G
Galbraith, J. K. 24
Giffen, R. 66, 109, 115
Gini, C. 407, 424
Goldsmith, R. W. 378
Gordon, R. J. 503
Gossen, H. H. 92 ff.
Gurley, J. G. 362
Gutenberg, E. 177
Güth, W. 277

H
Haberler, G. v. 359 f., 500, 571, 580
Hansen, A. H. 345, 378, 399ff.
Hansen, G. 369
Harrod, R. F. 376 ff., 390 ff., 416, 421
Hawtrey, R. G. 489, 498
Hayek, F. A. v. 167, 252, 398, 489, 517
Heckscher, E. F. 589
Herdzina, K. 277
Heuss, E. 253
Hewel, B. 61
Hicks, J. R. 345, 429, 489, 507, 510, 512
Hirschman 564
Hoffmann, W. G. 378
Homburg, S. 535
Hoppmann, E. 253

Hotelling, H. 183
Hoyer, W. 277
Hume, D. 553

J
Jevons, W. S. 92
Juglar, C. 491

K
Kaldor, N. 377, 387, 407, 416 ff.
Kalecki, M. 416
Kantorowitsch, L. W. 122
Keynes, J. M. 193, 239, 281, 292, 303 ff., 315, 317 ff., 327ff., 343, 345, 352 ff., 376 ff., 399, 402, 416, 432, 443, 451 ff., 470 ff., 517 f., 526, 559
King, R. G. 502
Kuznets, S. 378
Kydland, F. E. 489, 502

L
Lachmann, W. 61
Larrain, F. 536
Laspeyres, E. L. E. 463 f.
Lassalle, F. 211
Launhardt, W. 183
Lederer, E. 489, 500
Leijonhufvud, A. 345
Leontief, W. W. 126, 297, 382, 589
Lerner, A. P. 239, 416, 471, 564
Lewis, W. A. 378
Lipsey, R. G. 111
Long, J. B. 502
Lorenz, M. O. 407, 422, 424 f.
Lucas Jr., R. E. 377, 394, 474
Luckenbach, H. 61
Lutz, F. A. 169, 493
Luzius, F. 60

M
Machlup, F. 16, 253
Malthus, T. R. 211, 380
Mankiw, N. G. 61, 489, 503, 536
Markowitz, H. M. 453
Marshall, A. 3, 25, 66, 80, 94, 136, 151, 162, 164, 194, 211, 252, 562, 564, 571
Marx, K. 10, 96, 147, 171, 234, 376, 402 f.
Meltzer, A. H. 432, 446 f., 456
Meyer, U. 278
Miksch, L. 250
Mill, J. S. 603
Mill, J. St. 47, 571, 578
Minhas, B. S. 124
Modigliani, F. 322
Müller, H. 536
Müller-Armack, A. 48

N
Neubäumer, R. 61
Nevin, E. 3
Niehans, J. 432

O
Oberender, P. 277
Ohlin, B. 571, 589

P
Paasche, H. 464
Packard, V. O. 24
Pareto, V. F. D. 407, 422 ff., 626
Pasinetti, L. L. 422
Patinkin, D. 359
Phillips, A. W. 359, 459, 470 ff., 502
Pigou, A. C. 234 f., 343, 352, 354, 359, 360 ff., 451, 489, 505
Plosser, C. I. 502
Prescott, E. C. 489, 502

R
Rettig, R. 277, 536
Ricardo, D. 47, 96, 151, 193, 411, 571 f.
Robbins, L. Ch. 3, 16
Robinson 181
Robinson, J. V. 84, 181, 422, 609
Romer, D. 503
Romer, P. S. 377, 394 ff.
Röpke, W. 61
Rostow, W. W. 369, 378, 401 ff.
Rothe, K.-D. 277
Rybczynski, T. M. 589

S
Sachs, J. D. 536
Samuelson, P. A. 4, 111 f., 117, 470, 489, 508, 589, 605, 608
Sargent, T. J. 474
Say, J. B. 497, 503
Schmoller, G. v. 186
Schöler, K. 278
Schumann, J. 278
Schumpeter, J. A. 164, 170, 250, 489, 506
Sell, F. L. 60
Smith, A. 31, 37, 47, 151, 214, 252, 572
Solow, R. M. 124, 377, 387, 391 ff., 416
Spengler, O. 403
Stackelberg, H. v. 54, 181 f.
Stigler, G. J. 111, 246, 416
Stiglitz, J. E. 503
Stolper, W. 589, 605, 608
Streit, M. E. 61
Suntum, U. v. 61

T
Taussig, F. W. 571, 580
Tinbergen, J. 446
Tobin, J. 453
Toynbee, A. 403

V
Varian, H. R. 278
Veblen, T. B. 66
Viner, J. 571, 610
Voggenreiter, D. 536

W
Wagner, A. 278
Wallace, N. 474
Walras, M. E. L. 164, 166, 345, 422
Weber, M. 17
Wicksell, K. 239, 473, 489, 499
Wied-Nebbeling, S. 278
Wiese, H. 278
Wieser, F. v. 92
Williamson, O. E. 153, 156
Wohltmann, H.-W. 536
Wyplosz, C. 535

Y
Yellen, J. L. 503

Sachregister

A
Absatzmarkt 195 f., 199 ff.
Abwertung 537, 547 ff., 594
Agent 21, 28, 154
Akkumulation 30
Akzelerator 489, 505, 507 ff.
Amoroso-Robinson-Gleichung 84
Analyse
    dynamische - 248, 545
Anbieterwettbewerb 159, 177
Angebot
    Unternehmens- 63, 73, 121
Arbeits
    -losenquote 11, 301, 305, 342, 459, 470 ff.
    -losigkeit 471 ff.
    -markt 339 ff., 492, 502
    -teilung 30 ff.
Arbeitsangebot 205 ff.
Arbeitsmarkt 532
    -interventionen 534
Arbeitsmärkte 531
Arbeitsnachfrage 235, 477
Armut 619
Ausgaben
    Grenz- 63, 82, 84, 196
Ausgleichsposten 542 f.
Ausnahmebereiche 171, 243, 255
Außenhandelsgewinn 578
Außenwirtschaftspolitik
    Abgrenzung der 602
    Theorie der 601
Autarkie 602

B
Bandwagon-Effekt 110
Banknoten
    -produktion 436, 438
barter trade 35
Basisgeld
    -konzept 447
Bedürfnis 25 ff., 70, 99
    -struktur siehe Präferenzstruktur
Berufswahl, freie 39, 52 f., 257
Beschaffungsmarkt 195 ff.

Beschäftigungs
    -probleme 529
    -stand 324, 339, 351, 411
        optimaler - 340
    Über- 492
Beschäftigung siehe auch Arbeit
Betriebs
    -größe 119, 144 f., 156
    -minimum 141 ff., 164, 198,
    -optimum 141, 151, 164, 181
Betrieb siehe Unternehmen 195, 232, 282, 414, 588
Bevölkerungs
    -wachstum 211
Boden 235
Bretton Woods 59, 596
Budgetpolitik 343, 357
Bürokratie
    internationale 622
    nationale 622

D
Darstellungsform 98, 550
Deflation 58, 549
Demokratie 527
Depression siehe Konjunkturphasen
Devisen
    -markt 550 ff., 564 ff.
    -nachfrage 551 ff., 564
Dienste, produktive 189, 191 f.
Differentialquotient 310
Differenzenquotient 100
Distribution siehe Verteilung
Dyopol 183

E
Eigentum 28, 44 ff., 50, 192, 217
Einkommen
    Differential - 225 ff.
    Geld- siehe Faktoreinkommen 107, 189, 192 f.
    Haushalts- 89, 112 f., 209
    Nominal- 102 ff., 114, 466,
    Real- 89, 102 ff., 218 ff., 354 ff., 402, 435, 466 ff.

verausgabtes - siehe Konsum
    summe 292
Einkommen-Konsum-Kurve 106, 132
Einkommens
    -verteilung 9 ff., 407 ff., 459 ff.
    primäre - 298
Einzelpreis-Mechanismus 537, 556 ff.
Elasticity approach 537, 550, 562
Elastizität
    Angebots- 63, 85, 86, 230, 237
    Einkommens- 63, 86 ff., 115 f.
    Kreuzpreis- 63, 86, 87, 110
    Nachfrage- 63, 80 ff., 169
    Niveau- 125
    Preis- direkte 63, 80
    Produktions- 483 f.
Entwicklungsländer 618
Equimarginalprinzip 95
Erlös
    Grenz- 84, 148 f., 167, 169,
    176 ff., 196 ff.
Ertrag
    Durchschnitts- 119, 133 f.
    Gesamt- 135
    Grenz- 27, 128 ff., 189, 195 ff.,
    200 ff., 325, 339 f.
    -sgesetz 27, 119, 129, 133,
    139, 149, 194 ff.
    -skurve 140, 326
    -stheorie siehe Produktions
    funktion 121, 140
Erwartung 55, 76, 97, 248, 470, 509, 567
Europäisches Währungssystem 615
Europäische Zentralbank 522, 615
Expansion 356 ff., 427, 445, 450, 484,
492, 498
Export 289, 559, 574, 578, 581, 587
Externe Effekte 119, 135, 137 f., 213, 396

F
Fakten, Beobachtung und Sammlung 12
ff., 187, 403, 496
Faktor
    -allokation 53, 189, 192 ff., 227 ff.
    -angebot 191, 352

    -ausstattung 27, 369, 382, 569,
    -einkommen 192, 227 ff., 232, 414
    -einsatzmengen 123, 125 ff.
    -kosten 195, 197, 284 ff., 580,
    -Markt 192 f., 199, 234, 351 f.
    -marktanalyse, Grundlagen
    189, 191, 194, 411
    -qualität 121, 374
    -variation 126, 128, 145
        partielle - 123
        proportionale - 123
        substitutionale - 123
Fiscal Policy 526
Freihandel 31, 587 ff., 602, 607
Freiheit 39, 50 ff., 103, 253 ff., 362
    -spostulat 39, 56, 247, 257
Funktionstypen 124

G
GATT 59, 596 f.
Geld
    Bar- 433 f., 438 ff., 558
    Basis- 446 ff.
    Buch-produktion 427, 438 ff.
    -funktion 429, 431, 433
    -markt 239, 301, 317, 331 ff.,
    360 ff., 558
    -politik 353 ff., 450 ff., 473 ff.,
    486, 502, 559, 567
    Politik des leichten Geldes 343, 356
    Primär- 34
    -produzent 438
    Risiken des Geldes - 21, 34
    -schöpfung 223, 228
    -stoff 427, 433 ff.,
    -system 33, 35, 311, 317, 323,
    -vernichtung 223, 331, 438
    -wirtschaft 21, 32 ff., 429 ff.,
    489, 497 f.
Geldangebots
    -funktion 446, 474, 558
    -theorie
        traditionelle - 427, 443
Geldbasis
    exogene - 450

Geldkreislauf 21, 36, 291
Geldmenge 524
   Geldmengenabgrenzung 433, 443
   Geldmengenexpansion 524
Geldnachfrage
   -theorie 427, 434, 447 ff.
   neoklassische - 427, 452
Geldpolitik 525
Geldproduktion 34, 223, 427, 436 ff., 497
Geldproduzenten 217, 331, 427, 436, 439
Gesetz
   ehernes Lohn- 211
Gewerkschaft 232 f., 236
Gewinn
   -maximierung
      gemeinsame - 159, 187
   -maximum 119, 148 ff., 159,
      164 ff., 179, 184, 186, 194, 200
      ff., 301, 325
   -theorie 119, 121, 148, 153,
Giffen-Fall 66, 89, 109, 115
Gini-Koeffizient 407, 424
Gleichgewicht
   Haushalts- 89, 103 ff., 132, 205
   Markt- 151, 153, 159, 165 ff.
   neoklassisches - 365
   Gleichgewichtssbestimmug 189
   Un- 180, 313, 346, 352, 364,
      543, 552, 558
   Unterbeschäftigungs- 343, 351
      ff., 363 ff.
   Unternehmens- 132, 168
Grenzproduktivitäts
   -theorie 191, 339, 407 ff.
Gut
   freies - 24, 30, 94
   homogenes - 590
   inferiores - 109, 116
   Nichtsättigungs- 69, 116
   Sättigungs- 69, 87, 106, 109 ff.
   wirtschaftliches - 27
Güter
   Gegenwarts- 218
   Konzept relevanter Eigenschaften 67
   -kreislauf 36, 432

   -markt 301, 328 ff., 475, 503
   Zukunfts- 218, 222

H
Handelsbilanz 537, 540 f.
Handelsgewinn 569 ff.
Haushalts
   -gerade 101
Hilfe
   staatliche 620

I
Import
   -quote 310, 560 f.
Indexzahlen 89, 117, 466 f.
Indifferenzkurve 89, 98 ff., 220, 584 ff.
Indikatoren 492, 494
   soziale- 294
Inflation 524
   Formen der - 464
   kosteninduzierte - 459, 483
   Redistributionseffekte der -
      459, 468
   -bedingung 459, 478 f.
   schleichende - 459, 464 f., 484
   -stheorien 459, 477 ff.
   Inflexibilität
      gesamtwirtschaftliche 516
Information 9, 17, 110, 227
Inlandsprodukt 285 f.
Input siehe Produktionsfaktoren
Input-Output
   -Rechnung 279, 282, 297
   -Tabelle 282, 297 f.
Instabilität 518
   - des privaten Sektors 517
   - des staatlichen Sektors 518
   gesamtwirtschaftliche - 515
Integration
   handelspolitische 606
Interdependenz 21, 32, 57, 97, 159 ff.,
   192, 297, 545
Internationaler Währungsfond 614
Interventionen
   staatliche 531

Investition
  autonome - 509
  Bildungs- 212
  -skurve 301, 329 f., 349
  -squote 323, 375, 393 ff.
  IS-Kurve 301, 328
Isogewinnlinien 184
Isoquante 119, 123, 126, 131
ITO 596

K
Kammlinie 132, 184
Kapital
  -angebot 165, 205, 216, 373
  -bestand 324 ff., 339, 345
  -bilanz 537, 541 ff.
  Geld- 29, 194, 217 ff., 350, 499
  -intensität 369, 380 ff., 415
  Real- 29, 217, 231, 241
  -verkehrsbilanz 541
Kartell siehe auch Monopol 170
Kasse
  aktive - 334 f., 337, 353
  passive - 335, 352 f., 360, 452
Kaufkraftparitätentheorie 537, 546,
Keynes-Effekt 343, 352, 354,
Kinked demand curve 186
Knappheit 21 ff., 231
Konjunktur
  -phasen 246, 493, 495, 498,
  -theorie 5, 489 ff.
  -zyklus 498
Konkurrenz
  Anbieter- 170
  monopolistische - 177
  oligopolistische - 159, 182
  polypolistische - 163
  vollständige - 165
Konkurrenz siehe auch Wettbewerb
Konsum
  -kurve 301, 318 ff., 349
  -quote
    durchschnittliche - 319ff.
    marginale - 306 ff., 319,
  -quote (-neigung) 319 ff., 357

  -summe (-ausgabe) 101 ff.
  Konsumentenrente 171 ff.,
    229, 591
  Konsumentensouveränität 50
Konten
  institutionelle - 294
  -system 279, 294
Konvergenzkriterien 568
Kosten
  Durchschnitts- 119, 140 ff., 179
  fixe - 137, 139, 141, 144, 198
  -funktion 139
  Gesamt- 140 f., 143, 194 f.
  198, 576, 577
  Grenz- 140 ff., 148 ff., 165 ff.,
    196, 325, 339, 416, 572 f., 581 ff.
  Organisations- 155 f.
  private - 136, 138
  soziale - 119, 136
  -summe 129, 131 f.
  Transaktions- 119, 121, 154 ff.
  variable - 139 ff.
  -verlauf 140, 569, 581
Kostenvorteile 155, 573ff., 588 f.
  absolute - 569, 572
  komparative - 569, 572
Kredit
  -markt 239
  -theorie des Zinses 225, 238
  -volumen 238, 439 f.
Kreislauf 21, 35
  -axiom 283, 297

L
Law of indifference 161
Leontief-Funktion 382
Liquiditäts
  -präferenztheorie 330, 336, 454
  -reserven 427, 448 f.
  Liquidity trap 336 ff., 352 ff.
LM-Kurve 301, 343, 349
Lohn
  -bildung 225, 232, 236
  -differenzen 205, 213 ff.
  -einkommen 409, 418

Mindest- 235 f.
Nominal- 339, 352, 356, 470
-quote 242, 287, 407, 409, 418 ff.
Real- 340, 350 ff., 365
-struktur 205, 207, 213, 216

M
Markt
 -eintritt 170
 -spaltung 175 f.
 -struktur 243, 250, 253, 254
 -transparenz 162 f., 245, 249, 254
 unvollkommener - 163
 -verhalten 183, 243, 254
Marktwirtschaft 32, 39 ff.
 soziale - 39, 49, 257
Marktwirtschaftliche Ordnung 49, 136
Maximalertragskombination 131
Mindestreserve 440 ff.
Minimalkostenkombination 131
mixed economies 49
Mobilität
 berufliche - 216
 räumliche - 401, 473
Monetärer Zahlungsbilanz-Mechanismus 537, 558
Monetarismus 427, 452, 455
Monopol
 Angebots- 159, 167, 169, 233
 -beurteilung 159, 169
 bilaterales - 233
 dauerhaftes - 229
 Kollektiv- 170
 Nachfrage - siehe Monopson 233
Monopson 71, 189, 199 ff., 233 ff.
Multiplikator 301, 307 ff., 383, 427, 444 ff., 489, 508 ff.

N
Nachfrage
 Einkommensabhängigkeit der - 63, 69
 gesamtwirtschaftliche - 360, 379, 482
 Haushalts- 63 ff., 86, 121, 323
 Markt- 63, 65 ff., 80, 153, 179, 184, 189, 198 f.
Nachfragekurve
 geknickte - 187
 Verschiebung der - 73, 78
Naturaltauschwirtschaft 429 ff., 572 ff.
Nettovorteilshypothese 215
Neue Institutionenökonomik 119, 156
Normaloutput 475 f.
Nutzen
 Gesamt- (Total-) 89 ff.
 Grenz- (Marginal-) 89 ff., 101, 104 ff., 117, 584
 -theorie 89, 91, 173

O
Oligopol
 heterogenes - 159, 163, 183
 homogenes - 163, 183
Opportunity cost 25
Opportunity cost-Hypothese 577
Output siehe Produktion
Output-Faktor-Kurve 131 f.
Outside money 362 f.

P
Parität siehe Wechselkurs, Preis -Mechanismus 553 ff.
Phillips-Theorem 359, 448, 470 ff.
Pigou-Effekt 343, 352, 354, 359 ff.
Planwirtschaft 44
Polypol 54, 63, 170
Präferenz
 -struktur 103, 183, 209, 572, 587
Preis
 -Faktor-Kurve 132
 Gleichgewichts- 165, 499, 590
 -index 284, 336, 462 ff., 468
 -Konsum-Kurve 106, 114, 132
 -Mechanismus 537, 553 ff.
 relativer - 499
Preisdifferenzierung 163, 171 ff.
Preisniveau
 -stabilität 39, 58 ff., 464
 -stabilität, absolute 525

Preisniveaustabilität
  Rolle der - 522
Produktions
  -faktoren 29 ff.
  -kapazitäten 515
Produktionsfunktion
  gesamtwirtschaftliche - 304, 339, 345, 350, 396, 416
  linear-homogene - 119, 125
Profitquote 407, 409, 417 ff.
Prognose 17, 378, 399 ff.
Protektionismus 604

R
Reaktionslinien 184
Realkasseneffekt 343, 359, 363 f.
Regelungen 522
Regulierungen
  staatliche 528
Rente
  ökonomische - 225 ff., 241
Restgröße 287 f., 290
Restposten siehe Zahlungsbilanz 537, 542
Revealed preference 89 ff.
Rezession siehe Konjunkturphasen
Risiko 23, 34, 155, 224, 427 ff., 566

S
Saysches Theorem 489
Schwarzarbeit 35, 293
Skalenertrag 128
Snob value-Effekt 110
Sozialprodukt siehe Volkseinkommen
Spar
  -angebot siehe auch Kapitalangebot 218, 220, 223, 239 f.
  -neigung 315, 322, 385, 407, 418 ff.
  -struktur 205, 223
  -Zins-Funktion 205, 222 f.
  Spekulationskasse 301, 335 ff., 358, 455
Staats
  -ausgaben 239, 292, 349 f., 359, 594
Stabilitätspolitik 525

Stagflation 343, 358
Stagnation 147, 358, 399 ff.
Stetigkeit
  beim Mitteleinsatz 520
Steuer
  redistributive - 323
Stufenprognose 369, 401
Substitutions
  Grenzrate der Substitution 100 f., 104, 132, 209
  -elastizität 69, 87
  -rate, technische 119, 127
Subventionierung
  von Rohstoffen 622
Systemkonformität 534
  der gesamtwirtschaftlichen Ziele 519
  der wirtschaftspolitischen Mittel 519

T
Tangentenlösung 159, 178 ff.
Tausch
  -wirtschaft 33, 154
Terms of trade 578, 581 ff.,
  -Linie 581 ff.
Theorie
  behavioristische - 54, 111
Transaktionskostenökonomik 156
Transfereinkommen 225, 229 ff., 241
Transformation 246, 332
  Grenzrate der - 27
  -skurve 26 f., 573, 581 ff.

U
Überinvestitionstheorie 489, 499, 501
Umsatzkasse 301, 331, 432
Umweltpolitik 138
Unterkonsumtionstheorie 489 ff.
Ursachen
  strukturelle - 518

V
Veblen-Fall 66
Verbrauch siehe Konsum
Verkehrsgleichung 38
Vermögen 65, 240

Verteilung
  Primär- 290
  Sekundär- 290
  -smaße 407, 412, 422
  -srechnung 279, 287 f., 298
Verteilungstheorie
  makroökonomische - 193, 414, 416
  postkeynesianische - 407, 416
Verwendungsrechnung 279 ff., 298, 541
Volkseinkommen
  Gleichgewichts- 309, 347
  nominales - 284, 379
  reales - 348, 350, 371, 379
Volkseinkommen-Mechanismus 53 7, 559, 561
volkswirtschaftliche Kosten siehe opportunity cost
Volkswirtschaftslehre
  Unterteilungen der - 1, 5
  Zukunft der - 1, 19
Vollbeschäftigung siehe Beschäftigung

W
Wachstums
  -definitionen 369, 371
  -erklärung 507
  -gleichgewicht 384, 394
  -modell 377
  -theorie
    neoklassische - 369, 387, 393
    postkeynesianische - 369, 382
Währungsordnung
  internationale 612
Währungspolitik 613
Währungsreserven 440, 447, 542
Wechselkurs
  -bestimmung 537, 565
  fester 616
  flexibler - 537, 550 f.
  -Mechanismus 537, 545, 550
Welthandelsordnung 569, 596
Wert
  Gebrauchs- 96
  Tausch- 34, 89, 96
Wertpapier 565

Wertrechnung 279, 283 f., 297
Werturteil 9 ff., 25, 41, 56
Wettbewerb
  potentieller - 243
  -sprozeß 245 f., 252, 398
  -stheorie 67, 161, 243 ff.
Wirkungszeiten 521
Wirtschafts
  -ordnung s. a. Marktwirtschaft, Zentralverwaltungswirtschaft
    46 ff., 57, 234, 254
  -system 44, 57
Wirtschaften
  Grundsätze des Wirtschaftens
    21, 25
Wirtschaftspolitik
  Theorie der - 6
Wirtschaftswissenschaft
  Objekt der - 3
  Schwierigkeiten der - 1, 18
Wissenschaft
  Hilfs- 8
  Nachbar- 8
  wertfreie - 1, 9, 10
Wohlstand 24, 293 f., 435 f., 596

Z
Zahlungsbilanz
  -ausgleich 39, 58 ff., 257, 543, 549 ff., 594
  -reaktion 550, 562
  -theorie 537, 558 f.
Zeit
  -horizont 75, 119, 135, 137, 218, 232, 447 f.
Zentralbank
  -guthaben 438, 449
Ziele
  Stabilitätspolitik 523
Zins
  -bildung 225, 238 ff.
  effektiver - 335 f.
  -elastizität 343, 355
  -ertrag 222, 241, 336
  Gleichgewichts- 329, 337, 347

Markt- 325 ff., 499 f.
Nominal- 240, 336, 469, 567
Real- 240, 469, 567

Zoll 604, 608
  -begründungen 569, 592 ff.
  Finanz- 593 f.